Wegen jüdischer Religion – Findelhaus

Anna L. Staudacher

Wegen jüdischer Religion – Findelhaus

Zwangstaufen in Wien 1816-1868

Teil 2

PETER LANG

Frankfurt am Main · Berlin · Bern · Bruxelles · New York · Oxford · Wien

Die Deutsche Bibliothek - CIP-Einheitsaufnahme

Staudacher, Anna:

Wegen jüdischer Religion – Findelhaus : Zwangstaufen in Wien 1816-1868 / Anna L. Staudacher. - Frankfurt am Main ; Berlin ; Bern ; Bruxelles ; New York ; Oxford ; Wien : Lang, 2001
ISBN 3-631-35198-4

Gedruckt mit Unterstützung des
Bundesministeriums für Bildung,
Wissenschaft und Kultur in Wien.

Gedruckt auf alterungsbeständigem,
säurefreiem Papier.

ISBN 3-631-35198-4
© Peter Lang GmbH
Europäischer Verlag der Wissenschaften
Frankfurt am Main 2001
Alle Rechte vorbehalten.

Das Werk einschließlich aller seiner Teile ist urheberrechtlich geschützt. Jede Verwertung außerhalb der engen Grenzen des Urheberrechtsgesetzes ist ohne Zustimmung des Verlages unzulässig und strafbar. Das gilt insbesondere für Vervielfältigungen, Übersetzungen, Mikroverfilmungen und die Einspeicherung und Verarbeitung in elektronischen Systemen.

Printed in Germany 1 2 4 5 6 7

INHALTSVERZEICHNIS

Bemerkungen zu den Konkordanzen 7

Notes to the Concordances 15

Abkürzungen - Abbreviations 23

Konkordanz der Mütter 29

Konkordanz der Kinder 447

Bemerkungen zu den Konkordanzen[1]

Druckgestaltung

Geschattete Eintragungen betreffen jeweils dieselbe Frau, welche mehrmals im Gebärhaus war, z.B. unentbunden entlassen wurde oder Zwillinge bzw. Drillinge zur Welt brachte.[2]

Kursiv gesetzte **Mütter** haben sich später verehelicht.

Kursiv und **fett** gesetzte **Kinder** sind Fremdnamenkinder.

In spitzen Klammern stehen Ergänzungen, auch ergänzende Bemerkungen zum Text der Quelle, z.B. Mayer <durchgestrichen: Gelis>, sowie auch Auflösungen von Abkürzungen.

Datumsangaben stehen im "wissenschaftlichen Format" - Jahr/Monat/Tag, für das 19. Jahrhundert in der Kurzform, z.B. am 56/02/12 - am 12. Februar 1856; Datumsangaben aus dem 18. und 20. Jahrhundert in der Langform: z.B. 1784/02/12, 1938/05/14.

Namensvarianten, gleich anlautende Fremdnamen und deren Verschlüsselung durch Initialen und namenlose Kinder (**o.A.** - ohne Angabe) mit ihren ermittelten Namen wurden in den Anmerkungen hervorgehoben.

---

[1] Die in den Konkordanzen zitierten Quellen werden im 1. Teil in der "Methoden- und Quellenbeschreibung" vorgestellt und beschrieben.
[2] Wurde sie unentbunden entlassen oder von einem totgeborenen Kind entbunden, so wurde das jeweilige Datum hinzugefügt.

Aufgenommen wurden:

- Jüdische Kinder, die in der Zeit von 1784 bis 1815 ins Findelhaus kamen.
- Getaufte und ungetaufte jüdische Kinder und ihre Mütter von 1816 bis einschließlich Februar 1868
- Ungetaufte (und getaufte) jüdische Kinder mit ihren Müttern vom März 1868 bis zum Jahresende.
- Jüdische "Pfarrkinder" mit ihren Müttern aus vier Stadtpfarren[3], der Pfarre Alservorstadt und fallweise Kinder, die in anderen Pfarren zur Aufnahme ins Findelhaus getauft wurden.

In Einzelfällen wurde exemplarisch das kurze schablonenhafte Leben der Kinder skizziert, ihr Transfer ins Findelhaus, die Abgabe an Pflegeeltern, Rückstellungen ins Findelhaus, Krankenhausaufenthalte und Tod.

Alphabetische Reihung

Familiennamen

In der alphabetischen Reihung wurde der zeitgenössischen Orthographie entsprechend nicht zwischen Grundvokal und Umlaut, einfachen und Doppelkonsonanten, CK- und K-Schreibung, Z und TZ differenziert: Stärk wurde bei Stark eingeordnet, Grünn zu Grün, Bek zu Beck.

Da E und Ö, I und Ü, EU/EY/EI/EJ/AI/AJ/AY/ÄU austauschbar waren, haben wir diese, wo es nötig war, zusammengelegt, z.B. Hennig - Hönig, Klick - Klück, Breuer - Breyer - Breier.

---

[3] Die Wiener Stadtpfarren St. Michael, St. Peter, die Schottenpfarre und die Dompfarre St. Stefan.

Weiters blieben die Dehnungszeichen H und E nach I ("ie") unberücksichtigt, z.B. Rigl - Riegl.

In bestimmten Fällen waren auch harte und weiche Verschlußlaute austauschbar, z.B. Brager - Prager, Glück - Klück, Duldsam - Dultsam.

Vornamen

Hier haben wir die Kurzformen vereinheitlicht: z.B. Sally - Sali, und zu ihrer Grundform gereiht:

Annette	Anna	Mali	Amalia
Babette	Barbara	Nani	Anna
Betti	Barbara	Netti	Anna
Cilli	Cäcilia	Pepi	Josefa
Fanni	Franziska	Resi	Theresia
Hanni	Johanna	Rifka	Rebekka
Jetti	Henriette	Rosa, Rosi	Rosalia
Kati	Katharina	Rosina	Rosalia
Lisi	Elisabeth	Sali	Rosalia
Lotti	Charlotte	Tini	Ernestine

Kurzformen, die nicht einzuordnen waren, wie Leni (Helene, Magdalena) oder Mini (Wilhelmine, Hermine), haben wir dem Anlaut entsprechend eingeordnet.

*Bei Varianten wurde in der Einordnung die "nähere" Variante bzw. die Grundform gewählt und z.B. **Brager** zu **Prager** und **Betti** zu **Barbara** gereiht. Wo es notwendig und zweckmäßig schien, haben wir zur leichteren Auffindung Verweise gegeben.*

Annotationen

Folgende Parameter wurden u.a. systematisch eingesetzt:

Mütter

- Namensvarianten durch Verhören, Verlesen, Verschreiben.[4] Vornamen wurden weitgehend vereinheitlicht: z.B. Aloys - Alois, Fany - Fanni.
- Herkunft[5] mit Quellennachweis.
- Stand, sofern nicht "ledig".
- "Töchterberufe", z.B. Lämmerschererstochter, Handelsmannstochter.[6]
- "Zugereiste": Heimatort[7] und in der Folge Wohnort(e) in Wien[8].

---

[4] Sieh hiezu Exkurs C.

[5] Bei Ortsnamen haben wir uns weitgehend an die zeitgenössische Schreibung gehalten, bzw. diese bei einer offensichtlich phonetischen Aufnahme nach F. Raffelsperger (Geographisches Lexikon des Österreichischen Kaiserstaates. 6 Bde, Wien ^{2}1845-1854) erschlossen. Um Verwechslungen mit gleichlautenden Ortsnamen auszuschließen, wird in den Quellen oft die nähere Lokalisierung angegeben, welche wir übernommen haben: z.B. Österreich unter der Enns, UWW - Niederösterreich, (Viertel) unter dem Wienerwald. - Geben die benützten Quellen auch Aufschluß über die Eltern, so haben wir diese immer angeführt, um weiterführende genealogische Arbeiten zu erleichtern.

[6] Verheiratete und verwitwete Frauen definierten sich zumeist mit dem Beruf des Ehemannes, z.B. Schustergesellensweib oder Wundarztenswitwe: Hiedurch erhalten wir einen Hinweis auf das soziale Umfeld, ähnlich wie bei den "Töchterberufen".

[7] Vide Fn. 5.

- Im Gebärhaus Verstorbene, Todesursachen, mit Zitaten aus den Totenbeschauprotokollen, den Sterbematriken des AKH und den Sterbebüchern der IKG.
- Religionsveränderungen.[9]
- Verehelichungen,[10] weitere Kinder[11] - sofern erschlossen.

Kinder

- Namensvarianten.[12]
- Initialen der Initialenkinder, mit ihrer Auflösung.[13]
- "Namenlose Kinder", mit ihren erschlossenen Namen.[14]

---

[8] Hier haben wir uns strikt an die Quellen gehalten: Bis zur 1862 erfolgten Umstellung auf Straßenorientierungsnummern für die Stadt Wien - die Vororte ausgenommen - wurden in den Quellen keine Straßennummern, sondern Konskriptionsnummern angegeben, die wir in der Konkordanz übernommen haben.
[9] Übertritte zum Christentum, Kirchenaustritte, Rücktritte zum Judentum.
[10] Spätere Verehelichungen, ob nach jüdischem oder röm.-kath. Ritus, sofern sie in den benützten Quellen verzeichnet wurden.
[11] Hiezu haben wir vor allem die Geburtenbücher der IKG herangezogen und fallweise die "Kartei der Ausgeschiedenen" des Konskriptionsamtes der Stadt Wien im WStLA.
[12] Siehe Exkurs C.
[13] In problematischen Fällen haben wir den Weg zu ihrer Auflösung über den Datenkontext aufgezeigt.
[14] Auch hier wurde der Weg zur Namensfindung in den Quellen beschrieben.

- Nottaufen.[15]
- Im Gebärhaus bzw. im Findelhaus Verstorbene.
- Aufnahmegrund (Findelhaus).
- Überlebende mit letzter Adresse der Pflegeeltern bzw. der "Übernahmepartei".[16]
- Religionsveränderungen.[17]
- Taufscheine und Ariernachweise.[18]
- Sterbedaten.[19]

---

[15] Nottaufen an jüdischen Kindern waren gesetzlich verboten.
[16] Diese Adressen geben den Schlüssel, um das Schicksal der Überlebenden in den lokalen Quellen weiterverfolgen zu können: Wichtig ist hiebei die zuständige Pfarre. - Namen und Adressen der "Übernameparteien" (Pflege-, Kostparteien) befinden sich in den EntlP'n.
[17] Kirchenaustritte aus und Rücktritte zur katholischen Kirche, Übertritte (bzw. Rückkehr) zum Judentum.
[18] Hinweise auf die Ausstellung von Taufscheinen bzw. Ariernachweisen und damit im Zusammenhang stehende Aktengänge finden sich in den Taufmatriken des AKH als Randnotiz: Zumeist handelt es sich hier nur um eine Datumsangabe, mit und ohne Zusatz "ar<isch>", selten mit einem Aktenverweis. In den Annotationen haben wir auf derartige Randnotizen fallweise hingewiesen. - Um die Ausstellung eines Taufscheines, 20 oder 30 Jahre nach der Geburt eines Kindes, wurde in vielen Fällen vor einer Eheschließung (auch vor einem Religionswechsel) angesucht - für genealogische Forschungen ein sehr wichtiges Datum, oft ein *terminus ad quem*, bis wann zumindest der oder die Betreffende gelebt haben könnte..
[19] Wurde ein Kind nach 1858 geboren, ohne Angabe eines Sterbedatums, so bedeutet dies **nicht**, daß das Kind auch tdie Findelpflege überlebt hat, sondern nur, daß es sich bis zum Jahr 1869 in der Findelhausversorgung befunden hat, da ab dem Stichjahr 1859 keine "normalen Abgänge" in die FdhP'e eingetragen wurden. - Sterbedaten von Erwachsenen wurden in die Taufmatriken des AKH ab dem Jahr 1938 nachgetragen.

Wenn nur der Name des Kindes bekannt ist, so führt die *Konkordanz der Kinder* zum Namen der Mutter. Sie ist in einem solchen Fall der Schlüssel zur Benützung der *Konkordanz der Mütter*: Sucht man z.B. ein Kind mit dem Namen "Zelotes", so findet man in der *Konkordanz der Kinder* den Namen der Mutter: Josefa Spitz, Magd, um 1804 in Ungarn (1804/U) geboren:

Initialen	K: Name	K: Vorname	geb.	M: Name	M: Vorname	geb. ca.	Beruf
S.Z.	***Zelotes***	Simon	23/11/5	Spitz	Josefa	1804/U	Magd

In der mit Anmerkungen versehenen *Konkordanz der Mütter* findet man unter dem Namen der Mutter die Eintragungszahlen in die Gebär- und Findelhausprotokolle: Simon Zelotes ist demnach im Gebärhausprotokoll Band 8, Protokollzahl 2379 zu finden, unter dem Namen seiner Mutter (Josefa Spitz). Sein Name wurde dort mit den Initialen **S.Z.** verschlüsselt. In die *Konkordanz der Mütter* wurde sein Geburts- und Sterbedatum aufgenommen: geboren am 5. November 1823 und gestorben tags darauf, am 6. November; die Initialen wurden aufgelöst, der Weg zu ihrer Auflösung in den Anmerkungen aufgezeigt. Simon Zelotes kam nicht ins Findelhaus (daher fehlt die Findelhaus-Protokollzahl und die Eintragung im Entlassungs- protokoll):

M: Name	M: Vorname	geb. ca.	Beruf	K: Name	K: Vorname	K: geb.	K: gest.	K: entl.	Qu GbhP	Qu FdhP	Qu EntlP
Spitz	Josefa	1804/U	Magd	***Zelotes***[423]	Simon	23/11/5	23/11/6		08/02379		

Zu Simon Zelotes gibt es in der Fußnote 423 noch zusätzliche Informationen zu den Quellen:

[423] **S.Z.** (GbhP), **S**imon **Z**elotes (Taufmatrik AKH: 23/11/05) - Neben den Initialen wurde in das GbhP das Sterbedatum des Kindes eingetragen: "starb! 6 9ber" - am 6. November im Gbh gestorben. Kinder, die im Gbh gestorben waren, wurden mit dem Namen der Mutter in die Sterbematrik des AKH eingetragen, so auch dieses Kind: Gestorben war der "Spitz Josepha ihr Kind K<nabe> g<etauft> N<ame> Simon Zelotes" (Sterbematrik AKH 23/11/06). In die Taufmatrik wurde Simon Zelotes als "Israeliten Kind" eingetragen (Taufmatrik AKH: 23/11/05).

Dieses Kind wurde demnach in die Gebärhausprotokolle als Initialenkind (S.Z.) eingetragen, erscheint in der Taufmatrik des AKH mit seinem vollen Namen (Simon Zelotes), getauft am 5. November 1823, die jüdische Herkunft des Kindes wurde als "Israelitenkind" festgehalten.

Notes to the concordances [1]

Printing format

Shaded entries refer to the same woman, who was in the maternity home several times, e.g. she was discharged undelivered or gave birth to twins or triplets.[2]

Mothers set in **italics** got married later on.

Children set in **bold and italics** are children bearing foreign names.

Pointed brackets contain supplemental information, and additional notes to the source text, e.g. Mayer <crossed out: Gelis>, as well as clarifying abbreviations.

Dates are given in "scientific format" - year/month/day, for the 19th century in the short format, for example 56/02/12 - 12 February 1856, dates in the 18th and 20th century are in the long format: e.g. 1784/02/12, 1938/05/14.

Variations of names, foreign names sounding alike and their coding of initials and children without names (o.A. without details) with their established names were emphasized in the notes.

---

[1] The sources cited in the concordances will be introduced and described in part 1 of "Methoden- und Quellenbeschreibung".
[2] If she was discharged undelivered, or delivered of a stillborn child, the respective date was added.

Admitted were:

- Jewish children, who came to the foundling home in the time period 1784-1815.
- Baptized and unbaptized) Jewish children and their mothers starting from 1816 to February 1868.
- Unbaptized (and baptized) Jewish children and their mothers from March 1868 to the end of that year.
- Jewish "parishioner (children)" with their mothers from four city parishes[3], the parish Alservorstadt and occasionally children, who were baptized in other parishes in order to be accepted in the foundling home.

In isolated cases the short life of the child, the transfer to the foundling home, the giving of foster parents, return to the foundling home, hospital stays and death, were routinely described.

Alphabetical order

Family names

The alphabetical order was according to contemporary spelling, no difference was made between vowel and umlaut, simple and double consonants, CK and K, Z and TZ: Stärk was arranged with Stark, Grünn with Grün and Bek with Beck.

Since E and Ö, I and Ü, EU/EY/EI/EJ/AI/AJ/AY/AÜ were interchangeable, they were combined as necessary. E.g. Hennig - Hönig, Klick - Klück, Breuer - Breyer - Breier.
Further the lengthening symbols H and E after I ("ie") were not taken into account, e.g. Rigl - Riegel.

---

[3] The Viennese city parishes St. Michael, St. Peter, the Schottenparish and the dome parish of St. Stefan.

In certain cases hard and soft plosives were interchangeable, e.g. Brager - Prager, Glück - Klück, Duldsam - Dultsam.

Given names

We have standardized the short forms:

Annette	Anna	Mali	Amalia
Babette	Barbara	Nani	Anna
Betti	Barbara	Netti	Anna
Cilli	Cäcilia	Pepi	Josefa
Fanni	Franziska	Resi	Theresia
Hanni	Johanna	Rifka	Rebekka
Jetti	Henriette	Rosa, Rosi	Rosalia
Kati	Katharina	Rosina	Rosalia
Lisi	Elisabeth	Sali	Rosalia
Lotti	Charlotte	Tini	Ernestine

Shortened forms, which were not able to be filed, like Leni (Helene, Magdalena) or Mini (Wilhelmine, Hermine), have been arranged according to the initial sound.

If variants existed, the "closer" variants, e.g. the base form was chosen. E.g. **Brager** was arranged with **Prager** and **Betti** was arranged with **Barbara**. If necessary and expedient we have given instructions to facilitate finding the name.

Annotations

The following parameter was systematically employed:

Mothers

- Variations of names caused by mishearing, misreading and misspelling.[4] Given names were extensively standardized: e.g. Aloys - Alois, Fany - Fanni.
- Origin [5] with source reference.
- Status, unless not "single".
- "daughter occupations" e.g. sheep shearer's daughter, merchant's daughter.[6]
- "Move-ins": place of origin[7] and subsequently place of residence(s) in Vienna.[8]

---

[4] See appendix C.
[5] When using place names, we used extensively the contemporary spelling, respecting the obvious phonetic assimilation according to F. Raffelsperger (Geographisches Lexikon des Österreichischen Kaiserstaates. 6 Volumes, produced 1845-1854 in Vienna). In order to preclude confusion with same sounding place names, the closer localization is cited in the sources, which we have adopted: e.g. Austria below the Enns, UWW - Lower Austria, Quarter below the Wiener Wald. If the employed sources give information concerning the parents, then they are cited in order to facilitate continued genealogical research.
[6] Married and widowed woman were defined for the most part with the occupation of their husband, e.g."wife of the shoemaker apprentice", "widow of the surgeon". From this we obtain reference to the social associated area, similar to the "daughter occupations".
[7] See footnote 5.
[8] Here we adhered strictly to the sources: a reformation of street numbers occurred until 1862 for the city of Vienna, excluding the suburbs. If the sources

- Deceased in the maternity home, causes of death, with quotations from the coroner's inquest protocol, the death registers of the KH and the death register books of the IKG.
- Change of religion.[9]
- Marriages[10], further children[11] - as far as accessible.

Children

- Variation of names.[12]
- Initials of the "children with initials", and their resolution.[13]
- "Nameless children", with their accessible names.[14]

---

cite no street numbers but only conscription numbers, then they were adopted in the concordance.

[9] Conversion to Christianity, secession from the church, and re-conversion to Judaism.

[10] Marriages taken place at a later time, whether following Jewish or Roman Catholic rites, as far as recorded in the consulted sources.

[11] For this we have consulted the birth register books of the IKG and occasionally the "Index of Deceased" of the conscriptions office of the city of Vienna in the WStLA.

[12] See appendix C.

[13] In problematic cases we have given direction to resolve the context of dates.

[14] Here was described a way to find the name in the sources.

- Emergency Baptisms.[15]

- Deceased person in the maternity home, respectively the foundling home.

- Reason for acceptance (in the foundling home).

- Survivors with last address of the foster parents, respectively the "adoptive party".[16]

- Change of religion.[17]

- Birth certificates and Aryan certificate.[18]

- Dates of death.[19]

---

[15] Emergency Baptisms of Jewish children was prohibited by law.
[16] These addresses provide the key to pursue the fate of the survivors in the local sources. Important is the local parish. - Names and addresses of the "adoptive party" (Foster - and boarder parties) are found in the EntlP'n.
[17] Withdrawal from the church and return to the Catholic Church, conversion (respectively return) to Judaism.
[18] Reference to issuing a birth certificate, respectively an Aryan certificate in connection with the recording processes are found in the birth registers of the AKH as margin remark referred to occasionally. It deals mostly with a date, with or without the additional remark "ar<isch>", rarely with a memorandum. In the annotations we have referred to such margin notes occasionally. The issuing of a birth certificate 20 or 30 years after the birth of the a child, was usually applied for before marriage (also before changing religion) - is very important for genealogical research, often the *terminus ad quem* is used to indicate when the person in question was still alive.
[19] If a child was born after 1858 and no death date is indicated, this does **not** mean that the child survived foundling care, only that it was in care of the foundling home until the year 1869. Since the year 1859 no "normal discharges" were listed in the FdhP'e. - Death dates of adults were added posthumously to the birth records of the AKH since the year 1938.

If only the name of the child is known, then the *Concordance of the Children* lists the name of the mothers. In such a case, she is the key for using she *Concordance of the Mothers*. If you look for example for a child with the name "Zelotes", the *Concordance of the Children* provides the name of the mother: Josefa Spitz, maid, born around 1804 in Hungary (1804/U):

Initials	K: name	K: given name	born	M: name	M: given name	born about	occupation
S.Z.	**Zelotes**	Simon	23/11/5	Spitz	Josefa	1804/U	maid

In the comments of the *Concordance of the Mothers* is found the name of the mother, the entry numbers of the birth and foundling home protocol: Simon Zelotes can therefore be found in the foundling home protocol, volume 8, protocol number 2379, under the name of the mother (Josefa Spitz). His name is encoded in the initials **S.Z.** In the *Concordance of the Mothers* his name was recorded: born on 5 November 1823 and died the following day, on 6 November. The initials were resolved, the direction to the resolution was indicated in the remarks. Simon Zelotes did not go to the foundling home (for this reason there is no foundling home protocol number in the entry of the discharge protocol:

M: name	M: given n.	born	occup.	K: name	K: given n.	K: born	K: died	K: released	Qu GbhP	Qu FdhP	Qu Entl
Spitz	Josefa	1804/U	maid	**Zelotes**[423]	Simon	23/11/5	23/11/6		08/02379		

[423] **S.Z.** (GbhP), **S**imon **Z**elotes (Birthregister AKH:23/11/05) - Next to the initials the death date of the child was recorded in the GbhP: "died 6 9ber" - died on 6 November in the Gbh. Children who died in the Gbh, were recorded under the name of the mother in the death register of the AKH, including this child: Child of Josepha Spitz died K<nabe> boy, g<etauft> baptized, N<ame>, by the name Simon Zelotes, (Sterbematrik - death register AKH 23/11/06).
In the birth register Simon Zelotes was recorded as "Jewish child" (Birth register AKH:23/11/05).

This child was therefore in the maternity home protocol recorded as "initial child" (S.Z.), it appears in the baptismal register of the AKH with his complete name (Simon Zelotes), was baptized on 5 November 1823, the Jewish origin was recorded as "Jewish child".

Abkürzungen in den Konkordanzen - Abbreviations in the concordances.

Geographische Zuordnungen - Geographic classification:

B	Böhmen	Bohemia
/Dt	Deutschland	Germany
/G	Galizien	Galicia
/M	Mähren	Moravia
/NÖ	Niederösterreich (Österreich unter der Enns)	Lower Austria (Austria below the Enns)
/S	Österreichisch-Schlesien	Austrian Silesia
/Stmk	Steiermark	Styria
/U	Ungarn	Hungary
/W	Wien	Vienna

Allgemeine Abkürzungen - General abbreviations:

AKH	Allgemeines Krankenhaus	General Hospital
Arb	Arbeiterin	Laborer
AVA	Allgemeines Verwaltungsarchiv, ÖStA	General Administration Archive
Bez.	Bezirk	District
CAHJP	Zentralarchiv des Jüdischen Volkes, Jerusalem	Central Jewish Archive, Jerusalem
DAW	Diözesanarchiv, Wien	Archive of the Diocese of Vienna
entl.	entlassen	discharged

EntlP	Entlassungsprotokoll Findelhaus, WStLA	Discharge protocol of the foundling home,
Fdh	Findelhaus	Foundling Home
FdhP	Findelhausprotokoll,	Foundling Home Protocol
Fn.	Fußnote	Footnote
Gb	Geburtenbuch	Birth register
Gbh	Gebärhaus	Maternity Home
GbhP	Gebärhausprotokoll	Maternity Home Protocol
geb.	geboren, gebürtig	born, native of
gest.	gestorben	deceased
Hausr.	Hausiererin	Peddler
Hdarb	Handarbeiterin	Manual laborer
HHStA	Haus-, Hof- und Staatsarchiv, Wien	House, Court- and State Archive Vienna
IKG	Isrealitische Kultusgemeinde Wien	Hebraic religious community
K:	Kind	child
KA	Kartei der Ausgeschiedenen, Konskriptionsamt, WStLA, Wien	Index of the discarded, conscription office, WStLA, Vienna
Kl.	Klasse	Class
KlHdl	Kleinhändlerin	Small shopkeeper
M:	Mutter	Mother
NÖ	Niederösterreich	Lower Austria
OMB	Viertel Ober dem Mannhartsberg	Quarter above the Mannhartsberg
ÖstA	Österreichisches Staatsarchiv	Austrian State Archive
OWW	Viertel Ober dem Wiener Wald	Quarter above the Wiener Wald
o.A.	ohne Angabe	without detail
P:	Pate, Patin	Godfather, Godmother

ProsP	Proselytenprotokoll IKG	Proselyting protocol
Qu	Quelle	Source
St.A.	Standesamt	Civil registration office
Stb	Sterbebuch	Death register
Stbm	Stubenmädchen	Chambermaid
Stmk	Steiermark	Styria
Tb	Trauungsbuch	Marriage book
TBP	Totenbeschauprotokoll, WStLA	Coroner's inquest protocol
UMB	Viertel Unter dem Mannhartsberg	Quarter Below the Mannhartsberg
UWW	Viertel Unter dem Wiener Wald	Quarter Below the Wiener Wald
V:	Vater	Father
verh.	verheiratet	Married
Wäsch	Wäscherin	Laundress
Wr.	Wiener	Viennese
WstLA	Wiener Stadt- und Landesarchiv	City and State Archive of Vienna
Zi.		Zimmer

KONKORDANZ DER MÜTTER

mit biographischen Annotationen
zu den Müttern und ihren Kindern

M: Name	M: Vorname	geb. ca.	Beruf	K: Name	K: Vorname	K: geb.	K: gest.	K: entl.	Qu GbhP	Qu FdhP	Qu EntlP
ABELES (ABELIS)											
Abelis[1]	Elisabeth	1809/U	Tochter	*Jänner*[2]	Johann	28/01/25	28/05/10		13/00161	1828/0514	
Abeles	Franziska	1838/B	Magd	Abeles[3]	Maria	62/04/25		68/03/20	47/03832	1862/3084	68/04/02
Abeles[4]	Julia	1822/M	Magd	Abeles[5]	Heinrich	44/10/26		54/10/26	29/06019	1844/5070	54/10/26
Abeles	Julia	1824/M	Magd	Abeles	Hermann	50/02/09	50/03/04		35/02037	1850/0996	
Abeles[6]	Juliana	1811/M	Magd	*Gerecht*[7]	Barnabas	30/07/02	30/07/23		15/01426	1830/1407	
Abraham[8]	Franziska	1800/U	Köchin	*Christ*[9]	Christina	18/03/21	19/05/26		03/00233	1818/0794	

---

[1] Elisabeth Abelis, Handelsmanns Tochter, 19 Jahre alt, zugereist von ihrem Heimatort Gairing in Ungarn, Preßburger Komitat (GbhP).
[2] Johann Jänner (GbhP, FdhP: "Israelitenkind"), Johann Jännera (Taufmatrik AKH 28/01/26: "Mutter Jüdin"). - Das Kind war ein Fremdnamenkind, wurde im Jänner geboren und erhielt von diesem Monat seinen Namen.
[3] Maria Abeles kam mit ihrer Mutter ins Fdh, blieb dort zwölf Tage, von der Schneiderin Johanna Drexler in Gutenbrunn in Pflege übernommen. Das Kind wurde im Alter von sechs Jahren aus der Findelpflege "gegen Revers" entlassen (FdhP, EntlP), es kam zum Ehepaar Josef und Maria Geitler in der Leopoldstadt, "Stadtträgersheleute" wurde in das EntlP eingetragen (EntlP: Josef u. Maria Geitler, Stadtträgersheleute, Leopoldstadt, Große Stadtgutgasse No 118 <unsichere Lesart>). Es geht jedoch aus dieser Eintragung nicht hervor, in welcher Beziehung sie zum Kind oder zu den Eltern des Kindes gestanden sind (FdhP, EntlP).
[4] Julia Abeles stammte aus Nikolsburg in Mähren, wohnte in Wien am Michelbeuerngrund (1844) und in Wieden (1850) (GbhP'e).
[5] Heinrich Abeles (FdhP: "Israelitenkind") wurde nach zehnjähriger Findelpflege am 54/10/26 dem Wr. Magistrat übergeben (FdhP, EntlP).
[6] Juliana Abeles wurde nach der Entbindung ins AKH auf Zi. 71 verlegt (GbhP).
[7] Barnabas Gerecht (Taufmatrik AKH 30/07/03: "Mater prolis judaea"), im FdhP ist der Fremdname des Kindes - ohne Schriftvergleich - kaum mit "Gerecht" zu entziffern, in einer Art Auszeichnungsschrift erscheint G als Cs, E (vor CH) als C, CH unklar, Endungs-T als S.
[8] Franziska Abraham, geboren in Szegedin in Ungarn, zugereist von Agram in Kroatien (GbhP).
[9] **K.K.** (GbhP), **Christina Krist** (Taufmatrik AKH 18/03/21), **Christina Christ** (FdhP). - Ins GbhP wurden nur die Initialen des Kindes eingetragen, ohne Geschlechtsangabe. In der Taufmatrik wurde die jüdische Herkunft des Kindes mit dem Vermerk "Mater judaea" festgehalten (Taufmatrik AKH 18/03/21). In das FdhP wurden Mutter und Kind namentlich aufgenommen: Franziska Abraham, Israelitin - Christina Christ, 1 T<ag alt>. - Das Kind wurde im Fdh geimpft und mit verdünnter Kuhmilch ernährt - selten findet man derartige Eintragungen - sie erklären jedoch die extrem hohe Sterblichkeitsquote bei jüdischen Kindern im Fdh und in der Außenpflege (FdhP: Vermerk: Vaccinirt mit Erfolg Kuhmilch). Christina Christ war eine Woche lang im Fdh; kam zur Taglöhnerin Eva Müllner nach Wien-Erdberg, hat die Findelpflege nicht überlebt (FdhP).

M: Name	M: Vorname	geb. ca.	Beruf	K: Name	K: Vorname	K: geb.	K: gest.	K: entl.	Qu GbhP	Qu FdhP	Qu EntlP
Abrahamin[10]	Theresia			*Donnerin*[11]	Magdalena	1796/03	1796/04			1796/0724	
Abrahamin[12]	Theresia	/U	Magd	*Jennerin*[13]	Anna	02/12/31	03/02/7			1803/0015	
Abrahamin[14]	Theresia	/U	Magd	*Lieblin*[15]	Elisabeth	03/12/28		16/01/2		1803/3250	
Abrahamin[16]	Theresia			*Hallerin*[17]	Magdalena	05/07/21	05/09/13			1805/1955	
Adler[18]	Amalia	1837/U	Magd	Adler	Johann	57/02/24	58/04/13		42/01834	1857/1722	
Adler	Anna	1834/B	Hdarb	Adler	Alois	64/10/29	64/11/15		49/08583	1864/8383	
Adler[19]	Franziska	1844/G	Magd	totgeboren	64/04/15				49/04327		
Adler	Fanni	1842/U	Magd	Adler[20]	Max	68/08/04				1868/5316	
Adler	Johanna			Adler[21]	Johann	27/09/15	28/03/17			1827/3381	

[10] Theresia Abrahamin (Taufmatrik AKH 96/03/31) - nähere Angaben fehlen - wir nehmen jedoch an, daß sie mit jener Theresia Abraham(in) ident ist, welche 1802, 1803 und 1805 drei weitere Kinder im Gbh zur Welt brachte; geb. in Tyrnau in Ungarn, l.D. (ledige Dienstmagd) in Wien.
[11] Wurde sogleich nach der Geburt getauft, kam ins Fdh, sodann zu eines Tagwerkers Wittib namens Magdalena Weißin, wohnhaft am Erdberg No 53 "aufs Wasser" gegeben, gestorben am 1796/04/13 "An der Gedärmentzündung" (FdhP: Original, nicht mikroverfilmt).
[12] Theresia Abraham (Taufmatrik AKH 03/01/01: Anna Jennerin), Theresia Abrahamin (FdhP: "von Tyrnau in Hungarn gebürtig").
[13] Anna Jennerin war ein Fremdnamenkind, wurde im Jänner getauft und erhielt von diesem Monat ihren Namen (Taufmatrik AKH 03/01/01).
[14] Theresia Abraham (Taufmatrik AKH 03/12/29: Elisabeth Lieblin), Theresia Abrahamin (FdhP: "von Dürnau aus Hungarn gebürtig").
[15] Theresia Lieblin kam im Alter von einem Tag ins Fdh, von dort zu einer Pflegemutter "an die Brust", "vermög normalmäßig Alter in Abgang" hat sie die Findelpflege überlebt (FdhP: Pflegepartei mit letzter Adresse vor Beendigung der Findelhausversorgung - Barbara Bauerin, Anstreichersehweib, Wien- Neustift No 79).
[16] Theresia Abraham (Taufmatrik AKH 05/07/22: Magdalena Hallerin), Theresia Abrahamin (FdhP); keine Angaben zur Herkunft.
[17] Magdalena Haller (Taufmatrik AKH 05/07/22), Magdalena Hallerin (FdhP).
[18] Amalia Adler, geb. in Pereszlény in Ungarn, zugereist (GbhP).
[19] Franziska Adler, geb. in Rzeszów in Galizien, zugereist, wohnhaft in Schwechat (GbhP).
[20] Max Adler, ungetauft (CAHJP A/W 1809: Verzeichnis jüdischer Findelkinder von 1868).
[21] Johann Evangelist Adler wurde bei der Hebamme Gertraud Hauky in Wien Innere Stadt No 910 geboren; getauft am 27/09/15 in der Pfarre St. Stefan, Taufpatin war die Hebamme; das Einverständnis der Mutter wurde protokolliert, unterzeichnet von zwei Zeugen, dem Ehemann der Hebamme und dem Mesner. Das Kind wurde am folgenden Tag ins Fdh gebracht, als Aufnahmstaxe wurden 30 fl. bezahlt (Pfarre St. Stefan Taufmatrik 27/09/15; FdhP).

A

M: Name	M: Vorname	geb. ca.	Beruf	K: Name	K: Vorname	K: geb.	K: gest.	K: entl.	Qu GbhP	Qu FdhP	Qu EntlP
Adler	Josefa	1839/M	Magd	Adler	Johann	61/09/02	61/09/18		46/07395	1861/6987	
Adler	Julia	1832/M	Hdarb	Adler[22]	Franziska	57/07/25		67/07/01	42/06222	1857/5658	67/09/21
Adler	Karolina	1837/M	Hdarb	Adler	Franz	58/02/17	58/03/16		43/01397	1858/1518	
Adler	Katharina	1836/U	Magd	Adler[23]	Josef	58/12/27	59/01/13		44/01405	1858/9508	
Adler	Katharina	1840/U	Magd	Adler	Johanna	63/03/09	63/03/27		48/03142	1863/2106	
Adler	Katharina	1841/U	Magd	Adler[24]	Magdalena	65/10/05			50/06962	1865/7444	
Adler	Regina	1845/U	Magd	Adler	Hugo	65/09/26	65/12/02		50/06432	1865/7236	
Adler[25]	Rosa	1835/U	Magd	Adler	Josef	64/04/18			49/04409	1864/3336	
Adler	Rosalia	1839/U	Magd	Adler[26]	Eva	62/01/21	62/03/30		47/01098	1862/0538	
Adler[27]	Rosalia	1843/U	Magd	Adler	David	65/03/30	65/05/01		50/02192	1865/2504	
Adler	Rosalia	1843/U	Magd	Adler[28]	Georg	66/04/22	66/06/17		51/01374	1866/3201	
Adler	Rosalia	1839/U	Magd	Adler[29]	Emmerich	67/10/19	67/11/07		52/06280	1867/6798	
Alt[30]	Sali	1833/U	Magd	Alt[31]	Wilhelm	59/01/31	59/02/16		44/01033	1859/0885	

[22] Franziska Adler kam zu einer Taglöhnerin nach Schweinitz in Böhmen; wurde mit Ablauf der Findelhausversorgung von ihrem Vater Alois Geiblinger <unsichere Lesart> "gegen Revers" zu sich genommen (FdhP, EntlP).
[23] Das Kind wurde als "Gassengeburt" zwei Tage nach seiner Geburt mit der Mutter ins Gbh gebracht, getauft, kam "wegen Religion der Mutter" ins Fdh (GbhP, FdhP).
[24] Magdalena Adler lebte später bei ihrem Vormund, dem Milchmeier Georg Hofbauer in Wien 9, Pfluggasse 11 (KA: Magdalena Adler).
[25] Rosa Adler, aus dem Trentschiner Komitat in Ungarn zugereist (GbhP).
[26] Wilhelm Alt kam wegen Krankheit der Mutter ins Fdh (GbhP), gestorben an Bronchitis (FdhP).
[27] Rosalia <durchgestrichen: Sali> Adler (GbhP) - geb. in Kis-Mánya in Ungarn, 1865 wohnhaft Wien 2, Rote Sterngasse No 29; 1866 in Wien-Rustendorf, Schmidgasse No 41; 1867 Wien 2, Pillersdorfgasse No 3 (GbhP'e) - eine Schwangerschaft war sehr häufig mit einem Wohnungswechsel verbunden.
[28] Im Fdh im Alter von 56 Tagen an Anämie gestorben (FdhP).
[29] Im Fdh im Alter von 19 Tagen an Anämie gestorben (FdhP).
[30] Sali Alt, zugereist aus Ungarn (GbhP).
[31] "Wegen Religion der Mutter" Fdh (GbhP, FdhP).

A

M: Name	M: Vorname	geb. ca.	Beruf	K: Name	K: Vorname	K: geb.	K: gest.	K: entl.	Qu GbhP	Qu FdhP	Qu EntlP
Altmann[32]	Josefa	1839/U	Tochter	Altmann[33]	Franz	59/05/20	59/06/09		44/05098	1859/4088	
Altmann[34]	Leni	1834/U	Hdarb	Altmann[35]	Josef	54/09/01	54/09/01		39/07094		
Altstädter	Karolina	1848/U	Hdarb	Altstädter[36]	Gisela	67/12/18	68/01/12		52/07498	1867/8309	
Amster[37]	Ludmilla	1832/W		Amster[38]	Gabriella	58/06/20			43/06015		
Amster	Ludmilla	1832/W		entlassen, 2. Kl. 58/07/07					43/06134		
Anfärber[39]	Katharina	1833/M	Magd	Anfärber[40]	Josefa	59/12/03		59/12/12	45/00568	1859/9246	59/12/12
Angel[41]	Helene	1798/U	Magd	K.A.[42]		23/10/18			08/01870		

[32] Wirtstochter, 20 Jahre alt (GbhP).
[33] "Wegen Religion der Mutter" Fdh (GbhP, FdhP), im Fdh im Alter von 20 Tagen gestorben (FdhP).
[34] Leni Altmann, aus Miava in Ungarn, Neutraer Komitat, zugereist (GbhP).
[35] Josef Altmann wurde notgetauft, im Gbh gestorben (GbhP; Taufmatrik AKH 54/09/01: Josef Altmann, "nothgetauft und gestorben"), seine Mutter wurde am 54/09/08 aus dem Gbh entlassen (GbhP).
[36] Im Fdh im Alter von 25 Tagen an Lebensschwäche gestorben (FdhP).
[37] Ludmilla Amster, geb. Reichmann, V: Jonas Reichmann, Tempeldiener, M: Elisa, geb. Falkeles: Diese erhielt - vielleicht als erste Frau in Wien - nach dem Tod ihres Mannes für sich als Unternehmerin eine eigene Toleranz ("Putzwarenerzeugung" - Luxushandarbeiten für den Hof, sie beschäftigte über 200 Mädchen in einem überaus modern geführten Unternehmen). - Ludmilla heiratete am 52/08/01 im Bethaus zu Wien Wilhelm Amster, Handlungsgesellschafter aus Czernowitz, wohnhaft in Wien, Sohn des Großhändlers Mendel Amster in Czernowitz. Vier Kinder aus dieser Ehe, die später aufgelöst wurde, wurden in die Geburtenbücher der IKG eingetragen: Julius, geb. 53/05/12 (IKG Gb B 1474), Karl, geb. 54/07/13 (IKG Gb B 1949), Helena, geb. 56/02/08 (IKG Gb B 2645) und die in das GbhP aufgenommene Gabriella, geb. 58/06/20 (IKG Gb C 57). - Ludmilla Amster könnte vom Schuldenarrest zur Entbindung ins Gbh gebracht worden sein (GbhP).
[38] Gabriele Amster wurde im Gbh nicht getauft, ihre Mutter war verheiratet, sie wurde zusammen mit ihr in die Zahlabteilung verlegt, kam nicht ins Fdh sondern in "Privatkost" (GbhP).
[39] Es könnte sich hier auch um einen Lese- bzw. Abschreibfehler handeln, um eine Verwechslung von Kurrent-U, U wurde für N gelesen: Aufärber - Anfärber.
[40] Josefa Anfärber (FdhP: "Israelitenkind"). Der Vorname der Mutter wurde ins FdhP aufgenommen, nicht ihr Familienname. Das Kind wurde sogleich nach der Aufnahme in das Fdh aus der Findelpflege "gegen Revers" entlassen, kam laut EntlP am 59/12/12 zur Kaffeeschänkerin Elisabeth Elger <oder Elyer, unsichere Lesart> in Wien, Weißgärber No 137 (FdhP, EntlP).
[41] Helene Angel, aus Preßburg zugereist (GbhP).

A

M: Name	M: Vorname	geb. ca.	Beruf	K: Name	K: Vorname	K: geb.	K: gest.	K: entl.	Qu GbhP	Qu FdhP	Qu EntlP
Angel[43]	Regina	1808/M	Magd	*Lang*[44]	Eleonora	28/12/20			13/02739	1828/4361	
Angerin[45]	Rosalia	/B		*Musack*	Paul	02/06/27	02/07/16			1802/1689	
Angermeier[46]	Maria	1822/M	Magd	totgeboren 46/02/01					31/01215		
Anschel	Theresia	1828/M	Magd	Anschel	Franz	56/02/21	56/08/22		41/02285	1856/1352	
Anscherl[47]	Amalia	1835/M	Magd	Anscherl	Wilhelm	57/05/23	57/06/13		42/04847	1857/4100	
Anscherl	Amalia	1837/M	Magd	Anscherl[48]	Ludwig	63/05/14	63/06/16		48/04558	1863/3795	
Antscherl	Amalia	1831/M	Magd	Antscherl	Johann	65/01/25	65/02/10		50/00663	1865/0852	
Anscherl	Franziska	1824/M	Magd	Anscherl[49]	Leopold	52/12/24	53/02/10		38/01169	1852/8374	

---

[42] K. A. (GbhP). Von diesem Kind konnte in den FdhP'n keine Spur gefunden werden: Der Familienname müßte mit "A", der zweiten Initiale, beginnen. - Im FdhP könnte aufgrund des Transfer/Aufnahmedatums und der bei jüdischen Kindern typischen Gestaltung des Formulars das Kind mit dem Namen "Amalia Bauer" (FdhP 1823/3649) das gesuchte Kind der Helena Angel sein, dieses wurde laut Taufmatrik des AKH am 23/10/19 - somit am Tag nach der Geburt des Initialenkindes "K.A." - auf den Namen "Amalia Bauerin" getauft, in die Rubriken, die für die Namen der Mutter und des Paten vorgesehen waren, wurde bei diesem Kind nichts eingetragen (Taufmatrik AKH 23/10/19: Amalia Bauerin). - Amalia Bauer(in) kam "wegen Krankheit der Mutter" ins Fdh, ins Protokoll wurde nur ihr Name, nicht der ihrer Mutter aufgenommen, sie ist in Findelpflege am 25/02/08 gestorben (FdhP 1823/3649: Amalia Bauer). Amalia Bauer(in) könnte das gesuchte Initialenkind "K.A." sein - es kam mitunter vor, daß Initialenkinder letztendlich von ihren Initialen abweichende Namen erhielten.
[43] Reginia Angel, geb. in Iglau, aus Triesch bei Iglau in Mähren zugereist (GbhP).
[44] Bei Eleonora Lang wurde kein Sterbedatum in das FdhP nachgetragen, sie könnte daher überlebt haben - als letzter Aufenthaltsort wurde im FdhP der Ort Schönfeld, Pfarre Lasse(e) - NÖ, UMB - eingetragen. In der Pfarrmatrik des AKH findet sich als Randnotiz ein Datum aus dem Jahr 1859 - vermutlich wurde ein Taufschein angefordert (Taufmatrik AKH 28/12/20: Randnotiz 59/09/04).
[45] Rosalia Angerin (Taufmatrik AKH 02/06/28: Paul Musack) - aus Gewitsch in Mähren gebürtig (FdhP).
[46] Maria Angermeier, gestorben am 46/02/04 (IKG Stb A 2382 46/02/04: Dienstmagd aus Mislitz <Misslitz> in Mähren; Jägerzeile No 58 wohnhaft, ledig, 24 Jahr, Alsergrund No 195 AKH, an Typhus).
[47] Amalia Anscherl ist sicherlich mit Amalia Antscherl ident, geb. in Batteau in Mähren, Magd in Wien, wohnhaft in Wien-Leopoldstadt No 232 (1857), No 34 (1863) und No 234, Leopoldsgasse (1865) (GbhP'e).
[48] Ludwig Anscherl wurde in den Index der Taufmatrik des AKH als "Ludowika Anscherl" aufgenommen; Taufpatin war die Amtsdienersgattin Ludowika Sacher (Taufmatrik AKH 1863/I, Index).

A

M: Name	M: Vorname	geb. ca.	Beruf	K: Name	K: Vorname	K: geb.	K: gest.	K: entl.	Qu GbhP	Qu FdhP	Qu EntlP
Apel[50]	Barbara	1841/U	Magd	Apel	Maria	63/10/12	69/07/26		48/08405	1863/7589	
<...>[51]				Arnold[52]	Anna	11/07/17	11/08/27			1811/1904	
Arnstein[53]	Karolina	1827/B	Magd	Arnstein	Friedrich	49/10/03	50/09/27		34/07275	1849/6324	
Arnstein[54]	Lea|Barbara			Arnstein[55]	Josef Karl	46/03/14	47/01/22			1846/2230	
Arnstein[56]	Rosalia	1822/B	Magd	Arnstein[57]	Maria	47/10/05	47/10/12		32/06643	1847/5812	
Arnsteiner[58]	Barbara	1824/B	Tochter	unentbunden entlassen		46/02/27			31/02341		
Arnsteiner	Regina			Arnsteiner[59]	Anna	11/02/09	11/02/18			1811/0390	

---

[49] Leopold Anscherl kam als Gassengeburt ins Gbh, sodann "wegen Krankheit der Mutter" ins Fdh; starb an Durchfall (GbhP, FdhP).
[50] Barbara Apel, aus dem Trentschiner Komitat in Ungarn zugereist (GbhP).
[51] o.A. (Taufmatrik AKH 11/07/18: Anna Arnold, M: Jüdin; im FdhP wird die jüdische Herkunft des Kindes erwähnt, der Name der Mutter jedoch nicht angegeben, die Mutter wurde vom AKH ins Gbh zur Entbindung gebracht, das Kind wurde gratis aufgenommen).
[52] Anna Arnold war einen Tag alt, als sie ins Fdh gebracht wurde, gestorben im Fdh, Todesursache: Abweichen - ein alter Ausdruck für Durchfall (FdhP).
[53] Karolina Arnstein, geb. von Wodnian in Böhmen, Prachiner Kreis, im FdhP als "kl" (katholisch, ledig) eingetragen - wohl ein Versehen der Kanzlei, da ihr Kind als "Israelitenkind" ins FdhP aufgenommen wurde. In der Taufmatrik des AKH wird die jüdische Herkunft des Kindes nicht erwähnt (GbhP, FdhP; Taufmatrik AKH 49/10/04: Friedrich Arnstein).
[54] **Lea** Arnstein (FdhP), **Barbara** Arnstein (Pfarre St. Josef (Karmeliter) Taufmatrik 46/03/17: Josef Karl Arnstein), geb. aus Wodnian in Böhmen, Prachiner Kreis (FdhP).
[55] Josef Karl Arnstein, geboren in Wien-Leopoldstadt No 6 bei der Hebamme Josefa Toma, drei Tage später in der Pfarre St. Josef (Karmeliter) getauft: "Auf Begehren der Mutter des Kindes wurde dasselbe getauft um es in das k.k. Findelhaus zu übergeben", kam ein Monat später mit Taufschein und Armutszeugnis gegen eine Taxe von 20 fl. ins Fdh, gestorben bei seinen Pflegeeltern im Budweiser Kreis "an schweren Zahnen" (Pfarre St. Josef (Karmeliter) Taufmatrik 46/03/17; FdhP).
[56] Rosalia Arnstein, gestorben am 47/10/10 (GbhP; IKG Stb A 2751: gest. am 47/10/09 im AKH, Zehrfieber). - TBP 47/10/09: "Arnstein Rosalia, ledig, Magd, israelitischer Religion, 25 Jahre alt, von Wodnian in Böhmen, Gaudenzdorf No 142, an Zehrfieber im AKH."
[57] Im Fdh im Alter von sieben Tagen an Rotlauf gestorben (FdhP).
[58] Traiteurstochter - Tochter eines Gastwirtes - aus Wodnian in Böhmen, Prachiner Kreis (GbhP).
[59] Anna Arnsteiner, geb. in Wien Innere Stadt No 407; getauft am 11/02/08 in der Pfarre St. Peter; drei Tage später ins Fdh gebracht, mit einem Meldzettel (Armutszeugnis) der Pfarre gegen eine Taxe von 20 fl. aufgenommen. Ins FdhP wurde der Name der Mutter eingetragen, nicht jedoch die jüdische Herkunft des Kindes, das Alter wurde nicht ganz richtig mit "zwei Tag alt" angegeben - derartige Ungenauigkeiten waren zu dieser Zeit nicht selten. In der

A

M: Name	M: Vorname	geb. ca.	Beruf	K: Name	K: Vorname	K: geb.	K: gest.	K: entl.	Qu GbhP	Qu FdhP	Qu EntlP
Asch[60]	Katharina	1830/U	Magd	Asch[61]	Heinrich	55/07/06	55/07/07		40/05052	1855/4338	
Aschenberger[62]	Rosa	1835/M	Magd	totgeboren 58/05/31					43/05502		
Aschenberger	Rosa	1835/M	Magd	totgeboren 60/06/04					45/04876		
Asil[63]	Louise F.	1841/G	Tagl	totgeboren 59/12/13					45/00617		
Auer	Katharina	1839/B	Magd	Auer	Rudolf	61/09/25	61/10/19		46/07889	1861/7488	
Auerbach[64]	Franziska	1809/B	Magd	totgeboren 28/08/21					13/01806		
Auerbach	Franziska	1808/B	Magd	Ribing[65]	Gustav	29/09/18			14/02140	1829/3190	
Auerbach[66]	Theresia			Auerbach[67]	Wilhelmine	18/04/12	18/09/26			1818/1423	
Aufricht[68]	Anna	1841/U	Magd	Aufricht	Anton	64/01/22	64/05/13		49/01347	1864/0823	

Taufmatrik wurde das Einverständnis der Mutter zur Taufe festgehalten: "Regina Arnsteiner Israelitin, begehrt, daß ihr Kind getauft, welches ohnehin in das Findelhaus kömmt" (Pfarre St. Peter Taufmatrik 11/02/08; FdhP); im Fdh an Schwäche gestorben (FdhP).
[60] Katharina Asch, aus Preßburg zugereist, gestorben am 55/09/07 (IKG Stb B 2448: Magd aus Preßburg in Ungarn, ledig, 25 Jahr alt, k.k. Gebärhaus, an Typhus; nicht im TBP).
[61] Wegen "Krankheit der Mutter" Fdh; an Lebensschwäche einen Tag nach dem Transfer ins Fdh gestorben (FdhP).
[62] Rosa Aschenberger, geb. in Boskowitz in Mähren; wohnte 1858 in der Leopoldstadt No 211, 1860 in Wien Innere Stadt No 489 (GbhP'e).
[63] Louise Feigl Asil, aus Krakau zugereist (GbhP).
[64] Franziska Auerbach, geb. in Tachau in Böhmen, Dienstmagd, getauft am 31/10/23 in der Pfarre Am Hof (DAW: Konvertiten Protokolle 1830-1833), wohnhaft in Wien-Leopoldstadt No 11 (1828) und No 24 (1829) (GbhP'e).
[65] Gustav Ribing (GbhP), Gustav Riebing (Taufmatrik AKH 29/09/19: "Mater Judaea"). Irrtümlicherweise wurde der Name der Mutter in die Taufmatrik eingetragen, sodann gestrichen. Da kein Sterbedatum in das FdhP nachgetragen wurde, so könnte dieses Kind überlebt haben, zudem auch in der Taufmatrik die Ausstellung eines Taufscheines mit dem Datum 57/09/14 als Randnotiz festgehalten wurde. Als Pflegemutter wurde in das FdhP Anna Falk eingetragen, "Bauerseheweib Iltensdorf No 26, Herrschaft Neuberg, Grätzer Kreis".
[66] Theresia Auerbach, V: Wilhelm Auerbach (Pfarre Alservorstadt Taufmatrik 18/05/28: Wilhelmine Auerbach).
[67] Wilhelmine Auerbach, geb. in der Alservorstadt No 173 am 18/04/12; getauft am 18/05/28 in der Pfarre Alservorstadt; am folgenden Tag ins Fdh gebracht, gegen eine Taxe von 60 fl. mit dem Meldzettel (Armutszeugnis) der Pfarre aufgenommen (Pfarre Alservorstadt Taufmatrik 18/05/18: Wilhelmine Auerbach; FdhP).
[68] Anna Aufricht, aus dem Stuhlweißenburger Komitat zugereist (GbhP).

A

M: Name	M: Vorname	geb. ca.	Beruf	K: Name	K: Vorname	K: geb.	K: gest.	K: entl.	Qu GbhP	Qu FdhP	Qu EntlP
Augenfeld	Charlotte	1808/B	Magd	*Malzer*[69]	Mathias	42/03/05	42/03/19		27/02234	1842/1294	
Auspitz[70]	Anna	1836/U	Hdarb	Auspitz	Gustav	54/08/20	54/11/21		39/05735	1854/5882	

---

[69] Mathias Malz**an** (GbhP; Taufmatrik AKH 42/03/05: "Mater judaea"), Mathias Malz**er** (FdhP: "Israelitenkind"). - Die Mutter wurde ins FdhP als "k<atholisch>" eingetragen - ein nicht seltener Schreibfehler in den Protokollen - die Kanzleikraft hatte Tag für Tag -zig Eintragungen in das Protokoll vorzunehmen, oft war darunter wochenlang kein jüdisches Kind, und so wurde halbautomatisch nach dem Namen "kl" für "katholisch, ledig" gesetzt, oft nachträglich korrigiert bzw. überschmiert. - Die Mutter von diesem Kind war eine Magd aus Postelberg in Böhmen, wohnhaft in Wien-Erdberg, das Kind kam in Findelpflege nach Neulengbach, starb dort an Gehirnwassersucht (GbhP, FdhP).

[70] Anna Auspitz, aus Ödenburg zugereist (GbhP).

A

M: Name	M: Vorname	geb. ca.	Beruf	K: Name	K: Vorname	K: geb.	K: gest.	K: entl.	Qu GbhP	Qu FdhP	Qu EntlP
Bach, vide Beck											
Bachrech	Franziska	1804/U	Magd	*Bauer*[1]	Anna	23/05/18			08/01196	1823/1905	
Bachroch[2]	Magdalena	1840/U	Tochter	Bachroch[3]	Wilhelm	60/05/23	60/06/29		45/04647	1860/3616	
Back, vide Beck											
Bäck, vide Beck											
BA(A)DER											
Bader[4]	Antonia	1839/M	Magd	Bader[5]	Theresia	68/01/16			53/00346	1868/0385	
Bader[6]	Juliana	1800/M	Magd	*März*[7]	Johann B.	20/03/23	20/04/04		05/00720	1820/0965	

[1] **A.B.** (GbhP), Anna **B**auer (FdhP). - Die Initialen des Kindes bestehen aus vergrößerten Kleinbuchstaben, B könnte auch als Kapitalis C gelesen werden. - Im Fdh wurde am 23/05/20 ein drei Tage altes Kind namens Anna Bauer "wegen Unvermögenheit der Mutter" "gratis" aufgenommen. Eine Aufnahme im "jüdischen Formular": Die Aufnahme erfolgte gratis, ohne Angaben zur Mutter, die jüdische Herkunft des Kindes wurde nicht erwähnt. Auch in der Taufmatrik des AKH wurde das Kind im "jüdischen Formular" aufgenommen: ohne Mutter, mit der Anstaltshebamme als Taufpatin. Auch wenn in keiner Quelle die jüdische Herkunft des Kindes Anna Bauer ausdrücklich erwähnt wird, so deutet alles darauf hin: Die Vergabe von Initialen im GbhP (nur jüdisch geborene Kinder wurden mit den Initialen ihrer Fremdnamen in das Protokoll eingetragen), der Name der Mutter wurde weder ins FdhP noch in die Taufmatrik aufgenommen (bei katholischen Kindern aus der Gratisabteilung des Gbh'es vollkommen unüblich), die Initialen "A.B." entsprechen dem Namen des Findelkindes "Amalia Bauer". - Das Kind kam in Findelpflege nach Ungarn zu einer Pflegepartei in St. Johann (FdhP: Maria Gartner, Inwohnerin, St. Johann in Ungarn, Wieselb<urger> Comit<at>). Es wurde in das FdhP kein Sterbedatum nachgetragen, das Kind könnte demnach überlebt haben, zumal sich in der Taufmatrik eine Randnotiz aus dem Jahr 1851 befindet. Amalia Bauer war zu dieser Zeit im heiratsfähigen Alter, vermutlich wurde ein Taufschein für eine bevorstehende Eheschließung benötigt. Eine weitere Randnotiz aus dem Jahr 1938 läßt auf Nachkommen der Amalia Bauer schließen, die für einen Ariernachweis bei der Pfarre angesucht haben könnten (Taufmatrik AKH 23/05/19: Anna Bauer).
[2] Hausiererstochter, 20 Jahre alt (GbhP).
[3] Wilhelm Bachroch kam "wegen mosaischer Religion der Mutter" ins Fdh (GbhP, FdhP).
[4] Antonia Bader, geb. in Schaffa in Mähren, aus Krems zugereist (GbhP).
[5] "Wegen Krankheit der Mutter" ins Fdh (FdhP). - Theresia Bader ist am 1929/08/08 aus der kath. Kirche ausgetreten (Taufmatrik AKH 68/01/16).
[6] Juliana Bader, geb. in Schaffa (GbhP 5/00720), bzw. Znaim (GbhP 6/02755), wohnhaft in Wien-Leopoldstadt - sicherlich ident.
[7] Johann Baptist März (GbhP, FdhP), Joannes Papt<ist> Märtz (Taufmatrik AKH 20/03/23: M: "Israelita"). - Das Kind war ein Fremdnamenkind, wurde im März geboren und erhielt von diesem Monat seinen Namen. - Im FdhP kein Hinweis auf die jüdische Herkunft des Kindes; Grund der Aufnahme: "wegen Krankheit der Mutter"; das Kind ist im Fdh im Alter von zwölf Tagen gestorben (FdhP).

B

M: Name	M: Vorname	geb. ca.	Beruf	K: Name	K: Vorname	K: geb.	K: gest.	K: entl.	Qu GbhP	Qu FdhP	Qu EntlP
Bader	Juliana	1797/M	Magd	*Königgratz*[8]	Karl	21/10/28	21/12/21		06/02755	1821/3714	
Baader	Rosalia	1817/M	Magd	*Seneka*[9]	Karl	36/01/30			21/00791	1836/0470	
Bader[10]	Rosalia	1831/M	Magd	Baderl[11]	Franz	50/10/25		61/04/12	35/06343	1850/6078	61/04/12
Balatz[12]	Amalia	1804/B	Magd	*Berg*[13]	Eva	24/12/23			09/02836	1824/4717	

[8] Karl Königratz (GbhP), Karl Königkratzer (Taufmatrik AKH 21/10/28), Karl Königgratz (FdhP). - Im FdhP kein Hinweis bezüglich der Abstammung des Kindes, das Kind kam "wegen Krankheit der Mutter" ins Fdh, sodann zu einer Bäuerin nach Wien-Reinprechtsdorf (FdhP).

[9] **K.S.** (GbhP), **Karl Seneka** (FdhP) - Im GbhP ein einfaches, klares K als erste Initiale; ein Graphem, das kaum irgendeinem Buchstaben zugeordnet werden kann, als zweite Initiale, sie könnte eventuell als H oder auch als I mit nachfolgendem L interpretiert werden. Das Geschlecht des Kindes wurde mit "K<nabe>" festgestellt; am 36/08/02 kam dieses Kind ins Fdh. - Im FdhP war nun nach einem Buben zu suchen, dessen Vorname mit K begann, welcher am 2. Februar ins FdhP als Israelitenkind oder im "jüdischen Formular" aufgenommen wurde - und dieses Kind wurde unter dem Namen "Karl Seneka" ins FdhP eingetragen, ein "Israelitenkind" <kräftig unterstrichen>, geboren am 36/01/30 im Gbh, auch seine Mutter wurde in das Protokoll eingetragen: "Baader Rosalia, Israelitin" - der Name der Mutter des Initialenkindes. In der Taufmatrik des AKH wurde der Name der Mutter nicht in das Protokoll aufgenommen, jedoch die jüdische Herkunft durch den Vermerk "mater infantis judaea" festgehalten. Das Initialenkind ist somit mit "Karl Seneka" ident. Da in das FdhP kein Sterbedatum eingetragen wurde, könnte das Kind bei seinen Pflegeeltern überlebt haben (FdhP: Magdalena Bachmann, Kleinhäuslerin in Klein Wilfendorf No 31, Pfarre Klein Wilfendorf - NÖ, UMB; Taufmatrik AKH 36/01/30).

[10] verh. Winter.

[11] Franz Baderl kam "wegen Religion der Mutter" (GbhP) und "Krankheit der Mutter" (FdhP) ins Fdh. Durch ein "Versehen" wurde Franz Baderl nach seiner Entlassung aus der Findelpflege in den Heimatort seiner Mutter gebracht, welche den zehnjährigen Buben zu sich nahm. Da das Kind jedoch getauft war, wurde es ihr wieder weggenommen und dem Wr. Magistrat übergeben - zu einer Zeit, in welcher die Presse über die bereits als Skandal empfundenen Zwangstaufen im Fdh berichtete. Der Wr. Magistrat übergab daher kurzerhand das Kind wieder der Mutter. In diesem Zusammenhang war auch die Kabinettskanzlei mit dieser Angelegenheit befaßt (HHStA: K.K. 1861 No 3279: Vortrag des Staatsministeriums 61/10/19), da die Mutter in einem Majestätsgesuch die Bitte gestellt hatte, das Kind entweder behalten zu dürfen, und falls dies nicht möglich sein sollte, es in einer staatlichen Militär- erziehungsanstalt unterzubringen. - Rosalia Baderl war zu dieser Zeit bereits verheiratet und trug den Namen ihres Mannes (Winter).

[12] **Amalia** Balatz (GbhP), **Rosalia** Baletz (TBP) - gestorben am 25/01/05 im Gbh (GbhP). - TBP 25/01/05: Rosalia Baletz, "ledige Magd von No 1 in der Leopoldstadt, von Tutschap in Böhmen gebürtig, israelitischer Religion, an Bauchfellentzündung, alt 20 Jahr", ähnlich AKH Stb 25/01/05.

[13] **E.B.** (GbhP), **Eva Berg** (FdhP). - Ins Fdh wurde am 24/12/24 "wegen Krankheit der Mutter" ein Mädchen mit dem Namen "Eva Berg" aufgenommen. Die Aufnahme erfolgte gratis, nur der Name des Kindes wurde ins FdhP eingetragen, nicht seine Mutter. Aus dem FdhP geht nicht hervor, ob dieses Kind

B

M: Name	M: Vorname	geb. ca.	Beruf	K: Name	K: Vorname	K: geb.	K: gest.	K: entl.	Qu GbhP	Qu FdhP	Qu EntlP
Bamberger[14]	Sofia	1823/Dt	Magd	unentbunden entlassen 52/03/06					37/01226		
Bamberg	Sofia	1824/Dt	Magd	Bamberg	Anton	52/03/11	52/04/17		37/02978	1852/1917	
BA(A)R											
Baar	Betti	1843/U	Magd	Baar[15]	Anna	61/12/03	1944/10		47/00766	1861/9159	
Bar	Lotti	1834/U	Magd	Bar	Franz	52/01/08	52/01/26		37/01531	1852/0361	
Barach[16]	Amalia	1829/U	Hdarb	Baroch[17]	Antonia	62/01/03	62/04/20		47/01419	1862/0264	
Baram[18]	Magdalena	1830/M	Magd	Baran[19]	Emanuel	55/01/20	55/04/30		40/01718	1855/0580	
Baras (Barasz, Barrosz) Maria, vide geb. Buchbinder Maria											
Bareder	Anna M.	1789/Dt	Magd	Zwof[20]	Franz	17/02/11	17/04/18		02/00380	1817/0507	
Baron	Josefa	1824/B	Magd	Baron[21]	Josef	50/10/11		60/10/11	35/06544	1850/5834	60/10/13

jüdisch geboren war oder nicht. Daß dieses Kind ein jüdisches Kind war, wurde mit "Israelita" in einer Anmerkung der Taufmatrik festgehalten (Taufmatrik AKH 24/12/24: Eva Berg) - somit stehen die Initialen "E.B." für das Findelkind "Eva Berg". - Zwei Tage nach der Aufnahme ins Fdh kam Eva Berg nach Strassdorf in Findelpflege und könnte überlebt haben, da in das FdHP kein Sterbedatum nachgetragen wurde (FdhP: Theresia Schmidhuber, Inwohnerin, Strassdorf No 49 - NÖ, UWW).

[14] Sofia Bamberg ist mit Sofia Bamberger ident, geb. um 1824 in Fürth in Bayern, Magd in Wien, wohnhaft in <Wien> Thury No 50.

[15] Anna Baar, gestorben am 1944/10/04 in Wien 12, St.A. Meidling v. 1944/10/06 Zl. 898/44 (Taufmatrik AKH 61/12/04).

[16] Amalia Barach (GbhP), Amalia Baroch (Taufmatrik AKH 62/01/04: Antonia Baroch).

[17] Dieses Kind kam als Gassengeburt zur Welt, wurde einen Tag nach seiner Geburt mit der Mutter ins Gbh gebracht und getauft (GbhP).

[18] Magdalena Baram (GbhP, TBP), Magdalena Baran (Taufmatrik AKH 55/01/21: Emanuel Baran) - gestorben am 55/02/01 (IKG StB B 2279: im Gbh, Blutzersetzung). - TBP 55/02/01: Magdalena Baram, "Magd 25 Jahr, ledig, israelitisch, Pisenz in Mähren, Leopoldstadt 197, Blutzersetzung, im k.k. Gebärhause."

[19] "Wegen Krankheit" der Mutter Fdh, nach dem Tod seiner Mutter wurde ins FdhP vermerkt: "Hat bar 9 f 13 xr" - 9 Gulden und 13 Kreuzer. Emanuel Baran ist im Alter von drei Monaten an Durchfall gestorben (FdhP).

[20] Erhielt im Gebärhaus den Fremdnamen Franz **Zwof**, in die Taufmatrik und ins FdhP unter dem Namen seiner Mutter eingetragen. Franz **Bareder**/Zwof kam einen Tag nach seiner Geburt "wegen Krankheit der Mutter" - einer 28jährigen Magd aus Traunstein in Sachsen - ins Fdh (GbhP, FdhP), wurde "sogleich der Pokornin Barb<ara> Wittwe in Wien-Lichtental No 26" übergeben, die ihn keine drei Wochen behielt, er kam sodann zu einer Taglöhnerin am Thury; im Alter von zwei Monaten gestorben (GbhP, FdhP).

B

M: Name	M: Vorname	geb. ca.	Beruf	K: Name	K: Vorname	K: geb.	K: gest.	K: entl.	Qu GbhP	Qu FdhP	Qu EntlP
Baron[22]	Regina	1829/U	Magd	Baron[23]	Karl	49/04/01		59/04/01	34/03290	1849/2476	59/04/12
Baruch Katharina, vide geb. Grünberger (Krenberger) Katharina											
Bather	Maria	1804/U	Magd	Müttelbach[24]	Emilia	24/08/06			09/01814	1824/3114	
Batta	Franziska	1825/M	Magd	Bata[25]	Franziska	49/04/21	50/04/01		34/04076	1849/2951	
Bauer[26]	Barbara	/M	Magd	Weiner[27]	Susanna	10/12/9	10/12/19			1810/2745	
Bauer[28]	Barbara	1802/M	Magd	Wunsch[29]	Theodor	27/01/09	27/02/04		11/02188	1827/0217	

[21] Josef Baron (FdhP: "Israelitenkind"), kam "wegen Religion der Mutter" am 50/10/12 ins Fdh, die Mutter blieb bis zum 50/10/18 im Gbh, vier Tage später kam das Kind zu einem Zimmermann in der Gegend von St. Pölten. Die Mutter erhielt nach einer Woche einen Empfangsschein, mit dem sie ihr Kind besuchen durfte. Das Kind hat überlebt, es wurde nach Ablauf der Findelhausbetreuung von der letzten Pflegepartei, den Eheleuten Sobotka, übernommen (FdhP, EntlP: Maria Sobotka, Tischlergesellensgattin, Wien-Schottenfeld No 196).

[22] Regina Baron, aus dem Trentschiner Komitat in Ungarn zugereist (GbhP).

[23] Karl Baron blieb drei Tage im Fdh, kam dann zu einem Schuhmacher nach Nöstach in NÖ, der ihn bei sich behielt, wie aus dem EntlP hervorgeht, in welches seine Frau als Übernahmepartei mit dem Vermerk "KP" (Kostpartei) eingetragen wurde (FdhP, EntlP: Julia Lindner, Schuhmachersgattin, Nöstach No 40, NÖ, UWW).

[24] E.M. (GbhP), Emilia Müttelbach (FdhP), Emilia Mittelbach (Taufmatrik AKH 24/08/17). - Ein Kind namens "Emilia Müttelbach" wurde im Alter von zwei Tagen (sic!) am 24/08/17 "wegen Unvermögenheit der Mutter" ins Fdh aufgenommen. Der Name der Mutter wurde nicht ins FdhP eingetragen, die Aufnahme war "gratis" erfolgt - eine Aufnahme im "jüdischen Formular", ohne Angabe der jüdischen Herkunft des Kindes. Emilia Müttelbach wurde kurz vor dem Transfer ins Fdh - am gleichen Tag - getauft. In der Taufmatrik des AKH wurde ihre jüdische Herkunft mit dem Vermerk "Israelitin" festgehalten. - Das Initialenkind "E.M." kann nun mit dem Findelkind "Emilia Müttelbach" identifiziert werden. - Emilie Müttelbach kam zu einem Müller in das Waldviertel in Pflege (FdhP: Magdalena Brukmülner, Müllersweib an der Urbansmühle No 13 Rott Niedermühlstein <unsichere Lesart>, Herrschaft Neuhofen an der Ybbs - NÖ, OWW). In das FdhP wurde kein Sterbedatum eingetragen, das Kind könnte demnach überlebt haben, zumal um das Jahr 1874 ein Taufschein ausgestellt wurde (Taufmatrik AKH 24/08/17: Randnotiz 74/08/28).

[25] Das Kind - eine Gassengeburt - wurde am folgenden Tag mit seiner Mutter ins Gbh gebracht, getauft, kam ins Fdh (GbhP).

[26] Barbara Bauer, "l.D." (ledige Dienstmagd), "jüdischer Religion, zu Großmeseritsch in Mähren geb., wegen Religion" (FdhP). - In die Taufmatrik wurde der Name der Mutter nicht aufgenommen, statt dessen setzte man in die betreffende Rubrik "Jüdin" (Taufmatrik AKH 10/12/10: Susanna Weiner).

[27] Susanne Weiner ist im Gbh an Schwäche gestorben (FdhP).

[28] Barbara Bauer, geb. in Trebitsch in Mähren, wohnhaft in Wien-Leopoldstadt No 61 (1826) und No 260 (1828) (GbhP'e).

[29] Theodor Wunsch (GbhP). - Ins FdhP wurde die Mutter nur mit dem Vornamen eingetragen, wodurch über das Formular des FdhP's der Eindruck er-

B

M: Name	M: Vorname	geb. ca.	Beruf	K: Name	K: Vorname	K: geb.	K: gest.	K: entl.	Qu GbhP	Qu FdhP	Qu EntlP
Bauer	Barbara	1800/M	Magd	Bauer	Eleonora	28/02/29	28/03/20		12/02344	1828/0993	
Bauer[30]	Lotti	1824/U	Magd	*Glanz*[31]	Theresia	42/02/15		52/01/30	27/01269	1842/0989	52/01/30
Bauer	Lothe	1824/U	Hdarb	*Blumenwald*[32]	Ther. M.	43/09/29	44/01/19		28/04999	1843/4266	
Bauer[33]	Franziska	1821/M	Magd	*Rosen*[34]	Elisabeth	42/05/22	42/06/07		27/03551	1842/2473	
Bauer	Franziska	1826/M	Köchin	Bauer	Rosalia	55/04/22	55/06/03			1855/2961	
Bauer	Hanni			Bauer[35]	Karolina	61/06/29	61/07/14			1861/5302	
Bauer[36]	Johanna	1811/U	Magd	*Thaler*[37]	Emanuel	33/09/14			18/03330	1833/3122	

---

weckt wird, das Kind hätte keinen Fremdnamen, sondern den Namen seiner Mutter erhalten. Theodor Wunsch kam in Findelpflege nach Jedenspeigen, ist dort gestorben. - Taufmatrik AKH 27/01/11: "Mater judaea".

[30] Lotti Bauer, geb. in Mattersdorf, Ödenburger Komitat; 1842 zugereist, 1843 wohnhaft <Wien> Landstraße No 169 (GbhP'e).

[31] Theresia Glanz (GbhP; FdhP: "Israelitenkind") - kam zunächst zu einem Maurer nach Neulengbach, der sie wieder in das Fdh zurückbrachte; sodann zur Frau eines Fuhrmanns in Wien, welche das Kind nach Ablauf der Findelpflege "gegen Revers" übernommen hat (FdhP; EntlP: Rosina Hellerbrand, Fuhrmannsgattin, Wien-Wieden No 950). - Taufmatrik AKH 42/02/16: "Mater judaea".

[32] Theresia Michaela Blumenwald (GbhP; FdhP: "Israelitenkind") kam zu einem Bauern nach Deutsch-Altenburg; ist an Auszehrung gestorben (FdhP). - Taufmatrik AKH 43/09/20: "Mater judaea".

[33] Franziska Bauer, geb. von Eisgrub in Mähren; wohnhaft in Wien-Währing; im FdhP als "kl" (katholisch, ledig) eingetragen - ein Versehen der Kanzlei, da ihr Kind als "Israelitenkind" aufgenommen wurde und sie selbst im GbhP als jüdisch ausgewiesen ist (GbhP, FdhP).

[34] Elisabeth **Rosen** (GbhP; FdhP), Elisabeth **Bauer** (Taufmatrik AKH 42/05/22: Das Kind wurde somit mit dem Namen der Mutter und nicht mit seinem Fremdnamen "Rosen" eingetragen.) - Ins FdhP als "Israelitenkind" aufgenommen, von der Pflegepartei wieder ins Fdh zurückgebracht; im Alter von zwei Wochen im Fdh an Lebensschwäche gestorben (FdhP).

[35] Karolina Bauer, geboren bei der Hebamme Anna Wagner in der Alservorstadt No 385, am folgenden Tag getauft, ins Fdh gebracht. Die Zustimmungserklärung der Mutter vor zwei Zeugen wurde in die Taufmatrik aufgenommen: "daß es ihr Wille sei, daß dieses ihr Kind nach dem Ritus der katholischen Kirche getauft und in der katholischen Religion erzogen werde", unterzeichnet haben die Mutter, der Hausbesorger und der Hausknecht der Hebamme; als Notabene wurde hinzugefügt: "Das Kind wurde der Findelanstalt übergeben" (Pfarre Alservorstadt Taufmatrik 61/06/30).

[36] Johanna Bauer, geb. in Preßburg, von dort zugereist (GbhP).

[37] Emanuel Thaler (GbhP; FdhP: "Israelitenkind") - bei einem Bauern in der Nähe von St. Pölten untergebracht; könnte die Findelpflege überlebt haben, da in das FdhP kein Sterbedatum eingetragen wurde (FdhP: Maria Anna Eigenbauer, Bauersweib, Dürs <unsichere Lesart>, Pfarre Kasten, Herrschaft St.

B

M: Name	M: Vorname	geb. ca.	Beruf	K: Name	K: Vorname	K: geb.	K: gest.	K: entl.	Qu GbhP	Qu FdhP	Qu EntlP
Bauer[38]	Magdalena	1841/U	Magd	Bauer[39]	Albert	61/02/22	61/03/12		46/02758	1861/1749	
Bauer	Maria	1830/U	verh.		Rosalia	60/03/17			45/02984		
Bauer	Maria	1835/U	Magd	Bauer	Helene	61/12/27	66/08/21		47/01273	1862/0096	
Bauer	Maria	1834/U	Magd	Bauer	Maria	64/05/24	64/06/18		49/05382	1864/4389	
Bauer[40]	Rosalia	1820/U	Hdarb	*Wilkin*[41]	Wilhelmine	42/10/30	42/11/07		27/06153	1842/4757	
Bauer	Rosalia	1820/U	Hdarb	*Wilkin*[42]	Karolina	42/10/30	42/11/04		27/06153	1842/4758	
Bauer	Rosalia	1828/U	Magd	Bauer[43]	Sigmund	50/06/05	50/09/04		35/04515	1850/3604	
Bauer	Rosa	1846/U	Magd	Bauer[44]	Camilla	68/02/23	69/02/05		53/01220	1868/1547	
Bauer	Sofia	1848/M	Magd	Bauer[45]	Juliana	66/07/27	1949/11		51/04068	1866/5463	
Bauer	Theresia	1795/U	Magd	*Samstag*[46]	Susanna	16/11/02	16/11/16		01/01837	1816/2826	

Pölten - NÖ, OWW). - Taufmatrik AKH 33/09/14: "Mater infantis judaea"; der Name der Mutter (Johanna Bauer) wurde irrtümlich eingetragen, sodann gestrichen.
[38] Köchin, verheiratet, "sammt ungetauften Kinde Rosalie" entlassen (GbhP).
[39] Rosalia Bauer wurde nicht getauft, Mutter und Kind wurden am 60/03/17 aus dem Gbh entlassen (GbhP).
[40] Zwillingsgeburt 42/10/30: Wilhelmine und Karolina Wilkin - sie kamen "wegen israel<itischer> Mutter" ins Fdh (FdhP), während die Mutter ins AKH auf eine andere Abteilung gebracht wurde (GbhP).
[41] Taufmatrik AKH 42/10/30: "Mater judaea"; an Lebensschwäche im Fdh im Alter von acht Tagen gestorben (FdhP).
[42] Am selben Tag wie ihre Zwillingsschwester im Fdh im Alter von acht Tagen gestorben (FdhP).
[43] "Wegen Religion der Mutter" Fdh (FdhP).
[44] o.A. (GbhP), **Camilla Bauer** (FdhP). - Camilla Bauer war das erste Kind, das 1868 offiziell als jüdisches Kind - ohne getauft zu werden - permanente Aufnahme im Wiener Fdh fand. Ins GbhP wurde der Name des Kindes nicht eingetragen, in die Namensrubrik wurde bloß "nicht getauft" gesetzt, im FdhP wurde hingegen vermerkt: Geb<är>h<au>s ungetauft, israelit<ischer> Religion, "das Kind heißt laut Angabe der Mutter Camila". Camilla Bauer wurde kaum ein Jahr alt, starb an Tabes (Schwindsucht, Auszehrung) (FdhP; CAHJP A/W 1809, Verzeichnis jüdischer Findelkinder von 1868).
[45] Juliana Bauer kam "wegen Religion der Mutter" ins Fdh (FdhP), gestorben am 1949/11/23 in Wien 16, St.A. Wien-Ottakring No 1785/49 (Taufmatrik AKH 66/07/27).
[46] **S.S.** (GbhP), **Susanna Samstag** (FdhP), Susanna Sa**mb**stag**in** (Taufmatrik AKH 16/11/02). - In das GbhP wurde zunächst der Fremdname "Samstag" eingetragen, sodann gestrichen und durch die Initialen "S.S." ersetzt. - Es gab vermutlich eine neue Instruktion, welche die Aufnahme jüdischer Kinder in

B

M: Name	M: Vorname	geb. ca.	Beruf	K: Name	K: Vorname	K: geb.	K: gest.	K: entl.	Qu GbhP	Qu FdhP	Qu EntlP
Bauer[47]	Theresia	1829/M	Magd	Bauer[48]	Karl	49/08/29	50/12/26		34/06629	1849/5646	
Bauer[49]	Theresia	1845/U	Hdarb	totgeboren 64/09/15					49/08180		
Baum	Anna	1792/B	Magd	*Rosch*[50]	Hedwiga	17/02/25	17/03/10		02/00445	1817/0650	
Baum[51]	Sofia	1848/U	Magd	unentbunden entlassen 68/11/28					54/06867		
Baum	Sofia	1848/U	Magd	Baum[52]	Flora	68/12/01	69/02/11			1868/7732	
Baumgartner	Julia	1844/U	Köchin	Baumgartner	Karl	67/03/06			51/08871	1867/1936	
Baumhardt[53]	Josefa	1848/U	Köchin	Baumhardt	Josefa	66/03/15			51/00220	1866/2228	
Baumhorn Johanna, vide geb. Spiegel Johanna											
Bauminger	Mathilde	1850/B	Magd	Bauminger	Philipp	67/04/20	68/07/15		52/02578	1867/2975	
Beck Anna, vide Petyan Anna											

das GbhP mit den Initialen ihrer Fremdnamen anordnete. Das Kind war ein Fremdnamenkind, es wurde an einem Samstag getauft und erhielt von diesem Wochentag seinen Namen (Taufmatrik AKH 16/11/02). - Susanna Samstag wurde unmittelbar nach ihrer Geburt und Taufe ins Fdh gebracht, wobei eine Taxe von 30 fl. erlegt wurde; sie wurde sogleich bei einer Taglöhnerin in <Wien> Weinhaus untergebracht (FdhP). In die Taufmatrik wurde Susanna Samstag als "Judaea" eingetragen.

[47] Theresia Bauer, geb. von Kanitz in Mähren, wohnhaft Wien-Meidling No 48; im FdhP als "kl" (katholisch, ledig) eingetragen - sicherlich ein Versehen, da das Kind als "Israelitenkind" aufgenommen wurde und die Mutter sowohl im GbhP als auch in der Taufmatrik als jüdisch ausgewiesen ist (GbhP, FdhP; Taufmatrik AKH 49/09/02: Karl Bauer).

[48] Das Kind wurde als Gassengeburt am folgenden Tag mit seiner Mutter ins Gbh gebracht, getauft, kam ins Fdh (GbhP).

[49] Theresia Bauer kam vom AKH, Zi. 53 ins Gbh, wurde nach der Entbindung wieder auf ihr Krankenzimmer zurückgebracht (GbhP).

[50] Hedwiga Rosch (FdhP); Hedwiga Rasch (GbhP); Hedwiga Raschin (Taufmatrik AKH 17/02/25: M: "Israelita"); - Das Kind kam zur Offizierswitwe Therese Lieblin in Breitenfeld in Pflege (FdhP). Üblicherweise übernahmen jüdische Pflegekinder aus dem Fdh nur Frauen aus den untersten Bevölkerungsschichten, die im Pflegegeld dafür einen finanziellen Anreiz sahen. Es war das zweite jüdische Pflegekind, das Theresia Lieblin übernommen hatte, vier Monate zuvor starb bei ihr der knapp drei Monate alte Daniel Donnerstag (FdhP 1816/2002).

[51] Sofia Baum, zuständig nach Námeszto, Arvaer Komitat in Ungarn (GbhP, FdhP).

[52] Flora Baum wurde nicht getauft (FdhP; CAHJP A/W 1809, Verzeichnis jüdischer Findelkinder von 1868).

[53] Josefa Baumhardt, geb. in Námeszto, Arvaer Komitat, zugereist (GbhP).

B

M: Name	M: Vorname	geb. ca.	Beruf	K: Name	K: Vorname	K: geb.	K: gest.	K: entl.	Qu GbhP	Qu FdhP	Qu EntlP
BECK (BACH, BACK, BÄCK, BEEK, PÖCK)											
Beck[54]	Amalia	1824/M	Köchin	*Treulich*[55]	Josef	42/12/05		52/12/05	27/05871	1842/5295	52/12/13
Bäck[56]	Netti	1829/U	Magd	Bäck	Maria	57/03/25	57/04/14		42/02853	1857/2496	
Böck[57]	Anna	1831/U	Magd	Böck	Josef	64/11/06	64/11/18		49/09391	1864/8611	
Böck	Anna	1831/U	Magd	Böck	Magdalena	64/11/06	64/11/12		49/09391		
Böck[58]	Anna	1837/U	Magd	Bäck	Anton	59/06/06	59/06/25		44/05613	1859/4815	
Beck[59]	Anna	1840/U	Magd	Beck	Maria	62/02/17	62/04/16		47/02374	1862/1402	
Beck[60]	Anna	1839/U	Magd	Beck	Maria	64/06/16	64/07/04		49/05937	1864/5007	
Böck	Antonia	1817/B	Magd	*Amberg*[61]	Anna	37/04/26	37/06/19		22/02220	1837/1547	

[54] Amalia Beck (GbhP), Amalia Bek (TBP) - aus Prossnitz in Mähren zugereist; gestorben am 42/12/15 (GbhP; IKG Stb A 1843: im AKH, Nervenfieber). - TBP 42/12/14 (sic!): "Bek Amalia, ledige Magd, israelitischer Religion, geboren von Bisenz in Mähren, 18 Jahr, Aufenthaltsort unbekannt, am Nervenfieber."

[55] Josef Treulich (GbhP; FdhP, EntlP) kam wegen Krankheit der Mutter ins Fdh (GbhP: "Mutter krank"). Seine Mutter ist 18jährig an Nervenfieber im Gbh gestorben, hinterließ dem Kind "1 f 8 x CM" - einen Gulden und acht Kreuzer Conventions Münze. Das Kind kam in Findelpflege nach Heiligenkreuz, überlebte, blieb nach den "zehn Normaljahren" der Findelhausversorgung bei der Witwe Anna Fraumüller, die ihn im Alter von zwölf Tagen übernommen hatte (FdhP, EntlP: Fraumüller Anna <durchgestrichen: Josef>, Witwe, No 7 in Preinsfeld, Pfarre Heiligenkreuz, Bezirksgericht Baden). - Taufmatrik AKH 42/12/05: "Mater infantis judaea", Randnotiz aus dem Jahr 1867 in Form eines Datums, welches sich auf die Ausstellung eines Taufscheines - vielleicht für eine beabsichtigte Eheschließung - beziehen mag.

[56] Anna Bäck ist mit Anna Böck ident, etwa gleich alt, geb. in Wradisch in Slowenien, 1857 wohnhaft in Wien-Leopoldstadt, 1864 in Mödling (GbhP'e).

[57] Anna Böck, geb. in Wradisch, wohnhaft in Mödling, zugereist (GbhP); Gassengeburt (GbhP) mit Zwillingen: Josef und Magdalena Böck, das Mädchen starb noch im Gbh, der Bub im Fdh "an Lebensschwäche" (GbhP, FdhP).

[58] Anna Böck (GbhP), Anna Bäck (Taufmatrik AKH 59/06/07), kam aus Zowadis <Szobotisz?>, Neutraer Komitat in Ungarn, nach Wien (GbhP, FdhP).

[59] Anna Beck, geb. in Szobotisz (1862), bzw. Zobad <Szobotisz?> im Preßburger Komitat in Ungarn, 1862 wohnhaft in Wien-Alservorstadt No 194, 1864 im 9. Bezirk, Nadlergasse 2 (GbhP'e).

[60] Sechs Jahre zuvor - 1858 - findet sich ein Moritz Beck als Sohn der Anna Beck in den Geburtenbüchern der IKG, er wurde bei der Hebamme Maria Schmeier in der Alservorstadt No 194 geboren (IKG Gb B 3766, geb. am 58/01/26, M: Anna Beck aus Szobotisz). - In breiten Kreisen der Bevölkerung war es in dieser Zeit üblich, Kinder in der Wohnung von Hebammen zur Welt zu bringen.

M: Name	M: Vorname	geb. ca.	Beruf	K: Name	K: Vorname	K: geb.	K: gest.	K: entl.	Qu GbhP	Qu FdhP	Qu EntlP
Böck	Cäcilia	1826/M	Magd	Böck[62]	Karolina	44/03/04	44/03/23		29/02088	1844/1198	
Pöck[63]	Charlotte	1820/U	Magd	Böck[64]	Ignaz	49/05/05		56/02/27	34/04277	1849/3274	56/02/27
Beek	Franziska	1836/B	Magd	Beck	Petronilla	61/01/13	61/02/02		46/00057	1861/0567	
Back[65]	Hanni	1830/U	Magd	Back[66]	Josefa	54/03/19		64/03/19	39/03201	1854/1985	64/03/24
Bach[67]	Johanna	1832/U	Magd	totgeboren 59/07/23					44/06634		
Beck[68]	Josefa	1818/U	Witwe	Beck[69]	Isidor	48/01/01			33/01214		

---

[61] Anna Amberg (FdhP), Anna Arberg (Taufmatrik AKH 37/04/26: "Mater infantis judaea").
[62] **Karolina** Böck (FdhP), **Rosalia** Böck (Taufmatrik AKH 44/03/05).
[63] Charlotte **Pöck** (GbhP), Charlotte **Böck** (FdhP) - 29 Jahre alt, aus Szobotisz in Ungarn, Neutraer Komitat, nach Wien zugereist, als "islt" <israelitisch, dreimal unterstrichen> eingetragen (GbhP).
[64] **o.A.** (GbhP), **Ignaz** Böck (FdhP; IKG Gb B 226) - wurde am 49/05/13 beschnitten, in das Geburtenbuch der IKG eingetragen, als "Israelitenkind" in das FdhP aufgenommen, ein "48er Kind", eines der wenigen, die ungetauft in Findelpflege übernommen wurden, er bekam vorerst einen Pflegeplatz in der Nähe von Tabor in Böhmen, 1855 kam er zu einem Bandmacher nach Ottakring, ein halbes Jahr später (56/02/25) zu einem Webergesellen nach Sechshaus, diesmal nur für zwei Tage. Der Schneidergeselle Martin Prinz hatte den nun bald siebenjährigen Buben "gegen Revers" aus der Findelhausbetreuung gelöst und zu sich genommen - als L<eiblicher>E<rzeuger>, wie es im EntlP festgehalten wurde (FdhP, EntlP: Martin Prinz, Schneidergeselle, Ungeraigen No 58).
[65] Johanna **Back** ist mit Johanna **Bach** sicherlich ident, etwa gleich alt, geb. in Deutsch-Kreutz in Ungarn; 1854 aus Ödenburg zugereist, 1859 wohnhaft Wien Innere Stadt No 500 (GbhP'e).
[66] Josefa Back kam "wegen Religion der Mutter" ins Fdh (GbhP), wurde nach einer Woche einem Maurer aus der Steiermark übergeben, der das Kind schon am folgenden Tag wieder ins Fdh zurückbrachte; noch am selben Tag übernahm das Kind eine Taglöhnerin aus Reipoldenbach in NÖ. Bei dieser Pflegemutter ist das Kind bis nach Beendigung der Findelhausversorgung geblieben (FdhP, EntlP: Theresia Darl, Taglöhnerin, Reipoldenbach No 2, Pfarre Neulengbach).
[67] Johanna Bach, wurde nach der Entbindung ins AKH gebracht (GbhP).
[68] Taglöhnerin, aus Trentschin in Ungarn (GbhP), vom AKH (GbhP).
[69] **o.A.** (GbhP), **Isidor** Beck (IKG Gb A 2532) - wurde als posthumes eheliches Kind nicht getauft; sein Vater war Johann Beck aus Trentschin in Ungarn. Mutter und Kind wurden am 48/01/12 aus dem Gbh entlassen, abgeholt; das Kind wurde am 48/01/18 beschnitten und unter dem Namen Isidor Beck in das Geburtenbuch der IKG eingetragen (IKG Gb A 2532).

M: Name	M: Vorname	geb. ca.	Beruf	K: Name	K: Vorname	K: geb.	K: gest.	K: entl.	Qu GbhP	Qu FdhP	Qu EntlP
Back[70]	Karolina	1832/B	Magd	totgeboren 54/06/30					39/05775		
Bock Karolina, vide Brock											
Beck	Katharina	1837/B	Magd	<...>[71]		68/03/09	68/03/09		53/01609		
Beck Lina, vide Petyan											
Beck	Maria	1847/B	Magd	Bek	Josef	66/08/21	66/12/01		51/03590	1866/6175	
Beck	Rosalia	1818/M	Köchin	*Milde*[72]	Vinzenz E.	37/02/17	37/05/02		22/01387	1837/0787	
Böck	Rosalia	1818/U	Magd	*Rosenwald*[73]	Karl	39/04/10			24/02188	1839/1719	
Böck	Rosalia	1847/U	Magd	Böck	Johann	63/05/28	63/07/21		48/05110	1863/4167	
Back	Theresia			Back[74]	Lina	62/08/26				1862/6094	
Beer[75]	Juliana	1808/U	Magd	*Goldberg*[76]	Barbara	30/07/14			15/01498	1830/1565	
Beer	Juliana	1808/U	Magd	*Bobies*[77]	Hieronymus	33/02/21	33/08/10		18/01238	1833/0790	
Beer[78]	Katharina	1801/U	Köchin	unentbunden entlassen 22/05/20						07/01161	

---

[70] Karolina Back wurde nach einer Gassengeburt mit ihrem totgeborenen Kind in das Gbh gebracht (GbhP).
[71] o.A. (GbhP). Ungetauft, nach der Geburt im Gbh gestorben (GbhP).
[72] Vinzenz Eduard Milde kam zu Fuhrmannsleuten in Wien-Braunhirschengrund in Pflege (FdhP). - Taufmatrik AKH 37/02/17: "Mater infantis judaea".
[73] Karl Rosenwald ist in der Taufmatrik des AKH nicht als jüdisch ausgewiesen: Eingetragen wurde sein Name und Andreas Losch als Taufpate; kein Sterbedatum im FdhP - er könnte daher bei seinen Pflegeeltern geblieben sein und überlebt haben (FdhP: Theresia Krompass, Häuslerin, Ursprung No 3, Pfarre Mauer, Herrschaft Melk - NÖ, OWW).
[74] Lina Back, geb. in Alt-Ofen, getauft am 62/09/07 in der Pfarre Alservorstadt, kam noch am selben Tag ins Fdh. Das Einverständnis der Mutter wurde protokolliert, die Erklärung der Taufmatrik beigelegt. "Dieses Kind wurde der k.k. Findelanstalt übergeben", wurde in einem Notabene hinzugefügt (Pfarre Alservorstadt Taufmatrik 62/09/07). Für das Kind wurde eine Aufnahmstaxe von 105 fl. bezahlt, kein Sterbedatum und kein Abgangsdatum im FdhP.
[75] Juliana Beer, geb. in Preßburg, wohnhaft in Wien-Leopoldstadt.
[76] Barbara Goldberg wurde in der Steiermark untergebracht, sie könnte die Findelpflege überlebt haben, da kein Sterbedatum in das FdhP eingetragen wurde (FdhP: Magdalena Mayer, Keuschlersweib, Plaindorf No 13, Pfarre Steinbach, Herrschaft Feistritz - Stmk). - Taufmatrik AKH 30/07/15: "Mater infantis judaea".
[77] Hieronymus Bobies kam in Findelpflege nach Moselhausen in NÖ (FdhP). - Taufmatrik AKH 33/02/21: "Mater infantis judaea".
[78] Katharina Beer, geb. in Preßburg, 1822 unentbunden ins AKH auf Zi. 57 gebracht; 1827 wohnhaft in Wien-Leopoldstadt (GbhP'e).

B

M: Name	M: Vorname	geb. ca.	Beruf	K: Name	K: Vorname	K: geb.	K: gest.	K: entl.	Qu GbhP	Qu FdhP	Qu EntlP
Beer	Katharina	1803/U	Köchin	*Schlecht*[79]	Abraham	25/02/18	25/02/19		10/00410		
Beer	Katharina	1802/U	Köchin	*Mayer*[80]	Elisabeth	27/07/31	27/09/16		12/01386	1827/2876	
Beigel[81]	Maria	1822/U	Witwe	Beigl	Elisabeth	59/04/14	59/07/06		44/04316	1859/3343	
Bellak[82]	Rosalia	1832/U	Magd	Bellak[83]	Franz	54/04/29	54/05/02		39/02810	1854/2986	
Bellak	Rosalia	1832/U	Magd	Bellak[84]	Josefa	54/04/29	54/05/10		39/02810	1854/2987	
Bellin[85]	Katharina	___/S		*Reichhardt*	Mathias	04/02/20	04/03/28			1804/0508	
Benedek[86]	Josefa	1841/U	Magd	Benedek	Urban	60/07/14	60/08/03		45/04512	1860/5106	
Benedekt[87]	Theresia	1844/U	Hdarb	totgeboren 67/01/06					52/00173		
Benedict[88]	Theresia	1827/U	Magd	totgeboren 49/09/05					34/06741		

---

[79] **A.S.** (GbhP), Abraham Schlecht (Taufmatrik AKH 25/02/19), Abraham Schlacht (Sterbematrik AKH 25/02/19). - Da das Kind noch im Gbh gestorben ist, wurde es unter dem Namen seiner Mutter in die Sterbematrik des AKH aufgenommen: Gestorben war "Beer Katharina, ihr K<nabe> Abraham Schlecht /:Schlacht:/", "katholisch" - markiert wurde die Rubrik mit der Option "katholisch" für das Religionsbekenntnis (Sterbematrik AKH: 25/02/19). Getauft wurde das Kind sogleich nach seiner Geburt, unter dem Namen "Abraham Schlecht" wurde es in die Taufmatrik des AKH eingetragen, Taufpate war der Kirchendiener Josef Eckerle (Taufmatrik AKH 25/02/19).

[80] Elisabeth Mayer (GbhP; FdhP): Es fehlt jeder Hinweis auf die jüdische Herkunft des Kindes, das nach Böheimkirchen in Findelpflege kam, wo es im Alter von sechs Wochen gestorben ist). - Taufmatrik AKH 27/08/01: Elisabetha Mayer "nata hebraea", "Mater infantis hebraea".

[81] Taglöhnerin (FdhP).

[82] Zwillingsgeburt 54/04/29: Franz und Josefa Bellak. - Beide kamen wegen "Krankheit der Mutter" ins Fdh, wurden als "Israelitenkinder" in das FdhP aufgenommen und starben an "Lebensschwäche im Hause", d.h. im Fdh (FdhP). Die Mutter wurde ins AKH auf eine medizinische Abteilung gebracht (GbhP).

[83] "Wegen Krankheit der Mutter" Fdh (GbhP, FdhP); an Lebensschwäche im Fdh gestorben (FdhP).

[84] "Wegen Krankheit der Mutter" Fdh (GbhP, FdhP), acht Tage nach dem Tod des Zwillingsbruders an Lebensschwäche im Fdh gestorben (FdhP).

[85] Katharina Bellin (Taufmatrik AKH 04/02/21: Mathias Reichhart, M: Katharina Bellin, Jüdin), Katharina Belliner (FdhP). - Katharina Bellin(er) stammte aus Troppau in Schlesien (FdhP).

[86] Josefa Benedek, geb. in Tétény in Ungarn, zugereist (GbhP).

[87] Theresia Benedekt, aus Ungarn zugereist; nach der Entbindung ins AKH, Zi. 73 gebracht (GbhP).

[88] Theresia Benedict/Benedikt, geb. in Eisenstadt, wohnhaft in Wien Breitenfeld No 92 (1849), No 65 (1851) und in Hernals No 324 (1854).

B

M: Name	M: Vorname	geb. ca.	Beruf	K: Name	K: Vorname	K: geb.	K: gest.	K: entl.	Qu GbhP	Qu FdhP	Qu EntlP
Benedikt	Theresia	1828/U	Magd	Benedikt	Anna M.	51/10/28	51/11/18		36/07973	1851/6892	
Benedikt	Theresia	1831/U	Magd	Benedikt[89]	Josef	54/12/15	55/09/19		40/00935	1854/8378	
Benisch	Theresia	1823/B	Magd	Benisch[90]	Josefa	49/02/12		59/02/12	34/02281	1849/1319	59/05/27
Beran[91]	Rosalia	1823/B		Beran[92]	Karl	46/04/14	46/04/29		31/03326	1846/2211	
Bergauer	Juliana	1815/U	Magd	totgeboren		38/02/12			23/01100		
Berger[93]	Anna	1839/S	Magd	Berger	Karl	63/10/16	63/11/16		48/08553	1863/1672	
Berger	Anna Klara	1839/S	Magd	Berger	Katharina	65/07/22	65/09/05		50/05096	1865/5597	
Berger	Anna			Berger[94]	Juliana	57/01/15	57/03/03			1857/0921	
Berger	Cäcilia	1838/U	Magd	Berger[95]	Karl	60/03/21	60/04/16		45/03247	1860/2066	
Berger	Elisabeth		Hdarb	Berger[96]	Karolina	34/12/03	36/05/05			1834/4124	

[89] Josef Benedikt wurde nicht im Gbh geboren. Nach einer Gassengeburt wurde seine Mutter am folgenden Tag mit dem Kind ins Gbh gebracht, er kam dann ins Fdh, wurde vier Tage dortbehalten, bekam einen Pflegeplatz bei einem Maurer in Schwechat, wo er im Herbst des folgenden Jahres an Diarrhöe gestorben ist (GbhP).

[90] Anna Benisch kam mit ihrer Mutter ins Fdh, blieb dort einen Monat, wurde von einem Pflegeplatz zum andern geschoben, bis sie im Alter von sieben Jahren zur Kleinhäuslerin Anna Hartig in Aggsbach kam, bei welcher sie auch nach der Entlassung aus der Findelhausversorgung bleiben konnte (FdhP, EntlP: Anna Hartig, Kleinhäuslerin, Aggsbach No 14 - NÖ, UWW).

[91] Nach der Entbindung ins AKH auf Zi. 87 verlegt (GbhP).

[92] Für Karl Beran wurde eine Taxe von 20 fl. bezahlt; im FdhP wird weder der Name seiner Mutter noch seine jüdische Herkunft erwähnt. Er kam zwei Tage nach seiner Geburt ins Fdh, wurde neun Tage dortbehalten und sodann von einer Kleinhäuslerin in Albrechtsberg übernommen, ist nach vier Tagen gestorben, Todesursache: "Wasserkopf" (FdhP).

[93] Anna Berger ist sicherlich mit Anna Klara Berger ident, geb. in Bobrek, Österr.-Schlesien, wohnhaft 1863 <Wien 3> Ankergasse 4; 1865 in Wien 9, Spitalgasse 15; hatte 1865 auf der 3. Klasse unter No 169 entbunden (GbhP'e).

[94] Juliana Berger, geboren in Stein am Anger (Szombathely), zwei Wochen später, am 57/01/31 getauft, nach vier Tagen ins Fdh gebracht, ins FdhP als "Israelitenkind" eingetragen, die Zuständigkeitsgemeinde erlegte eine Taxe von 100 fl., das Kind ist im Fdh an Diarrhöe gestorben (FdhP).

[95] Karl Berger kam laut GbhP "wegen israelitischer Religion", dem FdhP zufolge "wegen Krankheit der Mutter" ins Fdh; starb an Rotlauf (GbhP, FdhP).

[96] Karolina Berger kam in der Inneren Stadt No 69 bei der Hebamme Josefa Thurn in der Teinfaltstraße zur Welt, wurde noch am selben Tag bei den Schotten getauft, Taufpatin war Eleonora Thurn, sicherlich die Tochter der Hebamme, als "Posamentierers Tochter" in die Taufmatrik aufgenommen; zwei

B

M: Name	M: Vorname	geb. ca.	Beruf	K: Name	K: Vorname	K: geb.	K: gest.	K: entl.	Qu GbhP	Qu FdhP	Qu EntlP
Berger	Henriette	1846/U	Hdarb	Berger	Heinrich	64/06/05	66/04/17		49/05647	1864/4714	
Berger[97]	Julia	1841/U	Magd	Berger[98]	Anton	65/02/09	65/03/07		49/10324	1865/1124	
Berger	Juliana	1842/U	Magd	Berger	Maria	62/03/26			47/02217	1862/2388	
Berger	Juliana	1850/U	Stbm.	Berger[99]	Theresia	68/11/09	68/12/27			1868/7251	
Berger	Katharina	1844/U	Hdarb	Berger[100]	Salomon	63/04/28			48/04378		
Berger	Leni	1838/U	Magd	Berger[101]	Maria	54/02/23	54/04/10		39/02651	1854/1509	
Berger	Regina	1798/U	Magd	*Justus*[102]	Josef	22/01/28	22/06/30		07/00241	1822/0336	
Berger	Rosalia	1828/U	Köchin	Berger	Ludwig	52/01/20	52/02/15		37/01844	1852/0632	
Berger[103]	Rosalia	1841/U	Magd	Berger	August	66/08/29	66/09/09		51/04470	1866/6374	
Bergmann Amalia Anna, vide geb. Knöpfelmacher Amalia											
Bergmann	Maria	1849/B	Hdarb	Bergmann	Agnes	67/09/13	67/12/03		52/05043	1867/6053	
Berl	Anna	1830/U	Magd	Berl[104]	Rosalia	50/09/02	51/02/02		35/06120	1850/5235	
Bermann	Franziska	1835/M	Hdarb	totgeboren		53/08/23			38/06189		

Tage später kam das Kind ins Fdh, wo mit Taufschein und Armutszeugnis eine Aufnahmstaxe von 80 fl. bezahlt wurde. Die Mutter des Kindes wurde ins FdhP eingetragen, die jüdische Herkunft des Kindes nicht erwähnt (Pfarre Schotten Taufmatrik 34/12/03; FdhP).
[97] Julia Berger, aus dem Trentschiner Komitat zugereist (GbhP).
[98] "Wegen Krankheit der Mutter" Fdh; ist noch im Fdh an Anämie gestorben (FdhP).
[99] Theresia Berger wurde nicht getauft (FdhP; CAHJP A/W 1809, Verzeichnis jüdischer Findelkinder von 1868).
[100] o.A. (GbhP), **Salomon** Berger (IKG Gb C 3873) - ungetauft mit seiner Mutter am 63/05/06 aus dem Gbh entlassen, am 63/05/07 beschnitten und in das Geburtenbuch der IKG eingetragen (GbhP, IKG Gb C 3873).
[101] "Wegen Religion der Mutter" Fdh (GbhP, FdhP).
[102] **J.J.** (GbhP), Josef Justus (FdhP). - Am 22/01/28 wurde ein Kind mit dem Namen Josef Justus "wegen Krankheit der Mutter" ins Fdh aufgenommen, die Aufnahme war gratis erfolgt, der Name der Mutter des Kindes wurde nicht in das FdhP eingetragen. Aus dem FdhP geht nicht hervor, ob dieses Kind jüdisch war oder nicht. Gleichfalls unter dem 22/01/28 wurde die Taufe eines Kindes mit demselben Namen mit dem Zusatz "Judaeus" in die Taufmatrik des AKH eingetragen. Das jüdische Initialenkind "J.J." hatte somit den Namen "Josef Justus" erhalten (Taufmatrik AKH 22/01/28). - Vom Fdh kam das Kind zu einem Schuhmacher, wo es nach einem halben Jahr gestorben ist (FdhP).
[103] Rosalia Berger, aus Ungarn zugereist (GbhP).
[104] Rosalia Berl kam "wegen Religion der Mutter" ins Fdh (FdhP).

B

M: Name	M: Vorname	geb. ca.	Beruf	K: Name	K: Vorname	K: geb.	K: gest.	K: entl.	Qu GbhP	Qu FdhP	Qu EntlP
Bermann[105]	Rebekka	1830/B	Magd	Bermann	Theresia	56/11/27	57/01/30		42/00592	1856/7668	
Bermann	Rebekka	1830/B	Magd	Bermann	Cäcilia	56/11/27	56/12/25		42/00592	1856/7669	
Bermann	Theresia	1831/B	Magd	Bermann[106]	Siegfried	60/05/01	1939/06		45/04147	1860/3252	
Bernat Sali, vide Smadena Sali											
Bernstein Elisabeth, vide geb. Kohn Elisabeth											
BETTELHEIM (BETHELHEIM)											
Bettelheim[107]	Antonia		Stbm	Bettelheim[108]	Franziska	31/04/16				1831/1093	
Bettelheim	Maria	1816/U	Hdarb	*Wunsch*[109]	Josef	43/02/15	43/02/18		28/01776	1843/0769	
Bethelheim[110]	Theresia	1814/U	Köchin	totgeboren 36/03/08					21/01510		
Bettelheim	Theresia	1831/U	Magd	Bettelheim[111]	Theresia	51/07/01	51/12/26		36/05625	1851/4436	
Bichler, vide Pichler											

---

[105] Zwillingsgeburt 56/11/27: Theresia und Cäcilie Bermann - beide Kinder kamen wegen "Israelitischer Religion" der Mutter ins Fdh und sodann nach Zankendorf (in Ungarn) zu verschiedenen Pflegeparteien, eines starb nach drei Wochen, das andere wurde keine zwei Monate alt (FdhP).

[106] Siegfried Bermann, gestorben am 1939/06/25 in Wr. Neustadt, St.A. No 439/39 (Taufmatrik AKH 60/05/01).

[107] Antonia Bettelheim, aus Preßburg, V: Abraham Bettelheim, Kaufmann in Preßburg, M: Franziska Welisch (Pfarre St. Laurenz Taufmatrik 31/04/16).

[108] Franziska Barbara Bettelheim, geb. am Neubau No 186, getauft in der Pfarre St. Laurenz am Schottenfeld, kam ins Fdh am 31/04/19, wurde mit Taufschein gegen eine Taxe von 50 fl. aufgenommen; die Mutter war ein lediges Stubenmädchen; das Kind könnte bei seiner Pflegemutter überlebt haben, da in das FdhP kein Sterbedatum eingetragen wurde (Pflegemutter: Barbara Kilian, Schuhmacher in Kühnring No 39, Herrschaft Wolkenstein - NÖ, OMB) (FdhP). - Bemerkenswert ist hier die Eintragung in die Taufmatrik: Fest durchgestrichen wurde die Anmerkung im wohlvertrauten Formular: "Auf Verlangen der Mutter wurde das Kind getauft", der Text ist nur an den Ober- und Unterlängen rekonstruierbar. Taufpate war Ignaz Welisch aus der jüdisch-türkischen Gemeinde in Wien, "türkischer Handelsmann", k<atholischer> R<eligion>, offensichtlich ein Verwandter der Mutter (Pfarre St. Laurenz Taufmatrik 31/04/16: Franziska Barbara Bettelheim).

[109] Josef Wunsch starb im Fdh im Alter von drei Tagen an Hirnhöhlenwassersucht (FdhP). - Taufmatrik AKH 43/02/15: "Mater infantis judaea".

[110] **Bethelheim** Theresia (GbhP), **Bettelheim** Theresia (IKG Stb A 906; Sterbematrik AKH 36/03/28, TBP 36/03/28), gestorben am 36/03/28 (IKG Stb A 906: im Schwangerhof des AKH, Gedärmbrand). - TBP 36/03/28: "Bettelheim Theresia, ledig, israelitisch, Köchin von Preßburg gebürtig, 51 in Breitenfeld, am Gedärmbrand, alt 22 Jahr."

[111] "Wegen Krankheit der Mutter" Fdh; ist im Alter von einem Jahr an Auszehrung gestorben (FdhP).

B

M: Name	M: Vorname	geb. ca.	Beruf	K: Name	K: Vorname	K: geb.	K: gest.	K: entl.	Qu GbhP	Qu FdhP	Qu EntlP
BI(E)GLER											
Bigler[112]	Elisabeth	1824/B	Magd	Bigler	Josef	46/01/28	46/08/24		31/01732	1846/0734	
Biegler[113]	Theresia	1823/B	Magd	Biegler	Franziska	50/03/28	51/04/11		35/02823	1850/2081	
Billak	Rosalia	1843/U	Hdarb	Billak[114]	Karl	65/04/27	65/08/13		50/02868	1865/3193	
Billeck[115]	Magdalena	1822/U	Tochter	Billek	Heinrich	44/02/13	44/11/04		29/01713	1844/0857	
Bileck[116]	Magdalena	1824/U	Magd	Bileck[117]	Karl	49/07/31	50/02/23		34/05300	1849/5165	
Binenstock[118]	Johanna	1843/U	Tochter	Bienenstock	Johanna	61/04/04	63/07/02		46/03802	1861/2965	
Birmann[119]	Katharina	1844/U	Magd	Birmann	Adolf	65/07/22	65/08/12		50/04228	1865/5578	
Birmann[120]	Katharina	1843/U	Magd	Birmann	Franziska	66/08/18	66/10/09		51/05108	1866/6124	
Bis Theresia, vide Pis											
Bisenz[121]	Amalia	1818/M	Magd	Bisenz	Katharina	46/08/30	46/11/07		31/05744	1846/4835	

---

[112] Elisabeth Bigler, geb. in Kaladey, von dort zugereist (GbhP).
[113] Theresia Biegler, geb. in Kaladey, Budweiser Kreis, von Trebitsch zugereist (GbhP).
[114] "Wegen Religion der Mutter" Fdh (GbhP, FdhP).
[115] Magdalena Billeck (GbhP), Magdalena Billek (FdhP; Taufmatrik AKH 44/02/14: Heinrich Billek). - Magdalena Bil(l)e(c)k, Lämmerscherstochter, 22 Jahre alt, geb. von Neustadtl in Ungarn, Neutraer Komitat, 1844 zugereist, 1849 wohnhaft in Wien-Wieden (GbhP'e).
[116] Magdalena Bileck (GbhP; Taufmatrik AKH 49/07/31: Karl Bileck), Magdalena Bilek (FdhP).
[117] Karl Bileck, 1849 geboren, ein "48er Kind" - vieles, was bis dahin ehernes Gesetz war, galt nun nicht mehr. Das betraf besonders die Ausfolgung von Empfangsscheinen, wofür der Nachweis der Taufe bis zum Beginn der 1850er Jahre nicht mehr erforderlich war: Mit Direktionsbewilligung erhielt die Mutter vor, beim oder nach dem Verlassen des Gbh'es jenes Dokument, mit welchem sie das weitere Schicksal ihres Kindes verfolgen konnte. Das Kind der Magdalena Bileck wurde zwar getauft und kam "wegen Religion der Mutter" ins Fdh, jedoch erhielt diese mit der erwähnten Direktionsbewilligung ohne Anstand einen Empfangsschein für ihr Kind, das einer Taglöhnerin in Wien-Landstraße zur Pflege übergeben wurde. Es ist dort an Abzehrung gestorben (FdhP).
[118] Wirtstochter, 18 Jahre alt (GbhP).
[119] Katharina Birmann, geb. in Kalnitz im Trentschiner Komitat, wohnhaft Wien-Leopoldstadt, Zirkusgasse No 1 (GbhP).
[120] Katharina Birmann ist sicherlich mit jener Katharina Birmann ident, die ein Jahr zuvor im Gbh war, jedoch wurde ihr Geburtsort (Kalnitz) im Preßburger Komitat liegend angegeben; wohnhaft Wien-Leopoldstadt, Czerningasse No 6 (GbhP).

B

M: Name	M: Vorname	geb. ca.	Beruf	K: Name	K: Vorname	K: geb.	K: gest.	K: entl.	Qu GbhP	Qu FdhP	Qu EntlP
Bisenz	Amalia	1824/M	Magd	Bisenz[122]	Josefa	48/05/18	48/06/15		33/03972	1848/3172	
Bisenz	Fanni	1821/M	Magd	Bisenz[123]	Maria	47/02/09	47/05/04		32/02068	1847/1060	
Bittermann[124]	Franziska	1833/B	Magd	Bittermann	Eva	58/03/16	58/03/18		43/03353		
Bittermann	Franziska	1833/B	Magd	Bittermann	Antonia	58/03/16	58/03/18				
Bittermann[125]	Franziska	1831/B	Magd	Bittermann[126]	Rudolf	61/01/26	61/01/28		46/01536		
Blau[127]	Johanna		Stbm	Blau[128]	Maria Th.	37/05/04	37/07/12			1837/1646	
Blau[129]	Juliana			Blau[130]	Karl Wilh.	35/03/01				1835/0883	
Blau[131]	Katharina	1830/U	Hdarb	Blau	Franz	54/02/12	54/03/01		39/02356	1854/1186	

---

[121] Amalia Bisenz, gestorben am 48/11/26 (IKG Stb B 242: im AKH, an den Folgen einer Schußwunde - Niederschlagung der Revolution von 1848!). - TBP 48/11/26: "Bisenz Amalie, 23 Jahr alt israelitisch, ledig, Magd von Mittelbach in Mähren gebürtig, Heumarkt <...>, beim Hausmeister an Folgen einer Schußwunde."
[122] Im Alter von 28 Tagen im Fdh gestorben, Todesursache: Durchfall (FdhP).
[123] "Ins Fdh wegen jüdischer Religion der Mutter" (GbhP).
[124] Franziska Bittermann, geb. in Hostitz in Böhmen, wohnhaft in Wien-Leopoldstadt No 220 (1858) und No 348 (1861). - Zwillingsgeburt 58/03/16: Eva und Antonia Bittermann, beide Kinder starben noch im Gbh "wegen mangelhafter Entwicklung" (GbhP).
[125] Nach der Entbindung ins AKH auf Zi. 63 gebracht (GbhP).
[126] Getauft und im Gbh am folgenden Tag gestorben. Die jüdische Herkunft dieses Kindes wird in der Taufmatrik nicht erwähnt (Taufmatrik AKH 61/01/27) (GbhP).
[127] Johanna Blau, Stubenmädchen, ledig, V: Josef Blau, Beamter in Prag, M: Magdalena Blau, geb. Dichter (FdhP; Pfarre St. Laurenz Taufmatrik 37/05/04: Maria Theresia Blau).
[128] Maria Theresia Blau, geb. am Neubau No 86, getauft am folgenden Tag in der Pfarre St. Laurenz am Schottenfeld, P: Theresia Hofbauer, "herrschaftlicher Kutschers Tochter"; das Kind kam mit Taufschein und gegen eine Gebühr von 50 fl. ins Fdh (FdhP; Pfarre St. Laurenz Taufmatrik 37/05/04: Maria Theresia Blau).
[129] Julia Blau, V: Jakob Blau, Handelsmann, M: Karoline Weiß (Pfarre St. Rochus Taufmatrik 35/03/02: Karl Wilhelm Blau).
[130] Karl Wilhelm Blau, geboren in Wien-Landstraße No 368 bei der Hebamme Theresia Schmalfuß, getauft am folgenden Tag in der Pfarre Landstraße; Taufpatin war die Hebamme; kam mit Taufschein und Armutszeugnis gegen eine Aufnahmstaxe von 20 fl. ins Fdh; kein Sterbedatum - das Kind könnte daher bei seinen Pflegeeltern überlebt haben (FdhP: Sofia Fehr, Zimmerputzersweib, <Wien> am Himmelpfortgrund No 2) (FdhP).

B

M: Name	M: Vorname	geb. ca.	Beruf	K: Name	K: Vorname	K: geb.	K: gest.	K: entl.	Qu GbhP	Qu FdhP	Qu EntlP
BLAZEK (BLASCHEK)											
Blazek	Barbara	1834/B	Magd	Blazek[132]	Juliana	54/10/27	54/10/28		39/07925		
Blaschek[133]	Katharina	1843/B	Magd	Blaschek	Karl	62/03/28	62/04/22		47/03031	1862/2414	
Blaschek	Katharina	1839/B	Magd	Blaschek	Josefa	64/05/21	64/09/12		49/04484	1864/4339	
Bleda	Rosalia	1836/U	Magd	Bleda[134]	Philipp	58/11/02	58/11/19		44/00056	1858/8204	
Blede	Josefa	1842/U	Magd	Blede	Karl	63/07/05	63/08/26		48/04207	1863/5201	
Bledy[135]	Katharina	1835/U	Magd	Bledy	Maximilian	61/05/07	61/08/19		46/04218	1861/3918	
Bley[136]	Maria	1844/M	Magd	Bley	Otto	63/12/30	64/01/19		48/08794	1864/0145	
Blitz	Rosalia	1848/U	Hdarb	totgeboren		67/09/20			52/05678		
Bloch[137]	Anna	1826/B	Köchin	Bloch[138]	Theresia	50/07/20	51/03/07		35/05312	1850/4438	

---

[131] Heiratete am 58/10/31 im Bethaus Stadt (Seitenstettengasse) einen Schneidermeister namens Moritz Fischer (IKG Tb 1857-1871, 1858 91: 58/10/31), dessen Vater Salomon Fischer aus Groß-Meseritsch in Mähren stammte. Als Vater der Braut wurde Max Blau aus Stampfen eingetragen, zusammen mit ihrer Mutter Katharina, geb. Pollak. Die weiteren Kinder aus dieser Ehe wurden in die Matrikenbücher der IKG eingetragen: Max, geb. 58/05/03 (IKG Gb B 3945), Caroline, geb. 59/07/31 (IKG Gb C 761) und Rosa, geb. 64/07/16 (IKG Gb D/1 280). Das im Gbh geborene Kind Franz Blau kam zu einer Witwe in Neusteinhof in Findelpflege; ist im Alter von drei Wochen gestorben (FdhP).

[132] Getauft und tags darauf im Gbh gestorben (GbhP; Taufmatrik AKH 54/10/27).

[133] Katharina Blaschek, aus Czastorf <unsichere Lesart> im Taborer Kreis in Böhmen, 1862 wohnhaft in Wien-Mariahilf No 73, 1864 in der Neustiftgasse No 48. Im Jahr 1864 wurde der Geburtsort als im Budweiser Kreis gelegen ins GbhP eingetragen.

[134] Dieses Kind kam als Gassengeburt zur Welt und wurde am folgenden Tag mit seiner Mutter ins Gbh gebracht, getauft, kam nach einer Woche ins Fdh. Eine Bäuerin aus Kuchel im Preßburger Komitat übernahm das Kind zur Pflege (FdhP).

[135] Katharina Bledy, aus Preßburg zugereist (GbhP).

[136] Maria Bley <Bley könnte im GbhP auch als Bliy interpretiert werden - ganz schmales E mit I-Punkt>, aus Ung.-Radisch in Mähren zugereist (GbhP). - Im FdhP als "kl" (katholisch, ledig) eingetragen, die jüdische Herkunft ihres Kindes wird in dieser Quelle nicht erwähnt; sowohl im GbhP als auch in der Taufmatrik als jüdisch ausgewiesen (GbhP; Taufmatrik AKH 64/01/05: Otto Bley).

[137] Theresia Bloch kam zwar "wegen Religion der Mutter" ins Fdh, der Mutter wurde jedoch mit Direktionsbewilligung ein Empfangsschein ausgestellt, womit diese ihr Kind, das in der Nähe von Schwechat untergebracht wurde, besuchen konnte (FdhP).

[138] "Wegen Religion der Mutter" Fdh; bekam einen Fleckausschlag, ist daran gestorben (FdhP).

B

M: Name	M: Vorname	geb. ca.	Beruf	K: Name	K: Vorname	K: geb.	K: gest.	K: entl.	Qu GbhP	Qu FdhP	Qu EntlP
Bloch	Anna	1833/B	Köchin	Bloch	Heinrich	57/03/29	57/04/20		42/03526	1857/2649	
Bloch	Elisabeth	1837/B	Magd	Bloch	Amalia	64/06/30	64/07/18		49/06267	1864/5385	
Bloch	Josefa	1814/B	Magd	Markl[139]	Karl	33/12/04	33/12/22		19/00368	1833/3992	
Bloch[140]	Katharina	1831/Pl	verh.	<...>[141]		56/06/23			41/04863		
Bloch	Theresia	1850/B	Magd	Bloch	Maria	68/02/22	68/05/19		53/00006	1868/1535	
Blodek	Johanna	1834/G	Köchin	Blodek	Josef	62/01/30	62/04/03		47/01963	1862/0877	
Blok[142]	Katharina	1820/B	verh.	Block	Barbara	50/04/18	50/06/20		35/02782	1850/2413	
Blum[143]	Rosalia	1845/B	Magd	Blum	Katharina	67/05/25	67/06/25		52/03257	1867/3755	
Blumenthal[144]	Cäcilia	1840/S	Hdarb	Blumenthal[145]	Franz	58/01/14	58/04/03		43/00361	1858/0622	
Bobkier[146]	Blima	1837/G	Magd	Bobkier[147]	Josef	57/12/10	58/01/02		43/00673	1857/8732	
Böck, vide Beck											
Bohanzge[148]	Regina	1806/U	Köchin	unentbunden entlassen 28/10/02					13/01713		

---

[139] Karl Markl (GbhP; FdhP: Das Kind kam zur Frau eines Zimmermanns, wo es nach einer Woche gestorben ist). - Taufmatrik AKH 33/12/05: "Mater infantis judaea".
[140] "Schächtners Eheweib", aus Polen; wurde zwei Tage nach der Niederkunft zur Nachversorgung ins Gbh gebracht (GbhP).
[141] o.A. (GbhP). Dieses Kind, ein Mädchen, kam als Gassengeburt am 56/06/23 zur Welt, zwei Tage später wurde es mit seiner Mutter ins Gbh gebracht. Die Mutter war verheiratet, das Kind wurde "wegen mosaischer Religion" nicht getauft. Aus diesem Grund wurde im GbhP in die Namensrubrik des Kindes kein Name eingetragen; Mutter und Kind haben das Gbh am 56/07/02 verlassen (GbhP).
[142] Hausierers Eheweib und Wäscherin (GbhP, FdhP), vermutlich über des Polizeikommissariat Sechshaus zur Entbindung ins Gbh gebracht, von der Polizei nach dem Wochenbett "abgeholt" (Verweis mit einem Dreieckszeiger), ihr Kind wurde getauft und kam ins Fdh (GbhP).
[143] Rosalia Blum, geb. in Dub in Böhmen, wohnhaft in Wien-Neubau, Sigmundsgasse 6; ins GbhP als "kl" (katholisch, ledig) eingetragen, in der Taufmatrik und im FdhP als jüdisch ausgewiesen (GbhP; Taufmatrik AKH 67/05/25: Katharina Blum).
[144] Cäcilie Blumenthal, geb. in Nieder-Bludowitz in Schlesien, von dort zugereist (GbhP).
[145] Franz Blumenthal kam "wegen Religion der Mutter" ins Fdh (FdhP).
[146] Blima Bobkier, geb. in Dembowice in Galizien, aus Tarnów zugereist (GbhP).
[147] "Wegen Religion der Mutter" Fdh; im Fdh an Lebensschwäche im Alter von 23 Tagen gestorben (FdhP).
[148] Regina Bohanzge, geb. in St. Georgen in Ungarn, von Preßburg (Judengasse) zugereist (GbhP).

B

M: Name	M: Vorname	geb. ca.	Beruf	K: Name	K: Vorname	K: geb.	K: gest.	K: entl.	Qu GbhP	Qu FdhP	Qu EntlP
Bohanzge	Regina	1806/U	Köchin	*Reiner*[149]	Eleonora	28/10/14			13/02149	1828/3642	
Bohensky	Juliana	1844/U	Magd	Bohensky	Julia	67/06/20			52/03778	1867/4288	
Bohinszky[150]	Anna	1838/U	Magd	unentbunden entlassen				58/10/09	43/08377		
Bohinszky	Anna	1838/U	Magd	Bohinszky	Barbara	58/10/17	59/02/27		43/08585	1858/7857	
Böhm[151]	Anna	1804/U	Witwe	*Anderwert*[152]	Karl	29/05/13			14/01197	1829/1811	
Böhm	Anna	1815/B	Magd	*Peresin*[153]	Pauline	35/02/07	35/05/01		20/01191	1835/0681	
Böhm	Lotti	1839/B	Hdarb	Böhm	Maria	63/08/04	64/02/14		48/06834	1863/5931	
Böhm[154]	Julia	1836/U	Magd	Böhm[155]	Karl	54/01/12	54/01/21		39/01555	1854/0262	
Böhm[156]	Julia	1839/M	Magd	Böhm	Josefa	63/03/17	66/08/28		48/02980	1863/2309	
Böhm	Julia	1837/M	Magd	Böhm[157]	Josefa	66/06/03	66/06/28		51/03411	1866/4277	
Böhm	Katharina	1806/M	Magd	M.M.[158]		25/01/11			10/00078		

---

[149] Eleonora Reiner kam ins Fdh, "weil die Mutter eine Israelitin ist", sodann in Findelpflege, lebte ab 1838 in Ottakring, vermutlich bei ihrer Pflegemutter; da kein Sterbedatum ins FdhP eingetragen wurde, könnte sie überlebt haben (FdhP: Helene Wertan, Zimmerputzersweib <...> Ottakring No 23). - Taufmatrik AKH 28/10/15: Mutter "Israel<itin>", Randnotiz aus dem Jahr1853, welche mit der Ausstellung eines Taufscheines zu tun haben mag.
[150] Anna Bohinszky, geb. in St. Georgen bei Preßburg, wohnhaft in Wien-Hernals No 309 (GbhP).
[151] Handelsmanns Witwe, aus Holics in Ungarn, wohnhaft in Gaudenzdorf (GbhP).
[152] Taufmatrik AKH 29/05/13: "Prolis mater judaea". Nur im GbhP wurden Mutter und Kind namentlich eingetragen, im FdhP hat man lediglich die jüdische Herkunft des Kindes festgehalten: Mutter "Israelitin". - Karl Anderwert kam nach Eggenberg. Da kein kein Sterbedatum ins FdhP nachgetragen wurde, so könnte dieses Kind bei seinen Pflegeeltern überlebt haben (FdhP: Josefa Radler, Oberaufseherweib in Eggenb<...>: der Mikrofilm ist hier zerschnitten, der Ort könnte Eggenburg oder Eggenberg heißen> No 180 - NÖ, OMB).
[153] Pauline Peresin kam zu einem Holzhacker, sie ist noch im selben Jahr gestorben (FdhP). - Taufmatrik AKH 35/02/08: "Mater infantis judaea".
[154] Julia Böhm, geb. in Preßburg, von dort zugereist (GbhP).
[155] "Wegen Krankheit der Mutter" Fdh (GbhP, FdhP), ist im Fdh im Alter von neun Tagen an Lebensschwäche gestorben (FdhP).
[156] Julia Böhm, geb. in Nikolsburg in Mähren, 1863 wohnhaft Wien Innere Stadt No 13 in der Sterngasse, 1866 von ihrem Geburtsort zugereist (GbhP'e).
[157] Im Fdh im Alter von 25 Tagen an Lebensschwäche gestorben (FdhP).
[158] M.M. (GbhP) - mit der Bezeichnung "M" als Geschlechtsangabe: "M" konnte in den GbhP'n Mitte der 1820er Jahre sowohl für m<ännlich> als auch für M<ädchen> gesetzt werden, alternativ zu "M" für "männlich" wurde auch ein "K" für Knabe in die entsprechende Rubrik eingetragen, und das

M: Name	M: Vorname	geb. ca.	Beruf	K: Name	K: Vorname	K: geb.	K: gest.	K: entl.	Qu GbhP	Qu FdhP	Qu EntlP
Böhm	Katharina	1819/U	Hdarb	*Jäger*[159]	Joseph	39/01/28	39/02/13		24/01159	1839/0430	
Böhm[160]	Klara	1807/B	Magd	*Sonnenthal*[161]	Eleonora	26/11/05	26/11/28		11/01826	1826/3823	
Böhm	Magdalena			Böhm[162]	Anna	13/12/15	14/11/05			1814/0441	
Bolitz	Josefa	1846/U	Hdarb	Bolitz	Rosa	64/09/24	64/11/09		49/08461	1864/7585	
Bonaventura[163]	Ernestine			Bonaventura[164]	Regina	59/11/04	60/01/12			1859/8967	
Bondy	Karolina	1814/M	Magd	Bondy[165]	Ernestine	49/05/07		55/09/21	34/04427	1849/3308	55/09/21

---

manchmal durcheinander auf einem Blatt: einmal "M" für einen Buben, dann "M" für ein Mädchen, ein andermal "K" für einen Buben. Für das Jahr 1825 sind keine FdhP'e erhalten. - Das Initialenkind "M.M." kam am 25/01/11 zur Welt, am gleichen Tag wurde in die Taufmatrik des AKH ein Kind mit dem Namen "Magdalena Eigen" nach dem "jüdischen Formular" mit dem zusätzlichen Vermerk "Israel<itisch>" <unterstrichen> eingetragen. Taufpatin war die Hebamme Eleonore Maucher (Taufmatrik AKH 25/01/11: Magdalena Eigen). Es könnte sich eventuell um das Kind "M.M." handeln. Wir kennen einige Fälle, wenn auch nur ganz wenige, bei welchen die Kinder schließlich Namen erhielten, die nicht mit den Initialen übereinstimmten, die in das GbhP eingetragen wurden, ein Beispiel hiefür sind die Zwillinge So(h)mmer/Mosser (vide Franziska Daniel). - Da für das Jahr 1825 kein FdhP erhalten ist, kann das Schicksal dieses Kindes anhand dieser Quelle nicht weiterverfolgt werden.

[159] **J.J.** (GbhP), Josef Jäger (FdhP) - Am 39/01/29 kam ein Kind mit dem Namen Josef Jäger ins Fdh: Es wurde in das FdhP als "Israelitenkind" aufgenommen, in die Rubrik, die für den Namen der Mutter vorgesehen war, wurde deren Name eingetragen: Katharina Böhm. Das Initialenkind "J.J.", tags zuvor im Gbh geboren, ist somit ident mit Josef Jäger. In der Taufmatrik wurde seine jüdische Herkunft mit "mater judaea" festgehalten (Taufmatrik AKH 39/01/28). - Josef Jäger ist acht Tage nach seiner Überstellung ins Fdh gestorben (FdhP).

[160] Klara Böhm, geb. in Libitz im Czaslauer Kreis in Böhmen, von dort zugereist (GbhP).

[161] Eleonora Sonnenthal kam am Tag nach ihrer Geburt in Findelpflege zu einem "Hüttler" nach Klausleopoldsdorf <Klausen-Leopoldsdorf> in NÖ (FdhP). - Taufmatrik AKH 26/11/05: Mutter "Israelitin".

[162] Anna Böhm wurde bei der Hebamme Anna Pastor geboren, die Mutter war zur Zeit der Taufe in Eisenstadt, hinterließ einen Abschiedsbrief, in dem "ihr Wille das Kind zu taufen und Nam enthalten war" - somit wurde das Kind am 14/02/13 in der Pfarre St. Stefan getauft und zwei Tage später ins Fdh gebracht. Ins FdhP wurde der Name der Mutter eingetragen, nicht jedoch die jüdische Herkunft des Kindes (Pfarre St. Stefan Taufmatrik 14/02/13, FdhP).

[163] "Tochter des türkischen Untertans Bonaventura", 18 Jahre alt, ledig (FdhP).

[164] Regina Bonaventura wurde in Wien-Leopoldstadt No 480 geboren, mit Note des k.k. Polizeikommissariats Leopoldstadt ins Fdh gebracht und "im Auftrage der k.k. Findelhausdirektion" im Alter von zwei Wochen in der Pfarre Alservorstadt getauft (Pfarre Alservorstadt Taufmatrik 59/11/29, FdhP), ins FdhP als "Israelitenkind" eingetragen.

[165] **o.A.** (GbhP: hier wurde das Geschlecht des Kindes angegeben, jedoch kein Name); **Ernestine** Bondy (FdhP: Als "Israelitenkind" in das FdhP mit dem

B

M: Name	M: Vorname	geb. ca.	Beruf	K: Name	K: Vorname	K: geb.	K: gest.	K: entl.	Qu GbhP	Qu FdhP	Qu EntlP
Bortmann[166]	Johanna	1800/Dt	verh	*Gernbeth*[167]	Maria	27/10/06	27/10/11		12/01780		
Boschan	Theresia		Magd	Boschan[168]	Theresia	21/06/23					1821/2597
Boskovits	Julia	1826/U	Modistin	Boskovits	Julius	46/04/28	46/05/19		31/03166		1846/2620
Brachinger[169]	Maria	1834/W	Magd	Brachinger[170]	Katharina	54/07/28			39/06381		
Brackl[171]	Barbara	1794/U	Witwe	<...>[172]		34/08/11			19/03258		
Braga, vide Prager											
Brager, vide Prager											
Brajer, vide Breier Juliana											
Bräuer, vide Breier											
Brandeis[173]	Johanna	1831/U	Hdarb	Brandeis[174]	Johann	56/11/14	57/01/31		42/00306		1856/7371

Namen seiner Mutter aufgenommen, zählte es zu den wenigen "48er Kindern", die im Gbh nicht getauft wurden). Sie wurde in Wien-Gaudenzdorf untergebracht, wechselte von einer Pflegepartei zur anderen, überlebte jedoch. 1855 wurde sie "gegen Revers" aus der Findelpflege gelöst und vom Ehepaar Eisler, das mit der Mutter verwandt war, übernommen. In das EntlP wurde Antonia Eisler als "Anverw<andte" eingetragen (FdhP, EntlP: Antonia Eisler, Privatkassierersgattin, Wien-Laimgrube No 22).

[166] Johanna Bortmann, Chorsängers Eheweib, geb. in Birnbaum in Preußen, aus Czernikau in Preußen zugereist (GbhP).

[167] Maria Gernbeth wurde getauft, starb fünf Tage nach ihrer Geburt im Gbh (GbhP; Sterbematrik AKH 27/10/15: Der Johanna Bortmann ihr Mädchen Maria Gernbeth <gest.>). - Taufmatrik AKH 27/10/13: "Die Mutter eine Israelitin", Kind "angeblich ehlig".

[168] Theresia Boschan wurde in der Leopoldstadt No 103 geboren, im Alter von drei Wochen in der Pfarre St. Leopold getauft und ins Fdh gebracht; ins Fdh mit dem Meldzettel (Armutszeugnis) der Pfarre gegen den Erlag einer Taxe von 60 fl. aufgenommen; die jüdische Herkunft des Kindes wird im FdhP nicht erwähnt, die Mutter wurde jedoch namentlich ins Protokoll aufgenommen; da kein Sterbedatum eingetragen wurde, könnte das Kind überlebt haben (Pflegemutter: Barbara Zofrehn, Taglöhnerin, Leopoldstadt No 169) (Pfarre Leopoldstadt Taufmatrik 21/07/15; FdhP).

[169] Maria Brach**inger** (GbhP), Maria Brah**inger** (Taufmatrik AKH 54/07/29: Katharina Brahinger).

[170] Gassengeburt, Mutter und Kind wurden am folgenden Tag ins Gbh gebracht (GbhP).

[171] Barbara Brackl, geb. in Schossberg <Sassin> in Ungarn, verwitwet, ihr Mann war ein Wundarzt, sie war aus Schossberg nach Wien zur Entbindung gekommen (GbhP).

[172] o.A. (GbhP). Das Kind, ein Bub, wurde nicht getauft, daher wurde kein Name in die Rubrik des Kindes eingetragen; die Mutter war verwitwet, Mutter und Kind wurden am 34/08/20 aus dem Gbh entlassen (GbhP).

[173] Nach der Entbindung ins AKH auf die Syphilis-Abteilung verlegt (GbhP).

B

M: Name	M: Vorname	geb. ca.	Beruf	K: Name	K: Vorname	K: geb.	K: gest.	K: entl.	Qu GbhP	Qu FdhP	Qu EntlP
Brandeisky	Lotti	1828/B	Magd	Brandeisky[175]	Rosalia	54/05/22		64/05/22	39/04875	1854/3764	64/05/31
Brandis	Rosalia	1788/B	Magd	*Julius*[176]	Juliana	17/07/18	17/08/02		02/01466	1817/2244	
Brauchbar	Rosa			Brauchbar[177]	Julius	67/05/25	68/03/30			1867/5653	
Braun[178]	Amalia	1818/U	Magd	*Steinreich*	Johann	38/08/23	38/12/25		23/02543	1838/3411	
Braun	Amalia	1818/U	Magd	*Steinreich*	Franz	38/08/23	38/09/11		23/02543	1838/3412	
Braun[179]	Anna	1831/U	Magd	Braun[180]	Barbara	54/09/03	54/09/30		39/06481	1854/6151	
Braun[181]	Anna	1837/M	Hdarb	Braun[182]	Maria	64/04/04	64/04/05		49/04014		

---

[174] "Wegen Krankheit der Mutter" Fdh, im Fdh im Alter von zweieinhalb Monaten an Tabes gestorben (FdhP).
[175] Rosalia Brandeisky kam vom Fdh in die Steiermark zur "Grundbesitzersgattin" Cäcilia Paar in Erdwegen im Bezirk Hartberg, welche im EntlP als "Keuschlerin" bezeichnet wird (FdhP, EntlP: Cäcilia Paar, Keuschlerin, Erdwegen No 11).
[176] J.J. (GbhP), Juliana Julius (FdhP), Juliana July (Taufmatrik AKH 17/07/18). - Die Initialen in Antiqua sind nicht eindeutig festzulegen: Die erste, J-förmig, reicht in die Unterlänge, die zweite nicht, beide tragen in der Mitte eine knotenförmige Verdichtung und könnten somit auch als J.F. oder F.F. interpretiert werden. Das Kind wurde zunächst getauft, erhielt bei der Taufe den Namen Juliana July, seine jüdische Herkunft wurde durch den Vermerk "Judaea" festgehalten. Juliana July war im Juli geboren und erhielt als Fremdnamenkind von diesem Monat ihren Namen (Taufmatrik AKH 17/07/18); am folgenden Tag wurde sie ins Fdh gebracht, ins FdhP unter dem Namen Juliana Julius eingetragen, zusammen mit ihrer Mutter, Rosalia Brandis, 29 J<ahr> Israelitisch, von Libach in Böhmen geb<ürtig>". Somit war das Initialenkind "J.J." ident mit Juliana Julius/July, gestorben im Fdh im Alter von zwei Wochen (FdhP).
[177] Julius Brauchbar, geboren Alserstraße No 14, im Alter von drei Monaten in der Pfarre Alservorstadt getauft - Taufpatin war die Wäscherin Mathilde Mayer, sie unterfertigte das Taufprotokoll mit ihrem Handzeichen. Das Kind wurde noch am gleichen Tag ins Fdh gebracht. Die Einwilligung der Mutter hielt man protokollarisch in der Taufmatrik fest, von ihr selbst und zwei Zeugen unterschrieben: Die Erklärung enthält auch einen Passus bezüglich der Abgabe des Kindes ins Fdh: "Das getaufte Kind wird allsogleich der k.k. Findelanstalt übermittelt" (Pfarre Alservorstadt Taufmatrik 67/09/01).
[178] Amalia Braun, in Jóka in Ungarn geb., von dort zugereist; Zwillingsgeburt 38/08/23: Johann und Franz Steinreich. - Beide wurden als "Israelitenkinder" in das FdhP aufgenommen, ein Kind kam in die Gegend von Maria Brunn in Findelpflege, das andere zu einem Schuster nach Wien-Neubau, beide starben noch im selben Jahr (FdhP).
[179] Nur im GbhP als israelitisch ausgewiesen, Magd in Gaubitsch in NÖ, ins FdhP als "k<atholisch>" eingetragen; in der Taufmatrik wird die jüdische Herkunft ihres Kindes nicht erwähnt; wohnhaft in Poysdorf, zugereist (GbhP, FdhP; Taufmatrik AKH 54/09/03: Barbara Braun).
[180] Im Fdh im Alter von 27 Tagen gestorben, Todesursache: Diarrhöe (FdhP).

B

M: Name	M: Vorname	geb. ca.	Beruf	K: Name	K: Vorname	K: geb.	K: gest.	K: entl.	Qu GbhP	Qu FdhP	Qu EntlP
Braun[183]	Anna	1843/U	Magd	Braun	Karl	65/10/17	66/01/12		50/06517	1865/7775	
Braun	Cäcilia	1819/U	Magd	*Schmall*[184]	Karl	41/04/07	41/04/07		26/02383	1841/1773	
Braun[185]	Dini	1831/M	Magd	Braun	Rudolf	55/06/09	55/09/11		40/03929	1855/3956	
Braun[186]	Ernestine	1831/M	Magd	Braun	Theresia	57/06/11	57/06/15		42/04932		
Braun	Ernestine	1831/M	Magd	Braun	Anna	57/06/11	57/06/18		42/04932		
Braun[187]	Leni	1828/U	Hdarb	Braun[188]	Josef	54/01/14	54/01/16		39/00970		
Braun	Juliana	1839/U	Magd	Braun[189]	Anna	58/07/05	58/08/31		43/06323	1858/5221	
Braun	Magdalena			Braun[190]	Franz	05/11/28	06/01/06			1805/3154	
Braun[191]	Maria	1810/U	verh.	<...>[192]		35/08/25	35/08/29		20/03203		

---

[181] Anna Braun kam vom AKH, Zi. 73 ins Gbh, wurde nach der Entbindung zurück in ihr Krankenzimmer gebracht (GbhP).
[182] Maria Braun wurde von der Hebamme Maria Schwehla am 64/04/04 notgetauft (Taufmatrik AKH 64/04/04: Maria Braun), ist am folgenden Tag gestorben (GbhP), im Index der Taufmatrik wurde bei Maria Braun "isr" hinzugesetzt und nachträglich gestrichen.
[183] Anna Braun, geb. in Trentschin in Ungarn, von dort zugereist (GbhP).
[184] Karl Schmall starb an Lebensschwäche im Fdh (FdhP). - Taufmatrik AKH 41/04/08: "Mater judaea".
[185] Dini Braun ist mit Ernestine Braun ident, in Ung.-Brod um 1831 geb., 1855 wohnhaft in Prossnitz, 1855 und 1857 zugereist (GbhP'e).
[186] Zwillingsgeburt 57/06/11: Anna und Theresia Braun, beide wurden getauft und starben noch im Gbh, die Mutter kam ins Fdh, wurde zum Ammendienst "gestellt" (GbhP; Taufmatrik AKH 57/06/11).
[187] Leni Braun, geb. in Szerdahely, von dort zugereist; nach der Entbindung ins AKH auf die medizinische Abteilung gebracht (GbhP).
[188] Getauft, nach zwei Tagen im Gbh gestorben (GbhP; Taufmatrik AKH 54/01/14).
[189] "Wegen Religion der Mutter" ins Fdh (GbhP, FdhP).
[190] "Dieses in der Leopoldstadt gebohrne Judenkind der Magdalena Braunin, alt 2 Tag ist den 30 dieses überbracht worden" - das Kind wurde in der Leopoldstadt No 30 geboren, von einer Wärterin des Findelhauses in die Pfarre Alservorstadt zur Taufe gebracht (Pfarre Alservorstadt Taufmatrik 05/11/30: Franz Braun), mit einem Meldzettel der Pfarre (Armutszeugnis) gegen eine Taxe von 12 fl. ins Fdh aufgenommen (FdhP).
[191] Maria Braun, Handelsmanns Eheweib (IKG Stb A 826); gestorben am 35/09/15 (IKG Stb A 826: im AKH, Gedärmbrand). - TBP 35/09/15: "Braun Maria, Israeliteneheweib, gebürtig aus Ofen, von Preßburg zugereiset, am Gedärmbrand, alt 25 Jahr."
[192] o.A. (GbhP). Dieses Kind starb ungetauft im Gbh und wurde auch als "israelitisch" in die Sterbematrik des AKH eingetragen: "Der Braun Maria ihr ehliges Mädchen", "ehlig" <unterstrichen> (Sterbematrik AKH 35/08/29).

B

M: Name	M: Vorname	geb. ca.	Beruf	K: Name	K: Vorname	K: geb.	K: gest.	K: entl.	Qu GbhP	Qu FdhP	Qu EntlP
Braun[193]	Theresia	1828/M	Magd	unentbunden Choleraabt. AKH 50/11/22					36/00222		
Braun[194]	Theresia	1829/M	Magd						36/00637		
Braun[195]	Veronika	1834/U	Magd	Braun[196]	Katharina	59/12/17	60/02/26		45/00904	1859/9484	
Braunberger	Eleonora	1838/U	Magd	Braunberger[197]	Lotti	68/08/30				1868/5843	
Bräunl[198]	Juliana	1816/U	Köchin	*Ternka*	Theresia	39/12/28	40/02/07		25/00833	1840/0188	
Bräuer, vide Breier											
Brayer, vide Breier											
BREIER (BRAJER, BRAYER, BRÄUER, BREYER, BREUER)											
Breier	Anna			Breier[199]	Joh. Bern.	50/06/10		50/08/15		1850/4270	
Breyer[200]	Charlotte	1845/U	Näherin	Breuer	Rudolf	63/09/30			48/07398	1863/7245	
Breuer	Lotti	1844/U	Magd	Breuer[201]	Siegfried	65/12/28	66/01/27		50/08848	1866/0151	

[193] Theresia Braun, geb. in Ostrau, Hradischer Kreis in Mähren, von dort zugereist; kam vom AKH, Zi. 14 ins Gbh, wurde unentbunden wieder zurück auf ihr Krankenzimmer in der Cholera-Abteilung gebracht; gestorben am 50/12/01 (IKG Stb B 894: im AKH, Cholera). - TBP 50/12/01: "Braun Theresia, Magd von Ostrau in Mähren, israelitisch, 22 Jahr alt, zugereist, Cholera AKH."; ähnlich IKG Stb B 894.

[194] Die Rubriken zur Entbindung, Taufe, zum Abgang des Kindes und Austritt der Wöchnerin blieben hier unausgefüllt. Theresia Braun wurde am 50/11/22 unentbunden vom Gbh auf die Cholera-Abteilung gebracht und am 50/11/29 wieder zurück ins Gbh verlegt. Sie ist im AKH am 50/12/01 an der Cholera gestorben .

[195] Veronika Braun, geb. in Kolon in Ungarn, zugereist (GbhP).

[196] Katharina Braun kam "wegen "Milchmangel" der Mutter ins Fdh (GbhP, FdhP).

[197] Ungetauft (FdhP; CAHJP A/W 1809, Verzeichnis jüdischer Findelkinder von 1868).

[198] Juliana Bräunl (GbhP), Julia Bräuel (FdhP) - abweichende Interpretation von Kurrent-N/E.

[199] Johannes Bernard Breier wurde bei der Hebamme Josefa Reibinger in der Alservorstadt No 27 geboren, nach fünf Wochen in der Pfarre Alservorstadt getauft, ist sodann "sogleich an das k.k. Findelhaus abgegeben worden". In die Pfarrmatrik wurde eine Erklärung aufgenommen, derzufolge zwei Gendarmen das Einverständnis der Mutter bezeugten: "daß es der ausdrückliche Wille der Mutter war, daß das Kind katholisch getauft werde" (Pfarre Alservorstadt Taufmatrik 50/07/16); vier Tage später wurde das Kind ins Fdh gebracht, ins FdhP als "Israelitenkind" <unterstrichen> mit dem Namen der Mutter aufgenommen (FdhP).

[200] Charlotte Breyer ist mit Lotti Breuer ident, geb. in Pápa in Ungarn, 1863 von Pest zugereist, 1865 wohnhaft Wien 1, Fischerstiege 10 (GbhP'e).

B

M: Name	M: Vorname	geb. ca.	Beruf	K: Name	K: Vorname	K: geb.	K: gest.	K: entl.	Qu GbhP	Qu FdhP	Qu EntlP
Brajer[202]	Esther	1835/U	Magd	Brajer[203]	Josef	66/04/09	66/08/31		51/01852	1866/2823	
Bräuer	Franziska	1841/U	Magd	Bräuer	Rosa	59/07/31	59/08/19		44/06889	1859/6223	
Breier[204]	Franziska	1846/W	Magd	Breier	Leopoldine	65/10/23	65/11/12		50/06657	1865/7945	
Breier[205]	Regina	1842/U	Magd	Breyer	Moritz	63/04/11	63/04/14		48/02814	1863/2169	
Breier[206]	Regina	1842/U	Magd	Breier[207]	Franz	64/04/14	64/04/19		49/03788		
Breier	Regina	1842/U	Magd	Breier[208]	Josef	64/04/14	64/04/24		49/03788	1864/3285	
Breier	Regina	1843/U	Magd	Breier	Julius	64/04/14	64/04/19		49/03788		
Breier[209]	Rosalia	1834/U	Magd	unentbunden entlassen				56/03/31	41/01846		
Breier	Rosalia	1833/U	Magd	Breier	Eduard	56/05/08	56/05/22		41/03149	1856/3189	
Breyer[210]	Rosalia	1839/U	Hdarb	Preyer[211]	Karl	59/12/15	60/04/09		45/00344	1859/9448	
Breyer	Rosalia	1839/U	Hdarb	Breyer	Anna	62/05/30	62/07/30		47/03963	1862/4000	
Breuer[212]	Rosalia	1841/U	Hdarb	totgeboren 63/02/03					48/02333		
Breuer	Rosalia	1841/U	Magd	Breuer	Ida	66/02/24	66/03/12		51/00188	1866/1665	
Bräuer	Theresia	1840/U	Hdarb	totgeboren 68/11/28					54/06935		

---

[201] Im Fdh im Alter von 30 Tagen gestorben; Todesursache: Darmkatarrh (FdhP).
[202] Esther Brajer, aus Pest zugereist (GbhP).
[203] "Wegen Krankheit der Mutter" Fdh; Josef Brajer ist im Alter von vier Monaten an Durchfall gestorben (FdhP).
[204] Franziska Breier (GbhP), Franziska Breuer (FdhP).
[205] Regina Breier, in Baja in Ungarn geb.; 1863 wohnhaft in Wien-Jägerzeile No 513, 1864 aus Pest zugereist (GbhP'e).
[206] Drillingsgeburt 64/03/14: Franz, Julius und Josef Breier. Franz und Julius Breier starben noch im Gbh, die Mutter kam zum Ammendienst ins Fdh.
[207] Franz Breier, getauft und im Gbh gestorben (GbhP; Taufmatrik AKH 64/04/15).
[208] Josef Breier, getauft und im Fdh gestorben (GbhP; Taufmatrik AKH 64/04/15, FdhP).
[209] Rosalia Breier, geb. in Totis, von dort zugereist, wohnhaft in Wien-Leopoldstadt No 260 (GbhP).
[210] Rosalia Breyer (GbhP), Rosalia Preyer (Taufmatrik AKH 59/12/15, FdhP) - geb. in Szenicz in Ungarn, wohnhaft in Wien-Sechshaus No 145 (1859) und No 42 (1862) (GbhP'e).
[211] Karl Preyer kam "wegen Krankheit der Mutter" ins Fdh (FdhP), ist an Enteritis (Darmentzündung) gestorben (FdhP).
[212] Rosalia Breuer, geb. in Bukocz, Stuhlrichteramt Szenicz in Ungarn (GbhP), wohnhaft Wien 9, Pelikangasse 9.

B

M: Name	M: Vorname	geb. ca.	Beruf	K: Name	K: Vorname	K: geb.	K: gest.	K: entl.	Qu GbhP	Qu FdhP	Qu EntlP
BREINER (BREUNER)											
Breiner	Julia	1817/U	Magd	totgeboren 41/03/02					26/01802		
Breiner	Juliana	1818/U	Magd	unentbunden entlassen 43/09/10					28/05063		
Breuner	Julia	1818/U	Magd	Osuk[213]	Mathias	43/09/14	43/09/24		28/05170	1843/4018	
Brenner[214]	Sara	1832/G	Magd	totgeboren 50/10/28					35/06300		
Bretschneider[215]	Josefa	1843/M	Magd	Bretschneider[216]	Heinrich	64/05/27	64/06/06		49/05463	1864/4461	
Breuer, vide Breier											
Breuner, vide Breiner											
Breyer, vide Breier											
Briek	Anna	1831/M	Hdarb	Briek[217]	Franz	52/01/19		62/01/19	37/01827	1852/0639	62/02/07
Brill	Anna	1819/U	Magd	Brill	Karl	44/08/04	44/11/07		29/04607	1844/3788	
Brill	Sara	1802/Dt	Köchin	Lilienau[218]	Peter	34/01/05	36/10/01		19/00155	1834/0183	
Broch[219]	Johanna	1838/M	Magd	Broch[220]	Karl	58/11/03	58/12/07		43/08814	1858/8144	

---

[213] Taufmatrik AKH 43/09/15: "Mater judaea"; im Fdh im Alter von zehn Tagen an Lebensschwäche gestorben (FdhP).
[214] Sara Brenner, geb. in Wischnitz in Galizien, Kreis Bochnia, zugereist (GbhP).
[215] Josefa Bretschneider, geb. in Pirnitz, Iglauer Kreis in Mähren, von dort zugereist (GbhP).
[216] Im Fdh an Lebensschwäche im Alter von zehn Tagen gestorben (FdhP).
[217] Franz Briek (FdhP), Franz Brick (EntlP). - Franz Briek kam mit seiner Mutter ins Fdh, blieb dort eine Woche, kam dann zu einer Kleinhäuslerin in der Gegend um Horn im Waldviertel, wurde "verwechselt", d.h. weitergegeben an Katharina Albrecht, Tuchmachersgattin in Neunkirchen. Bei dieser Pflegemutter ist er zumindest bis zu seiner Entlassung aus der Findelhausversorgung geblieben (EntlP: Katharina Albrecht, Tuchmachersgattin, Neunkirchen No 155).
[218] **P.L.** (GbhP), **Peter Lilienau** (FdhP). - Das Kind wurde am 34/01/15 ins Fdh gebracht. Gleichfalls am 15. Jänner wurde ins FdhP ein Kind mit dem Namen Peter Lilienau als "Israelitenkind" eingetragen, in die Rubrik der Mutter kam "Sara Brill". - Das Initialenkind "P.L." hatte somit den Namen "Peter Lilienau" erhalten. Getauft wurde Peter Lilienau bereits am 6. Jänner, seine jüdische Herkunft wurde in der Taufmatrik des AKH mit "mater infantis judaea" festgehalten (Taufmatrik AKH 34/01/06; FdhP).
[219] Johanna Broch, geb. in Prossnitz, aus Ungarn zugereist (GbhP).
[220] "Wegen Religion der Mutter" Fdh (GbhP, FdhP).

M: Name	M: Vorname	geb. ca.	Beruf	K: Name	K: Vorname	K: geb.	K: gest.	K: entl.	Qu GbhP	Qu FdhP	Qu EntlP
Brod	Franziska	1841/B	Magd	Brod[221]	Leopold	63/09/30			48/08166	1863/7105	
Brody[222]	Katharina	1821/M	Tochter	<...>[223]		40/12/23			25/04470		
Broda	Katharina	1821/M	Magd	Broda[224]	Georg	48/03/23	48/04/24		33/02824	1848/1816	
BROCK (BROK)											
Brock[225]	Barbara	1827/B	Hdarb	Brock[226]	Mathilde	59/02/08	59/03/02		44/02596	1859/1155	
Brok[227]	Barbara	1834/B	Hdarb	Brok[228]	Alfred	63/06/05		63/06/18	48/05341	1863/4394	63/06/19
Brock	Barbara	1838/B	Hdarb	Brock	Leopoldine	64/06/06	64/11/15		49/05721	1864/4737	
Brock	Betti	1845/U	Magd	Brock[229]	Regina	67/11/13			52/06178		
B(r)ock	Karolina	1846/B	Magd	Brock[230]	Alfred	68/03/02	68/05/06		53/01396	1868/1744	

---

[221] Eine Gassengeburt, kam "wegen Krankheit der Mutter" ins Fdh (FdhP).
[222] Katharina Brody ist mit Katharina Broda sicherlich ident, geb. in Nikolsburg in Mähren, 1840 Handelsmanns Tochter, 19 Jahre alt; 1848 Magd, 1840 von Nikolsburg zugereist, 1848 wohnhaft in Wien-Währing No 42 (GbhP'e).
[223] o.A. (GbhP). Dieses Kind wurde nicht getauft - in die Namensrubrik des GbhP's wurde "ungetauft" <unterstrichen> eingetragen, das Kind kam am 40/12/25 in Privatkost, die Mutter - ein 19jähriges Mädchen aus Nikolsburg, Tochter eines Handelsmannes, hatte vermutlich in der Zahlabteilung unter No 125 entbunden, sie wurde am 41/01/02 aus dem Gbh entlassen (GbhP).
[224] Georg Broda kam "wegen israelitischer Religion der Mutter" ins Fdh, er starb in Außenpflege an Gehirnhöhlenwassersucht (FdhP).
[225] Barbara Brock - hat man sich bei der Altersangabe geirrt, so könnte sie mit den folgenden Barbara Brok und Barbara Brock ident sein, geb. in Czernowitz, Taborer Kreis in Böhmen.
[226] Mathilde Brock kam wegen "Religion der Mutter" ins Fdh, sie ist dort an "Nabelbrand" im Alter von drei Wochen gestorben (FdhP).
[227] Gassengeburt: Mutter und Kind wurden am folgenden Tag ins Gbh aufgenommen, das Kind wurde getauft und kam ins Fdh (GbhP).
[228] Alfred Brok blieb eine Woche im Gbh, kam ins Fdh und wurde tags darauf einer Gemeindehirtin in Waltersdorf zur Pflege übergeben. Fünf Tage später, am 63/06/18, wurde dieses Kind "gegen Revers" aus der Findelpflege gelöst, es kam zu einem Handesslagenten, wohnhaft in Wien-Neubau - ob eine nähere Beziehung zum Kind oder zu den Eltern des Kindes bestanden hat, geht aus dem EntlP nicht hervor (FdhP; EntlP: Wenzel Henn, Handelsagent, Wien, Neubaugasse No 79).
[229] o.A. (GbhP), **Regina** Brock (IKG Gb D 3989) - ungetauft mit ihrer Mutter am 67/11/21 aus dem Gbh entlassen, ist in das Geburtenbuch der IKG aufgenommen worden (IKG Gb D 3989).
[230] Alfred Bock (Brock) (FdhP) wurde als eines der ersten "68er Kinder" nicht getauft; kam mit seiner Mutter ins Fdh: Anmerkung im FdhP:

M: Name	M: Vorname	geb. ca.	Beruf	K: Name	K: Vorname	K: geb.	K: gest.	K: entl.	Qu GbhP	Qu FdhP	Qu EntlP
Brosam Anna (Netti), vide geb. Reis(s) Anna (Netti)											
Brosan	Elisabeth	1845/B	Magd	Brosan[231]	Pauline	68/05/01	68/08/22			1868/3255	
Bröszler[232]	Sali	1824/M	Magd	Bröszler[233]	Moritz	53/06/21	53/07/10		38/04202	1853/4310	
Bruck	Franziska	1836/U	Magd	Bruck[234]	Franziska	56/08/29	56/12/21		41/06094	1856/5480	
Brück	Rosalia			Brück[235]	Katharina	66/07/13				1867/7004	
Bruck[236]	Rosalia	1843/U	Hdarb	Bruck[237]	Maria	66/07/03	66/08/22		51/04538	1866/4875	
Bruck	Rosa	1842	Hdarb	totgeboren 67/09/21					52/05691		
Brüll[238]	Rosalia	1831/M	Magd	Brüll[239]	Rosalia	53/01/08	53/01/25		38/01505	1853/0174	
Brunn[240]	Amalia	1845/M	Magd	Brunn[241]	Simon	66/02/10	66/03/01		51/01094	1866/1160	

Geb<är>h<au>s ungetauft israelit<ischer> Religion. Er wurde am 68/03/13 als erstes Kind nach den neuen Regelungen beschnitten und erhielt den Namen Alfred. Das Kind kam zu einer Schneiderin in Findelpflege; er ist im Alter von zwei Monaten an "Abzehrung" gestorben. Nicht im IKG-Verzeichnis jüdischer Findelkinder (FdhP; CAHJP A/W 1809, Verzeichnis jüdischer Findelkinder von 1868; IKG Gb D 4339; IKG Stb D 2116)).

[231] Ungetauft (FdhP; CAHJP A/W 1809, Verzeichnis jüdischer Findelkinder von 1868).

[232] Sali Bröszler, geb. in Ung.-Brod in Mähren, zugereist (GbhP).

[233] Moritz Brößler (Taufmatrik AKH 53/06/21), Moritz Bröszler (FdhP).

[234] Franziska Bruck kam "wegen Religion der Mutter" ins Fdh (GbhP, FdhP), sie starb in Außenpflege in Ober-Hollabrunn im Alter von vier Monaten an Abzehrung (FdhP).

[235] Katharina Brück, geb. 66/07/13 in Czegléd in Ungarn, getauft in Wien in der Pfarre Laimgrube am 67/10/16, kam drei Wochen später gegen eine Aufnahmstaxe von 140 fl. ins Fdh, bis 1869 kein Sterbedatum, sie könnte die Findelpflege überlebt haben (FdhP).

[236] 1866 nur im GbhP als jüdisch ausgewiesen, 1867 (totgeborenes Kind) fehlen nähere Angaben.

[237] "Wegen Krankheit der Mutter" Fdh (FdhP) - in der Taufmatrik und im FdhP fehlt jeder Hinweis auf die jüdische Herkunft dieses Kindes (FdhP: M: Rosa "kl" (katholisch, ledig); Taufmatrik AKH 66/07/03).

[238] Rosalia Brüll kam vom AKH, Zi. 71 ins Gbh, nach der Entbindung auf die Syphilis-Abteilung zurückgebracht (GbhP).

[239] "Wegen Krankheit der Mutter" Fdh, im FdhP fehlt jeder Hinweis auf die jüdische Herkunft, in der Taufmatrik wurde sie jedoch bei der Mutter festgehalten: Rosalia Brüll (Mutter), israelitisch (Taufmatrik AKH 53/01/08: Rosalia Brüll). Rosalia Brüll (Kind) ist noch im Fdh im Alter von 17 Tagen an Zellgewebserhärtung gestorben (FdhP).

[240] Amalia Brunn, geb. in Aujezd in Mähren, zugereist (GbhP).

M: Name	M: Vorname	geb. ca.	Beruf	K: Name	K: Vorname	K: geb.	K: gest.	K: entl.	Qu GbhP	Qu FdhP	Qu EntlP
Brunner[242]	Franziska	1823/U	Magd	*Freude*[243]	Josefa	42/12/10	43/02/20		28/00607	1842/5455	
Brunner	Franziska	1825/U	Magd	Brunner[244]	Maria	47/01/20		57/01/21	32/01700	1847/0610	57/02/19
Brunner	Franziska	1826/U	Magd	Bruner[245]	Anna	52/07/24	52/08/30		37/05057	1852/5183	
Brust[246]	Eleonora	1841/U	Hdarb	totgeboren		64/11/02			49/09356		
Brüx Maria, vide geb. Konirz Eva											
BUCHA (PUCHA)											
Bucha	Franziska	1838/U	Magd	Bucha[247]	Leopold	61/10/8	62/01/1		46/08243	1861/7793	
Bucha[248]	Pepi	1838/U	Magd	Buch[249]	Adolf	58/12/13	59/03/26		44/00587	1858/9256	
Pucha	Josefa	1836/U	Magd	Pucha	Anna	62/11/5	63/03/20		48/00132	1862/7720	
Bucha	Josefa	1838/U	Magd	Bucha	Anna	65/07/7	65/07/24		50/04698	1865/5214	
Buchbinder[250]	Katharina	1839/U	Magd	Buchbinder[251]	Rosalia	62/11/21			47/07652	1862/7930	

[241] Eine Gassengeburt, Simon Brunn kam "wegen Krankheit der Mutter" ins Fdh, wo er im Alter von 19 Tagen an Lebensschwäche gestorben ist (FdhP).
[242] Franziska Brunner, geb. in Stampfen in Ungarn, wohnhaft in Wien: 1842 in der Inneren Stadt No 222 (Maria am Gestade No 5), 1847 in der Leopoldstadt No 724, 1852 in der Jägerzeile No 341.
[243] Josefa Freude kam ins Fdh, da "Mutter Israel<itin>" (GbhP), sie wurde von ihren Pflegeeltern ins Fdh zurückgebracht, starb "im Hause", d.h. im Fdh, im Alter von 72 Tagen an "Bauchskropheln" (Skropheln - eine Drüsengeschwulst) (FdhP). - Taufmatrik AKH 42/12/11: "Mater judaea".
[244] Maria Brunner kam "wegen israelitischer Religion der Mutter" ins Fdh (GbhP), nach Aspern an der Zaya in Pflege gegeben. Sie kam zum "Hauersweib" Anna Maria Keller, bei der sie bis nach Ablauf der Findelhausversorgung geblieben ist (FdhP, EntlP: Anna Maria Keller, Hauersweib, Schletz No 51 - NÖ, UWW).
[245] Anna Bruner (FdhP), Anna Brunner (Taufmatrik AKH 52/07/24); im Fdh im Alter von 37 Tagen an "Entmischung des Blutes" gestorben (FdhP).
[246] Eleonora Brust, geb. in Neutra in Ungarn, zugereist (GbhP).
[247] Im Fdh im Alter von 85 Tagen an Tabes (Auszehrung) gestorben (FdhP).
[248] Pepi Bucha ist mit Josefa Pucha ident, gleich alt, geb. in Holics in Ungarn, 1858 zugereist, 1862 wohnhaft in Wien-Leopoldstadt No 10; 1865 in Wien 2, Tandelmarktgasse No 4 (GbhP'e).
[249] Adolf Buch (FdhP); kam "wegen Religion der Mutter" ins Fdh (GbhP, FdhP), er ist an "Kopffraisen" gestorben (FdhP).
[250] Katharina Buchbinder, gestorben am 62/11/27 (IKG Stb C 2029: im AKH, Lungenödem). - TBP 62/11/27: "Buchbinder Katharina, Magd, 23 Jahr, ledig, israelitisch, Presowa Ungarn, Landstraße 704, Lungenödem, k.k. Gebärhaus."

B

M: Name	M: Vorname	geb. ca.	Beruf	K: Name	K: Vorname	K: geb.	K: gest.	K: entl.	Qu GbhP	Qu FdhP	Qu EntlP
Buchbinder[252]	Maria	1819/Dt	Magd	Gut[253]	Johann	42/07/17	42/07/18		27/04458		
Buchbinder[254]	Maria	1843/U	Magd	Buchbinder[255]	Alois S.	62/02/04	62/04/05		47/01979	1862/0986	
Buchbinder	Theresia	1837/G	Hdarb	Buchbinder	Ernestine	54/12/25	55/01/26		40/01095	1855/0070	
Bucher	Cäcilia	1833/U	Magd	Bucher	Josef	59/02/27	59/03/19		44/03078	1859/1939	
Buchfelder, vide Buchwälder											
Büchler	Katharina	1834/U	Magd	Büchler	Josef	63/07/26	63/08/20		48/06585	1863/5696	
Buchsbaum	Anna	1823/M	Köchin	Buchsbaum[256]	Josef	45/01/02		55/01/02	30/01136	1845/0208	55/02/16
Buchsbaum[257]	Anna	1824/M	Magd	Buchsbaum	Maria	45/07/26	46/06/22		30/04891	1845/3963	
Buchsbaum	Anna	1825/M	Magd	Buchsbaum	Theresia	48/10/20	48/11/26		33/06832	1848/5921	
Buchsbaum[258]	Anna	1824/M	Magd	Buchsbaum[259]	Franziska	49/12/12	50/07/30		35/00677	1849/7626	

---

[251] Rosalia Buchbinder blieb nach dem Wunsch der Mutter "auf Verlangen ungetauft - Mädchen Rosalia benannt". Das Kind kam "wegen Krankheit" der Mutter am 62/11/23 ins Fdh - im FdhP (Mikrofilm) fehlt die entsprechende Seite (GbhP).

[252] Maria Buchbinder, getauft am 44/11/03 in der Pfarre St. Josef in Wien-Lerchenfeld (DAW: Konvertiten Akten 1844 II).

[253] Johann Gut starb am Tag nach seiner Geburt im Gbh (GbhP). - Taufmatrik AKH 42/07/17: "Mater judaea". - Sterbematrik AKH 42/0718: "Der Israelitin Buchbinder Maria ihr Knabe Johann Gut", der Name des Kindes wurde unterstrichen, das Kind als getauft eingetragen.

[254] Heiratete später Leiser (Alois, Eleaser) Barasz (Barrosz, Baras), Lohndiener in Wien, gebürtig aus Buczacz in Galizien. Vier Kinder wurden als ehelich in die Matrikenbücher der IKG eingetragen: Katharina (geb. 65/01/01, IKG Gb D 775), Samuel (geb. 66/10/09, IKG Gb D 2743), Berta (geb. 67/10/29, D 3936) und Regina (geb. 69/08/04, IKG Gb D 6238).

[255] Alois Sigmund Buchbinder, im Alter von zwei Monaten im Fdh an Tabes gestorben (FdhP).

[256] Josef Buchsbaum wurde als zehnjähriges Kind von seiner letzten Pflegepartei übernommen (FdhP: Anna Mayer, Inwohnerin, Göllersdorf No <o.A.> - NÖ, UMB).

[257] Anna Buchsbaum, geb. in Groß Meseritsch in Mähren, Iglauer Kreis - GbhP 35/00677 und GbhP 39/07940: Groß Med(e)ritsch <ein Lesefehler von Groß Meseritsch>; GbhP 36/00677: "kl" (katholisch, ledig), jedoch wurde das Kind Franziska Buchsbaum als "Israelitenkind" bezeichnet, das "wegen R<e>l<i>g<ion> d<er> Mutter ins Fdh kam (FdhP, GbhP'e).

[258] Im FdhP als "kl" (katholisch, ledig) eingetragen, ihr Kind wurde jedoch in derselben Quelle als "Israelitenkind" aufgenommen; Anna Buchsbaum ist sowohl im GbhP als auch in der Taufmatrik des AKH als jüdisch ausgewiesen (GbhP; Taufmatrik AKH 49/12/12: Franziska Buchsbaum); die "kl"-Eintragung ist wohl auf ein Versehen der Kanzlei zurückzuführen.

B

M: Name	M: Vorname	geb. ca.	Beruf	K: Name	K: Vorname	K: geb.	K: gest.	K: entl.	Qu GbhP	Qu FdhP	Qu EntlP
Buchsbaum	Anna	1826/M	Köchin	Buchsbaum	Maria	54/10/12	55/05/06		39/07940	1854/7015	
Buchsbaum[260]	Rosalia	1812/U		Bucher[261]	Theresia	41/05/11	41/07/11		26/02912	1841/2454	
Buchsbaum[262]	Theresia	1808/M	Magd	Winter[263]	Klemens	29/11/23			14/02700	1829/3810	
Buchwald	Rosalia	1815/U	Hdarb	Kunz[264]	Karl	41/06/11	41/06/25		26/03352	1841/2724	
Buchwald	Theresia	1825/U	Magd	Buchwald[265]	Theresia	48/05/14		58/05/14	33/03916	1848/3076	58/08/07
Buchfelder[266]	Betti	1842/U	Magd	Buchfelder[267]	Barbara	60/06/07			45/04330	1860/4137	
Buchwälder[268]	Barbara	1842/U	Magd	Buchwalder[269]	Jakob	65/11/09			50/07701		

[259] Franziska Buchsbaum ist "wegen Religion der Mutter" ins Fdh gekommen (FdhP).
[260] Rosalia Buchsbaum, aus dem Preßburger Komitat zugereist, Marchande des modes (GbhP) - eine Handarbeiterin modischer Accessoires, die auch zu Näharbeiten ins Haus kam.
[261] Theresia Bucher kam in Findelpflege nach Gföhl in NÖ; starb an Gedärmfraisen (FdhP). - Taufmatrik AKH 41/05/12: "Mater judaea".
[262] Theresia Buchsbaum, aus Preßburg zugereist; gestorben am 29/12/01 (IKG Stb A 264: im Gbh, Nervenfieber). - TBP 29/12/01: "Buchsbaum Theresia, ledige Magd, israelitisch, von Kroppau in Mähren gebürtig, von Preßburg, an Nervenfieber, 21 Jahr, im AKH."
[263] Klemens Winter kam "wegen Krankheit der Mutter" ins Fdh (GbhP, FdhP). Da kein Sterbedatum in das FdhP eingetragen wurde, könnte dieses Kind bei seinen Pflegeeltern überlebt haben (FdhP: Anna Maria Scheiner, Inwohnerin in Eckersdorf No 35, Herrschaft Ladendorf - NÖ, UMB). - Taufmatrik AKH 29/11/24: Randnotiz: "arisch", 1938/08/04.
[264] Karl Kunz kam in Findelpflege nach Rittenberg in der Steiermark, ist dort an Zehrfieber gestorben (FdhP). - Taufmatrik AKH 41/06/12: "Mater Judaea".
[265] Theresia Buchwald, 1849 geboren, ein "48er Kind", getauft, jedoch erhielt die Mutter - ohne sich zuvor taufen zu lassen, mit Bewilligung der Direktion - einen Empfangsschein. Das Kind kam zur Kleinhäuslerin Agnes Ziegler nach Johannesthal. Nach zehn Jahren übernahm diese das Kind auch zur weiteren Versorgung, wie es im EntlP festgehalten wurde (FdhP, EntlP: Agnes Ziegler, Kleinhäuslerin, Johannesthal No 2, Budweiser Kreis, Böhmen).
[266] Betti Buchfelder ist mit Barbara Buchwälder bzw. Buchwalder ident, geb. in Puchó (auch Puchow) im Trentschiner Komitat, wohnhaft in der Leopoldstadt No 232 (1860) (GbhP'e).
[267] Barbara Buchfelder könnte überlebt haben - kein Sterbedatum bis 1869 (FdhP).
[268] Barbara Buchwälder <gestrichen: Buchfelder> (GbhP), Betti Buchwalder (IKG Gb D/1 1710 65/11/09: Jakob Buchwalder) - geb. in Puchow in Böhmen": Hier hat sich der Matrikenführer offensichtlich in der Lokalisierung geirrt, Betti Buchwalder/Buchwälder wurde im Trentschiner Komitat in Ungarn geboren und hatte im Gbh die entsprechenden Dokumente vorgelegt (GbhP).

B

M: Name	M: Vorname	geb. ca.	Beruf	K: Name	K: Vorname	K: geb.	K: gest.	K: entl.	Qu GbhP	Qu FdhP	Qu EntlP
Buchwalder[270]	Theresia	1834/U	Magd	Buchwalder[271]	Franz	64/04/03			49/03824	1864/2922	
Budlovsky	Barbara	1852/B	Magd	Budlovsky	Karolina	68/09/06				1868/5964	
Bulli[272]	Pepi	1839/U	Hausr	Bulli[273]	Sofia	67/09/14	67/10/07		52/05558	1867/6057	
Burg[274]	Elisabeth	1838/U	Köchin	Burg[275]	Johanna	58/11/21		68/11/21	43/08882	1858/8761	68/12/17
Burg[276]	Lisi	1838/U	Magd	Burg	Karl	63/07/13	63/07/29		48/06278	1863/5397	
Burgis	Barbara	1823/M	Magd	Burgis[277]	Israel	49/02/02	54/02/23		34/02151	1849/0924	
Burian[278]	Antonia	1827/U	Magd	Burian[279]	Adolf	46/02/23	46/03/03		31/01462		

---

[269] o.A. (GbhP), **Jakob** Buchwalder (IKG Gb D 1710). - "Ungetauft" statt eines Namens in der Namensrubrik des GbhP's, Mutter und Kind wurden am 65/11/17 aus dem Gbh entlassen (GbhP); das Kind wurde drei Tage später beschnitten und mit dem Namen Jakob Buchwalder in das Geburtenbuch der IKG eingetragen (IKG Gb D 1710).
[270] Theresia Buchwalder, geb. in Trentschin in Ungarn, zugereist (GbhP).
[271] Karolina Budlovsky (FdhP), Karolina Budlowsky (IKG Gb D 6814) - ungetauft, befindet sich nicht auf der IKG-Liste jüdischer Findelhauskinder (CAHJP A/W 1809, Verzeichnis jüdischer Findelkinder 1868), wurde jedoch ins Geburtenbuch der IKG nachgetragen (IKG Gb D/2 6814, Nachtrag).
[272] Pepi Bulli, aus Ungarn zugereist (GbhP).
[273] Im Alter von 23 Tagen im Fdh an "Konvulsionen" gestorben (FdhP).
[274] Elisabeth Burg, geb. in Bistritz im Trentschiner Komitat, wohnhaft in Rekawinkel, zugereist (GbhP).
[275] Johanna Burg kam zu Pflegeeltern nach Gairing im Preßburger Komitat, war zunächst bei einer Häuslerin untergebracht, dann bei Magdalena Martinkovicz, welche als Übernahmepartei mit dem Vermerk "PP" (Pflegepartei) auch in das EntlP aufgenommen wurde (FdhP, EntlP).
[276] Aus Pest zugereist (GbhP).
[277] "Wegen Krankheit der Mutter" Fdh (FdhP).
[278] Antonia Burian, geb. in Egbell in Ungarn, Neutraer Komitat; wohnhaft in Stampfen, zugereist (GbhP).
[279] Getauft und im Gbh gestorben (GbhP; Taufmatrik AKH 46/02/24: Die jüdische Herkunft des Kindes wird nicht erwähnt).

B

M: Name	M: Vorname	geb. ca.	Beruf	K: Name	K: Vorname	K: geb.	K: gest.	K: entl.	Qu GbhP	Qu FdhP	Qu EntlP
Chat	Julia	1822/M	Magd	Chat[1]	Juliana	43/03/23		53/03/23	28/02460	1843/1590	59/05/2
Chon Regina, vide Kohn											
Chron|Hron[2]	Regina	1820/U	Magd	***Eder***[3]	Johanna	38/08/24	38/10/10		23/03236	1838/3406	
Chwoika Anna, vide geb. Lederer Anna											
Cigan Barbara, vide Zigan											
Cigler Leni, vide Ziegler											
Cohn, vide Kohn											
Copper[4]	Franziska	1830/B	Magd	Copper[5]	Maria	48/10/26	48/11/26		33/06946	1848/6013	
Csech[6]	Betti	1845/U	Magd	Csech	Rosina	63/03/12	64/06/12		48/01821	1863/2179	
Csemernai Fanni, vide geb. Fischer Fanni											
Cvilinger, vide Zwillinger											
Tschasna[7]	Barbara	1793/M	Magd	totgeboren 17/09/15					02/01899		
Czasny	Barbara	1794/M	Köchin	totgeboren 19/07/14					04/01643		
Czerny[8]	Emilia	1844/M	Hdarb	Cerny	Emilia	66/09/30	67/02/14		51/06708	1866/7129	

---

[1] Juliana **Chat** (FdhP, EntlP), Karolina **Chara** (GbhP; Taufmatrik AKH 43/03/24). Im GbhP wurde beim Transfervermerk ins Fdh der Grund hinzugefügt: "Mutter Israelitin". Das Kind blieb nur einen Tag im Fdh, wurde von einem Pflegeplatz zum anderen geschoben, mehrmals zurück ins Fdh gebracht, kam sodann ins AKH und wurde schließlich im Alter von neun Jahren im Blindeninstitut untergebracht (FdhP, EntlP).
[2] Regina **Chr**on (GbhP), Regina **H**ron (FdhP) - geb. in Neustadtl an der Wag in Ungarn, wohnhaft in Preßburg, von dort zugereist (GbhP).
[3] Johanna Eder starb noch im Fdh (FdhP).
[4] Franziska **Copper** (GbhP, FdhP), Franziska **Ka**pper (Taufmatrik AKH 48/10/27: Maria Kapper).
[5] Maria **Ka**pper (Taufmatrik AKH 48/10/26), Maria **Copper**; im Fdh an Zellgewebsentzündung im Alter von 31 Tagen gestorben (FdhP).
[6] Betti Csech, in Nagyfalu geb., aus Ungarn zugereist (GbhP).
[7] Barbara **Tschasna** ist mit Barbara **Czasny** ident: geb. um 1793 in Damborschitz in Mähren, wohnhaft Wien Innere Stadt. - Hier haben wir einen Beleg dafür, daß zu dieser Zeit die Aufnahme ins Gbh wohl kaum unter Vorlage von Dokumenten erfolgt sein kann - der jeweilige Kanzlist hat die Namen in die Bücher so eingetragen, wie er sie gehört hat: einmal in der deutschen (GbhP 02/01899), dann in der polnischen orthographischen Transkription (GbhP 04/01643). Barbara Tschasna-Czasny war 1817 und 1819 im Gbh, beide Male wurde sie von einem totgeborenen Kind entbunden.
[8] Emilia **Cz**erny (GbhP), Emilia **C**erny (FdhP; Taufmatrik AKH 66/09/30: Emilia Cerny).

C

M: Name	M: Vorname	geb. ca.	Beruf	K: Name	K: Vorname	K: geb.	K: gest.	K: entl.	Qu GbhP	Qu FdhP	Qu EntlP
Czerny Maria, vide geb. Schwarz Theresia											
Czerwenka	Magdalena	1834/B	Magd	Czerwenka[9]	Anton	54/05/24	54/07/4		39/04901	1854/3855	

---

[9] Im Fdh im Alter von 41 Tagen an Abzehrung gestorben (FdhP).

C

M: Name	M: Vorname	geb. ca.	Beruf	K: Name	K: Vorname	K: geb.	K: gest.	K: entl.	Qu GbhP	Qu FdhP	Qu EntlP
Dag[1]	Sali	1834/M	Magd	unentbunden entlassen				56/01/15	41/01438		
Dag	Sali	1834/M	Magd	Dag[2]	Julia	56/01/24	56/01/31		41/01524		
Daniel[3]	Franziska	1803/U	Magd	*Mosser*[4]	Spiridon	22/11/30	23/03/13		07/02661	1822/3902	
Daniel	Franziska	1803/U	Magd	*Mosser*[5]	Egidius	22/11/30	22/12/27		07/02661	1822/3903	
Dattner[6]	Sali	1830/G	Witwe	Dattner[7]	Fanni	60/02/11			45/02343		

---

[1] Sali Dag, geb. in Holleschau in Mähren, Olmützer Kreis, wohnhaft in Wien Innere Stadt, Judengasse (GbhP'e).

[2] Getauft, nach einer Woche im Gbh gestorben (GbhP; Taufmatrik AKH 56/01/24).

[3] Franziska Daniel, gestorben am 22/12/11 (GbhP, TBP 22/12/11, Nervenfieber); Zwillingsgeburt 22/11/30: Spiridon und Egidius Mosser (FdhP; Taufmatrik AKH 22/11/30: Spiridianus und Egidius Sohmmer). - TBP 22/12/11: Daniel Franziska, "ledige Dienstmagd, No 250 in der Leopoldstadt, von Presburg in Hungarn gebürtig, Israelitischer Religion, im AKH am Nervenfieber, alt 19 Jahr."

[4] E.Sp.: Es waren Zwillinge, zwei Buben, die "Zwillingsinitialen" bekamen. - Dem E folgt ein S, dem ein schwer zu deutender Buchstabe, in die Unterlänge versetzt, hinzugefügt wurde, in der links anschließenden Rubrik wurde das Geschlecht der Zwillinge mit "M" eingetragen. Der Fremdname der Kinder hatte demnach mit S anzulauten. Die Zwillinge kamen am 22/12/01 ins Fdh. Im FdhP findet sich weder am 1. Dezember, noch an den vorangehenden oder folgenden Tagen ein Kind mit einem Namen, der den Initialen entsprochen hätte - ebensowenig in der Taufmatrik. In die Taufmatrik des AKH wurden jedoch am 22/11/30 Zwillinge mit dem Familiennamen **Sohmmer** eingetragen, im "jüdischen Formular" - ohne Angabe der Mutter, Taufpate war der Mesner Josephus Eckerle. Die Zwillinge hatten die Namen Spiridianus und Egidius Sohmmer erhalten, und sie waren auch ins Fdh gekommen, allerdings nicht unter dem Namen "Sohmmer", sondern unter **Mosser**, was sich über die Initialen erklären läßt. Die Initiale E stand für Egidius, S mit dem herabgesetzten, hinzugefügten Zeichen für Spiridianus, für den Zunamen stand in dieser Rubrik keine weitere Initiale zur Verfügung, so behalf man sich mit dem "M" in der Spalte links: Als Spiridon und Egidius Mosser wurden die beiden "wegen Krankheit der Mutter" ins FdhP im "jüdischen Formular" aufgenommen: keine weiteren Angaben zur Mutter, ohne Hinweis auf ihre jüdische Herkunft. - Spiridianus Mosser kam zu einem Bandmacher nach Wien-Sechshaus, wo er nach drei Monaten gestorben ist (GbhP; Taufmatrik AKH: 22/11/30; FdhP).

[5] E.Sp., vide Fn. 4, der Zwillingsbruder Edigidius wurde gleich zweimal in die Taufmatrik des AKH eingetragen, einmal allein, sodann zusammen mit seinem Bruder. Als "Egidius Mosser" kam er "wegen Krankheit der Mutter" ins Fdh, ist dort nach vier Wochen gestorben (GbhP; Taufmatrik AKH: 22/11/30; FdhP).

[6] Taglöhnerin, geb. Kuchner, aus Preßburg zugereist (GbhP).

[7] Fanni Dattner wurde im Gbh nicht getauft, die Mutter war verwitwet -"Mutter sammt ungetauftem Kinde entlassen". Das Kind wurde in das Geburtenbuch der IKG als posthumes eheliches Kind unter dem Namen Fanny Dattner eingetragen (IKG Gb C 1129).

D

M: Name	M: Vorname	geb. ca.	Beruf	K: Name	K: Vorname	K: geb.	K: gest.	K: entl.	Qu GbhP	Qu FdhP	Qu EntlP
Deblanzky	Maria	1827/U	Magd	Deblanzky[8]	Eduard	55/06/20	55/07/18		40/04829	1855/4167	
Deligard	Anna	1834/U	Magd	Deligard	Rosalia	53/05/30	53/09/8		38/04848	1853/3997	
Delikat	Juliana	1849/U	Magd	Delikat	Berta	66/03/17			51/01969	1866/2289	
Derheim[9]	Mina	1849/M	Magd	Derheim	Ernest	67/07/31	67/09/10		52/04602	1867/5160	
Deibl Leopold, vide Teibl											
Deuches[10]	Charlotte	1845/M	Magd	Deuches[11]	Anna	66/01/13	66/02/12		51/00378	1866/0560	
Deuches	Charlotte	1844/M	Stbm	Deuches[12]	Anna	66/12/28	67/01/1		51/08818		
Deuches	Charlotte	1844/M		Deuches[13]	Pepi	68/05/10			53/03004	1868/3481	
Deich(e)s[14]	Hanni	1836/M	Magd	Deichs	Barbara	62/02/12	62/05/19		47/01935	1862/1254	
Deuches[15]	Johanna	1835/M	Magd	Deuches	Leopold	63/05/13	63/09/1		48/04548	1863/3796	
DEUTSCH (DEITSCH, DEUSCH, DEUTCH)											
Deutsch[16]	Anna	1835/U	Magd	Deutsch[17]	Karolina	57/06/19	57/07/10		42/04698	1857/4846	
Deutsch[18]	Netti	1840/U	Magd	Deutsch[19]	Anna	58/06/4	58/06/26		43/04842	1858/4567	

---

[8] "Wegen Religion der Mutter" Fdh (GbhP, FdhP).
[9] Mini Derheim, in Prossnitz geb., zugereist (GbhP).
[10] Charlotte Deuches, geb. in Nikolsburg in Mähren, zugereist (GbhP).
[11] Im Fdh im Alter von einem Monat an Anämie gestorben (FdhP).
[12] Getauft, nach drei Tagen im Gbh gestorben (GbhP; Taufmatrik AKH 66/12/29).
[13] Pepi Deuches, als "68er Kind" nicht getauft; kam mit der Mutter ins Fdh, und schon am folgenden Tag zu einer Taglöhnerin nach Wien-Nußdorf (FdhP; CAHJP A/W 1809, Verzeichnis jüdischer Findelkinder von 1868).
[14] Hanni Deiches (GbhP), Johanna Deichs (Taufmatrik AKH 62/02/13: Barbara Deichs; FdhP). - Hanni Deiches ist mit Johanna Deuches und Johanna Deichs ident, geb. um 1835/6 in Nikolsburg, 1862 in Floridsdorf No 37, ein Jahr später in Korneuburg wohnhaft.
[15] Aus Korneuburg zugereist (GbhP).
[16] Anna Deutsch, geb. in Neutra in Ungarn, von Preßburg zugereist (GbhP).
[17] "Wegen Religion der Mutter" Fdh (FdhP).
[18] Netti Deutsch, geb. in Szent Miklós in Ungarn, zugereist (GbhP).
[19] "Wegen Krankheit der Mutter" Fdh (FdhP).

D

M: Name	M: Vorname	geb. ca.	Beruf	K: Name	K: Vorname	K: geb.	K: gest.	K: entl.	Qu GbhP	Qu FdhP	Qu EntlP
Deitsch	Babette	1822/S	Magd	*Hart*[20]	Anna	42/08/5		52/08/5	27/04186	1842/3648	52/08/31
Deusch[21]	Barbara	/U	Magd	Deusch[22]	Anna	28/12/27	29/05/22			1828/0178	
Deutsch[23]	Elisabeth	1803/B	Köchin	*Alsbach*	Eleonora	28/03/6	29/06/22		13/00408	1828/0962	
Deutsch	Elisabeth	1803/B	Köchin	totgeboren 28/03/6					13/00408		
Deutsch	Emilia	1839/U	Köchin	Deutsch[24]	Anton	57/01/24	57/03/1		42/01220	1857/0902	
Deutsch[25]	Franziska	1787/U	Magd	*Aleph*[26]	Abdon	16/07/29	16/11/20		01/01030	1816/2017	
Deutsch[27]	Franziska	1800/U	Magd	*Traugott*[28]	Abraham	22/07/16	22/08/6		07/01192	1822/2323	
Deutsch[29]	Franziska	1814/M	Magd	*Linde*[30]	Johann	36/12/26			22/00688	1836/4341	

---

[20] Anna Hart kam "wegen israelitischer Religion" ins Fdh (GbhP), wurde zwei Tage dortbehalten, kam in die Steiermark zur Keuschlerin Maria Weiss in der Pfarre Herberstein, blieb dort bis nach dem Ende der Findelhausversorgung; die Pflegemutter wurde in das EntlP eingetragen (FdhP, EntlP: Maria Weiss, Keuschlerin, in Sächau No 55, Pfarre Sächau, Stmk). - Taufmatrik AKH 42/08/06: "Mater judaea".

[21] Barbara Deusch, V: Grossmann <Vorname: o.A.>, Handelsmann in Pest in Ungarn, M: Barbara, geb. <o.A.> (Pfarre St. Leopold Taufmatrik 29/01/11: Anna Deusch).

[22] Anna Deusch, geboren in der Leopoldstadt No 160, getauft im Alter von zwei Wochen in der Pfarre St. Leopold, vier Tage später ins Fdh gebracht, gratis ins Fdh aufgenommen (Pfarre St. Leopold Taufmatrik 29/01/11; FdhP).

[23] Zwillingsgeburt 28/03/06: Eleonora Alsbach und ein totgeborenes Kind (GbhP).

[24] Im Fdh im Alter von 36 Tagen an Lebensschwäche gestorben (FdhP).

[25] Franziska **Deutsch** (GbhP, FdhP), Franziska **Teutschin** (Taufmatrik AKH 16/05/29: Abdon Aleph).

[26] Abdon **Aleph** (GbhP, FdhP): Aleph **Abdon** - Vor- und Zuname wurden vertauscht), wurde in die Taufmatrik des AKH mit dem Namen seiner Mutter "Francisca Teutschin" eingetragen, als Pate finden wir wieder den Kirchendiener Josef Eckerle, der - zusammen mit der Hebamme Eleonora Maucher wohl für viele Jahre Taufpate fast aller in der Gratisabteilung getauften jüdischen Kinder war. Aleph Abdon kam noch am Tag seiner Geburt ins Fdh, blieb dort einen Monat lang und wurde sodann von einer Wäscherswitwe auf der Wieden in Pflege übernommen (GbhP, FdhP; Taufmatrik AKH: 16/07/29).

[27] Franziska Deutsch, geb. in Schossberg in Ungarn, von dort zugereist (GbhP).

[28] **A.T.** (GbhP, ohne Geschlechtsangabe), Abraham Traugott (FdhP; Taufmatrik AKH 22/07/16). - Beim Initialenkind A.T. wurde als Transferdatum ins Fdh der 16. Juli angegeben. Am 16. Juli kam Abraham Traugott: "wegen Krankheit der Mutter" ins Fdh, ein Tag alt. Die Aufnahme erfolgte gratis, der Name der Mutter wurde nicht ins Protokoll aufgenommen, kein Hinweis bezüglich der jüdischen Herkunft des Kindes. Anders in der Taufmatrik: Abraham Traugott, "Judenkind". - Das Initialenkind "A.T." war somit unter dem Namen 'Abraham Traugott' ins Fdh gekommen (Taufmatrik AKH 22/07/16; FdhP).

D

M: Name	M: Vorname	geb. ca.	Beruf	K: Name	K: Vorname	K: geb.	K: gest.	K: entl.	Qu GbhP	Qu FdhP	Qu EntlP
Deutsch	Franziska	1829/U	Magd	Deutsch[31]	Karl	51/12/21	51/12/24		37/00451		
Deutsch[32]	Franziska	1837/U	Köchin	Deutsch[33]	Maria	59/12/29			45/00453	1860/0240	
Deutsch[34]	Franziska	1839/U	Magd	Deutsch[35]	Theresia	61/04/30	61/05/8		46/04580	1861/3518	
Deutsch[36]	Fanni	1840/U	KlHdl	Deutsch[37]	Anna	60/02/26	60/02/26		45/02392		
Deutsch[38]	Johanna	1826/U	Hdarb	Deutsch[39]	Heinrich	44/04/15	44/05/1		29/02581	1844/1800	

---

[29] Franziska Deutsch, geb. von Prossnitz in Mähren, wohnhaft in Wien-Lichtental No 95; im GbhP als "kl" (katholisch, ledig) eingetragen, in der Taufmatrik des AKH und im FdhP als jüdisch ausgewiesen (Taufmatrik AKH 36/12/27: Johann Linde: "mater infantis judaea"; FdhP: Johann Linde - "Israelitenkind"; M: Franziska, 23 Jahr, israelitisch).

[30] J.L. (GbhP), Johann Linde (Taufmatrik AKH 36/12/27, FdhP). - Das Initialenkind "J.L." wurde am 27. Dezember ins Fdh "transferirt". Am gleichen Tag wurde ein Kind unter dem Namen "Johann Linde" als "Israelitenkind" ins FdhP aufgenommen, mit den Personalien seiner Mutter: Franziska, 23 J<ahr>, israelit<isch>, led<ig>, Prossnitz in Mähren, Magd - jedoch ohne ihren Zunamen, ganz so wie bei christlichen Kindern, die als uneheliche Kinder den Namen ihrer Mutter führten, was im FdhP in einer Doppelrubrik für Mutter und Kind zum Ausdruck kam. Beim Kind wurde der Zuname eingetragen, bei der Mutter nur der Vorname, der Zuname verstand sich im Umfeld des Fdh's von selbst. - Franziska Deutsch, die Mutter des Initialenkindes J.L., war tatsächlich ins GbhP als "kl" (katholisch, ledig) eingetragen worden, in der Taufmatrik des AKH jedoch als "Mater infantis judaea", was wohl zur Verwirrung im Formular des FdhP' geführt haben mag. - Was Johann Linde betrifft, so kam er vom Fdh zu einem Schneider in Wien-Lichtental, der in die Rossau übersiedelte. Das Kind scheint die Findelpflege überlebt zu haben, da kein Sterbedatum in das FdhP nachgetragen wurde; zudem wurde 1859 ein Taufschein für Johann Linde ausgestellt (FdhP: Pflegepartei mit letzter Adresse vor Beendigung der Findelhausversorgung - Anna Zeichner, Schneidersweib, in Wien-Rossau No 145; Taufmatrik AKH 36/12/27, Randnotiz: 59/05/10).

[31] Karl Deutsch wurde von der Hebamme Maria Schwehla am 51/12/21 notgetauft (Taufmatrik AKH 51/12/21: Karl Deutsch), am übernächsten Tag gestorben (GbhP; Taufmatrik AKH 51/12/21). Diese Nottaufe wurde nicht ins GbhP eingetragen.

[32] Franziska Deutsch, geb. in Dobrovoda im Neutraer Komitat, zugereist (GbhP).

[33] "Wegen Krankheit der Mutter" ins Fdh (FdhP).

[34] Franziska Deutsch, geb. von Groß-Kanisa; in Wien im AKH, Zi. 82 - im FdhP als "kl" (katholisch, ledig) eingetragen, die jüdische Herkunft des Kindes wird in dieser Quelle nicht erwähnt, ebensowenig in der Taufmatrik des AKH. Die Mutter ist jedoch im GbhP als jüdisch ausgewiesen (GbhP; Taufmatrik AKH 62/04/30: Theresia Deutsch); kam vom AKH, Zi. 82 ins Gbh, wurde nach der Entbindung wieder auf ihr Krankenzimmer zurückgebracht (GbhP).

[35] "Wegen Krankheit der Mutter" ins Fdh, das Kind ist im Alter von acht Tagen im Fdh an Lebensschwäche gestorben (FdhP).

[36] Franziska Deutsch, geb. in Holics in Ungarn, zugereist (GbhP).

[37] Getauft, am selben Tag im Gbh gestorben (GbhP; Taufmatrik AKH 60/02/26).

D

M: Name	M: Vorname	geb. ca.	Beruf	K: Name	K: Vorname	K: geb.	K: gest.	K: entl.	Qu GbhP	Qu FdhP	Qu EntlP
Deutsch	Johanna	1824/U	Hdarb	Deutsch[40]	Johann	54/05/8	54/05/25		39/04361	1854/3331	
Deutsch	Johanna	1822/U	Hausr	Deutsch[41]	Rudolf	58/11/17	58/12/6		44/00419	1858/8447	
Deutsch	Johanna	1841/U	Hdarb	Deutsch[42]	Anna	62/04/5	62/04/25		47/03421	1862/2588	
Deutsch[43]	Josefa	1838/U	Magd	Deutsch[44]	Josef	56/08/16	56/09/14		41/05834	1856/5236	
Deutsch[45]	Julia	1840/U	Stbm	Deutsch[46]	Maria	59/03/1		69/03/1	44/02023	1859/1808	69/03/1
Deutsch[47]	Julia	1840/U	Modistin	Deutsch	Viktor	62/11/23	63/01/19		48/00153	1862/8142	
Deutsch[48]	Katharina	1838/U	Magd	Deutsch	Ernst	58/12/27	59/01/21		44/01400	1859/0094	
Deutsch	Magdalena	1839/U	Hdarb	Deutsch[49]	Hermine	55/12/26	56/01/19		41/01091	1855/7801	
Deutsch[50]	Rosalia	1811/U	Magd	Gespas[51]	Johann	31/05/19	31/06/15		16/01116	1831/1528	

[38] Johanna Deutsch, geb. in Preßburg No 480, von dort zugereist (GbhP).
[39] Im Fdh im Alter von 16 Tagen gestorben, Todesursache: Nabelbrand (FdhP).
[40] "Wegen Religion der Mutter" Fdh (GbhP, FdhP).
[41] Rudolf Deutsch kam "wegen Religion der Mutter" ins Fdh (GbhP, FdhP).
[42] Im Fdh im Alter von 20 Tagen an Lebensschwäche gestorben (FdhP).
[43] Josefa Deutsch, geb. in Schönau in Ungarn, nach Pest zuständig, zugereist (GbhP).
[44] "Wegen Religion der Mutter" Fdh (GbhP, FdhP).
[45] Julia Deutsch, geb. in Totis in Ungarn, zugereist (GbhP).
[46] Maria Deutsch wurde "wegen Krankheit der Mutter" ins Fdh gebracht, blieb acht Tage dort, kam nach Groß-Schützen in Ungarn, vorerst zu einer Kleinhäuslerin, dann zur Elisabeth Britzky, die auch als Übernahmepartei in das EntlP aufgenommen wurde (FdhP, EntlP: Elisabeth Britzky, Inwohnerin, Groß-Schützen No 213, Preßburger Komitat, Ungarn).
[47] Aus Fünfkirchen zugereist (GbhP).
[48] Gassengeburt - die Mutter wurde zwei Tage nach der Geburt mit dem Kind in das Gbh gebracht, das Kind wurde getauft und kam ins Fdh (GbhP).
[49] Hermine Deutsch kam "wegen Religion der Mutter" ins Fdh (GbhP, FdhP); ihre Taufpatin, eine "Schnürmachersgattin", wohnte im selben Haus wie ihre Mutter (Taufmatrik AKH 55/12/27); gestorben im Fdh im Alter von 24 Tagen an Lebensschwäche (FdhP).
[50] Rosalia Deutsch, geb. in Csukar in Ungarn, Preßburger Komitat, zugereist (GbhP).
[51] Johann Gespas blieb eine Woche im Fdh, kam zu einem Bauern nach Kühnring in der Herrschaft Wolkenstein in NÖ (FdhP).- Taufmatrik AKH 31/05/19: "Mater prolis judaea".

D

M: Name	M: Vorname	geb. ca.	Beruf	K: Name	K: Vorname	K: geb.	K: gest.	K: entl.	Qu GbhP	Qu FdhP	Qu EntlP
Deutsch[52]	Rosalia	1813/U	Magd	totgeboren 38/03/1					23/01465		
Deutsch[53]	Rosalia	1813/U	Magd	*Schönfeld*[54]	Maria	36/07/22			21/03088	1836/2614	
Deutsch	Rosalia	1813/U	Magd	totgeboren 36/07/22					21/03088		
Deutsch	Rosalia	___/B	Magd	Deutsch[55]	Karolina	46/09/02		56/09/03		1846/6559	56/09/03
Deutsch	Sofia	1837/M	Magd	Deutsch[56]	Johann	59/03/21		69/03/21	44/03658	1859/2602	69/04/28
Teutch[57]	Thea	1816/U	Magd	totgeboren 42/06/16					27/03982		
Deutschin	Theresia		Magd	Deutsch[58]	Barbara A.	00/09/26	01/06/23			1800/2504	
Deutsch[59]	Theresia	1806/U	Magd	*Mader*[60]	Michael	33/09/11	33/10/3		18/03325	1833/3097	

[52] Rosalia Deutsch kam vom AKH, Zi. 74 ins Gbh, wurde nach der Entbindung auf ihr Krankenzimmer zurückgebracht (GbhP).
[53] Zwillingsgeburt: Maria Schönfeld und ein totgeborenes Kind.
[54] Bei Maria Schönfeld wurde kein Sterbedatum eingetragen, sie könnte die Findelpflege überlebt haben (FdhP: letzte Pflegepartei vor Beendigung der Findelhausversorgung: Anna Weissenbeck, Kleinhäuslerin, Dornbach No 20, Pfarre Sittendorf, Herrschaft Heiligenkreuz - NÖ, UWW). - "Mater infantis judaea" (Taufmatrik AKH 36/07/23).
[55] Karolina Deutsch, geboren bei der Hebamme Josefa Thoma in der Leopoldstadt No 6, nach sechs Tagen in der Pfarre St. Josef (Leopoldstadt) getauft - "wurde auf Verlangen der Mutter, um in das k.k. Findelhaus aufgenommen zu werden, katholisch getauft;" drei Monate später, am 46/12/06 ins Fdh gebracht; bei verschiedenen Pflegeeltern, kam auch zurück ins Fdh; nach Ablauf der Findelpflege am 56/09/03 dem Wr. Magistrat übergeben (FdhP, EntlP; Pfarre St. Josef (Karmeliter) Taufmatrik 46/09/08).
[56] Johann Deutsch kam mit seiner Mutter ins Fdh, schon am folgenden Tag von der Kleinhäuslerin Theresia Singer übernommen, das Kind konnte bis nach der Beendigung der Findelhausversorgung bei ihr bleiben (FdhP, EntlP: Theresia Singer, Keuschlerin, Staudach No 87 - Bezirk Hartberg, Stmk).
[57] Thea Deutsch kam vom AKH, Zi. 79 ins Gbh, wurde nach der Entbindung auf ihr Krankenzimmer zurückgebracht (GbhP).
[58] Barbara Anna Deutschin, geboren in der Leopoldstadt No 359, wurde im Alter von fünf Wochen getauft: "Mit Vorwissen des Erzbischöflichen Consistoriums der jüdischen Mutter mit der Einwilligung des Vaters abgenommen und getauft worden", kam "gratis" ins Fdh; ins FdhP wurde der Name der Mutter eingetragen, nicht jedoch die jüdische Herkunft des Kindes; gestorben am 1801/06/23 an Abzehrung (Pfarre St. Johann in der Praterstraße Taufmatrik 1800/10/23; FdhP 1800/2504).
[59] Theresia Deutsch, geb. in Ödenburg, wohnhaft in Mödling, zugereist (GbhP).
[60] Michael Mader (GbhP: Der Name wurde nachträglich - vielleicht um die Jahrhundertwende - mit einem Blei- oder Tintenstift nachgetragen, ursprünglich wurde die Namensrubrik - wie bei manchen anderen jüdischen Kindern - leergelassen). - Taufmatrik AKH 33/09/11: "Mater infantis judaea": Theresia Deutsch wurde versehentlich als Mutter eingetragen, sodann gestrichen.

D

M: Name	M: Vorname	geb. ca.	Beruf	K: Name	K: Vorname	K: geb.	K: gest.	K: entl.	Qu GbhP	Qu FdhP	Qu EntlP
Deutsch[61]	Theresia	1839/U	Magd	Deutsch[62]	Maria	57/12/20	58/02/1		43/00451	1857/9009	
Diamant	Amalia	1837/M	Magd	Diamant	Karolina	60/09/26	60/10/28		45/07173	1860/6697	
Diamant	Juliana	1832/U	Magd	Diamant	Franz A.	55/07/17	55/08/12		40/05258	1855/4666	
Diamant	Julia	/U		Diamant[63]	Heinrich	68/05/31	68/07/1			1868/3970	
Diamant[64]	Rosalia	1826/U	Magd	Diamant[65]	Franziska	54/03/7	57/03/30		39/02986	1854/1825	
Demant	Rosalia	1826/U	Köchin	Demant	Gustav	56/02/27	56/04/2		41/02428	1856/1541	
Diamant[66]	Sali	1838/U	verh.	<...>[67]		64/09/13			49/07973		
Dicker[68]	Eleonora		Magd	Dicker[69]	Anna	61/09/11	62/12/01			1861/9437	
Dilinek	Karolina	1831/B	Magd	Dilinek	Berta	51/10/19	51/11/20		36/07782	1851/6712	
DIMAND (TIMAND, TIMANT)											
Dimand	Theresia	1827/U	Magd	Dimand	Johanna	49/06/26	49/09/4		34/04888	1849/4344	
Dimant[70]	Katharina	1821/U	Magd	*Ende*[71]	Eva	41/12/31	42/01/17		27/00013	1842/0002	

---

[61] Theresia Deutsch, geb. in Dubnitz, Tyrnauer Komitat, wohnhaft in Preßburg No 98, zugereist (GbhP).
[62] "Wegen Religion der Mutter" Fdh; im Fdh gestorben im Alter von 43 Tagen an Tabes (Schwindsucht, Abzehrung) (FdhP).
[63] Heinrich Diamant, geb. im Juni 1868, wurde nicht mehr getauft (GbhP, FdhP; CAHJP A/W 1809, Verzeichnis jüdischer Findelkinder von 1868).
[64] Rosalia Diamant (GbhP 39/02986, IKG Tb 1857-1871: 1860: 167) ist mit Rosalia Demant (GbhP 41/02428) ident, geb. um 1826 in Ober-Krupa in Ungarn, Preßburger Komitat. - Sie heiratete 60/03/05 im Israelitischen Bethaus in Wien den 41jährigen Hausierer Moritz Kohn (IKG Tb Stadt 1857-1871: 1860:167), dessen Vater: Markus Kohn, Kaufmann in Verbó in Ungarn, M: Regine, geb. Segal, verstorben. Die Eltern der Braut stammten gleichfalls aus Ungarn: V: Jakob Kohn, Kaufmann in Korompa, Mutter Susanne Kohn, geb. Brody. Kein Elternteil der Brautleute war noch am Leben - Moritz Kohn legitimierte den 1858 geborenen Sohn Jakob Diamant, der sich später Kovács nannte (IKG Gb C 181: geb. am 58/09/06, Namensänderung 1909/05/11, bewilligt vom ung. Min. d. Innern). - Ida Kohn wurde am 60/06/10 geboren und als ehelich in das Matrikenbuch der IKG eingetragen (IKG Gb C 1287).
[65] Wegen "Religion der Mutter" Fdh (GbhP, FdhP).
[66] Rosalia Diamant, geb. in Freistadt, Neutraer Komitat, von dort zugereist, Schneidersgattin, ihr Kind wurde nicht getauft und kam auch nicht ins Fdh (GbhP).
[67] o.A. (GbhP). Dieses Kind wurde nicht getauft, seine Mutter war verheiratet, Mutter und Kind wurden am 64/09/21 aus dem Gbh entlassen (GbhP).
[68] Dienstmagd in Pest, schwer erkrankt.
[69] Anna Dicker, geb. in Pest, von Pest nach Wien ins Fdh gebracht, getauft im Alter von drei Monaten am 61/12/22 in der Pfarre Alservorstadt (FdhP, Pfarre Alservorstadt Taufmatrik 61/12/22: Beilage Protokoll mit Magdalena Bückfai aus Pest, 61/12/22).

D

M: Name	M: Vorname	geb. ca.	Beruf	K: Name	K: Vorname	K: geb.	K: gest.	K: entl.	Qu GbhP	Qu FdhP	Qu EntlP
Timand	Katharina	1836/U	Köchin	Timand[72]	Josef	58/02/20	58/06/28		43/02875	1858/1609	
Diener Anna, vide geb. Koschirer Anna											
Dingelspieler	Sofia	1806/Dt	Magd	totgeboren 31/06/26						16/01712	
Dinter Anna, vide geb. Schu(h)lhof Josefa											
Domann, vide Tomann											
DONATH (DORATH)											
Donath[73]	Maria	1822/U	Hdarb	Frau[74]	Anna	43/03/30		53/03/30	28/02544	1843/1672	53/04/27
Donath[75]	Veronika	1816/M		Bergmann[76]	Karl	35/12/24	36/03/23		21/00138	1836/0036	
Donner[77]	Anna M.	1804/NÖ	Magd	Donner	Anna	35/07/26			20/02968		
Dorath Veronika, vide Donath											
Döwele	Rosalia	1818/B	Näherin	Döwele	Wilhelmine	49/01/11	50/03/27		33/07056	1849/0467	
Drechsler[78]	Anna	1839/U	Magd	Drechsler[79]	Mathilde	57/10/10		66/12/21	42/07235	1857/7604	67/01/16

---

[70] Katharina Dimant, geb. in Neustadtl, Neutraer Komitat, Magd in Preßburg, zugereist (GbhP).
[71] Eva Ende kam am Tag nach ihrer Geburt ins Fdh (FdhP). - Taufmatrik AKH 41/12/31: "Mater infantis judaea".
[72] "Wegen Krankheit der Mutter" Fdh (FdhP), die Mutter wurde nach ihrer Genesung zum Ammendienst ins Fdh gebracht - zwei Tage zuvor wurde ihr Kind an eine Pflegepartei in Wien-Fünfhaus abgegeben (GbhP, FdhP).
[73] Aus Ungarn zugereist (GbhP).
[74] Anna Frau kam "wegen Religion der Mutter" ins Fdh (GbhP), blieb dort vier Tage, wurde bei einem Maurer untergebracht und kam im Alter von sechs Jahren zur Kleinhäuslerin Johanna Willersdorfer nach Alt-Dietmanns, welche das Kind behielt (FdhP, EntlP: Johanna Willersdorfer, Kleinhäuslerin, Alt-Dietmanns No 102 - NÖ, OMB). - Taufmatrik AKH: "Mater infantis judaea", Randnotizen aus den Jahren 1940 und 1941.
[75] Veronika Dorath (GbhP), Veronika Donath (FdhP). - Ins GbhP als "katholisch" <rot unterstrichen> mit dem Namen Veronika Dorath eingetragen, im FdhP als "Israelitinn". - Taufmatrik AKH 35/12/25: "Mater infantis judaea".
[76] Karl Bergmann kam wegen "Krankheit der Mutter" ins Fdh, als "Israelitenkind" ins FdhP aufgenommen (FdhP).
[77] Anna Maria Donner, geb. in Stockerau, wohnhaft in Oberhöflein, zugereist (GbhP).
[78] Anna Drechsler, geb. in Szomolány im Neutraer Komitat, nach Wien zugereist; heiratete 1869 in der Pfarre Ottakring nach vorangegangener Taufe den Schlosser Josef Henk(e)l, der sein Kind Mathilde Drechsler legitimiert hat (Taufmatrik AKH 57/10/11: Mathilde Drechsler). Mathilde Drechsler lebte fortan bei ihren Eltern. Josef Henkl (Henkel) und Anna Drechsler hatten noch ein weiteres Kind, Josefa, geb. im Gbh am 62/03/15, die Eltern nahmen auch dieses Kind am 66/12/21 aus dem Fdh zu sich (KA: Josef Henkel; FdhP 1862/2087: Josefa Drechsler, mit "Maria <Drechsler>, 23 <Jahre alt>, kl

D

M: Name	M: Vorname	geb. ca.	Beruf	K: Name	K: Vorname	K: geb.	K: gest.	K: entl.	Qu GbhP	Qu FdhP	Qu EntlP
Drechsler	Johanna	1826/U	Magd	Drechsler	Heinrich	48/08/9	48/09/5		33/04693	1848/4616	
Dünnstein	Eva	1822/B	Hdarb	Dünnstein[80]	Karl	44/03/2		54/03/6	29/01244	1844/1158	54/04/7
Dürnfeld	Theresia	1838/U	Hdarb	Dürnfeld[81]	Ludwig K.	61/01/11	61/04/07			1861/0392	
DUSCHA(C)K (TUSCHACK)											
Duschack	Anna	1801/M	Magd	totgeboren 29/03/18					14/00715		
Tuschack[82]	Rosa	1827/M	Magd	Tuschack[83]	Theresia	49/12/29		59/12/29	35/0358	1850/0099	60/02/13
Duschak[84]	Rosa	1830/M	Hdarb	Duschak	Karolina	56/01/21	56/04/01		41/01648	1856/0672	

<katholisch, ledig> Magd" als Mutter; EntlP 67/01/16: Josefa Drechsler).

[79] Mathilde Drechsler kam von einer Pflegepartei zur anderen und wieder zurück ins Fdh. "Gegen Revers" wurde das Kind, zusammen mit seiner Schwester, Josefa Drechsler (FdhP 1862/2087) im Jahr 1866 aus der Findelhausversorgung entlassen - beide kamen zu ihrer Mutter zurück, die sich zu dieser Zeit als Handarbeiterin durchbrachte und im 3. Bezirk in der Rainergasse wohnte. In das EntlP wurden in die Rubrik der Übernahmepartei die Buchstaben "LM" (leibliche Mutter) gesetzt (FdhP, EntlP: Anna Drechsler, Handarbeiterin, Wien 3, Rainergasse No 16).

[80] Karl Dü**nn**stein (GbhP), Karl Dünstein (FdhP) - kam "wegen israelitischer Religion der Mutter" ins Fdh (FdhP), sodann zu einer Kleinhäuslerin, die das Kind nach Ablauf der Findelhausbetreuung behielt (FdhP, EntlP: Maria Janos, Kleinhäuslerin, Fuxenbiegl - NÖ, UMB).

[81] Ludwig Karl Dürnfeld wurde bei der Hebamme Johanna Landauer in der Alservorstadt No 64 geboren, in der Pfarre Alservorstadt getauft, und am übernächsten Tag ins Fdh gebracht. Der Taufmatrik wurde eine schriftliche Erklärung der Mutter beigelegt, unterfertigt von zwei Zeugen, mit 36-Kreuzer Stempelmarken versehen: "das dieser Knabe Ludwig Carl soll Christkatholisch getauft und in der Christlichen Religion erzogen und womit den Findlhaus übergeben werden", datiert mit Wien, 61/01/13. Die Mutter unterfertigte mit ihrem Handzeichen, die Erklärung wurde entweder in der Pfarrkanzlei verfaßt oder von der Hebamme geschrieben, der Verfasser beglaubigte auch die drei Kreuzchen der Mutter (Pfarre Alservorstadt Taufmatrik 61/01/13; FdhP).

[82] Rosa Tusch**ack** (GbhP), Rosa Tusch**ak** (Taufmatrik AKH 49/12/30: Theresia Tuschack). - Rosa **D**uschak ist mit Rosa **T**uschak ident, etwa gleich alt, geb. in Austerlitz in Mähren.

[83] Theresia Tuschak (FdhP, EntlP), Theresia Tuschack (GbhP; Taufmatrik AKH 49/12/30). - Theresia Tuscha(c)k kam "wegen Religion der Mutter" ins Fdh (FdhP), wurde vom Fdh zunächst in Wien untergebracht, kam sodann nach Rastbach bei Krems (FdhP, EntlP: Johanna Reiner, Inwohnerin, Rastbach No 1, Pfarre Rastbach, Bezirksamt Krems - KP - Kostpartei). - Der Taufmatrik zufolge könnte im Jahr 1872 ein Taufschein für Theresia Tuscha(c)k ausgestellt worden sein (Taufmatrik AKH 49/12/30: Theresia Tuschack, Randnotiz 72/09/01).

[84] Rosa Duschak, geb. von Austerlitz in Mähren; wohnhaft Wien-Wieden No 864; im GbhP als "k<atholisch>" eingetragen, in der Taufmatrik ihres Kindes und im FdhP als jüdisch ausgewiesen (Taufmatrik AKH 56/01/22: Karolina Duschak; FdhP).

D

M: Name	M: Vorname	geb. ca.	Beruf	K: Name	K: Vorname	K: geb.	K: gest.	K: entl.	Qu GbhP	Qu FdhP	Qu EntlP
Eben	Eva	1817/B	Magd	*Sorglos*[1]	Alois Paul	39/05/28			24/01271	1839/2422	
Ebstein, vide Epstein											
Ekler[2]	Johanna	1845/M	Magd	Ekler	Aloisia	66/08/27			51/05893	1866/6323	
Eckler[3]	Rosa	1838/M	Magd	Eckler[4]	Josef	59/02/22	59/03/2		44/02942	1859/1687	
ECKSTEIN (EKSTEIN)											
Eckstein[5]	Josefa	1835/M	Magd	Eckstein[6]	Franz	55/11/16	55/12/12		41/00295	1855/7049	
Ekstein	Josefa	1835/M	Magd	Ekstein[7]	Wilhelmine	61/06/24	61/07/12		46/05989	1861/5354	
Eckstein[8]	Rebekka	1836/B	Tagl	Eckstein	Franziska	62/05/15	62/07/14		47/04340	1862/3645	
Ekstein	Rebekka	1836/B	Hdarb	Ekstein	Franziska	64/12/28			49/10676	1865/0095	
Eckstein[9]	Rosalia	1820/U	Tochter	*Kron*[10]	Katharina	40/05/22	44/04/8		25/02967	1840/2258	

---

[1] Bei Alois Paul Sorglos wurde kein Sterbedatum in das FdhP eingetragen, er könnte daher überlebt haben (FdhP: letzter Wohnort vor Beendigung der Findelhausversorgung: Katzelsdorf <an der Zell> No 42, Pfarre Tulbing - NÖ, OWW, bei Sieghardskirchen). - "Mater infantis Judaea", Randnotiz in der Taufmatrik in Form eines Datums aus dem Jahr 1876, womit die Ausstellung eines Taufscheines festgehalten wurde (Taufmatrik AKH 39/05/30: Alois Paul Sorglos, Randnotiz: 76/04/05).
[2] Johanna Ekler, aus Kanitz in Mähren, V: Joachim Ekler; heiratete 1868 nach jüdischem Ritus den aus Wien-Fünfhaus stammenden Schuster Franz Rosinger (IKG Tb Floridsdorf 68/11/01). Im Jahr 1881 ließen sich beide vor Zeugen in die Taufmatrik des AKH als die Eltern der Aloisia Ekler eintragen (Taufmatrik AKH 66/08/28: Aloisia Ekler).
[3] Rosa Eckler, geb. in Kanitz in Mähren, zugereist (GbhP).
[4] Josef Eckler kam "wegen Krankheit der Mutter" ins Fdh und ist dort im Alter von acht Tagen an Lebensschwäche gestorben (FdhP).
[5] Josefa Eckstein ist mit Josefa Ekstein ident, geb. um 1835/6 in Leipnik in Mähren, Magd in Wien; 1855 wohnhaft in Wien-Altlerchenfeld, 1861 in der Leopoldstadt (GbhP'e).
[6] Franz Eckstein kam "wegen Religion der Mutter" ins Fdh (GbhP, FdhP).
[7] Wurde von ihren Pflegeeltern ins Fdh zurückgebracht, vier Tage später, im Fdh im Alter von 18 Tagen an Diarrhöe gestorben (FdhP).
[8] Rebekka Eckstein ist mit Rebekka Ekstein ident, geb. in Bernatitz; 1862 wohnhaft in Wien-Ottakring No 280, 1864 in Wien-Altlerchenfeld No 179 (GbhP'e).
[9] Schusterstochter, 20 Jahre alt (GbhP).
[10] Katharina Kron kam eine Woche nach ihrer Geburt ins Fdh, wurde eine Woche dortbehalten, sodann von einer Witwe in Neustift in der Herrschaft

M: Name	M: Vorname	geb. ca.	Beruf	K: Name	K: Vorname	K: geb.	K: gest.	K: entl.	Qu GbhP	Qu FdhP	Qu EntlP
Eckstein[11]	Rosalia	1849/U	Magd	Ekstein	Ludwig	67/10/08	67/12/6		52/06062	1867/6604	
Ehrengruber	Rosa	1845/U	Hdarb	Ehrengruber[12]	Moritz	63/05/9	63/07/8		48/04633	1863/3633	
Ehrlich[13]	Barbara	1827/B	Modistin	Erlich[14]	Sofia	51/06/6		58/01/14	36/05052	1851/3952	58/01/14
Ehrlich	Barbara	1827/B	Hdarb	Ehrlich	Franz Josef	54/06/2	54/06/25		39/05183	1854/4099	
Erlich	Barbara	1828/B	Hdarb	<...>[15]		53/05/14			38/04499		
Ehrlich[16]	Josefa	1822/B	Magd	Ehrlich[17]	Sofia	50/06/17	60/05/5		35/04735	1850/3838	
Ehrlich	Josefa	1823/B	Köchin	Ehrlich	Anna	53/10/13			38/07694		
Ehrlich	Josefa	1823/B	Hdarb	Ehrlich[18]	Adelheid	55/10/7	55/12/8		40/06703	1855/6278	
Ehrlich	Maria	1841/B	Magd	Ehrlich[19]	Theresia	64/04/13	65/11/3		49/04316	1864/3173	

Neulengbach übernommen; ist dort im Alter von knapp vier Jahren gestorben (FdhP). - Taufmatrik AKH: 40/05/23: "Mater infantis judaea".

[11] Rosa Eckstein, geb. von Bolesko in Ungarn, Trentschiner Komitat; wohnhaft in Wien-Leopoldstadt; im GbhP als "k<atholisch>" eingetragen, in der Taufmatrik und im FdhP als jüdisch ausgewiesen (GbhP; Taufmatrik AKH 67/10/08: Ludwig Ekstein; FdhP).

[12] Im Alter von zwei Monaten an Tabes (Schwindsucht, Abzehrung) im Fdh gestorben (FdhP).

[13] Barbara (Betti) Ehrlich, geb. am 27/03/28 in Priwietitz in Böhmen, Pilsner Kreis, 1851 wohnhaft in Wien-Leopoldstadt No 537 und 162 (1854). Sie heiratete 1860 nach jüdischem Ritus den aus Böhmen stammenden Trödler Simon Fried (IKG Tb 1857-1871, 1860:157). Die Eltern der Braut: Adam und Theresia Ehrlich, geb. Freund. - Simon Fried legitimierte seinen am 59/12/02 geborenen unehelichen Sohn Arnold Ehrlich (Fried) (IKG Gb C 985). Simon Fried und Barbara Ehrlich hatten noch weitere zwei Kinder, Rosa - geb. in Wien am 64/10/21, und Sofia - geb. gleichfalls in Wien am 10. Bezirk am 76/11/04 (KA: Simon Fried).

[14] Sofia Erlich wurde vom Ehepaar Ignaz und Theresia Jamek <unsichere Lesart> 1858 "gegen Revers" übernommen und damit aus der Findelhausbetreuung entlassen (FdhP, EntlP: Ignatz und Theresia Jamek <unsichere Lesart>, k.k. Hausdienersgattin, Wien Stadt No 564). In welcher Beziehung das Ehepaar Jamek zum Kind oder zu den Eltern des Kindes gestanden ist, konnte nicht festgestellt werden.

[15] o.A. (GbhP). Dieses Kind, ein Bub, wurde nicht getauft, er kam am 53/05/14 als Gassengeburt zur Welt, wurde am folgenden Tag mit seiner Mutter ins Gbh gebracht, Mutter und Kind wurden aus dem Gbh am 53/05/23 entlassen (GbhP).

[16] Einen Tag nach der Einlieferung des Kindes in das Fdh wurde der Mutter mit Bewilligung der Direktion ein Empfangsschein ausgestellt (FdhP).

[17] Sofia Ehrlich kam eine Woche nach ihrer Geburt ins Fdh, wurde einem Schuster übergeben, im Alter von neun Jahren ins Fdh zurückgebracht, offensichtlich mit TBC, zwei Tage später kam sie ins St. Anna Kinderspital, wo sie an Tuberkulose gestorben ist (FdhP).

[18] Im Alter von zwei Monaten an Abzehrung im Fdh gestorben (FdhP).

E

M: Name	M: Vorname	geb. ca.	Beruf	K: Name	K: Vorname	K: geb.	K: gest.	K: entl.	Qu GbhP	Qu FdhP	Qu EntlP
<...>[20]				Ehrlich[21]	Paul	1798/01	1798/02			1798/0200	
Ehrlich[22]	Rosalia	1826/B	Magd	Ehrlich	Josef	47/04/29	47/07/12		32/03675	1847/2809	
Ehrlich	Rosalia	1829/B	Magd	Ehrlich[23]	Maria	53/08/15	53/09/2		38/06429	1853/5431	
Ehrmann	Rosa	1839/B	Hdarb	Ehrmann	Maria	62/09/4	62/11/1		47/06259	1862/6243	
Eichenwald[24]	Maria	1838/U	Hdarb	Eichenwald[25]	Franz	59/01/7	59/01/16		44/01463	1859/0197	
<...>[26]				Eigner[27]	Magdalena	12/04/25	12/05/6			1812/1039	
				Einrann[28]	Franz	1803/08	03/10/05			1803/2313	
Eis[29]	Barbara	1805/M	Magd	*Goll*[30]	Konstantin	31/09/12	31/10/2		16/02352	1831/2575	

---

[19] Theresia Ehrlich wurde laut GbhP "wegen Krankheit und mosaischer Religion der Mutter" ins Fdh gebracht, dem FdhP zufolge "wegen Krankheit der Mutter".
[20] o.A. (Taufmatrik AKH 1798/09/25: K: Paul Ehrlich, M: Jüdin; in das FdhP wurde weder der Name der Mutter noch die jüdische Herkunft des Kindes eingetragen). Die Mutter hat in der 2. Zahlabteilung unter der No 22 entbunden (Taufmatrik AKH 1798/09/25).
[21] Für die Aufnahme von Paul Ehrlich wurde eine Taxe von 6 fl. bezahlt, er war einen Tag alt, als er ins Fdh gebracht wurde (FdhP).
[22] Rosalia Ehrlich, geb. in Dub in Böhmen, Pilsner Kreis; 1847 in Wien-Mariahilf, 1853 in Wien-Josefstadt No 39 wohnhaft.
[23] Maria Ehrlich kam wegen Religion der Mutter ins Fdh (GbhP).
[24] Maria Eichenwald, geb. in Trentschin in Ungarn, zugereist (GbhP).
[25] "Wegen Religion der Mutter" Fdh (GbhP, FdhP); im Fdh im Alter von neun Tagen an Lebensschwäche gestorben (FdhP).
[26] o.A. (Taufmatrik AKH 12/04/26: K: Magdalena Eigner, M: Jüdin; keine Angaben zur Mutter oder zur jüdischen Herkunft des Kindes im FdhP).
[27] Magdalena Eigner war einen Tag alt, als sie ins Fdh gebracht und gegen eine Taxe von 8 fl. aufgenommen wurde; gestorben im Fdh an Schwäche (FdhP).
[28] Franz Einrann, "ein gegen Erlag der ganzen Tax <24 fl.> eingenohmenes Judenkind", geb. um den 03/09/01, kam am 13. September ins Fdh, wurde zwei Tage später von Josefa Löwin, Wärterin im Findelhause, in die Pfarrkirche der Alservorstadt zur Taufe gebracht: "Dieses Kind ist vor 15 Tagen von einer Jüdin gebohren worden", wurde in der Pfarrmatrik festgehalten. Franz Einrann kam zu einer Taglöhnerin am Thury, ist dort an "Abweichen" (Durchfall) gestorben (Pfarre Alservorstadt Taufmatrik 03/09/15; FdhP). - In den ersten Jahrzehnten des Bestehens des Wiener Findelhauses weichen bisweilen die in der Taufmatrik und im FdhP eingetragenen Daten leicht von einander ab, wie beispielsweise im vorliegenden Fall: Laut FdhP war das Kind bei seiner Aufnahme am 13. September 15 Tage alt, in der Taufmatrik wurde am 15. September das Alter des Kindes gleichfalls mit 15 Tagen angegeben.
[29] Barbara Eis (GbhP), Barbara Eiß (DAW) - wurde ins FdhP irrtümlich als "k<atholisch>" eingetragen, was jedoch durch die weiteren Ausführungen korrigiert wurde: aus Pießling in Mähren, Magd, Israelitin, doppelt unterstrichen (FdhP); im GbhP und in der Taufmatrik des AKH ist sie als jüdisch aus-

E

M: Name	M: Vorname	geb. ca.	Beruf	K: Name	K: Vorname	K: geb.	K: gest.	K: entl.	Qu GbhP	Qu FdhP	Qu EntlP
Eisenstädt	Regina	1826/U	Hdarb	Eisenstädt	Johanna	44/03/4	46/03/19		29/02063	1844/1194	
Eisenstaedter[31]	Eleonora	1825/U	Magd	Eisenstädter[32]	Antonia	51/04/20	51/07/28		36/03911	1851/2611	
Eisler[33]	Charlotte	1823/M	Magd	Eisler[34]	Maria	45/08/17	45/08/26		30/05311		
Eisler	Charlotte	1827/M	Magd	Eisler[35]	Isak	60/08/26		45/06523			
Eisler[36]	Maria	1823/M	Magd	Eisler	Maria	49/02/4	49/05/11		34/01999	1849/1065	
Eisler[37]	Selda	1812/M	Magd	Lob[38]	Josef	43/08/18	45/01/2		28/04771	1843/3634	

gewiesen - "mater infantis judaea" (Taufmatrik AKH 31/09/12: Konstantin Gall). - Barbara Eis wurde am 37/03/23 in der Pfarre S. Maria Rotunda in Wien getauft (DAW: Konvertiten Protokolle 1836-1839: Barbara Eyß, Beruf: Dienstmagd, 25 Jahre, ledig, Beweggrund: Aus Uiberzeugung). - Im GbhP findet sich mit dem Datum 42/05/19 der Vermerk: "Trat zur christlichen Religion über".

[30] K.G. (GbhP), Konstantin Goll (FdhP), Konstantin Gall (Taufmatrik AKH 31/09/12). - Das Kind kam am 28. September ins Fdh, am gleichen Tag wurde Konstantin Goll, geb. am "12 7ber 831 in Wien im Gebärhause" in das FdhP als "Israelitenkind" mit den Personalien seiner Mutter aufgenommen. Das Initialenkind K.G. ist demnach ident mit Konstantin Goll (GbhP, FdhP; Taufmatrik AKH 31/09/12: Konstantin Gall, "Mater infantis judaea"). - Im Fdh im Alter von 20 Tagen gestorben (FdhP).

[31] Kam vom AKH, Zi. 53 ins Gbh, wurde nach der Entbindung auf ihr Krankenzimmer zurückgebracht (GbhP). - Mit Direktionsbewilligung erhielt Eleonora Eisenstädter einen Empfangsschein für ihr Kind, das bei einer Kleinhäuslerin in der Nähe von Hartmannsdorf in der Steiermark untergebracht war - das war am 51/07/20, eine Woche später starb das Kind an Durchfall (FdhP).

[32] Als "Israelitenkind" kam Antonia Eisenstädter "wegen Krankheit der Mutter" ins Fdh, die Mutter wurde nach der Entbindung wegen Pleuritis (Lungenentzündung) in eine andere Abteilung des AKH gebracht (GbhP, FdhP).

[33] Charlotte Eisler, geb. in Koritschan in Mähren, Hradischer Kreis; wohnhaft in Wien-Leopoldstadt No 16 (1845) und No 686 (1860).

[34] Getauft, nach neun Tagen im Gbh gestorben (GbhP; Taufmatrik AKH 45/08/17: "mater judea").

[35] o.A. (GbhP), Isak Eisler (IKG Gb C 1465) - ungetauft wurde das Kind mit seiner Mutter am 60/09/04 entlassen, zwei Tage später (am 60/09/06) beschnitten und in das Geburtenbuch der IKG mit seinem Vater, dem Schneider Josef Fremder, unter dem Namen "Isak Eisler" eingetragen (GbhP, IKG Gb C 1465). Josef Fremder hatte später, 1864, ein eheliches Kind mit Rosa, geb. Neustadtl - so lautet ein hinzugefügter Notabene-Vermerk. Josef Fremder hatte somit nicht die Mutter von Isak Eisler geheiratet.

[36] Maria Eisler, geb. in Bisenz, zugereist (GbhP).

[37] Selda Eisler, geb. in Boskowitz in Mähren, Brünner Kreis; 1843 in Wien-Leopoldstadt No 23, im folgenden Jahr in Wien-Landstraße No 249 wohnhaft (GbhP'e).

E

M: Name	M: Vorname	geb. ca.	Beruf	K: Name	K: Vorname	K: geb.	K: gest.	K: entl.	Qu GbhP	Qu FdhP	Qu EntlP
Eisler	Selda	1816/M	Magd	Eisler[39]	Josefa	44/11/18	44/11/28		30/00343	1844/5509	
EISNER (EISSNER)											
Eisner	Anna	___/B	Magd	Eisner	Anna	67/09/11	68/04/19			1867/5961	
Eisner[40]	Fanni	1838/U	Magd	Eisner[41]	Jakob	57/12/5	58/01/6		43/00465	1857/8797	
Eisner	Josefa	1827/B	Köchin	Eisner[42]	Gustav	57/03/13	57/03/30			1857/2188	
Eisner	Josefa	1826/B	Magd	Eisner[43]	Aloisia	52/04/11	52/06/11		37/03843	1852/2715	
Eisner[44]	Josefa	1826/B	Magd	Eisner[45]	Barbara	54/09/19	54/10/2		39/07454		
Eisner	Josefa	1825/B	Magd	Eisner	Anton	58/06/12	58/09/2		43/05817	1858/4869	
Eissner[46]	Josefa	1825/B	Magd	Eissner[47]	Josef	46/10/29	47/11/20		31/06619	1846/5869	
Eisner[48]	Maria	1839/B	Köchin	Eisner	Josef	58/03/27	58/06/12		43/03848	1858/2694	

---

[38] Taufmatrik AKH 43/08/18: "Mater judaea", zum Transfervermerk wurde "israelitische Mutter" als Begründung hinzugefügt (GbhP).
[39] Im Fdh im Alter von zehn Tagen an Lebensschwäche gestorben (FdhP).
[40] Fanni Eisner, geb. in Verbócz im Neutraer Komitat, wohnhaft in Preßburg, zugereist (GbhP).
[41] Im Fdh im Alter von einem Monat an Diarrhöe gestorben (FdhP).
[42] Gustav Eisner, geb. und getauft im Militär-Gebärhaus am 57/03/13, wurde eine Woche später ins Fdh gebracht, ins FdhP als "Israelitenkind" eingetragen und gratis aufgenommen (FdhP).
[43] "Wegen Religion der Mutter" Fdh (FdhP).
[44] Josefa Eisner, geb. in Herekowitz (sic!) in Böhmen, Taborer Kreis; wohnhaft in Wien-Leopoldstadt No 572 (1854) bzw. Sechshaus No 92 (1858).
[45] Getauft, nach 13 Tagen im Gbh gestorben (GbhP; Taufmatrik AKH 54/09/19).
[46] Josefa Eissner, gestorben am 46/11/07 (GbhP: im Gbh). - TBP 46/11/06: Eissner Josefa, "Dienstmagd, israelitischer Religion, ledig, 21 Jahr alt geboren Jamoritz in Böhmen, Wieden No 130, an der Lungentuberkulose AKH."
[47] "Ins Fdh wegen israelitischer Religion" (GbhP).
[48] Maria Eisner, geb. 39/06/09 in Niemschitz in Böhmen, Czaslauer Kreis; wohnhaft in Wien in der Rossau No 49 (1858), Ottakring No 215 (1859), in der Leopoldstadt No 7 (1863) und in Wien 2, Schiffgasse 24 (1868). Sie heiratete am 68/01/26 im Gemeindetempel im 2. Bezirk den Pferdehändler Jakob Schafranek aus Misslitz, unterzeichnete die Eintragung in das Trauungsprotokoll mit drei Ringlein <Vermerk:> "Handzeichen der Braut, Dr. Güdemann" (IKG Tb Leopoldstadt 1858-1871, 1868:790); Eltern: Lazar und Barbara Eisner, geb. Bick. - Drei Kinder wurden in die Matrikenbücher der IKG eingetragen: Anton (im Gbh geb. 63/12/26, IKG Gb C 4530), Amalie (geb.66/02/22 od.29, IKG Gb D 2062) und Katharina (geb. 68/05/16, IKG Gb D 4579): Bei

M: Name	M: Vorname	geb. ca.	Beruf	K: Name	K: Vorname	K: geb.	K: gest.	K: entl.	Qu GbhP	Qu FdhP	Qu EntlP
Eisner	Maria	1838/B	Magd	Eisner	Anna	59/07/7	59/10/12		44/06368	1859/5688	
Eisner	Maria	1840/B	Magd	Eisner[49]	Anton	63/12/25			49/01335		
Ekstein, vide Eckstein											
Elias[50]	Karolina			Elias(in)[51]	Anna	10/07/05				1810/1494	
Elias	Rosalia	1833/U	Hdarb	Elias	Josefa	56/01/18	56/04/26		41/01145	1856/0599	
Ellkann	Maria		Köchin	Ellkann[52]	Maria M.	44/07/12	45/07/07			1845/2197	
Elkan	Katharina	1827/B	Magd	Elkan	Theresia	48/08/28	51/10/11		33/05757	1848/4966	
Ellinger[53]	Rosalia	1846/U	Magd	Ellinger[54]	Paul	66/09/8	1959/04		51/06144	1866/6594	
Ellinger	Rosalia	1844/U	Magd	Ellinger	Wilhelm	67/11/19	68/01/20		52/06975	1867/7597	
Elsner[55]	Franziska	1842/B	Magd	Elsner[56]	Karolina	67/06/22	67/08/3		52/03818	1867/4356	

---

den unehelich geborenen Kindern wurde als Vater stets Jakob Schafranek eingetragen und ein Legitimierungsvermerk hinzugefügt.

[49] o.A. (GbhP), **Anton** Eisner/**Schafranek** (IKG Gb C 4530). - In das GbhP wurde nur das Geschlecht des Kindes eingetragen, in die Namensrubrik kam "ungetauft entlassen", die Entlassung erfolgte am 64/01/01, am folgenden Tag wurde das Kind beschnitten und in das Geburtenbuch der IKG mit dem Namen Anton Eisner eingeschrieben, wobei der Name Eisner durchgestrichen und mit dem Namen Schafranek ersetzt wurde (GbhP, IKG Gb C 4530).

[50] **Karolina** Elias (Taufmatrik Pfarre Schotten 10/07/05: Anna Elias); **Katharina** Elias (FdhP) - V: Josef Elias, Handelsjude, M: Karolina.

[51] Anna Elias (Taufmatrik Pfarre Schotten 10/07/05), Anna Eliasin (FdhP), geboren bei der Hebamme Gertraud Lichtenäcker, Wien Innere Stadt No 220, am Salzgries, noch am selben Tag in der Pfarre Schotten getauft - Taufpatin war die Hebamme ("Schriftschreibers Gattin"). Das Kind kam sogleich nach der Taufe ins Fdh, ist dort nach acht Tagen an Schwäche gestorben (FdhP). Das Einverständnis der Mutter wurde protokollarisch in der Taufmatrik festgehalten, unterfertigt von zwei Zeugen, einem Kaffeesieder und einem Bierwirt: "Dass dieses Kind auf ausdrückliches Verlangen der Mutter getauft worden sey, bestättigen unterzeichnete Zeugen" (Taufmatrik Pfarre Schotten 10/07/05). Im FdhP wird die jüdische Herkunft des Kindes nicht erwähnt, die Mutter wurde namentlich ins Protokoll aufgenommen (FdhP).

[52] Maria Magdalena Ellkann wurde in <Wien> St. Ulrich No 47 geboren, am folgenden Tag in der Pfarre St. Ulrich getauft, nach 13 Tagen ins Fdh gebracht, als "Israelitenkind" ins FdhP mit dem Namen der Mutter aufgenommen (FdhP).

[53] Rosalia (auch Szali) Ellinger, geb. aus Lieszkó in Ungarn, Bezirk Szenicz, Neutraer Komitat.

[54] Paul Ellinger, gestorben am 1959/04/17 in Amstetten, Schulstraße 27, St.A. Amstetten No 271/59 (Taufmatrik AKH 66/09/08: Randnotizen aus den Jahren 1891, 1935, 1943, 1947; weitere Randnotizen im GbhP aus den Jahren 1940 und 1943). 1891 könnte ein Taufschein ausgestellt worden sein.

[55] Franziska Elsner, geb. 42/03/26 in Bruky in Böhmen; V: Hermann Elsner, Hausierer; M: Anna Elsner, geb. Pollak; wurde am 70/08/27 in der Pfarre St.

E

M: Name	M: Vorname	geb. ca.	Beruf	K: Name	K: Vorname	K: geb.	K: gest.	K: entl.	Qu GbhP	Qu FdhP	Qu EntlP
Elsner[57]	Juliana	1821/M	Magd	Elsner[58]	Julia	47/12/26	48/11/8		33/00448	1848/0068	
Engel	Fanni	1829/U	Magd	Engel[59]	Hermann	50/03/15			35/00732		
Engel	Pepi	1834/U	Hdarb	Engel[60]	Josefa	54/12/25	55/03/12		40/01076	1854/8459	
Eng(e)l	Josefa		Köchin	Eng(e)l[61]	Josef	20/02/9	20/03/15			1820/0504	
Engel	Julia	1828/U	Magd	Engel[62]	Juliana	57/01/23	57/02/06			1857/0675	
Engel[63]	Rosalia	1839/U	Magd	Engel[64]	Ignaz	64/11/27	64/12/30		49/09461	1864/9146	
Engel	Rosa	1841/U	Magd	Engel[65]	Franziska	66/07/5	66/07/26		51/04546	1866/5094	
Engel	Rosalia	1846/U	Hdarb	Engel	Eduard	66/08/19	66/09/10		51/05601	1866/6117	
Engel[66]	Theresia	1849/U	Magd	Engel	Karolina	67/09/22	68/02/24		52/05022	1867/6247	

Laurenz am Schottenfeld getauft: "hat wohl ein Verhältnis mit einem christlichen Mann", erhielt bei der Taufe die Namen Franziska **Josefa** (Pfarre St. Laurenz Konvertiten III 70/08/27).
[56] Im Fdh im Alter von 42 Tagen an Anämie gestorben (FdhP).
[57] Juliana Elsner, geb. in Lomnitz, Brünner Kreis, von dort zugereist (GbhP).
[58] "Kind wegen israelitischer Religion der Mutter" ins Fdh (FdhP).
[59] o.A. (GbhP), **Hermann** Engel (IKG Gb B 418). - Im GbhP wurde die Namensrubrik leergelassen. Hermann Engel wurde "auf Verlangen der Mutter" nicht getauft, beide wurden am 50/03/21 aus dem Gbh entlassen, die Magd Franziska (Fanni) Engel ließ ihr Kind beschneiden, in das Matrikenbuch der IKG wurde er unter dem Namen "Hermann Engel" eingetragen (GbhP, IKG Gb B 418). Franziska Engel war ledig, stammte aus Neutra in Ungarn und wohnte in Wien Innere Stadt No 491.
[60] "Wegen Religion der Mutter" (GbhP) und wegen "Krankheit der Mutter" ins Fdh (GbhP, FdhP).
[61] Josef Engl (FdhP), Josef Engel (Pfarre St. Leopold Taufmatrik 20/02/14) - geboren in der Leopoldstadt No 103, getauft in der Pfarre St. Leopold, Taufpatin war die Hebamme Anna Dörr, Gattin eines Barbierers; am folgenden Tag ins Fdh gebracht, mit dem Meldzettel (Armutszeugnis) der Pfarre und gegen eine Taxe von 60 fl. ins Fdh aufgenommen; im FdhP wird die jüdische Herkunft dieses Kindes nicht erwähnt, der Name der Mutter wurde jedoch eingetragen (Pfarre St. Leopold Taufmatrik 20/02/14; FdhP).
[62] Juliana Engel, geb. und getauft im Militär-Gebärhaus, kam zwei Tage später "wegen Religion der Mutter" ins Fdh (FdhP).
[63] Rosalia Engel, geb. aus Stampfen in Ungarn, Preßburger Komitat; wohnhaft in Wien-Leopoldstadt, Auf der Haid No 7 (1866).
[64] Im Fdh im Alter von 33 Tagen an Bronchitis gestorben (FdhP).
[65] Im Fdh im Alter von 21 Tagen an Lebensschwäche gestorben (FdhP).

E

M: Name	M: Vorname	geb. ca.	Beruf	K: Name	K: Vorname	K: geb.	K: gest.	K: entl.	Qu GbhP	Qu FdhP	Qu EntlP
Engelmann	Karolina	1826/M	Magd	Engelmann	Theresia	45/01/22	45/02/16		30/01522	1845/0466	
Engelmann[67]	Theresia	1827/M	Magd	Engelmann	Christina	57/12/25	58/01/27		42/08262	1858/0040	
Engelmann	Theresia	1827/M	Hdarb	Engelmann[68]	Josef	64/01/24	64/01/26		49/01125		
EPPSTEIN (EPSTEIN, EBSTEIN)											
Epstein[69]	Franziska	1837/U	Magd	unentbunden entlassen 56/12/09					42/00816		
Epstein	Franziska	1837/U	Magd	Epstein[70]	Rosina	57/03/12	57/03/19		42/03128	1857/2006	
Eppstein	Franziska	1837/U	Hdarb	Eppstein[71]	Josefa	58/03/3	58/03/18		43/03173	1858/1975	
Ebstein	Franziska	1836/U	Hdarb	Ebstein[72]	Gustav	59/06/10	59/07/21		44/05719	1859/4727	
Epstein	Rosalia	1842/U	Magd	<...>[73]		67/09/3			52/05258		
Erdmann[74]	Rosalia	1811/M	Witwe	Nay[75]	Maria	33/08/18	34/02/21		18/02106	1833/2866	
Ernst[76]	Rosina	1833/U	Magd	Ernst[77]	Julius	61/08/30		62/05/8	46/07393	1861/6912	62/05/8

---

[66] Theresia Engel, aus Ungarn zugereist (GbhP).
[67] Theresia Engelmann, geb. in Loschitz in Mähren, Olmützer Kreis; wohnhaft in Wien-Leopoldstadt No 167 (1857) bzw. Wien 2, Stadtgutgasse No 8 (1864) (GbhP'e).
[68] Getauft, am folgenden Tag im Gbh gestorben (GbhP; Taufmatrik AKH 64/01/25).
[69] Franziska Ebstein/Epstein/Eppstein sind ident, um 1836/7 in Pápa in Ungarn geboren, Handarbeiterin bzw. Magd in Wien; 1856 wohnhaft in Mödling, 1857 und 1859 in Wien-Landstraße (GbhP'e).
[70] "Wegen Religion der Mutter" Fdh, im Fdh im Alter von einer Woche an Lebensschwäche gestorben (FdhP).
[71] Im Fdh im Alter von 15 Tagen an Pneumonie gestorben (FdhP).
[72] Gustav Ebstein kam wegen Religion der Mutter ins Fdh (GbhP).
[73] o.A. (GbhP). Dieses Kind wurde nicht getauft, Mutter und Kind wurden am 67/09/11 aus dem Gbh entlassen (GbhP).
[74] Tuchmacherswitwe aus Trebitsch in Mähren(GbhP).
[75] Maria N**eu** (GbhP), Maria N**ay** (FdhP; Taufmatrik AKH 33/08/19: "Mater infantis Judaea"). In das FdhP wurde der Fremdname des Kindes zusammen mit dem Namen der Mutter eingetragen, die jüdische Herkunft des Kindes durch die Bezeichnung "Israelitinn" festgehalten.
[76] Rosina Ernst, geb. von Holics, wohnhaft in Wien-Döbling No 45; erscheint im FdhP durch einen Flüchtigkeitsfehler der Kanzlei als "kl" (katholisch, ledig), während ihr Kind als "Israelitenkind" aufgenommen wurde und sie selbst nach der "kl"-Eintragung als "Israelitin" bezeichnet wird (GbhP; FdhP).
[77] Julius Ernst blieb zehn Tage bei seiner Mutter im Gbh, kam ins Fdh und am folgenden Tag zu einer Pflegepartei. Nach neun Monaten löste ein

M: Name	M: Vorname	geb. ca.	Beruf	K: Name	K: Vorname	K: geb.	K: gest.	K: entl.	Qu GbhP	Qu FdhP	Qu EntlP
Esner[78]	Sara	1803/M	Magd	R.D.[79]		25/03/8			10/00561		
Ester[80]	Theresia			*Lauberin*[81]	Theresia	1794/11	1794/12			1794/2286	
Ex	Rosina	1841/U	Magd	Ex	Anna	62/01/7	62/01/22		47/01470	1862/0356	

Spenglermeister namens Julius Krautwurst, wohnhaft in Wien-Heiligenstadt, "gegen Revers" dieses Kind aus der Findelhausbetreuung.- im EntlP finden wir hiezu den Vermerk "L<eiblicher> V<ater>" (EntlP: Julius Krautwurst, Spenglermeister, Wien-Heiligenstadt No 124).

[78] Der Name der Mutter wurde in das GbhP mit einer Versalie eingetragen, die an zwei ineinander geschobene Ellipsen erinnert, im dazugehörigen Index wird dieser Name als "Esner" aufgelöst, vielleicht eine Verschreibung von "Eisner" (GbhP; Taufmatrik AKH 25/03/09: K: Rudolf Donner, M: Sara Esner, Index). Den Taufmatriken des AKH zufolge wurde am 25/03/09 ein Kind auf den Namen Rudolf Donner getauft und im "jüdischen Formular" aufgenommen: Das Feld der Mutter blieb leer, Taufpate war der Kirchendiener Josef Eckerle. Es könnte sich um dieses Kind handeln. .

[79] R.D. (GbhP) - Der Jahrgang 1825 der FdhP'e ist nicht erhalten. Für die Auflösung der Initialen können nur die Taufprotokolle des AKH herangezogen werden. Das Kind wurde am 8. August geboren - am folgenden Tag wurden im Gbh zwei Kinder getauft und im "jüdischen Formular" in die Taufmatrik aufgenommen, Rudolf Donner hatte den Mesner zum Taufpaten, Rebekka Duch die Anstaltshebamme. Bei keinem der Kinder wurde durch einen entsprechenden Vermerk auf ihre jüdische Herkunft verwiesen. In beiden Fällen wurde "M" für das Geschlecht eingetragen, was in dieser Zeit sowohl "männlich" als auch "Mädchen" bedeuten konnte. Beide Kinder kamen ins Fdh, das Initialenkind R.D. am 17. März. Somit kennen wir von den Kindern die Fremdnamen, die ihnen gegeben wurden, ihre Initialen, die Namen ihrer Mütter, können sie jedoch nicht einander zuordnen (GbhP; Taufmatrik AKH 25/03/08: Rudolf Donner und Rebekka Duch).

[80] Theresia Ester erscheint als Mutter der Theresia Lauberin nur in der Taufmatrik des AKH (Taufmatrik AKH 1794/11/15: K: Theresia Lauberin, M: Theresia Ester, Jüdin).

[81] Theresia Lauberin kam im Alter von drei Tagen ins Fdh, im FdhP wird weder ihre Mutter noch ihre jüdische Herkuft erwähnt.

E

M: Name	M: Vorname	geb. ca.	Beruf	K: Name	K: Vorname	K: geb.	K: gest.	K: entl.	Qu GbhP	Qu FdhP	Qu EntlP
Fabian	Magdalena	1825/U	Magd	Fabian[1]	Johann	51/08/27	51/10/8		36/06026	1851/5690	
Fack[2]	Rosalia	1800/U	Magd	*Unruh*[3]	Georg	20/02/2			05/00270	1820/0349	
Fajner Anna, vide Feiner											
Fantin[4]	Franziska			*Böhm*[5]	Martin	1796/10	1796/12			1796/2144	
Fantl	Elisabeth	1848/B	Magd	Fantl[6]	Ignaz	67/04/21	67/05/7		52/01799	1867/2905	
Fantel	Katharina	1842/U	Hdarb	Fantel	Maria	61/04/9	62/05/4		46/04003	1861/3122	
Fanto	Maria	1838/U	Magd	Fanto[7]	Heinrich	61/05/30	61/07/21		46/05344	1861/4697	
Fanto[8]	Theresia	1836/U	Magd	Fanto|Tanto[9]	Theresia	56/08/9	56/08/31		41/05107	1856/5067	
Farago[10]	Anna	1806/U	Magd	*Kraus*[11]	Barbara	25/04/20			10/00930		

---

[1] "Wegen Religion der Mutter" Fdh (FdhP).
[2] Rosalia Fack - im GbhP unsichere Schriftzüge, es könnte sich um eine Verlesung des Namens "Joel" handeln, in das FdhP wurde hingegen klar und deutlich "Fack" eingetragen, Fack Rosalia, israelitische Magd.
[3] Georg Unruh kam nach Schwechat, war dort zunächst bei einer Taglöhnerin, sodann bei einem Zimmermann, dessen Ehefrau in das FdhP aufgenommen wurde: Johanna Baumgartner, Zimmermannsgattin, No 43 Schwechat (FdhP). Kein Sterbedatum im FdhP, das Kind könnte demnach überlebt haben.
[4] Franziska Fantin, "eine ledige Jüdin" (FdhP), in der Taufmatrik wurde in die Rubrik, welche für den Namen der Mutter vorgesehen war, "Jüdin" eingetragen (Taufmatrik AKH 96/10/15: Martin Böhm).
[5] Martin Böhm, geb. um den 1796/10/15, gestorben am 1796/12/17, kam im Alter von zwei Tagen ins Fdh (FdhP).
[6] "Wegen Krankheit der Mutter" Fdh (FdhP).
[7] Im Fdh im Alter von 52 Tagen an Tabes (Schwindsucht, Abzehrung) gestorben (FdhP).
[8] Theresia Fanto, geb. in Holics in Ungarn, zugereist (GbhP).
[9] Theresia Fanto (Taufmatrik AKH 56/08/09), Theresia Tanto (FdhP); kam "wegen Religion der Mutter" ins Fdh (GbhP, FdhP).
[10] Anna Farago, geb. aus Almás ("Olmasch") in Ungarn; wohnhaft in Wien-Leopoldstadt (1825) und Wien Innere Stadt (1826) (GbhP'e).
[11] **B.K.** (GbhP), **Barbara Kraus** (Taufmatrik AKH 25/04/20). - Die erste Initiale erscheint als vergrößerter Kleinbuchstabe, die zweite als eigentümliches Kurrent-S, das zu einem K ansetzt. - Das Kind kam am 29. April ins Fdh - da jedoch für das Jahr 1825 keine FdhP'e erhalten sind, kann die Auflösung der Initialen nur über die Taufmatrik versucht werden. Getauft wurden die Kinder zumeist gleich nach der Geburt oder am folgenden Tag. In die Taufmatrik wurden unter dem 25/04/20 zwei Kinder im "jüdischen Formular" aufgenommen, Johann Malin und Barbara Kraus. - Barbara Kraus ist demnach mit großer Wahrscheinlichkeit das gesuchte Initialenkind "B.K." (Taufmatrik AKH 25/04/20; GbhP).

F

M: Name	M: Vorname	geb. ca.	Beruf	K: Name	K: Vorname	K: geb.	K: gest.	K: entl.	Qu GbhP	Qu FdhP	Qu EntlP
Farago[12]	Anna	1803/U	Magd	*Leitner*[13]	Karl	26/12/18			11/02389	1826/4380	
Färber	Johanna	1844/U	Magd	Färber	Johann	63/12/1			49/00647	1863/8848	
Ferber	Juliana	1822/M	Magd	Färber	Josef	46/08/10	47/03/31		31/05401	1846/4540	
Farkas	Rosalia	1809/U	Magd	*Grundenger*[14]	Martin	28/11/11	30/07/19		13/02429	1828/3892	
Faschnerin[15]	Julia	1819/U	Magd	*Janko*[16]	Jakob	42/02/3		52/02/3	27/00398	1842/0748	52/02/3
Federer	Anna	1812/B	Magd	*Kummer*[17]	Josefa	41/02/6	41/04/14		26/00772	1841/0762	
Fedra	Eleonora	1817/B	Magd	*Janka*[18]	Josef	39/02/16	39/03/10		24/01432	1839/0824	
Fedrit[19]	Mina	1846/U	Magd	Fedrit	Eleonora	65/09/22	65/10/14		50/06525	1865/7082	

[12] Anna Farago (GbhP, IKG Stb A 49), Anna Jarago (TBP, Sterbematrik AKH 26/12/30). - TBP 26/12/30: Anna Jarago, "israelitische Magd aus der Stadt No <o.A.> von Olmasch in Ungarn gebürtig, im AKH am Faulfieber, alt 23 Jahr." - "Jarago Anna, Magd. ledig, israelitsch, Olmasch in Ungarn, Stadt No <o.A.> G<estorben> Faulfieber" (Sterbematrik AKH 26/12/30). - "Farago Anna, Magd aus Almasch in Ungarn, ledig, 23 Jahr, Alsergrund No 195 Krankenhaus, Faulfieber" (IKG Stb A 49 26/12/30).

[13] Karl Leitner (GbhP; ins FdhP wurde nur der Vorname der Mutter eingetragen, was zur irrtümlichen Annahme führen könnte, der Name Leitner wäre der Zuname der Mutter). Für dieses Kind wurden 1827 25 fl. und 1 kr. nach einer Note des Wr. Magistrats angelegt. Es kam zunächst zu einem Schneider nach Wien-Wieden, mit acht Jahren zurück ins Fdh, sodann war er bei einem Viehhirten, übersiedelte nach Breitstädten bei Orth (FdhP: letzte Pflegepartei: Eleonore Tibert, Viehhirtensweib <...> Breitstetten, Herrschaft Orth - NÖ). Kein Sterbedatum im FdhP, somit könnte dieses Kind überlebt haben.

[14] Martin Grundenger (FdhP), Martin Grundinger (Taufmatrik AKH 28/11/11: "Mater judaea").

[15] Julia Faschnerin (GbhP), Julia Flaschner (FdhP: aus dem Preßburger Komitat von Bösing zugereist, bestätigte die Übernahme ihres Passes mit ihrem Handzeichen, mit drei Kreuzchen). - Taufmatrik AKH 42/02/03: "Mater judaea".

[16] Jakob Janko, "wegen Krankheit der Mutter" Fdh; blieb dort vier Tage, kam sodann zu einer Kleinhäuslerin nach Breitensee; ins Fdh zurückgebracht und sodann bei einem Messerschmied in Wien-Fünfhaus untergebracht. Seine Pflegemutter wurde ins EntlP eingetragen (FdhP, EntlP: Elisabeth Schenk, Messerschmidtgattin in Fünfhaus No 141, Bazirksgericht Sechshaus).

[17] Taufmatrik AKH 41/02/06: "Mater judaea".

[18] J.J. (GbhP), Josef Janka (Taufmatrik AKH 39/12/16: "Mater judaea"). - Das Kind kam am 24. Februar ins Fdh, am gleichen Tag wurde ein Kind mit dem Namen Josef Janka als "Israelitenkind" ins Fdh aufgenommen, in das FdhP wurde auch der Name seiner Mutter eingetragen: Eleonora Fedra (FdhP). - Das .Initialenkind "J.J." ist demnach ident mit Josef Janka (GbhP, FdhP). In der Taufmatrik wurde die jüdische Herkunft des Kindes mit dem Vermerk "Mater Judaea" festgehalten (Taufmatrik AKH 39/02/16). - Josef Janka kam nach Ober-Hollabrunn zu einem Schuster, er hat die Findelpflege nicht überlebt (FdhP).

F

M: Name	M: Vorname	geb. ca.	Beruf	K: Name	K: Vorname	K: geb.	K: gest.	K: entl.	Qu GbhP	Qu FdhP	Qu EntlP
Fedrith	Fanni	1843/U	Hdarb	Fedrith	Ignaz	65/11/27	65/12/15		50/08169	1865/8800	
Feich Josefa, vide Feig											
Feigl[20]	Josefa	1819/U	Magd	*Malinka*[21]	Maria	41/11/19	41/12/10		26/04928	1841/4913	
Feigl[22]	Emma	1832/B	Magd	Feigl[23]	Theresia	51/12/28	52/01/21		37/01244	1851/8054	
Feigl[24]	Helena	1819/B	Magd	Feigl[25]	Josef	47/03/7	47/03/8		32/02682		
Feigl	Helena	1816/B	Magd	Feigl[26]	Theresia	45/12/10		55/12/10	31/00720	1845/6238	55/12/11
Feigl	Ludmilla	1803/B	Hdarb	*Fürchtegott*[27]	Hildegard	27/05/25	33/02/15		12/00781	1827/2170	
Feiglstock[28]	Franziska	1828/U	Hdarb	Feiglstock[29]	Josef	49/04/7	49/04/24		34/03755	1849/2632	

---

[19] Mina Fedrit, geb. in Cziffer in Ungarn, von Tyrnau zugereist (GbhP).

[20] Josefa Feig /:Feich:/ (GbhP), im GbhP wurden die Namen von Mutter und Kind voll aufgenommen, im FdhP wurde nur der Vorname der Mutter angegeben: Dem Protokollformular zufolge hätte der Name der Mutter Josefa Malinka lauten müssen.

[21] Taufmatrik AKH 41/11/20: "Mater judaea".

[22] Emma Feigl brachte man nach der Entbindung auf die chirurgische Abteilung des AKH (GbhP).

[23] "Wegen Religion der Mutter" Fdh (FdhP), der Name der Mutter wurde nicht ins FdhP aufgenommen; in der Taufmatrik wird die jüdische Herkunft des Kindes nicht erwähnt; als Taufpatin wurde die Handarbeiterin Theresia Roller eingetragen; das Kind starb an Auszehrung (Taufmatrik AKH 45/12/10; FdhP).

[24] Helena Feigl, geb. in Mischkowitz in Böhmen, Taborer Kreis; wohnhaft in Wien-Leopoldstadt No 446 (1845) und No 266 (1847) (GbhP'e).

[25] Getauft, am folgenden Tag im Gbh gestorben (GbhP; Taufmatrik AKH 47/03/07: Die jüdische Herkunft des Kindes wird in dieser Quelle nicht erwähnt.

[26] Theresia Feigl, "Israelitenkind" <unterstrichen>, kam zwei Tage nach ihrer Geburt ins Fdh, blieb dort acht Tage, war sodann bei einem Hauer, einem Fabriksarbeiter, schließlich bei einem Spinnmeister namens Michaletz, wurde zurück ins Fdh gebracht, am folgenden Tag wieder von seiner Pflegemutter Elisabeth Michaletz abgeholt, welche im EntlP auch als Übernahmepartei aufscheint mit dem Vermerk "PP" - Pflegepartei (FdhP, EntlP: Elisabeth Michaletz, Spinnmeistersgattin, Pischelsdorf No 83 - Stmk).

[27] Taufmatrik AKH 27/05/24 (sic !) - laut GbhP kam das Kind am 27/05/25 zur Welt; "Mutter Israelitin" - in den ersten Jahrzehnten des Bestehens des Wiener Fdh's hat man sich nicht selten im Datum geirrt.

[28] Zwillingsgeburt 49/04/07: Josef und Franziska Feiglstock (GbhP, FdhP: als "Israelitenkinder" eingetragen, beide Kinder starben im Fdh an Lebensschwäche).

F

M: Name	M: Vorname	geb. ca.	Beruf	K: Name	K: Vorname	K: geb.	K: gest.	K: entl.	Qu GbhP	Qu FdhP	Qu EntlP
Feiglstock	Franziska	1828/U	Hdarb	Feiglstock[30]	Franziska	49/04/7	49/04/28		34/03755	1849/2633	
FEINER (FAJNER)											
Fajner	Anna	1845/U	Magd	Fajner	Karl	64/09/18	64/10/20		49/07975	1864/7423	
Feiner[31]	Cäcilia	1837/U	Magd	Feiner	Rudolf	61/01/2	61/04/28		46/01196	1861/0256	
Feitlin[32]	Juliana			*Jägerin*	Elisabeth	00/11/8	00/11/28			1800/2590	
Felbert	Johanna	1835/U	Modistin	Felbert	Johanna	56/06/2	57/08/9		41/04443	1856/3778	
Fellmann[33]	Anna	1842/B	Magd	Fellmann	Alois	63/01/24	63/02/25		48/02060	1863/0845	
Feldmann	Anna	1842/B	Magd	Feldmann	Johann	65/02/3	65/02/22		50/00866	1865/1075	
Feldmann[34]	Franziska	1838/M	Magd	Feldmann	Franziska	62/04/6	62/05/12		47/03200	1862/2662	
Feldmann	Franziska	1837/M	Magd	Feldmann	Karl	63/08/27			48/07361	1863/6493	
Feldmann[35]	Josefa	1828/U	Magd	Feldmann[36]	Karolina	48/09/12		58/09/12	33/06024	1848/5226	58/10/18
Feldmayer	Antonia	1826/B	Magd	Feldmayer[37]	Mathias	48/09/21	48/11/3		33/05822	1848/5402	
Felix Julia, vide geb. Rosenblüh Julia											
FELLNER (FELNER)											
Fellner	Anna		Witwe	*Esther*[38]	Josefa	1816/09				1818/2493	

---

[29] Im Fdh im Alter von 17 Tagen an Lebensschwäche gestorben (FdhP).
[30] Im Fdh im Alter von drei Wochen an Lebensschwäche gestorben (FdhP).
[31] Cäcilia Feiner, von Raab in Ungarn zugereist (GbhP).
[32] Juliana Feitlin (FdhP; Taufmatrik AKH 00/11/09: K: Elisabeth Jägerin, M: Juliana Feitlin, Jüdin).
[33] Anna Fellmann ist mit Anna Feldmann ident, geb. um 1842 in Swietla in Böhmen, Czaslauer Kreis; wohnhaft in Wien-Leopoldstadt, Haidgasse No 7 (1863) und Tempelgasse No 4 (1867) (GbhP'e).
[34] Franziska Feldmann, geb. in Gewitsch bei Olmütz in Mähren; 1862 wohnhaft in Wien-Landstraße No 17, 1863 in Wien-Leopoldstadt (GbhP'e).
[35] Josefa Feldmann, in Szerdahely im Preßburger Komitat geb., von dort zugereist (GbhP).
[36] Karolina Feldmann war drei Tage im Fdh, kam zu einem Schuster nach Breitenfeld, wurde von diesem nach einem Jahr wieder ins Fdh zurückgebracht und sogleich an die Kleinhäuslerin Maria Weber in Bernhof im Waldviertel weitergegeben, dort ist das Kind bis nach Beendigung der Findelhausversorgung geblieben (FdhP, EntlP: Maria Weber, Bernhof No 7, Pfarre Zwettl).
[37] Mathias Feldmayer (GbhP), Mathias Feldmaier (FdhP).

F

M: Name	M: Vorname	geb. ca.	Beruf	K: Name	K: Vorname	K: geb.	K: gest.	K: entl.	Qu GbhP	Qu FdhP	Qu EntlP
Fellner[39]	Josefa	1835/U	Magd	Fellner[40]	Josefa	63/05/7	63/06/26		48/04613	1863/3420	
Felner[41]	Katharina	1831/U	Magd	Felner[42]	Leopold	53/09/3	53/10/24		38/06773	1853/5744	
Fellner	Katharina	1835/U	Köchin	Fellner	Josefa A.	56/07/23	59/08/16		41/05399	1856/4893	
Fellner	Katharina	1839/U	Köchin	Fellner	Sigmund	64/01/6	64/05/26		49/01659	1864/0363	
Fellner	Katharina	1839/U	Magd	Fellner	Julius	65/01/23	65/04/15		50/00596	1865/0801	
Fels[43]	Barbara	1832/B	Magd	Fels[44]	Franz	60/10/31	60/11/16		45/07981	1860/7669	
Fels[45]	Eva	1836/B	Magd	Fels	Franziska	60/02/21	60/03/16		45/02300	1860/1574	
Fels	Eva	1835/B	Arb	Fels	Barbara	62/01/24	62/03/16		47/01847	1862/0746	
Fels	Eva	1835/B	Wäsch	Fels	Josef	65/01/28	65/05/16		50/00623	1865/0874	
Felsenberg[46]	Franziska	1821/U	Hdarb	<...>[47]		49/05/18	49/05/20		34/04513		

---

[38] Josefa **Esther** (FdhP), Karolina **Fellner** (Pfarre St. Peter Taufmatrik 18/11/08). - Josefa Esther, mit zweieinhalb Jahren am 18/11/08 in der Pfarre St. Peter auf den Namen Karolina getauft.
[39] Josefa Fellner kam vom AKH, Zi. 72 (Syphilis-Abteilung) ins Gbh., wurde nach der Entbindung zurück auf ihr Krankenzimmer gebracht (GbhP).
[40] Josefa Fellner kam "wegen Krankheit der Mutter" ins Fdh (GbhP: "wegen Syphilis der Mutter", FdhP), die Mutter war zur Entbindung ins Gbh gebracht worden, einen Tag nach der Geburt kam das Kind getauft ins Fdh, die Mutter zurück auf die Syphilis-Station des AKH; Josefa Fellner ist im Fdh im Alter von sieben Wochen an Tabes (Schwindsucht, Auszehrung) gestorben (GbhP, FdhP).
[41] Katharina Felner (GbhP), Katharina Fellner (Taufmatrik AKH 53/09/06: Leopold Fellner). - Katharina Fel(l)ner, geb. um 1833 in Deutsch-Kreutz in Ungarn, Ödenburger Komitat; wohnhaft in Wien Innere Stadt (1853) und Wien-Leopoldstadt No 536 (1856) (GbhP'e).
[42] "Wegen Religion der Mutter ins Fdh" (GbhP).
[43] Barbara Fels wurde nach der Entbindung auf eine andere Abteilung des AKH gebrach (GbhP); geb. 1832; V: Bernhard Fels, Greißler, M: Ludmilla Fels, geb. Polaczek; konvertierte am 68/10/31 in der Pfarre St. Laurenz am Schottenfeld, erhielt bei der Taufe die Namen Barbara **Katharina**; Magd (GbhP) bzw. Wirtschafterin (Pfarre St. Laurenz Konvertiten III 68/10/31).
[44] Franz Fels kam "wegen Krankheit der Mutter" ins Fdh; ist an Blutzersetzung im Fdh im Alter von zwei Wochen gestorben (FdhP).
[45] Eva Fels, geb. aus Techobuz in Böhmen, Taborer Kreis; wohnhaft in Dornberg No 99 (1860), in Wien-Ottakring No 32 (1862) und im 9. Bezirk, Spitalgasse No 31 (1865) (GbhP'e); geb. 1835; V: Bernhard Fels, Greißler; M: Ludmilla, geb. Polaczek; Fabriksarbeiterin (GbhP) bzw. Magd; konvertierte in der Pfarre St. Laurenz am Schottenfeld, erhielt bei der Taufe die Namen **Maria** Eva (FdhP; Pfarre St. Laurenz Konvertiten III 65/10/10).
[46] Franziska Felsenberg, von ihrem Heimatort zugereist; gestorben am 49/05/18 (GbhP: im Gbh, IKG Stb B 387: Typhus). - TBP 43/06/05: Felsenberg

F

M: Name	M: Vorname	geb. ca.	Beruf	K: Name	K: Vorname	K: geb.	K: gest.	K: entl.	Qu GbhP	Qu FdhP	Qu EntlP
Ferber, vide Färber											
Ferda[48]	Charlotte	1842/B	Magd	Ferda[49]	Theresia	62/10/29	62/10/30		47/07921	1862/7308	
Fessler	Maria	1831/B	Magd	totgeboren 67/07/12					52/04238		
Feuermann	Anna	1834/U	Hdarb	Feuermann[50]	Franziska	59/04/21	59/04/28		44/04462	1859/3359	
Feuerman[51]	Regina	1832/U	Magd	Feuermann[52]	Maria	55/02/11	55/04/29		40/01871	1855/1173	
Feuerstein	Ludmilla	1830/B	Magd	Feuerstein[53]	Josef	48/12/8		58/12/8	33/07003	1848/6946	58/12/8
Feuerstein	Sali	1830/B	Magd	Feuerstein	Anton	54/05/29	54/06/27		39/05084	1854/4009	
Feuerstein	Sali	1826/B	Magd	Feuerstein	Leopoldine	49/10/24	49/11/11		34/07637	1849/6685	
Fiala	Eleonora	1818/B	Magd	**Kastner**[54]	Konrad	43/10/29	43/11/27		28/05867	1843/4812	
Fiala[55]	Regina	1822/M	Hdarb	Fiala[56]	Pauline	49/02/19		59/02/19	34/00337	1849/1447	59/05/13

Franziska, "Handarbeiterin, 28 Jahr alt, israelitisch, ledig, von Szobotisz in Ungarn gebürtig, an Tyfus, AKH."
[47] o.A. (GbhP). Dieses Kind, ein Bub, wurde nicht getauft, es starb nach seiner Geburt im Gbh (GbhP: am 49/05/20, IKG Stb B 387: am 49/05/18 an Lebensschwäche).
[48] Charlotte Ferda kam nach der Entbindung auf eine andere Abteilung des AKH (GbhP).
[49] Theresia Ferda kam "wegen Krankheit der Mutter" ins Fdh (FdhP), sie wurde sogleich nach ihrer Geburt getauft und ins Fdh gebracht, am folgenden Tag an Lebensschwäche gestorben (FdhP). Die Mutter wurde nach der Geburt in eine andere Abteilung des AKH verlegt (GbhP).
[50] "Wegen Krankheit der Mutter" ins Fdh gebracht; im Fdh an Zellgewebsvereiterung im Alter von einer Woche gestorben (FdhP).
[51] Regina Feuermann wurde nach der Entbindung auf eine medizinische Abteilung des AKH gebracht (GbhP).
[52] Maria Feuermann kam "wegen Religion und Krankheit der Mutter" ins Fdh (FdhP), die Mutter wurde nach dem Wochenbett mit Peritonitis (Bauchfellentzündung) in die medizinische Abteilung des AKH verlegt (GbhP).
[53] Josef Feuerstein mußte mehrmals seinen Pflegeplatz wechseln, doch er überlebte und wurde "gegen Revers" 1858 vom Privatbeamten Karl Weiß, wohnhaft in Wien-Mariahilf, übernommen. Im EntlP findet man den Vermerk L<eibliche>M<utter>, woraus man schließen könnte, Weiß habe die Mutter des Kindes Ludmilla Feuerstein geheiratet (EntlP: Karl Weiß, Privatbeamter, Mariahilf No 52). Josef Feuerstein wurde später Zeitungsleger (KA: Josef Feuerstein).
[54] Taufmatrik AKH 43/10/30: "Mater judaea".
[55] Regina Fiala, aus Mähren zugereist (GbhP).
[56] Pauline Fiala kam mit ihrer Mutter ins Fdh, blieb dort einen Monat, wurde sodann von der Taglöhnerin Theresia Grinharter übernommen. Das Kind blieb bis nach Ablauf der Findelhausversorgung bei ihr (FdhP, EntlP: Theresia Grinharter, Taglöhnerin, Penk No 4 - NÖ, UWW, am Steinfeld, Pfarre St.

F

M: Name	M: Vorname	geb. ca.	Beruf	K: Name	K: Vorname	K: geb.	K: gest.	K: entl.	Qu GbhP	Qu FdhP	Qu EntlP
Fiala[57]	Theresia	1824/B	Magd	totgeboren 43/04/9					28/02746		
Fiala	Theresia	1823/B	Magd	Fiala	Josef	44/11/12	44/12/7		30/00218	1844/5381	
Fichterin[58]	Katharina			*Sonntagin*[59]	Katharina	1794/07	1794/08			1794/1433	
Fikterin[60]	Katharina			*Feyertagin*[61]	Eva	1796/12	1797/07			1796/2650	
Finaly[62]	Karolina	1825/U	verh.	Finalie[63]	Wilhelm	53/10/17			38/07786		
FISCHEL (FISCHL, FISCHLIN)											
Fischlin[64]	Elisabeth			Georg	Fischl	1796/04	1796/04			1796/0794	

Valentin).
[57] Theresia Fiala, geb. aus Mlasow in Böhmen, Klattauer Kreis; wohnhaft in Wien-Leopoldstadt No 300 (1843) (GbhP).
[58] Katharina Fichterin (Taufmatrik AKH 1794/07/13: "ein Jüdin"; FdhP: "eine ledige Jüdin" <gestrichen: Dienstmagd, mit Jüdin ersetzt>. - Wir nehmen an, daß Katharina Fichterin mit Katharina Fikterin ident ist, man trifft selten auf diesen Namen; im Gbh entbunden und nicht in der Lage, mit der Bezahlung einer Taxe ihre Anonymität zu sichern.
[59] Katharina So**n**ntagin (Taufmatrik AKH 1794/07/13), Katharina Sontagin (FdhP) - geb. am 1794/07/12, gestorben am 1794/08/01 (FdhP). Irrtümlich wurde in das FdhP in die Rubrik des Kindes nicht der Fremdname, sondern der Zuname der Mutter eingetragen; das Versehen wurde erkannt, der Name der Mutter gestrichen und mit dem Fremdnamen "Sontagin" ersetzt: Katharina Son(n)tagin wurde an einem Sonntag, den 94/07/13, getauft und erhielt von diesem Wochentag ihren Namen (Taufmatrik AKH 94/07/13).
[60] Katharina Fikterin (Taufmatrik AKH 1796/12/23: "Jüdin"; FdhP: "eine ledige Jüdin").
[61] Eva Feyertagin kam im Alter von einem Tag ins Fdh, geb. am 1796/12/23, gestorben am 1797/07/29 (FdhP).
[62] Karolina Finaly, aus Trentschin in Ungarn, verheiratet, Greißlerin, wohnhaft Weißgärber No 23; sie kam möglicherweise nach der Entbindung ins Gbh, wurde mit einem Arm<uts>Z<eugnis> aufgenommen (GbhP). - Karolina Finaly ließ ihr Kind einen Tag nach ihrer Entlassung aus dem Gbh beschneiden.
[63] o.A. (GbhP), **Wilhelm** Finalie (IKG Gb B 1638). - "Nothgetauft" finden wir als Vermerk in der Namensrubrik bei diesem Kind. Am 53/10/23 wurden Mutter und Kind entlassen; diese Nottaufe wurde in das GbhP eingetragen, nicht jedoch in die Taufmatrik des AKH aufgenommen, das Kind wurde am Tag nach seiner Entlassung (53/10/24) beschnitten und mit dem Namen Wilhelm Finalie in das Geburtenbuch der IKG eingetragen (IKG Gb B 1638: geb. 53/10/16, V: Ignaz Finalie aus Alt Ofen, M: Karolina, geb. Weiss, wohnhaft Weißgärber 23).
[64] Zwillingsgeburt 1796/04/09: Georg und Josef Fischl, geboren in Wien Innere Stadt No 220, getauft in der Pfarre Alservorstadt. Die Kinder wurden "vermög Regierungsverordnung gratis" ins Fdh aufgenommen; Georg Fischl, gest. 1796/04/18; und Josef Fischl, gest. 1796/04/21: Todesursache: Schwäche (FdhP'e).

M: Name	M: Vorname	geb. ca.	Beruf	K: Name	K: Vorname	K: geb.	K: gest.	K: entl.	Qu GbhP	Qu FdhP	Qu EntlP
Fischlin	Elisabeth			Josef	Fischl	1796/04	1796/04			1796/0795	
Fischel[65]	Franziska	1816/B	Magd	unentbunden	entlassen	43/04/05			28/02656		
Fischel	Franziska	1815/B	Magd	Pohl[66]	Antonia	43/05/20		53/05/11	28/02807	1843/2493	53/05/11
Fischel[67]	Josefa	1821/U	Hdarb	Fischel	Anton	49/10/23	50/01/20		34/07558	1849/6659	
Fischl[68]	Karolina	1828/U	Magd	Fischl[69]	Karolina	50/05/15	51/01/26		35/04129	1850/2997	
Fischel[70]	Katharina	1845/U	Magd	Fischl	Simon	67/09/8	67/12/17		52/04050	1867/5964	
Fischl	Sara	1841/B	Magd	Fischl[71]	Leopoldine	66/11/15	66/12/7		51/06943	1866/8177	
Fischer[72]	Amalia	1816/U	Tagl	Marburger[73]	Maria	38/10/4			23/03146	1838/3892	
Fischer	Amalia	1814/U	Köchin	Lembert[74]	Franziska	40/02/25	40/03/14		25/01055	1840/1009	

[65] Franziska Fischel, von Pest zugereist (GbhP).
[66] Antonia Pohl (GbhP; Taufmatrik AKH 43/05/20, EntlP), Antonia Pahl (FdhP). - Dieses Kind überlebte, es kam "gegen Revers" 1851 zu einer Ausnehmerin namens Klara Graf in Trumau - in welcher Beziehung diese Frau zum Kind oder zu den Eltern des Kindes stand, geht aus dem EntlP nicht hervor (FdhP, EntlP: Graf Klara, Ausnehmerin, Trumau No 57, Bezirksgericht Ebreichsdorf - NÖ, UWW). - Taufmatrik AKH 43/05/20: Antonia Pohl, "Mater judaea".
[67] Josefa Fischel, geb. in Freistadtl in Ungarn, Neutraer Komitat, zugereist (GbhP).
[68] Karolina Fischl kam vom AKH, Zi. 76 aur Entbindung ins Gbh gebracht (GbhP).
[69] "Wegen Religion der Mutter" Fdh (FdhP).
[70] Katharina Fischel, geb. in Groß-Kanischa in Ungarn, zugereist (GbhP).
[71] Leopoldine Fischl kam "wegen Krankheit der Mutter" ins Fdh (FdhP), die Mutter wurde nach dem Wochenbett ins Fdh gebracht - ihr Kind war bereits an eine Pflegepartei abgegeben worden, wo es nach kurzer Zeit an Darmkatarrh verstorben ist (GbhP, FdhP).
[72] Amalia Fischer, geb. von Szobotisz in Ungarn, Neutraer Komitat; wohnhaft in Wien-Michelbeuerngrund No 9 (1838), in der Leopoldstadt No 1 (1840) und in der Alservorstadt (1841) (GbhP'e).
[73] **Amalia Fischer** (GbhP), **Maria Marburger** (FdhP; Taufmatrik AKH 38/10/05). Bei Maria Marburger wurde im FdhP kein Sterbedatum nachgetragen, sie könnte daher überlebt haben (FdhP: Katharina Taibl, Häuslerin, Singendorf <unsichere Lesart> No 85 - NÖ, UWW). - "Mater judaea", Randnotizen in Form von Datumsangaben aus den Jahren 1850, 1936, 1940 und 1942 (Taufmatrik AKH 38/10/05: Maria Marburger). 1850 könnte ein Taufschein ausgestellt worden sein.
[74] Taufmatrik AKH 40/02/25: "Mater infantis judaea"; im Fdh im Alter von 18 Tagen gestorben (FdhP).

M: Name	M: Vorname	geb. ca.	Beruf	K: Name	K: Vorname	K: geb.	K: gest.	K: entl.	Qu GbhP	Qu FdhP	Qu EntlP
Fischer	Amalia	1814/U	Magd	Mayberg[75]	Maria	41/11/11	41/12/7		26/04704	1841/4880	
Fiescher	Anna	1820/M	Magd	Sieger[76]	Johanna	41/03/28	41/04/13		26/02229	1841/1577	
Fischer	Anna	1837/M	Köchin	Fischer[77]	Leopoldine	58/09/28		60/07/1	43/07640	1858/7425	60/07/16
Fischer	Anna	1841/M	Köchin	Fischer	Eduard	62/08/15	62/10/1		47/05699	1862/6704	
Fischer[78]	Barbara	1823/U	Magd	Lob[79]	Josef	43/01/22	43/02/5		28/00411	1843/0361	
Fischer	Barbara	1828/U	Magd	unentbunden entlassen 45/10/09					30/06169		
Fischer[80]	Betti	1824/M	Hdarb	Fischer[81]	Elisabeth	48/07/17		58/07/17	33/04996	1848/4181	58/08/30
Fischer	Barbara	1825/M	Magd	Fischer[82]	Karl Josef	50/05/8	50/07/28		35/02975	1850/3026	
Fischer	Cäcilia|Cilli	1824/M	Magd	Fischer[83]	Rosalia	52/05/30		62/05/30	37/05027	1852/3920	62/08/28

[75] Taufmatrik AKH 41/11/11: "Mater infantis judaea".
[76] Bei Johanna Sieger (GbhP, FdhP: kam in Fdh "wegen israelitischer Mutter") wurde ins FdhP kein Sterbedatum nachgetragen, sie könnte daher überlebt haben (FdhP: Pflegepartei - Anna Wurz, Kleinhäuslerin in Albrechtsberg No 31 - NÖ, OMB). - Taufmatrik AKH 41/03/29: "Mater judaea."
[77] Leopoldine Fischer kam mit ihrer Mutter ins Fdh, blieb dort zwei Monate, wurde einem Fleischhauer in Esslingen übergeben. Im Alter von zwei Jahren hat sie ihr Vater, der Schuhmacher Josef Reiner, der in Groß-Enzersdorf wohnte, "gegen Revers" zu sich genommen (EntlP: Josef Reiner, Schuhmacher, Groß-Enzersdorf No 38).
[78] Barbara Fischer, geb. in Gatendorf im Wieselburger Komitat - um 1845 ein kroatisches Dorf mit 125 Juden - von dort zugereist; wurde ins GbhP als "k<atholisch>" eingetragen, in der Taufmatrik wurde die jüdische Herkunft jedoch durch den Vermerk "mater judaea" festgehalten, desgleichen wurde sie ins FdhP als "isr<aelitisch>" aufgenommen (GbhP; Taufmatrik AKH 43/01/23, FdhP). Zwei Tage nach der Entbindung brachte man sie aufs "Blatternzimmer" (GbhP).
[79] "Wegen Krankheit der Mutter" Fdh, gestorben im Fdh an Gehirnhöhlenwassersucht (FdhP).
[80] Barbara Fischer, geb. aus Triesch in Mähren, Iglauer Kreis; wohnhaft in Wien-Leopoldstadt No 76 (1848) und No 33 (1850) (GbhP).
[81] Elisabeth Fischer war nur einen Tag im Fdh, sie kam ins Waldviertel in die Gegend um Horn und mit sieben Jahren zur Anna Steinberg. Diese Pflegemutter wurde auch ins EntlP eingetragen (FdhP, EntlP: Anna Steinberg, Hausbesitz<erin>, Zitternberg <unsichere Lesart> No 17, Gars - NÖ, OMB).
[82] "Wegen Religion der Mutter" Fdh (FdhP).
[83] Rosalia Fischer kam zusammen mit ihrer Mutter ins Fdh, blieb dort nur zwei Tage, wurde zunächst bei einer Kleinhäuslerin im Bezirk Horn untergebracht, sodann am selben Ort bei einer anderen, schließlich kam sie zu Maria Lind nach Heinrichsreut im Bezirk Raabs, bei welcher sie bleiben konnte (FdhP, EntlP: Maria Lind, Heinrichsreut No 7 - NÖ, OMB, Pfarre Drosendorf).

F

M: Name	M: Vorname	geb. ca.	Beruf	K: Name	K: Vorname	K: geb.	K: gest.	K: entl.	Qu GbhP	Qu FdhP	Qu EntlP
Fischer	Charlotte	1821/U	Magd	*Pfleger*[84]	Franziska	40/06/9		50/06/9	25/03188	1840/2599	50/07/22
Fischer	Elisabeth	1830/U	Magd	Fischer[85]	Johann	50/10/19		61/01/25	35/05965	1850/6118	61/01/25
Fischer	Franziska	1833/U	Hdarb	Fischer[86]	Franz	55/12/31	56/02/12		41/01120	1856/0005	
Fischer	Franziska	1842/M	Magd	totgeboren 66/10/31					51/07425		
Fischer[87]	Fanni	1848/U	Magd	unentbunden entlassen 66/04/24					51/02770		
Fischer	Fanni	1848/U	Magd	Fischer[88]	Aloisia	66/05/28	66/06/4		51/03685	1866/3970	
Fischer	Fanni	1847/U	Magd	Fischer[89]	Alois	67/11/26	67/12/9		52/06656	1867/7607	
Fischer[90]	Josefa	1846/U	Magd	unentbunden entlassen 62/11/14					48/00307		
Fischer[91]	Josefa	1845/U	Köchin	Fischer[92]	Josefa	62/11/15	62/11/22		48/00340	1862/7756	

[84] Franziska Pfleger kam nach Pyhra in NÖ zu Anna Maria Beutl, die bei der Entlassung des Kindes aus der Findelhausversorgung auch in das EntlP als Übernahmepartei mit dem Vermerk "PP" - Pflegepartei aufgenommen wurde (FdhP, EntlP: Beutl Anna, Hauersgattin in Pyhra No 30, Pfarre Pyhra - NÖ, UMB) - Taufmatrik AKH 40/06/09: "Mater infantis judaea" <mit Rotstift unterstrichen>, Randnotizen aus den Jahren 1866 (66/04/27), 1939 und 1940 - die Randnotiz aus dem Jahr 1866 wird sich auf die Ausstellung eines Taufscheines beziehen - Franziska Pfleger könnte vor einer Verehelichung gestanden sein.

[85] **Karl** Fischer (FdhP), **Johann** Fischer (EntlP) kam "wegen Krankheit der Mutter" ins Fdh, blieb dort einen Tag, wurde zwischen Pflegeparteien, Fdh, dem St. Anna Kinderspital und dem AKH hin- und hergeschoben, vorübergehend bei der Witwe Christina Weigl am Himmelpfortgrund untergebracht; kam schließlich mit zehn Jahren ins Waisenhaus (FdhP, EntlP).

[86] "Wegen Religion der Mutter" Fdh (GbhP, FdhP); im Fdh im Alter von 43 Tagen an Tabes (Schwindsucht, Abzehrung) gestorben (FdhP).

[87] Fanni Fischer, geb. in Pápa in Ungarn; kam 1866 vom AKH, Zi. 6 ins Gbh, wurde unentbunden auf ihr Krankenzimmer zurückgebracht; 1867 nach Wien zugereist (GbhP'e); verh. Csemernai, getauft 1893, trat am 1908/10/09 wieder zurück zum Judentum, unterzeichnete als Analphabetin mit ihrem Handzeichen, mit drei senkrechten Strichen (IKG ProsP 1908: 101).

[88] Aloisia Fischer kam "wegen Krankheit der Mutter" ins Fdh, die Mutter war zur Entbindung von einer anderen Station des AKH ins Gbh gebracht worden. Das Kind ist im Fdh im Alter von einer Woche an "Convulsionen" gestorben (FdhP).

[89] Im Alter von 13 Tagen im Fdh an Darmkatarrh gestorben (FdhP).

[90] **Josefa** Fischer, geb. in Körmend in Ungarn, 1862 zugereist, kam unentbunden in eine andere Abteilung des AKH; 1864 wohnhaft in Wien-Leopoldstadt No 19 (GbhP'e).

[91] **Josefa** Fischer wurde nach der Entbindung auf eine andere Abteilung des AKH gebracht (GbhP).

F

M: Name	M: Vorname	geb. ca.	Beruf	K: Name	K: Vorname	K: geb.	K: gest.	K: entl.	Qu GbhP	Qu FdhP	Qu EntlP
Fischer	Josefa	1847/U	Magd	Fischer[93]	Karl	64/01/15	64/01/24		49/01644		
Fischer	Julia	1818/U	Magd	*Marschalek*[94]	Maria	36/06/19	36/07/9		21/02673	1836/2274	
Fischer[95]	Karolina	1825/U	Magd	*Jünger*[96]	Johann	43/02/12	43/03/9		28/01654	1843/0712	
Fischer[97]	Karolina	1829/U	Magd	Fischer[98]	Maria	52/08/23	52/09/27		37/06891	1852/5664	
Fischer Katharina, vide geb. Blau Katharina											
Fischer[99]	Magdalena	1813/U		*Herbst*	Brigitta	38/01/31	38/04/30		23/01087	1838/0420	
Fischer	Magdalena	1823/U	Magd	Fischer	Karl	45/09/19	47/06/08		30/05813	1845/4882	
Fischer	Magdalena	/U		Fischer[100]	Anton	57/04/04	57/04/26			1857/2593	
Fischer	Magdalena	1838/U	Magd	Fischer[101]	Wilhelmine	58/04/29			43/04736	1858/3511	
Fischer[102]	Maria	1807/Sl	Magd	Fischer[103]	Franz X.	25/12/2			10/02428		

---

[92] Josefa Fischer kam "wegen Krankheit der Mutter" ins Fdh, die Mutter wurde nach der Entbindung auf eine andere Abteilung des AKH gebracht. Das Kind ist im Fdh im Alter von einer Woche an Lebensschwäche gestorben (FdhP).
[93] Getauft, nach acht Tagen im Gbh gestorben (GbhP; Taufmatrik AKH 64/01/16).
[94] **M.M.** (GbhP), Maria Marschalek (FdhP). - Das Kind kam am 28. Juni ins Fdh, am gleichen Tag wurde ins FdhP ein Kind mit dem Namen Maria Marschalek als "Israelitenkind" aufgenommen. "Juliana, Israelitin, ledig, von Preßburg, Magd" wurde von der Mutter festgehalten, sicherlich übernommen aus dem GbhP; nicht übertragen hatte man den Familiennamen der Mutter (Fischer), ihr Alter (18 Jahre) und den Wohnort (Wien, Alservorstadt No 138). - Für die Zuordnung der Initialen spielt dies keine Rolle - Maria Marschalek ist zweifelsohne das gesuchte Initialenkind "M.M.". In der Taufmatrik wurde die jüdische Herkunft dieses Kindes mit dem üblichen Vermerk "mater infantis judaea" festgehalten (Taufmatrik AKH 36/06/19: Maria Marschalek). - Im Fdh im Alter von 20 Tagen gestorben (FdhP).
[95] Karolina Fischer, geb. in Gatendorf (Gátha) in Ungarn, Wieselburger Komitat - um 1845 ein kroatisches Dorf mit 125 Juden - zugereist (GbhP).
[96] Taufmatrik AKH 43/02/12: "Mater judaea".
[97] Karolina Fischer kam vom AKH, Zi. 72 ins Gbh, wurde nach der Entbindung zurück auf die Syphilis-Abteilung gebracht (GbhP).
[98] Im Fdh im Alter von 35 Tagen an Zellgewebsvereiterung gestorben (FdhP).
[99] Magdalena Fischer war "ohne Beschäftigung", d.h. arbeitslos, sie stammte aus Komorna in Ungarn und war 25 Jahre alt (GbhP).
[100] Anton Fischer, geboren in Stockerau No 17, getauft in der Pfarre Stockerau, wurde zwei Tage später mit Taufschein und Armutszeugnis von der Gemeinde Stockerau gegen eine Taxe von 20 fl. ins Fdh aufgenommen, die jüdische Herkunft wurde mit dem Zusatz "Israelitenkind" festgehalten, das Kind ist im Fdh an Diarrhöe gestorben (FdhP).
[101] "Wegen Religion der Mutter" Fdh (GbhP, FdhP).

F

M: Name	M: Vorname	geb. ca.	Beruf	K: Name	K: Vorname	K: geb.	K: gest.	K: entl.	Qu GbhP	Qu FdhP	Qu EntlP
Fischer	Maria	1807/U	Magd	Sommer[104]	Thekla	27/12/26	28/01/19		12/02196	1828/0050	
Fischer	Maria	1818/B	Magd	Jordan[105]	Josef	41/08/20	41/09/13		26/04294	1841/3746	
Fischer[106]	Maria	1835/B	Magd	Fischer	Leopold	58/11/14	58/01/21		44/00366	1858/8588	
Fischer[107]	Regina	1833/U	Witwe	Fischer[108]	Julia	63/04/7			48/03889		
Fischer[109]	Regina	1842/U	Hausr.	Fischer[110]	Theresia	59/10/24	59/12/17		44/08800	1859/8152	
Fischer	Regina	1843/U	Hdarb	Fischer[111]	Maria Th.	61/03/25	61/04/10		46/03600	1861/2642	
Fischer	Rosalia	1804/U	Magd	Presler[112]	Maria	28/03/9			13/00565	1828/1142	
Fischer[113]	Rosalia	1807/M	Magd	Sonntag[114]	Theodor	24/10/29	25/12/11		09/02249	1824/3995	

[102] Maria Fischer, geb. aus Neustädtel in Ungarn, Slavonien; 1825 wohnhaft in Wien-Landstraße und 1827 in der Leopoldstadt (GbhP'e).
[103] Franz Fischer (GbhP), Franz **Xaver** Fischer (Taufmatrik AKH: 25/12/02: "Mater infantis judaea").
[104] Taufmatrik AKH 27/12/26: "Mutter Israelittin".
[105] Taufmatrik AKH 41/08/21: "Maria Fischer" wurde als Mutter eingetragen und sodann durchgestrichen - "Mater judaea".
[106] Gassengeburt - die Mutter wurde mit dem Kind einen Tag nach der Geburt in das Gbh aufgenommen, das Kind wurde getauft und kam ins Fdh (GbhP).
[107] Hausiererin (GbhP).
[108] Julia Fischer wurde auf Verlangen der Mutter, die verwitwet war, nicht getauft. Mutter und Kind haben am 63/04/15 das Gbh verlassen (GbhP).
[109] Regina Fischer, geb. aus Gatendorf (Gátha) in Ungarn, Wieselburger Komitat - um 1845 ein kroatisches Dorf mit 125 Juden - wohnhaft in Wien-Margarethen No 22 (1859) und No 129 (1861) (GbhP'e).
[110] "Wegen Religion der Mutter" Fdh (GbhP, FdhP).
[111] Maria Theresia Fischer, im Fdh im Alter von 16 Tagen an Lebensschwäche gestorben (FdhP).
[112] Maria Presler kam zu einem Schneider nach Kirchberg (FdhP: Anna Maria Althuter, Schneidersgattin, Kirchberg am Wagram No 2 - NÖ, UMB). - Taufmatrik AKH 28/03/10: "Mater judaea".
[113] Rosalia Fischer, geb. in Meseritsch in Mähren, von dort zugereist; ihr Kind kam "wegen Krankheit der Mutter" ins Fdh (FdhP), Rosalia Fischer wurde jedoch nach dem Wochenbett entlassen (GbhP).
[114] **D.S.** (GbhP), Theodor **So**ntag (FdhP), Theodor **Sonn**tag (Taufmatrik AKH 24/10/30). - Die erste Initiale ist schwerlich als D zu erkennen: Ein kleines Kurrent-D erscheint O-förmig hochgezogen, die zweite Initiale jedoch, welche für den neuen Familiennamen steht, ist eindeutig: als Kurrent-S zu erkennen. - Das Kind kam am 30. Oktober ins Fdh - am gleichen Tag wurde "wegen Krankheit der Mutter" ein Kind mit dem Namen Theodor Sontag ins

F

M: Name	M: Vorname	geb. ca.	Beruf	K: Name	K: Vorname	K: geb.	K: gest.	K: entl.	Qu GbhP	Qu FdhP	Qu EntlP
Fischer	Rosalia	1810/U	Magd	**Böhm**[115]	Karl	34/12/19	35/01/15		20/00567	1834/4382	
Fischer	Rosalia	1819/B	Magd	**Frühmann**[116]	Franz	41/10/7	41/10/17		26/04703		
Fischer[117]	Rosalia	1820/U	Magd	**Kurz**[118]	Karl	43/02/28		53/02/28	28/01945	1843/1169	53/03/14
Fischer[119]	Rosalia	1820/U	Hdarb	**Rosenthal**[120]	Josef	43/04/6	46/11/13		28/02543	1843/1771	
Fischer[121]	Rosa	1829/M	Magd	Fischer[122]	Katharina	50/09/29	50/10/19		35/06543	1850/5605	

Fdh gratis aufgenommen, der Name der Mutter wurde nicht angegeben, ebesowenig wurde die jüdische Herkunft des Kindes erwähnt - die Aufnahme erfolgte demnach im "jüdischen Formular", ganz so wie in der Taufmatrik: Auch hier blieb das Feld, das für den Namen der Mutter vorgesehen war, leer, Taufpate war der Kirchendiener. - Das Kind war ein jüdisches Kind, aus diesem Grund wurde sein künftiger Name verschlüsselt in das GbhP eingetragen. Wir können annehmen, daß die Initialen über Diktat in das GbhP eingetragen worden sind, T wurde zu D verhört. Das Initialenkind "D.S." ist mit Sicherheit mit Theodor Sonntag ident (GbhP, FdhP; Taufmatrik AKH 24/10/30).

[115] K.B. (GbhP), Karl **Böhm** (FdhP). - Am 28. Dezember kam "K.B." ins Fdh, am gleichen Tag wurde ein Kind mit dem Namen Karl Böhm als "Israelitenkind" ins Fdh aufgenommen und der Vorname der Mutter (Rosalia) hinzugefügt. In der Taufmatrik des AKH wurde mit dem Vermerk "Mater infantis judaea" die jüdische Herkunft des Kindes festgehalten. - Es besteht kein Zweifel, das Initialenkind "K.B." ist mit Karl Böhm ident (GbhP, FdhP; Taufmatrik AKH 34/12/19). - Im Fdh im Alter von 27 Tagen gestorben (FdhP).

[116] Franz Frühmann ist noch im Gbh gestorben (GbhP). - Taufmatrik AKH 41/10/07: "Mater infantis judaea" - Sterbematrik AKH 41/10/17: "Der Fischer Rosalia starb ihr Knabe Franz Frühmann".

[117] Rosalia Fischer, geb. in Galanta in Ungarn, Neutraer Komitat, Magd in Preßburg, 1842 von ihrem Heimatort und 1843 von Preßburg zugereist (GbhP'e).

[118] Zum Transfervermerk für das Fdh wurde im GbhP hinzugesetzt: "Mutter Is<raelitisch>". - Karl Kurz kam von einer Pflegepartei zur anderen, dann wieder zurück ins Fdh, im Alter von neun Jahren übernahm ihn die Frau eines Spinners in Rohrbach am Steinfeld, bei der das Kind auch blieb: Sie wurde in das EntlP als Übernahmepartei mit dem Vermerk "PP" (Pflegepartei) eingetragen (FdhP, EntlP: Josefa Naprstek, Spinnersweib, Rohrbach am Steinfeld - NÖ, UWW, Bezirksgericht Neunkirchen).

[119] Zugereist aus ihrem Heimatort Galanta im Neutraer Komitat (GbhP).

[120] Taufmatrik AKH 43/04/06: "Mater judaea".

[121] Rosa Fischer, geb. in Triesch in Mähren; 1850 wohnhaft in Wien-Alservorstadt No 16, 1852 in Stockerau No 90, sodann in Wien-Leopoldstadt No 4 (1854) und No 572 (1859) (GbhP'e).

[122] Katharina Fischer kam "wegen Krankheit der Mutter" ins Fdh (FdhP), die Mutter wurde nach dem Wochenbett entlassen.und erhielt drei Wochen nach

M: Name	M: Vorname	geb. ca.	Beruf	K: Name	K: Vorname	K: geb.	K: gest.	K: entl.	Qu GbhP	Qu FdhP	Qu EntlP
Fischer[123]	Rosa	1830/M	Magd	Fischer	Karl Josef	52/02/14	52/03/25		37/01025	1852/1400	
Fischer	Rosa	1830/M	Magd	Fischer	Josef	52/02/14	52/04/08		37/01025	1852/1401	
Fischer	Rosa	1830/M	Magd	Fischer[124]	Franziska	54/02/27	57/07/4		39/02724	1854/1564	
Fischer	Rosalia	1832/M	Magd	Fischer	Josefa	59/11/20	60/02/14		45/00480	1859/8949	
Fischer	Rosa	1833/M	Köchin	Fischer[125]	Maria	55/09/26	56/03/03			1855/6089	
Fischer[126]	Rosalia	1838/U	Magd	Fischer	Rudolf	65/09/12	65/09/30		50/05019	1865/6836	
Fischer	Rosalia	1843/U	Magd	Fischer	Adolf	65/11/3			50/06136	1865/8181	
Fischer[127]	Rosina	1813/U	Magd	unentbunden	entlassen	42/06/29			27/04157		
Fischer[128]	Sofia	1836/U	Magd	Fischer[129]	Maria	54/09/20	54/10/2		39/07456	1854/6540	
Fischerin	Theresia			Fischerin[130]	Eleonora	1796/09	1796/09			1796/1946	
Fischer[131]	Theresia	___/M		*Schwarz*[132]	Andreas	09/11/26	09/12/4			1809/2877	

ihrer Entlassung aus dem Gbh "mit Di<rekti>on Bewilligung" einen Empfangsschein (50/10/27) (GbhP, FdhP) - das Kind lebte zu diesem Zeitpunkt nicht mehr, es starb am 50/10/19 an Fraisen bei einer Pflegepartei in der Nähe von Zwettl (FdhP).

[123] Zwillingsgeburt 52/02/14: Karl (Josef) und Josef Fischer (GbhP, FdhP: kein Hinweis auf die jüdische Herkunft der Zwillinge). Karl Josef Fischer kam zu einem Weber in Untermeidling und starb ein Monat nach der Übernahme, Josef kam zu einer Witwe nach Reindorf, wurde zurück ins Fdh gebracht und einem Gärtner weitergegeben, bei welchem er "an Abzehrung" gestorben ist (FdhP'e).

[124] "Wegen Religion der Mutter" Fdh (GbhP, FdhP).

[125] Maria Fischer kam am 55/09/26 im Militär-Gebärhaus zur Welt, zehn Tage später ins Fdh; ins FdhP wurde der Name der Mutter mit dem Zusatz "israelitisch" eingetragen; das Kind kam zu einem Schuster ins Waldviertel bei Waidhofen an der Thaya; gestorben an Gedärmbrand (FdhP).

[126] Rosalia Fischer, geb. in Bösing, Preßburger Komitat, von dort zugereist (GbhP).

[127] In das Israelitische Spital überstellt (GbhP).

[128] Sofia Fischer wurde vom AKH, Zi. 71 zur Entbindung ins Gbh gebracht (GbhP).

[129] o.A. (GbhP), **Maria** Fischer (Taufmatrik AKH 54/09/20: Maria Fischer, M: Sofia Fischer). - Im GbhP blieben die Rubriken zur Entbindung, Taufe und Abgang leer; dem Taufprotokoll zufolge wurde dieses Kind sogleich nach seiner Geburt auf den Namen Maria getauft (Taufmatrik AKH 54/09/20); Sofia Fischer durfte ihr Kind ins Fdh begleiten, wo es nach wenigen Tagen an Peritonitis (Bauchfellentzündung) gestorben ist (FdhP).

[130] Eleonora Fischerin kam im Alter von drei Tagen ins Fdh, geb. am 1796/09/16, gestorben am 1796/09/29 (FdhP).

[131] Theresia Fischer, "von Großmeseritsch <Groß-Meseritsch> in Mähren" gebürtig, war im AKH (FdhP: "wegen Kr<anken> H<aus>"). - Taufmatrik AKH 09/11/27: Andreas Schwarz, M: Theresia Fischer, Jüdin.

F

M: Name	M: Vorname	geb. ca.	Beruf	K: Name	K: Vorname	K: geb.	K: gest.	K: entl.	Qu GbhP	Qu FdhP	Qu EntlP
Fischerin[133]	Theresia	1799/U	Magd	*Fieber*[134]	Josef	23/08/19			08/01840		
Fischer[135]	Theresia	1803/U	Magd	*Entbunden*[136]	Josef	23/11/27	23/12/2		08/02548	1823/4117	
Fischer	Theresia	1821/U	Hdarb	*Weber*[137]	Maria	41/01/12		51/01/12	26/01073	1841/0337	51/02/17
Fischer[138]	Theresia	1822/U	Magd	Fischer	Leopoldine	44/02/3	44/06/19		29/01539	1844/0653	
Fischer	Theresia	1823/U	Magd	Fischer	Leopoldine	45/02/23	45/05/21		30/02162	1845/1220	
Fischer[139]	Theresia	1823/U	Magd	Fischer	Theresia	46/05/3	46/07/7		31/03722	1846/2624	
Fischer[140]	Theresia	1822/U	Magd	Fischer[141]	Theresia	48/06/25		58/06/25	33/04658	1848/3709	58/10/15

[132] Andreas Schwarz wurde einen Tag nach seiner Geburt getauft, kam noch am selben Tag wegen Krankheit der Mutter ins Fdh; gestorben im Fdh an der "Fraiß" (FdhP).
[133] Theresia Fischer, aus Ungarn zugereist (GbhP), Theresia Fischer**in** (Taufmatrik AKH 23/08/19: Josef Fieber).
[134] **J.F.** (GbhP), Josef *Fieber* (Taufmatrik AKH: 23/08/19). - Das Kind soll dem GbhP zufolge am 25. August ins Fdh gekommen sein. Im FdhP konnte wir weder am 25. August, noch an den Tagen zuvor, noch in den folgenden Tagen ein Kind finden, das mit seinem Namen und seinen Daten dem Initialenkind "J.F." entsprochen hätte. - Gefunden haben wir es in der Taufmatrik: Das Kind wurde am 19. Okotber geboren, am gleichen Tag wurde in die Taufmatrik ein Kind mit dem Namen Josef Fieber aufgenommen, in die Rubrik, welche für den Namen der Mutter vorgesehen war, wurde der Name seiner Mutter eingetragen: Theresia Fischerin. Das Initialenkind "J.F." ist demnach mit Josef Fieber ident (Taufmatrik AKH 23/08/19: Josef Fieber; GbhP).
[135] Theresia Fischer, zugereist; gestorben am 23/12/03 (GbhP, im Gbh). - TBP 23/12/03: Fischer Theresia, "ledige israelitische Magd von Zardel in Hungarn, alda geboren, im AKH an der Gedärmentzündung, alt 18 Jahr."
[136] Josef Entbunden (GbhP), Josef En**d**bunden (FdhP: Keine Verschreibung, das Kind kam drei Tage nach seiner Geburt ins Fdh, am folgenden Tag zu einem Weber in Mödling, wo es schon am folgenden Tag gestorben ist). - Taufmatrik AKH 23/11/26: Josef Entbunden.
[137] Maria Weber kam zu einer Kleinhäuslerin, die das Kind großzog, sie wurde nach Ablauf der Findelhausversorgung als Pflegepartei ("PP") in das EntlP eingetragen (FdhP, EntlP: Nägerl (FdhP: Negerl) Theresia, Kleinhäuslersweib in Teesdorf No 8, Pfarre Labendorf, <NÖ> UMB). - Taufmatrik AKH 41/01/12: Maria Weber - "mater <infantis> j<udaea>", am Rande beschädigt.
[138] Theresia Fischer, geb. von Pápa in Ungarn; wohnhaft in Wien Innere Stadt No 181 (1844) und No 187 (1845) (GbhP'e).
[139] Theresia Fischer, geb. von Topolczerfeld in Ungarn, Veszprimer Komitat; wohnhaft in Wien Innere Stadt No 187 (1846); kam 1848 vom AKH, Zi. 60 ins Gbh, wurde nach der Entbindung auf ihr Krankenzimmer zurückgebracht (GbhP'e).
[140] Kam von einer anderen Abteilung des AKH ins Gbh, wurde nach der Entbindung auf das Krankenzimmer No 60 zurückgebracht (GbhP).
[141] Theresia Fischer kam vom Fdh nach Strobnitz in Böhmen zu Johanna Schwarz, die mit dem Vermerk "PP" (Pflegepartei) auch im EntlP aufscheint

F

M: Name	M: Vorname	geb. ca.	Beruf	K: Name	K: Vorname	K: geb.	K: gest.	K: entl.	Qu GbhP	Qu FdhP	Qu EntlP
Fischer	Theresia	1826/U	Hdarb	*Ansohn*[142]	Anna	42/02/3		52/02/1	27/01672	1842/0733	52/02/4
Fischer	Theresia	1830/U	Magd	Fischer[143]	Maria	53/09/7		63/09/5	38/06259	1853/5930	63/09/5
Fischer[144]	Theresia	1837/U	Magd	Fischer	Leopoldine	62/07/19	62/08/12		47/05749	1862/5185	
Fischer	Theresia	1840/M	Magd	Fischer[145]	Josef	68/07/17	68/08/10		53/03507	1868/4969	
Fischner[146]	Anna	1801/B	Magd	*Sailtänzer*[147]	Josef	22/04/16	24/11/7		07/00900	1822/1307	
Flehna[148]	Anna	1830/U	Hdarb	Flehna[149]	Ludwig	54/08/26	54/09/14		39/06976	1854/5808	
Fleischer[150]	Amalia	1845/M	Hdarb	Fleischer	Johann	68/11/23	69/08/6		54/06850	1868/7556	

(FdhP, EntlP: Johanna Schwarz, Strobnitz No 25 - Budweiser Kreis, Böhmen).
[142] Anna Ansohn blieb nur einen Tag im Fdh, sie kam nach Sulz in NÖ zu einer Kleinhäuslerin. 1852 wurde sie "gegen Revers" als zehnjähriges Kind dem Maurergesellen Johann Zechmeister in Perchtoldsdorf übergeben. In welcher Beziehung Zechmeister zum Kind oder zur Mutter des Kindes gestanden ist, geht aus dem EntlP nicht hervor (FdhP, EntlP). - Taufmatrik AKH 42/02/03: "Mater judaea", Randnotiz aus dem Jahr 1939.
[143] Maria Fischer kam zusammen mit ihrer Mutter ins Fdh, blieb dort nur einen Tag, kam nach Poysdorf zur Taglöhnerin Maria Stoll. Das Kind blieb bei dieser Pflegemutter bis nach Ablauf der Findelhausversorgung (FdhP, EntlP: Maria Stoll, Taglöhnersgattin, Poysdorf No 301 - NÖ, UMB).
[144] Weißnäherin (GbhP).
[145] Josef Fischer, geboren im Juli 1868, als "68er Kind" nicht getauft, kam er zusammen mit der Mutter ins Fdh, blieb dort zehn Tage, kam sodann zu einer Pflegepartei; nach fünf Tagen an Aphten (Mundfäule, Schwämmchen im Mund) gestorben (GbhP, FdhP, IKG Gb D 4853; CAHJP A/W 1809, Verzeichnis jüdischer Findelkinder von 1868).
[146] Anna Fischner, aus Böhmen, Magd in Preßburg, von dort zugereist (GbhP), ihr Kind kam "wegen Krankheit der Mutter" ins Fdh (FdhP), Anna Fischner hingegen wurde nach dem Wochenbett aus dem Gbh entlassen (GbhP).
[147] **J.S.** (GbhP), **Josef Sailtänzer**, Josef Saildäntzer (Taufmatrik AKH 22/04/16). - Das Kind kam am 16. April ins Fdh, am gleichen Tag wurde im "jüdischen Formular" ein Kind "wegen Krankheit der Mutter" mit dem Namen Josef Sailtänzer aufgenommen - eine Gratisaufnahme, bei welcher der Name der Mutter nicht eingetragen wurde, ebensowenig wurde die jüdische Herkunft des Kindes erwähnt. Nicht so in der Taufmatrik: Hier wurde mit: Mutter "Israelaita" die Herkunft des Kindes festgehalten. - Das Initialenkind "J.S." ist demnach mit Josef Sailtänzer ident (GbhP, FdhP; Taufmatrik AKH 22/04/16). - Josef Sailtänzer blieb nur einen Tag im Fdh, kam zu einer Bäuerin nach Stierberg an die "Brust".
[148] Anna Flehna wurde nach der Entbindung auf die chirurgische Abteilung des AKH gebracht (GbhP).
[149] Ludwig Flehna kam "wegen Krankheit der Mutter" ins Fdh (FdhP), wurde als "Judenkind" ins FdhP eingetragen, seine Mutter wurde nach der Entbindung in eine andere Abteilung des AKH gebracht (FdhP).
[150] Geb. in Nikolsburg in Mähren, verh. Heinrich, wurde in der Pfarre Wien-Lichtental am 71/02/12 auf den Namen Rosalia getauft, trat am 92/02/14 als

F

M: Name	M: Vorname	geb. ca.	Beruf	K: Name	K: Vorname	K: geb.	K: gest.	K: entl.	Qu GbhP	Qu FdhP	Qu EntlP
Fleischer[151]	Netti	1837/M	Magd	Fleischer	Rudolf	61/05/22	61/09/2		46/05038	1861/4394	
Fleischer	Anna	1836/U	Magd	<...>[152]		62/05/30			47/04508		
Fleischer	Betti	1835/M	Magd	Fleischer	Theresia	61/10/25	61/11/20		46/08613	1861/8225	
Fleischer[153]	Maria	1845	Magd	totgeboren 67/04/25					52/02654		
Fleischhacker	Maria A.	1791/U	Magd	*Donnerstag*[154]	Daniel	16/07/25	16/10/20		01/01017	1816/2002	
Fleischmann	Anna	1818/U	Magd	*Mundbek*[155]	Mathias	42/02/12	42/03/3		27/00122	1842/0945	
Fleischmann	Betti	1848/U	Magd	Fleischmann[156]	Aloisia	66/09/1	66/09/21		51/05417	1866/6438	
Fleischmann[157]	Elisabeth	1831/U	Magd	Fleischmann[158]	Katharina	53/03/18	53/04/10		38/02457	1853/2097	
Fleischmann	Elisabeth	1831/U	Köchin	Fleischmann[159]	Michael	57/07/1	57/07/24		42/05567	1857/5075	
Fleischmann	Elisabeth	1833/U	Magd	Fleischmann	Katharina	58/11/17	58/12/15		44/00089	1858/8662	
Fleischmann	Elisabeth	1838/U	Köchin	Fleischmann[160]	Adolf	68/08/25			54/05080	1868/5724	

Witwe wieder zurück (IKG ProsP 1868-1903, 1892: 626: Hebräischer Name: Malke bat Shlomo) - V: Salamon Fleischer, M: Katharina (IKG ProsP 1868-1903, 1892: 626).

[151] Anna Fischer, geb. aus Nikolsburg in Mähren; wohnhaft in Wien-Wieden No 29 (1861) und No 901 (1862) (GbhP'e).

[152] o.A. (GbhP). Dieses Kind, ein Mädchen, wurde ungetauft am 62/06/09 mit seiner Mutter aus dem Gbh entlassen (GbhP).

[153] Maria Fleischer brachte man nach der Entbindung ins AKH auf eine andere Abteilung (GbhP).

[154] Daniel **D**onnerstag (GbhP; FdhP), Daniel **T**onnerstag (Taufmatrik AKH 16/07/25). - Sohn der "Israelitin" Maria Anna Fleischhackerin, P: Josef Eckerle, Mesner. Das Kind wurde an einem Donnerstag - am 16/07/25 - getauft und erhielt von diesem Wochentag seinen Namen als Fremdnamenkind; er kam sofort nach seiner Geburt ins Fdh, sodann zur Offizierswitwe Theresia Lieblin nach Wien-Breitenfeld; im Alter von drei Monaten gestorben (FdhP).

[155] Mathias Mundbeck (GbhP), Mundbek (FdhP: kam "wegen israelitischer Religion der Mutter" ins Fdh, starb an Durchfall. Auf einem beiliegenden Zettel wurde verfügt: "Für den Fall als der Findling vor dem Tod abgehen sollte, ist der Wr. Magistrat laut Exhib. Prot. N. 1134/842 sogleich hievon zu verständigen"). - Taufmatrik AKH 42/02/13: "Mater judaea".

[156] "Wegen Krankheit der Mutter" ins Fdh (FdhP), gestorben im Alter von 20 Tagen an Lebensschwäche im Fdh (FdhP). - In der Taufmatrik fehlt jeder Hinweis auf die jüdische Herkunft des Kindes (Taufmatrik AKH 66/09/01).

[157] Elisabeth Fleischmann, geb. in Freistadtl in Ungarn, zugereist (GbhP).

[158] Wegen "Israelitischer Religion der Mutter" Fdh (FdhP).

[159] Im Fdh im Alter von 23 Tagen an Diarrhöe gestorben (FdhP).

F

M: Name	M: Vorname	geb. ca.	Beruf	K: Name	K: Vorname	K: geb.	K: gest.	K: entl.	Qu GbhP	Qu FdhP	Qu EntlP
Fleischmann	Johanna	1843/U	Hdarb	Fleischmann[161]	Rosa	63/08/7		68/08/2	48/06548	1863/6035	68/08/6
Fleischmann	Josefa	1842/U	Magd	Fleischmann	Josefa	63/09/24	64/07/24		48/07069	1863/7131	
Fleischmann[162]	Karolina	1845/U	Hdarb	Fleischmann[163]	Maria	65/11/11	65/12/6		50/07617	1865/8193	
Fleischmann	Karolina	1845/U	Hdarb	Fleischmann[164]	Anna	65/11/11	65/11/13		50/07617	1865/8194	
Fleischmann	Magdalena	1802/U	Magd	I.K.[165]		22/09/4			07/02014		
Fleischmann	Rosalia	1811/U	Magd	**Banda**[166]	Beata	39/12/18			25/00697	1839/5189	
Fleischmann	Theresia	1837/U	Magd	Fleischmann[167]	Maria T.	57/08/23	57/09/12			1857/6101	

[160] Adolf Fleischmann, geb. im August 1868, wurde als "68er Kind" nicht mehr getauft, er kam mit seiner Mutter ins Fdh, war dort knappe vier Wochen und kam dann in Findelpflege ins Preßburger Komitat (FdhP; CAHJP A/W 1809, Verzeichnis jüdischer Findelkinder von 1868).
[161] Rosa Fleischmann kam als fünfjähriges Kind "gegen Revers" zum Ehepaar Fanni und Gabriel Pollatschek, Schneidermeister in Pest. sie wurde somit aus der Fdh entlassen (FdhP, EntlP: Gabriel und Fann Polatschek, Schneidermeister, Pest, Theresienvorstadt, Königgasse No 20). In welcher Beziehung dieses Ehepaar zum Kind oder zu den Eltern des Kindes gestanden ist, geht aus dem EntlP nicht hervor.
[162] Karolina Fleischmann, zugereist; gestorben am 65/11/16 (GbhP: im Gbh in der 3. Klasse der Zahlabteilung, IKG Stb C 4148: Kindbettfieber). - Zwillingsgeburt 65/11/11: Maria und Anna Fleischmann. - TBP 65/11/15: "Fleischmann Karolina, Handarbeiterin, 20 Jahr, ledig, mosaisch, Balagy Ungarn, Wien 7, Neustiftgasse 13, Kindbettfieber Landesgebäranstalt."
[163] Maria und Anna Fleischmann (Zwillinge) wurden in der 3.Klasse der Zahlabteilung geboren, im FdhP wird weder ihre Mutter noch ihre jüdische Herkunft erwähnt. Für die Kinder wurde eine Taxe von 35 fl. bezahlt, beide Kinder starben im Fdh, Maria an Darmkatarrh, Anna an "Lebensschwäche" (FdhP'e).
[164] Anna Fleischmann, siehe vorangehende Fn.
[165] I.K. (GbhP) - die zweite Initiale steht gewöhnlich für den Familiennamen, in den FdhP'n findet sich zu Anfang September 1822 kein passender Eintrag, das Kind könnte gleich nach der Geburt gestorben sein. - In die Taufmatrik des AKH und in das FdhP wurde ein "Laurentius Justinianus" eingetragen, geboren und getauft am 22/09/04, wie das Initialenkind "I.K", sein Name entspricht jedoch nicht den Initialen, die in das GbhP eingetragen wurden (FdhP 1822/2845; Taufmatrik AKH 22/09/04: Laurentius Justinian).
[166] Bei Beata Banda (FdhP: "Israelitenkind") wurde in das FdhP kein Sterbedatum nachgetragen, sie könnte daher bei ihren Pflegeeltern überlebt haben (FdhP: Magdalena Rontusch <unsichere Lesart>, Kleinhäuslerin, Attanderamt <unsichere Lesart> No 60, Herrschaft Purkersdorf - NÖ, UMB). - "Mater judaea", Randnotiz in Form eines Datums aus dem Jahr 1874 - ein Taufschein könnte für eine Eheschließung ausgestellt worden sein (Taufmatrik AKH 39/12/19: Beata Banda, Randnotiz 74/08/08).

F

M: Name	M: Vorname	geb. ca.	Beruf	K: Name	K: Vorname	K: geb.	K: gest.	K: entl.	Qu GbhP	Qu FdhP	Qu EntlP
Fleischmann[168]	Theresia	1830/U	Hdarb	Fleischmann[169]	Johann	59/01/28	59/02/17		44/02239	1859/0782	
Fleischner	Franziska	1824/B	Magd	Fleisch(n)er[170]	Franz	45/01/15		55/01/15	30/01362	1845/0296	55/01/25
Fleischner	Franziska	1826/B	Magd	Fleischner[171]	Maria	47/06/8		57/07/24	32/04505	1847/3677	57/07/24
Fleischner[172]	Franziska	1826/B	Magd	Fleischner	Maria	54/10/13	54/11/10		39/07983	1854/7032	
Fleischner	Josefa	1833/U	Magd	Fleischner	Josefa	62/10/31	64/02/10		47/07321	1862/7592	
Fleiss[173]	Maria	1824/U	Magd	Fleiss[174]	Franziska	51/03/13	51/05/5		36/03051	1851/1926	
Fleissig[175]	Amalia	1822/U	Magd	Fleissig[176]	Julius	49/12/9		59/12/6	35/00707	1849/7573	59/12/6

---

[167] Maria Theresia Fleischmann, geboren in Wien Innere Stadt No 127 auf der Schottenbastei, noch am selben Tag getauft, am folgenden Tag ins Fdh gebracht, mit Taufschein und Armutszeugnis, ausgestellt vom Bezirkskommissariat Stadt Wien gegen eine Taxe von 20 fl. aufgenommen; im FdhP wurde mit "Israelitenkind" die jüdische Herkunft festgehalten; von den Pflegeeltern ins Fdh zurückgebracht; an Fraisen gestorben (FdhP).
[168] Theresia Fleischmann, geb. in Freistadtl in Ungarn, Neutraer Komitat, zugereist; nach der Entbindung auf eine medizinische Abteilung des AKH gebracht (GbhP).
[169] "Wegen Religion der Mutter" Fdh; im Fdh im Alter von 20 Tagen an Tabes (Schwindsucht, Auszehrung) gestorben (FdhP).
[170] Franz Fleischner (FdhP), Franz Fleischer (EntlP) - blieb acht Tage im Fdh, wurde in Baumgarten beim "Hauersweib" Anna Vogl untergebracht, welche das Kind nach Ablauf der zehnjährigen Findelhausversorgung weiter bei sich behielt (FdhP, EntlP: Anna Vogl, Hauersweib, Baumgarten No 22 - NÖ, OWW, am Tullnerfeld, Pfarre Freundorf).
[171] Maria Fleischner wurde "wegen Krankheit der Mutter" ins Fdh gebracht, kam von einem Pflegeplatz zum andern, dann wieder zurück ins Fdh - sie war zumindest bei fünf verschiedenen Pflegeparteien und wurde zweimal zurück ins Fdh gebracht, bis sie schließlich 1857 "der leiblichen Mutter übergeben" wurde (FdhP, EntlP: Franziska Fleischner, Magd, Wien-Ottakring No 119).
[172] Franziska Fleischner wurde nach der Entbindung ins AKH auf die chirurgische Abteilung gebracht (GbhP).
[173] Maria /:Amalia:/ Fleiss (GbhP), Amalia <durchgestrichen: Maria> Fleiss (Taufmatrik AKH 51/03/14: Franziska Fleiss); Amalia Fleiss (FdhP).
[174] "Wegen israelitischer Religion der Mutter" Fdh (FdhP).
[175] Amalia, Maria und Johanna Fleissig stammten alle drei aus Sassin (Schossberg) im Neutraer Komitat in Ungarn und könnten miteinander verwandt gewesen sein: In Sassin lebten um 1845 396 Juden (F. Raffelsperger, Geographisches Lexikon V/1, 650).
[176] Julius Fleissig wurde im Fdh fünf Tage lang behalten, kam sodann zum Nachtwächter Rumpold nach Sommerein in NÖ, bei welchem er auch geblieben ist, wie aus dem EntlP hervorgeht, in welches seine Frau Anna Rumpold als Übernahmepartei mit dem Vermerk "PP" (Pflegepartei) eingetragen wurde (FdhP, EntlP: Anna Rumpold, Nachtwächtersgattin, Sommerein No 98 - NÖ, UWW, Pfarre Sommerein).

F

M: Name	M: Vorname	geb. ca.	Beruf	K: Name	K: Vorname	K: geb.	K: gest.	K: entl.	Qu GbhP	Qu FdhP	Qu EntlP
Fleissig	Maria	1825/U	Magd	Fleissig	Hermann	53/12/6	54/04/2		39/00779	1853/7961	
Fleissig	Johanna	1834/U	Magd	Fleissig	Franz	60/03/30			45/03482	1860/2513	
Fleissnerin[177]	Anna	__/B		*Klein*[178]	Leopold	02/01/1	02/01/13			1802/0019	
Flemisch Franziska, vide geb. Grünfeld Franziska											
Flenner	Anna	1833/U	Köchin	Flenner	Anna	55/11/23	55/12/11		41/00437	1855/7233	
Flesch[179]	Anna	1835/U	Modistin	Flesch[180]	August	57/05/29	57/06/7		42/04851	1857/4085	
Flesch[181]	Maria	1828/M	Magd	Flesch[182]	Theresia	53/06/17	53/06/26		38/05193	1853/4168	
Flosser	Theresia	1837/B	Köchin	Flosser	Katharina	58/05/24	59/02/24		43/05299	1858/4406	
Foel[183]	Theresia	1801/W		*Justl*[184]	Justina	20/11/15	20/12/26		05/02597	1820/3589	
Fogel, vide Vogel											
Förschner[185]	Anna	1801/M	Magd	*Neugebauer*[186]	Josef	20/12/22	22/06/27		05/02666	1820/4002	

---

[177] A<nna> M<aria> Fleissnerin (FdhP: "l<edig>, jüdischer Religion, zu Pudin in Böhmen gebürtig"), Anna Fleisnerin (Taufmatrik AKH 02/01/02: K: Leopold Klein, M: Anna Fleisnerin, Jüdin).
[178] Das Kind von Anna (Maria) Fleis(s)nerin wurde in die Taufmatrik des AKH als Leopold Klein, in das FdhP als Leopold **Fleisner** eingetragen (Taufmatrik AKH 02/01/02: Leopold Klein; FdhP).
[179] Anna Flesch, geb. in Bogya in Ungarn, zugereist (GbhP).
[180] August Flesch kam "wegen Krankheit der Mutter" ins Fdh; im Fdh im Alter von neun Tagen an Diarrhöe gestorben (FdhP).
[181] Wurde vom AKH, Zi. 73 zur Entbindung ins Gbh gebracht (GbhP).
[182] "Wegen Krankheit der Mutter" wurde Theresia Flesch ins Fdh gebracht; die Mutter kam nach dem Wochenbett mit Metritis (Gebärmutterentzündung) ins AKH in eine andere Abteilung (GbhP); das Kind ist im Alter von neun Tagen an Lungenentzündung im Fdh gestorben (FdhP).
[183] Möglicherweise eine Verschreibung für Joel, Joell - ein geläufiger jüdischer Name in Wien. F und J wurden als Versalien hin und wieder verschrieben, so auch beim Kind, das als Justina Justl in das FdhP und als Justina Füstl in die Taufmatrik des AKH eingetragen wurde. Die Mutter war Schauspielerin, geb. in Wien, wohnte in Wien-Laimgrube No 68 (GbhP).
[184] July **Juliana** (GbhP), Justina **Justl** (FdhP), Justina **Füstl** (Taufmatrik AKH: 20/11/15: mit dem Zusatz "Judea"). - Dieses Kind kam "wegen Krankheit der Mutter" ins Fdh, die Mutter wurde nach dem Wochenbett aus dem Gbh entlassen.
[185] Anna Förschner (GbhP), Anna Forschnerin (Taufmatrik AKH 20/12/22: Josef Neugebauer).
[186] o.A. (GbhP; M. - was in dieser Zeit sowohl "männlich" als auch "Mädchen" bedeuten konnte, die Namensrubrik blieb leer, das Kind kam am 20/12/22 ins Fdh), **Josef Neugebauer** (Taufmatrik AKH: 20/12/22: die Mutter wurde als Forschner Anna, "Israelita" eingetragen, Pate war der Kirchendiener

F

M: Name	M: Vorname	geb. ca.	Beruf	K: Name	K: Vorname	K: geb.	K: gest.	K: entl.	Qu GbhP	Qu FdhP	Qu EntlP
Frank[187]	Amalia	1847/U	Magd	Frank[188]	Maria	65/03/30	65/04/13		50/01443	1865/2536	
Frank[189]	Anna	1845/U	Hdarb	Frank	Heinrich	63/07/28	63/08/25		48/06627	1863/5741	
Frank	Elisabeth	1852/U	Hdarb	<...>[190]		68/02/24	68/03/13		53/01258	1868/1519	
Frankenstein[191]	Eva	1833/B	Magd	Frankenstein	Jakob	67/05/12	67/09/11		52/03008	1867/3439	
Frankenstein	Eva	1833/B	Magd	Frankenstein[192]	Ferd.	68/08/3			54/04680	1868/5292	
FRANKL (FRANKEL)											
Frankel	Adele	1848/U	Köchin	Frankel[193]	Karolina	68/09/25			54/05186	1868/6342	
Frankl	Anna	1839/U	Modistin	Frankl[194]	Johann N.	58/02/26	58/04/29			1858/2053	
Frankl	Eva	1810/U	Hdarb	*Folgsam*[195]	Anna M.	28/05/10			13/01007	1828/1965	

Ignatius Groß; FdhP: "wegen Krankheit der Mutter", kein Hinweis auf die jüdische Herkunft des Kindes).
[187] Amalia Frank, aus Preßburg in Ungarn, zugereist (GbhP).
[188] Im Fdh im Alter von zwei Wochen an Lebensschwäche gestorben (FdhP).
[189] Anna Frank, aus dem Neutraer Komitat zugereist (GbhP).
[190] o.A. (GbhP). Dieses Kind gehörte 1868 zu den ersten, das im Gbh von einer jüdischen Mutter geboren, zur Aufnahme ins Fdh nicht mehr getauft werden mußte. Er kam am 68/03/02 mit seiner Mutter in diese Anstalt; nach zwölf Tagen an Darmentzündung gestorben; nicht im IKG-Verzeichnis jüdischer Findelkinder (GbhP, FdhP; CAHJP A/W 1809: Verzeichnis jüdischer Findelkinder von 1868).
[191] Eva Frankenstein, geb. in Plana im Taborer Kreis in Böhmen, zugereist (GbhP).
[192] Ferdinand Frankenstein, geb. im August 1868, mußte für seine Aufnahme ins Fdh nicht mehr getauft werden; auf Verlangen der Mutter in der Pfarre Alservorstadt getauft; kam zusammen mit der Mutter ins Fdh (FdhP; Pfarre Alservorstadt Taufmatrik 68/08/12: Ferdinand Frankenstein, Beilage: Protokoll mit Eva Frankenstein, 68/08/12).
[193] Karolina Frankel, geb. im September 1868, wurde als "68er Kind" nicht mehr getauft. Sie kam mit ihrer Mutter ins Fdh und nach zwei Tagen zu einer Pflegepartei in Böhmen (FdhP; CAHJP A/W 1809, Verzeichnis jüdischer Findelkinder von 1868).
[194] Johann Nepomuk Frankl wurde bei der Hebamme Franziska Effenberger, "chirurgische Gehilfensgattin" geboren und noch am selben Tag in der Pfarre St. Stefan getauft - Taufpatin war die Hebamme. Ursprünglich sollte das Kind nicht ins Fdh kommen: "Das Kind wurde nach der h<eiligen> Taufe in die Pflege zu christlichen Leuten gegeben" - Diese Anmerkung wurde gestrichen, das Kind wurde am 58/03/15 "in die hierortige k.k. Findelanstalt aufgenommen" (Pfarre St. Stefan 58/02/28; FdhP).
[195] Anna Maria Folgsam kam zu Pflegeeltern in Dorf Neuwald - da kein Sterbedatum ins FdhP nachgetragen wurde, so könnte dieses Kind die Findelpflege überlebt haben (FdhP: Theresia Datzker, Kleinhäuslerin, im Dorf Neuwald No 31, Herrschaft Aspang - NÖ, UWW). - Taufmatrik AKH 28/05/10:

F

M: Name	M: Vorname	geb. ca.	Beruf	K: Name	K: Vorname	K: geb.	K: gest.	K: entl.	Qu GbhP	Qu FdhP	Qu EntlP
Frankl	Rosa	___/W	Hdarb	Frankl[196]	Rosa	67/12/17				1867/8154	
Frankmann	Theresia	1837/B	Köchin	Frankmann[197]	Johann	58/11/1	58/12/5		44/00043	1858/8221	
FREI (FREY)											
Frey	Eva	1814/M	Magd	Eder[198]	Franziska	41/12/18	42/07/13		27/00792	1841/5404	
Frei[199]	Josefine	1838/U		Frey[200]	Theodor	55/11/4	55/11/21		41/0053	1855/6837	
Frey	Josefine	1839/U		Frey	Alexander	57/02/28	57/04/13		42/02816	1857/1815	
Frey	Magdalena	1825/M	Magd	Frey	Antonia	46/04/15	46/05/8		31/03355	1846/2367	
Freyer Franziska, vide Treyer Franziska											
Freibauer <...>[202]	Anna	1812/U	Magd	Trüm(m)el[201]	Theresia	41/02/18	41/03/11		26/01640	1841/0962	
				Freytag[203]	Paul	1791/09	1791/10			1791/1645	
Frenkl	Rosalia	1839/U	Hdarb	Frenkl[204]	Josef	62/12/24	62/12/24		48/01188		

"Mater judaea".

[196] Rosa Frankl kam bei der Hebamme Maria Thal in Wien 8, Wickenburggasse No 9 zur Welt, wurde in der Pfarre Alservorstadt zwei Tage später getauft - Taufpatin war eine Nachbarin der Hebamme. "Ist ins Findelhaus abgegeben worden" wurde in der Pfarrmatrik als Anmerkung hinzugefügt. Zwei Tage nach der Taufe erfolgte die Aufnahme des Kindes ins Fdh (FdhP).

[197] Im Fdh im Alter von 34 Tagen an Pneumonie gestorben (FdhP).

[198] Franziska Eder kam zu einem Schmied nach Wien-Erdberg, wo sie im Alter von kaum sieben Monaten an "Auszehrung" gestorben ist. - Taufmatrik AKH 41/12/18: "Mater judaea".

[199] Choristin (GbhP, FdhP)., eine Chorsängerin an einem Theater, sie war 17 Jahre alt, stammte aus Pest (Budapest) und wohnte in Wien-Laimgrube No 143, 1857 in der Josefstadt No 54.

[200] Theodor Frei (GbhP), Theodor Frey (FdhP).

[201] Taufmatrik AKH 41/02/18: "Mater infantis judaea", ursprünglich wurde der Name der Mutter eingetragen, sodann fest durchgestrichen.

[202] o.A. (Taufmatrik AKH 1791/10/01: K: Paul Freytag, M: Ein Jüdin; im FdhP wird weder der Name der Mutter noch die jüdische Herkunft des Kindes angegeben). Die Mutter hat auf der 2. Zahlabteilung unter No 48 entbunden (Taufmatrik AKH 1791/10/01: Paul Freytag).

[203] Paul Freytag wurde an einem Freitag geboren und bekam als Fremdnamenkind von diesem Wochentag seinen Namen; wurde einen Tag nach seiner Geburt ins Fdh gebracht, "schwach von Geburt", wurde er in Außenpflege "aufs Wasser" gegeben; nach zwei Wochen am 1791/10/18 gestorben (FdhP).

[204] Josef Frenkl wurde im Gbh am 62/12/24 notgetauft (Taufmatrik AKH 62/12/24: Josef Frenkl, "Am 24. nothgetauft") - er ist noch am selben Tag ge-

F

M: Name	M: Vorname	geb. ca.	Beruf	K: Name	K: Vorname	K: geb.	K: gest.	K: entl.	Qu GbhP	Qu FdhP	Qu EntlP
Freund	Anna	1845/U	Magd	Freund	Helene	64/09/23	64/10/10		49/07923	1864/7523	
Freund	Anna	1845/U	Magd	Freund	Herrmann	65/12/16	66/04/17		50/08386	1865/9262	
Freund[205]	Franziska	1832/B	Magd	Freund	Josef	60/09/24	61/08/24		45/07124	1860/6669	
Freund	Franziska	1836/B	Magd	Freund[206]	Johann Fr.	64/07/16		66/06/4	49/06688	1864/5801	66/06/6
Freund	Maria	1804/U	Köchin	Losch[207]	Katharina	33/08/15	33/11/24		18/03058	1833/2789	
Freund	Maria	1807/U	Magd	Melhart[208]	Mathias	35/09/11	35/10/9		20/03493	1835/3157	
Freund[209]	Maria	1830/B	Magd	Freund	Hermine	49/01/21	50/11/23		34/01268	1849/0751	

storben (GbhP), die Mutter blieb zwei Wochen im Gbh und wurde sodann zum Ammendienst ins Fdh überstellt (GbhP).

[205] **Franziska** Freund, geb. von Jung-Woschitz in Böhmen, wohnhaft in Wien-Leopoldstadt No 675; im FdhP als "kl" (katholisch, ledig) eingetragen; nur im GbhP als jüdisch ausgewiesen. - Franziska Freund heiratete im Juli 1866 in der Jägerzeile - nach vorangegangener Taufe - den aus Böhmen stammenden Schuhmacher Johann Hubka. Bei der Taufe hatte sie den Namen **Antonia** erhalten. Sie war die Tochter des Fruchthändlers Dawid Freund (Taufmatrik AKH 64/07/17: Johann Friedrich Freund). Sie hatten zumindest noch ein weiteres Kind, Franz Hubka, geb. am 66/07/15 (KA: Johann Hubka; Pfarre St. Johann in der Praterstrasse Tb 66/07/02: Johann Hubka, Schuhmacher; Antonia Freund, Wirthschafterin, V: David Freund, Fruchthändler, M: Anna Freund; Franziska Freund, laut Trauungsbuch am 66/03/08 in der Pfarre am Hof getauft).

[206] Johann Friedrich Freund kam vom Fdh zu einem Weber nach Meidling, wurde als zweijähriges Kind von Franziska Freund - nunmehr, nach ihrer Taufe, Antonia Freund und "Wirthschaftersgattin" - von der Findelhausbetreuung "gegen Revers" gelöst. Im EntlP findet sich der Vermerk "LM", eine Abkürzung, die mit "Leibliche Mutter" aufzulösen ist (EntlP: Antonia Freund, Wirtschaftersgattin, Wien 2, Kleine Weintraubengasse No 1). - Bei den Konvertiten-Akten des DAW finden sich zu dieser Konversion keine Belege.

[207] Taufmatrik AKH 33/08/16: "Mater infantis judaea", der Name der Mutter wurde ursprünglich eingetragen, sodann gestrichen.

[208] o.A. (GbhP: als Geschlecht wurde "M", weiters noch das Transferdatum ins Fdh eingetragen, die Namensrubrik des Kindes blieb leer), **Mathias Melhart** (FdhP). - Laut GbhP wurde das Kind am 11. September geboren, dem Transferdatum zufolge kam es am 21. September ins Fdh - am gleichen Tag wurde ein Kind mit dem Namen Mathias Mehlhart als "Israelitenkind" aufgenommen, geboren im Gbh am 35/09/13, von seiner Mutter wurde nur der Vorname - Maria - eingetragen (FdhP). Die jüdische Herkunft des Kindes - getauft am 13. September - wurde auch in der Taufmatrik des AKH durch den Vermerk "Mater infantis judaea" festgehalten. - Vom Geburtsdatum abgesehen, stimmen alle Daten überein, sodaß mit großer Gewißheit das namenlose Kind, das am 11. September geboren und am 13. getauft wurde, mit dem Findelkind Mathias Mehlhart identifiziert werden kann (Taufmatrik AKH 35/09/13: Mathias Mehlhart; FdhP).

[209] Maria Freund, geb. in Neubidschow in Böhmen, zugereist (GbhP).

F

M: Name	M: Vorname	geb. ca.	Beruf	K: Name	K: Vorname	K: geb.	K: gest.	K: entl.	Qu GbhP	Qu FdhP	Qu EntlP
Freund[210]	Maria	1845/U	Hdarb	Freund[211]	Johann	65/09/3	65/09/5		50/06101	1865/6423	
Fried Barbara, vide geb. Ehrlich Barbara											
Fried	Franziska	1815/M	Magd	*Humlauer*[212]	Karl	43/11/2	44/02/22		29/00023	1843/4865	
Fried	Josefa	1815/M	Magd	*Lugen*[213]	Ludwig	41/04/15	41/07/11		26/02476	1841/1752	
Fried	Julia	1846/B	Magd	Fried[214]	Wilhelmine	68/01/30	68/02/24		53/00071	1868/0788	
Fried	Magdalena	1808/U	Magd	*Fröhlich*[215]	Eva	35/01/15	38/05/20		20/00274	1835/0333	
Fried[216]	Rosalia	1818/M	Magd	unentbunden entlassen 42/12/20					28/00705		
Fried	Sara	1821/M	Köchin	*Ass*[217]	Josefa	43/02/24		53/02/21	28/01900	1843/1126	53/02/21
Fried	Rosalia	1832/U	Magd	Fried	Anna	56/12/29	57/01/14		42/00711	1857/0147	
Friedeczky[218]	Katharina	1841/U	Magd	unentbunden entlassen 58/11/25					44/00484		
Friedeczky	Katharina	1840/U	Hdarb	Friedeczky	Albert	59/02/12	59/03/14		44/02671	1859/1514	
Friedenstein	Charlotte	1830/U	Hdarb	Friedenstein	Amalia	56/05/3	56/05/31		41/03851	1856/3075	

---

[210] Kam vom AKH, Zi. 72 ins Gbh, wurde nach der Entbindung auf ihr Krankenzimmer zurückgebracht (GbhP).
[211] Die Mutter war von der Syphilis-Station des AKH nur zur Entbindung ins Gbh gebracht worden, nach der Geburt wurde das Kind sofort getauft, kam "wegen Krankheit der Mutter" ins Fdh; ist nach zwei Tagen an Lebensschwäche im Fdh gestorben (GbhP, FdhP).
[212] Taufmatrik AKH 43/11/02: "Mater judaea".
[213] Ludwig Lugen (FdhP), Ludwig Luger (GbhP; Taufmatrik AKH 41/04/15: "Mater infantis judaea").
[214] Im Fdh im Alter von 25 Tagen an Lebensschwäche gestorben (FdhP).
[215] Taufmatrik AKH 35/01/16: "Mater infantis judaea".
[216] Rosalia Fried ist mit Sara Fried, geb. in Groß-Meseritsch, Iglauer Kreis, ident; 1842 aus dem Geburtsort zugereist, 1843 wohnhaft in Wien-Leopoldstadt No 112 (GbhP'e).
[217] Josefa Ass (FdhP), Josefa Ast (Taufmatrik AKH, GbhP), dem Transfervermerk ins Fdh wurde im GbhP "Mutter Israelitin" hinzugefügt. Josefa Ass/Ast kam im Alter von zwei Wochen zur Taglöhnerin Anna Maria Wetl, die das Kind auch nach seiner Entlassung aus der Findelhausbetreuung "gegen Revers" behielt (FdhP, EntlP: Anna Maria Wetl, Taglöhnerin in Laa No 98, Pfarre und Bezirksgericht Laa - NÖ, UMB). - Taufmatrik AKH 43/02/25: Josefa Ast, "Mater judaea".
[218] Katharina Friedeczky, geb. in Pöstyen in Ungarn, im GbhP als "isr<aelitisch>" ausgewiesen, im FdhP als "kl" (katholisch, ledig); wohnhaft in Wien-Weißgärber No 31 (GbhP, FdhP).

F

M: Name	M: Vorname	geb. ca.	Beruf	K: Name	K: Vorname	K: geb.	K: gest.	K: entl.	Qu GbhP	Qu FdhP	Qu EntlP
Friedenstein[219]	Helene	1821/U	Magd	Friedenstein	Pauline	57/07/20	57/08/14		42/06124	1857/5554	
Friedenstein	Magdalena	1816/U	Magd	Friedenstein	Elisabeth	52/03/24	52/06/13		37/03400	1852/2270	
Friedländer[220]	Hermine	1837/U	Magd	Friedländer[221]	Johann	56/11/4	56/11/26		41/07333	1856/7156	
Friedlender[222]	Josefa	1830/U	Magd	Friedlender	Franz	50/01/18	50/05/18		35/01511	1850/0398	
Friedländer	Julia	1834/B	Magd	Friedländer[223]	Maria	51/09/9	51/09/10		36/06955		
Friedmann[224]	Amalia	1820/U	Köchin	*Grünberg*[225]	Gregor	38/05/14			23/01918	1838/1933	
Friedmann[226]	Amalia	1843/U	Magd	Friedmann[227]	Josef	63/09/30		63/10/11	48/07535	1863/7283	63/10/11
Friedmann	Anna	1843/U	Magd	Friedmann	Maria	66/12/26	67/01/12		51/08600	1867/0056	
Friedmann	Anna	1843/U	Magd	Friedmann[228]	Franziska	68/07/12	68/11/28		53/04018	1868/4869	

---

[219] Gassengeburt - die Mutter wurde einen Tag nach der Geburt mit dem Kind in das Gbh gebracht, das Kind wurde getauft und kam ins Fdh (GbhP). - Helene Friedenstein ist vermutlich mit Magdalena Friedenstein ident, ihr Rufname wird Leni gewesen sein; sie stammte aus Jóka in Ungarn, Neutraer Komitat (GbhP).

[220] Hermine Friedländer, geb. in Szent Miklós, zugereist (GbhP).

[221] Im Fdh im Alter von drei Wochen an Lebensschwäche gestorben (FdhP).

[222] Josefa Friedlender (GbhP), Josefa Friedländer (IKG Stb B 623), nach der Entbindung auf eine medizinische Abteilung des AKH gebracht (GbhP). - TBP 50/01/24: "Friedländer Josefa, Magd, 20 Jahr alt, israelitisch, ledig, von Stein am Anger gebürtig, Spitlberg 123, an Typhus AKH."

[223] Getauft, am folgenden Tag im Gbh gestorben (GbhP; Taufmatrik AKH 51/09/09: Die jüdische Herkunft wird hier nicht erwähnt).

[224] Amalia Freidmann (GbhP), Amalia Friedmann (FdhP) - geb. in Neustadtl, Köchin in Preßburg, von dort zugereist. - Taufmatrik AKH 38/05/14: "Mater infantis judaea".

[225] Bei Gregor Grünberg wurde kein Sterbedatum in das FdhP nachgetragen, er könnte somit überlebt haben; wurde vor Beendigung der Findelhausbetreuung mehrmals ins Fdh zurückgebracht. - In der Taufmatrik findet sich als Randnotiz eine Datumsangabe aus dem Jahr 1871, welche sich auf das Ausstellungsdatum eines Taufscheines beziehen könnte (Taufmatrik AKH 38/05/14: Randnotiz 71/01/01).

[226] Amalia Friedmann, von Pest zugereist (GbhP).

[227] Josef Friedmann kam am 63/09/30 im Gbh zur Welt, blieb dort bei seiner Mutter bis zum 63/10/08; wurde sodann ins Fdh gebracht. Drei Tage später wurde dieses Kind vom Schuhmachermeister Josef Schritter, wohnhaft in Wien-Erdberg, "gegen Revers" aus der Findelpflege genommen. In welcher Beziehung er zum Kind oder zu den Eltern des Kindes gestanden ist, geht aus dem EntlP nicht hervor (FdhP, EntlP: Josef Schritter, Schuhmachermeister, Wien 3, Erdberg, Kammergasse No 8).

F

M: Name	M: Vorname	geb. ca.	Beruf	K: Name	K: Vorname	K: geb.	K: gest.	K: entl.	Qu GbhP	Qu FdhP	Qu EntlP
Friedmann	Barbara	1810/U	Magd	Friedmann[229]	Barbara	36/04/1	36/04/9		21/01098		
Friedmann[230]	Franziska	1809/U	Witwe	Friedmann[231]	Anton	45/01/16	46/01/01		30/01098	1845/0825	
Friedmann	Franziska	1813/U	Magd	*Ludwig*[232]	Thekla	36/08/23	36/09/15		21/03420	1836/2977	
Friedmann	Franziska	1814/U	Magd	*Michaleck*[233]	Mathias	39/05/7	39/11/13		24/02315	1839/2084	
Friedmann[234]	Fanni	1825/U	verh.	totgeboren	58/02/12				43/02636		
Friedmann[235]	Fanni	1830/U	Magd	Friedmann	Ignaz	66/01/31	66/03/28		51/00770	1866/1000	
Friedmann[236]	Franziska	1842/U	Magd	Friedmann	Katharina	62/08/5	62/08/26		47/05069	1862/5570	
Friedmann	Johanna	1846/U	Köchin	Friedman(n)[237]	Rosa	68/07/21	68/10/6		53/03896	1868/4869	

---

[228] Franziska Friedmann, ein "68er Kind", nicht getauft (FdhP; CAHJP A/W 1809, Verzeichnis jüdischer Findelkinder von 1868).

[229] Ungetauft im Gbh gestorben: "Der Friedmann Barbara, Israelitin, ihr ungetaufter Knab" (sic!) (Sterbematrik AKH 36/04/09, GbhP). - Die Mutter war verwitwet (GbhP) - Irrtümer bei der Geschlechtsangabe kamen vor, so z.B. M: Barbara Kohn, K: Barbara Frint / Josef Pletz, als Mädchen eingetragen. Um die Mitte der 1820er Jahre waren Geschlechtsangaben nicht immer eindeutig, in den 1830er Jahren wurde hingegen zwischen "K<nabe>" und "M<ädchen" klar differenziert.

[230] Hausiererin (GbhP).

[231] Anton Friedmann wurde getauft, Taufpatin war die Köchin Maria Lobelek, wohnhaft in Wien, Leopoldstadt No16 (Taufmatrik AKH 45/01/17).

[232] L.L. (GbhP), Thekla Ludwig (FdhP), Lucia Labler (Taufmatrik AKH 36/08/24). - Das Initialenkind "L.L." kam am 3. September ins Fdh. Weder an diesem Tag, noch an den vorhergehenden oder folgenden Tagen konnte ein Kind in den FdhP'n gefunden werden, das im Datenkontext zu den Initialen gepaßt hätte. Jedoch wurde am Tag nach der Geburt des Initialenkindes im Gbh ein Mädchen auf den Namen Lucia Labler getauft und unter diesem Namen in die Taufmatrik des AKH eingetragen, zugleich wurde seine jüdische Herkunft mit "mater infantis judaea" festgehalten. Lucia Labler kam unter dem Namen Thekla Ludwig ins Fdh. In das FdhP wurde wurde sie als "Israelitenkind" und ihre Mutter als: "Friedmann Franziska, 23 J<ahr> <k gestrichen> ledig, Israelitin, Magd" eingetragen. Dieses Kind bekam somit einen anderen Namen als ursprünglich mit der Vergabe der Initialen L.L. vorgesehen und in die Taufmatrik eingetragen worden war.

[233] Taufmatrik AKH 39/05/08: "Mater judaea".

[234] Maschinisten Ehefrau, aus Ungarn zugereist (GbhP).

[235] Fanni Friedmann, geb. in Szobotisz, Neutraer Komitat, zugereist (GbhP).

[236] Franziska Friedmann, wohnhaft in Groß-Enzersdorf, zugereist (GbhP).

[237] Rosa Friedmann, ein "68er Kind", nicht getauft; befindet sich nicht auf der IKG-Liste jüdischer Findelkinder (FdhP; CAHJP A/W 1809, Verzeichnis jüdischer Findelkinder von 1868).

F

M: Name	M: Vorname	geb. ca.	Beruf	K: Name	K: Vorname	K: geb.	K: gest.	K: entl.	Qu GbhP	Qu FdhP	Qu EntlP
Friedmann	Karolina	1828/B	Magd	Friedmann[238]	Karolina	48/10/11	49/04/17		33/06665	1848/5763	
Friedmann	Katharina	1841/M	Magd	Friedmann[239]	Pauline	67/03/6	1943/08		52/01607	1867/1941	
Friedmann[240]	Leni	1836/U	Köchin	unentbunden entlassen 66/01/24					51/00483		
Friedmann	Maria	1837/U	Magd	Friedmann	Albert	58/06/10	58/07/30		43/04239	1858/4774	
Friedmann[241]	Rosalia	1844/U	Hdarb	totgeboren 61/08/22					46/07238		
Friedmann	Theresia	1816/W	Hdarb	Friedmann[242]	Josef	48/03/18	51/10/2		33/01787	1848/1691	
Friedrich[243]	Henriette	1836/M	Magd	Friedrich	Rosa	59/02/1	59/03/12		44/02382	1859/1132	
Friedrich	Jetti	1836/M	Magd	Friedrich	Michael	62/04/29	62/05/22		47/03958	1862/3213	
Friedrich	Jetti	1834/M	Köchin	Friedrich[244]	Anna	65/12/9	65/12/28		50/08411	1865/9085	
Frinberg[245]	Maria	1837/U	Magd	Firnberg	Leopold	60/07/28	60/09/25		45/04031	1860/5362	
Frisch[246]	Anna	1837/U	Magd	unentbunden entlassen 56/01/02					41/01202		
Frisch	Josefa	1838/B	Hdarb	Fri(t)sch[247]	Josef	62/04/5	62/07/18		47/03411	1862/2639	
Frisch	Maria	1817/B	Hdarb	*Klein*	Karl	40/11/23	40/12/12		26/00335	1840/4918	
Frisch	Regina	1820/U	Köchin	*Herbst*[248]	Theresia	39/10/2	39/10/23		24/04486	1839/4273	

[238] Von den Pflegeeltern ins Fdh zurückgebracht, nach zwei Wochen im Fdh an Typhus gestorben (FdhP).
[239] Pauline Friedmann, gestorben 1943/08/30 in Hartberg, St.A. Hartberg v. 1943/08/31 Z.198/43 (Taufmatrik AKH 67/03/06).
[240] Leni Friedmann, geb. in Szobotisz, Neutraer Komitat, zugereist (GbhP).
[241] Rosalia Friedmann kam vom AKH, Zi. 73 ins Gbh, wurde nach der Entbindung auf ihr Krankenzimmer zurückgebracht (GbhP).
[242] "Kind wegen israelitischer Religion der Mutter" Fdh (FdhP).
[243] Jetti und Henriette Friedrich sind sicher ident: um 1834/6 in Aussee in Mähren geb., bzw. aus Brünn; 1859 wohnhaft in Wien-Ottakring No 333, sodann in der Leopoldstadt, Taborau No 126 (1865) (GbhP'e). - Gassengeburt - die Mutter kam einen Tag nach der Geburt mit dem Kind in das Gbh, das Kind wurde getauft, kam ins Fdh (GbhP).
[244] Im Fdh im Alter von 19 Tagen an Anämie gestorben (FdhP).
[245] Maria Frinberg (sic !), von Deutsch-Kreutz in Ungarn zugereist (GbhP).
[246] Anna Frisch brachte bei der Hebamme Karolina Pollak in der Leopoldstadt am 56/03/04 einen Sohn zur Welt, er wurde als uneheliches Kind in das Geburtenbuch der IKG als "Herrmann Frisch" eingetragen und am 11. März beschnitten (IKG Gb B 2687).
[247] Josef Frisch (GbhP), Josef Fritsch (FdhP; Taufmatrik AKH 62/04/06). - Taufmatrik AKH 40/11/24: "Mater infantis judaea".

F

M: Name	M: Vorname	geb. ca.	Beruf	K: Name	K: Vorname	K: geb.	K: gest.	K: entl.	Qu GbhP	Qu FdhP	Qu EntlP
Frisch[249]	Regina	1822/U	Magd	Glanz[250]	Josefa	42/01/22	42/02/12		27/01433	1842/0495	
Frisch Rosalia, vide geb. Spazier Rosalia											
Fritz[251]	Anna	1817/U	verh.	<...>[252]		47/12/17	47/12/17		33/00919		
Fritz	Juliana	1840/U	Magd	Fritz[253]	Alexander	59/01/19	59/02/11		44/00937	1859/0530	
<...>[254]				Fröhlich[255]	Benedikt	10/03/20	10/03/28			1810/0598	
Fröhlich	Antonia	1841/B	Hdarb	Fröhlich[256]	Regina	68/03/16	68/05/26		53/01740	1868/2123	
Fröhlich[257]	Franziska	1819/Dt	Magd			unentbunden entlassen		37/05/15	22/02029		
Fröhlich[258]	Johanna	1841/M	Magd	Fröhlich[259]	Moritz	67/04/11	67/06/16		52/00375	1867/2611	
Fröhlich	Johanna	1841/M	Magd	Fröhlich	Sigmund	67/04/11	67/05/4		52/00375	1867/2612	
Fromer[260]	Anna	1803/U	Köchin	Lindenthal[261]	Eleonora	26/12/14	37/12/17		11/02119	1826/4309	

---

[248] Taufmatrik AKH 39/10/03: "Mater judaea".
[249] Regina Frisch, gestorben am 42/01/31 (GbhP: im Gbh, IKG Stb A 1712: Nervenfieber). TBP 42/01/30: "Frisch Regina, Magd, ledig, Israelitisch, gebürtig von Stampfen in Ungarn, 20 Jahr alt, Leopoldstadt No 126, am Nervenfieber AKH."
[250] Taufmatrik AKH 42/01/22: "Mater judaea".
[251] Anna Fritz, "Handlersweib", kam vom AKH, Zi. 82 ins Gbh, wurde nach der Entbindung auf ihr Krankenzimmer zurückgebracht (GbhP).
[252] o.A. (GbhP). - Dieses Kind, ein Bub, wurde nicht getauft, ist nach seiner Geburt im Gbh gestorben (GbhP).
[253] Alexander Fritz kam "wegen Krankheit der Mutter" ins Fdh, ist noch im Fdh an Diarrhöe gestorben (FdhP).
[254] o.A. (Taufmatrik AKH 10/03/21: Benedikt Fröhlich; keine Angaben zur Mutter im FdhP).
[255] Benedikt Fröhlich war einen Tag alt, als er ins Fdh gebracht wurde. Ins FdhP wurde er als "Fröhlich Israel<it> Benedikt" eingetragen, für ihn wurde eine Aufnahmstaxe von 20 fl. bezahlt; im Fdh gestorben, Todesursache: Fraiß (FdhP).
[256] Regina Fröhlich, im März 1868 geboren, war eines der ersten Kinder, die zur Aufnahme ins Fdh nicht getauft wurden (FdhP; CAHJP A/W 1809, Verzeichnis jüdischer Findelkinder von 1868).
[257] Franziska Fröhlich, geb. in Fürth in Bayern, zugereist (GbhP).
[258] Johanna Fröhlich, geb. von Aussee in Mähren, wohnhaft in Pest, zugereist; im GbhP als "k<atholisch>" eingetragen, in der Taufmatrik und im FdhP als jüdisch ausgewiesen (GbhP; Taufmatrik AKH 67/04/11: Moritz und Sigmund Fröhlich; FdhP). - Zwillingsgeburt: 67/04/11: Moritz und Sigmund Fröhlich.
[259] Moritz Fröhlich und sein Zwillingsbruder Sigmund kamen wegen "Krankheit der Mutter" ins Fdh (FdhP).
[260] Anna Fromer, geb. in Szenicz in Ungarn, zugereist (GbhP).

M: Name	M: Vorname	geb. ca.	Beruf	K: Name	K: Vorname	K: geb.	K: gest.	K: entl.	Qu GbhP	Qu FdhP	Qu EntlP
Fromer	Anna	1805/U	Magd	*May*[262]	Anselm	29/05/20	29/07/11		14/01256	1829/1892	
Frommer	Katharina	1828/U	Magd	Frommer	Henriette	49/02/2	49/04/2		34/02134	1849/1045	
Frommer	Theresia	1826/U	Hdarb	Frommer	Katharina	46/02/16	46/06/8		31/02167	1846/1140	
Frony[263]	Juliana	1841/U		unentbunden entlassen 67/03/20					52/01796		
Frony[264]	Juliana	1841/U		Frony[265]	Andreas	67/05/3	67/05/24		52/02813	1867/3093	
Fröschl[266]	Rosina	1825/M	Hdarb	Fröschel[267]	Julius Joh.	51/01/13		62/01/10	37/01685	1852/0477	62/01/10
Frühauf[268]	Maria	1836/U	Witwe	Frühauf[269]	Berta	58/04/1	58/04/17		43/03612	1858/2616	
Fua|Fux[270]	Katharina	1844/M	Magd	Fua	Karolina	63/10/24	64/11/8		48/08727	1863/7866	
FUCHS (FUX)											
Fuchs	Anna	1812/U	Magd	*Kunze*[271]	Josef	34/10/1			19/03823	1834/3459	

---

[261] Taufmatrik AKH 26/12/15: Mutter "Israelitin".
[262] Taufmatrik AKH 29/05/21: "Prolis mater judaea". - Anselm May war ein Fremdnamenkind, wurde im Mai geboren und erhielt von diesem Monat seinen Namen (Taufmatrik AKH 29/0521).
[263] Juliana Frony, "blödsinnige Waise", geb. in Temesvár in Ungarn, zugereist (GbhP); wurde unentbunden auf die chirurgische Abteilung des AKH gebracht (GbhP).
[264] Nach der Entbindung ins AKH auf die chirurgische Abteilung gebracht (GbhP).
[265] Andreas Frony kam "wegen Blödsinn der Mutter" ins Fdh, wurde von den Pflegeeltern ins Fdh zurückgebracht; "im Haus" (Fdh) an Blutarmut (Anämie) im Alter von drei Wochen gestorben (FdhP).
[266] Die Rubriken für Entbindung, Taufe, Abgang des Kindes u. Austritt der Wöchnerin enthalten keinen Eintrag. Rosina Fröschl kam am 52/01/13 ins Gbh.
[267] Julius Johann Fröschel (FdhP, EntlP). - Dieses Kind kam nach zwei Tagen nach Gaunersdorf zu Barbara Schneider. Bei dieser Pflegemutter konnte er zumindest bis nach Beendigung der Findelhausversorgung bleiben (EntlP: Barbara Schneider, Schuhmachersgattin, Gaunersdorf No 2 - NÖ, Bez. St. Pölten).
[268] Magd (GbhP), ihr Kind kam "wegen Religion der Mutter" ins Fdh.
[269] "Wegen Religion" samt Mutter ins Fdh (FdhP).
[270] Karolina Fu**a** (FdhP), Karolina Fu**x** (Taufmatrik AKH 63/10/26).
[271] **Johann** Kunze (GbhP); **Josef** Kunze (Taufmatrik AKH, FdhP). Kein Sterbedatum im FdhP, daher könnte er überlebt haben und nach Ablauf der Fin-

F

M: Name	M: Vorname	geb. ca.	Beruf	K: Name	K: Vorname	K: geb.	K: gest.	K: entl.	Qu GbhP	Qu FdhP	Qu EntlP
Fux[272]	Anna	1812/U	Hdarb	Woller[273]	Josef	30/05/29			15/01173	1830/1197	
Fuchs[274]	Anna	1813/U	Hdarb	Bobies[275]	Theresia S.	32/03/9			17/00693	1832/0874	
Fuchs[276]	Anna	1814/U	Magd	Schütz[277]	Thomas	34/09/17			19/03664	1834/3281	
Fux|Fuchs[278]	Anna	1814/U	Magd	Hof[279]	Maria	35/11/14			21/00134	1835/3938	

delhausversorgung bei seinen Pflegeeltern geblieben sein (FdhP: Elisabeth Leder, Inwohnerin in Pyhra No 5, Herrschaft Ernstbrunn - NÖ, UMB). - Taufmatrik AKH 34/10/01: "Mater judaea", Randnotizen aus den Jahren 1860 - Hinweis auf die Ausstellung eines Taufscheines, 1939 und 1940.
[272] Anna Fux (GbhP), Anna Fuchs (FdhP).
[273] Bei Josef Woller wurde in das FdhP kein Sterbedatum nachgetragen, er könnte demnach die Findelpflege überlebt haben (FdhP: Pflegemutter: Anna Ringler, Bauersweib, in Oberndorf, Herrschaft Artstetten - NÖ, OMB). - Taufmatrik AKH 30/05/30: "Mater infantis judaea"
[274] Anna Fuchs, geb. von Neustadtl in Ungarn, Neutraer Komitat; 1832 in Wien wohnhaft Strozzischer Grund No 8, 1834 in <Wien> Breitenfeld (GbhP'e).
[275] Theresia Sabine Bobies (GbhP), Theresia Bobies (FdhP) - Bei Theresia Bobies wurde kein Sterbedatum in das FdhP eingetragen, sie könnte überlebt haben (FdhP: Pflegepartei: Josefa Hutterer, Webersweib <Wien> am Schottenfeld No 346 <oder 306>). - Taufmatrik AKH 32/03/09: "Mater infantis judaea", Randnotizen aus den Jahren 1938, 1939 und 1945 (1945/06/06 und 1945/07/04).
[276] Anna Fuchs, getauft am 37/07/17 in der Pfarre St. Ulrich (DAW, Proselytenprotokolle 1836-1839).
[277] Thomas Schütz (GbhP, FdhP) - könnte überlebt haben, da in das FdhP kein Sterbedatum nachgetragen wurde (FdhP: vor der Entlassung aus der Findelhausversorgung wohnhaft in der Pfarre St. Valentin - NÖ, UWW). - Taufmatrik AKH 34/09/19: "Mater infantis judaea", mit einem Datum aus dem Jahr 1868 als Randnotiz, das mit der Ausstellung eines Taufscheines zu tun haben könnte (Taufmatrik AKH 39/09/19: Thomas Schütz, Randnotiz: 68/09/12).
[278] Anna Fux (GbhP); Anna Fuchs (Taufmatrik 35/11/15: Maria Worliczek <durchgestrichen: Hof>), getauft am 37/07/17 in der Pfarre St. Ulrich (DAW: Konvertiten Protokolle 1836-1839); sie stammte aus Neustadtl in Ungarn; V: Pinkus Fuchs, Schullehrer; M: Rosalia Fuchs, geb. Schön. Anna Fuchs/Fux heiratete am 37/10/02 in der Pfarre St. Ulrich den Vater ihres Kindes Georg Worliczek, Hafnergesell von Jaromeritz in Mähren, röm.-kath., dessen Vater (Josef Worliczek) ein Maurermeister war (Taufmatrik AKH 35/11/15).
[279] Maria Hof (GbhP), Maria Worliczek (Taufmatrik 35/11/15: Maria Worliczek <durchgestrichen: Hof>. - Bei Maria Hof/Worliczek wurde kein Sterbedatum in das FdhP nachgetragen, sie hat sicherlich die Findelpflege überlebt: 1852 wurde sie *per subsequens matrimonium* ihrer Eltern legitimiert; in der Taufmatrik wurde der Vermerk "mater infantis judaea" wie auch der ursprüngliche Fremdname des Kindes gestrichen; Randnotizen in Form von Datumsangaben aus den Jahren 1852, 1853 (Ausstellung von Taufscheinen) und 1938. Vom Fdh kam Maria Hof/Worliczek zunächst zu einer Witwe nach Neulerchenfeld, im Jänner 1836 zu einem Obsthändler (FdhP: Pflegepartei ab 36/01/19: Magdalena Posch, Obsthändlersweib in Schönfeld No 7, Pfarre

F

M: Name	M: Vorname	geb. ca.	Beruf	K: Name	K: Vorname	K: geb.	K: gest.	K: entl.	Qu GbhP	Qu FdhP	Qu EntlP
Fuchs|Fux[280]	Anna	1820/U	Magd	Fuchs[281]	Franz	46/07/17	46/09/18		31/05049	1846/4056	
Fuchs[282]	Anna	1820/U	Köchin	Fuchs	Franz	51/01/15	52/01/1		36/01599	1851/1434	
Fuchs[283]	Barbara	1842/B	Magd	unentbunden	"entwichen"	62/07/21				47/05700	
Fuchs	Barbara	1843/B	Magd	Fuchs	Albert	62/09/14	62/11/5			47/06929	1862/6465
Fuchs	Esther	1816/U	Magd	*Horch*[284]	Hilarius	42/01/15	42/01/22		27/00745	1842/0280	
Fuchs	Franziska	1821/U	Köchin	*Jungwirth*[285]	Josef	40/03/3		50/03/3	25/01157	1840/1152	50/03/21
Fuchs	Franziska	1841/B	Magd	Fuchs[286]	Franziska	67/09/24	67/12/19		52/05775	1867/6151	
Fuchs[287]	Julia	1829/M	Magd	Fuchs	Anton	47/10/11	48/01/23		32/06717	1847/6022	
Fuchs	Katharina	1835/B	Köchin	Fuchs[288]	Katharina	54/05/20	54/05/23		39/04845		
Fuchs	Rosalia	1830/B	Magd	Fuchs[289]	Anna	53/06/11		63/06/11	38/05099	1853/4076	63/07/29

Christophen - NÖ, OWW); nach der Angabe dieser Pflegepartei folgt im FdhP ein Aktenverweis aus dem Jahr 1836, Protokoll No 253 - vermutlich hat die Mutter das Kind zu sich genommen.

[280] Anna Fuchs, geb. von Tyrnau, Preßburger Komitat; 1846 in Wien Innere Stadt, Adlergasse, und 1851 in der Leopoldstadt No 29 wohnhaft (GbhP'e).

[281] Franz Fux: Taufmatrik AKH 46/08/17; "wegen Religion der Mutter" Fdh (FdhP).

[282] Zwei Tage nach ihrer Entlassung aus dem Gbh erhielt sie "mit D<irektions> Bewilligung den Empfangschein"; das Kind kam zu Kleinhäuslern nach Niederhollabrunn; gestorben am 52/01/01, Todesursache: Wassersucht (FdhP).

[283] Barbara Fuchs, wohnhaft in Wien-Leopoldstadt No 754 (GbhP'e).

[284] Taufmatrik AKH 42/01/15: "Mater judaea"; im Fdh im Alter von einer Woche an Lebensschwäche gestorben (FdhP).

[285] Josef Jungwirth kam aus dem Fdh zur Kleinhäuslerin Anna Bucher nach Mistelbach. Das Kind blieb bis nach Ablauf der Findelhausversorgung bei dieser Pflegemutter (FdhP, EntlP: Anna Bucher, Kleinhäuslerweib in Mistelbach No 438). - Taufmatrik AKH 40/03/03: "Mater infantis judaea".

[286] Franziska Fuchs kam "wegen Krankheit der Mutter" ins Fdh (FdhP), nach dem Wochenbett wurde die Mutter zum Ammendienst ins Fdh gebracht, am selben Tag wurde ihr Kind einer Pflegemutter aus der Slowakei übergeben (GbhP, FdhP).

[287] Julia Fuchs, V: Hermann Fuchs, israelitischer Handelsmann, M: Julia Prossnitz von Nikolsburg in Mähren; konvertierte 52/12/20 in der Pfarre St. Laurenz am Schottenfeld, erhielt bei der Taufe den Namen Juliana **Barbara**; zum Übertritt hatte sie bewogen "langjähriges Zusammenleben mit katholischen Christen" (Pfarre St. Laurenz Konvertiten II 52/12/20).

[288] Getauft, nach drei Tagen im Gbh gestorben (GbhP; Taufmatrik AKH 54/05/20).

[289] Anna Fuchs blieb fünf Tage im Fdh, kam sodann in die Steiermark zu einem Formstecher nach Schweinz; ab 1859 bei Josefa Heschel (FdhP, EntlP:

F

M: Name	M: Vorname	geb. ca.	Beruf	K: Name	K: Vorname	K: geb.	K: gest.	K: entl.	Qu GbhP	Qu FdhP	Qu EntlP
Fuchs	Rosalia	1833/B	Magd	Fuchs	Karolina	61/03/22	61/08/16		46/03195	1861/2560	
Fuchs[290]	Theresia	1825/B	Magd	Fuchs	Theresia	52/04/22	52/05/11		37/04079	1852/2967	
Fuchs	Theresia	1825/B	Köchin	Fuchs[291]	Rosalia	53/06/13		63/06/13	38/05112	1853/4111	63/08/29
Fuchs	Theresia	1825/B	Köchin	Fuchs[292]	Josef	55/02/2		65/02/2	40/01999	1855/0878	65/02/27
Fuchs	Theresia	1826/B	Magd	Fuchs	Jakob	64/07/24			49/06880	1864/5973	
Fuchs[293]	Resi	1834/U	Witwe	Fuchs[294]	Abraham	64/07/8	67/01/21		49/05952		
Füchsel	Cäcilia	1824/M	Magd		totgeboren	43/07/29			28/04418		
Fund[295]	Elenora	1830/U	Magd	Fund[296]	Antonia	52/06/30	52/07/23		37/05571	1852/4555	

Josefa Heschel, Schweinz No 3 - Stmk, Pfarre Riegersburg).
[290] Theresia Fuchs, geb. von Tuczap in Böhmen, Budweiser Kreis; 1852 wohnhaft in Wien-Gumpendorf No 21, 1853 in der Leopoldstadt No 61, 1855 in Gumpendorf No 87 und 1864 im 3. Bezirk in der Dianagasse No 7 (GbhP'e).
[291] Rosalia Fuchs blieb nur einen Tag im Fdh, sie kam in die Steiermark zu einem Bauern nach Ober-Neuberg im Bezirk Hartberg. Sie konnte bis nach Ablauf der Findelhausversorgung bei diesen Pflegeeltern bleiben (FdhP, EntlP: Magdalena Lang, Bäuerin, Ober-Neuberg No 77 - Stmk, Pfarre Pöllau).
[292] Die jüdische Herkunft von Josef Fuchs wurde nur im GbhP festgehalten - Randnotizen im GbhP wie auch in der Taufmatrik des AKH aus den Jahren 1938 und 1940 lassen auf die Ausstellung von Ariernachweisen für Nachkommen schließen. - Das Kind kam "wegen Krankheit der Mutter" ins Fdh, während Theresia Fuchs nach dem Wochenbett mit Bauchfellentzündung in eine andere Abteilung des AKH gebracht wurde. - Josef Fuchs, kam zu einer Kleinhäuslerin in Rohrbach in Ungarn, Preßburger Komitat; wurde "verw<echselt>", d.h. weitergegeben an einen Bauern, von dem er wieder zurück zur Kleinhäuslerin Franziska Knapek kam, die fünf Jahre später im EntlP als Übernahmepartei aufscheint (FdhP, EntlP: Franziska Knapek, Kleinhäuslerin, Rohrbach No 4, Pfarre Rohrbach - Ungarn, Preßburger Komitat).
[293] Theresia Fuchs, aus Ungarn zugereist; Magd, geb. Braun, war mit Abraham Fuchs aus Kaschau verheiratet. - Im GbhP wurde weiters vermerkt: "Herrmann 59/03/06 geb. und Isidor 63/06/10 geb. Braun, beide Kinder zu übernehmen im F<in>d<el>h<au>s" - Es waren demnach noch zwei Kinder da, an deren Übernahme und Versorgung im Fdh gedacht wurde.
[294] o.A. (GbhP: "ungetauft 15/7 entlassen" in der Namensrubrik), **Abraham** Fuchs (IKG Gb D 272) - ein posthumes Kind, sein Vater war Abraham Fuchs, aus Kaschau; ungetauft mit seiner Mutter am 64/07/15 aus dem Gbh entlassen, am 64/07/17 beschnitten und in das Geburtenbuch der IKG unter dem Namen Abraham Fuchs eingetragen; gestorben am 67/01/21 (GbhP, IKG Gb D 272, IKG Stb D 1005).
[295] Eleonora Fund, geb. in Neutra in Ungarn, zugereist (GbhP).
[296] Im Fdh im Alter von 23 Tagen an Durchfall gestorben (FdhP).

F

M: Name	M: Vorname	geb. ca.	Beruf	K: Name	K: Vorname	K: geb.	K: gest.	K: entl.	Qu GbhP	Qu FdhP	Qu EntlP
Funk[297]	Rosalia	1823/M	Magd	Funk	Karolina	49/08/16	49/10/9		34/05913	1849/5413	
Fürst	Cäcilia	1840/U	Magd	Fürst[298]	Ferdinand	59/06/23	59/07/14		44/06026	1859/5334	
Fürst	Julia	1833/U	Magd	Fürst	Anna	65/09/13	65/10/5		50/06390	1865/6884	
Fürst	Katharina	1827/U	Hdarb	Fürst	Franziska	45/04/14	45/07/29		30/03088	1845/2155	
Fürst	Regina	1829/U	Magd	Fürst[299]	Cäcilia	51/02/16	51/05/16		36/01854	1851/1077	
Fürst[300]	Regina	1843/U	Magd	Fürst	Karl	63/07/16	63/09/10		48/04882	1863/5446	
Fürst[301]	Rosina	1814/U	Köchin	**Knoll**[302]	Karl	34/04/19			19/00915	1834/1424	

---

[297] Rosalia Funk, aus Mähren zugereist (GbhP).
[298] Im Fdh im Alter von drei Wochen an Diarrhöe gestorben (FdhP).
[299] Cäcilia Fürst kam "wegen Krankheit der Mutter" ins Fdh (FdhP), die Mutter wurde nach dem Wochenbett entlassen (GbhP).
[300] Das Kind kam am 51/02/17 "wegen Krankheit der Mutter" ins Fdh, die Mutter blieb bis zum 51/02/24 im Gbh, vier Tage später erhielt sie "Laut Di<rekti>ons Bewilligung" einen Empfangsschein. Das Kind kam nach Gaudenzdorf zu einem Schuster; im Alter von drei Monaten an Auszehrung gestorben (FdhP).
[301] **Rosin(a)** Fürst, geb. in Ujfalu in Ungarn, aus Güns zugereist; ließ sich am 40/11/01 bei den Schotten in Wien taufen, erhielt hiebei den Namen **Maria**. Als Beweggrund wurde "Uiberzeugung" angegeben (DAW: Konvertiten Protokolle 1839-1841). Aus - allerdings verschmierten - Eintragungen in das GbhP läßt sich ersehen, daß sie schon unmittelbar nach der Geburt (1834) eine Taufe erwogen haben könnte. - Den Taufschein legte sie der Findelhausdirektion vor, am 40/11/19 wurde ihr ein Empfangsschein ausgefolgt, mit welchem es ihr möglich war, Kontakt mit ihrem Kind aufzunehmen (GbhP, FdhP).
[302] Karl Knoll (GbhP; FdhP) - Taufmatrik AKH 34/04/19: "Mater infantis judaea". - In das FdhP wurde kein Sterbedatum nachgetragen, das Kind könnte somit die Findelpflege überlebt haben - es kam zu Gertrude Letschka, Kleinhäuslerin, Brüllendorf No 18, Pfarre Wölfersdorf - NÖ, UMB (FdhP).

F

M: Name	M: Vorname	geb. ca.	Beruf	K: Name	K: Vorname	K: geb.	K: gest.	K: entl.	Qu GbhP	Qu FdhP	Qu EntlP
Gabriel[1]	Johanna	1804/U	Magd	*Barjonas*[2]	Simon	21/09/19	21/10/1		06/02255	1821/3261	
Gabriel	Johanna	1804/U	Magd	totgeboren 21/09/19					06/02255		
Gabri(e)s[3]	Theresia	1797/U	Magd	*For(t)ax*[4]	Anton	17/11/28	18/02/4		02/02314	1817/3381	
Gallinzertner[5]	Helene	1839/U	Hdarb	Gallitzenstein[6]	Peter	59/09/23	59/10/1		44/07930	1859/7437	
Gans	Barbara	1844/B	Magd	totgeboren 66/06/4					51/03868		
Gansler[7]	Anna	1832/U	Magd	Ganzler[8]	Karl	58/10/27		68/10/27	43/06884	1858/8097	68/12/4

---

[1] Johanna Gabriel, aus Bösing in Ungarn zugereist; gestorben am 21/10/05 (GbhP). - Zwillingsgeburt: 21/09/19: Simon Barjonas und ein totgeborenes Kind. - TBP 21/10/05: "Gabriel Johanna, ledig, reisende israelitische Magd, von Bösing in Hungarn gebürtig, im AKH an der Abzehrung, alt 17 Jahr."

[2] Simon Barjonas kam noch am Tag seiner Geburt "wegen israelitischer Religion der Mutter" ins Fdh. Der Name seiner Mutter wurde nicht ins Protokoll aufgenommen. In der Taufmatrik wurde "Judaeus" in die Rubrik des Vaters eingetragen - um 1821 wurde die jüdische Herkunft der Kinder noch nicht systematisch erfaßt, im Formular gab es hiezu noch keinen bestimmten Platz, die Bezeichnungen schwankten noch zwischen "Israelita", "Judenkind", "Israelitenkind" usw. - Simon Barjonas kam nach zwei Tagen zu einer Schuhmacherin in die Alservorstadt (FdhP).

[3] Theresia Gabri**es** (GbhP), Theresia Gabr**is** (FdhP), Theresia Gabr**iß** <mögliche Lesart auch: Gabeiß> (Taufmatrik AKH 17/11/28) - geb. in Szerdahely in Ungarn, wohnhaft in Preßburg, von dort zugereist (GbhP).

[4] A.F. (GbhP), Anton For**t**ax (FdhP), Anton Forax (Taufmatrik AKH 17/11/28). - In das FdhP und in die Taufmatrik wurde das Kind mit seinem Fremdnamen zusammen mit dem Namen seiner Mutter eingetragen. - Die Initialen A.F. können sich nur auf dieses Kind beziehen. Die jüdische Herkunft des Kindes wurde in der Taufmatrik nicht erwähnt, im FdhP wurde hingegen die Mutter als Israelitin eingetragen. - Anton For(t)ax kam sofort nach seiner Geburt ins Fdh, blieb dort knapp drei Wochen, sodann wurde er bei einer Witwe in der Alservorstadt untergebracht; er hat die Findelpflege nicht überlebt (FdhP; Taufmatrik AKH 17/11/28).

[5] Helene Galli**nz**ertner (GbhP), Helene Galli**tz**enstein (Taufmatrik AKH 59/09/25: Peter Gallitzenstein). - Helene Gallinzertner, geb. in Preßburg, dort wohnhaft No 135, zugereist (GbhP).

[6] Peter Galli**nz**ertner (GbhP), Peter Galli**tz**enstein (FdhP; Taufmatrik AKH) - "wegen Religion der Mutter" Fdh, im Fdh im Alter von acht Tagen an Lebensschwäche gestorben (FdhP).

[7] Anna Gan**s**ler (GbhP), Anna Gan**z**ler (Taufmatrik AKH 58/10/28: Karl Ganzler) - Z wird im Ungarischen und in slawischen Sprachen nicht als TS sondern als S gesprochen, daher die S/Z Variante. Anna Gansler/Ganzler stammte aus Beczkó ("Peczko" im FdhP) in Ungarn, Trentschiner Komitat.

[8] Karl Ganzler kam mit seiner Mutter vom Gbh ins Fdh, blieb dort nur einen Tag; wurde in die Steiermark nach Dechantskirchen zur Keuschlerin Konstanzia Rath gebracht, bei welcher er bleiben konnte. Ins EntlP wurde sie zehn Jahre später als Übernahmepartei eingetragen (FdhP, GbhP, EntlP: Kon-

G

M: Name	M: Vorname	geb. ca.	Beruf	K: Name	K: Vorname	K: geb.	K: gest.	K: entl.	Qu GbhP	Qu FdhP	Qu EntlP
Ganszter[9]	Betti	1834/U	Hdarb	Ganszter[10]	Johanna	62/01/11	62/01/31		47/00634	1862/0461	
GÄRTNER (GARTNER, GAERTNER)											
Gärtner	Barbara	1825/B	Magd	Gärtner[11]	Karl	45/03/29		55/03/29	30/02804	1845/1833	55/05/21
Gartner	Betti	1845/M	Magd	Gartner[12]	Moritz	68/03/14			53/01497	1868/2113	
Gartner	Johanna	1822/M	Magd	*Kraft*[13]	Anton	43/06/13	43/06/14		28/03825		
Gaertner[14]	Julia	1825/U	Magd	Gärtner	Johanna	46/03/30	46/07/21		31/01488	1846/2072	
GEIER (GAIER, GEYER)											
Geyer[15]	Anna	1794/B	Magd	<...>[16]		20/10/13			05/02334		
Gaierhan[17]	Sali	1841/M	Magd	unentbunden entlassen 59/07/27						44/06792	

stantia Rath, Keuschlerin, Dechantskirchen No 27 - Stmk, Bez. Friedberg, Pfarre Dechantskirchen).
[9] Betti Ganszter, geb. in Beczkó in Ungarn, zugereist (GbhP). Da Anna Gansler (siehe oben) und Betti Ganszter aus dem selben Ort stammen, könnte es sich bei den beiden Namen um eine Namensvariante handeln, die durch eine Verlesung von L zu T bzw. umgekehrt zustande gekommen ist.
[10] Johanna Ganszter wurde "wegen Krankheit der Mutter" ins Fdh gebracht (FdhP), die Mutter wurde nach dem Wochenbett zum Ammendienst ins Fdh überstellt, ihr Kind war zu dieser Zeit bereits an Anämie in Außenpflege gestorben (FdhP).
[11] Karl Gärtner war auf verschiedenen Pflegeplätzen rund um Horn im Waldviertel, kam als neunjähriges Kind zurück ins Fdh, dann ins AKH; wurde schließlich dem Wr. Magistrat übergeben (FdhP, EntlP).
[12] Moritz Gartner, im März 1868 geboren, war eines der ersten Kinder, welche zur Aufnahme ins Fdh nicht getauft wurden; wurde in das Geburtenbuch der IKG eingetragen (GbhP, FdhP; CAHJP A/W 1809, Verzeichnis jüdischer Findelkinder von 1868; IKG Gb D 4396). - Er kam zusammen mit seiner Mutter ins Fdh, sodann ins Fdh einer Frau eines Tierwärters (FdhP).
[13] Anton Kraft, starb noch im Gbh am 43/06/14 (GbhP). - Laut Taufmatrik des AKH einen Tag zuvor getauft, die Eintragung wurde mit dem Vermerk "Mater Judaea" versehen.
[14] Julia Gaertner, geb. in Surány in Ungarn, Neutraer Komitat, zugereist (GbhP).
[15] Anna Geyer <verschmiert, könnte auch als "Gayer" oder "Gregor" gelesen werden> (GbhP).
[16] o.A. (GbhP: die Rubriken zum Geschlecht und zum Namen des Kindes blieben leer, das Kind kam sogleich nach seiner Geburt ins Fdh, eingetragen wurde lediglich das Transferdatum). Der Taufmatrik zufolge wurden an diesem Tag zwei Kinder, ohne Angabe der Mutter, mit dem Kirchendiener als Taufpaten getauft: Simon Eckmayer und Albrecht Riß (sic!) - beide kamen ins Findelhaus, Simon Eckmayer wegen "Krankheit der Mutter" (FdhP 1820/3200), während für Albrecht Riß eine Taxe von 30 fl. bezahlt wurde (FdhP 1820/3207). Ob eines - und welches - dieser Kinder das gesuchte Kind der Anna Geyer/Greger ist, geht aus den uns vorliegenden Quellen nicht hervor.

G

M: Name	M: Vorname	geb. ca.	Beruf	K: Name	K: Vorname	K: geb.	K: gest.	K: entl.	Qu GbhP	Qu FdhP	Qu EntlP
Geierhan	Sali	1841/U	Magd	Geierhan	Mathilde	59/10/30	60/01/24		44/08671	1859/8402	
Geiger[18]	Barbara	1803/B	Magd	*Linzer*[19]	Maria	29/08/14	29/08/27		14/01898	1829/2751	
Gayger	Cäcilia	1805/U	Hdarb	*Blumenzweig*[20]	Maria	29/06/9			14/01335	1829/2108	
Geiger[21]	Franziska	1804/B	Magd	K.R.D.[22]		25/03/8			10/00559		
Geiger[23]	Johanna	1830/W	Tochter	Geiger	Eduard	48/09/29	48/10/14		33/04708	1848/5519	
Geiringer[24]	Fanni	1844/U	Hdarb	Geiringer	Sofia	60/04/14			45/03787	1860/2860	
Geiringer	Fanni	1844/U	Hdarb	Geiringer[25]	Alois	63/03/20	63/03/22		48/03472		

[17] Sali Gaierhahn ist mit Sali Geierhahn ident, geb. in Abony; in Wien wohnte sie 1859 im Juli in der Rossau und im Oktober, vor ihrer Entbindung, in Wien Innere Stadt No 200 (GbhP'e).
[18] Barbara Geiger, gestorben am 29/08/20 (GbhP; IKG Stb A 250: im AKH "im Schwangerhofe", Brand). - TBP 29/08/19: "Geiger Barbara, ledige Magd aus Böhmen gebürtig, israelitisch, No 171 Stadt, an Brand im AKH."
[19] Maria Linzer (GbhP; Taufmatrik AKH 29/08/15: "Mater judaea") - sie kam nach vier Tagen "wegen Krankheit der Mutter" vom Gbh ins Fdh und von dort in Außenpflege zu einem "Hauersweib", wo sie nach fünf Tagen gestorben ist (GbhP, FdhP).
[20] Maria Blumenzweig (GbhP) blieb zehn Tage bei der Mutter, kam sodann ins Fdh, von dort nach Kaibing in die Steiermark. Da ins FdhP kein Sterbedatum nachgetragen wurde, so könnte dieses Kind überlebt haben, zumal die Taufmatrik eine Randnotiz enthält, die sich auf die Ausstellung eines Taufscheines im Jahr 1856 beziehen könnte (Taufmatrik AKH 29/06/10: "Mater prolis judaea", Randnotiz 56/05/05; FdhP: Pflegepartei: Margarete Buchberger, Kleinhäuslerin, Kaibing No 7, Herrschaft Herberstein, Gratzer Kreis).
[21] Franziska Geiger, gestorben am 25/03/15 (GbhP). - TBP 25/03/15: "Geiger Franziska, ledige Dienstmagd, Conscriptions No <o.A.>, am Breitenfeld, von Caslau in Böhmen gebürtig, israelitischer Religion, im AKH an Bauchfellentzündung, alt 21 Jahr."
[22] K.R.D. (GbhP). - Für das Jahr 1825 gibt es kein FdhP, in der Taufmatrik des AKH finden sich unter dem 25/03/08 zwei Eintragungen, auf welche die Initialen passen könnten: Rebekka Duch und Rudolf Donner. Beim Mädchen war die Hebamme Eleonora Maucher.Patin, beim Buben hatte die Patenschaft der Mesner übernommen. Die Rubrik der Mutter blieb in beiden Fällen leer, kein Hinweis auf die jüdische Herkunft - sie wurden im "jüdischen Formular" der Taufmatrik aufgenommen. Dem anderen Kind wurden die Initialen "R.D." gegeben, seine Mutter war Sara Esner. Wir kennen somit die Namen der Kinder und ihrer Mütter, können sie aber mit den uns vorliegenden Quellen nicht einander zuordnen (GbhP; Taufmatrik AKH 25/03/08: Rebekka Duch und Rudolf Donner).
[23] Musikantens Tochter, 18 Jahre alt, aus Wien-Schottenfeld (GbhP).
[24] Franziska (Fanni) Geiringer, geb. von Stampfen in Ungarn, Preßburger Komitat; wohnhaft in Wien-Rossau (GbhP'e).

G

M: Name	M: Vorname	geb. ca.	Beruf	K: Name	K: Vorname	K: geb.	K: gest.	K: entl.	Qu GbhP	Qu FdhP	Qu EntlP
Geyringer	Rosalia	1834/U	Magd	Geyringer[26]	Anna R.	57/09/27	58/03/10		42/07582	1857/7069	
Gelb[27]	Amalia	1845/U	Magd	Gelb[28]	Karl	64/09/23	64/11/25		49/08412	1864/7309	
GELLES (GELES, GÖLIS, GÖLISS, GÖLITZ, GÖLLITZ))											
Gelles[29]	Anna	1832/U	Köchin	unentbunden entlassen 51/08/09					36/05185		
Geles	Anna	1832/U	Magd	Geles	Theresia	51/09/30	51/12/25		36/06399	1851/6398	
Gelles	Anna	1831/U	Köchin	Gelles[30]	Karolina	53/07/30		63/07/30	38/06107	1853/5110	63/09/7
Gölis[31]	Franziska	1813/U	Magd	*Bernauer*[32]	Agnes	35/10/19	35/11/4		20/03918	1835/3548	
Gölis[33]	Franziska	1815/U	Magd	*Schönburg*	Christina	37/11/13	37/12/17		23/00112	1837/4306	
Göliss[34]	Theresia	1812/U	Magd	*Wurzer*[35]	Wilhelm	36/10/6	37/02/25		21/03867	1836/3477	

---

[25] Getauft, ist am folgenden Tag im Gbh gestorben (GbhP; Taufmatrik AKH 63/03/21).
[26] Anna Rosalia Geyringer kam nicht im Gbh zur Welt, sie wurde einen Tag nach ihrer Geburt - eine "Gassengeburt" - mit ihrer Mutter ins Gbh gebracht, getauft; kam ins Fdh (GbhP).
[27] Amalia Gelb kam vom AKH, Zi. 73 ins Gbh, wurde nach der Entbindung in ihr Krankenzimmer zurückgebracht (GbhP).
[28] Sogleich nach der Geburt getauft und kam "wegen Krankheit der Mutter" ins Fdh, wurde nicht in Außenpflege gegeben; gestorben im Fdh im Alter von zwei Monaten an Abzehrung (FdhP).
[29] Anna Gel(l)es, geb. in Mattersdorf (GbhP: "Nattersdorf" - Hörfehler M/N) in Ungarn, 1851 zugereist; 1853 wohnhaft in Wien Innere Stadt No 516 (GbhP'e).
[30] Karolina Gelles kam vom Fdh in die Steiermark nach Unter-Rohr im Bezirk Hartberg zur "Bergholdin" Maria Sommer (EntlP: Sammer), wo sie bis nach Beendigung der Findelhausversorgung geblieben ist; ihre Pflegemutter wurde ins EntlP aufgenommen (FdhP, EntlP: Maria Sammer, Bergholdin, Unter-Rohr No 90, Bez. Hartberg, Pfarre Unter-Rohr).
[31] Franziska Gölis, geb. aus Mattersdorf, wohnhaft in Wien-Breitenfeld No 51 (1835 und 1837) (GbhP'e).
[32] Agnes Bernauer, "Israelitenkind" (FdhP), "Mater infantis Judaea" (Taufmatrik AKH 35/10/19).
[33] Franziska Gölis (GbhP), Franziska Gölitz (FdhP), Franziska Göllitz (Taufmatrik AKH 37/11/13: Christina Schönburg). - Ursprünglich wurde in die Taufmatrik der Name der Mutter als "Franziska Göllitz" eingetragen, nachträglich jedoch durchgestrichen; "Mater infantis Judaea. Die Mutter verschwieg anfänglich ihre Religion", wurde von derselben Hand als Anmerkung hinzugefügt (Taufmatrik AKH 37/11/13: Christina Schönburg), daher wurde sie wohl ins FdhP als "kl" (katholisch, ledig) aufgenommen; kein Hinweis auf die jüdische Herkunft des Kindes.
[34] Theresia Göliß (GbhP), Theresia Gelis (FdhP) - geb. in Mattersdorf in Ungarn, wohnhaft in Wien-Lichtental No 107 (1836) und. in der Alservorstadt

G

M: Name	M: Vorname	geb. ca.	Beruf	K: Name	K: Vorname	K: geb.	K: gest.	K: entl.	Qu GbhP	Qu FdhP	Qu EntlP
Gölis	Theresia	1813/U	Hdarb[36]	*Morawetz*[37]	Maria M.	38/02/11			23/01213	1838/0703	
Gellner[38]	Maria	1839/B	Magd	Gellner	Rosa	63/03/12	63/03/24		48/02417	1863/2168	
Gerber	Charlotte	1835/U	Magd	Gerber[39]	Josefa	54/11/5	54/12/11		40/00094	1854/7512	
Gerber	Karolina	1850/U	Hdarb	Gerber[40]	Arthur	68/07/16	68/08/2		53/04345	1868/4952	
Gerstel[41]	Regina	1818/NÖ	Magd	*Klein*[42]	Karl	35/03/23			20/01723	1835/1244	
Gerstel[43]	Rosalia	1812/U	Hdarb	Gerstl[44]	Josefa	52/10/21	52/11/28		37/07922	1852/6935	
Gerstel	Rosalia	1812/U	Hdarb	Gerstl[45]	Karolina	52/10/21	52/11/7		37/07922	1852/6936	

(1838) (GbhP'e).
[35] Wilhelm Wurzer blieb einen Tag im Fdh, starb in Pulkau in NÖ bei Hauersleuten (FdhP). - Taufmatrik AKH 36/10/07: "Mater infantis judaea".
[36] Handschuhnäherin (GbhP).
[37] Maria Magdalena Morawetz kam in Außenpflege zu einer "Bedienstetenwitwe" in den 3. Bezirk, das Kind könnte überlebt haben, da kein Sterbedatum eingetragen wurde (FdhP: Pflegepartei, mit letztem Wohnort - er wurde häufig gewechselt - vor Beendigung der Findelhausversorgung des Kindes: Anna Wandrua, Bedientin, <Wien> Landstraße No 6). - Taufmatrik AKH 38/02/12: "Mater infantis judaea".
[38] Maria Gellner, gebürtig aus Böhmen, aus Krems zugereist (GbhP).
[39] "Wegen Religion der Mutter" Fdh (GbhP, FdhP).
[40] Arthur Gerber wurde als "68er Kind" nicht mehr getauft, ins Geburtenbuch der IKG eingetragen. - Nach dem Gbh kam er mit seiner Mutter ins Fdh, wo er nach einer Woche an Darmkatarrh gestorben ist (FdhP; CAHJP A/W 1809, Verzeichnis jüdischer Findelkinder von 1868, IKG Gb D 4852).
[41] Regina Gerstel, geb. in Markersdorf in NÖ; wohnhaft in Wien-Leopoldstadt No 392.
[42] Karl Klein (GbhP, FdhP: die Mutter wurde nur mit ihrem Vornamen eingetragen, wodurch aus dem Formular irrtümlich geschlossen werden könnte, Mutter und Kind hätten denselben Familiennamen gehabt). Bei Karl Klein wurde in das FdhP kein Sterbedatum nachgetragen, er könnte somit die Findelpflege überlebt haben, zudem sich in der Taufmatrik als Randnotiz ein Datum befindet, welches sich auf die Ausstellung eines Taufscheines im Jahr 1863 bezieht (FdhP: Pflegepartei: Maria Anna Klecklin, Bauersweib im Horner Wald No 18, Pfarre St. Leonhard - NÖ, OMB). - In der Taufmatrik des AKH wurde die jüdische Herkunft mit "Mater infantis est judaea" festgehalten (Taufmatrik AKH 36/01/17: Karl Klein, Randnotizen: 63/01/03, 1941/08/30).
[43] Rosalia Gerstel (GbhP), Rosalia Gerstl (Taufmatrik AKH 52/10/21: Josefa und Karolina Gerstl) - aus Preßburg zugereist, stammte aus dem Neutraer Komitat. - Zwillingsgeburt 52/10/21: Josefa und Karolina Gerstl.
[44] Josefa Gerstl kam zusammen mit ihrer Schwester "wegen Krankheit der Mutter" ins Fdh, sodann in Außenpflege nach Wien-Fünfhaus (FdhP).
[45] Im Fdh an Schwäche gestorben (FdhP).

G

M: Name	M: Vorname	geb. ca.	Beruf	K: Name	K: Vorname	K: geb.	K: gest.	K: entl.	Qu GbhP	Qu FdhP	Qu EntlP
Gips[46]	Cäcilia			Gips[47]	Gustav M.	45/12/06		55/12/06		1845/6242	56/03/14
Gieskann	Theresia	1842/M	Magd	totgeboren		63/12/20			49/01236		
Gisch	Theresia	1811/U	Stbm	Singer[48]	Adelheid	30/04/12			15/00770	1830/0796	
Glanz[49]	Josefa	1836/U	Magd	Glanz[50]	Theodor	57/11/12		61/11/12	43/00319	1857/8173	61/11/13
Glanz[51]	Josefa	1837/U	Magd	Glanz	Alfons	60/01/20	60/04/27		45/01937	1860/0755	

---

[46] Cäcilia Gips wurde später evangelisch getauft (Augsburger Bekenntnis), den Taufschein hat sie in der Findelhausdirektion vorgelegt, um einen Empfangsschein für ihr Kind zu erhalten (FdhP).
[47] Gustav Maxentius Gips wurde bei der Hebamme Josefa Seif in der Alservorstadt No 57 geboren, am 45/12/07 in der Pfarre Alservorstadt getauft - Taufpate war der Ehemann der Hebamme, Maxentius Seif. Das Kind kam eine Woche später ins Fdh, was in der Taufmatrik mit einem Notabene festgehalten wurde: "Das Kind wird in die k.k. Findelhausanstalt überbracht". Das Einverständnis der Mutter wurde protokolliert und von zwei Zeugen, dem Ehemann und einem Nachbarn der Hebamme unterfertigt (Pfarre Alservorstadt Taufmatrik 45/12/07). - Gustav Maxentius Gips ist bei einem Schuster in Wien-Neubau aufgewachsen, kurz vor dem Ende der Findelhausbetreuung übernahm ihn Katharina Bittersfeld in Wien-Michelbeuerngrund (EntlP: Katharina Bittersfeld, Malersgattin, Michelbeuerngrund No 3). Im Jahr 1859 wurde vermutlich ein Taufschein für Gustav Maxentius Gips angefordert (Pfarre Alservorstadt Taufmatrik: 45/12/07: Randnotiz in Form eines Datums: 59/06/11).
[48] Adelheid Singer (FdhP), Adelheid Senger (GbhP; Taufmatrik AKH 30/04/12), Pate war keine Hebamme und kein Kirchendiener, sondern Johanna Klug, "k.k. Kreisamtsbothens Tochter", wohnhaft in Wien-Wieden. Adelheid Singer/Senger kam nach Gairing in Ungarn in Findelpflege und könnte überlebt haben, da kein Sterbedatum nachgetragen wurde (FdhP: Pflegepartei - Elisabeth Tuß <unsichere Lesart>, in Gairing, Ungarn; Taufmatrik AKH 30/04/12).
[49] Josefa Glanz, geb. aus Bátorkesz in Ungarn, Graner Komitat; kam von Szegedin nach Wien; wohnhaft in Wien-Ottakring beim Braumeister Kufner (1857) bzw. Mariahilf No 134 (1860), 1860 gestorben (GbhP'e; Taufmatrik AKH 57/11/13, Beilage: Protokoll Anton Fuchs).
[50] Theodor Glanz wurde in Ottakring No 314 geboren, kam mit seiner Mutter einen Tag nach seiner Geburt ins Gbh, wurde getauft - Taufpatin war die Handarbeiterin Magdalena Hüttner; er war zunächst bei einem Bauern in Láb in Ungarn untergebracht, als vierjähriges Kind wurde er von seinem Vater, dem Musiker Anton Fuchs, röm.-kath., k.k. Kapellmeister im 7. Husarenregiment - wohnhaft in Wien-Ottakring, 1861 bei seinem Regiment in Brzeszany stationiert - "gegen Revers" aus der Findelbetreuung gelöst. Im EntlP findet sich der Vermerk L<eiblicher>E<rzeuger> (GbhP; EntlP: Anton Fuchs, Musiker, Wien-Ottakring No 285; Taufmatrik AKH 57/11/13, Beilage: Protokollarische Erklärung Anton Fuchs: Das Kind wurde von seinem Vater legitimiert, er beantragte die Namensänderung des Kindes auf seinen Namen - Fuchs. Das Kind lebte seit 1861 bei ihm).
[51] Im FdhP vorerst als "kl" (katholisch, ledig) eingetragen, sodann als "Israelitin" - ein Flüchtigkeitsfehler der Kanzlei, da sie sowohl im GbhP als auch in der Taufmatrik als jüdisch ausgewiesen wird (GbhP; Taufmatrik AKH 60/01/21: Alfons Glanz).

G

M: Name	M: Vorname	geb. ca.	Beruf	K: Name	K: Vorname	K: geb.	K: gest.	K: entl.	Qu GbhP	Qu FdhP	Qu EntlP
Glass	Josefa	1826/M	Magd	Glass	Josef	52/03/16	53/02/18		37/02980	1852/2043	
Glass[52]	Rosalia	1826/B	Magd	Glas	Leopoldine	50/03/28	50/05/5		35/03112	1850/2106	
GLASER (GLASSER)											
Glaser	Betti	1828/M	Hdarb	Glaser	Elisabeth	60/02/27	60/05/6		45/02804	1860/1539	
Glaser	Johanna	1798	Magd	<...>[53]		21/03/14			06/00566		
Glaser[54]	Johanna	1839/U		Glaser	Heinrich	58/12/4	58/12/22		44/00335	1858/9107	
Glaser	Josefa	1809/M	Köchin	*Fri(e)dsam*[55]	Ludwig	28/04/25	28/08/2		13/00466	1828/1776	
Glaser[56]	Julia	1816/U	Magd	*Buchmayer*[57]	Antonia	37/06/17	37/07/19		22/02522	1837/2257	
Glaser[58]	Katharina	1845/U	Hdarb	Glaser[59]	Aloisia	64/09/23	66/03/23		49/07857	1864/7402	
Glaser	Katharina	1845/U	Hdarb	Glaser[60]	Pepi	68/05/19	68/06/14		53/02071	1868/3598	
Glaser	Rosalia	1818/U	Magd	*Virgo*[61]	Klara	41/07/15		51/07/15	26/03804	1841/3264	51/11/6

---

[52] Rosalia Glass (FdhP), Rosalia Glas (Taufmatrik AKH 50/03/30: Leopoldine Glas; FdhP).
[53] o.A. (GbhP). - Die Rubrik für den Namen des Kindes blieb leer, das Kind wurde sogleich nach seiner Geburt ins Fdh gebracht. Ins FdhP kamen zu dieser Zeit drei Kinder ohne Angabe der Mutter: Josef Mayer (FdhP 1821/0971), Josef Schreiber (FdhP 1821/0973) und Karolina Petermann, für welche eine Taxe von 30 fl. bezahlt wurde (FdhP 1821/0974). Auch in die Taufmatrik des AKH wurden diese drei Kinder ohne Namen der Mutter und ohne Hinweis auf ihre jüdische Herkunft aufgenommen. Josef Mayer kam "wegen Krankheit der Mutter" ins Fdh, er starb im Alter von knapp drei Wochen in Außenpflege (FdhP 1821/0971), ob er tatsächlich das gesuchte Kind der Johanna Glasser ist, läßt sich mit diesen Quellen nicht belegen.
[54] Johanna Glaser war aus dem Neutraer Komitat zugereist, 19 Jahre alt, wohnte "bei den Eltern" (GbhP, FdhP), kam vom Zahlgebäude des AKH in die Gratisabteilung (GbhP).
[55] Ludwig Friedsam (GbhP), Ludwig Fridsam (FdhP).
[56] Julia Glaser, geb. in Szobotisz in Ungarn, von dort zugereist (GbhP).
[57] Antonia Buchmayer (GbhP, FdhP). - Taufmatrik AKH 37/06/17: "Mater infantis judaea".
[58] Katharina Glaser, geb. in Pest, von dort zugereist (GbhP).
[59] Aloisia Glaser kam "wegen Krankheit der Mutter" ins Fdh, die Mutter wurde nach dem Wochenbett zum Ammendienst ins Fdh gebracht (FdhP).
[60] Pepi Glaser, im Mai 1868 geboren, nicht mehr getauft; sie kam mit ihrer Mutter zusammen ins Fdh; im Fdh an Lebensschwäche gestorben (FdhP; CAHJP A/W 1809, Verzeichnis jüdischer Findelkinder von 1868).
[61] Maria Virgo wurde vom Fdh in der Steiermark untergebracht, sie kam zur Kleinhäuslerin Josefa Kohlfürst in Angerdorf, in der Nähe von Gleisdorf,

M: Name	M: Vorname	geb. ca.	Beruf	K: Name	K: Vorname	K: geb.	K: gest.	K: entl.	Qu GbhP	Qu FdhP	Qu EntlP
Glasser[62]	Rosa	1832/U	Magd	Glaser[63]	Josef	51/01/22	51/02/10		36/01321	1851/0551	
Glaser	Rosina	1830/U	Magd	Glaser	Franz	54/12/28	55/01/17		40/01196	1855/0096	
Glaser	Theresia	1826/U	Magd	Glaser	Jakob	49/07/17	50/02/23		34/05925	1849/4929	
Glasspiegel	Betti	1830/M	Tagl	Glasspiegel	Franz	58/12/12	59/06/4		44/01011	1858/9293	
GLÜCK (KLÜCK, KLICK)											
Glück	Julia	1839/U	Magd	Glück	Franz	66/06/3			51/03559	1866/4306	
Klück[64]	Katharina	1825/U	Magd	Klück[65]	Antonia	48/12/29	48/12/29		34/01295		
Glück	Katharina	1830/U	Magd	Glück	Franz	51/11/30	51/12/17		37/00088	1851/7520	
Glück	Regina	1825/U	Magd	Glück	Karolina	48/12/19	49/10/21		34/00923	1848/7077	
Glück[66]	Regina	1837/U	Magd	totgeboren 55/10/20					40/06906		
Klick|Glück[67]	Rosalia	1824/U	Magd	Glück[68]	Ludwig	46/11/27	46/12/7		32/00547	1846/6412	
Klicksternin	Esther	___/M		Klicksternin[69]	Maria Th.	1794/12	1795/06			1794/2674	

---

welche das Mädchen großgezogen hat und deshalb in das EntlP als Pflegepartei eingetragen wurde (FdhP, EntlP: Kohlfürst Josefa, Kleinhäuslerin, Angerdorf No 8, Pfarre Gleisdorf, Gratzer Kreis - Stmk). - Taufmatrik AKH 41/07/15: "Mater infantis judaea", Randnotiz in Form eines Datums aus dem Jahr 1939.

[62] Rosa Glas(s)er, geb. am 27/02/28 in Szobotisz in Ungarn, Neutraer Komitat, am 56/12/09 getauft; trat am 69/09/17 wieder zum Judentum zurück (IKG ProsP 1869: 98).

[63] "Wegen Religion der Mutter" Fdh (FdhP).

[64] Katharina Glück ist ident mit Katharina Klück, geb. von Szenitz in Ungarn, 1848 in Wien, Michelbeuerngrund No 25 wohnhaft, 1851 aus Pest zugereist (GbhP'e).

[65] Antonia Klück wurde von der Hebamme notgetauft (Taufmatrik AKH 48/12/29: Antonia Klück) und ist nach der Nottaufe im Gbh gestorben. Diese Nottaufe wurde nicht in das GbhP eingetragen (GbhP).

[66] Regina Glück wurde nach der Entbindung ins AKH auf die Syphilis-Abteilung gebracht (GbhP).

[67] Rosalia Klick (GbhP), Rosalia Klück (Taufmatrik AKH 46/11/27: Ludwig Klück), Rosalia Glück (FdhP) - kam vom AKH, Zi. 74 ins Gbh, wurde sodann auf Zi. 73 verlegt (GbhP'e).

[68] Ludwig Glück (FdhP), Ludwig Klück (Taufmatrik AKH 46/11/27) - "wegen israelitischer Religion der Mutter" Fdh (GbhP); starb im Fdh, Todesursache: Durchfall (FdhP).

G

M: Name	M: Vorname	geb. ca.	Beruf	K: Name	K: Vorname	K: geb.	K: gest.	K: entl.	Qu GbhP	Qu FdhP	Qu EntlP
Gold[70]	Anna	1829/B	Magd	Gold[71]	Mathilde	57/07/14	57/08/7		42/05852	1857/5425	
Goldbach[72]	Anna	1804/B	Magd	Goldbach	Katharina	22/11/7	23/01/24		07/02563	1822/3705	
Goldbach[73]	Josefa	1825/B	Tochter	Goldbach[74]	Theresia	45/05/9		55/05/9	30/03574	1845/2608	55/11/3
Goldberger	Cäcilia	1840/U	Magd	Goldberger	Franz	60/01/12	60/02/6		45/01722	1860/0529	
Goldberger[75]	Cäcilia	1841/U	Magd	Goldberger	Antonia	63/03/25	63/06/1		48/03578	1863/2517	
Goldberger	Cäcilia	1846/U	Magd	Goldberger[76]	Adolf	65/08/11	1939/02		50/05001	1865/6096	
Goldberger[77]	Johanna	1849/U	Hdarb	unentbunden entlassen 65/11/03					50/07243		
Goldberg[78]	Libussa	/B	Hdarb	Goldberg[79]	Agnes K.	46/11/04	47/05/24			1846/5920	

---

[69] Maria Josefa Klicksternin wurde bei der Hebamme Theresia Münzer in Wien Innere Stadt No 349 am 1794/12/26 geboren, drei Tage später in der Schottenpfarre getauft; Taufpatin war die Hebamme, die das protokollarisch festgehaltene Einverständnis der Mutter unterzeichnete (Pfarre Schotten Taufmatrik 1794/12/29). Das Kind kam zwei Tage später ins Fdh, ist "vermög Zeugniß der Armuth gratis angenommen worden"; ins FdhP wurde weder der Name der Mutter eingetragen noch die jüdische Herkunft des Kindes festgehalten; vorerst einer Pflegepartei "an die Brust gegeben", nach zwei Monaten ins Fdh zurückgebracht, kam es sodann "aufs Wasser", d.h. zu keiner Amme, zu anderen Pflegeeltern; gestorben 1795/06/26 (FdhP).
[70] Anna Gold, geb. in Pawlowitz in Böhmen, Taborer Kreis, von Brünn zugereist (GbhP).
[71] Im Fdh im Alter von 24 Tagen an Diarrhöe gestorben (FdhP).
[72] Anna Gold**bach** (GbhP), Anna Gold**tbuch** (Taufmatrik AKH 22/11/07).
[73] Branntweinbrennerstochter, 20 Jahre alt, aus Miletitz in Böhmen, Iglauer Kreis; wohnhaft <Wien> Breitenfeld No 78 (GbhP).
[74] Taufpatin war Theresia Kandl, Handelsmanns Gattin, wohnhaft <Wien> Breitenfeld No78. Theresia Goldbach wurde bei einem Schuster namens Bauerhofer in Ebersdorf untergebracht, dessen Frau Theresia in das EntlP als Übernahmepartei mit dem Vermerk "PP" (Pflegepartei) eingetragen wurde (FdhP, EntlP; Theresia Bauerhofer, Schustersgattin, Ebersdorf No 72 - Stmk, Gratzer Kreis).
[75] Cäcilia Goldberger, aus Sassin in Ungarn, wohnhaft in Wien-Leopoldstadt, Zirkusgasse 45; im FdhP als "kl" (katholisch, ledig) eingetragen, wobei die jüdische Herkunft des Kindes in dieser Quelle nicht erwähnt wird; im GbhP und in der Taufmatrik des AKH als jüdisch ausgewiesen (Taufmatrik AKH 63/03/25: Antonia Goldberger).
[76] Adolf Goldberger, gestorben am 1939/02/16 in Wien-Hietzing, St.A. 20 Hietzing No 878 (Taufmatrik AKH 65/08/12).
[77] Johanna Goldberger, geb. in Munkács in Ungarn, zugereist (GbhP).
[78] Libussa Goldberg, geb. von Bunzlau in Böhmen, V: Ignaz Goldberg, Handelsmann; M: Emilia Goldberg, geb. Swoboda (Pfarre Alservorstadt Taufmatrik 46/11/14: Agnes Katharina Goldberg).
[79] Agnes Goldberg, geb. und getauft im Militär-Hauptspital am 46/11/04, wurde zwei Tage später ins Fdh gebracht (FdhP).

G

M: Name	M: Vorname	geb. ca.	Beruf	K: Name	K: Vorname	K: geb.	K: gest.	K: entl.	Qu GbhP	Qu FdhP	Qu EntlP
Goldberger[80]	Maria	1825/U	Magd	Goldberger[81]	Leopold	46/12/13	47/01/4		32/00861	1846/6771	
Goldberger	Rosa			Goldberger[81]	Gabriela	65/12/14	66/01/20			1866/0299	
Goldfinger[82]	Theresia	1835/B	Magd	Goldfinger[83]	Antonia	59/02/3	59/08/16			44/02426	1859/1164
Goldfinger	Theresia	1836/B	Magd	Goldfinger	Josef	61/10/19	62/06/5			46/08479	1861/8070
Goldfinger	Theresia	1836/B	Magd	Goldfinger[84]	Adolf	63/03/26	63/04/4			48/03343	
Goldfinger	Theresia	1836/B	Magd	Goldfinger	Isidor	65/01/5				50/00126	
Goldhammer[85]	Julia	1811/U	Magd	Loke[86]	Alois	33/10/21	33/10/25			18/03724	
Goldmann	Ida	1844/U	Hdarb	Goldmann[87]	Karolina	65/04/7	65/05/7			50/02453	1865/2747
Goldmann	Katharina	1803/U	Magd	Judith[88]	Juliana	23/04/23				08/01021	1823/1568

---

[80] Maria Goldberger wurde nach der Entbindung ins AKH auf Zi. 87 verlegt (GbhP).
[81] Gabriela Goldberger, geboren in Wien-Leopoldstadt, Taborstraße No 28 bei der Hebamme Katharina Prinz, getauft in der Pfarre St. Leopold am 66/01/08: "Die Mutter des Kindes hat vor zwei Zeugen in die Taufe desselben eingewilligt" (Pfarre St. Leopold Taufmatrik 66/01/08). Das Kind kam am 66/01/13 ins Fdh, nach einer Woche an Anämie im Fdh gestorben (FdhP).
[82] Theresia Goldfinger, geb. aus Skworetz bei Prag in Böhmen; wohnhaft in Wien-Lichtental No 24 (1859), in der Jägerzeile No 706 (1861), in der Alservorstadt, Spitalgasse No 21 (1863) und in der Josefstadt, Lederergasse No 33 (1865) (GbhP'e).
[83] Gassengeburt - wurde mit ihrer Mutter einen Tag nach ihrer Geburt ins Gbh gebracht, getauft, kam ins Fdh (GbhP).
[84] Getauft, am folgenden Tag im Gbh gestorben (GbhP; Taufmatrik AKH 63/04/03).
[85] Julia Goldhammer (GbhP), Julia Geldhammer (Sterbematrik AKH 33/10/25).
[86] o.A. (GbhP), **Alois Loke** (Taufmatrik AKH 33/10/21); Alois Locke (Sterbematrik AKH 33/10/25) - "Mater infantis judaea" (Taufmatrik AKH 33/10/21). - Alois Lo(c)ke starb noch im Gbh (GbhP): "Der Geldhammer (sic!) ihr Kind Alois Locke <kath>" (Sterbematrik AKH 33/10/25).
[87] Im Fdh im Alter von einem Monat an aphtöser Stomatitis gestorben (FdhP).
[88] **J.J.** (GbhP), Juliana **Judith** (FdhP), Judith **Juliana** (Taufmatrik AKH 23/04/23). - Hier kam es zu einer Vertauschung des durch die Initialen vorgegebenen Vor- und Zunamens. - Das Kind wurde am 2. Mai ins Fdh gebracht. Im FdhP findet sich unter dem 23/04/24 eine Juliana Judith eingetragen, 2 T<ag> alt, gratis aufgenommen "wegen Krankheit der Mutter", deren Name nicht eingetragen wurde. Das Initialenkind "J.J." wurde laut GbhP am 23. April geboren, am gleichen Tag wurde im Gbh ein Kind auf den Namen Juditha Juliana getauft, die Rubrik der Mutter blieb auch hier leer; Patin war die Hebamme Eleonora Maucher. Es handelt sich mit großer Wahrscheinlichkeit um das Initialenkind "J.J." (GbhP, FdhP; Taufmatrik AKH 23/04/23). - Juliana Judith kam im Alter von drei Tagen nach Ungarn zu einer Bäuerin in Hassprunka. In das FdhP wurde in diesem Fall kein Sterbedatum nachgetragen,

M: Name	M: Vorname	geb. ca.	Beruf	K: Name	K: Vorname	K: geb.	K: gest.	K: entl.	Qu GbhP	Qu FdhP	Qu EntlP
Goldmann[89]	Leni	1848/U	Hdarb	Goldmann[90]	Johann	65/06/1	65/10/4		50/03797	1865/4092	
Goldmann[91]	Maria	1835/M	Magd	Goldmann[92]	Johanna	53/03/23	53/03/23		38/02897		
Goldschmidt	Amalia	1835/U	Magd	Goldschmidt[93]	Heinrich	56/05/24	56/07/28		41/04281	1856/3617	
Goldschmid[94]	Fanni	1836/U	Magd	Goldschmid	Anton	60/09/25	60/12/8		45/06821	1860/6650	
Goldschmidt	Hermine	1846/U	Hdarb	Goldschmidt[95]	Hermine	68/08/6			54/04758	1868/5368	
Goldschmidt	Rosalia	1839/U	Magd	Goldschmidt	Elisabeth	61/02/9	61/03/5		46/02404	1861/1359	
Goldschmid[96]	Sofia	1831/U	Magd	Goldschmid[97]	Josef	51/09/13		61/09/23	36/06005	1851/6352	61/11/4
Goldschmid	Sofia	1830/U	Köchin	Goldschmid	Hermine	54/12/31	55/01/21		40/01257	1855/0181	
Goldschmidt	Sofia	1831/U	Magd	Goldschmidt[98]	Eduard	56/03/17		66/03/17	41/02870	1856/1983	66/03/19

---

das Kind könnte demnach überlebt haben (FdhP: Rosalia Vieczen <unsichere Lesart>, Bäuerin, Hassprunka in Ungarn, Preßburger Komitat).

[89] Leni Goldmann wurde nach der Entbindung ins AKH auf die Syphilis-Abteilung gebracht (GbhP).

[90] Johann Goldmann kam "wegen Krankheit der Mutter" ins Fdh, seine Mutter wurde sogleich nach der Entbindung auf die Syphilis-Station des AKH gebracht (FdhP); das Kind wurde nicht in Außenpflege gegeben, es ist im Alter von vier Monaten im Fdh an Auszehrung gestorben (FdhP).

[91] Maria Goldmann, gestorben am 53/03/29 (IKG Stb B 1673: "im Gebärhause", Typhus). - TBP 53/03/31: "Goldmann Maria, Magd, 18 Jahr, ledig, israelitisch, Mähren zugereist, Typhus Alsergrund im k.k. AKH."

[92] Getauft, am selben Tag im Gbh gestorben (GbhP; Taufmatrik AKH 53/03/23).

[93] Heinrich Goldschmidt kam "wegen Krankheit der Mutter" ins Fdh (FdhP), die Mutter wurde nach dem Wochenbett zum Ammendienst ins Fdh gebracht, ihr Kind hatte man zu dieser Zeit bereits einer Pflegemutter aus der Slowakei übergeben (FdhP).

[94] Fanni Goldschmidt, aus Ungarn zugereist (GbhP).

[95] Hermine Goldschmidt, im August 1868 geboren, unterlag zur Aufnahme ins Fdh nicht mehr der Zwangstaufe. Ihr Name befindet sich nicht auf der IKG-Liste jüdischer Findelkinder (GbhP; CAHJP A/W 1809, Verzeichnis jüdischer Findelkinder von 1868).

[96] Sofia Goldschmid(t), geb. aus Fárad in Ungarn, Ödenburger Komitat; 1851 und 1854 wohnhaft in Wien Innere Stadt und 1856 in der Leopoldstadt No 327 (GbhP'e).

[97] Josef Goldschmid blieb nur einen Tag im Fdh, er kam zur Kleinhäuslerin Theresia Kapfer aus Waltersdorf in der Oststeiermark im Bezirk Hartberg, bei welcher er seine ersten zehn Lebensjahre bleiben konnte, wie aus dem EntlP zu ersehen ist (FdhP, EntlP: Theresia Kapfer, Häuslerin, Waltersdorf No 38 - Stmk, Bez. Hartberg, Pfarre Waltersdorf). - Josef Goldschmidt ist am 96/04/20 zum Judentum übergetreten (Taufmatrik AKH 51/09/14, Beilage: IKG Groß-Kanisza, 96/04/20).

M: Name	M: Vorname	geb. ca.	Beruf	K: Name	K: Vorname	K: geb.	K: gest.	K: entl.	Qu GbhP	Qu FdhP	Qu EntlP
Goldschmidt[99]	Theresia	1833/U	Magd	Goldschmidt[100]	Karolina	52/11/9	52/11/12		38/00210	1852/7377	
Goldschmidt[101]	Theresia	1837/U	Magd	Goldschmidt	Wilhelm	62/05/20	62/06/10		47/04085	1862/3744	
Goldstin[102]	Anna	1787/U	Hausr	Goldstein[103]	Barbara	22/12/10	23/03/15		07/02873	1822/4011	
Goldstein	Elisabeth	1827/B	Magd	unentbunden entlassen				51/12/27	36/07992		
Goldstein[104]	Elisabeth	1826/B	Magd	Goldstein[105]	Eduard	51/12/29	52/01/28		37/01298	1852/0098	
Goldstein[106]	Julia	1831/U	Magd	Goldstein[107]	Maria	53/10/19	53/11/8		38/06333	1853/6727	

[98] Eduard Goldschmidt, wurde zwei Tage nach seiner Geburt mit seiner Mutter ins Gbh gebracht - eine "Gassengeburt", getauft, kam "wegen Religion der Mutter" ins Fdh, von dort vorerst zu einem Bauern in einem Ort bei Hollabrunn, dann in die Steiermark nach Sparbereck zu Konstanzia Jahrmann. Ein Franz Jahrmann aus demselben Ort mit der gleichen Adresse wurde 1866 als Übernahmepartei mit dem Vermerk "PP" (Pflegepartei) in das EntlP eingetragen (GbhP; FdhP; EntlP: Franz Jahrmann, Sparbereck No 24 - Stmk, Pfarre Schäfer).
[99] **Theresia** /:Rosi:/ Goldschmidt (GbhP), **Rosi** Goldschmidt (Taufmatrik AKH 52/11/09: Karolina Goldschmidt; FdhP) - aus Ödenburg zugereist (GbhP).
[100] "Wegen Religion der Mutter - israelitischer Religion" Fdh; im Fdh im Alter von drei Tagen gestorben (FdhP).
[101] Aus Ungarn zugereist (GbhP).
[102] Anna Goldstein (GbhP), Anna Goldsteiner (Taufmatrik AKH 22/12/10: K: Barbara, M: Anna Goldsteiner) - geb. in Temesvár in Ungarn, von dort zugereist (GbhP).
[103] **B.G.** (GbhP), Barbara Goldstein (FdhP). - "B.G." wurde "1 Tag alt", gleich nach der Taufe ins Fdh gebracht. An diesem Tag wurde ins FdhP ein Mädchen mit dem Namen Barbara Goldstein eingetragen, das "wegen Unvermögenheit der Mutter ins Fdh aufgenommen wurde. Der Name der Mutter wurde nicht angegeben, die jüdische Herkunft des Kindes wurde nicht erwähnt. Zuvor war das Kind im Gbh getauft worden, in die Taufmatrik wurde der Name seiner Mutter als "Anna Goldsteiner" eingetragen, jedoch ohne den sonst üblichen Verweis auf die jüdische Herkunft des Kindes. - Die Initialen passen auf den Namen des Findelkindes, das als getauftes Initialenkind die Initialen seines eigenen Namens erhalten hat, verschlüsselt wurde hier nicht ein Fremdname, sondern der rechtmäßige Name des Kindes (Taufmatrik 22/12/10: Barbara, M: Anna Goldsteiner, P: Theresia Fischl, Hebamme; FdhP).
[104] Elisabeth Goldstein, gestorben am 52/01/15 (IKG Stb B 1276: ohne Hinweis auf einen Sterbeort oder eine Todesursache). - TBP 52/01/15: "Goldstein Elisabeth, Dienstmagd, katholisch (sic!), ledig, 25 Jahr alt, gebürtig von Zelin <Kolin?> in Böhmen, zugereist, an Lungenlähmung."
[105] Im Fdh an Abzehrung im Alter von einem Monat gestorben (FdhP).
[106] Julia Goldstein, gestorben am 53/10/22 (IKG Stb B 1863: im AKH, Herzlähmung). - TBP 53/10/22: Julia Goldstein, "Dienstmagd, 22 Jahr, israelitisch, Szerdahely in Ungarn, zugereist, Herzlähmung AKH."
[107] "Wegen Religion der Mutter" Fdh (GbhP).

G

M: Name	M: Vorname	geb. ca.	Beruf	K: Name	K: Vorname	K: geb.	K: gest.	K: entl.	Qu GbhP	Qu FdhP	Qu EntlP
Goldstein[108]	Rosalia	1808/B	Magd	unentbunden entlassen 28/02/06					12/02183		
Goldstein[109]	Rosalia	1809/B	Magd	*Steinacker*[110]	Hermann	28/04/7			13/00425		1828/1583
Goldstein[111]	Rosa	1839/U	Hdarb	Goldstein[112]	Josef	58/03/7	58/04/4		43/01247		1858/2082
Goldstein	Resi	1831/U	Magd	Goldstein[113]	Theresia	54/05/14	54/06/4		39/04704		1854/3588
Gölis, vide Gelles											
Gottlieb	Amalia	1846/M	Hdarb	Gottlieb[114]	Leopold	65/12/26	66/01/9		50/08793		1866/0096
Gottlieb[115]	Anna	1815/U	Magd	Gottlieb[116]	Josef	38/12/30	38/12/30		24/00077		
Gotlieb[117]	Johanna	1820/B	Magd	totgeboren 42/08/1					27/04666		

---

[108] Rosalia Goldstein, geb. aus Nezdaschow in Böhmen, Prachiner Kreis; wohnhaft in Wien-Jägerzeile No 509 (1827), war 1828 bereits auf einer anderen Station im AKH, ins Gbh gebracht, "wegen Ausschlag" unentbunden ins AKH auf Zi. 74 "transferirt" (GbhP'e).

[109] Rosalia Goldstein wurde vom AKH, Zi. 74 zur Entbindung ins Gbh gebracht; trat noch 1828 zum Christentum über, offensichtlich im Zusammenhang mit einer Verehelichung: "Die Mutter ist getauft worden laut vorgezeigten Trauungsschein" (FdhP). - Der Nachweis der Taufe der Mutter war zu dieser Zeit Voraussetzung für die Ausstellung eines Empfangscheines, mit dem sie mehr über das Schicksal ihres Kindes erfahren konnte (FdhP). - Im DAW liegt zu dieser Taufe nichts auf.

[110] Hermann Stei**nach**er (GbhP, Taufmatrik AKH 28/04/08), Hermann Steinacker (FdhP), - kam "wegen Krankheit der Mutter" ins Fdh, von dort zu einer Bäuerin nach Schwarzau (FdhP: Theresia Mally, Bäuerin No 48 Schwarzau, Herrschaft Frohsdorf - NÖ, UWW) - Die Mutter legte später - kein Datum wurde vermerkt - einen Trauungsschein der Findelhausdirektion vor, aus dem hervorging, daß sie mittlerweile getauft worden war. In das FdhP wurde kein Sterbedatum nachgetragen, das Kind könnte überlebt haben (Taufmatrik AHK 28/04/08: K: Hermann Steinacher, P: Josef Eckerle, Kirchendiener, Randnotizen).

[111] Rosa Goldsteinn wurde vom AKH, Zi. 93 zur Entbindung ins Gbh gebracht (GbhP).

[112] Im Fdh an Zellgewebsentzündung im Alter von vier Wochen gestorben (FdhP).

[113] "Wegen Religion der Mutter" (GbhP), bzw. "wegen Krankheit der Mutter" Fdh (FdhP); die Mutter wurde nach dem Wochenbett aus dem Gbh entlassen (GbhP).

[114] Im Fdh an Lebensschwäche im Alter von zwei Wochen gestorben (FdhP).

[115] Anna Gottlieb, aus Preßburg zugereist (GbhP).

[116] Josef Gottlieb wurde im Gbh notgetauft (Taufmatrik AKH 38/12/30: notgetauft, mit dem Vermerk "mater infantis judaea"). Das Kind ist noch am selben Tag gestorben (GbhP, Sterbematrik AKH 38/12/30: gestorben "Der Gottlieb Anna ihr Knab Joseph <kath>").

G

M: Name	M: Vorname	geb. ca.	Beruf	K: Name	K: Vorname	K: geb.	K: gest.	K: entl.	Qu GbhP	Qu FdhP	Qu EntlP
Gottlieb[118]	Johanna	1820/B	Magd	Gottlieb[119]	Marie	44/01/13	44/06/4		29/01163	1844/0365	
Gottlieb	Josefa	1815/M	Magd	*Georgi*[120]	Georg	33/04/24	34/04/17		18/01842	1833/1678	
Gottlieb[121]	Mina	1839/G	Magd	Gottlieb	Jakob	63/11/26	64/04/20		49/00652	1863/8727	
Gottlieb	Rosalia	1805/M	Köchin	*Leidenau*[122]	Helene	29/10/30	30/01/18		14/02261	1829/3656	
Gottreich	Rosalia	1849/U	Hdarb	totgeboren		67/06/25			52/03902		
GÖTZEL (GÖTZL)											
Götzl[123]	Anna	1840/W	Hdarb	Götzl[124]	Juliana	64/02/19	64/02/24		49/02858	1864/1440	
Götzel	Theresia	1841/M	Magd	Götzel	Berthold	63/08/12	64/01/31		48/07015	1863/6164	
Grab[125]	Fanni	1850/U	Magd	Grab	Rudolf	68/01/27			53/00621	1868/0836	

---

[117] Johanna Got(t)lieb, geb. aus Pollerskirchen (GbhP: "Boliskirchen") in Böhmen, Czaslauer Kreis; wohnhaft in Wien am Spittelberg No 60 (1842) und in Mariahilf No 28 (1843) (GbhP'e).

[118] Johanna Gottlieb, getauft am 44/12/23 in der Pfarre Mariahilf (DAW: Konvertiten Akten 1844 II). - Vermerk im GbhP: "D<en> 23. Dec. 844 in d<e>r Pf<arre> M<ari>ahilf getauft"), Empfangsschein von der Fdh-Direktion am 44/12/28 ausgehändigt - das Kind war bereits am 44/06/04 an Auszehrung gestorben (GbhP, FdhP).

[119] Taufpatin: Maria Pelz, Köchin - Wieden (Taufmatrik AKH 44/01/14); "wegen israelitischer Mutter" Fdh (FdhP).

[120] Georg Georgy (Taufmatrik AKH 33/04/24), Georg Georgi (FdhP: "Israelitenkind"). - In das FdhP wurde das Kind mit seinem Fremdnamen zusammen mit dem Namen seiner Mutter eingetragen. Georg Georgi/Georgy kam zu einem Bergmann, wo er im Alter von knapp einem Jahr gestorben ist. - Taufmatrik AKH 33/04/24: "Mater infantis judaea".

[121] Mini Gottlieb, geb. in Tarnów in Galizien, zugereist (GbhP); ins FdhP als "kl" (katholisch, ledig) eingetragen, wobei die jüdische Herkunft ihres Kindes in dieser Quelle nicht weiter erwähnt wird; in der Taufmatrik des AKH wird die Mutter jedoch als jüdisch ausgewiesen ("mater infantis judaea") (Taufmatrik AKH 63/11/29: Jakob Gottlieb).

[122] Helene Leidenau (FdhP), Helene Leydenau (Taufmatrik AKH 29/10/30, Vermerk: "Mater infantis judaea"). - In das FdhP wurde das Kind mit seinem Fremdnamen zusammen mit dem Namen der Mutter aufgenommen.

[123] Anna Götzl kam vom AKH, Zi. 74 ins Gbh, wurde nach der Entbindung wieder auf ihr Krankenzimmer zurückgebracht (GbhP).

[124] Die Mutter wurde nur zur Entbindung von der Syphilis-Abteilung des AKH ins Gbh gebracht, das Kind wurde sogleich nach der Geburt getauft und kam "wegen Krankheit der Mutter" ins Fdh; gestorben im Fdh im Alter von fünf Tagen an Lebensschwäche (FdhP).

[125] Aus dem Neutraer Komitat, zugereist (GbhP).

G

M: Name	M: Vorname	geb. ca.	Beruf	K: Name	K: Vorname	K: geb.	K: gest.	K: entl.	Qu GbhP	Qu FdhP	Qu EntlP
Grab[126]	Julia	1839/U	Magd	Grab[127]	Paul	58/07/30	58/08/17		43/05604	1858/5819	
Grab	Julia	1840/U	Magd	Grab[128]	Rudolf	59/12/18	59/12/28		45/01142	1859/9527	
Grab[129]	Maria	1835/B	Magd	Grab	Adolf	59/10/31	59/11/23		44/08062	1859/8466	
Grab	Maria	1834/B	Magd	Grab	Hermine	63/05/31	63/06/23		48/03779	1863/4280	
Grabschaid[130]	Katharina	1842/U	verh.	unentbunden entlassen 68/09/10					54/05449		
Grabschaid	Katharina	1842/U	Hdarb	<...>[131]				68/09/20	54/05621		
Graf[132]	Maria	1839/B	Magd	unentbunden entlassen 66/09/14					51/06047		
Graf[133]	Rosalia	1831/U	Tochter	unentbunden entlassen 53/10/17					38/07770		
Graf	Rosalia	1831/U	Hdarb	Graf	Elisabeth	53/11/29	54/02/1		39/00645	1853/7824	
GRÄFIN (GRAFIN, GREBIN)											
Gräfin[134]	Johanna			*Wiener*[135]	Jakob	00/07/24	00/09/19			1800/1788	
Grebin[136]	Johanna		Magd	*Grin*[137]	Johann	05/06/24	05/07/17			1805/1750	

---

[126] Julia Grab, geb. aus Lieszko, Neutraer Komitat; 1858 aus Preßburg zugereist, 1859 wohnhaft in Wien-Landstraße No 606 (GbhP'e).
[127] "Wegen Religion der Mutter" Fdh (GbhP, FdhP).
[128] "Wegen Religion der Mutter" Fdh; an Lebensschwäche im Fdh gestorben (FdhP).
[129] Maria Grab, wohnhaft in Prag No 34; 1859 zugereist, 1863 wohnhaft in Wien-Leopoldstadt, Schiffgasse No 9 (GbhP'e).
[130] geb. Steiner.
[131] o.A. (GbhP). - Dieses Kind, im Oktober 1868 geboren, hatte zur Aufnahme ins Fdh nicht mehr getauft zu werden. Ihr Name befindet sich nicht auf der IKG-Liste jüdischer Findelkinder (GbhP; CAHJP A/W 1809, Verzeichnis jüdischer Findelkinder von 1868).
[132] Maria Graf wurde unentbunden vom Gbh ins AKH auf die Cholera Abteilung gebracht (GbhP).
[133] Handelsmanns Tochter, 22 Jahre alt, 1853 aus Ungarn zugereist, wohnhaft in Wien-Wieden No 787 (GbhP'e).
[134] Johanna Gräfin (FdhP) ist sicherlich mit Johanna Grebin ident, um die Jahrhundertwende lebten nur wenige Juden in Wien, Johanna Gräfin - eine Jüdin, Johanna Grebin - l.D. - ledige Dienstmagd, ihr Kind - ein "Judenkind": Weder 1800 noch 1805 konnte sie für eine Aufnahmstaxe für ihr Kind aufkommen um sich ihre Anonymität zu sichern.
[135] Jakob Wie**n**er (Taufmatrik AKH 00/07/25), Jakob Wie**nn**er (FdhP).
[136] Johanna Grebin (FdhP: l.D. - ledige Dienstmagd; Taufmatrik AKH 05/06/25: Johann Grienn, M: Jüdin Johanna Grebin).

G

M: Name	M: Vorname	geb. ca.	Beruf	K: Name	K: Vorname	K: geb.	K: gest.	K: entl.	Qu GbhP	Qu FdhP	Qu EntlP
Grafin <...>[138]	Theresia		Magd	Graf Gramer[139]	Lorenz Josef	06/07/6 01/01/8	06/07/6 01/02/3			1806/1825 1801/0080	
Granitz[140]	Katharina	1847/U	Magd	Granitz[141]	Josef	66/03/17	66/03/19		51/01875		
Gratta[142]	Rosa	1842/U	Magd	Gratta	Andreas	63/04/21	63/05/11		48/04027	1863/3211	
Gratzinger[143]	Theresia	1837/M	Magd	Gratzinger[144]	Theresia	65/05/28	65/09/12		50/03513	1865/4041	
Greger Anna, vide Geyer Anna											
Greger	Franziska	1823/B	Magd	totgeboren	53/06/17				38/05219		
Greilinger	Rosalia	1810/U	Magd	*Klein*[145]	Franz	36/01/17	36/02/08		21/00836	1836/0303	
Grim[146]	Theresia	1837/B	verh.	Grim[147]	Simson	65/07/13			50/03860		
Groh[148]	Katharina	1817/U	Magd	*Jugl*[149]	Josef	36/04/30	36/06/2		21/02110	1836/1703	

---

[137] Johann Gri**enn** (Taufmatrik AKH 05/06/25), Johann Gr**in** (FdhP: Judenkind).
[138] o.A. (Taufmatrik AKH 01/01/09: K: Josef Grammer, M: Jüdin); ins FdhP wurde weder der Name der Mutter noch die jüdische Herkunft des Kindes eingetragen. Die Mutter hatte auf der 2. Abteilung unter No 75 entbunden (Taufmatrik AKH 01/01/09: Josef Grammer).
[139] Josef Gra**mm**er (Taufmatrik AKH 01/01/09), Josef Gra**m**er (FdhP) - kam im Alter von einem Tag gegen eine Aufnahmstaxe von 6 fl. ins Fdh (FdhP).
[140] Katharina Granitz, geb. in Beled in Ungarn, aus Preßburg zugereist (GbhP).
[141] Getauft, am folgenden Tag im Gbh gestorben (GbhP; Taufmatrik AKH 66/03/18).
[142] Rosa Gratta, geb. in Kis-Bajcs, aus Raab zugereist (GbhP).
[143] Theresia Gratzinger, geb. in Wölking in Mähren, von dort zugereist (GbhP).
[144] Theresia Gratzinger kam "wegen Krankheit der Mutter" ins Fdh (FdhP), die Mutter wurde nach dem Wochenbett zum Ammendienst ins Fdh gebracht, ihr Kind war zu dieser Zeit bereits in Außenpflege abgegeben worden (FdhP).
[145] Franz Klein (GbhP, FdhP: "Israelitenkind"). - Taufmatrik AKH 36/01/17: "Mater infantis judaea".
[146] Handarbeiterin (GbhP), aus Königgrätz in Böhmen zugereist.
[147] o.A. (GbhP), **Simson** Grim (IKG Gb D/2 1771 65/07/13) - die Mutter war verheiratet; das Kind wurde ungetauft mit seiner Mutter am 65/07/25 aus dem Gbh entlassen (GbhP), vier Tage später beschnitten und mit dem Namen Simson Grim in das Geburtenbuch der IKG eingetragen (IKG Gb D 1771).
[148] Der Name Groh wurde sowohl im GbhP als auch im FdhP in kurrentschriftlichem Kontext mit Kurrent-H geschrieben, was eine Gros-Lesung mit einem langen runden S in lateinschriftlichem Kontext ausschließt.
[149] J.J. (GbhP), Josef Jugl (FdhP; Taufmatrik AKH 36/05/01). - Das Kind wurde am 30. April geboren, im Gbh wurde am 1. Mai ein Kind auf den Namen Josef Jugl getauft, mit dem Vermerk "mater infantis judaea" kam er ins Taufprotokoll. Er blieb bis zum 12. Mai bei seiner Mutter im Gbh, sodann

M: Name	M: Vorname	geb. ca.	Beruf	K: Name	K: Vorname	K: geb.	K: gest.	K: entl.	Qu GbhP	Qu FdhP	Qu EntlP
Gross	Anna	1828/B	Magd	Gross[150]	Eduard	54/04/22			39/03957		
Gross Antonia, vide geb. Strasser Antonia											
Gross	Fanni	1824/U	Magd	Gross[151]	Anton	45/01/15	45/01/31		30/01344	1845/0437	
Gross[152]	Henriette	1812/M	Tagl	*Cicero*[153]	Markus	39/10/27	39/11/25		24/04814	1839/4510	
Gross	Henriette	1812/M	Hdarb	totgeboren 41/03/1					26/01787		
Gross[154]	Johanna	1802/U	Köchin	*Sorger*[155]	Leopold	28/11/10	28/11/17		13/02154	1828/3893	
Gross	Juliana	1841/U	Hdarb	Gross[156]	Josef	65/05/9	65/05/11		50/03001	1865/3430	
Gross[157]	Karolina	1831/U	Hdarb	Gross[158]	Johann	51/01/10	51/02/17		36/01518	1851/0370	

---

wurde er ins Fdh gebracht. Ins FdhP wurde an diesem Tag ein "Israelitenkind" mit dem Namen Josef Jugl aufgenommen, auch der Name seiner Mutter wurde eingetragen: Katharina Groh., 19 Jahre alt, israelitisch, ledig. - Das Initialenkind "J.J." war somit mit Josef Jugl ident (Taufmatrik AKH 36/05/01; FdhP).

[150] o.A. (GbhP), **Eduard** Gross (IKG Gb B 1367) - wurde in das GbhP ohne Namen eingetragen; ungetauft mit der Mutter acht Tage nach seiner Geburt entlassen. In das Geburtenbuch der IKG wurde dieses Kind als unehelich, ohne Angabe des Vaters, unter dem Namen Eduard Gross augenommen und am 54/05/01 beschnitten (GbhP, IKG Gb B 1367). Seine Mutter, eine Magd, stammte aus Libomischl im Berauner Kreis in Böhmen.

[151] Im Alter von 16 Tagen im Fdh an Lebensschwäche gestorben (FdhP).

[152] Henriette Gross, geb. aus Eisgrub in Mähren; wohnhaft in Wien-Alservorstadt No 182 (1839 und 1841); getauft im Jahr 1842 (GbhP 24/4814: "Mutt<er> a<nn>o <1>842 getauft"). In den Konvertiten-Protokollen des DAW findet sich zu dieser Taufe kein Hinweis. - Das Kind Markus Cicero - im FdhP als "Israelitenkind" aufgenommen - kam am 39/11/16 zu einer Pflegefrau nach Mailberg, wo es nach ein paar Tagen, am 39/11/25, gestorben ist (FdhP). - Die Mutter, die sicherlich nichts davon wußte, legte in der Findelhausdirektion im Frühsommer 1842 ihren Taufschein vor - wie aus einer Randbemerkung des GbhP's hervorvorgeht: 42/07/06: "Taufsch<ein> zurück" (GbhP).

[153] Markus Cicero (FdhP: "Israelitenkind"). - Taufmatrik AKH 39/10/27: "Mater infantis judaea".

[154] Johanna Gross, geb. in Komorn in Ungarn, zugereist (GbhP).

[155] Leopold Sorger (GbhP). Im FdhP blieb die Rubrik der Mutter leer, sie wurde nur als "Israelitin" bezeichnet, womit die Herkunft des Kindes festgehalten wurde. Das Kind starb noch im Fdh (FdhP). - Taufmatrik AKH 28/11/11: "Mater judaea".

[156] Josef Gross kam am Tag nach seiner Geburt "wegen Krankheit der Mutter" ins Fdh; gestorben am folgenden Tag im Fdh an Lebensschwäche (FdhP). - Die Mutter wurde nach drei Wochen zum Ammendienst ins Fdh überstellt (FdhP).

[157] Johann Gross kam "wegen Religion der Mutter" am 51/01/18 ins Fdh, am folgenden Tag schon erhielt sie "mittelst Direktions Bewilligung" einen

M: Name	M: Vorname	geb. ca.	Beruf	K: Name	K: Vorname	K: geb.	K: gest.	K: entl.	Qu GbhP	Qu FdhP	Qu EntlP
Gross[159]	Magdalena	1841/U	Magd	Gross	Julius	63/06/28	63/10/17		48/05147	1863/5024	
Gross	Maria	1818/U	Köchin	*Stein*[160]	Leopold	39/12/28	40/07/16		25/00218	1840/0091	
Gross[161]	Maria	1836/U	Köchin	Gross[162]	Leopold Jos.	58/11/12	58/11/13		43/08111		
Gross[163]	Maria	1840/U	Magd	Gross	Ignaz	66/06/25	66/09/4		51/03247	1866/4908	
Gross[164]	Maria	1838/U	Magd	Grosz[165]	Franz	58/05/17	58/06/11		43/04989	1858/4140	
Gross	Maria	1839/U	Magd	Gross	Elisabeth	61/05/11	62/12/1		46/03409	1861/4042	
Gross	Maria	1842/U	Magd	Gross	Stefan	64/04/24	67/11/13		49/04377	1864/3526	
<...>[166]				Gross	Josef	00/09/12	00/10/4			1800/2145	
Gross[167]	Rosalia	1830/U	Magd	Gross	Katharina	54/03/25	54/06/21		39/03482	1854/2344	
Gross[168]	Theresia	1829/U	Magd	Gross	Karl	52/09/11	52/10/26		37/07236	1852/6226	

Empfangsschein. Das Kind starb in Findelpflege im Alter von einem Monat (FdhP).
[158] "Wegen Religion der Mutter" Fdh (FdhP).
[159] Magdalena Gross, geb. von Varin in Ungarn, Trentschiner Komitat; im FdhP als "kl" (katholisch, ledig) eingetragen, die jüdische Herkunft des Kindes wird in deser Quelle nicht erwähnt; in der Taufmatrik als jüdisch ausgewiesen (Taufmatrik AKH 63/06/29: Julius Gross).
[160] Leopold Stein (FdhP: "Israelitenkind"). - Taufmatrik AKH 39/12/28: "Mater judaea".
[161] Maria Gross, gestorben am 58/11/18 (GbhP). - TBP 58/11/17: "Gross Maria, Köchin, 22 Jahr, ledig, israelitisch, Szarvas Ungarn, <...> zugereist, Lungenödem, k.k. Gebärhaus."
[162] Leopold Josef Gross, getauft, am folgenden Tag im Gbh gestorben (GbhP; Taufmatrik AKH 58/11/12).
[163] Maria Gross, geb. in Koprivnicza in Slavonien, zugereist (GbhP).
[164] Maria Gross, geb. aus Mischkolcz in Ungarn, 1858 und 1861 zugereist (GbhP'e); geb. 1840, V: Josef Gross, Wirt; M: Rosalia Gross; Köchin, konvertierte 69/11/10 in der Pfarre St. Laurenz am Schottenfeld, erhielt bei der Taufe den Namen Maria **Katharina**; als Ursache für den Übertritt wurde u.a. eine "beabsichtigte Verehelichung mit einem Katholiken" angegeben; weiters wurde angeführt, daß die Furcht vor ihrem Vater, der sie verfluchen könnte, sie abgehalten habe, schon früher diesen Schritt getan zu haben (Pfarre St. Laurenz Konvertiten III 69/11/10).
[165] Franz Gro**ss** (Taufmatrik AKH 58/05/17), Franz Gro**sz** (FdhP).
[166] o.A. (Taufmatrik AKH 00/09/13: K: Josef Gross, M: Jüdin; FdhP: Die Mutter eine Jüdin, ledig).
[167] Rosalia Gross, geb. in Szent Márton, wohnhaft in Zankendorf bei Preßburg, zugereist (GbhP).
[168] Theresia Gross, geb. in Szent Márton, zugereist (GbhP).

G

M: Name	M: Vorname	geb. ca.	Beruf	K: Name	K: Vorname	K: geb.	K: gest.	K: entl.	Qu GbhP	Qu FdhP	Qu EntlP
Gross[169]	Theresia	1838/U	Magd	Grooss	Theresia	59/09/9	59/10/20		44/07784	1859/7326	
Grosser[170]	Barbara	1837/M	Magd	Grosser	Albert	62/08/29	62/12/16		47/06586	1862/6111	
Grosser[171]	Berta	1838/M	Magd	Grosser[172]	Sigmund	61/06/16	61/08/6		46/05788	1861/5149	
Grosser[173]	Berta	1838/M	Magd	Grosser[174]	Ernestine	64/12/18			49/10450		
Grosslicht	Barbara	1832/B	Magd	Grosslicht[175]	Emanuel	56/11/5		66/11/5	41/06848	1856/7192	66/11/5
Grossmann[176]	Julia(na)	1834/U	Magd	Grossmann	Johann	56/01/2	56/03/12		41/01058	1856/0238	
Grossmann	Julia	1835/U	Köchin	Grossmann[177]	Anton	59/05/18		69/05/18	44/05130	1859/4282	69/05/24

[169] Theresia Gross, geb. in Varin in Ungarn, zugereist (GbhP).
[170] Barbara (Betti) Grosser könnte mit Berta Grosser ident sein, etwa gleich alt, geboren in Weisskirchen in Mähren (GbhP, FdhP).
[171] Berta Grosser, geb. aus Weisskirchen in Mähren - sicherlich ident mit Betti Grosser (IKG Gb C 2136 61/06/17: Abraham Grosser), aus Weisskirchen in Mähren, zur selben Zeit im Gbh (GbhP: Berta Grosser, IKG Gb C 2136 61/06/17: Abraham Grosser).
[172] **Sigmund** Grosser (Taufmatrik AKH 61/06/16: K: Sigmund Grosser, M: Berta Grosser (israelit<isch>); **Abraham** Grosser (IKG Gb C 2136 61/06/17: Abraham Grosser, unehelich, Betty Grosser aus Weisskirchen, Leopoldstadt 17 Ankergasse, <Hebamme> im k.k. Gebärhause, <beschnitten> 61/06/21 von Moritz Steiner). - Sigmund Grosser kam am 61/06/24 zusammen mit seiner Mutter ins Fdh, wurde am folgenden Tag in Pflege nach Stockerau abgegeben, gestorben nach sechs Wochen an Durchfall. - Mit großer Wahrscheinlichkeit handelt es sich bei Sigmund und Abraham Grosser um ein und dasselbe Kind, es mag gegen den Willen der Mutter getauft worden sein, die Mutter schlug Alarm - es war im Sommer 1861, kurz bevor die Wiener Medizinische Wochenschrift die Öffentlichkeit über die Zwangstaufen im Wiener Gebär- und Fdh alarmierte; das Kind wurde sodann beschnitten und in das Geburtenbuch der IKG aufgenommen, kam drei Tage später ins Fdh (Zusammenhang durch Datenkontext).
[173] Berta Grosser, Tochter des Hermann Grosser aus Weisskirchen in Mähren (IKG Gb D/1 729 64/12/18: Ernestine Grosser).
[174] o.A. (GbhP), **Ernestine** Grosser (IKG Gb D/1 729) - mit ihrer Mutter am 64/12/26 aus dem Gbh entlassen (GbhP), in das Geburtenbuch der IKG eingetragen, die Namensgebung erfolgte am Tag der Entlassung des Kindes aus dem Gbh (IKG Gb D/1 729 64/12/18: Ernestine Grosser).
[175] Emanuel Grosslicht kam zu einem Bauern in Rohrbach, nach neun Jahren wurde er ins Fdh zurückgebracht, war sodann im St. Anna Kinderspital und nach sechs Wochen wieder im Fdh; schließlich wurde er dem Wr. Magistrat übergeben (FdhP, EntlP).
[176] Julia(na) Grossmann, geb. in Ungeraigen; 1855 von dort zugereist, 1859 wohnhaft in Wien-Mariahilf No 171, 1865 in Wien-Neubau, Breite Gasse No 21, 1867 aus Ungeraigen zugereist (GbhP'e).
[177] Anton Grossmann wurde mit seiner Mutter in das Fdh gebracht, schon am folgenden Tag kam er zu einer Keuschlerin nach Wiesenhof im Bezirk Friedberg in der Steiermark. Er blieb bei diesen Pflegeeltern bis nach Ablauf der Findelhausversorgung. Die Keuschlerin Theresia Allabauer wurde als

M: Name	M: Vorname	geb. ca.	Beruf	K: Name	K: Vorname	K: geb.	K: gest.	K: entl.	Qu GbhP	Qu FdhP	Qu EntlP
Grossmann	Julia	1836/U	Köchin	Grossmann[178] Hubert M.		65/02/3	67/07/14		50/00850	1865/1051	
Grossmann	Julia	1835/U	Magd	Grossmann[179] Martin		67/09/10		67/10/30	50/05450	1867/5993	67/10/30
Grossmann[180]	Karolina	1829/U	Magd	Grossmann	Anton	52/07/17	52/08/29		37/06100	1852/5015	
Grossmann[181]	Magdalena	1825/U	Magd	Grossmann	Maria	48/07/13	48/09/13		33/04824	1848/4155	
Grossmann	Maria	1828/U	Hdarb	totgeboren 49/11/11					35/00210		
Grossmann[182]	Rosalia	1828/U	Hdarb	Grossmann	Maria	45/01/4	54/06/27		30/00360	1845/0082	
Groszmann[183]	Rosalia	1829/U	Tochter	Groszmann[184] Ferdinand		48/03/25	49/02/4		33/01315	1848/1817	
Grossmann	Rosalia	1829/U	Magd	Grossmann[185] Simon		53/03/14			38/03052		
Grossmann	Rosalia	1834/U	Magd	Grossmann	Anna	58/07/26	61/01/24		43/05789	1858/5905	
Grossmann	Wilhelmine	1824/U	Hdarb	totgeboren 51/09/14					36/07103		
Gruber	Karolina			Gruber[186]	Eduard	56/04/05	56/08/15			1856/2282	

Übernahmepartei in das EntlP eingetragen (FdhP, EntlP: Theresia Allabauer, Keuschlerin, Wiesenhof No 10 - Stmk, Pfarre Friedberg).
[178] Hubert Maria Grossmann.
[179] Martin Grossman kam im Alter von zehn Tagen am 67/10/02 zu Anna Strnad nach Miava in Ungarn, Ober-Neutraer Komitat. Am Ende des Monats wurde dieses Kind "gegen Revers" vom Börsebesucher Leopold Rausnitz, wohnhaft in Wien 9, aus der Findelbetreuung gelöst. Aus dem EntlP geht nicht hervor, in welcher Beziehung er zum Kind oder zu den Eltern des Kindes gestanden ist (FdhP, EntlP: Leopold Rausnitz, Börsebesucher, Wien 9, Pramergasse 19). - Leopold Rausnitz war ein paar Jahre zuvor, am 63/01/15, zum Katholizismus übergetreten (DAW Konvertiten Akten 1863: Leopold Raußnitz).
[180] Karolina Grossmann, geb. von Stuhlweißenburg in Ungarn, wohnhaft in Wien-Josefstadt No 51; nur im GbhP als jüdisch ausgewiesen; im FdhP als "kl" (katholisch, ledig) eingetragen, während ihr Kind als "israelitisch" <unterstrichen> aufgenommen wurde - die "kl"-Eintragung ist in diesem Fall sicherlich auf ein Versehen der Kanzlei zurückzuführen (GbhP, FdhP).
[181] Magdalena Grossmann, geb. in Ungeraigen, zugereist (GbhP).
[182] Rosalia Grossmann, vom Turoczer Komitat in Ungarn zugereist (GbhP).
[183] Wirtstochter, 19 Jahre alt, aus Ungarn zugereist (GbhP).
[184] "Wegen israelitischer Religion der Mutter" Fdh (FdhP).
[185] o.A. (GbhP), **Simon** Grossmann (IKG Gb B 1415). Im GbhP wurde "nicht getauft" in die Rubrik, die für den Taufnamen des Kindes vorgesehen war, eingetragen. Das Kind wurde ungetauft am 53/03/21 mit seiner Mutter entlassen und in das Geburtenbuch der IKG als uneheliches Kind mit dem Namen Simon Grossmann aufgenommen, ohne Angabe des Vaters. Es wurde im Gbh beschnitten (IKG Gb B 1415; GbhP).
[186] Eduard Gruber, geboren in der Leopoldstadt No 151 bei der Hebamme Juliana Weinlich, getauft am 56/04/06 in der Pfarre St. Leopold, Taufpatin war

G

M: Name	M: Vorname	geb. ca.	Beruf	K: Name	K: Vorname	K: geb.	K: gest.	K: entl.	Qu GbhP	Qu FdhP	Qu EntlP
GRÜN (GRÜNN)											
Grün[187]	Anna	1831/G	Witwe	<...>[188]		64/01/24			49/02055		
Grün	Barbara	1848/K	Magd	Grün[189]	Albert	67/08/8	67/08/29			1867/5262	
Grün[190]	Julia	1815/U	Magd	totgeboren 41/08/19					26/04099		
Grünn[191]	Juliana	1805/U	Hdarb	unentbunden entlassen 22/08/15					07/01824		
Grünn[192]	Juliana	1805/U	Tochter	*Livi*[193]	Mathias	22/09/23	22/10/16		07/02170	1822/3053	
Grün[194]	Katharina	1839/M	Köchin	totgeboren 59/01/3					44/01567		
Grünn[195]	Katharina	1848/U	Magd	Grünn[196]	Karolina	63/09/8		63/09/16	48/06620	1863/6741	63/09/16

die Hebamme, die als Analphabetin mit ihrem Handzeichen das Taufprotokoll unterzeichnete, das der Kirchendiener als "Namensschreiber" beglaubigte; das Kind wurde am folgenden Tag mit Taufschein gegen eine Taxe von 50 fl. an das Fdh abgegeben, ins FdhP als "Israelitenkind" eingetragen (Pfarre St. Leopold Taufmatrik 56/04/06; FdhP).

[187] Hausiererin aus Wischnitz in Galizien (GbhP).

[188] o.A. (GbhP). - Dieses Kind, ein Bub, wurde nicht getauft, seine Mutter war verwitwet, sie wurde mit dem Kind am 64/02/01 aus dem Gbh entlassen (GbhP).

[189] Albert Grün kam "wegen Krankheit der Mutter" ins Fdh (FdhP).

[190] Julia Grün, aus dem Trentschiner Komitat zugereist (GbhP); wurde nach der Entbindung ins AKH auf Zi. 74 gebracht.

[191] Juliana Grünn, Schneiders Tochter, 17 Jahre alt, geb. aus Pápa in Ungarn; wohnhaft in Wien Innere Stadt (GbhP'e); wurde unentbunden ins AKH auf Zi. 57 gebracht (GbhP).

[192] Kam vom AKH, Zi. 57 ins Gbh, wurde nach der Entbindung auf ihr Krankenzimmer zurückgebracht (GbhP).

[193] **M.L.** (GbhP), **Mathias Livi** (FdhP), Mathias Levi (Taufmatrik AKH 22/09/23: "Judenkind"). - Das Kind kam am 24. September ins Fdh - am gleichen Tag wurde Mathias Levi, 2 T<ag> alt, "wegen Unvermögenheit der Mutter", deren Name nicht ins FdhP eingetragen wurde, ins Fdh aufgenommen, ohne Hinweis auf die jüdische Herkunft des Kindes. Tags zuvor war das Kind im Gbh auf den Namen Mathias Levi getauft worden, Taufpate war der Mesner Josef Eckerle, die jüdische Herkunft des Kindes wurde mit dem Vermerk "Judenkind" festgehalten. - Das Initialenkind "M.L." ist demnach ident mit Mathias Livi/Levi (FdhP; Taufmatrik AKH 22/09/23: Mathias Levi).

[194] Katharina Grün wurde nach einer "Gassengeburt", bei der sie von einem totgeborenen Kind entbunden wurde, ins Gbh gebracht (GbhP). - Nach dem totgeborenen Kind wurde 1862 (62/07/09) ein Bub geboren und in das Geburtenbuch der IKG als uneheliches Kind der Katharina Grün und des Kaufmanns Bernhard Popper aus Güns eingetragen, bei der Beschneidung (62/07/16) erhielt dieses Kind den Namen Joseph. Die Eltern haben vielleicht später geheiratet, das Kind wurde als legitimes Kind des Bernhard Popper anerkannt (IKG Gb C 3084).

G

M: Name	M: Vorname	geb. ca.	Beruf	K: Name	K: Vorname	K: geb.	K: gest.	K: entl.	Qu GbhP	Qu FdhP	Qu EntlP
Grün	Lea	1842/M	Magd	<...>[197]		68/02/1	68/02/5		53/00731		
Grünn[198]	Franziska	1831/U	verh.	<...>[199]		63/12/7			49/00891		
Grün[200]	Mina	1846/U	Hdarb	Grün[201]	Albert	65/03/8	65/05/12		50/01157	1865/1932	
Grünbau	Anna	1847/U	Hdarb	Grünbau	Jakob	65/05/23	65/06/25		50/03592	1865/4058	
Grünbaum[202]	Netti	1843/U	Magd	Grünbaum	Rosalia	62/04/6			47/01266	1862/2660	
Grünbaum	Ernestine	1839/M	Hdarb	Grünbaum	Pauline	66/07/13	66/10/4		51/04802	1866/5266	
Grünbaum	Magdalena	1848/M	Magd	Grünbaum	Karl	56/11/1	56/11/19		41/06196	1856/7058	
Grünbaum[203]	Regina	1830/U	Magd	Grünbaum	Josef	48/10/15	48/12/27		33/05957	1848/5770	
Grünbaum[204]	Regina	1839/U	Magd	Grünbaum[205]	Franziska	58/10/18	58/12/13		43/07156	1858/7854	
Grünbaum	Regina	1839/U	Magd	Grünbaum[206]	Maria	58/10/18	58/11/04		43/07156	1858/7855	

---

[195] Katharina Grünn, aus dem Neutraer Komitat zugereist (GbhP).
[196] Karolina Grünn kam mit der Mutter am 63/09/15 ins Fdh. Schon am folgenden Tag wurde dieses Kind vom Konducteur Johann Scherling, wohnhaft in Wien-Landstraße übernommen und aus der Findelpflege "gegen Revers" entlassen. Aus der Eintragung im EntlP geht nicht hervor, in welcher Beziehung er zum Kind oder zur Mutter stand (FdhP, EntlP: Johann Scherling, Konducteur, Wien-Landstraße, Schimmelgasse No 21).
[197] o.A. (GbhP). - Dieses Kind starb ungetauft im Gbh vier Tage nach seiner Geburt (GbhP).
[198] Franziska (Luzka) Grünn (GbhP), Franziska Grün (TBP und IKG Stb), gestorben am 63/12/08 (GbhP). Sie war verheiratet, wurde aus dem Wiener Schuldenarrest in das Gbh zur Entbindung gebracht, war im Gbh in der 3. Kl. der Zahlabteilung untergebracht. - TBP 63/12/08: "Grün Franziska, Kaufmannsgattin, 32 Jahr, verheiratet. mosaisch, Wradisch Ungarn, unbekannt, Lungenödem k.k. Gebärhaus", ähnlich IKG Stb 63/12/08.
[199] o.A. (GbhP) - nach dem Tod seiner Mutter "ungetauft entlassen" (GbhP).
[200] Mina Grün, aus Ungarn zugereist (GbhP).
[201] Im Fdh im Alter von zwei Monaten an Abzehrung gestorben (FdhP).
[202] Netti Grünbaum, geb. in Szered in Ungarn, zugereist (GbhP).
[203] Regina Grünbaum, geb. in Groß-Wardein, zugereist (GbhP).
[204] Regina Grünbaum, geb. in Szered in Ungarn, zugereist; Zwillingsgeburt 58/10/18: Franziska und Maria Grünbaum. Die Mutter wurde nach dem Wochenbett auf die Syphilis-Abteilung des AKH verlegt, die Zwillinge kamen "wegen Krankheit der Mutter" ins Fdh, beide sind im Fdh gestorben (FdhP).
[205] Im Fdh an Tabes (Schwindsucht, Abzehrung) gestorben (FdhP).
[206] Im Fdh an Lebensschwäche gestorben (FdhP).

G

M: Name	M: Vorname	geb. ca.	Beruf	K: Name	K: Vorname	K: geb.	K: gest.	K: entl.	Qu GbhP	Qu FdhP	Qu EntlP
Grünbaum[207]	Rosalia	1824/U	Magd	Grünbaum[208]	Johann	44/08/13		54/08/13	29/04737	1844/3857	54/08/16
Grünberger[209]	Katharina	1813/M	Magd	*Schmidt*[210]	Karl	40/09/22	40/10/10		25/04216	1840/4065	
Krenberger	Katharina	1814/M	Hdarb	Krenberger	Rudolf	49/05/1	49/07/23		34/04293	1849/3164	
Grünblatt	Katharina	1825/M	Magd	Grünblatt	Juliana	49/04/1	49/05/7		34/03572	1849/2482	
Grundstein	Barbara	1805/U	Magd	*Steinwender*[211]	Martin	28/11/11	30/07/19		13/02428	1828/3892	
Grünner[212]	Anna	1841/B	Magd	Grünner	Karl	63/07/30	63/08/19		48/05610	1863/5796	
Grüner	Anna	1841/B	Magd	totgeboren 65/01/20					50/00547		
Grüner	Anna	1842/B	Hdarb	totgeboren 65/12/9					50/08416		
Grünfeld	Anna	1823/U	Magd	Grünfeld	Elisabeth	55/09/26	55/10/18		40/06513	1855/6081	
Grünfeld[213]	Franziska	1828/B	Magd	Grünfeld	Anna	52/06/25	52/07/10		37/05614	1852/4557	
Grünfeld[214]	Franziska	1830/B	Magd	Grünfeld[215]	Karl	54/06/4		58/01/13	39/05223	1854/4185	58/01/13

---

[207] Rosalia Grünbaum, geb. in Milchdorf in Ungarn, zugereist (GbhP).
[208] Johann Grünbaum wurde an die Kleinhäuslerin Elisabeth Brukner (auch Bruckner) in der Pfarre St. Leonhart abgegeben. Das Kind ist bei diesen Pflegeeltern geblieben, ihre Pflegemutter wurde in das EntlP eingetragen (FdhP, EntlP: Elisabeth Brukner, Maurersweib, Unter-Zögersdorf No 24).
[209] Katharina Grünberger ist mit Katharina Krenberger ident, geb. aus Jamnitz in Mähren, Znaimer Kreis; 1840 wohnhaft in Wien Innere Stadt No 206, 1849 zugereist aus Jamnitz (GbhP'e). Nach den Geburtenbüchern der IKG erscheint sie als Mutter dreier weiterer Kinder: Regina (geb. 42/03/14, Gb A 1317) und Moritz (geb. 44/04/09, Gb A 1706). - Eduard Baruch wurde als eheliches Kind aufgenommen, sein Vater war Anton Baruch, Tagwerker bei der Eisenbahn, der auch als Vater der 1842 geborenen Regina angegeben wurde. Im Matrikenbuch befindet sich eine durchgestrichene Randnotiz bezüglich des Eduard Baruch: "Nach anderwertiger Angabe unehelig" (IKG Gb A 2085).
[210] Karl Schmidt (GbhP); Taufmatrik AKH 40/09/22: "Mater infantis judaea". Er kam ins Fdh und sodann zu einer Pflegepartei nach Wien-Erdberg (FdhP).
[211] Martin Steinwender (GbhP; Taufmatrik AKH 28/11/11: "Mater Judea"; FdhP).
[212] Anna Grün(n)er, geb. aus Neu-Bidschow in Böhmen; 1863 wohnhaft in Wien-Neubau, 1865 in der Josefstadt, im Jänner in der Laudongasse No 1 und im Dezember in der Piaristengasse No 25 (GbhP'e). - 1867 wurde ein Mädchen mit dem Namen Rosa Ruberl <durchgestrichen: Grünner> in das Geburtenbuch der IKG eingetragen, als Vater wurde Simon Ruberl angegeben. In einer Randnotiz wurde vermerkt: "Legitimiert allerh<öchste> Entsch<ließung> des Kaisers" (IKG Gb D 3962), Rosa Grünner-Ruberl wurde am 67/11/05 in Wien (nicht im Gbh) geboren.
[213] Franziska Grünfeld, geb. aus Kolin in Böhmen; 1852 wohnhaft in Wien-Alservorstadt und 1854 in der Leopoldstadt No 572 (GbhP'e).

G

M: Name	M: Vorname	geb. ca.	Beruf	K: Name	K: Vorname	K: geb.	K: gest.	K: entl.	Qu GbhP	Qu FdhP	Qu EntlP
Grünfeld[216]	Johanna	1818/U	Magd	*Auholzer*[217]	Anna	39/11/24	39/12/9		25/00150	1839/4825	
Grünfeld[218]	Johanna	1818/U	Hdarb	*Rosenwald*[219]	Josef	41/08/16	41/08/28		26/04228	1841/3561	
Grünfeld	Johanna	1819/U	Hdarb	*Rosenfeld*[220]	Anna	43/05/10		53/05/10	28/03270	1843/2310	53/08/11
Grünfeld	Julia	1823/M	Magd	Grünfeld	Mathilde	46/04/15	46/05/5		31/03338	1846/2226	
Grünfeld[221]	Katharina	1821/U	Magd	*Morawetz*[222]	Mathias	40/08/5	40/08/23		25/03644	1840/3373	
Grünfeld[223]	Katharina	1849/U	Magd	Grünfeld[224]	Johanna	68/02/7	68/02/20		53/00550	1868/1131	
Grünfeld[225]	Rosalia	1823/U	Magd	Grünfeld	Stefan	47/03/22	47/04/9		32/02988	1847/1987	

---

[214] Franziska Grünfeld heiratete in der Pfarre am Rennweg nach vorangegangener Taufe den Maschinenschlosser Franz Flemisch, er hat Karl Grünfeld als sein Kind anerkannt. - Franziska Grünfeld, V: Adam Grünfeld, Hausierer aus Kolin in Böhmen (Taufmatrik AKH 54/06/05: Karl Grünfeld).
[215] "Wegen Religion der Mutter" ins Fdh (GbhP). - Im Alter von zwei Wochen von der Taglöhnerin Anna Smetana übernommen, wohnhaft in Ottakring No 83, dann No 200. Dreieinhalb Jahre später wurde dieses Kind vom Ehepaar Smetana, Taglöhner, wohnhaft in Ottakring, aus der Findelpflege "gegen Revers" mit dem Vermerk "KP" (Kostpartei) entlassen (EntlP: Mar. und Ga. Smeteana, Taglöhnereheleute, Wien-Ottakring No 200) - sicherlich Verwandte der ersten Pflegemutter.
[216] Johanna Grünfeld, geb. in Neustadtl, Magd in Preßburg, zugereist (GbhP).
[217] Anna Auholzer (GbhP, FdhP), kam nach Wien-Margarethen in Außenpflege, wo sie nach fünf Tagen gestorben ist. - Taufmatrik AKH 39/11/25: "Mater infantis judaea".
[218] Johanna Grünfeld, geb. aus Körmend in Ungarn; Eisenburger Komitat; kam 1841 vom AKH Zi. 74 ins Gbh, wurde nach der Entbindung auf ihr Krankenzimmer zurückgebracht; 1843 wohnhaft in Wien-Wieden No 834 bzw. in Inzersdorf - NÖ, UWW (GbhP'e).
[219] Josef Rosenwald kam "wegen Krankheit der Mutter ins Fdh (GbhP, FdhP), er ist im Fdh an "Mehlhund" gestorben (FdhP). - Taufmatrik AKH 41/08/16: "Mater judaea".
[220] Anna Rosenfeld wurde im Alter von zehn Tagen von der Keuschlerin Anna Archmann in Hofkirchen in der Steiermark übernommen, sie wurde auch in das EntlP als Pflegepartei (PP) eingetragen (FdhP, EntlP: Archmann Anna, Keuschlerin in Hofkirchen No 50, Pfarre Raindorf, Stmk.). - Taufmatrik AKH 43/05/11: "Mater judaea", Randnotizen aus den Jahren 1938 und 1943.
[221] Katharina Grünfeld, geb. in Tyrnau, Magd in Preßburg, zugereist (GbhP).
[222] Mathias Morawetz (GbhP, FdhP: "syphilitisches Israelitenkind"); kam nach neun Tagen ins Fdh; gestorben im Fdh nach weiteren neun Tagen (FdhP).
[223] Katharina Grünfeld, geb. in Pest, Magd in Baden, zugereist (GbhP).
[224] Im Fdh an Peritonitis im Alter von 13 Tagen gestorben (FdhP).

G

M: Name	M: Vorname	geb. ca.	Beruf	K: Name	K: Vorname	K: geb.	K: gest.	K: entl.	Qu GbhP	Qu FdhP	Qu EntlP
Grünfeld	Rosalia	1824/U	Magd	Grünfeld[226]	Barbara Th.	50/02/11	50/05/15		35/02040	1850/1048	
Grünfeld	Rosalia	1826/U	Magd	Grünfeld[227]	Michael	48/01/1	48/02/12		33/01188	1848/0162	
Grünfeld[228]	Rosalia	1842/U	Magd	Grünfeld	Jakob	60/12/12	61/01/1		46/00045	1860/8565	
Grüngold	Johanna	1836/U	Magd	Grüngold[229]	Johann	59/05/5	59/05/23		44/04777	1859/3756	
Grünhodina	Anna	1800/U	Hdarb	*Montag*[230]	Ferdinand	20/11/26			05/02254		
Grünholz	Katharina	1806/U	Magd	*Winter*[231]	Josef	31/08/18	31/11/11		16/02170	1831/2311	
Grünhut[232]	Antonia	1833/B	Magd	unentbunden entlassen		55/08/13			40/04728		
Grünhut	Antonia	1831/B	Magd	Grünhut	Karolina	55/09/12	55/11/27		40/05738	1855/5775	
Grünhut[233]	Johanna	1845/U	Magd	Grünhut	Franz	62/07/25			47/05170	1862/5334	

---

[225] Rosalia Grünfeld, geb. aus Komorn; wohnhaft in Wien-Wieden No 112 (1847) und 1850 in Wien Innere Stadt (GbhP'e).

[226] Barbara Theresia Grünfeld.

[227] Von den Pflegeeltern ins Fdh zurückgebracht, noch am selben Tag im Fdh an Tuberkulose gestorben (FdhP).

[228] Rosalia Grünfeld, geb. in Pápa in Ungarn, zugereist von Raab (GbhP).

[229] Johann Grüngold wurde sogleich nach seiner Geburt getauft, "wegen Krankheit der Mutter" ins Fdh gebracht, in Pflege gegeben, die Pflegeeltern stellten ihn zurück, er ist noch vor der Überstellung seiner Mutter zum Ammendienst im Fdh an Diarrhöe gestorben (FdhP).

[230] Ferdinand Montag (GbhP: geb. 20/11/26, Transferdatum 20/12/04) - mit diesem Namen scheint kein Kind weder in der Taufmatrik, noch im FdhP auf. - Am 20/11/26 wurden mehrere Kinder im "jüdischen Formular" in das FdhP aufgenommen, unter ihnen auch ein jüdisches Kind, das auf den Namen Franciscus Seraph **Max** getauft wurde, in die Rubrik des Vaters wurde "Israelita" eingetragen, Pate war der Kirchendiener Josef Eckerle. Dieses Kind kam 1 T<ag alt> unter dem Namen Franz Max ins Fdh, es starb im Alter von zwei Monaten in Klausleopoldsdorf (Klausenleopoldsdorf) (FdhP 1820/3720). - Ob Ferdinand Montag mit Franziskus Seraph. Max ident ist, kann nicht belegt werden, einiges spricht dafür, wie z.B. die gleichen Anfangsbuchstaben beider Namen, das Kind kam an einem Sonntag zur Welt, sollte an einem Montag getauft werden, so könnte dieser Wochentag ins GbhP als sein angenommener Fremdname eingetragen worden sein - ein Usus, welcher die häufige Vergabe von Wochentagen als Fremdnamen erklärt. Franz Seraph Max wurde tatsächlich an einem Montag getauft (Taufmatrik AKH 20/11/26: Franz Seraph Max).

[231] Josef Winter (FdhP: "Kind einer Israelitin", die Mutter ist mit vollem Namen eingetragen), das Kind starb im Alter von zweieinhalb Monaten. In der Taufmatrik des AKH befindet sich eine Randnotiz mit dem Datum 1939/06/23 (Taufmatrik AKH 31/08/19: "Mater infantis judaea").

[232] Antonia Grünhut, geb. aus Niemtschitz in Böhmen, Pardubitzer Kreis; im Juni 1855 wohnhaft in Wien-Leopoldstadt No 539, im August zugereist von Czaslau (GbhP'e).

G

M: Name	M: Vorname	geb. ca.	Beruf	K: Name	K: Vorname	K: geb.	K: gest.	K: entl.	Qu GbhP	Qu FdhP	Qu EntlP
Grünhut	Katharina	1839/U	Magd	Grünhut[234] Alois		63/02/22	63/02/27		48/02344		
Grünhut[235]	Maria	1840/U	Magd	Grünhut	Anton	63/07/29	63/09/6		48/06649	1863/5757	
Grünhut	Maria	1837/U	Magd	Grünhuth[236]	Anton Math.	64/08/31	64/09/22		49/07785	1864/6889	
Grünspan[237]	Betti	1837/U	Magd	Grünspan[238]	Amalia	58/02/8	58/09/19		43/01872	1858/1233	
Grünspann	Emilia	1833/G	Tochter	Grünspan[239]	Josef	50/03/19	50/08/10		35/02920	1850/1903	
Grünspan	Emilia	1838/G	Tochter	Grünspan	Emilia	57/02/12	57/03/06			1857/1202	
Grünspan	Katharina	1836/M	Magd	Grünspan[240]	Josef	57/01/29	57/03/3		42/02134	1857/0970	
Grünstein	Amalia	1806/U	Hdarb	*Angerer*[241]	Gustav	27/03/21	29/01/24		12/00561	1827/1146	
Grünwald[242]	Anna	1837/U	Magd	Grünwald	Anna	63/06/11	63/07/1		48/05474	1863/4557	
Grünwald	Anna	1837/U	Magd	totgeboren 65/07/27					50/05224		
Grünwald[243]	Josefa	1838/U	Magd	Grünwald	Amalia	60/02/22	60/03/14		45/01927	1860/1587	

---

[233] Johanna Grünhut, geb. in Komorn, dort wohnhaft No 372, zugereist (GbhP).
[234] Getauft, nach vier Tagen gestorben (GbhP; Taufmatrik AKH 63/02/23).
[235] Maria Grünhut, geb. von Malaczka in Ungarn, Preßburger Komitat; 1863 wohnhaft in Wien-Leopoldstadt, Lilienbrunngasse No 8, 1864 in der Inneren Stadt, Wollzeile No 3.
[236] Anton Mathias Grünhut (Taufmatrik AKH 64/08/31), Anton Mathias Grünhu**th** (FdhP).
[237] Betti Grünspan, geb. in Zsámbokrét in Ungarn, zugereist (GbhP); kam nach der Entbindung auf eine medizinische Abteilung im AKH (GbhP).
[238] Amalia Grünspan kam "wegen Krankheit der Mutter" ins Fdh, die Mutter wurde nach dem Wochenbett auf die medizinische Abteilung des AKH gebracht (FdhP).
[239] "Wegen Religion der Mutter" Fdh (FdhP).
[240] Josef Grünspan kam "wegen Wundwarzen der Mutter" ins Fdh (FdhP).
[241] Gustav Angerer (GbhP; Taufmatrik AKH 27/03/21), Gustav Grünstein Angerer, Anna Grünstein <unterstrichen>, die Mutter (FdhP: "Israelitisch"): Hier wurde das Kind mit seinem Fremdnamen, in der gleichen Rubrik zusammen mit dem Namen seiner Mutter ins Protokoll aufgenommen. - Taufmatrik AKH 27/03/21: Mutter "Israelita".
[242] Anna Grünwald, geb. in Holics in Ungarn, Neutraer Komitat; wohnhaft in Wien-Leopoldstadt, 1863 in der Leopoldsgasse No 34 und 1864 in der Roten Sterngasse No 4 (GbhP'e).
[243] Josefa Grünwald, geb. in Szobotisz in Ungarn, Neutraer Komitat; wohnhaft in Wien-Leopoldstadt No 118 (1860) und im Jahr 1864 in der Roten

G

M: Name	M: Vorname	geb. ca.	Beruf	K: Name	K: Vorname	K: geb.	K: gest.	K: entl.	Qu GbhP	Qu FdhP	Qu EntlP
Grünwald	Josefa	1838/U	Magd	Grünwald	Franziska	64/01/25	68/05/16		49/02124	1864/0888	
Grünwald	Julia	1831/U	Magd	Grünwald	Anna	58/08/28	58/09/16		43/07478	1858/6675	
Grünwald	Katharina	1817/U	Magd	Lilienau[244]	Alois	43/06/19	45/02/9		28/03811	1843/2946	
Grünwald[245]	Maria	1829/U	Magd	Grünwald[246]	Katharina	51/02/19	51/04/19		36/01823	1851/1337	
Grünwald[247]	Maria	1835/B	Magd	Grünwald	Adolf	59/04/29	59/06/9		44/04640	1859/3701	
Grünwald[248]	Regina	1827/U	Magd	Grünwald[249]	Maria	48/02/17		58/02/17	33/01096	1848/1010	58/02/22
GUT (GUTT, GUTH)											
Gutt	Franziska	1846/B	Magd	Gutt	Josefa	64/06/15			49/03023	1864/4962	
Guth[250]	Karolina	1842/U	Hdarb	Guth[251]	Ferdinand	62/06/29	62/07/30		47/05048	1862/4598	
Gut	Katharina	1840/B	Magd	Gut	Karl	64/07/18	64/08/10		49/06726	1864/5843	
Gut	Pauline	1836/B	Hdarb	Gut[252]	Josef	61/03/14	62/11/14		46/03299	1861/2254	

Sterngasse No 4 (GbhP'e) - vielleicht bei Anna Grünwald (siehe vorhergende Fn.).
[244] Alois Lilienau (GbhP, FdhP), das Kind starb in Außenpflege an "Bauchskrophelsucht". - Taufmatrik AKH 43/06/20: "Mater judaea".
[245] Maria Grünwald, aus dem Neutraer Komitat zugereist (GbhP).
[246] Katharina Grünwald kam "wegen Krankheit der Mutter" ins Fdh. Die Mutter wurde nach dem Wochenbett aus dem Gbh entlassen; das Kind wurde von den Pflegeeltern ins Fdh zurückgebracht, ist an Auszehrung im Fdh gestorben (FdhP).
[247] Maria Grünwald, geb. in Dworetz in Böhmen, Magd in Pest, zugereist (GbhP).
[248] Regina Grünwald, geb. in Szerdahely in Ungarn, zugereist (GbhP).
[249] Maria Grünwald blieb nur einen Tag im Gbh, vom Fdh kam sie nach Pyhra zu einem Bildermaler, bei dem sie geblieben ist - ihre Pflegemutter wurde in das EntlP als "Bildermahlersgattin" eingetragen, Vermerk "KP" - Kostpartei (FdhP, EntlP: Barbara Karger, Bildermahlersgattin, Pyhra No 39 - NÖ, OWW, Pfarre Pyhra). - Taufmatrik AKH 48/02/12: M: Regina Grünwald israel<itisch>, P: Josefa Unterwalder, Hebamme; Randnotiz aus den Jahren 1873 und 1938 mit dem Vermerk "arisch". Die Randnotiz von 1873 wird sich auf die Ausstellung eines Taufscheines beziehen - etwa für eine beabsichtigte Eheschließung.
[250] Karolina Guth, geb. in Sümegh in Ungarn, zugereist; wurde ins FdhP als "kl" (katholisch, ledig) eingetragen, in der Taufmatrik und im GbhP wird sie als "israel<itisch>" ausgewiesen (GbhP; Taufmatrik AKH 62/06/30: Ferdinand Guth; FdhP: kein Hinweis auf die jüdische Herkunft des Kindes).
[251] Ferdinand Guth kam "wegen Religion der Mutter" ins Fdh, nach dem Wochenbett wurde die Mutter zum Ammendienst ins Fdh gebracht. Am selben Tag wurde ihr Kind in Außenpflege abgegeben (FdhP).
[252] "Wegen Krankheit der Mutter" Fdh; die Mutter blieb noch im Gbh, wurde nach dem Wochenbett zum Ammendienst ins Fdh gebracht (GbhP).

G

M: Name	M: Vorname	geb. ca.	Beruf	K: Name	K: Vorname	K: geb.	K: gest.	K: entl.	Qu GbhP	Qu FdhP	Qu EntlP
GUT(T)MANN											
Gutmann[253]	Cäcilia	1820/B	verh.	totgeboren	46/06/6				31/04351		
Guttmann[254]	Karolina	1837/U	Magd	Guttmann	Antonia	66/08/17	66/10/10		51/03734	1866/6105	
Guttmann[255]	Katharina	1804/U	Magd	*Misach*[256]	Daniel	24/05/30	24/06/13		09/00242	1824/2095	
Guttmann	Katharina	1832/U	Hdarb	Guttmann	Julius	52/09/1	52/10/19		37/06505	1852/6023	
Guttmann	Maria	1844/M	Hdarb	Guttmann[257]	Josef	60/04/16	60/05/12		45/03961	1860/2878	
Guttmann[258]	Rosalia	1839/G	Magd	Guttmann[259]	Josef	64/04/16	64/04/28		49/04214	1864/3114	
Guttmann	Rosalia	1844/U	Magd	Guttmann[260]	Berta	63/11/19	66/01/25		49/00446	1863/8390	

Am selben Tag wurde ihr Kind in Außenpflege gegeben (FdhP).
[253] Schneidergehilfen Eheweib (GbhP), aus Altstadt in Böhmen, Taborer Kreis; wohnhaft in Wien-Leopoldstadt No 135 (GbhP).
[254] Karolina Guttmann, abweichender Geburtsort im GbhP und FdhP; nur im GbhP als jüdisch ausgewiesen, im FdhP als "kl" (katholisch, ledig) eingetragen, die jüdische Herkunft ihres wird Kindes nicht erwähnt, ebensowenig in der Taufmatrik (Taufmatrik AKH 66/08/18: Antonia Guttmann).
[255] Katharina Guttmann wurde zur Entbindung vom Arbeitshaus in das Gbh gebracht (GbhP).
[256] **D.M.** (GbhP), **D**aniel **M**isach (FdhP). - Das Kind kam am 31. Mai ins Fdh - am gleichen Tag wurde "wegen Unvermögenheit der Mutter" ein Kind mit dem Namen Daniel Misach aufgenommen, "2 T<ag alt>", der Name der Mutter wurde jedoch nicht ins Protokoll eingetragen, ebensowenig die jüdische Herkunft des Kindes. Anders in der Taufmatrik, hier wurde sie mit dem Vermerk "Israelita" festgehalten, der Name der Mutter wurde auch hier nicht angegeben. - Die Initialen "D.M." entsprechen im Datenkontext dem Findelkind Daniel Misach: (Taufmatrik AKH 24/05/30; FdhP). - Daniel Misach kam zu Pflegeeltern nach Lilienfeld, wo er im Alter von zwei Wochen gestorben ist (FdhP).
[257] "Wegen israelitischer Religion der Mutter" (GbhP), "wegen mosaischer Religion der Mutter" Fdh (FdhP).
[258] Rosalia Gutmann, geb. in Auschwitz, Magd in Pest, von dort zugereist (GbhP).
[259] Josef Gutmann kam "wegen Krankheit der Mutter" ins Fdh, er ist an Erysipel (Rotlauf) im Fdh gestorben, seine Mutter wurde nach dem Wochenbett zum Ammendienst ins Fdh überstellt (FdhP).
[260] Wegen "Krankheit der Mutter" ins Fdh gebracht (FdhP).

G

M: Name	M: Vorname	geb. ca.	Beruf	K: Name	K: Vorname	K: geb.	K: gest.	K: entl.	Qu GbhP	Qu FdhP	Qu EntlP
Haag	Anna	1801/B	Köchin	*Geschwind*[1]	Elisabeth	28/11/7			13/02273	1828/3907	
Haas[2]	Betti	1828/U	Hdarb	Haas	Josef	47/09/11	47/09/29		32/05436	1847/5451	
Haas[3]	Franziska	1830/M	Magd	Haas	Franz	59/09/19	59/10/26		44/08006	1859/7439	
Haas	Fanni	1830/M	Magd	Haas	Josefa	61/12/16	62/01/5		47/00900	1861/9493	
Haas	Fanni	1845/U		Haas[4]	Julia	68/11/10		68/11/10	54/06509	1868/7270	68/11/20
Haas[5]	Lotti|Leop.	1831/M	Modistin	Haas[6]	Leopold	60/01/20	60/01/20		45/00516		
Haas	Sali	1846/U	Köchin	Haas[7]	Adolf	68/10/11			54/06079	1868/6683	
Haberin	Sara			*Redlin*[8]	Anna	1798/05	1798/06			1798/1244	

---

[1] Elisabeth Geschwind (GbhP; ins FdhP und in die Taufmatrik wurde der Name der Mutter nicht aufgenommen) - wurde von ihren Pflegeeltern im Jahr 1840 "zurückgestellt", ins Fdh zurückgebracht. Da jedoch kein Sterbedatum in das FdhP nachgetragen wurde, so könnte dieses Kind überlebt haben, zudem findet sich in der Taufmatrik des AKH ein Datumsvermerk als Randnotiz, welcher sich mit Sicherheit auf die Ausstellung eines Taufscheines bezieht - möglicherweise wurde im Zusammenhang mit einer beabsichtigten Eheschließung um die Ausstellung eines Taufscheines angesucht (Taufmatrik AKH 28/11/07).
[2] Betti Haas, geb. in Neutra in Ungarn, zugereist (GbhP).
[3] Franziska (Fanni) Haas, geb. um 1830 in Holleschau in Mähren; 1859 wohnhaft in Wien-Landstraße No 510, 1861 aus Teschen zugereist (GbhP'e).
[4] Julia Haas, geboren im November 1868, war nicht mehr der Zwangstaufe zur Aufnahme ins Fdh unterworfen. Sie kam mit ihrer Mutter ins Fdh, wurde zwei Tage später "gegen Revers" vom Ehepaar Minat aus der Findelversorgung gelöst (GbhP, FdhP; EntlP: Josef und Maria Minat, Schlossergesellenehe-leute, Wien 2, Augartenstraße No 31; CAHJP A/W 1809, Verzeichnis jüdischer Findelkinder von 1868). In welcher Beziehung sie zu dem Kind oder zu den Eltern des Kindes standen, geht aus dem EntlP nicht hervor.
[5] **Lotti** Haas (GbhP: geb. und wohnhaft in Lundenburg, Modistin, zugereist, gestorben im Gbh 60/01/25), **Leopoldine** Haas (TBP 60/01/25) - gestorben am 60/01/25 (IKG Stb C 472: an Bauchfellentzündung; GbhP: Gebärmutter, Bauchfellentzündung). - TBP 60/01/25: "Haas Leopoldine, Modistin, 27 Jahr, ledig, katholisch (sic!, als Wiederholungszeichen), Lundenburg Mähren, Wien Geburtsort, Bauchfellentzündung k.k. Gebärhaus." - Normalerweise war "Lotti" eine Kurzform für "Charlotte", in diesem Fall für "Leopoldine".
[6] Getauft, am selben Tag im Gbh gestorben (GbhP; Taufmatrik AKH 60/01/20).
[7] Adolf Haas, im Oktober 1868 geboren, nicht getauft, kam auf einen Pflegeplatz in der Steiermark (GbhP, FdhP; CAHJP A/W 1809, Verzeichnis jüdischer Findelkinder von 1868).
[8] Anna Redlin kam einen Tag nach ihrer Geburt ins Fdh, gestorben im Fdh am 1798/06/08 an Schwäche (FdhP).

H

M: Name	M: Vorname	geb. ca.	Beruf	K: Name	K: Vorname	K: geb.	K: gest.	K: entl.	Qu GbhP	Qu FdhP	Qu EntlP
Haberfeld[9]	Katharina	1821/U	Witwe	Haberfeld[10]	Theresia	56/07/17	56/08/11		41/05279	1856/4718	
Haberfeld[11]	Regina	1841/U	Magd	Haberfeld	Johann	66/02/1	66/02/24		50/08532	1866/1024	
HAHN (HANN)											
Hann	Anna	1845	Magd	totgeboren		67/10/20				52/06286	
Hahn	Barbara	1808/M	Magd	*Christin*[12]	Josefa	26/12/30			11/02371	1826/4428	
Hahn	Karolina	1838/B	Magd	Hahn	Rosalia	65/08/20	66/10/15		50/05779	1865/6289	
Hahn[13]	Regina	1808/U	Tochter	*Rainer*[14]	Ludwig	28/11/6	28/12/1		13/02389	1828/3933	
<...>[15]				Haid[16]	Georg	07/04/7	07/05/1			1807/0794	
Haigsch[17]	Anna	1815/U	Magd	*Welich*[18]	Anna	35/01/30				20/01082	1835/0405

---

[9] Katharina Haberfeld, zuständig nach Miava in Ungarn, Neutraer Komitat, Magd, aus Ung.-Ostrau in Mähren zugereist (GbhP, FdhP), "angeblich verehlicht" (Taufmatrik AKH 56/07/24: Theresia Haberfeld).
[10] Im Fdh im Alter von 25 Tagen gestorben (FdhP).
[11] Regina Haberfeld, geb. in Miava in Ungarn, Neutraer Komitat, zugereist (GbhP).
[12] Josefa Christine **Hahn** (FdhP), Josefa **Christin** (Taufmatrik AKH 26/12/30: Josefa Christin, ohne Namen der Mutter, daher ist "Christin", an zweiter Stelle in der Taufmatrik, als Zuname anzusehen). - Josefa Christine Hahn kam zu einem Schneider (FdhP: Katharina Schusta, Schneidersgattin, Ober-<unleserlich>, Herrschaft Ernstbrunn - NÖ, UMB). Kein Sterbedatum im FdhP, daher könnte dieses Kind überlebt haben.
[13] Briefträgers Tochter, 20 Jahre alt, aus Preßburg in Ungarn gebürtig und zugereist (GbhP).
[14] Ludwig **Rainer** (GbhP), Ludwig **Reiner** (Taufmatrik AKH 28/11/06; FdhP).
[15] o.A. (Taufmatrik AKH 07/04/07: K: Georg Haid, M: Jüdin; ins FdhP wurde weder der Name der Mutter noch die jüdische Herkunft des Kindes eingetragen). "Die Mutter vor dem 1. März l.J. in die 10x Abtheilung des Gebährhauses aufgenommen"; sie hatte in der 2. Zahlabteilung als No 59 entbunden (FdhP; Taufmatrik AKH 07/04/07: Georg Haid).
[16] Georg Haid wurde einen Tag nach seiner Geburt ins Fdh gebracht ("1 Tag alt") und ist im Fdh gestorben, Todesursache: Fraiß (FdhP).
[17] Anna Haigsch wurde nach der Entbindung ins AKH auf Zi. 74 gebracht (GbhP).
[18] Anna Welich kam "wegen Krankheit der Mutter" ins Fdh (GbhP), nach der Entbindung wurde die Mutter auf die syphilitische Abteilung des AKH gebracht (GbhP). Das Kind kam zu einer Kleinhäuslerin nach Großpopen (FdhP: Anna Maria Gfällner, Kleinhäuslerin in Großpappen <Großpop(p)en> No 42, Pfarre Großpoppen - NÖ, OMB), es könnte überlebt haben, zumindest wurde kein Sterbedatum nachgetragen, einer Randnotiz zufolge wird 1859 ein Taufschein für Anna Welich ausgestellt worden sein. Weitere Randnotizen aus den Jahren 1939 und 1942 (mit Bezug auf das Amtsgericht Allentsteig) in der Taufmatrik und im GbhP verweisen in die Zeit des Nationalsozialismus (Taufmatrik AKH 35/01/30).

M: Name	M: Vorname	geb. ca.	Beruf	K: Name	K: Vorname	K: geb.	K: gest.	K: entl.	Qu GbhP	Qu FdhP	Qu EntlP
HAIMANN (HEIMANN)											
Haimann[19]	Johanna	1841/U	Magd	Haimann	Eva	64/04/2	64/04/20		49/02940	1864/2902	
Heimann[20]	Anna	1841/U	Magd	totgeboren		62/10/28			47/07909		
Hainburg	Julia	1807/W	Magd	totgeboren		26/10/5			11/01862		
Hajek Emilia, vide geb. Hollub Emilia											
Hajnal	Eugenia	/U		Hajnal[21]	Karl	60/09/04				1862/4501	
Haldek	Barbara	1845/B	Magd	Haldek	Barbara	64/12/06	65/02/5		49/09707	1864/9372	
Häller Franziska, vide Heller											
Hamlisch[22]	Eleonora	1828/U	Magd	Hamlisch[23]	Franziska	57/10/4	57/10/29		42/07738	1857/7097	
Hamlisch[24]	Eleonora	1829/U	Magd	Hamlisch[25]	Franz	59/03/30	59/04/15		44/03916	1859/2737	
Hamlisch	Leopoldine			Hamlisch[26]	Stefan Leop.	55/02/10	56/03/29			1855/3687	
Hammerschlag[27]	Elisabeth	1816/B		**Klinger**[28]	Karl	43/05/27	43/07/7		28/02593	1843/2459	

---

[19] Johanna Haimann, geb. im Trentschiner Komitat in Ungarn, aus Preßburg zugereist (GbhP), könnte mit Anna Heimann ident sein (GbhP'e).
[20] Anna Heimann, aus Preßburg zugereist (GbhP).
[21] Karl Hajnal wurde von der Näherin Anna Andali mit einer Bittschrift der Mutter des Kindes nach Wien ins Fdh gebracht; geb. in Pest, V: Ernst Hajnal, M: Eugenia Hajnal; getauft am 62/06/28 in der Pfarre Alservorstadt, Taufpatin war Anna Andali aus Pest; am selben Tag wurde das Kind "der k.k. Findelanstalt übergeben" (Pfarre Alservorstadt Taufmatrik 62/06/28: Karl (früher Arthur) Hajnal; mit Beilagen: Bittschreiben der Mutter an die Findelhausdirektion, Geburtszeugnis). Karl Hajnal könnte die Findelpflege überlebt haben (FdhP: ab 1868 bei Theresia Emsenhuber, Hausbesorgerin, Josefstadt, Bennogasse No 26).
[22] Eleonora Hamlisch, geb. in Freistadtl in Ungarn, Neutraer Komitat, Magd in Preßburg No 125, von dort zugereist (GbhP). Für ihr Kind bekam Eleonora Hamlisch vom Fdh einen Empfangschein beim Verlassen des Gbh. Das Kind kam zu einer Bäuerin nach Kuchel in Ungarn, wo es im Alter von drei Wochen an Diarrhöe gestorben ist (FdhP).
[23] "Wegen Religion der Mutter" Fdh (GbhP, FdhP), starb an Diarrhöe (FdhP).
[24] Von Preßburg zugereist (GbhP).
[25] "Wegen Religion der Mutter" Fdh (GbhP, FdhP), starb an Durchfall (FdhP).
[26] Stefan Leopold Hamlisch, geboren am 55/02/10 in Wien-Wieden No 331, getauft am 55/02/11 in der Pfarre Wieden; kam drei Monate später gegen eine Taxe von 50 fl. (mit dem Vermerk: "Taufschein ungesehen") ins Fdh (FdhP).
[27] Elisabeth Hammerschlag, geb. und wohnhaft in Böhm.-Leipa, zugereist; Putzmacherin (GbhP) - eine Handarbeiterin modischer Accessoires, sie war

M: Name	M: Vorname	geb. ca.	Beruf	K: Name	K: Vorname	K: geb.	K: gest.	K: entl.	Qu GbhP	Qu FdhP	Qu EntlP
Hann Anna, vide Hahn											
Hartmann	Anna	1789/NÖ	Köchin	*Macher*	Eleonora	24/12/13	27/01/10		09/02600	1824/4678	
Hartmann[29]	Rosalia	1803	Magd	*Hartmann*[30]	Katharina	24/11/25	24/12/11		09/02606	1824/4358	
Hartmann[31]	Rosalia	1805/B	Magd	*Manhart*[32]	Ludwig	28/12/16	29/01/26		13/02703	1828/4252	
Hartmann[33]	Rosalia	1824/U	Tochter	Hartmann	Franz	49/03/5	52/10/20		34/02974	1849/1804	
Hartmann	Veronika	1798/B	Magd	*Kleofe*[34]	Maria	22/02/21			07/00424	1822/0638	
Hasenfeld[35]	Juliana	1804/U	Witwe	*Winter*[36]	Ludwig	29/02/5			14/00368	1829/0582	

---

von ihrem Geburtsort Böhmisch-Leipa zur Entbindung nach Wien gekommen (FdhP).

[28] Karl Klinger wurde gegen eine Taxe von 20 fl. aufgenommen, im FdhP wurde weder seine Mutter noch seine jüdische Herkunft erwähnt (FdhP).

[29] Im GbhP findet sich ein Hinweis auf einen "Kopfzettel" demzufolge der Vorname nicht **Rosalia** sondern "**Anna**" lautete.

[30] Für Katharina Hartmann wurde eine Taxe von 12 fl. bezahlt, im FdhP wird weder ihre Mutter noch ihre jüdische Herkunft erwähnt (FdhP).

[31] Rosalia Hartmann wurde nach der Entbindung ins AKH auf Zi. 79 (Syphilis-Abteilung) gebracht (GbhP).

[32] Ludwig Manhart kam "wegen Syphilis der Mutter" ins Fdh, die Mutter wurde sogleich nach der Entbindung auf die Syphilis-Station des AKH gebracht. Das Kind wurde nicht in Außenpflege abgegeben, es ist im Fdh im Alter von fünf Wochen gestorben (FdhP).

[33] Schullehrers Tochter, 25 Jahre alt, geb. in Szered, Preßburger Komitat, wohnhaft in Wien-Simmering (GbhP).

[34] M.K. (GbhP), Maria Kleofe (FdhP).- Das Kind wurde unmittelbar nach seiner Geburt getauft und kam noch am selben Tag ins Fdh. - an ebendemselben Tag wurde ins Fdh "wegen Krankheit der Mutter" ein Kind mit dem Namen Maria Kleofe aufgenommen. Der Name der Mutter dieses Kindes wurde nicht ins Protokoll eingetragen, ebensowenig seine jüdische Herkunft, die gleich zweimal in der Taufmatrik festgehalten wurde, einmal als Anmerkung zum Kind: "Israelita", sodann in der Namensrubrik der Mutter, in welcher man nicht den Namen der Mutter sondern einfach "Judaea" gesetzt hat. Taufpatin war die Hebamme Anna Blumenau (Taufmatrik AKH 22/02/21; FdhP). - Das Initialenkind "M.K." ist im Datenkontext sicherlich mit Maria Kleofe ident. - Maria Kleofe kam "wegen Krankheit der Mutter" ins Fdh, die Mutter wurde nach dem Wochenbett aus dem Gbh entlassen. Vom Fdh kam das Kind nach Zemling, und da kein Sterbedatum nachgetragen wurde, könnte das Kind überlebt haben (FdhP: Pflegepartei: Katharina Mayer, Inwohnerin, No 47 in Zemling - NÖ, UMB).

[35] Handelsmanns Witwe, aus Preßburg (GbhP).

[36] Bei Ludwig Winter wurde kein Sterbedatum nachgetragen, er könnte demnach die Findelpflege überlebt haben, zudem sich in der Taufmatrik des AKH eine Randnotiz in Form eines Datums aus dem Jahr 1858 befindet, welche sich mit Sicherheit auf die Ausstellung eines Taufscheines bezieht (Taufmatrik AKH 29/02/06: Randnotiz 58/11/10) - Ludwig Winter könnte für eine bevorstehende Verehelichung einen Taufschein benötigt haben.

H

M: Name	M: Vorname	geb. ca.	Beruf	K: Name	K: Vorname	K: geb.	K: gest.	K: entl.	Qu GbhP	Qu FdhP	Qu EntlP
Haslinger[37]	Rosalia	1827/U	Tochter	Haslinger[38]	Gustav	53/02/9	53/03/2		38/02242	1853/1072	
Haslinger	Sara	1833/U	Magd	Haslinger	Friederike	55/02/19	55/04/13		40/02384	1855/1387	
Hassan[39]	Theresia	1837/W	Hdarb	Hassan[40]	Isidor	63/06/17		63/08/6	48/05626	1863/4736	63/08/11
Hatschek	Babette	1837/U	Magd	Hatschek	Karl	60/05/11	60/05/31		45/04054	1860/3481	
Hatscheck[41]	Franziska	1795/U	Witwe	*Horn*[42]	Adam	30/03/17			15/00558	1830/0562	
Hatsek	Franziska	1795/U	Witwe	*Prasser*[43]	Johann	31/04/16	31/04/29		16/01016	1831/1094	
Hacsek[44]	Franziska	1797/M	Magd	*Jordansky*[45]	Joachim	35/10/6	35/10/31		20/03516	1835/3373	
Hatscheck[46]	Franziska	1809/U	Magd	*Schmidt*[47]	Hieronymus	33/04/2			18/01459	1833/1271	

---

[37] Handelsmanns Tochter, 26 Jahre alt, in Pest geboren, von dort zugereist (GbhP, FdhP).
[38] Im Fdh im Alter von drei Wochen an einem Oedem gestorben (FdhP).
[39] Theresia Hassan gehörte zur (jüdisch-)türkischen Gemeinde in Wien, V: Josef Hassan aus Bukarest; sie heiratete am 67/12/22 den Vater ihrer Kinder, Robert Löwe, einen Buchhalter, der diese als legitim anerkannt hat: Josefine, geb. 64/06/30 (IKG Gb D 253), Marianne, geb. 66/06/15 (IKG Gb D 2402) und Isidor (GbhP; IKG ProsP 1868B 30a). 1868 wurde noch ein Mädchen namens Mathilde (Malka) geboren und als ehel. Kind in das Geburtenbuch der IKG eingetragen (IKG Gb D 4935).
[40] Isidor Hassan kam im Alter von zehn Tagen zu einer Häuslerin nach Verbócz in Ungarn. Kaum sechs Wochen später wurde er "gegen Revers" von seiner Mutter aus der Findelhausbetreuung gelöst. In das EntlP wurde Theresia Hassan, Handarbeiterin, wohnhaft in Wien-Mariahilf als L<eibliche>M<utter> eingetragen (FdhP, EntlP: Theresia Hassan, Handarbeiterin, Wien-Mariahilf, Esterhazygasse No 23).
[41] Franziska Hatscheck ist mit Franziska Hatsek und Hacsek ident, geb. in Vörösvár, Handelsmanns Witwe, 1830 aus Maria Trost No 42, 1831 und 1835 aus Ofen zugereist (GbhP'e), wußte 1831 "den Namen des Mannes nicht auzugeben <...> angeblich sechs Jahre Witwe" (GbhP).
[42] Adam Horn könnte bei seiner Pflegemutter überlebt haben, da in das FdhP kein Sterbedatum nachgetragen wurde (Pflegemutter: Elisabeth Spieß, Bauersweib in Natschbach No 18, Herrschaft Feistritz - NÖ, UWW) (FdhP). - Taufmatrik AKH 30/03/07: "Mater infantis judaea".
[43] Bei Johann Prasser wurde in das FdhP kein Sterbedatum nachgetragen, er könnte demnach überlebt haben (FdhP: Pflegepartei: Maria Barnikowitz, Halblehnerin, Markt Hof, Herrschaft Mannersdorf - NÖ, UWW). - Taufmatrik AKH 31/04/17: "Mater inf<antis> judaea".
[44] Franziska Hacsek, aus Ofen zugereist (GbhP) - eine unrichtige Zuordnung im GbhP des Geburtsortes zu Mähren.
[45] Joachin Jordansky (GbhP), Joachim Jordansky (FdhP) - nicht selten wurde M mit N verwechselt, siehe hiezu Excurs C. - Taufmatrik AKH 35/10/06: "Infans Judaeus".
[46] Franziska Hatscheck, geb. in Vörösvár, zugereist aus Pest (GbhP).

H

M: Name	M: Vorname	geb. ca.	Beruf	K: Name	K: Vorname	K: geb.	K: gest.	K: entl.	Qu GbhP	Qu FdhP	Qu EntlP
Hauser	Anna	1836/U	Magd	Hauser[48]	Maria Th.	54/02/2			39/02099	1854/0789	
Hauser	Anna	1837/B	Stbm	Hauser	Anna	58/06/1	58/09/8		43/05120	1858/4597	
Hauser[49]	Franziska	1820/M	Magd	Hauser[50]	Bernhard	44/07/29	44/08/19		29/04487	1844/3589	
Hauser[51]	Franziska	1820/M	Magd	Hauser[52]	Karl	47/12/3		58/03/20	33/00631	1847/6982	58/03/20
Hauser[53]	Karolina	1845/M	Magd	Hauser[54]	Rudolf	65/04/13	65/04/21		50/02553	1865/2698	
HÄUSSLER (HEISLER)											
Häussler[55]	Maria	1805/U	Köchin	*Mayer*[56]	Johann Nep.	25/05/24				10/01160	

[47] Bei Hieronymus Schmidt wurde kein Sterbedatum in das FdhP nachgetragen, er könnte demnach überlebt haben (FdhP: zuletzt, vor Beendigung der Findelhausversorgung, wohnhaft in Wien, Himmelpfortgrund No 199). - "Mater infantis est judaea", Datum aus dem Jahr 1857 als Randnotiz in der Taufmatrik, welches auf die Ausstellung eines Taufscheines schließen läßt (Taufmatrik AKH 33/04/02: Hieronymus Schmidt, Randnotiz: 57/12/28).
[48] "Wegen mosaischer Religion der Mutter" Fdh (GbhP), in den verfilmten FdhP'n wurde die entsprechende Seite nicht verfilmt, im Index befindet sich der Name des Kindes - es kam tatsächlich ins Fdh.
[49] **Franziska** Hauser (GbhP, FdhP), **Josefa** Hauser (Taufmatrik AKH 44/07/28: Bernhard Hauser). - Franziska Hauser, gestorben am 44/07/31 (GbhP: im Gbh).
[50] Im Fdh im Alter von drei Wochen an Durchfall gestorben (FdhP).
[51] Franziska Hauser, geb. und wohnhaft in Schaffa in Mähren, von dort zugereist (GbhP).
[52] Karl Hauser kam "wegen israelitischer Religion der Mutter" ins Fdh, sodann zu einer Witwe nach Ernstbrunn, bei welcher er zehn Jahre lang blieb, war dann kurze Zeit im Fdh, über drei Monate bei einer Witwe am Thury; wurde sodann dem Wr. Magistrat übergeben (FdhP, EntlP).
[53] Karolina Hauser, gestorben am 65/05/03 (GbhP: im Gbh). - TBP 65/05/02: Hauser Karolina, "Magd 20 Jahr, ledig, israelitisch, Kossel <unsichere Lesart> Mähren, Große Ankergasse No 87, II. Bezirk, Lungenödem, AKH."
[54] Rudolf Hauser kam "wegen Krankheit der Mutter" ins Fdh, er ist in dieser Anstalt im Alter von acht Tagen an Erysipel (Rotlauf) gestorben (FdhP).
[55] Maria Häussler ist mit Maria Heisler ident, geb. um 1807 in Jóka in Ungarn; 1825 wohnhaft in Wien Innere Stadt No 1052, 1829 in Wien-Breitenfeld No 13 und 1832 in der Alservorstadt No 13 (GbhP'e).
[56] **J.M.** (GbhP), Johann Nepomuk Mayer (Taufmatrik AKH 25/05/24). - Für das Jahr 1825 sind keine FdhP'e erhalten, die Auflösung der Initialen kann daher nur über die Taufmatrik versucht werden. Das Kind wurde am 24. Mai geboren. Am gleichen Tag wurde im Gbh ein Kind auf den Namen Johann Nepomuk Mayer getauft, die Eintragung erfolgte im "jüdischen Formular", das Feld, das für den Namen der Mutter vorgesehen war, blieb leer, Taufpate war der Kirchendiener Josef Eckerle. Mit großer Wahrscheinlichkeit handelt es sich hier um das gesuchte Initialenkind "J.M." (GbhP; Taufmatrik AKH 25/05/24).

M: Name	M: Vorname	geb. ca.	Beruf	K: Name	K: Vorname	K: geb.	K: gest.	K: entl.	Qu GbhP	Qu FdhP	Qu EntlP
Häussler	Maria	1807/U	Magd	**Ernst**[57]	Maria	29/10/16			14/02393	1829/3497	
Heisler	Maria	1808/U	Magd	**Roth**	Joseph	32/03/17	32/04/7		17/00766	1832/0951	
Hechinger	Maria	1824/Dt	Magd	<...>[58]		45/09/19			30/05862		
Hecht[59]	Franziska	1812/U	Magd	**Muk**[60]	Franz	33/06/23	33/10/1		18/02298	1833/2258	
Hecht[61]	Josefa	1845/B	Magd	Hecht	Karl	66/10/6			51/06861	1866/7266	
Hecht	Josefa	1845/B	Magd	Hecht[62]	Jakob	68/05/7	68/07/31		53/02930	1868/3391	
Hefer[63]	Ludmilla	1838/B	Tagl	Hefer	Josef	67/06/30	67/07/1		52/03385	1867/3847	
Heilig	Fanni	1842/M	Magd	Heilig	Berta	65/12/21	66/01/11		50/08366	1865/9416	
Heim	Maria	1830/U	Magd	Heim[64]	Apollonia	57/05/26	57/06/10			1857/3991	

---

[57] Bei Maria Ernst wurde kein Sterbedatum in das FdhP nachgetragen, sie könnte demnach überlebt haben. Im Alter von zwölf Tagen kam sie zu einem Viehhirten, der mehrmals seinen Aufenthaltsort wechselte, von Rapoltendorf nach Tullnerbach, von Tullnerbach nach Dürrenhag (FdhP: Barbara Moser, Viehhirtensgattin, Dürrenhag - NÖ, OWW).
[58] o.A. (GbhP). Dieses Kind, ein Bub, wurde nicht getauft, Mutter und Kind wurden am 45/09/36 aus dem Gbh entlassen (GbhP).
[59] Franziska Hecht, aus Ungarn zugereist (GbhP).
[60] o.A. (GbhP), **Franz Muk** (FdhP; Taufmatrik AKH 33/06/24). - Das Kind wurde am 23. Juni geboren, im GbhP blieb die Rubrik, die für den Namen des Kindes vorgesehen war, leer, lediglich der Transfer des Kindes "wegen Krankheit der Mutter" wurde festgehalten. Am 4. Juli wurde ein Kind mit dem Namen Franz Muk ins Fdh aufgenommen, der Name seiner Mutter wurde ins FdhP eingetragen: Franziska Hecht, Israelitinn, die Mutter des gesuchten namenlosen Kindes. - (GbhP, FdhP; Taufmatrik AKH 33/06/24: Franz Muk, Anmerkung: "Mater infantis judaea").
[61] Josefa Hecht, geb. von Suchomast in Böhmen, Bezirk Beraun; wohnhaft in Wien-Leopoldstadt No 9 (GbhP); im FdhP als "kl" (katholisch, ledig) eingetragen; in der Taufmatrik als jüdisch ausgewiesen (Taufmatrik AKH 66/10/07: Karl Hecht).
[62] Jakob Hecht war das zweite Kind, das seine Mutter im Gbh zur Welt brachte. Das erste, 1866 geboren, wurde noch getauft, Jakob war bereits ein "68er Kind", er wurde im Gbh beschnitten, in das Geburtenbuch der IKG eingetragen, kam mit der Mutter ins Fdh, blieb dort fast ein Monat, erhielt sodann einen Pflegeplatz; nach sieben Wochen an Anämie gestorben (GbhP, FdhP, IKG Gb D 4585; CAHJP A/W 1809, Verzeichnis jüdischer Findelkinder von 1868).
[63] Ludmilla Hefer <durchgestrichen Fefer> (GbhP), Ludmilla Hefer (Fefer) (Taufmatrik AKH 67/05/30: Josef Hefer; FdhP) - ins GbhP als "k<atholisch>" eingetragen, im FdhP als jüdisch ausgewiesen (GbhP, FdhP).
[64] Apollonia Heim, geb. und getauft im Militär-Gebärhaus am 57/05/26, wurde am folgenden Tag "wegen Religion der Mutter" ins Fdh gebracht; gestorben im Fdh an Diarrhöe (FdhP).

H

M: Name	M: Vorname	geb. ca.	Beruf	K: Name	K: Vorname	K: geb.	K: gest.	K: entl.	Qu GbhP	Qu FdhP	Qu EntlP
Heimann Anna, vide Haimann											
Hein	Henriette	1814/W	Hdarb	*Held*	Hermina	33/01/2	33/01/21		18/00650	1833/0162	
Hein[65]	Maria	1831/U	Magd	Hein	Heinrich	50/01/28	50/02/26		34/07675	1850/0709	
Heinrich[66]	Theresia	1842/U	Magd	Heinrich	Moritz	63/12/20	64/03/7		49/00843	1864/0136	
Heinrich[67]	Wilhelmine	1842/U	Hdarb	Heinrich	Anna	61/08/17	61/10/24		46/06167	1861/6631	
Heisler Maria, vide Häussler											
Heitler	Maria	1837/W	Hdarb	Heitler	Maria	58/01/24	58/03/4		43/02145	1858/0862	
Heksch[68]	Charlotte	1846/U	Hdarb	Heksch	Rosalia	65/08/11	66/04/4		50/05600	1865/6060	
Heksch	Charlotte	1848/U	Hdarb	<...>[69]		67/07/21			52/04399		
HELLER (HÄLLER, HÖLLER)											
Heller	Barbara	1837/B	Magd	Heller	Elisabeth	66/05/6			51/03118		
Häller[70]	Franziska	1794/B	Magd	*Steinbök*[71]	Anna	17/11/18	17/12/8		02/02306	1817/3296	
Heller[72]	Franziska	1809/U	Witwe	unentbunden entlassen				37/12/23	23/00547		

---

[65] Maria Hein, geb. in St. Johann in Ungarn, Preßburger Komitat, Magd in Preßburg, von dort zugereist (GbhP).
[66] Theresia Heinrich, aus dem Eisenburger Komitat, zugereist (GbhP).
[67] Wilhelmine Heinrich, geb. in Csakathurn in Ungarn, aus Warasdin zugereist (GbhP).
[68] Charlotte Heksch ist mit Lotti Heksch ident, um 1847 geboren, aus Szent-Miklós in Ungarn, Komitat Wieselburg, Handarbeiterin; 1865 wohnhaft in Wien-Neubau, Neustiftgasse No 56 (1867 wurden nur Alter und Beruf ins GbhP eingetragen) (GbhP'e).
[69] o.A. (GbhP). Dieses Kind, ein Bub, wurde nicht getauft, seine Mutter wurde mit dem Kind am 67/07/28 aus dem Gbh entlassen. Es war das zweite Kind, das sie im Gbh zur Welt brachte, das erste, geboren am 65/08/11 wurde auf den Namen Rosalia getauft und ist im folgenden Jahr gestorben (GbhP).
[70] Franziska Häller (GbhP), Franziska Höller (FdhP).
[71] A.St. (GbhP), Anna Steinbök (FdhP), Anna Steinbek (Taufmatrik AKH 17/11/18). - Das Kind kam am 19. November ins Fdh - am gleichen Tag wurde ein Kind mit dem Namen Anna Steinbök aufgenommen, 1 T<ag alt>, im Gbh geboren, in die Namensrubrik der Mutter wurde "Höller Franziska Israelitin ihr Kind" eingetragen (FdhP). Tags zuvor war das Kind getauft worden, in die Taufmatrik des AKH wurde es unter dem Namen Anna Steinbek eingetragen, ohne seine jüdische Herkunft zu erwähnen, Taufpatin war die Hebamme Anna Blumenau (Taufmatrik AKH 17/11/18). - Das Initialenkind "A.St." ist somit mit Anna Steinbök/Steinbek ident.
[72] Taglöhnerin (GbhP), war bereits im AKH, wurde zur Entbindung ins Gbh gebracht.

H

M: Name	M: Vorname	geb. ca.	Beruf	K: Name	K: Vorname	K: geb.	K: gest.	K: entl.	Qu GbhP	Qu FdhP	Qu EntlP
Heller[73]	Karolina	1834/W	Hdarb	unentbunden entlassen 51/11/08					37/00820		
Heller	Karolina	1834/W	Hdarb	unentbunden entlassen 51/12/18					37/00962		
Heller	Karolina	1835/W	Hdarb	Heller	Amalia	52/01/3	52/04/15		37/01438	1852/0226	
Heller	Katharina	1819/U	Magd	*Gellert*	Josef	37/01/9	37/06/16		22/00871	1837/0151	
Heller	Katharina	1830/U	Magd	Heller	Rudolf	55/04/6	55/07/8		40/03408	1855/2570	
Heller[74]	Rosalia	1811/U	Tochter	*Kalter*	Eleonora	29/05/31	29/07/5		14/01305	1829/2001	
HEND(E)L (HAENDEL, HÄNDEL)											
Hendl[75]	Josefa	1837/W	Hdarb	Hendl	Jakob	64/07/23	64/08/12		49/06855	1864/5952	
Hendel[76]	Josefa	1836/W	Hdarb	Händel	Ignaz	67/07/11	67/07/24		52/04208	1867/4742	
Haendel	Josefa	1836/W	Hdarb	Hendl[77]	Leopold	68/11/8	69/01/25		54/06560	1868/7240	
Hennig Maria, vide Hönig											
Henk(e)l Anna, vide geb. Anna Drechsler											
Herlinger	Anna	1844/U	Magd	<...>[78]		66/07/1			51/04376		
Hermann[79]	Anna	1814/Dt	Magd	*Tison*[80]	Theodor	42/07/9		52/06/7	27/03787	1842/3277	52/06/7

---

[73] Karolina Heller, geb. am 34/08/09 in Wien; V: Bernhard Heller, Handelsmann, M: Katharina, geb. Beer aus Preßburg; wohnhaft Wien-Leopoldstadt No 494, die Geburt wurde bei der P.O.D. (Polizei-Oberdirektion) von der Hebamme gemeldet (IKG Gb A 34/08/09); wohnhaft Wien-Fünfhaus No 56 (GbhP'e); im Geburtenbuch der IKG.
[74] Handelsmanns Tochter, 18 Jahre alt, aus Kittsee in Ungarn, wohnhaft in Wien-Leopoldstadt No 16 (GbhP).
[75] Josefa Hend(e)l ist mit Josefa Haendel ident, geb. am 36/04/21 in Wien, V: Simon Hendl aus Szenitz in Ungarn, M: Rosalia, geb. Händel; die Eltern wohnten am Himmelpfortgrund No 211 (IKG Gb A 540); Josefa Hend(e)l wohnte 1864 in Wien-Lichtental und 1867 in Wien-Josefstadt (GbhP'e); konvertierte am 72/08/31 in der Pfarre St. Laurenz am Schottenfeld; als Begründung wurde u.a. "die nahe Aussicht auf Verehelichung" angegeben; erhielt bei der Taufe die Namen Josefa **Magdalena Antonia** (Pfarre St. Laurenz Konvertiten III 72/08/31).
[76] Josefa Hendel <Handel, A durchgestrichen, mit E ersetzt> (GbhP), Josefa Händel (Taufmatrik AKH 67/07/12: Ignaz Händel; FdhP).
[77] Leopold Hendl wurde auf Verlangen der Mutter katholisch getauft, im Fdh gestorben (FdhP).
[78] o.A. (GbhP). Das Kind, ein Mädchen, wurde nicht getauft; "wurde wegen der Religion der Mutter entlassen", wie es im GbhP vermerkt wurde. Die Religon der Mutter wurde mit "mosaisch" angegeben - in dieser Zeit höchst ungewöhnlich, die allgemein übliche offizielle Bezeichnung war "israelitisch".
[79] Ursprünglich als "kl" (katholisch, ledig) eingetragen, sodann wurde "k" gestrichen, nach der Berufsangabe setzte man die Korrektur: "Is<raelitin>"

H

M: Name	M: Vorname	geb. ca.	Beruf	K: Name	K: Vorname	K: geb.	K: gest.	K: entl.	Qu GbhP	Qu FdhP	Qu EntlP
Herrmann	Esther	1812/Dt	Köchin	*Passer*[81]	Josefa	36/10/15			21/03963	1836/3457	
Herrmann[82]	Johanna	1825/U	verh.	totgeboren 47/12/7					33/00696		
Hermann[83]	Karolina	1822/B	Magd	Herrmann[84]	Leopold	50/01/28		60/01/28	35/00596	1850/0707	60/02/14
Hermann	Karolina	1830/B	Magd	Hermann[85]	Leopoldine	55/10/27	55/11/21		40/06069	1855/6542	
Herrmann[86]	Rosalia	1827/B	Magd	unentbunden entlassen 47/02/26					32/02440		
Hermann	Rosalia	1827/B	Magd	Hermann[87]	Wilhelm	47/02/27	47/04/13		32/02549	1847/1485	
Herrmann	Rosa	1828/B	Magd	Herrmann[88]	Anton	51/01/1	51/01/28		36/01334	1851/0177	

(FdhP).
[80] Theodor Tison (FdhP: "Israelitenkind") mußte einige Male die Pflegeparteien wechseln, überlebte jedoch. Als zehnjähriges Kind wurde er vom Weber Eduard Englisch auf dem Schottenfeld laut Entlassungsprotokoll "gegen Revers" übernommen - in welcher Beziehung Eduard Weber zum Kind oder zur Mutter des Kindes gestanden ist, wurde im EntlP nicht festgehalten (EntlP: Englisch Eduard, bürgerlicher Weber, <Wien> am Schottenfeld No 506).
[81] J.P. (GbhP), Josefa Passer (FdhP; Taufmatrik AKH 36/10/15). - "J.P." ist am 16. Oktober ins Fdh gekommen - am gleichen Tag wurde ein Kind mit dem Namen Josefa Passer als "Israelitenkind" ins Fdh aufgenommen. Die Mutter, "Esther Herrmann, 24 Jahre alt, israelitisch, ledig, von Heiligenstadt in Bayern, Magd", wurde in das FdhP eingetragen. Das Kind wurde sogleich nach seiner Geburt getauft, in der Taufmatrik wurde die jüdische Herkunft des Kindes festgehalten ("mater infantis judaea"), nicht jedoch der Name der Mutter. - Das Initialenkind "J.P." ist demnach ident mit Josefa Passer (GbhP, FdhP; Taufmatrik AKH 36/10/15). - Bei Josefa Passer wurde kein Sterbedatum eingetragen, sie könnte daher die Findelpflege überlebt haben (FdhP: letzte Pflegepartei vor Beendigung der Findelhausversorgung: Elisabeth Kaspar, Kutsch<ersgattin>, Breitenfeld No 24, Grätzer Kreis - Stmk).
[82] Johanna Herrmann kam vom AKH, Zi. 41 ins Gbh, wurde nach der Entbindung zurück auf ihr Krankenzimmer gebracht (GbhP).
[83] Karolina Hermann, geb. von Bochdanetsch in Böhmen; 1850 wohnhaft in Wien-Wieden No 54, 1855 von ihrem Heimatort zugereist (GbhP'e).
[84] Leopold Hermann, als "Israelitenkind" aufgenommen; blieb zwei Tage im Fdh, sodann kam er zu einer Taglöhnerin in Wien-Erdberg namens Anna Rolk (FdhP). Das Kind blieb bis nach dem Auslaufen der Findelhausversorgung bei seinen Pflegeeltern. Seine Pflegemutter wurde als Übernahmepartei mit dem Vermerk "PP" (Pflegepartei) ins EntlP eingetragen (EntlP: Anna Rolk, Witwe, Wien-Erdberg No 609).
[85] "Wegen Religion der Mutter" Fdh (GbhP, FdhP), als "Israelitenkind" ins FdhP aufgenommen.
[86] Rosalia Her(r)mann, geb. aus Ledetsch in Böhmen, Czaslauer Kreis; wohnhaft in Wien-Leopoldstadt No 573 (1847) und Wien Innere Stadt No 166 (1851) (GbhP'e).
[87] "Wegen israelitischer Religion der Mutter" Fdh (GbhP), starb an Gedärmentzündung (FdhP).
[88] Anton Herrmann war "wegen Krankheit der Mutter" ins Fdh gekommen, seine Mutter, Rosa Herrmann, bekam am 51/01/10 für ihr Kind "Mit h<oher>

H

M: Name	M: Vorname	geb. ca.	Beruf	K: Name	K: Vorname	K: geb.	K: gest.	K: entl.	Qu GbhP	Qu FdhP	Qu EntlP
Hermann[89]	Rosalia	1826/B	Magd	Hermann[90]	Katharina	49/07/3		59/05/12	34/05248	1849/4619	59/05/12
Hermann	Rosalia	1827/B	Magd	Herrmann	Eduard	51/03/15			36/03067		
Herman[91]	Theresia	1829/B	Magd	Hermann	Hermann	51/12/21	52/12/18		37/01160	1851/8031	
Herman	Theresia	1832/B	Magd	Herman[92]	Anna Franz.	53/07/17	53/11/23		38/05845	1853/4821	
Herman	Theresia	1830/B	Magd	Hermann[93]	Theresia	56/04/13	56/05/10		41/03449	1856/2637	
Herrisch[94]	Johanna	1825/M	Magd	Herrisch[95]	Johanna	49/10/20	49/11/27		34/07058	1849/6586	
Hernfeld	Eva	1829/U	Magd	Hernfeld	Maria	49/01/2	49/05/27		34/01354	1849/0224	
Herrnfeld	Rosalia	1817/U	Magd	*Bucher*	Leopold	42/09/3	42/10/10		27/05188	1842/4011	
Herrnhut	Franziska	1810/U	Magd	*Sonnenthal*	Eleonora	28/04/26	28/05/15		13/00897	1828/1734	

B<ewilligung> einen Empfangschein". Das Kind kam zu einer Handarbeiterin nach Wien-Erdberg, wo es im Alter von vier Wochen gestorben ist; Todesursache: Wasserkopf (FdhP).

[89] Rosalia Her(r)mann, geb. von Kollnetz in Böhmen, Klattauer Kreis; wohnhaft in Wien-Leopoldstadt No 708 (1849) und No 66 (1851). Rosalia Her(r)mann heiratete nach vorangegangener Taufe, bei welcher sie den Namen **Maria Johanna** erhalten hatte und als Maria Johanna Laschansky-Hermann in die Taufmatrik ihres Kindes eingetragen wurde, den Vater ihres Kindes Eduard, Philipp Wedam, einen Eisenbahnbeamten aus Wolfsbach in Kärnten. - Hermann war der Name ihrer Mutter, ihr Vater hieß Mathias Laschansky. Das Kind Eduard Hermann wurde von seinem Vater anerkannt und legitimiert (Taufmatrik AKH 51/03/15).

[90] Katharina Hermann kam im Alter von sieben Tagen zu Eleonora Kronaus in Wiesfleck, welche für das Kind auch nach Ablauf der Findelhausbetreuung weiter sorgte - sie übernahm es "gegen Revers" und wurde als Übernahmepartei in das EntlP eingetragen (EntlP: Eleonora Kronaus, Inwohnerin, Wiesfleck No 34, Pfarre Edlitz, Bezirksamt Aspang - NÖ, UWW).

[91] Theresia Herman(n), geb. aus Groß-Bock (Welká Bukowina) in Böhmen, Königgrätzer Kreis - um 1845 ein Ort mit 388 Einwohnern, darunter 18 jüdische Familien (F. Raffelsperger, Geographisches Lexikon II, 876); in Wien wohnhaft in der Alservorstadt No 166 (1851) und in der Leopoldstadt (1853 und 1856).

[92] Anna Franziska.

[93] "Wegen Religion der Mutter" Fdh (GbhP, FdhP).

[94] Bei der Hebamme Elisabeth Schwarz, Wien Innere Stadt No 510 kam am 47/09/24 ein Mädchen zur Welt, es wurde in das Geburtenbuch der IKG als Barbara Herisch eingetragen, als uneheliches Kind der Johanna Herisch aus Eisgrub (IKG Gb A 2471).

[95] "Wegen Religion der Mutter" Fdh (FdhP), starb an Auszehrung.

H

M: Name	M: Vorname	geb. ca.	Beruf	K: Name	K: Vorname	K: geb.	K: gest.	K: entl.	Qu GbhP	Qu FdhP	Qu EntlP
Herrnhut[96]	Rosalia	1817/U	Magd	**Rinner**[97]	Josefa	37/04/22	37/04/22		22/02166		
Hersch	Rosalia	1824/M	Magd	Hersch	Franz	48/03/10	48/03/28		33/02575	1848/1649	
Herschel[98]	Johanna	1815/M	verh.	**Wolf**[99]	Anna	35/04/14			20/01962	1835/1510	
Herschel	Rosalia	1837/U	Magd	Herschel[100]	Karl	55/08/05	55/09/01			1855/5051	
Herschkowics[101]	Bella	1841/U	Magd	Herschkowics	Franziska	60/09/26	61/12/18		45/07118	1860/6696	
Herschmann	Elisabeth	1824/B	Magd	Herschmann	Johann	49/01/19	49/06/7		34/01810	1849/0640	
Herschmann[102]	Ludmilla	1824/B	Magd	Herschmann[103]	Julius	58/06/1	58/06/24		43/05542	1858/4448	
Herschmann	Sofia	1848/W	Hdarb	Herschmann[104]	Rudolf	67/02/12		67/02/20	51/08849	1867/1231	68/09/4
Herzl(in)	Anna		Magd	Herzl[105]	Jakob	08/05/25	08/06/11			1808/1306	

[96] Rosalia Herrnhut wurde vom AKH, Zi. 18 ins Gbh zur Entbindung gebracht (GbhP).
[97] Josefa **Herrnhut** (GbhP), Josefa **Rinner** (Taufmatrik AKH 37/04/22) - "nothgetauft und gestorben" (Taufmatrik AKH 37/04/22) - "der Herrnhut Rosalia ihr Mädchen Josepha" (Sterbematrik AKH 37/04/22; Taufmatrik AKH 37/04/22: "Mater infantis judaea").
[98] Branntweinbrennersgattin (GbhP).
[99] Bei Anna Wolf wurde im FdhP kein Sterbedatum nachgetragen, sie könnte somit die Findelpflege überlebt haben - 1862 wurde vermutlich ein Taufschein ausgestellt, Nachkommen suchten um Ariernachweise an (Taufmatrik AKH 35/04/14: "Mater infantis judaea", Randnotizen aus den Jahren 1862, 1940, 1942, 1943 und 1968; FdhP: Pflegepartei: Magdalena Klein, Hauersweib, Ober-Seebarn No 26, Pfarre Grafenwörth - NÖ, UMB).
[100] Karl Herschel, geb. und getauft im Militär-Gebärhaus am 55/08/05, wurde nach einer Woche wegen "Religion der Mutter" ins Fdh gebracht; gestorben im Fdh an Zellgewebsbrand (FdhP).
[101] Bella Herschkowics, aus dem Zempliner Komitat, von Pest zugereist (GbhP).
[102] Ludmilla Herschmann, geb. am 23/04/23 in Wessely in Böhmen, heiratete 60/01/08 im Bethaus (Seitenstettengasse) in Wien den Branntweinverschleisser Michael Kanitzer aus Ofen (IKG Tb Stadt 1857-1871, 1860: 149). Nach dem Tod ihres Mannes lebte sie vom Verkauf von Spirituosen. Sie hatte drei Söhne, alle drei waren als bei ihr wohnhaft gemeldet: Moritz - geb. in Wien am 59/11/12, Josef - geb. am 63/11/19, beide "mos.", und Isidor. Bei letzterem, von Beruf "k.k. Matrose", wurde weder ein Geburtsdatum noch ein Religionsbekenntnis angegeben (KA: Ludmilla Herschmann).
[103] Julius Herschmann wurde nicht im Gbh geboren, sondern mit seiner Mutter einen Tag nach seiner Geburt - als "Gassengeburt" - dorthingebracht, getauft, kam dann "wegen Religion der Mutter" ins Fdh (GbhP, FdhP), starb an einem "Brand" (FdhP).
[104] Rudolf Herschmann wurde noch im Gbh getauft, kam "wegen Krankheit der Mutter" ins Fdh, wo er vier Tage lang blieb, dann wurde er "der leiblichen Mutter gegen Revers übergeben" (EntlP, FdhP).
[105] Jakob Herzl, geboren in der Alsergasse No 9, getauft am 08/05/26 in der Pfarre Alservorstadt, am folgenden Tag ins Fdh gebracht - in der Taufmatrik

M: Name	M: Vorname	geb. ca.	Beruf	K: Name	K: Vorname	K: geb.	K: gest.	K: entl.	Qu GbhP	Qu FdhP	Qu EntlP
Herz	Anna	1827/B	Magd	Herz[106]	Julius	46/11/27		56/11/27	32/00542	1846/6555	56/12/10
Herz	Cäcilia	1839/M	Magd	Herz	Rosa	66/06/11				51/04042	1866/4508
Herz	Fanni	1821/M	Magd	Herz	Leopold	47/11/11	48/01/15		33/00238	1847/6525	
Herz|Hercz	Hanni	1849/U		Herz|Hercz	Adolfine	68/10/13				1868/6700	
Herz[107]	Josefa	1828/U	Magd	Herz[108]	Josef	44/03/19	44/03/21		29/02275		
Herz[109]	Maria	1810/U	Magd	*Schönfeld*[110]	Karl	34/07/22	34/11/1		29/02978	1834/2608	
Herz[111]	Maria	1815/U	Magd	*Keller*	Peter	37/08/30	37/09/19		22/02478	1837/3357	
Herzel	Katharina	1831/U	Köchin	Herzel[112]	Franz	54/05/22	54/06/10		39/04891	1854/3627	

durch ein Notabene festgehalten: "Auf Verlangen der Mutter wurde das Kind <...> getauft"; im FdhP fehlt jeder Hinweis auf die jüdische Herkunft des Kindes, die Mutter wurde mit ihrem Namen ins Protokoll als "l.D." (ledige Dienstmagd) aufgenommen; gestorben im Fdh an der "Fraiß" (Pfarre Alservorstadt Taufmatrik 08/05/26; FdhP).
[106] Julius Herz kam "wegen israelitischer Religion der Mutter" ins Fdh (GbhP), blieb vier Tage im Fdh, wo ihn die Taglöhnerin Barbara Tusch aus Traiskirchen zu sich nahm. Zehn Jahre später wurde diese Pflegemutter als Übernahmepartei mti dem Vermerk "PP" (Pflegepartei) ins EntlP eingetragen (FdhP, EntlP: Barbara Tusch, Taglöhnerin, Traiskirchen No 40).
[107] Josefa Herz, aus Ungarn zugereist; gestorben am 44/07/12 (GbhP, IKG Stb A 2114: im AKH: an Bauchfellentzündung; TBP, im Mikrofilm kaum leserlich).
[108] Getauft, nach zwei Tagen im Gbh gestorben (GbhP; Taufmatrik AKH 44/03/19).
[109] Maria Herz, geb. von Freystadtl in Ungarn; vom Geburtsort zugereist; ins GbhP als "k<atholisch>" eingetragen, in der Taufmatrik und im FdhP als jüdisch ausgewiesen (GbhP; Taufmatrik AKH 34/07/22: Karl Schönfeld, M: "mater infantis judaea", FdhP: "Israelitenkind").
[110] **K.S.** (GbhP), **Karl** Schönfeld (Taufmatrik AKH 34/07/22; FdhP). - Das Kind kam am 30. Juli ins Fdh - am gleichen Tag wurde ein Kind mit dem Namen Karl Schönfeld als "Israelitenkind" aufgenommen. In der Namensrubrik der Mutter wurde bloß ein Vorname - Maria - eingetragen, l<edigen> St<andes>, sodaß man dem üblichen Formular zufolge irrtümlich annehmen könnte, "Maria Schönfeld" sei der Name der Mutter dieses Kindes gewesen. Laut GbhP war jedoch Maria Herz die Mutter des Initialenkindes "K.S.". Karl Schönfeld wurde in die Taufmatrik im "jüdischen Formular" aufgenommen: Taufpate war der Kirchendiener Andreas Losch, die Rubrik der Mutter blieb leer, als Anmerkung wurde die jüdische Abstammung mit "mater infantis judaea" festgehalten. - Somit können die Initalen "K.S." im Datenkontext mit Sicherheit dem Findelkind Karl Schönfeld zugeordnet werden (GbhP, FdhP; Taufmatrik AKH 34/07/22).
[111] Maria Herz, aus Ungarn zugereist (GbhP).
[112] Franz Herzel kam "wegen Krankheit der Mutter" ins Fdh (FdhP) - sie wurde nach dem Wochenbett mit Bauchfellentzündung aus dem Gbh entlassen

H

M: Name	M: Vorname	geb. ca.	Beruf	K: Name	K: Vorname	K: geb.	K: gest.	K: entl.	Qu GbhP	Qu FdhP	Qu EntlP
Herzfeld	Franziska		Magd	Herzfeld[113]	Gertaud	23/09/29				1823/3665	
Herzfeld[114]	Katharina	1834/U	Magd	Herzfeld[115]	Katharina	53/06/7	53/07/4		38/04172	1853/3902	
Herzfeld	Katharina	1831/U	Magd	Herzfeld[116]	Katharina	56/06/29	56/07/20		41/04439	1856/4254	
Herzfeld[117]	Theresia	1825/U	verh.	Herzfeld[118]	Heinrich	55/03/9			40/02784		
Herzmann[119]	Juliana	1813/U	Magd	*Moser*	Karolina	34/11/1	34/11/19		19/03584	1834/3838	
Herzog[120]	Anna	1820/M	Magd	*Mirwald*	Maria	43/09/6	43/10/3		28/04429	1843/4008	
Herzog	Anna	1822/M	Magd	Herzog[121]	Mathias	48/07/5	48/07/17		33/04683	1848/3908	
Herzog	Anna	1822/M	Magd	Herzog	Anna	50/05/03	50/05/20		35/03734	1850/2837	

(GbhP).
[113] Gertaud Herzfeld, geboren in der Leopoldstadt No 161, am 23/10/10 in der Pfarre St. Leopold getauft, wurde im Alter von 23 Tagen "gratis" ins Fdh aufgenommen; das Kind könnte überlebt haben, da kein Sterbedatum in das FdhP eingetragen wurde (Pflegemutter: M. Hofmann, Kleinhäuslerin, Patzmannsdorf No 29, UMB) (Pfarre St. Leopold Taufmatrik 23/10/10; FdhP).
[114] Katharina Herzfeld, wohnhaft in Wien-Leopoldstadt, gestorben am 56/07/17 (GbhP, IKG Stb B 2899: an Blutzersetzung). - TBP 56/07/17: "Herzfeld Katharina, Magd, 25 Jahr, ledig, israelitisch, Frauenkirchen Ungarn, Leopoldstadt 539, Blutzersetzung, k.k. Gebärhaus."
[115] "Wegen Religion der Mutter" Fdh (GbhP, FdhP); ursprünglich wurde ins GbhP "k<atholisch>" eingetragen, "k" wurde sodann gestrichen und durch "isr<aelitisch>" ersetzt.
[116] Katharina Herzfeld kam "wegen Krankheit der Mutter" ins Fdh, die Mutter ist zwei Wochen später im Gbh an Blutzersetzung gestorben (GbhP, FdhP, TBP 56/07/17, IKG Stb 56/07/17).
[117] Hausierersgattin (GbhP); Theresia Herzfeld, geb. Ungar aus Serdahely, wohnhaft Wien Innere Stadt No 687; war im Gbh in der 3.Kl. der Zahlabteilung auf "Klasse", sie stammte aus Preßburg (GbhP).
[118] o.A. (GbhP), als **Heinrich** Herzfeld in das Geburtenbuch der IKG eingetragen (IKG Gb B 2203);V: Moritz Herzfeld aus Preßburg; kam nicht ins Fdh, sondern in "Privatkost". Seine Mutter wurde am 55/03/13 aus dem Gbh entlassen. Drei weitere Kinder kamen bei Hebammen, bzw. zu Hause zur Welt: Michael (geb. 53/04/12, IKG Gb B 1449), David (geb. 56/02/27, IKG Gb B 2646) und Ludwig (geb. 60/02/09, IKG Gb C 1122).
[119] Juliana Herzmam (GbhP), Juliana Herzmann (FdhP).
[120] Anna Herzog, geb. und wohnhaft in Misslitz in Mähren, Znaimer Kreis, von dort 1843, 1848 und 1850 zugereist (GbhP'e).
[121] Mathias Herzog wurde "wegen Krankheit der Mutter" ins Fdh gebracht, er ist im Fdh im Alter von zwölf Tagen an Nabelbrand gestorben (FdhP). Die Mutter wurde nach dem Wochenbett aus dem Gbh entlassen (FdhP, GbhP).

H

M: Name	M: Vorname	geb. ca.	Beruf	K: Name	K: Vorname	K: geb.	K: gest.	K: entl.	Qu GbhP	Qu FdhP	Qu EntlP
Herzog[122]	Netti	1822/M	Magd	Herzog[123]	Alois	50/05/12	50/06/15		35/03491	1850/3069	
Herzog	Netti	1822/M	Magd	Herzog[124]	Franz	50/05/12	50/07/30		35/03491	1850/3070	
Herzog	Helene	1838/U	Magd	Herzog[125]	Maria	58/07/4	58/07/27		43/06318	1858/5410	
Herzog	Leni	1837/M	Hdarb	Herzog[126]	Wilhelm	68/11/18				1868/7418	
Herzog[127]	Maria	1831/M	Magd	Herzog[128]	Johann	49/05/3	49/06/15		34/04205	1849/3223	
Herzog[129]	Regina	1826/U	Magd	unentbunden entlassen				49/07/05[130]	34/05869		
Herzog	Regina	1826/U	Magd	unentbunden entlassen				49/10/04	34/06129		
Herzog	Regina	1826/U	Magd	<...>[131]				49/10/19	34/07311		
Hetz	Rosalia	1839/B	Hdarb	Hetz	Maria	62/10/30	63/01/9		47/07964	1862/7552	
Hilf[132]	Babette	1829/U	Magd	Hilf	Karolina	47/09/19	47/10/21		32/05273	1847/5585	
Hilfreich[133]	Netti	1835/M	Magd	Hilfreich	Gustav	61/08/9	61/08/27		46/06524	1861/6471	
Hülfreich	Pepi	1838/M	Magd	Hülfreich	Ida	58/02/11	59/01/12		43/01058	1858/1341	
Hilsner[134]	Antonia	1824/M	Magd	Hilsner[135]	Aloisia	44/06/20	44/09/15	44/07/4	29/03899	1844/3000	44/07/4

---

[122] Netti Herzog - Zwillingsgeburt 50/05/12: Alois und Franz Herzog; sie wurden getauft und als "Israelitenkinder" in das FdhP eingetragen, Alois starb schon im Fdh, sein Bruder sechs Wochen später an Auszehrung in Außenpflege (FdhP).
[123] Alois Herzog kam "wegen Religion der Mutter" ins Fdh, starb im Fdh an Durchfall (FdhP).
[124] Franz Herzog kam gleichfalls "wegen Religion der Mutter" ins Fdh, sodann in Außempflege nach Matzleinsdorf, starb an Auszehrung (FdhP).
[125] Im Fdh im Alter von 23 Tagen an Lebensschwäche gestorben (FdhP).
[126] Wurde katholisch getauft (FdhP).
[127] Maria Herzog, geb. und wohnhaft in Misslitz in Mähren, Znaimer Kreis, zugereist (GbhP).
[128] Von seinen Pflegeeltern ins Fdh zurückgebracht, zwei Tage später an Durchfall im Fdh gestorben (FdhP).
[129] Regina Herzog, geb. von St. Johann in Ungarn, Preßburger Komitat; 1847 wohnhaft in Wien-Wieden No 646 (14. Juli), No 15 (29. Juli), und wieder No 646 (Oktober).
[130] Auf Verlangen unentbunden entlassen (GbhP).
[131] o.A. (GbhP). - Das Kind, ein Mädchen, wurde ungetauft mit der Mutter am 49/10/28 entlassen (GbhP).
[132] Babett Hilf, geb. und wohnhaft in Preßburg, von dort zugereist (GbhP).
[133] Netti Hilfreich, geb. in Nikolsburg in Mähren, zugereist von Pest (GbhP).

H

M: Name	M: Vorname	geb. ca.	Beruf	K: Name	K: Vorname	K: geb.	K: gest.	K: entl.	Qu GbhP	Qu FdhP	Qu EntlP
Hilsner[136]	Antonia	1825/M	Magd	Hilsner	Karl	46/07/18	48/07/7		31/05069	1846/4177	
Hilsner	Rosalia	1828/M	Magd	Hilsner	Karl	45/06/19	45/07/6		30/04343	1845/3372	
Hindl[137]	Regina	1831/U	Magd	Hindl	Maximilian	52/04/15	53/04/9		37/03918	1852/2774	
Hindl	Regina	1831/U	Magd	totgeboren		52/04/15			37/03918		
Hirsch[138]	Netti	1832/U	Magd	Hirsch[139]	Amalia	50/06/13	50/07/9		35/03744	1850/3755	
Hirsch	Barbara	1803/M	Magd	Hirsch[140]	Katharina	25/02/17			10/00387		
Hirsch(in)[141]	Eva		Magd	Hirsch[142]	Magdalena	10/12/10	11/01/05			1810/2744	
Hirsch[143]	Josefa	1842/U	Magd	Hirsch[144]	Franz	66/05/11	66/06/4		51/03230	1866/3660	

---

[134] Antonia Hilsner, geb. von Groß-Meseritsch in Mähren, Iglauer Kreis; wohnhaft in Wien-Leopoldstadt No 103 (1844) und No 573 (1846) (GbhP'e).
[135] Aloisia Hilsner kam "wegen Religion der Mutter" ins Fdh (FdhP), wurde bereits nach ein paar Tagen "gegen Revers" aus dem Fdh abgeholt. Nach kaum einer Woche wurde ihre Mutter verhaftet, sie kam wieder ins Fdh, sodann in Außenpflege; gestorben an Abzehrung (FdhP 1844/3201).
[136] Antonia Hilsner, getauft am 48/05/11. "Der Mutter in Folge des nachgewiesenen orig<inalen> Taufscheines ein Empfangschein erfolgt worden am 48/07/05" (FdhP). - Bei den Konvertiten-Akten im DAW liegt das Gesuch der Pfarre am Hof um die Taufbewilligung vom 48/02/08 und die Bewilligung der Niederösterreichischen Landesregierung auf (DAW: Konvertiten-Akten 1848, es fehlt jedoch die Meldung der vollzogenen Taufe von seiten der Pfarre).
[137] Regina Hindl, geb. von Stampfen in Ungarn, Preßburger Komitat; wohnhaft in Wien-Leopoldstadt No 90; Zwillingsgeburt 52/04/15: Maximilian Hindl und ein totgeborenes Kind.
[138] Netti Hirsch, aus dem Trentschiner Komitat zugereist (GbhP).
[139] "Wegen Religion der Mutter" Fdh, in der Taufmatrik fehlt der sonst übliche Hinweis auf die jüdische Herkunft (FdhP; Taufmatrik AKH 50/06/14).
[140] Katharina Hirsch (Taufmatrik AKH 25/02/17, GbhP) - kam am 25/02/20 ins Fdh (GbhP; für das Jahr 1825 sind keine FdhP'e erhalten).
[141] Eva Hirsch, V: Johann Hirsch, Großhändler; M: Eva Hirsch; Dienstmagd (Pfarre Am Hof Taufmatrik 10/12/11: Magdalena Hirsch; FdhP).
[142] Magdalena Hirsch, geboren in Wien Innere Stadt No 436; am folgenden Tag in der Kirche Am Hof getauft; mit dem Meldzettel (Armutszeugnis) der Pfarre gegen eine Taxe von 20 fl. ins Fdh aufgenommen; im FdhP fehlt jeder Hinweis auf die jüdische Herkunft des Kindes, die Mutter wurde namentlich ins Protokoll als "l.D." (ledige Dienstmagd) aufgenommen; gestorben im Fdh an der "Fraiß" (Pfarre Am Hof 10/12/11; FdhP).
[143] Josefa Hirsch, geb. in Pistyán in Ungarn, aus Komorn zugereist (GbhP).
[144] Franz Hirsch kam "wegen Krankheit der Mutter" ins Fdh, die Mutter wurde nach dem Wochenbett ins Fdh zum Ammendienst gebracht - am selben Tag wurde das Kind in Außenpflege abgegeben (FdhP).

H

M: Name	M: Vorname	geb. ca.	Beruf	K: Name	K: Vorname	K: geb.	K: gest.	K: entl.	Qu GbhP	Qu FdhP	Qu EntlP
Hirsch	Julia	1813/U	Magd	*Charwoch*[145]	Josef	32/04/18	32/05/3		17/01037	1832/1277	
Hirsch	Katharina	1826/M	Magd	Hirsch[146]	Eva	50/05/5	50/06/21		35/03926	1850/2922	
Hirsch[147]	Katharina	1838/M	Magd	Hirsch	Karolina	65/12/14			50/07920	1865/9213	
Hirsch	Rosalia	1848/B	Hdarb	Hirsch[148]	Isabella	67/07/9	67/08/28		52/04135	1867/4559	
Hirschkron	Eleonora	1815/U	Witwe	Hirschkron	Adolf	49/06/3	49/06/29		34/04625	1849/3988	
Hirschl[149]	Anna	1810/U	Witwe	<...>[150]		47/07/9			32/05131		
Hirschlin	Esther	___/G		Hirschlin[151]	Aloisia	10/11/24	10/12/6			1810/2676	
Hirschl[152]	Josefa	1842/U	Magd	Hirschl[153]	Josefa	62/05/28			47/04610	1862/3836	
Hirschl	Rosalia	1845/U	Magd	Hirschl[154]	Juliana	68/05/26	68/06/12		53/03270	1868/3871	
Hirschl	Theresia	1799/B	Magd	*Werner*	Barbara	19/01/7	19/01/30		04/00049	1819/0089	
Hirschler	Eleonora	1827/U	Hdarb	Hirschler[155]	Elisabeth	55/06/30	56/11/28		40/04972	1855/4218	

---

[145] Josef Charwoch war ein Fremdnamenkind, er wurde in der Karwoche getauft, von welcher er seinen Namen erhalten hat (Taufmatrik AKH 32/04/18).
[146] "Wegen Religion der Mutter" Fdh; starb im Fdh an Lebensschwäche (FdhP).
[147] Katharina Hirsch, geb. in Pohrlitz in Mähren, zugereist (GbhP).
[148] "Wegen Krankheit der Mutter" kam Isabella Hirsch ins Fdh, im Fdh an Anämie gestorben (FdhP); die Mutter wurde nach dem Wochenbett zum Ammendienst ins Fdh überstellt (GbhP).
[149] Handarbeiterin aus Preßburg (GbhP).
[150] o.A. (GbhP). Dieses Kind, ein Mädchen, wurde nicht getauft, seine Mutter war verwitwet, sie wurde mit dem Kind am 47/07/15 aus dem Gbh entlassen (GbhP).
[151] Aloisia Hirschlin, geb. in Wien-Leopoldstadt No 513, getauft in der Pfarre St. Johann in der Praterstraße, zwei Tage später im Alter von zehn Tagen ins Fdh gebracht, gegen eine Taxe von 20 fl. ins Fdh aufgenommen. "Die Mutter, eine Jüdin gebürtig, und verheurathet zu Lemberg. Das Kind wird in das hiesige Fdh gebracht, ohne daß die Mutter wieder darauf Anspruch machen wird. Hebamme: Anna Rabitsch", die Mutter war geschieden, wurde in einer Anmerkung in der Taufmatrik festgehalten. Gestorben im Fdh an der "Fraiß". Im FdhP fehlt jeder Hinweis auf die jüdische Herkunft des Kindes, die Mutter wurde jedoch namentlich ins Protokoll aufgenommen (Pfarre St. Johann in der Praterstraße Taufmatrik 10/12/01; FdhP).
[152] Josefa Hirschl, geb. in Pápa in Ungarn, zugereist (GbhP).
[153] Josefa Hirschl kam "wegen Krankheit der Mutter" ins Fdh (FdhP).
[154] Juliana Hirschl, geboren im Mai 1868, wurde nicht mehr getauft, sie kam mit ihrer Mutter ins Fdh. Ihr Name steht nicht auf der IKG-Liste jüdischer Findelkinder (GbhP; CAHJP A/W 1809, Verzeichnis jüdischer Findelkinder von 1868).

H

M: Name	M: Vorname	geb. ca.	Beruf	K: Name	K: Vorname	K: geb.	K: gest.	K: entl.	Qu GbhP	Qu FdhP	Qu EntlP
Hirschler[156]	Johanna	1820/U	Magd	*Jonas*[157]	Johann	42/03/21	42/03/21		27/01121		
Hirschler	Hanni	1843/U	Magd	Hirschler	Emilia	65/08/6	66/04/22		50/05463	1865/5829	
Hirschler[158]	Maria	1846/U	Hdarb	Hirschler	Leopold	67/08/31	67/10/2		52/04865	1867/5744	
Hirschler	Rosalia	1837/U	Magd	Hirschler	Alois	59/05/31	59/11/18		44/05452	1859/4670	
Hirschler	Rosina	1844/U	Magd	Hirschler	Josef	64/06/23	64/08/12		49/05747	1864/5171	
Hirschscheider	Rosalia	1808/Dt	Hdarb	*May*	Anton	31/05/28	31/06/18		16/01119	1831/1602	
Hirspein[159]	Juliana	1825/U	Stbm	Hirspein[160]	Katharina	50/12/16	51/01/24		36/00951	1850/7269	
Haldek	Barbara	1845/B	Magd	Haldek	Barbara	64/12/6	65/02/5		49/09707	1864/9372	
Hochner	Elisabeth	1808/B	Köchin	*Frint*	Jakob	32/12/12	33/01/3		18/00434	1832/3548	
Hochner	Theresia	1811/B	Magd	totgeboren		31/09/11			16/02329		
Hochwald	Margarete	1824/M	Magd	Hochwald	Theresia	45/05/23	47/01/26		30/03837	1845/2765	
HOFMAN(N)	**(HOFFMANN, HOFFMAN)**										
Hofmann[161]	Anna	1795/U		*Misach*[162]	Abel	24/05/22	24/10/11		09/01174	1824/2001	

---

[155] "Wegen Religion der Mutter" Fdh (GbhP, FdhP), starb an Auszehrung (FdhP).

[156] Johanna Hirschler <Johanna gekürzt, H könnte auch als S gelesen werden, und somit eine Kürzung für Josefa darstellen>, geb. in Bösing in Ungarn, aus Preßburg zugereist (GbhP).

[157] Johann Jonas (GbhP), Johann Joras (Taufmatrik AKH 42/03/21). - Johann Jonas wurde notgetauft: "Mater judaea. Der Knabe nothgetauft" (Taufmatrik AKH 42/03/21; GbhP: "Johann Jonas nothgetauft"), er starb bald nach der Geburt im Gbh (GbhP): "Der Hirschler Josefa ihr Knabe Johann <kath>" (Sterbematrik AKH 42/03/21).

[158] Maria Hirschler, geb. von Gairing, Preßburger Komitat; nur im GbhP als jüdisch ausgewiesen; im FdhP als "kl" (katholisch, ledig) eingetragen, die jüdische Herkunft ihres Kindes wird weder in dieser Quelle, noch in der Taufmatrik des AKH erwähnt (Taufmatrik AKH 67/08/31: Leopold Hirschler).

[159] Juliana Hirspein, geb. in Tyrnau, zugereist (GbhP).

[160] "Wegen Religion der Mutter" Fdh; starb an Abzehrung (FdhP).

[161] Geburtshilfe Praktikantin (GbhP). Anna Hofmann war 29 Jahre alt, stammte aus Lackenbach; wohnte in Wien Stadt No 422, ihr Kind kam "wegen Krankheit der Mutter" ins Fdh, sie wurde hingegen nach neun Tagen aus dem Gbh entlassen (GbhP).

[162] A.M. (GbhP), Abel Misach (FdhP). - Das Kind "A.M." kam am 23. Mai ins Fdh - am gleichen Tag wurde ein zwei Tage altes Kind aus dem Gbh mit dem Namen Abel Misach "wegen Krankheit der Mutter" aufgenommen, deren Name nicht in das Protokoll eingetragen wurde, auch gibt es im FdhP keinen Hinweis auf die jüdische Herkunft des Kindes. Einen Tag zuvor wurde ein Kind mit diesem Namen in die Taufmatrik des AKH eingetragen, hier jedoch

M: Name	M: Vorname	geb. ca.	Beruf	K: Name	K: Vorname	K: geb.	K: gest.	K: entl.	Qu GbhP	Qu FdhP	Qu EntlP
Hoffmann[163]	Anna	1804/B	Magd	*Reiber*	Theresia	30/04/6	30/05/29		15/00335	1830/0790	
Hofmann	Anna	1804/B	Magd	*Willnicht*	Philippine	31/04/23	31/05/26		16/00601	1831/1188	
Hoffmann	Netti	1844/U	Hdarb	Hoffmann[164]	Rosa	68/11/1		68/12/21	54/06410	1868/7082	68/12/21
Hofmann[165]	Antonia	1837/B	Magd	totgeboren		61/09/10			46/07074		
Hofmann[166]	Antonia	1837/B	Magd	Hofmann[167]	Augusta		65/11/2	65/11/3		50/07552	
Hoffmann	Charlotte	1824/U	Magd	Hoffmann	Thekla	46/10/1	46/10/23		31/06366	1846/5453	
Hofmann[168]	Dorothea	1816/B	Magd	*Montag*[169]	Monika	41/03/1	41/03/16		26/01480	1841/1184	
Hoffmann	Fanni	1847/U	Magd	Hoffmann[170]	Fanni	65/12/27	67/03/6		50/07411	1865/9371	
Hoffmann[171]	Franziska	1824/U	Hdarb	Hoffmann[172]	Franziska	48/10/27	48/10/28		33/06943		

mit dem Vermerk "Mutter Israelitin". - Die Initialen "A.M." stehen somit für den Namen "Abel Misach" (GbhP, FdhP; Taufmatrik AKH 24/05/22).

[163] Anna Hof(f)ma(n), geb. und wohnhaft in Bechin in Böhmen, 1830 zugereist; 1831 wohnhaft in Wien-Laimgrube No 179 (GbhP'e); im FdhP als "kl" (katholisch, ledig) eingetragen - wohl ein Flüchtigkeitsfehler der Kanzlei; ihr Kind wurde in derselben Quelle als "israelitisch" <unterstrichen> aufgenommen, in der Taufmatrik ist sie als jüdisch ausgewiesen ("mater judaea") (Taufmatrik AKH 30/04/07: Theresia Reiber).

[164] Nicht auf der IKG-Liste jüdischer Findelkinder (CAHJP A/W 1809, Verzeichnis jüdischer Findelkinder von 1868).

[165] Antonia Hofmann, geb. in Prawonin in Böhmen; 1861 aus Lambach zugereist, 1865 wohnhaft in Wien-Wieden (GbhP'e).

[166] Antonia Hofmann wurde ursprünglich in das GbhP als "katholisch" eingetragen, "k" wurde gestrichen und mit "isr" ersetzt, in die Taufmatrik des AKH wurde sie als isr<aelitisch> aufgenommen (Taufmatrik AKH 65/11/02: Augusta Hofmann).

[167] Augusta Hofmann wurde von der Hebamme Maria Fröhlich am 65/11/02 notgetauft (Taufmatrik AKH 65/11/02: "den 2. nothgetauft"), am folgenden Tag ist sie gestorben, die Mutter wurde einen Tag nach dem Tod ihres Kindes zum Ammendienst ins Fdh gebracht, die Nottaufe wurde nicht ins GbhP eingetragen (GbhP).

[168] Dorothea Hofmann, gestorben am 41/03/17 (IKG Stb A 1566: "zugereist von Bruck an der Leitha", im AKH, "sterbend überbracht"). - TBP 41/03/17: "Hofmann Dorothea, israelitische Magd, ledig, gebürtig von Bechin in Böhmen, 25 Jahr alt, Bruck an der Laytha No 256, sterbend überbracht, <iAKH>"

[169] Monika Montag war ein Fremdnamenkind, wurde an einem Montag - am 41/03/01 - getauft und erhielt von diesem Wochentag ihren Namen; kam "wegen Krankheit der Mutter" ins Fdh (GbhP, FdhP); im Fdh im Alter von 15 Tagen gestorben (FdhP); - Mutter an Metritis (Gebärmutterentzündung) erkrankt, wurde ins FdhP eingetragen und hinzugesetzt: "Erbvermögen von 22 Kr<euzer> C<onventions>M<ünze>" (FdhP);

[170] Fanni Hoffmann kam "wegen Krankheit der Mutter" ins Fdh, die Mutter wurde nach dem Wochenbett zum Ammendienst ins Fdh gebracht (FdhP).

[171] Franziska Hoffmann, aus Hlinik im Trentschiner Komitat zugereist (GbhP); gestorben am 48/11/02 (IKG Stb B 230: im AKH an Tuberkulose, mit dem

H

M: Name	M: Vorname	geb. ca.	Beruf	K: Name	K: Vorname	K: geb.	K: gest.	K: entl.	Qu GbhP	Qu FdhP	Qu EntlP
Hofmann Henriette, vide geb. Reitler Johanna											
Hofman[173]	Karolina	1826/U	Hausr	Hofmann	Josef	50/11/11	54/06/13		36/00234	1850/6563	
Hoffman[174]	Katharina	1835/U	Magd	Hoffmann[175]	Antonie	56/12/20	57/01/14		42/00670	1856/8251	
Hoffman	Katharina	1838/U	Magd	unentbunden entlassen 61/02/16					46/02585		
Hofmann	Katharina	1838/U	Magd	Hofmann	Magdalena	61/07/22	61/08/15		46/06404	1861/6009	
Hofmann[176]	Maria	1825/B	Hdarb	Hofmann	Theresia	45/02/6	45/03/11		30/01839	1845/0892	
Hofmann[177]	Rosalia	1826/U	Magd	Hofmann	Amalia	45/03/16	45/03/16		30/01620	1845/1622	
Hofmann	Rosalia	1827/U	Magd	Hofmann	Ludwig Karl	49/02/20		59/02/20	34/02632	1849/1486	59/07/14
Hofmann	Theresia		Köchin	Hofmann[178]	Johann B.	08/02/20	08/03/01			1808/0419	
Hofman	Theresia	1801/M	Magd	*Mayer*	Franz	20/09/6	20/10/15		05/02051	1820/2840	
Hofmann	Theresia	1829/B	Magd	Hofmann[179]	Rosalia A.	53/06/21	53/06/25			38/05287	

Vermerk: "anderweitig beerdigt" - d.h. nicht auf dem jüdischen Friedhof begraben). - Sterbematrik AKH 48/11/02: Hoffmann Franziska israelitisch ledig Magd - Zeinitz Neutraer Com<itat> Wieden 432 - in die Rubrik "katholisch" wurde ein kleiner Strich zur Markierung gesetzt. Sollte sie die Nottaufe empfangen haben, so wurde diese weder im DAW noch in der Taufmatrik der Pfarre Alservorstadt festgehalten. - TBP 48/11/02: Hofmann Franziska, 24 Jahr alt, israelitisch, ledig, Magd von Zeinitz in Ungarn gebürtig, Wieden 432, an Tuberkulose, AKH."

[172] Getauft, am folgenden Tag im Gbh gestorben (GbhP; Taufmatrik AKH 48/10/27).

[173] "Mit D<irektions>bew<il><igun>g" bekam Karolina Hofman einen Empfangschein für ihren Sohn; er starb im Alter von dreieinhalb Jahren an Wassersucht (FdhP).

[174] Katharina (Kati) Hoffmann, geb. von Verbó in Ungarn; 1856 wohnhaft in Wien-Leopoldstadt No 335, 1861 in Wien Innere Stadt No 35 (GbhP'e).

[175] Im Fdh im Alter von 25 Tagen an Tabes gestorben (FdhP).

[176] Maria Hofmann, geb. aus Leskau in Böhmen, V: Isak Hofmann, Handelsmann; M: Barbara Hofmann, geb. Dick; ließ sich fünf Monate nach der Geburt ihres Kindes taufen; erhielt bei der Taufe die Namen Maria **Anna**; Taufpatin war die Seidenzeugfabrikantengattin Anna Krass (Pfarre St. Laurenz Konvertiten I 45/07/01).

[177] Rosalia Hofmann, aus dem Trentschiner Komitat zugereist (GbhP).

[178] Johann Baptist Hofmann kam bei der Hebamme Barbara Herzog, Innere Stadt No 227 ("Gestätten") zur Welt, wurde noch am selben Tag in der Schottenpfarre getauft und mit einem Meldzettel (Armutszeugnis) der Pfarre gegen eine Taxe ins Fdh aufgenommen. - Taufpatin war die Hebamme, ins FdhP wurde der Name der Mutter als "l.D." (ledige Dienstmagd) eingetragen, die jüdische Herkunft des Kindes wurde nicht erwähnt. Das Kind ist im Fdh an der "Fraiß" gestorben (FdhP, Pfarre Schotten,Taufmatrik 08/02/20).

H

M: Name	M: Vorname	geb. ca.	Beruf	K: Name	K: Vorname	K: geb.	K: gest.	K: entl.	Qu GbhP	Qu FdhP	Qu EntlP
Hofstätter[180]	Esther	1801/U	Hdarb	*Hochwirth*[181]	Theresia	27/03/17			12/00538	1827/1035	
Hohenwald[182]	Juliana	1849/U	Magd	unentbunden entlassen 68/03/10					53/01470		
Hunwald	Juliana	1852/U	Magd	Hunvald[183]	Juliana	68/03/11	68/04/15		53/01678	1868/1824	
Holitsch	Elisabeth	1841/U	Magd	Holitsch	Karl	68/03/5	68/03/29		53/00872	1868/1817	
Holländer[184]	Sofia	1845/W	Hdarb	totgeboren 66/06/25					51/04334		
Höller Franziska, vide Heller: Häller Franziska											
Holleschauer[185]	Rosalia	1803/U	Magd	*Hauskreutz*[186]	Katharina	26/01/4	26/01/6		11/00023		
Hollub[187]	Emilia	1840/B	Magd	Hollub	Franziska	64/09/14			49/08169	1864/7277	

---

[179] Rosalia Anna Hofmann; getauft, nach vier Tagen im Gbh gestorben (GbhP; Taufmatrik AKH 53/06/21).
[180] Esther Hofstätter, an Syphilis erkrankt, wurde vom AKH zur Entbindung ins Gbh gebracht (GbhP); gestorben am 27/03/19 (IKG Stb A 71: im AKH: Nervenschlag). - TBP 27/03/19: "Hofstätter Esther, israelitisch, zugereiste Handarbeiterin, ledig, von Kimling in Ungarn gebürtig, am Nervenschlag, alt 26 Jahre, im AKH."
[181] Theresia Hochwirth kam "wegen Syphilis der Mutter" ins Fdh und hat vermutlich überlebt, kein Sterbedatum wurde in das FdhP nachgetragen (FdhP: Pflegepartei: Rosalia Semper, Riemersgattin, in Schrems No 8, - NÖ, OMB). - In der Taufmatrik des AKH finden sich Randnotizen aus den Jahren 1860 und 1939. Im Jahr 1860 wurde vermutlich ein Taufschein - etwa für eine beabsichtigte Eheschließung angefordert. Die beiden Daten aus dem Jahr 1939 haben mit der Ausstellung von Ariernachweisen zu tun (Taufmatrik AKH 27/03/17).
[182] Juliana Hohenwald ist mit Juliana Hunwald ident, geb. von Felsö Elefánth in Ungarn, Neutraer Komitat; am 68/03/12 im Gbh gestorben (GbhP).
[183] Nicht auf der IKG-Liste jüdischer Findelkinder (CAHJP A/W 1809, Verzeichnis jüdischer Findelkinder von 1868).
[184] Sofia Holländer, geb. Heim (GbhP), verheiratet mit Samuel Holländer aus Neustadtl; drei Jahre zuvor, am 63/04/01 wurde Regine Holländer geboren und in das Geburtenbuch der IKG eingetragen (IKG Gb C 3800).
[185] Rosalia Holleschauer (GbhP), Rosalia Holschauer (Sterbematrik AKH 26/01/06: Katharina Hauskreutz) - geb. aus Pápa in Ungarn, Magd; wohnhaft Wien-Landstraße No 39 (GbhP).
[186] K.H. (GbhP), Katharina Hauskreutz (Taufmatrik AKH 26/01/04; Sterbematrik AKH 26/01/06). - Da das Kind bereits im Gbh gestorben ist, können die FdhP'e zur Auflösung der Initialen nicht herangezogen werden. Mutter und Kind wurden in die Sterbematrik des AKH aufgenommen: gestorben war "Holschauer Rosalia ihr Mädchen Katharina Hauskreuz <kath>". Das Kind wurde sogleich nach seiner Geburt getauft und als "Israelittenkind" in das Taufprotokoll eingetragen, Taufpatin war Katharina Geschekin, verabschiedet<en> Soldatens Weib, No 39 unter den Weisgärbern (Taufmatrik AKH 26/01/04). Katharina Hauskreutz ist zwei Tage nach ihrer Geburt im Gbh gestorben (GbhP).

H

M: Name	M: Vorname	geb. ca.	Beruf	K: Name	K: Vorname	K: geb.	K: gest.	K: entl.	Qu GbhP	Qu FdhP	Qu EntlP
Holzer	Barbara	1840/B	Magd	Holzer	Adolf	67/11/19	68/03/31		52/05908	1867/7614	
Holzer[188]	Josefa	1830/U	verh.	Holzer[189]	Flora	67/04/9			52/02388		
HÖNIG (KÖNIG, HENNIG)											
Hönig	Julia	1845/U	Köchin	Hönig[190]	Leopold	68/03/5	68/03/13		53/01515		
Hönig[191]	Maria	1817/U	Magd	totgeboren	45/07/7				30/04629		
Hönig	Maria	1818/U	Magd	totgeboren	46/08/03				31/05315		
Hönig[192]	Maria	1818/U	Hdarb	König[193]	Leopoldine	48/11/16	48/12/18		34/00271	1848/6413	
Hönig	Maria	1820/U	Hdarb	Hönig	Leopold	49/11/12	50/01/2		35/00240	1849/7072	
Hennig	Maria	1819/U	Magd	Hennig	Klementine	53/04/26	54/03/29		38/04043	1853/2946	
Horetzki[194]	Anna	1821/U	Hdarb	Angerl[195]	Adam	42/02/13	42/02/28		27/00980	1842/0912	

---

[187] Emilia Hollub heiratete am 67/05/05 in Dürnkrut nach jüdischem Ritus Josef Hajek, welcher Franziska Hollub als sein Kind anerkannt hat; das Kind wurde durch die nachfolgende Ehe seiner Eltern legitimiert (Taufmatrik AKH 64/09/20: Franziska Hollub).
[188] Taglöhners Gattin, verh., geb. Farkas, vorerst als katholisch eingetragen, nachträglich gestrichen, durch mosaisch ersetzt (GbhP).
[189] o.A. (GbhP, mit dem Vermerk: "ungetauft", die Mutter war verheiratet). Das Kind wurde als **Flora** Holzer in das Geburtenbuch der Kultusgemeinde eingetragen, in einer Anmerkung am Rande steht zu lesen: "Annahme des Zusatznamens Israel - Sara angezeigt B.H. XVI", mit dem Datum 1939/05/11 - dieser Eintragung zufolge hat Flora Holzer die Zeit des Nationalsozialismus noch erlebt.
[190] Leopold Hönig, geboren im März 1868, gehörte zu den ersten Kindern, die nach der neuen Regelung nicht mehr getauft wurden, er starb jedoch ein paar Tage nach seiner Geburt, noch vor seiner Beschneidung (GbhP, IKG Gb D 4346).
[191] Maria Hönig ist mit Maria Hennig (GbhP 31/05315) und Maria Hönig/König (GbhP 34/00271: vorerst "König" eingetragen, zu "Hönig" ausgebessert) ident, geb. von Karlburg in Ungarn, Wieselburger Komitat; 1845 wohnhaft in Wien-Leopoldstadt No 459, 1846 zugereist, 1848 und 1849 wohnhaft in Wien-Leopoldstadt No 503 und 1853 auf No 24 (GbhP'e).
[192] Maria Hönig (GbhP; Taufmatrik AKH 48/11/16: Leopoldine Hönig), Maria König (FdhP) - Identifizierung durch Datenkontext.
[193] Leopoldine **Hönig** (Taufmatrik AKH 48/11/16), Leopoldine **König** (FdhP), ins FdhP als "Israelitenkind" <unterstrichen> mit dem Namen der Mutter ("Maria König") eingetragen.
[194] Anna Horetzki (GbhP), Anna Horezki (FdhP) - aus Ungarn zugereist (GbhP); im FdhP als "kl" (katholisch, ledig) eingetragen - wohl ein Flüchtigkeitsfehler der Kanzlei, da ihr Kind in derselben Quelle als "Israelitenkind" aufgenommen wurde, sie in der Taufmatrik als jüdisch ausgewiesen ist ("mater judaea") (Taufmatrik AKH 42/02/13: Adam Anderl).

H

M: Name	M: Vorname	geb. ca.	Beruf	K: Name	K: Vorname	K: geb.	K: gest.	K: entl.	Qu GbhP	Qu FdhP	Qu EntlP
Horn[196]	Eleonora	1833/U	Magd	Horn	Anna	54/05/24	54/06/21		39/04553	1854/3863	
Horn	Johanna	1828/U	Magd	Horn	Theresia	49/06/26	49/07/20		34/05501	1849/4345	
Horn	Johanna	1841/U	Magd	Horn	Josef	58/03/2	58/03/26		43/02603	1858/1971	
Horn[197]	Julia	1827/U	Magd	*Peregrina*	Maria	43/04/26			28/03027	1843/1985	
Horn[198]	Julia	1827/U	Magd	Horn	Karl	46/01/28	46/06/12		31/01751	1846/0698	
Horn[199]	Rosa	1838/U	Magd	Horn[200]	Stefan	61/01/27			46/01773	1861/0796	
Horn[201]	Theresia	1827/U	Magd	Horn[202]	Johanna	50/04/5	50/06/27		35/03263	1850/2272	
Horn	Theresia	1829/U	Hdarb	Horn[203]	Josef	52/03/19	52/04/3		37/03284	1852/2145	
Horn[204]	Theresia	1830/U	Magd	Horn[205]	Antonia	55/04/19	55/05/6		40/03670	1855/2774	
Horn	Theresia	1828/U	Magd	Horn	Amalia	58/12/6	59/04/14		44/00868	1858/9144	

---

[195] Adam An**d**erl (Taufmatrik AKH 42/02/13), Adam An**g**erl (GbhP, FdhP).
[196] Eleonora Horn, geb. in Stampfen in Ungarn, zugereist (GbhP).
[197] Julia Horn, geb. von Stampfen in Ungarn, Preßburger Komitat; 1843 wohnhaft in Wien Innere Stadt No 450, 1846 in Wien-Leopoldstadt No 23 (GbhP'e).
[198] Julia Horn, gestorben am 46/02/06 (GbhP: im Gbh; IKG Stb A 2386: im AKH, an Typhus). - TBP 46/02/06: "Horn Juliana, Magd, israelitischer Religion, ledig, 19 Jahr alt, gebürtig von Stampfen in Ungarn, Leopoldstadt No 23, an Typhus, AKH."
[199] Rosa Horn, geb. in Tepla in Ungarn, zugereist (GbhP).
[200] Stefan Horn kam "wegen Krankheit der Mutter" ins Fdh, die Mutter wurde nach dem Wochenbett zum Ammendienst ins Fdh gebracht, am folgenden Tag kam das Kind in Außenpflege; kein Sterbedatum (FdhP).
[201] Theresia Horn, geb. von Szobotisz in Ungarn, Neutraer Komitat; wohnhaft in Wien-Leopoldstadt No 90 (1850), No 759 (1852), No 142 (1855), No 61 (1858). - "Mit Di<rekti>ons Bewilligung" bekam Theresia Horn für ihr Kind Johanna einen Empfangschein. Das Kind kam nach Petronell zu einer Taglöhnerin (FdhP).
[202] "Wegen Religion der Mutter" Fdh, in Außenpflege gestorben, Todesursache: Wasserkopf (FdhP).
[203] Im Fdh im Alter von 15 Tagen an Lebensschwäche gestorben (FdhP).
[204] Das Kind kam eine Woche nach seiner Geburt wegen "Peritonitis (Bauchfellentzündung) der Mutter" ins Fdh, die Mutter wurde "auf Verlangen" aus dem Gbh entlassen (GbhP).
[205] Antonia Horn kam "wegen Krankheit der Mutter" ins Fdh (FdhP).

H

M: Name	M: Vorname	geb. ca.	Beruf	K: Name	K: Vorname	K: geb.	K: gest.	K: entl.	Qu GbhP	Qu FdhP	Qu EntlP
Hornung[206]	Maria	1832/G	Magd	Hornung	Heinrich	54/03/31	54/05/2		39/03564	1854/2468	
Hornung	Maria	1831/G	Magd	Hornung[207]	Johann	55/06/22	55/11/2		40/04859	1855/4195	
Hornung	Maria	1832/G	Magd	Hornung[208]	Franz	57/03/24	57/05/19		42/03426	1857/2473	
HOROWITZ (HORAWITZ, HOROVITS, HOROVITZ, HORWITZ)											
Horovitz	Netti			Horovitz[209]	Anna	59/05/25	59/06/24			1859/4268	
Horowitz[210]	Eleonora	1825/U	Magd	Horowitz	Karl	45/10/20	46/01/7		30/05641	1845/5415	
Horawitz	Eva	1812/B	Magd	*Caesar*	Julius	39/10/2	41/04/19		24/04462	1839/4148	
Horovits[211]	Juliana	1842/U	Magd	Horovitz[212]	Franz	65/10/28	65/11/14		50/07091	1865/8017	
Horovitz	Netti			Horovitz[213]	Anna	59/05/25	59/06/24			1859/4268	
Horwitz[214]	Rosa	1830/S	Magd	Horwitz	Johanna	52/08/8	52/10/5		37/06530	1852/5535	
Horwitz	Rosa	1830/S	Magd	Horwitz[215]	Barbara	54/11/28	55/04/11		39/07800	1854/8021	

---

[206] Maria Hornung, geb. von Klucznikowice in Galizien, Wadowicer Kreis; wohnhaft in Wien-Leopoldstadt No 53 (1854) und No 68 (1855) (GbhP'e).
[207] "Wegen Religion der Mutter" Fdh (GbhP), starb an Gehirnentzündung (FdhP).
[208] Franz Hornung wurde mit seiner Mutter einen Tag nach seiner Geburt - einer "Gassengeburt" - ins Gbh gebracht, getauft, kam ins Fdh (GbhP).
[209] Anna Horovitz wurde in der Alservorstadt No 125 geboren, am folgenden Tag getauft - Taufpatin war die Hebamme Anna Werkstatt. Der Taufmatrik wurde eine schriftliche Erklärung der Mutter beigelegt, welche sie mit ihrem Handzeichen gefertigt hat und von der Hebamme und zwei Zeugen, Nachbarn der Hebamme, unterzeichnet wurde: "daß es aus eigenem Antrieb mein Wille ist, daß mein Kind Anna Horovitz nach dem Christkatholischen Glauben getauft und erzogen wird" - das Kind wurde sofort nach der Taufe ins Fdh gebracht (Pfarre Alservorstadt Taufmatrik 59/05/26, FdhP).
[210] Eleonora Horowitz, geb. in Neustadtl, Neutraer Komitat, Magd in Preßburg, von dort zugereist (GbhP).
[211] Juliana Horo**vits** (GbhP), Juliana Horo**witz** (Taufmatrik AKH 65/10/28: Franz Horowitz), Juliana Horo**vitz** (FdhP). - Juliana Horovits/Horowitz wurde ursprünglich ins GbhP als "k<atholisch>" eingetragen, sodann wurde "k" gestrichen und darüber "isr" gesetzt (GbhP).
[212] Franz Horo**witz** (Taufmatrik AKH 65/10/28), Franz Horovitz (FdhP). - Franz Horowitz kam "wegen Krankheit der Mutter" ins Fdh, die Mutter wurde nach dem Wochenbett zum Ammendienst ins Fdh gebracht (FdhP).
[213] Einen Tag nach der Geburt in der Pfarre Alservorstadt getauft, am selben Tag ins Fdh gebracht; Einverständniserklärung der Mutter, unterzeichnet von zwei Zeugen, der Hebamme und der Mutter, diese fertigte mit ihrem Handzeichen (Taufmatrik AKH 59/05/26: Anna Horovitz; FdhP).
[214] Rosa Horwitz, geb. von Hotzenplotz in Österr.-Schlesien; wohnhaft in Wien-Leopoldstadt No 41 (1852 und 1854) (GbhP'e).
[215] "Wegen Religion der Mutter" Fdh (GbhP, FdhP), Taufpatin: Johanna Lauterbach, Taglöhnerin Leopoldstadt No 41 - Mutter und Taufpatin wohnten im

H

M: Name	M: Vorname	geb. ca.	Beruf	K: Name	K: Vorname	K: geb.	K: gest.	K: entl.	Qu GbhP	Qu FdhP	Qu EntlP
Horowitz[216]	Rosalia	1841/U	Magd	<...>[217]		61/06/7			46/05581		
Hrczka[218]	Sali	1834/U	Magd	Hrczka[219]	Franziska	60/08/15	60/09/4		45/05608		1860/5648
Hron Regina, vide Chron											
Huber[220]	Julia	1843/U	Magd	unentbunden entlassen 67/04/25					52/01325		
Huber[221]	Maria	1814/U	Magd	*Adel*[222]	Anna	42/10/9	42/11/8		27/05854		1842/4535
Huber Theresia, vide Hutter Theresia											
Hubert	N.[223]			Hubert[224]	Berta	61/03/03	62/08/21				1861/1787
Hubka Antonia, vide geb. Freund Anna											
Hubmann[225]	Maria		Magd	Hubmann[226]	Maria	1798/11			02/05/19		1798/2652

---

selben Haus.
[216] Rosalia Horowitz, aus Pest zugereist (GbhP).
[217] o.A. (GbhP). Dieses Kind, ein Bub, wurde nicht getauft, seine Mutter wurde mit dem Kind am 61/06/15 aus dem Gbh entlassen (GbhP).
[218] Sali Hrczka, aus Ungarn zugereist (GbhP).
[219] "Wegen Religion der Mutter" Fdh (GbhP); starb an Fraisen (FdhP).
[220] Julia Huber, geb. in Tejfalu (Milchdorf) in Ungarn, zugereist; "auf Verlangen unentbunden entlassen" (GbhP).
[221] Maria Huber, recte Hoffer (GbhP), wurde in das GbhP als "isr<aelitisch> getauft" eingetragen, sie durfte ihr Kind ins Fdh begleiten: "Beyde ins Findelhaus" - 42/10/19. Die Taufe erfolgte in der Kirche am Hof vor ihrer Aufnahme ins Gbh am 42/04/24. Als Beweggrund wurde angegeben: "Durch Umgang mit Katholiken" (DAW: Konvertiten-Akten 1841-1846: 1845/6: Maria Hoffer; Taufmatrik AKH 41/10/10: Anna Adel (Anna Hoffer). Als Anmerkung wurde hinzugesetzt: "Mater judaea. Laut Taufschein vom 42/10/18 getauft in Wien Pfarre am Hof am 42/04/27)".
[222] Anna **Huber** (recte **Hoffer**) (GbhP), Anna **Adel** (Taufmatrik AKH 42/10/10: <durchgestrichen: Adel>). Irrtümlicher Weise hatte man - obgleich die Mutter bereits getauft war - das Kind auf einen Fremdnamen - Adel - getauft. Der Irrtum wurde bemerkt, und somit wurde "Adel" gestrichen, das Kind sollte fortan den Namen seiner Mutter tragen; es ist jedoch bereits im Alter von einem Monat gestorben (Taufmatrik AKH 42/10/10; FdhP).
[223] In beiden Protokollen wurde der Vorname gekürzt, bzw. "N" als Kürzungsteil von "N.N." (nomen nescio) gesetzt. Ursprünglich hatte man in das FdhP "kl" (katholisch, ledig), sodann wurde "k" gestrichen (FdhP); in der Taufmatrik jedoch als jüdisch ausgewiesen: "Hubert N., israelitischer Religion" (Pfarre am Hof Taufmatrik 61/03/04: Berta Hubert).
[224] Berta Hubert, geb. in Wien Innere Stadt No 333, am folgenden Tag getauft in der Pfarre am Hof, noch am selben Tag ins Fdh gebracht, mit Taufschein und gegen den Erlag einer Taxe von 52,50 fl. aufgenommen; kein Hinweis auf die jüdische Herkunft des Kindes im FdhP (Pfarre am Hof Taufmatrik 61/03/04; FdhP).

H

M: Name	M: Vorname	geb. ca.	Beruf	K: Name	K: Vorname	K: geb.	K: gest.	K: entl.	Qu GbhP	Qu FdhP	Qu EntlP
Huhenberg	Johanna	1822/U	Magd	unentbunden entlassen				46/11/23			31/06649
Hunwald Juliana, vide Hohenwald											
Hutter|Huber[227]	Theresia	1792/B	Köchin	*Freytag*[228]	Ferdinand	16/09/12			01/01574	1816/2383	
Hutter	Theresia	1792/B	Magd	*Hasenöhrl*[229]	Viktoria	17/11/28	17/12/23		02/02488	1817/3392	

---

[225] Maria Hub**mann** (Taufmatrik St. Stefan, 1798/11/30: Maria Hubmann), Maria Hubma**nin** (FdhP).
[226] Maria Hubmann, geboren in der Inneren Stadt No 525. "Der nunmehr abwesende Vater sagte zur Hebamme <Eleonora Mayer> : Machet mit dem Kind was ihr wollet", in einer Anmerkung wurde in der Taufmatrik noch hinzugefügt: "Dieses Kind ist von unehelichen jüdischen Eltern. Der Vater ist abwesend, die Mutter verlangte die heilige Taufe des Kindes". So wurde es am 1798/11/30 in der Pfarre St. Stefan getauft (Pfarre St. Stefan Taufmatrik 1798/11/30) und am folgenden Tag ins Fdh gebracht, wo es gegen Erlag von 12 fl. und einem Armutszeugnis aufgenommen wurde. Die jüdische Herkunft des Kindes wird im FdhP nicht erwähnt. Es kam zu Pflegeeltern in die Leopoldstadt "aufs Wasser", die später in den 3. Bezirk übersiedelten und das Kind schon nach vier Jahren gegen Revers "in die unentgeltliche Versorgung" übernommen haben (FdhP: Pflegepartei: <kein Vorname> Obermüllerin, "Apotherkerlaverantens Eheweib" - ihr Mann war Laborant in einer Apotheke, zuletzt wohnhaft Wien-Landstraße No 147).
[227] Theresia **Hutter** (GbhP), Theresia **Huber** (FdhP), geb. von Klattau ("Glattau") in Böhmen, wohnhaft in Wien Innere Stadt No 404 (1816) und in Wien-Leopoldstadt (1817) (GbhP'e) - 1816 ins GbhP als "k<atholisch>" eingetragen, im FdhP unter "Theresia Huber" als jüdisch ausgewiesen.
[228] Ferdinand Freytag, ein Fremdnamenkind, an einem Freitag getauft, erhielt er von diesem Wochentag seinen Namen (Taufmatrik AKH 16/09/13); sogleich nach seiner Taufe, gerade einen Tag alt, ins Fdh gebracht, blieb dort einen Monat, kam sodann zu Maria Anna Wallner. In das FdhP wurde kein Sterbedatum nachgetragen, das Kind könnte demnach überlebt haben (FdhP: Pflegepartei: M.A. Wallner, Inwohnersweib zu Mödling <...> No 6).
[229] **K.V.H.** (GbhP), **V**iktoria **H**asenöhrl (FdhP), Viktoria Hassenöhrl (Taufmatrik AKH 17/11/28). - Das Kind kam am 29. November ins Fdh - am gleichen Tag wurde ins Fdh ein Kind mit dem Namen Viktoria Hasenöhrl aufgenommen, in die Namensrubrik der Mutter wurde "Theresia Hutter, Israelitin", eingetragen, laut GbhP der Name der Mutter des Initialenkindes "K.V.H.". In der Taufmatrik blieb das Feld der Mutter leer, die jüdische Herkunft des Kindes wurde jedoch mit dem Vermerk "Israelita" festgehalten (Taufmatrik AKH 17/11/28:). - Das Kind kam einen Tag nach seiner Geburt ins Fdh und wurde am folgenden Tag einer Taglöhnerin in Neulerchenfeld übergeben, wo das Kind nach drei Wochen gestorben ist (FdhP). - Taufmatrik AKH 17/11/28: M: "Israelita".

H

M: Name	M: Vorname	geb. ca.	Beruf	K: Name	K: Vorname	K: geb.	K: gest.	K: entl.	Qu GbhP	Qu FdhP	Qu EntlP
Illovski	Katharina	1850/U	Hdarb	Illovski[1]	Rosa	68/06/5	68/06/27		53/02714	1868/4097	
Iltis	Fanni	1825/B	Magd	Iltis	Anna	55/09/24	63/11/28		40/06479	1855/6036	
Iltis	Fanni	1824/B	Magd	Iltis	Anna	56/09/17	59/01/19		41/06076	1856/6009	
Isack	Fanni	1821/U	Magd	*Feuersinger*[2]	Anna	42/02/5		52/02/11	27/01100	1842/0742	52/02/23
Isackin[3]	Judith			*Fell(n)er*[4]	Andreas	1787/09	1787/09			1787/6234	
Israel	Sara	1828/B	Magd	Israel[5]	Josef	49/11/8	49/12/6		34/07748	1849/6987	

---

[1] Rosa Illovszki, in die IKG-Liste jüdischer Findelkinder unter Rosa Klovszki aufgenommen (CAHJP A/W 1809, Verzeichnis jüdischer Findelkinder von 1868) - ein Lesefehler, der sich aus einer Verlesung eines kalligraphisch gestalteten Il zu K ergeben hat.
[2] Anna Feuersinger blieb 14 Tage im Fdh, kam sodann nach Pottenbrunn, vorerst zu einem Bauern, dann zu einer Taglöhnerin namens Anna Maria Kuntner, bei der das Kind bleiben konnte (FdhP, EntlP: Anna Maria Kuntner, Taglöhnerin, Pottenbrunn No 70, Pfarre Pottenbrunn - NÖ, OWW).
[3] Judith Isakinn, Eine Jüdin (Taufmatrik AKH 1787/09/04), Judith Isackin (FdhP).
[4] Andreas Feller (Taufmatrik AKH 1787/09/04), Andreas Fellner, geb. am 1787/09/03, gestorben am 1787/09/24 (FdhP).
[5] "Wegen israelitischer Religion der Mutter" Fdh (FdhP).

M: Name	M: Vorname	geb. ca.	Beruf	K: Name	K: Vorname	K: geb.	K: gest.	K: entl.	Qu GbhP	Qu FdhP	Qu EntlP
Jacobi, vide Jakobi											
JAKOBI(N)											
Jakobin[1]	Anna			***Stephan*[2]**	Benedikt	1794/12	1794/12			1794/2430	
Jakobin[3]	Elisabeth			***Steinerin*[4]**	Elisabeth	1794/11	1794/12			1794/2271	
Jakobi[5]	Karolina	1822/W	Tochter	***Philippsborn*[6]**	Ernest	44/01/30		50/03/26	29/01153	1844/0492	50/03/26
Jakobin[7]	Katharina	__/M	Magd	***Rauch***	Klemens	04/11/26	04/12/12			1804/2997	
Jakobin[8]	Maria Anna			***Bergerin***	Magdalena	1795/01	1795/01			1795/0123	
Jakobi[9]	Theresia		Magd	***Jakobi*[10]**	Theresia	1791/08	1791/09			1791/1467	

[1] Anna Jakobin (FdhP; Taufmatrik AKH 1794/12/02: Benedikt Stephan, M: Anna Jakobin, ein Jüdin).
[2] Benedikt Stephan, geb. am 1794/12/01, kam im Alter von zwei Tagen ins Fdh; gestorben im Fdh an Schwäche am 1794/12/19 (Taufmatrik AKH 1794/12/02; FdhP); die jüdische Herkunft des Kindes wird im FdhP nicht erwähnt.
[3] Elisabeth Jakobin (Taufmatrik AKH 1794/11/14: Elisabeth Steinerin) - im FdhP keinerlei Angaben zur Mutter.
[4] Elisabeth Steiner (Taufmatrik AKH 1794/11/14; FdhP), gestorben im Fdh 1794/12/18 an Schwäche (FdhP).
[5] Karolina Jakobi (TBP 44/02/05; Sterbematrik AKH 44/02/05), Karolina Jacoby (IKG Stb A 2037); Karolina Jacobi (GbhP) - gewesene Kaufmannstochter, 22 Jahre alt (GbhP), gestorben am 44/02/05 (IKG Stb A 2037: "ins Spital gebracht von Landstraße No 481", gestorben im AKH, Typhus). Es ist ziemlich sicher, daß Karolina Jakobi in der Zahlabteilung untergebracht war - im GbhP wurde sie unter "No 4" eingetragen, daneben wurde ihr Name in Klammer gesetzt. Ein weiterer Hinweis für die Aufnahme in die Zahlklasse ist die Erlegung einer Taxe für die Aufnahme des Kindes in das Fdh. - TBP 44/02/05: Karolina Jakobi, israelitische Handelsmannstochter, "ledig, 22 Jahr alt, gebürtig von hier Landstraße No 481, an Typhus AKH."
[6] Für das Kind Ernest Philippsborn wurde eine Taxe von 50 fl. bezahlt. Im FdhP wird weder seine Mutter noch seine jüdische Herkunft erwähnt. Das Kind kam fünf Tage nach dem Tod seiner Mutter zum Schuhmacher Kämpf nach Altlerchenfeld, im November 1848 wurde es in das AKH gebracht, dann kam es wieder zurück zum Ehepaar Kämpf, von dem es "gegen Revers" am 50/03/26 aus der Findelpflege gelöst wurde (FdhP, EntlP: Kämpf Josef, Schuhmacher, <Wien> Altlerchenfeld No 174). Für dieses Kind wurde ein Empfangsschein ausgestellt (FdhP) - irgend jemand muß sich sonst noch um dieses Kind gekümmert haben.
[7] Katharina Jakobin wurde als Mutter ihres Kindes nur in das FdhP eingetragen, in der Taufmatrik wurde in die Rubrik der Mutter "Jüdin" gesetzt.
[8] Anna Maria Jakopbin <unsichere Lesart, der Buchstabe nach P wurde überschmiert>, eine Jüdin (Taufmatrik AKH 1795/01/16: Magdalena Bergerin), sie war im AKH, wurde zur Entbindung ins Gbh gebracht. Das Kind starb an Gedärmentzündung am 1795/01/24, 9 Tage alt (FdhP).
[9] Theresia Jakobi (Pfarre St. Stefan,Taufmatrik: Theresia Jakobi), Theresia Jakobin (FdhP).
[10] Theresia Jakobi, geboren in Wien Innere Stadt No 641 am 1791/08/30, am folgenden Tag in der Pfarre St. Stefan getauft, Taufpatin war Anna Rut-

J

M: Name	M: Vorname	geb. ca.	Beruf	K: Name	K: Vorname	K: geb.	K: gest.	K: entl.	Qu GbhP	Qu FdhP	Qu EntlP
Jakobin	Theresia		Magd	Jakobin[11]	Theresia	1793/06	1793/08			1793/1224	
Jalowitz[12]	Rosalia	1813/M	Hdarb	Tudor[13]	Theresia	35/08/10			20/03117	1835/2721	
Jarago Anna, vide Farago											
Jedlinsky[14]	Aloisia	1842/B	Tochter	Jedlinsky	Emma	61/01/1	61/09/3		46/01384	1861/0242	
Jeger	Theresia	___/U		Kriegler[15]	Franz	08/03/7	08/03/15			1808/0560	
Jeiteles[16]	Rosa	1832/B	verh.	Jeiteles[17]	Moritz	67/11/1			52/06547		

meisterinn, "Roßwarters Eheweib". In einem Notabene wurde in der Taufmatrik festgehalten: "Die Mutter begehrte ausdrücklich, daß dies Kind getauft werden solle. Das Kind ist sodann in das Findelhauß gekommen" (Pfarre St. Stefan Taufmatrik 1791/09/01). Ins Fdh wurde es unmittelbar nach der Taufe gebracht, die Mutter wurde namentlich in das FdhP aufgenommen, die jüdische Herkunft des Kindes jedoch nicht erwähnt, es kam zur Pflege nach Kalksburg, ist dort am 1791/09/28 gestorben und wurde auch dort begraben (FdhP).

[11] Theresia Jakobin, geboren in Wien Innere Stadt No 643 am 1793/06/08, am folgenden Tag in der Pfarre St. Stefan getauft, Taufpatin war Maria Singerin, "Brodsitzerin". In einem Vermerk in der Taufmatrik wurde das Einverständnis der Mutter protokolliert: "Auf Verlangen der Mutter getauft und kommt ins Findelhaus" (Pfarre St. Stefan Taufmatrik 1793/06/09), wie es auch am folgenden Tag geschehen ist, wo das Kind "vermög Zeugniß der Armuth gratis angenohmen worden" ist. Im FdhP wurde zwar der Name der Mutter eingetragen, die jüdische Herkunft des Kindes wurde nicht erwähnt (FdhP).

[12] **Rosalia** Jalowitz, getauft am 36/06/04 auf den Namen **Franziska** in der Pfarrkirche St. Johann in der Praterstraße (DAW: Konvertiten-Protokolle 1833-1836). - Den Taufschein legte Rosalia Jalowitz der Findelhausdirektion vor: "Infolge beygebrachten Taufscheines zur katholischen Religion übergetretten", mit dem Taufschein erhielt sie den Empfangsschein für ihr Kind, welches in Wien bei verschiedenen Pflegeparteien untergebracht war (FdhP).

[13] Bei Theresia Tudor befindet sich im FdhP kein Sterbedatum - sie könnte demnach überlebt haben (FdhP: letzte Pflegepartei, ab 41/10/26: Maria Friedl, Lehnbedientensweib, <Wien> Leopoldstadt No 29). - "Mater infantis judaea", Randnotizen aus den Jahren 1852 (Ausstellung eines Taufscheines) und 1939 (Taufmatrik AKH 35/08/11: Theresia Tudor, Randnotizen: 52/08/07, 1939/10/12).

[14] Wirtstochter, 19 Jahre alt, aus dem Taborer Kreis, wohnhaft in Wien-Spittelberg (GbhP).

[15] Franz Kriegler kam wegen Krankheit der Mutter ins Fdh, gestorben im Fdh an Schwäche (FdhP). - Taufmatrik AKH 08/03/08: Franz Kriegler, M: Jüdin.

[16] Schneiders Gattin (GbhP), geb. Schorsch, aus Prag; verh. mit Ignaz Jeiteles aus Böhm.-Brod (GbhP; IKG Gb D/2 3943: Moritz (Moshe) Jeiteles).

[17] o.A. (GbhP), **Moritz Moshe** Jeiteles wurde nicht getauft, die Namensrubrik blieb im GbhP leer; seine Mutter war verheiratet, sie wurde mit ihrem Kind am 67/11/09 aus dem Gbh entlassen. Das Kind wurde am 67/11/11 beschnitten und ins Geburtenbuch der IKG als Moritz (Moshe) Jeiteles aufgenommen. Sein Vater war der Schneidergeselle Ignaz Jeiteles aus Böhmisch-Brod (GbhP; IKG Gb D/2 3943).

J

M: Name	M: Vorname	geb. ca.	Beruf	K: Name	K: Vorname	K: geb.	K: gest.	K: entl.	Qu GbhP	Qu FdhP	Qu EntlP
Jeiteles[18]	Rosina	1844/U	Hdarb	totgeboren		64/04/24			49/04599		
Jeiteles	Rosalia	1843/U	Hdarb	Jeiteles[19]	Hermine	66/06/26	66/08/16		51/04357	1866/4850	
JELLINEK (JELINEK, JELLYNEK)											
Jelinek	Anna	1832/M	Magd	Jelinek	Johann	59/09/28	61/01/18		44/08241	1859/7670	
Jelinek	Antonia	1846/M	Magd	Jelinek[20]	Antonia	66/11/6	66/11/22		51/07614	1866/8140	
Jelinek	Barbara	1833/U	Magd	Jelinek[21]	Josefa	58/05/9	58/09/4		43/04992	1858/3976	
Jelinek[22]	Fanni	1836/M	Magd	Jelinek	Alfred	60/10/30	61/07/28		45/07081	1860/7462	
Jelinek	Fanni	1836/M	Magd	Jelinek	Hermine	62/05/18	62/12/1		47/03948	1862/3707	
Jelinek	Franziska	1836/M	Magd	Jelinek[23]	Maria	63/08/28	63/08/28		48/07390		
Jelinek	Franziska	1838/M	Magd	Jelinek	Johann	66/04/15			51/02626	1866/2988	
Jelinek	Henriette	1837/M	Hdarb	Jelinek[24]	Karl	57/12/8	58/01/5		43/00954	1857/8857	
Jellinek	Juliana	1828/U	Arb	Jellinek	Magdalena	50/02/22	50/03/13		35/02366	1850/1210	
Jellynek	July	1842/U	Magd	Jellynek[25]	Josefa	67/07/20	67/08/9			1867/4883	

[18] Rosina Jeiteles, geb. in Komorn, 1864 aus Ofen zugereist, 1866 wohnhaft Wien 3, Barichgasse 3. - Zwillingsgeburt 64/04/24: Zwei totgeborene Kinder (GbhP).
[19] Von den Pflegeeltern zurück ins Fdh gebracht, im Fdh an Abzehrung gestorben (FdhP).
[20] Antonia Jelinek (GbhP, FdhP), Antonia Jellinek (Taufmatrik AKH 66/11/17). - Dieses Kind kam "wegen Krankheit der Mutter" ins Fdh, die Mutter wurde nach dem Wochenbett zum Ammendienst ins Fdh überstellt, das Kind ist am selben Tag im Fdh an Lebensschwäche gestorben (FdhP).
[21] Josefa Jelinek wurde einen Tag nach ihrer Geburt - einer "Gassenbeurt" - ins Gbh gebracht, getauft und kam sodann ins Fdh (GbhP).
[22] Franziska (Fanni) Jelinek, geb. von Prerau in Mähren; 1860 wohnhaft in Wien-Leopoldstadt No 387, No 261 (1862), 1863 in Wien Innere Stadt, Preßgasse 8 und 1866 in Wien 4, Favoritenstraße No 44. - 1860 nach der Entbindung ins AKH auf eine medizinische Abteilung gebracht (GbhP).
[23] Von der Oberhebamme Wilhelmine Jautz am 63/08/28 notgetauft (Taufmatrik AKH 63/08/28: Maria Jelinek, "den 28. nothgetauft"), das Kind ist noch am selben Tag gestorben, die Mutter blieb eine Woche im Gebärhaus und wurde sodann zum Ammendienst ins Fdh gebracht; die Nottaufe wurde nicht in das GbhP eingetragen (GbhP).
[24] Karl Jelinek wurde mit seiner Mutter einen Tag nach seiner Geburt als Gassenbeurt ins Gbh gebracht, getauft; nach knapp drei Wochen im Fdh an Lebensschwäche gestorben (GbhP, FdhP).
[25] Josefa Jellynek (FdhP), Josefa Jellinek (Taufmatrik AKH 67/07/20).

M: Name	M: Vorname	geb. ca.	Beruf	K: Name	K: Vorname	K: geb.	K: gest.	K: entl.	Qu GbhP	Qu FdhP	Qu EntlP
Jellinek	Katharina	1839/M	Magd	Jellinek[26]	Anna	59/02/25		69/02/25	44/03042	1859/1886	69/02/25
Jellinek[27]	Theresia	1813/M	Köchin	Jellinek[28]	Karl	39/06/17	39/06/17		24/03117		
Jellinek[29]	Resi	1833/M	Hdarb	Jellinek[30]	Anton	52/02/1	52/02/10		37/02035	1852/0782	
Jellinek[31]	Veronika	1833/B	Magd	Jellinek	Johanna	59/01/30	59/02/26		44/02306	1859/1111	
Jellinek	Veronika	1833/B	Magd	Jellinek	Franziska	59/01/30	59/02/17		44/02306	1859/1112	
Jerg[32]	Johanna	1799/Dt	Magd	Mayer[33]	Klara	19/10/3			04/02258	1819/3272	

[26] Anna Jellinek wurde in Verbócz in Ungarn, bei einem Bauern untergebracht, mit acht Jahren ins Fdh zurückgebracht; kam noch einmal zu einer Pflegepartei. Im Alter von zehn Jahren wurde sie der Gemeinde Eisgrub in Mähren, der Heimatgemeinde ihrer Mutter, übergeben (FdhP, EntlP).
[27] Theresia Jellinek (GbhP; Taufmatrik AKH 39/06/17: Karl Jellinek), Theresia Jelinek (Sterbematrik AKH 39/06/17: Karl Jellinek), gestorben am 39/06/29 (GbhP: im Gbh, IKG Stb A 1340: im AKH, Nervenfieber). - TBP 39/06/20: "Jellinek Theresia, ledig, israelitische Magd, aus Eisgrub gebürtig, Leopoldstadt No 277, am Nervenfieber, alt 26 Jahr."
[28] Karl Jellinek (Taufmatrik AKH 39/06/17), Karl Jelinek (Sterbematrik AKH 39/06/17) - wurde notgetauft: "Mater infantis judaea. Nothgetauft" (Taufmatrik AKH 39/06/17); starb noch am selben Tag im Gbh (GbhP): "Der Jelinek Theresia ihr Knab, <kath>" (Sterbematrik AKH 39/06/17).
[29] Resi Jellinek, geb. von Eibenschitz in Mähren; wohnhaft Wien-Leopoldstadt No 335; im FdhP als "kl" (katholisch, ledig) eingetragen - wohl ein Flüchtigkeitsfehler der Kanzlei, da ihr Kind als "Israelitenkind" aufgenommen wurde. In der Taufmatrik wird die jüdische Herkunft des Kindes nicht erwähnt (Taufmatrik AKH 52/02/01: Anton Jellinek).
[30] "Wegen Religion der Mutter" Fdh, starb im Fdh an Nabelblutung (FdhP).
[31] Veronika Jelinek, geb. von Staschow in Böhmen; wohnhaft in Wien-Fünfhaus No 185. - Zwillingsgeburt 59/01/30: Franziska und Johanna Jelinek.
[32] Johanna Jerg, aus Bayern, von Ulrichskirchen, Bezirk Korneuburg, zugereist (GbhP).
[33] M. (GbhP), Klara Mayer (FdhP). - Das Initialenkind "M" wurde am 3. Oktober geboren und soll laut GbhP am 8. ins Fdh gekommen sein (im GbhP hatte man sich beim Transferdatum verschrieben "den 3 <oder 5> 8^t 8^{br} 819", den 3. <oder 5> 8. Oktober 1819). - Um diese Zeit ist kein Kind im Datenkontext des Kindes "M" ins Fdh aufgenommen worden. Am 3. Oktober wurde allerdings im Gbh ein Mädchen auf den Namen Klara Mayer getauft - "Israelita" wurde in die Namensrubrik des Vaters eingetragen, die Rubrik der Mutter blieb leer; Taufpatin war die Anstaltshebamme Helena Blumenau. Dieses Kind wurde noch am selben Tag ins Fdh aufgenommen: "Mayer Klara, alt 3 T<ag>", als Mutter dieses Kindes wurde Johanna Jerg ins FdhP eingetragen, die Mutter des Initialenkindes "M", die jüdische Herkunft wurde nicht erwähnt. - Diese Eintragung fällt in die Zerschneidungsjahre der Protokolle, das Eintrittsdatum ins Fdh wurde in den 1960er Jahren aus dem Original übertragen, hier könnte man sich geirrt haben. Zu dieser Zeit kommt es allerdings öfters zu Divergenzen im Datenkontext, die aus einer Vermengung von Anlaß- und Eintragungsdatum herrühren mögen (im vorliegenden Fall ist dies je-

J

M: Name	M: Vorname	geb. ca.	Beruf	K: Name	K: Vorname	K: geb.	K: gest.	K: entl.	Qu GbhP	Qu FdhP	Qu EntlP
JOACHIM (JOAHIN)											
Joahin[34]	Anna	1804/U	Magd	**Kurz**[35]	Kajetan	24/11/28	25/03/15		09/02346	1824/4367	
Joachim	Regina	1801/U	Köchin	**Fasching**	Eleonora	27/02/26	27/06/24		12/00077	1827/0877	
Joell	Rosalia	1798/W	Hdarb	**Weiss**	Anna	16/04/4	16/04/17		01/00602	1816/0987	
Jokl[36]	Netti	1831/M	Magd	**Jokl**[37]	Anna	54/02/8	54/05/8		39/01631	1854/0928	
Jokel[38]	Theresia	1830/M	Magd	**Jakel**	Eduard	67/12/31	68/02/26		53/00001	1868/0177	
Juda[39]	Helena	1809/Dt	Hdarb	**Lang**[40]	Anna	38/05/21	38/08/20		23/02453	1838/2146	

doch auszuschließen). - Wie immer, das Initialenkind "M" ist mit Klara Mayer ident, sie wurde sogleich nach der Geburt getauft, ins Fdh gebracht, kam sodann zu einem Schuster, dessen Ehefrau in das FdhP als Pflegepartei eingetragen wurde. In das FdhP wurde kein Sterbedatum nachgetragen, das Kind könnte demnach überlebt haben (FdhP: Zimmerl <Vorname unleserlich>, Schuhmachersgattin, Idolsberg No 31 - NÖ, OMB).

[34] Anna Joahin (GbhP), Anna Joachim (TBP 24/12/07); gestorben am 24/12/07 (GbhP). - TBP 24/12/07: "Anna Joachim, ledige Magd, Conscriptions Nummer 261 in der Leopoldstadt, von Panowetz in Hungarn gebürtig, israelitischer Religion, im AKH, an hitziger Brustwassersucht, alt 20 Jahr."

[35] **K.K.** (GbhP), **Kajetan Kurz** (FdhP) - Dieses Kind wurde am 28. November geboren, sofort getauft, nach der Taufe noch am gleichen Tag ins Fdh gebracht - an ebendemselben Tag wurde ein "2 T<a>g" altes Kind mit dem Namen Kajetan Kurz "wegen Krankheit der Mutter" ins Fdh aufgenommen, der Name der Mutter wurde nicht angegeben, ebensowenig wurde die jüdische Herkunft des Kindes erwähnt. Das Kind müßte am 28. November getauft worden sein - in die Taufmatrik wurde unter diesem Datum kein Kind eingetragen, das dem Datenkontext des Initialenkindes "K.K." entsprochen hätte. Unter dem 27. November hingegen wurde ein Kind im "jüdischen Formular" mit dem Namen Kajetan Kurz aufgenommen; Taufpate war der Mesner Josef Eckerle, das Feld, das für den Namen der Mutter vorgesehen war, blieb leer. - Hier, wie schon im oben erwähnten Fall des Initialenkindes "M" hatte man sich in den Daten geirrt, jedoch ist das Initialenkind "K.K." mit an Sicherheit grenzender Wahrscheinlichkeit ident mit Kajetan Kurz, zudem Namen mit gleichem Anlaut zumeist auf jüdisch geborene Kinder schließen lassen (Taufmatrik AKH 24/11/27: Kajetan Kurz, FdhP, GbhP).

[36] Netti Jokl (GbhP, FdhP), Anna Jockel (Taufmatrik AKH 54/02/08).

[37] Anna Jokl (GbhP), Anna Jockel (Taufmatrik AKH 54/02/08), Anna Jakl/Jokl <ursprüngliches Jokl zu Jakl überschmiert> (FdhP); "wegen Religion der Mutter" Fdh (GbhP), Todesursache: Wasserkopf (FdhP).

[38] Theresia Jokel (GbhP), Theresia Jakel (Taufmatrik AKH 68/01/01: Eduard Jakel; FdhP).

[39] Helena Juda, geb. um 1816 in Wiesbaden im Großherzogtum Hessen, V: Gabriel Juda, Religionslehrer; M: Regina Juda; wurde in der Pfarrkirche Am Hof am 40/09/20 getauft, erhielt bei der Taufe die Namen **Maria Theresia** (DAW: Konvertiten-Protokolle 1839-1841; Pfarre Am Hof Taufmatrik 40/09/20); zusammen mit ihr wurde auch ihr Kind Susanna Juda, geb. 39/07/24, gleichfalls auf den Namen Maria Theresia getauft (Pfarre Am Hof Taufmatrik 40/09/20).

J

M: Name	M: Vorname	geb. ca.	Beruf	K: Name	K: Vorname	K: geb.	K: gest.	K: entl.	Qu GbhP	Qu FdhP	Qu EntlP
Judin[41]	Rosalia		Witwe	*Manhard*	Andreas	02/02/3	02/02/15			1802/0353	
Jussem	Esther	1847/G	Hdarb	Jussem[42]	Rudolf	66/07/14	66/07/30		51/03803	1866/5285	
Justitz	Theresia	1833/U	Magd	Justitz[43]	Maria	56/06/4	56/06/24		41/04479	1856/3696	

---

[40] Taufmatrik AKH 38/05/22: "Mater infantis judaea".
[41] Rosalia Ju**dt**in (Taufmatrik AKH 02/02/04: Andreas Manhard), Rosalia Ju**d**in (FdhP), geb. in Hall in Tirol.
[42] Name verschmiert, zu "Jussem" ausgebessert, eine ursprüngliche Verschreibung des Namens der Mutter, einer 19jährigen Handarbeiterin aus Lemberg in Galizien. Das Kind kam zu einer Keuschlerin nach Hartberg in der Steiermark, wo es nach drei Tagen schon an Durchfall gestorben ist (FdhP).
[43] "Wegen Religion der Mutter" Fdh (GbhP, FdhP), an "Schwäche" gestorben (FdhP).

J

M: Name	M: Vorname	geb. ca.	Beruf	K: Name	K: Vorname	K: geb.	K: gest.	K: entl.	Qu GbhP	Qu FdhP	Qu EntlP
Kaffesieder[1]	Rosalia	1847/U	Magd	Kaffesieder[2]	Elenora	66/05/16				51/03123	1866/3707
Kafka[3]	Anna	1809/B	Magd	*Sporer*[4]	Adam	30/12/12	30/12/20		15/02615	1830/2465	
Kafka	Anna	1809/B	Magd	*Sporer*[5]	Eva	30/12/12	30/12/25		15/02615	1830/2465	
Kafka[6]	Anna|Ant.	1814/B	Magd	*Schönfeld*[7]	Karl	36/04/5	36/04/15		21/01548	1836/1237	
Kafka[8]	Johanna	1822/B	Magd	*Jandera*[9]	Josef	41/09/11	41/11/9		26/04564	1841/4016	
Kafka[10]	Katharina	1817/B	Magd	*Plank*	Peter	37/07/14	37/08/11		22/02898	1837/2712	
Kafka	Katharina	1816/B	Hdarb	*Jürgens*[11]	Josef	39/02/11	39/03/24		24/00964	1839/0782	
Kafka	Theresia	1814/U	Magd	*From*[12]	Franziska	39/04/8				24/02169	1839/1692

---

[1] Rosalia Kaffesieder, geb. und wohnhaft in Pest, von dort zugereist (GbhP); im FdhP als "kl" (katholisch, ledig) eingetragen, die jüdische Herkunft des Kindes wird in dieser Quelle nicht erwähnt; in der Taufmatrik des AKH als jüdisch ausgewiesen (Taufmatrik AKH 66/05/17: Eleonora Kaffesieder).
[2] Eleonora Kaffesieder kam "wegen Krankheit der Mutter" ins Fdh (FdhP).
[3] Anna Kafka, aus Böhmen; wohnhaft in Wien-Leopoldstadt No 11 (1830) und No 458 (1836). - Zwillingsgeburt: 30/12/12: Eva und Adam Sporer; die Mutter wurde nach der Entbindung ins AKH auf Zi. 57 verlegt (GbhP).
[4] Im Fdh im Alter von acht Tagen gestorben (FdhP).
[5] Im Fdh im Alter von 13 Tagen gestorben (FdhP).
[6] Anna Kafka (GbhP), Antonia Kafka (FdhP). - Anna Kafka und Antonia Kafka sind ident, geb. um 1814, aus Buda in Böhmen ("Bada" - Lesefehler: U als offenes A interpretiert), Magd (FdhP).
[7] **K.Sch.** (GbhP), **Karl Schönfeld** (FdhP: "Israelitenkind"). - Das Kind kam am 36/04/06 ins Fdh - am gleichen Tag wurde ein "Israelitenkind" aus dem Gbh mit dem Namen Schönfeld ins Fdh aufgenommen. Antonia Kafka wurde als seine Mutter ins FdhP eingetragen. Tags zuvor war das Kind getauft worden, in die Taufmatrik erfolgte die Aufnahme im "jüdischen Formular", Taufpate war der Kirchendiener, die Namensrubrik der Mutter blieb leer, als Anmerkung wurde mit "mater infantis judaea" auf die jüdische Herkunft des Kindes verwiesen. - Somit ist das Initialenkind "K.Sch." ident mit Karl Schönfeld (Taufmatrik AKH 36/04/05; GbhP, FdhP).
[8] Johanna Kafka, geb. in Kalladay im Budweiser Kreis, von Nikolsburg in Mähren zugereist (GbhP).
[9] "Wegen israelitischer Mutter" Fdh, an Gedärmreißen gestorben (FdhP; Taufmatrik AKH 41/09/11: "mater Judaea").
[10] Katharina Eva Kafka, geb. aus Böhmen; 1837 wohnhaft in Wien-Margarethen No 7, 1839 in Wien-Wieden No 24 (GbhP'e).
[11] Josef Jürgens, als "Israelitenkind" ins Fdh aufgenommen; in der Taufmatrik wurde mit dem Vermerk "mater judaea" auf seine jüdische Herkunft verwiesen (FdhP; Taufmatrik AKH 39/03/24).

K

M: Name	M: Vorname	geb. ca.	Beruf	K: Name	K: Vorname	K: geb.	K: gest.	K: entl.	Qu GbhP	Qu FdhP	Qu EntlP
Kafka	Theresia	1808/B	Magd	*Hope*	Josef	33/11/16	34/03/27		19/00169	1833/3850	
Kafka[13]	Theresia	1826/B	Magd	Kafka[14]	Theresia	48/12/8	48/12/29		34/00374	1848/6756	
Kahn	Rosina	1817/B	Hdarb	Kahn	Rudolf	47/07/4	49/05/13		32/05041	1847/4097	
Kahn[15]	Rosalia	1840/B	Magd	Kahn	Rosa	61/04/26	61/07/2		46/04479	1861/3600	
Kahn	Rosalia	1840/B	Magd	Kahn	Maria	62/04/14	62/05/2		47/03602	1862/2807	
Kaiser[16]	Johanna	1848/U	Magd	Kaiser	Moritz	65/12/9	66/02/24		50/08165	1865/9110	
Kaiser[17]	Rosalia	1798/U	Witwe	*Strahof*[18]	Elekta	30/01/3	31/06/22		14/02902	1830/0288	
Kalmus	Charlotte	1839/G	Hdarb	totgeboren		61/05/12			46/04920		
<...>[19]				Kalstein[20]	Martin	06/11/7	06/12/9			1806/2717	
Kann Franziska, vide Kohn											
Kanitzer Ludmilla, vide geb. Herschmann Ludmilla											
Kantor	Rosa	1836/B	Magd	Kantor[21]	Josef	57/01/7	57/01/31		42/00850	1857/0267	

---

[12] Bei Franziska From wurde kein Sterbedatum eingetragen, sie könnte demnach die Findelpflege überlebt haben (FdhP: Pflegepartei: Katharina Klinger, Kleinhäuslerin, Ober-Grünbach No 57, Pfarre Ober-Grünbach, Herrschaft Wienerwald - NÖ, OMB). - "Mater infantis judaea", Randnotizen in der Taufmatrik aus den Jahren 1865, 1938 und 1941 mit weiteren Aktenverweisen (Taufmatrik AKH 39/04/09: Franziska From, Randnotizen u.a. 65/01/25).
[13] Theresia Kafka wurde nach der Entbindung ins AKH auf die Syphilis-Abteilung gebracht (GbhP).
[14] Im Fdh im Alter von drei Wochen gestorben, Todesursache: Durchfall (FdhP).
[15] Rosalia Kahn, geb. von Janowitz in Böhmen, Pilsner Kreis, wohnhaft in Wien-Leopoldstadt No 21 (1861 und 1862) (GbhP'e); ihre Kinder hatten eigene Taufpaten: Taufpatin von Rosa Kahn war eine Kutschersgattin, Taufpate von Maria Kahn ein Geschäftsführer, beide aus der Leopoldstadt (Taufmatrik AKH 61/04/28: Rosa Kahn; Taufmatrik AKH 62/04/14: Maria Kahn).
[16] Johanna Kaiser, geb. in Trentschin, zugereist (GbhP).
[17] Produktenhändlers Witwe (GbhP), die Mutter wurde im Gbh "von der k.k. P.O.D. <Polizei Ober-Direktion> abgeholt".
[18] Elekta Strahof wurde mit Regierungsdekret ins Fdh aufgenommen (FdhP), "Israeliten Kind, nach Angabe der Mutter ehlig" (Taufmatrik AKH 30/01/04).
[19] o.A. (Taufmatrik AKH 06/11/08: Martin Kalstein, M: Jüdin; im FdhP keine Angaben zur Mutter, jedoch wurde nach dem Namen des Kindes nach einer Virgel "jüdisch" gesetzt). Die Mutter hatte in der 2. Zahlabteilung unter der No 98 entbunden (Taufmatrik AKH 06/11/08: Martin Kalstein).
[20] Martin Kalstein kam einen Tag nach seiner Geburt gegen eine Aufnahmstaxe von 6 fl. ins Fdh (FdhP).
[21] "Wegen Milchmangel der Mutter" Fdh (GbhP, FdhP), Josef Kantor ist im Fdh an Diarrhöe gestorben (FdhP).

M: Name	M: Vorname	geb. ca.	Beruf	K: Name	K: Vorname	K: geb.	K: gest.	K: entl.	Qu GbhP	Qu FdhP	Qu EntlP
Karacson[22]	Katharina	1826/U	Magd	Karacson	Josef	52/09/11	52/10/5		37/06948	1852/6224	
Karlik	Josefa	1835/M	Köchin	Karlik	Katharina	57/10/22	58/07/3		42/08134	1857/7679	
Karlik	Theresia	1829/B	Magd	Karlik	Josefa	57/04/16	57/07/16		42/03885	1857/3082	
Karpf	Franziska	1826/M	Magd	Karpf	Anna	48/02/22	48/03/9		33/02253	1848/1285	
Karpfen	Julia	1840/M	Magd	Karpfen[23]	Karolina	59/03/4		69/03/4	44/03223	1859/2103	69/04/28
Karsch[24]	Theresia	1823/B	Magd	Korsch[25]	Josef	52/02/2	52/03/11		37/02160	1852/0986	
Kasmacher	Katharina	1808/M	Magd	*König*	Emilia	28/01/6	28/01/29		13/00051	1828/0204	
Kast	Franziska	1837/U	Hdarb	Kast[26]	Josef	57/01/14	57/03/3		42/01908	1857/0602	
Kastner	Rosalia	1830/U	Hdarb	Kastner	Rosalia	50/01/14	50/02/7		35/01426	1850/0353	
KATZ (KAC)											
Katz[27]	Anna	1830/B	Magd	Katz[28]	Josef	57/04/10	57/04/13		42/02206		
Kac	Anna	1830/B	Magd	Kac	Maria	59/04/5	59/08/27		44/02021	1859/3084	
Katz[29]	Elisabeth	1806/B	Magd	totgeboren		26/11/3			11/2068		
Katz	Franziska	1799/B	Köchin	*Freytag*[30]	Eduard	26/10/6	27/01/12		11/01887	1826/3512	

---

[22] Katharina Karacson (GbhP, FdhP), Katharina Koracson (Taufmatrik AKH 52/09/11) - geb. in Hegykö, von Ödenburg zugereist (GbhP).
[23] Karolina Karpfen kam mit ihrer Mutter zusammen ins Fdh; wurde jedoch schon am folgenden Tag vom Maria Mareczek aus Verböcz (Ungarn) übernommen. Bei dieser Pflegemutter ist das Kind bis nach Beendigung der Findelhausversorgung geblieben (FdhP, EntlP: Mareczek Anna, Bäuerin in Verböcz No 461, Neutraer Komitat).
[24] Theresia Karsch, geb. von Kommothau in Böhmen; wohnhaft in Wien-Landstraße No 450; im GbhP als "k<atholisch>" eingetragen, im FdhP als jüdisch ausgewiesen (GbhP, FdhP: "Israelitenkind").
[25] Josef Karsch (GbhP; Taufmatrik AKH 52/02/02), Josef Korsch (FdhP), im Fdh gestorben, Todesursache: Gehirnüberfüllung des Blutes (FdhP).
[26] "Wegen Religion der Mutter" Fdh (FdhP).
[27] Anna Katz ist mit Anna Kac ident, geb. um 1830 in Kellersdorf (Schimanau) im Czaslauer Kreis in Böhmen; 1857 vom Heimatort zugereist, 1859 wohnhaft in Hollabrunn (GbhP'e).
[28] Getauft, nach zwei Tagen im Gbh gestorben (GbhP; Taufmatrik AKH 57/04/11).
[29] Elisabeth Katz /:Kotz:/ (GbhP), kam vom AKH, Zi. 57 ins Gbh, wurde nach der Entbindung ins AKH, Zi. 79 gebracht (GbhP).
[30] Eduard Freytag war ein Fremdnamenkind, er wurde an einem Freitag getauft und erhielt von diesem Wochentag seinen Namen (Taufmatrik AKH

M: Name	M: Vorname	geb. ca.	Beruf	K: Name	K: Vorname	K: geb.	K: gest.	K: entl.	Qu GbhP	Qu FdhP	Qu EntlP
Katz	Josefa	1824/B	Magd	Katz[31]	Elisabeth	44/12/28		54/12/28	30/01017	1844/6038	55/01/23
Katz	Katharina	1826/B	Köchin	Katz[32]	Josef	45/12/9		56/01/8	30/06388	1845/6337	56/01/8
Katz[33]	Rosalia	1822/G	Hdarb	Katz[34]	Rosalia Ant.	57/12/13		60/02/04		1857/9092	60/02/04
Kaufmann[35]	Elisabeth	1837/U	Magd	Kaufmann	Rudolf	59/03/1	59/04/15		44/03094	1859/2001	
Kaufmann	Emilia	1841/B	Hdarb	Kaufmann	Maximilian	65/01/16	65/02/2		49/09730	1865/0535	
Kaufmann	Franziska	1823/U	Magd	Kaufmann[36]	Anna	45/05/7	45/05/19		30/03511	1845/2448	
Kaufmann	Golde	1849/G	Hdarb	Kaufmann	Karl	67/11/6	67/11/22		52/05474	1867/7257	
Kaufmann[37]	Katharina	1816/U	Magd	Kaufmann[38]	Pauline	44/01/31	44/02/24		29/01473	1844/0634	
Kaufmann	Katharina	1819/U	Magd	Kaufmann[39]	Hermann	49/03/13		50/06/26	34/02537	1849/2003	50/06/26

26/10/06: Anmerkung: "Mutter israel<itisch>").
[31] Elisabeth Katz wurde laut EntlP von der Witwe Theresia Schmidt in Baumgarten als Übernahmepartei übernommen. Das FdhP ist bei dieser Eintragung an einigen Stellen durch Wasserflecken beschädigt, man kann jedoch annehmen, daß das Kind einige Zeit vor der Eintragung ins EntlP bei Theresia Schmidt gelebt hat (FdhP, EntlP: Schmidt Theresia, Witwe, Baumgarten No 63, Pfarre Freundorf - NÖ, OWW, bei Sieghartskirchen).
[32] Josef Katz mußte mehrmals seinen Pflegeplatz wechseln, wurde ins Fdh zurückgebracht, kam ins AKH und von dort wieder zurück in Fdh usw., das Kind überlebte jedoch und wurde 1856 der Heimatgemeinde seiner Muttter übergeben (EntlP: Gemeinde Gistebnitz (Jistebnitz) in Böhmen, Taborer Kreis).
[33] Rosalia Katz, geb. 22/08/13 zu Brody, V: Isaak Katz, M: o.A., um 1859 wohnhaft Wien-Landstraße No 328, ließ sich am 59/05/31 in der Pfarre St. Rochus taufen, wobei sie den Namen **Maria Josefa** erhalten hatte (Pfarre St. Leopold Taufmatrik 57/12/20: Rosalia Antonia Katz, Randnotiz; Pfarre St. Rochus Taufmatrik 59/05/31: Maria Josefa Katz), sie konnte nach dieser Taufe ihr Kind zu sich nehmen. Zu dieser Empfangscheintaufe findet sich kein Hinweis im FdhP.
[34] Rosalia Antonia Katz wurde in der Leopoldstadt No 623 geboren und eine Woche später in der Pfarre St. Leopold getauft, kam vier Tage später ins Fdh, ins FdhP als "Israelitenkind" mit dem Namen der Mutter aufgenommen; die Mutter konvertiert am 59/05/31, am 60/02/04 wurde das Kind von der Mutter aus der Findelpflege gelöst (EntlP: Maria Katz, Handarbeiterin, Landstraße No 292, L<eibliche> M<utter>).
[35] Elisabeth Kaufmann, geb in Ság in Ungarn, zugereist (GbhP).
[36] Im Fdh im Alter von zwölf Tagen an Lebensschwäche gestorben (FdhP).
[37] Katharina Kaufmann, geb. von Stampfen in Ungarn, Preßburger Komitat; 1844 wohnhaft in der Leopoldstadt No 283, 1849 in der Inneren Stadt No 181 (GbhP'e).
[38] "Mutter kr<ank>" (GbhP), "wegen israelitischer Religion der Mutter" Fdh (FdhP).

K

M: Name	M: Vorname	geb. ca.	Beruf	K: Name	K: Vorname	K: geb.	K: gest.	K: entl.	Qu GbhP	Qu FdhP	Qu EntlP
Kaufmann	Rosalia	1823/U	Magd	Kaufmann	Rosa	45/11/30	46/06/29		31/00545	1845/6199	
Kautes[40]	Judith	1797/B	Magd	*Fürst*[41]	Raimund	18/01/23	18/02/20		03/00156	1818/0180	
Kauz	Henriette	1844/B	Magd	totgeboren		64/08/15			49/07455		
Kellner	Theresia	1848/M	Magd	Kellner[42]	Adolf	68/05/13	68/06/21			1868/3464	
Kempfner	Rosina	1847/U	Magd	Kempfner	Ernestine	68/02/20			53/01161	1868/1460	
Kentzler[43]	Franziska	1832/U	Magd	Kentzler	Franziska	60/09/24	61/02/23		45/05926	1860/6615	
Kepf	Mathilde	1848/U	Hdarb	Kepf[44]	Mathilde	68/04/13			53/02409	1868/2834	
Kerbl[45]	Rosalia	1809/U	Witwe	Kerbl[46]	Josef	34/11/9	34/11/9		20/00108		

---

[39] Hermann Kaufmann (FdhP: "Israelitenkind" <doppelt unterstrichen>) kam im Alter von 14 Tagen zur Hausinhaberin Maria Seball in Wien, Schaumburgergrund. Am 50/06/26 wurde er im Alter von einem Jahr und drei Monaten vom Silberarbeiter Josef Wieninger, wohnhaft Wien-Laimgrube "gegen Revers" übernommen. Es konnte nicht festgestellt werden, in welcher Beziehung er zu dem Kind oder zu den Eltern des Kindes gestanden ist (FdhP, EntlP: Wieninger Josef, bürgerlicher Gold- und Silberarbeiter, <Wien>-Laimgrube No 142).

[40] Judith Kautes - im GbhP erweckt das Endungs-S den Eindruck, als hätte der Schreiber gezögert, sich schließlich zwischen R und S für ein S entschieden. Im FdhP wurde in der Endung geschmiert, das runde Schluß-S besteht aus einem Patzen, von dem aus in die Oberlänge gezogen wurde, auch hier wird vorerst zu einem R angesetzt worden sein. R wurde bisweilen als Schluß-S verlesen, vide Johanna Lazar.

[41] **R.F.** (GbhP), **Reumund** Fürst (FdhP), **Reinhard** Fürst (Taufmatrik AKH 18/01/23). - Das Initialenkind "R.F." wurde am 18/01/28 ins Fdh gebracht - am gleichen Tag wurde "wegen Krankheit der Mutter" ein Kind aus dem Gbh mit dem Namen Reumund Fürst ins Fdh aufgenommen. In die Namensrubrik der Mutter wurde Judith Kautes eingetragen, die Mutter des Initialenkindes. - Zuvor war das Kind im Gbh auf den Namen "Reinhard Fürst" getauft worden, Taufpate war der Kirchendiener Josef Eckerle, die Rubrik der Mutter blieb unausgefüllt, die Herkunft des Kindes wurde nicht erwähnt (Taufmatrik AKH 18/01/23; FdhP, GbhP).

[42] Im Fdh gestorben (FdhP; CAHJP A/W 1809, Verzeichnis jüdischer Findelkinder von 1868).

[43] Franziska Kentzler (GbhP, FdhP), Franziska **Josefa** Kenszler (Pfarre Alservorstadt Taufmatrik 60/08/24) - getauft am 60/08/24 in der Hauskapelle des Gbh (GbhP) auf den Namen Franziska Josefa, in die Taufmatirik der Pfarre Alservorstadt unter dem Namen "Kenszler" eingetragen, V: Salomon Kenszler aus Nittra-Apáti im Neutraer Komitat, Ungarn; M: Anna Kenszler, P: Josefa Prinz, Medizinalraths Gattin (Pfarre Alservorstadt Taufmatrik 60/08/24: Franziska Kenszler).

[44] Mathilde Kepf kam als "68er Kind" mit ihrer Mutter ungetauft ins Fdh, blieb dort nur einen Tag; wurde an eine Bäuerin abgegeben (GbhP; FdhP; CAHJP A/W 1809, Verzeichnis jüdischer Findelkinder von 1868).

[45] Magd, aus Preßburg gebürtig, unmittelbar nach der Entbindung auf die Syphilis-Abteilung des AKH gebracht (GbhP).

K

M: Name	M: Vorname	geb. ca.	Beruf	K: Name	K: Vorname	K: geb.	K: gest.	K: entl.	Qu GbhP	Qu FdhP	Qu EntlP
Kern	Anna	1814/U	Magd	Pletz[47]	Josef	34/05/1	37/04/16		19/02037	1834/1596	
Kerschbaum	Barbara			Kerschbaum[48]	Wilhelm	35/08/24	35/09/10			1835/2871	
Kerschbaum	Regina			Kerschbaum[49]	Franz Xav.	26/10/15				1826/3525	
Kesselflicker	Rosalia	1829/M	Magd	Kesselflicker[50]	Adolf	54/12/29	55/08/16		40/01219	1855/0142	
Kessler	Franziska	1844/U	Hdarb	Kessler	Charlotte	64/09/9	64/10/2		49/08023	1864/7158	
Kessler Theresia, vide geb. Pereles Theresia											
Kestler	Theresia	1830/U	Magd	Kestler[51]	Maria	51/09/27	52/04/5		36/06996	1851/6305	
Kholmen[52]	Anna	1840/U	Hdarb	Kholmen[53]	Gisela	62/10/13	62/12/27		47/06760	1862/7156	
Kiche[54]	Franziska	1818/U	Magd	Kicher	Anton	44/02/16	44/07/11		29/01756	1844/0892	

---

[46] o.A. (GbhP), Josef Kerbl (Sterbematrik AKH 34/11/09). - "Das Kind starb ungetauft. Gestorben" wurde im GbhP in die Namensrubrik des Kindes eingetragen, weiters ein "K" für Knabe. - Dieses Kind wurde jedoch der Sterbematrik des AKH zufolge getauft, gestorben war "Der Kerbl Rosalia ihr Knab Joseph", in den Minirubriken wurde "katholisch" abgezeichnet; keine diesbezügliche Eintragung in der Taufmatrik des AKH.

[47] J.P. (GbhP), Josef Pletz (FdhP). - Das Initialenkind "J.P." kam am 34/05/11 ins Fdh - am gleichen Tag wurde aus dem Gbh ein "Israelitenkind" mit dem Namen Josef Pletz aufgenommen, "ohne Mutter", was bedeutet, daß das Kind ohne seine Mutter ins Fdh gekommen ist. Die Mutter wurde nur mit ihrem Vornamen - Anna - ins FdhP eingetragen. In das Taufprotokoll wurde auf die jüdische Abstammung des Kindes mit dem Vermerk "mater infantis judaea" verwiesen. - Somit standen wohl die Initialen "J.P." für Josef Pletz (Taufmatrik AKH 34/05/02; FdhP, GbhP).

[48] Wilhelm Kerschbaum, geboren in Wien am Thury, zwei Tage später in der Pfarre Lichtenfeld getauft, kam am folgenden Tag mit Taufschein, Armutszeugnis und gegen eine Aufnahmstaxe von 20 fl. ins Fdh; in das FdhP als "Israelitenkind" mit dem Namen der Mutter aufgenommen (FdhP).

[49] Franz Xaver Kerschbaum, geboren bei der Hebamme Josefa Feldhofer am 26/10/15, am selben Tag in der Pfarre St. Stefan getauft. Taufpatin war die Hebamme, eine "Amtsdieners Ehegattin". In der Taufmatrik wurde protokollarisch mit den Unterschriften zweier Zeugen festgehalten, daß die Taufe auf Wunsch der Mutter vorgenommen wurde. Zwei Tage später wurde das Kind ins Fdh gebracht, mit Taufschein und Direktionsauftrag gegen eine Taxe von 12 fl. aufgenommen. Im FdhP wurde die Herkunft des Kindes nicht erwähnt, der Name der Mutter wurde eingetragen. Da bei diesem Kind in das FdhP kein Sterbedatum nachgetragen wurde, könnte es überlebt haben (FdhP: Pflegepartei: Anna Mayer, Viktualienhändlerin; mehrfacher Wohnungswechsel, zuletzt Wien-Neubau No 21).

[50] "Wegen Religion der Mutter" Fdh (GbhP, FdhP), an Durchfall gestorben (FdhP).

[51] "Wegen Religion der Mutter" Fdh (FdhP), starb an Zahnfraisen (FdhP).

[52] Anna Kholmen, geb. und wohnhaft in Waitzen in Ungarn, zugereist (GbhP); erhielt am 62/11/16 ein Duplikat des Empfangscheines für ihr Kind (FdhP).

[53] Gisela Kohlmen (Taufmatrik AKH 62/10/14), Gisela Kholmen (FdhP).

K

M: Name	M: Vorname	geb. ca.	Beruf	K: Name	K: Vorname	K: geb.	K: gest.	K: entl.	Qu GbhP	Qu FdhP	Qu EntlP
Kirchheimer[55]	Anna	1815/M	Magd	*Schönbach*[56]	Julia	35/07/15			20/02282	1835/2545	
Ki(e)rmer[57]	Theresia	1855/U		Kirmer[58]	Leo Franz	55/01/19	55/01/23		40/01616	1855/0497	
Kirschner	Eleonora	1797/U	Magd	*Sauer*	Brigitta	20/10/9	21/03/28		05/02293	1820/3157	
Kirschner	Susanna	1797/U	Magd	*Mittwoch*[59]	Leopold	24/09/2			09/01702	1824/3395	
<...>[60]				Kiss	Emma	68/06/4				1868/3880	
Kitayn[61]	Rosalia	/B	Magd	Kitayn[62]	Theresia	1796/02	1796/04			1796/0354	
Klampfer[63]	Barbara	1835/W	Magd	Klampfer[64]	Maximilian	58/03/30	58/04/15		43/03934	1858/2544	

---

[54] Könnte eine Verschreibung des jüdischen Namens "Kuhe" sein, Kurrent-U könnte als I-C gelesen worden sein: Kuhe - Kiche.
[55] Anna Kirchheimer, geb. und wohnhaft in Battelau, zugereist (GbhP).
[56] Bei Julia Schönbach wurde im FdhP kein Sterbedatum nachgetragen, sie könnte demnach die Findelpflege überlebt haben (FdhP: Pflegepartei ab 35/11/01: Franziska Remaissl <unsichere Lesart> in Schrems No 86 - NÖ, OMB). - "Mater infantis judaea" (Taufmatrik AKH 35/07/15: Julia Schönbach).
[57] Theresia Kirmer (GbhP), Theresia Kiermer (TBP 55/02/15) - gestorben am 55/02/15 (GbhP: im Gbh), Theresia Kirmer lag in der 3. Klasse der Zahlabteilung, geboren in Eisenstadt, wohnhaft in Wien; im GbhP keine weiteren Angaben zum Alter, Stand oder Beruf; sie wurde ursprünglich als "N.N." in das GbhP eingetragen. - TBP 55/02/15: "Kirmer /:richtig: Kiermer:/ Theresia, Gesellschafterin, <Alter> unbekannt, ledig, Eisenstadt in Ungarn, Stadt 1177, Blutzersetzung, k.k. Gebärhaus."
[58] Für Leo Franz Kirmer wurde eine Taxe von 20 fl. bezahlt. Im FdhP wird weder der Name seiner Mutter noch seine jüdische Herkunft erwähnt. Er kam zwei Tage nach seiner Geburt ins Fdh; an "Zellgewebsentzündung" im Fdh gestorben (FdhP).
[59] Leopold Mittwoch (GbhP, FdhP), Leopold Mitwoch (Taufmatrik AKH 24/09/02). - Leopold Mit(t)woch wurde "wegen Krankheit der Mutter" ins Fdh gebracht, kam im Alter von 13 Tagen zu einem Schuhmacher nach Rodingersdorf und könnte überlebt haben, da in das FdhP kein Sterbedatum nachgetragen wurde (FdhP: Theresia Lechner, Schuhmachersgattin, Rodingersdorf No 7, Herrschaft Wolkenstein - NÖ, OMB),
[60] o.A., war in der Zahlabteilung, blieb anonym; für das Kind wurde eine Taxe von 35 fl. bezahlt (FdhP, CAHJP A/W 1809, Verzeichnis jüdischer Findelkinder von 1868).
[61] Rosalia Kitain (FdhP), Rosalia Kitayn (Pfarre Schotten Taufmatrik 1796/02/08: Theresia Kitayn) - geb. von Prag (FdhP).
[62] Theresia Kitayn, geboren in Wien Innere Stadt No 227, "getauft mit Vorwissen der Regierung" in der Schottenpfarre (Pfarre SchottenTaufmatrik 1796/02/08), sechs Tage später ins Fdh gebracht, "vermög Zeugniß der Armuth gratis angenommen", gestorben im Fdh am 1796/04/01 "An der Abzehrung" (FdhP).
[63] Barbara Klampfer, aus Liesing bei Wien, wohnhaft in Wilhelmsdorf, zugereist, wurde mit dem Kind ins Gbh gebracht (GbhP).
[64] Maximilian Klampfer war eine "Gassengeburt", er kam einen Tag nach seiner Geburt ins Gbh, wurde dort getauft, sodann "wegen Religion der Mutter"

M: Name	M: Vorname	geb. ca.	Beruf	K: Name	K: Vorname	K: geb.	K: gest.	K: entl.	Qu GbhP	Qu FdhP	Qu EntlP
Klatcer	Henriette	1851/B	Magd	Klatcer[65]	Gottlieb	68/04/19	68/08/25		53/02378	1868/2931	
Klauber[66]	Magdalena	1838/B	Magd	Klauber[67]	Adelheid	66/06/24	66/07/7		51/04305	1866/4766	
Klein	Anna			Klein[68]	Wilhelmina	64/11/13	65/02/19			1864/8577	
Klein[69]	Antonia	1842/U	Magd	Klein	Wilhelm	65/02/23	65/03/14		50/01356	1865/1631	
Klein[70]	Elisabeth	1838/U	Magd	totgeboren 62/11/19					48/00406		
Klein	Elisabeth	1840/U	Magd	totgeboren 66/06/15					51/04124		
Klein	Elisabeth	1838/U	Magd	Klein[71]	Katharina	67/11/21	68/01/12		52/07037	1867/7661	
Klein[72]	Fanni	1837/U	Magd	Klein	Johann	67/06/21				1867/4348	
Klein|Graf[73]	Franziska	1813/M	Magd	**Rosenthal**[74]	Josefa	39/01/25			24/01131		

---

ins Fdh gebracht (GbhP, FdhP), ist an den "Fraisen" gestorben (FdhP).
[65] Gottlieb Klatcer wurde als "68er Kind" nicht mehr getauft, kam mit seiner Mutter ins Fdh, blieb dort gute zwei Wochen (GbhP, FdhP; CAHJP A/W 1809, Verzeichnis jüdischer Findelkinder von 1868).
[66] Im FdhP als "kl" (katholisch, ledig), in der Taufmatrik des AKH und im GbhP als Israelitin eingetragen (Taufmatrik AKH 66/06/26: Adelheid Klauber); die jüdische Herkunft des Kindes wird im FdhP nicht erwähnt.
[67] Adelheid Klauber kam "wegen Krankheit der Mutter" ins Fdh (FdhP).
[68] Wilhelmina Klein, geboren in Wien Innere Stadt, Kumpfgasse No 6 bei der Hebamme Susanna Barth, Fabrikantenwitwe; getauft am selben Tag in der Pfarre St. Stefan. Taufpatin war die Hebamme. Vermerk in der Taufmatrik: "Dieses Kind kommt laut Angabe der Hebamme sogleich in die k.k. Findelanstalt" (Pfarre St. Stefan Taufmatrik 64/11/13) - das Kind wurde mit dem Taufschein gegen eine Taxe von 60 fl. ins Fdh aufgenommen (FdhP).
[69] Aus dem Trentschiner Komitat zugereist (GbhP).
[70] Elisabeth Klein, geb. von Lubina in Ungarn, Neutraer Komitat; 1862 wohnhaft in Wien-Leopoldstadt No 8, 1866 in der Josefstadt, Fuhrmannsgasse No 21 und 1867 in Wien-Leopoldstadt, Malzgasse No 4 (GbhP'e).
[71] Im Fdh an Anämie gestorben (FdhP).
[72] Im GbhP als "k<atholisch>" eingetragen, in der Taufmatrik und im FdhP als jüdisch ausgewiesen (GbhP; Taufmatrik AKH 67/06/21: Johann Klein).
[73] Klein, recte Graf, geb. und wohnhaft in Gebitsch in Mähren, zugereist (GbhP).
[74] **J.R.** (GbhP), Josefa Rosenthal (Taufmatrik AKH 39/01/25) - Das Initialenkind "J.R." kam nicht ins Fdh, Mutter und Kind wurden "abgeholt", von wem, ob von Verwandten oder der Polizei, wissen wir nicht. Das Kind wurde am 39/01/25 geboren - am gleichen Tag wurde ein Kind auf den Namen "Josefa Rosenthal" getauft, Taufpatin war die Anstaltshebamme, die Mutter wurde nicht in die Taufmatrik eingetragen, die jüdische Herkunft des Kindes

M: Name	M: Vorname	geb. ca.	Beruf	K: Name	K: Vorname	K: geb.	K: gest.	K: entl.	Qu GbhP	Qu FdhP	Qu EntlP
Klein	Johanna	1835/U	Magd	Klein	Rosa	59/03/8	59/03/25		44/03328	1859/2176	
Klein	Hanni	1846/U	Magd	Klein	Josefa	65/06/13			50/03572	1865/4606	
Klein[75]	Maria	1834/B	Magd	Klein	Maria	58/11/11	58/12/5		44/00252	1858/8470	
Klein[76]	Maria	1839/M	Magd	Klein	Josef	67/12/23	68/08/22		52/06657	1867/8387	
Klein	Maria	1841/U	Magd	Klein[77]	Anna	68/04/24	68/05/22		53/02604	1868/3065	
Klein[78]	Rosalia	1829/U	Magd	Klein[79]	Leopoldine	59/03/6	59/03/20		44/02457	1859/1928	
Klein[80]	Rosalia	1841/U	Magd	Klein[81]	Adolf	59/04/13	59/11/4		44/04042	1859/3130	
Klein[82]	Rosalia	1840/U	Modistin	Klein[83]	Alois	58/05/6	58/05/31		43/04088	1858/3903	
Klein[84]	Rosa	1843/U	Magd	Klein	Maria	66/08/25	66/10/18		51/04544	1866/6300	

wurde mit dem Vermerk: "Mater infantis judaea" festgehalten. Merkwürdig ist in diesem Fall die Form der Entlassung: selten wurde "abgeholt" in die GbhP'e eingetragen, und wenn, dann zumeist im Zusammenhang mit Polizeibehörden. Geht man davon aus, daß die Mutter ihre eigene Konversion erwogen hat, so hätte sie sicher für ihr Kind eine eigene Taufpatin gefunden, wäre nicht auf die Hebamme in dieser Funktion angewiesen gewesen (Taufmatrik AKH 39/01/26, GbhP).

[75] Maria Klein, geb. von Planin in Böhmen, wohnhaft Wien-Leopoldstadt No 27; im FdhP als "kl" (katholisch, ledig) eingetragen, die jüdische Herkunft ihres Kindes wird in dieser Quelle nicht erwähnt; in der Taufmatrik des AKH als jüdisch ausgewiesen (Taufmatrik AKH 58/11/11: Maria Klein).

[76] Maria Klein, geb. von Klein-Rudoletz in Mähren; wohnhaft in Wien 3, Landstraße-Hauptstraße No 20; nur im GbhP als jüdisch ausgewiesen; im FdhP als "kl" (katholisch, ledig) eingetragen, die jüdische Herkunft ihres Kindes wird in dieser Quelle, ebensowenig wie in der Taufmatrik erwähnt (GbhP, FdhP; Taufmatrik AKH 67/12/24: Josef Klein).

[77] Anna Klein, ein "68er Kind", kam mit ihrer Mutter ungetauft ins Fdh, wurde dort nach zwei Tagen weitergegeben (GbhP, FdhP; CAHJP A/W 1809, Verzeichnis jüdischer Findelkinder von 1868).

[78] Rosalia Klein kam nach der Entbindung ins AKH auf eine medizinische Abteilung (GbhP).

[79] "Wegen Krankheit der Mutter" Fdh (FdhP).

[80] Rosalia Klein, in Kis-Bér geb., aus Raab No 84 zugereist (GbhP).

[81] "Wegen Religion der Mutter", Fdh (GbhP, FdhP), Taufpatin war eine "Instrumentenmacherstochter" vom "Strozischen Grund" (Taufmatrik AKH 59/04/14); an Brechdurchfall gestorben (FdhP).

[82] Sali Klein, geb. in Szántó in Ungarn, zugereist (GbhP).

[83] "Wegen Krankheit der Mutter" Fdh (FdhP).

[84] Aus dem Bezirk Groß Kanischa zugereist (GbhP).

K

M: Name	M: Vorname	geb. ca.	Beruf	K: Name	K: Vorname	K: geb.	K: gest.	K: entl.	Qu GbhP	Qu FdhP	Qu EntlP
Klein[85]	Rosina	1846/B	Magd	Klein[86]	Rosa	68/02/27	68/10/17		52/07792	1868/1634	
Klein[87]	Theresia			Schneeweiss[88]	Katharina	46/11/30	47/03/18			1846/6529	
Kleperele	Maria	1829/B	Magd	Kleperle[89]	Josef	50/05/7	50/05/29		35/03972	1850/2975	
Klepetarz[90]	Johanna	1819/B	Magd	*Höfinger*[91]	Anton	41/09/11		46/01/16	26/04570	1841/4018	46/01/26
Klickstern, vide Glückstern											
Klimberg[92]	Maria	1825/B	Magd	Klimberg[93]	Philipp	49/04/28	49/09/10		34/04241	1849/3066	
Kling[94]	Sali	1842/U	Magd	Kling	Maria	64/06/29	64/09/17		49/04928	1864/5362	
Klingenberger	Theresia	1843/B	Magd	Klingenberger	Moritz	65/03/07	66/01/23		50/01665	1865/1870	
Klinger[95]	Sali	1827/U	Magd	Klinger	Maximilian	49/01/6	49/03/19		34/00953	1849/0296	

---

[85] Rosina Klein (Klinavon) (GbhP), Rosalia Klein (FdhP).
[86] Rosa Klein zählte zu den ersten Kindern, die nach der neuen Regelung im Gbh nicht mehr getauft wurden. Sie kam mit ihrer Mutter ins Fdh, blieb dort knapp eine Woche, wurde an einen Weber in Altmannsdorf abgegeben; nach sieben Monaten an Fraisen gestorben. Ihr Name steht nicht auf der IKG-Liste jüdischer Findelkinder (FdhP; CAHJP A/W 1809, Verzeichnis jüdischer Findelkinder von 1868).
[87] Theresia (Saly) Schneeweiss, recte Klein (FdhP).
[88] Katharina Schneeweiss, recte Klein, geb. und getauft in Stampfen 46/11/30, Fdh 46/12/05.
[89] Josef Kleperele (Taufmatrik AKH 50/05/09), Josef Kleperle (FdhP); "wegen Religion der Mutter" Fdh (FdhP).
[90] **Johanna** Klepetarz wurde am 43/08/19 in der Kirche Santa Maria Rotunda auf den Namen **Josefa** getauft (DAW: Konvertiten Akten 1843 I).
[91] Anton Höfinger, im FdhP als "Israelitenkind" eingetragen, kam "wegen israelit. Mutter" ins Fdh, von dort zuerst zu Pflegeeltern nach Pöchlarn, dann nach Erlauf. Zwei Jahre nach seiner Geburt ließ sich seine Mutter taufen, legte der Fdh-Direktion ihren Taufschein vor und bekam einen Empfangsschein. Das Kind wurde am 46/01/16 "gegen Revers" aus der Findelhausbetreuung gelöst hat (FdhP). Es besteht Grund zur Annahme, daß Johanna Klepetarz ihr Kind zu sich genommen hat. Die Entlassungsprotokolle aus den 40er Jahren sind in Verlust geraten. - Dieses Kind konnte in der Taufmatrik des AKH nicht gefunden werden.
[92] **Anna** Klimberg (GbhP), **Amalia** Klimberg (IKG Gb B 222).
[93] o.A. (GbhP) - **Filipp** Klimberg, eine Gassengeburt, kam mit der Mutter ungetauft ins Fdh, wurde dort beschnitten (IKG Gb B 222) und an die Witwe Johanna Mareck in der Rossau weitergegeben, im September kam er zu einem Spengler am Neubau, bei dem er nach vier Tagen im Alter von drei Monaten "an Schwäche" gestorben ist (FdhP, IKG Gb B 222, IKG Stb B 514). - Filipp Klimberg zählte zu den wenigen jüdischen "48er Kindern", die ohne Taufe in Findelpflege gekommen sind.
[94] Sali **Kling** (GbhP, FdhP), Sali **Kleine** (Taufmatrik AKH 64/06/29) - aus dem Trentschiner Komitat zugereist (GbhP).

K

M: Name	M: Vorname	geb. ca.	Beruf	K: Name	K: Vorname	K: geb.	K: gest.	K: entl.	Qu GbhP	Qu FdhP	Qu EntlP
Klinger	Rosalia			Klinger[96]	Richard	56/06/27	56/07/28			1856/4272	
Klinger	Rosalia			Klinger[97]	Rosina	67/04/02				1867/2685	
Klösel[98]	Elisabeth	1836/U	Köchin	Klösel[99]	Franziska	56/02/3	56/02/25		41/01892	1856/0931	
Kneuzen Katharina, vide Katharina Kreuzer											
Knoblowicz[100]	Johanna	1824/U	Magd	Knoblowicz[101]	Rudolf	47/12/23	48/01/21		33/00535	1847/7407	
Knöpfelmacher [102]	Amalia	1845/U	Magd	Knöpfelmacher	Josef	62/09/15	63/10/4		47/06962	1862/6562	
Knöpfelmacher	Amalia	1845/U	Magd	Knöpfelmacher	Wilhelm	65/01/22	65/05/31		50/00564	1865/0744	
Knöpfelmacher	Amalia	1844/U	Magd	Knöpfelmacher[103]	Wilh.	66/08/12		69/07/31	51/05537	1866/6022	69/08/2

[95] Aus dem Neutraer Komitat zugereist (GbhP).

[96] Richard Klinger kam bei der Hebamme Franzisaka Effenberger in Wien Innere Stadt No 921 zur Welt, wurde noch am selben Tag in der Pfarre St. Stefan getauft, Taufpatin war die Hebamme, eine "chirurgische Gehilfens Gattin". Vermerk in der Taufmatrik: "Wird nach Angabe der Hebamme in die k.k. Findelanstalt überbracht" (Pfarre St. Stefan Taufmatrik 56/07/01), was am folgenden Tag erfolgt ist. Richard Klinger wurde mit Taufschein gegen eine Aufnahmstaxe von 50 fl. ins Fdh aufgenommen, im FdhP ist er als "Israelitenkind" mit dem Namen seiner Mutter eingetragen (FdhP).

[97] Rosina Klinger, geboren in Wien-Rudolfsheim, Moritzgasse 10, getauft zwischen dem 67/04/02 und dem 67/04/15 in der Pfarre Reindorf, kam ins Fdh am 67/04/15 und wurde mit Taufschein und gegen eine Taxe von 80 fl. aufgenommen; kam in Findelpflege zu einem Tischler, der gleichfalls in der Moritzgasse 10 wohnte; kein Sterbedatum, das Kind könnte somit überlebt haben (FdhP).

[98] Elisabeth Klösel, in Namesdorf im Arvaer Komitat geb., aus Preßburg zugereist (GbhP).

[99] Im Fdh im Alter von drei Wochen an Diarrhöe gestorben (FdhP).

[100] Johanna Knoblowicz (GbhP, FdhP), Johanna Knoblovics (Taufmatrik AKH 47/12/23: Rudolf Knoblovics) - in Rajecz im Trentschiner Komitat geb., von dort zugereist (GbhP).

[101] "Wegen jüdischer Religion der Mutter" Fdh (FdhP), gestorben an Abzehrung (FdhP).

[102] Amalia Knöpfelmacher (GbhP, FdhP), Amalia Kröpfelmacher (GbhP 47/06962), Amalia Knepfelmacher (Pfarre St. Laurenz Konvertiten III 68/10/31) - geb. am 44/05/27 in Bisztricska in Ungarn, Turoczer Komitat, konvertierte am 68/10/31 in der Pfarre St. Laurenz am Schottenfeld, wobei sie den Namen Amalia **Anna** erhalten hatte (Pfarre St. Laurenz Konvertiten III 68/10/31: "völlig unwissend in dem mosaischen Glauben <...> ein gegenwärtig bestehendes Verhältnis zu einem katholischen Christen, das zur Ehe werden solle"); heiratete in der Pfarre St. Laurenz den aus Böhmen stammenden Galanterietischler Wilhelm Bergmann (Taufmatrik AKH 66/08/13: Wilhelmine Knöpfelmacher; Pfarre St. Laurenz Tb 69/07/18: Wilhelm Bergmann und Amalia Anna Knepflmacher). Zwischen 1868 und 1881 hatte sie noch weitere vier Kinder: Anna (1868), Ferdinand (1871), Maria (1878) und Johann (1881) (KA: Wilhelm Bergmann).

K

M: Name	M: Vorname	geb. ca.	Beruf	K: Name	K: Vorname	K: geb.	K: gest.	K: entl.	Qu GbhP	Qu FdhP	Qu EntlP
Knöpfelmacher	Amalia	1844/U	Magd	Knöpfelmacher	Anton	67/09/13	68/04/20		52/05514	1867/6030	
Knöpfelmacher	Anna	1847/U	Magd	Knöpfelmacher	Leopold	67/11/4	68/04/12		52/06616	1867/7295	
Kobler	Josefa	1821/B	Magd	Kobler[104]	Juliana	47/03/4		57/03/4	32/02609	1847/1567	57/04/7
Koch[105]	Anna	1810/U	Magd	*Sauer*	Friedrich	29/05/24	29/06/28		14/01095	1829/1947	
Koch[106]	Anna	1830/M	Hausr	Koch	Eduard	62/08/30	62/12/17		47/06269	1862/6098	
Koch	Anna	1829/M	Hausr	Koch[107]	Josef	63/10/17	63/11/24		48/08565	1863/7577	
Koch[108]	Franziska	1839/U	Magd	Koch	Rosalia	61/01/8	61/05/2		46/00461	1861/0441	
Kohlbek[109]	Anna	1795/Dt	Magd	Kohlbek[110]	Adam	20/06/11			05/01411	1820/1968	
KOHLMANN (KOLLMANN)											
Kollmann[111]	Anna	1800/B	Köchin	*Werting*	Karl	29/08/21	29/09/17		14/01949	1829/2935	

---

[103] Wilhelmine Knöpfelmacher (FdhP), Wilhelmine Knopfelmacher (EntlP) - kam zur Gärtnersgattin Susanna Meisel in Wien-Sechshaus in Pflege; wurde im Alter von zwei Jahren von ihren Eltern, Wilhelm und Anna Bergmann, geb. Amalia Knöpfelmacher, "gegen Revers" aus der Findelversorgung gelöst (EntlP: Bergmann Wilhelm und Anna, Tischlergesellseheleute, <Wien> Hermanngasse No 22, Bezirk Neubau).
[104] Juliana Kobler kam "wegen jüdischer Religion der Mutter" ins Fdh (GbhP), nach fünf Tagen wurde sie der Taglöhnerin Genoveva Trenker in Pflege gegeben. Diese Pflegemutter wurde zehn Jahre später als Übernahmepartei in das EntlP mit dem Vermerk "PP" (Pflegepartei) eingetragen (EntlP: Trenker Genoveva, Taglöhnerin, Kirchschlag No 28, Pfarre Kirchschlag - NÖ, UWW).
[105] Aus Ungarn zugereist (GbhP).
[106] Anna Koch, geb. in Prossnitz in Mähren, 1862 zugereist, 1863 wohnhaft in Wien-Leopoldstadt, Malzgasse No 8 (GbhP'e).
[107] Josef Koch kam "wegen Krankheit der Mutter" ins Fdh, die Mutter wurde nach dem Wochenbett zum Ammendienst ins Fdh überstellt, ihr Kind war einen Tag zuvor im Fdh an Abzehrung gestorben (FdhP).
[108] Aus Preßburg No 118 zugereist (GbhP).
[109] Anna Kohlbek (GbhP, FdhP), Anna Kohlbäck (Taufmatrik AKH 20/06/11: Adam Kohlbäck); im GbhP wurde "isr" überschmiert, im FdhP als "kl" (katholisch, ledig) eingetragen; weder in der Taufmatrik, noch im FdhP wird die jüdische Herkunft ihres Kindes erwähnt (GbhP, FdhP; Taufmatrik AKH 20/06/11: Adam Kohlbäck).
[110] Adam Kohlbek kam zur Witwe Schranck <unsichere Lesart> nach Klosterneuburg, Obere Stadt No 154 (FdhP). In das FdhP wurde kein Sterbedatum nachgetragen, das Kind könnte demnach überlebt haben.
[111] Anna Kollmann ist mit Anna Kohlmann sicherlich ident, geb. in Frauenberg in Böhmen (GbhP, Pfarre Am Hof Taufmatrik 33/03/25: Maria Kohl-

K

M: Name	M: Vorname	geb. ca.	Beruf	K: Name	K: Vorname	K: geb.	K: gest.	K: entl.	Qu GbhP	Qu FdhP	Qu EntlP
Kohlmann	Anna	/B		Kohlmann[112]	Maria	33/03/24	33/05/9			1833/1112	
Kollmann	Anna M.		Magd	Kollmann[113]	Josef	1792/08	1792/08			1792/1412	
Kohlmann[114]	Magdalena	1840/U	Magd	Kohlmann	Julius	58/03/1	58/07/1		43/02285	1858/1892	
Kohlmayer	Henriette	1808/Dt	Magd	*Heilinger*	Elisabeth	26/11/1	27/03/15		11/02051	1826/3750	
KOHN (KHON, COHN, KANN, KONNA, KUHN)											
Kohn	Adelheid	1830/B	Magd	Kohn[115]	Maria	55/10/3		66/05/19	40/06636	1855/6046	66/05/19
Cohn[116]	Aloisia	1815/U	Witwe	*Springer*[117]	Sebastian	39/10/30	39/11/17		24/04485	1839/4525	
Kohn	Amalia	1822/M	Hdarb	Kohn	Wilhelm	48/04/7	48/06/15		33/02409	1848/2067	
Kohn[118]	Amalia	1825/U	Hdarb	Kohn[119]	Karl	49/08/26	49/09/28		34/06582	1849/5553	
Kohn	Amalia	1827/U	Hdarb	Kohn[120]	Karl	53/06/8		63/11/10	38/04985	1853/3901	63/11/10

mann), ihr erstes Kind kam im Gbh zur Welt und bekam den Fremdnamen Karl Werting; Maria Kohlmann hingegen wurde bei der Hebamme Elisabeth Almstatt, Wien Innere Stadt No 275 in der Naglergasse geboren.

[112] Wurde einen Tag nach ihrer Geburt in der Pfarre Am Hof getauft, vier Tage später mit Meldzettel (Armutszeugnis) gratis ins Fdh aufgenommen; im Fdh gestorben (Pfarre Am Hof Taufmatrik 33/03/25, FdhP).

[113] Josef Kollmann, geb. in Wien-Jägerzeile No 7 am 1792/08/04, "von einer ledigen Jüdin gebohren und auf Verlangen dieser Mutter getauft" in der Pfarre St. Johann in der Praterstraße, am folgenden Tag ins Fdh gebracht, mit einer Taxe von 12 fl. aufgenommen, kein Hinweis auf die jüdische Herkunft des Kindes im FdhP, der Name der Mutter wurde jedoch eingetragen; gestorben am 1792/08/20 (Pfarre St. Johann in der Praterstraße Taufmatrik 1792/08/05; FdhP).

[114] Magdalena Kohlmann, geb. in Traunkirchen in Ungarn, von dort zugereist (GbhP).

[115] Maria Kohn kam "wegen Religion der Mutter" ins Fdh (GbhP, FdhP), hatte mehrmals ihren Pflegeplatz zu wechseln, kam ins St. Anna Kinderspital, wurde in das Fdh zurückgebracht, sodann als zehnjähriges Kind dem EntlP zufolge dem Wr. Magistrat zur weiteren Versorgung übergeben (FdhP, EntlP).

[116] Aloisia Cohn, Köchin, geb. Fischer, aus Budapest zugereist; nach der Entbindung auf die Syphilis-Abteilung gebracht (GbhP).

[117] Im Fdh im Alter von 18 Tagen gestorben (FdhP).

[118] Amalia Kohn, in Preßburg geb., 1849 wohnhaft in Wien-Leopoldstadt No 16, 1853 von Preßburg zugereist (GbhP'e).

[119] Im Fdh an Auszehrung gestorben (FdhP).

[120] "Wegen Religion der Mutter" Fdh (FdhP), kam zunächst nach Mladoschowitz in Böhmen, Budweiser Kreis, wurde von dort ins Fdh zurückgebracht, war sodann im St. Anna Kinderspital; schließlich erhielt sie einen Pflegeplatz in der Josefstadt. Nach Ablauf der Findelhausbetreuung wurde das Kind dem

M: Name	M: Vorname	geb. ca.	Beruf	K: Name	K: Vorname	K: geb.	K: gest.	K: entl.	Qu GbhP	Qu FdhP	Qu EntlP
Kochin[121]	Anna			*Löflerin*[122]	Anna	93/09/23	93/10/9			1793/1924	
Kohn	Anna	1826/U	Magd	Kohn[123]	Karl	54/09/1	54/12/23		39/07114	1854/6157	
Kohn	Anna	1833/B	Magd	Kohn[124]	Johann	63/01/30	63/04/23		48/02199	1863/1015	
Kohn[125]	Netti	1840/U	Magd	Kohn[126]	Anna	57/11/24	57/12/20		43/00237	1857/8524	
Kohn	Anna	1843/B	Tagl	totgeboren		68/09/10				54/05452	
Kohn[127]	Anna	1846/U	Magd	Kohn	Johann	63/04/13	63/05/24		48/03839	1863/2976	
Kohn	Anna	1844/U	Magd	Kohn	Josef	64/09/18	64/11/27		49/07728	1864/7373	
Kohn	Anna	1846/M	Hdarb	Kohn	Adolf	66/04/28	67/02/29		51/02933	1866/3305	
Kohn	Barbara	1802/Dt	Magd	*Frint*[128]	Barbara	33/10/6	34/01/17		18/03588	1833/3372	
Kohn	Barbara	1827/U	Magd	Kohn	Ignaz	46/02/14	46/04/12		31/02123	1846/1237	
Kohn[129]	Barbara	1833/B	Magd	Kohn[130]	Theresia	54/08/27	54/09/27		39/07001	1854/6057	
Kohn	Barbara	1834/B	Magd	Kohn[131]	Pauline	56/10/12	57/01/15		41/06973	1856/6620	

Wr. Magistrat übergeben (FdhP, EntlP).
[121] Anna Kochin (Taufmatrik AKH 1793/09/24: Anna Leflerin, M: Anna Kochin).
[122] Anna Leflerin (Taufmatrik AKH 1793/09/24), Anna Löflerin (FdhP). - In das FdhP wurde weder der Name der Mutter noch die jüdische Herkunft des Kindes eingetragen.
[123] Karl Kohn kam "wegen Religion der Mutter" ins Fdh, er mußte mehrmals seinen Pflegeplatz wechseln, wurde zurück ins Fdh gebracht, kam in das St. Anna Kinderspital usw., nach Erreichung seines 10. Lebensjahres wurde er dem Wr. Magistrat übergeben (FdhP, EntlP).
[124] Im Fdh an Anämie gestorben (FdhP).
[125] Netti Kohn, geb. in Hradist, Neutraer Komitat, zugereist aus Traunkirchen (GbhP).
[126] Anna Cohn (Taufmatrik AKH 57/11/24), Anna Kohn (FdhP); im Fdh an Lebensschwäche gestorben (FdhP).
[127] Anna Kohn, geb. in St. Georgen bei Preßburg, 1863 aus Preßburg, 1864 aus dem Heimatort St. Georgen zugereist (GbhP'e).
[128] Laut GbhP Josef **Pletz** (sic!), Geschlecht: "M" - für Mädchen - im Gegensatz zu "K" für "Knabe"; Barbara Frint wurde als Tochter der Barbara Kohn ins FdhP eingetragen; während Josef Pletz im FdhP als Sohn der Maria Wellner erscheint (GbhP 18/03662, FdhP 1833/3373).
[129] Barbara Kohn, aus Libitz in Böhmen; wohnhaft in Wien-Leopoldstadt No 710 (1854 und 1856) (GbhP'e).
[130] Im Fdh im Alter von einem Monat an Diarrhöe gestorben (FdhP).
[131] "Wegen Religion der Mutter" Fdh (GbhP); Taufpatin: Barbara Prechtl, Nähterin, Leopoldstadt (Taufmatrik AKH 56/10/13); das Kind ist an Aus-

K

M: Name	M: Vorname	geb. ca.	Beruf	K: Name	K: Vorname	K: geb.	K: gest.	K: entl.	Qu GbhP	Qu FdhP	Qu EntlP
Kohn|Cohn[132]	Barbara	1830/U	Hdarb	Kohn[133]	Franz	57/01/14	57/01/28		42/01724	1857/0398	
Kohn	Barbara	1835/U	Magd	Kohn[134]	Leopold	57/06/12	57/07/16		42/05258	1857/4594	
Kohn[135]	Betti	1840/U	Hdarb	Kohn[136]	Josef	59/01/9		69/08/22	44/01441	1859/0435	69/08/22
Kohn	Barbara	1835/U	Magd	Kohn	Anna	59/03/27	59/04/15		44/03835	1859/2785	
Kohn[137]	Barbara	1825/B	Witwe	Kohn	Hermine	59/05/2	62/03/22		44/04714	1859/3797	
Kohn	Betti	1829/U	Hdarb	Kohn[138]	Aloisia	61/08/05	61/08/22		46/06902	1861/6250	
Kohn	Betti	1841/U	Magd	Kohn[139]	Barbara	65/03/15		65/03/31	50/01659	1865/2033	65/03/31
Kohn[140]	Barbara	1844/U	Hdarb	Kohn	Rosa	65/01/30	65/03/17		50/00381	1865/0946	
Kohn	Barbara	1845/U	Hdarb	Kohn	Johann	66/06/23	66/08/6		51/04239	1866/4781	
Kohn	Berta	1824/U	Magd	*Glücklich*	Antonia	43/03/24	43/04/22		28/02370	1843/1604	
Kohn[141]	Charlotte	1840/B	Hdarb	Kohn[142]	Maria	57/10/16	57/11/4		42/07986	1857/7535	

zehrung gestorben.
[132] Barbara Kohn (GbhP, FdhP), Barbara Cohn (Taufmatrik AKH 57/01/14) - im GbhP als "k<atholisch>" eingetragen, im FdhP als jüdisch ausgewiesen (GbhP, FdhP).
[133] "Wegen Religion der Mutter" (GbhP) bzw. "wegen Religionsverschiedenheit der Mutter" Fdh, im Fdh an Tabes (Schwindsucht) gestorben (FdhP).
[134] Im Fdh an Diarrhöe gestorben (FdhP).
[135] Betti Kohn, geb. in Radósocz, Neutraer Komitat, zugereist (GbhP).
[136] Josef Kohn war im Preßburger und Ödenburger Komtitat, wurde ins Fdh zurückgebracht, erhielt sodann einen Pflegeplatz in Gaudenzdorf, kam nochmals zurück ins Fdh, von dort in das St. Anna Kinderspital usw., er hat jedoch die Findelpflege überlebt und wurde als zehnjähriges Kind der Heimatgemeinde Radósocz im Neutraer Komitat in Ungarn übergeben (FdhP, EntlP).
[137] Handarbeiterin (GbhP).
[138] Aloisia Kohn kam "wegen Milchmangel der Mutter" (GbhP) bzw. "wegen Krankheit der Mutter" (FdhP) ins Fdh, die Mutter wurde zum Ammendienst ins Fdh gebracht, das Kind kam am selben Tag zu Pflegeeltern ins Ödenburger Komitat (FdhP).
[139] Barbara Kohn kam auf Krankheitsdauer der Mutter ungetauft ins Fdh; nach zwei Wochen "der leiblichen Mutter übergeben" (FdhP, EntlP).
[140] Barbara Kohn, geb. in Mattersdorf, 1865 wohnhaft in Wien-Gaudenzdorf No 246, 1866 aus Pest zugereist (GbhP'e).
[141] Charlotte Kohn, geb. von Tuschkau in Böhmen; wohnhaft in Wien-Landstraße No 215 (GbhP). - Zwillingsgeburt: 57/10/16: Maria und Karl Kohn.
[142] Im Fdh an Lebensschwäche gestorben (FdhP).

K

M: Name	M: Vorname	geb. ca.	Beruf	K: Name	K: Vorname	K: geb.	K: gest.	K: entl.	Qu GbhP	Qu FdhP	Qu EntlP
Kohn	Charlotte	1840/B	Hdarb	Kohn[143]	Karl	57/10/16				42/07986	
Kohn	Eleonora	1829/U	Köchin	Kohn[144]	Leopold. A.	53/11/12		63/11/12	39/00291	1853/7449	63/11/12
Kohn	Elisabeth	1827/U	Hdarb	Kohn	Karl	53/09/4	53/10/01		38/06845	1853/5838	
Kohn	Elisabeth	1838/M	Magd	Kohn[145]	Leopold	60/11/11		69/05/4	46/00210	1860/7847	69/05/10
Kohn	Elisabeth	1841/U	Magd	Kohn[146]	Barbara	65/03/15		65/03/31	50/01659	1865/2033	65/03/31
Kuhn	Elisabeth	1842/U	Hdarb	Kuhn[147]	Bernhard	65/07/9	65/08/2		50/04725	1865/5220	
Kohn[148]	Emilia	1846/U	Hdarb	unentbunden	"entwichen"	62/08/30			47/06534		
Kohn	Emma			Kohn[149]	Maria	57/02/20	57/07/07			1857/2657	

---

[143] Im Fdh an Lebensschwäche gestorben (FdhP).
[144] Leopoldine Kohn kam zusammen mit ihrer Mutter ins Fdh, blieb dort zehn Tage, kurz bei einem Schuster, worauf sie die Frau eines "magistratischen Hausdieners", der in Wien am Thury (9. Bezirk) wohnte, zu sich nahm. Das Kind war damals etwa sechs Wochen alt. Nach zehn Jahren wurde Anna Keller, nun Amtsdienersgattin, als Übernahmepartei in das EntlP mit dem Vermerk "PP" (Pflegepartei) eingetragen (FdhP, EntlP: Keller Anna, Amtsdienersgattin, <Wien>-Thurygasse No 4).
[145] Leopold Kohn wurde "gegen Revers" 1869 von seinen Eltern, die 1863 in Mährisch-Liesko nach jüdischem Ritus geheiratet hatten - sein Vater war der Schneidermeister Hermann Bernstein - aus der Findelhausversorgung gelöst (EntlP: Bernstein Hermann und Betti, Schneidermeistersgattin, <Wien> Untere Donaustraße No 93, Anmerkung L<eibliche> E<ltern>; Taufmatrik AKH 60/11/11). Den Taufmatriken des AKH wurde ein am 74/01/12 ausgestellter Taufschein des Leopold Kohn beigelegt, dieser Taufschein wurde nicht für eine Eheschließung benötigt, könnte jedoch mit einem Rücktritt zum Judentum im Zusammenhang stehen: Er hatte zu dieser Zeit das für einen Religionswechsel erforderliche Alter von 14 Jahren erreicht. - Hermann Bernstein und Elisabeth Kohn hatten noch weitere sechs Kinder: Josef - geb. 68/08/15, Franziska - geb. 70/09/12, Mathilde - geb. 72/10/18, Ernestine - geb. 76/12/13, Isidor - geb. 78/12/06 und Rudolf, geb. 82/09/28 (KA Hermann Bernstein).
[146] Barbara Kohn kam 1865 ungetauft "auf Krankheitsdauer der Mutter" mit einer Gbh-Direktionsanweisung auf elf Tage ins Fdh. Am 65/03/31 wurde sie "der leiblichen Mutter übergeben" (FdhP), ganz ähnlich lautet der Vermerk im EntlP: "der leibl<lichen> Mutter Bethi Kohn übergeben" (EntlP).
[147] Im Fdh an Anämie gestorben (FdhP).
[148] Aus Ungarn zugereist, vier Tage nach der Aufnahme in das Gbh "unentbunden entwichen" (GbhP).
[149] Maria Kohn, geboren bei der Hebamme Anna Wagi in Wien-Leopoldstadt No 411, getauft am 57/02/23 in der Pfarre St. Johann in der Praterstraße, kam fünf Tage später ins Fdh, wurde mit Taufschein und gegen eine Aufnahmstaxe von 50 fl. aufgenommen, ins FdhP als "Israelitenkind" mit dem Namen der Mutter eingetragen (FdhP), in einem Notabene wurde der Tod des Kindes im Fdh festgehalten: "Auf eine an die Hebamme gestellte Anfrage hat dieselbe erklärt, daß dieses Kind in die k.k. Findelanstalt aufgenommen worden, und auch bereits gestorben sei." (Pfarre St. Johann in der Praterstraße

M: Name	M: Vorname	geb. ca.	Beruf	K: Name	K: Vorname	K: geb.	K: gest.	K: entl.	Qu GbhP	Qu FdhP	Qu EntlP
Kohn	Esther	1840/U	Magd	Kohn	Anton	60/05/17	62/04/2.		45/03563	1860/3638	
Kohn[150]	Franziska	1807/U	Magd	totgeboren 25/08/30					10/01594		
Kohn	Fanni	1817/U	Magd	Kohn	Eduard	48/03/26	48/06/19		33/02869	1848/1968	
Kohn[151]	Franziska	1823/U		unentbunden "entwichen" 43/10/30					28/05817		
Kann[152]	Franziska	1826/M	Hdarb	Kann[153]	Josef	51/10/31	51/11/15		36/07576	1851/6803	
Kuhn	Franziska	1839/B	Magd	Kuhn[154]	Johanna	62/12/26			48/01261	1863/0073	
Kohn	Hermine	1838/U	Hdarb	Kohn	Josef	55/11/28	56/02/3		40/07093	1855/7331	
Kohn	Hermine	1851/U	Hdarb	Kohn[155]	Rosa	68/12/5			54/07078	1868/7804	
Kohn	Johanna	1803/Dt	Köchin	*Freytag*[156]	Eleonora	26/09/28	26/10/27		11/01843	1826/3416	
Kohn	Johanna	1814/U	Magd	*Thiersa*	Theresia	40/12/19	41/02/4		26/00708	1840/5298	
Kohn	Johanna	1834/U	Hausr	Kohn	Johanna	64/09/15	64/10/8		49/08210	1864/7312	
Kohn[157]	Josefa	1821/U	Magd	totgeboren 42/10/4					27/05516		

Taufmatrik 57/02/23: mit dem protokollierten Einverständnis der Mutter, von dieser sowie vom Mesner und vom Ehemann der Hebamme als Zeugen unterzeichnet).

[150] Franziska Kohn, gestorben am 25/09/10 (GbhP: im Gbh). - TBP 25/09/10: "Kohn Franziska, ledige israelitische Magd, Conscriptions No 720 in der Stadt, von Balaschar in Hungarn gebürtig, im AKH an der Bauchfellentzündung, alt 18 Jahr."

[151] Franziska Kohn, geb. in Bistritz, Trentschiner Komitat, von dort zugereist, Marchande des modes; "unentbunden entwich<en>" (GbhP).

[152] Franziska Kann, gestorben am 51/11/07 (GbhP: im Gbh; IKG Stb B 1219: im AKH, Lungenlähmung). - TBP 51/11/08: "Kann Franziska, Handarbeiterin, israelitischer Religion, ledig 25 Jahr alt, Gaudenzdorf No 183, Misslitz in Mähren, Lungenlähmung."

[153] Im Fdh im Alter von zwei Wochen gestorben, Todesursache: Nabelbrand (FdhP).

[154] Johanna Kuhn wurde getauft (Taufmatrik AKH 62/12/26), die Mutter leistete "mit Direktionsbewilligung nachträglich auf die Aufnahme ihres Kindes Verzicht" (FdhP), in den Index der Taufmatrik wurde dieses Kind unter dem Namen "Kuhnl Johanna" aufgenommen, Randnotiz mit dem Datum 66/11/19, an welchem vermutlich ein Taufschein ausgestellt worden ist.

[155] Rosa Kohn, im Dezember 1868 geboren, wurde den neuen Vorschriften zufolge nicht mehr getauft, sie kam mit ihrer Mutter ins Fdh, und wurde schon am folgenden Tag an eine Pflegefrau im Ober-Neutraer Komitat weitergegeben (FdhP; CAHJP A/W 1809, Verzeichnis jüdischer Findelkinder von 1868).

[156] Eleonora Freytag, ein Fremdnamenkind, wurde an einem Freitag getauft und erhielt von diesem Wochentag ihren Namen (Taufmatrik AKH 26/09/29).

[157] Josefa Kohn, gestorben am 42/10/05 (GbhP: im Gbh, IKG Stb B 1814: im AKH, an Lungenentzündung). - TBP 42/10/05: "Kohn Josefa, ledige Magd, israelitischer Religion, gebürtig von Serdahely in Ungarn, 21 Jahr, Aufenthaltsort unbekannt, an Lungenentzündung."

K

M: Name	M: Vorname	geb. ca.	Beruf	K: Name	K: Vorname	K: geb.	K: gest.	K: entl.	Qu GbhP	Qu FdhP	Qu EntlP
Kohn	Josefa	1826/B	Hdarb	Kohn	Wenzel	60/12/29	61/01/16		46/01298	1861/0151	
Kohn	Josefa	1837/U	Magd	Kohn[158]	Maria	55/02/8	55/03/1		40/00815	1855/1151	
Kohn|Wünschbach[159]	Julia	1832/B	Arb[160]	totgeboren		52/12/1			38/00561		
Kohn	Juliana	1830/B	Magd	Kohn[161]	Leopold	51/03/28	51/04/28		36/03390	1851/2265	
Kohn[162]	Juliana	1832/B	Magd	Kohn[163]	Karl	49/12/30	50/01/1		35/01133	1849/7826	
Kohn[164]	Karolina	1845/B	Magd	Kohn	Johann	68/01/4	68/07/8		52/07715	1868/0246	
Kohn[165]	Katharina	1809/U	Köchin	*Hornung*[166]	Eleonora	27/02/26	27/02/28		12/00078		
Kohn	Katharina	1809/U	Köchin	<...>[167]		27/02/26	27/02/28		12/00078		
Kohn	Katharina	1824/U	Magd	<...>[168]		49/07/16			34/05893		
Kohn	Katharina	1830/M	Hdarb	Kohn	Hermine	49/02/21	49/08/31		34/02648	1849/1524	
Kohn	Katharina	1831/B	Köchin	Kohn	Ernestine	53/02/9	53/12/25		38/02235	1853/1053	
Kohn[169]	Katharina	1834/U	Magd	Kohn	Heinrich	61/06/11	61/06/30		46/04411	1861/5014	

---

[158] Josefa Kohn (FdhP), Josefa Cohn (Taufmatrik AKH 55/02/09) - "wegen Religion der Mutter" Fdh (GbhP, FdhP).
[159] Julia Wünschbach (Kohn), in der Pfarre Mitterndorf am 53/05/15 getauft (DAW: Konvertiten Akten 1853).
[160] Fabriksarbeiterin (GbhP).
[161] "Wegen Religion der Mutter" Fdh, an den "Fraisen" gestorben (FdhP).
[162] Kam vom AKH, Zi. 86 ins Gbh, wurde nach der Entbindung auf ihr Krankenzimmer zurückgebracht (GbhP).
[163] Im Fdh an einem Ödem gestorben (FdhP).
[164] Karolina Kohn, geb. in Wodnian in Böhmen, zugereist (GbhP).
[165] Zwillingsgeburt 27/02/26: zwei Mädchen, eines ist namenlos gestorben, das andere wurde mit den Initialen E.H. in das GbhP eingetragen (GbhP).
[166] **E.H.** (GbhP), Eleonora Horn (Sterbematrik AKH 27/02/18); Eleonora **Hornung** (Taufmatrik AKH 27/02/26: P: Eleonore Maucher, Hebamme, "Die Mutter Israelitin"). - Das Kind starb noch im Gbh; zuvor auf den Namen Eleonora Hornung getauft (Taufmatrik AKH 26/02/27); der Sterbematrik des AKH zufolge hieß dieses Kind Eleonora Horn: Gestorben war "Der Katharina Kohn ihr Mädchen Eleonora Horn" (Sterbematrik AKH 27/02/28).
[167] o.A. (GbhP). Einer der beiden Zwillinge ist ohne Namen am 27/02/28 im Gbh gestorben (GbhP).
[168] o.A. (GbhP). Mutter und Kind, ein Bub, wurden 49/07/22 entlassen, das Kind wurde nicht getauft, daher wurde auch kein Name eingetragen (GbhP).
[169] Katharina Kohn ist mit Katharina Khon ident, geb. in Alistál in Ungarn, Preßburger Komitat; wohnhaft in Preßburg, 1861 von dort zugereist, 1864 wohnhaft in Wien-Leopoldstadt, Haidgasse No 7 (GbhP'e).

K

M: Name	M: Vorname	geb. ca.	Beruf	K: Name	K: Vorname	K: geb.	K: gest.	K: entl.	Qu GbhP	Qu FdhP	Qu EntlP
Khon	Katharina	1832/U	Magd	unentbunden entlassen 65/01/06					49/10410		
Kohn[170]	Katharina	1835/U	Magd	Kohn[171]	Franziska	65/02/12	65/03/16		50/01078	1865/1115	
Kohn[172]	Katharina	1832/U	Magd	Kohn[173]	Moritz	54/11/19	56/03/19		40/00279	1854/7659	
Kohn[174]	Katharina	1836/U	Hdarb	Kohn[175]	Karolina	58/01/25	58/02/23		43/02160	1858/0675	
Kohn	Katharina	1836/U	Hdarb	Kohn[176]	Karl	59/02/24	59/03/25		44/03012	1859/1661	
Kohn[177]	Katharina	1837/U	Hdarb	Kohn	Helene	60/05/26	61/05/17		45/04708	1860/3894	
Kohn	Katharina	___/U		*Rothmüller*[178]	Georg	55/02/22	55/05/15			1855/1272	
Kohn[179]	Katharina	1843/M	Hdarb	Kohn	Josef	61/03/15	61/04/5		46/03329	1861/2173	
Kohn	Magdalena	1827/U	Magd	Kohn[180]	Eduard	50/08/28	51/05/12		35/06030	1850/5132	
Khon|Kohn[181]	Maria	___/U		Kohn[182]	Rosalia H.A.	26/03/26	30/11/7			1827/0190	

---

[170] Nur zur Entbindung vom Krankenzimmer 73 des AKH ins Gbh; das Kind wurde am folgenden Tag getauft und sogleich ins Fdh gebracht (FdhP).
[171] Franziska **Kohn** (GbhP, FdhP), Franziska **Khon** (Taufmatrik AKH 65/02/13). - Franziska Kohn/Khon kam "wegen Krankheit der Mutter" ins Fdh; im Fdh an Darmkatarrh gestorben (FdhP).
[172] Katharina Kohn, geb. und wohnhaft in Pápa in Ungarn, zugereist (GbhP).
[173] "Wegen Religion der Mutter" Fdh (GbhP, FdhP).
[174] Katharina Kohn, geb. von Preßburg in Ungarn; wohnhaft in Wien-Leopoldstadt No 90 (1858 und 1859) und No 740 (1860) (GbhP'e).
[175] "Wegen Religion der Mutter" Fdh (FdhP).
[176] "Wegen Religion der Mutter" Fdh (GbhP, FdhP).
[177] Katharina Kohn, geb. von Preßburg, in Wien-Leopoldstadt No 740 wohnhaft; nur im GbhP als jüdisch ausgewiesen; im FdhP als "kl" (katholisch, ledig) eingetragen; die jüdische Herkunft ihres Kindes wird weder im FdhP noch in der Taufmatrik erwähnt (Taufmatrik AKH 60/05/26: Helena Kohn).
[178] Georg Rothmüller <durchgestrichen: Kohn>, geb. und getauft in Pest am 55/02/22, wurde noch am gleichen Tag nach Wien ins Fdh gebracht (FdhP).
[179] Katharina Kohn, wohnhaft in Prossnitz in Mähren, zugereist (GbhP).
[180] "Wegen Religion der Mutter" Fdh (FdhP).
[181] Maria Kohn (FdhP), Maria Khon (Pfarre St. Leopold Taufmatrik 27/03/27: Rosalia Henriette Augustina Khon) - Judenhebamme zu Papa in Ungarn (Pfarre St. Leopold Taufmatrik 27/03/27: Rosalia Henriette Augustina Khon).
[182] Rosalia Henriette Augustina Khon wurde im Alter von einem Jahr "mit Bewilligung der Polizey Bezirksdi<rekt>ion Leopoldstadt vom 27/03/01" in der Pfarre St. Leopold getauft; Taufpatin war Henriette Freiin Pereira Arnstein; als Wohnadresse des Kindes wurde Weinsteig No 42 - NÖ, UMB angegeben.

K

M: Name	M: Vorname	geb. ca.	Beruf	K: Name	K: Vorname	K: geb.	K: gest.	K: entl.	Qu GbhP	Qu FdhP	Qu EntlP
Kohn[183]	Maria	1820/B	Magd	Kohn[184]	Josef	44/10/22	44/11/5		29/05507	1844/4894	
Kohn	Maria	1824/U	Magd	unentbunden entlassen 44/11/23					30/00407		
Kohn[185]	Maria	1827/B	Magd	Kohn	Wilhelm	48/03/25	49/08/28		33/02826	1848/1954	
Kohn[186]	Maria	1838/U	Köchin	unentbunden entlassen 66/01/22					51/00415		
Kohn	Maria	1838/U	Köchin	Kohn[187]	Wilhelmine	66/02/14	66/02/15		51/00979	1866/6560	
Kohn[188]	Maria	1838/U	Magd	Kohn[189]	Johann	63/11/26	64/03/24		48/07339	1863/8734	
Kohn[190]	Maria	1842/U	Magd	Kohn[191]	Maria	59/03/16	59/06/1		44/02987	1859/2289	
Kohn[192]	Maria	1844/U	Magd	Kohn	Josefa	64/02/11			49/02613	1864/1414	

Drei Tage nach der Taufe wurde das Kind in das FdhP unter dem Namen Rosalia Henriette Kohn aufgenommen, die Aufnahme erfolgte gratis mit D<irektions> A<nweisung>; das Kind wurde sogleich der Pflegemutter Rosalia Sieber, Inwohnerin von Weinsteig No 42 übergeben. - Aus dem Datenkontext kann angenommen werden, daß Maria Khon das Kind Rosalia Sieber zur Pflege anvertraut hatte, sie sich nicht weiter um das Kind (und um die Bezahlung des Kostgeldes) gekümmert hat oder sich nicht weiter kümmern konnte, die Pflegemutter das Kind nicht weiter aus eigenen Mitteln erhalten wollte, durch die Taufe das Kind in die Findelhausversorgung brachte, von welcher sie nun das vorgesehene Verpflegsgeld beziehen konnte. Im FdhP wird die jüdische Herkunft des Kindes nicht erwähnt, die Mutter wurde jedoch namentlich eingetragen (Pfarre St. Leopold Taufmatrik 27/03/27; FdhP).

[183] Maria Kohn, geb. in Litschkau in Böhmen, zugereist von Mattersdorf; getauft am 45/04/23 (DAW: Konvertiten-Akten 1845/I).- Im FdhP wurde ihr Kind als "Israelitenkind" <unterstrichen> eingetragen, es starb am 44/11/05 im Fdh im Alter von zwei Wochen. - Die Mutter hatte nach ihrer Taufe der Fdh Direktion ihren Taufschein vorgelegt, woraufhin ihr für das Kind ein Empfangschein ausgestellt wurde, wodurch sie vermutlich erst vom Tod ihres Kindes erfahren hat (FdhP).

[184] Taufmatrik AKH 44/10/22: "Mater judaea"; im Fdh an Mundschwäche gestorben (FdhP).

[185] Maria Kohn, geb. in Wodnian in Böhmen, wohnhaft in Rustendorf bei Wien (GbhP).

[186] Maria Kohn, geb. von Sár-Keresztúr, Stuhlweissenburger Gespanschaft; wohnhaft in Wien-Leopoldstadt, Haidgasse No. 5 (GbhP'e).

[187] Getauft, am folgenden Tag im Gbh gestorben (GbhP; Taufmatrik AKH 66/02/14).

[188] Aus Pest zugereist (GbhP).

[189] Im Fdh an Abzehrung gestorben (FdhP).

[190] Maria Kohn, geb. in Neutra in Ungarn, zugereist (GbhP).

[191] Maria Kohn kam "wegen Fieber der Mutter" (GbhP), bzw. "wegen Religion der Mutter" (FdhP) ins Fdh. Nach zwei Wochen wurde die Mutter, eine 17jährige Magd aus Neutra in Ungarn, ins Fdh gebracht. Das Kind war mittlerweile in Groß Schützen im Preßburger Komitat untergebracht worden (FdhP).

K

M: Name	M: Vorname	geb. ca.	Beruf	K: Name	K: Vorname	K: geb.	K: gest.	K: entl.	Qu GbhP	Qu FdhP	Qu EntlP
Kohn[193]	Rebekka	1824/M	Tagl	unentbunden	entlassen	56/06/07			41/04517		
Cohn[194]	Regina		Magd	*Rainer*[195]	Klemens	05/08/18	05/09/2				1805/2182
Kohn	Regina	1805/U	Köchin	*Wohlgeboren*[196]	Math.	31/11/15				16/02806	1831/3021
Kuhn	Regina		Hdarb	Kuhn[197]	Josef	37/01/23	37/03/24				1837/03/07
Kohn[198]	Regina	1818/U	Hdarb	*Fest*[199]	Josef	40/03/9				25/01892	1840/1124
Kohn	Regina	1818/U	Hdarb	*Fest*	Theresia	40/02/09	40/04/08			25/01892	1840/1125
Chon	Regina	1818/U	Hdarb	*Anger*[200]	Apollonia	37/10/12	37/10/22			22/04165	1837/3890
Kohn[201]	Regina	1823/U	Magd	*Wenig*[202]	Wilhelm	42/05/19	42/09/15			27/03479	1842/2428
Kohn	Regina	1822/U	Magd	Kohm[202]	Anna	44/01/4	44/02/11			29/00415	1844/0176

[192] Wurde vom AKH, Zi. 35 zur Entbindung ins AKH gebracht (GbhP).
[193] Rebekka Kohn, geb. und wohnhaft in Nikolsburg No 122, zugereist (GbhP).
[194] Regina **Cohn** (Taufmatrik AKH 05/08/18: Klemens Rainer), Regina **Kochin** (FdhP).
[195] Klemens Rainer kam wegen Krankheit der Mutter am Tag seiner Geburt ins Fdh, gestorben im Fdh an der "Fraiß" (FdhP).
[196] Bei Mathilde Kohn wurde kein Sterbedatum nachgetragen, sie könnte demnach die Findelpflege überlebt haben (FdhP: Pflegepartei: Elisabeth Nagl, Viehhirtensweib in Bredendorf <unsichere Lesung> No 46, Herrschaft Streitdorf - NÖ, UMB, bei Stockerau). - "Mater prolis judaea", Randnotiz in Form eines Datums aus dem Jahr 1851, welches die Ausstellung eines Taufscheines für eine bevorstehende Verehelichung vermuten läßt (Taufmatrik AKH 31/11/15: Mathilde Wohlgeboren, Randnotiz: 51/11/17).
[197] Josef Kuhn, geboren in Wien-Wieden No 661, getauft am am folgenden Tag in der Pfarre Margarethen, kam zwei Wochen später ins Fdh, wurde als "Israelitenkind" mit dem Namen der Mutter in das FdhP aufgenommen (FdhP).
[198] Regina **Chon** /:**Kohn**:/ (GbhP), geb. von Milchdorf (Tejfalu), Preßburger Komitat; 1837 wohnhaft in Wien Innere Stadt, 1840 in Wien-Leopoldstadt No 126 (GbhP'e). - Zwillingsgeburt: 40/03/09: Josef und Theresia Fest. - Ins FdhP wurde nur der Vorname der Mutter eingetragen: Regina, Israelitin (FdhP).
[199] Bei Josef Fest wurde im FdhP kein Sterbedatum nachgetragen, er könnte demnach überlebt haben (FdhP: Kurz vor Beendigung der Findelhausversorgung kam er zurück ins Fdh, sein letzter Aufenthaltsort wurde nicht eingetragen). - "Mater infantiorum (sic!) judaea", Randnotizen in Form von Datumsangaben aus den Jahren 1873, 1941 und 1942 in der Taufmatrik (Taufmatrik AKH 40/0310: Josef und Theresia Fest).
[200] Apollonia Anger (GbhP; FdhP: "Israelitenkind"), kam "wegen Krankheit der Mutter" ins Fdh (FdhP).
[201] Regina Kohn, geb. von Eisenstadt, Ödenburger Komitat; wohnhaft in Wien-Leopoldstadt No 39 (1842), No 16 (1843) und No 713 (1846) (GbhP'e).

K

M: Name	M: Vorname	geb. ca.	Beruf	K: Name	K: Vorname	K: geb.	K: gest.	K: entl.	Qu GbhP	Qu FdhP	Qu EntlP
Kohn	Regina	1822/U	Magd	Kohn	Anna	46/03/3	47/02/21		31/01233	1846/1450	
Kohn[203]	Regina	1829/U	Hdarb	Kohn[204]	Alfred	49/03/14	49/06/24		34/01545	1849/2022	
Kohn[205]	Regina	1830/M	Magd	Kohn[206]	Henriette	51/08/27		61/08/27	36/05367	1851/5680	61/10/16
Kohn	Regina	1831/M	Magd	Kohn[207]	Josefa	54/02/10		64/03/11	39/02326	1854/1019	64/03/11
Kohn Rosalia, vide geb. Diamant (emant) Rosalia											
Kohn[208]	Regina	1841/U	Magd	Kohn[209]	Josef	67/05/19	67/06/2		52/03161	1867/3441	
Kohn Rosalia, vide geb. Weiss Rosalia											
Kohn	Rosalia	1807/U	Magd	*Herbst*	Barbara	26/09/24	27/01/18		11/01653	1826/3369	
Cohn[210]	Rosalia	1815/M	Magd	*Schönburg*	Franz	40/05/5	40/12/11		25/01917	1840/2112	
Kohn[211]	Rosalia	1822/U	Wäsch	unentbunden entlassen 53/02/12							
Kohn	Rosalia	1821/U	Magd	Kohn	Karl	53/04/29	53/05/26		38/03938	1853/2876	

---

[202] Anna Kohn (Taufmatrik AKH 44/01/04), Anna Kohm (FdhP) - "wegen israelitischer Mutter" Fdh (FdhP), gestorben an Mundschwäche (FdhP).
[203] Aus dem Neutraer Komitat, Ungarn, zugereist (GbhP).
[204] o.A. (GbhP), **Alfred** Kohn (IKG Gb B 180) - wurde im Gbh nicht getauft, kam "wegen Krankheit der Mutter" ins Fdh, blieb dort drei Wochen, war sodann bei einem Holzhauer in St. Corona am Wechsel; nach zwei Monaten an Diarrhöe gestorben (FdhP).
[205] Regina Kohn, geb. in Battelau in Mähren, 1851 aus Trebitsch, zugereist, 1854 wohnhaft in der Leopoldstadt (GbhP'e).
[206] Henriette Kohn kam "wegen Religion der Mutter" ins Fdh (FdhP), wurde zwei Tage später von der Keuschlerin Magdalena Wilfinger aus Löffelbach in der Steiermark übernommen. Diese Pflegemutter wurde zehn Jahre später als Übernahmepartei in das EntlP mit dem Vermerkt "PP" (Pflegepartei) aufgenommen (FdhP, EntlP: Wilfinger Magdalena, Keuschlerin, <Löffelbach> No 28, Pfarre Hartberg - Stmk).
[207] Josefa Kohn kam "wegen Hohlwarzen der Mutter", bzw. "wegen Krankheit der Mutter" ins Fdh, sie wurde von Maria Heyn übernommen, deren Mann ein Regenschirmmacher in Matzleinsdorf war, nach zehn Jahren kam sie zurück ins Fdh, dann wieder zu Frau Heyn. Im März 1864 wurde sie dem Wr. Magistrat übergeben (FdhP, EntlP).
[208] Regina Kohn wurde nach der Entbindung ins AKH auf Zi. 63 gebracht (GbhP).
[209] Josef Kohn kam "wegen Krankheit der Mutter" ins Fdh, seine Mutter war nur zur Entbindung aus einer anderen Station des AKH ins Gbh gebracht worden; er ist im Alter von zwei Wochen im Fdh an Lebensschwäche gestorben (FdhP).
[210] Rosalia Cohn (GbhP), Rosalia Kohn (FdhP) - geb. in Ritschau in Mähren, Magd in Preßburg, von dort zugereist (GbhP).
[211] Rosalia Kohn, geb. und wohnhaft in Preßburg, zugereist (GbhP).

K

M: Name	M: Vorname	geb. ca.	Beruf	K: Name	K: Vorname	K: geb.	K: gest.	K: entl.	Qu GbhP	Qu FdhP	Qu EntlP
Kohn	Rosalia	1821/U	Magd	Kohn	Josef	53/04/29	54/08/15		38/03938	1853/2877	
Kohn	Rosalia	1820/U	Magd	*Gottlieb*[212]	Franz	42/12/2	42/12/17		28/00426	1842/5165	
Kohn	Rosalia	1822/U	Wäsch.	unentbunden entlassen 53/04/20					38/02295		
Kohn	Rosalia	1836/U	Magd	Kohn	Emilia	54/09/28	54/11/5		39/07610	1854/6690	
Kohn	Rosa	1837/U	Magd	Kohn[213]	David	68/11/28			54/06283	1868/7673	
Kohn[214]	Rosalia	1838/U	Magd	Kohn[215]	Alois	65/08/6	65/08/26		50/04277	1865/5874	
Kohn	Rosa	1838/U	Hdarb	Kohn[216]	Theresia	57/12/18	58/01/7		43/01123	1857/8998	
Konna[217]	Theresia	1820/U	Hdarb	*Tomann*	Theresia	41/10/15	41/11/8		26/05081	1841/4476	
Kohn	Theresia	1820/U	Magd	*Kol*[218]	Katharina	43/03/29	43/04/26		28/02570	1843/1657	
Kohn	Theresia	1822/U	Hdarb	Kohn	Theresia	45/12/5	47/05/8		31/00654	1845/6286	
Kohn	Theresia	1820/U	Magd	Kohn	Samuel	48/10/13	49/02/13		33/06720	1848/5801	
Kohn[219]	Theresia	1844/B	Magd	Kohn	Maria	64/03/27	65/05/19		49/03528	1864/2769	
Kohn	Theresia	1843/B	Magd	Kohn	Juliana	66/09/7	66/09/22		51/05552	1866/6560	
Kohn[220]	Wilhelmine	1813/U	Magd	*Leibnitz*[221]	Philipp	37/09/29	37/10/22		22/03471	1837/3690	

[212] Franz **Gottlieb** (Taufmatrik AKH 42/12/02), Gottlieb **Franz** (FdhP). - Beim Fremdnamen kam es zu einer Vertauschung des Vor- und Zunamens.
[213] Aufgenommen in die IKG-Liste jüdischer Findelkinder (CAHJP A/W 1809, Verzeichnis jüdischer Findelkinder von 1868).
[214] Aus dem Ödenburger Komitat zugereist (GbhP).
[215] Alois Kohn kam "wegen Krankheit der Mutter" ins Fdh (FdhP).
[216] "Wegen Religion der Mutter" Fdh (FdhP), noch im Fdh an Diarrhöe gestorben.
[217] Thersia Konna ist vermutlich mit Theresia Kohn, geb. in Milchdorf, Preßburger Komitat, ident; wohnhaft in Wien-Leopoldstadt No 129 (1841) und No 280 (1843), in Wien-Landstraße No 163 (1845) und in Wien-Währing No 44 (1848).
[218] Dem Transfervermerk im GbhP wurde hinzugesetzt: "Mutter Israelitin" (GbhP).
[219] Theresia Kohn, geb. in Wodnian in Böhmen, 1864 aus Ebergassing zugereist, 1866 wohnhaft in Wien-Leopoldstadt, Vereinsgasse No 2 (GbhP'e); im FdhP als "kl" (katholisch, ledig) eingetragen; die jüdische Herkunft ihres Kindes wird in dieser Quelle nicht erwähnt; in der Taufmatrik des AKH als jüdisch ausgewiesen (Taufmatrik AKH 64/03/27: Maria Kohn).
[220] Aus Preßburg zugereist (GbhP).
[221] **Ph.L.** (GbhP), **Philipp Leibnitz** (FdhP: "Israelitenkind", M: Wilhelmine Kohn "Israelitinn von Melischitz in Ungarn geb."). - Taufmatrik AKH

K

M: Name	M: Vorname	geb. ca.	Beruf	K: Name	K: Vorname	K: geb.	K: gest.	K: entl.	Qu GbhP	Qu FdhP	Qu EntlP
Kohn[222]	Wilhelmine	1825/U	Hdarb	Kohn	Ludwig	48/04/10	48/07/25		33/03025	1848/2335	
Kohnberger	Maria	1847/U	Hdarb	Kohnberger	Franziska	66/03/03	66/03/18		51/01569	1866/1911	
Kohner	Charlotte	1834/B	Magd	Kohner	Leopold	56/07/6	56/07/29		41/05071	1856/4534	
Kohner	Sofia	1831/U	Hdarb	Kohner[223]	Sofia	53/10/13	54/05/2		38/07707	1853/6579	
Kohr	Aloisia	1822/Dt	Magd	Kohr	Theodor	44/01/30	45/11/9		29/01461	1844/0665	
KOHUT (KOUHOT)											
Kouhot	Anna	1828/U	Magd	Kauhot[224]	Heinrich	48/07/13	48/07/31		33/04024	1848/4066	
Kohut[225]	Elisabeth	1830/W	Hdarb	Kohut[226]	Adelheid	50/07/16	50/07/30		35/05248	1850/4356	
Kolb[227]	Karolina	1815/U	Magd	Buchmeyer[228]	Anton	35/12/23	36/03/18		21/00563	1835/4333	
Kolinski[229]	Anna	1837/U	Magd	Kolinsky	Johann	63/01/5	63/01/28		48/01532	1863/0303	

37/09/29: "Mater infantis judaea".
[222] Aus Preßburg zugereist (GbhP).
[223] "Wegen Religion der Mutter ins Findelhaus" (GbhP).
[224] Heinrich **Kou**hot (GbhP), Heinrich **Kau**hot (Taufmatrik AKH 48/07/13; FdhP).
[225] Ein weiteres Kind kam ein Jahr später zur Welt (51/10/25), es wurde unter dem Namen Gustav Kohut in das Geburtenbuch der IKG eingetragen, am 1. November beschnitten, Vater dieses Kindes war Eduard Haas, Handelsmann (IKG Gb B 957).
[226] "Wegen Religion der Mutter" Fdh (FdhP).
[227] Karolina Kolb wurde nach der Entbindung ins AKH auf Zi. 74 verlegt (GbhP).
[228] Anton Buchm**e**yer (GbhP), Anton Buchm**ai**er (Taufmatrik AKH 35/12/24, mit dem Vermerk: "mater infantis judaea"), Anton Buchm**ay**er (FdhP). - Kam "wegen Krankheit der Mutter" ins Fdh (GbhP).
[229] Anna Kolinsky, geb. in Puchó in Ungarn, Trentschiner Komitat; wohnhaft in Wien-Leopoldstadt, Leopoldsgasse No 34 (Jänner und Dezember 1863) (GbhP'e). - V: Aron Kisslinger (Kiesslinger), M: Siessel, geb. Fried. - Anna Kol(l)insky heiratete am 71/08/20 in Wien nach jüdischem Ritus den Vater ihrer Kinder, den Stadtträger Jakob Lebenhart. Sie hatte noch weitere drei Kinder: Gisela (geb. 75/02/14), Ludmilla (geb. 76/05/12) und Rudolf (geb. 78/07/25) (KA: Jakob Lebenhart). - Bei der Angabe des Geburtsortes kam es wiederholt zu Lese- bzw. Abschreibfehlern, verursacht durch Interferenzen von Latein- und Kurrentschrift, so wurde bei Franziska Kollinszky in der Taufmatrik des AKH der Geburtsort der Mutter mit "Pecho" - E in Antiqua - angegeben (Taufmatrik AKH: 67/08/21: Franziska Kollinszky). - Im Jahr 1867 wurde in der Taufmatrik des AKH eine Korrektur bezüglich des Zunamens von Anna Kolinsky, der Mutter der drei Kinder vorgenommen: Kolinsky wurde gestrichen, mit "Kisslinger" ersetzt, nach dem Namen ihres Vaters Aron Kisslinger (Taufmatrik AKH: 67/08/21: Franziska Kollinszky). Dieser Name wurde auch von der KA übernommen, jedoch mit IE: Als Gattin des Jakob

K

M: Name	M: Vorname	geb. ca.	Beruf	K: Name	K: Vorname	K: geb.	K: gest.	K: entl.	Qu GbhP	Qu FdhP	Qu EntlP
Kolinski[230]	Anna	1836/U	Magd	Kolinzki	Elisabeth	63/12/8	64/04/18		49/00925	1863/9011	
Kolinsky[231]	Anna	1839/U	Magd	Kollinszky[232]	Franziska	67/08/21			52/05036	1867/5596	
Kollmann Anna, vide Kohlmann											
Kondours	Judith	1786/B	Magd	Kondours[233]	Eva	16/08/22	16/11/12			1816/2235	
König	Netti	1840/M	Magd	König	Johanna T.	61/05/26	61/06/16		46/05254	1861/4522	
König	Antonia	1831/U	Hdarb	König[234]	Franz Karl	53/09/18		63/09/18	38/07130	1853/6146	63/10/3
König	Cäcilia	1838/M	Magd	König	Theresia	66/02/23	66/03/19		51/01348	1866/1629	
König[235]	Franziska		Tochter	König[236]	Adam Al.	35/11/02				1835/4208	
König[237]	Franziska	1828/U	Magd	König	Anna	49/10/30	50/04/2		34/07549	1849/6684	
König[238]	Johanna	1836/U	Magd	König	Johanna	61/08/7	61/08/25		46/06847	1861/6395	

Lebenhart: Anna, geb<orene> Kiesslinger, geb. am 35/10/15 in Puchof Ungarn, mosaisch, verheiratet (KA: Jakob Lebenhart).

[230] Anna Kolinzki (Taufmatrik AKH 63/12/8: Elisabeth Kolinzki), Anna Kolinski (GbhP).

[231] Anna Kolinsky (GbhP), Anna **Kisslinger** (Taufmatrik AKH 67/08/21: Franziska Kolinsky), Anna Kollinszky (FdhP); im FdhP als "kl" (katholisch, ledig) eingetragen, die jüdische Herkunft ihres Kindes wird in dieser Quelle nicht erwähnt; in der Taufmatrik als jüdisch ausgewiesen (Taufmatrik AKH 67/08/21: Franziska Kollinszky).

[232] Franziska Kolinsky (Taufmatrik AKH 67/08/21), Franziska Kollinszky (FdhP).

[233] Eva Kondours wurde im Alter von acht Tagen getauft ins Fdh gebracht; die Mutter stammte aus Prag (FdhP).

[234] Franz **Karl** König (FdhP), Franz König (EntlP). - Franz König kam zusammen mit seiner Mutter ins Fdh; schon am folgenden Tag der "Berglerin" Anna Müllner zur Pflege übergeben. Das Kind blieb bei dieser Pflegemutter und hat die Findelpflege überlebt (FdhP, EntlP: Anna Müllner, Lambach No 15, Pfarre Riegersburg - Stmk). - Randnotizen in der Taufmatrik des AKH aus dem Jahr 1883 - in diesem Jahr wird wohl ein Taufschein ausgestellt worden sein - sowie aus den Jahren 1938, 1945 (45/08/21) und 1949 (Taufmatrik AKH 53/09/18).

[235] Franziska König, V: Hirsch König, Handelsmann, M: Magdalena (Pfarre St. Josef (Karmeliter) Taufmatrik 35/12/14: Adam Albert König).

[236] Adam Albert König, geb. 35/11/02, beschnitten 35/11/09, get. 35/12/14; P: Adam Brenner, Historienmaler, Alte Wieden No 14. Das Einverständnis der Mutter, die mit drei Kreuzchen unterzeichnete, wurde protokolliert: "Ich Unterz<eichnete> erkläre, daß ich mich frey entschlossen habe, mein Kind Adam Albert König katholisch taufen zu lassen, damit es in das k.k. Findelhaus gebracht, katholisch erzogen werden könne. Wien am 14 Dez. 836" - als Zeugen unterzeichneten diese Erklärung der Taufpate und der Mesner (Pfarre St. Josef (Karmeliter) Taufmatrik 35/12/14).

[237] Aus Preßburg zugereist (GbhP).

[238] Johanna König, geb. in Kukló in Ungarn, zugereist (GbhP).

K

M: Name	M: Vorname	geb. ca.	Beruf	K: Name	K: Vorname	K: geb.	K: gest.	K: entl.	Qu GbhP	Qu FdhP	Qu EntlP
König[239]	Julia	1830/M	Magd	König[240]	Christina	62/07/22	62/10/13		47/05810	1862/5316	
Königin[241]	Regina|Anna		Magd	Königin[242]	Susanna	04/10/21	05/01/07			1804/3113	
Konirz[243]	Eva	1840/B	Hdarb	Konirz[244]	Anton	63/10/12		63/10/20	48/08452	1863/7581	63/10/20
Konj(i)rsch	Eva	1840/B	Hdarb	Konj(i)rsch[245]	Heinrich	64/12/24	1941/05		49/10576		
Konreiter	Sofia	1809/Dt	Köchin	totgeboren		38/09/8			23/03829		
Koperl[246]	Magdalena	1835/U	Tochter	Koperl	Magdalena	54/08/3	54/08/21		39/06495	1854/5488	

---

[239] Julia König brachte man nach der Entbindung auf die chirurgische Abteilung des AKH (GbhP).
[240] "Wegen Krankheit der Mutter" Fdh; die Mutter wurde nach dem Wochenbett in die chirurgische Abteilung des AKH gebracht (FdhP).
[241] **Regina** König (Pfarre St. Peter Taufmatrik 04/12/10: "jüdische Magd"), **Anna** Königin (FdhP: l.D. - ledige Dienstmagd), Mutter von Susanna König, bei der Eintragung des Vornamens ist es offensichtlich zu einem Irrtum gekommen.
[242] Geboren in der Stadt No 537 in der Judengasse, im Alter von sieben Wochen "auf Regierungsbefehl" getauft (Pfarre St. Peter Taufmatrik 04/12/10), am folgenden Tag ins Fdh gebracht und gratis aufgenommen; im FdhP wird die jüdische Herkunft des Kindes nicht erwähnt, der Name der Mutter wurde jedoch als "l.D." (ledige Dienstmagd) eingetragen; gestorben im Fdh am "Abweichen" (Durchfall) (FdhP).
[243] Eva Koni**r**z ist mit Eva Kon**j**rsch und Eva Kon**j**irsch (Pfarre Am Hof Taufmatrik 67/01/25 ident, uneheliche Tochter von Anna Konjirsch, geb. in Micholup in Böhmen, Saazer Kreis; wohnhaft in Wien-Leopoldstadt, Taborgasse No 28 (GbhP'e; Taufmatrik AKH 64/12/24: Heinrich Konjirsch); konvertierte in der Pfarre Am Hof am 67/01/25, wobei sie bei der Taufe den Namen **Maria** erhielt (Pfarre Am Hof Taufmatrik 67/01/25). - Sodann heiratete sie noch im selben Jahr in der Pfarre St. Leopold den aus Böhmen stammenden Schuhmacher Anton Brüx, der Anton und Heinrich Konjirsch als seine Kinder anerkannte. Eva Konjirsch und Anton Brüx stammten aus demselben Ort in Böhmen (Taufmatrik AKH 63/10/12: Anton Konjirsch; 64/12/24: Heinrich Konjirsch).
[244] Anton Koni**r**z (GbhP, FdhP, EntlP), Anton Kon**j**irsch (Taufmatrik AKH 63/10/12: ursprünglich Konirz, durchgestrichen, und durch Konjirsch ersetzt). - Anton Konirz kam zusammen mit seiner Mutter am 63/10/20 ins Fdh, wo sie noch am selben Tag "mit Direktionsbewilligung auf die Aufnahme ihres Kindes Verzicht" leistete (FdhP, EntlP). Anton Konjirsch wurde von seinem katholischen Vater Anton Brüx legitimiert (Taufmatrik AKH 63/10/12).
[245] Heinrich Kon**j**rsch (GbhP), Heinrich Kon**j**irsch (Taufmatrik AKH 64/12/24). - Dem GbhP zufolge kam Heinrich Konjrsch am 64/12/30 mit seiner Mutter ins Fdh, wir konnten jedoch dieses Kind in den FdhP'n nicht finden und vermuten, daß die Mutter - wie schon im Jahr zuvor bei ihrem Sohn Anton - auf die Aufnahme ins Fdh verzichtet hat. Nach Lehmann's Adreßbuch wurde er Schaffner (Lehmann, Adreßbuch Wien 1941/1 647); gestorben am 1941/05/10 in Wien 4, St.A. 7/8 Wien Wieden-Margarethen vom 1941/05/23 Zl.786/41 (Taufmatrik AKH 64/12/24).
[246] Färberstochter, 19 Jahre alt, aus Arva, Liptauer Komitat, Ungarn (GbhP).

K

M: Name	M: Vorname	geb. ca.	Beruf	K: Name	K: Vorname	K: geb.	K: gest.	K: entl.	Qu GbhP	Qu FdhP	Qu EntlP
Koppel[247]	Magdalena	1835/U	Magd	Koppel	Josef	56/01/12	56/08/12		41/00660	1856/0443	
Koppl	Theresia	1843/U	Magd	Kopl[248]	Josefine	68/12/22	69/03/9		54/07394	1868/8107	
Kopsa[249]	Theresia	1837/B	Hdarb	Kopsa	Theresia	60/07/11	60/10/16		45/05628	1860/4990	
Kopsa	Theresia	1836/B	Magd	Kopsa	Sigmund	61/10/20			46/08070	1861/8066	
Koralek[250]	Sara	1814/B	Magd	totgeboren 40/05/10					25/02798		
Korallek	Sara	1816/B	Magd	totgeboren 45/07/3					30/04571		
Koralek	Sara	1822/B	Magd	Koralek	Karolina	46/08/14	46/09/30		31/05487	1846/4633	
Kornreich Rösel, vide Tramer Rosa											
Körner[251]	Regina	1845/U	Magd	Körner	Pauline	67/06/24	67/07/11		52/02829	1867/4419	
Körner	Regina	1845/U	Magd	Körner[252]	Josef	68/06/21	68/09/3		53/03763	1868/4472	
Korsch Theresia, vide Karsch											
Koschira[253]	Anna	1819/B	Magd	Koschira	Moritz	45/04/27	45/06/3		30/03035	1845/2245	

---

[247] Magdalena Koppel, geb. und wohnhaft in Mattersdorf, zugereist (GbhP).
[248] Josefine Kopl (FdhP), Josefine Koppl (CAHJP A/W 1809, Verzeichnis jüdischer Findelkinder von 1868). - Josefine Kopl wurde als "68er Kind" nicht mehr getauft, sie kam mit ihrer Mutter ins Fdh, wurde schon am folgenden Tag nach Ungarn in Pflege weitergegeben, wo sie nach drei Monaten gestorben ist (FdhP; CAHJP A/W 1809, Verzeichnis jüdischer Findelkinder von 1868).
[249] Theresia Kopsa, aus Böhmen; wohnhaft in Wien-Hernals No 165 (1860) und No 255 (1861), jedoch mit verschiedenen Herkunftsorten (Geburtsort, letzter Aufenthaltsort) in den beiden Jahren 1860 und 1861 zu Protokoll genommen, möglicherweise handelt es sich nur um eine Namensgleichheit.
[250] Sara Koralek, geb. aus Neu-Kollin in Böhmen, Kaurzimer Kreis, an der Elbe; wohnhaft in Wien Innere Stadt (1840), Wien-Breitenfeld No 12 (1845) und No 52 (1846).
[251] Regina Körner, geb. von Wradisz in Ungarn, Ober-Neutraer Komitat; wohnhaft in Wien-Leopoldstadt, Raimundgasse No 4 (1867) (GbhP).
[252] Josef Körner, ein "68er Kind", kam ungetauft ins Fdh, wurde am folgenden Tag schon an eine Pflegepartei weitergegeben, wo er nach vier Tagen an "Hydrocephalus" (Wasserkopf) gestorben ist (FdhP; CAHJP A/W 1809, Verzeichnis jüdischer Findelkinder von 1868).
[253] Anna Koschirer, geb. aus Pet(t)erkau in Böhmen, Czaslauer Kreis; war 1845 in Wien, bevor sie ins Gbh gekommen ist, im israelitischen Spital, 1847 wohnte sie in der Preßgasse in der Inneren Stadt, 1851 in Wien-Laimgrube No 11 (GbhP'e), 1859 Wien-Landstraße No 22 (EntlP: Franz Josef Koschira), 1862 Weißgärber No 24 (IKG Tb Leopoldstadt 1858-1871, 1862: 238a). - V: Isak Koschirer, Rabbiner von Petterkau, M: Rachel. - Heiratete am 62/04/06 im Gemeindetempel Leopoldstadt nach jüdischem Ritus Abraham Diener, Hausierer aus Grabówka, Vorstadt von Tarnów in Galizien (IKG Tb

M: Name	M: Vorname	geb. ca.	Beruf	K: Name	K: Vorname	K: geb.	K: gest.	K: entl.	Qu GbhP	Qu FdhP	Qu EntlP
Koschirer[254]	Anna	1820/B	Magd	Kaschierer[255]	Karl	47/08/23		57/08/23	32/5527	1847/5119	57/08/26
Koschira	Anna	1821/B	Magd	Koschira[256]	Franz Josef	51/01/15		59/03/8	36/01644	1851/0490	59/03/8
Koschirer[257]	Theresia	1825/B	Magd	Koschirer	Franziska	46/03/11	48/02/3		31/02632	1846/1629	
Koschirer	Theresia	1826/B	Magd	Koschira	Josefa	49/07/24	49/08/24		34/06036	1849/5030	
Kotz, vide Katz											
Kraff[258]	Rosalia	1831/U	Hdarb	Kraff	Emilia	56/06/14	56/07/20		41/04690	1856/4079	
Krail	Regina	1833/U	Magd	Krail	Josef	55/03/13	55/10/18		40/02891	1855/1988	
Krall	Katharina	1828/U	Magd	Krall	Katharina	47/03/28	47/04/13		32/03129	1847/1989	
Krall	Maria	1844/U	Magd	Krall[259]	Maria	63/05/7	63/06/4		48/04572	1863/3610	
Kranz	Maria	1823/G	Magd	Kranz[260]	Maria	45/10/7	45/10/14		30/05183		

Leopoldstadt 1858-1871, 1862: 238a). Sie hatte acht Kinder zur Welt gebracht, drei von ihnen im Gbh: Moritz, Karl und Franz Josef. Fünf weitere Kinder wurden in das Geburtenbuch der IKG eingetragen: Jakob (geb. 54/10/26), Isidor (geb. 56/07/19), Leopold (geb. 57/09/25), Rosa (geb. 59/10/22, V: Abraham Diener) und Franziska Diener (geb. 61/05/23), als eheliches Kind.

[254] Anna Koschirer (GbhP), Anna Kaschier (Taufmatrik AKH 47/08/25: Karl Kaschierer).

[255] Karl Kaschierer (FdhP, EntlP), Karl Kaschierer (Taufmatrik AKH 47/08/25), Karl Koschirer (GbhP) - kam vorerst zu einem Zimmermann, dann zu einem Bauern in Riedelsberg, wo er auch nach Ablauf der Findelhausbetreuung bleiben konnte (FdhP, EntlP: Barbara Führer, Bauersweib, Riedelsberg No 45 - NÖ, OMB, Pfarre Karlstift, an der tschechischen Grenze).

[256] o.A. (GbhP), **Franz Josef** Koschira (FdhP) - wurde nicht getauft, in das GbhP wurde auch kein Name eingetragen, sondern bloß "ungetauft" in die Namensrubrik des Kindes gesetzt, aus späterer Zeit wurde mit Bleistift "todt" hinzugefügt. Er wurde neun Tage nach seiner Geburt beschnitten und in das Geburtenbuch der IKG eingetragen (IKG Gb B 656). Vom Fdh kam er zunächst nach St. Andrä zu einem Korbmacher, sodann zurück nach Wien in die Leopoldstadt, von dort nach Ober-Döbling, sodann wieder in die Leopoldstadt, ins Fdh zurück und schließlich krank ins AKH, von wo ihn seine Mutter "gegen Revers" aus der Findelhausbetreuung löste und ihn zu sich nahm (FdhP, EntlP: Koschierer Anna, Taglöhnerin, Landstraße No 22, Vermerk: L<eilbliche> M<utter>).

[257] Theresia Koschirer, geb. aus Petterkau in Böhmen, Czaslauer Kreis; wohnhaft in Wien-Leopoldstadt No 573 (1846) und No 694 (1849).

[258] Rosalia Kraff, geb. in Bösing in Ungarn, von St. Pölten zugereist (GbhP).

[259] Im Fdh an Lebensschwäche gestorben (FdhP).

[260] Getauft, am folgenden Tag im Gbh gestorben (GbhP; Taufmatrik AKH 46/10/08).

KRAUS (KRAUß, KRAUSS, KRAUSZ)

M: Name	M: Vorname	geb. ca.	Beruf	K: Name	K: Vorname	K: geb.	K: gest.	K: entl.	Qu GbhP	Qu FdhP	Qu EntlP
Kraus Anna, vide Kraus M<aria>.A<nna>											
Kraus Anna, vide Kraus Elisabeth											
Kraus	Anna	1792		*Richter*[261]	Franziska	11/04/1	11/04/9			1811/0926	
Krauss[262]	Cäcilia	1838/U	Köchin	Krauss[263]	Hermine	60/01/15			45/01623	1860/0596	
Kraus	Cäcilia	1847/U	Magd	Kraus[264]	Josef	67/01/7	67/01/10		52/00045	1867/0201	
Kraus[265]	Elisabeth|Anna		Magd	Kraus(s)[266]	Anna	1803/08		11/09/30		1804/1565	
Kraus[267]	Franziska	1804/B	Köchin	*Zwinger*	Karl	28/11/7	29/01/31		13/02058	1828/3848	
Krauss	Franziska	1836/U	Hdarb	Krauss[268]	Bernhard	57/11/2	57/11/26		43/00042	1857/7762	
Krauss[269]	Franziska	1842/U	Magd	Krauss	Karl	64/05/27			49/04306	1864/4514	
Krausz	Franziska	1842/U	Magd	Krauss	Josef	65/12/4	66/05/16		50/07740	1865/8936	

---

[261] Franziska de Paula Richter kam einen Tag nach ihrer Geburt ins Fdh, im Fdh an der "Fraiß" gestorben (FdhP). - Dieses Kind wurde am 2. April, dem Namenstag des Franz von Paula getauft (Taufmatrik AKH 11/04/02, die jüdische Herkunft des Kindes wird durch die Anmerkung "Jüdin" festgehalten, der Name der Mutter wird nicht angegeben).
[262] Cäcilia Krauss, aus Ungarn zugereist, wurde nach dem Wochenbett in eine andere Abteilung des AKH gebracht (GbhP).
[263] "Wegen Krankheit der Mutter" ins Fdh (FdhP).
[264] Getauft, nach drei Tagen im Gbh gestorben (GbhP; Taufmatrik AKH 67/01/07).
[265] **Elisabeth** Kraus (Pfarre St. Peter Taufmatrik 04/06/15: Anna Kraus), **Anna** Kraus (FdhP).
[266] Anna Kraus, getauft in der Pfarre St. Peter im Alter von zehn Monaten auf Regierungsbefehl (Pfarre St. Peter Taufmatrik 04/06/15: Anna Krauss - "Dieses Kind wurde von einer Jüdin geboren, und die Taufe geschah auf Reg<ierungs> Befehl d<e> d<at>o 1804/06/15"). Im FdhP wird die jüdische Herkunft des Kindes nicht erwähnt, der Name der Mutter wurde jedoch eingetragen. Das Kind kam nach St. Veit an der Triesting zur M<aria> A<nna> Tetschmaier (FdhP: Taglöhnersweib, St. Veit an der Triesting No 103 - NÖ, UWW, Pfarre St. Veit), mit acht Jahren wurde das Kind "gegen Revers" aus der Findelhausversorgung gelöst (FdhP: 11/09/30 in Abgang No 278), es ist nicht bekannt, wer das Kind übernommen hat.
[267] Dienstlose Köchin, geb. von Humpoletz in Böhmen (GbhP).
[268] **Bernhard** Krauss (GbhP), **Leopold** Krauss (FdhP; Taufmatrik AKH 57/11/02), "wegen Krankheit der Mutter" ins Fdh, im Fdh an Tabes (Schwindsucht) gestorben (FdhP). In der Taufmatrik wurde seine jüdische Herkunft nicht erwähnt, ins FdhP wurde er als "Israelitenkind" eingetragen.
[269] Franziska Krauss/Krausz, geb. in Asszonyfa in Ungarn, Raaber Komitat; zugereist (GbhP'e).

K

M: Name	M: Vorname	geb. ca.	Beruf	K: Name	K: Vorname	K: geb.	K: gest.	K: entl.	Qu GbhP	Qu FdhP	Qu EntlP
Krausz[270]	Josefa	1844/U	Magd	Krausz	Karl	65/06/26	65/07/17		50/03867	1865/4808	
Krausz[271]	Josefa	1847/U	Magd	Krausz	Josefa	65/12/6	66/06/1		50/07646	1865/8987	
Kraus	Josefa			Krausz[272]	Israel	68/04/4	68/05/1				
Kraus[273]	Julia	1849/U	Magd	Krausz[274]	Bernhard	65/11/18	65/12/5		50/07807	1865/8534	
Kraus	Katharina	1815/B	Magd	*Hueber*	Franz	34/03/8	34/03/27		19/01415	1834/0896	
Krauss	Katharina	1833/U	Magd	Krausz	Karl	58/07/18	59/08/27		43/06489	1858/5739	
Kraus	Katharina	1840/U	Köchin	totgeboren		60/03/3			45/02897		
Kraus[275]	Maria A.	1808/M	Hdarb	*Neufeld*[276]	Ludmilla	25/12/31		26/07/30	10/02446	1826/0143	
Kraus[277]	Maria	1812/B	Magd	*Christ*	Zacharias	31/02/26	31/08/19		16/00579	1831/0685	
Kraus	Maria	1811/B	Magd	*Bo(o)de*	Maria	33/10/25	34/01/23		18/03770	1833/3560	

---

[270] Josefa Krausz war taub, ihr Kind kam "wegen Krankheit der Mutter" ins Fdh (GbhP, FdhP). Sie wurde nach dem Wochenbett zum Ammendienst ins Fdh überstellt, das Kind hatte man zwei Tage zuvor ins Eisenburger Komitat nach Ungarn gebracht (FdhP).
[271] Aus Pest zugereist (GbhP)
[272] Israel Krausz, geboren im April 1868, wurde als "68er Kind" nicht mehr getauft; in das Geburtenbuch der IKG als Israel Kraus, geb. 68/04/05, eingetragen (IKG Gb D 4491); ist am 68/05/01 gestorben (FdhP: die betreffende Seite ist beschädigt, zu lesen ist: israelitisch Knabe). Nicht auf der IKG-Liste jüdischer Findelkinder (CAHJP A/W 1809, Verzeichnis von 1868).
[273] Aus dem Arvaer Komitat zugereist (GbhP).
[274] Im Fdh an Lebensschwäche gestorben (FdhP).
[275] M<aria> A<nna> Kraus, geb. und wohnhaft in Meseritsch in Mähren, zugereist (GbhP); Anna Kraus (FdhP), ursprünglich als "kl" (katholisch, ledig) ins FdhP eingetragen, "k" wurde sodann gestrichen (FdhP; Taufmatrik AKH 26/01/01: Ludmilla Neufeld, "mater infantis judaea"). - Ihr Kind wurde "wegen Krankheit der Mutter" ins Fdh gebracht, sie selbst nach zwei Wochen aus dem Gbh entlassen (GbhP).
[276] L.N. (GbhP), Ludmilla Neufeld (FdhP; Taufmatrik AKH 26/01/01). - Das Initialenkind "L.N." kam am 14. Jänner ins Fdh - am selben Tag wurde ein Mädchen mit dem Namen Ludmilla Neufeld "wegen Krankheit der Mutter" in das Fdh aufgenommen, geboren am 26/01/01 im Gbh. Als Mutter wurde Anna Kraus ins FdhP eingetragen, 17 Jahre alt, ledig, von Meseritsch in gebürtig, eine Israelitin. Auch in der Taufmatrik wurde die jüdische Herkunft durch den Vermerk "Mater infantis Judea" festgehalten, Taufpatin: Eleonore Maucher, Anstaltshebamme.
[277] Maria Kraus, aus Böhmen; wohnhaft in Wien Innere Stadt No 214 (1831) und 464 (1833), 1836 in Wien-Wieden No 661 (GbhP'e). - Es könnte sich in diesem Fall auch um eine Namensgleichheit handeln.

K

M: Name	M: Vorname	geb. ca.	Beruf	K: Name	K: Vorname	K: geb.	K: gest.	K: entl.	Qu GbhP	Qu FdhP	Qu EntlP
Kraus	Maria	1811/B	Magd	*Paudy*[278]	Paul	36/08/8	36/08/23		21/03243	1836/2699	
Kraus[279]	Regina	1843/U	Magd	Kraus	Ignaz	62/11/21			48/00145	1862/8090	
Kraus	Regina	1843/U	Magd	totgeboren		64/05/5			49/05678		
Kraus[280]	Rebekka	1828/G	Witwe	Kraus[281]	Ascher	63/05/7			48/04611		
Krauss[282]	Rosalia	1833/U	Köchin	totgeboren		57/06/16			42/05350		
Kraus[283]	Rosalia	1843/B	Magd	Kraus	Anna	65/05/19	65/06/8		50/02394	1865/3946	
Kraus[284]	Theresia	1804/B	Köchin	*Geiser*[285]	Josef	29/09/13			14/01737	1829/3140	
Kraus	Theresia	1805/B	Köchin	totgeboren		31/01/13			16/00143		
Kraus[286]	Theresia	1812/M	Magd	*Schmerz*[287]	Theresia	32/11/18	32/11/25		18/00186		

---

[278] **Paul** (GbhP), **Paul Paudy** (FdhP: "Israelitenkind") - Hier wurde in das GbhP ein Vorname - Paul - eingetragen, dem Formular entsprechend, hätte der Name des Kindes nach seiner ledigen Mutter "Paul Kraus" lauten müssen. Kein Kind mit diesem Namen wurde in dieser Zeit getauft oder ins Fdh aufgenommen. - "Paul" kam dem Transfervermerk im GbhP zufolge am 36/08/09 ins Fdh - am selben Tag wurde ein Kind mit dem Vornamen Paul als "Israelitenkind" ins Fdh aufgenommen: Paul Paudy. Als Mutter wurde Maria Kraus eingetragen, 25 Jahre alt, israelitisch. - Die jüdische Herkunft des Kindes findet sich auch in der Taufmatrik im Vermerk "mater infantis judaea" (Taufmatrik AKH 36/08/08). - Paul Paudy lautete nun der Name des getauften jüdischen Kindes, das mit seinem Vornamen "Paul" ins GbhP eingetragen wurde.
[279] Regina Kraus, geb. von Asszonyfa, Raaber Komitat; wohnhaft in Wien-Brigittenau No 76 (GbhP), könnte mit folgender Regina Kraus ident sein.
[280] Riwka (Rebekka) Kraus, Hausiererin aus Tarnów in Galizien, wohnhaft <Wien> Salzgries No 210 (GbhP).
[281] o.A. (GbhP). - In die Namensrubrik wurde "nicht getauft" eingetragen. **Ascher** Kraus wurde ungetauft mit seiner Mutter am 63/05/15 aus dem Gbh entlassen, zwei Tage später beschnitten und in das Geburtenbuch der IKG eingetragen (FdhP, IKG Gb C 3901).
[282] Rosalia Kraus, in Pápa in Ungarn geb., aus Ödenburg zugereist (GbhP).
[283] Aus Linz zugereist (GbhP).
[284] Theresia Kraus, geb. von Prawonin in Böhmen, Czaslauer Kreis; wurde vermutlich 1829 aus dem Polizeiarrest Wien-Leopoldstadt in das Gbh zur Entbindung gebracht; 1831 wohnhaft in Wien Innere Stadt No 133, Schottenbastei (GbhP'e).
[285] Josef Geiser kam vom Fdh nach Leobersdorf zunächst zu einer Fabriksarbeiterin, dann zu einer Taglöhnerin (FdhP: Pflegepartei: Magdalena Karger, Taglöhnerin, Leobersdorf No 14 - NÖ, UWW). - Da kein Sterbedatum in das FdhP nachgetragen wurde, so könnte dieses Kind die Findelpflege überlebt haben, zumal sich in der Taufmatrik des AKH eine Randnotiz aus dem Jahr 1857 befindet, die auf die Ausstellung eines Taufscheines schließen läßt.
[286] Theresia Kraus, getauft am 35/07/26 in der Pfarre Erdberg (DAW: Konvertiten Protokolle 1833-1836).

K

M: Name	M: Vorname	geb. ca.	Beruf	K: Name	K: Vorname	K: geb.	K: gest.	K: entl.	Qu GbhP	Qu FdhP	Qu EntlP
Kraus[288]	Theresia	1820/B	Magd	*Knapp*	Anton	43/01/10	43/10/11		28/01128	1843/0178	
Kreilesheim[289]	Katharina	1837/U	Magd	Kreileischheim	Hermine	62/01/28	62/02/28		47/00671	1862/0839	
Kreilesheim	Katharina	1838/U	Magd	Kreilescheim	Ferdinand	64/04/30	64/06/12		49/02078	1864/3719	
Kren[290]	Regina	1824/M	Magd	totgeboren 49/08/2					34/0619		
Krenberger, vide Grünberger											
Kreuzer[291]	Katharina	1817/U	Magd	*Thaler*[292]	Josef	42/09/19	43/04/3		27/05529	1842/4261	
Kneuzen	Katharina	1819/U	Magd	Kneuzen	Maria	46/09/8	47/01/15		31/05907	1846/5019	
				Kri(e)g[293]	Stefan	1796/07	1796/09			1796/1641	

---

[287] o.A. (GbhP), **Theresia Schmerz** (Taufmatrik AKH 32/11/19, Sterbematrik AKH 32/11/25). - Ins GbhP wurde lediglich das Geschlecht dieses Kindes eingetragen, die Namensrubrik blieb leer, gestorben eine Woche nach seiner Geburt im Gbh (GbhP). - Den Schlüssel zur Auflösung der Initialen gibt die Sterbematrik des AKH: Gestorben war "Der Kraus Theresia ihr Mädchen Theresia, katholisch" (Sterbematrik AKH 32/11/25). Der Vorname des gesuchten Kindes war nun Theresia, geboren am 32/11/18. - Am folgenden Tag wurde in die Taufmatrik ein Mädchen mit dem Vornamen Theresia und mit dem Vermerk "mater infantis judaea" eingetragen: Theresia Schmerz. Taufpatin war im "jüdischen Formular" die Anstaltshebamme, die Rubrik der Mutter blieb leer (Taufmatrik AKH 32/11/19). - Das namenlose Kind der Theresia Kraus hatte somit den Namen Theresia Schmerz erhalten.

[288] Theresia Kraus, gestorben am 43/01/13 (GbhP: im Gbh; IKG Stb A 1855: im AKH, Nervenfieber). - TBP 43/01/13: "Kraus Theresia, ledige Magd, israelitischer Religion, gebürtig von Kollin in Böhmen, 23 Jahr alt, Leopoldstadt No 207, am Nervenfieber, AKH."

[289] Katharina Kreilesheim, geb. und wohnhaft in Preßburg No 189, 1861 zugereist, 1863 wohnhaft in Wien-Leopoldstadt No 13 (GbhP'e).

[290] Nach der Entbindung wurde sie in das Krankenzimmer No 71 des AKH zurückgebracht - Zwei Jahre zuvor wurde ihr uneheliches Kind Moses Kren in das Geburtenbuch der IKG aufgenommen, es kam 47/0105 im Inquisitspital des Kriminalgerichtes Alservorstadt zur Welt. Seine Mutter wurde als ledige Wäscherin aus Stampfen in Ungarn eingetragen (IKG Gb A 2301).

[291] Katharina Kreuzer, geb. von Deutsch-Kreutz in Ungarn, Ödenburger Komitat; 1842 wohnhaft in Wien-Sechshaus, bei Josefa Steininger; 1846 in <Wien> Nikolsdorf No 18. - Katharina Kreuzer (GbhP 27/5529) und Petrina (Katharina) Kneuzen (GbhP 31/5907) sind sicherlich ident. 1846 (GbhP 31/5907) wurde der Name der Mutter im GbhP verschrieben (Kneuzen) und ausgebessert, im FdhP wurde das Kind jedoch mit Maria Kneuzen, die Mutter mit dem Vornamen Katharina eingetragen.

[292] "Wegen israelitischer Mutter" Fdh (FdhP).

[293] Stefan **Crieg** (Pfarre St. Stefan Taufmatrik 1796/08/03: mit L-förmigem C geschrieben, als K zu lesen, vergl. die Eintragung auf fol. 113: Carl Clement), Stefan **Krig** (FdhP). - Stefan Kri(e)g wurde im Alter von etwa neun Tagen am 1796/08/02 beim Tor des Hauses No 689, Innere Stadt, ausgesetzt

M: Name	M: Vorname	geb. ca.	Beruf	K: Name	K: Vorname	K: geb.	K: gest.	K: entl.	Qu GbhP	Qu FdhP	Qu EntlP
Krieger	Rosa	1838/B	Magd	Krieger	Johanna	66/02/20	66/10/3		51/01309	1866/1539	
Kröpfelmacher	Amalia, vide Knöpfelmacher										
Krulisch	Josefa	1830/B	Hdarb	Krulisch[294]	Theresia	52/10/9		62/10/9	37/07889	1852/6812	62/10/9
Kudelka	Lili	1840/U	Hdarb	Kudelka[295]	Mathilde	57/02/13	57/03/9		42/02464	1857/1391	
Kugler	Johanna	1828/U	Köchin	Kugler	Josef	57/09/29	59/01/21		42/07620	1857/7167	
Kugler	Rosi	1845/U	Magd	Kugler	Rosa	67/05/15	67/07/26		52/03082	1867/3515	
Kugler	Rosalia	1846/U	Magd	Kugler[296]	Juliana	68/06/24			53/03929	1868/4516	
Khu[297]	Franziska	1844/B	Stbm	unentbunden entlassen 62/12/20					47/07875		
Kuh[298]	Franziska	1844/U	Hdarb	Kuh[299]	Aloisia	62/12/27	63/01/27		48/01289	1862/8821	
Kuhner	Netti	1837/M	Hdarb	Kuhner[300]	Josefa	57/10/10	57/10/21		42/07848	1857/7228	

gefunden, am folgenden Tag in der Pfarre St. Stefan getauft (Pfarre St. Stefan Taufmatrik 1796/08/03) und ins Fdh gebracht; kein Hinweis auf die jüdische Herkunft des Kindes im FdhP (FdhP); kam zu Pflegeeltern in Gumpendorf "an die Brust", "an der Abzehrung" am 1796/09/15 gestorben. - Taufmatrik St. Stefan, 1796/08/03: Stefan Krieg, Judenkind, Taufpatin: Maria Anna Prunerin.

[294] Kam mit ihrer Mutter ins Fdh, wurde schon am folgenden Tag der Barbara Hofmann übergeben, die in einem Dorf im Bezirk Ober-Hollabrunn lebte und mit einem Wagner verheiratet war. Diese Pflegemutter wurde nach Beendigung der Findelhausversorgung als "Übernahmepartei" mit dem Vermerk "PP" (Pflegepartei) in das EntlP eingetragen (FdhP, EntlP: Hofmann Barbara, Wagnersgattin, <Stetteldorf> No 83, Bezirksamt Stockerau - NÖ).

[295] Gassengeburt - Mathilde Kudelka wurde nicht im Gbh geboren, sondern mit ihrer Mutter einen Tag nach der Geburt dorthin gebracht, getauft, kam dann ins Fdh (GbhP, FdhP).

[296] Juliana Kugler, geboren im Juni 1868, wurde nicht mehr getauft, kam mit ihrer Mutter ins Fdh, wurde nach zwei Wochen in Pflege weitergegeben; nicht auf der IKG-Liste jüdischer Findelkinder (FdhP; CAHJP A/W 1809, Verzeichnis jüdischer Findelkinder von 1868).

[297] Franziska Kuh ist mit Franziska Khu ident, etwa gleich alt, aus Veszprim in Ungarn gebürtig (GbhP); wurde unentbunden in eine andere Abteilung des AKH gebracht (GbhP).

[298] Vom AKH, Zi. 73 zur Entbindung ins Gbh gebracht (GbhP); nur im GbhP als jüdisch ausgewiesen, im FdhP als "kl" (katholisch, ledig) eingetragen, die jüdische Herkunft ihres Kindes wird weder in dieser Quelle noch in der Taufmatrik erwähnt (Taufmatrik AKH 62/12/28: Aloisia Kuh).

[299] Die jüdische Herkunft von Aloisia Kuh wurde weder in der Taufmatrik des AKH noch im FdhP erwähnt (Taufmatrik AKH 62/12/28). - Aloisia Kuh kam "wegen Krankheit der Mutter" ins Fdh, das Kind ist einen Tag bevor die Mutter aus dem Gbh entlassen wurde im Fdh an Tabes (Schwindsucht, Auszehrung) gestorben (FdhP).

[300] "Wegen Religion der Mutter" Fdh (FdhP).

M: Name	M: Vorname	geb. ca.	Beruf	K: Name	K: Vorname	K: geb.	K: gest.	K: entl.	Qu GbhP	Qu FdhP	Qu EntlP
Kuhner[301]	Katharina	1840/M	Magd	Kuhner[302]	Katharina	60/02/17	60/03/3		45/02579	1860/1450	
Kuhner	Katharina	1840/M	Magd	totgeboren (Kuhner[303] Josef) 60/02/17					45/02579		
Kurth[304]	Franziska	1839/U	Magd	Kurth[305]	Leopold	65/12/29	66/02/13		50/07499	1865/9399	
Kurz[306]	Betti	1832/U	Hdarb	Kurz	Antonia	61/05/2	61/06/18		46/04114	1861/3758	
Kutscher[307]	Rosalia	1842/U	Magd	totgeboren 63/12/24					49/01311		

---

[301] Katharina Kuhner, geb. aus Bisenz in Mähren; wohnhaft in Wien-Leopoldstadt No 225. - Zwillingsgeburt: 60/02/17: Katharina Kuhner und ein totgeborenes Kind (GbhP).
[302] Im Fdh an Lebensschwäche gestorben (FdhP).
[303] Laut GbhP totgeboren, der Taufmatrik zufolge von der Hebamme Wilhelmine Jautz auf den Namen **Josef** notgetauft: <durchgestrichen: "den 17 todtgeboren"> "den 17. geb<oren> und nothget<auft> (Taufmatrik AKH 60/02/17, GbhP).
[304] Franziska Kurth, geb. in Rechnitz, zugereist (GbhP).
[305] "Wegen Krankheit der Mutter" Fdh; im Fdh an Anämie gestorben (FdhP).
[306] Aus Ungarn zugereist (GbhP).
[307] Rosalia Kutscher kam vom AKH, Zi. 72 ins Gbh, wurde nach der Entbindung zurück auf ihr Krankenzimmer ins AKH gebracht (GbhP).

K

M: Name	M: Vorname	geb. ca.	Beruf	K: Name	K: Vorname	K: geb.	K: gest.	K: entl.	Qu GbhP	Qu FdhP	Qu EntlP
Labinger Magdalena, vide Löwinger											
Laibinger Theresia, vide Löwinger											
Lackenbach[1]	Theresia	1843/U	Hdarb	Lackenbach	Karl	60/11/26	60/12/21		46/00172	1860/8215	
Ladenbacher[2]	Anna	1846/U	Hdarb						49/10137		
Laemmel[3]	Barbara	1820/U	Hdarb	Laemmel	Klara	44/10/1	44/11/9		29/05625	1844/4681	
Laibinger, vide Löwinger											
Lamberger[4]	Karolina	/U		*Montag*[5]	Josefa	03/03/7	03/03/30			1803/0671	
Lampl[6]	Magdalena	1845/U	Magd	Lampl[7]	Maria	64/03/23			49/03617	1864/2603	
Lampel	Rosalia	1841/U	Magd	Lampel[8]	Rudolf	59/09/18	60/09/23		45/06743		
Lampl	Sali	1843/M	Magd	totgeboren		66/03/16			51/01930		
Landauer	Katharina	1843/U	Hdarb	Landauer[9]	Rosa	63/09/4	63/10/11		48/07458	1863/6680	
Landauer	Rosa	1842/U	Hdarb	Landauer	Johann	60/05/26	60/08/17		45/03411	1860/3876	
Landesmann[10]	Eleonora	1832/U	Köchin	Landesmann	Eleonore	57/03/12	57/04/27		42/01549	1857/2193	

[1] Wohnhaft in Steinamanger No 125, von dort zugereist (GbhP).
[2] Aus Ungarn zugereist; im GbhP keine Eintragung betreffend Entbindung, Namen und Abgang des Kindes oder Austritt der Wöchnerin (GbhP).
[3] Barbara Laemmel, geb. und wohnhaft in Ödenburg, zugereist (GbhP).
[4] Karolina Lamberger (FdhP: "eine Jüdin von Edenburg" <Ödenburg>). - Taufmatrik AKH 03/03/07: Josefa Montag, M: Jüdin.
[5] Josefa Montag war ein Fremdnamenkind, sie wurde an einem Montag getauft und erhielt somit von diesem Wochentag ihren Namen (Taufmatrik AKH 03/03/07); wurde einen Tag nach ihrer Geburt ins Fdh gebracht; gestorben im Fdh an Schwäche (FdhP).
[6] Leni Lampl heiratete 1874 in Wien im Gemeindetempel des 2. Bezirks den aus Nikolsburg stammenden Hausierer Gumpel Noteles (auch Notes), beide unterzeichneten das Trauungsprotokoll als Analphabeten mit ihren Handzeichen. 1878 ließen sie sich in die Taufmatrik des AKH vor Zeugen als die Eltern des Findelkindes Maria Lampl eintragen (Taufmatrik AKH 64/03/23: Maria Lampl).
[7] Maria Lampl könnte überlebt haben, in der Taufmatrik befindet sich eine Randnotiz aus dem Jahr 1879, welche auf die Ausstellung eines Taufscheines schließen läßt (Taufmatrik AKH 64/03/24), der vielleicht für einen Rücktritt zum Judentum benötigt wurde - das Kind hatte zu dieser Zeit das 14. Labensjahr erreicht..
[8] Getauft, nach fünf Tagen im Gbh gestorben (GbhP; Taufmatrik AKH 60/09/18).
[9] Im Fdh an Abzehrung gestorben (FdhP).
[10] Eleonora Landesmann, geb. von Kuchel (Konyha), Preßburger Komitat; 1857 und 1859 wohnhaft Wien-Leopoldstadt No 220 (GbhP'e); gestorben am

L

M: Name	M: Vorname	geb. ca.	Beruf	K: Name	K: Vorname	K: geb.	K: gest.	K: entl.	Qu GbhP	Qu FdhP	Qu EntlP
Landesmann	Eleonora	1832/U	Köchin	totgeboren 59/02/14					44/02691		
Landsmann[11]	Rosalia	1830/U	Köchin	Landsmann	Hermann	59/06/10	59/09/30		44/05502	1859/4962	
Lang	Barbara			Lang[12]	Michael	34/01/27	34/02/13			1834/0350	
Lang	Julia	1843/U	Magd	Lang	Anton	61/11/20	63/12/19			47/00447	1861/8868
Lang[13]	Julia	1844/U	Magd	Lang	Anton	63/07/1	66/04/30			48/05998	1863/5082
Lang	Julia	1843/U	Magd	<...>[14]			65/04/5			50/02412	
Lang	Karolina	1823/B	Stbm	*Scheiner*[15]	Josef	42/02/1		52/02/1	27/01635	1842/0734	52/05/6
Lang[16]	Klara	1828/Dt	Magd	Lang[17]	Josefa	58/05/5		68/05/5	43/04891	1858/3636	68/06/11
Lang	Klara	1832/Dt	Magd	Lang[18]	Ignaz	66/09/28	66/10/14			51/06627	1866/6963
Lang	Magdalena		Köchin	Lang[19]	Magdalena B.	37/02/11	37/02/27			1837/02/12	

59/02/21 (IKG Stb B 4000: Blutzersetzung). - TBP 59/02/21: "Landesmann Eleonore, Magd 27 Jahr, ledig, israelitisch, Kuchel Ungarn, Leopoldstadt 220, Blutzersetzung k.k. Gebärhaus."
[11] Rosalia Landsmann, geb. von Gairing, Preßburger Komitat, von Preßburg zugereist (GbhP).
[12] Michael Lang, geboren in Gumpendorf No 117, getauft in der Pfarre Gumpendorf, kam fünf Tage später ins Fdh, wurde mit Taufschein und Armutszeugnis aufgenommen (FdhP).
[13] Julia Lang, geb. von Raab in Ungarn; wohnhaft in Wien-Leopoldstadt, Leopoldsgasse No 34 (GbhP).
[14] o.A. (GbhP). Dieses Kind, ein Mädchen, wurde nicht getauft, die Mutter wurde mit dem Kind am 65/04/12 aus dem Gbh entlassen (GbhP).
[15] Josef Scheiner kam zu Josefa Adelhofer in Pflege, welche in Audorf bei Neulengbach wohnte, mit dem Kind nach Breitenfurt und von dort nach Hütteldorf übersiedelte. Sie wurde in das EntlP als "PP" (Pflegepartei) eingetragen (FdhP, EntlP: Adelhofer Josefa, Inwohnerin in Hütteldorf No 110). - Taufmatrik AKH 42/02/01: "Mater judaea", Randnotiz aus dem Jahr 1857, welche auf die Ausstellung eines Taufscheines schließen läßt. - In den EntlP'n wurde die jüdische Herkunft der Kinder, bis auf zwei Ausnahmen, nicht erwähnt: Elisabeth Strasser und Josef Scheiner. Bei Josef Scheiner wurde neben dem Namen nach einer Virgel "Israelitenkind" hinzugefügt.
[16] Klara Lang, geb. von Buttenwiesen in Bayern; 1858 wohnhaft in Wien-Gaudenzdorf No 41-42; 1866 in Wien 4, Alleegasse No 14 (GbhP'e).
[17] Josefa Lang kam "wegen Religion der Mutter" ins Fdh (GbhP, FdhP), nach einer Woche übernahm sie eine Bäuerin aus Szobotisz im Neutraer Komitat in Pflege, welche 1868 in das EntlP als Übernahmepartei mit dem Vermerk "PP" (Pflegepartei) eingetragen wurde (FdhP, EntlP: Cserneck Katharina, Bauerin, Pfarre <Szobotisz>, Ober-Neutraer Komitat, Ungarn). - Randnotiz in der Taufmatrik aus dem Jahr 1886 (Taufmatrik AKH 58/05/05).
[18] "Wegen Krankheit der Mutter" Fdh (FdhP).

L

M: Name	M: Vorname	geb. ca.	Beruf	K: Name	K: Vorname	K: geb.	K: gest.	K: entl.	Qu GbhP	Qu FdhP	Qu EntlP
Lang	Rosalia	1826/U	Magd	Lang[20]	Anna	49/09/14		59/09/13	34/06709	1849/5960	59/09/13
Lang[21]	Rosalia	1837/U	Magd	Lang	Josef	60/06/14	60/07/8		45/03918	1860/4296	
Langer[22]	Amalia	1832/U	Hdarb	Langer[23]	Katharina	52/09/14	53/02/4		37/07392	1852/6236	
Langer[24]	Ernestine	1840/M	Magd	Langer[25]	Ernst	59/02/12	60/02/16		44/02673	1859/1305	
Langer[26]	Helene	1798/M	Magd	*Scho*[27]	Josef	21/04/13			06/01023	1821/1508	
Langer[28]	Katharina	1830/M	Magd	Langer[29]	David	49/03/26		59/03/26	34/03455	1849/2327	59/07/14

---

[19] Magdalena Barbara Lang, geboren in Gumpendorf No 210 und am gleichen Tag in der Pfarre Gumpendorf getauft, wurde am folgenden Tag ins Fdh gebracht und als "Israelitenkind" mit ihrer Mutter in das FdhP aufgenommen (FdhP).

[20] Anna Lang wurde bei verschiedenen Pflegeparteien rund um Wien untergebracht, im Alter von sieben Jahren kam sie zur Taglöhnerin Klara Reinecker nach Schwechat, welche das Kind auch nach Ablauf der Findelhausversorgung bei sich behielt (FdhP, EntlP: Reinecker Klara, Kutschersgattin, <Schwechat> No 87 - NÖ, P<flege>P<artei>); Randnotiz aus dem Jahr 1872 in der Taufmatrik des AKH (Taufmatrik AKH 49/09/14).

[21] Aus Ungarn zugereist (GbhP).

[22] Amalia Langer, geb. von Ofen in Ungarn, wohnhaft in Wien-Leopoldstadt No 126; im FdhP als "kl" (katholisch, ledig) eingetragen - offensichtlich ein Flüchtigkeitsfehler der Kanzlei, da das Kind als "israelitisch" <unterstrichen> aufgenommen wurde und die Überstellung ins Fdh "wegen Religion der Mutter" erfolgt ist (GbhP, FdhP). In der Taufmatrik wird hingegen die jüdische Herkunft des Kindes nicht erwähnt (Taufmatrik AKH 52/09/15: Katharina Langer).

[23] "Wegen Religion der Mutter" Fdh (FdhP).

[24] Ernestine Langer, gestorben am 59/02/21 (IKG Stb B 4003: an einem Lungenödem). - TBP 59/02/21: "Langer Ernestine, Magd 19 Jahr, ledig, katholisch (sic!), Tobitschau Mähren, Gumpendorf 16, Lungenödem k.k. Gebäranstalt."

[25] Ernst Langer wurde sogleich getauft, blieb drei Tage im Gbh; kam sodann "wegen Krankheit der Mutter" ins Fdh, nach weiteren sechs Tagen ist seine Mutter im Gbh gestorben (GbhP, FdhP).

[26] Helene Langer, geb. in Lundenburg in Mähren, zugereist (GbhP).

[27] Josef Scho (GbhP, FdhP), Josef Scho*riot* (Taufmatrik AKH 21/04/13) - kein Sterbedatum wurde bei diesem Kind nachgetragen, es könnte die Findelpflege überlebt haben (FdhP: Pflegemutter: Barbara Pampler, Hofstadtl No 50, Pfarre Großmugel - NÖ, UMB).

[28] Katharina Langer, geb. in Ostrau in Mähren, Hradischer Kreis, zugereist (GbhP).

[29] David Langer wurde "wegen israelitischer Religion" ins Fdh gebracht, kam von einem Pflegeplatz zum andern, zunächst war er bei einem Weber in Griesbach in NÖ, mit sieben Jahren kam er zu einer Bäuerin, dann ging es zurück ins Fdh, sonach wurde er bei einem Schuhmacher in Neulerchenfeld untergebracht und wieder ins Fdh zurückgebracht, sein nächster Pflegeplatz war bei einem Bronzearbeiter in Ottakring. 1857 übernahm ihn Rosalia

L

M: Name	M: Vorname	geb. ca.	Beruf	K: Name	K: Vorname	K: geb.	K: gest.	K: entl.	Qu GbhP	Qu FdhP	Qu EntlP
Langer[30]	Magdalena	1805/U	Witwe	*Ambros*[31]	Kreszentia	42/12/6		52/12/6	28/00539	1843/0195	52/12/18
Langer	Theresia	1818/B	Magd	*Piller*[32]	Josef	43/09/13		54/01/3	28/05150	1843/4005	54/01/3
Langstein[33]	Amalia	1834/B	Magd	Langstein[34]	Ignaz	64/08/27			49/06574		
Lanzer	Charlotte	1841/S	Hdarb	Lanzer	Amalia	62/07/8	62/07/30		47/05233	1862/4968	
Lass	Johanna	1811/U	Magd	*Staberl*[35]	Karl	37/04/6	40/10/5		22/01979	1837/1361	
Lauer[36]	Helene	1821/B	Magd	Lauer[37]	Maria	45/03/7	45/03/10		30/02139		

Lechner aus der Pfarre Fischbach in der Steiermark, die schließlich als Übernahmepartei in das EntlP mit dem Vermerk "KP" (Kostpartei) eingetragen wurde (FdhP, EntlP: Lechner Rosalia, Inwohnerin, Unter-Dissau No 13, Pfarre Fischbach - Stmk). - Randnotizen aus den Jahren 1873, 1938 und 1941 (Taufmatrik AKH 49/03/27).

[30] Handarbeiterin aus Szobotisz in Ungarn (GbhP).

[31] Kreszentia Ambros wurde "wegen Religion der Mutter" ins Fdh gebracht, nach vier Tagen kam sie zu einem Wagner nach Hausleuten in NÖ in der Nähe von Stockerau. Ihre Pflegemutter Johanna Fuß wurde zehn Jahre später in das EntlP eingetragen (FdhP, EntlP: Johanna Fuß, Wagnersw<eib> Hausleithen 34 Pf<arre> loc<al>, Herrschaft Stetten - NÖ, UMB); Randnotiz aus dem Jahr 1873 in der Taufmatrik (Taufmatrik AKH 42/12/06).

[32] Dieses Kind, das bis 1853 bei einem Bauern in Seibersdorf war, wurde nach zehn Jahren aus der Findelpflege entlassen; da nur ein Aktenverweis gegeben wird, geht aus der Protokolleintragung nicht hervor, zu wem das Kind gekommen ist, es könnte dem Wr. Magistrat übergeben worden sein (FdhP, EntlP). - Vermerk "Mater judaea" und Randnotizen aus den Jahren 1870 (70/01/05) und aus späterer Zeit <unsichere Lesart> in der Taufmatrik (Taufmatrik AKH 43/09/13: Josef Piller). 1870 könnte ein Taufschein anläßlich einer bevorstehenden Verehelichung ausgestellt worden sein.

[33] Amalia Langstein, geb. in Lischnitz in Böhmen, zugereist (GbhP).

[34] o.A. (GbhP), **Ignaz** Langstein (IKG Gb D 408). - Die Mutter wurde mit ihrem ungetauften Kind am 64/09/03 aus dem Gbh entlassen, in die Namensrubrik kam kein Name, sondern "ungetauft" eingetragen (FdhP). Das Kind wurde am 64/09/04 beschnitten, erhielt den Namen Ignaz, wurde in das Geburtenbuch der IKG eingetragen (IKG Gb D 408).

[35] **K.St.** (GbhP), **Karl** Staberl (FdhP: "Israelitenkind", M: Laß Johanna). - Das Initialenkind "K.St." kam am 37/04/13 ins Fdh - am selben Tag wurde ein Kind mit dem Namen Karl Staberl als "Israelitenkind" aufgenommen, in die Namensrubrik der Mutter wurde Johanna Laß eingetragen. Getauft wurde das Kind am Tag nach seiner Geburt, es hatte eine eigene Taufpatin, die Handarbeiterin Barbara Politzer, wohnhaft in Gumpendorf No 12. - Die Initialen "K.St." sind somit Karl Staberl zuzuordnen; er kam "wegen Krankheit der Mutter" ins Fdh (GbhP). Die Mutter wurde nach einem Monat aus dem Gbh entlassen (GbhP).

[36] Helene Lauer, geb. und wohnhaft in Biala, Czaslauer Kreis in Böhmen, zugereist (GbhP).

[37] Getauft und nach drei Tagen im Gbh gestorben (Taufmatrik AKH 45/03/07: "mater infantis judaea").

L

M: Name	M: Vorname	geb. ca.	Beruf	K: Name	K: Vorname	K: geb.	K: gest.	K: entl.	Qu GbhP	Qu FdhP	Qu EntlP
Laufer[38]	Elisabeth	1825/U	Magd	Laufer	Elisabeth	47/12/30	48/01/23		33/01178	1848/0147	
Laufer	Elisabeth	1826/U	Tagl	Laufer	Franz	54/10/16	54/11/13		39/08008	1854/7082	
Lauffer[39]	Josefa	1823/U	Magd	unentbunden entlassen 45/12/13					31/00740		
Laufer	Josefine	1823/U	Hdarb	Laufer	Josef	45/12/20	46/02/9		31/00915	1845/6565	
Lawaczek	Barbara	1822/M	Magd	Lawaczek	Juliana	49/08/25	49/09/17		34/06525	1849/5578	
Läwin, vide Lewin											
Lazansky[40]	Lotte	1826/B	Magd	unentbunden entlassen 46/10/07					31/05259		
Lazansky	Lotte	1826/B	Magd	Lazansky[41]	Johann	46/11/2		52/10/4	31/06487	1846/6016	52/10/20
Lazar|Lazas[42]	Johanna	1811/U	Magd	*Maister*[43]	Maria	35/12/17	36/03/20		21/00482	1835/4339	

[38] Elisabeth Laufer, geb. von Jóka in Ungarn, Preßburger Komitat, zugereist (GbhP), sie ist sicherlich ident mit jener Elisabeth Laufer, geb. in Preßburg, die im Jahr 1854 im Gbh war.

[39] Josefa Lau(f)fer, geb. und wohnhaft in Jóka, 1845 zugereist, unentbunden entlassen, wohnte bis zu ihrer Wiederaufnahme in Wien-Wieden (GbhP'e).

[40] Lotte Lazansky, geb. von Wihorz <unsichere Lesart> in Böhmen, Klattauer Kreis (Taufmatrik AKH 46/11/03: Johann Lazansky: Wohorau), 1846 zugereist (GbhP). - Getauft am 52/09/12 (FdhP); im DAW finden sich zu dieser Taufe keine Akten. - Den Taufschein hat Lotte Lazansky der Findelhausdirektion unmittelbar nach der Taufe vorgelegt, die diesbezügliche Eintragung in das FdhP ist mit dem 52/09/19 datiert, die Taufe war eine Woche zuvor in der Pfarre St. Stefan erfolgt, bei welcher sie den Namen **Karolina** erhalten hatte. - In der Taufmatrik des Kindes wurde ihr Vorname "Lotti" gestrichen und durch Karolina ersetzt (Taufmatrik AKH 46/11/03: Johann Lazansky; Pfarre St. Stefan Conversions- und Taufbewilligungen, Fasc. A: Taufbewilligung für Carolina Lazansky 1852/09/09). Zwei Monate nach der Taufe hat sie den Vater ihres Kindes, Franz Müller, in der Pfarre Alservorstadt geheiratet. - Lotte Lazansky stammte Böhmen, V: Markus Lazansky, Handelsmann, M: Eva Lazansky, geb. Hahn (Taufmatrik AKH 46/11/03: Johann Lazansky). - Der Vater ihres Kindes war Franz Müller, geb. aus Znaim in Mähren, Aufseher in der k.k. privilegierten Himberger Druck-Fabriks- Niederlage; dessen V: Franz Müller, bürgerlicher Gastwirt in Znaim (Pfarre Alservorstadt Tb 52/11/21: Franz Müller und Karolina Lazansky).

[41] Johann Lazansky wurde am 52/10/04 von seinem katholischen Vater, "Franz Müller, Consument (sic!) und Aufseher in der k.k. privilegierten Himberger Druck- u. Fabriksniederlage", wohnhaft Michelbeuerngrund No 54, "gegen Revers" zu sich genommen. Sechs Wochen später heirateten seine Eltern, das Kind wurde schon im folgenden Jahr *per subsequens matrimonium* am 53/08/09 legitimiert (Taufmatrik AKH 46/11/03: Johann Lazansky - Legitimierungsvermerk in der Anmerkung; EntlP: Müller Franz, in der Druck-Fabriksniederlage, <Wien> Michelbaiergrund No 54). - Randnotizen in der Taufmatrik des AKH (Taufmatrik AKH 46/11/03).

[42] Johanna Lazas (GbhP), Johanna Lazar (FdhP) - Im GbhP ein klares rundes, in die Höhe gezogenes Schluß-S, im FdhP ein Kurrent-R.

L

M: Name	M: Vorname	geb. ca.	Beruf	K: Name	K: Vorname	K: geb.	K: gest.	K: entl.	Qu GbhP	Qu FdhP	Qu EntlP
Leb, vide Löb											
Lebenhart Anna, vide geb. Kolinski Anna											
Lebinger Magdalena, vide Löwinger											
Leblin Theresia, vide Löbl											
Leder	Rosalia	1820/M	Magd	*Stolz*	Anna	41/01/3				26/00225	
Lederer	Anna	1832/B	Modistin	Lederer[44]	Anna Magd.	51/11/26	51/11/28			37/00495	
Lederer[45]	Anna	1836/B	Magd	Lederer[46]	Magdalena	59/12/22		65/02/21	44/08789	1859/9765	65/03/12
Lederer[47]	Franziska	1838/U		Lederer[48]	Georg	68/11/27		69/02/19	54/06634	1868/7641	69/02/19
Loderer[49]	Maria	1833/B	Magd	Loderer[50]	Franz Josef	54/12/22	55/03/17		40/00370	1854/8525	

---

[43] M.M. (GbhP), Maria Maister (FdhP) - "M.M." wurde am 26. Dezember ins Fdh gebracht. Am gleichen Tag wurde ein Kind mit dem Namen Maria Maister als "Israelitenkind" aufgenommen, "Lazar Johanna, Israelitinn" wurde in die Namensrubrik der Mutter eingetragen. Die Versalie von "Maister" wurde kunstvoll gezogen, und könnte leicht als H interpretiert werden. Das Kind wurde sogleich nach seiner Geburt getauft und in die Taufmatrik als "Maria Maister" eingetragen, die jüdische Herkunft des Kindes wurde mit "mater infantis judaea" festgehalten. Die Eintragung erfolgte im "jüdischen Formular": Hebammen-Patenschaft, die Rubrik der Mutter blieb leer (Taufmatrik AKH 35/12/17). - "M.M." ist somit mit Maria Maister ident: Am gleichen Tag und jüdisch geboren (GbhP, FdhP; Taufmatrik AKH), die Initialen entsprechen dem Fremdnamen, die Namensverschiedenheit der Mutter ist durch einen Lesefehler beim Endungs-R entstanden. - Bei einem anderen Namen - Kautes - muß es ähnliche Schwierigkeiten gegeben haben, die jedoch zu einem anderen Ergebnis geführt haben (vide Judith Kautes).

[44] Getauft, nach zwei Tagen im Gbh gestorben (GbhP; Taufmatrik AKH 51/11/26: Die jüdische Herkunft des Kindes wird hier nicht erwähnt).

[45] Anna Lederer, geb. von Slavkovice in Böhmen; wohnhaft Wien-Landstraße No 88; hat der Findelhausdirektion ein Dienstbotenbuch vorgelegt, ausgestellt am 60/05/26, somit fünf Monate nach der Geburt ihres Kindes, aus welchem hervorging, daß sie nun getauft war. Später hat sie dem Entlassungsvermerk im EntlP zufolge, den Greißler Anton Chwoika geheiratet (EntlP).

[46] Magdalena Lederer wurde im Alter von fünf Jahren von ihren Eltern aus der Findelpflege gelöst (EntlP: Anton und Anna Chwoika, Greißlers - Eheleute in Fünfhaus No 187, Vermerk: L<eibliche> M<utter>). - Randnotizen in der Taufmatrik des AKH aus den Jahren 1938 und 1941 (Taufmatrik AKH 59/12/23).

[47] Franziska Lederer, Gouvernante, 30 Jahre alt, aus Budapest; hat sich mit einem Paß des österreichischen Generalkonsulats in Alexandria (Ägypten) ausgewiesen, wo sie sich mit einem russischen Paß, ausgestellt in Odessa, legitimiert hat (GbhP).

[48] Franziska Lederer hat die Taufe ihres Kindes - nach Aufhebung der Zwangstaufen - ausdrücklich gewünscht und dies zu Protokoll gegeben. Das Kind wurde nach zweieinhalb Monaten mit "Revers" aus der Findelpflege gelöst (EntlP: Lederer Fanni, <Wien> Mariahilf, Gfrornergasse No 9).

L

M: Name	M: Vorname	geb. ca.	Beruf	K: Name	K: Vorname	K: geb.	K: gest.	K: entl.	Qu GbhP	Qu FdhP	Qu EntlP
Lederer	Maria	1832/B	Magd	Lederer	Friedrich	60/11/9	60/12/5		45/07842	1860/7828	
Lederer	Theresia	1821/M	Magd	Lederer	Alois	45/04/28	45/05/22		30/03337	1845/2406	
Ledner[51]	Sali	1840/U	Magd	Ledner[52]	Karl	65/07/16			50/04892	1865/5425	
Lehn[53]	Katharina	1794/U	Tagl	Christ[54]	Christina	19/09/10	19/10/4		04/01590	1819/3016	
				Lehner[55]	Jakob	1812/12	13/08/17			1813/1027	

[49] Maria Loderer - E wurde zu O überschmiert: Lederer - Loderer - geb. von Tuczap in Böhmen, 1854 von dort zugereist, 1860 wohnhaft in Wien-Erdberg No 50 (GbhP'e).

[50] Franz **Josef** Loderer (Taufmatrik AKH 54/12/22); Franz **Johann** Loderer (FdhP) - die Verschiedenheit der Vornamen wird man in einer Suspensionskürzung zu suchen haben, die nach dem dritten Buchstaben endigte: Dieser letzte Buchstabe in der Kürzung könnte sowohl als H (in Kurrentschrift: Joh<ann>) als auch als S (in Lateinschrift: Jos<ef>) interpretiert werden.

[51] Sali Ledner ist mit Lotka Ledner ident, geb. 38/04/14 zu Bukovina in Ungarn, Arvaer Komitat, eheliche Tochter des Herschel und der Anna Ledner (Taufmatrik AKH 65/07/16: Karl Ledner). Sie hat im Mai 1879 den Vater ihres Kindes, David Rosner, Handelsmann aus Lemberg, geheiratet, unterschrieb das Trauungsprotokoll mit ihrem Handzeichen, zwei Ringelchen (eingetragen in: IKG Tb Stadt 1876-1881: 680).

[52] Karl Ledner kam zu Pflegeeltern nach Wien-Breitenfeld, sodann nach Penzing, wurde von seiner Mutter am 70/04/02 aus der Findelpflege gelöst (EntlP: Ledner Rosalia, Hausiererin, 2. Bezirk, Kleine Pfarrgasse 20), von seinem Vater als dessen legitimer Sohn anerkannt: Karl Ledner - Statth<alterei> Verfügung de dato 99/04/27, Z.35818: "wodurch diesem Kinde nach den bestehenden Staatsgesetzen die bürgerlichen Rechte der ehelichen Geburt zukommen"; sieben Jahre später wurde noch folgendes hinzugefügt: "Dieser Geburtsfall wird gelöscht. Derselbe wird mit Reihezahl in das Geburtenbuch der Wiener israelitischen Kultusgemeinde eingetragen, da die Kindesmutter zur Zeit der Geburt des obenverzeichneten Kindes der mosaischen Religion angehörte"- laut Statthalterei-Verfügung 1906/10/20 Z. XVII/I 3755 und f<ürst>e<rzbischöflichen> Ord<inariats> Erl<aß> d<e> d<ato> 1906/11/23, Z. 11565; (IKG Gb 1906: 2201; Taufmatrik AKH 65/07/16). - Randnotiz in der Taufmatrik des AKH als Datum: 70/12/01 (Taufmatrik AKH 65/07/16).

[53] Katharina Lehn, geb. in Komorn, wohnhaft in Baden, zugereist (GbhP).

[54] **K.K.** (GbhP), **Christina Christ** (FdhP). - "K.K." kam am 19/09/11 ins Fdh. Weder an diesem Tag, noch an den vorhergehenden und nachfolgenden Tagen wurde ein Kind ins Fdh aufgenommen, das im Datenkontext zu den Initialen "K.K." gepaßt hätte. Namen, wie "Christ" oder "Christina" konnten jedoch mit "K" verschlüsselt werden (vide Franziska Abraham, K: Christina Christ) - und am Transfertag des Initialenkindes "K.K." wurde auch ein Mädchen mit dem Namen "Christina Christ" ins FdhP eingetragen, 1 T<ag alt>. Angegeben wurde der Aufnahmegrund: "Weil die Mutter eine Israelitin ist", nicht jedoch der Name der Mutter. Das Kind war am Transferdatum getauft worden, in die Taufmatrik wurde in die Rubrik des Vaters "Judaea" eingetragen, die Rubrik der Mutter blieb leer, Taufpatin war die Anstaltshebamme Anna Blumenau (Taufmatrik AKH 19/09/11). - Die Auflösung der Initialen erfolgte hier ausschließlich über den Datenkontext: Die Daten werden nur durch die Initialen verknüpft.

L

M: Name	M: Vorname	geb. ca.	Beruf	K: Name	K: Vorname	K: geb.	K: gest.	K: entl.	Qu GbhP	Qu FdhP	Qu EntlP
Lehner[56]	Anna	1828/U	Magd	Lehner	Karl	48/05/31	48/06/23		33/04217	1848/3343	
Lehner[57]	Lotti	1830/U	Magd	Lehner[58]	Magdalena	49/02/12	49/02/18		34/00758		
Lehner[59]	Lotti|Karol.	1827/U	Magd	Lehner[60]	Josefa	50/06/6	50/09/18		35/04553	1850/3641	
Lehner	Lotti	1827/U	Magd	Lehner[61]	Anna	50/06/6	50/07/17		35/04553	1850/3642	
Lehner[62]	Lora	1843/U	Magd	Lehner	Theresia	67/09/13	67/10/14		52/04903	1867/6032	
Lehner[63]	Lora	1843/U	Köchin	Lehner[64]	Katharina	68/11/12	68/11/24		54/06330	1868/7309	
Leichner	Fanni	1844/U	Magd	Leichner[65]	Moritz	68/07/4	69/01/3		53/04133	1868/4727	
Leicht[66]	Maria	1831/U	Magd	Leicht	Anna	60/01/19	61/08/12		45/01006	1860/0711	

[55] Jakob Lehner, geb. in Mattersburg, getauft im Alter von sechs Monaten am 13/05/05 in der Pfarre Alservorstadt. Anmerkung in der Pfarrmatrik: "Ist bey 6 Monathe alt absolute getauft word<en>, obschon dieses Kind von jüdischen Aeltern gebohren, aber aus Hungarn, d<en> 5 May 813 in das Findelhaus gebracht word<en>", das Kind wurde vom Fdh von Theresia Zorn, "Kinderwarterin in Findelhaus", welche mit ihrem Handzeichen - drei Kreuzchen - das Protokoll unterzeichnete, in die Pfarrkirche zur Taufe gebracht, sie war auch Taufpatin des Kindes (Pfarre Alservorstadt Taufmatrik 13/05/05: Jakob Lehner). Ins FdhP wurden die näheren Umstände wie folgt beschrieben: "Ist ein Judenkind, ledig, welches auf der Kindsmutter Schwester gemacht Bitte in der Pfarr Alsergasse christkath<olisch> getauft und vermög Findlhaus Directions Anweisung eingenommen wurde - gratis". Am 13/05/05 wurde das Kind geimpft, am 13/08/17 ist es an Durchfall in der Josefstadt gestorben (FdhP).
[56] Anna Lehner, geb. in Gairing, wohnhaft in Preßburg, zugereist (GbhP).
[57] Lotti Lehner, geb. von Gairing, Preßburger Komitat; wohnhaft in Wien-Leopoldstadt No 838. - Zwillingsgeburt: 50/06/06: Lehner Josefa und Anna.
[58] Getauft, nach sechs Tagen im Gbh gestorben (GbhP; Taufmatrik AKH 49/02/12).
[59] **Karolina** Lehner (Taufmatrik AKH 50/06/07: Josefa und Anna Lehner), **Lotti** Lehner (FdhP'e).
[60] Josefa Lehner, "wegen Religion der Mutter" Fdh, gestorben an Stickhusten (FdhP).
[61] Anna Lehner, "wegen Religion der Mutter" Fdh, gestorben im Fdh an einem Ödem (FdhP).
[62] Lora Lehner, geb. und wohnhaft in Pápa in Ungarn, zugereist (GbhP).
[63] Lora **Lehner** (FdhP), Lora **Lohner** (Taufmatrik AKH 68/11/12).
[64] Katharina Lehner (FdhP), Katharina Lohner (Taufmatrik AKH 68/11/12) - wurde "auf Verlangen der Mutter" getauft, kam am 68/11/20 ins Fdh.
[65] Moritz Leichner, im Juli 1868 geboren, wurde nicht mehr getauft, er kam mit seiner Mutter ins Fdh und wurde von dort nach ein paar Tagen weitergegeben. Er starb im Alter von knapp fünf Monaten an Bronchialkatarrh (FdhP; CAHJP A/W 1809, Verzeichnis jüdischer Findelkinder von 1868).
[66] Maria Leicht, geb. von Bory, Neutraer Komitat, wohnhaft in Wien-Gaudenzdorf No 65; im FdhP als "kl" (katholisch, ledig) eingetragen, in der Tauf-

L

M: Name	M: Vorname	geb. ca.	Beruf	K: Name	K: Vorname	K: geb.	K: gest.	K: entl.	Qu GbhP	Qu FdhP	Qu EntlP
Leicht	Theresia			Leicht[67]	Emilia Th.	57/02/25	57/03/24			1857/1491	
Leitner	Anna	1830/U	Hdarb	Leitner	Maria	48/10/28	48/11/28		33/07040	1848/6029	
Leitner[68]	Maria	1816/U	Magd	*Jeruschak*[69]	Josef	37/01/30	37/02/17		22/01022	1837/0402	
Lembach[70]	Leni	1824/U	Witwe	Lembach	Alois	59/04/2	59/08/31		44/01800	1859/3003	
Lemberger[71]	Julia	1800/U	Magd	*Bauer*	Anna	20/02/3			05/00291	1820/0362	
Lenig Berta, vide Löwy											
Leopold[72]	Katharina	1838/U	Magd	unentbunden entlassen				65/08/19	50/05667		
Lermann[73]	Anna	1814/U	Witwe	<...>[74]			41/01/25		26/00282		
Lerner[75]	Rosa	1841/G	Tagl	Lerner[76]	Rosa	62/11/20	63/03/26		48/00200	1862/7888	
Leser	Katharina	1797/U		*Mayer*[77]	Josef	17/09/3	17/09/21		02/01807	1817/2650	

---

matrik als "israelitisch" ausgewiesen (GbhP, FdhP; Taufmatrik AKH 60/01/19: Anna Leicht).
[67] Theresia Leicht, geboren am Schottenfeld No 32, am selben Tag in der Pfarre St. Laurenz am Schottenfeld getauft und ins Fdh gebracht, mit Taufschein und gegen eine Aufnahmstaxe von 50 fl. aufgenommen, ins FdhP als "Israelitenkind" mit dem Namen der Mutter eingetragen (FdhP).
[68] Maria Leitner, geb. und wohnhaft in Raab in Ungarn, zugereist (GbhP) - ins GbhP als "k<atholisch>" eingetragen, in der Taufmatrik und im FdhP als jüdisch ausgewiesen (GbhP; Taufmatrik AKH 37/01/30: Josef Jeruschak, M: "mater infantis judaea"; FdhP: "Israelitenkind").
[69] Josef Jerusch**ak** (GbhP), Josef Jerusch**ka** (Taufmatrik AKH 37/01/30; FdhP).
[70] Leni Lembach, geb. in Szobotisz, Tyrnauer Komitat, wohnhaft in Stockerau, Hausiererin, zugereist (GbhP).
[71] Aus Ungarn zugereist (GbhP).
[72] Katharina Leopold, geb. in Waitzen in Ungarn, aus Pest zugereist (GbhP).
[73] Anna Lermann, geb. in Kaposvár, wohnhaft in Eisenstadt, zugereist; war Buchhändlerin, kam neun Wochen vor der Geburt ihres Kindes ins Gbh, das Kind wurde nicht getauft, Mutter und Kind wurden neun Tage nach der Geburt entlassen (GbhP).
[74] o.A. (GbhP). Dieses Kind, ein Mädchen, wurde nicht getauft, die Mutter war verwitwet, sie wurde mit dem Kind am 41/02/03 aus dem Gbh entlassen (GbhP).
[75] Rosa Lerner, geb. und wohnhaft in Krakau, von dort zugereist (GbhP).
[76] Rosa Lerner kam "wegen Krankheit der Mutter" ins Fdh, die Mutter wurde eineinhalb Monate später zum Ammendienst ins Fdh gebracht. Das Kind war mittlerweile bei einer Pflegepartei im Preßburger Komitat untergebracht worden (FdhP).
[77] **J.M.** (GbhP), **Josef Mayer** (Taufmatrik AKH 17/09/03, FdhP). - Das Kind kam am 17/09/03 ins Fdh - am selben Tag wurde ein Kind mit dem Namen Josef Mayer ins Fdh aufgenommen, rechts von der Rubrik des Kindes wurde seine Mutter eingetragen: "Katharina Leser israel<itisch> 20 J<ahr>

M: Name	M: Vorname	geb. ca.	Beruf	K: Name	K: Vorname	K: geb.	K: gest.	K: entl.	Qu GbhP	Qu FdhP	Qu EntlP
Levenbach, vide Löwenbach											
Levi, vide Löwi											
Lewenstein, vide Löwenstein											
Lewinger, vide Löwinger											
Lewy, vide Löwy											
Leván[78]	Esther	1842/U	Magd	Levan[79]	Franz	63/01/8	63/01/31		48/00217	1863/0286	
LEWIN (LÄWIN)											
Läwin	Johanna	1805/U	Köchin	*Korn*[80]	Josef	25/02/16			10/00380		
Lewin	Regina	1841/U	Magd	Lewin	Johanna	64/07/3	64/09/11		49/06258	1864/5438	
Levitus	Franziska	1840/U	Magd	Levitus[81]	Anna	64/03/10			49/03387	1864/2124	
Levitus[82]	Rosalia	1823/B	Magd	Levitus	Rosalia	51/04/25	51/09/15		36/04086	1851/2943	

k<atholisch> (sic!) led<ig> Magd von Preßburg in Ung<arn> geb<ürtig>". - Ebeso wurde auch in der Taufmatrik der Name der Mutter angegeben, die jüdische Herkunft des Kindes wurde nicht erwähnt (Taufmatrik AKH 17/09/03). - Die Mutter des Initialenkindes war jüdisch, im FdhP wird sie als Mutter des Kindes "Josef Mayer" bezeichnet, die Initialen sind somit im Datenkontext diesem Kind zuzuordnen.

[78] Wohnhaft in Komorn No 32, Ungarn, von dort zugereist (GbhP).

[79] "Wegen Krankheit der Mutter" Fdh; im Fdh an Lebensschwäche gestorben (FdhP).

[80] J.K. (GbhP), Josef Korn (Taufmatrik AKH: 25/02/17). - Da für das Jahr 1825 keine FdhP'e erhalten sind, kann die Auflösung der Initialen nur über die Taufmatrik versucht werden: Das Kind wurde am 25/02/16 geboren, die Taufe wird am selben Tag oder am folgenden Tag stattgefunden haben: Unter dem 17. Februar wurde ein Kind mit dem Namen Josef Korn eingetragen, das Kind hatte eine eigene Taufpatin, die Gärtnerstochter Anna Taner, wohnhaft "bey dem Hundsthurm No 62", was untypisch für jüdische Kindertaufen im Gbh war, jedoch hin und wieder vorkam; die Rubrik der Mutter blieb leer, die jüdische Herkunft des Kindes wurde nicht erwähnt. - Dieses Kind ist jedoch im Datenkontext mit großer Wahrscheinlichkeit mit dem Initialenkind "J.K." ident: - Dem GbhP zufolge kam Josef Korn "wegen Krankheit der Mutter" am 25/02/24 ins Fdh, die Mutter wurde nach zwei Wochen aus dem Gbh entlassen (GbhP), durch den Verlust der FdhP'e aus dem Jahr 1825 kann das weitere Schicksal dieses Kindes mit den vorliegenden Quellen nicht verfolgt werden. - Randnotiz aus dem Jahr 1849 (Taufmatrik AKH 25/02/17).

[81] Anna Levitus kam "wegen Krankheit der Mutter" ins Fdh; kein Sterbeeintrag im FdhP (FdhP). In der Taufmatrik des AKH wurde die jüdische Herkunft dieses Kindes nicht erwähnt, im Index war allerdings "isr<aelitisch>" zum Namen hinzugefügt und sodann gestrichen worden (Taufmatrik AKH 64/03/10).

[82] "Mit Direkt(ions) Bewill<igung>" bekam Rosalia Levitus einen Empfangschein für ihr Kind, das kaum fünf Monate alt, an Durchfall gestorben ist (FdhP).

L

M: Name	M: Vorname	geb. ca.	Beruf	K: Name	K: Vorname	K: geb.	K: gest.	K: entl.	Qu GbhP	Qu FdhP	Qu EntlP
Levkovits[83]	Lotti	1835/U	Köchin	unentbunden entlassen 53/09/03					38/06535		
Levkovits	Lotti	1835/U	Magd	unentbunden entlassen 53/09/06					38/06857		
Levkovits[84]	Lotti	1835/U	Magd	Levkovits[85]	Michael	53/10/5		63/06/26	38/07048	1853/6519	63/06/26
Lichtenberg	Barbara	1819/B	Hdarb	*Kranz*[86]	Johann	40/12/10	40/12/28		26/00541	1840/5187	
Lichtenfeld	Rosa	1839/U	Magd	totgeboren 65/08/6					50/05454		
Lichtenstein	Katharina	1839/U	Magd	Lichtenstein	Sofia	59/01/21	59/02/16		44/02042	1859/0818	
Lichtenstein	Rosa	1822/M	Magd	Lichtenstein	Ludwig	45/07/6	46/09/20		30/04620	1845/3576	
Liebenberger[87]	Antonia	1841/NÖ		Liebenberger[88]	Moritz	66/02/1		68/09/30	51/00810	1866/1007	68/10/26
Liebermann	Juliana	1820/B	Magd	Liebermann[89]	Anton	51/06/24	55/09/7		36/05430	1851/4286	
Liebich	Rosa	1838/U	Hdarb	Liebich[90]	Josef	62/06/19	62/07/7		47/05101	1862/4351	

---

[83] Lotti Levkovits, geb. in Podvilk in Ungarn, Arvaer Komitat, zugereist (GbhP).
[84] Wurde vom AKH ins Gbh gebracht (GbhP).
[85] Michael Levkovits kam "wegen Religion der Mutter" ins Fdh (GbhP), sodann nach Groß-Siegharts zu einem "Schofmeister", 1862 wurde er zurück ins Fdh gebracht, man gab ihn dann ins St. Anna Kinderspital, von dort kam er wieder zurück ins Fdh. Dem EntlP zufolge übernahm das Kind Maria Leitner aus Groß-Wardein. In welcher Beziehung sie zum Kind oder zu den Eltern des Kindes gestanden ist, geht aus dieser Eintragung nicht hervor (FdhP, EntlP: Leitner Maria, Privat, Großwardein No 679 (oder 670) in Ungarn). - Randnotiz in der Taufmatrik des AKH aus dem Jahr 1880 (Taufmatrik AKH 53/10/05).
[86] Kam "wegen israelitischer Mutter" ins Fdh (FdhP).
[87] Antonia (Lea) Liebenberger, geb. am 41/03/29 in Groß-Siegharts in NÖ, röm.-kath., V: Philpp Liebenberger, M: Anna Maria, geb. Wolf; konvertierte am 69/01/12 zum Judentum (IKG ProsP 1868-1903:19), heiratete in Stampfen am 69/04/12 den Vater ihres Kindes, den Bildhauer Moritz Klug (IKG ProsP 1868-1903:70: Moritz Klug /:Liebenberger:/; KA: Moriz Klug, Meerschaum- und Bernsteinwaren Fabrikant).
[88] Moritz Liebenberger (GbhP), wurde am 69/04/26 beschnitten und unter dem Namen Isak Karl (hebr.: Jitzchak Gabriel ben Moshe Klug) in das Geburtenbuch der IKG eingetragen, *post sequens matrimonium* seiner Eltern legitimiert (IKG ProsP 1868-1903:70: Moritz Klug /:Liebenberger:/), lebte sodann in deren Haushalt in Wien 5, Rüdigergasse 7, zusammen mit seinen Geschwistern Berta und Max Klug (KA: Moriz Klug). - Randnotizen in der Taufmatrik des AKH aus den Jahren 1869 und 1940, letztere gefolgt von einem Aktenhinweis. Die Randnotiz vom Jahr 1869 verweist auf die Ausstellung eines Taufscheines, datiert mit dem 69/02/20, der für den Übertritt des Kindes zum Judentum benötigt wurde (Taufmatrik AKH 66/02/02: Moritz Liebenberger).
[89] "Wegen Krankheit der Mutter" Fdh (FdhP).

L

M: Name	M: Vorname	geb. ca.	Beruf	K: Name	K: Vorname	K: geb.	K: gest.	K: entl.	Qu GbhP	Qu FdhP	Qu EntlP
Liebich	Rosa	1838/U	Hdarb	Liebich[90]	Josef	62/06/19	62/07/7		47/05101	1862/4351	Liesner
	Katharina	1820/U	Magd	*Hönig*	Karl	40/04/5	40/06/22		25/02308	1840/1663	
Liftschütz[91]	Rosalia	1807/B	Witwe	Liftschütz	Josef	45/10/18	45/11/9		30/05934	1845/5291	
Ligschin|Ligch[92]	Anna			Ligschin|Ligch[93]	Josef	1795/09	1795/09			1795/1889	
Lilienfeld	Josefa		Magd	Lilienfeld[94]	Gustav Jos.	13/01/11	13/01/21			1813/0097	
Lilienthal	Rosalia	1844/U	Stbm	Lilienthal	Maria	64/12/7	64/12/25		49/10203	1864/9391	
Lilling	Karolina			Lilling[95]	Wilhelm	46/01/19			56/01/19	1846/0384	56/01/19
Lindner[96]	Sara	1816/M		*Feinemann*[97]	Franz	39/05/7			24/02564	1839/2104	

---

[90] Josef Liebich kam "wegen Krankheit der Mutter" ins Fdh und ist dort an Lebensschwäche gestroben. Das Sterbedatum des Kindes wurde auch in die Taufmatrik des AKH übernommen (FdhP; Taufmatrik AKH 62/06/20).

[91] Rosalia **Liftschütz** (GbhP, FdhP, TBP 45/10/25), Rosalia **Duftschütz** (IKG Stb A 2340 45/10/25), geb. von Nachrub (Nahorub) in Böhmen, Berauner Kreis, Herrschaft Tloskau (GbhP). - Taglöhnerin, gestorben am 45/10/25 (GbhP). - TBP 45/10/25: "Liftschütz Rosalia, Taglöhnerin und Wittwe israelitischer Religion, 38 Jahr alt, gebürtig Nachrob Böhmen, zugereist, an Nervenfieber, AKH."

[92] Ligch <o.A.> (FdhP 1795/1889: Josef Ligch), Anna Lig**schin** (Pfarre Santa Maria Rotunda Taufmatrik 1795/09/21: Josef Ligsch, M: Anna Ligschin, "Eine ledige fremde Jüdin").

[93] Geboren ca. am 1795/09/20, "ist auf Verlangen der Mutter getauft worden", kam am folgenden Tag "vermög Armuths attestati Gratis" ins Fdh; im Fdh an Schwäche gestorben am 1795/09/28 (FdhP 1795/1889).

[94] Gustav Josef Lilienfeld, geboren in Wien Innere Stadt No 1061, am folgenden Tag in der Pfarre St. Stefan getauft, seine Hebamme Anna Jechl war auch seine Taufpatin. Der Wunsch der Mutter, daß das Kind katholisch getauft werde, wurde in der Taufmatrik protokolarisch festgehalten, unterfertigt durch zwei Zeugen, vom Bierwirt Johann Göschl und vom Tischlermeister Josef Rippel. Am folgenden Tag wurde das Kind ins Fdh gebracht, mit dem Meldzettel der Pfarre und gegen eine Taxe von 30 fl. aufgenommen. Das Kind wurde unter dem Namen Gustav Lilienfeld ins FdhP eingetragen, zusammen mit seiner M: "Lilienfeld Josepha, ißraelitischer Regierung (sic!)" (Pfarre St. Stefan Taufmatrik 13/01/12); gestorben im Fdh an Schwäche (FdhP).

[95] Wilhelm Lilling, geboren in der Leopoldstadt No 509 bei der Hebamme Rosalia Schmidt, getauft am 46/01/19 in der Pfarre St. Johann (Praterstraße), das Einverständnis der Mutter wurde protokolliert, von ihr selbst, dem Ehemann der Hebamme und dem Mesner unterzeichnet; das Kind kam am folgenden Tag mit einer Taxe von 50 fl. ins Fdh; ins FdhP als "Israelitenkind" <unterstrichen> eingetragen; hatte ein "Sparkassenbüchl" mit 2 Gulden und 11 Kreuzern; kam zu einem Schuhmacher nach Dornbach, wurde schwerkrank ins Fdh zurückgebracht, war sodann 1854 drei Wochen im Krankenhaus; wurde am 56/01/19 dem Wr. Magistrat übergeben (Pfarre St. Johann in der Praterstraße Taufmatrik 1846/01/19; FdhP, EntlP).

[96] Wirtschafterin (GbhP).

L

M: Name	M: Vorname	geb. ca.	Beruf	K: Name	K: Vorname	K: geb.	K: gest.	K: entl.	Qu GbhP	Qu FdhP	Qu EntlP
Lintner <...>[98]	Rosalia	1827/U	Magd	Lintner Linzerin[99]	Josef Anna	46/01/9 1796/07	46/07/10 1797/05		31/01339	1846/0414 1796/1469	
Lippe	Cäcilia|Czili	1843/U	Magd	<...>[100]		68/12/31	69/01/3		54/07567		
Lippschitz	Regina		Magd	Lippschitz[101]	Josef	57/06/22	57/07/06			1857/4660	
<...>[102]				List[103]	Vincentia	10/07/18	10/07/28			1810/1615	
Lohner Lora, vide Lehner											
LÖW (LÖB, LÖFF, LEB, lEEB)											
Löw	Anna	1806/U	Magd	*Kohl*[104]	Rosalia	33/03/5			18/01377	1833/0932	
Leeb[105]	Arum	1818/U	Magd	unentbunden entlassen 36/08/24						21/03411	

[97] Bei Franz Feinemann wurde in das FdhP kein Sterbedatum nachgetragen, dieses Kind könnte daher die Findelpflege überlebt haben (FdhP: Franz Feinemann kam kurz vor Beendigung der Findelhausbetreuung zurück ins Fdh, der Wohnort seines letzten Pflegeplatzes wurde nicht angegeben). - "Mater judaea", Randnotiz in der Taufmatrik aus dem Jahr 1892 (Taufmatrik AKH 39/05/08: Franz Feinemann, Randnotiz 92/10/31).
[98] o.A. (Taufmatrik AKH 1796/07/08: Anna Linzerin, M: Ein Jüdin; im FdhP wurde weder der Name der Mutter noch die jüdische Herkunft des Kindes angegeben). Die Mutter hat auf der 2. Zahlabteilung unter No 54 entbunden (Taufmatrik AKH 1796/07/08).
[99] Anna Linzerin wurde sogleich nach der Taufe ins Fdh gebracht, ihre Taufpatin war eine "Kaßstecherstochter" namens Barbara Böhm. Für die Aufnahme des Kindes ins Fdh wurde eine Taxe von 6 fl. erlegt; es kam in Außenpflege "aufs Wasser" nach Eckartsau zu einem Schneider; am 1797/05/29 an Krampfhusten gestorben, dort begraben (FdhP).
[100] o.A. (GbhP). Dieses Kind, ein Mädchen, war ein "68er Kind", es wurde nicht getauft, bereits im Gbh drei Tage nach seiner Geburt gestorben (FdhP).
[101] Josef Lippschitz, geboren bei der Hebamme Maria Wolf in der Alservorstadt No 27, getauft am selben Tag in der Pfarre Alservorstadt; Taufpatin war die Hebamme. Der Wunsch der Mutter, das Kind möge getauft werden, wurde protokollarisch festgehalten und von zwei Zeugen, einer von ihnen war Hausmeister im Haus der Hebamme, unterfertigt (Pfarre St. Stefan Taufmatrik 57/06/022). Noch am selben Tag wurde das Kind ins Fdh gebracht und mit Taufschein und gegen den Erlag von 50 fl. aufgenommen. In das FdhP wurde Josef Lippschitz als "Israelitenkind" zusammen mit seiner Mutter eingetragen; gestorben im Fdh an Diarrhöe (FdhP).
[102] o.A. (Taufmatrik AKH 10/07/19: K: Vinzentia List, M: Jüdin; im FdhP keine Angaben zur Mutter oder zur jüdischen Herkunft des Kindes).
[103] War einen Tag alt, als sie gegen eine Taxe von 20 fl. ins Fdh kam, gestorben im Fdh, Todesursache: Fraiß (FdhP).
[104] Bei Rosalia Kohl wurde in das FdhP kein Sterbedatum nachgetragen, sie hat vielleicht bei den Pflegeeltern überlebt (FdhP: Pflegemutter: Theresia Billuh <unsichere Lesart>, Kleinhäuslerin, Riedenthal No 47 <unsichere Lesart>, Herrschaft Wolkersdorf - NÖ, UMB). - "Mater judaea" (Taufmatrik AKH 33/03/07).

L

M: Name	M: Vorname	geb. ca.	Beruf	K: Name	K: Vorname	K: geb.	K: gest.	K: entl.	Qu GbhP	Qu FdhP	Qu EntlP
Löb	Anna	1817/U	Magd	unentbunden entlassen 36/09/02					21/03509		
Leb	Arum	1817/U	Magd	Awe[106]	Maria	36/09/17	36/10/12		21/03661	1836/3206	
Löw[107]	Leonora	1828/U		Löw[108]	Anna	45/01/14	45/01/14		30/01353		
Löw	Fanni	1841/U	Magd	Löw[109]	Katharina	61/04/23	61/08/16		46/03080	1861/3513	
Löb	Johanna	1823/U	Magd	Löb[110]	Josefa	47/12/19		57/12/19	33/00943	1847/7345	57/12/29
Löw[111]	Josefine	1843/U	Magd	Löw	Leopoldine	65/11/14	65/11/29		50/06341	1865/8451	
Löw	Josefine	1845/U	Magd	Löw[112]	August	67/02/19		69/05/27	52/01286	1867/1511	69/07/29

[105] **Arum Leeb** ist mit **Anna Löb** und Anna Leb ident: um 1818 in Kosztelecz in Ungarn, Trentschiner Komitat, geboren, im August 1836 nach Wien zugereist, wohnhaft in Wien-Simmering No 26. - Beim Vornamen Arum handelt es sich um einen Lese- und Abschreibfehler: Eine weitausladende A-Versalie wurde beim Lesen in A-R zerlegt, was folgte, erhielt einen U-Haken, wodurch das U in der Schreibung fixiert war - aus "Anna" entstand "Arum". - Arum/Anna Le(e)b/Löb

[106] Maria Awe, "Israelitenkind" (FdhP). - Taufmatrik AKH 36/09/18: "Mater infantis judaea".

[107] Putzwarenhändlerin (GbhP), Leonora (Eleonora) Löw war 17 Jahre alt, verkaufte modische Handarbeiten, wie Gürtel, Handschuhe, genähte Beutel. Sie stammte aus Käsmark in Ungarn, Zipser Komitat. Ihr Kind wurde sogleich nach seiner Geburt getauft und ist nach der Taufe gestorben. Einer Anmerkung im GbhP zufolge könnte die Mutter nach zehn Tagen von der Polizei "abgeholt" worden sein.

[108] Das Kind wurde notgetauft - es starb noch am selben Tag (Taufmatrik AKH 45/01/14: "nothgetauft. Mater judaea"). - Das GbhP erwähnt diese Nottaufe nicht.

[109] Im Fdh an Tabes (Schwindsucht, Auszehrung) gestorben (FdhP).

[110] Josefa Löb kam als Pflegekind zu einem Maurer nach Klausleopoldsdorf (Klausen-Leopoldsdorf, NÖ, UWW, bei Wien), wo sie auch nach ihrem zehnten Lebensjahr bleiben konnte, da Magdalena Krumböck als Übernahmepartei in das EntlP mit dem Zusatz "PP" (Pflegepartei) eingetragen wurde (EntlP: Krumböck Magdalena, Maurersgattin, <Klaus-Leopoldsdorf> No 46, Pfarre Klaus-Leopoldsdorf, UWW). - Randnotiz aus den Jahren 1874 und 1943 (Taufmatrik AKH 47/12/19).

[111] Josefine Löw, geb. aus Luky in Ungarn, Trentschiner Komitat (GbhP: Bezirk Puchó in Ungarn), 1865 vom Geburtsort zugereist, 1867 wohnhaft in Wien 3, Matthäusgasse No 14 (GbhP'e).

[112] August Löw kam "wegen Krankheit der Mutter" ins Fdh und von dort nach St. Bernhard, er wurde im Alter von zwei Jahren am 69/05/27 "gegen Revers" von einer Handarbeiterin ("Nähterin") namens Maria Baumgartner aus der Findelpflege gelöst. In welcher Beziehung sie zu diesem Kind gestanden ist, geht aus dem EntlP nicht hervor (EntlP 69/07/29: Maria Baumgartner, Nähterin, <Wien 2> Odeongasse 7, 1. Stock, Tür 7, Bezirk

L

M: Name	M: Vorname	geb. ca.	Beruf	K: Name	K: Vorname	K: geb.	K: gest.	K: entl.	Qu GbhP	Qu FdhP	Qu EntlP
Löff[113]	Katharina	1847/U	Magd	Löff[114]	Elisabeth	66/11/19			51/06383	1866/8381	
Löw[115]	Regina	1840/U	Magd	Löw[116]	Barbara K.	60/09/29	62/02/16		45/06886	1860/6904	
Löw	Regina	1840/U	Magd	Löw	Vinzenz	62/10/23	63/04/26		47/07673	1862/7394	
Löv	Rosalia	1819/U	Köchin	Sommer[117]	Franz	38/08/14	38/09/3		23/03451	1838/3237	
Löw[118]	Rosalia	1844/U	Magd	Löw[119]	Maria	64/02/9	64/02/24		49/01972	1864/1222	
Löb[120]	Sara	1832/U	Magd	Löb[121]	Abraham	50/10/1	50/11/21		35/06715	1850/5806	
Löb	Sali	1832/U	Magd	Löb	Regina	53/07/13	54/07/3		38/05399	1853/4752	
Löb	Resi	1848/U	Hdarb	Löb[122]	Rosa	67/01/5	67/01/23		52/00143	1867/0165	

Löw Theresia, vide Rosenzweig Theresia 1850/U
Löwe Theresia, vide geb. Hassan Theresia

Leopoldstadt). - Randnotiz in der Taufmatrik des AKH aus dem Jahr 1869 (Taufmatrik AKH 67/02/20: Randnotiz 69/06/08).
[113] Aus dem Neutraer Komitat zugereist (GbhP).
[114] Elisabeth Löff könnte die Findelpflege überlebt haben: Kein Sterbedatum im FdhP, Randnotizen in der Taufmatrik des AKH aus den Jahren 1941 und 1942 (Taufmatrik AKH 66/11/19).
[115] Regina Löw, geb. von Mór in Ungarn; wohnhaft in Wien 2, Leopoldstadt No 36 (GbhP'e).
[116] Barbara Katharina Löw hatte mit ihrem Bruder Vinzenz zusammen dieselbe Taufpatin: Barbara Naut, "Chirurgsgattin", wohnhaft in der Leopoldstadt, zwei Jahre später, bei ihrem Bruder lautete ihr Beruf "Friseursgattin". "Chirurg" hatte zu dieser Zeit die Bedeutung eines Wundarztes, der kleine Verletzungen versorgen, Hühneraugen "operieren" konnte u. dgl. mehr. Die Mutter wird zu dieser Taufpatin in einer engeren, vielleicht freundschaftlichen Beziehung gestanden haben.
[117] **Fr.S.** (GbhP), **Franz** Sommer (FdhP) - "Fr.S." wurde am 38/08/23 ins Fdh gebracht - am selben Tag wurde als "Israelitenkind" Franz Sommer ins Fdh aufgenommen, der Name seiner Mutter - Rosalia Löw - wurde ins Protokoll eingetragen. - In der Taufmatrik wurde die jüdische Herkunft des Kindes durch den Vermerk "mater infantis judaea" festgehalten (GbhP, FdhP; Taufmatrik 38/08/15).
[118] Wurde vom Gbh in eine Abteilung des AKH verlegt (GbhP).
[119] Maria Löw kam "wegen Blattern der Mutter" ins Fdh, von dort in das St. Anna Kinderspital, wo sie nach zehn Tagen an Blattern gestorben ist (FdhP).
[120] Sara Löb ist mit Sali Löb ident, geb. um 1832 in Mattersdorf, Magd, 1850 zugereist, 1852 im 3.Bezirk (Weißgärber) wohnhaft (GbhP'e).
[121] "Wegen Krankheit der Mutter" Fdh (FdhP).
[122] Rosa Löb kam "wegen Krankheit der Mutter" ins Fdh und ist dort an Lebensschwäche gestorben (FdhP).

L

M: Name	M: Vorname	geb. ca.	Beruf	K: Name	K: Vorname	K: geb.	K: gest.	K: entl.	Qu GbhP	Qu FdhP	Qu EntlP
Lövenbach[123]	Johanna	1821/B	Magd	Lövenbach[124]	Franz	48/07/1		58/07/1	33/04776	1848/3967	58/07/14
Levenbach	Johanna	1822/B	Magd	Levenbach[125]	Eduard	50/10/25	51/04/6		35/07172	1850/6227	
				Löwenherz[126]	Richard	16/12/04	17/01/17			1816/3196	
Löbenroser[127]	Katharina	1840/U	Magd	Löbenrosen[128]	Josef	62/02/13	62/03/29		47/01384	1862/1272	
Lewenstein[129]	Theresia	1799/M		Lewenstein[130]	Josef	29/08/2	29/08/2		14/01792		
LÖWI (LÖWY, LÖVI, LEWI, LEWY, LEVI)											
Lövi[131]	Aloisia	1848/U	Magd	Lövi	Gustav	67/02/28	67/04/19		52/00724	1867/1734	

[123] Johanna Lövenbach (GbhP, FdhP), Johanna Löwenbach (Taufmatrik AKH 48/07/02: Franz Löwenbach). - Johanna Lövenbach/Löwenbach ist mit Johanna Levenbach ident, etwa gleich alt, geb. von Ledau in Böhmen, Saazer Kreis; 1848 in Meidling, Theresienbad wohnhaft, 1850 in Wien-Leopoldstadt No 14 (GbhP'e).
[124] Franz Lövenbach, "Israelitenkind", ursprünglich war der Aufnahmegrund ins Fdh mit "Krankheit der Mutter" angegeben worden; in der Steiermark in einem Ort in der Nähe von Gleisdorf bei der Keuschlerin Maria Weber untergebracht, welche zehn Jahre später auch als Übernahmepartei in das EntlP mit dem Vermerk "KP" (Kostpartei) eingetragen wurde (FdhP, EntlP: Weber Maria, Keuschlerin, <Enthendorf> No 49, Pfarre St. Margarethen an der Raab, Stmk). - Randnotiz in der Taufmatrik des AKH aus dem Jahr 1910 (Taufmatrik AKH 48/07/02).
[125] Eduard Levenbach kam "wegen Religion der Mutter" ins Fdh, er wurde als "Israelitenkind" in das FdhP eingetragen. Die Mutter erhielt "Mit Di<rekti>ons Bewilligung", zwei Tage nach ihrer Entlassung aus dem Gbh, einen Empfangsschein. Das Kind wurde kaum ein halbes Jahr alt und starb in der Außenpflege an "Convulsionen" (FdhP).
[126] Richard Löwenherz wurde vom Fdh von der Kinderwärterin Anna Deutschin zur Taufe in die Pfarrkirche der Alservorstadt gebracht, im Alter von zwei Tagen, laut Taufmatrik, *sub conditione* getauft (Pfarre Alservorstadt Taufmatrik 16/12/06), für das Kind war eine Taxe von 60 fl. erlegt worden. Ins FdhP wurde der Name der Mutter nicht eingetragen, jedoch mit "israelitischer Religion" auf ihre Herkunft verwiesen (FdhP).
[127] Katharina Löbenroser (GbhP), Katharina Löbenrosen (Taufmatrik AKH 62/02/13; FdhP). - Verlesungen von R und N waren nicht selten, siehe hiezu Exkurs C.
[128] Josef Löbenrosen starb im Fdh an Lebensschwäche (FdhP).
[129] Theresia Lewenstein war eine "angehende Hebamme", 30 Jahre alt, sie stammte aus Mähren, wohnte in Wien-Innere Stadt No 491. Das Kind wurde gleich nach seiner Geburt getauft und ist noch am selben Tag im Gbh gestorben (GbhP).
[130] Getauft, am selben Tag im Gbh gestorben (GbhP; Taufmatrik AKH 29/08/02).
[131] Aloisia Lövi - im GbhP als k<atholisch> eingetragen, in der Taufmatrik und im FdhP als jüdisch ausgewiesen (GbhP; Taufmatrik AKH 67/0228:

L

M: Name	M: Vorname	geb. ca.	Beruf	K: Name	K: Vorname	K: geb.	K: gest.	K: entl.	Qu GbhP	Qu FdhP	Qu EntlP
Lowy	Netti	1830/M	Magd	Lowy[132]	Anna	54/04/29	54/08/3		39/03661	1854/3150	
Lewi	Anna	1825/B	Magd	Lewi	Karl	46/01/3	47/04/9		31/01214	1846/0247	
Levi	Barbara	1802/B	Magd	*Rhode*[133]	Petronella	23/09/30	24/04/30		08/02094	1823/3475	
Lenig[134]	Berta		Magd	Lenig[135]	Anna	47/07/03	47/08/10			1847/4020	
Lewy	Franziska	1829/U	Hdarb	Lewy	Franziska	48/08/14	48/11/12		33/05517	1848/4589	
Löwi	Franziska	/M		Löwi[136]	Karolina	55/10/09	56/05/31			1855/6269	
Lövi	Fanni	1828/U	Hdarb	Löwi	Karl	63/09/25	64/05/18		48/07067	1863/7141	
Löwi[137]	Johanna	1839/U	Köchin	Löwi[138]	Johanna	67/04/12	67/06/18		52/02429	1867/2657	
Löwy[139]	Johanna	1830/U	Hdarb	unentbunden entlassen 54/12/18					40/00967		
Löwy	Johanna	1830/U	Hdarb	Löwy[140]	Franz	54/12/27	55/01/11		40/00973	1854/8514	

Gustav Lövi; FdhP).
[132] Anna Lowy (Taufmatrik AKH 54/04/29), Anna Löwy (GbhP, FdhP).
[133] **P.R.** (GbhP), Petronilla **Rhode** (FdhP), Petronilla **Rhodte** (Taufmatrik AKH 23/09/30). - Die zweite Initiale ist nur im Schriftvergleich als R zu erkennen: Sie erscheint als A-förmiges R, erinnert an ein Kurrent-SS, dessen zweites S auf der Zeile endigt, im mittleren Teil mit einem Querstrich durchstrichen. - Das Kind kam am 23/10/01 ins Fdh; am selben Tag wurde "wegen Unvermögenheit der Mutter" ein Mädchen mit dem Namen Petronilla Rhode aufgenommen, das aus dem Gbh ins Fdh gekommen war, "2 T<ag alt>". Der Name seiner Mutter wurde nicht angegeben, ebensowenig seine jüdische Herkunft, die jedoch mit "Israeliten Kind" als Anmerkung in der Taufmatrik des AKH festgehalten wurde. Die Aufnahme erfolgte hier im "jüdischen Formular": Die Namensrubrik der Mutter blieb leer, Taufpatin war die Anstaltshebamme Eleonora Maucher (Taufmatrik AKH 23/09/30). - Die Auflösung der Initialen konnte hier nur über den Datenkontext erfolgen, verknüpft durch Initialen und Transferdatum.
[134] Mit Sicherheit eine Verschreibung von Lewy: W wurde in N-I aufgelöst, Y als G interpretiert.
[135] Anna Lenig, in Ungarn <Ort unleserlich> geb. und getauft 47/07/03, kam drei Tage später nach Wien ins Fdh (FdhP).
[136] Karolina Löwi, geboren in Reindorf No 13, getauft am 55/10/12 in der Pfarre Reindorf, drei Tage später ins Fdh gebracht, als "Israelitenkind" mit dem Namen der Mutter ins FdhP eingetragen (FdhP).
[137] Bei Johanna Löwi wurden im GbhP keine weiteren Angaben zum Geburts- oder Aufenthaltsort gemacht; sie war krank, wurde nach der Entbindung ins AKH auf Zi. 31 verlegt (GbhP).
[138] Johanna Löwi wurde sogleich nach der Geburt getauft; kam "wegen Krankheit der Mutter" ins Fdh (FdhP).
[139] Johanna Löwy, geb. in Neustadtl in Ungarn, zugereist (GbhP).

L

M: Name	M: Vorname	geb. ca.	Beruf	K: Name	K: Vorname	K: geb.	K: gest.	K: entl.	Qu GbhP	Qu FdhP	Qu EntlP
Löwy[141]	Julia	1824/U	Magd	Löwy[142]	Eva	43/12/16	44/12/3		29/00754	1844/0376	
Löwy	Julia	1824/U	Magd	Löwy	Alois	46/04/25	46/05/14		31/03019	1846/2556	
Löwy	Juliana	1823/U	Magd	Löwy	Josef	49/10/25	52/09/14		34/07666	1849/6581	
Löwi[143]	Juliana	1832/M	Magd	Löwy	Sofia	52/11/26	54/09/1		37/07741	1852/7904	
Löwy|Lewy[144]	Karolina	1845/U	Hdarb	Löwy[145]	Simon	67/08/28				1867/5736	
Löwy	Katharina	1828/B	Magd	Löwy	Joh. Anton	47/12/5	48/02/12		33/00649	1847/7031	
Löwi[146]	Katharina	1836/B	Magd	Löwi	Heinrich	61/10/21	61/11/22		46/08088	1861/8125	
Löwi[147]	Maria	1824/M	Magd	*Edelstein*[148]	Mathäus	43/09/14	53/09/14	28/04991	1843/4128	53/10/10
Löwy	Maria	1825/M	Hdarb	Löwy[149]	Jacob	44/10/14	54/10/14	29/05062	1844/5128	54/10/14

---

[140] "Wegen Religion der Mutter" Fdh (GbhP, FdhP); im Fdh an Lebensschwäche gestorben (FdhP).
[141] Julia Löwy, geb. von Fel-Bar in Ungarn (GbhP: "Wölbar, Völbar"; GbhP: Tolvar, Wölban), Preßburger Komitat; 1843 wohnhaft in der Alservorstadt, 1846 in der Leopoldstadt und 1849 in Wien Innere Stadt (GbhP'e).
[142] "Wegen israelitischer Mutter" Fdh (FdhP).
[143] Juliana Löwi (GbhP), Juliana Löwy (FdhP; Taufmatrik AKH 52/11/27: Sofia Löwy), geb. in Ung.-Brod in Mähren, zugereist (GbhP).
[144] Karolina Löwy (GbhP, FdhP), Karolina Lewy (Taufmatrik AKH 67/08/28). - Im GbhP als "k<atholisch>" eingetragen, in der Taufmatrik und im FdhP als jüdisch ausgewiesen (GbhP; Taufmatrik AKH 67/08/28: Simon Lewy; FdhP).
[145] Simon Löwy könnte die Findelpflege überlebt haben: kein Sterbedatum im FdhP, Randnotiz in der Taufmatrik des AKH aus dem Jahr 1886 (Taufmatrik AKH 67/08/28).
[146] Aus Böhmen zugereist (GbhP).
[147] Maria Löwi (GbhP), Maria Löwy (FdhP) - geb. in Schaffa in Mähren, wohnhaft in Preßburg; 1843, 1844 und 1846 aus Preßburg zugereist (GbhP'e); gestorben am 46/02/12 (GbhP: Gbh; IKG Stb A 2391: im AKH, Typhus). - TBP 46/02/12: "Löwy Maria, Magd, israelitischer Religion, ledig, 22 Jahr alt, gebürtig von Schaffa in Mähren, zugereist, an Typhus."
[148] Mathäus Edelstein kam vom Fdh zu Theresia Wagner, die mit einem Zimmermann verheiratet war und in Eichhorns wohnte. Das Kind blieb bei ihr, wie man aus dem EntlP ersehen kann (FdhP, EntlP: Theresia Wagner, Zimmermannsweib, Eichhorns No 26 - NÖ, OMB). - Randnotizen in der Taufmatrik des AKH (Taufmatrik AKH 43/09/14).
[149] Jakob Löwy wurde von einer Kleinhäuslerin in Ellend bei Petronell auf ein Jahr übernommen, sodann kam das Kind zur Halblehnerin Franziska Mayer, die in das EntlP als Übernahmepartei eingetragen wurde - Vermerk: "PP" (Pflegepartei) (FdhP, EntlP: Mayer Franziska, Ausnehmerin in Ellend No

L

M: Name	M: Vorname	geb. ca.	Beruf	K: Name	K: Vorname	K: geb.	K: gest.	K: entl.	Qu GbhP	Qu FdhP	Qu EntlP
Löwy	Maria	1824/M	Hdarb	Löwy[150]	Wolf|Adolf	46/02/5	46/02/20		31/01410	1846/0824	
Löwy	Maria	1842/U	Köchin	Löwy	Jakob	62/04/20	62/05/10		47/03716	1862/2962	
Löwy[151]	Regina	1840/U	Köchin	Löwy	Karl	64/06/30	64/09/30		49/05577	1864/5267	
Lövi	Regina	1849/U	Magd	Lövi[152]	Gustav	68/05/6	68/07/16		53/02013	1868/3380	
Löwy[153]	Rosalia	1819/U	Magd	*Puella*[154]	Pia	42/06/30		52/06/30	27/04174	1842/3154	52/07/9
Löwy	Rosalia	1822/M	Magd	Löwy[155]	Josef	44/01/26		54/01/26	29/01384	1844/0430	54/02/16
Löwy[156]	Rosalia	1846/B	Köchin	Löwy	Rudolf	65/02/11	65/03/9		50/01043	1865/1261	
Löwy[157]	Susanna	1845/U	Magd	Löwy[158]	Karolina	66/02/20	66/02/21		51/01288	1866/1403	
Löwy[159]	Theresia	1833/M	Magd	Löwy[160]	Leopold	60/10/25	60/12/8		45/07103	1860/7418	

4. Bezirksgericht Hainburg - NÖ). - Randnotizen in der Taufmatrik des AKH (Taufmatrik AKH 44/10/15).
[150] **Wolf** Löwy (GbhP), **Adolf** Löwy (FdhP).
[151] Vom Gbh in eiue Abteilung des AKH gebracht (GbhP).
[152] Gustav Lövi, geboren im Mai 1868, nicht getauft, in das Geburtenbuch der IKG eingetragen, kam er mit seiner Mutter ins Fdh, sodann zu einem Fuhrmann, bei dem er nach zwei Monaten gestorben ist (FdhP, IKG Gb D 4581; CAHJP A/W 1809, Verzeichnis jüdischer Findelkinder von 1868).
[153] Rosalia Löwy, geb. von Eisenstadt, wohnhaft in Wien-Leopoldstadt; im FdhP als "kl" (katholisch, ledig) eingetragen - wohl ein Flüchtigkeitsfehler der Kanzlei, im GbhP und in der Taufmatrik als jüdisch ("mater infantis judaea") ausgewiesen (GbhP, FdhP; Taufmatrik AKH 42/06/30: Pia Puella).
[154] Pia Puella kam nach Kirchschlag zu einem Maurer namens Karner, in das EntlP wurde seine Frau Elisabeth als Pflegepartei eingetragen (FdhP, EntlP: Karner Elisabeth, Maurersweib in Kirchschlag No 47, Pfarre Kirchschlag, Vermerk: "PP" - Pflegepartei). - Randnotiz aus dem Jahr 1877 (77/02/05) in der Taufmatrik, welche auf die Ausstellung eines Taufscheines schließen läßt.
[155] Josef Löwy wurde in Wien-Wieden bei einem Schuster untergebracht, Maria Pichler - seine Frau - wurde in das EntlP als Übernahmepartei mit dem Vermerk "PP" (Pflegepartei) eingetragen (FdhP, EntlP: Maria Pichler, Schuhmachersweib, <Wien>-Wieden No 644).
[156] Rosalia Löwy, von Kalladey in Böhmen geb., Budweiser Kreis, bei Moldauthein. - V: Israel Löwy, M: Saly, geb. Allina, wohnhaft Weißgärber No 26. - Am 69/04/04 wurde ein anderes Kind von ihr unter dem Namen Josef Löwy in das Geburtenbuch der IKG aufgenommen, der Name "Löwy" wurde später gestrichen und mit "Pless" überschrieben, als Vater wurde der Spengler Leopold Pless eingetragen (IKG Gb D 5758). Rosa Löwy hat am 70/01/26 in St. Pölten den Vater dieses Kindes geheiratet (IKG Tb St. Pölten 15), das Kind wurde legitimiert (IKG Gb D 5758).
[157] Aus Ungarn zugereist; war krank, nach der Entbindung ins AKH auf Zi. 63 verlegt (GbhP).
[158] Karolina Löwy kam "wegen Blattern der Mutter" ins Fdh und von dort ins St. Anna Kinderspital, wo sie noch am selben Tag an Lebensschwäche gestorben ist (FdhP).

L

M: Name	M: Vorname	geb. ca.	Beruf	K: Name	K: Vorname	K: geb.	K: gest.	K: entl.	Qu GbhP	Qu FdhP	Qu EntlP
Löwi	Wali Fr.	1822/M	Magd	Löwi	Karl	46/07/17	48/11/1		31/05058	1846/4176	
LÖWINGER (LÖVINGER, LEWINGER, LEBINGER, LABINGER, LAIBINGER)											
Löwinger	Katharina	1838/U	Magd	Löwinger	Adolf	61/08/14	61/09/2		46/05980	1861/6540	
Löwinger	Magdalena	1840/U	Magd	Löwinger	Juliana	65/12/14			50/07199	1865/9254	
Lebinger[161]	Magdalena	1839/U	Magd	Lebinger[162]	Josef	66/01/13	66/02/1		50/07964	1866/0530	
Labinger[163]	Magdalena	1839/U	Magd	Lebinger[164]	Josef	66/12/09			51/6715		
Lewinger	Regina	1844/U	Magd	Löwinger	Johanna	62/10/16			47/07662	1862/7216	
Lövinger	Rosalia	1844/U	Magd	Lövinger	Maria	67/06/22	67/07/19		52/03328	1867/4332	
Löwinger	Rosalia	1846/U	Magd	Löwinger[165]	Simon	68/05/18	68/02/8		53/02189	1868/3143	
Laibinger[166]	Theresia		Magd	Laibinger[167]	Erasmus	10/06/02	10/06/12			1810/1206	

---

[159] Theresia Löwy, in Groß Meseritsch in Mähren geb. und wohnhaft, zugereist (GbhP).
[160] Im Fdh an Tabes (Schwindsucht, Auszehrung) gestorben (FdhP).
[161] Magdalena Labinger ist mit Magdalena Lebinger ident, geb. und wohnhaft in Frauenkirchen No 55; im November 1865 und im Oktober 1866 vom Geburtsort zugereist (GbhP'e).
[162] Im Fdh im Alter von 19 Tagen an Darmkatarrh gestorben (FdhP).
[163] Magdalena Labinger (GbhP), Magdalena Lebinger (IKG Gb D 2932: Josef Lebinger), V: Meir Lebinger, Hausierer aus Neusiedel am See (IKG Gb D 2932: Josef Lebinger).
[164] o.A. (GbhP), **Josef** Lebinger (IKG Gb D 2932). - Das Kind, ein Bub, wurde nicht getauft, daher wurde kein Name eingetragen, die Mutter wurde mit dem Kind am 66/12/17 aus dem Gbh entlassen (GbhP); das Kind wurde am 66/12/19 beschnitten und in das Geburtenbuch der IKG eingetragen (IKG Gb D 2932).
[165] Simon Löwinger, geboren im Mai 1868, nicht getauft, in das Geburtenbuch der IKG eingetragen. Zusammen mit seiner Mutter kam er ins Fdh, ist dort zwei Monate lang geblieben, kam dann zu einer Pflegepartei, wo er nach einem halben Jahr gestorben ist (FdhP; CAHJP A/W 1809, Verzeichnis jüdischer Findelkinder von 1868, ohne Vornamen).
[166] Theresia Laibinger, geb. und wohnhaft in Frauenkirchen in Ungarn, zugereist; sie war verheiratet, "eine Jüdin und Dienstmagd" (Pfarre St. Stefan Taufmatrik 10/06/02: Erasmus Laibinger).
[167] Erasmus Laibinger, geboren in Wien Innere Stadt No 560, getauft am 10/06/02 in der Pfarre St. Stefan, erhielt seinen Namen nach dem Namenspatron seines Tauftages: Erasmus, Bischof von Antiochia. Taufpatin war die Hebamme Rosina Bauer (Pfarre St. Stefan Taufmatrik 10/06/02). Das Kind wurde

M: Name	M: Vorname	geb. ca.	Beruf	K: Name	K: Vorname	K: geb.	K: gest.	K: entl.	Qu GbhP	Qu FdhP	Qu EntlP
Löwinger[168]	Resi	1844/U	Magd	Löwinger[169]	Heinrich	64/09/10	64/10/16		49/06986	1864/7177	
Löwidt[170]	Henriette	1831/B	Magd	Löwidt	Heinrich	60/07/4	60/07/20		45/05036	1860/4791	
Löwith	Henriette	1831/B	Magd	Löwith	Leopold	63/12/23	64/12/15		48/08285	1863/9390	
LÖWL (LÖBL, LÖBEL, LEBL(IN), LEBEL)											
Löbl	Cäcilia	1849/U	Hdarb	Löbl[171]	Josef	66/12/10	66/12/27		51/08371	1866/8765	
Löbl[172]	Charlotte	1818/U	Magd	unentbunden entlassen 38/09/18					23/03455		
Löbel	Charlotte	1813/U	Magd	*Auberg*[173]	Andreas	39/02/2		40/01/25	24/00056	1839/0623	

sogleich nach der Taufe ins Fdh gebracht, mit dem Meldzettel der Pfarre (Armutszeugnis) gegen eine Aufnahmstaxe von 20 fl. ins Fdh aufgenommen. Die jüdische Herkunft des Kindes wird im FdhP nicht erwähnt, der Name der Mutter wurde jedoch eingetragen; das Kind ist im Fdh an der "Fraiß" gestorben (FdhP).
[168] Nach der Entbindung ins AKH auf Zi. 63 gebracht (GbhP).
[169] Heinrich Löwinger kam wegen "Blattern" der Mutter ins Fdh, von wo er sogleich ins St. Anna Kinderspital gebracht wurde. Die Mutter wurde nach dem Wochenbett im Gbh auf eine andere Abteilung des AKH "transferirt" (GbhP, FdhP).
[170] Henriette Löwith ist mit Henriette Löwidt ident, gleich alt, geb. von Brennporitschen in Böhmen, Prachiner Kreis; 1860 aus Pest No 29, 1863 vom Geburtsort zugereist (GbhP).
[171] Josef Löbl kam "wegen Krankheit der Mutter", einer 17jährigen Handarbeiterin aus Preßburg, ins Fdh und ist dort an Lebensschwäche gestorben (FdhP).
[172] Charlotte Löb(e)l ist mit Charlotte Lebl ident, geb. von Stampfen in Ungarn, Preßburger Komitat; 1838 aus Stampfen nach Wien zugereist, sodann wohnhaft in Wien-Leopoldstadt, 1841 in Wien Innere Stadt No 215 (GbhP'e).
[173] A.A. (GbhP), Andreas Auberg (FdhP). - Die Doppelinitialen sind ohne Schriftvergleich kaum als A zu interpretieren, einer L-Versalie ähnlich, die links mit einer Schlaufe ansetzt. - Von diesem Initialenkind ist nur das Transferdatum und das Geschlecht eindeutig - "K" steht für Knabe. Es war demnach nach einem männlichen Kind zu suchen, das am Transferdatum ins Fdh gekommen ist und dessen Vor- und Zuname dieselben Anfangsbuchstaben aufweisen: Am 39/02/11 wurde auch tatsächlich ein solches Kind unter dem Namen Andreas Auberg als "Israelitenkind" ins FdhP eingetragen, zusammen mit dem Namen der Mutter des Initialenkindes, Charlotte Löb(e)l. - In der Taufmatrik wurde die jüdische Herkunft des Kindes mit dem Vermerk "Mater infantis judaea" festgehalten, Taufpate war der Kirchendiener Andreas Lorsch, die Namensrubrik der Mutter ließ man unausgefüllt. - Die Initialen sind im im Schriftvergleich und im Kontext demnach als A zu interpretieren und dem Findelkind Andreas Auberg zuzuordnen (GbhP, FdhP; Taufmatrik AKH 39/02/03).

L

M: Name	M: Vorname	geb. ca.	Beruf	K: Name	K: Vorname	K: geb.	K: gest.	K: entl.	Qu GbhP	Qu FdhP	Qu EntlP
Lebl	Charlotte	1811/U	Magd	*Gut*	Josef	41/11/4	41/11/29		26/05241	1841/4772	
Löbl[174]	Franziska	1813/U	Magd	totgeboren 34/12/2					19/03707		
Löbl	Franziska	1814/U	Magd	unentbunden entlassen 41/05/30					26/03186		
Lebel	Johanna	1806/U	Magd	*Montag*[175]	Josefa	26/08/24	26/09/9		11/01534	1826/3018	
Löbl[176]	Josefa	1806/U	Tochter	*Tabor*	Ludwig	28/07/6	28/08/2		13/01345	1828/2658	
Löbl[177]	Karolina Fr.	1810/U	Hdarb	*Bobies*[178]	Johann	32/09/27	32/10/24		17/02271	1832/2861	
Löbl[179]	Karolina	1811/U	Magd	totgeboren 37/02/3					22/00556		
Löbl[180]	Maria	1809/U	Magd	*Staub*	Adam	29/06/17	30/08/4		14/01202	1829/2281	
Löbl[181]	Mindl	1800/U	Köchin	*Friedenthal*	Eleonora	28/02/17	28/05/19		13/00102	1828/0710	
Löwl[182]	Regina	1819/U	Magd	*Junker*	Johann	41/03/10	41/04/2		26/01933	1841/1276	
Löwl	Regina	1821/U	Magd	Löwl	Moritz	45/12/13	46/01/24		31/00649	1845/6417	
Löbl[183]	Regina	1823/U	Magd	Löbl[184]	Ignaz	47/10/7	47/10/22		32/05666	1847/5966	
Leblin	Theresia			*Würzlerin*[185]	Anna M.	1784/01	1786/11			1784/0306	

---

[174] Franziska Löbl, geb. in Stampfen; 1834 aus Preßburg zugereist, 1841 wohnhaft in Wien Innere Stadt, ohne Angaber der Konskriptionsnummer (GbhP'e).
[175] Josefa Montag war ein Fremdnamenkind, sie wurde an einem Montag getauft und erhielt von diesem Wochentag ihren Namen (Taufmatrik AKH 26/08/28).
[176] Traiteurstochter, 22 Jahre alt, aus Eisenstadt in Ungarn, wohnhaft in Wien, Tiefer Graben No 219 (GbhP).
[177] Karolina **Franziska** Löbl (GbhP), Karolina Löbl (FdhP), geb. in Preßburg, wohnhaft in Wien Innere Stadt No 60 (GbhP).
[178] Im Fdh gestorben (FdhP).
[179] Aus Preßburg zugereist (GbhP).
[180] Maria Löbl, von Galacz in Ungarn geb., aus Ödenburg zugereist (GbhP).
[181] Mindl Löbl, in Preßburg geb. und wohnhaft ("Beim grünen Jäger"), zugereist (GbhP).
[182] Regina Löwl, geb. von Müllendorf in Ungarn, Preßburger Komitat, aus Szerdahely zugereist (GbhP), ins FdhP als "kl" (katholisch, ledig) eingetragen, in der Taufmatrik als jüdisch ("mater infantis judaea") ausgewiesen (FdhP; Taufmatrik AKH 45/12/13: Moritz Löwl).
[183] Regina Löbl, in Vajka, Preßburger Komitat geb., zugereist (GbhP).
[184] "Wegen israelitischer Religion der Mutter" Fdh (GbhP).

L

M: Name	M: Vorname	geb. ca.	Beruf	K: Name	K: Vorname	K: geb.	K: gest.	K: entl.	Qu GbhP	Qu FdhP	Qu EntlP
Löbl-Sinek[186]	Theresia		Köchin	Sinek-Löbl[187]	Ignaz	34/09/09				1835/1187	
Löff Katharina, vide Löb											
Löffler[188]	Anna	1843/U		<...>[189]		64/07/8			49/06204		
Löffler	Franziska	1844/U	Hdarb	Löffler	Helene	64/01/16	66/09/24		49/01293	1864/0612	
Löffler	Katharina			Löffler[190]	Maria	34/10/25	34/11/10			1834/3665	
Löffler[191]	Katharina	1826/M	Magd	unentbunden entlassen 48/12/12					34/00681		
Löffler	Katharina	1826/M	Magd	unentbunden entlassen 48/12/15					34/00893		
Löffler[192]	Katharina	1827/M	Magd	Löffler[193]	Anton	51/02/5	51/02/25		36/02137	1851/0983	

---

[185] Anna Maria Würzlerin (FdhP), Anna Maria Wirzlerin (Pfarre Mariä Geburt Taufmatrik 1784/03/19), geboren in der Leopoldstadt No 418, V: "Oppenheimer, ein Jud von hier", M: "Theresia Leblin, eine Jüdin, von Nikolsburg gebürtig, beede ledig." Getauft im Alter von neun Wochen im Waisenhaus am Rennweg (Pfarre Mariä Geburt), kam am 1784/03/19 ins Fdh, sodann zu einer Tagwerkerin in Wien-Margarethen "an die Brust" (FdhP). Den Namen bekam das Kind von ihrer Taufpatin Anna Wurzin, in der Taufmatrik wurde in der Rubrik der Eltern ein Null-Zeichen gesetzt, die jüdische Herkunft des Kindes ist nur im FdhP ausgewiesen (FdhP, Pfarre Mariä Geburt Taufmatrik 1784/03/19), gest. am 1786/11/29..
[186] Theresia Löbl Sinek, Tochter des Jakob Sinek, Handelsmann und der Eva, geb. Feigl (Pfarre St. Stefan Taufmatrik 35/03/21).
[187] Ignaz Löbl Sinek, geb. am 34/09/09, getauft am 35/03/21 in der Pfarre St. Stefan, wurde eine Woche später mit Taufschein und Arbmutzeugnis gegen eine Aufnahmstaxe von 20 fl. ins Fdh aufgenommen. Das Einverständnis der Mutter wurde protokollarisch in der Taufmatrik festgehalten. Von diesem Kind wurde kein Sterbedatum nachgetragen, es könnte daher bei seiner Pflegemutter überlebt haben (FdhP: Anna Lackner, Kleinhäuslerin in Wolfshoferamt 74, Pfarre Gföhl - NÖ, OMB).
[188] Anna Löffler war Kellnerin, sie stammte aus dem Bezirk Neutra, war zugereist (GbhP). Ihr Kind wurde nicht getauft. Mutter und Kind wurden nach einer Woche aus dem Gbh entlassen (GbhP).
[189] o.A. (GbhP). Dieses Kind, ein Mädchen, wurde nicht getauft (GbhP).
[190] Maria Löffler, geboren in Wien Innere Stadt No 849, am folgenden Tag in der Pfarre St. Stefan getauft, zwei Tage später ins Fdh gebracht, mit Taufschein und Armutszeugnis gratis aufgenommen, ins FdhP als "Israelitenkind" mit dem Namen der Mutter eingetragen (FdhP).
[191] Katharina Löffler, geb. von Groß Meseritsch in Mähren; 1848 wohnhaft in Wien-Leopoldstadt, 1851 in Mariahilf No 58 (GbhP'e); V: Albert Löffler, Handelsmann in Groß Meseritsch in Mähren; M: Rosalia Löffler; konvertierte in der Pfarre St. Laurenz am Schottenfeld, erhielt bei der Taufe die Namen Katharina **Franziska**, Taufpatin war die Köchin Franziska Handl (Pfarre St. Laurenz Konvertiten II 52/04/07).
[192] Katharina Löffler erhielt "Mit D<irektions> Bewilligung" einen Empfangsschein für ihr Kind, das "wegen Krankheit der Mutter" ins Fdh gekommen

M: Name	M: Vorname	geb. ca.	Beruf	K: Name	K: Vorname	K: geb.	K: gest.	K: entl.	Qu GbhP	Qu FdhP	Qu EntlP
Löhner	Franziska	1838/U	Magd	Löhner[194]	Amalia	57/06/25	57/09/9		42/05588	1857/4965	
Lohner Lora, vide Lehner											
Löhner[195]	Maria	1841/U	Magd	Löhner	Maria	65/12/6	66/05/8		50/08048	1865/9022	
Lott[196]	Johanna	1826/M	Magd	Lott[197]	Rosalia	49/05/13	49/09/26		34/04500	1849/3456	
Loth	Theresia	1836/M	Magd	Loth	Anton	61/03/20	61/04/10		46/03456	1861/2522	
Ludwick	Kunigunde	1792/Dt	Magd	Ludwick[198]	Anna	25/05/14			10/01095		
Lustig|Ziegler[199]	Amalia	1831/M	Hdarb	Lustig[200]	Franz Leop.	53/01/7		63/09/14	38/00600	1853/0334	63/09/14

war; sie selbst wurde nach dem Wochenbett aus dem Gbh entlassen (GbhP).
[193] Anton Löffler kam "wegen Krankheit der Mutter" ins Fdh; bei seinen Pflegeeltern in Kirchberg im Bezirk Neunkirchen an Fraisen gestorben (FdhP).
[194] Gassengeburt - Amalia Löhner wurde drei Tage nach ihrer Geburt ins Gbh gebracht, wegen "Krankheit der Mutter" getauft und kam sodann ins Fdh (GbhP, FdhP). Einen Monat nach der Geburt des Kindes wurde ihre Mutter zum Ammendienst ins Fdh gebracht, Amalia Löhner war zu dieser Zeit bereits an eine Pflegepartei abgegeben worden (FdhP).
[195] Maria Löhner, geb. in Gairing, wohnhaft in Spitz bei Wien, zugereist (GbhP).
[196] Johanna Lott, geb. von Buchlowitz in Mähren, Hradischer Kreis (GbhP: "islt" (israelitisch) <dreimal unterstrichen>, FdhP).
[197] **o.A.** (GbhP: herzförmige Null, durchgestrichen), **Rosalia** Lott (FdhP). - Rosalia Lott zählte zu den wenigen "1848er Kindern", die ins Fdh kamen und nicht getauft wurden; wurde zusammen mit ihrer Mutter ins Fdh gebracht, kam nach drei Tagen vorerst auf einen Pflegeplatz in Wien-Margareten, sodann nach Hernals zu einem Zeugmacher; ist im im Alter von vier Monaten an Fraisen gestorben (FdhP).
[198] Anna Lud**wick** (GbhP), Anna Ludwig (Taufmatrik AKH 25/05/14) - kam am 25/05/25 ins Fdh. Für dieses Jahr sind keine FdhP'e erhalten. - Das Kind könnte die Findelpflege überlebt haben: Randnotiz aus dem Jahr 1857 in der Taufmatrik des AKH (Taufmatrik AKH 25/05/14).
[199] Amalia **Lustig** (GbhP), Amalia **Ziegler** (IKG Tb B 11). - Amalia Ziegler (IKG Tb B 11) nach den Namen ihrer Mutter, bzw. Amalia Lustig (GbhP, FdhP) nach dem Namen ihres Vaters; geb. von Kromau (GbhP, IKG Tb B 11), bzw. am 32/03/20 in Eibenschütz in Mähren geb. (KA: Jakob Schwarzbartl), V: David Lustig, M: Theresia Ziegler (IKG Tb B 11). - Im FdhP als "kl" (katholisch, ledig) eingetragen - wohl ein Versehen der Kanzlei, im GbhP und in der Taufmatrik des AKH als jüdisch ausgewiesen (GbhP, FdhP; Taufmatrik AKH 53/01/08: Franz Lustig). - Heiratete am 57/07/07 den Vater ihrer Kinder, Jakob Schwarzbartl aus Nikolsburg, Zugsbegleiter bei der Nordbahn, später Pfründner (IKG Tb Stadt B 11, KA: Jakob Schwarzbartl). Franz Lustig war das zweitgeborene ihrer zehn Kinder und das einzige, das im Gbh zur Welt kam: David (1850) war der Erstgeborene, dann kamen noch Maria (1856), Betty (1858), noch eine Betty (1860), Josef (1862), Jeannette (1865), Rosalia (1868), Aloisia (geb. 70/03/20) und noch eine Rosalia (geb. 76/05/09) (KA: Jakob Schwarzbartl). Aloisia Schwarzbartl, eine Deckennäherin, hat nach einem Stempel im Geburtenbuch der IKG noch den Anschluß in Wien erlebt: "Annahme des Zusatznamens Sara Israel angezeigt" (IKG Gb D 7145). - Amalia Lustig/Ziegler war im GbhP als Handarbeiterin eingetragen, später

L

M: Name	M: Vorname	geb. ca.	Beruf	K: Name	K: Vorname	K: geb.	K: gest.	K: entl.	Qu GbhP	Qu FdhP	Qu EntlP
Lustig	Amalia	1849/U		Lustig[201]	Pauline	68/06/5	68/07/9		53/03546	1868/3955	
Lustig	Netti	1839/U	Magd	Lustig[202]	Franz	59/08/25	59/09/28		44/06173	1859/6674	
Lustig	Anna	1837/B	Magd	Lustig	Berta	69/01/9			54/06741	1868/2352	
Lustig	Barbara		Tochter	Lustig[203]	Pauline	10/06/20	10/07/04			1810/1373	
Lustig[204]	Barbara	1836/B	Arb	Lustig[205]	Josef	59/11/21		67/10/19	45/00494	1859/8977	67/10/21
Lustig	Barbara	1837/B	Magd	Lustig[206]	Johann	60/11/3			46/00102	1860/7682	

übte sie den Beruf einer Hebamme aus (KA: Jakob Schwarzbartl).
[200] Franz **Lustig** (FdhP), Franz **Leopold Levi Schwarzbartl** (IKG ProsP 1868-1903:51 69/03/14). - Franz Lustig wurde am Tag nach seiner Geburt im Gbh getauft, war bei einigen Pflegeparteien, oft auch krank und wurde 1863 dem Wr. Magistrat zur weiteren Versorgung übergeben (FdhP, EntlP). Er machte eine Drechslerlehre, im Juli 1868 meldete er seinen Austritt aus der katholischen Kirche beim Wr. Magistrat an und trat zum Judentum über. Er wurde von seinem Vater legitimiert (GbhP, FdhP, IKG ProsP 1868-1903: 51). - Randnotizen in der Taufmatrik des AKH aus den Jahren 69/02/15, 69/12/15, 1903/04/20 und 1940, z.T. verschmiert.
[201] Pauline Lustig, geboren im Juni 1868, kam mit ihrer Mutter ungetauft ins Fdh, blieb dort eine Woche, wurde dann einer ungarischen Bäuerin übergeben, bei welcher sie nach drei Wochen an Zellgewebsentzündung gestorben ist (FdhP; CAHJP A/W 1809, Verzeichnis jüdischer Findelkinder von 1868).
[202] "Wegen Krankheit der Mutter" Fdh (FdhP).
[203] Paulina Lustig, geboren am 10/06/20 bei der Hebamme Barbara Herzog, eheliche Tochter von "Joachim Lustig, eines Handelsjuden und der Katharina, dessen Gattin <...> beyde jüdischer Religion". Zwei Tage später in der Pfarre Schotten getauft, Taufpatin war die Hebamme. Das Einverständnis der Mutter zur Taufe wurde in der Taufmatrik festgehalten, beglaubigt von einem Schneidermeister (Pfarre St. Stefan Taufmatrik 10/06/22). Am selben Tag wurde das Kind ins Fdh gebracht, mit dem Meldzettel (Armutszeugnis) der Pfarre gegen eine Aufnahmstaxe von 20 fl. ins Fdh aufgenommen. Iris FdhP wurde weder der Name der Mutter eingetragen, noch die jüdische Herkunft des Kindes festgehalten; gestorben im Fdh an Schwäche (FdhP).
[204] Barbara Lustig, geb. von Temnitz bei Kamenitz an der Linde in Böhmen, Taborer Kreis; wohnhaft in Wien-Landstraße. - Barbara Lustig war die Tochter eines Schneidermeisters namens Leopold Lustig; sie heiratete 1870 in der Pfarre Erdberg nach vorangegangener Taufe, bei welcher sie den Namen **Elisabeth** erhalten hatte, den Vater ihres Kindes, den Arsenalarbeiter Johann Schubert, der sich vor Zeugen 1878 als Vater seines unehelichen Kindes Josef Lustig in die Taufmatrik eintragen ließ (Taufmatrik AKH 59/11/22: Josef Lustig, Anmerkung).
[205] Josef Lustig kam mit seiner Mutter ins Fdh und von dort wurde er bereits am zweiten Tag nach Ungarn gebracht, wo er vorerst zu einem Bauern kam, dann - im Alter von sieben Jahren - zu einer Kleinhäuslerin in Pernek. Im folgenden Jahr wurde er "gegen Revers" am 67/10/19 von der Handarbeiterin Anna Lustig, wohnhaft in Wien 3, aus der Findelpflege gelöst - vielleicht von einer Verwandten der Mutter, was jedoch aus der Eintragung im EntlP nicht hervorgeht (FdhP, EntlP: Lustig Anna, Handarbeiterin, <Wien> 3. Bezirk, Paulusgasse 5).

L

M: Name	M: Vorname	geb. ca.	Beruf	K: Name	K: Vorname	K: geb.	K: gest.	K: entl.	Qu GbhP	Qu FdhP	Qu EntlP
Lustig	Barbara	1837/B	Hdarb	Lustig	Anton	61/11/2	62/03/19		47/00048	1861/8391	
Lustig	Barbara	1839/B	Hdarb	Lustig	Alois	63/01/19	63/05/6		48/01925	1863/0700	
Lustig	Fanni	1822/U	Magd	unentbunden entlassen 39/10/16					24/03810		
Lustig[207]	Franziska	1822/U	Magd	Artig[208]	Anna	39/10/31	40/02/27		24/04682	1839/4445	
Lustig[209]	Katharina	1844/U	Magd	Lustig[210]	Franz	63/02/8	63/03/1		48/01625	1863/1083	
Lustig	Katharina	1847/U	Magd	Lustig[211]	Bernhard	68/03/24	68/06/8		53/02008	1868/2352	
Lustig[212]	Maria	1819/B	Magd	Lustig[213]	Johann B.	45/06/28		49/04/16	30/04476	1845/3525	
Lustig	Maria	1819/B	Tagl	Lustig	Johann	45/08/12	45/09/13		30/05247	1845/4222	
Lustig	Rosalia	1804/M	Magd	Ernst[214]	Johann	24/01/19	24/05/6		09/00133	1824/0240	

---

[206] Gassengeburt - Johann Lustig wurde zwei Tage nach seiner Geburt mit seiner Mutter ins Gbh gebracht, getauft; kam dann ins Fdh (GbhP).
[207] Franziska Lustig, in Milchdorf in Ungarn geb., in Preßburg wohnhaft, zugereist (GbhP); nach dem Wochenbett aus dem Gbh entlassen (GbhP).
[208] Anna Artig kam "wegen Krankheit der Mutter" ins Fdh (FdhP). - Taufmatrik AKH 39/10/31: "Mater infantis Judaea".
[209] Katharina Lustig, geb. von Milchdorf in Ungarn, Preßburger Komitat; wohnhaft in Wien-Leopoldstadt, Ankergasse No 17 (GbhP).
[210] "Wegen Krankheit der Mutter" Fdh, im Alter von drei Wochen an Lebensschwäche gestorben; seine Mutter wurde zwei Wochen später zum Ammendienst ins Fdh gebracht (FdhP).
[211] Bernhard Lustig, kam als "68er Kind" mit seiner Mutter ungetauft ins Fdh, nach einer Woche an Anämie gestorben. Er wurde in das Geburtenbuch der IKG eingetragen; befindet sich nicht auf der IKG-Liste jüdischer Findelkinder (FdhP, IKG Gb D 4439; CAHJP A/W 1809, Verzeichnis jüdischer Findelkinder von 1868).
[212] Maria Lustig hat nach vorangegangener Taufe am 51/07/30 den Buchbinder Johann Swoboda in der Pfarre St. Leopold geheiratet, der auch Taufpate des Kindes war (Taufmatrik AKH 44/06/28: Johann Lustig, Taufpate: Johann Swoboda, Buchbinder, Mariahilf No 74). - Johann Swoboda stammte aus Nachod in Böhmen, war der Sohn eines Mühlenpächters. Der Vater von Maria Lustig, Isaak Lustig, war Fleischhauer.
[213] Johann Baptist Lustig (FdhP: "Israelitenkind"). Mit knapp vier Jahren wurde er "gegen Revers" aus der Findelhausbetreuung gelöst. Über die näheren Umstände erfahren wir aus dem FdhP nichts, die EntlP'e der 1840er Jahre sind in Verlust geraten. Aus der Taufmatrik des AKH geht hervor, daß seine Eltern 1851 geheiratet haben und er von seinem Vater 1857 legitimiert wurde (Taufmatrik AKH 44/06/28: Johann Lustig). - Randnotizen in der Taufmatrik des AKH (Taufmatrik AKH 45/06/28).
[214] J.E. (GbhP), Johann Ernst (FdhP). - "J.E." kam am 24/01/20 ins Fdh - am gleichen Tag wurde "wegen Unvermögenheit der Mutter" ein drei Tage altes Kind unter dem Namen "Johann Ernst" ins FdhP aufgenommen, der Name der Mutter wurde nicht eingetragen, ebensowenig wurde die jüdische

M: Name	M: Vorname	geb. ca.	Beruf	K: Name	K: Vorname	K: geb.	K: gest.	K: entl.	Qu GbhP	Qu FdhP	Qu EntlP
Lustig[215]	Rosalia	/M		Lustig[216]	Theresia	30/10/12	30/10/23			1830/2040	
Lustig	Rosalia	1830/U	Hdarb	Lustig[217]	Karl	55/09/11	55/10/6		40/06251	1855/5622	
Lustig	Rosalia	1839/U	Hdarb	Lustig	August	59/09/30	59/10/24		44/08286	1859/7704	
Lux[218]	Barbara	1826/B	Magd	Lux[219]	Katharina	57/11/27	58/01/02			1857/8396	

Herkunft dieses Kindes erwähnt, die jedoch in der Taufmatrik als Anmerkung (M: "Israelita") festgehalten wurde. Somit ist das Initialenkind im Datenkontext mit Sicherheit mit dem Findelkind Johann Ernst ident (GbhP, FdhP; Taufmatrik AKH 24/01/19).

[215] Rosalia Lustig, "von Trisch in Mähren gebürtig" (Pfarre Alservorstadt Taufmatrik 30/10/17).

[216] Theresia Lustig, geboren am 30/10/12 "auf der Landstraß No 302", wurde nach fünf Tagen von Eva Ellenbogen, Oberwärterin im k.k. Findelhause, zur Taufe in die Pfarrkirche Alservorstadt gebracht und getauft. Die Oberwärterin wurde als Taufpatin in das Taufprotokoll eingetragen. Ins FdhP wurde die Mutter namentlich und als "Israelitinn", <unterstrichen> eingetragen (FdhP). Sie hatte, einer polizeilichen Note zufolge, ihre Einwilligung zur Taufe gegeben (Pfarre Alservorstadt Taufmatrik 30/10/17) - es ist zu vermuten, daß sie verhaftet wurde und das Kind irgendwo untergebracht werden mußte.

[217] Karl Lustig war eine "Gassengeburt", wurde einen Tag nach seiner Geburt mit seiner Mutter ins Gbh gebracht, dort getauft und kam dann "wegen Religion der Mutter" ins Fdh (GbhP, FdhP); im Fdh an Diarrhöe gestorben (FdhP).

[218] Barbara Lux, aus Dubno in Böhmen, wurde ursprünglich in das FdhP als "k<atholisch>" eingetragen, der Irrtum wurde bemerkt, "k" gestrichen und mit "israelitischer Religion" ersetzt (FdhP).

[219] Katharina Lux, geb. und getauft im Militär-Gebärhaus, kam "wegen Religion der Mutter" am folgenden Tag ins Fdh, ist im Fdh an Lebensschwäche gestorben (FdhP).

L

M: Name	M: Vorname	geb. ca.	Beruf	K: Name	K: Vorname	K: geb.	K: gest.	K: entl.	Qu GbhP	Qu FdhP	Qu EntlP
Maasz, vide Mass											
Mach[1]	Maria	1828/U	Magd	Mach[2]	Johann	47/07/11		57/07/11	32/05158	1847/4195	57/07/14
Mach	Maria	1830/U	Magd	Mach[3]	Franz	50/05/10	50/05/31		35/04037	1850/3027	
Magner[4]	Maria|Mini	1826/U	Magd	Magner	Ernst	53/05/13	53/06/10		38/04210	1853/3395	
Magner	Mini	1823/B	Magd	*Berger*	Anna	42/09/20	42/12/22		27/05547	1842/4396	
Magnet[5]	Anna	1825/U	Magd	Magnet[6]	Karl	45/04/30	45/05/01		30/03382		
Mahrer[7]	Josefa	1837/U	Hdarb	unentbunden entlassen 54/01/26					39/01325		
MAYER (MAYERIN, MAIER, MAJER, MEYER, MEIER)											
Mayerin[8]	Anna			*Rasch*[9]	Josephus	1798/01	1798/01			1798/0015	
Mayer	Cäcilia	1798/NÖ	Hdarb	Mayer	Anna	17/06/12	17/07/13		02/01358	1817/1903	
Mayer[10]	Eva	1806/M	Magd	*Riedl*	Ignaz	33/09/04	33/10/04		18/03252	1833/3013	
Mayer[11]	Fanni	1831/U	Witwe	<...>[12]		54/05/10			39/04583		

---

[1] Maria Mach, geb. von Preßburg; 1847 wohnhaft in Wien-Leopoldstadt No 42, 1850 in Wien-Sechshaus (GbhP'e).
[2] Johann Mach kam vom Fdh zu einer Taglöhnerin nach Inzersdorf am Wiener Berg, welche auch in das EntlP als Übernahmepartei eingetragen wurde (FdhP, EntlP: Mört Susanne, Inzersdorf a<m> W<iener> B<erg> No 190).
[3] "Wegen Religion der Mutter" Fdh (FdhP).
[4] **Maria** Magner (GbhP), **Mini** Magner (FdhP).
[5] Anna Magnet, aus Szenicz in Ungarn, Neutraer Komitat; V: Salomon Magnet, Branntweinbrenner; M: Maria Magnet; konvertierte am 46/05/28 in der Pfarre St. Laurenz am Schottenfeld, erhielt bei der Taufe die Namen **Theresia** Anna (Pfarre St. Laurenz Konvertiten I 46/05/28).
[6] Getauft, am folgenden Tag im Gbh gestorben (GbhP; Taufmatrik AKH 45/04/30).
[7] Josefa Mahrer, aus dem Trentschiner Komitat, zugereist (GbhP).
[8] Anna Mayerin (Taufmatrik AKH 1798/01/02: Josef Rasch). - Im FdhP wird weder die Mutter noch die jüdische Herkunft des Kindes erwähnt.
[9] Josef Rasch, geb. am 1798/01/01, gestorben am 1798/01/19 im Fdh "an der Fraiß".
[10] Eva Mayer, gestorben am 33/09/13 (GbhP: im Gbh).
[11] Fanni Mayer wurde als "Candidatin" in das GbhP aufgenommen, sie könnte sich auf den Hebammenberuf vorbereitet haben. Dieses Kind kam nicht ins Fdh, es wurde nicht getauft, die Mutter hat mit dem Kind die Anstalt nach neun Tagen verlassen. Sie stammte aus Neustadtl in Ungarn und wohnte Wien Stadt No 917 (Weihburggasse No 18).

M: Name	M: Vorname	geb. ca.	Beruf	K: Name	K: Vorname	K: geb.	K: gest.	K: entl.	Qu GbhP	Qu FdhP	Qu EntlP
Mayerin[13]	Katharina	___/Dt	Magd	*Pfeiferin*[14]	Josefa	02/05/21	02/07/08			1802/1415	
Maier[15]	Katharina	1823/U	Hdarb	*Brauner*[16]	Johann	42/01/28	42/02/11		27/01506	1842/0481	
Mayer[17]	Maria	1829/U	Witwe	<...>[18]		54/11/15			40/00291		
Meyer[19]	Regina	1845/U	Magd	Meyer	Maria	65/05/14	65/11/23		50/02046	1865/3744	
Meier	Rosalia			Meier[20]	Johann B.	59/06/22		69/07/23		1859/5152	69/07/24
Mayerin[21]	Theresia		Witwe	Mayerin[22]	Elisabeth	1786/05	1790/02			1786/3912	
Mayer	Theresia		Magd	Mayer[23]	Karolina	37/02/28	37/03/22			1837/0852	

---

[12] o.A. (GbhP). Dieses Kind, ein Mädchen, wurde nicht getauft, die Mutter war verwitwet, sie wurde mit dem Kind am 54/05/19 aus dem Gbh entlassen (GbhP).
[13] Katharina Mayerin (FdhP: l.D. (ledige Dienstmagd), "jüdischer Religion, geb. zu Etlingen in Preußen. Mutter am Fieber erkrankt").
[14] Josefa Pfeiferin kam einen Tag nach ihrer Geburt ins Fdh, gestorben im Fdh an Abweichen (FdhP).
[15] Katharina Maier, geb. von Zavar in Ungarn, Preßburger Komitat; wohnhaft in Wien-Leopoldstadt No 55; im FdhP als "kl" (katholisch, ledig) eingetragen, ein Versehen der Kanzlei, wurde doch ihr Kind als "Israelitenkind" aufgenommen, zudem ist die jüdische Herkunft in der Taufmatrik mit dem Vermerk "mater judaea" festgehalten (FdhP; Taufmatrik AKH 42/01/28: Johann Brauner).
[16] Johann Brauner (GbhP), im FdhP wurde irrtümlich in die Rubrik des Kindes der Name der Mutter "Maier" eingetragen, sodann durchgestrichen, und durch den den Fremdnamen des Kindes "Brauner", mit dem Zusatz "Israelitenkind", ersetzt. In der Rubrik, welche für die Personalien der Mutter vorgesehen war, wurde der Name der Mutter eingefügt: Katharina Mayer, 19 J<ahr>, "kl" (sic!) für "katholisch, ledig".
[17] Maria Mayer, Handarbeiterin, geb. von Gatendorf (Gátha) in Ungarn, Wieselburger Komitat - um 1845 ein kroatisches Dorf mit 125 Juden - von Preßburg zugereist (GbhP).
[18] o.A. (GbhP). Bei diesem Mädchen wurde im GbhP kein Name eingetragen, es wurde ungetauft mit seiner Mutter, die verwitwet war, am 54/11/22 aus dem Gbh entlassen (GbhP).
[19] Regina Meyer, geb. von Marienthal bei Stampfen in Ungarn, Preßburger Komitat, zugereist (GbhP).
[20] Johann Baptist Meier, getauft am 59/06/25 in der Pfarre Alservorstadt, kam zwei Tage später, am 59/06/27, ins Fdh; nach Ablauf der Findelhausversorgung wurde er am 69/07/23 dem Wr. Magistrat übergeben (EntlP).
[21] Nur im FdhP als jüdisch ausgewiesen, nicht jedoch in der Taufmatrik (Pfarre Rossau (Serviten) Taufmatrik 1786/05/30: Elisabeth Mayerin).
[22] Elisabeth Mayerin, geboren am 1786/05/30 "am Spanischen Spitalberg No 130", getauft im Alter von einem Monat in der Pfarre Rossau, wurde am 1786/06/30 ins Fdh gebracht, gestorben am 1790/02/25 (FdhP).
[23] Karolina Mayer, getauft am 37/03/02 in der Pfarre Wieden, kam am folgenden Tag ins Fdh (FdhP).

M

M: Name	M: Vorname	geb. ca.	Beruf	K: Name	K: Vorname	K: geb.	K: gest.	K: entl.	Qu GbhP	Qu FdhP	Qu EntlP
Mayer	Theresia	1825/M	Magd	Mayer[24]	Siegfried	48/04/18		58/09/10	33/03315	1848/2336	58/09/10
Majer[25]	Theresia	1836/U	Magd	Majer[26]	Wilhelm	62/11/08	68/09/09			47/07381	1862/7660
Major[27]	Regina	1842/U	Hdarb	unentbunden entlassen 64/06/29						49/06173	
Major[28]	Regina	1842/U	Hdarb	unentbunden entlassen 64/07/01						49/06255	
Major	Regina	1844/U	Hdarb	Major[29]	Johann	64/08/09	64/09/25			49/07274	1864/6355
Majsel, vide Meisel											
Maller[30]	Barbara	1831/U	Magd	Maller[31]	Theresia	53/12/28	54/01/19			39/00614	1853/8299
Maller	Betti	1833/U	Köchin	Maller[32]	Johann	55/10/04	55/10/25			40/06196	1855/6236
Maler	Theresia	1832/B	Hdarb	Maler[33]	Ludwig	59/10/27	59/11/23			44/08857	1859/8297
MANDEL (MANDL)											
Mandel	Anna	1845/U	Magd	Mandel	Anna	63/12/31				49/01502	1864/0225
Mandel	Anna	1843/U	Magd	Mandel	Anna	64/03/25	64/05/15			49/03792	1864/2607
Mandel[34]	Fanni	1837/M	Hdarb	unentbunden entlassen 58/01/12						43/01789	

---

[24] Siegfried Mayer kam vorerst zu einem Maurer, sodann zu einem Schuhmacher nach Altlerchenfeld in Wien. Nach Ablauf der zehnjährigen Findelhausversorgung wurde er dem Wr. Magistrat übergeben (FdhP, EntlP). - Randnotizen in der Taufmatrik des AKH aus den Jahren 1865 und 1875 (Taufmatrik AKH 48/04/18).
[25] Theresia Majer, geb. und wohnhaft in Rechnitz in Ungarn, von dort zugereist (GbhP).
[26] "Wegen Krankheit der Mutter" Fdh, in einer Mistlache des Hauses No 5 in Stammersdorf, Bezirk Korneuburg, ertrunken (FdhP).
[27] Regina Major, geb. von Pest; wohnhaft in Wien-Neubau, Burggasse No 101 (GbhP).
[28] Regina Major wurde "auf Verlangen" aus dem Gbh entlassen (GbhP).
[29] Taufpatin war Anna Flor, Goldstickerin, wohnhaft in Wien 7, Burggasse No 101, eine Nachbarin der Mutter des Kindes (GbhP).
[30] Barbara Maller, geb. von Magendorf in Ungarn, Preßburger Komitat; wohnhaft in Wien-Simmering (1855: No 206) (GbhP'e).
[31] "Wegen Religion der Mutter" Fdh (GbhP).
[32] Im Fdh im Alter von drei Wochen an Tabes (Schwindsucht, Auszehrung) gestorben (FdhP).
[33] Ludwig Maler kam "wegen Krankheit der Mutter" ins Fdh, die Mutter war an Diarrhöe erkrankt, wurde nach dem Wochenbett zum Ammendienst ins Fdh gebracht (FdhP).
[34] Fanni Mandel brachte man für kurze Zeit unentbunden in die Abteilung für Syphilis des AKH (GbhP).

M: Name	M: Vorname	geb. ca.	Beruf	K: Name	K: Vorname	K: geb.	K: gest.	K: entl.	Qu GbhP	Qu FdhP	Qu EntlP
Mandel[35]	Fanni	1837/M	Hdarb	Mandel[36]	Wilhelm	58/01/13	58/01/09		43/01895	1858/0388	
Mandl	Johanna	1845/W	Köchin	Mandl	Alois	64/12/18	65/10/16		49/10208	1864/9650	
Mandl	Juliana	1835/U	Hdarb	Mandl[37]	Emma	57/09/13	57/10/19		42/07287	1857/6595	
Mandl	Katharina	1838/U	Magd	Mandl	Anna	66/04/18			51/02702	1866/3058	
Mandl	Rosalia	1816/U	Magd	*Adamitsch*[38]	Adam	41/03/10	41/03/28		26/01931	1841/1275	
Mandl	Rosa	1837/U	Magd	Mandl	Bernhard	63/12/16	65/10/07		49/00921	1863/9224	
Mandl[39]	Susanna	1821/B	Magd	Mandl	Leopold	45/10/14	45/11/08		30/06337	1845/5208	
Mandl	Theresia	1818/M	Magd	*Wieland*[40]	Josef	35/12/08			21/00396	1835/4225	
Mandel[41]	Theresia	1842/U	Magd	Mandel[42]	Adolf	62/08/13	62/08/14		47/06283		
Mandl	Theresia	1844/U	Magd	Mandel[43]	Ferdinand	66/10/19	66/10/29		51/07161	1866/7479	

---

[35] Vom Filialspital in der Leopoldstadt mit dem Neugeborenen ins Gbh gebracht, das Kind wurde sodann getauft und kam am folgenden Tag ins Fdh, die Mutter zurück ins Filialspital (FdhP).
[36] "Wegen Krankheit der Mutter" Fdh; im Fdh im Alter von acht Tagen an Lebensschwäche gestorben (FdhP).
[37] "Wegen Religion der Mutter" Fdh (GbhP, FdhP); im Fdh an Tabes (Schwindsucht, Auszehrung) gestorben (FdhP).
[38] Adam Adamitschek (GbhP), Adam Adamitsch (FdhP): "Israelitenkind", M: Rosalia Mandl.
[39] Susanna Mandel, gestorben am 45/10/21 (GbhP: im Gbh; IKG Stb A2337: im AKH, an Nervenfieber). - TBP 45/10/20: "Mandl Susanna, Magd, israelitischer Religion, ledig, 24 Jahr alt, gebürtig von Altstadt in Böhmen, Landstraße No <o.A.>, an Nervenfieber, AKH."
[40] Ins FdhP wurde nur der Vorname der Mutter - Theresia - eingetragen, was zur irrtümlichen Annahme führen könnte, Mutter und Kind hätten denselben Familiennamen geführt. Bei Josef Wieland, als "Israelitenkind" in das Protokoll aufgenommen, wurde in das FdhP kein Sterbedatum nachgetragen, er könnte somit die Findelpflege überlebt haben (FdhP: Pflegemutter: Josefa Sturm, Gärtnersweib, in Mödling No 284 - NÖ, UWW). - "Mater infantis judaea", Randnotiz aus dem Jahr 1861 in der Taufmatrik (Taufmatrik AKH 35/12/08: Josef Wieland, Randnotiz: 61/09/09), welche sich auf die Ausstellung eines Taufscheines beziehen könnte.
[41] Theresia Mand(e)l, geb. von Groß Schützen in Ungarn; 1862 wohnhaft in Wien-Leopoldstadt No 19, war krank, wurde nach der Entbindung in eine andere Abteilung des AKH gebracht; 1866 wohnhaft in der Leopoldstadt, Kleine Ankergasse No 8 (GbhP'e).
[42] Getauft, am folgenden Tag im Gbh gestorben (GbhP; Taufmatrik AKH 62/08/13).
[43] "Wegen Krankheit der Mutter" Fdh (GbhP, FdhP), die Mutter kam nach dem Wochenbett zum Ammendienst ins Fdh, am folgenden Tag wurde ihr Kind an eine Pflegepartei in Zwettl abgegeben (FdhP).

M: Name	M: Vorname	geb. ca.	Beruf	K: Name	K: Vorname	K: geb.	K: gest.	K: entl.	Qu GbhP	Qu FdhP	Qu EntlP
Marburg	Karolina	1843/S	Magd	Marburg[44]	Leopold	64/07/08		64/07/15	49/06480	1864/5557	64/07/15
Marburg[45]	Magdalena	1841/S	Magd	Marburg[46]	Moritz	58/03/18	58/04/28		43/03610	1858/2210	
Marburg	Helene	1841/S	Magd	Marburg(er)[47]	Leopold.	60/08/02		68/11/25	45/06035	1860/5318	68/11/25
Marburg	Helene	1842/S	Köchin	Marburg	Emma	62/07/31	62/09/14		47/04996	1862/5491	
Marchfeld	Julia	1840/U	Magd	Marchfeld	Karl	64/02/15	64/05/04		49/02714	1864/1461	
Moril[48]	Rosalia	1839/B	Magd	Maril[49]	Heinrich	61/02/07		67/11/01	46/02312	1861/1269	67/11/11
Maril[50]	Rosa	1840/B	Magd	Maril	Franz	64/04/12	64/08/18		49/04263	1864/3203	
Maril[51]	Rosalia	1838/B	Magd	Maril[52]	Josef	65/11/27	65/11/27		50/08139		

[44] Leopold Marburg wurde sogleich nach seiner Geburt getauft (Taufmatrik AKH 64/07/08: Leopold Marburg), kam mit seiner Mutter am 64/07/15 ins Fdh, welche einem Aktenvermerk zufolge noch am selben Tag auf die Aufnahme ihres Kindes in die Findelpflege Verzicht geleistet hat (FdhP, EntlP).
[45] Magdalena Marburg, geb. von Hotzenplotz in Österr.-Schlesien, 1858 zugereist, war krank, kam vom AKH, Zi. 73 ins Gbh, nach der Entbindung ins AKH in ihr Krankenzimmer zurückgebracht; 1860 wohnhaft in Wien-Leopoldstadt No 220, 1862 in Wien-Josefstadt No 37 (GbhP'e).
[46] Moritz Marburg kam "wegen Krankheit der Mutter" ins Fdh, wurde nicht in Außenpflege abgegeben, ist im Alter von sechs Wochen an Lungenentzündung im Fdh gestorben (FdhP).
[47] Leopoldine Marburg (FdhP), Leopoldine Marburger (EntlP) - kam "wegen Religion der Mutter" (GbhP) bzw. "wegen Krankheit der Mutter" (FdhP) ins Fdh. Sie wurde 1868 im Alter von acht Jahren vom Ehepaar Johann und Barbara May, wohnhaft in Wien-Wieden, aus der Findelhausversorgung "gegen Revers" gelöst. In welcher Beziehung sie zum Kind oder zur Mutter des Kindes gestanden sind, geht aus dem EntlP nicht hervor (FdhP, EntlP: May Johann, Kassier; Barbara <May>, Wien Wieden Hauptstraße No 2, Pfarre St. Karl, Bezirk Wieden). - Randnotizen in der Taufmatrik des AKH aus den Jahren 1881 und 1942 (Taufmatrik AKH 60/08/03).
[48] Rosalia Maril/Moril - vielleicht nur namensgleich - aus Böhmen, 1861 wohnhaft in Wien-Weißgärber No 120, 1864 in Wien 3, Kollergasse 4, 1865 in Wien-Mariahilf, Nelkengasse No 1 (GbhP'e).
[49] Durch phonetische Aufnahme bedingte Variante A/O beim Zunamen: M: Moril (GbhP) - K: Maril (FdhP, EntlP). - Heinrich Maril/Moril wurde im Alter von sechs Jahren "gegen Revers" von Wilhelm Bernheim aus der Findelhausbetreuung gelöst. Es konnte nicht festgestellt werden, in welcher Beziehung Bernheim zum Kind oder zu den Eltern des Kindes gestanden ist (FdhP, EntlP: Bernheim Wilhelm, Kommissionär, <Wien> 2. Bezirk, Taborstraße No 43).
[50] Geb. von Tichnitz <unsichere Lesart>, Bezirk Schwarzkosteletz in Böhmen, Kaurziner Kreis (GbhP).
[51] Rosalia Maril, geb. von Tichnitz <unsichere Lesart>, Bezirk Böhm. Brod, Kaurziner Kreis (GbhP), wurde ursprünglich als evangelisch eingetragen, zu israelitisch ausgebessert; kam nach der Entbindung mit dem Kind ins Gbh ("Gassengeburt"); verblieb dort eine Woche, wurde sodann zum Ammendienst

M

M: Name	M: Vorname	geb. ca.	Beruf	K: Name	K: Vorname	K: geb.	K: gest.	K: entl.	Qu GbhP	Qu FdhP	Qu EntlP
Maril	Rosalia	1844/B	Köchin	Maril[53]	Johann	68/12/03	68/12/27		54/07052	1868/7768	
Märischl	Johanna	1842/M	Hdarb	Marischl[54]	Barbara	65/10/29	67/09/17		50/07473	1865/8071	
Marks[55]	Anna	1799/U	Tochter	unentbunden entlassen 17/03/23					02/00396		
Markus	Maria	1803/U	Hdarb	*Samstag*[56]	Josef	23/06/27			08/01290	1823/2385	
Markus	Regina	1834/U	Stbm.	Markus	Hermann	52/06/19	52/07/08		37/05390	1852/4372	
Markus[57]	Wilhelmine	/U	Magd	*Rigl*[58]	Sofia	10/05/09	10/05/16			1810/1018	
Masarzik[59]	Katharina	1838/M	Tochter	Masarzik[60]	Katharina	56/06/27	57/03/17		41/04865	1856/4287	

---

ins Fdh gebracht (GbhP).
[52] Josef Maril, kam als Gassengeburt ins Gbh, von der provisorischen Oberhebamme Maria Fröhlich "den 27. nothgetauft" (Taufmatrik AKH 65/11/27: Josef Maril). Diese Nottaufe wurde nicht in das GbhP eingetragen; im Gbh gestorben (GbhP).
[53] Johann Maril, geb. am 68/12/3, "dieses Kind wurde über ausdrückliches Verlangen der Mutter am 68/12/12 in der Pfarre Alservorstadt getauft" (FdhP); Pfarre Alservorstadt Taufmatrik 68/12/12: "Laut des von der Landes Findel Anstalts Verwaltung mit der Mutter des Kindes aufgenommenen Protokolls d<e> d<ato> 68/12/12 wurde dieses Kind getauft").
[54] Barbara Märischl (Taufmatrik AKH 65/10/29), Johanna Marischl (FdhP).
[55] Anna Marks, Lederers Tochter, 18 Jahre alt, geb. von Altenburg in Ungarn, von dort zugereist (GbhP).
[56] J.S. (GbhP), Josef Samstag (FdhP), Josef Sambtstag (Taufmatrik AKH 23/06/28). - "J.S." kam am 23/06/29 ins Fdh - am selben Tag wurde "wegen Krankheit der Mutter" ein "3 T<ag>" altes Kind aufgenommen; der Name seiner Mutter wurde nicht ins FdhP eingetragen, ebensowenig wurde seine jüdische Herkunft erwähnt, die in der Taufmatrik durch den Vermerk "Israelita" festgehalten wurde. Die Aufnahme in die Taufmatrik erfolgte im "jüdischen Formular", die Namensrubrik der Mutter blieb leer, Taufpate war der Mesner Josef Eckerle. Somit kann das Initialenkind "J.S." im Datenkontext mit dem Findelkind Josef Samstag identifiziert werden. - Das Initialenkind wurde an einem Samstag getauft und erhielt von diesem Wochentag seinen Namen (Taufmatrik AKH 23/06/28). - Josef Samstag wurde im Alter von vier Tagen zu einem Schuhmacher nach Zwentendorf in Pflege gegeben, dessen Frau in das FdhP aufgenommen wurde (FdhP: Franziska Heipl, Schuhmach<ersgattin>, Zwentendorf No 34 - NÖ, OWW). Es wurde in das FdhP kein Sterbedatum nachgetragen, das Kind könnte demnach überlebt haben. Randnotiz in der Taufmatrik des AKH in Form eines Datums (62/11/04), das sich auf die Ausstellung eines Taufscheines beziehen könnte.
[57] Wilhelmine Markus (FdhP: "ledige Magd von Neutra aus Hungarn gebürtig, vom AKH aus der praktischen Geburtshilfsschule anher"). - Taufmatrik AKH 10/05/09: Sofia Rigl, M: Jüdin).
[58] Sofia Rigl (Taufmatrik AKH 10/05/09), Sofia Riegl (FdhP) - kam einen Tag nach ihrer Geburt ins Fdh, im Fdh an Schwäche gestorben (FdhP).

M

M: Name	M: Vorname	geb. ca.	Beruf	K: Name	K: Vorname	K: geb.	K: gest.	K: entl.	Qu GbhP	Qu FdhP	Qu EntlP
MASS (MAASZ)											
Mass	Anna	1837/Sl	Magd	Mass	Franz	55/10/21	55/12/02		40/06949	1855/6527	
Maasz	Elisabeth	1838/U	Magd	Maasz	Henriette J.	65/04/01	65/05/15		50/02286	1865/2557	
Mass[61]	Theresia	1830/M	Köchin	Mass[62]	Franziska	58/11/20	58/12/30		44/00238	1858/8714	
Mathis	Antonia	1823/U	Magd	Mathis[63]	Antonia	49/11/27		60/06/01	35/00509	1849/7384	59/11/29
Mattersdorf	Katharina	1817/U	Köchin	*Walter*	Simon	34/10/27	36/04/19		19/04101	1834/3797	
Matzner	Elisabeth	1839/M	Hdarb	Matzner	Johann	59/07/30	59/09/09		44/06867	1859/6232	
Maurer[64]	Theresia			Maurer[65]	Adelheid	35/12/27	36/01/17			1836/0002	
Maurer	Theresia			Maurer[66]	Wilhelm	35/12/27	37/01/19			1836/0001	
Mauss[67]	Elisabeth	1796/U	Magd	totgeboren		17/08/15			02/01795		
Mauser[68]	Elisabeth	1794/U	Magd	*Frühling*[69]	Anna	22/04/11	22/04/27		07/00862	1822/1271	

---

[59] Katharina Masarzik, Fischhändler's Tochter, 18 Jahre alt, aus Butschowitz in Mähren, Brünner Kreis; kam nach der Entbindung ins AKH in die Frauenabteilung (GbhP).
[60] "Wegen Religion der Mutter" Fdh (GbhP, FdhP).
[61] Theresia Mass war krank, wurde nach der Entbindung ins AKH auf Zi. 97 verlegt (GbhP).
[62] Kam "wegen Krankheit der Mutter" ins Fdh, die Mutter wurde nach dem Wochenbett in eine andere Abteilung des AKH gebracht. Franziska Mass kam nicht in Außenpflege, sie ist im Alter von sechs Wochen an Tabes (Schwindsucht, Auszehrung) im Fdh gestorben (FdhP).
[63] Antonia Mathis war auf verschiedenen Kostplätzen und wurde zweimal, einmal über Direktionsauftrag, ins Fdh zurückgebracht. Nach Ablauf der Findelhausversorgung wurde sie dem Wr. Magistrat übergeben (FdhP, EntlP).
[64] Zwillingsgeburt 35/12/27: Adelheid und Wilhelm Maurer, geboren in Wien Innere Stadt No 369 bei der Hebamme Magdalena Angerhofer; getauft, fünf Tage später ins Fdh gebracht.
[65] Adelheid Maurer, getauft am 35/12/28 in der Pfarre Am Hof, wurde vier Tage später, am 36/01/01, als "Israelitenkind", für welches eine Taxe von 20 fl. gezahlt wurde, ins Fdh aufgenommen, starb im Fdh (FdhP).
[66] Wilhelm Maurer, getauft am 35/12/28 in der Pfarre am Hof, kam zusammen mit seiner Zwillingsschwester am 36/01/01 ins Fdh (FdhP).
[67] Elisabeth **Mauss** ist sicherlich mit Elisabeth **Mauser** ident, etwa gleich alt, aus Komorn (GbhP 07/00862: "Gomorn") in Ungarn gebürtig; 1817 wohnhaft in Wien-Wieden, 1822 o.A. (GbhP'e).
[68] "Wegen Krankheit der Mutter" Fdh (GbhP; Taufmatrik AKH 22/04/11: Elisabeth Mauser).

M: Name	M: Vorname	geb. ca.	Beruf	K: Name	K: Vorname	K: geb.	K: gest.	K: entl.	Qu GbhP	Qu FdhP	Qu EntlP
MAUTHNER (MAUTNER, MAUTNERIN)											
Mauthner	Anna	1826/B	Magd	Mauthner	Anton	58/01/25	58/02/24		43/00911	1858/0869	
Mautnerin[70]	Franziska			*Dalhamerin*[71]	Josefa	1796/04	02/01/09			1796/0868	
Mautner	Fanni	1824/B	Magd	Mautner	Heinrich	49/06/26	49/07/20		34/05508	1849/4486	
Mautner[72]	Karolina	1829/B	Magd	Mautner[73]	Anna	57/08/11	57/09/06		42/06602	1857/5935	
Mautner	Karolina	1830/B	Magd	Mautner[74]	Karolina	59/10/18	59/10/23		44/08686		
Mauthner[75]	Maria	1833/B	Magd	Mauthner	Katharina	57/08/18	57/09/06		42/06724	1857/6195	
Mautner	Maria	1835/B	Magd	Mautner[76]	Josef	59/02/15	59/03/02		44/02781	1859/1566	
Mauthner	Maria	1838/B	Hdarb	Mauthner[77]	Eduard	59/12/07	59/12/08		45/00906		

---

[69] A.F. (GbhP), **Anna Früh**ling (FdhP), Anna Fräting (Taufmatrik AKH 22/04/11: Der Name des Kindes wurde als Fräting eingetragen: L als T interpretiert, ein U für offenes A gelesen, somit Ä statt Ü geschrieben.). - Die Initialen stellen sich als vergrößerte Kleinbuchstaben dar, die erste ist eindeutig als A zu lesen, die zweite, welche für den Familiennamen steht, könnte für S, F oder H stehen. - Bei diesem Initialenkind ist vom GbhP aus nur der Anfangsbuchstabe des Vornamens gesichert; für die Auflösung der Initialen dient das Transferdatum (22/04/12) - am selben Tag wurde auch "wegen Krankheit der Mutter" ein Kind mit dem Vornamen Anna aufgenommen, "Anna Frühling", einen Tag alt, es kam aus dem Gbh. Der Name ihrer Mutter wurde im Protokoll nicht angegeben, ebensowenig ihre jüdische Herkunft, die in der Taufmatrik mit dem Vermerk "Israelita" festgehalten wurde. Somit ist das Initialenkind im Datenkontext ident mit dem Findelkind "Anna Frühling". - Das Kind wurde auch in die Taufmatrik im "jüdischen Formular" eingetragen, d.h. das Namensfeld der Mutter blieb leer, Taufpatin war die Anstaltshebamme Anna Blumenau (GbhP, FdhP; Taufmatrik AKH 23/04/11).
[70] Franziska Mautnerin (Taufmatrik AKH 96/04/17: Josefa Dalhamerin, M: Franziska Mautnerin, ein Jüdin).
[71] Josefa Dalhamerin (Taufmatrik AKH 1796/04/17), Josefa Mautnerin (FdhP); gestorben am 1802/01/09 an bösartigen Blattern (FdhP).
[72] Karolina Mautner, geb. von Mühlhausen in Böhmen, Taborer Kreis; 1857 im AKH in der Wäscherei tätig, 1859 wohnhaft in Wien-Neulerchenfeld (GbhP'e).
[73] "Wegen Religion der Mutter" Fdh (FdhP), im Fdh an Lebensschwäche gestorben (FdhP).
[74] Getauft, nach vier Tagen im Gbh gestorben (GbhP; Taufmatrik AKH 59/10/19).
[75] Maria Mautner, geb. von Horka in Böhmen, Czaslauer Kreis; 1857 wohnhaft Wien-Schottenfeld No 387, 1859 aus Neutra in Ungarn zugereist (GbhP'e).
[76] Josef Mautner war eine "Gassengeburt", er wurde tags darauf mit seiner Mutter ins Gbh gebracht, getauft, kam ins Fdh; nach einer Woche an Pneumonie gestorben (GbhP, FdhP).

M

M: Name	M: Vorname	geb. ca.	Beruf	K: Name	K: Vorname	K: geb.	K: gest.	K: entl.	Qu GbhP	Qu FdhP	Qu EntlP
Mautner[78]	Maria	1845/U	Magd	Mautner	Karolina	65/08/11	65/08/26		50/03959	1865/6051	
Max[79]	Katharina	1826/U	Magd	Max[80]	Karl	45/02/13	45/02/27		30/00408	1845/0860	
May	Rosalia	1814/U	Hdarb	*Sire*[81]	Franz	33/11/12	33/11/22		18/03630		
Mazkowitz	Anna	1833/G	Köchin	Mazkowitz[82]	Josef Franz	60/02/26		60/03/08	45/02781	1860/1745	60/03/08
Maznar[83]	Franziska	1826/U	Magd	Maznar[84]	Jakob	45/12/30	55/01/20		31/00097	1846/0146	
Mechner	Franziska	1841/U	Hdarb	Mechner[85]	Berta	61/03/25	61/05/16		46/03597	1861/2672	
Mechur	Anna	1833/U	Magd	Mechur	Wilhelm	59/06/07	59/07/04		44/04779	1859/4878	
Mechur	Anna	1833/U	Magd	Mechur	Maximilian	61/02/28	61/06/01		46/02924	1861/1940	
Meillender[86]	Rosalia	___/M		Meillerdin[87]	Gertraud	10/10/31	10/11/12			1810/2401	

[77] Eduard Mauthner wurde von der Hebamme Franziska Schwehla notgetauft, er ist am folgenden Tag im Gbh gestorben (GbhP; Taufmatrik AKH 59/12/07: "Hebamme hat nothgetauft"), die Mutter wurde nach dem Wochenbett zum Ammendienst ins Fdh gebracht (GbhP).

[78] Maria Mautner, aus Ungarn, zugereist (GbhP).

[79] Katharina Max, geb. von Ragendorf in Ungarn, Preßburger Komitat, zugereist aus Preßburg (GhbP).

[80] Im Fdh im Alter von zwei Wochen an Nabelbrand gestorben (FdhP).

[81] **F.S.** (GbhP), Franz Sire (Taufmatrik AKH 33/11/12; SterbematrikAKH 33/11/22). - Da dieses Kind nicht ins Fdh gekommen, zehn Tage nach seiner Geburt im Gbh gestorben ist, kann die Auflösung der Initialen nicht über das FdhP erfolgen. Die erste Initiale ist nicht ganz eindeutig, im Schriftvergleich jedoch als F zu erkennen. - Kinder, die im Gbh gestorben sind, wurden in die Sterbematrik des AKH aufgenommen. "Der May Rosalia ihr Knab Franz Sire <kath>" gestorben, lautet die Eintragung in der Sterbematrik des AKH. Somit hat das Initialenkind "F.S." den Namen Franz Sire erhalten. Das Kind war unmittelbar nach seiner Geburt getauft worden, wurde in die Taufmatrik im "jüdischen Formular", ohne Angabe des Namens seiner Mutter eingetragen, Taufpate war der Kirchendiener Andreas Losch; die jüdische Herkunft des Kindes wurde mit dem Vermerk "mater infantis judaea" festgehalten (GbhP; Taufmatrik AKH 33/11/12, Sterbematrik AKH 33/11/22).

[82] Josef Franz Mazkowitz (FdhP), Josef Franz Matzkowitz (EntlP). - Einen Tag nach der Überstellung in das Fdh wurde dieses Kind "gegen Revers" aus der Findelhausbetreuung gelöst, es kam zum Sattlergesellen Ludwig Fenauer in Wien-Leopoldstadt. Im EntlP findet sich der Vermerk L<eiblicher>V<ater> (EntlP: Fenauer Ludwig, Sattlergeselle, <Wien> Leopoldstadt No 264; GbhP: Die Mutter wohnte im Haus No 263).

[83] Franziska Maznar, geb. und wohnhaft in Chropo in Ungarn, Neutraer Komitat, von dort zugereist (GbhP).

[84] Von seinen Pflegeeltern ins Fdh zurückgebracht; im Fdh an Blutersetzung gestorben (FdhP).

[85] Im Fdh an Tabes (Schwindsucht, Auszehrung) gestorben (FdhP).

[86] Rosalia Meille**nder** (Pfarre St. Peter Taufmatrik 10/11/02: Gertrud Meillender); Rosalia Meille**rdin** (FdhP).

M

M: Name	M: Vorname	geb. ca.	Beruf	K: Name	K: Vorname	K: geb.	K: gest.	K: entl.	Qu GbhP	Qu FdhP	Qu EntlP
MEISEL (MEISL, MAJSEL, MEJSEL)											
Meisel[88]	Katharina	1839/U	Magd	Meisel	Johann	61/08/06	61/10/14		46/06497	1861/6367	
Meisel	Katharina	1840/U	Magd	Meisl	Johann	64/03/06	64/04/03		49/03287	1864/2112	
Meisl	Katharina	1840/U	Magd	Meisl[89]	Katharina	68/02/29			53/01377	1868/1685	
Meisel	Rosa	1838/U	Hdarb	Meisel	Johanna	64/09/09	64/10/10		49/07961	1864/7156	
Majsel[90]	Sali	1845/U	Magd	Majsel	Wilhelmine	65/10/22	66/12/28		50/07334	1865/7898	
Meisl	Sali	1844/U	Magd	Meisl[91]	Nathan	68/04/12	68/05/07		53/02390	1868/2781	
Melcher[92]	Rosalia	1842/M	Magd	totgeboren 67/02/8					52/01011		
Meller	Pauline	1831/B	Magd	totgeboren 56/07/4					41/05035		
Menzeles[93]	Rosalia	1815/U	Modistin	**Guttmann**[94]	Karl Heinr.	51/09/09		61/09/09	36/05836	1851/5787	61/11/04

---

[87] Gertraud **Meillender** (Pfarre St. Peter Taufmatrik 10/11/02), Gertrud **Meilerdin** (FdhP) - getauft am 10/11/02 in der Pfarre St. Peter, wurde noch am selben Tag ins Fdh gebracht, mit dem Meldzettel (Armutszeugnis) der Pfarre St. Peter und gegen den Erlag einer Taxe von 20 fl. ins Fdh aufgenommen; im FdhP kein Hinweis auf die jüdische Herkunft des Kindes, der Name der Mutter wurde in das Protokoll aufgenommen; ist im Fdh an Schwäche gestorben (FdhP).
[88] Katharina Meisel, geb. von Bossacza in Ungarn, Trentschiner Komitat; 1861 wohnhaft in Wien-Jägerzeile, 1864 in der Leopoldstadt, Weintraubengasse No 10 (GbhP'e).
[89] Katharina Meisl zählte zu den ersten Kindern, die 1868 nach den neuen Regelungen nicht mehr getauft wurden, sie wurde zusammen mit ihrer Mutter ins Fdh gebracht und kam schon am folgenden Tag zu einem Schuhmacher. Ihr Name steht nicht auf der IKG-Liste jüdischer Findelkinder (GbhP, FdhP; CAHJP A/W 1809, Verzeichnis jüdischer Findelkinder von 1868).
[90] Sali Majsel, geb. von Bossacza in Ungarn, Trentschiner Komitat, zugereist (GbhP); im FdhP als "kl" (katholisch, ledig) eingetragen - ein Irrtum der Kanzlei: "Sali, Israel<itin>, 20 <Jahr>, kl <katholisch, ledig>" (FdhP); in der Taufmatrik wurde die jüdische Herkunft ihres Kindes festgehalten (Taufmatrik AKH 65/10/22: Wilhelmine Majsel).
[91] Nathan Meisl war ein "68er Kind", ins Geburtenbuch der IKG eingetragen; kam mit seiner Mutter ungetauft ins Fdh; bei seinen Pflegeeltern im Ober-Neutraer Komitat in Ungarn im Alter von knapp einem Monat "an Erbrechen" gestorben (FdhP, IKG Gb D 4514; CAHJP A/W 1809, Verzeichnis jüdischer Findelkinder von 1868).
[92] Rosalia Melcher, geb. von Koritschan in Mähren, zugereist von Kremsier (GbhP).
[93] Rosalia **Menzles** (GbhP), Rosalia **Menzeles** (TBP 51/09/27), Modistin, geb. von Pest, zugereist (GbhP) - war in der 3. Klasse der Zahlabteilung, ur-

M

M: Name	M: Vorname	geb. ca.	Beruf	K: Name	K: Vorname	K: geb.	K: gest.	K: entl.	Qu GbhP	Qu FdhP	Qu EntlP
Meseritschin[95]	Anna			*Dallhamerin*[96]	Antonia	1798/11	1798/11			1798/2421	
Messinger[97]	Lotti	1844/G	Magd	Messinger	Karl	67/11/02	68/02/07		52/06569	1867/7184	
Messner[98]	Rosina	1812/U	Magd	*Fromm*[99]	Eleonora	29/02/13	29/02/26		14/00361	1829/0599	
Messner	Theresia	1811/U	Magd	*Zuwachs*[100]	Maximilian	31/10/10	31/11/14		16/01938	1831/2831	
Metzel[101]	Johanna	1845/U	Hdarb	Metzl	Berthold	62/03/01	64/06/11		47/01944	1862/1682	

sprünglich mit der No 97 eingetragen, wurde später der Name hinzgefügt, 36 Jahre, isr., ledig, Pest, Modistin, zugereist. - Sie ist am 51/98/27 im Gbh gestorben (GbhP: im Gbh, IKG Stb B 1181: im AKH, Typhus). - TBP 51/09/27: "Menzeles Rosa, Putzmacherin von Pest gebürtig, 36 Jahr, israelitisch, ledig, zugereist, an Tifus, AKH."

[94] Karl Heinrich **Guttman** (GbhP), Karl Heinrich **Guttmann** (FdhP), Karl Heinrich **Gutman** (EntlP). - Karl Heinrich Gut(t)man(n) blieb nur einen Tag im Gbh, kam ins Fdh, von dort in die Steiermark nach Ilz im Bezirk Fürstenfeld, wo er zehn Jahre lang blieb, kam dann zurück ins Fdh und wurde schließlich bei Maria Paar in Dechantskirchen untergebracht, die als Übernahmepartei in das EntlP eingetragen wurde (FdhP, EntlP: Maria Paar, Ausnehmersgattin, Dechantskirchen No 29, Stmk). - Die Mutter wird im FdhP nicht genannt, es wurde kein Hinweis auf die jüdische Herkunft des Kindes gegeben, für dieses Kind aus der Zahlabteilung wurde eine Taxe von 20 fl. bezahlt, 100 fl. wurden für das Kind hinterlegt. - Noch im November 1851 wurde für Karl Heinrich Guttmann ein "Dupplikat-Empfangsschein" ausgestellt - jemand muß sich folglich nach dem Tod der Mutter um dieses Kind weiter gekümmert haben (FdhP).

[95] Anna **Meseritschin** (Taufmatrik AKH 1798/11/13: Antonia Dallhamerin, M: Anna Meseritschin, Jüdin), Anna **Dallhamerin** (FdhP: "eine Jüdin").

[96] Antonia Dallhamerin, geb. ca 1798/10/30, kam im Alter von drei Tagen ins Fdh, gestorben im Fdh an Schwäche 1798/11/22 (FdhP).

[97] Lotti Messinger, geb. von Skawa in Galizien, Bezirk Myslowice, von dort zugereist (GbhP); nur im GbhP als jüdisch ausgewiesen; im FdhP als "kl" (katholisch, ledig) eingetragen, die jüdische Herkunft ihres Kindes wurde weder hier noch in der Taufmatrik erwähnt (FdhP; Taufmatrik AKH 67/11/03).

[98] Rosina Messner, geb. von Galantha in Ungarn, Preßburger Komitat, wohnhaft in Preßburg No 29, von dort zugereist (GbhP).

[99] "Mater infantis judaea" (Taufmatrik AKH 29/02/13); im Fdh im Alter von 13 Tagen gestorben (FdhP).

[100] **M.Z.** (Gbh), **Maximilian Zuwachs** (FdhP). - Über dieses Kind wissen wir aus dem GbhP soviel: Es war ein Bub, die zweite Initiale ist im Schriftvergleich als Z zu erkennen, könnte eventuell auch als J interpretiert werden; der Transfer ins Fdh war am 31/10/31 erfolgt, drei Wochen nach seiner Geburt. An diesem Tag wurde ein Kind mit dem Namen "Maximilian Zuwachs" ins Fdh als "Israelitenkind" aufgenommen, der Name der Mutter des Initialenkindes - Theresia Messner - wurde in das Protokoll eingetragen: "20 J<ah>r israelitisch, led<ig> Galantha". Die jüdische Herkunft des Kindes wurde auch in der Taufmatrik mit dem Vermerk "mater prolis judaea" festgehalten (GbhP, FdhP; Taufmatrik AKH 31/10/10).

[101] Johanna Metzl, geb. von Sümegh (GbhP: "Schimeck") in Ungarn, wohnhaft in Wien Innere Stadt No 16 (GbhP).

M

M: Name	M: Vorname	geb. ca.	Beruf	K: Name	K: Vorname	K: geb.	K: gest.	K: entl.	Qu GbhP	Qu FdhP	Qu EntlP
Metzl	Johanna	1844/U	Hdarb	Metzl	Ernestine	64/02/01	64/02/26		49/02366	1864/1120	
Metzel	Rosina	1825/B	Hausr	Metzel	Ferdinand	45/02/12	45/03/14		30/01854	1845/0839	
Metzger	Charlotte	1831/B	Köchin	Metzker	Hildegard	54/10/21	54/11/03		39/08133	1854/7185	
Metzker	Karolina	1829/B	Magd	Metzker[102]	Ottilia	53/05/31	55/04/28		38/04879	1853/3858	
Miller Anna, vide Müller											
Milich[103]	Maria	1828/U	Tochter	Milich[104]	Anna	46/12/30		56/12/30	32/00688	1847/0143	57/01/12
Minkus[105]	Barbara	1811/M	Magd	*Muck*[106]	Rosalia	35/11/27	36/01/02		21/00177	1835/3982	
Mittelmann	Anna|Joh.	1846/U	Magd	Mittelmann[107]	Pauline	66/12/13			51/08463	1866/9013	
Modern[108]	Rosalia	1831/U	Hdarb	Modern[109]	Karl	56/11/12	57/01/07		42/00283	1856/7345	
Modern	Rosalia	1830/U	Hdarb	Modern[110]	Philipp	57/12/10	58/01/03			1857/8742	

---

[102] Von den Pflegeeltern ins Fdh zurückgebracht; im Fdh im Alter von knapp zwei Jahren an Skrophulose (Drüsengeschwulst, Halsgeschwulst) gestorben (FdhP).
[103] Maria Milich, Wirtstochter, 18 Jahre alt, geb. von Milochov in Ungarn, Trentschiner Komitat, zugereist (GbhP).
[104] Anna Milich (FdhP), Anna Millich (EntlP) - kam "wegen jüdischer Religion der Mutter" (GbhP) ins Fdh, im Alter von knapp drei Wochen wurde sie von der Frau des Holzhauers Flisterschuh aus Mayerling in Pflege übernommen (FdhP), das Kind konnte bei ihr bleiben, sie wurde in das EntlP als Übernahmepartei mit dem Vermerk "KP" - Kostpartei - eingetragen (EntlP: Fliesterschuh Theresia, Taglöhnersgattin, Alland No <o.A.> Bezirkshauptmannschaft Baden - NÖ, UWW). - In der Taufmatrik des AKH finden sich Randnotizen aus den Jahren 1874 (74/05/11), 1938 und 1941, die auf die Ausstellung eines Taufscheines, bzw. von Ariernachweisen verweisen.
[105] Der Zuname "Minkus" wird im FdhP nicht erwähnt. Barbara Minkus wurde nach dem Wochenbett im Gbh auf die Syphilis-Abteilung des AKH gebracht (FdhP).
[106] Rosalia Muck (FdhP), Rosalia Muk (Taufmatrik AKH 35/11/27). Mutter "Israelitin" <doppelt unterstrichen>, wegen "Krankheit der Mutter /:Syphilis:/" (FdhP). - Taufmatrik AKH 35/11/27: "Mater infantis judaea", P: Susanne Mahr, Hebamme. - Das Kind kam nicht in Außenpflege, es ist im Fdh im Alter von fünf Wochen gestorben (FdhP).
[107] Pauline Mittelmann könnte die Findelpflege überlebt haben: kein Sterbedatum im FdhP, Randnotizen aus den Jahren 1938 bis 1945/12/07).
[108] Rosalia Modern, geb. von Preßburg in Ungarn; V: Jakob Modern, "Sprachmeister" (Sprachlehrer) (Pfarre Alservorstadt Taufmatrik 1856-1857, Anhang k.k. Landesgericht, Gefangenenhaus 1857, fol. 443); 1856 wohnhaft in Wien Innere Stadt No 105, Himmelpfortgasse (GbhP).
[109] Karl Modern wurde nicht im Gbh geboren, sondern mit seiner Mutter als "Gassengeburt" dorthin gebracht, getauft, kam ins Fdh (GbhP).

M

M: Name	M: Vorname	geb. ca.	Beruf	K: Name	K: Vorname	K: geb.	K: gest.	K: entl.	Qu GbhP	Qu FdhP	Qu EntlP
MODLER (MOTLAY)											
Motlay[111]	Cäcilia|Sara	1818/U	Hdarb	*Adler*	Anna	37/03/02	38/05/08		22/00967	1837/0893	
Modler[112]	Cäcilia	1821/U	Magd	*Mieder*[113]	Paul	38/06/29			23/02289	1838/2662	
Mogan	Magdalena	1839/U	Magd	Mogan[114]	Josef	61/02/01	61/05/27		46/01717	1861/1036	
Möller	Theresia	1829/B	Magd	Möller	Emilie	51/09/24	52/02/14		36/06953	1851/6269	
Monheim	Theresia	1818/U	Magd	*Simmer*[115]	Josef	39/04/06	39/04/26		24/01972	1839/1656	
<...>[116]				Montag	Michael	1815/02				1815/fehlt	
Morawetz	Anna	1830/B	Hdarb	Morawetz	Johanna	52/05/24	52/07/30		37/04685	1852/3788	
Morawetz	Barbara	1823/B	Magd	Morawetz	Maria	49/01/08	49/02/07		34/01517	1849/0398	
Morgenstern[117]	Barbara	1802/M	Magd	*Veränderlich*[118]	Philipp	26/04/30	28/09/08		11/00803	1826/1590	
Morgenstern	Barbara	1804/M	Magd	*Himmel*[119]	Ludmilla	27/05/25			12/00912	1827/2188	

---

[110] Philipp Modern wurde im Inquisitenspital (Alservorstadt No 2) geboren, am folgenden Tag in der Hauskapelle getauft und sodann "auf Verhaftsdauer der Mutter" ins Fdh gebracht, wo er nach drei Wochen an "Diarrhöe" gestorben ist. Die Taufe des Kindes wurde in die Taufmatrik der Alservorstadt 1856/57, fol. 443 (Anhang k.k. Landesgericht-Gefangenenhaus) unter dem Datum 57/12/11 eingetragen.
[111] **Cäcilia** Motlay (GbhP), **Sara** Mottlay (GbhP), geb. von Eisenstadt, 1837 und 1838 von dort zugereist (GbhP).
[112] Cäcilia Modler (GbhP), Cäcilia Mod**ler** /:Mod**lay**:/ (FdhP).
[113] **P.P.** (GbhP: M: Cäcilia Modler) - die Initialen stimmen nicht mit dem Namen überein, den das Kind bei der Taufe erhalten hat und unter welchem es in das FdhP eingetragen wurde: Paul Mieder (FdhP: M: Modler /:Modlay:/ Cäcilia, Israelitin, ledig; Taufmatrik AKH 38/06/30: Paul Mieder, P: Andreas Losch, Kirchendiener; Anmerkung: "Mater infantis judaea"). - Bei diesem Kind wurde in das FdhP kein Sterbedatum nachgetragen, es scheint daher überlebt zu haben (FdhP: letzter Aufenthaltsort vor Beendigung der Findelhausversorgung: Ekartsau No 71 - NÖ, UMB). - In der Taufmatrik befindet sich eine Randnotiz in Form eines Datums aus dem Jahr 1868, welches sich auf das Ausstellungsdatum eines Taufscheines bezieht (Taufmatrik AKH 38/06/30: Paul Mieder, Randnotiz 68/08/27).
[114] "Wegen mosaischer Religion der Mutter" Fdh (GbhP, FdhP).
[115] Im Fdh im Alter von drei Wochen gestorben (FdhP).
[116] o.A. (Taufmatrik AKH 15/02/06: Michael Montag, Judaeus; keine Angabe zur Mutter, P: Christian Stesterle, Hausknecht).
[117] Barbara Morgenstern, geb. von Studein in Mähren, wohnhaft in Wien-Leopoldstadt No 479 (1826) und No 602 (1827) (GbhP'e).
[118] Philipp Veränderlich (FdhP: M: Barbara, l<edigen> St<andes>, israelititsch).

M

M: Name	M: Vorname	geb. ca.	Beruf	K: Name	K: Vorname	K: geb.	K: gest.	K: entl.	Qu GbhP	Qu FdhP	Qu EntlP
Morgenstern[120]	Theresia	1809/U	Hdarb	Morgenstern[121]	Gustav	47/12/15	48/01/04		33/00533	1847/7092	
Morgenstern	Theresia	1809/U	Hdarb	Morgenstern	Adolf	47/12/15	48/03/07		33/00533	1847/7093	
Moril, vide Maril											
MOSES (MOZES, MOISES, MOYSES)											
Moysesin[122]	Anna	/U		Moyses[123]	Theresia	1797/09	1797/09			1797/1995	
Moises|Mojses	Anna	1837/U	Magd	Moises[124]	Josef	59/07/07	59/08/19		44/06348	1859/5497	
Moises	Elia			Moises[125]	Theresia	1799/09	1799/11			1799/2375	
Mozes|Moses[126]	Julia	1844/U	Köchin	Mozes	Alexander	63/01/08	63/02/24		47/07903	1863/0453	
Mozes|Moses	Julia	1840/U	Magd	Mozes	Heinrich	66/03/15	66/04/02		51/00689	1866/2219	
Moises	Rosa	1830/U	Hdarb	Moises[127]	Rosa	52/04/23	56/09/23		37/03839	1852/2856	

---

[119] Ludmilla Himmel bekam einen Pflegeplatz in der Alservorstadt (FdhP: Theresia Krause, Witwe, <Wien> Alsergasse <Konskriptions-> No 145). Da kein Sterbedatum in das FdhP nachgetragen wurde, könnte dieses Kind die Findelpflege überlebt haben. - Taufmatrik AKH 27/05/26: Mutter Israelitin; im FdhP und in der Taufmatrik wird der Name der Mutter nicht erwähnt.
[120] Theresia Morgenstern, geb. und wohnhaft in Neutra, von dort zugereist (GbhP). - Zwillingsgeburt: 47/12/15: Gustav und Adolf Morgenstern.
[121] Im Fdh im Alter von drei Wochen an Lebensschwäche gestorben (FdhP).
[122] "Ledige Jüdin von Alt-Ofen gebohren" (Santa Maria Rotunda Taufmatrik 1797/09/11: Theresia Moyses).
[123] "Die Mutter verlangte in Gegenwart des Geistlichen" und zweier Zeugen die Taufe, das Kind kam am folgenden Tag ins Fdh; im FdhP kein Hinweis auf die jüdische Herkunft des Kindes, der Name der Mutter wurde in das FdhP nicht aufgenommen; gestorben am 1797/09/25 "an der Fraiß" (Pfarre Santa Maria Rotunda Taufmatrik 1797/09/11: Theresia Moyses; FdhP).
[124] Josef Moises (GbhP, FdhP), Josef Mojses (Taufmatrik AKH 59/07/08). - "Wegen Religion der Mutter" Fdh (FdhP).
[125] Theresia Moyses (Pfarre St. Stefan Taufmatrik 1799/10/16), Theresia Moises (FdhP). - Theresia Moises, getauft im Alter von 19 Tagen am 1799/10/16 in der Pfarre St. Stefan, kam am folgenden Tag ins Fdh (Pfarre St. Stefan Taufmatrik 99/10/16: "Ist auf Befehl der Landesregierung getauft worden"; FdhP: "Laut Regierungs-Rathschlag d<e> d<a>t<o> 5ten 8bris <1>799 ist dieses uneheliche Judenkind nach kristkatholischem Glauben taufen zu lassen, und unentgeltlich in das Findelhaus einzunehmen"). Sie blieb vier Tage im Fdh, kam sodann zu einem Bandmacher am Neustift; an "Abweichen" (Durchfall) am 1799/11/04 gestorben (FdhP).
[126] Julia Mozes (GbhP, FdhP), Julia Moses (Taufmatrik AKH 63/01/08: Alexander Moses), geb. von Rechnitz in Ungarn, 1862 und 1866 zugereist von Stein am Anger (GbhP'e).

M

M: Name	M: Vorname	geb. ca.	Beruf	K: Name	K: Vorname	K: geb.	K: gest.	K: entl.	Qu GbhP	Qu FdhP	Qu EntlP
Motlay Cäcilie, vide Modler Cäcilie											
Motzka[128]	Anna	1839/U	Magd	Motzka[129]	Augustin	62/06/19	62/07/13		47/05090	1862/4481	
MÜLLER (MILLER)											
Müller	Amalia	1839/U	Hdarb	Müller[130]	Rosalia	61/09/27	61/10/15		46/07997	1861/7405	
Müller	Anna	1797/B	Magd	Müller	Elisabeth	23/01/18	23/02/01		08/00075	1823/0314	
Miller	Anna	1827/W	Hdarb	Miller[131]	Josef Ferd.	49/07/06	49/08/22		34/05721	1849/4566	
Müller	Betti	1827/U	Hausr.	Müller	Leopoldine	63/05/17			48/04845	1863/3865	
Müller	Lotti	1839/U	Magd	Müller	Karl	59/08/30		59/09/15	44/07568	1859/6960	
Müller[132]	Franziska	1822/B	Magd	*Braun*[133]	Johanna N.	42/05/13	42/05/31		27/03368	1842/2215	
Müller	Hanni	1845	Magd	<...>[134]		67/12/08	67/12/09		52/07377		
Müller	Johanna	1833/U	Magd	Müller	Josef	62/01/02			47/00226	1862/0221	
Müller	Johanna	1848/U	Magd	Müller[135]	Josef	67/02/20	67/03/18		52/01310	1867/1619	
Müller[136]	Juliana	1803/Dt	Köchin	*Schmidt*[137]	Juliana	31/04/15			16/01015	1831/1137	

---

[127] "Wegen Religion der Mutter" Fdh (FdhP).
[128] Anna Motzka wurde in die Taufmatrik des AKH als "evang<elisch>" eingetragen (Taufmatrik AKH 62/06/19: Augustin Motzka), im FdhP wurde jedoch "isr<aelitisch>" doppelt unterstrichen; nach dem Wochenbett zum Ammendienst ins Fdh gebracht (GbhP).
[129] Augustin Motzka kam "wegen Krankheit der Mutter" ins Fdh (FdhP) und am folgenden Tag zu einer Pflegepartei in Hausbrunn im Preßburger Komitat, wo er an Meningitis (Hirnhautentzündung) gestorben ist (FdhP).
[130] "Wegen mosaischer Religion der Mutter" (GbhP), "wegen Religion der Mutter" Fdh (GbhP, FdhP).
[131] "Wegen israelitischer Religion der Mutter" Fdh (FdhP); im Fdh an Auszehrung gestorben (FdhP).
[132] Franziska Müller, getauft am 43/03/19 in der Pfarre Erdberg (DAW: Konvertiten-Akten 1843 I).
[133] Taufmatrik AKH 42/05/13: Johanna Nepomucema Braun, P: Eva Milota, Hebamme; Anmerkung: "Mater judaea".
[134] o.A. (GbhP). Dieses Kind, ein Bub, starb ungetauft einen Tag nach seiner Geburt im Gbh (GbhP).
[135] "Wegen Krankheit der Mutter" Fdh (FdhP).
[136] Juliana Müller, gestorben am 31/04/24 (IKG Stb A 383: im AKH im Schwangerhofe, an Nervenfieber). - TBP 31/04/24: "Müller Juliana, Köchin, gebürtig von Botawiesen in Bayern, von No 398 Wieden, am Nervenfieber, alt 28 Jahr, im AKH."
[137] Juliana Schmidt kam "wegen Krankheit der Mutter" ins Fdh (GbhP, FdhP). In die Taufmatrik des AKH und ins FdhP wurde ursprünglich der volle Name der Mutter eingetragen, sodann hat man "Müller" gestrichen und mit Schmidt ersetzt, was mit einer entsprechenden Anmerkung in der Taufmatrik

M: Name	M: Vorname	geb. ca.	Beruf	K: Name	K: Vorname	K: geb.	K: gest.	K: entl.	Qu GbhP	Qu FdhP	Qu EntlP
Müller Karolina, vide geb. Lazansky Lotte											
Müller[138]	Katharina	1837/U	Hdarb	Müller[139]	Theresia	55/01/30	55/01/31		40/01875	1855/0730	
Müller	Maria	1833/B	Magd	Müller	Rudolf	61/04/20	63/10/23		46/04269	1861/3440	
Müller	Maria	1840/U	Magd	Müller	Maria	62/08/19	62/09/08		47/06416	1862/5910	
Müller	Rosalia	1797/B	Magd	Klinasch[140]	Anna	23/02/08			08/00074	1823/0519	
Munk	Babette	1832/U	Magd	Munk[141]	Rosa	56/04/07		56/05/26	41/03326	1856/2501	
Munk	Rosalia	1842/U	Magd	Munk	Ernestine	67/03/16	67/07/11		52/01830	1867/2156	
Münz[142]	Sofia	1820/B	Tochter	Tillinger[143]	Thomas	39/07/11			24/03004	1839/3036	
Münzer	Fanni	1844/Dt	Magd	Münzer[144]	Josef	65/11/21	66/02/14		50/07985	1865/8658	

erläutert wurde: "War anfangs unter dem Namen Müller aufgenommen, wurde aber später zufolge gepflogener Erhebungen in dem Aufnahmsprotokolle <...> unter dem Namen Schmidt eingetragen". - In das FdhP wurde kein Sterbedatum nachgetragen, das Kind könnte demnach überlebt haben (FdhP: Pflegemutter: Maria Nessl, Kleinhäuslerin in Mühlleuten <Mühlleiten> No 16 - NÖ, UMB). - Randnotiz in der Taufmatrik in Form eines Datums (68/09/14) - derartige Randnotizen verweisen auf die Ausstellung eines Taufscheines (Taufmatrik AKH 31/04/15: Juliana Schmidt).

[138] Katharina Müller, gestorben am 55/01/31, einen Tag nach der Entbindung (IKG Stb B 2278: im AKH Gebärhaus, an Blutzersetzung), ihr Kind wurde sogleich nach der Geburt getauft und kam "wegen Periton<itis> (Bauchfellentzündung) der Mutter" ins Fdh (GbhP).

[139] Theresia Müller kam "wegen Krankheit der Mutter" ins Fdh, im Fdh tags darauf an Lungenblutung gestorben; "hat bar 1 f 3 x" (1 Gulden, 3 Kreuzer), wurde noch nach dem Tod ihrer Mutter, die im Gbh an Blutzersetzung gestorben war, ins FdhP nachgetragen; die jüdische Herkunft des Kindes wird im FdhP nicht erwähnt (FdhP).

[140] A.K. (GbhP), Anna Klinasch (FdhP). - Im FdhP kein Hinweis auf die jüdische Herkunft des Kindes. - Taufmatrik AKH 23/02/07: Anna <durchgestrichen: Klinasch>, M: Anna Klinasch. Hier wird es sich um eine tatsächliche Verwechslung (und nicht Weitergabe) eines Kindes handeln. Anna Klinasch wurde mit Elisabeth Müller verwechselt: Taufmatrik AKH 23/01/18: Elisabetha, M: Rosalia Müller, P: Theresia Fischl, Hebamme.

[141] Gassengeburt - Rosa Munk kam zusammen mit ihrer Mutter einen Tag nach ihrer Geburt ins Gbh, wurde sodann getauft ins Fdh gebracht (GbhP).

[142] Sofia Münz, Handelsmanns Tochter, 19 Jahre alt, geb. von Praschin in Böhmen, Saazer Kreis, aus Prag zugereist (GbhP); Vermerk im GbhP: "angez<eigt> P.O.D. Fremden Commission" mit Aktenvermerken - P.O.D. steht für "Polizei-Ober-Direktion" (GbhP).

[143] Bei Thomas Tillinger wurde kein Sterbedatum nachgetragen, er könnte daher überlebt haben (FdhP: letzte Pflegepartei vor Beendigung der Findelhausversorgung, ab 1847: Anna Stix, Bauersweib, Unterfladnitz No 34, Gratzer Kreis - Stmk). - "Mater judaea" (Taufmatrik AKH 39/07/12: Thomas Tillinger).

[144] Von seinen Pflegeeltern ins Fdh zurückgebracht; nach neun Tagen im Fdh an Abzehrung gestorben (FdhP).

M

M: Name	M: Vorname	geb. ca.	Beruf	K: Name	K: Vorname	K: geb.	K: gest.	K: entl.	Qu GbhP	Qu FdhP	Qu EntlP
Nachmias[1]	Lotti	1838/W	Hdarb	Nachmias[2]	Josef	56/11/5	56/12/24		42/00148	1856/7707	
Nagl	Johanna	1825/B	Hdarb	Nagl	Maria	55/07/28	55/09/11		40/05436	1855/4892	
Nasch[3]	Fanni	___/U	Hdarb	Nasch[4]	Rudolf	51/12/13			37/00908		
Nasch	Fanni	1843/U	Hdarb	Nasch[5]	Anton	66/09/17			51/06396	1866/6830	
Nasch[6]	Helene	1826/U	Magd	Nasch	Maria	54/06/18	54/07/27		39/04532	1854/4331	
Natzler[7]	Magdalena	1827/W	Hausr	Natzler[8]	Karl	49/10/23	49/11/30		34/07616	1849/6660	
Neir	Anna	1810/U	Magd	totgeboren 30/01/20					15/00152		
Nemschitz[9]	Fanni	1842/M	Magd	Nemschitz[10]	Johanna	61/12/11	61/12/18		47/00919		

---

[1] Nach der Entbindung auf die Ausschlagabteilung des AKH gebracht (GbhP).

[2] "Wegen Religion der Mutter" Fdh (GbhP, FdhP: "Israelitenkind").

[3] o.A. (GbhP), **Fanni Nasch** (IKG Gb B 1002: Rudolf Nasch) - aus Preßburg in Ungarn (IKG Gb B 1002: Rudolf Nasch), hat auf der 2. Klasse der Zahlabteilung entbunden, wurde mit "N.N." No 6 in das GbhP eingetragen, ohne irgendwelche Angaben zum Alter, Geburts- oder Wohnort, Beruf oder zur Religionszugehörigkeit. Die Auflösung der 'N.N.'-Eintragung erfolgte über den Namen ihres Kindes Rudolf Nasch im Geburtenbuch der IKG.

[4] Rudolf Nasch, auf der Zahlklasse des Gbh geboren, wurde nicht getauft, kam nicht ins Fdh, sondern wurde in "Privatkost" gegeben, beschnitten und in das Geburtenbuch der Kultusgemeinde als uneheliches Kind der aus Preßburg stammenden Fanny Nasch eingetragen (IKG Gb B 1002).

[5] Anton Nasch könnte die Findelpflege überlebt haben, Randnotizen in der Taufmatrik des AKH aus den Jahren 1931, 1935, 1940, 1943 und 1944 (Taufmatrik AKH 66/09/18: M: Franziska Nasch, isr<aelitisch> <fünfmal rot unterstrichen>; im GbhP weitere Randnotizen, bzw. Aktenverweise aus den Jahren 1943 und 1944.

[6] Helene Nasch, geb. von Preßburg in Ungarn, von dort zugereist (GbhP).

[7] Magdalena Natzler, Hausiererin (GbhP) bzw. Handarbeiterin (FdhP), in Wien geboren, getauft am 50/01/21 in der Pfarre St. Laurenz am Schottenfeld, erhielt bei der Taufe die Namen **Maria** Magdalena; wohnhaft in Meidling; V: Markus Natzler, Handelsmann, M: Rosalia, geb. Funk, gebürtig aus Misslitz in Mähren (DAW: Konvertiten-Akten 1849 und 1850; Pfarre St. Laurenz Konvertiten II 50/01/21); als Begründung zur Konversion wurde u.a. "ein Verhältnis zu einem katholischen Manne" angegeben, "mit dem sie sich zu verehelichen gedenkt", weiters wurde ihre "völlige Unwissenheit im mosaischen Glauben" festgehalten (Pfarre St. Laurenz Konvertiten II 50/01/21).

[8] Karl Natzler (FdhP: "Israelitenkind"), Taufpate: Johann Michelmann, Schuhmacher (Taufmatrik AKH 49/10/23: Karl Natzler); gestorben im Fdh an Durchfall (FdhP).

[9] Franziska Nem**sch**itz (GbhP, FdhP), Franziska Nemsitz (Taufmatrik AKH 61/12/11: Johann Nemsitz).

[10] Getauft, nach sieben Tagen im Gbh gestorben (GbhP; Taufmatrik AKH 61/12/11).

M: Name	M: Vorname	geb. ca.	Beruf	K: Name	K: Vorname	K: geb.	K: gest.	K: entl.	Qu GbhP	Qu FdhP	Qu EntlP
Nemschitz	Hermine	1823/M	Magd	Nemschitz[11]	Maria	50/11/18	51/05/10		36/00374	1850/6699	
Neu[12]	Maria	1836/U	Magd	Neu[13]	Franz	57/09/8	57/09/24		42/07154	1857/6430	
Neu	Rosalia	1837/U	Magd	Neu[14]	Samuel	55/04/16	57/12/21		40/03609	1855/2786	
Neu[15]	Rosina	1834/U	Hdarb	Neu	Franz	52/12/28	54/12/5		38/01030	1853/0182	
<...>[16]				Neu[17]	Thomas	04/12/13	04/12/24			1804/3135	
Neubach	Regina	1845/M	Magd	Neubach	Franziska	68/01/30	68/02/21		53/00700	1868/0924	
Neubauer[18]	Josefa	1839/U	Magd	Neubauer[19]	Karl	57/02/7	57/02/24		42/02317	1857/1043	
Neubauer[20]	Julia	1840/U	Hdarb	Neubauer[21]	Anna	60/08/27	60/08/27		45/06524		
Neubauer[22]	Julia	1840/U	Hdarb	Neubauer	Juliana	66/08/20	66/08/27		51/04900		
Neubauer	Julia	1840/U	Hdarb	Neubauer[23]	Franziska	66/08/20	66/08/20		51/04900		

---

[11] Maria Nemschitz (Taufmatrik AKH 50/11/19), Nemeschitz (FdhP); "wegen Religion der Mutter" ins Fdh (FdhP: "Israelitenkind").
[12] Maria Neu wurde von der Syphilis-Abteilung des AKH, Zi. 74 zur Entbindung ins Gbh gebracht (GbhP).
[13] Franz Neu wurde unmittelbar nach der Geburt getauft, "wegen Krankheit der Mutter" ins Fdh gebracht; gestorben im Fdh an Lebensschwäche (FdhP: "Israelitenkind").
[14] "Wegen Religion der Mutter" Fdh (FdhP: "Israelitenkind").
[15] Rosina Neu, geb. aus Soponya in Ungarn, bei Stuhlweissenburg, zugereist (GbhP).
[16] o.A. (Taufmatrik AKH 04/12/14: Thomas Neu, M: Jüdin); ins FdhP wurde weder der Name der Mutter noch die jüdische Herkunft des Kindes eingetragen. Die Mutter hatte auf der 2. Zahlabteilung unter der No 68 entbunden.
[17] Thomas Neu war einen Tag alt, als er ins Fdh gebracht wurde; gestorben im Fdh, Todesursache: Fraiß (FdhP).
[18] Josefa Neubauer wurde vom AKH, Zi. 73 zur Entbindung ins Gbh gebracht (GbhP).
[19] Karl Neubauer wurde sogleich getauft und kam "wegen Krankheit der Mutter" ins Fdh, im Fdh an Diarrhöe gestorben (GbhP, FdhP: "Israelitenkind").
[20] Julia Neubauer, geb. von Stampfen in Ungarn, wurde nach der Entbindung in eine andere Abteilung des AKH gebracht (GbhP); 1860 wohnhaft in Wien-Leopoldstadt No 216, 1866 vom Geburtsort zugereist (GbhP'e).
[21] Anna Neubauer wurde von der Hebamme Franziska Schwehla notgetauft (Taufmatrik AKH 60/08/27: Anna Neubauer); diese Nottaufe wurde nicht in das GbhP eingetragen, das Kind ist nach der Nottaufe gestorben (GbhP).
[22] Zwillingsgeburt: 66/08/20: Juliana und Franziska Neubauer.
[23] Franziska Neubauer wurde von der Hebamme Franziska Mahr notgetauft (Taufmatrik AKH 66/08/20), sie ist nach der Nottaufe noch am selben Tag

M: Name	M: Vorname	geb. ca.	Beruf	K: Name	K: Vorname	K: geb.	K: gest.	K: entl.	Qu GbhP	Qu FdhP	Qu EntlP
Neuberger	Karolina	1836/B	Magd	Neuberger	Jakob	64/06/15	64/08/22		49/05899	1864/4983	
Neuer	Rosalia		Magd	Neuer[24]	Maria Josefa	1820/03				1824/4057	
Neuer	Rosalia	1797/U	Magd	Sartory[25]	Alfons|Anton	21/10/3	21/10/14		06/02552	1821/3424	
Neufeld[26]	Netti|Esther	1843/U	Magd	Neufeld	Rudolf	66/12/15	67/03/16		51/08509	1866/9035	
Neufeld	Anna	1843/U	Magd	Neufeld[27]	Karl	68/02/9			53/00925	1868/1183	
Neufeld[28]	Anna|Nina	1847/U	Hdarb	Neufeld	Josef	65/09/22	65/10/7		50/05759	1865/7078	
Neufeld	Barbara	1845/U	Magd	Neufeld	Rudolf	67/09/20			52/05661	1867/6172	
Neufeld[29]	Cäcilia	1822/U	Magd	Neufeld[30]	Maria	55/05/14	55/05/17		40/04096	1855/3238	

---

gestorben (GbhP). Diese Nottaufe wurde nicht in das GbhP eingetragen. Beide Kinder starben noch im Gebärhaus, Franziska am 20., Juliana am 28. August, nach deren Tod wurde die Mutter zum Ammendienst ins Fdh gebracht (GbhP).

[24] Maria Josefa Neuer, getauft im Alter von einem Jahr und vier Monaten am 21/07/02 in der Pfarre St. Stefan, Taufpatin: Gräfin Theresia Kemeny, geb. Batthyany. - Das Kind wurde mit "mit Einwilligung der Mutter" getauft, kam drei Jahre später, am 24/11/04 ins Fdh und sogleich zu einer Witwe in die Leopoldstadt in Außenpflege. Im FdhP wurde kein Sterbedatum nachgetragen, das Kind könnte demnach überlebt haben (FdhP: Pflegemutter: Anna Griechbaum, No 194 Leopoldstadt).

[25] **Alfons** Sartory (GbhP, FdhP), **Anton** Satory (Taufmatrik AKH 21/10/03) - ein Fremdnamenkind: Nur in das GbhP wurden Mutter und Kind namentlich eingetragen, im FdhP wird die jüdische Herkunft des Kindes nicht erwähnt, in der Taufmatrik wurde in die Rubrik des Vaters "Israelita" eingetragen. - "Wegen Krankheit der Mutter" Fdh (FdhP), die Mutter wurde nach dem Wochenbett aus dem Gbh entlassen (GbhP).

[26] Netti /:**Esther**:/ Neufeld (GbhP), **Anna** Neufeld (Taufmatrik AKH 66/12/16: Rudolf Neufeld), **Netti** Neufeld (FdhP), geb. und wohnhaft in Varin in Ungarn, Trentschiner Komitat, von dort zugereist (GhbP); V: Abraham Neufeld, M: Judith, geb. Holzmann. - Heiratete am 74/02/22 nach jüdischem Ritus den Vater ihrer Kinder, den Spengler Isak Ignaz Ribarsch (Taufmatrik AKH 68/02/10: Karl Neufeld).

[27] Karl Neufeld kam nach Brezowa in Ungarn, Ober-Neutraer Komitat, in Findelpflege; 1874 wurde er von Elisabeth Melis aus der Findelhausversorgung gelöst - wir wissen nicht, in welcher Beziehung sie zum Kind oder zu den Eltern des Kindes gestanden ist (EntlP: Melis Elisabeth in Brezowa No 227, Ungarn). - Karl Neufeld wurde im Mai 1893 legitimiert (Taufmatrik AKH 68/02/10: Karl Neufeld). 1892 war er aus der katholischen Kirche ausgetreten, im Oktober 1893 trat er zum Judentum über (IKG ProsP Bd. 1868-1903, Teil 1892-1903: 93/10/05), wobei er den Namen **Jakob ben Israel** annahm. In einer Randnotiz wurde vermerkt: "Die Mutter des Kindes ist Jüdin und war es auch bei der Geburt des Proselyten." - Randnotiz aus dem Jahr 1939 in der Taufmatrik des AKH (Taufmatrik AKH 68/02/10: Karl Neufeld).

[28] Anna (Nina) Neufeld, geb. von Bergstadt Neusohl in Ungarn, zugereist (GbhP).

M: Name	M: Vorname	geb. ca.	Beruf	K: Name	K: Vorname	K: geb.	K: gest.	K: entl.	Qu GbhP	Qu FdhP	Qu EntlP
Neufeld[31]	Fanni	1849/U	Magd	Neufeld	Anna	66/12/9			51/08167	1866/8891	
Neufeld	Fanni	1843/U	Hdarb	Neufeld	Moritz	67/10/16	68/01/19		52/05551	1867/6753	
Neufeld[32]	Franziska	1822/U	Magd	Neufeld[33]	Wilhelmine F.	45/01/26	45/02/28		30/00811	1845/0465	
Neufeld	Franziska	1824/U	Magd	Neufeld	Leopold	47/09/1	47/11/8		32/06053	1847/5160	
Neufeld	Julia	1846/U	Magd	Neufeld[34]	Eduard	68/05/2	69/01/10			1868/3264	
Neufeld[35]	Maria	1821/U	Magd	unentbunden entlassen		41/05/06			26/02250		
Neufeld	Maria	1847/U	Magd	Neufeld[36]	Moritz	68/11/6		68/12/5	54/06518	1868/7192	68/12/5
Neufeld	Rosalia	1825/U	Magd	Neufeld	Leopold	50/02/9	50/02/25		35/02033	1850/1039	
Neugebauer[37]	Resi	1844/U	Magd	Neugebauer[38]	Maria	66/12/1	66/12/16		51/07403	1866/8551	

[29] Cäcilia Neufeld, geb. von Also Kubin in Ungarn, wohnhaft in Preßburg No 115, von dort zugereist (GbhP), wurde einen Tag nach der Entbindung wegen Mastitis (Entzündung der Brüste) auf die chirurgische Abteilung des AKH gebracht (GbhP).
[30] Maria Neufeld kam "wegen Krankheit der Mutter" ins Fdh; gestorben im Fdh an Lebensschwäche (FdhP: "Israelitenkind").
[31] Franziska Neufeld, geb. von Sümegh in Ungarn; wohnhaft in Wien-Leopoldstadt; im FdhP als "kl" (katholisch, ledig) eingetragen, die jüdische Herkunft ihres Kindes wird in dieser Quelle nicht erwähnt; in der Taufmatrik des AKH jedoch als jüdisch ausgewiesen (FdhP; Taufmatrik AKH 66/12/10: Anna Neufeld).
[32] Franziska Neufeld, geb. von Mattersdorf in Ungarn, Ödenburger Komitat; 1844 wohnhaft in Wien Innere Stadt No <o.A.>, 1847 in der Alservorstadt No 26 (GbhP'e).
[33] Wilhelmine Friederike Neufeld (FdhP: "Israelitenkind").
[34] CAHJP A/W 1809, Verzeichnis jüdischer Findelkinder 1868.
[35] Maria Neufeld, geb. und wohnhaft in Mattersdorf in Ungarn, Ödenburger Komitat, von dort zugereist (GbhP).
[36] Moritz Neufeld, ein "68er Kind", wurde vom Ehepaar Gumpel und Rosalia Noteles im Alter von einem Monat "gegen Revers" übernommen. In welcher Beziehung sie zum Kind oder zur Mutter gestanden sind, geht aus der Eintragung des EntlP nicht hervor (FdhP; CAHJP A/W 1809, Verzeichnis jüdischer Findelkinder 1868, EntlP). Verwitwet, heiratet Gumpel Noteles 1874 die Magd Magdalena Lampl (IKG Tb Leopoldstadt 1871-1879: 430) - vide Lampl Magdalena.
[37] Resi Neugebauer, gestorben am 66/12/17, 16 Tage nach der Entbindung, einen Tag nach dem Tod ihres Kindes (GbhP: im Gbh, an Lungenentzündung). - TBP 66/12/17: "Neugebauer Theresia, Magd, 22 Jahr, ledig, israelitisch, <...> Ungarn, Lungenentzündung, Rothe Sterngasse 4, II. Bezirk, Gebärhaus."
[38] Maria Neugebauer wurde sogleich nach der Geburt getauft, kam "wegen Krankheit der Mutter" ins Fdh, gestorben im Fdh im Alter von zwei Wochen an Trismus (Kinnbackenkrampf, Mundsperre, Mundklemme) (FdhP).

M: Name	M: Vorname	geb. ca.	Beruf	K: Name	K: Vorname	K: geb.	K: gest.	K: entl.	Qu GbhP	Qu FdhP	Qu EntlP
<...>	Tonerl			Neugebohrnin[39]	Agnes	1785/01	1785/01			1785/1428	
Neuhaus[40]	Barbara	1841/B	Magd	Neuhaus[41]	Barbara	66/08/6	66/08/17		51/05376	1866/5668	
Neuhaus	Maria	1833/U	Magd	Neuhaus	Johanna	56/05/4	57/06/8		41/03807	1856/3136	
Neuhäuser[42]	Theresia	1830/B	Magd	Neuhäuser	Alexander	49/02/23	49/06/8		34/02713	1849/1595	
Neuheuser[43]	Theresia	1831/B	Hdarb	Neuhauser[44]	Hermine	51/01/15	51/02/15		36/01630	1851/0481	
Neumann	Anna	1831/B	Magd	Neumann[45]	Rudolf	53/02/14	53/03/21		38/02331	1853/1243	
Neumann	Barbara	1791/U	Magd	*Frey*	Jakob	17/04/10	17/05/23		02/00551	1817/1194	
Neumann[46]	Barbara	1818/U	Magd	unentbunden entlassen 44/02/18					29/00867		
Neumann	Barbara	1819/U	Köchin	Neumann	Josef	44/03/13	44/05/10		29/01821	1844/1367	
Neumann[47]	Franziska	1796/U	Magd	*Schneider*	Anton	14/05/13	14/07/5			1814/1337	
Neumann	Hanni	1849/U	Köchin	Neumann[48]	Markus	68/11/19	69/01/25		54/06747	1868/7486	

---

[39] Agnes Neugebohrnin, "von hebräischen Eltern gebohrn und von den H. Seiz Unterrichter allhier in das Findelhaus geschickt worden" (Pfarre Mariä Geburt Taufmatrik 1785/01/19), "ist von dem k.k. Stadtgericht gratis anhero <Fdh> kommen", wurde bei der Aufnahme ins Fdh im Alter von sieben Tagen im Waisenhaus (Pfarre Mariä Geburt) am 1785/01/19 "auf Verlangen der Mutter" getauft - die Mutter war offensichtlich verhaftet worden; das Kind hatte Gelbsucht, war "frühzeitig", hat noch eine knappe Woche gelebt (FdhP). - Der Name "Neugebohrnin" war mit Sicherheit ein Fremdname, geschöpft aus den Repertoire jüdischer Konvertitennamen des ausgehenden 18. Jahrhunderts, von der Mutter wurde nur der Vorname aufgenommen (Tonerl - Antonia).
[40] Nach der Entbindung ins AKH, Zi. 73 "transferirt" (GbhP).
[41] Barbara Neuhaus wurde nach der Geburt getauft und kam noch am selben Tag "wegen Krankheit der Mutter" ins Fdh, die Mutter wurde auf das Krankenzimmer No 73 (Syphilis-Abteilung) gebracht. - Das Kind ist im Fdh an Lebensschwäche gestorben. In der Taufmatrik des AKH wird die jüdische Herkunft dieses Kindes nicht erwähnt (FdhP; Taufmatrik AKH 66/08/06).
[42] Theresia Neuhäuser, geb. von Wotitz in Böhmen, wohnhaft in Wien-Leopoldstadt No 336 (1849).
[43] Theresia Neuheuser (GbhP), Theresia Neuhauser (Taufmatrik AKH 51/01/15); "mit D<irektions> Bewillig<ung> " wurde Theresia Neuheuser ein Empfangschein für ihr Kind ausgestellt.
[44] "Wegen Religion der Mutter" Fdh, im Alter von einem Monat an Lebensschwäche gestorben (FdhP): "Israelitenkind").
[45] "Wegen Religion der Mutter" Fdh; im Fdh an Rotlauf gestorben (FdhP: "Israelitenkind" <unterstrichen>).
[46] Barbara Neumann, geb. von Tapolcsany in Ungarn, Neutraer Komitat, 1843 und 1844 zugereist von Preßburg (Schloßberg) (GbhP).
[47] Franziska Neumann (FdhP: alt 18 J<ahr>, Israelitin, led<ige> Magd von Schoosberg in Hungarn gebürtig).

M: Name	M: Vorname	geb. ca.	Beruf	K: Name	K: Vorname	K: geb.	K: gest.	K: entl.	Qu GbhP	Qu FdhP	Qu EntlP
Neumann	Helene	1845/U	Hdarb	Neumann[49]	Julius	64/02/4	64/02/13		49/01298	1864/0966	
Neumann[50]	Jetti	1840/U	Magd	Neumann	Josef	67/08/3	67/11/9		52/03742	1867/5232	
Neumann	Josefa	1840/B	Magd	totgeboren		64/12/15			49/10387		
Neumann[51]	Josefine	1834/U	Stbm	Neumann[52]	Franz	57/11/10	57/12/26		43/00003	1857/8141	
Neumann	Katharina	1828/U	Magd	Neumann	Karl	48/04/15	48/05/30		33/03298	1848/2436	
Neumann	Mimi	1840/Stmk	Hdarb	Neumann[53]	Theresia	60/04/26			45/04043	1860/2986	
Neumann[54]	Rosa	1829/U	Magd	Neumann[55]	Ferdinand	54/05/15		63/05/24	39/04702	1854/3589	63/05/20
Neumann	Rosa	1829/U	Köchin	Neumann	Eduard	57/08/27	58/05/21		42/06842	1857/6369	
Neumann	Rosa	1828/U	Hdarb	Neumann[56]	Amalia	60/03/22		62/08/30	45/03316	1860/2337	62/08/30

[48] Markus Neumann, ein "68er Kind", kam mit seiner Mutter ungetauft ins Fdh, wurde nach einer Woche weitergegeben und ist im Alter von zwei Monaten an Stickhusten gestorben (FdhP; CAHJP A/W 1809, Verzeichnis jüdischer Findelkinder 1868).
[49] Julius Neumann wurde sogleich nach seiner Geburt getauft und "wegen Krankheit der Mutter" ins Fdh gebracht; seine Mutter kam nach dem Wochenbett zum Ammendienst ins Fdh; das Kind ist tags darauf an Lebensschwäche im Fdh gestorben (FdhP), das Sterbedatum wurde auch in die Taufmatrik eingetragen (Taufmatrik AKH 64/02/04: Julius Neumann).
[50] Jetti Neumann (FdhP), Henriette Neumann (Taufmatrik AKH 67/08/04: Josef Neumann).
[51] Josefine Neumann, geb. von Rajecz in Ungarn, Trentschiner Komitat, zugereist aus Preßburg (GbhP).
[52] Im Fdh an Tabes (Schwindsucht, Auszehrung) gestorben (FdhP: "Israelitenkind").
[53] "Wegen Krankheit der Mutter" Fdh; dieses Kind könnte überlebt haben, kein Sterbedatum im FdhP (FdhP: "Israelitenkind").
[54] Rosa Neumann, geb. von Pitsch in Ungarn, Trentschiner Komitat; wohnhaft in Wien-Leopoldstadt No 14 (1854), No 495 (1857) und No 758 (1860) (GbhP'e).
[55] Ferdinand Neumann kam "wegen Religion der Mutter" ins Fdh (GbhP, FdhP), vom Fdh zu einem Glasschleifer nach Georgenthal in Böhmen. Der Schneidergeselle Franz Exner löste dieses Kind "gegen Revers" aus der Findelhausbetreuung - acht Monate zuvor hatte er seine zweieinhalbjährige Tochter Amalie Neumann zu sich genommen (FdhP, EntlP: Franz Exner, Schneidergesell, <Wien, Alservorstadt> Wasagasse No 18). Beide Kinder hatten eigene Taufpaten: Helena Schmidt, Faktors Gattin, war die Taufpatin von Amalia Neumann, der Mechaniker Ferdinand Schöninger hatte die Patenschaft für Ferdinand Neumann übernommen (Taufmatrik AKH 54/05/15 und 60/03/22). Ob die Eltern dieser beiden Kinder geheiratet haben, geht aus den Protokolleintragungen nicht hervor.
[56] Das Kind Amalia Neumann wurde im Alter von zweieinhalb Jahren vom Schneidergesellen Exner aus der Findelpflege "gegen Revers" gelöst. Im EntlP

M: Name	M: Vorname	geb. ca.	Beruf	K: Name	K: Vorname	K: geb.	K: gest.	K: entl.	Qu GbhP	Qu FdhP	Qu EntlP
Neumann	Rosalia	1834/U	Magd	Neumann[57]	Moritz	54/03/8	54/03/22		39/02956	1854/1677	
Neumann[58]	Rosalia	1841/U	Magd	Neumann[59]	Josef	63/10/26	63/12/27		48/08778	1863/7963	
Neumann	Rosalia	1842/U	Magd	Neumann	Paul	65/12/25	66/03/23		50/08787	1866/0025	
Neumann	Rosalia	1844/U	Magd	Neumann	Berta	67/01/13	67/01/30		52/00318	1867/0583	
Neumann	Rosalia	1849/U	Hdarb	Neumann	Heinrich	67/12/17	69/03/19		52/07441	1867/8320	
Neumann[60]	Rosina	1840/U	Hdarb	Neumann[61]	Emilia	60/01/3	60/03/24		45/00762	1860/0123	
Neumann[62]	Rosina	1839/U	Magd	Neumann[63]	Hugo	61/05/02	61/07/31		46/02834	1861/3770	
Neumann[64]	Sali	1836/U	Magd	Neumann	Josef	59/01/5	59/02/28		44/00854	1859/0348	
Neumann[65]	Theresia	1813/U	Magd	*Blum*	Eduard	39/12/23	40/04/19		25/00760	1840/0016	
Neumann	Theresia	1817/U	Magd	*Altmann*	Leopoldine	41/11/14	41/12/7		27/00225	1841/4936	
Neumann	Theresia	1815/U	Arb	*Marmor*[66]	Maria	43/02/26	43/03/21		28/01984	1843/1153	
Neumann	Theresia	1817/U	Magd	Neumann[67]	Leopoldine	46/11/9	47/02/16		32/00134	1846/6144	

findet sich der Vermerk: L<eiblicher>E<rzeuger> (EntlP: Franz Exner, Schneidergesell, <Wien> Alsergrund No 349).
[57] Moritz Neumann kam "wegen Krankheit der Mutter" ins Fdh; gestorben im Alter von zwei Wochen im Fdh an Blutzersetzung (GbhP, FdhP).
[58] Rosalia Neumann, geb. von Pápa in Ungarn, Veszprimer Komitat, 1863 wohnhaft in Wien 4, Hauergasse 7, 1865 vom Geburtsort zugereist, 1867 wohnhaft Wien 4, Blechturmgasse No 2 (GbhP).
[59] "Wegen Krankheit der Mutter" Fdh (FdhP).
[60] Rosina Neumann, geb. von Hlinik (No 62) in Ungarn, 1859 zugereist, 1861 wohnhaft in Wien-Leopoldstadt No 710 (GbhP).
[61] "Wegen Krankheit der Mutter" Fdh (GbhP, FdhP).
[62] Rosina Neumann wurde zwei Wochen nach der Entbindung "der Polizei übergeben" (GbhP).
[63] Hugo Neumann kam "wegen Krankheit der Mutter" ins Fdh (FdhP: "Israelitenkind").
[64] Sali Neumann, geb. von Csögle in Ungarn, Veszprimer Komitat, zugereist von Pápa (GbhP).
[65] Theresia Neumann, geb. von Feilendorf in Ungarn, Preßburger Komitat; wohnhaft in Wien-Landstraße No 183 (1839), No 572 (1841 und 1843); 1846 in Wien-Erdberg No 353 (GbhP'e).
[66] Dem Transferdatum im GbhP wurde "Mutter Israelitin" als Begründung beigefügt; als "Israelitenkind" ins FdhP aufgenommen (FdhP).
[67] "Ins Fdh wegen der israelitischen Religion" der Mutter (GbhP; FdhP: "Israelitenkind").

M: Name	M: Vorname	geb. ca.	Beruf	K: Name	K: Vorname	K: geb.	K: gest.	K: entl.	Qu GbhP	Qu FdhP	Qu EntlP
Neumann[68]	Theresia	1823/M	Magd	Neumann[69]	Rosa	45/10/19	45/11/2		30/06427	1845/5246	
Neumann	Theresia	1846/U	Köchin	Neumann[70]	Katharina	68/04/22	68/10/19		53/02577	1868/3014	
Neumann[71]	Theresia	1847/U	Magd	Neumann	Berta	67/04/23	67/06/12		52/01729	1867/3028	
Neumann	Wilhelmine			Neumann[72]	Johanna W.	62/11/25	63/04/19			1862/8041	
Neumeyer[73]	Katharina	1826/M	Magd	Neumaier[74]	Karl	47/09/8		57/09/8	32/06156	1847/5387	57/10/15
Neuner	Katharina	1834/M	Hdarb	Neuner[75]	Ernestine F.A.	58/07/1	58/07/27		43/06235	1858/5343	
Neuspiel[76]	Hermine	1844/U	Hdarb	Neuspiel[77]	Sofia	61/04/12	61/06/18		46/03150	1861/3225	
Neustern	Theresia	1810/U	Hdarb	*Sonntag*	Lukrezia	32/10/27	32/12/6		17/02640	1832/3094	
Neuvels[78]	Rosalia	1843/U	Magd	Neuvels	Ernestine	67/01/26				52/00667	1867/0870
Neuwald	Rosalia	___/U	Magd	Neuwald[79]	Ludwig	68/04/1	68/05/25			68/2715	

---

[68] Theresia Neumann wurde nach der Entbindung ins AKH auf das Krankenzimmer No 73 (Syphilis-Abteilung) gebracht (GbhP).
[69] Im Fdh im Alter von zwei Wochen an Auszehrung gestorben (FdhP: "Israelitenkind" <unterstrichen>).
[70] Katharina Neumann, ein "68er Kind", kam mit seiner Mutter ungetauft ins Fdh, starb im Alter von einem halben Jahr in Findelpflege an Lungenentzündung. Sie steht nicht auf der IKG-Liste jüdischer Findelkinder (FdhP; CAHJP A/W 1809, Verzeichnis jüdischer Findelkinder 1868).
[71] Theresia Neumann, geb. von Tizsina in Ungarn, Trentschiner Komitat, zugereist (GbhP).
[72] Johanna Wilhelmine Neumann, geboren bei einer Hebamme in der Alservorstadt, getauft am 62/11/26 in der Pfarre Alservorstadt - Vermerk in der Taufmatrik der Pfarre: "Dieses Kind ist am 27. 9^br 862 an das Findelhaus übergeben worden". Der Taufmatrik wurde eine Einverständniserklärung der Mutter beigelegt, beglaubigt durch zwei Zeugen, einer von ihnen wohnte im Haus der Hebamme (Pfarre Alservorstadt Taufmatrik 62/11/26: Johanna Wilhelmine Neumann), das Kind ist in Außenpflege an Gedärmtuberkulose gestorben (FdhP).
[73] Katharina Neumeyer (GbhP), Katharina Neumayer (Taufmatrik AKH 47/09/08: Karl Neumayer).
[74] Karl Neumaier (FdhP), Karl Neumayer (Taufmatrik AKH 47/09/08). - Karl Neumaier wurde von Maria Weber aus Groß Zöbing in der Steiermark übernommen, sie wurde auch in das EntlP als Übernahmepartei mit dem Vermerk "PP" - Pflegepartei - aufgenommen (FdhP: "Israelitenkind", EntlP: Weber Maria, Berglerin, Groß-Zöbing No 41, Pfarre St. Margarethen, Gretzer Kreis - Stmk); Randnotiz in der Taufmatrik des AKH aus dem Jahr 1892 (Taufmatrik AKH 47/09/08).
[75] Ernestine Friederika Anna.
[76] Hermine Neuspiel, geb. von Pest in Ungarn, zugereist (GbhP).
[77] Im Fdh an Tabes (Schwindsucht, Auszehrung) gestorben (FdhP: "Israelitenkind").
[78] Rosalia Neuvels (GbhP, FdhP); Rosalia Neufels (Taufmatrik AKH 67/01/27: Ernestine Neufels).

M: Name	M: Vorname	geb. ca.	Beruf	K: Name	K: Vorname	K: geb.	K: gest.	K: entl.	Qu GbhP	Qu FdhP	Qu EntlP
Neuwirth[80]	Amalia	1822/M	Magd	*Wintermann*[81]	Fritz Ant.	41/12/27		46/03/23	27/00932	1842/0083	46/04/10
Neuwirth	Josefa	1839/U	Magd	Neuwirth	Alois	63/05/11	63/05/31			48/04035	1863/3672
Neuwirth[82]	Maria	1823/M	Magd	*Mausberger*	Eduard	43/09/19	50/07/21			28/05264	1843/4250
Nisels[83]	Sali	1845/M	Magd	Nisels	Josefa	65/02/10	65/02/22			50/00475	1865/1239
Noteles Magdalena, vide geb. Lampl Magdalena											
Nowotny[84]	Anna	1826/B	Magd	Nowotny	Maria	54/07/28	63/06/17			39/06382	1854/5406

---

[79] Ludwig Neuwald, ein "68er Kind", wurde in das Geburtenbuch der IKG eingetragen, starb bereits sechs Wochen nach seiner Geburt (FdhP; CAHJP A/W 1809, Verzeichnis jüdischer Findelkinder 1868, IKG Gb D 4476: mit Sterbedatum).
[80] Amalia Neuwirth, getauft am 44/01/15 (FdhP 1843/4250, DAW: Konvertiten-Akten 1843 II).
[81] Fritz Anton Wintermann kam nach Alland in Findelpflege. Drei Jahre später ließ sich seine Mutter taufen, 1846 wurde das Kind im Alter von vier Jahren aus der Findelpflege "gegen Revers" gelöst (FdhP) - es ist durchaus vorstellbar, daß ihn seine Mutter zu sich genommen hat. Für die 1840er Jahre sind keine EntlP'e erhalten. - Taufmatrik AKH 41/12/27: "Mater infantis judaea", Patin war eine Hutfabrikantenswitwe namens Katharina Ruschitzka, wohnhaft in der Leopoldstadt No 268. Beilage: Geburts- und Taufschein des F. A. Wintermann aus dem Jahr 1903; Randnotizen in Form von Datumsangaben aus den Jahren 1870 und 1903 (Taufschein): Im Taufschein blieben die Zeilen, die für die Eltern des Kindes vorgesehen waren, leer.
[82] Maria Neuwirth, getauft am 44/01/15 in der Pfarre Josefstadt (DAW: Konvertiten-Akten 1843 II, Konveriten-Protokolle 1841-1846). - Nach der Taufe legte sie der Fdh-Direktion ihren Taufschein vor, worauf man ihr einen Empfangsschein für ihr Kind ausstellte (FdhP). Das Kind ist am 50/07/21 an Scharlach gestorben (FdhP). - Taufmatrik AKH 43/09/10: "Mater judaea".
[83] Sali Nisels, geb. und wohnhaft in Nikolsburg in Mähren, von dort zugereist (GbhP).
[84] Anna Nowotny (GbhP, FdhP), Anna Novotny (Taufmatrik AKH 54/07/29: Maria Novotny). - Nur im GbhP als jüdisch ausgewiesen, in die Minirubrik zum Religionsbekenntnis wurde als Graphem ein großes I-förmiges Zeichen gesetzt (GbhP).

M: Name	M: Vorname	geb. ca.	Beruf	K: Name	K: Vorname	K: geb.	K: gest.	K: entl.	Qu GbhP	Qu FdhP	Qu EntlP
Obenbreit[1]	Johanna	1823/U	Magd	***Jordan*[2]**	Josef	41/04/19	41/04/29		26/02558	1841/1899	
Oberländer[3]	Katharina	1837/M	Hdarb	Oberländer[4]	Josefa	56/09/18	56/11/07			1856/6570	
Oberländer[5]	Leni	1837/M	Magd	Oberländer	Karl	61/12/12	62/01/18		47/00294	1861/9410	
Oberländer[6]	Magdalena	1843/U	Magd	Oberländer	Maria	66/02/13	66/06/6		51/00291	1866/1352	
Obermeyer	Anna			Obermeyer[7]	Julius	56/05/08	56/05/22			1856/3039	
Oblat	Katharina	1824/M	Magd	Oblat[8]	Anna	55/07/25	55/09/3		40/05363	1855/4781	
Oblatek	Rosalia	1835/B	Magd	<...>[9]		61/06/13			46/05701		
Och|Öl[10]	Franziska	1799/W	Hdarb	Och[11]	Johann Ev.	19/01/3	19/01/15		04/00017	1819/0027	

---

[1] Johanna Obenbreit wurde vom Gbh ins AKH auf das Zi. 57 gebracht (GbhP).
[2] "Mater judaea" (Taufmatrik AKH 41/04/19); drei Tage nach dem Transfer ins Fdh an Lebensschwäche gestorben (FdhP).
[3] Katharina und Leni Oberländer könnten ident bzw. verwandt sein, beide waren gleich alt und stammten aus Nikolsburg (GbhP).
[4] Josefa Oberländer, getauft am 56/10/18 in der Pfarre Schottenfeld, am folgenden Tag ins Fdh gebracht, als "Israelitenkind" ins FdhP aufgenommen (FdhP).
[5] Leni Oberländer, geb. und wohnhaft in Nikolsburg (No 37) in Mähren, von dort zugereist (GbhP).
[6] Magdalena Oberländer, geb. in Gyöngyös in Ungarn, zugereist (GbhP).
[7] Julius Obermeyer, getauft am 56/05/08 in der Pfarre Alservorstadt: "Dieses Kind der Anna Obermeyer wurde nach der Taufe ins Findelhaus abgegeben", das Kind kam noch am selben Tag gegen eine Taxe von 50 fl. als "Israelitenkind" ins Fdh; gestorben im Fdh an Lebensschwäche (Pfarre Alservorstadt Taufmatrik 56/05/08; FdhP).
[8] "Wegen Religion der Mutter" ins Fdh (GbhP), als Taufpatin fungierte eine Wäscherin aus der Rossau (Taufmatrik AKH 55/07/26: Anna Oblat), Mutter und Taufpatin könnten sich gekannt haben - Katharina Oblat hatte als letzten Wohnort die Rossau angegeben. Das Kind starb noch im Fdh an Abzehrung (FdhP).
[9] o.A. (GbhP). Dieses Kind, ein Bub, wurde ungetauft mit seiner Mutter am 61/06/19 aus dem Gbh entlassen (GbhP).
[10] Franziska **Och** (GbhP, FdhP), Franziska **Öl** (Taufmatrik AKH 19/01/03: Johann Evang. Öl) - die Namensvariante entstand durch ein kursiv gesetztes Antiqua-C, das als E interpretiert wurde, in der Folge wurde ein flüchtiges H zu L verlesen. - Franziska Och, in Wien geboren, Stickerin, wohnhaft in Wien-Mariahilf. In der Taufmatrik des AKH wird die jüdische Herkunft des Kindes nicht erwähnt (GbhP; Taufmatrik AKH 19/01/03: Johann Evang. Öl).
[11] Für Johann Evangelist Och/Öl wurde eine Taxe von 30 fl. erlegt, im FdhP wird weder seine Mutter noch seine jüdische Herkunft erwähnt. Er kam am Tag seiner Geburt ins Fdh; nach zwei Tagen einer Pflegepartei übergeben, nach zehn Tagen gestorben (FdhP).

O

M: Name	M: Vorname	geb. ca.	Beruf	K: Name	K: Vorname	K: geb.	K: gest.	K: entl.	Qu GbhP	Qu FdhP	Qu EntlP
Ochs[12]	Franziska	1822/U	Magd	*May*[13]	Anton	43/05/30		53/05/30	28/03618	1843/2647	53/05/30
Ochs	Franziska	1825/U	Magd	totgeboren 53/02/23					38/02461		
Ochs	Franziska	1825/U	Köchin	Ochs[14]	Jakob	56/05/9	56/05/22		41/03902	1856/3278	
Ofenbach[15]	Maria	1812/U	Magd	*Haas*	Maria	35/04/12	36/03/6		20/01937	1835/1488	
Offenbach	Maria	1811/U	Magd	Offenbach[16]	Leopold.	36/06/10	36/07/5		21/02574	1836/1836	
Offenheimer[17]	Franziska	1799/U	Magd	*Edon*[18]	Adam	23/06/30	23/07/13		08/01419	1823/2403	

[12] Franziska Ochs, geb. in Réte in Ungarn, Komitat Preßburg, 1843 wohnhaft in Wien Innere Stadt, kam ins AKH, vom AKH Zi. 35 ins Gbh; 1853 wohnhaft in Wien-Leopoldstadt No 570; 1856 von ihrem Geburtsort zugereist (GbhP).

[13] Anton May war ein Fremdnamenkind, wurde im Mai geboren und erhielt von diesem Monat seinen Namen (Taufmatrik AKH 43/05/30); kam nach Waldegg in NÖ zur Kleinhäuslerin Maria Burger, die auch in das EntlP als Übernahmepartei mit dem Vermerk "PP" (Pflegepartei) aufgenommen wurde (FdhP, EntlP: Burger Maria, Kleinhäuslerin in Waldegg No 24, Pfarre Waldegg, UWW Bezirksgericht).

[14] Jakob Ochs starb im Fdh an Lebensschwäche (FdhP).

[15] Maria Of(f)enbach (GbhP'e), Franziska Winter (DAW: Konvertiten-Akten 1842 I & II; Protokoll 1841/11-1846/01). Maria Of(f)enbach, verh. David, getauft am 42/10/23 in der Pfarre Altlerchenfeld auf den Namen Franziska (DAW: Konvertiten-Akten 1842 I & II; Protokoll 1841/11-1846/01). - Maria Offenbach(er) hatte mittlerweile den Kleider- und Stiefelputzer Adam David geheiratet - mit der Taufe hat das Ehepaar David vermutlich seinen Zunamen in "Winter" geändert. Derartige Namensänderungen waren für Juden anläßlich ihres Übertrittes zum Christentum ab dem Jahr 1826 (nach dem Hofdekret vom 26/06/05, Zl. 16255) möglich.

[16] Leopold.Offenbach (FdhP: "Israelitenkind") - die Mutter legte der Findelhausdirektion ihren Taufschein vor, was im FdhP festgehalten wurde: "Üb<er> Di<rekti>ons Auftrag am 42/11/06 der getauften Mutter" einen Empfangsschein ausgestellt. - Das Kind war jedoch schon im Alter von drei Wochen im Jahr 1836 gestorben, was Maria Offenbach vermutlich erst nach ihrerTaufe, als sie im Fdh ihren Taufschein vorlegte, erfahren hat (FdhP).

[17] Franziska Offenheimer, geb. und wohnhaft in Preßburg in Ungarn, von dort zugereist, ihr Kind kam "wegen Krankheit der Mutter" ins Fdh, sie selbst wurde nach dem Wochenbett aus dem Gbh entlassen (GbhP).

[18] **Adam E.** (GbhP), Adam Edon (Taufmatrik AKH 23/06/30, FdhP). - Daß "Adam E." ein Fremdnamenkind war, geht aus dem GbhP hervor, in welches seine Mutter als "Franziska Offenheimer" eingetragen wurde. Das Kind kam am 23/07/01 ins Fdh - am gleichen Tag wurde "wegen Krankheit der Mutter" ein Kind unter dem Namen Adam Edon ins Fdh aufgenommen, "1 T<ag alt>", geboren im Gbh. Der Name seiner Mutter wurde nicht angegeben, ebensowenig seine jüdische Herkunft. Er wurde "gratis" aufgenommen, es handelt sich demnach um eine Aufnahme im "jüdischen Formular". Adam E. kann im Datenkontext mit Adam Edon identifiziert werden.

O

M: Name	M: Vorname	geb. ca.	Beruf	K: Name	K: Vorname	K: geb.	K: gest.	K: entl.	Qu GbhP	Qu FdhP	Qu EntlP
Ofner	Juliana	1831/B	Magd	Ofner[19]	Aloisia	55/10/10	59/12/21		40/06781	1855/6356	
Ofner[20]	Rosalia	1799/B	Magd	*Stark*[21]	Johann	33/02/4			18/00367	1833/0536	
OHRENSTEIN (ORNSTEIN)											
Ohrenstein	Betti	1832/M	Köchin	Ohrenstein	Jakob	55/12/4	56/01/20		41/00619	1855/7430	
Ohrenstein	Franziska	1827/B	Hdarb	Ohrenstein[22]	Julius	51/07/1	52/03/6		36/05610	1851/4512	
Ohrenstein	Johanna	1817/U	KlHdl	*Jurdan*[23]	Josef	41/06/18	41/06/20		26/03443	1841/2822	
Ornstein[24]	Juliana	1815/U	verh.	<...>[25]		51/03/18	51/03/19		36/03146		
Ornstein	Katharina	1806/M	Hdarb	*Schön*	Karolina	28/10/5	28/10/22		13/02144	1828/3586	
Ornstein	Rosalia	1814/B	Köchin	*Erlich*[26]	Elisabeth	36/11/16	37/02/11		22/00203	1836/3850	

[19] Aloisia Ofner war eine "Gassengeburt", sie wurde mit ihrer Mutter ins Gbh gebracht, dort getauft, kam sodann "wegen Religion der Mutter" ins Fdh (GbhP).
[20] Für das Kind Johann Stark hat Rosalia Ofner einen Empfangsschein erhalten - jedoch ohne einen Hinweis auf eine vorangegangene Taufe, wie es sonst in dieser Zeit üblich war (FdhP).
[21] Bei Johann Stark wurde in das FdhP kein Sterbedatum nachgetragen, er könnte demnach die Findelpflege überlebt haben (FdhP: Pflegemutter: Anna Maria Widhalm, Inwohnersweib in Mailberg No 141 - NÖ, UMB). - "Mater prolis judaea", Datum als Randnotiz aus dem Jahr 1864 in der Taufmatrik, das sich auf die Ausstellung eines Taufscheines beziehen könnte (Taufmatrik AKH 33/02/04: Johann Stark, Randnotiz 64/04/07).
[22] "Wegen Religion der Mutter" Fdh (FdhP).
[23] Im Fdh an Lebensschwäche gestorben (FdhP).
[24] Juliana Ornstein (GbhP), Juliana Orenstein (IKG Stb B 1008), verh. (IKG Stb B 1006: Handelsmanns Eheweib), kam vom AKH, Zi. 6 ins Gbh, wurde nach der Entbindung wieder auf ihr Krankenzimmer zurückgebracht, gestorben am 51/03/23 (IKG Stb B 1008: im AKH, an Lungentuberkulose); sie stammte aus Szobotisz im Neutraer Komitat in Ungarn, war Handarbeiterin und hat in Wien-Sechshaus gewohnt. - TBP 51/03/23: "Ornstein Juliana, israelitische Handelsmannsgattin, 36 Jahr alt, geboren Szabotisch in Ungarn, Braunhirschengrund No 84, an der Lungentuberkulose, AKH."
[25] o.A. (GbhP). Dieses Kind wurde nicht getauft, die Namensrubrik blieb leer - es starb eine Stunde nach der Geburt an "Lebensschwäche", wurde in das Sterbebuch der IKG eingetragen (GbhP, IKG Stb B 1006: "Der Julia Orenstein, Handelsmanns Eheweib, ihr Kind neugeb<oren>").
[26] E.E. (GbhP), Erlich Elisabeth (FdhP: "Israelitenkind"; Taufmatrik AKH 36/11/17). - Im Gbh als "M" eingetragen, zu jener Zeit in der Bedeutung von "Mädchen", die Initialen sind nicht eindeutig zu interpretieren: Die erste erscheint als vergrößerter Kleinbuchstabe L, könnte auch als kursive Form eines C interpretiert werden; die zweite Initiale, die Leitinitiale für den Zunamen, kann als L, C oder E aufgefaßt werden. - Das Initialenkind kam am 36/11/18 ins Fdh - am selben Tag wurde ein Mädchen aus dem Gbh mit dem Namen Elisabeth Ehrlich als "Israelitenkind" ins Fdh aufgenommen. Dem FdhP zufolge

O

M: Name	M: Vorname	geb. ca.	Beruf	K: Name	K: Vorname	K: geb.	K: gest.	K: entl.	Qu GbhP	Qu FdhP	Qu EntlP
Oppenheimer[27]	Franziska	1835/B	Magd	Oppenheimer	Mathilde	59/02/16	59/05/31		44/02784	1859/1620	
Oppenheim	Franziska	1833/B	Köchin	Oppenheim	Gregor	63/11/16	63/12/10		49/00404	1863/8485	
Orvan[28]	Josefa	1820/U	Magd	Orvan	Josef	45/03/29	45/06/23		30/02624	1845/1832	
Oser[29]	Nina|Maria	1842/M	Magd	Oser	Karolina	61/11/5	61/11/18		46/08280	1861/8507	
Oser[30]	Theresia	1841/M	Magd	Oser[31]	Josef	65/03/18	65/04/15		50/00970	1865/2053	

ÖSTERREICHER (OESTER(R)EICHER, ÖSTREICHER, OSTREICHER, OESTREICH)

Österreicher[32]	Charlotte	1830/U	Magd	Oesterreicher[33]	Theresia	50/05/24	50/07/16		35/04298	1850/3325	

---

war ihre Mutter "22 J<ahr>, israel<itisch>, ledig, von Hoschebnig in Böhmen, Köchin", Vorname: Rosalia - im Datenkontext die Mutter des Initialenkindes, Rosalia Ornstein. Im FdhP wird jedoch über das Formular der Eindruck erweckt, Mutter und Kind hätten denselben Zunamen - Erlich - getragen. In der Taufmatrik des AKH wird der Name der Mutter nicht angegeben, auf die jüdische Herkunft des Kindes jedoch mit dem Vermerk "Mater infantis judaea" verwiesen. Elisabeth Erlich ist keine drei Monate alt geworden, trotzdem findet sich in der Taufmatrik des AKH eine Randnotiz in Form eines Datums aus dem Jahr 1941 - derartige Datumseintragungen aus der Zeit des Nationalsozialismus stehen im allgemeinen mit der Ausstellung vonAriernachweisen in Verbindung, was in diesem Fall auszuschließen ist, von Elisabeth Erlich gab es keine Nachkommen.

[27] Franziska Oppenheim(er), geb. von Wotitz in Böhmen; Taborer Kreis, wohnhaft in Wien Innere Stadt No 17, Himmelpfortgasse; 1863 in Wien 3, Pragergasse 3 (GbhP'e) - 1863 nur im Gbh als jüdisch ausgewiesen, ins FdhP als "kl" (katholisch, ledig) eingetragen, in der Taufmatrik wird die jüdische Herkunft des Kindes gleichfalls nicht erwähnt (Taufmatrik AKH 63/11/17: Gregor Oppenheim).

[28] Josefa Orvan, geb. und wohnhaft in Trentschin in Ungarn, zugereist (GbhP).

[29] **Nina** Oser (GbhP), **Maria** Oser (FdhP; Taufmatrik AKH 61/11/05: Karolina Oser), geb. und wohnhaft in Nikolsburg in Mähren, von dort zugereist (GbhP).- Nina Oser könnte mit Theresia Oser verwandt gewesen sein, sie stammten beide aus Nikolsburg in Mähren, Nina war zugereist, Theresia wohnte in Wien-Leopoldstadt (GbhP'e).

[30] Theresia Oser (Taufmatrik AKH 65/03/20: Josef Oser), Resi Oser (FdhP), Rosi Oser (TBP) - Resi/Rosi Oser, gestorben am 65/03/19, einen Tag nach der Entbindung. - TBP 65/03/19: "Oser Rosi, Magd 24 Jahr, ledig, israelitisch, Nikolsburg Mähren, Kleine Ankergasse 8, II. Bezirk, Bauchfellentzündung, Gebärhaus", ähnlich IKG Stb C 3688 65/03/19.

[31] Josef Oser wurde einen Tag nach dem Tod seiner Mutter im Gbh getauft (Taufmatrik AKH 65/03/20), kam "wegen Tod der Mutter" (GbhP) bzw. "wegen eingetretenen Tod der Mutter" ins Fdh (FdhP); gestorben im Fdh im Alter von vier Wochen an Anämie (GbhP, FdhP).

[32] Charlotte **Österreicher** (GbhP); Charlotte **Oesterreicher** (FdhP), Charlotte **Österreich** (Taufmatrik AKH 50/05/24: Theresia Österreicher) - aus Raab in Ungarn (GbhP).

O

M: Name	M: Vorname	geb. ca.	Beruf	K: Name	K: Vorname	K: geb.	K: gest.	K: entl.	Qu GbhP	Qu FdhP	Qu EntlP
Osterreicher	Lotti	1830/U	Magd	Oesterreicher[34]	Thomas	56/07/28	57/05/21		41/05495	1856/4962	
Öster(r)eicher[35]	Fanni	1836/U	Köchin	Oesterreicher[36]	Franziska	58/12/2	58/12/20		44/00262	1858/8863	
Oesterreicher[37]	Josefa	1805/U	Magd	totgeboren 21/12/21					06/03194		
Oesterreicher[38]	Karolina	1830/U	Magd	Oesterreicher[39]	Aloisia	58/05/30		68/05/30	43/05497	1858/4524	68/05/30
Östreicher	Karolina	1831/U	Magd	Ostreicher[40]	Maria	59/05/29	59/06/24		44/05423	1859/4625	
Oestreich[41]	Katharina	1815/U	Magd	Eis	Johann	38/03/3	38/03/19		23/01059	1838/0915	
Oszman	Eleonora	1835/U	Magd	Oszman[42]	Rosa	68/11/11	69/01/12		54/06636	1868/7284	

---

[33] Theresia **Oesterreicher** (FdhP), Theresia **Österreich** (Taufmatrik AKH 50/05/24).
[34] Thomas **Oesterreicher** (FdhP), Thomas **Österreicher** (Taufmatrik AKH 56/07/28) - kam "wegen Religion der Mutter" (GbhP) bzw. "wegen Krankheit der Mutter" ins Fdh (FdhP), die Mutter wurde nach dem Wochenbett aus dem Gbh entlassen, sie stammte aus Milchdorf bei Preßburg.
[35] Fanni Östereicher/Österreicher kam vom AKH, Zi. 6 nur zur Entbindung ins Gbh (GbhP); gestorben am 28/12/10 im Gbh (IKG Stb B 3874 58/12/10). - TBP 58/12/10: "Österreicher Fanni, Köchin, 22 Jahr, ledig, Großwardein, Ungarn, Krankenhaus <Zimmernr.> 6, Lungenödem, k.k. Gebäranstalt".
[36] Franziska **Österreicher** (FdhP), Franziska **Östereicher** (Taufmatrik AKH 58/12/02) - wurde sogleich nach der Geburt getauft, kam "wegen Krankheit der Mutter" ins Fdh (FdhP).
[37] Josefa Oesterreicher, wohnhaft in Verbó in Ungarn, zugereist (GbhP).
[38] Karolina **Oesterreicher** (GbhP), Karolina **Österreicher** (Taufmatrik AKH 58/05/31: Aloisia Österreicher) - aus Milchdorf in Ungarn, Preßburger Komitat; wohnhaft in Wien-Leopoldstadt No 48 (1858) und No 512 (1859) (GbhP'e).
[39] Aloisia **Oesterreicher** (GbhP, FdhP), Aloisia **Österreicher** (Taufmatrik AKH 58/05/31), Aloisia **Ostrerreicher** (EntlP) - kam mit ihrer Mutter ins Fdh und wurde schon am folgenden Tag nach Jungberg in die Steiermark zur Keuschlerin Theresia Dorn gebracht, die das Kind aufzog und zehn Jahre später in das EntlP als Übernahmepartei eingetragen wurde (FdhP, EntlP: Dorn Theresia, Keuschl<erin> No 33 <Jungberg>, Pfarre St. Magdal<ena>, Bezirk Hartberg, <Stmk>). - Randnotiz in der Taufmatrik des AKH aus den Jahren 1893 und 1942 (Taufmatrik AKH 58/05/31).
[40] Maria **Ostreicher** (FdhP), Maria **Östereicher** (Taufmatrik AKH 59/05/30).
[41] Katharina **Oestreich** (GbhP), Katharina **Östreich** (FdhP), geb. von St. Georgen in Ungarn, Preßburger Komitat, zugereist (GbhP).
[42] Rosa Oszmann, ein "68er Kind", kam ungetauft ins Fdh, von dort in Findelpflege; gestorben im Alter von zwei Monaten an Lungenkatarrh (FdhP; CAHJP A/W 1809, Verzeichnis jüdischer Findelkinder 1868).

O

M: Name	M: Vorname	geb. ca.	Beruf	K: Name	K: Vorname	K: geb.	K: gest.	K: entl.	Qu GbhP	Qu FdhP	Qu EntlP
Panzig[1]	Katharina	1795/U	Hdarb	Panzing[2]	Elisabeth	21/09/28	21/10/26		06/02303	1821/3483	
Papaneck[3]	Anna	1816/U	Magd	*Jungmann*[4]	Johann	39/01/4			24/00780	1839/0179	
Papanek	Johanna	1817/U	Magd	*Gut*	Andreas	40/12/28	41/01/7		26/00849	1841/0103	
Parkan[5]	Katharina	1831/U	Magd	<...>[6]		51/06/11			36/05156		
Paschges[7]	Barbara	1829/M	Hdarb	Paschges	Pauline	46/02/6	50/08/22		31/01933	1846/0926	
Paschkus[8]	Maria	1826/U	Magd	Paschkus	Moritz	47/01/26	48/03/21		33/00747	1848/0543	
Pases	Lotti	1847/M	Hdarb	totgeboren 68/12/7					54/07117		
Pater	Theresia	1816/M	Hausr	*Bobies*	Paul	41/04/22	41/05/16		26/02600	1841/2030	

[1] Katharina Panzig (GbhP), Katharina Pontzig (Taufmatrik AKH 21/09/28: Elisabeth Pontzig) - nur im GbhP als jüdisch ausgewiesen, in das FdhP als "kl" (katholisch, ledig) eingetragen, aus Czermernicz in Ungarn, wohnhaft in Wien-Rennweg No 376 (GbhP).
[2] Elisabeth Pontzig (Taufmatrik AKH 21/09/28), Elisabeth Panzing (FdhP).
[3] Anna Papaneck (GbhP), Anna Poponek (FdhP) - könnte mit Johanna Papanek ident sein, etwa gleich alt, aus Vrádist in Ungarn gebürtig, 1839 zugereist.
[4] J.J. (GbhP), Johann Jungmann (FdhP) - Zwei große ausladende "J", mit einem "K" für Knabe, wurden in das GbhP eingetragen. - Das Kind kam am 39/01/12 ins Fdh; am selben Tag wurde als "Israelitenkind" Johann Jungmann ins Fdh aufgenommen, die Mutter wurde als "Poponek Anna, Isr<aelitin>" eingetragen - die Mutter des Initialenkindes, Anna Papaneck (GbhP). In der Taufmatrik des AKH wurde der Name der Mutter nicht angegeben, die jüdische Herkunft des Kindes jedoch mit dem üblichen Vermerk "Mater infantis judaea" festgehalten; Taufpate war der Kirchendiener Andreas Losch (Taufmatrik AKH 39/01/04). - Johann Jungmann wurde vor Beendigung der Findelhausbetreuung ins Fdh zurückgebracht, wir wissen nicht, was weiter mit diesem Kind geschehen ist; kein Sterbedatum im FdhP - Johann Jungmann könnte demnach überlebt haben, zudem sich in der Taufmatrik eine Randnotiz in Form eines Datums aus dem Jahr 1876 befindet, welche im Zusammenhang mit der Ausstellung eines Taufscheines stehen könnte, der für eine bevorstehende Verehelichung angefordert worden sein mag (Taufmatrik AKH 39/01/04: Johann Jungmann, Randnotiz 76/01/10).
[5] Katharina Parkan, geb. von Trentschin, aus Gatendorf (Gátha) in Ungarn, Wieselburger Komitat, zugereist (GbhP).
[6] o.A. (GbhP), nicht getauft - daher wurde kein Name eingetragen, Mutter und Kind - ein Bub - wurden am 51/06/17 entlassen (GbhP).
[7] Drei uneheliche Kinder der Betty Paschkes wurden in den folgenden Jahren, ohne Angabe des Vaters, in das Geburtenbuch der IKG eingetragen: Rosalia, geb. am 47/06/10 (IKG Gb A 2401), Ignaz, geb. am 53/09/07 (IKG Gb B 1601) und Eva, geb. am 59/03/31 (Gb C 536).
[8] Maria Paschkus (FdhP, GbhP), Maria Paschkes (IKG Stb B 20) - die Namensvariante erklärt sich aus einer unterschiedlichen Interpretation von Kurrent-E/U - geb. und wohnhaft in Neudorf in Ungarn, Preßburger Komitat, von dort zugereist; gestorben am 48/02/03 (GbhP: im Gbh; IKG Stb B 20: im AKH, an Tuberkulose). - TBP 48/02/03: "Paschkus Maria, ledige Magd, israelitischer Religion, 21 Jahr alt, geboren Ungarn, zugereist, an der Tuberkulose, AKH."

M: Name	M: Vorname	geb. ca.	Beruf	K: Name	K: Vorname	K: geb.	K: gest.	K: entl.	Qu GbhP	Qu FdhP	Qu EntlP
Pater[9]	Theresia	1835/M	Magd	Pater[10]	Anna	57/09/5		67/12/2	42/06800	1857/7051	67/12/2
Peik[11]	Barbara			*Braun*[12]	Josef	12/03/3	12/03/15			1812/0558	
Pelikan[13]	Johanna	1838/G	Magd	Pelikan	Eduard	61/03/18	62/12/6			46/03381	1861/2476
Pentlicka	Johanna	1829/B	Hdarb	Pentlicka[14]	Emma	64/08/22				49/07582	1864/6672
Pereles	Theresia	1819/B	Hdarb	*Trost*[15]	Theresia	42/12/19	43/02/2		28/00749	1842/5450	
Pereles[16]	Theresia	1828/B	Magd	Pereles[17]	Katharina	54/06/25			39/05675		
Perlhäfter[18]	Judith	1809/M	Köchin	*Sammler*[19]	Paul	34/08/6	34/11/19		19/03044	1834/2947	

---

[9] Theresia Pater, geb. und wohnhaft in Nikolsburg, von dort zugereist (GbhP).

[10] Anna Pater kam mit ihrer Mutter ins Fdh und wurde bereits zwei Tage später der Taglöhnerin Maria Kranzl aus Mitterndorf in der Steiermark übergeben. Nach ihrer Entlassung aus der Findelpflege kam sie zu ihrer Mutter nach Nikolsburg, die sich mittlerweile als Greißlerin selbständig gemacht hatte (FdhP, EntlP: "Der leiblichen Mutter Teresia Pater Greislerinn in Nikolsburg in Mähren No 99). - Randnotizen aus den Jahren 1942 und 1943 in der Taufmatrik des AKH (Taufmatrik AKH 57/09/06).

[11] Barbara Peik <sehr unsichere Lesart: Veidt, Prick, ...> (FdhP).

[12] Kam im Alter von zwei Tagen gegen eine Aufnahmstaxe von 8 fl. ins Fdh; im Fdh gestorben, Todesursache: Schwäche (FdhP).

[13] Johanna Pelikan, geb. 1835 aus Krakau, V: Eligon (sic!) Pelikan, Schokoladenmacher, M: Anna Scherer; konvertierte in der Pfarre St. Laurenz am Schottenfeld; erhielt bei der Taufe die Namen Johanna **Elisabeth**; als Begründung wurde u.a. ein "Verhältnis" mit einem katholischen Christen, "den sie ehelichen will", angegeben (Pfarre St. Laurenz Konvertiten III 65/07/12).

[14] Emma Pentlicka könnte die Findelpflege überlebt haben: Kein Sterbedatum im FdhP, Randnotizen in der Taufmatrik des AKH aus den Jahren 1886, 1942 und 1947 (Taufmatrik AKH 64/08/22).

[15] Dem Transferdatum im GbhP wurde als Begründung hinzugefügt: "Mutter Israelitin"; von den Pflegeeltern ins Fdh zurückgebracht; im Fdh an Abzehrung gestorben (FdhP).

[16] Theresia Pereles heiratete am 58/11/08 nach jüdischem Ritus im Hause des Bräutigams, Leopoldstadt No 740, den Vater ihres Kindes, den Kupferschmied Chajm Samuel Kessler aus Lemberg. - Theresia Pereles stammte aus Hostitz in Böhmen; V: Abraham Pereles, verstorben, M: Katharina, geb. Perez (IKG Tb B 1858: 94).

[17] Katharina **Pereles** (GbhP), Katharina **Kessler** (IKG Gb C 1551) - nach dem Namen ihres Vaters. - Katharina Pereles/Kessler, nicht getauft, mit der Mutter am 54/07/03 entlassen (GbhP). - Das Kind wurde *per subsequens matrimonium* 1860 legitimiert; im Geburtenbuch der IKG findet sich ein Formularstempel aus der Zeit des Nationalsozialismus: "Annahme des Zusatznamens Sara angezeigt B.H. II. 1939/05/13": Katharina Pereles hatte somit nach dem Anschluß in Wien gelebt (IKG Gb C (sic!- Nachtrag) 1551 (1854): Katharina Kessler).

P

M: Name	M: Vorname	geb. ca.	Beruf	K: Name	K: Vorname	K: geb.	K: gest.	K: entl.	Qu GbhP	Qu FdhP	Qu EntlP
Perschak[20]	Antonia	1840/M	Magd	Perschak	Franz	59/11/23	60/03/29		45/00513	1859/8997	
Pertach[21]	Anna	1842/U	Magd	Pertach[22]	Karl	66/05/28	66/06/13		51/03666	1866/3991	
Peszl	Katharina	1820/U	Magd	*Rosenhein*[23]	Ignaz	43/07/30		53/07/30	28/03952	1843/3467	53/08/13
Peszler[24]	Sali	1821/U	Magd	*Steinberg*[25]	Barbara	40/12/11	40/12/19		26/00593	1840/5094	
Petersel[26]	Pepi	1830/U	Magd	Petersil	Moritz	52/07/17	52/08/8		37/05371	1852/5025	
Petyan	Lina	/U	Magd	Petyan|Beck[27]	Josef St.	63/12/04	64/01/09			1863/9268	
Pewny[28]	Julia	1836/M	Magd	Pewny	Stefan	60/07/31	62/12/16		4/05350	1860/5418	
Pewny[29]	Julia	1836/M	Köchin	Pewny	Karl	62/06/7	62/07/19		47/04837	1862/4215	

[18] Judith Perlhäfter (GbhP), Judith Perlhefter (FdhP) - die übliche "Isl"-Kürzung wurde gestrichen und durch "Israelit." <wellenförmig unterstrichen> ersetzt (GbhP).

[19] **P.S.** (GbhP), Paul Sammler (FdhP). - "P.S." kam am 34/08/24 ins Fdh - am gleichen Tag wurde als "Israelitenkind" <unterstrichen> Paul Sammler ins Fdh aufgenommen, seine Mutter - die Mutter des Initialenkindes "P.S." - wurde in das Protokoll als "Juditha Perlhefter, 25 J<ahr>, Köchin von Proßnitz in Mähren, ledig, Israelitin" eingetragen. In der Taufmatrik wurde der Name der Mutter nicht festgehalten, wohl aber die jüdische Abstammung des Kindes durch den üblichen Vermerk: "Mater infantis judaea"; Taufpate war der Kirchendiener Andreas Losch (Taufmatrik AKH 34/08/07).

[20] Antonia Perschak, geb. und wohnhaft in Proßnitz (No 25) in Mähren, von dort zugereist (GbhP).

[21] Anna Pertach (FdhP), Anna Portach (Taufmatrik AKH 66/05/29: Karl Portach) - wurde nach der Entbindung ins AKH auf das Krankenzimmer 83 gebracht (GbhP).

[22] Karl Pertach (FdhP), Karl Portach (Taufmatrik AKH 66/05/29) - kam "wegen Krankheit der Mutter" ins Fdh (FdhP).

[23] Ignaz Rosenhein kam im Alter von drei Wochen in die Steiermark in die Nähe von Gleisdorf in Findelpflege. In das EntlP wurde die Grundbesitzerin Maria Schänes als "PP" (Pflegepartei) eingetragen (FdhP, EntlP: Schänes Maria, Grundbesitzersgattin in Wolfsdorferegg No <o.A.>, Pfarre Gleisdorf - Stmk). Taufmatrik AKH 43/07/30: "Mater judaea", Randnotiz aus dem Jahr 1885.

[24] Sali Peszler (GbhP), Rosalia Pessler (FdhP), geb. von Zsámbokrét in Ungarn, Neutraer Komitat, zugereist von Preßburg (GbhP).

[25] "Mater infantis judaea" (Taufmatrik AKH 40/12/12); im Fdh im Alter von acht Tagen gestorben (FdhP).

[26] Josefa (Pepi) Petersel (GbhP), Josefa Petersil (Taufmatrik AKH 52/07/17: Moritz Petersil; FdhP).

[27] Josef Stefan Beck, recte **Petyan** (FdhP), Josef Stefan **Beck** (Pfarre Alservorstadt Taufmatrik 63/12/26) - geboren in Gran, getauft in der Pfarre Alservorstadt, am folgenden Tag ins Fdh, gestorben im Fdh an Abzehrung (FdhP).

[28] Julia Pewny, geb. von Mladoditz (GbhP: Mladotitz) in Mähren, Hradischer Kreis; 1860 wohnhaft Wien-Leopoldstadt No 572, 1862 in der Rossau No 21, und 1863 im 4. Bezirk (GbhP'e).

P

M: Name	M: Vorname	geb. ca.	Beruf	K: Name	K: Vorname	K: geb.	K: gest.	K: entl.	Qu GbhP	Qu FdhP	Qu EntlP
Pewny	Julia	1836/M	Magd	Pewny	Anna	63/06/26	63/12/22		48/05463	1863/4991	
Philippsberg	Rosalia	1820/U	Magd	Kerz[30]	Karl	40/10/3	40/10/15		25/04779	1840/4231	
PICHLER (BICHLER)											
Pichler[31]	Anna		Tochter	Pichler[32]	Karl Eduard	39/11/04	39/11/20			1839/4537	
Bichler	Franziska	1798/U	Magd	*Christmond*[33]	Christian	22/12/13	22/12/16		07/02843	1822/4049	
Pichler	Karolina	1814/U	Magd	*Angst*	Josefa	35/03/13	35/05/20		20/00606	1835/1132	
Pichler	Maria	1828/U	Magd	Pichler[34]	Franz	48/02/08	48/03/25			1848/1150	
PICK (PIK, PÜCK, PÜK)											
Pik	Anna	1835/B		Pik[35]	Maria	54/12/29	55/01/22		40/00713	1855/0141	
Pik	Ludmilla|Lisi	1844/B	Magd	Pik[36]	Anna	68/10/10	68/11/11		54/05996	1868/6673	

---

[29] Julia Pewny (GbhP, FdhP), Julia Pefny (Taufmatrik AKH 62/06/07: Karl Pefny).
[30] "Mater infantis judaea" (Taufmatrik AKH 40/10/04); im Fdh im Alter von zwölf Tagen gestorben (FdhP).
[31] Anna Pichler, Handelsmanns Tochter, israelitischer Religion angeblich (Pfarre Schotten Taufmatrik 39/11/06: Karl Eduard Pichler).
[32] Karl Eduard Pichler, getauft am 39/11/06 in der Pfarre Schotten, am folgenden Tag wurde das Kind im Fdh abgegeben. - Taufpatin war Margarethe Dubsky, die Hebamme, bei welcher das Kind geboren wurde; Anmerkung: "das Kind kam ins Findelhaus" (Pfarre Schotten Taufmatrik 39/11/05), ins FdhP als "Israelitenkind" eingetragen (FdhP).
[33] E.E. (GbhP), Christian **Christmond** (FdhP), Christian Christomondt (Taufmatrik AKH 22/12/13). - Tief in die Unterlänge gezogen, wurden in die Namensrubrik des Kindes zwei C-förmigen Initialen als "E.E" gesetzt - "g<ra>t<i>s ins Findelhaus 13 D<ezem>b<e>r" (GbhP). Ins Fdh wurde jedoch weder am 13. noch davor, noch danach ein Kind aufgenommen, auf welches die beiden Initialen gepaßt hätten. Im "jüdichen Formular" wurde jedoch am 12. Dezember ein Kind mit dem Namen "Christian Christmond" ins FdhP eingetragen: "Wegen Unvermögenheit der Mutter", ohne weitere Angaben, gratis aufgenommen. Getauft wurde er am gleichen Tag, im "jüdischen Formular" in die Taufmatrik eingeschrieben: Ohne Mutter, mit dem Mesner als Taufpaten: Christianus Christomondt. Dieses Kind war wohl das Initialenkind "E.E." - E unterscheidet sich bei dieser Hand vom C nur durch eine winzige knotenförmige Andeutung in der Mitte der Rundung - nur zu leicht konnte es zu einer Verlesung von E zu C, bzw. umgekehrt kommen. - Christian Christmond ist im Fdh drei Tage nach seiner Aufnahme gestorben (FdhP).
[34] Franz Pichler, bei der Hebamme Theresia Hirschbach geboren, getauft am 48/02/09 in der Pfarre St. Stefan: "Das Kind wird sogleich nach der Hl. Taufe in die k.k. Findelanstalt überbracht, nach Aussage der Hebamme"- nicht sogleich nach der Taufe, kam er am 48/02/22.ins Fdh (Pfarre St. Stefan Taufmatrik 48/02/09; FdhP).
[35] "Wegen Religion der Mutter" Fdh (GbhP, FdhP).

M: Name	M: Vorname	geb. ca.	Beruf	K: Name	K: Vorname	K: geb.	K: gest.	K: entl.	Qu GbhP	Qu FdhP	Qu EntlP
Pik[37]	Rosalia	1817/M	Hdarb	*Jarosch*	Joseph	36/02/27	36/08/21		21/01366	1836/0847	
Pick	Rosalia	1817/M	Magd	Pick[38]	Alex. Josef	39/01/10	39/11/20			1839/0171	
Pick	Rosalia	1818/U	Magd	Pick	Antonia	44/03/16	44/03/30		29/02256	1844/1423	
Pück[39]	Rosalia	1814/B	Magd	Pück[40]	Anna	44/03/17	45/02/17		29/02261	1844/1518	
Piowatz	Julia	1815/M	Magd	Piowatz[41]	Julia	45/10/25	45/12/1		30/06568	1845/5416	
PIS (BIS)											
Pis[42]	Theresia	1830/U	Magd	unentbunden entlassen				51/03/29		36/03220	
Bis	Theresia	1830/U	Magd	<...>[43]			51/06/1			36/04472	
Pischeft[44]	Franziska	1825/U	Hdarb	*Salz*[45]	Peter	42/11/16	43/02/23		28/00233	1842/4941	
Pisger[46]	Rosalia	1808/M	Köchin	*Mis|Mayer*[47]	Maria	36/09/13	39/03/26		21/03278	1836/3098	

---

[36] Anna Pik, ein "68er Kind", kam ungetauft mit seiner Mutter ins Fdh, wurde sogleich am folgenden Tag einer Pflegefrau übergeben; nach drei Wochen an Fraisen gestorben (FdhP; CAHJP A/W 1809, Verzeichnis jüdischer Findelkinder 1868).
[37] Rosa(lia) Pik, geb. von Groß-Meseritsch in Mähren,
[38] Alexander Josef Pick, geboren und getauft im Inquisitenspital am 39/01/11 und noch am selben Tag ins Fdh gebracht, als "Israelitenkind" "zeitweilig" auf Verhaftsdauer der Mutter aufgenommen. Das Kind ist in Außenpflege gestorben (Pfarre Alservorstadt, Inquisiten-Taufprotokoll 1833-1839, 1839, fol. 1; FdhP).
[39] Rosalia Pük (Taufmatrik AKH 44/03/18); Rosalia Pück (FdhP).
[40] In der Taufmatrik wird die jüdische Herkunft der Mutter nicht erwähnt, in das FdhP wurde das Kind als "Israelitenkind" eingetragen (Taufmatrik AKH 44/03/18; FdhP).
[41] "Israelitenkind" <unterstrichen>; im Fdh an Lebensschwäche gestorben (FdhP).
[42] Theresia **P**is/**B**is, geb. von Kukló, Preßburger Komitat, 1851 zugereist, sodann wohnhaft in Wien-Sechshaus (GbhP).
[43] o.A. (GbhP), nicht getauft - daher wurde kein Name eingetragen, Mutter und Kind wurden am 51/06/09 entlassen (GbhP).
[44] Franziska Pischeft, geb. aus Kanisza in Ungarn, bei Güns, zugereist von Baden (GbhP).
[45] "Wegen israelitischer Religion der Mutter ins Findelhaus" (GbhP).
[46] Rosalia Pisger, geb. und wohnhaft in Nikolsburg in Mähren, von dort zugereist (GbhP).
[47] Maria **Mayer** (GbhP), Maria **Mis** (FdhP: "Israelitenkind", M: Rosalia, 28 Jahre alt, israelitisch, ledig, von Nikolsburg in Mähren, Köchin - die Daten stimmen mit jenen der Rosalia Pisger im GbhP überein).

M: Name	M: Vorname	geb. ca.	Beruf	K: Name	K: Vorname	K: geb.	K: gest.	K: entl.	Qu GbhP	Qu FdhP	Qu EntlP
Pisk[48]	Josefa	1831/M	Magd	Pisk[49]	Heinrich	56/05/01	56/05/28			1856/2922	
Pisk	Theresia	1808/M	Magd	*Hornung*[50]	Heinrich	28/02/3			13/00139	1828/0604	
Pitzka	Rosa	1851/U	Hdarb	unentbunden entlassen				68/07/04		53/03701	
Pitzkar	Rosa	1850/U	Hdarb	Pitzkar[51]	Josefa	68/08/20	68/10/21			54/04696	1868/5646
Placzner[52]	Johanna	1821/U	Magd	Placzner[53]	Franziska	50/03/24	50/04/12			35/01442	1850/1928
Planer[54]	Magdalena	1824/M	Magd	unentbunden entlassen				45/02/04		30/00484	
Planer	Magdalena	1823/M	Hdarb	Planer	Johann	45/02/10	46/01/23			30/01826	1845/0962
Platscheck[55]	Eleonora	1806/M	Hdarb	*Stark*[56]	Karl	32/12/2	32/12/27			18/00331	1832/3342
Platsek[57]	Johanna	1830/M	Magd	unentbunden entlassen				54/05/06		39/04399	
Platschek	Johanna	1830/M	Magd	Platschek[58]	Theresia	54/05/7	54/05/12			39/04529	1854/3234

---

[48] Theresia Pisk, geb. und wohnhaft in Nikolsburg (No 36) in Mähren, von dort zugereist (GbhP).
[49] Heinrich Pisk, geb. am 56/05/01 im Inquisitenspital, am folgenden Tag in der Pfarre Alservorstadt getauft, Patin war die Bezirkshebamme Theresia Wagner. - Am folgenden Tag kam dieses Kind "auf Verhaftsdauer der Mutter" ins Fdh, am 56/05/28 an Fraisen gestorben (FdhP).
[50] Bei Heinrich Hornung wurde in das FdhP kein Sterbedatum nachgetragen, er könnte somit die Findelpflege überlebt haben. Im Alter von drei Wochen kam er nach Eckartsau, kein weiterer Pflegeplatz wurde eingetragen, das Kind ist vermutlich dort geblieben (FdhP: Magdalena Nagl, Hofstadlersweib, Eckartsau No 46, Herrschaft Orth - NÖ, UMB). - Taufmatrik AKH 28/02/03: "Mater judaea", mit Randnotizen.
[51] Josefa Pitzkar, ein "68er Kind", wurde mit ihrer Mutter ins Fdh gebracht, dort unmittelbar, noch am selben Tag weitergegeben, kam zu einer Häuslerin, nach zwei Monaten an Durchfall gestorben (FdhP; CAHJP A/W 1809, Verzeichnis jüdischer Findelkinder 1868).
[52] Aus dem Trentschiner Komitat, zugereist (GbhP).
[53] "Wegen Religion der Mutter" Fdh (FdhP).
[54] Magdalena Planer, aus Wölking in Mähren zugereist (GbhP).
[55] Eleonora Platscheck (GbhP), Eleonora Plaschek (FdhP), wurde ursprünglich ins GbhP als "k<atholisch>" eingetragen, sodann wurde "k" viermal durchgestrichen und durch "isrl" (israelitisch) ersetzt; ins FdhP wurde sie als "kl" (katholisch, ledig) aufgenommen, in der Taufmatrik des AKH als "mater infantis judaea" eingetragen. - Sie wurde nach der Entbindung ins AKH auf eine medizinische Abteilung verlegt ("transferirt") (GbhP).
[56] Karl **Plaschek** (FdhP); Karl **Stark** (GbhP; Taufmatrik AKH 32/12/02: P: Andreas Losch, Kirchendiener, Anmerkung: "Mater infantis judaea"). - Im FdhP kein Hinweis auf die jüdische Herkunft des Kindes. Das Kind kam "wegen Krankheit der Mutter" ins Fdh (FdhP).
[57] Johanna Pla**ts**ek (GbhP), Johanna Pla**tsch**ek (FdhP), geb. in Gayer in Mähren, zugereist (GbhP).

M: Name	M: Vorname	geb. ca.	Beruf	K: Name	K: Vorname	K: geb.	K: gest.	K: entl.	Qu GbhP	Qu FdhP	Qu EntlP
Plechner[59]	Maria	1825/U	Hdarb	Plechner[60]	Maria	49/05/28	49/07/26		34/04910	1849/3737	
Ples[61]	Anna	1840/U	Magd	Ples	Franz Josef	62/10/23	63/02/8		47/07320	1862/7392	
Pless Rosalia, vide geb. Löwy Rosalia											
Pöck, vide Böck											
Pokorny[62]	Amalia	1822/M	Magd	Pokorny	August	45/07/10	45/09/3		30/04677	1845/3757	
Pokorny	Amalia	1823/M	Magd	Pokorny[63]	Maria	46/11/10	47/10/17			1846/6029	
POLLACZEK (POLATSCHICK)											
Polatschick[64]	Rosalia	1808/U	Magd	*Vogel*	Josef	35/07/27	36/11/12		20/02980	1835/2653	
Pollacek[65]	Betti	1826/M	Magd	Pollaczek[66]	Barbara	50/06/24		60/06/24	35/04653	1850/3967	60/06/25

---

[58] "Wegen Religion der Mutter" Fdh; im Fdh im Alter von fünf Tagen an Lebensschwäche gestorben (FdhP).
[59] Maria Plechner, geb. und wohnhaft in Mattersdorf in Ungarn, Ödenburger Komitat, zugereist (GbhP).
[60] "Wegen Krankheit der Mutter" Fdh (FdhP), die jüdische Herkunft des Kindes wurde in der Taufmatrik nicht erwähnt (Taufmatrik AKH 49/05/29), im FdhP wurde es als "Israelitenkind" <unterstrichen> eingetragen.
[61] Anna Ples, aus dem Neutraer Komitat, zugereist (GbhP).
[62] Amalia Pokorny, geb. von Puklitz (GbhP: "Puglitz") in Mähren, Iglauer Kreis, 1845 wohnhaft Wien-Leopoldstadt No 243 (GbhP); 1846 wurde sie bei der Hebamme Elisabeth Kaufmann in der Josefstadt No 34 entbunden, ist verblutet (FdhP): "Die Mutter ist bei der Entbindung am Blutsturz gestorben". - TBP 46/11/10: Amalia Pokorny, "ledige Magd, israelitischer Religion, 26 Jahr alt, geboren in Iglau in Mähren, Josefstadt No 34, an Gebärmutterblutung."
[63] Maria Pokorny kam über die Polizei Bezirksdirektion Josefstadt ins Fdh, vom Fdh wurde das Kind zur Taufe von einer Wärterin des Findelhauses, Maria Balzer, in die Pfarrkirche der Alservorstadt gebracht und getauft. Taufpatin war die erwähnte Wärterin (Pfarre Alservorstadt Taufmatrik 46/11/12; FdhP).
[64] Rosalia Polatschick, geb. von Stampfen, Preßburger Komitat, wohnhaft in Preßburg, zugereist (GbhP).
[65] Betti Pollacek, geb. und wohnhaft in Groß-Meseritsch in Mähren, zugereist (GbhP) - erhielt für ihr Kind "Mit Di<rekti>ons Bewilligung" am Tag ihrer Entlassung aus dem Gbh einen Empfangsschein (FdhP).
[66] Barbara Polaczek (Taufmatrik AKH 50/06/25), Barbara Pollaczek (FdhP, EntlP) - kam im Alter von sechs Jahren zu einer Witwe nach Wien-Braunhirschengrund, welche nach Ablauf der Findelhausversorgung auch als Übernahmepartei in das FdhP eingetragen wurde (EntlP: Janisch Magdalena, Witwe, <Wien> Braunhirschen No 177). Die Mutter hatte bei ihrer Entlassung aus dem Gbh mit "Direktionsbewilligung" einen Empfangsschein erhalten, konnte somit mit ihrem Kind in Kontakt bleiben. - Randnotiz in der Taufmatrik, die auf die Ausstellung eines Taufscheines im Jahr 1872

P

M: Name	M: Vorname	geb. ca.	Beruf	K: Name	K: Vorname	K: geb.	K: gest.	K: entl.	Qu GbhP	Qu FdhP	Qu EntlP
POLLAK (POLLACK, POLAG, POLAK, POLACK)											
Pollak	Aloisia	1833/B	Magd	Pollak[67]	Josef	54/10/21	54/10/27		39/08144	1854/7106	
Polack[68]	Anna	1813/M	Magd	*Jörgens*[69]	Josef	37/09/17	37/10/4		22/03567	1837/3541	
Pollak	Anna	1831/B	Magd	Pollak[70]	Leopoldine	54/09/16	54/11/18		39/06462	1854/6448	
Pollak[71]	Anna	1839/U	Magd	Pollak[72]	Maria Anna	58/11/4		68/11/4	43/08556	1858/8324	68/12/14
Pollak	Netti	1839/U	Magd	Pollak	Maria	60/07/24	60/09/4		45/04805	1860/5288	
Pollak	Netti	1841/U	Magd	Pollak[73]	Jakob	66/11/9			51/07651		
Pollak	Anna	1844/U	Magd	Pollak[74]	Josef	68/11/2	69/09/24		54/06440	1868/7088	

schließen läßt.

[67] Josef Polak kam "wegen Peritonitis <Bauchfellentzündung> der Mutter" (GbhP) bzw. "wegen Krankheit der Mutter" (FdhP) im Alter von drei Tagen ins Fdh; gestorben im Fdh an Lebensschwäche; die Mutter wurde nach dem Wochenbett mit Lungenentzündung in eine andere Abteilung des AKH gebracht (GbhP).

[68] Anna Pollack, gestorben am 38/04/17 (IKG Stb A 1167: im AKH, an Auszehrung). - TBP 38/04/17: "Polak Anna, ledige Magd, von Ungar. Brod in Mähr. gebürtig, Stadt 222, an Auszehrung, alt 24 Jahr, israelitischer. Religion, <im AKH>."

[69] Josef **Jürgens** (GbhP, Taufmatrik AKH 37/09/17), Josef **Jörgens** (FdhP).

[70] "Wegen Religion der Mutter" Fdh (GbhP).

[71] Anna (Netti) Pollak, geb. in Neutra in Ungarn, 1858 zugereist, 1860 wohnhaft in Wien Innere Stadt, Judengasse, 1866 in Wien-Leopoldstadt, Zirkusgasse No 30 (GbhP'e).

[72] Maria Pollak wurde als "Israelitenkind" ins FdhP eingetragen. Das Kind kam mit seiner Mutter ins Fdh und wurde dort fünf Tage später der Barbara Fellinger in Schönau im Bezirk Kirchschlag übergeben, das Kind blieb zumindest bis zu seiner Entlassung aus der Findelhausbetreuung bei ihr (FdhP; EntlP: Fellinger Barbara, Ungerbachhof). - Randnotizen in der Taufmatrik des AKH aus den Jahren 1942 und 1943, die auf die Ausstellung von Ariernachweisen schließen lassen.

[73] o.A. (GbhP), **Jakob** Pollak (IKG Gb D/2 2841) - nicht getauft, Mutter und Kind wurden am 66/11/17 aus dem Gbh entlassen, am folgenden Tag wurde das Kind beschnitten und unter dem Namen Jakob Pollak in das Geburtenbuch der IKG, als uneheliches Kind der Netti Pollak aus Neutra in Ungarn, eingetragen (GbhP; IKG Gb D/2 2841).

[74] Josef Polak, ein "68er Kind", wurde ungetauft mit seiner Mutter ins Fdh gebracht, blieb dort drei Monate, wurde sodann in Findelpflege gegeben (FdhP; CAHJP A/W 1809, Verzeichnis jüdischer Findelkinder 1868).

P

M: Name	M: Vorname	geb. ca.	Beruf	K: Name	K: Vorname	K: geb.	K: gest.	K: entl.	Qu GbhP	Qu FdhP	Qu EntlP
Pollak	Antonia	1844/M	Magd	Pollak	Emil	65/01/6	65/02/10		50/00160	1865/0326	
Pollak[75]	Barbara	1802/M	Magd	Pollak[76]	Leopoldine	22/01/14	22/01/15		07/00117		
Pollak[77]	Lotti	1839/U	Magd	Pollak[78]	Karolina	58/06/18	58/07/18		43/05941	1858/4819	
Polak	Elisabeth	1841/U	Hdarb	Polak	Karl	61/10/1	61/10/16		46/08055	1861/7603	
Polak	Elisabeth	1841/U	Magd	Polak[79]	Salomon	68/09/20	68/12/4		54/05145	1868/6239	
Polak	Elisabeth	1843/U	Magd	Polak	Johann	63/01/2	63/02/19		48/01437	1863/0210	
Polak[80]	Eva	1836/B	Magd	Polak[81]	Franziska	59/09/14	59/12/5		44/07749	1859/7330	
Pollak[82]	Franziska	1826/U	KlHdl	Polak	Heinrich	48/01/4	48/03/13		33/01264	1848/0234	
Pollak	Hanni	1843/U	Hdarb	Pollak	Karl	65/04/24	65/05/9		50/02824	1865/3172	
Pollak[83]	Johanna	1831/M	Köchin	Pollak[84]	Anna	57/03/14	57/04/2		42/03159	1857/2246	
Pollak	Johanna	1832/M	Magd	Pollak	Heinrich	58/06/30	60/08/22		43/06202	1858/5279	
Pollak[85]	Johanna	1828/M	Magd	Pollak[86]	Mathilde	61/12/25	63/10/13		47/01232	1861/9557	

---

[75] Barbara Pollak wurde vom AKH, Zi. 79 ins Gbh zur Entbindung gebracht (GbhP).
[76] Leopoldine Pollak wurde notgetauft, sie starb noch am selben Tag im Gbh (GbhP). - Taufmatrik AKH 22/01/15: "Noth Taufe", M: Barbara Pollack, Patin und Baptizans: Anna Blumenau, Hebamme. - Sterbematrik AKH 22/01/15: "Pollak Barbara ihr Kind g<etauft> N<ame:> Leopoldine - katholisch, 1 Tag <alt>."
[77] Lotti Pollak, geb. in Stampfen in Ungarn, Komitat Preßburg, wohnhaft in Veszprim, zugereist (GbhP).
[78] "Wegen Religion der Mutter" Fdh (GbhP)
[79] Salomon Polak, ein "68er Kind", wurde ungetauft mit der Mutter ins Fdh gebracht, blieb dort drei Wochen, kam dann zu einer Pflegefrau im Preßburger Komitat, wo er im Alter von zweieinhalb Monaten an einem Lungenödem gestorben ist (FdhP; CAHJP A/W 1809, Verzeichnis jüdischer Findelkinder 1868).
[80] Eva Polak, geb. von Pawlow in Böhmen, zugereist von Krems (GbhP).
[81] "Wegen Religion der Mutter" Fdh (GbhP).
[82] Franziska Potak, recte Polak, Israel<itin> (Taufmatrik AKH 48/01/04), eine Kleinhändlerin aus Szobitisz im Neutraer Komitat in Ungarn.
[83] Johanna Pollak, geb. von Ung.-Brod in Mähren; wohnhaft in Wien-Leopoldstadt No 160 (1857) und No 647 (1858), 1861 in Wien-Weißgärber No 138 (GbhP'e).
[84] Im Fdh an Zellgewebsinfiltration gestorben (FdhP).

P

M: Name	M: Vorname	geb. ca.	Beruf	K: Name	K: Vorname	K: geb.	K: gest.	K: entl.	Qu GbhP	Qu FdhP	Qu EntlP
Pollak[87]	Pepi	1831/U	Magd	Pollak	Josefa	51/08/5	51/08/24		36/06198	1851/5244	
Pollak	Josefa	1848/U	Magd	Pollak[88]	Heinrich	68/03/12	69/08/17		53/01695	1868/2003	
Pollak[89]	Juliana	1837/U	Magd	Pollak[90]	Raimund	56/03/23	56/04/08			1856/2028	
Pollak	Juliana	1837/U	Magd	Pollak[91]	Johanna	59/06/9	59/06/27		44/05651	1859/4816	
Pollak[92]	Julia	1846/U	Magd	Pollak[93]	Karolina	67/01/15	67/02/09		52/00400	1867/0398	
Pollak[94]	Karolina	1830/B	verh.	totgeboren		66/12/13			51/08469		
Pollack	Katharina	1809/U	Magd	*Ostertag*[95]	Augustin	33/04/9	33/08/19		18/01730	1833/1361	
Pollak[96]	Katharina	1843/M	Magd	Pollak	Cäcilia	65/05/25	65/06/11		50/03030	1865/4087	

---

[85] Johanna Pollak wurde nach der Entbindung auf eine andere Abteilung des AKH verlegt (GbhP).
[86] "Wegen Krankheit der Mutter" Fdh (FdhP), die Mutter wurde nach dem Wochenbett in eine andere Abteilung des AKH gebracht.
[87] Josefa (Pepi) Pollak, geb. in Hundsdorf (Hunfalu) in Ungarn, Zipser Komitat, von Trentschin zugereist (GbhP).
[88] Heinrich Pollak, ein "68er Kind", wurde in das Geburtenbuch der IKG Wien aufgenommen, kam mit seiner Mutter ins Fdh, von dort auf einen Pflegeplatz, wo er im Alter von einem Jahr und fünf Monaten an "Erschöpfung" gestorben ist. Sein Name steht nicht auf der Liste jüdischer Findelkinder der IKG (FdhP; CAHJP A/W 1809, Verzeichnis jüdischer Findelkinder 1868).
[89] Juliana Pollak, geb. von Szobotisz in Ungarn, Neutraer Komitat, brachte 1856 ihr erstes Kind bei einer Hebamme in Wien-Josefstadt No 712 zur Welt (FdhP); 1859 wohnhaft in Wien-Josefstadt No 83.
[90] Raimund Pollak, geboren in der Leopoldstadt, Negerlegasse No 712 bei der Hebamme Maximiliana Späth, getauft am 56/03/24 in der Pfarre St. Josef (Leopoldstadt), drei Tage später ins Fdh gebracht, mit dem Taufschein und einem Armutszeugnis, ausgestellt von der Polizeidirektion Leopoldstadt, ins Fdh aufgenommen; gestorben im Fdh an Lebensschwäche (FdhP); Pfarre St. Josef (Karmeliter) 56/03/24).
[91] Johanna Pollak wurde ursprünglich "wegen Religion der Mutter" ins Fdh aufgenommen, diese Begründung wurde gestrichen; in der Taufmatrik des AKH wird die Mutter als "israelitisch" ausgewiesen (Taufmatrik AKH 59/06/10).
[92] Julia Pollak wurde nach der Entbindung ins AKH, Zi. 73 gebracht (GbhP). - In das GbhP als "k<atholisch>" eingetragen, in der Taufmatrik und im FdhP als jüdisch ausgewiesen (GbhP; Taufmatrik AKH 67/01/16: Karolina Pollak; FdhP).
[93] Karolina Pollak kam "wegen Krankheit der Mutter" ins Fdh (GbhP, FdhP); im Fdh an Anämie gestorben (FdhP).
[94] Branntweiner Gattin (GbhP), hat sich mit dem Heimatschein ihres Mannes ausgewiesen, stammte aus Böhmen, wohnhaft in Wien-Neubau.
[95] Augustin Ostertag wurde am Oster(diens)tag geboren (GbhP).
[96] Katharina Pollak, geb. in Bisenz in Mähren, 1865 vom Geburtsort zugereist, 1866 wohnhaft in Wien-Leopoldstadt, Theresiengasse No 3 (GbhP'e).

P

M: Name	M: Vorname	geb. ca.	Beruf	K: Name	K: Vorname	K: geb.	K: gest.	K: entl.	Qu GbhP	Qu FdhP	Qu EntlP
Pollak	Kathi	1843/M	Magd	Pollak[97]	Berta	66/05/27	1940/02		51/03660	1866/4155	
Pollak	Katharina	1843/M	Magd	Pollak[98]	Ignaz	68/08/18	69/06/10		54/05020	1868/5621	
Pollak[99]	Magdalena	1839/U	Hdarb	Pollak[100]	Markus	57/04/18		67/04/18	42/03776	1857/3103	67/04/18
Polak[101]	Maria	1805/U	Magd	*Neumann*[102]	Mathias	27/01/2			11/02224	1827/0055	
Pollak[103]	Maria	1833/U	Magd	Pollak	Stefan	65/08/7	65/11/25		50/04759	1865/5957	
Polag	Mathilde	1795/Dt	Hdarb	*Kefas*[104]	Simon	19/07/17	19/12/18		04/01717	1819/2366	

---

[97] Berta Pollak, gestorben am 1940/02/05 als Berta Kokorian, Wien 18 St.A. 28 No 207 (Taufmatrik AKH 66/05/28); vermutlich verh. mit dem Handelsangestellten Othmar Kokorian, 1942 wohnhaft in Wien 18, Schuhmanngasse 50 (Lehmann, Adreßbuch 1942/I, 581). - Randnotizen in der Taufmatrik des AKH aus den Jahren 1885 und 1945/09/22 (Taufmatrik AKH 66/05/28).

[98] Ignaz Pollak, ein "68er Kind", kam mit seiner Mutter ins Fdh, nach einer Woche zu einem Schuhmacherehepaar; an Brechdurchfall gestorben; das Sterbedatum ist infolge eines Tintenflecks nicht gesichert (FdhP; CAHJP A/W 1809, Verzeichnis jüdischer Findelkinder 1868).

[99] Magdalena Pollak, geb. und wohnhaft in Szered in Ungarn, zugereist (GbhP).

[100] Markus Pollak kam mit seiner Mutter ins Fdh; er wurde nach 14 Tagen einer Kleinhäuslerin namens Maria Slesak in Hausbrunn (Preßburger Komitat) übergeben, die als "KP" (Kostpartei) zehn Jahre später im EntlP aufscheint (FdhP, EntlP: Slesack Maria, Kleinhäuslerin, <Hausbrunn> No 188, Preßburger Comitat). - In der Taufmatrik befindet sich eine Randnotiz in Form eines Datums aus dem Jahr 1902, welche auf die Ausstellung eines Taufscheines hinweist.

[101] Maria Polak, geb. von Szalabér in Ungarn; gestorben am 27/01/14 (IKG Stb A 53: im AKH, an Gedärmentzündung). - TBP 27/01/14: "Polack Maria, israelitisch, ledig, Magd, von No 47 in der Jägerzeil, von Solobir in Ungarn gebürtig, an der Gedärmentzündung, alt 21 Jahr."; ähnlich IKG Stb A 53.

[102] Mathias Neumann (FdhP) - kam im Alter von drei Tagen "wegen Krankheit der Mutter" ins Fdh, nach einer Woche nach Hötzmannsdorf in Pflege gegeben; die Barschaft, die ihm seine Mutter hinterlassen hatte, wurde in einem Sparbuch angelegt:: "Für diesen Findling wurden 5 fl. 25 kr." am 27/05/29 in die Sparkasse gegeben. In das FdhP wurde kein Sterbedatum nachgetragen, Mathias Neumann könnte somit die Findelpflege überlebt haben (FdhP; Pflegemutter: Anna Maria Zahlbrukner, Hauerin, No 27 Hötzmannsdorf, Herrschaft Stein bei Melk - NÖ, UMB), umso mehr als sich in der Taufmatrik des AKH eine Randnotiz aus dem Jahr 1851 befindet (Taufmatrik AKH 27/01/03), welche mit der Ausstellung eines Taufscheines für eine beabsichtigte Eheschließung im Zusammenhang stehen könnte. Die jüdische Herkunft des Kindes ist nur im GbhP durch die Eintragung der M: "Maria Polak, 21 Jahr alt, Isr<aelitin>" ausgewiesen; Taufpatin war vermutlich eine Nachbarin der Mutter, Theresia Landbek, Maurerpoliersgattin, Jägerzeil No 45 (Taufmatrik AKH 27/01/03).

[103] Maria Pollak, geb. in Béla in Ungarn, Trentschiner Komitat, zugereist (GbhP).

M: Name	M: Vorname	geb. ca.	Beruf	K: Name	K: Vorname	K: geb.	K: gest.	K: entl.	Qu GbhP	Qu FdhP	Qu EntlP
Polack	Regina	1797/U	Köchin	*Samstag*[105]	Anna Maria	19/11/13	19/11/22		04/02051	1819/3696	
Pollack[106]	Regina	1812/U	Magd	*Thol*[Thal[107]	Thomas	37/12/21	38/01/26		22/03918	1837/4725	
Pollak[108]	Regina	1815/U	Magd	*Redlich*	Karolina	40/12/12	40/12/30		25/04629	1840/5200	
Pollack[109]	Regina	1815/U	Magd	*Palas*[110]	Anna	43/06/2		53/05/17	28/03668	1843/2694	53/05/17

[104] S.K. (GbhP), Simon Kefas (FdhP), Simon Kefaß (Taufmatrik AKH 19/07/17). - Das Kind kam am 19/07/17 ins Fdh - am selben Tag wurde ein Kind "wegen Krankheit der Mutter" mit dem Namen Simon Kefas aufgenommen, wobei das K nur zu leicht als CH verlesen werden kann. - Die Aufnahme war gratis, im "jüdischen Formular" erfolgt, es wurden weder der Name der Mutter noch die jüdische Herkunft des Kindes angegeben. In die Taufmatrik des AKH hingegen wurde "Simon Kefaß" als Kind der "Mathilde Polag" aufgenommen, in die Rubrik des Vaters setzte man "Israelita". - Das Initialenkind "S.K." ist demnach ident mit dem Findelkind Simon Kefas/Kefaß. - Das Kind wurde sogleich nach seiner Geburt getauft, kam noch am selben Tag ins Fdh, "1 T<ag alt>", wurde im Fdh geimpft, mit verdünnter Kuhmilch ernährt ("Vacc<iniert> mit Erfolg. Kumilch"), nach neun Tagen einer Taglöhnerin zur Pflege übergeben (GbhP, FdhP; Taufmatrik AKH 19/07/17).
[105] A.S. (GbhP), Anna Maria Samstag (FdhP). - Das Initialenkind "A.S." wurde am 19/11/13 ins Fdh gebracht - am selben Tag wurde ein Mädchen mit dem Namen A.M Samstag ins Fdh aufgenommen, als Aufnahmegrund wurde angegeben: "Weil die Mutter eine Israelitin ist." Aus Versehen wurde der Name der Mutter in das FdhP eingetragen, sodann gestrichen und mit "Samstag" ersetzt. "A.S." war ein Fremdnamenkind, es wurde an einem Samstag getauft und erhielt von diesem Wochentag seinen Namen (Taufmatrik AKH 19/11/13). - In die Taufmatrik des AKH hat man in die Rubrik für den Namen des Vaters "Judaea" eingetragen und auf diese Weise die jüdische Herkunft des Kindes festgehalten - bis in die 1820er Jahre hatten im Formular der Taufmatrik des AKH derartige Eintragungen noch keinen bestimmten Platz gefunden. - Die Initialen "A.S." sind jedoch im Datenkontext dem Kind Anna (Maria) Samstag zuzuordnen.
[106] Regina Pollack (GbhP), Regina Polak (FdhP), geb. in Trentschin in Ungarn, aus Preßburg zugereist (GbhP).
[107] T.T. (GbhP), Thomas Thol (FdhP), Thomas Thal (Taufmatrik AKH 37/12/22) - Neben den Initialen "T.T." wurde im GbhP noch das Geschlecht des Kindes mit "K<nabe>" und das Transferdatum der Überstellung ins Fdh angegeben, welche am 37/12/31 erfolgt ist - unter demselben Datum wurde in das FdhP als "Israelitenkind" Thomas Thol eingetragen, zusammen mit dem Namen seiner Mutter, "Regina Polak, Israelitinn". - Das Initialenkind "T.T." ist somit ident mit Thomas Thol. Durch einen Hör- oder Abschreibfehler wurde dieses Kind in die Taufmatrik des AKH als "Thomas Thal" eingetragen.
[108] Regina Polla(c)k, geb. von Kotischov (Chotischov) in Ungarn, Trentschiner Komitat; 1840 wohnhaft in Wien Innere Stadt No 513, 1843 Wien-Breitenfeld No 144 und 1844 in Wien-Hernals No 101 (GbhP'e).
[109] Regina Pollack (GbhP), Regina Polak (FdhP).
[110] Anna Palas kam auf einen Pflegeplatz in der Steiermark, nach Neusiedl in der Gegend von Feistritz. "Gegen Revers" kam sie im Alter von zehn Jahren zu Sebastian Hödl - nach einem Vermerk im Entlassungsprotokoll könnte Hödl der Vater des Kindes gewesen sein (FdhP, EntlP: Hödl Sebastian, in Hart-

P

M: Name	M: Vorname	geb. ca.	Beruf	K: Name	K: Vorname	K: geb.	K: gest.	K: entl.	Qu GbhP	Qu FdhP	Qu EntlP
Pollak	Regina	1815/U	Magd	Pollak[111]	Franziska	44/09/23		54/09/23	29/05484	1844/4559	54/10/10
Pollak[112]	Regina	1838/U	Magd	Pollak	Aloisia	66/08/16			51/05446	1866/6080	
Pollak[113]	Regina	1845/U	Private	Pollak[114]	Adolf	66/04/29	1944/06		51/01714	1866/3200	
Pollak	Regina	1841/U	Magd	Pollak[115]	Adolf	68/11/22			54/06821		
Polak[116]	Rosalia	1820/U	Magd	Polak	Moritz	44/08/1	44/10/6		29/04541	1844/3571	
Pollak[117]	Rosalia	1825/B	Hdarb	Pollak	Rosalia	53/10/9	53/11/1		38/07595	1853/6604	
Polak[118]	Rosalia	1825/U	Hdarb	Pollak	Theresia	49/04/27	49/07/5		34/04215	1849/3085	
Pollak[119]	Rosalia	1826/M	Magd	Pollak[120]	Antonia	62/12/12	63/01/21		48/00906	1862/8618	
Pollak	Rosalia	1831/U	Magd	unentbunden entlassen 53/11/22					39/00079		

berg, Bezirksgericht Hartberg - Stmk). - Randnotizen in der Taufmatrik des AKH aus den Jahren 1870, 1938 und 1940 (Taufmatrik AKH 43/06/02).

[111] Franziska Pollak wurde zunächst in Haugsdorf untergebracht, kam im Alter von neun Jahren zur Witwe Lichmayer (EntlP: Lichtmeyer) nach Wien-Ottakring - später Laimgrube, welche auch in das EntlP als Übernahmepartei mit dem Vermerk "PP" - Pflegeepartei - eingetragen wurde (FdhP, EntlP: Lichtmeyer Josefa, Witwe auf der Laimgrube No 44). - Randnotizen in der Taufmatrik des AKH (Taufmatrik AKH 44/09/24).

[112] Regina Pollak, geb. und wohnhaft in Deutsch-Kreutz, Bezirk Lackenbach in Ungarn, zugereist (GbhP).

[113] Regina Pollak, geb. in Groß-Kanisa in Ungarn, Szaláder Komitat, zugereist von Preßburg, kam ohne Dokumente ins Gbh (GbhP).

[114] Adolf Pollak kam "wegen Krankheit der Mutter" ins Fdh und überlebte die Findelpflege: gestorben am 1944/06/16 in Wien 21 St<andes> A<mt> Floridsdorf v. 1944/07/14, Zl. 897/44 (Taufmatrik AKH 66/04/30). - Randnotiz in der Taufmatrik des AKH aus dem Jahr 1939 (Taufmatrik AKH 66/04/30).

[115] Adolf Pollak, ein "68er Kind", nicht auf der IKG-Liste jüdischer Findelkinder, kam ungetauft ins Fdh (FdhP).

[116] Rosalia Polak (GbhP), Rosalia Polack (Taufmatrik AKH 44/08/02: Moritz Polack). - Rosalia Polak wurde offenbar aus Versehen in das FdhP als "kl" (katholisch, ledig) aufgenommen, wobei bei ihrem Kind als Aufnahmegrund "wegen Religion der Mutter" angegeben wurde. Sowohl im GbhP als auch in der Taufmatrik des AKH wird sie als jüdisch ausgewiesen (Taufmatrik AKH 44/08/02: Moritz Polack, M: "Rosalia Polack, jüdisch").

[117] Rosalia Pollak, Näherin, aus Reichenau in Böhmen; wohnhaft in Wien-Josefstadt No 15 (GbhP, FdhP).

[118] Rosalia Pollak, getauft am 50/01/22 in der Pfarre Schotten, erhielt bei der Taufe die Namen Maria Magdalena, V: Moses Pollak, Kaufmann in Szobotisch in Ungarn, M: Anna Weiss (DAW: Konvertiten-Akten 1849 & 1850).

[119] Rosalia Pollak, geb. von Paulitz in Mähren, Znaimer Kreis, zugereist (GbhP).

[120] Im Fdh an Lebensschwäche gestorben (FdhP).

P

M: Name	M: Vorname	geb. ca.	Beruf	K: Name	K: Vorname	K: geb.	K: gest.	K: entl.	Qu GbhP	Qu FdhP	Qu EntlP
Pollak[121]	Rosalia	1830/U	Magd	Pollak[122]	Rosalia	53/12/1	55/05/13		39/00499	1853/7850	
Polak[123]	Rosalia	1831/B	Magd	Pollak[124]	Karl	57/01/25	57/02/18		42/02020	1857/0912	
Pollack	Rosalia	1832/B	Magd	Pollack[125]	Pauline	64/02/8	64/02/9		49/02505		
Pollak[126]	Sara	1832/B	Magd	Pollak[127]	Johann	55/08/3	55/09/17		40/05403	1855/4990	
Pollak	Sara	1831/B	Köchin	totgeboren		59/09/18			44/07953		
Pollak	Rosalia	1840/U	Magd	Pollak[128]	Henriette	60/06/9			45/04709	1860/4076	
Polak[129]	Rosalia	1843/U	Witwe	<...>[130]				64/05/13	49/04992		
Pollak[131]	Rosalia	1844/U	Magd	Pollak	Josef	63/09/16	63/11/8		48/07379	1863/6942	
Pollak	Rosalia	1843/U	Magd	Pollak[132]	Heinrich	67/07/12			52/04237	1867/4770	

---

[121] Rosalia Pollak, aus Preßburg zugereist (GbhP).
[122] "Wegen Religion der Mutter" Fdh (GbhP).
[123] Rosalia Pol(l)a(c)k, gebürtig von Hermanmiestetz im Chrudiner Kreis, Böhmen (GbhP, FdhP).
[124] Karl Pollak wurde nicht im Gbh geboren, er war eine "Gassengeburt", wurde mit seiner Mutter einen Tag nach seiner Geburt ins Gbh gebracht, getauft, kam ins Fdh, wo er nach zwei Wochen an "Diarrhöe" gestorben ist (GbhP, FdhP).
[125] Getauft, am folgenden Tag im Gbh gestorben (GbhP; Taufmatrik AKH 64/02/08).
[126] Sara Pollak, geb. in Herzmanmiestetz, im Pardubitzer Kreis, Böhmen; wohnhaft in Wien Innere Stadt No 378 (1859) (GbhP'e).
[127] "Wegen Religion der Mutter" Fdh (GbhP, FdhP).
[128] "Wegen Krankheit der Mutter" Fdh (GbhP, FdhP), die Mutter wurde nach zwei Wochen zum Ammendienst ins Fdh gebracht, vier Tage zuvor kam das Kind zu Pflegeeltern im Trentschiner Komitat in Ungarn. Es könnte die Findelpflege überlebt haben - in das FdhP wurde kein Sterbedatum eingetragen (FdhP), in der Taufmatrik befinden sich Randnotizen aus dem Jahr 1942 (Taufmatrik AKH 60/06/09).
[129] Rosalia Polak, geb. in Diakova (Déakfalva) in Ungarn, Turóczer Komitat, zugereist, lebte bei ihren Eltern, ihr Kind wurde "wegen mosaischer Religion der Mutter nicht getauft", das Kind kam nicht ins Fdh, Mutter und Kind wurden aus dem Gbh nach acht Tagen entlassen (GbhP).
[130] o.A. (GbhP). Dieses Kind, ein Mädchen, wurde nicht getauft, Mutter und Kind wurden am 64/05/21 aus dem Gbh entlassen: "Wegen mosaischer Religion der Mutter nicht getauft" (GbhP).
[131] Rosalia Pollak, geb. von Domony in Ungarn, Pester Komitat; 1863 wohnhaft in Wien-Leopoldstadt, Ankergasse No 5, 1867 o.A. (GbhP'e, FdhP'e).
[132] Heinrich Pollak könnte die Findelpflege überlebt haben: kein Sterbedatum im FdhP, Randnotizen in der Taufmatrik des AKH aus den Jahren 1920, 1938 und 1941 (Taufmatrik AKH 67/07/13).

M: Name	M: Vorname	geb. ca.	Beruf	K: Name	K: Vorname	K: geb.	K: gest.	K: entl.	Qu GbhP	Qu FdhP	Qu EntlP
Pollak[133]	Rosalia	1844/U	Magd	Pollak	Josef	67/11/18	68/03/22		52/06869	1867/7515	
Pollak	Rosalia	1847/U	Hdarb	Pollak[134]	Karolina	68/06/30	68/07/16		53/04063	1868/4677	
Pollak Sara, vide Pollak Rosalia											
Polak	Theresia	1804/B	Magd	*Manner(in)*[135]	Maria	23/09/16			08/02032	1823/3317	
Pollak[136]	Theresia	1816/B	Magd	*Frühling*[137]	Josefa	38/03/1			23/01461	1838/1027	
Pollak[138]	Theresia	1840/M	Hdarb	totgeboren 60/12/29					46/01242		
Pollak	Theresia	1840/M	Magd	Pollak	Wilhelmine	66/05/23	66/06/4		51/03182	1866/4007	
Pollak[139]	Theresia	1845/U	Hdarb	totgeboren 65/07/13					50/04851		

---

[133] Rosalia Pollak, geb. von Györöd in Ungarn, Barser Komitat, zugereist (GbhP).

[134] Karolina Pollak, ein "68er Kind", kam mit der Mutter ungetauft ins Fdh, am darauffolgenden Tag zu einer Witwe nach Gaudenzdorf; nach einer Woche an Fraisen gestorben (FdhP; CAHJP A/W 1809, Verzeichnis jüdischer Findelkinder 1868).

[135] **M.M.** (GbhP), Maria Manner (FdhP). - Von diesem Kind kennen wir nur die Initialen und das Transferdatum, nicht das Geschlecht: "M" konnte in den 1820er Jahren in den GbhP'n sowohl für männlich als auch für "Mädchen" gesetzt werden. Es kam am 17. September ins Fdh. Gleichfalls am 17. September wurde "wegen Krankheit der Mutter" ein Kind mit dem Namen Maria Manner, "alt 2 T<ag", aufgenommen, ohne Namen der Mutter, jedoch "gratis", somit im "jüdischen Formular", ohne jedweden Hinweis auf die jüdische Herkunft des Kindes. In die Taufmatrik des AKH wurde der Name des Kindes noch in der alten weiblichen Form, mit Maria "Mannerin" eingetragen, auch hier ohne Namen der Mutter und ohne Hinweis auf seine jüdische Herkunft, Taufpatin war die Hebamme Eleonora Maucher (Taufmatrik AKH 23/09/16). Die Initialen dieses Kindes sind nur im Datenkontext dem Findelkind Maria Manner(in) zuzuordnen. - Das Kind wurde sogleich nach seiner Geburt getauft und kam am folgenden Tag "wegen Krankheit der Mutter" ins Fdh, die Mutter wurde nach dem Wochenbett aus dem Gbh entlassen. Maria Manner kam zu einem Schuster. Da kein Sterbedatum in das FdhP eingetragen wurde, könnte das Kind bei seinen Pflegeeltern überlebt haben (FdhP: Elisabeth Beutl, Schustersgattin, Stützenhof No 19 - NÖ, UMB).

[136] Theresia Pollak (GbhP), Theresia Polak (FdhP).

[137] Bei Josefa Frühling wurde kein Sterbedatum in das FdhP nachgetragen, sie könnte demnach die Findelpflege überlebt haben (FdhP: letzte Pflegepartei vor Beendigung der Findelhausversorgung: Anna Täufer, Halblehnerin, Arbesthal No 13, Herrschaft Trautmannsdorf - NÖ, UWW). - "Mater infantis judaea", Randnotizen in der Taufmatrik in Form eines Datums aus den Jahren 1863 und 1939 (Taufmatrik AKH 38/03/02: Josefa Frühling, Randnotizen: 63/08/17, 1939/01/03).

[138] Theresia Pollak, geb. von Boskowitz in Mähren, 1860 wohnhaft in Wien-Leopoldstadt No 782, wurde nach der Entbindung ins AKH auf die Syphilis-Abteilung gebracht; 1866 vom Geburtsort zugereist (GbhP'e).

P

M: Name	M: Vorname	geb. ca.	Beruf	K: Name	K: Vorname	K: geb.	K: gest.	K: entl.	Qu GbhP	Qu FdhP	Qu EntlP
Polifka|Politka[140]	Rosi	1846/U		Polifka	Gustav	68/05/27	68/06/18			1868/3885	
POLLITZER (POLITZER, POLLICZER)											
Pollitzer[141]	Babette	1833/U	Magd	Pollitzer[142]	Karl	52/11/1	52/11/16		37/07923	1852/7190	
Politzer[143]	Fanni	1834/U	Köchin	Politzer[144]	Rosalia	55/08/3	55/08/23		40/04759	1855/5010	
Policzer	Pepi	1849/U	Hdarb	Policzer	Karolina	67/03/2	67/03/27		52/01510	1867/1826	
Politzer	Karolina	1832/U	Hdarb	Politzer[145]	Josef	54/03/28	54/03/29		39/01962		
Politzer	Leni	1847/U	Magd	Politzer[146]	Rosalia	68/11/30			54/07001	1868/7614	
Pontlicka[147]	Johanna	1829/B	Magd	Pentlicka[148]	Maria	62/07/3	62/09/9		47/05320	1862/4651	
POPPER (POPER, POPPNER)											
Poper[149]	Barbara	1816/B	Magd	Poper	Josef	47/04/18	49/03/15		32/02754	1847/2568	
Popper	Barbara	1827/B	Magd	Popper	Maximilian	54/02/11	54/03/27		39/02331	1854/1158	
Popper[150]	Barbara	1835/B	Magd	Popper	Johann	58/07/3	58/11/6		43/06287	1858/5384	

[139] Theresia Pollak, geb. von Groß-Kanisa in Ungarn, zugereist (GbhP).
[140] Aus dem Zahlgebärhaus, das Kind wurde gratis ins Fdh aufgenommen (FdhP).
[141] Babette Pollitzer, geb. in Sztanicsics in Ungarn, in Baja wohnhaft, zugereist (GbhP). - Wohl aus Versehen im FdhP als "kl" (katholisch, ledig) eingetragen, während bei ihrem Sohn als Aufnahmegrund "wegen Religion der Mutter" angeführt wurde. Sowohl im GbhP als auch in der Taufmatrik des AKH ist sie als jüdisch ausgewiesen (Taufmatrik AKH 52/11/01: Karl Pollitzer, M: "Barbara Pollitzer, israelitisch").
[142] "Wegen israelitischer Religion ins Fdh" (GbhP), "wegen Religion der Mutter" Fdh (FdhP).
[143] Fanni Politzer, geb. von Schossberg (Sassin) in Ungarn, zugereist (GbhP).
[144] "Wegen Religion der Mutter" Fdh (GbhP).
[145] Getauft, am selben Tag im Gbh gestorben (GbhP; Taufmatrik AKH 54/03/29).
[146] Rosalia Pollitzer, ein "68er Kind", kam "wegen Krankheit der Mutter" ungetauft ins Fdh (FdhP; CAHJP A/W 1809, Verzeichnis jüdischer Findelkinder 1868).
[147] Johanna Pontlicka (GbhP: ein schmales O, welches auch als E interpretiert werden könnte), Johanna Pentlicka (Taufmatrik AKH 62/05/03: Maria Pentlicka); nach dem Wochenbett zum Ammendienst ins Fdh gebracht (GbhP).
[148] Maria Pontlicka/Pentlicka kam "wegen Krankheit der Mutter" ins Fdh; im Fdh an Lebensschwäche gestorben (FdhP).
[149] Barbara Poper, aus Böhmen, zugereist (GbhP).
[150] Barbara Popp(n)er (GbhP), Barbara Popper (Taufmatrik AKH 59/08/19: Martin Popper).- Barbara Popper ist mit Barbara Poppner ident, etwa gleich

M: Name	M: Vorname	geb. ca.	Beruf	K: Name	K: Vorname	K: geb.	K: gest.	K: entl.	Qu GbhP	Qu FdhP	Qu EntlP
Poppner	Barbara	1834/B	Magd	Popper	Martin	59/08/19	60/04/21		44/07316	1859/6680	
Popper Katharina, vide geb. Grün Katharina											
Popper	Maria	1828/B	Magd	Popper	Maximilian	56/12/29	57/01/13		42/01319	1857/0154	
Poponek Anna, vide Papaneck											
PORGES(S)											
Porges	Barbara	1823/M	Hdarb	Porges[151]	Barbara	50/03/30	50/04/16		35/02824	1850/2146	
Porges	Eva	1828/B	Magd	Porges	Bernhard	48/12/1	49/02/21		34/00498	1848/6763	
Porges[152]	Josefine	1835/U	Magd	Porges	Josefa	56/11/23	56/12/10		41/06900	1856/7573	
Porges	Josefine	1836/U	Magd	Porges	Anton	58/06/2	58/09/11		43/04972	1858/4623	
Porgess	Rosalia	1839/U	Hdarb	Porgess[154]	Rudolf	64/06/1	64/06/25		49/05546	1864/4631	
Porges[153]	Theresia	1827/B	Magd	Porges	Elisabeth	51/05/6	51/05/16		36/04356	1851/3068	
Porys[155]	Eva	1820/U	Magd	Stark[156]	Alexander	40/01/25		50/01/25	25/00497	1840/0506	50/01/28
Potok[157]	Juliana	1844/U	Magd	Potok[158]	Katharina	65/04/21	65/05/24		50/02359	1865/3135	

alt, geb. von Gistebnitz in Böhmen, Taborer Kreis; 1858 wohnhaft in Wien-Margarethen No 41, 1859 in Wien-Gumpendorf No 64 (GbhP'e).
[151] "Wegen Religion der Mutter" Fdh (FdhP); in der Taufmatrik wird die jüdische Herkunft des Kindes nicht erwähnt (Taufmatrik AKH 50/04/01: Barbara Porges).
[152] Josefine Porges, aus dem Preßburger Komitat; 1856 und 1858 wohnhaft in Wien-Rossau No 45 (GbhP'e).
[153] Theresia Porges erhielt fünf Tage nach ihrer Entlassung aus dem Gbh "Laut Di<rekti>ons Anweisung" einen Empfangsschein für ihr Kind, das Kind war schon an Hirnhautentzündung im Fdh gestorben (FdhP).
[154] "Wegen Religion <durchgestrichen: Krankheit> der Mutter" Fdh (FdhP); Taufpatin: Elisabeth Fuchs, Fleischhauserstochter (Taufmatrik AKH 51/05/07); im Fdh an Hirnhautentzündung gestorben (FdhP).
[155] Eva Porys, geb. in Bösing, zugereist (GbhP).
[156] "Mater infantis judaea", der Name der Mutter, Eva Porys, wurde irrtümlich eingetragen, sodann gestrichen (Taufmatrik AKH 40/01/25: Alexander Stark), ins FdhP wurden Mutter und Kind vollnamentlich eingetragen: K: Alexander Stark, M: Eva Porys. Alexander Stark kam nach Neulengbach in Findelpflege zur Eva Schiffner, die auch in das EntlP als "PP" (Pflegepartei) eingetragen wurde (FdhP, EntlP: Schiffner Eva, Inwohnersweib in Neulengbach No 42). Für Alexander Stark könnte im Jahr 1872 ein Taufschein - möglicherweise für eine Eheschließung - ausgestellt worden sein (Taufmatrik AKH 40/01/25: Alexander Stark, Randnotiz).

P

M: Name	M: Vorname	geb. ca.	Beruf	K: Name	K: Vorname	K: geb.	K: gest.	K: entl.	Qu GbhP	Qu FdhP	Qu EntlP
PRAGER (BRAGER, BRAGA, PREGER)											
Preger	Johanna		Magd	Preger[159]	Maria	24/05/18				1824/2127	
Prager[160]	Helene	1839/U	Hdarb	Prager[161]	Rosalia	57/03/6	57/03/19		42/02969	1857/1795	
Prager	Helene	1839/U		unentbunden entlassen 58/06/11					43/05694		
Braga[162]	Rosalia	1824/M	Magd	Braga[163]	Leopold	49/10/20	49/11/24		34/07564	1849/6584	
Prager	Rosa	1828/M		Prager	Jakob	51/10/25	51/11/18		36/06902	1851/6720	
Brager[164]	Theresia	1793/M	Magd	*Mohr*[165]	Klara	21/10/24			06/01787	1821/3683	
Preger, vide Präger (Prager)											
Prohaska[166]	Barbara	1828/B	Wäsch.	Prohaska	Karolina	53/10/17	54/12/5		38/07797	1853/6818	
Prohaska	Barbara	1829/B	Magd	Prohaska	Antonia	57/01/15	57/02/9		42/01768	1857/0630	
Pucha, vide Bucha											

---

[157] Juliana Potok, geb. von Spácza, Tyrnauer Komitat, zugereist (GbhP).
[158] Im Fdh an Darmkatarrh gestorben (FdhP).
[159] Maria Preger, geboren in Wien Innere Stadt No 162 bei der Hebamme Margarete Dubsky am 24/05/19, in der Pfarre Schotten getauft, am 24/06/02 mit einem Meldzettel (Armutszeugnis) der Pfarre gegen eine Aufnahmstaxe von 24 fl. ins Fdh aufgenommen (FdhP).
[160] Helene Prager, geb. und wohnhaft in Eisenstadt, 1857 wohnhaft in Wien-Leopoldstadt, 1858 zugereist (GbhP'e).
[161] "Wegen Krankheit der Mutter" Fdh; gestorben im Fdh an Diarrhöe (FdhP).
[162] Rosa Prager ist mit Rosalia Braga sicherlich ident, aus Pohrlitz in Mähren, Brünner Kreis geb.; in Wien wohnhaft in der Leopoldstadt (1851: No 380) (GbhP'e).
[163] Leopold Braga kam "wegen Religion der Mutter ins Fdh (FdhP).
[164] Theresia Brager, geb. in Trewitz <Trebitsch?> in Mähren, von dort zugereist (GbhP).
[165] "Wegen Krankheit der Mutter" Fdh (FdhP). - Taufmatrik AKH 21/10/24: M: "Israelita"; ins GbhP wurden Mutter und Kind namentlich aufgenommen, im FdhP und in der Taufmatrik hingegen wird der Name der Mutter bei diesem Fremdnamenkind nicht erwähnt. - Klara Mohr kam zu einer Kleinhäuslerin nach Oberhollabrunn (FdhP: Bernhart Barbara, Kleinhäuslerin, Oberhollabrunn No 16 - NÖ, UMB). In das FdhP wurde kein Sterbedatum nachgetragen, das Kind könnte demnach überlebt haben.
[166] Barbara Prohaska, geb. von Glückzu in Böhmen, Jiciner Kreis; 1853 wohnhaft in Wien-Breitenfeld No 45, 1857 in Wien-Leopoldstadt No 68 (GbhP'e).

M: Name	M: Vorname	geb. ca.	Beruf	K: Name	K: Vorname	K: geb.	K: gest.	K: entl.	Qu GbhP	Qu FdhP	Qu EntlP
Pullitzer[167]	Barbara	1817/U	Hdarb	*Schweiger*[168]	Karolina	37/08/25	37/09/21		22/03405	1837/3248	

---

[167] Barbara Pullitzer wurde in das GbhP als "k<atholisch>" eingetragen, in der Taufmatrik und im FdhP als jüdisch ausgewiesen (GbhP; Taufmatrik AKH 37/08/25: Karolina Schweiger, M: "mater infantis judaea"; FdhP).

[168] **K.Schw.** (GbhP), **K**arolina **Schw**eiger (Taufmatrik AKH 37/08/25, FdhP). - Das Initialenkind "K. Schw." kam am 37/09/03 ins Fdh - am selben Tag wurde Karolina Schweiger als "Israelitenkind" ins Fdh aufgenommen, ins FdhP wurde auch der Name der Mutter eingetragen: "Barbara Pullitzer, Israelitin". Die jüdische Herkunft der Mutter wurde auch in der Taufmatrik durch den Vermerk "mater infantis judaea" festgehalten. Barbara Pullitzer, die Mutter des Findelkindes war auch die Mutter des gesuchten Initialenkindes, die Initialen "K.Schw." sind somit dem Findelkind Karolina Schweiger zuzuordnen. - Das Kind ist im Fdh im Alter von vier Wochen gestorben (FdhP).

P

M: Name	M: Vorname	geb. ca.	Beruf	K: Name	K: Vorname	K: geb.	K: gest.	K: entl.	Qu GbhP	Qu FdhP	Qu EntlP
Quittner	Netti	1840/U	Magd	Quittner[1]	Georg	57/04/21	57/05/9		42/04076	1857/3056	
Quittner	Katharina	1835/U	Magd	Quittner[2]	Josef	56/10/5	56/10/20		41/06227	1856/6403	

---

[1] "Wegen Religion der Mutter"Fdh; im Fdh an Lungenödem gestorben (FdhP).
[2] Josef Quittner kam "wegen Krankheit der Mutter" ins Fdh (GbhP, FdhP).

Q

M: Name	M: Vorname	geb. ca.	Beruf	K: Name	K: Vorname	K: geb.	K: gest.	K: entl.	Qu GbhP	Qu FdhP	Qu EntlP
Raab	Anna	1838/U	Magd	Raab	Helene	64/06/1	64/09/11		49/05055	1864/4734	
Raab	Maria	1835/B	Magd	Raab	Rosalia	58/08/17	58/09/29		43/07248	1858/6414	
Raabl	Rosa	1840/B	Hdarb	Raabl	Rosa	62/09/18	62/10/10		47/07055	1862/6574	
Rabenstein[1]	Anna	1818/U	Magd	Eng	Maria	40/06/20	40/07/19		25/02879	1840/2774	
Rabitschin	Rosalia			Rabitschin[2]	Anna Josefa	07/03/13	07/03/28			1807/0632	
Radinger[3]	Franziska	1838/U	Magd	Radinger	Karolina	62/07/4	62/08/15		47/04926	1862/4848	
Raimann[4]	Anna	1817/U	Witwe	Raimann[5]	Moritz	46/06/27			31/04725	1846/3859	
Raiman(n)[6]	Rebekka	1827/B	Modistin	Raimann[7]	Rosa	55/05/12	56/06/1		40/04109	1855/3211	
Raimund[8]	Maria Anna			Raimund[9]	Leopoldine	00/01/03	00/03/04			1800/0027	

---

[1] Anna Rabenstein, geb. von Csakathurn in Ungarn, Szalader Komitat, zugereist (GbhP).
[2] Anna Josefa Rabitschin, geboren in Wien Innere Stadt No 903, getauft am 07/03/04 in der Pfarre St. Stefan, Taufpatin war die Hebamme Susanna Blankin; nach zehn Tagen ins Fdh gebracht, ins Fdh mit dem Meldzettel (Armutszeugnis) der Pfarre gegen einen Erlag von 20 fl. aufgenommen: "Das Kind ist nach Angabe der Hebamme auf Verlangen der Mutter getaufet worden" (Pfarre St. Stefan Taufmatrik 07/03/14); im FdhP kein Hinweis auf die jüdische Herkunft des Kindes, jedoch wurde der Name der Mutter aufgenommen; im Fdh an der "Fraiß" gestorben (FdhP).
[3] Franziska Radinger, geb. von Szobotisz in Ungarn, zugereist (GbhP).
[4] Anna Raimann, Handarbeiterin, geb. von Veszprim in Ungarn, 1846 vom AKH, Zi. 54 ins Gbh zur Entbindung gebracht (GbhP).
[5] o.A. (GbhP), Raimann N. /:Knabe:/ (FdhP), **Moritz Reimann** (IKG Gb A 2199) - wurde nicht getauft, seine Mutter war verwitwet; ins Fdh als "Israelitenkind" aufgenommen, mit der Anmerkung: "Darf nicht in Pflege abgegeben werden" <unterstrichen>, das Kind wurde zwei Wochen später "der leiblichen Mutter übergeben", als uneheliches Kind von Anna Reimann am 46/07/26 beschnitten und in das Geburtenbuch der IKG mit dem Namen Moritz Reimann aufgenommen (GbhP, IKG Gb A 2199).
[6] **Rebekka Raiman** (GbhP), Rebekka **Raimann** (Taufmatrik AKH 55/05/13: Rosa Raimann) - wurde nach dem Wochenbett mit Peritonitis (Bauchfellentzündung) auf eine medizinische Abteilung des AKH gebracht.
[7] Kam "wegen Krankheit der Mutter" im Alter von zwei Tagen ins Fdh (GbhP, FdhP).
[8] Maria Anna Raimund, jüdischer Religion und ledig: "Diese Person ist von ihrem Verführer verlassen worden, und verlangte, ihr Kind nach katholischem Gebrauch taufen zu lassen", eine diesbezügliche Erklärung, gefertigt von einem Zeugen, wurde der Taufmatrik beigelegt (Pfarre St. Stefan Taufmatrik 1800/01/04). - Dem FdhP zufolge wurde sie von ihrem Ehemann verlassen: "Die Mutter, eine arme von ihren Ehemann verlassene Jüdin" (FdhP).
[9] Leopoldine Raimund, getauft am 00/01/04 in der Pfarre St. Stefan, kam noch am selben Tag ins Fdh (Pfarre St. Stefan Taufmatrik 1800/01/04), gestorben im Fdh an Abzehrung (FdhP).

M: Name	M: Vorname	geb. ca.	Beruf	K: Name	K: Vorname	K: geb.	K: gest.	K: entl.	Qu GbhP	Qu FdhP	Qu EntlP
Rakowsky[10]	Rosina	1830/U	Magd	Rakowski[11]	Adolf	51/03/30			36/02830		
Rakowsky	Rosina	1830/U	Magd	totgeboren 52/10/18					37/07610		
Ranzenhofer[12]	Netti	1844/M	Hdarb	Ranzenhofer[13]	Emma	61/09/11			46/06960	1861/7163	
Rapoch|Stein[14]	Johanna	1823/U	Witwe	*Rapoch*[15]	Anna	58/10/30	58/12/26		43/08278	1858/8139	
<...>[16]				Rauchin[17]	Barbara	1797/12	1798/02			1797/2664	
Rauscher	Juliana	1808/U	Magd	*Sommer*	Karolina	27/06/4	27/08/21		12/01054	1827/2304	
Rauznitz[18]	Katharina	1841/U	Magd	Rauznitz	Franziska	67/08/23	67/11/19		52/04288	1857/5623	
Rechberger[19]	Eleonora		Magd	Reichberger[20]	Maria A.	12/03/10	12/03/19			1812/0617	
Rechter	Barbara	1797/U	Hdarb	*Kaiser*[21]	Franz	16/05/12	16/07/5		01/00604	1816/1370	

---

[10] Rosina Rakowsky, geb. von Nádas in Ungarn, Preßburger Komitat; 1851 wohnhaft in Wien-Leopoldstadt No 21, 1852 vom Geburtsort zugereist (GbhP'e).
[11] o.A. (GbhP), **Adolf** Rakowski (IKG Gb B 726). - Dieses Kind wurde nicht getauft, Mutter und Kind verließen das Gbh am 51/04/05 (GbhP); wurde als uneheliches Kind am folgenden Tag beschnitten und in das Geburtenbuch der IKG mit dem Namen Adolf Rakowski eingetragen (IKG Gb B 726).
[12] Netti Ranzenhofer, geb. und wohnhaft in Nikolsburg (No 33) in Mähren, zugereist (GbhP).
[13] Emma Ranzenhofer könnte die Findelpflege überlebt haben: kein Sterbedatum im FdhP, Randnotizen in der Taufmatrik des AKH aus den Jahren 1859, 1884, 1940 und 1944 (Taufmatrik AKH 61/09/11).
[14] Johanna Rapoch, verwitwete Stein, Handarbeiterin, geb. und wohnhaft in Pápa in Ungarn, zugereist (GbhP) - hat den Totenschein ihres Mannes, der zwei Jahre zuvor gestorben war, vorgelegt. Ihr Kind wurde als außerehelich angesehen und bekam daher den Mädchennamen der Mutter.
[15] Anna Rapoch kam wegen "Krankheit der Mutter" ins Fdh (FdhP).
[16] o.A. (Taufmatrik AKH 1797/12/11: Barbara Rauchin, M: Jüdin; FdhP: keine Angaben zur Mutter oder zur jüdischen Herkunft des Kindes). Die Mutter hatte in der Zahlabteilung unter No 72 entbunden (Taufmatrik AKH 1797/12/11: Barbara Rauchin).
[17] Barbara Rauchin war einen Tag alt, als sie ins Fdh gebracht wurde; 1798/02/05 im Fdh "an der Abzehrung" gestorben (FdhP).
[18] Katharina Rauznitz wurde in das GbhP als "k<atholisch>" eingetragen; in der Taufmatrik und im FdhP als jüdisch ausgewiesen (Taufmatrik AKH 67/08/23: Franziska Rauznitz; FdhP).
[19] Eleonora Rechberger (Taufmatrik AKH 12/03/11: Maria Anna Rechberger; FdhP), l.D. (ledige Dienstmagd).
[20] Maria Anna Rechberger (Taufmatrik AKH 12/03/11), M<aria> A<nna> Reichberger - war einen Tag alt, als sie gratis ins Fdh aufgenommen wurde; im Fdh gestorben, Todesursache: Fraiß (FdhP).

R

M: Name	M: Vorname	geb. ca.	Beruf	K: Name	K: Vorname	K: geb.	K: gest.	K: entl.	Qu GbhP	Qu FdhP	Qu EntlP
Redlich[22]	Ernestine	1834/M	Köchin	Redlich[23]	Anton	59/11/1		69/11/1	44/08518	1859/8491	69/11/27
Redlinger[24]	Josefa	1828/U	Magd	Redlinger[25]	Antonia	48/11/14		58/11/14	33/05645	1848/6285	58/11/15
Redlinger	Magdalena	1835/U	Stbm	Redlinger[26]	Josef	54/04/18		64/04/18	39/04000	1854/2841	64/04/18
Rehberger	Elisabeth	1842/U	Hdarb	Rehberger[27]	Josef	59/01/16	59/09/9		44/01926	1859/0629	
REICH (RAYCH, REICK)											
Raych[28]	Anna	1833/B	Magd	Raych	Franz	68/02/15	68/05/27		53/00689	1868/1302	
Reich	Barbara	1827/M	Magd	Reich[29]	Albert	53/06/2	53/06/26		38/04914	1853/3903	
Reich[30]	Katharina	1823/U	Hdarb	Reich[31]	Franz	49/06/16	49/08/26		34/05321	1849/4098	
Reich[32]	Regina	1832/U	Magd	Reich[33]	Gustav G.	55/10/9	57/06/10		40/06744	1855/6319	

[21] Franz Kaiser (GbhP, FdhP), Franz Kayser (Taufmatrik AKH 16/05/12).
[22] Ernestine Redlich, geb. von Gaya in Mähren, Hradischer Kreis, wohnhaft in Göding, zugereist (GbhP).
[23] Anton Redlich kam mit seiner Mutter ins Fdh, wurde dort bereits am folgenden Tag von einer Keuschlerin aus Unter-Rohr in der Steiermark übernommen, das Kind blieb zumindest bis zu seinem zehnten Lebensjahr bei ihr (FdhP, EntlP: Samer Maria, Keuschlerin, Unter Rohr No 90, Hartberg). - In der Taufmatrik des AKH finden sich Randnotizen aus den Jahren 1916 und 1931 (Taufmatrik AKH 59/11/01).
[24] Josefa Redlinger, geb. und wohnhaft in Preßburg in Ungarn, zugereist (GbhP).
[25] Antonia Redlinger kam nach Pottendorf zu einer Fabriksarbeiterin, im Alter von fünf Jahren übernahm sie ein Seiler. Bei dieser Pflegefamilie konnte das Kind bis nach seiner Entlassung aus der Findelhausbetreuung bleiben (FdhP, EntlP: Baumstark Maria, Seilersgattin, Pottendorf No 47, Pfarre Pottendorf - NÖ). - Randnotizen in der Taufmatrik des AKH (Taufmatrik AKH 48/11/14).
[26] Josef Redlinger wurde von einer Kleinhäuslerin in einem Ort bei Poysdorf übernommen, nach Ablauf der Findelhausversorgung wurde er 1864 "dem Magistrate Wien übergeben" (FdhP, EntlP). - Randnotiz in der Taufmatrik des AKH aus dem Jahr 1938.
[27] Wurde einen Tag nach seiner Geburt - einer "Gassengeburt" - mit seiner Mutter ins Gbh gebracht, dort getauft, kam ins Fdh (GbhP).
[28] Anna Raych, geb. von Miröschau in Böhmen, Taborer Kreis, zugereist (GbhP).
[29] "Wegen Religion der Mutter" Fdh (FdhP).
[30] Katharina Reich wurde vom AKH, Zi. 74 ins Gbh gebracht, kam nach der Entbindung zurück auf die Syphilis-Abteilung (GbhP).
[31] Im Fdh an Lebensschwäche gestorben (FdhP).
[32] Regina Reich, geb. in Ungereigen in Ungarn, Preßburger Komitat; 1855 wohnhaft in Wien-Leopoldstadt No 703, 1864 von Pest zugereist, 1866 wohnhaft in Wien-Leopoldstadt, Kleine Schiffgasse No 14 (GbhP; FdhP).
[33] Gustav Gabriel Reich.

R

M: Name	M: Vorname	geb. ca.	Beruf	K: Name	K: Vorname	K: geb.	K: gest.	K: entl.	Qu GbhP	Qu FdhP	Qu EntlP
Reich	Regina	1836/U	Magd	Reich[34]	Anna	64/03/25	1939/05		49/03816	1864/2737	
Reich	Regina	1838/U	Magd	Reich[35]	Elisabeth	67/01/2	67/01/26		51/08598	1867/0261	
Reich	Rosalia	1822/U	Magd	Reich[36]	Thekla	44/02/20		51/02/3	29/01814	1844/0966	51/02/4
Reich[37]	Rosalia	1822/U	Magd	Reich[38]	Sigmund	55/05/23		65/05/23	40/04315	1855/3588	65/05/30
Reich	Rosalia	1823/M	Magd	Reich	Juliana	49/06/12	49/07/5		34/05243	1849/4184	
Reich	Rosalia	1837/U	Magd	Reich[39]	Johann	63/08/2	63/09/2		48/06755	1863/5764	
Reich[40]	Theresia	1824/B	Magd	totgeboren		46/03/25			31/01935		
Reich	Theresia	___/M	Magd	Reich[41]	Adolf|Jakob	48/08/21	48/12/17			1848/6568	

---

[34] Anna Reich, gestorben am 1939/05/17 in Wien, St.A. 20 Wien-Hietzing v. 1939/05/17 No 417 (Taufmatrik AKH 64/03/26: Randnotiz).
[35] Im Fdh an Nabelbrand gestorben (FdhP).
[36] Thekla Reich wurde als siebenjähriges Kind 1851 vom Kleinhäusler Benedikt Brunner "gegen Revers" aus der Findelhausbetreuung gelöst - in welcher Beziehung er zum Kind oder zur Mutter gestanden ist, konnte nicht festgestellt werden. Er lebte in Alberndorf, das Kind war zuvor bei einer Schneiderin in Wien-Lichtental untergebracht (FdhP, EntlP: Brunner Benedikt, Kleinhäusler in Alberndorf No 155, <NÖ>, UMB). - Randnotizen in der Taufmatrik des AKH (Taufmatrik AKH 44/02/20).
[37] Rosalia Reich, geb. und wohnhaft in Pest, zugereist (GbhP).
[38] Sigmund Reich kam nach dem Gbh mit seiner Mutter ins Fdh, blieb dort eine Woche; war sodann bei einem Spengler in Heidenreichstein. Bei dieser Pflegefamilie konnte das Kind bis nach der Findelhausversorgung bleiben; die Pflegemutter wurde in das EntlP als "PP" (Pflegepartei) eingetragen (FdhP, EntlP: Hofbauer Eva, Spenglersgattin, Heidenreichstein No 100, Pfarre Heidenreichstein).
[39] "Wegen Krankheit der Mutter" Fdh (FdhP).
[40] Theresia Reich, geb. von Austerlitz in Mähren; 1846 wohnhaft in Petrau in Mähren, Hradischer Kreis, von dort zugereist; 1848 im Inquisitspital, Alservorstadt No 2 (GbhP'e); ins FdhP als "vaz<ierende> Dienstmagd" eingetragen, sie war demnach arbeitslos (FdhP).
[41] Adolf Reich wurde im Inquisitspital (Alservorstadt No 2) geboren; als uneheliches Kind mit seiner Mutter Theresia Reich und seinem Vater Adolf Michelmarkt, Grenadier beim k.k. Infanterie Regiment Hartmann, in das Geburtenbuch der IKG eingetragen (IKG Gb B 65 (48/08/30): Adolf Reich, geb. am 48/08/21). Drei Monate später wurde das Kind in der Pfarre Alservorstadt auf den Namen Jakob getauft, "behufs der Aufnahme dieses Kindes in die k.k. Findelanstalt <...> laut Zuschrift der Findelhaus Verwaltung und des Stadthauptmannschaftlichen Bezirkskommissariats Wieden" (Pfarre Alservorstadt Taufmatrik 48/11/30). Am 48/12/01 wurde das Kind in die Findelanstalt aufgenommen, es kam zur Zuckersiederin Magdalena Glaininger in Pflege, wo es nach elf Tagen an "Auszehrung" gestorben ist (FdhP). Im FdhP kein Hinweis auf die jüdische Herkunft des Kindes, die Mutter wurde jedoch namentlich

R

M: Name	M: Vorname	geb. ca.	Beruf	K: Name	K: Vorname	K: geb.	K: gest.	K: entl.	Qu GbhP	Qu FdhP	Qu EntlP
Reick[42]	Karolina	1807/U	Hdarb	*Fröhlich*[43]	Eleonora	28/02/10	28/08/03		13/00337	1828/0593	
Reichel[44]	Theresia	1823/B	Magd	*Malina*[45]	Mathias	42/06/12	43/10/17		27/03873	1842/2876	
Reichenberg[46]	Juliana	1847/U	Magd	Reichenberg[47]	Juliana	64/08/24			49/06907	1864/6727	
Reicher[48]	Rosalia	1829/B	Magd	Reicher	Jakob	54/06/17	56/05/9		39/05500	1854/4445	
Reicher	Rosalia	1827/B	Magd	Reicher[49]	Katharina	55/05/6		65/05/6	40/04001	1855/3232	65/05/6
Reicher	Rosalia	1828/B	Magd	Reicher	Franz	59/12/13	60/02/12		45/01015	1859/9577	
Reicher[50]	Theresia	1823/B	Magd	unentbunden entlassen 42/04/16						27/03302	

als "vacirende Dienstmagd" eingetragen (FdhP).
[42] Karolina Reick wurde nach der Entbindung auf die Syphilis-Abteilung des AKH, Zi. 79 verlegt ("transferirt") (GbhP).
[43] Eleonora Fröhlich wurde sogleich nach der Taufe "wegen Syphilis der Mutter" ins Fdh gebracht (GbhP, FdhP). In der Taufmatrik wurde gleich zweimal die jüdische Herkunft des Kindes festgehalten, einmal beim Namen des Kindes: "Eleonora Fröhlich, mater israelita", sodann in der Rubrik der Anmerkungen: "Mater infantis Hebraea".
[44] Theresia Reichel, geb. von Tuczap in Böhmen, wurde in das FdhP als "kl" (katholisch, ledig) eingetragen - wohl ein Versehen der Kanzlei, da ihr Kind als "Israelitenkind" aufgenommen wurde, und sie selbst im GbhP und in der Taufmatrik als jüdisch ausgewiesen ist (Taufmatrik AKH 42/06/13: Mathias Malina: "mater judaea").
[45] Mathias Mallina (GbhP), Mathias Malina (FdhP; Taufmatrik AKH 42/06/13).
[46] Juliana Reichenberg, geb. in Pápa in Ungarn, zugereist (GbhP).
[47] Juliana Reichenberg könnte die Findelpflege überlebt haben: kein Sterbedatum im FdhP, Randnotiz aus dem Jahr 1897 in der Taufmatrik des AKH (Taufmatrik AKH 64/08/24).
[48] Rosalia Reicher, geb. von Tuczap in Böhmen, Budweiser Kreis; 1854 und 1855 wohnhaft in Wien-Leopoldstadt No 705, 1859 in Wien-Fünfhaus No 45 (GbhP'e). - 1859 in das FdhP als "kl" (katholisch, ledig) aufgenommen, jedoch im GbhP und in der Taufmatrik als jüdisch ausgewiesen (GbhP; Taufmatrik AKH 59/12/14: Franz Reicher).
[49] Katharina Reicher war eine "Gassengeburt", wurde einen Tag vor der Aufnahme ins Gbh geboren, im Gbh getauft, kam "wegen Religion der Mutter" ins Fdh (GbhP, FdhP), sodann auf einen Pflegeplatz in der Nähe von Budweis zu Theresia Dacha (EntlP: Tacha), die in das EntlP als "PP" (Pflegepartei) des Kindes eingetragen wurde (FdhP, EntlP: Tacha Theresia, <Chwalkahof> No <o.A.> - Böhmen, Budweiser Kreis, Pfarre Sonnberg). - Randnotizen in der Taufmatrik aus den Jahren 1881, 1939 und 1940; 1881 wurde möglicherweise im Zusammanhang mit einer bevorstehenden Eheschließung ein Taufschein angefordert (Taufmatrik AKH 55/05/07).

R

M: Name	M: Vorname	geb. ca.	Beruf	K: Name	K: Vorname	K: geb.	K: gest.	K: entl.	Qu GbhP	Qu FdhP	Qu EntlP
Reicher	Theresia	1825/B	Magd	Reicher[51]	Theresia	44/03/11	44/12/17		29/02214	1844/1321	
Reicher	Theresia	1823/B	Magd	Reicher	Josefa	46/09/16	54/05/23		31/06028	1846/5180	
Reicher	Theresia	1827/B	Magd	Reicher[52]	Theresia	52/09/1		62/09/1	37/07075	1852/6015	62/11/28
Reichmann[53]	Anna	1812/B	Magd	*Stolz*[54]	Franz	33/05/15			18/02139	1833/1724	
Reichmann	Anna	1812/B	Magd	*Wieland*[55]	Johanna	33/05/15	33/09/26		18/02139	1833/1841	
Reichmann	Henriette	1825/B	Magd	Reichmann[56]	Karolina	46/11/5	47/04/28		31/06796	1846/5929	
Reichmann[57]	Maria	1815/M	Magd	*Mauer*[58]	Maria	42/01/9	42/01/10		27/01161		

[50] Theresia Reicher, geb. von Tuczap in Böhmen, Taborer Kreis; 1844 wohnhaft in Wien Innere Stadt No 300, 1846 in Wien-Wieden No 395 und 1852 in Wien-Leopoldstadt No 705. - Im Jahr 1857 kam ein weiteres Kind zur Welt, nicht im Gbh, sondern bei der Hebamme Sabine Hackl in der Leopoldstadt No 263. Die Mutter ließ dieses Kind beschneiden und in das Geburtenbuch der IKG als David Reicher eintragen (IKG Gb B 3147).
[51] Theresia Reicher wurde 1862 aus der Findelhausbetreuung entlassen; sie könnte überlebt haben; Randnotiz in der Taufmatrik des AKH aus dem Jahr 1884; in dieser Quelle wurde die jüdische Herkunft des Kindes nicht erwähnt (Taufmatrik AKH 52/09/03).
[52] Theresia Reicher wurde im Alter von zehn Tagen von Maria Bartosch übernommen, Hausbesitzersgattin in Breiteneich im Bezirk Horn. Sie wurde als Pflegepartei ("PP") nach Ablauf der Findelhausversorgung in das EntlP eingetragen (FdhP, EntlP: Bartosch Maria, Hausbesitzersgattin, <Breiteneich> No 38, Pfarre und Bezirksamt Horn). - In der Taufmatrik wurde die jüdische Herkunft dieses Kindes nicht erwähnt, sie enthält eine Randnotiz aus dem Jahr 1884, die auf die Ausstellung eines Taufscheines verweist, der etwa zur Verehelichung benötigt worden sein könnte.
[53] Zwillingsgeburt 33/05/15: Franz Stolz und Johanna Wieland.
[54] Für Franz Stolz wurde eine Taxe von 20 fl. bezahlt, im FdhP wird die Mutter nicht genannt, es findet sich kein Hinweis auf seine jüdische Abstammung, er kam in Findelpflege; kein Sterbedatum im FdhP - dieses Kind hat vielleicht überlebt (FdhP: Pflegemutter: Theresia Zeilinger, Inwohnersweib in Atzgersdorf No 50, Herrschaft Erlau - NÖ, UWW). - "Mater judaea"; Taufpate dieses Kindes war Franz Stolz, Kandidat der Chirurgie, <Wien> Altlerchenfeld No 214 (Taufmatrik AKH 33/06/08: Franz Stolz).
[55] Für Johanna Wieland wurde keine Taxe hinterlegt; "Israelitenkind" <doppelt unterstrichen>; die Mutter als "Israelitin" mit dem Vornamen (Anna) eingetragen - vom Formular her wird damit suggeriert, Mutter und Kind hätten denselben Familiennamen getragen (FdhP).
[56] "Wegen jüdischer Religion der Mutter" Fdh (GbhP).
[57] Maria Reichmann, gestorben am 42/01/12 (GbhP: im Gbh; IKG Stb A 1701: im AKH, Nervenfieber). - TBP 42/01/11: Maria Reichmann, "Magd, ledig, israelitisch, gebürtig von Teltsch in Mähren, 27 Jahr alt, Stadt No 53, an Nervenfieber, AKH."
[58] Ursprünglich wurde das Kind unter dem Namen der Mutter in das GbhP eingetragen, nachträglich wurde ihr Name "Reichmann" durchgestrichen und mit dem Namen "Mauer" ersetzt, das Kind starb noch im Gbh (GbhP). - Taufmatrik AKH 42/01/09: P: Theresia Mahr, Hebamme; Anmerkung: "Mater

R

M: Name	M: Vorname	geb. ca.	Beruf	K: Name	K: Vorname	K: geb.	K: gest.	K: entl.	Qu GbhP	Qu FdhP	Qu EntlP
Reichmann	Regina	1819/U	Magd	*Tampe*[59]	Thomas	38/12/13	39/01/4		24/00527	1838/4795	
Reichsfeld	Franziska	1845/U	Magd	Reichsfeld	Karolina	67/12/8	68/03/29		52/07309	1867/8048	
Reif[60]	Rosalia	1841/U	Köchin	Reif	Josef	64/02/8	64/03/4		49/02495	1864/1249	
Reif	Rosa	1842/U	Magd	Reif	Theodor	65/02/3	65/08/14		50/00288	1865/1059	
Rein[61]	Maria	1840/B	Magd	Rein	Anna	65/04/11	65/04/25		50/02200	1865/2886	
Rein	Maria	1831	Magd	Rein[62]	Karolina	67/02/15	67/02/20			1867/1212	
Reiner[63]	Franziska	1841/U	Magd	Reiner[64]	Franziska	59/01/6	59/02/7		44/01553	1859/0173	
Reiner	Rosalia	1835/B	Magd	Reiner	Anton	60/06/15	60/10/25		45/03908	1860/4321	
Reiner	Rosalia	1835/U	Magd	Reiner	Barbara	58/12/22	59/01/19		44/01293	1858/9545	
Reiner	Rosalia	1837/U	Magd	Reiner[65]	Rosalia	61/01/1			46/01135		

judaea".

[59] T.T. (GbhP), Thomas Tampe (FdhP). - Die beiden Initialen haben nicht die gleiche Form, ein schwungvoller Anstrich bei der ersten vermittelt den Eindruck eines nachgezogenen "Sackes", der bei der zweiten Initiale fehlt, im Schriftvergleich sind beide Initialen als T zu erkennen. - Das Kind kam am 38/12/23 ins Fdh - am selben Tag wurde als "Israelitenkind" <unterstrichen> ein Kind mit dem Namen Thomas Tampe (bzw. Sampe) aufgenommen: mit einem langen Anstrich von rechts nach links, der in eine S-Schlaufe zieht. Da jedoch der Name der Mutter, Regina Reichmann, in das FdhP eingetragen wurde, so bestehen keine Zweifel bezüglich der Zuordnung der Initialen: "T.T." steht für das Findelkind Thomas Tampe; gestorben im Fdh (FdhP). Auch in die Taufmatrik des AKH wurde das Kind als Thomas Tampe aufgenommen, der Name der Mutter wurde nicht eingetragen, die jüdische Herkunft des Kindes ist jedoch im Vermerk "Mater judaea" festgehalten (Taufmatrik AKH 38/12/14; FdhP).

[60] Rosalia Reif, geb. von Bán in Ungarn, Trentschiner Komitat - ein slowakischer Markt, um 1845 mit 350 Juden; wohnhaft in Wien-Leopoldstadt, Tandelmarkt No 4 (1864) und Weintraubengasse (1865) (GbhP'e; F. Raffelsperger, Geographisches Lexikon I, 221).

[61] Maria Rein war vor der Entbindung auf einer Abteilung des AKH (GbhP).

[62] Karolina Rein wurde im AKH geboren und getauft, kam auf Krankheitsdauer der Mutter ins Fdh; gestorben im Fdh an Erysipel (Rotlauf) (FdhP; Taufmatrik AKH 67/02/15).

[63] Franziska Reiner wurde vom AKH, Zi. 74 ins Gbh zur Entbindung gebracht (GbhP).

[64] Franziska Rainer (Taufmatrik AKH 59/01/06), Franziska Reiner (FdhP); "wegen Religion der Mutter" Fdh (GbhP, FdhP); im Fdh an Tabes (Schwindsucht, Auszehrung) gestorben (FdhP).

[65] Rosalia Reiner wurde nicht getauft, Mutter und Kind wurden am 61/01/09 aus dem Gbh entlassen (GbhP).

R

M: Name	M: Vorname	geb. ca.	Beruf	K: Name	K: Vorname	K: geb.	K: gest.	K: entl.	Qu GbhP	Qu FdhP	Qu EntlP
Reiner	Theresia	1838/B	Magd	Reiner	Karolina	62/10/23	62/11/14		47/07784	1862/7398	
Reiner[66]	Theresia	1848/B		Reiner[67]	Anna	66/05/2	66/05/23		51/01490	1866/3414	
Reinfeld[68]	Regina	1840/U	Magd	Reinfeld[69]	Leopold	63/05/6	63/06/13		48/04235	1863/3435	
Reininger[70]	Johanna	1830/U	Magd	Reininger[71]	Ignaz	58/08/30	58/09/5		43/06839		
Reinisch	Anna	1821/B	Magd	Reinisch	Anton	47/05/25	49/03/13		32/04315	1847/3389	
REISS (REIS, REISZ)											
Reis[72]	Netti	1816/M	Hdarb	*Lemberger[73]*	Leopoldine	41/11/15	42/05/20		27/00240	1841/4805	
Reiss	Anna	1813/M	Magd	*Reiss[74]*	Anna	49/12/3	50/08/14		35/00606	1849/7472	
Reiss[75]	Betti	1827/M		<...>							

[66] Theresia Reiner (GbhP, FdhP); Theresia Steiner (Taufmatrik AKH 66/05/03: Anna Steiner) - Kassiererin (FdhP), aus Diwischau in Böhmen, in die Taufmatrik als Theresia Steiner eingetragen; nach dem Wochenbett ins AKH, Zi. 73 "transferirt" (GbhP).
[67] Anna Reiner kam "wegen Krankheit der Mutter" ins Fdh (GhbP); das Kind ist im Alter von drei Wochen im Fdh an Lebensschwäche gestorben (FdhP).
[68] Regina Reinfeld, geb. in Bonyhád in Ungarn, zugereist (GbhP).
[69] "Wegen mosaischer Religion der Mutter" Fdh (GbhP), bzw. "wegen Krankheit der Mutter" Fdh (FdhP), die Mutter wurde nach dem Wochenbett zum Ammendienst ins Fdh gebracht, das Kind wurde am folgenden Tag einer Pflegefrau aus dem Neutraer Komitat in Pflege übergeben (FdhP).
[70] Johanna Reininger, geb. in Kobersdorf in Ungarn, zugereist (GbhP).
[71] Getauft, nach sechs Tagen im Gbh gestorben (GbhP; Taufmatrik AKH 58/08/30).
[72] Anna Reis(s), geb. von Nikolsburg in Mähren; wohnhaft in Wien-Landstraße No 264 (1841) und No 252 (1845), 1847 in Wien-Wieden No 385, 1849 in Wien-Landstraße No 439, 1855 in Wien-Leopoldstadt No 17; wurde nach der Entbindung in das AKH, Zi. 74 verlegt (GbhP); heiratete später den Hausierer (1845 "im Dienste der Polizeiwache") Samuel Brosam, den Vater ihrer Kinder. In das Geburtenbuch der IKG wurden folgende Kinder aus dieser Verbindung eingetragen: Josef Brosam (geb. am 45/07/17, IKG Gb A 1963), Rosalia Reiss (geb. am 47/07/16, IKG Gb A 2429), Julius Brosam (a) (geb. am 55/04/10, IKG B 2241) und Julius Brosam (b) (geb. 58/06/06, IKG Gb C 36). Der 1845 geborene Josef Brosam bekam, obgleich unehelich geboren, den Namen seines Vaters. Anna (Netti) Reiss hatte somit sechs Kinder, geboren 1841 (Fdh), 1845 (IKG), 1847 (IKG), 1849 (Fdh), 1855 (IKG) und 1858 (IKG). Diese Kinder wurden in einer Lebensgemeinschaft geboren, zwei von ihnen - das erste und das vierte - mußten offensichtlich aus sozialer Not in Findelpflege abgegeben werden und wurden daher getauft. Die anderen vier wurden jüdisch erzogen.
[73] "Wegen Krankheit der Mutter" Fdh, (FdhP).
[74] "Wegen Religion der Mutter" Fdh (FdhP).
[75] Betti Reiss wurde am 52/05/02 im Gbh getauft (DAW: Konvertiten-Akten 1852; Pfarre Alservorstadt Taufmatrik 52/05/02, Taufname: Maria Anna); V:

M: Name	M: Vorname	geb. ca.	Beruf	K: Name	K: Vorname	K: geb.	K: gest.	K: entl.	Qu GbhP	Qu FdhP	Qu EntlP
Reiss Cäcilia, vide Reissner Cäcilia											
Reiss[76]	Franziska	1836/U	Magd	Reiss	Anton	56/11/1	56/11/20		41/06760	1856/7081	
Reisz	Hanni	1844/U	Magd	Reisz	Josef	64/02/2	66/08/30		49/02147	1864/1139	
Reiss	Juliana	1839/U	Magd	Reiss[77]	Alois	58/03/12	58/03/30		43/02932	1858/2242	
Reiss[78]	Rosalia	1840/U	Magd	Reiss	Karolina	62/09/10	62/11/18		47/06870	1862/6395	
Reiss	Rosalia	1841/U	Magd	Reis	Sofia	65/04/14	65/08/1		50/02583	1865/2939	
Reiss[79]	Rosalia	1845/U	Hdarb	Reiss	Maria	65/07/10	65/07/25		50/04736	1865/5261	
Reisz[80]	Sali	1846/U	Magd	Reisz[81]	Julia	66/12/12			51/07287	1866/8985	
Reiss	Theresia	___/M	Magd	Reiss[82]	Florian	57/05/03	57/05/16			1857/3336	
Reisinger[83]	Franziska	1835/U	Hdarb	Reisinger	Franziska	67/09/1	67/09/23		52/05221	1867/5779	

Abraham Reiss, Bestandsmann (Pächter, Mieter) in Wisternitz in Mähren, des David Reiss Bestandsmanns und der Katharina Reiss ehelicher Sohn; M: Fanny Lindner, des Abraham Hirsch, Wollhändlers zu Misslitz in Mähren und der Adelheid Hirsch, ehel. Tochter; P: Anna Maria Dirnböck, Hausinhaberin, Alservorstadt No 336; Anmerkung: Taufbewilligung 52/04/28. - Betty (Anna Maria) Reiss war vermutlich in der Zahlabteilung, sie scheint namentlich in den GbhP'n nicht auf, könnte jedoch mit einer der "N.N."-Eintragungen der 3. Klasse etwa zwischen den Nummern 100 und 130, oder mit einer Aufnahme der 2. Klasse von Nummer 30 bis 33 ident sein. Sie könnte sich auch - wenn auch einigermaßen unwahrscheinlich - unter den Nummern 23 bis 27 der 1. Klasse befinden.
[76] Franziska Reiss, geb. in Csataj in Ungarn, Preßburger Komitat, zugereist (GbhP).
[77] Im Fdh an Lebensschwäche gestorben (FdhP).
[78] Rosalia Reiss, geb. aus Groß-Barsch <unsichere Lesart> Preßburger Komitat; wohnhaft in Wien-Leopoldstadt No 220 (1862) und Haidgasse No 128 (1865).
[79] Rosalia Reiss, geb. von Jablonica in Ungarn, Bezirk Szenicz, zugereist (GbhP).
[80] Sali Reisz, geb. und wohnhaft in Galantha in Ungarn, zugereist (GbhP). - Im FdhP als "kl" (katholisch, ledig) eingetragen, im GbhP und in der Taufmatrik des AKH als jüdisch ausgewiesen (GbhP; Taufmatrik AKH 66/12/12: Julia Reisz).
[81] "Wegen Krankheit der Mutter" Fdh (FdhP); das Kind kam bereits am folgenden Tag in Außenpflege. Die Mutter wurde nach dem Wochenbett zum Ammendienst ins Fdh gebracht (GbhP). Rosalia Reisz könnte die Findelpflege überlebt haben: Es wurde kein Sterbedatum in das FdhP nachgetragen.
[82] Florian Reiss, getauft am 57/05/04 in der Pfarre Liesing, kam am folgenden Tag gegen eine Taxe von 20 fl. ins Fdh; gestorben im Fdh an Diarrhöe (FdhP).
[83] Franziska Reisinger, geb. von Malaczka in Ungarn, Preßburger Komitat, zugereist (GbhP).

M: Name	M: Vorname	geb. ca.	Beruf	K: Name	K: Vorname	K: geb.	K: gest.	K: entl.	Qu GbhP	Qu FdhP	Qu EntlP
Reisinger	Johanna	1840/U	Köchin	Reisinger[84]	Johanna	58/10/25	60/01/7		43/08785	1858/8021	
Reissinger[85]	Juliana	1799/W	Köchin	Reisinger	Anna	17/07/13	17/10/20		02/01602	1817/2250	
Reisinger	Rosalia	1825/U	Magd	Reisinger	Johann	57/07/3	57/08/4		42/04669	1857/5102	
Reisinger	Rosalia	1834/U	Magd	Reissinger	Franz Josef	60/03/2	61/10/4		45/02731	1860/1837	
Reissmann[86]	Anna	1829/B	Magd	Reissmann[87]	Heinrich	49/12/15	50/01/5		35/00832	1849/7557	
Reissmann[88]	Betti	1834/U	Magd	Reissmann[89]	Josefa	60/06/22	60/09/18		45/05228	1860/4579	
Reisman	Barbara	1835/U	Magd	Reismann[90]	Josef	62/05/6			47/03554	1862/3405	
Reissmann	Barbara	1844/U	Magd	Reissmann[91]	Juliana	68/04/5	68/06/27		53/01190	1868/2623	
Reismann[92]	Franziska	1828/B	Magd	Reismann	Anna	46/04/22	46/05/8		31/03504	1846/2387	
Reiss(ner)[93]	Cäcilia	1836/U	Hdarb	Reiss(ner)[94]	Elisabeth	58/03/11	58/05/7		43/01870	1858/2136	

---

[84] Gassengeburt - Johanna Reisinger kam einen Tag nach ihrer Geburt ins Gbh, wurde getauft und sodann ins Fdh gebracht (GbhP).
[85] Juliana Reissinger (GbhP), Juliana Reisinger (FdhP; Taufmatrik AKH 17/07/13: Anna Reisinger) - wurde ins FdhP als "kl" (katholisch, ledig) eingetragen; nur im GbhP als jüdisch ausgewiesen (GbhP).
[86] Anna Reissmann kam vom AKH, Zi. 76 ins Gbh, wurde nach der Entbindung ins AKH auf die Syphilis Abteilung zurückgebracht (GbhP).
[87] Heinrich Reissmann wurde sogleich nach seiner Geburt getauft, kam am folgenden Tag "wegen Syphilis <unterstrichen> der Mutter" ins Fdh (FdhP).
[88] **Betty** Reissmann (Taufmatrik AKH 60/06/22: Josefa Reissmann), **Wetty** Reissmann (FdhP) - Betty wurde in der Wiener Mundart zuweilen mit W gesprochen. - Gebürtig von Verbocz in Ungarn, Neutraer Komitat; 1860 wohnhaft in Wien-Erdberg No 197, 1862 in Wien-Landstraße No 282 (GbhP'e). - In das FdhP u.a. als "kl" (katholisch, ledig) eingetragen: "Wetty, israel<itisch>, 26 J<ahr>, kl, Magd"; im GbhP als jüdisch ausgewiesen (GbhP; FdhP).
[89] "Wegen Krankheit der Mutter" Fdh (GbhP, FdhP); das Kind ist im Fdh an Tabes (Schwindsucht, Auszehrung) gestorben (FdhP).
[90] Josef Reissmann könnte die Findelpflege überlebt haben: kein Sterbedatum im FdhP, Randnotizen in der Taufmatrik des AKH aus den Jahren 1939 und 1944 (Taufmatrik AKH 62/05/07).
[91] Juliana Reissmann, ein "68er Kind", kam ungetauft mit ihrer Mutter ins Fdh, nach vier Tagen zu einem Schuhmacher nach Ottakring, wo sie im Alter von zweieinhalb Monaten an Fraisen gestorben ist (FdhP; CAHJP A/W 1809, Verzeichnis jüdischer Findelkinder 1868).
[92] Franziska Reismann wurde als Mutter des Findelkindes Anna Reismann als "kl" (katholisch, ledig) in das FdhP aufgenommen: "Franziska, 18 <Jahr>, kl, isr<aelitisch>, l<edig>, Magd", ihr Kind kam als "Israelitenkind" <doppelt unterstrichen> ins Protokoll. In der Taufmatrik des AKH wurde die jüdische Herkunft des Kindes mit dem Vermerk "mater infantis judaea" festgehalten (Taufmatrik AKH 46/04/23: Anna Reismann).
[93] Cäcilie Reiss, recte **Reissner** (FdhP), Cäcilia Reiß (Taufmatrik AKH 58/03/12: Elisabeth Reiß), geb. und wohnhaft in Jóka in Ungarn, Preßburger

M: Name	M: Vorname	geb. ca.	Beruf	K: Name	K: Vorname	K: geb.	K: gest.	K: entl.	Qu GbhP	Qu FdhP	Qu EntlP
Reissner	Regina	1827/U	Magd	Reissner[95]	Johann	52/09/27		62/09/27	37/06188	1852/6569	62/09/27
Reiter[96]	Johanna	1810/B	Hdarb	totgeboren 29/11/24					14/02709		
Reitler[97]	Maria	1835/B	Magd	totgeboren 58/05/8					43/03892		
Renner[98]	Rosalia	1843/U	Magd	Renner	Karolina	64/05/7	64/10/27		49/03814	1864/3912	
Renner	Rosalia	1843/U	Magd	Renner[99]	Johann	67/02/15	67/04/28		52/00201	1867/1439	
Resch[100]	Barbara	1822/B	Magd	From[101]	Josef	43/02/12		53/02/12	28/00930	1843/0890	53/03/14

Reszler, vide Rössler
Ribarsch Netti (Esther, Anna), vide geb. Neufeld Netti (Esther, Anna)

Komitat, zugereist (GbhP); nach dem Wochenbett zum Ammendienst ins Fdh gebracht (FdhP).
[94] Elisabeth Reiss, recte **Reissner** (FdhP: M: Cäcilia, 22 Jahre, Israelitin, ledig, Handarbeit<erin> von Joká in Ungarn) - kam "wegen Krankheit der Mutter" ins Fdh (FdhP).
[95] Johann Reissner kam im Alter von zehn Tagen zu Franziska Hofbauer, Hausbesitzersgattin, die zehn Jahre später auch als "PP" in das EntlP eingetragen wurde (EntlP: Hofbauer Franziska, Schneiderin, <Loitzendorf> No 3 Pfarre Laach, Bezirksamt Spitz - NÖ). Johann Reissner kam Ende September 1859 im Alter von sieben Jahren kurzfristig ins Fdh zurück, wurde sodann in Wien-Lichtental bei einem Kleiderputzer untergebracht. Mitte November holte ihn Franziska Hofbauer wieder zu sich - sie wohnte nun nicht mehr in Pöggstall (Pöggstall), war übersiedelt und wurde nun als "Schneidermeistersgattin" ins FdhP eingetragen. - Randnotiz aus dem Jahr 1872, welche auf die Ausstellung eines Taufscheines verweist (Taufmatrik AKH 52/09/28).
[96] Wurde vom AKH, Zi. 74 zur Entbindung ins Gbh gebracht (GbhP). - Getauft am 30/10/17 in der Pfarre St. Augustin (DAW: Konvertiten-Protokolle 1830); Rücktritt zum Judentum 68/09/23 (CAHJP A/W 766, 2/6: Henriette Hofmann, geb. Reiter - wird bei der Taufe den Namen Henriette erhalten haben, Schmuckarbeitersgattin; Beil: Protokoll, aufgenommen am 68/09/23 im Wiedner Spital mit Henriette Hofmann).
[97] Wurde nach der Entbindung auf die medizinische Abteilung des AKH gebracht (GbhP).
[98] Rosalia Renner, geb. von Kurtakeszi in Ungarn, Komorner Komitat; 1864 und 1867 zugereist (GbhP'e).
[99] Im Fdh an interner Hämorrhagie (Blutung) gestorben (FdhP).
[100] Barbara Resch, geb. von Hermanstadt in Böhmen, zugereist (GbhP).
[101] Josef Fro**m** (FdhP, EntlP), Josef Fro**mm** (GbhP; Taufmatrik AKH 43/02/13). - Dem Transfervermerk im GbhP zufolge wurde als Begründung hinzugefügt: "Mutter Israelitin". - Josef From kam zur Taglöhnerin Theresia Haas in Wien-Schottenfeld, welche auch im EntlP als Übernahmepartei aufscheint (FdhP, EntlP: Theresia Haas, Taglöhnersgattin und Hausmeister, Wien-Schottenfeld No 170). - Randnotizen in der Taufmatrik des AKH aus den Jahren 1865, 1873, 1940 bis 1956 (Taufmatrik AKH 43/02/13).

R

M: Name	M: Vorname	geb. ca.	Beruf	K: Name	K: Vorname	K: geb.	K: gest.	K: entl.	Qu GbhP	Qu FdhP	Qu EntlP
Richter[102]	Rosalia	1822/Dt	Tochter	Richter	Philipp	46/06/9	46/08/15		31/04414	1846/3361	
Riesenfeld[103]	Theresia	1820/U	Tochter	*Tillinger*[104]	Theresia	42/04/19	42/04/22		27/02947		
Rind[105]	Rosalia		Hdarb	Rind[106]	Julius	45/01/12		55/01/12		1845/0260	55/03/19
Rinkel[107]	Berta	1826/Dt	Magd	Rinkel[108]	Anna	65/12/20	65/12/21		50/07504		
Rinkel[109]	Berta	1827/Dt	Magd	Rinkel	Wilhelmine	67/04/8	67/09/2		52/01152	1867/2703	
Ritsch[110]	Katharina	1837/U	Hdarb	Ritsch[111]	Karolina	63/03/15			48/02599	1863/2254	

---

[102] Rosalia Richter, Handelsmanns Tochter, 24 Jahre alt, aus Bayern; gestorben am 46/06/14 (GbhP; IKG Stb A 2456: im AKH, an Bauchfellentzündung). - TBP 47/06/14: Richter Rosalia, "Handelmannstochter, israelitischer Religion, ledig 24 Jahr alt, gebürtig von Wachenhaus <unsichere Lesart> in Bayern, Stadt No 1000, an der Bauchfellentzündung, AKH."

[103] Theresia Riesenfeld, geb. und wohnhaft in Trentschin in Ungarn, zugereist (GbhP) - In das GbhP wurde Theresia Riesenfeld ursprünglich als "k<atholisch>" eingetragen, sodann wurde das "k" gestrichen und mit "Israelit<in>" ersetzt. Theresia Riesenfeld wurde als "Trödlers Tochter" aufgenommen, sie war ledig und bei der Geburt ihres Kindes 22 Jahre alt; aus ihrem Geburtsort Trentschin nach Wien zur Entbindung zugereist (GbhP).

[104] Theresia Tillinger wurde ursprünglich mit dem Namen der Mutter in die Taufmatrik eingetragen, der Fehler wurde bemerkt, der Name der Mutter kräftig durchgestrichen, statt dessen wurde die jüdische Herkunft des Kindes mit "mater Judaea" festgehalten. Das Kind ist noch im Gbh im Alter von drei Tagen gestorben (Taufmatrik AKH 42/04/19), daher wurde es auch in die Sterbematrik des AKH aufgenommen, gestorben war "Der Israelitinn Theresia Riesenfeld ihr Mädchen Theresia Tillinger", die Minirubriken der Sterbematrik wurden in den Optionen "weiblich" und "katholisch" abgezeichnet (Sterbematrik AKH 42/04/22).

[105] Rosalia Rind, "geb. in Radanin, Mähren, ehel. Tochter des Michael Rind, Fleischhackermeisters in Radanin und dessen Gattin Anna, geborne Wind." (Pfarre Alservorstadt: Taufmatrik Josephs-Akademie 1836-1847, 1845, fol. 1), Hebamme war Franziska Schwehla, Instituts-Hebamme an der Josefsakademie, ab 1849 Hebamme im Gbh.

[106] Anna Rinkel, geb. und getauft im Militär-Spital, kam drei Tage später ins Fdh. - Nach Ablauf der Findelhausversorgung von der Pflegemutter Anna Maria Rothenbigl in Mailberg übernommen (EntlP: Rothenbigl Anna Maria, Mailberg No 150, Pfarre Mailberg - NÖ, UMB).

[107] Berta Rinkel, geb. von Zülz in Preußen; 1865 wohnhaft in Wien 3, Adamgasse No 10, 1867 Untere Viaduktgasse No 15 (GbhP'e).

[108] Anna Rinkel wurde von der Hebamme Maria Fröhlich notgetauft (Taufmatrik AKH 65/12/20: Anna Rinkel, M: Berta Rinkel, Isr<aelitisch>, "den 20. nothgetauft"), kein diesbezüglicher Vermerk im GbhP. Acht Tage nach dem Tod ihres Kindes wurde die Mutter zum Ammendienst ins Fdh gebracht (GbhP).

[109] In das GbhP als "k<atholisch>" eingetragen; im FdhP als jüdisch ausgewiesen (GbhP, FdhP).

[110] Katharina Ritsch, geb. und wohnhaft in Körmönd in Ungarn, Eisenburger Komitat, zugereist (GbhP).

R

M: Name	M: Vorname	geb. ca.	Beruf	K: Name	K: Vorname	K: geb.	K: gest.	K: entl.	Qu GbhP	Qu FdhP	Qu EntlP
Ritt[112]	Barbara	1806/U	Magd	*Stigner*	Leopold	33/04/21	34/03/15		18/01878	1833/1559	
Ritter[113]	Barbara	1802/U	Köchin	*Tropek*	Maria	31/01/4	31/02/28		16/00023	1831/0131	
Ritter	Barbara	1805/U		*Kretti*[114]	Karl	38/06/12	38/07/15		23/02722	1838/2434	
Ritter	Barbara	1804/U	Magd	unentbunden entlassen				44/07/01	29/04066		
Ritter	Johanna	1809/B	Magd	*Weinberger*	Stefan	27/12/26	28/01/27		12/02333	1828/0070	
Ritter	Karolina			Ritter[115]	Josefa	56/03/18	56/04/30			1856/1876	
Ritter[116]	Rosa			Ritter[117]	Rosa	66/08/30	1939/09			1856/6231	

---

[111] Karolina Ritsch wurde gleich nach der Geburt getauft (Taufmatrik AKH 63/03/15: Karolina Ritsch), die Mutter leistete "nachträglich laut Verzichtsprotokoll Verzicht auf die Aufnahme ihres Kindes" (FdhP, EntlP).
[112] Barbara Ritt, aus Ungarn, zugereist (GbhP).
[113] Barbara Ritter, Krämerin, Köchin bzw. Magd, geb. in Szerdahely in Ungarn, wohnhaft in Preßburg, 1838 zugereist: Beim ersten Kind wohnte sie in Wien-Leopoldstadt, beim zweiten war sie aus Preßburg zugereist - 1844 konnte keine exakte Adresse angegeben werden: wohnhaft "Stadt", ohne Konskriptionsnummer (GbhP'e).
[114] o.A. (GbhP), **Karl Kretti** (FdhP). - Im GbhP wurde in die Namensrubrik des Kindes kein Name eingetragen: Wir wissen nur: Es war ein Bub (Geschlecht: "K<nabe>"), von dem Barbara Ritter am 38/06/12 entbunden wurde, und daß dieses Kind am 38/06/21 ins Fdh kam - an diesem Tag wurde auch ein "Israelitenkind" mit dem Namen "Karl Kretti" ins FdhP aufgenommen, in die Namensrubrik der Mutter wurde eingetragen: Ritter Barbara, Israelitin, ledig" - die Mutter des namenlosen Kindes, das im Gbh am 38/06/12 zur Welt gekommen ist. - In der Taufmatrik wurde die Mutter nicht genannt, jedoch die jüdische Herkunft des Kindes durch den Vermerk "mater infantis judaea" festgehalten (GbhP, FdhP; Taufmatrik AKH 38/06/12).
[115] Josefa Ritter, geboren in der Großen Ankergasse No 24 bei der Hebamme Susanne Pittner, Tischlergesellens Ehegattin, getauft am 56/03/19 in der Pfarre St. Josef in Wien-Leopoldstadt, kam bereits am folgenden Tag ins Fdh, mit dem Taufschein und einer Taxe von 50 fl. ins Fdh aufgenommen; an Gedärmentzündung gestorben (FdhP: M: Karolina <Ritter>, mosaischer Religion, ledig"; Pfarre St. Josef (Karmeliter) Taufmatrik 56/03/19).
[116] "Die jüdische Mutter Rosa Ritter hat alle<r> Rechte auf dieses Kind entsagt, welches nach der Taufe in das Findelhaus gebracht wurde" (Pfarre St. Peter Taufmatrik 66/08/31: Rosa Ritter).
[117] Rosa Ritter, geboren bei einer Hebamme in der Inneren Stadt, Fischerstiege No 6, getauft am 66/08/31 in der Pfarre St. Peter, wurde sogleich nach der Taufe ins Fdh gebracht, gestorben am 1939/09/15 in St. Andrä (Pfarre St. Peter Taufmatrik 66/08/31). - Die Hebamme Theresia Röbl wurde zweimal in die Taufmatrik eingetragen, einmal als "geprüfte Hebamme", das andere Mal in ihrer Funktion als Taufpatin und k.k. Hausdien<ers>gattin (Pfarre St. Peter Taufmatrik 66/08/31).

R

M: Name	M: Vorname	geb. ca.	Beruf	K: Name	K: Vorname	K: geb.	K: gest.	K: entl.	Qu GbhP	Qu FdhP	Qu EntlP
Robenzohn[118]	Johanna	1840/U	Magd	Robenzohn[119]	Theresia	63/02/6	63/03/12		48/01991	1863/1217	
ROBICZEK (ROBITSCHEK, RUBICEK)											
Robitschek	Barbara	___/B	Magd	Robitschek[120]	Johann Ev.	27/11/20	28/04/15			1828/1213	
Robitschek	Betti	1824/W	Hdarb	Robitschek	Sofia	50/04/27	50/05/8		35/03741	1850/2710	
Robitschek	Elisabeth	1830/B	Magd	Robitschek	Wilhelm	53/05/8	53/06/20		38/04375	1853/3249	
Robiczek[121]	Henriette	1836/B	Hdarb	Robiczek	Berta	61/04/25	61/08/4		46/02958	1861/3571	
Rubicek	Henriette	1839/B	Magd	Rubicek	Rudolf	63/09/27	65/10/28		48/07774	1863/7195	
Rodwa	Katharina	1800/U	Magd	*Gonzaga*[122]	Alois	19/04/4			04/00697	1819/1192	
Römer	Josefa	1844/B	Magd	Römer[123]	Emanuel	67/02/6	67/02/19		52/00611	1867/1178	
Ronauer	Franziska	1805/B	Hdarb	*Art*	Anna	43/07/27	43/08/21		28/04371	1843/3360	

---

[118] Johanna Robenzohn wurde in das FdhP als "kl" (katholisch, ledig) eingetragen, ist jedoch im GbhP und in der Taufmatrik des AKH als jüdisch ausgewiesen (GbhP, FdhP; Taufmatrik AKH 63/02/06: Theresia Robenzohn).

[119] Theresia Robenzohn (FdhP: M: Johanna <Robenzohn>, als "k<atholisch>" eingetragen, die übrigen Angaben (Alter und Herkunft) stimmen mit den Eintragungen im GbhP überein, kein Hinweis auf die jüdische Herkunft des Kindes).

[120] Johann Robitscheck (FdhP), Johann Evangelist Robitschek (Pfarre St. Leopold Taufmatrik 28/03/24) - geboren in der Leopoldstadt No 260 bei der Hebamme Maximiliana Lindner, getauft im Alter von vier Monaten in der Pfarre St. Leopold "nach ausgestellter schriftlichen Willenserklärung" der Mutter, am folgenden Tag ins Fdh gebracht, ins Fdh gratis aufgenommen, wobei in einer Randnotiz festgehalten wurde, daß in diesem Fall kein Empfangsschein ausgestellt wurde ("Empfangsschein wurde keiner ausgefertigt" <wellenförmig unterstrichen>), ins FdhP wurde die jüdische Herkunft des Kindes durch den Hinweis "Israelitin Kind" festgehalten (Pfarre St. Leopold Taufmatrik 28/03/24; FdhP).

[121] Henriette Rubicek ist mit Henriette Robiczek ident, geb. von Plan in Böhmen; 1861 wohnhaft in Wien-Breitenfeld No 46, 1863 in der Rossau, Gärtnergasse No 13 (GbhP'e).

[122] A.G. (GbhP), Alois Gonzaga (FdhP). - Die erste Initiale ist nicht eindeutig, die zweite stellt hingegen ein klares G dar. Dieses Initialenkind wurde am 19/04/04 ins Fdh gebracht - am selben Tag wurde Alois Gonzaga ins Fdh aufgenommen, seine Mutter als "Katharina Rodwa, Israelitin" in das FdhP eingetragen. - Das Initialenkind "A.G." ist somit mit dem Findelkind Alois Gonzaga ident. Die Taufmatrik enthält keinen Hinweis auf den Namen seiner Mutter oder seine Herkunft, Taufpate war der Kirchendiener Ignaz Groß. - In das FdhP wurde kein Sterbedatum nachgetragen, das Kind könnte demnach überlebt haben (Taufmatrik AKH 19/04/03; FdhP).

[123] Im Fdh an Lebensschwäche gestorben (FdhP).

M: Name	M: Vorname	geb. ca.	Beruf	K: Name	K: Vorname	K: geb.	K: gest.	K: entl.	Qu GbhP	Qu FdhP	Qu EntlP
Röniger[124]	Rachel	1840/G	Köchin	Röniger[125]	Moritz	64/01/10	64/07/19		49/01751	1864/0381	
Ross[126]	Josefa	1837/U	Magd	Ross[127]	Josef	58/10/11	58/11/8		43/08442	1858/7542	
Russ	Josefa	1836/U	Magd	Russ[128]	Leopoldine	62/02/6			47/02110	1862/1110	
Rosenberg	Amalia	1815/U	Magd	*Grünfeld*[129]	Georgia	38/05/19	38/06/5		23/02107	1838/1997	
Rosenberg[130]	Elisabeth	1821/U	Tochter	*Main*	Maria	40/02/18	40/07/5		25/01028	1840/0952	
Rosenberg	Eva	1833/G	Magd	Rosenberg[131]	Theresia	59/05/7	59/05/26		44/04475	1859/3894	
Rosenberg[132]	Franziska	1831/U	Magd	Rosenberg	Ludwig	50/12/31	51/02/3		36/01128	1851/0063	
Rosenberg[133]	Josefa	1845/U	Magd	Rosenberg	Anna	63/06/3	65/09/14		48/04412	1863/4387	

---

[124] Rachel Röniger (GbhP), Rachel Roniger (FdhP; Taufmatrik AKH 64/01/11: Moritz Roninger).
[125] "Wegen Krankheit der Mutter" Fdh, die Mutter kam nach dem Wochenbett zum Ammendienst ins Fdh, das Kind am folgenden Tag auf einen Pflegeplatz in Klosterneuburg (GbhP, FdhP).
[126] Josefa Russ ist mit Josefa Ross ident, geb. von Szalmandorf in Ungarn (bei Güns); 1858 von Baden zugereist, 1862 wohnhaft in der Alservorstadt No 168 (GbhP'e).
[127] "Wegen Religion der Mutter" Fdh (GbhP, FdhP).
[128] "Wegen Krankheit der Mutter" Fdh, die Mutter wurde nach dem Wochenbett zum Ammendienst ins Fdh überstellt, das Kind war bereits zu Pflegeeltern in die Slowakei gebracht worden - es könnte die Findelpflege überlebt haben, da in das FdhP kein Sterbedatum eingetragen wurde (GbhP, FdhP: Pflegepartei um 1869: Katharina Bagynra <unsichere Lesart> Kleinhäuslerin, Humenecze No 67, Pfarre Laxar-Ujfalva <FdhP: "Laksar-Neudorf">, Preßburger Komitat).
[129] G.G. (GbhP), Georgia Grünfeld (FdhP). - Gesichert sind bei diesem Initialenkind die beiden Initialen G.G., das Geschlecht des Kindes - ein Mädchen, sowie das Transferdatum ins Fdh (38/05/21) - an diesem Tag wurde vom Gbh ein "Israelitenkind" mit dem Namen Georgia Grünfeld aufgenommen: Die Mutter von Georgia Grünfeld wurde als "Amalia Rosenberg" ins Protokoll eingetragen - es war die Mutter des Initialenkindes "G.G.". - In der Taufmatrik wurde nur die jüdische Herkunft des Kindes festgehalten, nicht der Name der Mutter (Taufmatrik AKH 38/05/19: "Mater infantis judaea").
[130] Fleischhauers Tochter, 19 Jahre alt, aus Egerszeg in Ungarn, Komitat Zalad (GbhP).
[131] Im Fdh an Lebensschwäche gestorben (FdhP).
[132] Franziska Rosenberg erhielt "mit Direktions Bewilligung" am 51/02/02 einen Empfangsschein für ihr Kind, drei Wochen nachdem sie aus dem Gbh entlassen wurde. Am folgenden Tag ist das Kind an Abzehrung bei seiner Pflegemutter, einer Handarbeiterin in Wien-Gumpendorf, gestorben (FdhP).
[133] Josefa Rosenberg, geb. und wohnhaft in Pápa (No 82) in Ungarn, zugereist (GbhP).

R

M: Name	M: Vorname	geb. ca.	Beruf	K: Name	K: Vorname	K: geb.	K: gest.	K: entl.	Qu GbhP	Qu FdhP	Qu EntlP
Rosenberg	Josefa	1846/U	Hdarb	Rosenberg	Heinrich	65/09/15	66/07/25		50/05260	1865/6906	
Rosenberg	Karolina			Rosenberg[134]	Philipp	24/01/17	24/01/23			1824/0214	
Rosenberg[135]	Maria	1804/M	Magd	*Beer*[136]	Ludmilla	25/03/21			10/00553		
Rosenberg[137]	Maria	1841/U	Magd	Rosenberg	Raimund	64/11/19	65/07/26		49/08763	1864/8923	
Rosenberg	Rosalia	1844/U	Magd	Rosenberg	Moritz	64/06/14	64/07/12		49/05844	1864/4932	
Rosenberger	Maria	1846/U	Magd	Rosenberger[138]	Julia	68/04/7			53/01799	1868/2682	
Rosenblüh	Amalia	1835/M	Magd	Rosenblüh[139]	Martin	58/05/6	58/05/7		43/04912		
Rosenblüh[140]	Julia	1840/M	Hdarb	Rosenblüh[141]	Johann S.	65/06/9		68/10/31	50/03987	1865/4492	68/10/31

[134] Philipp Rosenberg, getauft am 24/01/17 in der Pfarre Schotten, wurde am folgenden Tag ins Fdh gebracht. Das genaue Geburtsdatum ist nicht bekannt, der Taufmatrik zufolge wurde dieses Kind am 17. Jänner geboren, laut FdhP am 18. Jänner im Alter von sechs Tagen aufgenommen (FdhP). "Eltern vermischter Religion" wurde als Grund zur Taufe festgehalten, im FdhP wird davon nichts erwähnt, kein Hinweis auf die jüdische Herkunft des Kindes, die Mutter wurde namentlich ins Protokoll eingetragen (GbhP; Pfarre Schotten Taufmatrik 24/01/17; FdhP).
[135] Maria Rosenberg, gest. am 25/03/31 (GbhP). - TBP 25/03/31: "Rosenberg Maria, ledig, Israelitische Magd, Conscriptions No <o.A.> in der Leopoldstadt, von Trebitz in Mähren gebürtig, im AKH an der Gedärmentzündung, alt 21 Jahr."
[136] **L.B.** (GbhP), Ludmilla Beer (Taufmatrik AKH: 25/03/21). - Das Initialenkind "L.B." kam am 25/03/26 ins Fdh: Da für das Jahr 1825 keine FdhP'e erhalten sind, kann die Auflösung der Initialen nur über die Taufmatrik des AKH versucht werden. In den 1820er Jahren wurden Kinder aus dem Gbh zumeist sogleich getauft. Das Initialenkind "L.B." wurde am 31. März geboren - am selben Tag wurde im Gbh ein Mädchen auf den Namen Ludmilla Beer getauft und im "jüdischen Formular" in die Taufmatrik aufgenommen: ohne Angabe der Mutter, mit einer Hebammenpatenschaft - Taufpatin war die Anstaltshebamme Eleonore Maucher. Die jüdische Herkunft des Kindes wurde nicht erwähnt. Mit sehr hoher Wahrscheinlichkeit ist jedoch im Datenkontext das Initialenkind "L.B." mit Ludmilla Beer ident (GbhP; Taufmatrik AKH 25/03/21).
[137] Maria Rosenberg, geb. und wohnhaft in Brünndorf in Ungarn, Eisenburger Komitat, zugereist (GbhP). - Wurde in das FdhP als "kl" (katholisch, ledig) eingetragen, ist jedoch im GbhP und in der Taufmatrik als jüdisch ausgewiesen (GbhP, FdhP; Taufmatrik AKH 64/11/19: Raimund Rosenberg).
[138] Julia Rosenberger, ein "68er Kind", wurde ungetauft mit ihrer Mutter ins Fdh gebracht, kam am folgenden Tag bereits auf einen Pflegeplatz. Ihr Name steht nicht auf der IKG-Liste jüdischer Findelkinder (FdhP; CAHJP A/W 1809, Verzeichnis jüdischer Findelkinder 1868).
[139] Martin Rosenblüh wurde nicht im Gbh geboren, er war eine "Gassengeburt", mit seiner Mutter am Tage seiner Geburt ins Gbh gebracht, getauft, am folgenden Tag im Gbh gestorben (GbhP; Taufmatrik AKH 58/05/06).
[140] Julie Rosenblüh, geb. am 40/05/17, heiratete am 68/07/05 im israelitischen Bethaus in Wien (Seitenstettengasse) den Bäcker David Felix aus Zittow in Böhmen (IKG Tb Stadt 1868: 720), V: Seligmann Felix, Branntweiner, M: Franziska, geb. Lustig). - Sie stammte aus Trietsch in Mähren, ihr Vater war der

M: Name	M: Vorname	geb. ca.	Beruf	K: Name	K: Vorname	K: geb.	K: gest.	K: entl.	Qu GbhP	Qu FdhP	Qu EntlP
Rosenblüh	Julia	1841/M	Hdarb	Rosenblüh[142]	Gustav	68/04/15			53/02459		
Rosenfeld[143]	Anna	1835/U	Magd	totgeboren		61/02/1			46/01456		
Rosenfeld[144]	Johanna	1830/U	Hdarb	Rosenfeld[145]	Josef	58/12/30		68/12/30	44/00853	1859/0167	69/02/5
Rosenfeld	Johanna	1840/U	Hdarb	Rosenfeld	Johann	66/04/28	66/09/16		51/02922	1866/3341	
Rosenfeld[146]	Josefa	1840/U	Magd	Rosenfeld[147]	Ludwig	63/05/16	63/07/16		48/03257	1863/3650	
Rosenfeld[148]	Josefa	1840/U	Magd	Rosenfeld[149]	Franziska	58/03/8	58/06/2		43/01124	1858/1887	
Rosenfeld[150]	Katharina	1838/U	Magd	Rosenfeld[151]	Leopoldine	56/10/21	61/08/10		41/07156	1856/7004	

Handelsmann Gideon Rosenblüh, ihre Mutter hieß Sara, geb. Wiener. - "Gegen Revers" (No 1065/68) bekam sie ihr nun dreijähriges Kind am 68/10/31 von der Findelanstalt zurück (EntlP). Sie "erklärte ihren Sohn Siegfried, früher Johann, im Judentum erziehen zu lassen, nachdem er beschnitten worden ist". - Zuvor hatte sie noch ein zweites Kind im Gbh geboren, das nicht getauft wurde (GbhP 53/2459), Gustav - geb. am 68/04/15, es folgte noch ein Mädchen namens Sofia, geb. am 72/05/04. David Felix wechselte seinen Beruf und wurde Paßamtsdiener (KA: David Felix).
[141] **Johann** Rosenblüh (FdhP, EntlP), Johann **Siegfried** Rosenblüh (IKG ProsP 1868-1903: 45 69/03/03) - kam zunächst zur Kleinhäuslerin Maria Leidenfrost in Klamm, nach zehn Monaten übernahm das Kind Eva Klement aus demselben Ort, nach weiteren drei Wochen kam er wieder zurück zur Leidenfrost, von wo ihn die Eltern laut EntlP zu sich nahmen (FdhP, EntlP: David und Julie Felix, Mehlverschleißereheleute, Wien-Leopoldstadt Heid<gasse> No 1). - Johann Rosenblüh wurde unter dem Namen **Ascher ben David** am 69/03/03 in die jüdische Gemeinde aufgenommen (GbhP, FdhP, IKG ProsP 1868 - 1903: 45 69/03/03).
[142] Gustav Rosenblüh, ein "68er Kind", wurde nicht getauft, kam nicht ins Fdh (GbhP;KA: David Felix).
[143] Anna Rosenfeld, aus Ungarn, von Raab zugereist (GbhP).
[144] Johanna Rosenfeld, geb. von Bory in Ungarn, Neutraer Komitat, zugereist (GbhP).
[145] Josef Rosenfeld kam mit seiner Mutter ins Fdh. Maria Piribauer aus Aigen im Bezirk Kirchschlag übernahm das Kind im Alter von einem Monat, sie wurde ein Jahre später in das EntlP als Pflegepartei eingetragen (FdhP, EntlP: Piribauer Maria, Inwohnerin in Aigen No 72, Pfarre und Bezirksamt Kirchschlag - NÖ).
[146] Josefa Rosenfeld, aus Ungarn, zugereist (GbhP).
[147] Ludwig Rosenfeld kam "wegen Krankheit der Mutter" ins Fdh, die Mutter wurde nach dem Wochenbett zum Ammendienst ins Fdh gebracht, das Kind kam am selben Tag zu Pflegeeltern nach Breitenbrunn im Preßburger Komitat in Ungarn (GbhP, FdhP).
[148] Josefa Rosenfeld, geb. von Zay-Ugrócz in Ungarn, Trentschiner Komitat; wohnhaft in Preßburg No 259, zugereist (GbhP).
[149] "Wegen Krankheit der Mutter" Fdh, die Mutter wurde nach dem Wochenbett zum Ammendienst ins Fdh gebracht (GbhP, FdhP).
[150] Katharina Rosenfeld wurde nach der Entbindung ins AKH auf eine medizinische Abteilung verlegt (GbhP).

R

M: Name	M: Vorname	geb. ca.	Beruf	K: Name	K: Vorname	K: geb.	K: gest.	K: entl.	Qu GbhP	Qu FdhP	Qu EntlP
Rosenfeld	Maria	1824/U	Magd	Rosenfeld[152]	Klemens	47/11/18	47/11/24		33/00347		
Rosenfeld[153]	Maria	1829/G	Hdarb	totgeboren 51/01/15					36/01616		
Rosenfeldin	Regina			Weis[154]	Joannes	1797/08	1797/09			1797/1899	
Rosenfeld	Rosalia		Köchin	Rosenfeld[155]	Mathias	27/11/01				1827/4177	
Rosenschein	Eva	1837/U	Magd	Rosenschein	Anna	55/11/6	56/06/12		41/00101	1855/6874	
Rosenstingl	Franziska	1821/U	Magd	Rossenstingl	Franz	45/05/3	45/05/18		30/03401	1845/2489	
Rosenstrauch	Toni	1842/G	Wäsch.	Rosenstrauch	Johann	63/07/13	65/10/17		48/06285	1863/5394	
ROSENTHAL(ER) (ROZENTHAL)											
Rosenthaler[156]	Franziska	1784/B	Magd	*Huberin*[157]	Maria Fr.	14/10/18	14/11/4			1814/2490	
Rosenthal	Franziska	1808/U	Magd	*Ringelmann*	Eduard	28/02/22	29/02/27		13/00434	1828/0892	
Rozenthal[158]	Karolina	1845/U	Magd	unentbunden entlassen 67/08/17					52/04707		

---

[151] "Wegen Milchmangel der Mutter" ins Fdh (GbhP, FdhP).
[152] Getauft, nach fünf Tagen im Gbh gestorben (GbhP; Taufmatrik AKH 47/11/19).
[153] Maria Rosenfeld, gest. am 51/01/24 (GbhP: im Gbh; IKG Stb B 952: im AKH; Rippenfellentzündung). - TBP 51/01/24: Maria Rosenfeld, "Handarbeiterin, Rzeczów Gallizien. gebürtig, 22 Jahr alt, israelitisch, ledig, Leopoldstadt No 258, an Rippenfellentzündung, AKH."
[154] Johannes Weis war einen Tag alt, als er ins Fdh gebracht wurde, kam am folgenden Tag zu einer Pflegemutter nach Neulerchenfeld "an die Brust", d.h. zu einer Amme; gest. 1797/09/23 (FdhP).
[155] Mathias Rosenfeld, getauft am 27/11/24 in der Pfarre Schotten, kam zwei Tage später ins Fdh. Im FdhP wurde die jüdische Herkunft dieses Kindes nicht erwähnt, in die Taufmatrik wurde hingegen protokollarisch mit den Unterschriften von zwei Zeugen das Einverständnis der jüdischen Mutter zu dieser Taufe mit dem Nachsatz festgehalten, "Übrigens ist das Kind laut Aufnahmszettl de dato 25.11.1827 in das k.k. Findelhaus gebracht worden" (Pfarre Schotten Taufmatrik 27/11/24). Im FdhP kein Hinweis zur jüdischen Herkunft des Kindes, jedoch wurde die Mutter namentlich ins Protokoll eingetragen. Da in das FdhP kein Todesdatum nachgetragen wurde, so könnte dieses Kind überlebt haben (FdhP: Pflegepartei ab 37/12/06: Margarete Linser, Schneidermeist<ersgattin>, No 451 <Wien Innere> Stadt).
[156] Der Name der Mutter, Franziska Rosenthaler, wurde ursprünglich in die Taufmatrik eingetragen, sodann kräftig durchgestrichen . "Die Mutter von den Kind ist eine Israelitin" kam in die Rubrik der Anmerkungen (Taufmatrik AKH 14/10/19: Maria Franziska Huberin) - sie war 30 Jahre alt, ledig und stammte aus Münchengrätz in Böhmen (FdhP).
[157] Maria Franziska Hube**rin** (Taufmatrik AKH 14/10/19), Maria Franziska Huber (FdhP).
[158] "Auf Verlangen unentbunden entlassen" (FdhP).

M: Name	M: Vorname	geb. ca.	Beruf	K: Name	K: Vorname	K: geb.	K: gest.	K: entl.	Qu GbhP	Qu FdhP	Qu EntlP
Rosenthal[159]	Maria	1846/U	Hdarb	Rosenthal[160]	Karl	63/07/5	63/08/1		48/04644	1863/5065	
Rosenthal	Maria	1847/U	Hdarb	Rosenthal[161]	Johann	66/04/17	66/04/22		51/02579		
Rosenzweig[162]	Netti	1821/U	Witwe	Rosenzweig	Anna	56/11/9	56/12/3		42/00203	1856/7270	
Rosenzweig[163]	Charlotte	1804/M	Tochter	*Metter*	Josefa	29/08/14	29/08/28		14/01877	1829/2737	
Rosenzweig	Lotti	1848/U	Magd	Rosenzweig[164]	Josef	66/07/30	66/08/6		51/05158		
Rosenzweig[165]	Franziska	1829/B	Magd	Rosenzweig	Theresia	51/02/13	51/03/26		36/02314	1851/0984	
Rosenzweig	Johanna	1836/U	Magd	Rosenzweig	Adolf	58/05/31	58/07/15		43/04302	1858/4519	
Rosenzweig[166]	Katharina	1828/M	verh.	<...>[167]		65/05/16			50/03290		
Rosenzweig	Rosalia	1836/B	Hdarb	Rosenzweig[168]	Theresia	68/09/23			54/05388	1868/6302	
Rosenzweig[169]	Theresia	1839/B	Magd	totgeboren 63/02/17					48/02151		
Rosenzweig[170]	Theresia	1850/U	Magd	*Löw*	Georg	67/05/17	67/06/20		52/02978	1867/3584	

---

[159] Maria Rosenthal, geb. von Nagy-Bresztovány in Ungarn, Preßburger Komitat; 1863 von Szeged, 1866 vom Geburtsort zugereist (GbhP).
[160] Karl Rosenthal kam "wegen Krankheit der Mutter" ins Fdh (FdhP). Im Index der Taufmatrik des AKH als Karl **Rohanthal** verzeichnet (Taufmatrik AKH 1863/II Index).
[161] Getauft, nach vier Tagen im Gbh gestorben (GbhP; Taufmatrik AKH 66/04/18).
[162] Netti Rosenzweig, Taglöhnerin (GbhP).
[163] **Charlotte** Rosenzweig (FdhP, TBP), **Katharina** Rosenzweig (IKG Stb A 248). - Handelsmanns Tochter, 25 Jahre alt, aus Prossnitz in Mähren (GbhP). - Charlotte Rosenzweig (FdhP), im Sterbebuch der IKG mit dem Vornamen Katharina, gest. am 29/08/23 an Nervenfieber (IKG Stb A 248). - TBP 29/08/23: "Rosenzweig Charlotte, Handlerstochter, israelitischer Religion, aus Mähren gebürtig, No 12 Leopoldstadt, Nervenfieber, 25 Jahr, im AKH."
[164] Getauft, nach einer Woche im Gbh gestorben (GbhP; Taufmatrik AKH 66/07/30).
[165] Franziska Rosenzweig erhielt "Mit D<irektions> Bew<illigung>" am Tag ihrer Entlassung aus dem Gbh einen Empfangsschein für ihr Kind, das fünf Wochen später in Enzersdorf bei seinen Pflegeeltern an Lungenentzündung gestorben ist (FdhP).
[166] Handelsagenten Ehegattin (GbhP), aus Leipnik in Mähren gebürtig.
[167] o.A. (GbhP). Dieses Kind, ein Bub, wurde offensichtlich nicht im Gbh geboren, da kein Geburtsdatum eingetragen wurde: Er kam am 65/05/12 mit seiner Mutter in das Gbh, wo er nach vier Tagen ungetauft gestorben ist (GbhP).
[168] Theresia Rosenzweig, nicht auf der IKG-Liste jüdischer Findelkinder (CAHJP A/W 1809, Verzeichnis jüdischer Findelkinder 1868).
[169] Theresia Rosenzweig, aus Böhmen, wohnhaft in Ravelsbach No 1 in NÖ, UMB, zugereist (GbhP).

M: Name	M: Vorname	geb. ca.	Beruf	K: Name	K: Vorname	K: geb.	K: gest.	K: entl.	Qu GbhP	Qu FdhP	Qu EntlP
Rosinger Johanna, vide geb. Ekler Johanna											
RÖSSLER (RESZLER)											
Rössler[171]	Anastasia	1830/Dt	Wäsch	Rössler	Wilhelmine	54/07/21	55/01/10		39/06231	1854/5249	
Rössler[172]	Rachel	1818/U	Magd	*Eber*[173]	Eva	38/12/24			24/00069	1839/0023	
Rosner	Maria	1847/U	Magd	Rosner	Wilhelmine	66/08/13			51/05551	1866/6005	
Rosner[174]	Mathilde	1835/G	verh.	<...>[175]		65/09/11			50/06310		
Rosner Rosalia (Lottka, Sali), vide geb. Ledner Sali (Lottka, Rosalia)											
Rosner	Rosalia	1821/U	Hdarb	Rosner	Rosa	44/10/14	44/11/2		29/05828	1844/4777	
Rosner	Rosi	1821/U	Magd	*Mirwald*[176]	Maria	43/09/6	43/09/26		28/05041	1843/3992	
Roth[177]	Betti	1839/U	Hdarb	Roth[178]	Karolina	57/08/6	57/08/6		42/06481		

---

[170] Theresia Rosenzweig, recte Löw (GbhP), aus Ungarn, zugereist (GbhP).
[171] Anastasia Rössler ist nur im GbhP als jüdisch ausgewiesen, wurde in das FdhP als "kl" (katholisch, ledig) aufgenommen (GbhP, FdhP).
[172] Rosalia Rößler (GbhP), Rosalia Reßler (FdhP), aus Slavonien, wohnhaft in Preßburg, zugereist (GbhP).
[173] Im GbhP nur mit dem Vornamen Theresia, und somit unter dem Zunamen der Mutter - Rößler - eingetragen (GbhP), getauft auf den Namen "Eva Eber", ohne Angabe der Mutter, jedoch mit dem Vermerk "mater infantis judaea" (Taufmatrik AKH 38/12/24: Eva Eber); ins FdhP wurden beide Namen, der Fremdname des Kindes - Eva Eber - und der Name der Mutter - Rosalia Reßler - aufgenommen. - Bei Eva Eber wurde kein Sterbedatum nachgetragen, sie könnte daher die Findelpflege überlebt haben (FdhP: Pflegemutter: Josefa Türk, Hüttlersweib, Preßbaum No 7, Pfarre Preßbaum, Herrschaft Purkersdorf - NÖ, UWW). - In der Taufmatrik finden sich Randnotizen in Form von Datumsangaben aus den Jahren 1851, 1911 und exoffo 1936 (Taufmatrik AKH 38/12/24: Eva Eber).
[174] Mathilde Rosner, Produktenhändlersgattin, Handarbeiterin (GbhP), aus Chrzanów in Galizien.
[175] o.A. (GbhP). Dieses Kind, ein Mädchen, wurde nicht getauft, Mutter und Kind wurden aus dem Gbh am 65/09/18 entlassen (GbhP).
[176] Maria **Mirwald** (FdhP), Maria **Moos** (GbhP), Maria **Mos** (Taufmatrik AKH 43/09/17). - In das GbhP wurde das Kind als "Maria Moos" eingetragen, M: Rosie Rosner, 22 J<ahr> aus Weissenburg in Ungarn - in den FdhP'n finden wir diesen Namen nicht, jedoch wurde ein Kind mit dem Namen "Maria Mirwald" als "Israelitenkind" aufgenommen, M: Rosina Rosner, 22 Jahre, isr<aelitisch> led<ig> Magd von Weißenburg in Ungarn). - Taufmatrik AKH 43/09/06: Maria Mirwald, P: Theresia Mahr, Hebamme; Anmerkung: "Mater judaea", der Name der Mutter wurde nicht aufgenommen; im Fdh im Alter von drei Wochen an Lebensschwäche gestorben (FdhP).
[177] Betti Roth, in der Taufmatrik des AKH als Barbara Roth eingetragen (GbhP; Taufmatrik AKH 57/08/06: Karolina Roth, M: Barbara Roth), vom AKH, Zi. 76 ins Gbh zur Entbindung gebracht (GbhP).

M: Name	M: Vorname	geb. ca.	Beruf	K: Name	K: Vorname	K: geb.	K: gest.	K: entl.	Qu GbhP	Qu FdhP	Qu EntlP
Roth	Hermine	1846/U	Hdarb	Roth	Hermine	63/01/4	63/03/19		48/01518	1863/0308	
Roth[179]	Johanna	1830/U	Magd	Roth	Josef	52/12/14	53/03/26		38/00684	1852/8283	
Roth	Johanna	1832/U	Magd	Roth[180]	Theresia	56/02/11	56/03/7		41/02094	1856/0998	
Roth	Johanna	1833/U	Hdarb	Roth	Juliana	65/03/29	65/04/19		50/02218	1865/2477	
Roth	Johanna	1843/U	Hdarb	Roth	Johann	60/09/27	62/04/29		45/07195	1860/6720	
Roth[181]	Johanna	1845/U	Magd	Roth	Theresia	65/06/7	65/06/24		50/03283	1865/4482	
Roth[182]	Karolina	1813/U	Hdarb	*Burg*	Karl	33/01/30	33/02/12		18/00725	1833/0513	
Roth	Karolina	1812/U	Köchin	*From*	Ferdinand	40/05/28	40/06/12		25/02690	1840/2415	
Roth	Karolina	1815/U	Köchin	Roth[183]	Eva	44/01/3		54/01/3	29/00866	1844/0169	54/01/14
Roth[184]	Katharina	1833/U	Magd	Roth[185]	Paulus	55/04/30	55/04/30		40/03796		
Rothenstein	Katharina		Magd	*Weiss*[186]	Josef	09/08/1	09/08/14			1809/1961	

[178] Karolina Roth wurde notgetauft und ist noch am selben Tag im Gbh gestorben (GbhP). - Taufmatrik AKH 57/08/06: "am 6. nothgetauft", M: Barbara Roth, Isr<aelitin>.
[179] Johanna Roth, geb. um 1831, von Ujhely in Ungarn; 1852 zugereist von Freistadtl in Ungarn, 1856 wohnhaft in Wien-Leopoldstadt No 655 (GbhP'e); Köchin, V: Moses Roth, Handelsmann; M: Amalia, geb. Frisch; getauft in der Pfarre St. Laurenz am Schottenfeld, erhielt bei der Taufe die Namen Johanna **Franziska** (Pfarre St. Laurenz Konvertiten I 59/05/11).
[180] Theresia Roth kam wegen "Mastit<is> der Mutter" (Entzündung der Brüste - GbhP), bzw. "wegen Krankheit der Mutter" ins Fdh (FdhP); die Mutter wurde nach dem Wochenbett auf die chirurgische Abteilung des AKH gebracht (GbhP).
[181] Johanna Roth, geb. von Szikszo in Ungarn, von Pest zugereist; nach der Entbindung ins AKH auf die chirurgische Abteilung "transferirt" (GbhP).
[182] Karolina Roth, geb. von Preßburg, 1833 wohnhaft in Wien-Leopoldstadt, No 17 (1840), 1844 zugereist (GbhP'e).
[183] Eva Roth kam "wegen israelitischer Religion" der Mutter ins Fdh (FdhP); am folgenden Tag der Kleinhäuslerin Elisabeth Winter in Grub in der Nähe von Heiligenkreuz übergeben, mit acht Jahren kam sie in der Nähe bei einer Bäuerin unter, die auch in das EntlP als "PP" (Pflegepartei) eingetragen wurde (FdhP, EntlP: Pillwax Anna Maria, Bauersweib in Laab No 3, Pfarre Laab, Bezirksgericht Purkersdorf - NÖ).
[184] Katharina Roth, aus dem Turóczer Komitat in Ungarn, zugereist (GbhP), gest. am 55/05/09 (GbhP: im Gbh; IKG Stb B 2374: in der k.k. Findelanstalt, an Blutzersetzung). - TBP 55/05/09: "Roth Katharina, Magd 22 Jahr, ledig, israelitisch, Szutschan Ungarn, zugereist, Blutzersetzung, k.k. Gebärhaus."
[185] Paulus Roth wurde notgetauft und ist noch am selben Tag im Gbh gestorben (Taufmatrik AKH 55/04/30: Paulus Roth, M: Katharina Roth (israelit<isch>); GbhP).

R

M: Name	M: Vorname	geb. ca.	Beruf	K: Name	K: Vorname	K: geb.	K: gest.	K: entl.	Qu GbhP	Qu FdhP	Qu EntlP
Rotholz	Rosa	1840/U	Magd	Rotholz	Rosa	59/09/7	59/10/12		44/06620	1859/7257	
Rothmüller Georgius, vide Kohn Katharina											
Rotter[187]	Lotti	1841/U	Magd	Rotter	Theresia	61/10/10	61/10/29		46/07711	1861/7849	
Rotter	Lotti	1842/U	Köchin	Rotter	Johann	67/08/27	67/11/4		52/05136	1867/5726	
Rotter	Fanni	1844/U	Magd	Rotter[188]	Sigmund	68/10/29	69/04/1		54/06362	1868/7003	
Rotter	Julia	1820/B	Magd	*Seitz*	Karolina	43/05/25	44/02/5		28/03538	1843/2582	
Rotter[189]	Juliana	1838/U	Hdarb	Rotter	Moritz	63/03/28	63/06/19		48/03674	1863/2597	
Rotter	Juliana	1840/U	Hdarb	Rotter	Adolf	64/04/3	64/04/18		49/04045	1864/2954	
Rotter	Juliana	1842/U	Hdarb	Rotter	Viktor	66/01/12	66/04/10		51/00333	1866/0523	
Rotter[190]	Karolina	1841/U	Hdarb	Rotter	Agnes	60/04/16	61/06/10		45/03378	1860/2931	
Rotter	Regina	1845/G	Hdarb	<...>[191]		68/02/27	68/03/18		53/01350	1868/1487	
Rotter[192]	Rosalia	1842/U	Magd	Rotter	Leopold	65/10/7	66/06/2		50/05914	1865/7490	
Rottmann	Theresia		Köchin	Rottmann[193]	Josef	26/06/12	26/07/01			1826/2059	

---

[186] Josef Weiss war einen Tag alt, als er wegen Krankheit der Mutter ins Fdh gebracht wurde (Abkürzung: wegen Kr<anken>H<aus> - die Mutter war im AKH), gestorben im Fdh, Todesursache: Fraiß (FdhP).

[187] Lotti Rotter, geb. von Holics in Ungarn, Neutraer Komitat, 1861 von Brünn zugereist, 1867 wohnhaft Wien-Leopoldstadt, Zirkusgasse No 44 (GbhP'e).

[188] Sigmund Rotter, ein "68er Kind", kam ungetauft mit seiner Mutter ins Fdh, nach vier Tagen zu einer Pflegepartei; im Alter von einem halben Jahr an Bronchialkatarrh gestorben (FdhP; CAHJP A/W 1809, Verzeichnis jüdischer Findelkinder 1868).

[189] Juliana Rotter, geb. von Holics in Ungarn; 1863 wohnhaft in Wien-Leopoldstadt, Tandelmarkt No 4, 1864 in Wien-Landstraße, Radetzkygasse, 1866 Wien 3, Dianagasse No 2 (GbhP'e).

[190] Karolina Rotter, geb. von Holics in Ungarn, zugereist (GbhP).

[191] o.A. (GbhP). - Dieses Kind, ein Bub, zählte zu den ersten Kindern, die nach der Aufhebung der Zwangstaufen im Gbh nicht getauft wurden, er kam "wegen Krankheit der Mutter" ins Fdh und ist dort - noch keine drei Wochen alt - an Darmkatarrh gestorben; befindet sich nicht auf der IKG-Liste jüdischer Findelkinder (GbhP, FdhP: "Geb<är>h<au>s ungetauft israelit<ischer> Religion kann wegen Schwäche nicht beschnitten werden"; CAHJP A/W 1809, Verzeichnis jüdischer Findelkinder 1868).

[192] Rosalia Rotter, geb. in Egbell, Bezirk Holics in Ungarn, zugereist (GbhP).

R

M: Name	M: Vorname	geb. ca.	Beruf	K: Name	K: Vorname	K: geb.	K: gest.	K: entl.	Qu GbhP	Qu FdhP	Qu EntlP
Ruberl Anna, vide geb. Grünner Anna											
Ruberl	Josefa	1808/M	Hdarb	**Christin**[194]	Anna	27/07/25	27/08/13		12/01343	1827/2839	
Ruberl[195]	Josefa	1809/M	Köchin	totgeboren 29/01/28						14/00285	
Ruber	Josefa	1810/M	Magd	***Payer***[196]	Leopoldine	33/11/11	33/11/16			19/00122	1833/3680
Rubicek Henriette, vide Robiczek											
Russ Josefa, vide Ross											

---

[193] Josef Rottmann, getauft am 26/06/12 in der Pfarre St. Stefan, kam zwei Tage später ins Fdh, im FdhP kein Hinweis zur jüdische Herkunft dieses Kindes, die Mutter wurde jedoch namentlich eingetragen. In der Taufmatrik wurde das Einverständnis der Mutter protokollarisch, beglaubigt durch die Unterschriften zweier Zeugen, festgehalten (Pfarre St. Stefan Taufmatrik 26/06/12).
[194] Nur im GbhP wurden die Namen von Mutter und Kind aufgenommen, im FdhP wurde lediglich die jüdische Herkunft der Mutter erwähnt.
[195] Josefa Ruber ist mit Josefa Ruberl sicherlich ident, geb. um 1809/10 in Jamnitz in Mähren; wohnhaft in Wien-Leopoldstadt (GbhP'e).
[196] o.A. (GbhP), **Leopoldine Payer** (FdhP); Leopoldine **Payr** (Taufmatrik AKH 33/11/11). - Vom GbhP wissen wir soviel: Am 33/11/11 wurde Josefa Ruber von einem Mädchen entbunden, das am folgenden Tag ins Fdh gekommen ist: Die Namensrubrik des Kindes blieb leer. - Am 12. November wurde als einziges Kind ohne röm.-kath. Mutter ein Mädchen mit dem Namen Leopoldine Payer aufgenommen, in die Rubrik der Mutter wurde ein 0-Zeichen gesetzt, für das Kind war eine Taxe von 20 fl. erlegt worden; es ist nach vier Tagen im Fdh gestorben. In die Taufmatrik wurde dieses Kind mit dem Namen Leopoldine Payr im "jüdischen Formular" eingetragen, ohne Namen der Mutter, mit einer Hebammen-Patenschaft und ohne Erwähnung seiner jüdischen Herkunft. Nur über den Datenkontext kann das namenlose Kind, das am 33/11/11 im Gbh zur Welt gekommen ist, mit dem Findelkind Leopoldine Payer in Verbindung gebracht werden (GbhP, FdhP; Taufmatrik AKH 33/11/11: Leopoldine Payr).

R

M: Name	M: Vorname	geb. ca.	Beruf	K: Name	K: Vorname	K: geb.	K: gest.	K: entl.	Qu GbhP	Qu FdhP	Qu EntlP
SACHS (SAKS)											
Saks	Eleonora	1841/M	Magd	Saks	Karolina	67/03/14	67/04/3		52/00586	1867/2132	
Sachs	Julia	1833/B	Hdarb	Sachs[1]	Johanna	57/05/02	57/10/06			1857/3284	
Sachs	Ludovika	1824/M	Hdarb	Sachs[2]	Ludovika	45/05/19	45/06/18		30/03105	1845/2659	
Sachs[3]	Maria	1826/G	Magd	Sachs[4]	Johann	60/07/30	60/10/24		45/05972	1860/5265	
				Sachsel[5]	Josef	1785/01	1785/09			1785/2490	
Sahr	Anna	1814/M	Köchin	Waler[6]	Wenzel	38/08/6	38/09/8		23/03421	1838/3065	
Saler	Regina	1840/U	Hdarb	Saler	Berta	62/04/6	62/06/30		47/03441	1862/2629	
SALOMON(IN) (SALAMON, SCHALAMANIN)											
Salomon	Netti	1849/M	Hdarb	Salomon	Franziska	67/04/22	67/05/19		52/01823	1867/3005	
Salomon[7]	Cäcilia	1839/U	Magd	Salomon[8]	Alois	64/09/19	64/09/22		49/07855		
Salomon	Cäcilia	1839/U	Magd	Salomon[9]	Cäcilia	64/09/19	64/09/21		49/07855		

---

[1] Johanna Sachs, geb. und getauft im Militär-Gebärhaus am 57/05/02; am folgenden Tag "wegen Religion der Mutter" ins Fdh gebracht, als "Israelitenkind" ins FdhP aufgenommen (FdhP).

[2] Im Fdh an Auszehrung gestorben (FdhP).

[3] Maria Sachs, gestorben am 60/08/12 (GbhP: im Gbh an Blutzersetzung). - TBP 60/08/12: Maria Sachs, "Magd, 34 <Jahr>, ledig, israelitisch, Ossitschin <Auschwitz> Gallizien, Leopoldstadt 664, Blutzersetzung, k.k. Gebärhaus."

[4] Johann Sachs kam "wegen Krankheit der Mutter" im Alter von zwei Tagen ins Fdh, im Fdh an Tabes (Schwindsucht, Auszehrung) gestorben (FdhP).

[5] Josef Sachsel, getauft im Alter von acht Monaten in der Pfarre Laimgrube: "Von Jüdischen Aeltern im ledigen Stand erzeigt, und beede dermahlen unwissend, ist vermög Zeugniß der Armuth gegen erlegte 12 fl. angenohmen worden"; kam zu einer Pflegemutter "an die Brust"; gestorben am 1785/09/14 (FdhP). - "Unwissend" hier in der Bedeutung: "unbekannten Aufenthaltes".

[6] W.W. (GbhP), Wenzel Waler (FdhP). - Das Initialenkind "W.W." kam "wegen Krankheit der Mutter" am 38/08/11 ins Fdh - am selben Tag wurde ein "Israelitenkind" mit dem Namen "Wenzel Waler" ins Fdh aufgenommen, "Anna Sahr, Israelitinn" wurde in die Namensrubrik der Mutter eingetragen - die Mutter des Initialenkindes (GbhP, FdhP; Taufmatrik AKH 38/09/08: "mater infantis judaea"); im Fdh gestorben (FdhP).

[7] Cäcilia Salamon, geb. von Vári in Ungarn, Stuhlbezirk Bereg, zugereist. - Zwillingsgeburt 64/09/19: Alois und Cäcilia Salamon.

[8] Getauft, nach drei Tagen im Gbh gestorben (GbhP; Taufmatrik AKH 64/09/19).

[9] Getauft, einen Tag vor ihrem Zwillingsbruder Alois im Gbh gestorben (GbhP; Taufmatrik AKH 64/09/19).

S

M: Name	M: Vorname	geb. ca.	Beruf	K: Name	K: Vorname	K: geb.	K: gest.	K: entl.	Qu GbhP	Qu FdhP	Qu EntlP
Salomon[10]	Katharina	___/Dt	Magd	*Richter*[11]	Anna	01/11/14	01/11/30			1801/2808	
Schalamanin[12]	Rachel			*Sonntag*[13]	Christian	1786/08	1786/09			1786/4135	
Salomonin	Theresia			*Nehrlich*[14]	Josefa	04/10/21	04/11/14			1804/2667	
SALZBERGER (SZALCZBERGER, SCHULZBERGER)											
Schulzberger[15]	Josefina	1839/U	Hdarb	Schulzberger	Emilia	59/10/29			44/08304	1859/8406	
Salzberger	Karolina	___/U	Hdarb	Szalczberger[16]	Gisela	68/01/5	68/01/26		52/07758	1868/0290	
Salzer[17]	Antonia	1840/U	Magd	Salzer[18]	Alexander	60/03/22			45/02173	1860/2155	
Salzer	Antonia	1840/U	Magd	Salzer[19]	Emilia	62/02/4	62/02/19		47/02062	1862/0822	
Salzer[20]	Johanna	1845/U	Magd	Salzer	Klara	67/12/11	68/03/12		52/07384	1867/8121	

---

[10] Katharina Salomon (Taufmatrik AKH 01/11/15: Anna Richter), Katharina Salomon**in** - "geb. im Reich" <Deutschland> (FdhP).
[11] Anna Richter (Taufmatrik AKH 01/11/15), Anna Richter**in** (FdhP). - Anna Richter(in) wurde zwei Tage nach ihrer Geburt ins Fdh gebracht; im Fdh an Schwäche gestorben (FdhP).
[12] Rachel Schalamanin (Taufmatrik AKH 1786/08/05: Christian Sonntag; im FdhP wird der Name der Mutter nicht erwähnt) - "Sie hat ungezwungen ihr Kind zur Taufe anverlanget" (Taufmatrik AKH 1786/08/05: Christian Sonntag).
[13] Christian Sonntag wurde sogleich nach seiner Geburt getauft, kam zwei Tage später ins Fdh; 1786/09/12 im Fdh gestorben, Todesursache: Fraiß (FdhP).
[14] Josefa Nehrlich (Taufmatrik AKH 04/10/22), Josefa **Mehrlich**in (FdhP) - wurde gratis ins Fdh aufgenommen, die jüdische Herkunft wird im FdhP nicht erwähnt (FdhP).
[15] Josefine **Schu**lzberger (GbhP), Josefine **Sa**lzberger (Taufmatrik AKH: Emilia Salzberger) - geb. in Némethy in Ungarn, wohnhaft in Pest No 20, zugereist (GbhP). - Die Namensvarianten entstanden einerseits durch eine mündliche Protokollaufnahme: S wurde ungarisch zu SCH, weiters durch einen Lesefehler: "offenes" A, wurde als U gelesen: Salzberger - Schalzberger - Schulzberger.
[16] Gisela **Szalczberger** /:Salzberger:/ (FdhP), Gisela **Sa**lzberger (Taufmatrik AKH 68/01/05); im Fdh im Alter von drei Wochen an Lebensschwäche gestorben (FdhP).
[17] Antonia Salzer, geb. in Komorn, wohnhaft in Szala Egerszegh No 32; 1860 zugereist, 1862 wohnhaft in Wien-Leopoldstadt No 18; nach der Entbindung auf eine andere Abteilung des AKH gebracht (GbhP'e).
[18] "Wegen israelitischer Religion der Mutter" Fdh (GbhP), "wegen Religion der Mutter" Fdh (FdhP). - Alexander Salzer könnte die Findelpflege überlebt haben: kein Sterbedatum im FdhP, Randnotizen in der Taufmatrik des AKH aus den Jahren 1874, 1938, 1941 und 1942 (Taufmatrik AKH 60/03/23).
[19] "Wegen Krankheit der Mutter" Fdh; im Fdh im Alter von zwei Wochen an Diarrhöe gestorben (FdhP).

S

M: Name	M: Vorname	geb. ca.	Beruf	K: Name	K: Vorname	K: geb.	K: gest.	K: entl.	Qu GbhP	Qu FdhP	Qu EntlP
SAMEK (SAMMEK, SAMMET, SAMICH, SAMUCH)											
Sammeck[21]	Anna	1790/U	Magd	*Held*	Paulus	14/11/23	15/01/30				1814/2746
Samich[22]	Anna	1789/U	Köchin	*Rinter*[23]	Rudolf	22/11/9			07/02557		
Samek	Josefa	1800/U	Magd	totgeboren 30/02/13					15/00313		
Samek	Katharina	1846/U	Magd	Samek	Amalia	66/11/15	66/12/4		51/07285	1866/8302	
Sammek[24]	Rosalia	1830/B	Magd	Jamek|Samek[25]	Franziska	47/12/25	48/01/9		33/01032	1848/0024	

---

[20] Johanna Salzer, geb. von Deutsch-Kreutz in Ungarn, Komitat Ödenburg, zugereist (GbhP).

[21] Anna **Samuch** (Taufmatrik AKH 14/11/24: Paulus Held), Anna Sam**meck** (FdhP) - "24 J<ah>r, eine Israelitische Magd von Schosberg in Ungarn gebürtig" (FdhP) - Schossberg (Sassin) im Neutraer Komitat (um 1845 wohnten dort 395 Juden); 1822 wohnhaft in Wien Innere Stadt No <o.A.> (GbhP; F. Raffelsperger, Geographisches Lexikon V/1, 649 f.).

[22] Anna Sam**ich** (GbhP, TBP 22/11/15), Anna Sam**echin** (Taufmatrik AKH 22/11/10: Rudolfus Rinter); gestorben am 22/11/15 (GbhP: im Gbh). - TBP 22/11/15: "Samich Anna, ledig Köchin, <...>, von Schoisberg in Hungarn gebürtig, israelitischer Religion, an der Gebährmutter Entzündung, alt 33 Jahr, im AKH."

[23] **K. R.** (GbhP), **R**udolf **R**inter (Taufmatrik AKH 22/11/10), **R**udolf **W**inter (FdhP). - Die erste Initiale ist im Schriftvergleich als K zu lesen, in manchen Schriften sind allerdings K und R kaum auseinanderzuhalten; die zweite Initiale, welche für den neuen Fremdnamen steht, wurde überschmiert, könnte als R, L oder V interpretiert werden. - Mit einem Transfervermerk wurde die Überstellung des Kindes ins Fdh festgehalten. Im FdhP ließ sich kein Kind im Datenkontext des Initialenkindes, mit einem Vornamen, der mit K, C oder Ch beginnt, finden, ebensowenig in der Taufmatrik. Hier wurde jedoch ein jüdisches Kind mit dem Namen Rudolfus Rinter eingetragen, mit dem Namen seiner Mutter, "Anna Samechin", ein Zuname in der alten weiblichen Form, der dem Namen der Mutter des Initialenkindes entsprechen könnte: Anna Samich. Ein Kind mit dem Namen Rudolf Winter wurde auch in das FdhP aufgenommen; "7 T<ag alt>", aus dem Gbh; "die Mutter gestorben" wurde als Aufnahmegrund festgehalten. - Anna Samich/Samechin war tatsächlich an jenem Tag, an welchem das Kind ins Fdh gekommen ist, an Gebärmutterentzündung gestorben (siehe Fn. oben, Sterbematrik AKH 22/11/15). - Die von den Initialen abweichende Namensgebung des Kindes ist auf die Eigenheit eines Schreibers zurückzuführen, der W-Versalien R-förmig enden ließ - siehe hiezu Exkurs C, Abschitt Initialen (Abb. S. 415). Die Identifikation der Initialen mit dem Namen Rudolf Winter konnte nur im Datenkontext und durch Schriftvergleich erfolgen.

[24] Rosalia Sammek, geb. von Straschkowitz, Budweiser Kreis, zugereist (GbhP).

[25] Franziska **J**amek (FdhP), Franziska **S**amek (GbhP; Taufmatrik AKH 47/12/26): Die Namensvariante Jamek kam durch ein zu flach geratenes S mit einem Anstrich zustande, wodurch das S die Form einer J-Versalie erhalten hat. - "Wegen israelitischer Religion der Mutter" Fdh; im Fdh im Alter von

M: Name	M: Vorname	geb. ca.	Beruf	K: Name	K: Vorname	K: geb.	K: gest.	K: entl.	Qu GbhP	Qu FdhP	Qu EntlP
Sammet[26]	Rosa	1824/M	Hdarb	unentbunden entlassen				45/12/30	31/01070		
Samek	Rosina	1824/M	Magd	Samek[27]	Karl	46/01/12	47/01/24		31/01376	1846/0248	
Samek	Theresia	1811/M	Magd	*Anderson*	Anna	35/10/1	36/05/31		20/03554	1835/3425	
Sammerer[28]	Anna	1844/NÖ	Magd	Sammara	Theresia	67/09/05	68/02/16		52/05331	1867/5859	
SAMSTAG (SAMBSTAG)											
Samstag[29]	Maria	1843/U	Modistin	Samstag[30]	Ignaz	60/01/27	1948/01		45/01758	1860/0852	
Samstag[31]	Maria	1844/U	Magd	Samstag[32]	Maria Th.	63/02/6	63/02/25		48/02389	1863/1174	
Samstag	Maria	1844/U	Hdarb	Samstag[33]	Julius	66/02/13			51/01138		

---

zwei Wochen an Auszehrung gestorben (FdhP).

[26] Rosina Samek ist sicherlich mit Rosa Sammet ident, um 1824 in Kanitz geb., Magd in Wien, wohnhaft in Wien-Leopoldstadt No 680, am 45/12/30 unentbunden entlassen; sie hat im Gbh am 46/01/12 einen Buben zur Welt gebracht (Karl Samek), kam nach der Entbindung ins AKH, Zi. 73 (GbhP). - Die Namensvariante Samek/Sammet wird aus einem zu schmal geratenen Schluß-K entstanden sein.

[27] Im Fdh an "tuberkulöser Lungenentzündung" gestorben (FdhP).

[28] Anna Sammerer, geb. von Stammersdorf bei Korneuburg, zugereist (GbhP). - Ursprünglich war in das GbhP der Name "Samara" eingetragen worden, er wurde gestrichen und mit "Sammerer" ersetzt. Die Endungsvariante -ER/-A entspricht der Wiener Mundart. Anna Samara/Sammerer war zur Entbindung "zugereist". In das GbhP wurde sie mit einem "k" als "katholisch", in die Taufmatrik als "israelitisch" und ins FdhP mit ihrem gekürzten Vornamen Aa für "Anna" als "23 <Jahre alt> ledig, israelitisch, Magd von Stammersdorf, Bez<irk> Korneuburg" eingetragen. Ihr Kind kam nach Schwarzbach in NÖ, nahe an der tschechischen Grenze in Pflege, starb dort im Alter von kaum sechs Monaten an Fraisen (FdhP).

[29] Anna Samstag, geb. von Rédé, Veszprimer Komitat; wohnhaft in Wien-Wieden, wurde nach dem Wochenbett auf eine andere Abteilung des AKH gebracht (GbhP).

[30] Ignaz Samstag kam "wegen Milchmangel der Mutter" ins Fdh; hat die Findelpflege überlebt, wurde Tischlermeister (Lehmann, Adreßbuch 1942/1, 1023: wohnhaft Wien 15, Salzergasse 10); gestorben am 1948/01/16: St.A. Penzing 85 (Taufmatrik AKH 60/01/27, mit drei Randnotizen aus dem Jahr 1938).

[31] Maria Samstag, geb. von Komorn in Ungarn; wohnhaft Wien-Gumpendorf No 143, Obere Annagasse; 1866 in Wien 3, Blüthengasse 5; im FdhP als "kl" (katholisch, ledig) eingetragen, ist jedoch im GbhP und in der Taufmatrik des AKH als jüdisch ausgewiesen (GbhP, FdhP; Taufmatrik AKH 63/02/06: Maria Theresia Samstag).

[32] Maria Theresia Samstag.

M: Name	M: Vorname	geb. ca.	Beruf	K: Name	K: Vorname	K: geb.	K: gest.	K: entl.	Qu GbhP	Qu FdhP	Qu EntlP
<...>[34] Samuch Anna, vide Samek				Sambstag[35]	Michaelina						1815/fehlt
				Samuelin[36]	Eva	1788/12	1789/01				1788/9108
Szatler[37]	Maria	1832/U	Magd	unentbunden entlassen 51/02/27					36/02233		
Sattler	Maria	1832/U	Köchin	Sattler	Josefa	56/02/26	56/05/2		41/02402		1856/1493
Sauer[38]	Netti|Betti	1818/U	Magd	*Mal(l)ina*[39]	Maria	40/08/17			25/04066		1840/3515
Sauer[40]	Maria	1839/U	Magd	Sauer[41]	Theresia	61/09/28	61/10/18		46/07059		1861/7567
Schacherl	Amalia	1838/U	Magd	Schacherl[42]	Helene	68/01/31	68/02/19		53/00664		1868/0798
Schacherl[43]	Maria	1821/U	Magd	*Schmall*[44]	Maria	39/07/21	39/09/20		24/02776		1839/3159

---

[33] o.A. (GbhP), **Julius** Samstag (IKG Gb D/2 2031). - Ungetauft, Mutter und Kind wurden am 66/02/20 aus dem Gbh entlassen, das Kind wurde am 66/03/23 beschnitten und in das Geburtenbuch der IKG als Julius Samstag eingetragen (GbhP, IKG Gb D/2 2031).
[34] o.A. (Taufmatrik AKH 15/05/27: Michaelina Sambstag, M: Israelitin).
[35] Michaelina Sambstag war ein Fremdnamenkind, sie wurde an einem Samstag, den 15/05/27, getauft und erhielt von diesem Wochentag ihren Namen; ihre jüdische Herkunft wurde durch den Vermerk "Israelitin" festgehalten; Taufpatin war die Hebamme Anna Blumenau (Taufmatrik AKH 15/05/27: Michaelina Sambstag).
[36] Eva Samuelin, getauft am 1788/12/31 in der Pfarre Alservorstadt, wurde von einer Wärterin vom Fdh zur Taufe in die Pfarrkirche Alservorstadt gebracht; kam in Außenpflege "an die Brust", gestorben am 1789/01/13 (FdhP).
[37] Maria Szatler ist mit Maria Sattler ident, geb. in Groß-Kanisa in Ungarn, 1851 zugereist, 1856 wohnhaft in Wien-Leopoldstadt No 572 (GbhP'e).
[38] **Netti** /:nach eigener Angabe **Betti**:/ Sauer, wohnhaft in Rechnitz in Ungarn, zugereist (GbhP).
[39] Maria Mallina (GbhP), Maria Malina (FdhP; Taufmatrik AKH 40/08/15). - Bei Maria Mal(l)ina wurde kein Sterbedatum in das FdhP nachgetragen, sie könnte überlebt haben (FdhP: Pflegemutter: Franziska Pichelbauer, Hauersweib, Spitz No 100 - NÖ, OMB). - "Mater judaea" (Taufmatrik AKH 40/08/15).
[40] Maria Sauer, geb. von Rechnitz, Ödenburger Komitat, zugereist von Szegedin (GbhP).
[41] "Wegen Krankheit der Mutter" Fdh, im Fdh an Lebensschwäche gestorben (FdhP).
[42] Im Fdh an Lebensschwäche gestorben (FdhP).
[43] Maria Schacherl, geb. und wohnhaft in Preßburg in Ungarn, zugereist (GbhP).
[44] Maria Schmall, ins FdhP als "Israelitenkind" aufgenommen, die Mutter wurde ins Protokoll namentlich eingetragen, die jüdische Herkunft des Kindes in der Taufmatrik mit dem Vermerk "mater judaea" festgehalten (GbhP, FdhP; Taufmatrik AKH 39/07/21).

S

M: Name	M: Vorname	geb. ca.	Beruf	K: Name	K: Vorname	K: geb.	K: gest.	K: entl.	Qu GbhP	Qu FdhP	Qu EntlP
Schacherl	Regina	1835/U	Magd	Schacherl[45]	Aloisia	61/03/30	61/04/24		46/03749	1861/2619	
Schachnerin Juliana und Katharina, vide Schachterin											
Schachterin	Juliana			Schachterin[46]	Katharina	01/06/01	01/06/24			1801/1433	
Schafer	Karolina	1844/M	Magd	Schafer[47]	Karolina	65/11/10	65/12/25		50/07708	1865/8244	
Schafranek Maria, vide geb. Eisner Maria											
Schafrank	Anna	1794/U	Magd	Keusch[48]	Anna	22/08/4	22/12/14		07/01566	1822/2522	
Schagal[49]	Katharina	1820/U	Köchin	Laut[50]	Leopold	36/11/22	36/12/7		22/00258	1836/3911	
Schagrüner[51]	Libella	1833/G	Magd	Schagrüner[52]	Maria	57/11/11	57/11/14		43/00230		

---

[45] "Wegen Krankheit der Mutter" Fdh, die Mutter wurde nach dem Wochenbett zum Ammendienst ins Fdh gebracht, das Kind wurde am selben Tag an Pflegeeltern im Ober-Neutraer Komitat in Ungarn abgegeben (GbhP, FdhP).

[46] Katharina Schachterin (FdhP), Katharina Schachnerin (Pfarre St. Rochus Taufmatrik 1801/06/02). - Geboren <Wien> Landstraße No 29, "die Mutter selbst gebetten und Zeugniße adsunt" - die Mutter war somit mit der Taufe ihres Kindes einverstanden, das Kind kam gegen eine Aufnahmstaxe von 12 fl. ins Fdh, kein Hinweis auf die jüdische Herkunft des Kindes im FdhP, jedoch wurde die Mutter namentlich ins Protokoll eingetragen; gestorben an Gedärmentzündung (Pfarre St. Rochus Taufmatrik 01/06/02; FdhP).

[47] "Wegen Krankheit der Mutter" Fdh, im Fdh an Anämie gestorben (FdhP).

[48] A.K. (GbhP), Anna Keusch (FdhP), Anna Käusch (Taufmatrik AKH 22/08/05). - Ein vergrößerter Kleinbuchstabe A bildet die erste Initiale, die zweite besteht aus einem Zeichen, das an ein Kurrent-S erinnert, das nach rechts abschwingt - im Schriftvergleich mit zahlreichen anderen Initialen als K zu verstehen. - Am 22/08/05 kam dieses Initialenkind ins Fdh - am gleichen Tag wurde ein "2 T<ag altes>" Kind aus dem Gbh "wegen Krankheit der Mutter" ins Fdh aufgenommen: Anna Keusch. Im FdhP wurde weder der Name seiner Mutter noch seine jüdische Herkunft erwähnt. Ein Kind mit dem Namen Anna Käusch wurde am 5. August, einen Tag nach der Geburt des Initialenkindes im Gbh als "Israelitenkind" getauft - somit sind die Initialen "A.K." dem Findelkind Anna Keusch/Käusch zuzuordnen (GbhP, FdhP; Taufmatrik AKH 22/08/05).

[49] Katharina Schagal (GbhP), Katharina Schachal (FdhP). - Die G/CH-Variante verweist auf eine mündliche Protokollaufnahme, siehe Exkurs C.

[50] Leopold Laut (FdhP: "Israelitenkind", M: Katharina Schachal - im GbhP: Katharina Schagal). - Taufmatrik AKH 36/11/22: P: Andreas Losch, Kirchendiener; Anmerkung: "Mater infantis judaea", sogleich nach der Geburt getauft, kam "wegen Krankheit der Mutter" ins Fdh, die Mutter wurde nach dem Wochenbett aus dem Gbh entlassen (GbhP).

[51] Libella Schagrüner, geb. von Izdebnik in Galizien, Wadowicer Kreis, zugereist (GbhP).

[52] Getauft, nach drei Tagen im Gbh gestorben (GbhP; Taufmatrik AKH 57/11/11).

S

M: Name	M: Vorname	geb. ca.	Beruf	K: Name	K: Vorname	K: geb.	K: gest.	K: entl.	Qu GbhP	Qu FdhP	Qu EntlP
Schateles[53]	Betti	1845/U	Hdarb	Schateles[54]	Emilia	62/02/20	62/02/28		47/02463		
Schateles	Betti	1845/U	Hdarb	totgeboren 62/02/20							
Schatten[55]	Mintsche	1840/G	Tagl	Schatten[56]	Maria	67/07/15	67/07/26		52/04277	1867/4656	
Schatz[57]	Anna	1817/U	Magd	unentbunden entlassen 35/08/06					20/03049		
Schatz	Anna	1817/U	Magd	Schatz[58]	Theresia F.	35/10/14	35/10/31			1835/3471	
Schauer[59]	Maria	1817/B	Magd	Schauer[60]	Josef	45/04/7	45/04/30		30/02950	1845/2012	
Schauer	Maria	1817/B	Magd	Schauer[61]	Anton	45/04/7	45/05/03		30/02950	1845/2013	
Schauer[62]	Theresia	1833/B	Magd	Schauer[63]	Anna	61/11/7			47/00164	1861/8358	

---

[53] Zwillingsgeburt 62/02/20: Emilie Schateles und ein totgeborenes Kind.
[54] Getauft, nach acht Tagen im Gbh gestorben (GbhP; Taufmatrik AKH 62/02/20).
[55] Mintsche Schatten, geb. von Lemberg, wohnhaft Wien-Leopoldstadt, Obere Donaustraße 68; sogleich nach der Entbindung ins AKH, Zi. 61 verlegt (GbhP).
[56] Maria Schatten wurde sogleich nach der Geburt getauft und "wegen Krankheit der Mutter" ins Fdh gebracht (GbhP, FdhP); im Fdh an Lebensschwäche gestorben (FdhP).
[57] "Anna Schatz, 18 Jahr alt, Israelitischer Religion, ledig, Dienstmagd von Schurau in Ungarn, Neutraer Komitat gebürtig, Tochter des Herschel Schatz, Israelitischer Fleischhauer in Schuhrau, schon verstorben" (Pfarre Alservorstadt Taufmatrik 35/10/14: Theresia Franziska Schatz).
[58] Theresia Franziska Schatz, geboren am 35/10/14 in der Alservorstadt No 2 - im Inquisitenspital, drei Stunden später getauft, am folgenden Tag ins Fdh gebracht und als "Israelitenkind" ins FdhP mit den Personalien der Mutter aufgenommen (Pfarre Alservorstadt, Inquisiten-Taufprotokoll 1833-1859, Teil 1833-1836, fol. 8).
[59] Maria Schauer - Zwillingsgeburt 45/04/07: Anton und Josef Schauer.
[60] Im Fdh an "Schälblasenausschlag" gestorben (FdhP).
[61] Im Fdh an "Schälblasenausschlag" gestorben (FdhP).
[62] Theresia Schauer, geb. von Neu-Stuppow in Böhmen, Taborer Kreis; 1861 wohnhaft in Wien-Leopoldstadt No 606, nach der Entbindung auf eine andere Abteilung des AKH verlegt; 1864 von Stockerau zugereist (GbhP'e).
[63] Anna Schauer kam "wegen Krankheit der Mutter" ins Fdh (FdhP); in der Taufmatrik wurde die jüdische Herkunft des Kindes nicht erwähnt (Taufmatrik AKH 61/11/07); könnte bei ihren Pflegeeltern in Miava in Ungarn, No 642, Ober-Neutraer Komitat, überlebt haben, da kein Sterbedatum ins FdhP nachgetragen wurde.

M: Name	M: Vorname	geb. ca.	Beruf	K: Name	K: Vorname	K: geb.	K: gest.	K: entl.	Qu GbhP	Qu FdhP	Qu EntlP
Schauer	Theresia	1836/B	Magd	Schauer	Josefa	64/02/25	64/08/1		49/02543	1864/1801	
SCHEIER (SCHEYER, SCHEUER)											
Scheuerin[64]	Maria Anna			*Freytagin*[65]	Elisabeth	1793/11	1793/11			1793/2250	
Scheyer[66]	Rosalia	1825/G	Magd	Scheier	Anna	48/08/10	48/09/3		33/05049	1848/4641	
Scheier	Rosalia	1826/G	Hdarb	Scheier[67]	Franziska	51/07/7	51/08/30		36/05453	1851/4633	
Scheinberger	Rosalia	1836/U	Hdarb	Scheinberger[68]	Anna	55/05/19		65/07/3	40/04251	1855/3516	65/07/3
Schenk[69]	Charlotte	1843/U	Magd	Schenk	Heinrich	62/11/19	63/01/9		48/00430	1862/8051	
Schey[70]	Maria	1822/U	Magd	Schey[71]	Ignaz	48/07/12	48/07/12		33/04904		
Schick[72]	Katharina	1804/M	verh.	<...>[73]				30/03/15	15/00553		

---

[64] Nur in die Taufmatrik wurde der Name der Mutter eingetragen, keine Angaben zur Mutter oder zur jüdischen Herkunft des Kindes im FdhP (Taufmatrik AKH 1793/11/08: Elisabeth Freytagin; FdhP).
[65] Elisabeth Freytagin war ein Fremdnamenkind, wurde an einem Freitag geboren und getauft und erhielt von diesem Wochentag ihren Namen; kam am folgenden Tag ins Fdh; gestorben am 1793/11/15 im Fdh "an der Schwäche" (FdhP).
[66] **Rosalia** Scheyer (GbhP), **Rosina** Scheier (Taufmatrik AKH 48/08/11: Anna Scheier) - Magd bzw. Weißnäherin, geb. in Lemberg in Galizien; 1848 vom Geburtsort, 1851 von Waitzen zugereist (GbhP).
[67] Franziska Scheier, "wegen Krankheit der Mutter" Fdh; die Mutter wurde nach dem Wochenbett aus dem Gbh entlassen. - In der Taufmatrik wurde die jüdische Herkunft des Kindes nicht erwähnt (Taufmatrik AKH 51/07/07).
[68] Anna Scheinberger blieb nur einen Tag im Fdh, im Alter von zehn Tagen von Maria Kainrath, Hausbesitzerin in Allentsteig übernommen. Mit zehn Jahren kam das Kind zurück nach Wien, war sodann bei der "Musikergattin" Anna Maria Lehm (FdhP) - Anna Scheinberger könnte einer Eintragung in das EntlP zufolge dem Wr. Magistrat übergeben worden sein. - Randnotiz in der Taufmatrik mit dem Datum 84/07/28 (Taufmatrik AKH 55/05/20).
[69] Charlotte Schenk, geb. in Gatendorf (Gátha) in Ungarn, Wieselburger Komitat - um 1845 ein kroatisches Dorf mit 125 Juden, wohnhaft in Preßburg No 157, zugereist (GbhP; F. Raffelsperger, Geographisches Lexikon II, 625).
[70] Maria Schey, geb. von Mattersdorf in Ungarn, Ödenburger Komitat, zugereist, wohnhaft in Wien-Wieden No 783 (GbhP).
[71] Ignaz Schey wurde notgetauft, er ist am selben Tag im Gbh gestorben (GbhP). - Taufmatrik AKH 48/07/12: Ignaz Schey, M: Maria Schey; Anmerkung: Nothgetauft.
[72] Katharina Schick, "Hausiererweib", geb. aus Nikolsburg in Mähren, zugereist, wohnhaft in Wien-Leopoldstadt No 333 (GbhP).
[73] o.A. (GbhP). Dieses Kind, ein Mädchen, "wurde als eheliges Kind nicht getauft", Mutter und Kind wurden am 30/03/25 aus dem Gbh entlassen (GbhP).

S

M: Name	M: Vorname	geb. ca.	Beruf	K: Name	K: Vorname	K: geb.	K: gest.	K: entl.	Qu GbhP	Qu FdhP	Qu EntlP
Schielof[74]	Sofia	1843/M	Hdarb	Schielof[75]	Sofia	62/01/2	62/01/28		47/00339	1862/0161	
Schidlof	Sofia	1843/M	Hdarb	Schidlof[76]	Gisela	66/01/22	66/02/25		50/08330	1866/0771	
Schiff[77]	Josefa	1837/U	verh.	Schiff[78]	Leopoldine	60/05/4			45/04227		
Schiffer[79]	Barbara	1847/U	Magd	Schiffer[80]	Josefa	66/01/10	66/02/11		50/08070	1866/0286	
Schiffer	Barbara	1847/U	Magd	Schiffer[81]	Abraham	68/08/16			54/04979	1868/5556	
SCHILLER (SCHÜLLER, SCHULLER)											
Schiller Anna, vide geb. Schneider Anna											
Schiller[82]	Apollonia	1827/M	Hdarb	Schiller	Helene	60/11/25	64/08/25		46/00436	1860/8203	
Schiller[83]	Johanna	1827/U	verh.	Schiller[84]	Adelheid	53/01/8			38/01517		

---

[74] Sofia Schielof ist mit Sofia Schidlof sicherlich ident, gleich alt, in Nikolsburg in Mähren geb., Handarbeiterin, 1862 wohnhaft in Wien-Alservorstadt No 93, 1866 in Wien-Leopoldstadt, Odeongasse No 7. - Die beiden Namen verbindet ein D aus der Rundschrift, welches ähnlich wie die Zahl sechs, jedoch seitenverkehrt geschrieben wird - je nach verwendeter Feder kann die nach links gerichtete Oberlänge überaus zart ausfallen - wie beispielsweise im gegebenen Fall im FdhP; gerät zudem die untere Rundung zu schmal, so ist eine Verlesung des D aus der Rundschrift zu einem Antiqua-E möglich, aus Schidlof wurde Schielof. - Sofia Schielof/Schidlof wurde ursprünglich 1865 ins GbhP als "k<atholisch>" eingetragen, der Irrtum wurde bemerkt, "k" gestrichen und mit "isr<aelitisch>" ersetzt.
[75] Sofia Schielof kam "wegen Krankheit der Mutter" ins Fdh; im Fdh an Diarrhöe gestorben (FdhP).
[76] "Wegen Krankheit der Mutter" Fdh; im Fdh an Anämie gestorben (FdhP).
[77] Josefa Schiff, geb. Mahrer, verh. Schiff, von Beruf Hebamme, geb. von Neustadtl in Ungarn, Trentschiner Komitat, war 1860 im AKH in Wien; mit Leopold Schief (IKG Stb C 434 60/01/01) verheiratet, welcher in der k.k. Irrenanstalt an Gehirnlähmung am 60/01/01 verstorben war; er stammte aus Klein-Budina in Böhmen, war Schlossermeister und Wirtshauspächter.
[78] o.A. (Gbh), **Leopoldine** Schiff (IKG Gb C 1276) - die Namensrubrik für das Kind blieb im GbhP leer, das Kind wurde ungetauft mit der Mutter am 60/05/12 aus dem Gbh entlassen und als Leopoldine Schiff in das Geburtenbuch der IKG eingetragen (IKG Gb C 1276).
[79] Barbara Schiffer, aus dem Veszprimer Komitat, zugereist; nach dem Wochenbett zum Ammendienst ins Fdh gebracht (GbhP'e).
[80] "Wegen Krankheit der Mutter" Fdh; gestorben im Fdh an Anämie (FdhP).
[81] Abraham Schiffer (FdhP), Abraham Schiff**n**er (CAHJP A/W 1809, Verzeichnis jüdischer Findelkinder 1868) - wurde als "68er Kind" nicht mehr getauft (GbhP, FdhP; CAHJP A/W 1809, Verzeichnis jüdischer Findelkinder 1868).
[82] Apollonia Schiller, geb. von Pohrlitz in Mähren, wohnhaft in Wien-Leopoldstadt No 24 (GbhP).

S

M: Name	M: Vorname	geb. ca.	Beruf	K: Name	K: Vorname	K: geb.	K: gest.	K: entl.	Qu GbhP	Qu FdhP	Qu EntlP
Schuller	Karolina	1824/M	Magd	Schuller	Maria	59/03/8	59/05/7		44/03313	1859/2207	
Schiller[85]	Laura	1845/M	Hdarb	Schiller[86]	Karolina	64/08/25	64/09/4		49/06553	1864/6740	
Schiller	Rosalia	1820/M	Magd	*Rosenheim*	Ignaz Stefan	39/04/10	39/05/12		24/02212	1839/1691	
Schuller[87]	Rosalia	1830/B	Magd	unentbunden entlassen 52/08/05					37/05235		
Schiller	Rosalia	1830/B	Magd	Schiller	Stefan	52/08/12	52/08/28		37/06674	1852/5634	
Schüller[88]	Rosalia	1835/B	Hdarb	Schüller[89]	Franz	56/09/22	57/02/11		41/06557	1856/6164	
Schiller	Rosa	1836/B	Magd	Schiller	Maria	60/08/19	61/01/30		45/06375	1860/5808	
Schilling	Franziska	1837/U	Magd	Schilling[90]	Johann	57/04/12	57/04/28		42/03843	1857/2938	
Schiloschky[91]	Anna	1793/B	Magd	*König*[92]	Georg	13/03/31	13/04/7			1813/0729	
Schimek	Josefa	1844/U	Magd	Schimek[93]	Maria M.	62/04/6	62/04/29		47/03437	1862/2623	

---

[83] Johanna Schiller, Hausiererin (GbhP), geb. von Szobotisz, Neutraer Komitat; wohnhaft in Wien Innere Stadt No 215 (GbhP).
[84] Adelheid Schiller wurde vermutlich nicht getauft. Sie kam nicht ins Fdh, Mutter und Kind wurden nach neun Tagen aus dem Gbh entlassen. Zwar wurde ihr Vorname im GbhP in die Namensrubrik des Kindes ganz so wie bei getauften Kindern eingetragen, dem Kanzleigebrauch zufolge wäre dieses Kind getauft worden, zudem jeder Vermerk von "ungetauft" fehlt. In die Taufmatrik des AKH wurde dieses Kind nicht aufgenommen.
[85] Laura Schiller, geb. von Pohrlitz in Mähren; wohnhaft in Wien 3, Mathäusgasse No 3 (GbhP).
[86] Karolina Schiller, im Fdh im Alter von zehn Tagen an Blutzersetzung gestorben (FdhP).
[87] Rosalia Schuller, bzw. Schüller - im GbhP mit ganz zarten Umlautstrichen - mit Rosalia Schiller ident, geb. von Platz in Böhmen, Taborer Kreis; wohnhaft in Wien-Fünfhaus No 46 (GbhP'e).
[88] Rosalia Schüller - die Umlautstriche erscheinen miteinander verbunden, schräggesetzt, gehen in einen U-Haken über: Schüller/Schuller - ist mit Rosa(lia) Schiller ident, geb. um 1835/6 in Platz in Böhmen, Budweiser Kreis; wohnhaft in Wien-Leopoldstadt No 572 (1856) und No 502 (1860) (GbhP'e).
[89] Franz Schüller (FdhP: "Israelitenkind") kam "wegen Religion der Mutter" ins Fdh (FdhP).
[90] Gassengeburt - Johann Schilling wurde nicht im Gbh geboren, er kam einen Tag nach seiner Geburt ins Gbh, wurde getauft und sodann ins Fdh gebracht, nach acht Tagen an Diarrhöe gestorben (GbhP, FdhP).
[91] Anna Schiloschky (Taufmatrik AKH 13/04/01: Georg König), Anna Schilofsky (FdhP) - "von Tutschapf <Tuczap> in Böhmen" (FdhP).
[92] Georg König wurde sofort getauft, Taufpate war Hausknecht im Gbh, ins Fdh gebracht, im Fdh gestorben, Todesursache: Fraisen (FdhP).
[93] Maria Magdalena Schimek, gestorben im Fdh an Lebensschwäche (FdhP).

S

M: Name	M: Vorname	geb. ca.	Beruf	K: Name	K: Vorname	K: geb.	K: gest.	K: entl.	Qu GbhP	Qu FdhP	Qu EntlP
Schindler	Johanna	1842/U	Magd	Schindler	Katharina	58/11/23	59/01/4		44/00558	1858/8819	
Schindler	Josefa	1835/U	Magd	Schindler	Maximilian	58/07/27	59/03/25		43/06259	1858/5923	
Schindler	Katharina	1840/U	Magd	Schindler[94]	Rosalia	68/08/21	68/10/26		54/05066	1868/5650	
Schlamy	Hetti	1801/U	Magd	totgeboren 22/01/20					07/00178		
Schleier	Rebekka	1850/G	Magd	Schleier[95]	Wilhelm	68/05/7	68/06/14		53/02919	1868/3390	
Schleinin	Katharina	1801/U	Magd	totgeboren 26/10/12					11/01922		
Schlem	Karolina	1802	Magd	*Lazari*[96]	Martha	23/10/11			08/02078	1823/3587	36/01/21
Schlemmer	Elisabeth		Magd	Schlemmer[97]	Franz Xaver	19/12/14	20/02/15			1819/4059	
Schlemmer	Elisabeth			Schlemer[98]	Barbara	20/11/30	21/03/28			1820/3778	

[94] Rosalia Schindler, ein "68er Kind", kam ungetauft mit der Mutter ins Fdh, noch am gleichen Tag weitergegeben. Sie starb im Alter von zwei Monaten an Fraisen (FdhP; CAHJP A/W 1809, Verzeichnis jüdischer Findelkinder 1868).

[95] Wilhelm Schleier, ein "68er Kind", kam mit seiner Mutter ins Fdh; an Lebensschwäche, noch vor der Beschneidung gestorben (FdhP, IKG Gb D 4682; CAHJP A/W 1809, Verzeichnis jüdischer Findelkinder 1868).

[96] **M.L.** (GbhP), Martha **Lazari** (FdhP), Martha Lazary (Taufmatrik AKH 23/10/12). - Von den beiden Initialen ist die zweite, welche für den neuen Zunamen des Kindes steht, als B, L oder auch C zu interpretieren. - Das Geschlecht des Kindes wurde mit "M" angegeben, was in den 1820er Jahren im GbhP zuweilen sowohl "männlich" als auch "Mädchen" bedeuten konnte. - Das Kind kam am 23/10/14 ins Fdh - am gleichen Tag wurde ein vier Tage altes Mädchen mit dem Namen "Martha Lazari" ins FdhP aufgenommen, ohne jedweden Hinweis auf die Mutter oder seine jüdische Herkunft. In der Taufmatrik des AKH hingegen wurde die jüdische Herkunft mit dem Vermerk "Israelita" festgehalten: Die Initialen "M.L." können somit im Datenkontext dem Findelkind Martha Lazari/Lazary zugeordnet werden. - Martha Lazari hat bei ihren Pflegeeltern überlebt, kam zurück ins Fdh und nach Ablauf der Findelhausversorgung "gegen Revers" zu Anna und Ignaz Raminger, Schleusenzieherseheleute in Wien-Margarethen No 172 (GbhP, FdhP; Taufmatrik AKH 23/10/12, EntlP 36/01/21).

[97] Franz Xaver Schlemmer wurde in der Leopoldstadt geboren, im Alter von zwei Tagen in der Pfarre St. Leopold getauft und unverzüglich nach der Taufe noch am selben Tag ins Fdh gebracht, mit dem Meldzettel (Armutszeugnis) der Pfarre und gegen den Erlag einer Taxe von 60 fl. ins Fdh aufgenommen (Pfarre St. Leopold Taufmatrik 19/12/16; FdhP); kein Hinweis bezüglich der jüdischen Herkunft des Kindes im FdhP, der Name der Mutter scheint im FdhP nicht auf.

[98] Barbara Schle**m**er (FdhP), Barbara Schle**mm**er (Pfarre St. Leopold Taufmatrik 20/12/01). - Barbara Schlemmer und ihr Bruder Franz Xaver Schlemmer hatten mit Sicherheit dieselbe Taufpatin: die "Zimmermahlerstochter" Barbara Lichteneder (bzw. 1819 Lichtenebert) (Pfarre St. Leopold Taufmatrik

M: Name	M: Vorname	geb. ca.	Beruf	K: Name	K: Vorname	K: geb.	K: gest.	K: entl.	Qu GbhP	Qu FdhP	Qu EntlP
SCHLESINGER(IN) (SLESINGER)											
Schlesinger	Amalia	1821/U	Magd	Schlesinger[99]	Amalia	47/01/31	47/08/28		32/01888	1847/0795	
Schlesinger	Anna	1806/U	Hdarb	*Jugel*[100]	Josef	37/03/15	37/04/6		22/01724	1837/1066	
Schlesinger	Anna	1807/U	Köchin	*Kugler*[101]	Eleonora	29/03/12	29/05/27		14/00582	1829/1062	
Schlesinger[102]	Anna	1838/U	Magd	Schlesinger	Anna	60/11/2	61/04/24		45/07758	1860/7670	
Schlesinger	Anna	1842/U	Magd	Schlesinger[103]	Adelheid	66/01/27	66/03/9		50/08222	1866/0948	
Schlesinger[104]	Anna	1840/NÖ	Magd	Schlesinger[105]	Josef	62/03/24	62/03/27		47/03142		
Schlesinger	Anna	1843/NÖ	Magd	Schlesinger[106]	Maria	67/01/25	67/02/8		52/00528	1867/0701	
Schlessingerin Anna, vide Schlesingerin Maria Anna											
Schlesinger[107]	Eva	1845/U	Hdarb	Schlesinger[108]	Eva	64/02/28	64/03/19		49/02214	1864/1739	

19/12/16: Franz Xaver Schlemmer; 20/12/01: Barbara Schlemmer). - Barbara Schlemmer wurde unmittelbar nach der Taufe ins Fdh gebracht, mit dem Meldzettel (Armutszeugnis) der Pfarre und gegen den Erlag einer Taxe von 60 fl. ins Fdh aufgenommen. Die jüdische Herkunft des Kindes wird im FdhP nicht erwähnt, jedoch wurde der Name der Mutter ins Protokoll eingetragen.

[99] "Ins Fdh wegen israelitischer Religion der Mutter" (GbhP).
[100] Josef Jugel (FdhP: "Israelitenkind", M: Anna Schlesinger).
[101] Eleonora Kugler, ein Fremdnamenkind: Mutter und Kind wurden nur ins GbhP namentlich eingetragen; kam "wegen Krankheit der Mutter" ins Fdh, die Mutter wurde nach dem Wochenbett aus dem Gbh entlassen (GbhP, FdhP).
[102] Anna Schlesinger, geb. von Mattersdorf; 1860 wohnhaft in Wien-Landstraße No 187, 1865 in Wien-Leopoldstadt, Negerlegasse No 5 (GbhP'e).
[103] Adelheid Schlesinger, im Fdh an Anämie gestorben (FdhP).
[104] Anna Schlesinger, geb. von Wiener Neustadt, 1862 und 1867 zugereist; 1862 nach der Entbindung im AKH auf eine andere Abteilung, 1867 auf das Zi. 73 verlegt (GbhP'e).
[105] Josef Schlesinger wurde von der Oberhebamme Franziska Schwehla notgetauft (Taufmatrik AKH 62/03/24: Josef Schlesinger, M: Anna Schlesinger, Isr<aelitisch>), er ist drei Tage nach seiner Geburt gestorben (GbhP; Taufmatrik AKH 62/03/24). Diese Nottaufe wurde nicht in das GbhP eingetragen (GbhP).
[106] "Wegen Krankheit der Mutter" Fdh, die Mutter wurde nach dem Wochenbett in eine andere Abteilung des AKH gebracht; das Kind ist im Alter von zwei Wochen im Fdh an Lebensschwäche gestorben (GbhP, FdhP).
[107] Eva Schlesinger, 1864 aus Pest zugereist, 1866 wohnhaft in Wien-Mariahilf, Mariahilferstraße No 114 (GbhP'e).

S

M: Name	M: Vorname	geb. ca.	Beruf	K: Name	K: Vorname	K: geb.	K: gest.	K: entl.	Qu GbhP	Qu FdhP	Qu EntlP
Schlesinger	Eva	1845/U	Magd	Schlesinger[109]	Josef	66/12/24	67/02/8		51/08757	1866/9268	
Schlesinger[110]	Fanni	1828/U	Magd		unentbunden entlassen			46/11/14	32/00084		
Schlesinger[111]	Franziska	1828/U	Magd	Schlessinger[112]	Johann	46/12/28	56/12/31		32/01012	1847/0122	
Schlesinger	Franziska	1839/U	Magd	Schlesinger	Josef	61/02/24	61/04/29		46/02815	1861/1832	
Slesinger[113]	Johanna	1846/U	Hdarb	Slesinger[114]	Aloisia	65/07/3	65/07/16		50/04462	1865/5042	
Slesinger	Johanna	1846/U	Hdarb	Slesinger[115]	Alexander	65/07/3	65/07/24		50/04462	1865/5041	
Schlesinger[116]	Julia	1840/U	Magd	Schlesinger	Josefa	62/03/21	62/06/15		47/01595	1862/2224	
Schlesinger	Magdalena	1826/U	Hdarb	Schlesinger	Heinrich	44/07/17	44/08/8		29/03617	1844/3300	
Schlesinger	Maria	1812/B	Magd	*Toser*	Theresia	42/11/19	43/02/12		28/00286	1842/5148	
Schlesingerin[117]	Maria A.		Magd	*Roringer*[118]	Bernard	1789/03	1789/04			1789/0461	

---

[108] Eva Schlesinger, "wegen mosaischer Religion der Mutter" Fdh (GbhP), "wegen Religion der Mutter" Fdh (FdhP); im Fdh an Nabelbrand gestorben (FdhP).
[109] Josef Schlesinger, im Fdh an Lebensschwäche gestorben (FdhP).
[110] Franziska (Fanni) Schlesinger, geb. von Magendorf in Ungarn, Preßburger Komitat, zugereist (GbhP).
[111] Franziska Schlesinger (GbhP), Franziska Schlessinger (FdhP; Taufmatrik AKH 46/12/28).
[112] Johann Schlesinger, "wegen israelitischer Religion der Mutter" Fdh (GbhP), gestorben im Fdh an Pneumonie (Lungenentzündung) (FdhP).
[113] Johanna Slesinger (GbhP, FdhP), Johanna Slezinger (Taufmatrik AKH 65/07/04) - Zwillingsgeburt 65/07/03: Alexander und Aloisia Slesinger, beide kamen "wegen Krankheit der Mutter" ins Fdh (FdhP).
[114] Aloisia Slesinger, im Fdh im Alter von zwei Wochen an Erysipel (Rotlauf) gestorben (FdhP).
[115] Alexander Slesinger, im Fdh im Alter von drei Wochen an Erysipel (Rotlauf) gestorben (FdhP).
[116] Julia Schlesinger, geb. von Rudnó in Ungarn, zugereist (GbhP).
[117] **Maria** Anna Schlesingerin (Taufmatrik AKH 1789/03/26: Bernard Roringer), Anna Schlessingerin (FdhP).
[118] Bernhard **Roringer** (Taufmatrik AKH 1789/03/26), Bernhard **Schlessinger** (FdhP). -"Bernardus Roringer" wurde am 1789/03/26 im Gbh getauft, seine Mutter, "Maria Anna Schlesingerin, ein Jüdin", wurde in die Taufmatrik eingetragen. Das Einverständnis der Mutter wurde als Anmerkung in der Taufmatrik festgehalten: "Das Kind ist verlangt worden von der Mutter zu Taufen und katholisch zu erzihen" (Taufmatrik AKH 1789/03/26: Bernardus Roringer). Am folgenden Tag, am 1789/03/27, wurde das Kind in das FdhP unter dem Namen seiner Mutter eingetragen: Schlessinger Bernhard, alt 2 Tag, gebohren und getauft im Gebährhause". Das Kind kam zu Pflegeeltern nach Rodaun, ist dort, schon "schwach von der Geburt", am 4. April gestorben

S

M: Name	M: Vorname	geb. ca.	Beruf	K: Name	K: Vorname	K: geb.	K: gest.	K: entl.	Qu GbhP	Qu FdhP	Qu EntlP
Schlesinger	Regina	1842/U	Magd	Schlesinger	Maria	62/08/11	63/05/1		47/06199	1862/5728	
Schlesinger[119]	Regina	1845/U	verh.	<...>[120]		64/10/15			49/08932		
Schlesinger	Rosalia	1808/U	Köchin	*Christin*[121]	Lukrezia	32/06/15	33/09/24		17/01479	1832/1835	
Schlesinger	Rosalia	1840/M	Magd	totgeboren 64/08/12					49/07349		
Schlesinger	Theresia	1792/U	Magd	*Gimmel*	Gamaliel	16/08/8	17/01/2		01/01370	1816/2105	
Schlesinger	Theresia	1796/U	Magd	*Jänner*[122]	Ignaz	22/01/22	22/07/4		07/00180	1822/0277	
Schlesinger	Theresia	1829/M	Magd	Schlesinger[123]	Maria	50/12/28	51/03/10		36/01233	1851/0093	
Schlesinger	Theresia	1846/S	Hdarb	Schlesinger	Karl	65/05/6	65/05/25		50/03155	1866/3572	
Schmeidler[124]	Maria	1843/B	Magd	Schmeidler	Josef	62/02/9	62/03/24		47/01667	1862/1141	
SCHMID (SCHMIDT, SCHMIED)											
Schmid	Anna	1816/B	Magd	*Haimann*	Hedwig	36/10/17	36/11/9		21/04003	1836/3576	
Schmid[125]	Anna	1829/B	Köchin	Schmid[126]	Johann L.	51/03/26		61/05/27	36/03322	1851/2201	61/05/27

(FdhP).
[119] Regina Schlesinger, geb. von Földes, wohnhaft in Pest No 2, zugereist (GbhP).
[120] o.A. (GbhP). Dieses Kind wurde nicht getauft, die Namensrubrik im GbhP blieb leer. Seine Mutter, Regina Schlesinger, war verheiratet, sie wurde mit dem Kind am 64/10/22 aus dem Gbh entlassen (GbhP).
[121] Lukrezia **Christin** (Taufmatrik AKH 32/06/15), Lukrezia **Schlesinger** (FdhP).
[122] **J.J.** (GbhP), **Ignaz Jänner** (FdhP). - Doppelinitialen wurden häufig vergeben, auf die Initialen J.J. sind wir neun Mal gestoßen, wobei J sowohl für J als auch für I stehen konnte. Die erste Initiale kann somit auf Vornamen wie Ignaz, Josef, Johann(a), Julia, usw. verweisen. - Beim Initialenkind "J.J." wurde kein Geschlecht eingetragen, wir wissen nur, daß dieses Kind am 23. Jänner "unentgeldlich ins Findlhaus" gekommen ist. Ein zwei Tage altes Kind aus dem Gbh wurde an diesem Tag "wegen Krankheit der Mutter" aufgenommen, "Ignaz Jänner", ohne Hinweis auf den Namen der Mutter oder seine jüdische Herkunft. Ignaz Jänner wurde sogleich nach seiner Geburt getauft und in die Taufmatrik im "jüdischen Formular" aufgenommen: Die Namensrubrik der Mutter blieb leer, Taufpate war der Mesner Josef Eckerle. Die jüdische Herkunft wurde in diesem Fall jedoch mit dem Vermerk "Judaeus" festgehalten. - Das Initialenkind "J.J." kann somit mit dem Findelkind Ignaz Jänner identifiziert werden; im Jänner geboren, erhielt es von diesem Monat seinen Namen (Taufmatrik AKH 22/01/22).
[123] Maria Schlesinger kam "wegen Religion der Mutter" ins Fdh (FdhP).
[124] Maria Schmeidler, aus Ungarn zugereist (GbhP).

S

M: Name	M: Vorname	geb. ca.	Beruf	K: Name	K: Vorname	K: geb.	K: gest.	K: entl.	Qu GbhP	Qu FdhP	Qu EntlP
Schmidt	Anna	1830/B	Magd	Schmidt[127]	Gregor T.	53/04/14	54/02/6		38/03770	1853/2665	
Schmidt[128]	Netti	1842/M	Hdarb	Schmidt	Rosa	64/07/7	64/08/9		49/06448	1864/5542	
Schmi(e)d	Netti	1841/M	Magd	Schmied	Leopold	65/12/20	66/01/21		50/08708	1865/9370	
Schmidt[129]	Esther	1818/B	Köchin	*Kronos*	Karl	38/05/24	39/02/17		23/02212	1838/2175	
Schmid[130]	Jetti	1814/B	Magd	*Böhm*[131]	Karl	35/01/28	35/02/22		20/00360	1835/0385	
Schmi(e)d[132]	Josefa	1847/M	Köchin	Schmied	Ida	67/04/18	67/05/15		52/02537	1867/2916	
Schmidt[133]	Julia	1824/B	Magd	*Baum*[134]	Josef	43/04/18			28/02874		

[125] Anna Schmid(t), geb. von Schönwald in Böhmen, Pilsner Kreis; 1851 und 1853 wohnhaft in Wien-Leopoldstadt (GbhP'e).

[126] Johann Leopold Schmid (EntlP: Schmidt) war vor seiner Entlassung aus der Findelhausversorgung bei einem Schuhmacher in Wien-Ottakring untergebracht, mit Erreichung seines zehnten Lebensjahres wurde er dem Wr. Magistrat übergeben (FdhP, EntlP). - Randnotizen aus den Jahren 1861 und 1876 (Taufmatrik AKH 51/03/26).

[127] Gregor Theodor Schmidt.

[128] Netti Schmi(e)d(t), geb. von Holleschau in Mähren; 1864 und 1865 wohnhaft in Wien-Neubau, Burggasse No 14 (GbhP'e).

[129] Esther Schmidt, geb. von Schönwald in Böhmen, wohnhaft in Preßburg, zugereist (GbhP).

[130] Henriettte (Jetti) Schmid, geb. von Schönwald in Böhmen, wohnhaft Wien-Landstraße No 47; nach dem Wochenbett vom Gbh ins AKH auf Zi. 74 gebracht (GbhP).

[131] o.A. (GbhP), **Karl Böhm** (FdhP; Taufmatrik AKH AKH 35/01/28). - Die Namensrubrik des Kindes blieb im GbhP leer, jedoch wurde der Transfer ins Fdh und das Geschlecht des Kindes mit "K<nabe>" festgehalten. Das Kind kam am 35/01/29 ins Fdh - am gleichen Tag wurde als "Israelitinkind" <unterstrichen> ein Bub mit dem Namen Karl Böhm ins Fdh aufgenommen, seine Mutter - "Schmid Henriette, Israelitinn" - wurde ebenfalls eingetragen. Laut FdhP war dieses Kind im Gbh am 34/12/28 zur Welt gekommen, dem GbhP zufolge am 35/01/28 geboren. Getauft wurde dieses Kind am 28. Jänner, seine jüdische Herkunft wurde mit dem Vermerk "mater infantis judaea" festgehalten, Taufpate war der Kirchendiener Andreas Losch. - Das Kind ist im Fdh eingetorben, der Name der Pflegepartei, wie auch Fdh übernehmen sollte, wurde aus dem Protokoll gestrichen (GbhP, FdhP; Taufmatrik AKH 35/01/28).

[132] Josefa Schmied - <E wurde nach dem I eingefügt> (GbhP), geb. in Holleschau in Mähren, zugereist (GbhP).

[133] Julia Schmid(t), geb. von Schönwald in Böhmen, Pilsner Kreis; wohnhaft in Wien Innere Stadt No 554 (1843) und No 469 (1846); 1852 in Wien-Leopoldstadt No 272 (GbhP'e).

[134] Josef Baum (Taufmatrik AKH 43/04/19: P: Andreas Losch, Kirchendiener; Anmerkung: "Mater infantis judaea", Randnotizen aus den Jahren 1870, 1936 bis 1942 mit dem Vermerk "arisch".

S

M: Name	M: Vorname	geb. ca.	Beruf	K: Name	K: Vorname	K: geb.	K: gest.	K: entl.	Qu GbhP	Qu FdhP	Qu EntlP
Schmid	Julia	1823/B	Magd	Schmid	Maria	46/04/24	46/06/17		31/03521	1846/2561	
Schmid	Julia	1827/B	Magd	Schmid[135]	Engelbert	51/02/28	51/03/16		36/02696	1851/1573	
SCHMIDEK (SCHMIEDECK)											
Schmiedeck[136]	Julia	1842/U	Magd	Schmiedeck[137]	Julia	63/04/17	63/08/14		48/02990	1863/3035	
Schmidek[138]	Katharina	1834/U	Magd	Schmidek	Wilhelm	60/06/12	60/09/11		45/04130	1860/4236	
Schmidek[139]	Katharina	1838/U	Magd	Schmidek[140]	Adolf	64/08/16	64/10/8		49/06995	1864/6534	
Schmidek[141]	Maria	1837/U	Magd	Schmidek	Adolf	66/06/22			51/03683	1866/4780	
Schmidl	Josefa	1833/B	Magd	Schmidl[142]	Adolf	56/12/2	58/02/10		42/00714	1856/7675	
Schmolka[143]	Theresia	1819/B	Tochter	Schmolka[144]	Theresia	45/04/29		55/04/29	30/03362	1845/2443	55/05/1
Schnabel	Johanna	1848/U	Magd	Schnabel	Theresia	67/11/10	68/02/25		52/06660	1867/7375	
Schnabel[145]	Josefa	1823/B	Magd	Schnabel[146]	Antonia	47/05/11	47/06/2		32/03709	1847/2915	

---

[135] Engelbert Schmid kam "wegen Religion der Mutter" ins Fdh; seine Mutter, Julia Schmid, erhielt 1851 am Tag ihrer Entlassung aus dem Gbh "mit D<irektions> Bewilligung" einen Empfangsschein für ihr Kind, das zu einem Weber nach Inzersdorf in Pflege kam, ist dort bereits nach fünf Tagen an Abzehrung gestorben (FdhP).
[136] Julia Schmiedeck, geb. von St. Georgen in Ungarn, Neutraer Komitat, zugereist (GbhP).
[137] Julia Schmiedeck kam "wegen Krankheit der Mutter" ins Fdh, die Mutter wurde nach dem Wochenbett zum Ammendienst ins Fdh überstellt, am selben Tag kam ihr Kind zu Pflegeeltern nach Turoluka in Ungarn, Ober-Neutraer Komitat (GbhP, FdhP).
[138] Katharina Schmidek, geb. von Stampfen in Ungarn, Preßburger Komitat, wohnhaft in Preßburg, zugereist (GbhP).
[139] Katharina Schmidek, geb. von St. Georgen in Ungarn, Neutraer Komitat, zugereist (GbhP).
[140] Adolf Schmidek könnte die Findelpflege überlebt haben: kein Sterbedatum, Randnotiz in der Taufmatrik aus dem Jahr 1889 (Taufmatrik AKH 66/06/22.)
[141] Maria Schmidek, geb. und wohnhaft in Stampfen in Ungarn, Preßburger Komitat, zugereist (GbhP).
[142] Adolf Schmidl, "wegen Religion der Mutter" Fdh (FdhP).
[143] Theresia Schmolka, Hausierhandelsmanns Tochter, 26 Jahre alt, aus dem Chrudimer Kreis in Böhmen, zugereist (GbhP).
[144] Theresia Schmolka blieb zwei Tage im Fdh, kam sodann zu einer "Achtellehnerin" in Muthmannsdorf und von dort zur Kleinhäuslerin Anna Bauer in Weikersdorf, die als "PP" (Pflegepartei) in das EntlP eingetragen wurde (FdhP, EntlP: Bauer Anna, Weikersdorf No 86, Pfarre Weikersdorf, Bezirksgericht Wiener Neustadt; Taufmatrik AKH 45/04/29: "mater judaea").

M: Name	M: Vorname	geb. ca.	Beruf	K: Name	K: Vorname	K: geb.	K: gest.	K: entl.	Qu GbhP	Qu FdhP	Qu EntlP
Schneeweis Theresia, vide Klein											
SCHNEEWEISS (SCHNEWEIS)											
Schneeweiss[147]	Resi	1829/M	Köchin	Schneeweiss[148]	Leopold	54/04/8		64/04/8	39/03758	1854/2603	64/04/25
Schneweis[149]	Theresia	1831/M	Magd	Schneweis[150]	Leopold	58/03/28	58/04/6		43/03880	1858/2543	
Schneider[151]	Anna	1839/M	Hdarb	Schneider[152]	Isak	62/11/16			48/00353		
Schneider[153]	Fanni	1840/U	Hdarb	Schneider[154]	Josefa	59/03/15	59/04/13		44/02196	1859/2209	

---

[145] Josefa Schnabel, aus dem Hradischer Kreis in Mähren, zugereist (GbhP).
[146] Antonia Schnabel, im Fdh im Alter von drei Wochen an Lebensschwäche gestorben (FdhP).
[147] Theresia Schne(e)weis(s), geb. von Gewitsch in Mähren; wohnhaft in Wien-Leopoldstadt No 647 (1854) und No 16 (1858) (GbhP'e).
[148] Bei Leopold Schneeweiss wurde seine jüdische Herkunft im FdhP nicht erwähnt, er wurde zunächst in Unter-Rohr, dann in Inzersdorf und schließlich in Klebing bei einem Bauern untergebracht, in das EntlP wurde Anna Maria Rothbauer als "PP" (Pflegepartei) eingetragen (EntlP: Rothbauer Anna Maria, Bauerin, <Klebing> No 4, Pfarre Raxendorf - <NÖ> OMB). - Randnotiz in der Taufmatrik aus den Jahren 1882 und 1941; jene aus dem Jahr 1882 hat sicherlich mit der Ausstellung eines Taufscheines zu tun (Taufmatrik AKH 54/04/08).
[149] Theresia Schneweis (GbhP), Theresia Schneeweis (Taufmatrik AKH 58/03/29: Leopold Schneeweis; FdhP).
[150] Leopold Schneeweis kam "wegen Religion der Mutter" ins Fdh (GbhP, FdhP), nach zehn Tagen nach St. Johann im Preßburger Komitat zu einer Kleinhändlerin; hatte einen Wasserkopf, ist daran gestorben, Todesursache: Hydrocephalus (FdhP).
[151] Anna Schneider, geb. von Nikolsburg, V: Moses Schneider, M: Feige; verh. Schiller, Weißnäherin (GbhP), im Trauungsbuch der IKG Leopoldstadt findet sich unter dem Datum 90/08/24 folgende Eintragung: Mit dem Pferdehändler Gutmann Schiller aus Nikolsburg (V: Isak Schiller) rituell getraut seit 67/10/27 - nun 51 Jahre alt, gleich alt wie seine Frau. Beide haben das Protokoll mit drei Ringelchen unterzeichnet - vom Rabbiner wurden beide Unterschriften beglaubigt (IKG Tb Leopoldstadt D 869).
[152] o.A., Gassengeburt - **Isak** Schneider wurde nicht im Gbh geboren, sondern bei der Hebamme Rosalia Eisenhammer in der Leopoldstadt, Große Ankergasse No 29. Mit dem Kind wurde die Mutter tags darauf in das Gbh aufgenommen (62/11/17), das Kind wurde nicht getauft, Mutter und Kind wurden am 62/11/25 aus dem Gbh entlassen. Das Kind wurde beschnitten, in das Geburtenbuch der IKG vorerst unter dem Namen "Isak Schneider", als uneheliches Kind, zusammen mit seinem Vater Gutmann Schiller eingetragen. In einem Vermerk wurde festgehalten: "Legit<imiert> Eltern getraut 90/08/24 Leop. Z. 869 90/09/04 (IKG Gb C 3399). - Ein weiteres Kind wurde durch diese Eheschließung legitimiert: Moritz Schiller (geb. 69/02/01), er wurde 1869 mit dem Namen seines Vaters in das Geburtenbuch der IKG eingetragen, legitimiert *per subsequ<ens> matrim<onium>* (IKG Gb D 5526).
[153] Fanni Schneider, geb. von Sarluska (Sarluchy) in Ungarn, Neutraer Komitat, 1859 zugereist, 1864 wohnhaft Wien-Neubau, Richtergasse No 5

M: Name	M: Vorname	geb. ca.	Beruf	K: Name	K: Vorname	K: geb.	K: gest.	K: entl.	Qu GbhP	Qu FdhP	Qu EntlP
Schneider	Fanni	1844/U	Magd	Schneider	Franziska	64/07/4	64/07/18		49/06374	1864/5486	
Schneider[155]	Karolina	1826/B	Magd	Schneider	Eleonora	50/01/2	50/07/9		35/01192	1850/0186	
Schneider[156]	Sara	1839/G	verh.	Schneider[157]	Charlotte A.	68/10/9		69/12/28	54/06049	1868/6475	69/12/28
Schmeidler	Maria	1843/B	Magd	Schmeidler	Josef	62/02/9	62/03/24		47/01667	1862/1141	
Schober	Betti	1842/M	Magd	Schober[158]	Johann	62/03/27	62/03/28		47/03235		
Schön	Aloisia	1844/B	Hdarb	Schön[159]	Aloisia	65/02/3			50/00845	1865/1069	
Schön	Rosalia	1804/B	Magd	*Freytag*[160]	Paul	25/06/30			10/01395		

(GbhP'e).
[154] Josefa Schneider, "wegen Religion" Fdh (GbhP), "wegen Religion der Mutter" Fdh, ist im Fdh an Tabes (Schwindsucht, Auszehrung) gestorben (FdhP).
[155] Karolina Schneider erhielt zwei Tage nach ihrer Entlassung aus dem Gbh "Mit Di<rekti>ons Bewilligung" einen Empfangsschein für ihr Kind, das vorerst in Gaudenzdorf, sodann bei einem Drechsler in Wien-Landstraße untergebracht worden ist. Das Kind starb im Alter von einem halben Jahr an Fraisen (FdhP).
[156] Sara Schneider, Taglöhnerin.
[157] Charlotte Amalie Schneider, ein "68er Kind"; die Mutter - verheiratet - wurde auf das Krankenzimmer No 6 gebracht. Das Kind kam ungetauft auf Krankheitsdauer der Mutter in Findelpflege, wurde "der leiblichen Mutter" am 69/12/28 übergeben. Der Name dieses Kindes - eigentlich kein Findelkind, im Sinne eines unehelichen Kindes, das in staatliche Versorgung kam - befindet sich auf der IKG-Liste jüdischer Findelkinder (GbhP, FdhP, EntlP; CAHJP A/W 1809, Verzeichnis jüdischer Findelkinder 1868).
[158] Getauft, am folgenden Tag im Gbh gestorben (GbhP; Taufmatrik AKH 62/03/27).
[159] Aloisia Schön könnte die Findelpflege überlebt haben: kein Sterbedatum im FdhP, Randnotizen in der Taufmatrik des AKH aus den Jahren 1871 und 1941 (Taufmatrik AKH 65/02/3).
[160] **P.<...>** (GbhP), **Paul** Freytag (Taufmatrik AKH: 25/07/01). - Die erste Initiale ist im Schriftvergleich recht gut als P zu erkennen, die zweite Initiale hingegen wurde überschmiert und kann kaum irgendeinem Buchstaben zugeordnet werden. - Das Geschlecht wurde hingegen mit "K<nabe>" eindeutig festgelegt, das Transferdatum - der 9. Juli - wird in diesem Fall bei der Auflösung der Initialen nicht weiterhelfen können, da für das Jahr 1825 keine FdhP'e erhalten sind und uns nur die Taufmatrik des AKH zur Verfügung steht. Wir wissen, daß zu dieser Zeit die Kinder sofort nach der Geburt oder am folgenden Tag getauft wurden. Das Kind wurde am 25/06/30 geboren. Es war nun in der Taufmatrik nach einem Buben zu suchen, dessen Vorname mit P beginnt und am 30. Juni oder 1. Juli getauft und im "jüdischen Formular" aufgenommen wurde: Ohne Hinweis auf die Mutter mit einer Mesner-Patenschaft. Dieses Kind war "Paul Freytag", getauft am Freitag den 25/07/01, Taufpate war der Kirchendiener Josef Eckerle, die Rubrik, die für

S

M: Name	M: Vorname	geb. ca.	Beruf	K: Name	K: Vorname	K: geb.	K: gest.	K: entl.	Qu GbhP	Qu FdhP	Qu EntlP
SCHÖNBERG(ER)											
Schönberg[161]	Juliana	1805/U	Magd	*Oestreich*[162]	Karl	23/06/10	23/06/14		08/01055	1823/2171	
Schönberger[163]	Sali	1835/U	Hdarb	Schönberger	Bernhardt	52/05/30	52/09/10		37/04558	1852/3911	
Schönberger[164]	Rosalia	1836/U	Magd	Schönberger	Leopold	64/12/3	66/05/17		49/08551	1864/9258	
Schönberger	Rosalia	1834/U	Hdarb	<...>[165]		64/10/21			49/08864		
Schönberg	Theresia	1831/U		Schönberg[166]	Maria	52/08/15	54/02/08			1852/5514	
Schönblum	Theresia	1821/M	Magd	Schönblum[167]	Julia	45/04/27		55/04/27	30/03319	1845/2388	55/05/3

den Namen der Mutter vorgesehen war, blieb leer. - Mit sehr großer Wahrscheinlichkeit ist Paul Freytag das gesuchte Initialenkind, ein Fremdnamenkind, das an einem Freitag getauft wurde und von diesem Wochentag seinen Namen erhalten hatte (GbhP; Taufmatrik AKH 25/07/01).

[161] Juliana Schönberg, geb. von Mór, wohnhaft in Pápa in Ungarn, zugereist (GbhP).

[162] K.O. (GbhP), Karl **Oestreich** (FdhP), Karl **Österreicher** (Taufmatrik AKH 23/06/10). - Die erste Initiale ist im Schriftvergleich als K zu erkennen, die zweite könnte sowohl als A als auch als O interpretiert werden, zum Geschlecht wurde "M" eingetragen, das in dieser Zeit sowohl für "männlich" als auch für "Mädchen" eingesetzt werden konnte; gesichert ist hingegen das Transferdatum - der 11. Juni: An diesem Tag wurde "wegen Unvermögenheit der Mutter" ein zwei Tage altes Kind aus dem Gbh ins Fdh aufgenommen, das - ohne Angaben zur Mutter oder zur Herkunft - als "Karl Oestreich" ins FdhP eingetragen wurde. In die Taufmatrik kam dieses Kind unter dem Namen "Karl Österreicher", aufgenomen im "jüdischen Formular", das Namensfeld der Mutter blieb leer, Taufpate war der Mesner (Josef Eckerle); die jüdische Herkunft des Kindes wurde jedoch mit dem Vermerk "Israelita" festgehalten, wodurch die Daten die Quellen miteinander verknüpfen werden: Die zweite Initiale kann nun als "O" festgelegt, die Initialen können im Datenkontext dem Findelkind Karl Oestreich/Österreicher zugeordnet werden (GbhP, FdhP; Taufmatrik AKH 23/06/10).

[163] Sali Schönberger, geb. von Szent Márton in Ungarn; wohnhaft in Wien-Leopoldstadt No 232; ins FdhP als "kl" (katholisch, ledig) eingetragen - wohl ein Versehen der Kanzlei, da ihr Kind in derselben Quelle als "Israelitenkind" aufgenommen wurde; sie selbst wird sowohl im GbhP als auch in der Taufmatrik des AKH als jüdisch ausgewiesen (FdhP; Taufmatrik AKH 52/06/05: Bernhard Schönberger: "mater judaea").

[164] Rosalia Schönberger, aus Ungarn zugereist (GbhP).

[165] o.A. (GbhP). Dieses Kind, ein Mädchen, wurde ungetauft "wegen mosaischer Religion und Taubstummheit der Mutter entlassen", das Kind am 64/10/24, die Mutter am 64/11/07 (GbhP).

[166] Maria Schönberg, geb. in Waitzen in Ungarn, "wurde laut polizeilicher Zuschrift Josefstadt in der Pfarre Alservorstadt getauft" (FdhP), hierauf "der k.k. Findelanstalt zur Erziehung übergeben" (Pfarre Alservorstadt Taufmatrik 52/08/15); ins FdhP als "Israelitenkind" eingetragen.

[167] Julia Schönblum kam nach Hofkirchen in die Steiermark zu einer "Keuschlerin", die 1855 auch in das EntlP als "PP" (Pflegepartei) eingetragen wurde (FdhP, EntlP: Feichtinger Josefa, Keuschlerin, Hofkirchen No 104, Pfarre Kaindorf - Stmk).

S

M: Name	M: Vorname	geb. ca.	Beruf	K: Name	K: Vorname	K: geb.	K: gest.	K: entl.	Qu GbhP	Qu FdhP	Qu EntlP
Schönfeld[168]	Cäcilia	1842/U	Magd	Schönfeld[169]	Martin	64/10/9	1943/09		49/08806	1864/7912	
Schönfeld	Cäcilia	1841/U	Magd	Schönfeld[170]	Ernestine	67/07/7	67/08/5		52/04113	1867/4514	
Schönfeld	Eva			Ertl[171]	Anna	11/06/9	11/06/18			1811/1617	
Schönfeld	Franziska	1809/U	Magd	Schönfeld[172]	Elisabeth	33/11/16				1833/3994	
Schoenfeld[173]	Hanni	1844/U	Magd	Schönfeld[174]	Hermine	63/05/2			48/02892	1863/3463	
Schönfeld	Johanna	1845/U	Magd	Schönfeld[175]	Johann	66/09/14	66/10/19		51/06300	1866/6761	
Schönfeld	Theresia	1840/U	Magd	Schönfeld[176]	Martin	57/03/25	57/04/25		42/03251	1857/2502	
Schöngut[177]	Amalia	1846/G	Hdarb	Schöngut	Anton	64/01/25	64/09/20		49/01446	1864/0879	
Schönhauser[178]	Rosalia	1841/U	Magd	Schönhauser[179]	Karl	64/01/27	64/02/13		49/01843	1864/0939	

[168] Cäcilia Schönfeld, geb. von Gairing (Gajar) in Ungarn, Preßburger Komitat, 1864 wohnhaft in Wien-Leopoldstadt, Pfeffergasse No 1, 1867 vom Geburtsort zugereist (GbhP'e).
[169] Martin Schönfeld, gestorben am 1943/09/05 in Wien 4: St.A. Wieden v. 1943/09/08 Z. 1615/43 (Taufmatrik AKH 64/10/10).
[170] Ernestine Schönfeld kam "wegen Krankheit der Mutter" ins Fdh, die Mutter wurde nach dem Wochenbett zum Ammendienst ins Fdh gebracht; am selben Tag kam das Kind zu Pflegeeltern in den Bezirk Friedberg in der Steiermark (GbhP, FdhP).
[171] Anna Schönfeld vel Ertl (FdhP) ist im Fdh gestorben, Todesursache: Fraiß (FdhP).
[172] "Auf Verlangen der Mutter, wie ihre Nahmens Unterschrift im Tauf-Rapulare bezeugt, ward das Kind getauft und alsogleich in das k.k. Findelhaus überbracht" (Pfarre Schotten Taufmatrik 33/12/07). Elisabeth Schönfeld wurde somit am 33/12/07 in der Pfarre Schotten getauft, bereits am folgenden Tag ins Fdh gebracht und als "Israelitenkind" ins FdhP mit dem Namen der Mutter aufgenommen. Sie wurde bei einer Witwe in Matzelsdorf <in Wien-Matzleinsdorf> untergebracht und da kein Sterbedatum in das FdhP nachgetragen wurde, kann angenommen werden, daß dieses Kind die Findelpflege überlebt hat (FdhP: Pflegemutter: Anna Arnold, Witwe in Matzelsdorf No 83).
[173] Hanni Schönfeld, geb. von Verbó in Ungarn, Neutraer Komitat, 1863 zugereist, 1866 wohnhaft in Wien-Leopoldstadt, Große Schiffgasse No 26 (GbhP'e).
[174] Hermine Schönfeld könnte die Findelpflege überlebt haben: kein Sterbedatum im FdhP, Randnotizen in der Taufmatrik des AKH aus den Jahren 1938, 1939 und 1940 (Taufmatrik AKH 63/05/02).
[175] Johann Schönfeld, im Fdh an Anämie gestorben (FdhP).
[176] Martin Schönfeld, im Fdh im Alter von einem Monat an Diarrhöe gestorben (FdhP).
[177] Amalia Schöngut, geb. von Popiedr (bei Paskowa) in Galizien, Wadowicer Kreis, zugereist (GbhP).

S

M: Name	M: Vorname	geb. ca.	Beruf	K: Name	K: Vorname	K: geb.	K: gest.	K: entl.	Qu GbhP	Qu FdhP	Qu EntlP
Schönheizer	Theresia	1826/U	Magd	Schönheizer	Rosalia	47/05/13	48/07/20		32/02479	1847/3108	
Schönhof[180]	Maria	1846/M	Hdarb	Schönhof[181]	Berta	65/04/15	65/05/15		50/02613	1865/2759	
Schöntag[182]	Wilhelmine	1837/U	Magd	Schöntag	Franz	60/03/17			45/02658	1860/2214	
Schönwald	Katharina	1836/U	Hdarb	Schönwald[183]	Rudolf	61/03/10	61/04/12		46/03142	1861/2108	
Schreiber[184]	Anna	1834/U	Magd	Schreiber	Georg	61/04/21	66/08/26		46/04311	1861/3512	
Schreiber[185]	Anna	1848/U	Magd	totgeboren		67/03/25			52/02031		
Schreiber[186]	Katharina	1822/M	Magd	Schreiber[187]	Leopold	49/02/7		59/01/24	34/02270	1849/1165	59/01/24
Schreiber[188]	Maria	1844/U	Magd	Schreiber	Hermine	64/01/7	64/09/27		49/01415	1864/0393	
Schubert Elisabeth, vide geb. Lustig Barbara											

---

[178] Rosalia Schönhauser, geb. von Sárffen (Scharffen) in Ungarn, Preßburger Komitat, zugereist (GbhP).
[179] Karl Schönhauser, im Fdh an Lebensschwäche gestorben (FdhP).
[180] Maria Schönhof, geb. von Ostrau in Mähren; wohnhaft in Wien in der Josefstadt, Buchfeldgasse No 10; nur im GbhP als jüdisch ausgewiesen, im FdhP als "kl" (katholisch, ledig) eingetragen. - Sogleich nach der Entbindung auf die Syphilis-Abteilung des AKH "transferirt" (GbhP, FdhP).
[181] In der Taufmatrik des AKH wird die jüdische Herkunft von Berta Schönhof nicht erwähnt (Taufmatrik AKH 65/04/15). - Das Kind wurde sofort nach seiner Geburt getauft und "wegen Krankheit der Mutter" ins Fdh gebracht, im Fdh im Alter von einem Monat an Anämie gestorben (FdhP).
[182] Wilhelmine Schöntag, geb. von Nagy Csömöte in Ungarn (bei Güns), Eisenburger Komitat, wohnhaft in Güns, zugereist (GbhP).
[183] Rudolf Schönwald kam "wegen Krankheit der Mutter" ins Fdh, die Mutter wurde nach dem Wochenbett zum Ammendienst ins Fdh gebracht, zwei Tage später kam das Kind zu Pflegeeltern nach Ungarn (GbhP, FdhP).
[184] Anna Schreiber, geb. von Sziget in Ungarn; wohnhaft in Wien-Leopoldstadt No 546; ins FdhP als "kl" (katholisch, ledig) eingetragen, in der Taufmatrik ihres Kindes jedoch als jüdisch ausgewiesen (Taufmatrik AKH 61/04/22: Georg Schreiber).
[185] Anna Schreiber, geb. von Pápa in Ungarn, wohnhaft in Raab, zugereist (GbhP).
[186] Katharina Schreiber, geb. aus Nikolsburg in Mähren, V: Salomon Schreiber, Lederhändler, M: Wilhelmine (Mina) Schreiber; getauft in der Pfarre St. Laurenz am Schottenfeld, erhielt bei der Taufe die Namen Katharina **Friederike**; als Begründung wurde u.a. ein "eheliches Bündnis mit einem Katholiken" angegeben (Pfarre St. Laurenz Konvertiten III 60/10/11).
[187] Leopold Schreiber kam im Alter von einem Monat zur Taglöhnerin Barbara Kainrath. In das EntlP wurde ein Leopold Kainrath, Sagmeister in Schönau als "KP" (Kostpartei) eingetragen (FdhP, EntlP: Leopold Kainrath, Sagmeister, <Schönau> No 8, Pfarre Schönau, Bezirksamt Kirchschlag - NÖ). - Randnotiz in der Taufmatrik aus dem Jahr 1873 (Taufmatrik AKH 49/02/08).
[188] Maria Schreiber, geb. von Pápa in Ungarn, zugereist (GbhP).

S

M: Name	M: Vorname	geb. ca.	Beruf	K: Name	K: Vorname	K: geb.	K: gest.	K: entl.	Qu GbhP	Qu FdhP	Qu EntlP
Schuh[189]	Anna	1814/W	verh.	Schuh[190]	Anna	46/10/7	46/10/10		31/06453	1846/5407	
Schüller, vide Schiller											
SCHU(H)LHOF											
Schulhof[191]	Josefa	1837/B	Magd	Schulhof[192]	Sofia	59/02/18		64/12/6	44/02839	1859/1676	64/12/16
Schuhlhof	Josefa	1837/B	Magd	Schulhof	Josefa	60/05/23	60/06/23		45/04065	1860/3767	
Schulhof[193]	Juliana	___/B	Magd	Schulhof[194]	Franz	36/05/19	36/11/21			1836/2496	
Schulhof[195]	Juliana	1808/B	Magd	Hanusch[196]	Heinrich	37/12/11	38/01/1		23/00433	1837/4518	

---

[189] Anna Schuh, Taglöhnerin, wurde nicht im Gbh, sondern im AKH, Zi. 6 entbunden, kam für kurze Zeit ins Gbh, wurde sodann ins AKH zurückgebracht (GbhP).
[190] Anna Schuh wurde sogleich getauft, im FdhP und in der Taufmatrik des AKH fehlt jeder Hinweis auf die jüdische Herkunft des Kindes (Taufmatrik AKH 46/10/07); das Kind kam "auf Krankheitsdauer der Mutter" ins Fdh, ist an "Lebensschwäche" im Alter von drei Tagen im Fdh gestorben. Vater dieses Kindes war der Taglöhner Franz Schuh, wohnhaft Wien-Hundsturm No 135 (FdhP).
[191] Josefa Schu(h)lhof, geb. am 36/05/24 in Negepin in Böhmen, Czaslauer Kreis; 1859 und 1860 wohnhaft in Wien-Leopoldstadt No 573; heiratete 1864 nach vorangegangener Taufe den Vater ihres Kindes, den Schneidergesellen Josef Dinter in der Pfarre St. Johann in der Praterstraße. Bei der Taufe hat sie den Namen **Anna** erhalten, nannte sich später Josefine. Sie war die Tochter eines Handelsmannes namens Jakob Schulhof. Sie hatte noch weitere zwei Kinder: Josef, geb. in Wien am 64/02/02, und Johann, geb. am 65/09/30, welche bei ihr wohnten (KA: Josefine Dinter; Pfarre St. Johann in der Praterstraße Tb 64/02/09: Josef Dinter und Josefa Anna Schulhof).
[192] Sofia Schulhof kam vom Fdh zu einer Bäuerin nach Gairing im Preßburger Komitat. Fünf Jahre alt, wurde sie im Jahr 1864 "gegen Revers" aus der Findelbetreuung gelöst, sie kam zum Schneider Josef Dinter. Im EntlP wurde zu seinem Namen die Kürzung L<eiblicher>E<rzeuger> hinzugesetzt (EntlP: Dinter Josef, Schneider, <Wien> 2. Bezirk, Kleine Pfarrgasse No 12). Sofia Schulhof wurde *per subsequens matrimonium* ihrer Eltern 1864 legitimiert (Taufmatrik AKH 59/02/28).
[193] Juliana Schulhof, von Herzmanmiestetz in Böhmen geb., V: Emanuel Schulhof, Händler; M: Katharina Schulhof, geb. Moises (Pfarre Mariä Geburt Taufmatrik 36/05/20: Franz Schulhof).
[194] Franz Schulhof, geboren am Rennweg No 621, Fasangasse, getauft am 36/05/20 in der Pfarre Mariä Geburt; noch am selben Tag ins Fdh gebracht, mit Taufschein und Armutszeugnis gegen eine Taxe von 20 fl. aufgenommen; ins FdhP als "Israelitenkind" mit dem Namen der Mutter eingetragen (FdhP). Das Einverständnis der Mutter zur Taufe wurde in die Taufmatrik aufgenommen. Taufpate war der "Magaziner Franz Huß", wohnhaft Rennweg, Fasangasse No 621 - Taufpate und Mutter hatten dieselbe Wohnadresse angegeben (Pfarre Mariä Geburt Taufmatrik 36/05/20).

S

M: Name	M: Vorname	geb. ca.	Beruf	K: Name	K: Vorname	K: geb.	K: gest.	K: entl.	Qu GbhP	Qu FdhP	Qu EntlP
Schulhof[197]	Julia	1817/B	Magd	**Hammer**[198]	Peter	39/02/10			24/01347	1839/0744	
Schulhof[199]	Theresia	1835/B	Magd	Schulhof[200]	Josefa	54/12/18		64/12/18	40/00982	1854/8457	64/12/19
Schulhof	Theresia	1833/B	Köchin	Schulhof[201]	Anna	59/11/26	59/12/23		45/00604	1859/8991	
Schüller, vide Schiller											
Schulz	Magdalena	1837/B	Magd	unentbunden entlassen 61/11/03					46/07302		
Schulzberger Josefina, vide Salzberger											
Schulzer[202]	Katharina	1830/U	Magd	Schulzer	Karolina	47/08/13	47/10/15		32/05753	1847/4940	
Schulzinger	Josefine	1839/U	Magd	Schulzinger	Hermine	60/12/22	61/03/24		46/00821	1860/8811	
Schvarz Johanna, vide Schwarz											
Schwabach[203]	Sofia	1805/Dt		**Sonntag**[204]	Augustin	26/08/20	26/10/5		11/01479	1826/3088	

---

[195] **Juliana** Schulhof (GbhP), **Josefa** Schulhof (FdhP).
[196] Heinrich Hanusch (GbhP, FdhP; Taufmatrik AKH 37/12/11: P: Andreas Losch Kirchendiener, Anmerkung: "Mater infantis judaea").
[197] Julia Schulhof, getauft am 39/05/05 in der Pfarre St. Margareth (DAW: Konvertiten-Protokolle 1839-1841).
[198] **P.H.** Hammer (GbhP), **Peter** Hammer (FdhP). - Das letzte Initialenkind kam Mitte Februar 1839 zur Welt, Peter Hammer wurde kurz zuvor geboren, seine Initialen wurden noch eingetragen, zusammen mit seinem Fremdnamen, nur der Vorname wurde mit der ersten Initiale - P - verschlüsselt. Er wurde als "Israelitenkind" in das FdhP unter dem Namen Paul Hammer aufgenommen; hat vermutlich bei seinen Pflegeeltern überlebt (FdhP: Katharina Stich <unsichere Lesart>, Halterswe<ei>b, Ebendorf No 12, Pfarre Mistelbach, Herrschaft local UMB, letzter im FdhP angegebener Aufenthaltsort: Göttlesbrunn No 38 - NÖ, OWW). - In der Taufmatrik des AKH wurde Herkunft des Kindes durch den Vermerk "mater judaea" festgehalten; 1869 könnte ein Taufschein ausgestellt worden sein (Randnotiz: als Datum: 69/10/28), weitere Randnotizen aus den Jahren 1938 und 1942 (Taufmatrik AKH 39/02/10).
[199] Theresia Schulhof, geb. von Jenikau in Böhmen, Pardubitzer Kreis; 1854 wohnhaft in Wien Innere Stadt No <o.A.>, 1859 in Wien-Spittelberg No 122 (GbhP'e).
[200] Josefa Schulhof kam "wegen Religion der Mutter" ins Fdh (FdhP), wurde zunächst in Einöd bei St. Pölten, sodann in Dietersdorf in NÖ untergebracht (FdhP, EntlP). - Randnotiz in der Taufmatrik aus dem Jahr 1881 (Taufmatrik AKH 54/12/19).
[201] Anna Schulhof kam "wegen Religion der Mutter" ins Fdh, gekürzt: "w.R.d.M." (FdhP).
[202] Katharina Schulzer, geb. von Milchdorf, Preßburger Komitat, 17 Jahre alt, nach dem Wochenbett ins AKH auf die Syphilis-Abteilung gebracht (GbhP).
[203] Sofia Schwabach, aus Bamberg in Deutschland, 1826 wohnhaft in Wien-Leopoldstadt No 1, 1828 in Neustift No 99, 1829 in Lichtental No 25 (März) -

S

M: Name	M: Vorname	geb. ca.	Beruf	K: Name	K: Vorname	K: geb.	K: gest.	K: entl.	Qu GbhP	Qu FdhP	Qu EntlP
Schwabach	Sofia	1806/Dt	Magd	*Neuling*	Albert	28/01/4	28/02/15		13/00035	1828/0174	
Schwabach[205]	Sofia	1806/Dt	Magd	Schwabach[206]	Josef	29/03/9	29/03/9		14/00665		
Schwabach	Sofia	1805/Dt		totgeboren 29/11/20					14/02680		
Schwabenitz	Rosalia	1822/U	Köchin	*Potz*[207]	Peter	43/02/21	43/06/5		28/01532	1843/0889	
SCHWARZ (SCHWARCZ, SCHWARTZ, SWARC)											
Schwarz	Mali	1841/U	Magd	Schwarz	Maria	63/05/17	63/06/21		48/04830	1863/3881	
Schwarz	Anna			Schwarz[208]	Franz Ser.	20/02/15				1820/0533	
Schwarz[209]	Anna	1835/U	Magd	Schwarz[210]	Josef	65/06/25	65/07/11		50/04302	1865/4912	

wegen Syphilis vom Gbh in das AKH auf No 79 verlegt; 1829 im November wohnhaft am Thury No 34 (GbhP'e).

[204] A.S. (GbhP), Augustin Sonntag (FdhP). - Die erste Initiale könnte sowohl als A als auch als U interpretiert werden, die zweite steht zweifelsfrei für S, als Geschlecht wurde ein "M" eingetragen, das in dieser Zeit sowohl weiblich als auch männlich bedeuten konnte (M für Mädchen bzw. männlich). Ins Fdh kam dieses Kind am 11. September - an diesem Tag wurde Augustin Sonntag im FdhP eingetragen, in das Namensfeld der Mutter wurde "Israeliten Kind" gesetzt - zum ersten Mal wurde hier, im FdhP, dieser Ausdruck verwendet. Getauft wurde er an einem Sonntag und hat von diesem Wochentag seinen Namen bekommen (Taufmatrik AKH 26/08/20). - Die erste Initiale kann nun im Datenkontext eindeutig als A festgelegt werden, das Initialenkind "A.S." ist mit dem Findelkind Augustin Sonntag ident (GbhP, FdhP; Taufmatrik AKH 26/08/20: In dieser Quelle wird die jüdische Herkunft des Kindes nicht erwähnt, das Kind wurde jedoch im "jüdischen Formular" aufgenommen).

[205] Sogleich nach der Entbindung ins AKH auf Zi. 79 verlegt (GbhP).

[206] Josef Schwabach, getauft, noch am selben Tag im Gbh gestorben (GbhP): "Der Israelitin Sophie Schwabach ihr Knabe Joseph <katholisch>" (Sterbematrik AKH 29/03/09; nicht in der Taufmatrik des AKH).

[207] Bei Peter Potz wurde dem Transfervermerk im GbhP zur Erklärung hinzugefügt: "Mutter Israelitin" (GbhP).

[208] Franz Seraphicus Schwarz, geboren bei der Hebamme Johanna Schmidinger, Wien Innere Stadt No 187, getauft am 20/02/15 in der Pfarre Schotten, Taufpatin war Klara Ascher, eine "k.k. Zahnarztes Gattin", am folgenden Tag ins Fdh gebracht, hiezu ein Notabene in der Taufmatrik: "Daß dieses Kind auf ausdrückliches Verlangen seiner israelitischen Mutter dem katholischen Ritus gemäß getauft wurde, bestättigen folgende zwey Zeugen mit ihrer eigenen Unterschrift - Leopold Callman m<anu> Pr<opria>, Geburtsarzt, Franz Handl m<anu> pr<opria> k.k. Cassa-Official." (Pfarre Schotten Taufmatrik 20/02/15). - Im FdhP kein Vermerk, der auf die jüdische Herkunft des Kindes verweist; kein Sterbedatum, das Kind könnte somit bei seiner Pflegemutter überlebt haben: Magdalena Fidler, Inwohnerin in Sieghartskirchen No 23 - NÖ, UWW.

[209] Anna Schwarz, geb. von Verbó in Ungarn, Bezirk Neutra in Ungarn (GbhP).

M: Name	M: Vorname	geb. ca.	Beruf	K: Name	K: Vorname	K: geb.	K: gest.	K: entl.	Qu GbhP	Qu FdhP	Qu EntlP
Schwarz[211]	Antonia	1835/M	Magd	Schwarz[212]	Theresia	58/01/12		68/01/12	43/01481	1858/0534	68/01/16
Schwarz	Antonia	1837/M	Magd	Schwarz	Josef	61/01/6	61/01/24		46/01509	1861/0370	
Schwarz	Antonia	1838/M	Magd	Schwarz	Amalia	62/12/4	63/12/18		48/00735	1862/8430	
Schwarz	Barbara	1824/B	Hdarb	*Merklich*[213]	Maria	43/11/12	43/11/16		29/00193		
Schwarz[214]	Barbara	1832/S	Magd	Schwarz	Ignaz	51/09/8	52/02/4		36/05559	1851/5927	
Schwarz	Cäcilie	1823/U	Köchin	Schwarz	Eva	44/08/12	44/10/10		29/04749	1844/3854	
Schwarz	Cäcilia	1845/M		Schwarz	Josef	64/11/15	65/03/11		49/09641	1864/8809	
Schwarz	Lotti	1836/U	Magd	Schwarz	Katharina	59/06/17	59/08/10		44/05449	1859/5144	
Schwarz[215]	Elisabeth	1815/U	verh.	Schwarz[216]	Philipp	44/05/20			29/03383		
Schwarz[217]	Elisabeth	1835/U	Magd	Schwarz	Katharina	59/09/23		70/06/7	44/07583	1859/7528	
Schwartz	Franziska	1833/U	Magd	Schwartz[218]	Helene	68/05/1	68/06/28		53/02769	1868/3242	
Schwartz	Franziska	1834/U	Magd	Schwartz[219]	Gisela	67/01/31			52/00776	1867/0995	

---

[210] Josef Schwarz, im Fdh an Darmkatarrh gestorben (FdhP).
[211] Antonia Schwarz, geb. von Iritz <unsichere Lesart> in Mähren, Brünner Kreis, 1857 wohnhaft in Ulrichskirchen (NÖ, UMB), zugereist; 1861 wohnhaft in Wien Innere Stadt No <o.A.>, 1862 in Wolkersdorf (GbhP'e).
[212] Theresia Schwarz blieb eine Woche im Fdh, kam sodann nach Jakobsdorf in Ungarn, Preßburger Komitat, mit acht Jahren zur Häuslerin Agnes Marzinecz, die auch als Pflegepartei zwei Jahre später in das EntlP eingetragen wurde (FdhP, EntlP: Marzinecz Agnes, Häuslerin, <Jakobsdorf> No 83, Preßburger Komitat). - In der Taufmatrik des AKH befindet sich eine Randnotiz aus dem Jahr 1880 (Taufmatrik AKH 58/01/13).
[213] Getauft, nach vier Tagen im Gbh gestorben (GbhP; Taufmatrik AKH 34/11/12).
[214] Barbara Schwarz, geb. von Schwarzwasser in Österr.-Schlesien, Troppauer Kreis, wohnhaft in Preßburg, zugereist (GbhP).
[215] Elisabeth Schwarz, "Händlers Eheweib", geb. von Eperjes in Ungarn, aus Pest zugereist (GbhP), laut Geburtenbuch der IKG auf der Durchreise.
[216] o.A. (GbhP), **Philipp** Schwarz (IKG Gb A 1740). Dieses Kind wurde nicht getauft, die Namensrubrik blieb leer, seine Mutter war verheiratet, Mutter und Kind wurden am 44/05/29 aus dem Gbh entlassen (gbhP), das Kind wurde am 44/05/30 beschnitten und in das Geburtenbuch der IKG unter dem Namen Philipp Schwarz eingetragen (IKG Gb A 1740).
[217] Elisabeth Schwarz, geb. und wohnhaft in Szambokréth (Zsambokreth) in Ungarn, Trentschiner Komitat, zugereist (GbhP).
[218] Helene Schwartz, ein "68er Kind", wurde ungetauft mit der Mutter ins Fdh gebracht, blieb dort zwei Tage, kam dann zu einem Bauern, wo sie nach sechs Wochen an Diarrhöe gestorben ist (FdhP; CAHJP A/W 1809, Verzeichnis jüdischer Findelkinder 1868).

S

M: Name	M: Vorname	geb. ca.	Beruf	K: Name	K: Vorname	K: geb.	K: gest.	K: entl.	Qu GbhP	Qu FdhP	Qu EntlP
Swarc[220]	Franziska	1835/B	Hdarb	Swarc	Gustav	63/08/2	63/09/2		48/05985	1863/5876	
Schwarz[221]	Franziska	1836/U	Magd	Schwarz[222]	Theresia	56/12/6	57/09/11		42/00703	1856/7742	
Schwarz	Franziska	1835/U	Magd	Schwarz	Antonia	58/06/12	58/07/2		43/04448	1858/4844	
Schwarz	Franziska	1837/U	Magd	Schwarz	Josefa	61/03/30	61/06/1		46/03652	1861/2816	
Schwarz	Franziska	1837/U	Magd	Schwarz	Leopoldine	63/03/28	63/04/23		48/02006	1863/2612	
Schwarz[223]	Franziska	1836/B	Magd	Schwarz[224]	Josef	67/03/28	67/04/23		52/02111	1867/2593	
Schwarz[225]	Franziska	1840/U	Magd	Schwarz	Mathias Jos.	64/09/3	64/09/19		49/07866	1864/6959	
Schwarz	Franziska	1839/U	Hdarb	Schwarz	Josef	65/11/18	65/12/8		50/07906	1865/8540	
Schwarz[226]	Helene	1844/M	Magd	Schwarz	Helene	64/03/4	64/07/20		49/03234	1864/2092	
Schwarz	Helene	1843/M	Magd	<...>[227]			65/08/5		50/04428		
Schwarz	Leni	1843/M	Magd	Schwarz	Richard	67/03/31			52/02096	1867/2507	
Schwarz[228]	Johanna	1791/U	verh.	Schwarz[229]	Johann	15/11/04	15/12/04			1815/2933	

---

[219] Gisela Schwartz könnte die Findelpflege überlebt haben: kein Sterbedatum im FdhP, Randnotizen in der Taufmatrik des AKH aus dem Jahr 1944 (Taufmatrik AKH 67/02/01).
[220] Franziska Swarc, geb. von Daudleb in Böhmen, Königgrätzer Kreis, zugereist (GbhP).
[221] Franziska Schwarz, geb. von Szent Márton in Ungarn, Eisenburger Komitat; 1856 wohnhaft in Wien Innere Stadt No <o.A.>, 1858 in der Rossau No 3, 1861 in Wien-Leopoldstadt No 260, und 1863 in Wien-Landstraße No 36 (GbhP'e).
[222] Theresia Schwarz kam "wegen Krankheit der Mutter" ins Fdh, die Mutter wurde nach dem Wochenbett zum Ammendienst ins Fdh gebracht, ihr Kind kam am selben Tag nach Jakobsdorf in Ungarn, Preßburger Komitat, in Pflege (GbhP, FdhP).
[223] Franziska Schwarz wurde in das GbhP als "k<atholisch>" eingetragen, ist jedoch im FdhP als jüdisch ausgewiesen (GbhP, FdhP).
[224] Josef Schwarz (Taufmatrik AKH 67/03/28), Josef Schwartz (FdhP).
[225] Franziska Schwarz, geb. von Pósfa in Ungarn, Eisenburger Komitat; wohnhaft in Wien-Rossau, Wasagasse No 14 (1864) und No 10 (1865) (GbhP'e).
[226] Helene Schwarz, geb. von Nikolsburg in Mähren; wohnhaft in Wien-Leopoldstadt, Malzgasse No 3 (1864), Große Pfarrgasse No 14 (1865), und Wien 3, Löwengasse No 3 (1867) (GbhP'e).
[227] o.A. (GbhP). Dieses Kind, ein Bub, wurde nicht getauft, Mutter und Kind wurden am 65/08/12 aus dem Gbh entlassen (GbhP).
[228] Johanna Schwarz, 24 Jahre alt, mit einem Juden verehlicht, dermalige Inquisitin (Häftling) (FdhP).

S

M: Name	M: Vorname	geb. ca.	Beruf	K: Name	K: Vorname	K: geb.	K: gest.	K: entl.	Qu GbhP	Qu FdhP	Qu EntlP
Schwarz	Johanna	1806/W	Magd	*Samstag*[230]	Judith	25/09/23			10/01993		
Schwarz[231]	Johanna	1807/U	Köchin	*Haussegen*	Fridolin	26/10/25	26/12/7		11/02000	1826/3732	
Schwarz	Johanna	1806/U	Köchin	*Wazel*[232]	Sebastian	28/01/12			13/00119	1828/0275	
Schwarz[233]	Johanna	1821/U	Magd	Schwarz[234]	Johann	46/12/18		56/12/18	32/00982	1846/6980	57/01/12
Schwarz[235]	Cenni	1826/U	Magd	Schwarz	Maria	47/07/3	48/11/30		32/05022	1847/4157	
Schwarz	Hanni			Schwarz[236]	Adolf	62/06/15	62/07/03			1862/4191	

---

[229] Johann Schwarz, geb. und getauft im Zuchthaus am 15/11/04, am 15/11/08 ins Fdh gebracht; im Fdh gestorben (FdhP).

[230] J.S. (GbhP), Judith Samstag (Taufmatrik AKH 25/09/24) - da dieses Kind im Jahr 1825 geboren wurde und für dieses Jahr die FdhP'e nicht erhalten sind, so kann die Auflösung der Initialen nur über die Taufmatrik versucht werden. Die Initialen "J.S." erscheinen einfach und klar, mit "K" wurde das Geschlecht des Kindes als "K<nabe>" bestimmt; dieses Kind kam 25/10/05 ins Fdh, zuvor wurde es getauft, den Gepflogenheiten entsprechend sehr bald nach seiner Geburt: Am 25/09/24 wurde auch ein Kind - ein Mädchen zwar - auf den Namen "Judith Samstag" getauft, in die Namensrubrik wurde die Mutter des Initialenkindes "Johanna Schwarz /:Jüdin:/" eingetragen. Das Initialenkind ist demnach ident mit "Judith Samstag", bei der Geschlechtsangabe hatte man sich bei der Eintragung ins GbhP geirrt. 25 Jahre später wurde ausdrücklich in einer Anmerkung festgestellt: "Kind heißt Judith Samstag. K.k. Gebär- u. Findelhaus-Verwaltung Wien am 1860/05/25". Diese Anmerkung läßt auch annehmen, daß dieses Kind überlebt hat (GbhP; Taufmatrik AKH 25/09/24). - "J.S." war ein Fremdnamenkind, es wurde an einem Samstag getauft und erhielt von diesem Wochentag seinen Namen (Taufmatrik AKH 25/09/24).

[231] Johanna Schwarz, geb. von Pest; 1826 wohnhaft in Wien-Leopoldstadt No 1, 1828 in Mariahilf No 93, Stiftgasse (GbhP'e).

[232] Sebastian Wazel (GbhP: M: Johanna Schwarz, K: Sebastian Wazel; in die Taufmatrik wurde irrtümlich der Name der Mutter eingetragen, sodann gestrichen, Vermerk: "Mater infantis Hebraea"). - Sebastian Wazel kam nach Zistersdorf zu einer Halblehnerin (FdhP: Kneissl Elisabeth, Halblehnerin, Zistersdorf No 20, Herrschaft Sirndorf - NÖ, UMB). Da kein Sterbedatum in das FdhP nachgetragen wurde, so könnte dieses Kind überlebt haben. Randnotiz in der Taufmatrik aus dem Jahr 1870, welche sicherlich mit der Ausstellung eines Taufscheines zu tun hat (Taufmatrik AKH 28/01/12).

[233] Johanna Schwarz, aus dem Preßburger Komitat zugereist (GbhP).

[234] Johann Schwarz kam "wegen jüdischer Religion der Mutter" ins Fdh (GbhP), blieb dort vier Tage, wurde sodann in Wien-Gaudenzdorf bei der Taglöhnerin Franziska Spiegelhofer untergebracht, wo das Kind bis zu seinem "Abgang", d.h. zur Entlassung aus der Findelhausversorgung gelebt hat. - In das EntlP wurde seine Pflegemutter als "Fabriksarbeitersgatttin" mit dem Vermerk K<ost>P<latz> eingetragen (FdhP, EntlP: letzte Adresse der Pflegemutter: Wien-Gaudenzdorf No 16).

[235] Cenni Schwarz - Cenni vermutlich für "Jenny" (Johanna).

S

M: Name	M: Vorname	geb. ca.	Beruf	K: Name	K: Vorname	K: geb.	K: gest.	K: entl.	Qu GbhP	Qu FdhP	Qu EntlP
Schwarz[237]	Johanna	1840/U	Magd	Schwarz	Josef	64/07/25	64/09/9		49/06887	1864/5992	
Schwarz	Johanna	1840/U	Magd	Schwarz	Rudolf	66/01/6	66/01/19		51/00160	1866/0313	
Schwarz	Johanna	1839/U	Magd	Schwarz	Josefa	67/07/12	67/08/13		52/04223	1867/4761	
Schvarz[238]	Johanna	1841/M	Magd	Schwarz	Karl	62/05/19			47/04427	1862/3746	
Schwarz	Johanna	1843/M	Magd	Schwarz	Anton	65/04/2	65/06/12		50/02312	1865/2569	
Schwarz[239]	Josefa	1845/U	Köchin	Schwarz	Aloisia	64/06/13			49/05865	1864/4775	
Schwarz	Juliana	1829/B	Magd	Schwarz[240]	Juliana	57/11/9		68/02/17	43/00214	1857/8100	68/02/17
Schwarz[241]	Katharina	1815/U	Magd	*Christlieb*	Martina	33/06/18	33/07/11		18/02191	1833/2180	
Schwarz[242]	Katharina	1830/U	Magd	Schwarz[243]	Leopold	52/06/11	52/08/11		37/04224	1852/4186	
Svartz[244]	Katharina	1850/U	Magd	Svartz[245]	Mathilde	67/12/18	68/01/26		52/07607	1867/8297	

---

[236] Adolf Schwarz, "der Mutter wegen versuchten Kindesmordes weggenommen worden" (FdhP), getauft am 62/06/15 in der Pfarre Alservorstadt, Taufpatin war Johanna Swoboda, Wärterin in der k.k. Findelanstalt. - Die Mutter wurde wegen versuchten Kindesmordes festgenommen und soll die Taufe "mit dem Einverständnisse der Mutter" erfolgt sein. Das Kind ist an Lebensschwäche im Fdh gestorben (Taufmatrik Alservorstadt 62/06/15; FdhP).
[237] Johanna Schwarz, geb. von St. Georgen in Ungarn, Preßburger Komitat; wohnhaft in Wien-Leopoldstadt, Große Ankergasse No 6 (1864, 1866 und 1867) (GbhP'e).
[238] Johanna Schvarz (GbhP), Johanna Schwarz (Taufmatrik AKH 62/05/21: Karl Schwarz; FdhP) - geb. von Nikolsburg in Mähren; wohnhaft in Wien-Leopoldstadt No <o.A.> (1862), Klostergasse No 5 (1865) (GbhP'e).
[239] Josefa Schwarz kam vom AKH, Zi. 80 ins Gbh, wurde nach der Entbindung in ihr Krankenzimmer zurückgebracht. Das Kind kam sogleich nach der Taufe wegen Krankheit der Mutter ins Fdh (GbhP), im FdhP-Mikrofilm fehlt die entsprechende Eintragung.
[240] Juliana Schwarz war vor ihrer Entlassung aus der Findelhausversorgung bei einem Holzwächter in Wien, wurde sodann in die Heimatgemeinde ihrer Mutter gebracht (FdhP, EntlP: "Der Gemeinde Stenowitz in Böhmen übergeben"). - Randnotizen in der Taufmatrik aus den Jahren 1941 und 1947 (Taufmatrik AKH 57/11/09).
[241] Katharina Schwarz, geb. und wohnhaft in Preßburg, zugereist (GbhP).
[242] Katharina Schwarz, geb. von Magendorf, Preßburger Komitat, wohnhaft in Preßburg, zugereist (GbhP); gestorben am 52/06/22 (IKG Stb B 1429: "secirt").
[243] Leopold Schwarz, "wegen Religion der Mutter" Fdh (FdhP).
[244] Katharina Svarz wurde nach dem Wochenbett ins AKH auf das Zi. 73 gebracht (GbhP).

S

M: Name	M: Vorname	geb. ca.	Beruf	K: Name	K: Vorname	K: geb.	K: gest.	K: entl.	Qu GbhP	Qu FdhP	Qu EntlP
Schwarz	Lina	1844/M	Magd	Schwarz	Alfred	67/07/13	68/03/12		52/04242	1867/4803	
Schwarz	Magdalena	1826/U	Magd	Schwarz	Maria	47/07/3	48/11/30		32/05022	1847/4157	
Schwarz	Magdalena	1833/B	Magd	unentbunden entlassen 55/01/20							
Schwarz[246]	Maria	1812/U	Tochter	*Schack*[247]	Ludwig	28/10/21			13/02265	1828/3766	
Schwarz	Maria	1829/U	Magd	Schwarz[248]	Franz	48/10/28	48/11/21		33/06987	1848/6044	
Schwarz[249]	Maria	1834/B	Magd	unentbunden entlassen 55/01/20					40/00408		
Schwarz	Maria	1834/B	Magd	Schwarz[250]	Elisabeth	55/01/24		65/01/24	40/01726	1855/0792	65/02/14
Schwarz[251]	Maria	1837/U	Magd	Schwarz[252]	Adolf	59/05/13	59/06/2		44/04726	1859/4068	
Schwarz	Maria	1837/U	Magd	Schwarz[253]	Rosa	61/10/17			46/07831	1861/7976	
Schwarz[254]	Regina	1802/U	Magd	*Eng(e)l*[255]	Josef	21/04/28	21/06/3		06/01175	1821/1566	

---

[245] Mathilde Svartz blieb eine Woche bei der Mutter im Gbh, kam sodann "wegen Krankheit der Mutter" ins Fdh, im Fdh an Anämie gestorben (FdhP).
[246] Maria Schwarz, Kaufmannstochter, 16 Jahre alt, aus Tyrnau in Ungarn, wohnhaft Wien-Leopoldstadt No 109 (GbhP).
[247] Ludwig Schack war auf verschiedenen Kostplätzen, wurde mehrmals zurück ins Fdh gebracht, kam schließlich 1840 zu einem Viehhirten (FdhP: Pflegemutter: Anna Wiesmayer, Viehhirtensweib, Haselberg, Pfarre Neudorf, Herrschaft Wildberg). Da kein Sterbedatum in das FdhP nachgetragen wurde, könnte dieses Kind überlebt haben. - Randnotizen in der Taufmatrik des AKH aus den Jahren 1862 bis 1942 (Taufmatrik AKH 28/10/21).
[248] Franz Schwarz, im Fdh an Auszehrung gestorben (FdhP).
[249] Maria Schwarz, geb. von Chlistau, zugereist (GbhP).
[250] Elisabeth Schwarz war bei verschiedenen Pflegeeltern, wurde "verwechselt" - weitergegeben, kam schließlich zur Theresia Stocker in Neunkirchen (FdhP, EntlP: Stocker Theresia, Kleinhäuslerin, Neunkirchen, No <o.A.>). - Randnotiz in der Taufmatrik aus dem Jahr 1876 (Taufmatrik AKH 55/01/25).
[251] Maria Schwarz, geb. von Neutra in Ungarn, 1859 zugereist, 1861 wohnhaft in Wien-Leopoldstadt (GbhP'e).
[252] "Wegen Krankheit der Mutter" Fdh (FdhP), die Mutter wurde nach dem Wochenbett zum Ammendienst ins Fdh gebracht, das Kind war bereits an Pflegeeltern im Preßburger Komitat abgegeben worden (GbhP, FdhP).
[253] Rosa Schwarz könnte die Findelpflege überlebt haben: kein Sterbedatum im FdhP, Randnotiz in der Taufmatrik des AKH aus dem Jahr 1892 (Taufmatrik AKH 61/10/17).
[254] Regina Schwarz, geb. von St. Georgen in Ungarn, Preßburger Komitat; 1821 wohnhaft in Wien-Josefstadt No 2, Strozzigasse, und 1826 in der Leopoldstadt No <o.A.> (GbhP'e); krank, jedoch 1821 nach dem Wochenbett aus dem Gbh entlassen (GbhP, FdhP).
[255] Josef Eng**e**l (GbhP), Josef Engl (FdhP; Taufmatrik AKH 21/04/28) - kam "wegen Krankheit der Mutter" ins Fdh (FdhP).

S

M: Name	M: Vorname	geb. ca.	Beruf	K: Name	K: Vorname	K: geb.	K: gest.	K: entl.	Qu GbhP	Qu FdhP	Qu EntlP
Schwarz	Regina	1804/U	Magd	*Sonntag*[256]	Alexander	26/02/25	26/03/8		11/00420		
Schwarz[257]	Regina	1803/U	Hdarb	*Winter*[258]	Josef	22/11/28			07/02027	1822/3864	
Schwartz[259]	Regina	1844/U	Magd	Schwartz	Josef	66/05/31	66/07/26		51/02825	1866/4244	
Schwarz[260]	Rosalia	1811/M	Magd	*Drey*[261]	Franz F.	38/02/14	38/03/14		23/00962	1838/0756	
Schwarz	Rosalia	1813/U	Magd	*Stern*[262]	Klara	40/02/9		50/02/9	25/00692	1840/0745	50/03/12
Schwarz	Rosalia	1816/U	Magd	*Braun*	Karl	42/01/18	42/02/6		27/01342	1842/0444	
Schwarz[263]	Sali	1835/U	Magd	Schwarz[264]	Franz	59/06/19	59/06/25		44/05877	1859/5004	

---

[256] **A.S.** (GbhP), Alexander Sonntag (Taufmatrik AKH 26/02/26; Sterbematrik AKH 26/03/08). - Das Initialenkind "A.S." - in großen, einfachen Initialen eingetragen - "starb am 8 März" im Gbh, wurde daher in die Sterbematrik des AKH aufgenommen, gestorben war: "Der Schwarz Regina ihr Knabe Alexander Sonntag"; in der Taufmatrik wurde die jüdische Herkunft durch den Vermerk "mater infantis judaea" festgehalten: Das Initialenkind A.S. ist somit mit Alexander Sonntag ident. Es wurde an einem Sonntag getauft und erhielt von diesem Wochentag seinen Namen (GbhP; Taufmatrik AKH 26/02/26, Sterbematrik AKH 26/03/08).
[257] Regina Schwarz, geb. von Preßburg, zugereist (GbhP).
[258] Nur in das GbhP wurden Mutter und Kind eingetragen (M: Regina Schwarz, K: Josef Winter). Weder im FdhP noch in der Taufmatrik wurde der Name der Mutter dieses Kindes erwähnt. Es wurde sofort nach seiner Geburt getauft und ins Fdh "wegen Unvermögenheit der Mutter" gebracht. Im Alter von drei Tagen kam Josef Winter zu einem Schuhmacher in Oberweiden, seine Frau wurde als Pflegemutter in das FdhP aufgenommen (FdhP: Aloisia Humml, Schuhmach<ersgattin>, Oberweiden No 1 - NÖ, UMB); kein Sterbedatum im FdhP, das Kind könnte demnach bei diesen Pflegeeltern überlebt haben.
[259] Regina Schwartz, geb. in Beled (Belled) in Ungarn, Ödenburger Komitat, zugereist von Preßburg (GbhP).
[260] Rosalia Schwarz, geb. von Magendorf in Ungarn, Preßburger Komitat; 1838 wohnhaft in Wien-Leopoldstadt No 76; 1839 in der Inneren Stadt im Lazenhof (GbhP'e).
[261] **Franz** Ferdinand Drey (GbhP), Ferdinand Drey (FdhP: "Israelitenkind", M: Schwarz Rosalia, Israelitin).
[262] Klara Stern kam zehn Tage nach ihrer Geburt zur Maurerswitwe Barbara Eggendorf in Pottendorf. Nach Ablauf der Fdh-Betreuung wurde diese Pflegemutter in das EntlP eingetragen (FdhP, EntlP: Eggendorfer Barbara, Maurerswitwe, Pottendorf No 131, Pfarre Pottendorf - NÖ). - In der Taufmatrik befindet sich eine Randnotiz in Form eines Datums aus dem Jahr 1867 - ein Taufschein könnte zu einer beabsichtlichen Verehelichung angefordert worden sein (Taufmatrik AKH 40/02/09: Klara Stern).
[263] Sali Schwarz, geb. von Szambokréth (Zsambokreth) in Ungarn, Trentschiner Komitat, zugereist (GbhP).

M: Name	M: Vorname	geb. ca.	Beruf	K: Name	K: Vorname	K: geb.	K: gest.	K: entl.	Qu GbhP	Qu FdhP	Qu EntlP
Schwarz	Rosalia	1835/U	Magd	<...>[265]		59/02/14			44/02722		
Schwarz	Rosalia	1835/U	Hdarb	Schwarz[266]	Anton	54/12/10	55/06/16		40/00796	1854/8246	
Schwarz	Rosalia	1838/B	Magd	Schwarz	Elisabeth	58/11/18	58/12/17		43/08752	1858/8698	
Schwarz[267]	Rosalia	1839/B	Magd	Schwarz[268]	Leopoldine	59/11/8	1943/04	69/11/8	44/08195	1859/8663	69/11/8
Schwarz	Sali	1838/B	Hdarb	Schwarz	Josef	60/11/28	63/01/11		46/00183	1860/8268	
Schwarz[269]	Rosalia	1841/U	Magd	Schwarz	Josefa	61/10/3			46/06885	1861/7664	
Schwarz	Rosalia	1842/U	Magd	Schwarz	Josefa	63/06/23	63/07/23		48/05799	1863/4913	
Schwarcz[270]	Rosalia	1847/U	Magd	Schwarcz	Eduard	68/02/12	68/05/8		53/00988	1868/1256	
Schwarz[271]	Rosalia	1848/U	Hdarb	Schwarz	Karolina	65/10/17	65/11/8		50/07218	1865/7757	
Schwarz	Theresia			Schwarz[272]	Josefa	27/04/14				1827/1449	
Schwarz	Theresia	1799/B	Magd	**Standhaft**[273]	Pankratz	25/05/13			10/01051		

---

[264] "Wegen "Religion der Mutter" ist Franz Schwarz ins Fdh gekommen (GbhP); im Fdh im Alter von acht Tagen an Lebensschwäche gestorben (FdhP).
[265] o.A. (GbhP). Dieses Kind, ein Bub, wurde nicht getauft, Mutter und Kind wurden am 59/02/22 aus dem Gbh entlassen, als Begründung steht iim Protokoll zu lesen: "Wegen Religion der Mutter nicht getauft" (GbhP).
[266] Anton Schwarz kam wegen "Religion der Mutter" ins Fdh (FdhP).
[267] Rosalia Schwarz, geb. von Chausnik (Chaustnik) in Böhmen, Taborer Kreis, 1859 wohnhaft in Korneuburg, 1860 in Stockerau, zugereist (GbhP).
[268] Leopoldine Schwarz kam vom Fdh in die Steiermark nach Lembach (Pfarre Kirchschlag) zu einem Bauern, der sie an eine andere Bewohnerin des Ortes "verwechselte", d.h. weitergab. Bei dieser Pflegemutter konnte das Kind bis nach Ablauf der Findelhausversorgung bleiben (FdhP, EntlP), gestorben am 1943/04/24 in Wien: St.A. Währing Zl. 460 (Taufmatrik AKH 59/11/08: auch Randnotizen aus dem Jahr 1943 und mit dem Datum 1944/12/21).
[269] Rosalia Schwarz, geb. und wohnhaft in St. Georgen in Ungarn, Preßburger Komitat, zugereist (GbhP).
[270] Rosalia Schwarcz, geb. in Kis-Sztankocz in Ungarn, Trentschiner Komitat, zugereist (GbhP).
[271] Rosalia Schwarz, geb. von Kossowicza in Ungarn, zugereist (GbhP).
[272] Josefa Schwarz kam bei einer Hebamme zur Welt, getauft am 27/04/14 in der Pfarre St. Stefan "mit Einwilligung der Mutter", die protokollarisch in der Taufmatrik festgehalten wurde, bestätigt durch die Unterschriften zweier Zeugen. Am darauffolgenden Tag kam das Kind ins Fdh, die jüdische Herkunft wurde im FdhP nicht erwähnt; da in dieser Quelle kein Sterbedatum nachgetragen wurde, könnte das Kind bei seinen Pflegeeltern überlebt haben (FdhP: Pflegemutter: Katharina Horniazek, Hauer<sgattin> No 2 Rabensburg - NÖ, UMB).
[273] Pankratz Standhaft wurde am 25/05/13 getauft, tags zuvor war das Fest des Heiligen Pankratius - seines Namenspatrons (Taufmatrik AKH 25/05/13).

S

M: Name	M: Vorname	geb. ca.	Beruf	K: Name	K: Vorname	K: geb.	K: gest.	K: entl.	Qu GbhP	Qu FdhP	Qu EntlP
Schwarz	Theresia	1799/B	Hdarb	*Fromm*[274]	Karolina	28/06/27	28/08/11		13/01189	1828/2572	
Schwarz	Theresia	1802/B	Köchin	*May*[275]	Michael	30/05/8	30/08/21		15/00988	1830/1013	
Schwarz	Theresia	1803/B	Magd	Schwarz	Johann	25/12/11			10/02472		
Schwarz[276]	Theresia	1808/U	Magd	*Winter*	Adam	27/12/22	29/07/31		12/02135	1828/0013	
Schwarz[277]	Theresia	1808/U	Magd	*Schachinger*[278]	Ludwig	28/10/27			13/02299	1828/3763	
Schwarz[279]	Theresia	1816/U	Magd	*Schein*[280]	Anna	43/02/13		48/05/1	28/01743	1843/0876	48/05/19

[274] Karolina Fromm kam "wegen Krankheit der Mutter" ins Fdh (GbhP).
[275] Michael May war ein Fremdnamenkind, wurde im Mai geboren und erhielt von diesem Monat seinen Namen (Taufmatrik AKH 30/05/08).
[276] Theresia Schwarz, geb. von Zsámbék in Ungarn, Pester Komitat, wohnhaft in Lanz (Lainz) bei Wien (GbhP).
[277] Theresia Schwarz, gestorben am 28/11/05: "Magd aus Pest, ledig, 20 Jahre, Alsergrund No 195, AKH, Gebäranstalt, Nervenfieber" (IKG Stb A 192).
[278] Ludwig Schachinger (FdhP: M: Theresia, der Zuname wurde nicht eingetragen; Taufmatrik AKH 28/10/28: P: Josef Eckerle Kirchendiener, Anmerkung: "Mater infantis judaea". Das Kind kam "wegen Krankheit der Mutter" ins Fdh, von dort zu einer "Hauersgattin" nach Ladendorf in NÖ. Es kam mit zwölf Jahren nach Wien zurück, im FdhP ist kein Sterbedatum angegeben (FdhP). Die EntlP'e der 1840er Jahre sind nicht erhalten, somit verliert sich hier die Spur. Eine Randnotiz in der Taufmatrik aus dem Jahr 1867 könnte auf die Ausstellung eines Taufscheines verweisen - Ludwig Schachinger wäre um diese Zeit im heiratsfähigen Alter gewesen und hätte zu seiner Eheschließung einen Taufschein benötigen können.
[279] Theresia Schwarz, geb. aus Gairing in Ungarn; V: Lebel Schwarz, Handelsmann in Gairing; M: Katharina Schwarz; getauft am 43/12/12, Pfarre St. Laurenz am Schottenfeld, bei der Taufe erhielt sie die Namen Theresia **Maria**, vor der Taufe hatte sie einen "Revers" zu unterzeichnen, sie tat dies mit drei Kreuzchen (GbhP, DAW Konvertiten Akten 1843 II); in der Begründung wurde ihre "völlige Unwissenheit der jüdischen Religion" festgehalten (Pfarre St. Laurenz Konvertiten I 43/12/12). - "Nachdem sich die Mutter mit dem Taufschein ausgewiesen hat", erhielt sie zweieinhalb Monate nach ihrer Taufe für ihr Kind einen Empfangsschein. - Sie heiratete am 51/04/28 den Schuhmachergesellen Wenzel Czerny in der Pfarre Altlerchenfeld, Sohn des Kürschners Johann Czerny, und der Philippine, geb. Druska (Taufmatrik AKH 43/02/13: Maria Schein/Czerny). Im GbhP wurde nach der Taufe eine entsprechende Korrektur zum Vornamen vorgenommen: "Laut Taufschein Theresia Maria - kath<olisch>".
[280] Anna Schein stand nicht unter einer Mesner-Hebammen-Patenschaft, ihre Taufpatin war eine Schuhmachersgattin namens Anna Kun, wohnhaft in Wien-Neubau No 246. Anna Schein wurde in das FdhP als "Israelitenkind" <unterstrichen> eingetragen, bei einer Taglöhnerin in Nikolsdorf untergebracht, die später nach Matzleinsdorf übersiedelte. Das Kind wurde "gegen Revers" im Mai 1848 aus der Findelpflege entlassen (FdhP). Nach der Eheschließung ihrer Eltern (1851) wurde sie per subs<e>q<uens> matrimonium legitimiert, der Name "Schein" wurde in der Taufmatrik gestrichen, ebenso der Vermerk "mater infantis judaea"; ab 1852 trug das Kind den Namen seines Vaters "Czerny" (Taufmatrik AKH 43/02/13: Anna Schein). - Randnotiz in der Taufmatrik u.a. aus den Jahren 1852 und 1872: 1852 wird ein Taufschein zur Legitimierung benötigt worden sein, 1872 für eine

M: Name	M: Vorname	geb. ca.	Beruf	K: Name	K: Vorname	K: geb.	K: gest.	K: entl.	Qu GbhP	Qu FdhP	Qu EntlP
Schwarz	Theresia	1828/B	Magd	Schwarz	Johann	51/05/2	51/11/6		36/04237	1851/2947	
Schwarzbarth[281]	Katharina	1825/M	Magd	Schwarzbarth[282]	Maria	47/08/16	47/09/12		32/04725	1847/4860	
Schwarzbartl Amalia, vide geb. Lustig (Ziegler) Amalia											
Schwarzkopf	Anna	1830/B	Köchin	Schwarzkopf	Anton	52/05/22	52/10/5		37/04831	1852/3721	
Schwarzkopf	Franziska	1823/B	Hdarb	Schwarzkopf[283]	Henriette	44/02/24		54/02/24	29/00787	1844/1041	54/02/25
Schweiger[284]	Julia	1831/M	Magd	Schweiger	Franziska	59/02/13	59/08/6		44/02295	1859/1537	
Schweiger	Maria	1813/U	Magd	*Herbst*[285]	Theresia	32/10/12			17/01784	1832/2894	
Schweiger	Sali	1831/M	Magd	Schweiger	Theresia	59/04/21	59/05/17		44/04485	1859/3525	
Schwölbl[286]	Sofia Rosalia	1827/B	Magd	Schwölbl[287]	Franz A.	58/01/11	58/04/19		43/00445	1858/0490	
Segal|Szegal	Katharina	1847/U	Magd	Segal	Sigmund	68/05/31			53/03440	1868/3977	
Seidel	Theresia	1835/M	Magd	Seidel[288]	Theresia	58/03/12	58/07/23		43/03476	1858/2280	
Seil	Henriette			Seil[289]	Henrika	64/11/02				1864/8339	

Eheschließung (Taufmatrik AKH 43/02/13).
[281] Katharina Schwazbarth, aus dem Znaimer Kreis in Mähren, zugereist (GbhP), nach der Entbindung ins AKH, Zi. 41 gebracht (GbhP).
[282] Maria Schwarzbarth, im Fdh gestorben, Todesursache: Nabelbrand (FdhP).
[283] Henriette Schwarzkopf kam nach Mailberg, im EntlP wurde als "PP" die Gastwirtin Katharina Dietzl in Wien-Neulerchenfeld eingetragen (FdhP), EntlP: Dietzl Katharina, Gastwirtin, Wien-Neulerchenfeld No 93, Bezirksgericht Hernals). - Randnotizen in der Taufmatrik des AKH (Taufmatrik AKH 44/02/24).
[284] Julia Schweiger, geb. von Kromau in Mähren, wohnhaft in Meseritsch, zugereist (GbhP).
[285] Bei Theresia Herbst wurde in das FdhP kein Sterbedatum nachgetragen, sie könnte demnach die Findelpflege überlebt haben (FdhP: Pflegemutter: Anna Maria Schaderbeik <unsichere Lesart>, Hauersweib, in Ried ob der Traisen No 13, Herrschaft Hellenburg - NÖ, OWW). - "Mater infantis judaea", Randnotiz aus dem Jahr 1941 (Taufmatrik AKH 32/10/13: Theresia Herbst).
[286] Sofia Rosalia Schwölbl wurde vom AKH, Zi. 75 ins Gbh zur Entbindung gebracht (GbhP).
[287] Franz **Arnold** Schwölbl (GbhP), Franz Schwölbl (FdhP: "Israelitenkind", M: Sofia Rosalia).
[288] Theresia Seidel war eine "Gassengeburt", sie wurde am folgenden Tag mit ihrer Mutter ins Gbh gebracht, dort getauft, kam sodann ins Fdh (GbhP).
[289] Henrika Seil, getauft am 64/11/03 in der Pfarre St. Stefan, Taufpatin war die Hebamme Karolina Schadegg, Oberhebamme im k.k. Zahlgebärhause in Wien. - Vermerk in der Taufmatrik: "Das Kind wird alsogleich in die k.k. Findelanstalt überbracht, nach Angabe der Hebamme". Henrika Seil kam am folgenden Tag ins Fdh (Pfarre St. Stefan Taufmatrik 64/11/03; FdhP).

M: Name	M: Vorname	geb. ca.	Beruf	K: Name	K: Vorname	K: geb.	K: gest.	K: entl.	Qu GbhP	Qu FdhP	Qu EntlP
Seiller	Katharina	1842/U	Hdarb	Seiller	Karl	61/12/16	62/03/15		47/01007	1861/9450	
Seiner	Johanna	1830/B	Magd	Seiner[290]	Franziska	54/10/24	55/01/31		39/08178	1854/7230	
SEKLER (SEKLA)											
Sekler[291]	Sprinze	1826/G	Magd	Sekler[292]	Karolina	54/10/30	54/11/11		39/07233	1854/7261	
Sekla	Sprinze	1825/G	Magd	Sekla[293]	Wilhelmine	57/08/28	57/11/11		42/04595	1857/6218	
Selinka	Amalia	1839/U	Magd	Selinka	Josef	66/01/11	66/01/19		51/00296	1866/0444	
Selenka	Babette	1836/U	Magd	Selenka	Josef	55/04/4	55/04/21		40/03390	1855/2552	
Seltsam	Josefa		Magd	Seltsam[294]	Helene	13/04/10	13/04/17			1813/0811	
Sessl	Theresia	1823/U	Magd	*Kaiser*	Karolina	43/07/28	45/06/2		28/04345	1843/3456	
Sesler[295]	Fanni	1846/U	Witwe	Sessler	Julius	68/05/01	68/06/13			1868/3472	
Sibsner	Theresia	1804/U	Magd	*Dultsam*[296]	Ludwig	29/05/13	29/05/22		14/00932	1829/1727	
Silber[297]	Julia	1845/U	Hdarb	Silber[298]	Adolf	62/02/11	62/03/27		47/02253	1862/0990	

---

[290] Franziska Seiner kam "wegen Religion der Mutter" ins Fdh (GbhP, FdhP).
[291] Sprinze Sekler ist mit Sprinze Sekla ident, etwa gleich alt, geboren in Ausschwitz, Magd in Wien, 1854 wohnhaft in Wien-Leopoldstadt (GbhP, FdhP'e).
[292] "Wegen Religion der Mutter" Fdh (GbhP); im Fdh im Alter von zwölf Tagen an Diarrhöe gestorben (FdhP).
[293] Wilhelmine Sekla kam "wegen Religion der Mutter" ins Fdh (FdhP).
[294] Helene Seltsam kam bei der Hebamme Josepha Ruprecht zur Welt, wurde am 13/04/10 in der Pfarre St. Stefan getauft und noch am selben Tag ins Fdh gebracht. In der Taufmatrik wurde das Einverständnis der Mutter - einer Dienstmagd - kurz festgehalten: "Da es mein Wille war, das mein Kind Helene katholisch getaufet werde bezeige ich Josepha Seltsam +++ <als Handzeichen drei Kreuzchen>". Das Kind wurde mit Taufschein und gegen eine Aufnahmstaxe von 30 fl. ins Fdh aufgenommen, seine jüdische Herkunft wird im FdhP nicht erwähnt; an Schwäche im Fdh gestorben (Pfarre St. Stefan Taufmatrik 13/04/10; FdhP).
[295] Aus dem Zahlgebärhaus (FdhP; CAHJP A/W 1809, Verzeichnis jüdischer Findelkinder 1868).
[296] Ludwig Dultsam (FdhP), Ludwig Duldsam (Taufmatrik AKH 29/05/13: P: Josef Eckerle Kirchendiener, Anmerkung: "Mater judaea"). Für dieses Kind wurde eine Taxe von 12 fl. bezahlt. Im FdhP wird der Name der Mutter nicht erwähnt, jedoch ihre jüdische Herkunft. Das Kind kam zwei Tage nach seiner Geburt ins Fdh, wurde am folgenden Tag der Uhrmacherswitwe Anna Mühl in Haugsdorf übergeben; nach einer Woche gestorben (FdhP).
[297] Julia Silber, geb. von Fel-Pécz (bei Raab) in Ungarn, zugereist von Raab; ihr Kind kam wegen "Krankheit der Mutter" ins Fdh, sie selbst wurde nach

M: Name	M: Vorname	geb. ca.	Beruf	K: Name	K: Vorname	K: geb.	K: gest.	K: entl.	Qu GbhP	Qu FdhP	Qu EntlP
Silber	Katharina	1845/U	Magd	Silber[299]	Rosa	68/08/27			53/04255	1868/5764	
Silber[300]	Rosalia	1838/U	Magd	Silber	Pauline	66/05/4	66/06/17		51/03039	1866/3502	
Silberberg	Charlotte	1844/U	Magd	unentbunden entlassen 66/02/16					51/01132		
Silberberg[301]	Cäcilia	1836/S	Magd	Silberberg[302]	Josef	58/02/1	58/02/2		43/00232		
Silberberg	Karolina	1845/U	Magd	totgeboren 65/05/24					50/03503		
Silberberg[303]	Katharina	1835/U	Magd	Silberberg	Maria	63/01/22	63/02/12		48/01662	1863/0785	
Silberberg	Katharina	1836/U	Magd	Silberberg[304]	Josef	68/01/23	68/02/17		53/00258	1868/0779	
Silberknopf[305]	Magdalena	1835/U	Hdarb	Silberknopf[306]	Magd.	57/12/17	58/01/13		43/01201	1857/8999	
Silberknopf	Magdalena	1836/U	Hdarb	unentbunden entlassen 59/05/17					44/04707		
Silberknopf	Magdalena	1836/U	Hdarb	Silberknopf	Josef	59/08/9	59/09/8		44/07113	1859/6470	
Silberkopf, vide Silberknopf											
Silbermann	Franziska	1839/U	Magd	Silbermann[307]	Franziska	58/08/6	58/10/1		43/07005	1858/6052	

dem Wochenbett zum Ammendienst ins Fdh überstellt (GbhP).
[298] Adolf Silber kam "wegen Krankheit der Mutter" ins Fdh, zwei Tage später zu Pflegeeltern in den Preßburger Komitat (GbhP, FdhP). In der Taufmatrik wurde die jüdische Abstammung dieses Kindes nicht erwähnt (Taufmatrik AKH 62/02/12), im FdhP "israelit<isch>" <doppelt unterstrichen>.
[299] Rosa Silber, ein "68er Kind", kam ungetauft ins Fdh, wurde bei einer Pflegepartei untergebracht (FdhP; CAHJP A/W 1809, Verzeichnis jüdischer Findelkinder 1868).
[300] Rosalia Silber, zugereist von Raab in Ungarn (GbhP).
[301] Cäcilia Silberberg, geb. und wohnhaft in Orlau, Österr.-Schlesien, zugereist (GbhP). - Blieb nach dem Tod ihres notgetauften Kindes elf Tage im Gbh, wurde sodann ins Fdh zum Ammendienst überstellt (GbhP).
[302] Josef Silberberg wurde notgetauft, am folgenden Tag im Gbh gestorben (GbhP). - Taufmatrik AKH 58/02/01 Josef Silberberg: "Franziska Schwehla Hebamme hat s<elben> nothgetauft" (GbhP).
[303] Katharina Silberberg, geb. von Szenicz in Ungarn, 1863 von Mocsonak in Ungarn, Neutraer Komitat, 1868 von Preßburg zugereist (GbhP).
[304] Josef Silberberg, im Fdh an Darmkatarrh gestorben (FdhP).
[305] Magdalena Silber**knopf** (GbhP, FdhP), Magdalena Silber**kopf** (Taufmatrik AKH 57/12/18: Magdalena Silberkopf); geb. von Sassin, Neutraer Komitat; wohnhaft in Wien-Neulerchenfeld No 50 (1857) und No 107 (1859) (GbhP'e).
[306] "Wegen Religion der Mutter" kam Magdalena Silberknopf ins Fdh; im Fdh an Tabes (Schwindsucht, Auszehrung) gestorben (FdhP).

S

M: Name	M: Vorname	geb. ca.	Beruf	K: Name	K: Vorname	K: geb.	K: gest.	K: entl.	Qu GbhP	Qu FdhP	Qu EntlP
Silberstern[308]	Rosalia	1838/B	Magd	Silberstern	Josef	61/05/4	61/10/21		46/04299	1861/3804	
SILLINGER (SZELLINGER)											
Szellinger	Barbara	1841/U	Magd	Szellinger[309]	Anton	66/03/5	66/03/23		51/00800	1866/1918	
Sillinger[310]	Rosalia	1810/U	Witwe	<...>[311]		43/11/30			29/00519		
Sillinger	Rosalia	1820/U	Magd	Sillinger[312]	Josef	46/04/4		56/04/4	31/03121	1846/2026	56/04/4
Simpler[313]	Anna	1835/U	Magd	Simpler[314]	Anna	55/09/17		65/09/17	40/06332	1855/5845	65/09/28
Simbler	Anna	1834/U	Magd	Simbler[315]	Katharina	56/10/20	56/11/7		41/07134	1856/6619	
Singer	Anna	1839/M	Magd	Singer[316]	Karolina	63/04/23	63/07/1		48/04277	1863/3076	
Singer	Dorothea	1809/M	Magd	**Donner**	Eleonora	29/01/24	29/06/2		14/00239	1829/0416	
Singer[317]	Elisabeth	1812/U	Witwe	<...>[318]		39/03/2			24/01667		

---

[307] Franziska Silbermann kam "wegen Religion der Mutter" ins Fdh (GbhP, FdhP).

[308] Rosalia Silberstern, geb. und wohnhaft in Woletsch in Böhmen, Chrudimer Kreis, zugereist (GbhP).

[309] Von den Pflegeeltern zurückgebracht, am folgenden Tag im Fdh an Darmkatarrh gestorben (FdhP).

[310] Rosa Sillinger /:Szilliger:/, Germhändlers Witwe (GbhP); gestorben am 43/12/07 (GbhP: im Gbh; IKG Stb A 1998: im AKH, an Bauchfellentzündung). - TBP 43/12/07: "Sillinger Rosalia, Germhändlerswittwe, 33 Jahr, israelitischer Religion, gebürtig Eckbel in Ungarn, Leopoldstadt No 260, an der Bauchfellentzündung, AKH."

[311] o.A. (GbhP). Dieses Kind wurde nicht getauft; kam drei Tage nach dem Tod seiner Mutter "unbeschnitten in Privatpflege" (GbhP).

[312] Josef Sillinger kam im Alter von zwei Wochen zu Maria Zwölfer in Tiefenthal bei Nieder-Rußbach, mit acht Jahren nach Meidling zum Kanalräumer Ruh; Elisabeth Ruh wurde als Pflegemutter in das EntlP aufgenommen (FdhP, EntlP: Elisabeth Ruh, Kanalräumersgattin, Meidling No 101).

[313] Anna Simbler/Simpler, geb. von Béla in Ungarn, Trentschiner Komitat; 1855 wohnhaft in Wien Innere Stadt No <o.A.> (GbhP'e).

[314] "Wegen Religion der Mutter" kam Anna Simpler ins Fdh (FdhP), sodann in die Steiermark nach Grafendorf in der Nähe von Hartberg, wurde "verwechselt", d.h. sie kam ohne Rückstellung in das Fdh zu einer anderen Pflegepartei, zu Maria Haas, welche als "PP" (Pflegepartei) im EntlP aufscheint (EntlP: Haas Maria, Hofkirchen No 8, Pfarre Kaindorf - Stmk). - Randnotiz in der Taufmatrik aus dem Jahr 1892 (Taufmatrik AKH 55/09/17).

[315] Katharina Simbler kam "wegen Religion der Mutter" (GbhP) bzw. "wegen Krankheit der Mutter" ins Fdh (FdhP).

[316] Karolina Singer, "wegen Krankheit der Mutter" Fdh, die Mutter wurde nach dem Wochenbett zum Ammendienst ins Fdh gebracht, am selben Tag kam Karolina Singer nach Gairing im Preßburger Komitat in Findelpflege. In der entsprechenden Eintragung in der Taufmatrik wurde die jüdische Herkunft des Kindes nicht erwähnt, wohl aber im Index: Singer Karolina, isr<aelitisch> (FdhP; Taufmatrik AKH 63/04/23).

S

M: Name	M: Vorname	geb. ca.	Beruf	K: Name	K: Vorname	K: geb.	K: gest.	K: entl.	Qu GbhP	Qu FdhP	Qu EntlP
Szinger[319]	Tini	1848/U	Hdarb	Szinger[320]	Leopoldine	67/02/25	67/03/21		52/01424	1867/1561	
Singer[321]	Franziska	1839/U	Hdarb	totgeboren		66/08/24			51/05834		
Singer[322]	Helene	1844/M	Hdarb	Singer[323]	Johann	67/05/30	67/07/6		52/03379	1867/3682	
Singer	Josefa	1837/U	Magd	Singer[324]	Franziska	59/03/8	59/08/18		44/03316	1859/2259	
Singer[325]	Josefa	1839/U	Hdarb	Singer[326]	Julius	60/01/23	60/02/25		45/02013	1860/0622	
Singer	Josefina	1837/U	Hdarb	Singer[327]	Hugo	66/05/14		66/05/23	51/03352	1866/3755	66/05/23
Singer	Josefine	1837/U	Hdarb	Singer	Leopoldine	67/10/21			52/06315	1867/6902	
Singer[328]	Juliana	1826/U	Magd	Singer	Franz	48/12/18	49/06/22		33/07030	1848/7154	

[317] Magd (GbhP).
[318] o.A. (GbhP). Dieses Kind, ein Bub, wurde nicht getauft, was im GbhP mit dem Vermerk "Da die Mutter erst kurze Zeit Witwe war" begründet wurde. Mutter und Kind wurden am 39/03/09 aus dem Gbh entlassen (GbhP).
[319] Tini Szinger, geb. und wohnhaft in Galantha in Ungarn, Preßburger Komitat, zugereist (GbhP).
[320] Leopoldine Singer kam "wegen Krankheit der Mutter" ins Fdh, gestorben im Fdh an Lebensschwäche (FdhP).
[321] **Franziska** Singer, Handarbeiterin, 27 Jahre alt, aus Bosacz in Ungarn, Trentschiner Komitat, gestorben am 66/09/06 (GbhP); **Elisabeth** Singer, Handarbeiterin, 27 Jahre alt, aus Bosacz in Ungarn, gestorben am 66/09/06 in der Niederösterreichischen Landesgebäranstalt an einem Lungenödem (IKG Stb D 602). - Im Datenkontext ist Franziska Singer (GbhP) mit Elisabeth Singer (IKG Stb) ident.
[322] Helene Singer wurde unmittelbar nach der Entbindung in das AKH, Zi. 86 "tranferirt" (GbhP).
[323] Johann Singer wurde sofort nach der Geburt getauft und "wegen Krankheit der Mutter" ins Fdh gebracht (GbhP, FdhP).
[324] "Wegen Religion der Mutter" Fdh (FdhP).
[325] Josefine Singer, geb. von Szenicz in Ungarn, Neutraer Komitat; wohnhaft in Wien-Währing No 230 (1860) und No 285 (1867), 1866 in Hernals No 375. - Nur im GbhP als jüdisch ausgewiesen, im FdhP als "kl" (katholisch, ledig) eingetragen, in der Taufmatrik wird die jüdische Herkunft des Kindes nicht erwähnt (GbhP, FdhP); Taufmatrik AKH 67/10/22: Leopoldine Singer).
[326] "Wegen Religion der Mutter" Fdh (GbhP), bzw. "wegen Krankheit der Mutter" Fdh (FdhP).
[327] Hugo Singer wurde am Tag nach seiner Geburt getauft, war eine Woche bei seiner Mutter im Gbh, kam mit ihr ins Fdh. Am folgenden Tag "gegen Revers" aus der Findelpflege entlassen und seiner Mutter übergeben (FdhP, EntlP: Singer Josefine, Handarbeiterin, <Wien> Währing Wienstraße No 2, Bezirksamt Hernals).
[328] Juliana Singer, aus St. Johann im Preßburger Komitat, Ungarn; 1848 wohnhaft in Wien-Jägerzeile No 406, sodann in Wien-Leopoldstadt No 706

M: Name	M: Vorname	geb. ca.	Beruf	K: Name	K: Vorname	K: geb.	K: gest.	K: entl.	Qu GbhP	Qu FdhP	Qu EntlP
Singer	Juliana	1827/U	Magd	Singer	Josef	49/12/26	50/01/20		35/01061	1850/0063	
Singer	Juliana	1826/U	Magd	Singer	Josef	51/03/07	52/01/09		36/02900	1851/1741	
Singer	Juliana	1827/U	Magd	Singer[329]	Karl	55/10/5		59/09/11	40/06675	1855/6242	59/09/28
Singer	Julia	1827/U	Köchin	Singer	Gustav Franz	59/06/04	59/07/05		44/05567	1859/4786	
Singer[330]	Karolina	1813/U	Magd	Pani[331]	Alois	33/11/12	33/11/13		18/03258		
Singer[332]	Katharina	1813		Schwarz[333]	Emilia	45/09/19	45/10/11		30/05877	1845/4719	
Singer[334]	Ludmilla	1830/M	Magd	Singer	Emilia	62/08/20	62/09/8		47/06090	1862/5899	

(1849), No 138 (1851) und No 61 (1855, 1859) (GbhP'e).

[329] Karl Singer kam "wegen Religion der Mutter" ins Fdh (GbhP), Taufpatin war das Stubenmädchen Maria Hader (und nicht die Anstaltshebamme), vom Fdh in Wien-Heiligenstadt untergebracht. Im Alter von vier Jahren wurde das Kind im Jahr 1859 "gegen Revers" aus der Findelpflege gelöst und dem Schneidergesellen Karl Kunze übergeben. Im EntlP findet man keinen Aufschluß über eine eventuelle nähere Beziehung zum Kind oder zu den Eltern des Kindes. Er wohnte im selben Haus wie die Mutter des Kindes zur Zeit der Geburt (GbhP, EntlP: Kunze Karl, Schneidergeselle, <Wien> Leopoldstadt No 61).

[330] Karolina Singer, geb. und wohnhaft in Raab in Ungarn; gestorben am 33/11/25 (GbhP: im Gbh, IKG Stb A 641: im AKH, an Nervenfieber). - TBP 33/11/25: "Singer Karolina, ledige Magd israelitischer Religion, von Raab gebürtig, von daher zugereist, am Nervenfieber, alt 20 Jahr, im AKH."

[331] **Aloys** (GbhP), Aloys **Pani** (Taufmatrik AKH 33/11/12). - Bei diesem Kind wurde der Vorname und keine Initialen des vorgesehenen Fremdnamens eingetragen. Das Kind ist am folgenden Tag im Gbh gestorben, wurde daher in die Sterbematrik des AKH aufgenommen: Gestorben war "der Singer Karolina ihr Knab Aloys", katholisch. Soweit könnte angenommen werden, der Name des Kindes habe Aloys Singer - nach seiner ledigen Mutter - gelautet. Ein solches Kind wurde jedoch nicht in die Taufmatrik aufgenommen, weder am 12. noch am 13. November. In die Taufmatrik wurde hingegen ein Kind mit dem Namen "Aloys Pani" eingetragen, getauft am 33/11/12; seine Herkunft wurde durch den Vermerk "mater infantis judaea" festgehalten. "Aloys" hatte somit im Datenkontext den Fremdnamen "Pani" erhalten, Taufpate war im "jüdischen Formular", in welchem der Name der Mutter nicht angegeben wurde, der Kirchendiener Andreas Losch (GbhP; Taufmatrik AKH 33/11/12, Sterbematrik AKH 33/11/13).

[332] Katharina Singer war auf der 3. Klasse der Zahlabteilung, daher fehlen nähere Angaben wie Alter, Herkunft, Wohnort, Beruf; das Kind kam mit einer Taxe von 20 fl. ins Fdh, die Mutter wurde vier Tage später, am 45/09/25, entlassen (GbhP, FdhP).

[333] Emilie Schwarz war ein Kind aus der Zahlabteilung für welches eine Taxe von 20 fl. erlegt wurde. Im FdhP wird weder der Name ihrer Mutter noch ihre jüdische Herkunft erwähnt. Sie kam zwei Tage nach ihrer Geburt ins Fdh; im Fdh an Bauchfellentzündung gestorben (FdhP; Taufmatrik AKH 45/09/20).

[334] Ludmilla Singer, geb. von Misslitz in Mähren, Znaimer Kreis, zugereist von Ungarn (GbhP).

S

M: Name	M: Vorname	geb. ca.	Beruf	K: Name	K: Vorname	K: geb.	K: gest.	K: entl.	Qu GbhP	Qu FdhP	Qu EntlP
Singerin[335]	Magdalena			**Falk**[336]	Ignaz	1794/07	1794/08			1794/1538	
Singerin	Magdalena			**Herbst**	Michael	1798/02	1798/03			1798/0449	
Singer[337]	Rosalia	1812/U	verh.	unentbunden entlassen				41/04/20	26/02067		
Singer[338]	Rosalia	1824/U	Magd	Singer	Franz	48/05/19	49/05/26		33/02910		1848/3173
Singer	Rosalia	1825/U	Köchin	Singer	Juliana	53/01/4	53/08/8		38/01414		1853/0224
Singer[339]	Rosalia	1839/U	Magd	Szinger	Franz	64/10/9	64/11/12		49/08176		1864/7928
Singer[340]	Rosalia	1844/M	Magd	<...>[341]		65/08/5	65/08/5		50/05444		
Singer[342]	Rosa	1840/U	Tagl	Singer	Leopold	63/04/13	63/04/29		48/03285		1863/3006
Singer[343]	Susanna	1798/U	verh.	<...>[344]		34/09/16			19/03344		
Singer[345]	Susanna	1805/U	Magd	**Buchmayer**[346]	Anton	36/11/29	36/12/14		22/00028		1836/3980

---

[335] **Magdalena Singerin** (Taufmatrik 1794/07/30: Ignatz Falck), **Elisabeth Geißbiglerin** <unsichere Lesart> (FdhP).

[336] Ignaz Fal**ck** (Taufmatrik AKH 1794/07/30), Ignaz Fal**k** (FdhP) - im Gbh geboren, wurde "1 T<ag alt>" am 1794/07/30 ins Fdh aufgenommen. Ins FdhP wurde seine Mutter als "Geißbiglerin Elisabeth, ledig", in der Taufmatrik als "Magdalena Singerin, ein Jüdin" eingetragen. Das Kind ist im Datenkontext abgesichert, eine Namensgleichheit ist nur schwer anzunehmen, eher schon ein Irrtum bei der Aufnahme seiner Mutter in das FdhP. Ignaz Falk ist am 1794/08/12 an Gedärmbrand gestorben (FdhP).

[337] Rosalia Singer, verh. Gerstl, Handarbeiterin, aus dem Neutraer Komitat zugereist, wurde "auf Verlangen unentbunden entlassen" (GbhP).

[338] Rosalia Singer, geb. und wohnhaft in Galantha in Ungarn, Preßburger Komitat, zugereist (GbhP). - Im FdhP als "kl" (katholisch, ledig) eingetragen - wohl ein Flüchtigkeitsfehler, da ihr Kind in derselben Quelle als "Israelitenkind" aufgenommen wurde und sie selbst im GbhP und in der der Taufmatrik als jüdisch ausgewiesen ist (FdhP; Taufmatrik AKH 48/05/19: Franz Singer).

[339] Rosalia Singer (GbhP), Rosalia Szinger (Taufmatrik AKH 64/10/10: Franz Szinger) - aus dem Raaber Komitat in Ungarn zugereist (GbhP). - Nicht ident mit Rosalia Singer (Fn. 342).

[340] Rosa(lia) Singer, geb. 1844, aus Eibenschitz in Mähren (V: Moses Singer, Händler; M: Katharina Singer); getauft in der Pfarre St. Laurenz am Schottenfeld, erhielt bei der Taufe die Namen Rosa **Franziska** (Pfarre St. Laurez Konvertiten III 66/05/26).

[341] o.A. (GbhP). Dieses Kind, ein Mädchen, ist ungetauft gleich nach seiner Geburt gestorben. Die Mutter wurde nach dem Wochenbett ins Fdh zum Ammendienst überstellt (GbhP).

[342] Rosalia Singer, aus dem Raaber Komitat in Ungarn zugereist (GbhP). - Nicht ident mit Rosalia Singer, Fn. 339.

[343] Susanna Singer, "Handelseheweib", geb. von Trentschin in Ungarn, aus Preßburg zugereist (GbhP).

[344] o.A. (GbhP). Dieses Kind, ein Mädchen, wurde nicht getauft, seine Mutter war verheiratet, Mutter und Kind wurden am 34/09/25 entlassen (GbhP).

S

M: Name	M: Vorname	geb. ca.	Beruf	K: Name	K: Vorname	K: geb.	K: gest.	K: entl.	Qu GbhP	Qu FdhP	Qu EntlP
Singer	Theresia	1793/U	Magd	*Nachtigal*[347] Amalia		18/08/17			03/01525	1818/2265	
Singer	Theresia	1823/U	Magd	Singer	Elisabeth	51/11/28	52/01/22		37/00594	1851/7473	
Skal	Anna	1834/B	Hdarb	Skal[348]	Moritz	54/06/23	54/11/5		39/05628	1854/4585	
Skall[349]	Maria	1834/B	Magd	Skall	Juliana	59/10/17	60/11/15		44/08639	1859/8127	
Skal	Maria	1835/B	Magd	Skal	Rosa	64/09/25	65/08/21		49/08456	1864/7602	
Skal	Maria	1837/B	Magd	Skall[350]	Henriette	67/09/26	68/04/6		52/05815	1867/6333	
Slanzky[351]	Anna	1827/B	Magd	totgeboren 54/05/20					39/04526		

---

[345] Susanna Singer, wohnhaft in Preßburg, zugereist (GbhP).

[346] **A.B.** (GbhP), Anton Buchmayer (FdhP). - Die erste Initiale hat das Aussehen eines vergrößerten kleinen R, im Schriftvergleich jedoch als A zu erkennen, mit einem "K" für Knabe ist das Geschlecht dieses Initialenkindes im GbhP festgelegt; es kam am 36/11/30 ins Fdh - an diesem Tag wurde als "Israelitenkind" Anton Buchmayer ins Fdh aufgenommen, in das FdhP wurde auch seine Mutter - die Mutter des Initialenkindes "A.B." - eingetragen. Nicht so in der Taufmatrik, hier blieb das Feld, das für den Namen der Mutter vorgesehen war, leer, die jüdische Herkunft des Kindes wurde jedoch mit dem Vermerk "Mater infantis judaea" festgehalten (GbhP, FdhP; Taufmatrik AKH 36/11/29).

[347] **A.N.** (GbhP), Amalia Nachtigal (FdhP), Amalia Nachtigaal (Taufmatrik AKH 18/06/31). - Die Initiale A kann im Schriftvergleich als solche erkannt werden, N erscheint einfach und klar, das Geschlecht des Kindes wurde mit "W" für "weiblich" festgelegt; es kam am 18/06/31 ins Fdh - am gleichen Tag kam "Amalia Nachtigal" aus dem Gbh ins Fdh, wurde zusammen mit dem Namen ihrer Mutter in das FdhP aufgenommen, es war der Name der Mutter des Initialenkindes "A.N.": "Singer Theresia, israelitisch". Das Initialenkind ist somit mit Amalia Nachtigal ident, die jüdische Herkunft wurde auch in der Taufmatrik durch den Vermerk "Israelita" in der Namensrubrik des Vaters festgehalten (Taufmatrik AKH 18/08/30: Amalia Nachtigaal). - Das Kind wurde sogleich nach der Geburt getauft, kam am folgenden Tag ins Fdh, blieb dort zwölf Tage, wurde sodann als Pflegekind einer Taglöhnerin namens Julia Laditsch zur Pflege übergeben; kein Sterbedatum im FdhP, das Kind könnte demnach bei seiner Pflegemutter überlebt haben (FdhP: Julia Laditsch, Taglöhnerin in Fischamend No 70, No 38 - NÖ, UWW).

[348] "Wegen Religion der Mutter" kam Moritz Skal ins Fdh (GbhP, FdhP).

[349] Maria Skal(l), geb. von Lusche <Luze> in Böhmen, Chrudimer Kreis, wohnhaft in Wien-Leopoldstadt No 350 (1859) und Kleine Pfarrgasse No 2 (1865); 1867 vom Geburtsort zugereist (GbhP).

[350] Henriette Skal (Taufmatrik AKH 67/09/27); Heinriette Skall (FdhP).

[351] Anna Slansky/Slanzky, geb. von Domiflicz in Böhmen, Pilsner Kreis, 1854 wohnhaft in Pest (No 34); 1854, 1857 und 1862 zugereist (GbhP). - 1854 nach der Entbindung ins AKH auf die Syphilis-Abteilung verlegt, 1862 auf eine andere Abteilung des AKH gebracht (GbhP).

S

M: Name	M: Vorname	geb. ca.	Beruf	K: Name	K: Vorname	K: geb.	K: gest.	K: entl.	Qu GbhP	Qu FdhP	Qu EntlP
Slansky	Anna	1825/B	Magd	Slansky	Amalia	57/02/23	61/12/31		42/01771	1857/1696	
Slansky	Anna	1829/B	Hdarb	Slansky[352]	Josef	62/10/3	62/10/21		47/07360	1862/6862	
Slesinger Johanna, vide Schlesinger											
Slezinger Johanna, vide Schlesinger											
SMETANA (SMADENA)											
Smetana[353]	Johanna	1830/U	Magd	Smetana[354]	Theresia	57/01/14	57/01/31		42/00164	1857/0426	
Smadena[355]	Sali	1831/U	Magd	Smadena[356]	Jakob	51/03/17	52/12/9		36/01563	1851/1992	
Sokel[357]	Julia	1847/M	Magd	Sokel[358]	Anna	66/08/18			51/05643	1866/6073	
SOM(M)ER											
Sommer[359]	Anna	1818/U	Magd	*Novello*	Klara	38/04/5	38/07/9		23/01497	1838/1531	
Sommer[360]	Franziska	1841/U	Magd	unentbunden entlassen				64/02/24			49/02747

---

[352] "Wegen Krankheit der Mutter" Fdh (GbhP, FdhP).
[353] Johanna Smetana wurde laut GbhP nach der Entbindung in eine medizinische Abteilung des AKH gebracht (GbhP); laut TBP im Gbh gestorben. - TBP 57/02/11: "Smetana Johanna, Magd, 26, ledig, israelitisch, Kolon <unsichere Lesart> in Ungarn Neutraer Comitat, von Asparn <...> zugereist, Blutzersetzung, Gebärhaus."
[354] Theresia Smetana wurde sofort getauft, kam im Alter von zwei Tagen "wegen Milchmangel der Mutter" ins Fdh (GbhP, FdhP), im Fdh an Diarrhöe gestorben (FdhP).
[355] Sali **Smadena** (GbhP), Sali **Bernat** (FdhP). - Im GbhP findet sich hiezu noch eine Randnotiz: "l<au>t Paß Bernat", dieser Name wurde in das FdhP als Name der Mutter eingetragen (GbhP, FdhP).
[356] Jakob Smadena, "wegen Religion der Mutter" Fdh: Hier wurde eine Korrektur vorgenommen, "Krankheit" wurde gestrichen, durch "Religion" ersetzt (FdhP).
[357] Julia Sokel, geb. und wohnhaft in Göding in Mähren, zugereist (GbhP).
[358] Anna Sokel kam "wegen Krankheit der Mutter" ins Fdh, sie hat die Findelpflege überlebt und ist im Jahr 1891 aus der katholischen Kirche ausgetreten. Randnotizen in der Taufmatrik und im GbhP aus den Jahren 1938 und 1943 - Vermerke, die sicherlich mit der Ausstellung von Ariernachweisen zu tun haben (Taufmatrik AKH 66/08/18; GbhP); weiters das Datum 91/04/10 als Randnotiz in der Taufmatrik, welche im Zusammenhang mit dem Austritt aus der katholischen Kirche stehen mag.
[359] Anna Sommer, geb. von Neutra in Ungarn, von Preßburg zugereist (GbhP).

M: Name	M: Vorname	geb. ca.	Beruf	K: Name	K: Vorname	K: geb.	K: gest.	K: entl.	Qu GbhP	Qu FdhP	Qu EntlP
Sommer	Franziska	1840/U	Magd	Sommer	Josef	64/04/16	64/05/5		49/04211	1864/3303	
Sommer	Franziska	1840/U	Magd	Sommer[361]	Rosa	67/09/28			52/05685		
Somer[362]	Josefa	1841/B	Magd	Sommer	Johann	63/11/3	63/12/29		48/07536	1863/8209	
Sommer[363]	Rosalia	1822/B	Magd	Sommer	Simon	47/06/14	47/08/5		32/04247	1847/3832	
Sommer	Theresia	1843/B	Magd	Sommer	Moritz	63/07/15	63/11/1		48/04729	1863/5452	
Sonnenfeld[364]	Anna	1826/U	Magd	Sonnenfeld[365]	Heinrich	50/04/15		61/05/3	35/03485	1850/2475	61/05/3
Sonnenfeld[366]	Johanna	1817/U	Magd	unentbunden entlassen 37/03/30					22/01121		
Sonnenfeld[367]	Johanna	1817/U	Magd	*Edelstein*[368]	Franziska	37/04/8			22/01993	1837/1530	

---

[360] Franziska Sommer, geb. von Alistál in Ungarn, Preßburger Komitat, 1864 zugereist, in Wien-Leopoldstadt, Sterngasse No 16 wohnhaft (GbhP'e).
[361] o.A. (GbhP), Rosa Sommer (IKG Gb K 4281) - wurde im Gbh nicht getauft, in das GbhP wurde lediglich das Geschlecht eingetragen, in die Namensrubrik setzte man "ungetauft", Mutter und Kind wurden am 67/10/07 aus dem Gbh entlassen (GbhP). 24 Jahre später wurde durch einen Erlaß der Statthalterei (Z.22321, vom 91/04/16) veranlaßt, daß dieses Kind in das Geburtenbuch der IKG unter dem Namen Rosa Sommer eingetragen wurde (IKG Gb K 4281: "geb. 67/09/28, Rosa Sommer, unehelich, Mutter - Franziska Sommer aus Gutta <Komorner Komitat>, Ungarn, Niederösterreichische Landesgebäranstalt").
[362] Josefa Sommer, geb. von Budislau in Böhmen, Taborer Kreis, von Pest in Ungarn zugereist (GbhP).
[363] Rosalia Sommer, geb. von Alt-Prachnian in Böhmen, Czaslauer Kreis, wohnhaft in Trebitsch, zugereist (GbhP). - In das FdhP als "kl" (katholisch, ledig) eingetragen - ein Flüchtigkeitsfehler - da in derselben Quelle das Kind als "Israelitenkind" aufgenommen wurde und sie selbst im GbhP und in der Taufmatrik als jüdisch ausgewiesen ist (FdhP, GbhP; Taufmatrik AKH 47/06/14: Simon Sommer).
[364] Zwei Tage nach ihrer Entlassung bekam Anna Sonnenfeld "Mit D<irektions> Auftrag" einen Empfangsschein für ihr Kind (FdhP).
[365] Heinrich Sonnenfeld kam vorerst zu einer Bäuerin in der Nähe von Budweis, dann zu einem Bäcker nach Wien-Braunhirschengrund, von dort ging es nach Meidling, von Meidling nach Rustendorf - zu dieser Zeit noch ein Vorort von Wien - zu Josef Becker, der das Kind nach seiner Entlassung aus der Findelpflege bei sich behielt (FdhP, EntlP: Becker Josef, Drucker, Rustendorf No 94); gestorben am 1938/10/10; mehrere Randnotizen in der Taufmatrik von 1938 bis 1945 (Taufmatrik AKH 50/04/22: Heinrich Sonnenfeld).
[366] Johanna Sonnenfeld, geb. von Werbau <Verbó> in Ungarn, Neutraer Komitat, wohnhaft in Preßburg, zugereist (GbhP'e).
[367] Im FdhP als "k<atholisch> eingetragen: "Johanna, 20 J<ahr> k<atholisch>, von Werbau in Ungarn, Israelitin, Magd" - offensichtlich ein Flüchtigkeitsfehler der Kanzlei, der nicht bemerkt wurde; das Kind wurde zudem als "Israelitenkind" aufgenommen und seine jüdische Herkunft in der Taufmatrik durch den auf die Mutter sich beziehenden Vermerk "mater infantis judaea" festgehalten (FdhP; Taufmatrik AKH 37/04/08: Franziska Edelstein).

M: Name	M: Vorname	geb. ca.	Beruf	K: Name	K: Vorname	K: geb.	K: gest.	K: entl.	Qu GbhP	Qu FdhP	Qu EntlP
Sonnenfeld[369]	Johanna	1820/U	Magd	Sonnenfeld[370]	Johann	46/02/14		56/02/14	31/01912	1846/1080	56/05/5
Sonnenfeld[371]	Johanna	1821/U	Magd	Sonenfeld	Leopold	47/08/7	47/09/14			32/05562	1847/4734
Sonnenfeld	Katharina	1828/U	Magd	Sonnenfeld[372]	Friedrich	54/04/30	1938/10	64/04/30	39/04305	1854/3195	64/04/30
Sonnenfeld	Maria	1813/U	Magd	*Wieland*[373]	Anna	34/04/12			19/01639	1834/1364	
Sonnenfeld	Regina	1848/U	Magd	Sonnenfeld[374]	Hermine	68/04/10			53/02348	1868/2741	
Sonnenmark[375]	Amalia	1816/U	Hausr	*Lang*[376]	Amalia	41/05/17		51/05/17	26/02638	1841/2406	51/05/27

---

[368] Bei Franziska Edelstein (FdhP: "Israelitenkind") wurde kein Sterbedatum in das FdhP eingetragen, sie hat vermutlich die Findelpflege überlebt (FdhP: Pflegemutter: Anna Bauer, Witwe in Seibersdorf No 32, Herrschaft Seibersdorf - NÖ, UWW). - Taufmatrik AKH 37/04/08: P: Theresia Marianowitsch, Hebamme, Anmerkung: "Mater infantis judaea", Randnotiz aus dem Jahr 1943.

[369] Johanna Sonnenfeld, geb. von Neutra in Ungarn, wohnhaft in Preßburg, zugereist (GbhP).

[370] Johann Sonnenfeld wurde vom Fdh zunächst in Wien bei einer Taglöhnerin, dann in der Steiermark in Schölbing bei einer Keuschlerin untergebracht, die auch als "PP" (Pflegepartei) in das EntlP eingetragen wurde (FdhP, EntlP: Singer Anna, Keuschlerin, Schölbing No 30, Pfarre St. Johann, Gretzer Kreis). - Randnotizen in der Taufmatrik des AKH aus den Jahren 1877, 1939 und 1940 (TaufmatrikAKH 46/02/14: Johann Sonnenfeld).

[371] Johanna Sonnenfeld, geb. und wohnhaft in Preßburg in Ungarn, zugereist (GbhP).

[372] Friedrich Sonnenfeld - in der Taufmatrik des AKH findet sich kein Hinweis auf die jüdische Herkunft dieses Kindes; kam zusammen mit seiner Mutter ins Fdh; wuchs bei einem Schuster auf, seine Pflegemutter wurde in das EntlP aufgenommen (FdhP, EntlP: Pflegemutter: Fleck Barbara, Riedlingsdorf <Ridlingsdorf, ung. Rödöny> No 77, Pfarre Pinkafeld, Eisenburger Gespanschaft <Ungarn>).

[373] o.A. (GbhP), **Anna Wieland** (FdhP) - im GbhP blieb die Namensrubrik des Kindes leer, nur das Geschlecht und das Transferdatum wurden eingetragen; das Kind kam am 34/04/22 ins Fdh; am selben Tag wurde ein Kind mit dem Namen Anna Wieland aufgenommen, M: Maria <ohne Zunamen>, Anmerkung: "Mutter Israelitin" - die Form der Eintragung könnte zur irrtümlichen Annahme führen, Mutter und Kind hätten denselben Zunamen getragen - Anna Wieland war jedoch ein jüdisches Fremdnamenkind. Da kein Sterbedatum in das FdhP eingetragen wurde, könnte dieses Kind überlebt haben, zudem sich in der Taufmatrik eine Randnotiz in Form eines Datums befindet, das sich auf die Ausstellung eines Taufscheines - etwa für eine beabsichtigte Eheschließung - beziehen mag (Taufmatrik AKH 34/04/12: P: Theresia Marianowitsch, Hebamme, Anmerkung: "Mater infantis judaea", Randnotizen: 61/12/28, 1940/12/07 mit einem Aktenverweis).

[374] Hermine Sonnenfeld, ein "68er Kind", kam ungetauft mit seiner Mutter ins Fdh, nach zwei Tagen einer ungarischen Bäuerin zur Pflege übergeben (FdhP; CAHJP A/W 1809, Verzeichnis jüdischer Findelkinder 1868).

[375] Amalia Sonnenmark, geb. und wohnhaft in Skalitz (Szakolcza) in Ungarn, zugereist (GbhP).

[376] Amalia Lang kam zur Keuschlerin Magdalena Mistelberger, die auch in das EntlP als Übernahmepartei eingetragen wurde (FdhP, EntlP: Mistelberger

S

M: Name	M: Vorname	geb. ca.	Beruf	K: Name	K: Vorname	K: geb.	K: gest.	K: entl.	Qu GbhP	Qu FdhP	Qu EntlP
Sonnenschein[377]	Lotti	1840/U	Magd	Sonnenschein	Adolf	61/08/28	61/09/11		46/06540	1861/6862	
Sonnenschein	Lotti	1843/U	Magd	Sonnenschein[378]	Kath.	67/08/30			52/04612	1867/5624	
<...>[379]				Sontag[380]	Andreas	1794/11	1794/12			1794/2333	
				Sontag[381]	Josef Alois	21/02				1821/3511	
<...>[382]				Sontagin[383]	Katharina	1795/11	1795/12			1795/2334	
Sorger[384]	Anna	1837/U	Magd	Sorger	August	60/12/28	61/09/1		46/00049	1861/0115	
Sorger	Anna	1838/U	Magd	totgeboren 60/12/28					46/00049		

Magdalena, Keuschler, Elz, Pfarre Puch, Bezirksgericht Waitz in Steyermark, P<flege>P<artei>). - Randnotizen in der Taufmatrik des AKH aus den Jahren 1939 bis 1941 (Taufmatrik AKH 41/05/18).
[377] Lotti Sonnenschein, geb. von Verbó in Ungarn, 1861 wohnhaft in Magendorf No 24, Preßburger Komitat; 1867 von ihrem Heimatort zugereist (GbhP).
[378] Katharina Sonnenschein könnte die Findelpflege überlebt haben: kein Sterbedatum im FdhP, Randnotizen in der Taufmatrik des AKH aus den Jahren 1893 und 1898 (Taufmatrik AKH 67/08/23).
[379] o.A. (Taufmatrik AKH 1794/11/23: Andreas Sontag, M: "Die Mutter eine Jüdin"; im FdhP wird weder der Name der Mutter noch die jüdische Herkunft des Kindes erwähnt). Die Mutter hat auf der 2. Zahlabteilung unter No 7 entbunden (Taufmatrik AKH 1794/11/23).
[380] Andreas Sonntag war ein Fremdnamenkind, wurde an einem Sonntag getauft und erhielt von diesem Wochentag seinen Namen; war einen Tag alt, als er ins Fdh gegen eine Taxe von 6 fl. aufgenommen wurde; gestorben am 1794/12/03 (FdhP; Taufmatrik AKH 1794/11/23).
[381] Josef Alois Sontag, getauft im Alter von neun Monaten am 21/10/11 in der Pfarre Alservorstadt. - Das Kind - beiläufig neun Monate alt - wurde bei der Laternenanzünderin Anna Graf zurückgelassen, "ist auf Ansuchen der k.k. Findelhaus Direktion als überbrachtes Judenkind bey 9. Monathe alt getauft worden"; da kein Sterbedatum in das FdhP nachgetragen wurde, könnte dieses Kind bei Anna Graf, seiner Pflegemutter, überlebt haben (Pfarre Alservorstadt Taufmatrik 21/10/11; FdhP: Anna Graf, Laternenanzündersgattin, Leopoldstadt No 189). - Die Taufe war hier offensichtlich vorgenommen worden, um das Kind in die Findelhausversorgung überzuführen, wodurch die Kostfrau Verpflegsgeld für das Kind beziehen konnte - das Kind blieb ja bei ihr.
[382] o.A. (Taufmatrik AKH 1795/11/22: Katharina Sontagin, M: Jüdin; im FdhP wird weder der Name der Mutter noch die jüdische Herkunft des Kindes erwähnt). Die Mutter hat in der 2. Zahlabteilung unter No 40 entbunden (Taufmatrik AKH 1795/11/22).
[383] Katharina Sontagin war ein Fremdnamenkind, wurde an einem Sonntag - am 95/11/22 - getauft und erhielt von diesem Wochentag ihren Namen (Taufmatrik AKH 95/11/22); für ihre Aufnahme ins Fdh wurde eine Aufnahmstaxe von 6 fl. erlegt; 1795/12/07 an Gedärmentzündung gestorben (FdhP).
[384] Anna Sorger, geb. und wohnhaft in Pápa in Ungarn, zugereist. - Zwillingsgeburt 60/12/28: August Sorger und ein totgeborenes Kind.

S

M: Name	M: Vorname	geb. ca.	Beruf	K: Name	K: Vorname	K: geb.	K: gest.	K: entl.	Qu GbhP	Qu FdhP	Qu EntlP
Sorr[385]	Franziska	1823/M	Magd	Sorr[386]	Johann	44/12/25	44/12/26		30/00977		
Spassmann[387]	Katharina	1818/G	Magd	Spassmann[388]	Katharina	46/10/2	46/10/5		31/06358		
Spatz	Magdalena	1825/B	Hdarb	Spatz[389]	Rosalia	44/12/24		47/04/1	30/00913	1845/0010	47/05/19
Spazier[390]	Rosalia	1834/U	Hausr	Spazier[391]	Leopold	64/11/12		68/05/25	49/09568	1864/8759	68/06/16
Speller, vide Spuller											
SPI(E)GEL											
Spiegel[392]	Elisabeth	1834/M	Magd	Spiegel[393]	Elisabeth	61/11/13	61/12/22		46/07461	1861/8623	

[385] Franziska Sorr, gestorben am 44/12/28 (GbhP: im Gbh, IKG Stb A 2188: im AKH an Nervenfieber). - TBP 44/12/28: "Sorr Franziska, Magd, israelitischer Religion, ledig, gebürtig Trebitsch in Mähren, Josephstadt No 77, an Nervenfieber, AKH."

[386] Getauft, am folgenden Tag im Gbh gestorben (GbhP; Taufmatrik AKH 44/12/25: "Mater judea", P: Andreas Losch, Kirchendiener).

[387] Katharina Spassmann, gestorben am 46/10/09 (GbhP: im Gbh, IKG Stb A 2513: im AKH an Tuberkulose). - TBP 46/10/09: "Spassmann Katharina, Magd, israelitischer Religion, ledig 28 Jahr alt, gebürtig von Krzahanow in Pohlen <Chrzanów in Galizien>, Leopoldstadt No 455, an der Tuberkulose, AKH."

[388] Getauft, nach zwei Tagen gestorben (GbhP; Taufmatrik AKH 46/10/03: "Mater Judea", P: Theresia Mahr, Hebamme).

[389] In der Taufmatrik des AKH findet sich kein Hinweis auf die jüdischen Herkunft dieses Kindes. Rosalia Spatz, als "Israelitenkind" in das FdhP aufgenommen, wurde im Jahr 1847 im Alter von knapp zweieinhalb Jahren "gegen Revers" aus der Findelpflege entlassen (FdhP, EntlP'e für die 1840er Jahre nicht erhalten; Taufmatrik AKH 44/12/21: Rosalia Spatz).

[390] Rosalia Spazier, um 1834 in Werbau <Verbó>, Neutraer Komitat geb., Handarbeiterin in Wien, Salzgries No 15, hat den aus Lemberg stammenden Schneider Leopold Frisch nach jüdischem Ritus geheiratet (EntlP und IKG ProsP 68/10/27, Beilage 1868, No 30: Leopold Spatzier).

[391] Leopold Spazier (GbhP, FdhP), Leopold Spazirer (EntlP), Leopold Spatzier bzw. Samuel **Frisch** (IKG ProsP 68/10/27, Beilage 1868, No 30: Leopold Spatzier). - Leopold Spazier/Frisch kam zehn Tage nach seiner Geburt nach Stockerau zu Rosalia Weill in Findelpflege. Sein Vater war Leopold Frisch (IKG ProsP, Fritsch: EntlP: Leopold Frisch <ursprünglich Fritsch, das T wurde gestrichen>), Schneidermeister aus Lemberg, er löste 1868 das noch keine vier Jahre alte Kind "gegen Revers" aus der Findelpflege (EntlP: Leopold und Rosa Frisch, Schneidermeisterehelente, Wien-Leopoldstadt, Obere Donaustraße No 69, Bezirk Leopoldstadt <mit Blaustift wurde "LE" - leibliche Eltern/Erzeuger - hinzugefügt>). Die Eltern brachten dieses Kind zurück in die jüdische Gemeinde: Der Bub wurde am 68/10/23 beschnitten und erhielt den Namen Samuel, er wurde nach dem Familiennamen seines Vaters Samuel Frisch genannt, von welchem er als legitimer Sohn anerkannt wurde (IKG ProsP 68/10/27, Beilage 1868, No 30: Leopold Spatzier).

[392] Elisabeth Spiegel, geb. von Gewitsch in Mähren, wohnhaft in Mattersdorf, zugereist (GbhP); nach dem Wochenbett ins AKH auf eine andere Abteilung gebracht (GbhP).

M: Name	M: Vorname	geb. ca.	Beruf	K: Name	K: Vorname	K: geb.	K: gest.	K: entl.	Qu GbhP	Qu FdhP	Qu EntlP
Spiegel[394]	Johanna	1828/M	Köchin	Spiegel[395]	Amalia	53/07/2		58/08/17	38/05517	1853/4543	58/08/17
Spigel	Johanna	1834/U	Magd	Spigel[396]	Anna	58/05/9		68/05/9	43/04999	1858/3928	68/05/23
Spiegel[397]	Julia	1836/M	Magd	Spiegel[398]	Leopold	56/12/9	57/01/17			42/00292	1856/7967
Spiegel	Julia	1835/M	Magd	Spiegel[399]	Maria	58/09/5		68/09/16		43/06711	1858/6865	68/09/16
Spiegel	Julia	1836/M	Köchin	Spiegel	Antonia	60/04/27	61/05/5			45/03035	1860/3164

---

[393] "Wegen Krankheit der Mutter" Fdh (FdhP).

[394] Johanna Spiegel, "Tochter des Leopold und der Barbara Spiegel aus Markowaretz bei Datschitz in Mähren" (Taufmatrik AKH 53/07/03: Amalia Spiegel), wurde 1853 als "Israelitin" in das FdhP eingetragen. Aus dem Legitimierungsvermerk in der Taufmatrik geht jedoch hervor, daß Johanna Spiegel zur Zeit der Geburt des Kindes nicht jüdisch war, sondern erst später, vor ihrer Verehelichung mit Samuel Baumhorn im Jahr 1859, zum Judentum übergetreten ist: "Nachdem der Vater die zum Judenthum übergetretene Kindesmutter am 59/05/22 nach israelitischem Ritus geehelicht" (Taufmatrik AKH 53/07/03: Amalia Spiegel). - Es dürfte hier zu einer Verwechslung zwischen Mutter und Kind gekommen sein.

[395] Amalia Spiegel wurde vom Fdh zunächst bei einem Zeugmacher in Wien-Hernals, dann bei der Taglöhnerin Maria Fagl in Potz Neusiedel - damals in Ungarn - untergebracht. Das Kind blieb an diesem Ort, wurde fünf Jahre später vom Schuhmacher Michael Scheuch "gegen Revers" aus der Findelpflege gelöst (FdhP, EntlP: Michael und Maria Scheuch, Schuhmachersgattin, <Wien> Strozzigrund No 6). - Vater des Kindes war Samuel Baumhorn, Goldarbeiter in Rudolfsheim, Sohn des Bernhard und der Rebekka Baumhorn. Er hat 1859 die Mutter seines Kindes nach jüdischem Ritus geheiratet und sein Kind durch ein bei der Bezirkshauptmannschaft Sechshaus aufgenommenes Protokoll durch seine Vaterschaftserklärung 1874 legitimiert (Taufmatrik AKH 53/07/03: Amalia Spiegel).

[396] Anna Spigel kam zu einem Grundbesitzer im Bezirk Pöllau in der Steiermark, dessen Frau in das EntlP als Übernahmepartei eingetragen wurde (FdhP, EntlP: Katharina Krogger, Grundbesitzersgattin von Zail No 32, Pfarre Pöllauberg, Bezirk Pöllau). - In der Taufmatrik des AKH befindet sich eine Randnotiz aus dem Jahr 1889, welche sich auf die Ausstellung eines Taufscheines für Anna Spigel beziehen mag.

[397] Julia Spiegel, geb. von Markwaretz in Mähren, Iglauer Kreis; wohnhaft in Wien-Leopoldstadt No 274 (1856) und No 3 (1858), 1860 von St. Leonhart zugereist (GbhP).

[398] Leopold Spiegel, im Fdh an Tabes (Schwindsucht, Auszehrung) gestorben (FdhP).

[399] Maria Spiegel wurde vorerst in der Gegend um Pöllau in der Steiermark untergebracht, kam nach neun Jahren nach Wien ins Fdh zurück, nach Ablauf der Findelpflege (1868) nahm das Kind ein Schweißer namens Samuel Pollak "gegen Revers" zu sich, holte es bei der letzten Pflegepartei in Wien-Sechshaus ab - in welcher Beziehung Samuel Pollak zum Kind, bzw. zur Mutter des Kindes gestanden ist, geht aus dem EntlP nicht hervor (FdhP, EntlP: Samuel Pollak, Schweiser, <Wien> Mariahilf, Millergasse No 44).

S

M: Name	M: Vorname	geb. ca.	Beruf	K: Name	K: Vorname	K: geb.	K: gest.	K: entl.	Qu GbhP	Qu FdhP	Qu EntlP
Spiegel[400]	Rosalia	1820/U	Magd	*Schwarz*[401]	Ignaz	42/09/19	42/11/18		27/05527	1842/4256	
Spiegler[402]	Amalia	1836/U	Magd	unentbunden entlassen 58/11/26						43/08815	
Spiegler[403]	Amalia	1838/U	Magd	totgeboren 60/02/1						45/02194	
Spiegler[404]	Barbara	1818/M	Magd	*Jenner*[405]	Josefa	37/09/21	37/10/18		22/03940	1837/3610	
Spiegler[406]	Barbara	1820/M	Hdarb	*Melaun*[407]	Maria	40/03/24		50/03/24	25/02132	1840/1468	50/04/26
Spiegler	Barbara	1820/M	Hdarb	totgeboren 40/03/24					25/02132		
Spiegler	Barbara	1846/U	Magd	Spiegler	Barbara	65/09/1	65/09/19		50/05820	1865/6564	
Spiegler[408]	Cäcilia	1842/M	Magd	Spiegler	Friederike	64/06/25			49/06146	1864/5234	
Spiegler[409]	Maria	1834/U	Magd	Spiegler	Karolina	58/12/10	59/01/2		44/00980	1858/9244	
Spiegler	Maria	1836/U	Magd	Spiegler	Karl	63/01/31	63/02/26		48/01796[410]	1863/1063	

---

[400] Rosalia Spiegel, geb. aus Rechnitz in Ungarn; getauft in der Pfarre St. Laurenz am Schottenfeld, erhielt bei der Taufe die Namen Rosalia **Josefa** (Pfarre St. Laurenz Konvertiten I 45/11/06).
[401] "Wegen israelitischer Mutter" Fdh (FdhP).
[402] Amalia Spiegler, geb. von Liesko in Ungarn, Trentschiner Komitat, 1858 wohnhaft in Stockerau, zugereist; war 1860 im AKH, Zi. 73 (GbhP).
[403] Kam vom AKH, Zi. 73 ins Gbh, wurde nach der Entbindung wieder in ihr Krankenzimmer zurückgebracht (GbhP).
[404] Barbara Spiegler, geb. von Holleschau in Mähren, Hradischer Kreis; 1837 wohnhaft in Wien-Leopoldstadt No 61, 1840 in St. Ulrich No 68 (GbhP'e).
[405] "Mater infantis judaea" (Taufmatrik AKH 37/09/22); im Fdh gestorben (FdhP).
[406] Zwillingsgeburt 40/03/24: Marie Melaun und ein totgeborenes Kind.
[407] Maria Melaun wurde von der Bäuerin Susanne Dirnhofer in Haslarn übernommen, die nach Ablauf der Findelhausversorgung auch in das EntlP als Übernahmepartei mit dem Vermerk "PP" - Pflegepartei - eingetragen wurde (FdhP, EntlP: Dirndorfer Susanne, Bauersgattin, Haslarn No 3, Pfarre Laach - NÖ, OMB).
[408] Cäcilia Spiegler wurde in das FdhP als "kl" (katholisch, ledig) eingetragen, ist jedoch im GbhP und in der Taufmatrik des AKH als jüdisch ausgewiesen (FdhP; Taufmatrik AKH 64/06/25: Friederike Spiegler).
[409] Maria Spiegler, geb. von Liesko in Ungarn, Trentschiner Komitat, 1858 wohnhaft in Wien-Hernals, 1863 in Wolkersdorf No 463, bzw. Nikolsburg in Mähren, zugereist (GbhP).
[410] GbhP 48/00638 und GbhP 48/01796.

S

M: Name	M: Vorname	geb. ca.	Beruf	K: Name	K: Vorname	K: geb.	K: gest.	K: entl.	Qu GbhP	Qu FdhP	Qu EntlP
Spielberger[411]	Johanna			Tochter	Spielberger[412] Karolina	34/09/18	40/04/15			1834/2249	
Spielmann[413]	Lotti	1839/M	Hdarb	unentbunden entlassen		61/04/30				46/04518	
Spielmann[414]	Charlotte	1839/M	Hdarb	Spielmann[415]	Adolf	61/05/3	61/05/11			46/04634	1861/3582
Spielmann[416]	Pepi	1838/M		Spielmann[417]	Maria	58/01/30	58/03/01			1858/0866	
Spielman	Lida	1840/U	Magd	Spielmann[418]	Maria	68/05/13			53/03073	1868/3558	
Spiess[419]	Katharina	1823/U	Magd	*Merkl*[420]	Maria	42/06/7		52/06/7	27/03652	1842/2807	52/06/14

[411] Johanna Spielberger, V: Abraham Spielberger, Handschuhmacher, M: Antonia, geb. <o.A.> (Pfarre St. Leopold Taufmatrik 34/09/20: Karolina Spielberger, geb. 34/09/18).
[412] Karolina Spielberger, geboren in der Leopoldstadt No 138, getauft am 34/09/20 in der Pfarre St. Leopold, Taufpatin war Maria Scheimanin, Färbergehilfensgattin, wohnhaft Leopoldstadt No 138 - vermutlich eine Nachbarin der Hebamme Theresia Kopetzky; das Kind kam zwei Tage später mit Taufschein und Armutszeugnis gegen eine Taxe von 20 fl. ins Fdh (Pfarre St. Leopold Taufmatrik 34/09/20; FdhP).
[413] Lotti Spielmann wurde am 61/04/30 unentbunden ins AKH auf die Syphilis-Abteilung gebracht, nur zur Entbindung neuerlich ins Gbh "transferirt", nach der Entbindung in ihr Krankenzimmer zurückverlegt (GbhP).
[414] Ins FdhP als "kl" (katholisch, ledig) eingetragen, im GbhP und in der Taufmatrik jedoch als jüdisch ausgewiesen (FdhP; Taufmatrik AKH 61/05/03: Adolf Spielmann).
[415] Adolf Spielmann kam "wegen Krankheit der Mutter" ins Fdh; im Fdh an Lebensschwäche gestorben (FdhP).
[416] Josefa (Pepi) Spielmann, 20 Jahre alt, ledig, von Boskowitz geb. und zuständig, Dienstmagd (FdhP).
[417] Maria Spielmann kam bei der Hebamme Franziska Huber, Michelbeuerngrund No 34 zur Welt, wurde am 58/01/30 in der Pfarre Alservorstadt getauft - Patin war die Hebamme. Das Einverständnis der Mutter, mit Stempelmarken versehen, mit ihrem Handzeichen und den Unterschriften zweier Zeugen unterfertigt, wurde der Taufmatrik der Pfarre Alservorstadt beigelegt (Pfarre Alservorstadt Taufmatrik 58/01/30). Das Kind kam vier Tage später mit Taufschein und Armutszeugnis gegen eine Aufnahmetaxe von 20 fl. ins Fdh; gestorben im Fdh an Tabes (Schwindsucht, Auszehrung) (FdhP).
[418] Maria Spielmann, ein "68er Kind", wurde ungetauft mit ihrer Mutter ins Fdh gebracht (FdhP; CAHJP A/W 1809, Verzeichnis jüdischer Findelkinder 1868).
[419] Katharina Spiess, geb. und wohnhaft in Pápa in Ungarn, zugereist (GbhP).
[420] Maria Merkl kam im Alter von zwei Wochen zur Kleinhäuslerin Theresia Matzinger in Mariazelleramt; konnte bei dieser Pflegemutter bis nach Ablauf der Findelhausversorgung bleiben (FdhP, EntlP: Matzinger Theresia, Kleinhäuslerin in Mariazelleramt No 37, Pfarre Klausleopoldsdorf <Klausenleopoldsdorf> - NÖ, UWW). - In der Taufmatrik des AKH findet sich eine Randnotiz in Form eines Datums aus dem Jahr 1873 (73/10/29), mit

S

M: Name	M: Vorname	geb. ca.	Beruf	K: Name	K: Vorname	K: geb.	K: gest.	K: entl.	Qu GbhP	Qu FdhP	Qu EntlP
Spirer[421]	Emilie	1844/U	Magd	Spirer	Josef	67/07/21	67/10/4		52/04334	1867/5016	
Spierer[422]	Rosa	1841/U	Hdarb	Spierer	Friedrich	65/01/25	67/02/7		49/10569	1865/0826	
Spitz	Fanni	1833/M	Magd	Spitz	Maria	55/02/21	55/04/13		40/02443	1855/1460	
Spitz	Josefa	1804/U	Magd	*Zelotes*[423]	Simon	23/11/5	23/11/6		08/02379		
Spitz	Maria	1815/M	Magd	*Irro*[424]	Ignatz	43/01/20	46/09/11		28/01181	1843/0441	
Spitz	Rosalia	1827/U	Magd	Spitz[425]	Johann	47/04/4	47/04/23		32/02891	1847/2311	
Spitz[426]	Rosa	1836/U	Magd	Spitz	Anna	59/09/4	63/03/26		44/07469	1859/7113	
Spitz	Theresia	1805/U	Magd	M.A.[427]			25/08/24		10/01810		
Spitz	Theresia	1841/U	Magd	Spitz	Ferdinand	67/02/18	68/02/18			1867/1505	
Spitzer	Amalia	1837/U	Hdarb	Spitzer	Johann	67/09/22	68/02/29		52/05707	1867/6235	
Spitzer	Amalia	1844/U	Magd	Spitzer	Johann	64/04/27	64/07/7		49/04715	1864/3637	
Spitzer	Anna			Spitzer[428]	Amalia M.	21/12/6				1821/4146	

welchem die Ausstellung eines Taufscheines festgehalten worden sein mag.

[421] Emilie Spirer, geb. von Asszony-fa in Ungarn, Raaber Komitat, zugereist (GbhP).

[422] Rosa Spierer, geb. von Raab in Ungarn, zugereist (GbhP).

[423] S.Z. (GbhP), Simon Zelotes (Taufmatrik AKH: 23/11/05) - Neben den Initialen wurde in das GbhP das Sterbedatum des Kindes eingetragen: "starb! 6 9ber" - am 6. November im Gbh gestorben. Kinder, die im Gbh gestorben waren, wurden mit dem Namen der Mutter in die Sterbematrik des AKH eingetragen, so auch dieses Kind: Gestorben war der "Spitz Josepha ihr Kind K<nabe> g<etauft> N<ame> Simon Zelotes" (Sterbematrik AKH 23/11/06). In die Taufmatrik wurde Simon Zelotes als "Israeliten Kind" eingetragen (Taufmatrik AKH: 23/11/05). - Mit dem Sterbedatum im GbhP konnten in diesem Fall die Initialen über die Sterbematrik des AKH aufgelöst werden.

[424] "Wegen israelitischer Mutter" Fdh (FdhP).

[425] Im Fdh an Lebensschwäche gestorben (FdhP).

[426] Rosa Spitz, geb. von Rovne in Ungarn, Trentschiner Komitat, wohnhaft in Neutra, zugereist (GbhP).

[427] M.A. (GbhP) - Das Kind kam am 25/09/02 ins Fdh - das FdhP zum Jahr 1825 ist in Verlust geraten, in der Taufmatrik des AKH konnte kein zu den Initialen passendes Kind gefunden werden: Am 25/08/24 wurden zwei Kinder "im jüdischen Formular" eingetragen, ohne Nennung der Mutter mit einer Mesner-Hebammenpatenschaft: Ludwig Marisch und Adelheid Rosenberg. Bei keinem der beiden Kinder läßt sich über Schriftvergleich oder Datenanalyse eine Beziehung zu den Initialen oder zur Mutter des Initialenkindes herstellen.

[428] Geboren in der Leopoldstadt No 17, getauft in der Pfarre St. Josef zwei Tage nach ihrer Geburt, kam ein Monat später ins Fdh. Die Mutter "legte eine

M: Name	M: Vorname	geb. ca.	Beruf	K: Name	K: Vorname	K: geb.	K: gest.	K: entl.	Qu GbhP	Qu FdhP	Qu EntlP
Spitzer[429]	Anna	1806/U	Hdarb	**Schindler**	Alois	30/07/18	30/10/2		15/01378	1830/1555	
Spitzer	Anna	1820/U	Hdarb	**Edel**	Anton	42/06/9	42/06/29		27/03869	1842/2829	
Spitzer	Netti	1837/M	Magd	Spitzer	Maria	65/07/19	65/08/4		50/05009	1865/5522	
Spitzer[430]	Anna	1840/U	Köchin	Spitzer	Anna	59/01/4	59/08/19		44/01583	1859/0307	
Spitzer	Anna	1839/U	Magd	Spitzer	Johann	61/04/20	61/05/6		46/04290	1861/3408	
Spitzer	Anna	1839/U	Magd	Spitzer	Theresia	62/07/28	62/11/1		47/05958	1862/5398	
Spitzer	Anna	1839/U	Magd	Spitzer	Moritz	63/11/6	63/11/29		49/00141	1863/8248	
Spitzer[431]	Anna	1841/U	Magd	Spitzer	Anna	65/12/19	66/01/17		50/08672	1865/9341	
Spitzer	Anna	1841/U	Magd	Spitzer	Franziska	65/12/19	66/01/13		50/08672	1865/9342	
Spitzer[432]	Betti	1832/U	Hdarb	Spitzer[433]	Theresia	56/09/27	56/09/30		41/06339	1856/6105	
Spitzer[434]	Fanni	1837/U	Witwe	<...>[435]		63/08/2			48/06760		
Spitzer[436]	Johanna	1815/M	Magd	Spitzer	Johann	44/05/22	44/10/16		29/03415	1844/2600	
Spitzer	Johanna	1832/U	Magd	Spitzer[437]	Rosa	59/03/26	59/04/11		44/03535	1859/2552	

---

mit Zeugen unterfertigte Erklärung ein, daß ihr Kind getauft werden soll" (Pfarre St. Josef (Karmeliter) Taufmatrik 21/11/08). Das Kind könnte überlebt haben, da kein Sterbedatum in das FdhP eingetragen wurde (Pflegepartei: Anna Schmid, Tischlersgattin, No 9 Breitenfeld).
[429] Anna Spitzer, geb. und wohnhaft in Preßburg in Ungarn, zugereist aus Preßburg (GbhP).
[430] Anna Spitzer, geb. von Komorn in Ungarn; wohnhaft in Wien-Leopoldstadt No 182 (1861) und Auf der Haid No 6 (1865), in der Alservorstadt No 7 (1862), sowie in Wien-Landstraße No <o.A.> (1863) (GbhP'e).
[431] Zwillingsgeburt 65/12/19: Anna und Franziska Spitzer.
[432] Betti Spitzer, geb. von Holics in Ungarn, wohnhaft in Wien-Sechshaus No 27; wurde in das GbhP als "k<atholisch>" eingetragen, in der Taufmatrik und im FdhP als jüdisch ausgewiesen (GbhP; Taufmatrik AKH 56/09/28: Theresia Spitzer; FdhP: "Israelitenkind").
[433] "Wegen Religion der Mutter" Fdh (GbhP); im Alter von drei Tagen im Fdh an Lungenentzündung gestorben (FdhP).
[434] Fanni Spitzer, Weißnäherin (GbhP).
[435] o.A. (GbhP). Dieses Kind, ein Bub, wurde nicht getauft, die Mutter war verwitwet, Mutter und Kind wurden am 63/08/10 aus dem Gbh entlassen (GbhP).
[436] Johanna Spitzer, geb. von Nikolsburg, 1844 in Wien im AKH Zi. 71, von dort zur Entbindung ins Gbh gebracht (GbhP).
[437] "Wegen Religion der Mutter" Fdh (GbhP, FdhP), Taufpatin war das Stubenmädchen Rosa Neuda, Leopoldstadt No 213; im Fdh an Apoplexie

S

M: Name	M: Vorname	geb. ca.	Beruf	K: Name	K: Vorname	K: geb.	K: gest.	K: entl.	Qu GbhP	Qu FdhP	Qu EntlP
Spitzer[438]	Johanna	1840/U	Magd	Spitzer[439]	Theresia	64/05/1	64/05/15		49/04324	1864/3576	
Spitzer	Johanna	1844/U	Magd	Spitzer	Katharina	68/07/28			54/04568	1868/5199	
Spitzer	Katharina	1819/U	Magd	Spitzer	Karl	45/01/13	45/06/26		30/00812	1845/0245	
Spitzer	Katharina			Spitzer[440]	Maria	57/08/15	57/10/02			1857/5941	
Spitzer[441]	Katharina	1835/U	Magd	unentbunden entlassen 62/03/22					47/03127		
Spitzer	Katharina	1835/U	Magd	Spitzer	Katharina	62/04/22	62/07/1		47/03763	1862/2849	
Spitzer[442]	Katharina	1839/U	Magd	Spitzer[443]	Anna	59/05/10	61/09/23		44/04440	1859/3795	
Spitzer	Maria	1815/M	Magd	**Fromm**[444]	Johann	41/07/7		51/07/7	26/03665	1841/3168	51/11/4
Spitzer|Kraus[445]	Maria	1812/B	Magd	**Perlenhof**[446]	Peter	38/07/8	38/07/21		23/03048	1838/2719	

(Schlagfluß) gestorben (FdhP).
[438] Theresia Spitzer, aus dem Pester Komitat in Ungarn, zugereist (GbhP).
[439] "Wegen Krankheit der Mutter" Fdh, die Mutter wurde nach dem Wochenbett zum Ammendienst ins Fdh gebracht, am folgenden Tag wurde ihr Kind an eine Pflegepartei in Hoch-Neukirchen abgegeben (GbhP, FdhP). Im Index der Taufmatrik des AKH wurde zum Namen Theresia Spitzer "isr<aelitisch>" hinzugefügt, sodann gestrichen (Taufmatrik AKH 1864/I, Index).
[440] Maria Spitzer, geb. am 57/08/15 in Wien-Josefstadt No 33, am folgenden Tag in der Pfarre Maria Treu getauft, wurde tags darauf ins Fdh gebracht, mit Taufschein und einer Taxe von 50 fl. aufgenommen, nach sechs Wochen an Meningitis gestorben (FdhP).
[441] Katharina Spitzer, geb. von Kisfalud in Ungarn, Ödenburger Komitat, vom Geburtsort und von Ödenburg zugereist (GbhP'e).
[442] Katharina Spitzer wurde sogleich nach der Entbindung ins AKH auf die Syphilis Abteilung gebracht (GbhP).
[443] Anna Spitzer kam "wegen Krankheit der Mutter" ins Fdh, wurde bei einer Bäuerin in Groß-Schützen, Preßburger Komitat untergebracht, im Alter von zweieinhalb Jahren an Dysenterie (Ruhr) gestorben (FdhP).
[444] Johann Fromm blieb fünf Tage im Fdh. Er kam im Alter von zwei Wochen zu Pflegeeltern in die Steiermark nach Plaindorf, seine Pflegemutter wurde bei Beendigung der Findelhausversorgung in das EntlP eingetragen (FdhP, EntlP: Juliana Schmaleker, Kleinhäuslerin, Plaindorf No 17 - Stmk, Pfarre Steinbach).
[445] Maria **Spitzer** /:Krauß:/ (GbhP), Maria **Krauss** /:Spitzer:/ (IKG Stb A 1207: ledige Magd); gestorben am 38/07/26 (GbhP: im Gbh; IKG Stb A 1207: im AKH, Nervenfieber). - TBP: <Verweise: Spitzer vide Kraus Maria litt. C. pag. 38, u. ihr Kind Peter vide pag. 36 litt. K den 15>: "Kraus /:Spitzer:/ Maria, ledige Magd, israelitischer Religion, aus Psarsch in Böhm gebürtig, Alsergrund 42, am Nervenfieber, alt 26 Jahr."
[446] **P.P.** (GbhP), Peter **Perlenhof** (FdhP) - im Schriftvergleich sind die Doppelinitialen PP leicht zu erkennen, wenn auch die erste von ihnen einen orna-

S

M: Name	M: Vorname	geb. ca.	Beruf	K: Name	K: Vorname	K: geb.	K: gest.	K: entl.	Qu GbhP	Qu FdhP	Qu EntlP
Spitzer	Maria	1832/U	Magd	Spitzer	Josef	61/02/3	61/05/5		46/01225	1861/1201	
Spitzer	Maria	1847/U	Magd	Spitzer	Wilhelmine	66/02/20			51/01306	1866/1575	
Spitzer	Regina	1836/M	Hdarb	Spitzer	Helene	62/04/19	62/06/4		47/03614	1862/2787	
Spitzer	Rosalia	1836/U	Magd	Spitzer[447]	Salomon	58/02/18	58/03/9		43/02821	1858/1494	
Spitzer[448]	Rosalia	1843/U	Magd	Spitzer	Alois	65/02/3	65/05/10		50/00844	1865/1061	
Spitzer	Sali	1843/U	Köchin	totgeboren		66/03/2			51/00868		
Spiczer[449]	Rosalia	1843/U	Magd	Spitzer[450]	Adolf	67/07/19			52/04377		
Spitzer	Rosalia	1842/U	Magd	Spitzer	Ernest	59/10/14	60/01/31		44/08599	1859/8086	
Spitzer	Sali	1838/M	Magd	Spitzer	Rudolf	61/11/18	61/12/9		46/07455	1861/8786	
Spitzer	Theresia		Magd	Spitzer[451]	Josefa	18/03/18	18/04/06			1818/0787	
Spitzer[452]	Theresia	1842/U	Magd	unentbunden entlassen				63/08/03		48/06288	
Spitzer[453]	Theresia	1843/U	Magd	Spitzer[454]	Moritz	63/11/5	63/11/7			48/06924	

---

mentalen, üppigen sackförmigen Anstrich aufweist, ein "K" legt das Geschlecht des Kindes fest, das am 38/07/12 ins Fdh gebracht worden ist. Am gleichen Tag wurde als "Israelitenkind" Peter Perlenhof aus dem Gbh ins Fdh aufgenommen, der Name der Mutter des Initialenkindes wurde in das FdhP eingetragen - Maria Spitzer. In der Taufmatrik blieb zwar die betreffende Rubrik leer, die jüdische Herkunft des Kindes hingegen wurde mit dem Vermerk "Mater infantis judaea" festgehalten (GbhP, FdhP; Taufmatrik AKH 38/07/08).

[447] Salomon Spitzer war eine "Gassengeburt", er wurde mit seiner Mutter am folgenden Tag ins Gbh gebracht, getauft, kam sodann ins Fdh (GbhP).

[448] Rosalia Spitzer, geb. von Hazprunka (Istvánfalva, Hausbrunn) in Ungarn, Preßburger Komitat; 1865 wohnhaft in Wien am Rennweg No 55, in Wien 3, Novaragasse No 16 (1866) und in der Hetzgasse No 16 (1867) (GbhP'e).

[449] Rosalia Spiczer (GbhP), Rosalia Spitzer (IKG Gb D 3601: Adolf Spitzer), V: Jakob Spitzer, Greißler in Hausbrunn, Preßburger Komitat.

[450] o.A. (GbhP), **Adolf** Spitzer (IKG Gb D 3601) - wurde nicht getauft, Mutter und Kind wurden am 67/07/27 aus dem Gbh entlassen; das Kind wurde am 67/07/30 beschnitten und in das Geburtenbuch der IKG unter dem Namen Adolf Spitzer eingetragen (GbhP; IKG Gb D 3601).

[451] Josefa Spitzer, geb. in Wien Innere Stadt No 451, getauft in der Kirche am Hof; Taufpate war der Ehemann der Hebamme, ein Kleiderputzer; am folgenden Tag ins Fdh gebracht, gegen eine Taxe von 60 fl. aufgenommen, nach Penzing zu einer Kutschersgattin in Pflege gegeben; die jüdische Herkunft des Kindes wird im FdhP nicht erwähnt, jedoch wurde die Mutter namentlich eingetragen (Pfarre am Hof Taufmatrik 18/03/20; FdhP).

[452] Theresia Spitzer wurde unentbunden am 63/08/03 auf eine andere Abteilung des AKH gebracht (GbhP).

[453] Kam vom AKH zur Entbindung ins Gbh (GbhP).

S

M: Name	M: Vorname	geb. ca.	Beruf	K: Name	K: Vorname	K: geb.	K: gest.	K: entl.	Qu GbhP	Qu FdhP	Qu EntlP
Spitzner[455]	Johanna	1840/U	Magd	Spitzner	Anton	67/06/9	67/09/6		52/03146	1867/4058	
Springer	Juliana	1840/U	Hdarb	Springer[456]	Regina	57/11/30	57/12/30		43/00737	1857/8491	
Springer[457]	Josefa	1847/U	Hdarb	Springer[458]	Josef	65/12/23	65/12/24		50/08718		
SPUL(L)ER (SPUHLER)											
Spuhler	Anna	1828/U	Magd	Spuhler	Ignaz	50/04/25	51/07/15		35/02584	1850/2711	
Spuller[459]	Magdalena	1808/U	Magd	*Evald*[460]	Johann	33/07/4			18/02637	1833/2367	
Spuler	Magdalena	1809/U	Köchin	*Merk*[461]	Maria	35/10/22			20/03957	1835/3701	
Stadler[462]	Maria	1843/U	Magd	Stadler	Leopold	64/06/8	64/09/11		49/05298	1864/4826	
Stagl	Barbara	1802/M	Magd	*Salome*[463]	Maria	21/02/6	21/04/15		06/00370	1821/0492	

---

[454] Moritz Spitzer, getauft, nach zwei Tagen im Gbh gestorben (GbhP; Taufmatrik AKH 63/11/05).
[455] Johanna Spitzner, geb. von Herend in Ungarn, Veszprimer Komitat, wohnhaft in Pápa, zugereist (GbhP).
[456] "Wegen Krankheit der Mutter" (GbhP), bzw. "wegen Religion der Mutter" Fdh; im Fdh im Alter von einem Monat an Diarrhöe gestorben (FdhP).
[457] Josefa Springer, aus Pest in Ungarn, gestorben am 65/12/30 (GbhP: im Gbh, IKG Stb C 4236: an Lungenödem, nicht im TBP).
[458] Getauft, am folgenden Tag im Gbh gestorben (GbhP; Taufmatrik AKH 65/12/23).
[459] Magdalena Spuller (GbhP) - Magdalena Speller (FdhP) - geb. von Ragendorf (Rajka) in Ungarn, Wieselburger Komitat; wohnhaft in Wien Innere Stadt No 502 (1833).
[460] o.A. (GbhP), **Johann Evald** (FdhP: "Israelitenkind" <dreimal unterstrichen>, M: Magdalena Speller, Israelitin) - bei diesem Kind wurde kein Sterbedatum in das FdhP nachgetragen, es könnte demnach die Findelpflege bei seinen Pflegeeltern überlebt haben (FdhP: Pflegemutter: Elisabeth Fenster, Schuhmach<ersgattin> in Litschau No 29 - NÖ, OMB). - "Mater infantis judaea", Randnotizen aus den Jahren 1867 und 1941 (Taufmatrik AKH 33/07/06: Johann Evald, Randnotizen 67/05/10, 1941/07/16 mit weiterem Aktenverweis).
[461] Bei Maria Merk wurde im FdhP kein Sterbedatum nachgetragen, sie könnte somit die Findelpflege überlebt haben (FdhP: Pflegemutter: Anna Madler, Kleinhäuslerin in Streitwiesen No 8, Pfarre Weiten, Herrschaft Pöggstall - NÖ, OMB). - "Mater infantis judaea", Randnotizen aus den Jahren 1860 und 1944 in der Taufmatrik (Taufmatrik AKH 35/10/23; Randnotizen: 60/11/12, 1944/01/17; Randnotiz im GbhP aus dem Jahr 1944).
[462] Maria Stadler, geb. von Sommerein in Ungarn, Preßburger Komitat, wohnhaft in Preßburg, zugereist (GbhP).
[463] Maria Sal**a**mon (GbhP), Maria Salome (FdhP: die Mutter wird nicht genannt, kein Hinweis auf die jüdische Herkunft des Kindes, jedoch ein Impfvermerk: Vaccin<irt> mit Erfolg; Taufmatrik AKH 21/02/06: "Judaea" wurde in die Rubrik des Vaters eingetragen, P: Anna Blumenau, Hebamme).

S

M: Name	M: Vorname	geb. ca.	Beruf	K: Name	K: Vorname	K: geb.	K: gest.	K: entl.	Qu GbhP	Qu FdhP	Qu EntlP
STARK (STÄRK)											
Stärk	Amalia	1838/U	Magd	Stärk[464]	Sigmund	55/07/28	55/09/6		40/04936	1855/4840	
Stärk	Anna	1846/U	Magd	Stärk	Hermine	64/06/26	64/09/23		49/05524	1864/5255	
Stark[465]	Johanna	1818/M	Hdarb	*Schön*[466]	Karolina	41/11/3		49/06/8	27/00027	1841/4685	49/06/8
Steger, vide Stögerin											
Steier	Resi	1840/U	Magd	Steier[467]	Adolf	64/09/11	64/09/30		49/06659	1864/7066	
Stein[468]	Amalia	___/U		*Nicklin*[469]	Barbara	11/11/24	11/12/2			1811/2835	
Stein	Antonia	1844/B	Hdarb	Stein	Josefa	65/09/7	65/10/5		50/06216	1865/6712	
Stein	Barbara	1823/M	Magd	Stein	Maria	49/07/29	50/06/3		34/06113	1849/5113	
Stein[470]	Johanna	1820/B	Magd	*Schnee*	Columba	37/02/11	37/03/22		22/00951	1837/0591	
Stein Johanna, vide Rapoch Johanna											
Stein[471]	Katharina	1836/B	Magd	Stein	Hermine	60/03/26	60/04/22		45/02545	1860/2479	
Stein	Katharina	1836/B	Magd	Stein[472]	Johann	65/04/9	65/04/29		50/02486	1865/2648	

---

[464] "Wegen Religion der Mutter" Fdh (GbhP).
[465] Johanna Stark, gestorben am 41/11/12 (GbhP: im Gbh, IKG Stb A 1672: im AKH, an Nervenfieber); TBP 41/11/12: "Stark Johanna, Handarbeiterin, ledig, israelitisch, gebürtig von Pulitz in Mähren, 23 Jahr alt, Leopoldstadt No 146, am Nervenfieber, AKH."
[466] Karolina Schön wurde zunächst in der Nähe von Mailberg untergebracht, kam zurück ins Fdh und wurde erneut auf einen Kostplatz gegeben, bis eine Aktennotiz folgendes festhielt: Soll schon seit (49)/03/01 von der Pfarre weg sein - Karolina war zu dieser Zeit acht Jahre alt - das Kind ist demnach verschwunden und damit aus der Findelhausversorgung ausgeschieden (FdhP).
[467] "Wegen Krankheit der Mutter" Fdh (FdhP).
[468] Amalia Stein, aus "Fraukirchen in Ungarn" gebürtig (FdhP).
[469] Barbara Nicklin wurde einen Tag nach ihrer Geburt getauft, kam sogleich ins Fdh, im Fdh an Schwäche gestorben (FdhP).
[470] Johanna Stein, aus Böhmen, wohnhaft in Güssing in Ungarn, Eisenburger Komitat, zugereist (GbhP).
[471] Katharina Stein, geb. von Prehorow in Böhmen, Taborer Kreis; 1860 vom Geburtsort zugereist, 1865 wohnhaft in Wien-Leopoldstadt, Auf der Haid No 2 (GbhP'e).
[472] Johann Stein kam "wegen Krankheit der Mutter" ins Fdh, die Mutter wurde nach ihrer Genesung am 65/05/05 zum Ammendienst ins Fdh gebracht, zu dieser Zeit war das Kind bereits im Fdh an aphthöser Stomatitis (Mundschleimhautentzündung) gestorben (FdhP).

S

M: Name	M: Vorname	geb. ca.	Beruf	K: Name	K: Vorname	K: geb.	K: gest.	K: entl.	Qu GbhP	Qu FdhP	Qu EntlP
Stein	Maria	1797/M	Hdarb	*Maurer*[473]	Jakob	19/12/12	20/08/25		04/02921	1819/4019	
Stein[474]	Maria	1818/M	Hdarb	*Pius*[475]	Franz	42/10/3	42/10/22		27/05735	1842/4392	
Stein	Maria	1817/B	Magd	Stein	Julia	45/01/15	45/10/5		30/01372	1845/0396	
Stein[476]	Maria	1834/U	Magd	unentbunden entlassen 58/02/25					43/00186		
Stein	Maria	1835/U	Magd	Stein[477]	Veronika	58/03/5		68/03/5	43/03007	1858/2035	68/03/11
Stein[478]	Mina	1845/W	Hdarb	Stein	Berta	64/04/12	64/05/14		49/04262	1864/3207	
Stein[479]	Rosalia	1824/U	Magd	Stein	Theresia	47/01/10	47/01/30		32/00165	1847/0367	
Stein	Rosalia	1844/B	Magd	Stein[480]	Jakob	68/04/2	68/05/2		53/01560	1868/2571	
Stein[481]	Susanna	1836/M	Hdarb	Stein	Adolfina	65/07/26	65/09/10		50/05218	1865/5721	

---

[473] J.M. (GbhP), Jakob Maurer (FdhP). - Das Initialenkind kam einen Tag nach seiner Geburt ins Fdh; mit dem Vermerk "eine Israelitin", der sich auf die Mutter des Kindes bezog, ins FdhP aufgenommen. Zuvor war das Kind getauft worden, in der Taufmatrik findet sich kein Hinweis auf die jüdische Herkunft des Kindes, der Name der Mutter wurde nicht eingetragen, Taufpate war der Mesner Josef Eckerle (GbhP, FdhP; Taufmatrik AKH 19/12/13). - Mit hoher Wahrscheinlichkeit sind die Initialen "J.M." dem Findelkind Jakob Maurer zuzuordnen.
[474] Maria Stein, geb. von Leschetitz in Böhmen, Berauner Kreis; 1842 wohnhaft in Wien-Rossau No <o.A.>, 1845 in Wien-Leopoldstadt No 138 (GbhP'e).
[475] "Wegen Religion der Mutter" Fdh (FdhP). Im GbhP wurde der Transfer des Kindes ins Fdh nicht erwähnt.
[476] Maria Stein, geb. von Turdossin, Arvaer Komitat, zugereist (GbhP).
[477] Veronika Stein wurde vom Fdh an Anna Janos in Apfelbach in Ungarn <Almás, im Preßburger Komitat> weitergegeben, die das Kind großzog, wie aus dem EntlP hervorgeht (FdhP, EntlP: Janos Anna, Apfelbach).
[478] Im Jahr 1860 wurde ein Kind der Minna Stein, Theresia Stein (geb. 60/03/10), in das Geburtenbuch der IKG mit dem (angeblichen) Vater Hermann Grünwald eingetragen (IKG Gb C 1175).
[479] Rosalia Stein, geb. von Turdossin, Arvaer Komitat, zugereist (GbhP).
[480] Im Fdh gestorben (FdhP; CAHJP A/W 1809, Verzeichnis jüdischer Findelkinder 1868).
[481] Susanne Stein, geb. von Rausnitz in Mähren; wohnhaft in Wien-Fünfhaus, Feldgasse No 172. - Nur im GbhP als jüdisch ausgewiesen, ins FdhP als "kl" (katholisch, ledig) eingetragen (GbhP, FdhP); V: Johann Stein, Spediteur; M: Sara Rosalia Strasser; getauft in der Pfarre St. Laurenz am Schottenfeld, erhielt bei der Taufe die Namen Susanna **Dorothea Elisabeth**; als Begründung zur Taufe wurde u.a. "ein Verhältnis mit einem katholischen Christen" angegeben (Pfarre St. Laurenz Konvertiten III 67/02/28).

S

M: Name	M: Vorname	geb. ca.	Beruf	K: Name	K: Vorname	K: geb.	K: gest.	K: entl.	Qu GbhP	Qu FdhP	Qu EntlP
Stein[482]	Theresia	1811/U	Magd	unentbunden entlassen 29/11/15					14/02622		
Stein[483]	Theresia	1811/U	Magd	Reininger[484]	Peter	29/11/15			14/02639	1829/3744	
Steiner[485]	Amalia	___/U	Hdarb	Steiner[486]	Amalia	54/07/16	54/08/13			1854/5005	
Steiner	Anna	1802/U	Magd	Korp[487]	Kajetan	24/07/12			09/01542	1824/2705	

---

[482] Theresia Stein, geb. von Raab in Ungarn; wohnhaft in Wien-Leopoldstadt No 411 (GbhP'e).

[483] Theresia Stein, gestorben am 29/11/22 (GbhP: im Gbh; IKG Stb A 262: im AKH Gebäranstalt, an Nervenfieber). - TBP 29/11/22: "Stein Theresia, ledige Magd, israelitisch, von Raab in Ungarn gebürtig, No 411 in der Leopoldstadt, an Nervenfieber 18 Jahr, im AKH."

[484] Für Peter Reininger wurde eine Taxe von 12 fl. 30 kr. erlegt, mit einem Regierungsbescheid vom 30/03/14 wurden "die übrigen 281 fl. 30 kr. nachgesehen". Laut FdhP war "angeblich" seine Mutter Theresia Stein. Er kam fünf Tage nach seiner Geburt ins Fdh und wurde nach weiteren fünf Tagen einer Schneiderin in Manhartsbrunn in NÖ übergeben. 1835 kam er zu einer Witwe namens Anna Helmer in Wien-Breitenfeld (FdhP: Anna Helmer, Witwe in Breitenfeld No 44. Im FdhP kein Sterbedatum, das Kind könnte demnach überlebt haben. - Taufmatrik AKH 29/11/18: P: Josef Eckerle Kirchendiener, Anmerkung: "Mater judaea").

[485] Amalia Steiner, gebürtig aus Sassin (Pfarre Alservorstadt Taufmatrik 54/07/18), bzw. Szenitz (FdhP) in Ungarn, Weißnäherin, hat sich laut Note des k.k. Polizei Bezirks Commissariats Landstraße "aller Rechte auf ihr Kind begeben" (Pfarre Alservorstadt Taufmatrik 54/07/18).

[486] "Dieses Kind wurde l<aut> Zuschrift der k.k. Gebähr- und Findelanstalts-Direktion <...> anher zur Taufe überbracht" - Amalia Steiner wurde am 54/07/18 in der Pfarre Alservorstadt getauft (Pfarre Alservorstadt Taufmatrik 54/07/18).

[487] Karl (GbhP), Kajetan Korp (FdhP), Kajetan Korb (Taufmatrik AKH 24/07/12). - Bei diesem Kind wurden in das GbhP keine Initialen, sondern ein Vorname in die Namensrubrik des Kindes eingetragen, ganz in derselben Weise wie bei nichtjüdischen unehelichen Kindern, die in diesem Formular den Zunamen der Mutter erhielten. Das Transferdatum war der 13. Juli. "Wegen Krankheit der Mutter" wurde an diesem Tag ein zwei Tage altes Kind aus dem Gbh ins FdhP im "jüdischen Formular" aufgenommen - gratis, ohne Angaben zur Mutter - Kajetan Korp. Mit diesem Namen kam das Kind auch in das Taufprotokoll; hier trug man den Namen der Mutter - offensichtlich ein Versehen - in die betreffende Rubrik ein, es war der Name der Mutter des Initialenkindes: Anna Steiner; sodann wurde dieser Name gestrichen, was in einer Anmerkung aus späterer Zeit jedoch erläutert wird: "Im Rapular von <1>824 ist der Mutternahme Anna Steiner ausgestrichen und das Kind mit dem Nahmen Kajetan Korb eingetragen." - Diese Eintragung bestätigt jedoch nur die im Datenkontext mögliche Auflösung der Initialen "K.K.", ohne jeden Zweifel sind sie dem Findelkind Kajetan Korp/Korb zuzuordnen. - Das Kind könnte bei seinen Pflegeeltern überlebt haben, da kein Sterbedatum in das FdhP nachgetragen wurde (FdhP: Pflegemutter: Josefa Pfundner, Kutscherweib, No 395 Erdberg - sodann mag sie nach Simmering übersiedelt sein, als ihre letzte Adresse wurde "Simmering No 162" in das FdhP eingetragen (GbhP, FdhP; Taufmatrik AKH 24/07/12: kein Hinweis auf die jüdische Herkunft des Kindes, Taufpate: Josef Eckerle, Mesner).

M: Name	M: Vorname	geb. ca.	Beruf	K: Name	K: Vorname	K: geb.	K: gest.	K: entl.	Qu GbhP	Qu FdhP	Qu EntlP
Steiner	Anna		Modistin	Steiner[488]	Karolina	56/09/19	56/11/11			1856/5957	
Steiner	Anna	1832/B	Magd	Steiner	Berta	56/05/24	56/07/25		41/04287	1856/3615	
Steiner[489]	Betti	1844/U	Magd	Steiner[490]	Karl	62/01/20	62/02/10		47/01749	1862/0656	
Steiner	Betti	1842/U	Magd	Steiner[491]	Maria Ant.	66/02/14	66/03/14		51/01178	1866/1401	
Steiner[492]	Cäcilie	1820/U	Magd	*Zwirn*	Josef	41/01/22	41/02/10		26/00189	1841/0524	
Steiner	Cäcilie	1815/U	Magd	Steiner	Cäcilia	45/11/7	45/12/18		31/00087	1845/5762	
Steiner[493]	Lotti	1844/U	Hdarb	Steiner	Alois	62/06/5	63/06/9		47/04479	1862/4134	
Steiner[494]	Fanni	1839/U	Magd	Steiner	Isidor	66/12/26	67/03/4		51/07647	1867/0027	
Steiner[495]	Franziska	1829/U	Modistin	Steiner[496]	Amalia	51/05/9		61/05/9	36/04220	1851/3324	61/11/5
Steiner	Franziska			Steiner[497]	Eduard	53/08/31	53/09/20			1853/5611	

---

[488] Karolina Steiner, getauft am 56/09/22 in der Pfarre Am Hof: "Vorstehende Mutter erklärt durch gefertigte Zeugen, das Kind katholisch erziehen lassen zu wollen" (Pfarre Am Hof Taufmatrik 56/09/22: "Das Kind ist dem Findelhause übergeben worden"); wurde einen Tag nach der Taufe ins Fdh gebracht (FdhP), dem FdhP zufolge als "Israelitenkind" gegen eine Taxe von 50 fl. aufgenommen (FdhP).
[489] Betti Steiner, geb. von Kúthy, Neutraer Komitat; wohnhaft in Wien-Leopoldstadt, Haidgasse No 7 (1867).
[490] Karl Steiner, im Fdh im Alter von drei Wochen an Lebensschwäche gestorben (FdhP).
[491] Maria Antonia Steiner, im Fdh im Alter von vier Wochen an Anämie gestorben (FdhP).
[492] Cäcilia Steiner, geb. von Neustadtl in Ungarn, Neutraer Komitat, wohnhaft in Preßburg, zugereist (GbhP).
[493] Lotti Steiner, geb. und wohnhaft in Pápa in Ungarn, zugereist (GbhP).
[494] Franziska Steiner, geb. von Pacsa in Ungarn, Zalader Komitat, zugereist (GbhP).
[495] Franziska Steiner, geb. und wohnhaft in Neutra in Ungarn, zugereist (GbhP).
[496] Amalia Steiner kam "wegen Religion der Mutter" ins Fdh (FdhP), wurde in der Steiermark, in Mitter-Fladnitz, bei einem Tischlermeister untergebracht, ihre Pflegemutter kam zehn Jahre später ins EntlP (EntlP: Mayer Maria, Tischlerin, <Mitter Fladnitz> No 80, Pfarre Hartmannsdorf, <Bezirk Feldbach>). - Randnotizen in der Taufmatrik des AKH aus den Jahren 1940 und 1941 (Taufmatrik AKH 51/05/19: Amalia Steiner).
[497] Eduard Steiner kam bei der Hebamme Theresia Hornack zur Welt, wurde sogleich in der Pfarre Alservorstadt getauft; Taufpatin war die Hebamme; das Einverständnis der Mutter zur Taufe wurde in der Taufmatrik unter Anführung von zwei Zeugen, des Ehemanns der Hebamme und des Kirchendieners, festgehalten. In einer Anmerkung wurde noch hinzugefügt: "Das Kind wurde der k.k. Findelanstalt übergeben" - es wurde unmittelbar nach der Taufe ins Fdh gebracht (Pfarre Alservorstadt Taufmatrik 53/08/31; FdhP).

M: Name	M: Vorname	geb. ca.	Beruf	K: Name	K: Vorname	K: geb.	K: gest.	K: entl.	Qu GbhP	Qu FdhP	Qu EntlP
Steiner	Franziska			Steiner[498]	Anna Kath.	57/06/30	57/08/07			1857/5014	
Steiner	Helene	1830/U	Magd	<..>[499]		50/11/11			35/06872		
Steiner[500]	Jetti	1844/M	Magd	Steiner[501]	Sofia	65/10/20	65/12/3		50/06068	1865/7756	
Steiner	Jetti	1844/M	Hdarb	Steiner	Elisabeth	67/12/5	68/06/26		52/07342	1867/7992	
Steiner	Johanna	1820/U	Köchin	*Fleissig*	Barbara	42/09/18	42/11/25		27/05509	1842/4234	
Steiner[502]	Johanna	1845/U	Magd	Steiner	Johanna	64/02/2	64/04/5		49/01960	1864/1203	
Steiner[503]	Josefa	1803/U	Köchin	*Sorger*[504]	Ludowika	28/09/13			13/01633	1828/3328	
Steiner[505]	Josefa	1812/B		*Eichinger*[506]	Elisabeth	37/04/20	37/05/9		22/02123	1837/1573	

---

[498] Anna Katharina Steiner wurde am 57/06/30 bei der Hebamme Katharina Engel, Stadt No 467, geboren und am 57/07/08 in der Pfarre St. Stefan getauft - Taufpatin war die Hebamme. Anmerkung in der Taufmatrik: "Das Kind wurde nach der h<eiligen> Taufe sogleich in das k.k. Findelhaus überbracht." Ins Fdh wurde das Kind mit Taufschein und einer Taxe von 50 fl. aufgenommen, die Mutter als "Israelitin, ledig" namentlich in das FdhP eingetragen. Das Kind ist im Fdh an Diarrhöe gestorben (Pfarre St. Stefan Taufmatrik 57/06/30; FdhP).
[499] o.A. (GbhP). Dieses Kind, ein Mädchen, wurde nicht getauft, Mutter und Kind wurden am 50/11/20 aus dem Gbh entlassen (GbhP). Die Mutter stammte aus Szered im Preßburger Komitat, wohnte in Wien-Leopoldstadt No 238 (GbhP).
[500] Jetti Steiner, geb. von Kromau in Mähren; 1865 wohnhaft in Wien-Leopoldstadt, Große Mohrengasse No 27 (GbhP'e).
[501] Sofia Steiner, "wegen Krankheit der Mutter" Fdh (FdhP).
[502] Johanna Steiner, aus dem Neutraer Komitat, zugereist von Stockerau (GbhP).
[503] Josefa Steiner, gestorben am 28/09/27 (GbhP: im Gbh; IKG Stb A 186: im AKH Gebähr-Anstalt, an Nervenfieber). - TBP 28/09/27: "Steiner Josefa, ledig, israelitisch, Köchin von 184 in der Stadt, von Schasberg in Ungarn <Schossberg, ung. Sassin, im Neutraer Komitat> gebürtig, am Nervenfieber, alt 25 Jahr."
[504] Ludowika Sorger wurde sogleich getauft, blieb jedoch eine Woche im Gbh, kam sodann "wegen Krankheit der Mutter" ins Fdh (GbhP, FdhP); könnte bei den Pflegeeltern überlebt haben, ins GbhP wurde kein Sterbedatum nachgetragen (FdhP: Pflegemutter: Elisabeth Haslinger, Bäuerin, Mayersdorf No 1, Herrschaft Stahrenberg, Fischau - NÖ, UWW) und in der Taufmatrik des AKH findet sich eine Randnotiz in Form eines Datums (56/04/02), welches auf die Ausstellung eines Taufscheines verweisen mag, der etwa zur Verehelichung benötigt hätte werden können (Taufmatrik AKH 28/09/13).
[505] Josefa Steiner, Trödlerin, getauft am 42/08/15 (GbhP 22/2123: "Mutter 15. Aug<ust> <1>842 getauft, extr<adiert> 14. Jän. <Jahreszahl verschmiert>), keine Akten zu dieser Taufe im DAW.
[506] Taufmatrik AKH 37/04/20: P: Katharina Grinzingerin, in Diensten, Schaumburger Grund No 45, Anmerkung: "Mater infantis judaea".

S

M: Name	M: Vorname	geb. ca.	Beruf	K: Name	K: Vorname	K: geb.	K: gest.	K: entl.	Qu GbhP	Qu FdhP	Qu EntlP
Steiner[507]	Judith	1813/M	Magd	*Ambach*	Anna	36/02/13	37/08/10		21/01187	1836/0636	
Steiner	Judith	1813/M	Magd	*Ambach*[508]	Josef	36/02/13	36/02/13		21/01187		
Steiner[509]	Julia	1833/U	verh.	Steiner[510]	Josefa	58/08/11	58/08/30		43/07105	1858/6092	
Steiner[511]	Karolina	1819/U	Magd	*Meiter*[512]	Maria	38/12/30	39/01/24		24/00751	1838/4897	
Steiner	Karolina	1819/U	Magd	*Jäger*[513]	Josef	40/06/16		50/06/16	25/03294	1840/2719	50/07/25
Steiner	Karolina	1830/B	Magd	Steiner	Antonia E.	55/02/18	55/06/9		40/02245	1855/1322	
Steiner[514]	Katharina	1808/M	Magd	*Klein*	Magdalena	35/05/22	35/08/16		20/02124	1835/2004	
Steiner[515]	Katharina			Steiner[516]	Katharina	45/04/24	45/06/03			1845/2251	

[507] Zwillingsgeburt 36/02/13: Anna und Josef Ambach.
[508] Josef Ambach wurde notgetauft und ist noch am selben Tag im Gbh gestorben (GbhP). - Taufmatrik AKH 36/02/13: "Mater infantis judaea. Den Knaben die Hebamme Theresia Marianowitsch nothgetauft".
[509] Steiner Julia, Handarbeiterin, nach der Entbindung sogleich ins AKH in eine andere Abteilung gebracht; gestorben am 58/08/14. - TBP 58/08/15: Steiner Julia, Näherin, 32 Jahr, verheiratet, Freistadtl Ungarn, Alsergrund 195, Tuberkulose, AKH.", ähnlich IKG Stb B 3703 58/08/14, jedoch ohne Todesursache.
[510] Josefa Steiner sogleich nach der Geburt "getauft in der Hauseskapelle auf Veranlassung der Oberhebamme Franziska Schwehla", kam "auf Krankheitsdauer der Mutter" ins Fdh, im Fdh an Lebensschwäche gestorben (FdhP).
[511] Karolina Steiner, geb. von Sassin (Schossberg) in Ungarn, Neutraer Komitat; 1838 wohnhaft in Wien-Michelbeuerngrund No 30, 1840 in der Alservorstadt No 180 (GbhP'e).
[512] Maria Meiter war ein Fremdnamenkind, nur im GbhP findet man beide Namen, den Namen der Mutter und den Fremdnamen des Kindes. Im FdhP wird nur der Vorname der Mutter angegeben, woraus irrtümlich auf den Zunamen Meiter für die Mutter geschlossen werden könnte, während in der Taufmatrik des AKH die Rubrik zur Mutter leer blieb (Taufmatrik AKH 39/01/24: Maria Meiter, "mater infantis judaea"); kam "wegen Krankheit der Mutter" ins Fdh (GbhP).
[513] Joseph Jäger blieb nur einen Tag im Fdh, er wurde der Frau eines Schneiders in Wien-Landstraße zur Pflege übergeben, die ihn nach vier Monaten wieder ins Fdh zurückbrachte, von dort kam er nach drei Wochen zu einem Müller in der Nähe von Rohrbach. Bei diesen Pflegeeltern hat er überlebt (FdhP, EntlP: Höbling Anna, Müllersweib in St. Veit an der Gölsen - NÖ, OWW).
[514] Katharina Steiner, aus Mähren, zugereist (GbhP).
[515] Die Mutter wurde in das FdhP als "katholisch", ihr Kind jedoch als "Israelitenkind" eingetragen (FdhP).

S

M: Name	M: Vorname	geb. ca.	Beruf	K: Name	K: Vorname	K: geb.	K: gest.	K: entl.	Qu GbhP	Qu FdhP	Qu EntlP
Steiner	Katharina	1829/U	Hdarb	Steiner[517]	Karl	49/11/30	50/04/29		35/00569	1849/7426	
Steiner	Katharina	1832/M	Hdarb	totgeboren 56/11/11					42/00220		
Steiner[518]	Katharina	1843/U	Magd	Steiner	Maria	63/06/26	63/10/3		48/05804	1863/4984	
Steiner	Lili	1823/U	Magd	Steiner[519]	Josef	57/01/15	57/02/1		42/00671	1857/0416	
Steiner[520]	Maria	1817/U	Magd	*Jordan*[521]	Johann	37/08/29	37/10/16		22/02899	1837/3339	
Steiner	Maria	1817/U	Hdarb	*Leitner*[522]	Leopold	41/06/23	41/06/30		26/03517	1841/2864	
Steiner[523]	Maria	1848/U	Magd	Steiner	Johann	66/01/13	66/04/26		50/08387	1866/0524	
Steiner	Maria	1848/U	Magd	totgeboren 67/09/29					52/05864		
Steiner[524]	Rosalia	1817/U	Magd	*Rosenbach*	Rosalia	36/09/22	37/03/7		21/03723	1836/3203	
Steiner[525]	Rosalia	1824/U	Magd	unentbunden entlassen 42/05/05					27/03000		
Steiner	Rosalia	1828/M	Magd	Steiner[526]	Anna	49/02/21		59/02/21	34/02636	1849/1523	59/04/13

---

[516] Katharina Steiner, geb. in Wien-Fünfhaus, vier Tage später in der Pfarre Reindorf getauft, wurde am folgenden Tag mit Taufschein und gegen eine Taxe von 50 fl. ins Fdh aufgenommen (FdhP).
[517] "Wegen Religion der Mutter" Fdh (FdhP).
[518] Katharina Steiner, geb. von Podvilk in Ungarn, Arvaer Komitat, zugereist von St. Andrä (GbhP).
[519] "Wegen Religion der Mutter" Fdh (FdhP).
[520] Maria Steiner, geb. von Szerdahely, wohnhaft in Preßburg, zugereist (GbhP).
[521] J.J. (GbhP), Johann Jordan (FdhP). - Im GbhP Doppelinitialen, Transferdatum und "K<nabe>" als Geschlechtsangabe - dieses Initialenkind kam am 10. September ins Fdh. An diesem Tag wurde als "Israelitenkind" Johann Jordan mit seiner Mutter, "Steiner, Marie, Israelitinn", ins FdhP aufgenommen. Maria Steiner war die Mutter des Initialenkindes "J.J.". In die Taufmatrik wurde der Name seiner Mutter nicht eingetragen, jedoch seine jüdische Herkunft mit dem Vermerk "mater infantis judaea" festgehalten (GbhP, FdhP; Taufmatrik AKH 37/08/29).
[522] "Mater judaea" (Taufmatrik AKH 41/06/23); im Fdh im Alter von einer Woche an Lebensschwäche gestorben (FdhP).
[523] Maria Steiner, geb. von Szered in Ungarn, Preßburger Komitat, zugereist (GbhP).
[524] Rosalia Steiner kam vom AKH, Zi. 18 zur Entbindung ins Gbh (GbhP).
[525] Rosalia Steiner, geb. von Szered in Ungarn, Preßburger Komitat, von Preßburg zugereist (GbhP).
[526] Anna Steiner, als "Israelitenkind" <doppelt unterstrichen> ins FdhP aufgenommen, kam vorerst zu einer Hausbesitzerin in Goldgeben, sodann zu einem Bauern nach Töppling: Bei diesen Pflegeeltern konnte sie bis nach Beendigung der Findelhausversorgung bleiben (FdhP, EntlP: Holzer Franziska,

S

M: Name	M: Vorname	geb. ca.	Beruf	K: Name	K: Vorname	K: geb.	K: gest.	K: entl.	Qu GbhP	Qu FdhP	Qu EntlP
Steiner[527]	Rosalia	1831/U	Magd	Steiner	Rosalia	51/01/17	51/02/1		36/01665	1851/0384	
Steiner[528]	Rosalia	1834/U	Magd	Steiner	Theresia	57/10/13	57/11/7		42/07911	1857/7472	
Steiner	Rosalia	1840/U	Hdarb	Steiner[529]	Karl	58/03/8	58/04/1		43/03328	1858/1888	
Steiner	Rosalia			Steiner[530]	Regina	60/08/03	60/12/6			1860/6002	
Steiner[531]	Rosalia	1849/U	Magd	Steiner	Rudolf	68/01/12			52/06899	1868/0492	
Steiner[532]	Theresia	1817/U	Magd	unentbunden entlassen 45/05/02					30/03034		
Steiner	Theresia	1818/U	Magd	Steiner	Alois	45/05/23	46/09/25		30/03626	1845/2876	
Steiner[533]	Theresia	1840/U	Magd	Steiner	Adolf	64/09/11	64/09/30		49/06659	1864/7066	
Steinhart	Anna	1835/U	Magd	Steinhart[534]	Johann	55/10/13	55/10/19		40/06806		
Steinherz	Rosalia	1842/U	Magd	<...>[535]		65/09/13			50/06361		
Steininger	Franziska	1799/U	Magd	<...>[536]		20/11/20			05/02371		

Bäuerin, <Töppling> No 4, Pfarre St. Johann - NÖ, UWW). Der Taufmatrik zufolge wurde in den 1870er Jahren ein Taufschein für Anna Steiner - möglicherweise für eine beabsichtigte Verehelichung - ausgestellt (Taufmatrik AKH 49/02/21: Anna Steiner).

[527] Rosalia Steiner, gestorben am 51/01/30 (GbhP: im Gbh; IKG Stb B 956: im AKH, an Blutzersetzung). - TBP 51/01/30: "Steiner Rosalia, Magd von Millidorf Ungarn gebürtig, 20 Jahr alt, israelitisch, ledig, Währing No 31, an Blutzersetzung, AKH."

[528] Rosalia Steiner, geb. von Palota in Ungarn, wohnhaft in Pest, zugereist (GbhP).

[529] "Wegen Religion der Mutter" Fdh (GbhP), bzw. "wegen Krankheit der Mutter" Fdh (FdhP). Die Mutter wurde nach dem Wochenbett zum Ammendienst ins Fdh gebracht, am selben Tag wurde ihr Kind nach Hausbrunn im Preßburger Komitat in Findelpflege gegeben (GbhP, FdhP).

[530] Regina Steiner, geboren in Wien-Leopoldstadt bei der Hebamme Rosalia Grimmling, getauft in der Pfarre St. Leopold: "Die israel. Mutter verlangte ausdrücklich die Taufe des Kindes, um es in das Findelhaus bringen zu können"; wurde mit Taufschein und gegen den Erlag einer Taxe von 52,50 fl. ins Fdh aufgenommen (Pfarre St. Leopold Taufmatrik 60/09/01; FdhP).

[531] Ins FdhP wurde die Mutter nur mit dem Vornamen eingetragen - Sali <eine Kurzform für Rosalia>, eine "Israelitin".

[532] Theresia Steiner, geb. von Preßburg in Ungarn, zugereist (GbhP).

[533] Theresia (Resi) Steiner, geb. von Nemes in Ungarn, Stuhlbezirk Kleinzell, zugereist (GbhP).

[534] Getauft, nach sechs Tagen im Gbh gestorben (GbhP; Taufmatrik AKH 55/10/13).

[535] o.A. (GbhP). Dieses Kind, ein Mädchen, wurde nicht getauft. Mutter und Kind wurden am 65/09/21 aus dem Gbh entlassen (GbhP).

[536] o.A. (GbhP: Die Rubriken für das Geschlecht und den Namen des Kindes blieben leer, das Transferdatum ins Fdh wurde jedoch angegeben). Zwei

M: Name	M: Vorname	geb. ca.	Beruf	K: Name	K: Vorname	K: geb.	K: gest.	K: entl.	Qu GbhP	Qu FdhP	Qu EntlP
Steininger	Karolina	1828/B	Köchin	Steininger	Anna	54/12/17	55/01/7		40/00963	1854/8427	
Steinitz	Anna	1846/M	Magd	Steinitz	Heinrich	68/01/30	68/04/9		53/00673	1868/0914	
Steinitz[537]	Rosalia	1845/M	Hdarb	Steinitz	Rosa	63/09/2	63/11/20		48/07478	1863/6604	
Steinitz	Resi	1843/M	Hdarb	<...>[538]		67/01/12			52/00254		
Steinschütz	Rosalia	1834/W	Hdarb	Steinschütz	Theresia	54/09/1	54/11/30		39/07103	1854/6105	
<...>[539]				Stephanin[540]	Anna	00/12/26	01/01/31			1800/2939	
Ster[541]	Johanna	1845/U	Magd	Ster	Leopold	67/10/26	68/04/13		52/06260	1867/6968	
Stern[542]	Anna	1826/U	Magd	Stern	Heinrich	46/09/22	46/11/12		31/06202	1846/5289	
Stern[543]	Netti	1837/U	Magd	unentbunden entlassen				61/01/23	46/01911		
Stern	Anna	1841/U	Hdarb	Stern	Marianne	66/05/19	66/08/12		51/03471	1866/3913	
Stern[544]	Netti	1839/U	Hdarb	Stern[545]	Leopold	62/01/13	62/02/10		47/00620	1862/0362	

Kinder wurden an diesem Tag (am 20/11/20) im "jüdischen Formular" in die Taufmatrik eingetragen: Elisabeth Klausner (P: Eleonore Maucher, Hebamme) und Franciscus Lad<islaus> Laszinsky (P: Ignatius Groß, Kirchendiener) (Taufmatrik AKH 20/11/20); für beide wurde eine Aufnahmstaxe von 30 fl. bezahlt (FdhP 1820/3657: Elisabeth Klausner; FdhP 1820/3658: Franz Laschinsky). In diesem Fall ist es nicht möglich, über eine Datenanalyse eine nähere Beziehung zur Mutter des namenlosen Kindes herzustellen und damit das Kind zu identifizieren.

[537] Rosalia Steinitz, geb. von Nikolsburg in Mähren, zugereist (GbhP).
[538] o.A. (GbhP), nicht getauft, Mutter und Kind wurden am 67/01/19 aus dem Gbh entlassen (GbhP).
[539] o.A. (Taufmatrik AKH 00/12/26: Anna Stephanin, M: Jüdin, im FdhP: keine Angaben zur Mutter des Kindes; sie hatte in der 2. Abteilung unter No 33 entbunden.
[540] Anna Stephanin wurde am 26. Dezember getauft und könnte ihren Zunamen nach dem Namenspatron dieses Tages erhalten haben (Taufmatrik AKH 00/12/26); im FdhP kein Hinweis auf die jüdische Herkunft des Kindes, für welches eine Taxe von 6 fl. erlegt wurde.
[541] Johanna Ster, geb. von Dunaszerdahely in Ungarn, zugereist (GbhP). - Im GbhP als "k<atholisch>" eingetragen, in der Taufmatrik und im FdhP als jüdisch ausgewiesen (GbhP, FdhP).
[542] Anna Stern, aus dem Preßburger Komitat, zugereist (GbhP).
[543] Netti Stern, geb. und wohnhaft in Szerdahely (No 47) in Ungarn, zugereist (GbhP).
[544] Netti Stern, geb. und wohnhaft in Sassin in Ungarn, zugereist (GbhP).
[545] "Wegen Krankheit der Mutter" Fdh (FdhP) - die Mutter wurde nach dem Wochenbett zum Ammendienst ins Fdh gebracht, am folgenden Tag kam das Kind in Außenpflege (GbhP, FdhP).

M: Name	M: Vorname	geb. ca.	Beruf	K: Name	K: Vorname	K: geb.	K: gest.	K: entl.	Qu GbhP	Qu FdhP	Qu EntlP
Stern[546]	Barbara	1821/U	Stbm	totgeboren		40/12/8			26/00188		
Stern[547]	Barbara	1822/U	Magd	Stern[548]	M. Februaria	42/02/12	43/04/3		27/01623	1842/0913	
Stern	Barbara	1834/B	Hdarb	Stern[549]	Julius	57/04/16	57/05/09			1857/3095	
Stern	Cäcilia	1805/M	Magd	*Chusy*[550]	Nathanael	25/02/7			10/00302		
Stern	Cäcilia	1835/U	Magd	Stern[551]	Ignaz	56/12/27			42/00526		
Stern	Eleonora	1815/B	Magd	*Stein*	Peregrin	43/04/27	43/05/18		28/03057	1843/2125	
Stern	Fanni	1844/U	Magd	Stern	Leopold	67/08/7	67/09/1		52/04757	1867/5292	
Stern[552]	Johanna	1823/U	verh.	Stern[553]	Rosalia	53/12/6	54/01/22		39/00792	1853/7999	

[546] Barbara Stern, geb. und wohnhaft in Altofen in Ungarn, zugereist (GbhP).
[547] Barbara Stern, geb. von Szerdahely in Ungarn (GbhP).
[548] Maria **Februar** (GbhP), Maria **Februaria Stern** (FdhP). - Das Kind war ein Fremdnamenkind, wurde im Februar geboren, und unter diesem Namen mit "Maria Februar" in das GbhP eingetragen, in das FdhP jedoch unter dem Familiennamen der Mutter (Stern), als Maria Februaria Stern aufgenommen (FdhP: Die Mutter erscheint mit dem Vornamen Barba<ra>, kein Hinweis auf die jüdische Herkunft des Kindes; Taufmatrik AKH 42/02/12: P: Theresia Mahr, Hebamme; Anmerkung: "Mater judaea").
[549] Julius Stern, geb. und getauft im Militär-Gebärhaus am 57/04/16, kam neun Tage später "wegen Religion der Mutter" gratis ins Fdh, als "Israelitenkind" ins FdhP aufgenommen; ist im Fdh an Diarrhöe gestorben (FdhP).
[550] **N.Ch.** (GbhP), **Nathanael Chusy** (Taufmatrik AKH 25/02/07). - Die erste Initiale kann im Schriftvergleich als N erkannt werden, die zweite auf verschiedene Weise interpretiert werden, u.a. als Y, Lh oder Ch., in die Geschlechtsrubrik wurde ein "M" gesetzt, was in der Mitte der 1820er Jahre sowohl "Mädchen" als auch "männlich" bedeuten konnte. Gesichert ist bei diesem Kind nur das Transferdatum ins Fdh - für das Jahr 1825 sind jedoch keine FdhP'e erhalten. Die Auflösung der Initialen kann daher nur über die Taufmatrik des AKH versucht werden. Geboren wurde das Kind am 25/02/07 - es wird an diesem oder am folgenden Tag im Gbh getauft worden sein - am 7. Februar wurde auch tatsächlich ein Kind auf den Namen Nathanael getauft, mit einem Zunamen, der nur im Schriftvergleich mit anderen Namen, die von derselben Hand eingetragen wurden, als "Chusy" aufgelöst werden kann: Kurrent-U wird exakt wie Kurrent-E geschrieben, unterscheidet sich jedoch durch einen als "U-Haken" hoch darübergesetzten, kaum wahrnehmbaren, hauchfeinen, langen, senkrechten Strich. - Die jüdische Herkunft des Kindes wurde durch den in dieser Zeit üblichen Vermerk "mater infantis judaea" festgehalten - wodurch im Datenkontext das Initialenkind "N.Ch." mit dem Findelkind Nathanael Chusy identifiziert werden kann.
[551] o.A. (GbhP), **Ignaz** Stern (IKG Gb B 3106). Dieses Kind wurde nicht im Gbh geboren, sondern bei der Hebamme Barbara Kohn, Stadt No 502. - Als "Gassengeburt" kam es mit der Mutter nach der Geburt in das Gbh, das Kind wurde nicht getauft, Mutter und Kind wurden entlassen; als uneheliches Kind in das Geburtenbuch unter dem Namen Ignaz Stern eingetragen, ohne Nennung des Vaters (IKG Gb B 3106).

S

M: Name	M: Vorname	geb. ca.	Beruf	K: Name	K: Vorname	K: geb.	K: gest.	K: entl.	Qu GbhP	Qu FdhP	Qu EntlP
Stern	Julia	1821/U	Magd	unentbunden entlassen 39/10/04					24/04474		
Stern	Juliana	1821/U	Köchin	*Hübsch*[554]	Anna	39/10/17		39/10/29	24/04667	1839/4257	
Stern[555]	Karolina	1835/U	Köchin	Stern[556]	Anna	56/12/1	56/12/5		42/00478	1856/7591	
Stern	Katharina	1801/U	Magd	*Holzapfl*[557]	Franz	19/01/24			03/02359	1819/0321	
Stern	Katharina	1834/U	Magd	Stern[558]	Karl	55/08/31	55/09/17		40/06033	1855/5432	
Stern[559]	Magdalena	1825/U	Magd	Stern[560]	Magdalena	50/07/20	51/08/7		35/04828	1850/4416	

[552] Kleinhändlersgattin, Magd, nach dem Wochenbett dem Polizeibezirkskommissariat Alservorstadt übergeben (GbhP, FdhP).
[553] Gassengeburt, getauft einen Tag nach der Geburt, kam ins Fdh (GbhP, FdhP; Taufmatrik AKH 53/12/07).
[554] "Wegen Krankheit der Mutter" Fdh, die Mutter wurde nach drei Wochen entlassen (GbhP), das Kind ist im Fdh im Alter von zwölf Tagen gestorben (FdhP).
[555] Karolina Stern (GbhP, TBP), Karolina /:Lotti:/ Stern (FdhP), gestorben am 56/12/14 (GbhP: im Gbh; IKG Stb B 3034: im AKH Gebärhaus, Blutzersetzung). - TBP 56/12/14: "Stern Caroline, Köchin, 22 Jahr, israelitisch, Szered Ungarn, Stadt No 502, Blutzersetzung, k.k. Gebärhaus."
[556] "Wegen Krankheit der Mutter" Fdh, gestorben im Fdh an Lebensschwäche (FdhP).
[557] **F.H.** (GbhP), Franz Holzapfl (FdhP), Franz Holtzaptl (Taufmatrik AKH 19/01/26). - "Kind g<ra>t<i>s ins Findelhaus den 28ten Juny <1>819", lautet bei diesem Kind die Eintragung zum Transfer ins Fdh, es hatte die Initialen "F.H." erhalten. Am gleichen Tag wurde ins Fdh ein Kind aus dem Gbh mit dem Namen Franz Holzapfl aufgenommen, "wegen Israelitisch<er> Religion" lautete der Aufnahmegrund, der Name der Mutter wurde nicht eingetragen. Das Kind war "1 T<ag alt>". In die Taufmatrik des AKH wurden jedoch Mutter und Kind namentlich aufgenommen: Die Mutter als "Catharina Stern", "Israelita", das Kind unter dem Namen "Franciscus Holtzaptl" - eine Namensvariante, die aus einem zu kurz geratenen F erklärt werden kann, das nicht weit genug in die Unterlänge reichte und dadurch zu T verlesen wurde. Für die Auflösung der Initialen in "F.H." spielt dies jedoch keine Rolle, das Initialenkind "F.H." ist mit dem Findelkind Franz Holzapfl/Holtzaptl ident - es wurde bei der Kleinhäuslerin Anna Maria Alblin in Weissenbach untergebracht. In das FdhP wurde kein Sterbedatum nachgetragen, das Kind könnte demnach bei seiner Pflegemutter überlebt haben (FdhP: Anna Maria Alblin, Kleinhäuslersweib in Weissenbach No 1, Pfarre Pottenstein - NÖ, UWW). Randnotizen in der Taufmatrik des AKH aus den Jahren 1839 und 1873 könnten sich auf die Ausstellung von Taufscheinen beziehen (GbhP, FdhP; Taufmatrik AKH 19/01/26, mit Randnotizen in Form von Datumsangaben: 39/02/08 und 73/08/06).
[558] Karl Stern kam als "Gassengeburt" zur Welt, wurde mit seiner Mutter ins Gbh gebracht, dort getauft, kam sodann "wegen Religion der Mutter" ins Fdh, nach zwei Wochen an Diarrhöe gestorben (GbhP, FdhP).
[559] Magdalena Stern, geb. von Bagotta in Ungarn, Komorner Komitat, zugereist (GbhP).

S

M: Name	M: Vorname	geb. ca.	Beruf	K: Name	K: Vorname	K: geb.	K: gest.	K: entl.	Qu GbhP	Qu FdhP	Qu EntlP
Stern	Maria	1843/U	Hdarb	Stern[561]	Johanna	68/03/2	68/03/30		53/01449	1868/1643	
Stern[562]	Rebekka	1834/U	Magd	unentbunden	entlassen	52/02/26			37/02579		
Stern	Regina			Stern[563]	Josefa M.	55/10/20	55/12/17			1855/6412	
Stern[564]	Rosalia	___/M		Stern[565]	Rosalia	36/09/06	43/02/13			1836/3196	
Stern	Sali	1833/U	Hdarb	Stern[566]	Anton	54/04/6	54/06/6		39/03502	1854/2481	
Stern	Sali	1839/M	Magd	unentbunden	entlassen	58/03/06			43/02028		
Stern[567]	Sali	1839/M	Magd	Stern[568]	Josef	58/03/9	59/07/13		43/03345	1858/1891	
Stern[569]	Sofia	1844/U	Hdarb	Stern	Ludwig	67/01/12	67/01/28		51/07954	1867/0487	
Stern[570]	Veronika	1841/U	Magd	Stern[571]	Rudolf	62/09/11	62/09/23		47/05643	1862/6412	

---

[560] "Wegen Religion der Mutter" Fdh (FdhP).
[561] Johanna Stern, ein "68er Kind", kam "wegen Krankheit der Mutter" ungetauft ins Fdh, von dort nach Höflein a. d. Donau, wo es im Alter von einem Monat gestorben ist. Sie steht nicht auf der IKG-Liste jüdischer Findelkinder (FdhP; CAHJP A/W 1809, Verzeichnis jüdischer Findelkinder 1868).
[562] Rebekka Stern, geb. von Güssing in Ungarn, aus Ödenburg zugereist (GbhP).
[563] Josefa Magdalena Stern, geboren in Wien-Leopoldstadt No 218, getauft am 55/10/20 in der Pfarre Leopoldstadt, kam zwei Tage später mit Taufschein und gegen eine Taxe von 50 fl. ins Fdh (FdhP).
[564] Rosalia Stern, geb. zu Altstadt in Mähren, V: Josef Stern, Schneider; M: Theresia Stern, geb. Siegl (Pfarre St. Leopold Taufmatrik 36/09/23: Rosalia Stern (Kind), geb. 36/09/06).
[565] Rosalia Stern, geboren in Wien-Leopoldstadt No 277 bei der Hebamme Katharina Weinberger, 17 Tage später, am 36/09/23 in der Pfarre St. Leopold getauft, Taufpatin war die Hebamme; kam am folgenden Tag mit Taufschein und Armutszeugnis gegen eine Taxe von 20 fl. ins Fdh; im FdhP als "Israelitenkind" mit dem Namen der Mutter eingetragen (Pfarre St. Leopold Taufmatrik 36/09/23; FdhP).
[566] "Wegen Religion der Mutter" Fdh (GbhP, FdhP).
[567] Sali Stern kam vom AKH, Zi. 72 ins Gbh, wurde nach der Entbindung auf ihr Krankenzimmer zurückgebracht (GbhP).
[568] Josef Stern kam sogleich nach der Taufe "wegen Krankheit der Mutter" ins Fdh (FdhP).
[569] Sofia Stern, geb. von Tolna in Ungarn, zugereist (GbhP).
[570] Veronika Stern, geb. von Pápa in Ungarn, zugereist von Stuhlweißenburg (GbhP).
[571] Rudolf Stern kam "wegen Krankheit der Mutter" ins Fdh, gestorben im Fdh an Tabes (Schwindsucht, Auszehrung) (FdhP), das Sterbedatum wurde auch in die Taufmatrik des AKH eingetragen (Taufmatrik AKH 62/09/12).

S

M: Name	M: Vorname	geb. ca.	Beruf	K: Name	K: Vorname	K: geb.	K: gest.	K: entl.	Qu GbhP	Qu FdhP	Qu EntlP
Sternberg[572]	Johanna	1813/U	Magd	*Malina*[573]	Maria	38/04/2	38/04/28		23/01358	1838/1347	
Sternlicht[574]	Rosalia	1834/G	verh.	<...>[575]		64/02/10	64/02/18		49/02598	1864/1323	
Sternschuß	Rosalia	1841/B	Magd	Sternschuss	Ludwig	61/09/9	62/04/10		46/07111	1861/7132	
Stettler	Juliana		Magd	*Neid*[576]	Karl	11/10/30	11/11/8			1811/2636	
Stettner		1845/M	Köchin	Stettner[577]	Anna	68/08/16			54/04975	1868/5568	
STIASNY (STASNY, STASNI, STIASSNY)											
Stasny[578]	Antonia	1845/B	Tochter	Stasny	Karl	65/05/31	65/07/7		50/03712	1865/4228	
Stiasny	Barbara	1836/B	Magd	Stiasny[579]	Josefa	58/02/22	58/04/1		43/02943	1858/1667	
Stiassny[580]	Maria	1839/B	Magd	Stiassny	Berta	61/04/12	61/05/12		46/03978	1861/3214	
Stasni	Maria	1839/B	Magd	Stasni	Franz	64/06/18	64/07/8		49/06006	1864/5081	
Stiefler	Beata	1847/U	Hdarb	Stiefler[581]	Berta	68/05/31	68/06/18		53/03439	1868/3984	
Stiflerin[582]	Katharina	1800	Hdarb	*Stillay*[583]	Amalia	19/04/30	19/07/31		04/01131	1819/1539	

---

[572] Johanna Sternberg, geb. von Bösing, zugereist von Preßburg (GbhP).
[573] Im Fdh gestorben (FdhP).
[574] Rosalia Sternlicht, "Taglöhners Weib", kam zur Entbindung vom AKH, Zi. 35 ins Gbh, wurde nach der Entbindung wieder ins AKH auf ihr Krankenzimmer zurückgebracht (GbhP).
[575] o.A. (Gbh). Dieser Bub, als "ehlich" Kind "auf Krankheitsdauer der Mutter" - ungetauft - ins Fdh aufgenommen, am folgenden Tag bereits an Lebensschwäche gestorben (FdhP, IKG Stb 2864 64/02/18: "neugeborener Knabe Sternlicht - k.k. Findelanstalt - Lebensschwäche").
[576] Karl Neid war einen Tag alt als er ins Fdh gebracht wurde, im Fdh gestorben, Todesursache: Fraiß (FdhP).
[577] Anna Stettner, ein "68er Kind", kam ungetauft ins Fdh (FdhP; CAHJP A/W 1809, Verzeichnis jüdischer Findelkinder 1868).
[578] Handelsmannstochter, 20 Jahre alt, aus Brandeis an der Elbe in Böhmen (GbhP).
[579] Josefa Stiasny war eine "Gassengeburt", geboren am Tag vor der Einlieferung ins Gbh, im Gbh getauft; im FdhP als "Israelitenkind" eingetragen (GbhP).
[580] Maria Stiassny ist mit Maria Stasni ident, gleich alt, geb. von Brandeis in Böhmen, Prager Kreis; 1861 wohnhaft in Wien-Leopoldstadt No 214, 1864 in Wien 4, Krongasse 15 (GbhP'e).
[581] Berta Stiefler, ein "68er Kind", wurde ungetauft ins Fdh gebracht, nach zehn Tagen an Lebensschwäche gestorben (FdhP; CAHJP A/W 1809, Verzeichnis jüdischer Findelkinder 1868).

S

M: Name	M: Vorname	geb. ca.	Beruf	K: Name	K: Vorname	K: geb.	K: gest.	K: entl.	Qu GbhP	Qu FdhP	Qu EntlP
Stögerin[584]	Juliana	1789/U	Magd	*Zappel*	Josef	13/05/11	13/05/18			1813/1088	
Stransky	Franziska	1839/B	Köchin	Stransky[585]	Franz	62/11/11			47/07630	1862/7829	
Strasser	Anna	1824/B	Magd	Strasser	Johanna	49/04/12	49/07/10		34/03851	1849/2720	
Strasser[586]	Antonia	1828/U	Magd	Strasser[587]	Elisabeth	48/11/24		53/06/7	33/06906	1848/6905	53/06/7

[582] Katharina Stiflerin (GbhP), Katharina Stifter (FdhP) - Der Taufmatrik von St. Leopold zufolge konvertierte am 19/06/12 "Catharina Stifler, ledig, gebürtig von St. Görgen aus Hungarn, vormals israelitischer Religion, laut Regierungs Verordnung vom 19/05/05 sub No 4290", Taufpatin war Gräfin Eleonora Farfeut Wafferberg <unsichere Lesart>. - Mit großer Wahrscheinlichkeit ist Katharina Stiflerin sechs Wochen nach der Geburt ihres Kindes auf den Namen **Eleonora** in der Pfarre St. Leopold getauft worden (Pfarre St. Leopold Taufmatrik 19/06/12).
[583] **Anna St.** (GbhP), **Amalia** Stillay (FdhP). - Katharina Stiflerin war der Name der Mutter dieses Kindes - aus der Form der Eintragung könnte angenommen werden, ihr Kind habe ihren Zunamen erhalten; geboren am 19/04/30, am folgenden Tag ins Fdh gebracht. Weder am 1. Mai, noch früher oder später wurde ein Kind mit diesem Namen ins Protokoll aufgenommen, jedoch kam ein Kind mit dem Namen "Amalia Stillay" am 1. Mai ins Fdh, "1 T<ag alt", im Gbh geboren, seine Mutter wurde mit "Katharina Stifter, Israelitin" in das Protokoll eingetragen. Amalia Stillay war somit ein jüdisches Kind, seine Herkunft wurde auch als "Israelita" in der Taufmatrik festgehalten. Die Namensvarianten beim Namen der Mutter sind leicht zu erklären: Wurde in "StifLerin" L mit einer sehr schmalen Schlaufe geschrieben, so konnte es leicht zu T verlesen werden; die femininen Formen von Familiennamen waren in dieser Zeit - den 1820er Jahren - im Verschwinden, konnten demnach leicht entfallen; die Variante im Vornamen kann durch eine Kontraktionskürzung entstanden sein: Aa - mit oder ohne Kürzungsstrich als Tilde, die unter Umständen als M interpretiert werden konnte, aus Anna wurde Amalia. Über die Identität des Kindes "Anna St." können im Datenkontext kaum Zweifel bestehen (GbhP, FdhP; Taufmatrik AKH 19/05/01).
[584] Juliana Steger (Taufmatrik AKH 13/05/12: Josef Zappel), Juliana Stögerin (FdhP).
[585] Franz Stransky könnte die Findelpflege überlebt haben: kein Sterbedatum; Randnotiz in der Taufmatrik des AKH aus dem Jahr 1891 (Taufmatrik AKH 62/11/11).
[586] Antonia Strasser, aus Preßburg gebürtig, hat den Vater ihres Kindes, Adolf Groß, Handelsmann in Preßburg geheiratet - beide wurden in das EntlP ihres Kindes eingetragen (FdhP, EntlP: Adolf und Antonia Groß, "LE" - leibliche Eltern - im Datenkontext kann Antonia Groß nur im Sinn von "verh." verstanden werden, geb. Strasser).
[587] **N.N.** (GbhP), **Elisabeth** Strasser (FdhP) - hier stehen die Doppelinitialen N.N. nicht für ein Initialenkind, sondern für "n<omen> n<escio>", bzw. "n<omen> n<ominandum>". - Elisabeth Strasser, im GbhP als N.N., Mädchen, ausgewiesen, in das FdhP mit dem Namen Elisabeth Strasser eingetragen. Es scheint so, als ob dieses Mädchen als erstes "48er Kind" nicht getauft wurde, es kam gerade zu der Zeit auf die Welt, als Ludwig August Frankl im Auftrag der IKG bezüglich der Zwangstaufen Verhandlungen mit der Fdh-Direktion aufgenommen hatte. Das Kind kam vom Gbh ins Fdh, wurde noch am selben Tag bei "einer israelitischen Schnittwarenhändlersgattin" namens Julia Lustig in der Leopoldstadt untergebracht (das einzige Mal vor dem Jahr

S

M: Name	M: Vorname	geb. ca.	Beruf	K: Name	K: Vorname	K: geb.	K: gest.	K: entl.	Qu GbhP	Qu FdhP	Qu EntlP
STRAUSS (STRAUS, STRAUß, STRAUSZ)											
Strauss[588]	Anna	1840/U	Köchin	Strauss	Benjamin	64/12/7	64/12/22		49/10023	1864/9381	
Strauss	Anna	1841/U	Magd	Strauss	Adolf	63/01/24	64/02/5		48/01820	1863/0838	
Strausz[589]	Netti	1840/U	Magd	Strausz	Karl	66/01/2	66/01/15		50/07806	1866/0201	
Strauss[590]	Anna	1843/B	Magd	Strauss[591]	Karolina	63/08/10	63/09/25		48/06505	1863/6101	
Strauss	Anna	1842/B	Magd	unentbunden entlassen 67/10/01					52/05796		
Strauss	Anna	1842/B	Magd	Strauss	Josefa	67/11/22	68/01/14		52/06829	1867/7690	
Strauss[592]	Josefina	1831/U	Magd	Strauss	Samuel	52/12/14	53/12/1		38/00877	1852/8285	
Straus	Maria	1795/U	Magd	*Basel*[593]	Basilius	18/06/14	18/12/18		03/01134	1818/1590	
Strauss[594]	Rosalia	___/U	Magd	Strauss[595]	Anna	38/11/24	38/12/18			1838/4487	

1868, daß ein jüdisches Kind eine jüdische Pflegemutter bekommen hat), später kam es nach Gaudenzdorf zu einem Fleischer. 1853 haben die Eltern das Kind "gegen Revers" aus der Findelpflege gelöst und es zu sich genommen (FdhP, EntlP: Groß Adolf und Antonia, Handelseheleute in Preßburg No 250, Zusatz: L<eibliche> E<ltern>). Ausnahmsweise wurde in diesem Fall im EntlP die jüdische Herkunft des Kindes festgehalten, quer nahezu über die ganze Breite der Seite, über die Spalten mit dem Geburtsdatum, dem Entlassungsdatum und dem letzten Pflegeort: "Israelitenkind" <mit Rotstift unterstrichen>.
[588] Anna Strauss/Strausz, geb. von Hrustin in Ungarn, Arvaer Komitat; 1863 und 1865 vom Geburtsort zugereist (GbhP)
[589] Anna Strauss (Taufmatrik AKH 66/01/02: Karl Strauss); Netti Strausz (FdhP).
[590] Anna Strauss, geb. von Wällischbirken in Böhmen, Prachiner Kreis, 1863 zugereist von Klosterneuburg, vom AKH, Zi. 81 ins Gbh gebracht; 1867 vom Geburtsort zugereist (GbhP'e).
[591] Karolina Strauss, im Fdh an Lebensschwäche gestorben (FdhP).
[592] Josefina Strauss, geb. in Szent Márton in Ungarn, zugereist aus Preßburg (GbhP).
[593] **B.B.** (GbhP), **Basilius Basel** (FdhP) - Die Doppelinitialen könnten auch für L.L. stehen. Das Kind kam am 14. Juni ins Fdh, am selben Tag wurde Basilius Basel, "1 T<ag alt>", im Gbh geboren, ins Fdh aufgenommen; der Name seiner Mutter wurde nicht ins Protokoll eingetragen, jedoch wurde bei diesem Kind seine jüdische Herkunft erwähnt: "Ist ein isr<aelitisch> Kind gewesen im G<e>b<är>h<aus> getauft worden" (FdhP), getauft am 18/06/14, dem Namensfest des Kirchenvaters Basilius des Großen, von dem es seinen Namen erhalten hat; Taufpate war der Kirchendiener Josef Eckerle. Die jüdische Herkunft des Kindes wird in der Taufmatrik ebensowenig wie der Name seiner Mutter erwähnt (GbhP, FdhP; Taufmatrik AKH 18/06/14).
[594] Rosalia Strauss, "eheliche Tochter des Israeliten Markus Strauss, Handelsmann in Rechenzingen <unsichere Lesung> in Ungarn und dessen Gattin Katharina, Israelitin, geb. Philipp Strauss" (Pfarre Alservorstadt Taufmatrik 38/11/25: Anna Strauss).

S

M: Name	M: Vorname	geb. ca.	Beruf	K: Name	K: Vorname	K: geb.	K: gest.	K: entl.	Qu GbhP	Qu FdhP	Qu EntlP
Strauss	Rosalia	1834/U	Magd	Strauss[596]	Barbara	57/11/25	58/01/26		42/07185	1857/8379	
Strausz[597]	Rosa	1837/U	Hdarb	Strausz[598]	Josefa	67/03/13	67/03/19		52/01749	1867/1962	
Sträussler	Rosalia	1848/M	Magd	Sträussler[599]	Schanntti	68/05/25	68/06/28		53/03322	1868/3849	
Straussner	Theresia	1807/U	Magd	*König*	Christina	31/01/8	31/03/12		16/00069		
Streintzin[600]	Barbara	___/B	Magd	Streintz[601]	Anton	1793/09	1793/10			1793/1912	
Stricker	Franziska	1846/B	Magd	Stricker	Adolf	67/06/21	67/07/16		52/03806	1867/4349	
Strnat	Franziska	1820/B	Hdarb	*Kraft*	Karl	43/06/17	43/09/29		28/03876	1843/2906	
Ströhlinger[602]	Anna	1844/U	Hdarb	Ströhlinger[603]	Rudolf	65/10/6			50/06974	1865/7345	
Stuffer[604]	Maria	1847/U	Magd	Stuffer[605]	Wilhelm	64/12/22	64/12/23		49/09154		

[595] Anna Strauss, getauft am 38/11/25 im Militär-Gebärhaus, kam drei Tage nach der Taufe ins Fdh, wurde ins FdhP mit dem Namen der Mutter als "Israelitenkind" aufgenommen. - Anmerkung im Taufprotokoll: "Der Vater ist zur väterlichen Erklärung nicht erschienen" (Pfarre Alservorstadt Taufmatrik Josephs-Akademie 1836-1847, Jg. 1838/9, fol. 1).
[596] Barbara Strauss kam "wegen Krankheit der Mutter" ins Fdh, gestorben im Fdh an Lungenentzündung (FdhP).
[597] Rosalia Strausz, geb. von Turócz in Ungarn; wohnhaft in Wien-Meidling, Eisenthorgasse; nur im GbhP als jüdisch ausgewiesen, in das FdhP als "kl" (katholisch, ledig) eingetragen; gestorben am 67/03/21 (GbhP: im Gbh; IKG Stb D 1135: gest am 67/03/20, Lungentuberkulose). - TBP 67/03/21: "Strausz Rosa, Handarbeiterin, 30 Jahr, ledig, israelitisch, Turocz St. Marton Ungarn, Mödling, Lungentuberkulose, Gebärhaus."
[598] Josefa Strausz kam "wegen Krankheit der Mutter" ins Fdh, gestorben im Fdh an Lebensschwäche (FdhP). Kein Hinweis auf die jüdische Herkunft dieses Kindes in der Taufmatrik des AKH (Taufmatrik AKH 67/03/13).
[599] Jeannette Sträussler (FdhP: Schanntti; CAHJP A/W 1809, Verzeichnis jüdischer Findelkinder 1868: Schanet <Jeannette>), ein "68er Kind", kam ungetauft mit ihrer Mutter ins Fdh, nach drei Wochen an Anämie gestorben (FdhP).
[600] Barbara Streintzin (Taufmatrik AKH 1793/09/26: Anton Streintz, M: Barabara Streintzin, getaufte Jüdin), Barbara Streinzin (FdhP) - aus Bunzlau in Böhmen gebürtig (FdhP).
[601] Anton Streintz (Taufmatrik AKH 1793/09/26), Anton Streinz; gest. 1793/10/12 (FdhP).
[602] Anna Ströhlinger, geb. und wohnhaft in Neuhäusel in Ungarn, Neutraer Komitat, zugereist (GbhP).
[603] "Wegen Religion der Mutter" Fdh (FdhP). - Rudolf Ströhlinger könnte die Findelpflege überlebt haben: kein Sterbedatum im FdhP, in der Taufmatrik des AKH Randnotizen aus den Jahren 1938 bis 1946 (Taufmatrik AKH 65/10/06).
[604] Maria Stuffer, geb. von Karakó Szörecsök in Ungarn, Veszprimer Komitat, zugereist; nach dem Tod ihres Kindes zum Ammendienst ins Fdh gebracht (GbhP).

S

M: Name	M: Vorname	geb. ca.	Beruf	K: Name	K: Vorname	K: geb.	K: gest.	K: entl.	Qu GbhP	Qu FdhP	Qu EntlP
Stummer	Chana	1848/G	Hdarb	Stummer[606]	Magdalena	67/06/1	67/06/22		52/03171	1867/3769	
Stutgard[607]	Regina	1795/B	Magd	Blasy[608]	Ignaz	24/02/2			09/00252	1824/0407	
Susitzka[609]	Katharina	1807/M	verh	Winter[610]	Franz Xav.	31/12/7	32/12/22		16/03118	1831/3244	
Süss[611]	Regina	1819/U	Magd	Demel[612]	Gustav	42/02/22	42/03/5		27/01930	1842/0954	
Süss	Theresia	1846/B	Magd	Süs	Ernestine	67/12/30			52/07748	1868/0143	
Swaszni	Franziska	1845/U	Hdarb	Swaszni	Franziska	67/08/16			52/04891	1867/5482	
Swoboda	Magdalena	1840/B	Magd	Swoboda	Theresia	61/03/14	61/06/25		46/03152	1861/2380	
Swoboda Maria, vide geb. Lustig Maria											
Swoboda	Rosalia	1840/B	Magd	Swoboda	Augustin	64/03/5			49/02968	1864/2105	

[605] Wilhelm Stuffer wurde von der Oberhebamme Franziska Schwehla notgetauft (Taufmatrik AKH 64/12/22: Wilhelm Stuffer, M: Maria Stuffer, Isr<aelitisch>), er ist am folgenden Tag gestorben,. Die Nottaufe wurde nicht in das GbhP eingetragen.

[606] Magdalena Stummer kam "wegen Krankheit der Mutter" ins Fdh (FdhP).

[607] Regina Stutgard, geb. von Altstadt in Böhmen, wohnhaft in Pest, zugereist (GbhP).

[608] I.B. (GbhP), Ignaz Blasy (FdhP). - Die zweite Initiale, welche für den Familiennamen des Kindes steht, könnte auch als C, eventuell auch als L interpretiert werden. Das "M" als Geschlechtsangabe kann als eine Kürzung für "Mädchen" oder "männlich" aufgefaßt werden, gesichert ist in dieser Quelle nur das Transferdatum ins Fdh, der 2. Februar. "Wegen Krankheit der Mutter" wurde auch an diesem Tag ein Kind mit dem Namen Ignaz Blasy ins Fdh aufgenommen; der Name der Mutter wird im Protokoll ebesowenig erwähnt wie die jüdische Herkunft des Kindes, die in der Taufmatrik des AKH durch den Vermerk "Mutter Israelitin" festgehalten wurde. Somit ist das jüdische Initialenkind "J.B." mit dem Findelhauskind Ignaz Blasy ident, geboren am 24/02/02, vermutlich am 3. Februar getauft, am Namensfest des Heiligen Blasius, auf welchen sich der Zuname des Fremdnamenkindes beziehen mag. Laut Taufmatrik des AKH wurde das Kind am 24/01/01 getauft - es handelt sich hier offensichtlich um einen Irrtum des Protokollführers. - Ignaz Blasy könnte die Findelpflege überlebt haben, da kein Sterbedatum ins FdhP nachgetragen wurde. Er kam im Alter von drei Tagen zu seinen Pflegeeltern nach Gallbrunn und könnte bei diesen geblieben sein (FdhP: Eva Steyerer, Inwohnerin Gallbrunn No 51, Herrschaft Trautmansdorf - NÖ, UWW).

[609] Katharina Susitzka, "Handels Eheweib", Magd, geb. von Meseritsch in Mähren, von Pest zugereist (GbhP).

[610] Franz Xaver Winter wurde sofort getauft, Taufpate war Franz Ritter von Bernold, Holzschreiber in der Josefstadt No 180 (Taufmatrik AKH 31/12/07, Vermerk: "Mater judaea").

[611] Regina Süss /:Dinstberger:/ (GbhP), Regina Süß (FdhP) - geb. und wohnhaft in Lackenbach in Ungarn, zugereist (GbhP). - Taufmatrik AKH 42/02/21: P: Andreas Losch Kirchendiener, Anmerkung: "Mater judaea".

[612] Im Fdh an Abzehrung gestorben (FdhP).

S

M: Name	M: Vorname	geb. ca.	Beruf	K: Name	K: Vorname	K: geb.	K: gest.	K: entl.	Qu GbhP	Qu FdhP	Qu EntlP
Szatler, vide Sattler											
Szalay[613]	Johanna	1837/U	Hdarb	Szalay	Anna	56/03/28	56/04/23		41/03004	1856/2259	
Szeidler	Esther	1847/U	Magd	Szeidler	Rosina	67/04/7			52/02311	1867/2714	
Szellinger Barbara, vide Sillinger											

---

[613] Johanna Szalay, geb. und wohnhaft in Pest, zugereist (GbhP).

S

M: Name	M: Vorname	geb. ca.	Beruf	K: Name	K: Vorname	K: geb.	K: gest.	K: entl.	Qu GbhP	Qu FdhP	Qu EntlP
Täibel Jakob, vide Teibl Jakob											
Taichner, vide Teichner											
Tandler	Barbara	1816/M	Magd	*Supper*	Anastasia	42/06/30	42/08/16		27/04106	1842/3155	
Tandler	Rosalia	1831/M	Magd	Tandler	Barbara	53/11/23	54/01/9		39/00513	1853/7666	
Tanz[1]	Johanna	1844/U	Magd	Tanz	Anton	63/12/2	64/05/11		48/08557	1863/8873	
Tanzer	Maria	1836/B	Magd	Tanzer	Aloisia	63/08/16	64/01/27		48/05813	1863/6238	
Tapezier(er)[2]	Juliana	1836/W	Magd	Tapezierer[3]	Julius	64/01/4	64/02/27		49/00817	1864/0325	
Tapezier[4]	Juliana	1836/M	Magd	Tapezier[5]	Adolf	65/08/30	65/09/11		50/05536	1865/6504	
Taub[6]	Karolina	1809/U	Magd	*Schnee*[7]	Aloisia	38/02/19			23/00281	1838/0721	
Tauber[8]	Anna	1828/U	Magd	Tauber	Franz	49/08/26	49/12/31		34/06579	1849/5486	
Tauber[9]	Franziska	1840/M	Magd	Tauber	Adolf	62/10/8	63/01/13		47/06761	1862/7058	

---

[1] Johanna Tanz, geb. von Pápa in Ungarn, zugereist (GbhP).
[2] Juliana Tapezier (IKG Gb A 35/12/25: V: Leopold Tapezier aus Urmin <Urmény>, Neutraer Komitat in Ungarn, M: Katharina, geb. Lederer, Wieden No 1); Juliana Tapezier**er** (FdhP).
[3] Julius Tapezierer kam "wegen Krankheit der Mutter" ins Fdh, die Mutter wurde nach dem Wochenbett zum Ammendienst ins Fdh gebracht; das Kind war bereits bei einer Pflegepartei in Gairing in Ungarn, Preßburger Komitat (GbhP, FdhP).
[4] Juliana Tapezier, geb. in Jamnitz in Böhmen (sic!) (FdhP).
[5] Adolf Tapezier, im Fdh im Alter von zwölf Tagen an Lebensschwäche gestorben (FdhP).
[6] Karolina Taub, aus Ungarn, zugereist (GbhP).
[7] o.A. (GbhP), **Aloisia Schnee** (FdhP). - Im GbhP blieb die Namensrubrik des Kindes leer, das Geschlecht des Kindes wurde mit "M" angegeben, geboren am 38/02/19, ins Fdh abgegeben am 38/02/21 - an diesem Tag kam ein "Israelitenkind" aus dem Gbh ins Fdh mit dem Namen "Aloisia Schnee", in die Namensrubrik der Mutter kam der Name der Mutter des gesuchten namenlosen Kindes - "Taub Karolina, Israelitin". Das namenlose Kind hatte somit den Namen Aloisia Schnee erhalten. Bei Aloisia Schnee wurde in das FdhP kein Sterbedatum eingetragen, sie könnte die Findelpflege überlebt haben (FdhP: Pflegemutter: Hermine Obernberger, Kleinhäuslerin in Stripfing No 23, Pfarre Waikendorf (Weikendorf), - NÖ, UMB), eine Randnotiz in der Taufmatrik des AKH aus dem Jahr 1938 mit dem Vermerk "arisch" läßt auf Nachkommen schließen (Taufmatrik AKH 38/02/20: Anmerkung: "Mater infantis judaea", Randnotiz mit dem Datum 1938/05/30 und dem Aktenverweis Z.6224).
[8] Anna Tauber, geb. von Szobotisz in Ungarn, Neutraer Komitat, zugereist von Preßburg (GbhP).
[9] Franziska Tauber, geb. von Leipnik in Mähren, wohnhaft in Mödling, zugereist (GbhP).

M: Name	M: Vorname	geb. ca.	Beruf	K: Name	K: Vorname	K: geb.	K: gest.	K: entl.	Qu GbhP	Qu FdhP	Qu EntlP
Tauber	Johanna	1849/U	Hdarb	Tauber[10]	Irma	68/11/27			54/06934	1868/7648	
Tauber	Johanna	1849/U	Hdarb	Tauber	Hermine	68/11/27			54/06934	1868/7649	
Taus	Rosina	1826/U	Magd	Taus[11]	Franz	53/10/6	54/09/6		38/07032	1853/6506	
Tausik[12]	Anna	1817/B	Magd	*Stiepan*[13]	Stefan	39/09/14	40/09/16		24/03815	1839/3914	
Tausig	Josefa	1839/B	Magd	Tausig[14]	Johann	63/01/30	63/04/2		48/02200	1863/1012	
Tausky[15]	Elisabeth	1839/U	Hdarb	Tausky	Leopold	60/11/4	61/05/12		45/07739	1860/7676	
Tausky[16]	Kathi	1829/U	Magd	Tausky[17]	Jakob	56/11/24	56/12/22		42/00545	1856/7562	
Teblansky[18]	Katharina	1825/U	Magd	Teblansky[19]	Johann	51/04/16		61/06/13	36/03832	1851/2655	61/06/13
TEIBL (DEIBL) <...>[20]				Teibl[21]	Jakob	04/07/25	04/07/30			1804/1887	

[10] **Irma** Tauber, ein "68er Kind", kam ungetauft ins Fdh und von dort zu Pflegeparteien, sie ist im Alter von zwei Monaten an "Husten" gestorben (FdhP; CAHJP A/W 1809, Verzeichnis jüdischer Findelkinder 1868: **Irena** Tauber - zweifelsohne ein Lesefehler).
[11] "Wegen Religion der Mutter" Fdh (GbhP).
[12] Anna Tausik, geb. von Hodkow in Böhmen, Czaslauer Kreis, wohnhaft in Unter-Wisternitz in Mähren, zugereist (GbhP).
[13] Stefan Stieper (GbhP), Stefan Stiepan (FdhP: "Israelitenkind"; Taufmatrik AKH 39/09/15: P: Andreas Losch, Kirchendiener; Anmerkung: "Mater judaea"). - Schluß-R und Schluß-N wurden in Lateinschrift oft verlesen, wenn das N nicht ganz zur Zeile hinuntergezogen wurde.
[14] Johann Tausig, im Fdh an Tabes (Schwindsucht, Auszehrung) gestorben (FdhP).
[15] Elisabeth Tausky, geb. von Unin in Ungarn, Neutraer Komitat, zugereist (GbhP).
[16] Kathi Tausky, geb. von Holics in Ungarn, zugereist (GbhP).
[17] Jakob Tausky kam mit seiner Mutter ins Gbh, "wegen Wundwarzen der Mutter" ins Fdh; gestorben an Lebensschwäche im Fdh (GbhP, FdhP).
[18] Katharina Teblansky bekam "Mit Di<rekti>ons Bewilligung" einen Empfangsschein für ihr Kind (FdhP).
[19] Johann Teblansky hat die Findelpflege überlebt, wurde nach Ablauf der zehn "Normaljahre" dem Wr. Magistrat übergeben (FdhP, EntlP). In der Taufmatrik wurde seine jüdische Herkunft nicht erwähnt, 1885 könnte ein Taufschein für ihn ausgestellt worden sein (Taufmatrik AKH 51/04/17: Johann Teblansky, Randnotiz 85/12/05).
[20] o.A. (Taufmatrik AKH 04/07/26: Jakob Täibl, M: "Jüdin"; im FdhP wird weder der Name der Mutter noch die jüdische Herkunft des Kindes erwähnt). Die Mutter hatte auf der 2. Zahlabteilung unter No 97 entbunden (Taufmatrik AKH 04/07/26: Jakob Täibl).
[21] Jakob Teibl (FdhP), Jakob Täibl (Taufmatrik AKH 04/07/26) - war ein Tag alt, als er ins Fdh gegen eine Taxe von 6 fl. aufgenommen wurde, gestorben

M: Name	M: Vorname	geb. ca.	Beruf	K: Name	K: Vorname	K: geb.	K: gest.	K: entl.	Qu GbhP	Qu FdhP	Qu EntlP
<...>[22]				Deib(e)l[23]	Leopold	93/10/12	93/10/24			1793/2062	
Teichis[24]	Sara	1800/M	Magd	*Moses*[25]	Maria	23/09/26			08/01873	1823/3432	
TEICHNER (TAICHNER)											
Taichner[26]	Johanna	1844/U	Magd	unentbunden entlassen 63/04/29					48/04228		
Teichner[27]	Theresia	1831/U	Magd	unentbunden entlassen 52/02/06					37/00515		
Teichner	Theresia	1832/U	Magd	Teichner[28]	Karolina	52/04/5		62/04/5	37/02542	1852/2554	62/04/25
Teller[29]	Josefa	1808/M	Magd	*Markgraf*	Leopold	26/11/13	26/11/24		11/02135	1826/3890	

im Fdh, Todesursache: Fraiß.

[22] o.A. (Taufmatrik AKH 1793/10/13: Leopold Deibel, M: Eine Jüdin; FdhP: "Von einer Jüdin gebohren", ohne Angabe des Namens).

[23] Leopold Deibel (Taufmatrik AKH 1793/10/13), Leopold Deibl (FdhP) - wurde im Alter von einem Tag gegen eine Taxe von 6 fl. ins Fdh aufgenommen; gest. 1793/10/24 (FdhP).

[24] Sara Teichis, geb. und wohnhaft in Nikolsburg in Mähren, zugereist (GbhP).

[25] **M.M.** (GbhP), **Maria Moses** (FdhP). - "Wegen Krankheit der Mutter" kam sie am 23/09/28 ins Fdh - am selben Tag wurde "Maria Moses", ein drei Tage altes Mädchen aus dem Gbh, "wegen Krankheit der Mutter" ins Fdh aufgenommen. Die Aufnahme ins FdhP erfolgte im "jüdischen Formular", ohne Hinweis auf die jüdische Herkunft des Kindes, ebensowenig wurde der Name der Mutter angegeben, das Kind wurde "gratis" aufgenommen. - Tags zuvor war sie getauft worden und wieder im "jüdischen Formular" in die Taufmatrik eingetragen: Ohne Mutter, mit der Hebamme als Taufpatin. Ursprünglich war sie mit dem Namen "Maria Moyser" eingetragen worden, Moyser wurde gestrichen, mit Moses ersetzt. Die Korrektur wird in einer Anmerkung, datiert mit dem 55/05/08 begründet: "Nach dem Findelhaus Aufnahmsprotokolle des Jahres 1823 'Moses Maria'" Die Initialen "M.M." können im Datenkontext dem Findelkind Maria Moses zugeordnet werden (GbhP; Taufmatrik AKH 23/09/27; FdhP). - Da in das FdhP kein Sterbedatum eingetragen wurde, hat Maria Moses vermutlich bei ihrer Pflegemutter Theresia Neumann überlebt (FdhP: Theresia Neumann, Kleinhäuslerin, Altruppersdorf No 36 - NÖ, UMB; GbhP).

[26] Johanna Taichner kam vom AKH, Zi. 73 ins Gbh, wurde sodann unentbunden in ihr Krankenzimmer im AKH zurückgebracht (GbhP).

[27] Theresia Teichner, geb. von Szklabinya in Ungarn, Turoczer Komitat; wohnhaft in Wien-Leopoldstadt No 573 (1851) und No 423 (1852) (GbhP'e).

[28] Als "Israelitenkind" ins FdhP aufgenommen, wurde ihre jüdische Herkunft in der Taufmatrik nicht erwähnt (Taufmatrik AKH 52/04/06: Karolina Teichner). Karolina Teichner kam zunächst zu Josefa Schmutzer, "Oberknechtsweib" in Riegersburg, sodann zu Maria Hirsch in Unter-Mixnitz - letztere wurde in das EntlP auch als "PP" (Pflegepartei) eingetragen (FdhP, EntlP: Hirsch Maria, Inwohnerin, <Unter-Mixnitz> No 37, Unter Österreich).

[29] **Josefa** Teller (GbhP), **Franziska** Teller (TBP) - kam vom AKH, Zi. 82 ins Gbh (GbhP, IKG Stb A 642: Franziska) - gestorben am 26/11/25 (IKG Stb A

T

M: Name	M: Vorname	geb. ca.	Beruf	K: Name	K: Vorname	K: geb.	K: gest.	K: entl.	Qu GbhP	Qu FdhP	Qu EntlP
Theiser	Katharina	1846/U	Magd	Theiser	Karolina	66/10/5			51/05616	1866/7245	
Timand Katharina, vide Diamant											
TIRKA (TERKA)											
Terka[30]	Josefa	1814/U	Magd	*Wild*	Joseph	34/11/16	35/01/1		20/00118	1834/4030	
Tirka	Josefa	1820/U	Magd	Tirka	Josefa	45/01/26	45/02/20		30/01584	1845/0655	
Tirka[31]	Rosalia	1840/U	Magd	Tirka	Regina	65/08/12	65/10/23		50/05478	1865/6116	
Toch	Amalia	1840/M	Magd	Toch[32]	Alois	59/04/3	59/05/26		44/03026	1859/3005	
Toch[33]	Barbara	1837/B	Köchin	Toch[34]	Anna	57/09/30	57/11/10		42/07661	1857/7186	
Toch	Barbara	1837/B	Köchin	Toch	Isidor	59/09/11			44/07816	1859/7264	
Toch	Barbara	1837/B	Magd	Toch	Johann	64/05/22	64/06/20		49/05345	1864/4333	
Toch[35]	Regina	1844/M	Magd	Toch[36]	Aloisia	67/07/15	68/02/04		52/04285	1867/4835	
Toderes	Eva	1817/B	Magd	**Rosenbaum**[37]	Karl	39/01/16	39/02/12		24/00992	1839/0388	

642: im Krankenhaus Schwangerhof, an Nervenfieber). - TBP 26/11/25: "Teller Franziska, ledig, Israelitische Magd, <...> in der Jägerzeil, von Bisenz in Mähren gebürtig, im AKH, am Nervenfieber alt 18 Jahr."

[30] Josefa Tirka ist wahrscheinlich mit Josefa Terka ident, geb. in Varin in Ungarn, 1834 von Preßburg zugereist; 1845 wohnhaft in Wien-Leopoldstadt No 173 (GbhP'e).

[31] Rosalia Tirka, geb. in Varin in Ungarn, zugereist von Pest, Waitzerstraße (GbhP).

[32] "Wegen Religion der Mutter" Fdh (FdhP).

[33] Barbara Toch, geb. von Langendorf in Böhmen, Pilsner Kreis; 1857 wohnhaft in Wien-Sechshaus No 163, 1864 in Wien-Gumpendorf, Bräuergasse No 4 (GbhP'e).

[34] Anna Toch kam einen Tag nach ihrer Geburt - einer "Gassengeburt" - ins Gbh, ihre Mutter wurde ursprünglich als k<atholisch> eingetragen, was dann zu "israelitisch" ausgebessert wurde, das Kind wurde getauft und kam ins Fdh (GbhP, FdhP).

[35] Regina Toch, geb. von Nikolsburg; im GbhP als "k<atholisch>" eingetragen, in der Taufmatrik und im FdhP als jüdisch ausgewiesen (GbhP; Taufmatrik AKH 67/07/15: Aloisia Toch; FdhP).

[36] Von den Pflegeeltern ins Fdh zurückgebracht, nach zwei Wochen im Fdh an Anämie gestorben (FdhP).

[37] <...> **R.** (GbhP), **Karl Rosenbaum** (FdhP) - Die erste Initiale läßt sich nicht eindeutig festlegen: H, F, oder auch S, die zweite ist nur im Schriftvergleich als R erkennen. Das Initialenkind kam am 39/01/25 ins Fdh - am selben Tag wurde Karl Rosenbaum aus dem Gbh als "Israelitenkind" ins

M: Name	M: Vorname	geb. ca.	Beruf	K: Name	K: Vorname	K: geb.	K: gest.	K: entl.	Qu GbhP	Qu FdhP	Qu EntlP
TOMANN (DOMANN)											
Tomann[38]	Anna	1828/U	Magd	Tomann[39]	Anna	57/08/20	57/09/16		42/06398	1857/6230	
Domann	Anna	1831/U	Hdarb	Domann	Elisabeth	59/04/24	59/11/2		44/04256	1859/3605	
Tomasover	Betti	1839/U	Magd	Tomasover[40]	Fanni	68/04/21	68/06/6		53/01236	1868/2802	
Tonelsz	Lina	1843/U	Magd	Tonel(e)sz[41]	Josef	67/01/29			52/00743	1867/1001	
Tramer[42]	Theresia	1843/G	Magd	Tramer	Simon	65/02/23	65/04/29		50/00660	1865/1608	
Tramer[43]	Rösel	1843/G	Magd	Kornreich[44]	Ignaz	68/03/19			53/01819		
Traub[45]	Amalia	1810/U	Magd	*Hornung*	Apollonia	31/02/7	31/03/19		16/00087	1831/0517	
Trautmann[46]	Theresia	1841/U	Magd	Trautmann	Aloisia	62/03/1			47/02502	1862/1726	

Fdh aufgenommen, "Eva Toderes, Israelitinn" wurde in die Namensrubrik der Mutter eingetragen. Das Initialenkind ist somit mit Karl Rosenbaum ident. - Die Angaben zu seinem Geburtsdatum weichen in den Quellen voneinander ab: 39/01/16 (FdhP), 39/01/12 (Taufmatrik AKH 39/01/12), im GbhP verschmiert.

[38] Anna Tomann ist mit Anna Domann ident, etwa gleich alt, geb. von Pest in Ungarn; wohnhaft in Wien-Leopoldstadt No 218 (1857) und No 75 (1859) (GbhP'e).

[39] Im Fdh im Alter von vier Wochen an Diarrhöe gestorben (FdhP).

[40] Fanni Tomasover, ein "68er Kind", nicht auf der IKG Liste jüdischer Findelkinder, kam sofort nach ihrer Geburt ins Fdh, während ihre Mutter vom Gbh auf eine Krankenstation des AKH gebracht wurde. Das Kind starb nach sechs Wochen an Anämie im Fdh (FdhP; CAHJP A/W 1809, Verzeichnis jüdischer Findelkinder 1868).

[41] Josef Tonelesz (Taufmatrik AKH 67/01/30), Josef Tonelsz (FdhP). - Josef Tonel(e)sz könnte die Findelpflege überlebt haben: kein Sterbedatum im FdhP, Randnotiz in der Taufmatrik des AKH aus dem Jahr 1871 (Taufmatrik AKH 67/01/30).

[42] Theresia Tramer, geb. von Auschwitz in Galizien, 1865 wohnhaft in Wien Innere Stadt, Salzgries No 8 (GbhP).

[43] Rösel Tramer, verh. Kornreich.

[44] Ignaz Kornreich, ein "68er Kind", wurde in das Geburtenbuch der IKG eingetragen: (IKG Gb D 4414); zusammen mit seiner Mutter am 68/03/27 aus dem Gbh entlassen (GbhP).

[45] Amalia Traub, geb. von Szered in Ungarn, zugereist von Preßburg, Judengasse (GbhP).

[46] Theresia Trautmann, geb. von Güssing (No 26) in Ungarn, 1862 zugereist, 1867 wohnhaft in Wien Innere Stadt, Salzgries No 15 (GbhP'e); nur im GbhP als jüdisch ausgewiesen, ins FdhP als "kl" (katholisch, ledig) eingetragen (FdhP).

T

M: Name	M: Vorname	geb. ca.	Beruf	K: Name	K: Vorname	K: geb.	K: gest.	K: entl.	Qu GbhP	Qu FdhP	Qu EntlP
Trautmann	Theresia	1839/U	Magd	Trautmann	Franz	67/07/18	67/08/4		52/04349	1867/4891	
Treuenfels[47]	Lotti	1826/B	Magd	Treuenfels[48]	Fried.C.M.	51/02/18	51/04/1		35/06929	1851/1317	
Treyer	Franziska	1824/M	Magd	Treyer|Freyer[49]	Maria	44/11/26	44/12/14		30/00472	1844/5635	
Truka	Karolina	1847/M	Magd	Truka	Josef	66/06/3	68/06/26		51/03837	1866/4331	
Tudesko	Cäcilia	1817/M	Hdarb	Tudesko	Leopold	46/05/29	46/08/17		31/03767	1846/3122	
Tuschack, vide Duschak											

---

[47] Ursprünglich wurde der Name Bermann in das GbhP eingetragen, dann durchgestrichen und durch Lotti Treuenfels, aus dem Pilsner Kreis in Böhmen stammend, ersetzt.

[48] Aus dem FdhP ist ersichtlich, daß für das Kind mit dem Namen Friederika Camilla Maria Treuenfels eine Taxe von 50 fl. bezahlt wurde, es fehlt jeder weitere Hinweis auf die Mutter, auch wird nichts von der jüdischen Herkunft des Kindes erwähnt. Als einziges aller jüdischen Findelkinder kam es vorerst zu einer adeligen Pflegepartei (Antonia v. Scheiring) in der Alservorstadt No 42. - Es wurde keine sechs Wochen alt und starb an Durchfall (GbhP, FdhP). - Randnotizen in der Taufmatrik des AKH aus dem Jahr 1851, Taufpatin war Kamilla Sant <unsichere Lesart> Piero, Privatiers Gattin (Taufmatrik AKH 51/02/19).

[49] Maria Treyer (GbhP; Taufmatrik AKH 44/11/26), Maria Freyer (FdhP).

T

M: Name	M: Vorname	geb. ca.	Beruf	K: Name	K: Vorname	K: geb.	K: gest.	K: entl.	Qu GbhP	Qu FdhP	Qu EntlP
Uhrmann[1]	Rosa|Feige	1846/G	Tochter	Uhrmann	Juliana	61/04/14	61/06/23		46/03501	1861/3238	
Ullmann[2]	Barbara	1844/B	Magd	Ullmann	Maria	64/11/18	65/02/18		49/09724	1864/8917	
Ullmann[3]	Betti	1846/B	Magd	Ullmann[4]	Josef	66/02/4	66/02/25		51/00797	1866/1002	
Ultschek	Anna	1835/M	Hdarb	Ultschek[5]	Ludwig	55/12/10	55/12/28		41/00750	1855/7436	
Unger	Karolina	1818/U	Köchin	*Winter*	Franz	39/10/23	40/02/3		24/04748	1839/4446	
Ungar[6]	Katharina	1816/U	Magd	unentbunden entlassen 34/02/24					19/01243		
Ungar[7]	Regina	1829/U	Magd	Ungar[8]	Emil	51/11/23	51/12/23		36/07977	1851/7227	
Ungar[9]	Rosa	1845/U	Magd	Ungar|Unger	Heinrich	61/12/19			46/08733	1861/9566	
Unger	Theresia	1812/U	Hdarb	*Plantagenet*[10]	Pius	35/08/10	35/08/26		20/03123	1835/2720	
Ungarleider	Franziska	1843/U	Magd	Ungarleider	Isidor[11]	64/01/10	64/06/7		49/01437	1864/0380	
Ungerleider[12]	Johanna	1838/U	Stbm	Ungerleider	Sigmund	63/08/9	63/08/28		48/06503	1863/6070	

---

[1] Mehlverschleißers Tochter, 15 Jahre alt, aus Stanislau in Galizien (GbhP).
[2] Barbara Ullmann, geb. in Habern in Böhmen, 1864 zugereist von Kellersdorf in der Steiermark, 1866 wohnhaft in Wien-Leopoldstadt, Rote Kreuzgasse No 3 (GbhP'e). - Im FdhP als "kl" eingetragen, im GbhP und in der Taufmatrik als jüdisch ausgewiesen (GbhP; Taufmatrik AKH 64/11/19: Maria Ullmann).
[3] Wurde nach der Entbindung ins AKH auf das Blatternzimmer gebracht (GbhP).
[4] Josef Ullmann kam "wegen Krankheit der Mutter" ins Fdh (GbhP, FdhP).
[5] "Wegen Religion der Mutter" Fdh (GbhP).
[6] Katharina Ungar, geb. und wohnhaft in Miskolcz in Ungarn, zugereist (GbhP).
[7] Regina Ungar, geb. und wohnhaft in Szent Miklós in Ungarn, zugereist (GbhP).
[8] Im Fdh im Alter von einem Monat an Lebensschwäche gestorben (FdhP).
[9] Rosa Ungar, wohnhaft in Pest No 6, zugereist (GbhP).
[10] Pius Plantagenet (FdhP: M: Theresia; Anmerkung: "Mutter Israelitin"; Taufmatrik AKH 35/08/11: P: Andreas Losch, Kirchendiener; Anmerkung: "Mater infantis est judaea").
[11] "Wegen Krankheit der Mutter" Fdh, die Mutter wurde nach dem Wochenbett zum Ammendienst ins Fdh gebracht, ihr Kind hatte man tags zuvor nach Ober-Hollabrunn in Außenpflege abgegeben (GbhP, FdhP).
[12] Johanna Ungerleider, geb. von Pest; 1863 wohnhaft in Wien Innere Stadt, Salzgries No 11, 1864 und 1866 in Wien 4, Blechturmgasse 4 (GbhP'e).

U

M: Name	M: Vorname	geb. ca.	Beruf	K: Name	K: Vorname	K: geb.	K: gest.	K: entl.	Qu GbhP	Qu FdhP	Qu EntlP
Ungerleider	Johanna	1837/U	Hdarb	Ungarleider	Theresia	64/12/28	65/01/16		49/10659	1865/0110	
Ungerleider[13]	Johanna	1839/U	Stbm	Ungerleider[14]	Alexander	66/02/9	67/06/9		51/01024	1866/1235	
Urbach	Theresia	1830/B	Magd	Urbach	Karl	52/09/24	53/01/16		37/07596	1852/6519	
Urber	Anna	1830/S	Hdarb	Urber[15]	Maria	52/04/19	52/05/11		37/03499	1852/2711	

[13] Johanna Ungerleider wurde nach der Entbindung ins AKH, auf Zi. 23 verlegt (GbhP) - nur im GbhP als jüdisch ausgewiesen, ins FdhP als "kl" (katholisch, ledig) eingetragen (FdhP).
[14] "Wegen Krankheit der Mutter" Fdh, das Kind blieb eine Woche bei der Mutter im Gbh, kam sodann ins Fdh (GbhP, FdhP).
[15] "Wegen Religion der Mutter" Fdh; im Fdh an Durchfall gestorben (FdhP).

U

M: Name	M: Vorname	geb. ca.	Beruf	K: Name	K: Vorname	K: geb.	K: gest.	K: entl.	Qu GbhP	Qu FdhP	Qu EntlP
Vais, Veis(z), vide Weiss											
<...>[1]				Volnhalss[2]	Nikolaus	92/12/4		05/11/22		1792/2241	
VOG(E)L (FOGEL)											
Vogel[3]	Betti	1824/U	Hdarb	unentbunden entlassen 42/02/27					27/01768		
Vogl	Betti	1823/U	Magd	*Muz*[4]	Mathias	42/03/1	42/03/29		27/02153	1842/1222	
Vogel	Cäcilia	1838/M	Magd	Vogel	Augusta	62/12/5	64/01/11		48/00794	1862/8440	
Vogel[5]	Karolina	1817/M	Magd	*Alko*[6]	Aloisia	37/06/24	37/07/14		22/02879	1837/2455	
Fogel	Rosalia			Fogel[7]	Ludwig M.	52/08/08	55/07/31			1854/5849	
Vohl, vide Wohl											

---

[1] o.A. (Taufmatrik AKH 1792/12/05: Nikolaus Volnhalss, M: Jüdin). Im FdhP wird weder die Mutter noch die jüdische Herkunft des Kindes erwähnt. Die Mutter hatte in der 4. Abteilung der Zahlklasse unter No 47 entbunden (Taufmatrik AKH 1792/12/05: Nikolaus Volnhalss).
[2] Nikolaus Volnhalss ist mit Sicherheit ein Fremdname - Taufpate war der Kirchendiener Paul Volnhals, das Kind wurde am 5. Dezember getauft, am Vorabend des Festes des Heiligen Nikolaus. Für das Kind wurde eine Aufnahmstaxe von 24 fl. bezahlt, es kam in Außenpflege "an die Brust" und hat die Findelpflege überlebt. Nach Ablauf der Findelhausversorgung wurde das Kind gegen Revers den Pflegeeltern "in die unentgeltliche Verpflegung gegeben" (FdhP: Pflegemutter: Rosalia Wolfin, verheiratete Tagwerkerin in Wien-Nußdorf No 16).
[3] Barbara Vogel, geb. und wohnhaft in Komorn, zugereist (GbhP).
[4] Mathias Muz (GbhP, FdhP: "Israelitenkind", M: Betty Vogel, israelitische Magd, 19 Jahre, von Komorn in Ungarn. - Taufmatrik AKH 42/03/01: P: Andreas Losch, Kirchendiener; Anmerkung: "Mater judaea").
[5] Karolina Vogel, geb. von Leipnik in Mähren, von Preßburg in Ungarn zugereist (GbhP).
[6] A.A. (GbhP), Aloisia Alko (FdhP). - Die Doppelinitiale A in ihrer L-Form ist nur im Schriftvergleich als A zu erkennen. - Das Kind kam am 37/06/25 ins Fdh - als "Israelitenkind" wurde am selben Tag Aloisia Alko ins Fdh aufgenommen. Die Mutter des Kindes wurde in das FdhP eingetragen, es war die Mutter des gesuchten Initialenkindes A.A.: "20 J<ahr> israelitisch, l<edig>, Leibnik Mähren, Mag<d>" (FdhP; Taufmatrik AKH 37/06/25: P: Theresia Marianowitsch, Hebamme; Anmerkung: "Mater infantis Judaea").
[7] Ludwig Michael (früher Ludwig) Fogel, geb. in Debrezin am 52/08/08, getauft am 54/08/10 in der Pfarre Alservorstadt, kam 18 Tage später ins Fdh: "Hat die Mutter sich ihrem Rechte auf benanntes Kind begeben und für die katholische Taufe desselben erklärt. Das Kind wurde in die k.k. Findelanstalt aufgenommen"; seine jüdische Herkunft wurde im FdhP festgehalten; gestorben im St. Anna Kinderspital an Tuberkulose (FdhP; Pfarre Alservorstadt Taufmatrik 54/08/10).

V

M: Name	M: Vorname	geb. ca.	Beruf	K: Name	K: Vorname	K: geb.	K: gest.	K: entl.	Qu GbhP	Qu FdhP	Qu EntlP
Wachsman	Rosalia	1836/U	Magd	Wachsmann[1]	Theresia	55/08/31	55/09/18		40/06022	1855/5431	
Wagner	Anna	1812/B	Magd	**Sterblich**[2]	Josef	38/08/22	39/01/18		23/03630	1838/3260	
Wagner	Franziska	1832/U	Hdarb	Wagner[3]	Ludwig	52/08/18	52/09/2		37/06803	1852/5653	
Wagnerin	Dazel Katharina		Magd	Wagner[4]	Katharina	02/11/21	02/12/09			1802/2971	
Wahle	Barbara	1814/B	Magd	totgeboren		40/03/16			25/01980		
Wahle	Elisabeth	1831/B	Hdarb	Wahle[5]	Josef	59/03/31	66/09/11		44/03942	1859/2689	
Wald	Katharina			Wald[6]	Amalia	62/05/19	62/07/15			1862/3545	
Waldhauser[7]	Theresia	1835/U	Magd	Waldhauser	Ferdinand	58/01/3	58/02/3		43/01649	1858/0328	
Waldhauser	Theresia	1835/U	Magd	Waldhauser	Johann	59/10/17		69/10/18	44/08685	1859/8154	
Walthauser	Theresia	1833/U	Magd	Walthauser	Elisabeth	60/10/1	61/01/6		45/07099	1860/6826	
Waldhauser	Theresia	1836/U	Magd	Waldhauser[8]	Martin	64/05/21	64/06/5		49/03993	1864/4130	

---

[1] "Wegen Religion der Mutter" Fdh (GbhP).
[2] **J.St.** (GbhP), Josef Sterblich (FdhP; Taufmatrik AKH 38/08/23). - Das Initialenkind "J.St." kam am 38/08/24 ins Fdh - an diesem Tag wurde als "Israelitenkind" Josef Sterblich aufgenommen, seine Mutter - es war die Mutter des gesuchten Initialenkindes - wurde in die Namensrubrik der Mutter eingetragen: "Anna Wagner, led<ige> Israelitin". In der Taufmatrik wurde der Name der Mutter nicht angegeben, die jüdische Herkunft des Kindes jedoch durch den Vermerk "mater infantis judaea" festgehalten (GbhP, FdhP; Taufmatrik AKH 38/08/23: Taufpate war der Kirchendiener Andreas Losch).
[3] "Wegen Religion der Mutter" Fdh (FdhP).
[4] Katharina Wagnerin, getauft am 02/11/22 in der Pfarre St. Stefan. - "Der Vater ist katholisch, und hat nach Aussage der Hebamme die Taufe des Kindes verlangt", die Mutter, "eine Jüdin und ledige Dienstmagd verlangte ebenfalls die Kindstaufe", das Kind wurde am folgenden Tag gegen eine Taxe von 12 fl. ins Fdh gebracht; die jüdische Herkunft des Kindes wird im FdhP nicht erwähnt, die Mutter wurde jedoch namentlich eingetragen; gestorben im Fdh an Schwäche (Pfarre St. Stefan Taufmatrik 02/11/22; FdhP).
[5] Josef Wahle kam "wegen Religion der Mutter" ins Fdh, er wurde nicht im Gbh geboren, sondern als "Gassengeburt" mit seiner Mutter dorthin gebracht, getauft, kam sodann ins Fdh (GbhP).
[6] Amalia Wald, getauft am 62/05/20 in der Pfarre Alservorstadt; am folgenden Tag ins Fdh gebracht. Der Taufmatrik liegt eine mit Stempelmarken versehene Erklärung bei, in welcher sich die Mutter mit der Taufe ihres Kindes einverstanden erklärt (Pfarre Alservorstadt Taufmatrik 62/05/20: Amalia Wald, mit Beilage).
[7] Theresia Waldhauser, geb. und wohnhaft in Örvényes in Ungarn; 1858, 1859 und 1860 zugereist (GhbP).

M: Name	M: Vorname	geb. ca.	Beruf	K: Name	K: Vorname	K: geb.	K: gest.	K: entl.	Qu GbhP	Qu FdhP	Qu EntlP
Waldmann[9]	Anna	1840/U	Magd	Waldmann	Wilhelm	62/06/1	62/07/10		47/04262	1862/4011	
Waldman	Anna	1845/U	Hdarb	Waldmann[10]	Antonia	64/02/22			49/02621	1864/1740	
Waldmann[11]	Franziska	1843/U	Magd	unentbunden entlassen 63/09/26					48/07732		
Waldmann	Franziska	1843/U	Hdarb	Waldmann	Karl Ferd.	63/12/1	67/08/17		49/00724	1863/8846	
Waldmann[12]	Kathi	1837/U	Magd	Waldmann	Karolina	58/04/30	58/05/19		43/02813	1858/3708	
Waldmann	Rosalia	1804/U	Magd	Miless[13]	Eleonora	25/04/24			10/00946		
Waldner	Anna	1836/U	Magd	Waldner	Josef	62/08/30	62/09/23		47/05558	1862/6096	
Waldner	Maria	1836/U	Magd	Waldner	Amalia	66/02/14	66/10/3		51/01176	1866/1400	
Waldner[14]	Theresia	1843/U	Magd	Waldner	Anna	67/06/20	67/07/22		52/02773	1867/4340	
Waldstein[15]	Katharina	1804/B	Magd	Schönfeld[16]	Judith	29/11/11	29/11/18		14/02363		
Walfisch[17]	Rosalia	1833/M	Hdarb	Walfisch	Juliana	59/04/28	59/08/20		44/04596	1859/3763	

---

[8] Martin Waldhauser kam "wegen Krankheit der Mutter" ins Fdh, die Mutter wurde nach dem Wochenbett ins Fdh zum Ammendienst gebracht - am selben Tag wurde ihr Kind in Findelpflege nach Hartberg in der Steiermark abgegeben (GbhP, FdhP).

[9] Anna Waldmann, geb. von Szent Márton in Ungarn; 1862 und 1864 vom Geburtsort zugereist (GbhP).

[10] Antonia Waldmann könnte die Findelpflege überlebt haben: kein Sterbedatum im FdhP, Randnotiz in der Taufmatrik aus dem Jahr 1886, die sich auf die Ausstellung eines Taufscheines beziehen mag (Taufmatrik AKH 64/02/22).

[11] Franziska Waldmann, geb. von Szent Márton, zugereist - "unentbunden auf eigenes Verlangen entlassen den 63/09/26" (GbhP).

[12] Kathi Waldmann, geb. von Szent Márton, zugereist (GbhP).

[13] E.M. (GbhP), Eleonora Miless (Taufmatrik AKH 25/04/25). - Die erste Initiale geht C-förmig tief in die Unterlänge, läßt an die Zahl 6 denken, in der Ebene der Zeile schließt sich ein Punkt an; ein schlichtes M folgt als zweite Initiale. - Das Kind kam am 3. Mai ins Fdh. Da jedoch für das Jahr 1825 keine FdhP'e erhalten sind, kann die Auflösung der Initialen nur über die Taufmatrik im Datenkontext versucht werden: Mitte der 1820er Jahre wurden die Kinder zumeist noch am Tag ihrer Geburt oder am folgenden Tag getauft - unter den Kindern, die am 25/04/25 getauft wurden, befindet sich auch eines mit dem Namen "Eleonora Mileß", im "jüdischen Formular" aufgenommen, ohne Hinweis auf die Mutter, mit einer Hebammen-Patenschaft: Taufpatin war die Hebamme Eleonore Maucher. Im Datenkontext kann nur dieses Kind mit dem Initialenkind "E.M." identifiziert werden.

[14] Theresia Waldner, geb. von Szill Sárkány in Ungarn, Ödenburger Komitat, zugereist (GbhP).

[15] Katharina Waldstein, geb. und wohnhaft in Mireschitz in Böhmen, zugereist (GbhP).

[16] Getauft, nach einer Woche im Gbh gestorben (GbhP; Taufmatrik AKH 29/11/12: "mater infantis judaea", P: Theresia Marianowitsch, Hebamme).

W

M: Name	M: Vorname	geb. ca.	Beruf	K: Name	K: Vorname	K: geb.	K: gest.	K: entl.	Qu GbhP	Qu FdhP	Qu EntlP
Wallfisch	Rosalia	1836/M	Magd	Wallfisch	Stefan	60/10/7	60/12/23		45/07429	1860/6987	
Waringer	Johanna	1833/U	Magd	Waringer	Katharina	55/01/6	55/07/14		40/01378	1855/0303	
Waringer[18]	Josefa	1840/U	Hdarb	Waringer[19]	Maria|Julius	66/01/28			51/00705		
Waringer[20]	Karolina	1811/U	Hdarb	*Liebrecht*[21]	Simon	30/10/26	30/12/30		15/02192	1830/2169	
Waringer	Katharina	1811/U	Köchin	*Drexler*	Josefa	30/06/5	30/07/9		15/01232	1830/1259	
Warstein	Katharina	1798/B	Magd	*Mitwoch*[22]	Antonia	21/03/28	21/10/17		06/00576	1821/1170	
Wasservogel	Cäcilia	1828/U	Magd	totgeboren 48/09/12					33/06053		
Wasservogel	Franziska	1826/U	Magd	Wasservogel	Karl	45/02/14	45/03/6		30/01963	1845/1046	
Wasservogel[23]	Katharina	1831/U	Magd	totgeboren 52/02/20					37/02546		

[17] Rosalia Wal(l)fisch, geb. von Holleschau in Mähren; 1859 wohnhaft in Wien-Ottakring No 260, 1860 in der Alservorstadt No 246 (GbhP'e).
[18] Josefa Waringer aus Stampfen, Näherin, 26 Jahre alt, wohnhaft Wien 3, Apostelgasse (GbhP).
[19] **Maria** Waringer (GbhP), **Julius** Wahringer (IKG Gb D 1970). Laut GbhP **Maria** Waringer, geb. am 66/01/28, soll zusammen mit der Mutter am 66/02/05 ins Fdh gekommen sein; nicht in der Taufmatrik des AKH vorhanden und nicht im FdhP; in das Geburtenbuch der IKG wurde ein Kind namens **Julius** Waringer aufgenommen, geb. am selben Tag wie Maria, Alserstraße 4 - die Straßenorientierungsnummer, die der Konskriptionsnummer Alserstraße 195 entspricht - somit im AKH bzw. im Gbh geboren, mit einer Mutter mit demselben Namen, gleichfalls aus Stampfen, Handarbeiterin, jedoch wohnhaft Mattersdorf No 8 (IKG Gb D 1970 66/01/28: Julius Waringer). Julius Wa(h)ringer wurde Handlungscommis und beging 1887 Selbstmord (IKG Stb D 473 87/05/04: Julius Wahringer). - Nach den uns vorliegenden Quellen ist schwer festzustellen, ob nun Maria mit Julius Wa(h)ringer ident ist, es sich bei der Eintragung in das GbhP um einen Irrtum gehandelt hat. Vieles spricht für "Julius Wahringer": der Datenkontext, das Fehlen jeder Eintragung in der Taufmatrik und im FdhP.
[20] **Karolina** Waringer, geb. und wohnhaft in Preßburg, zugereist (GbhP) - getauft am 33/12/21 in der Pfarre am Hof, erhielt bei der Taufe den Namen **Barbara** (DAW: Konvertiten-Protokolle 1833-1836).
[21] Taufmatrik AKH 30/10/26: P: Josef Eckerle, Kirchendiener; Anmerkung: "Mater prolis judaea", Randnotiz aus dem Jahr 1855.
[22] Antonia Mittwoch (GbhP, FdhP), Antonia Mitwoch (Taufmatrik AKH 21/03/28). - Antonia Mit(t)woch war ein Fremdnamenkind, es wurde an einem Mittwoch getauft und erhielt von diesem Wochentag seinen Namen; die Namen von Mutter und Kind wurden nur in das GbhP eingetragen, im FdhP und in der Taufmatrik wird der Name der Mutter nicht erwähnt. - Antonia Mit(t)woch wurde "wegen Krankheit der Mutter" ins Fdh gebracht, ihre Mutter wurde zehn Tage nach der Entbindung aus dem Gbh entlassen (GbhP, FdhP).
[23] Katharina Wasservogel, geb. von Szenicz in Ungarn, Neutraer Komitat; 1852 nach der Entbindung ins AKH auf die chirurgische Abteilung gebracht;

M: Name	M: Vorname	geb. ca.	Beruf	K: Name	K: Vorname	K: geb.	K: gest.	K: entl.	Qu GbhP	Qu FdhP	Qu EntlP
Wasservogel	Katharina	1827/U	Köchin	Wasservogel[24]	Karl	56/09/9	56/12/13		41/06284	1856/5854	
Wasservogel	Rosalia	1832/U	Magd	Wasservogel[25]	Josef	51/12/22		52/01/19	36/07994	1851/8061	
Wechsler[26]	Josefa	1836/U	Magd	unentbunden entlassen 56/12/16					42/01002		
Wechsler[27]	Josefa	1836/U	Magd	Wechsler[28]	Ignaz	56/12/21	57/01/8		42/01168	1856/8081	
Wechsler	Mina	1845/U	Magd	Wechsler	Eduard	64/07/19			49/06768	1864/5883	
WECKER (WEKHA)											
Wecker[29]	Anna	1811/W	Hdarb	*Kaltretter*[30]	Maria	30/10/20	31/01/1		15/02172	1830/2142	
Wekha	Anna	1814/W	Hdarb	*Scheiner*	Josef	39/04/22	39/07/15		24/02364	1839/1756	
Weidmann	Josefa	1832/B	Magd	Weidmann	Johann	55/06/17	55/08/7		40/04780	1855/4130	
Weil[31]	Anna	1833/U	Hdarb	Weil[32]	Anna	59/06/1	60/03/18		44/05300	1859/4462	
Weil[33]	Fanni	1845/U	Tagl	Weil[34]	Wilhelm	64/12/9	64/12/10		49/10225		
Weil	Karolina	1833/B	Magd	Weil	Eduard	61/04/9	61/05/4		46/03979	1861/3117	
Weil	Katharina	1818/B	Magd	*Stark*[35]	Philipp	40/09/21			25/04580	1840/4118	

1856 wohnhaft in Wien-Margareten No 110 (GbhP'e).
[24] Wegen "israelitischer Religion" Fdh (FdhP).
[25] Josef Wasservogel kam "wegen Krankheit der Mutter" ins Fdh, die Mutter wurde elf Tage nach der Entbindung aus dem Gbh entlassen. - In der Taufmatrik wird die jüdische Herkunft dieses Kindes nicht erwähnt (Taufmatrik AKH 51/12/22).
[26] Josefa Wechsler, geb. von Sandorf in Ungarn, Neutraer Komitat, wurde unentbunden auf die Syphilis Abteilung des AKH verlegt (GbhP).
[27] Kam vom AKH, Zi. 75 ins Gbh (GbhP).
[28] "Wegen Krankheit der Mutter" Fdh, gestorben im Fdh (FdhP).
[29] Anna Wecker, geb. von Wien; 1830 wohnhaft in Wien-Leopoldstadt No 459, 1839 in Wien Innere Stadt No 14 (GbhP'e).
[30] Maria Kaltretter (FdhP), Maria Kaltwetter (GbhP; Taufmatrik AKH 30/10/21: P: Theresia Marianowitsch, Hebamme; Anmerkung: "Mater prolis judaea").
[31] Anna Weil, geb. von Neustadtl an der Waag in Ungarn, zugereist (GbhP).
[32] Wegen "Religion der Mutter" Fdh (GbhP).
[33] Fanni Weil, aus dem Trentschiner Komitat in Ungarn, zugereist (GbhP).
[34] Getauft, am folgenden Tag im Gbh gestorben (GbhP; Taufmatrik AKH 64/12/09).

W

M: Name	M: Vorname	geb. ca.	Beruf	K: Name	K: Vorname	K: geb.	K: gest.	K: entl.	Qu GbhP	Qu FdhP	Qu EntlP
Weil[36]	Theresia	1832/U	Magd	Weil	David	53/02/6	54/02/10		38/02182	1853/1024	
Weil	Theresia	1832/U	Magd	Weil	Johann	55/04/9	55/12/19		40/03481	1855/2641	
Weiler[37]	Beata	1845/U	Hdarb	Weiler	Julius	64/07/15	64/08/2		49/06646	1864/5772	
Weiler	Berta	1844/U	Hdarb	Weiler[38]	Adolf	68/09/26			54/05770	1868/6362	
Weiler[39]	Betti	1844/U	Hdarb	Weiler	Ludwig	66/2/2	66/02/20		51/00847	1866/1027	
Weiler	Betti	1845/U	Hdarb	Weiler[40]	Theresia	67/02/17			52/01234	1867/1475	
Weiler	Johanna	1847/U	Magd	Weiler[41]	Ignaz	66/12/9	67/01/14		51/08268	1866/8917	
Weimann	Anna	1848/U	Magd	Weimann[42]	Franz	68/09/7	68/10/17		54/04859	1868/5977	
Weimann[43]	Julia	1837/U	Magd	Weimann[44]	Maria	60/06/28	60/08/2		45/03875	1860/4503	

[35] Philipp Stark kam "wegen israelitischer Mutter" ins Fdh; kein Sterbedatum im FdhP, das Kind könnte daher bei seiner Pflegemutter überlebt haben (FdhP: Rosalia Hohenwart, Maurersweib, Wilhelmsberg No <o.A.> - Herrschaft Lilienfeld - NÖ, OWW), zudem sich in der Taufmatrik eine Randnotiz mit dem Datum 70/05/05 befindet, welche im Zusammenhang mit der Ausstellung eines Taufscheines zu sehen ist: Philipp Stark wäre zu dieser Zeit 30 Jahre alt gewesen und könnte ihn z.B. für eine Eheschließung benötigt haben (Taufmatrik AKH 40/09/21: M: "Mater infantis judaea").
[36] Theresia Weil, aus dem Neutraer Komitat; 1853 wohnhaft in Wien Innere Stadt No 520, 1855 in Wien-Leopoldstadt No 286 (GbhP'e).
[37] Berta Weiler, geb. von Deutsch-Kreutz in Ungarn, Ödenburger Komitat; 1864 wohnhaft in der Alservorstadt, Garnisongasse No 1 (GbhP'e).
[38] Adolf Weiler, ein "68er Kind", kam ungetauft ins Fdh, sodann zu einem Holzhauer in Pflege (FdhP; CAHJP: A/W 1809: Verzeichnis jüdischer Findelkinder 1868).
[39] Barbara (Betti) Weiler, geb. von Deutsch-Kreutz in Ungarn, Ödenburger Komitat; wohnhaft in Wien-Leopoldstadt, Karmelitergasse No 4 (1866) und Haidgasse No 8 (GbhP'e).
[40] "Dieses Kind gehört mit Rücksicht auf die Religion seiner Mutter im Zeitpunkte der Geburt nicht der kath<olischen> Kirche, sondern der israelitischen Religion an und wird daher in die Geburtsmatrik der israelitischen Kultusgemeinde in Wien eingetragen" - laut Note der k.k. niederösterreichischen Statthalterei de dato 97/06/06 Z.121361 und f<ürst>e<rzbischöflichen> Ord<inariats> Erlaß de dato 97/01/11, Z.181 (Taufmatrik AKH 67/02/17). - Ein bemerkenswerter Aktenvermerk, in welchem in äußerst komprimierter Form die neuen Rechtsverhältnisse, die durch die interkonfessionellen Gesetze vom Mai 1868 geschaffen wurden, zum Ausdruck kommen (RGBl. 1868 No 49, 68/05/25, I, Artikel 1: "Uneheliche Kinder folgen der Religion der Mutter").
[41] Ignaz Weiler, im Fdh an Anämie gestorben (FdhP).
[42] Franz Weimann, ein "68er Kind", kam mit der Mutter ins Fdh, nach zwei Wochen auf einen Pflegeplatz in Böhmen, im Alter von fünf Wochen an Fraisen gestorben (FdhP; CAHJP: A/W 1809: Verzeichnis jüdischer Findelkinder 1868).

W

M: Name	M: Vorname	geb. ca.	Beruf	K: Name	K: Vorname	K: geb.	K: gest.	K: entl.	Qu GbhP	Qu FdhP	Qu EntlP
Weimann	Maria	1837/U	Magd	Weimann	Alois	57/09/12	58/07/11		42/07255	1857/6724	
Weinberger	Josefa	1837/U	Hdarb	Weinberger[45]	Josef	63/01/11	63/02/21		48/01717	1863/0345	
Weinberger[46]	Josefa	1843/U	Magd	Weinberger	Ludwig	63/10/15	63/12/9		48/06658	1863/7653	
Weinberger[47]	Julia	1825/U		unentbunden entlassen 43/09/13					28/04973		
Weinberger	Julia	1824/U		*Bernscherer*	Bruno	43/10/5	44/03/27		28/05497	1843/4496	
Weinberger[48]	Maria	1820/U	Köchin	*Schwing*	Johann	39/07/19	41/09/28		24/03101	1839/3143	
Weinberger[49]	Regina	1832/U	verh.	<...>[50]		56/10/9			41/06915		
Weinberger	Rosalia	1848/U	Magd	Weinberger[51]	Eduard	68/11/15	69/01/8		54/06064	1868/7383	
Weinberger[52]	Theresia	1802/U	Magd	*Salome*[53]	Maria	21/01/31			06/00047		
Weiner	Aloisia	1829/B	Magd	Weiner[54]	Wilhelm	50/05/15	51/06/17		35/03690	1850/3169	

---

[43] Julia Weimann, geb. von Koczur in Ungarn, Neutraer Komitat, zugereist von Lambach in OÖ (GbhP).
[44] "Wegen Hohlwarzen der Mutter" (GbhP), bzw. "wegen Krankheit der Mutter" Fdh (FdhP); die Mutter wurde nach ihrer Genesung zum Ammendienst ins Fdh gebracht, ihr Kind hatte man zuvor in Außenpflege abgegeben. Als Todesursache wurden "Hohlwarzen" angegeben, wohl ein Flüchtigkeitsfehler des Protokollführers (GbhP, FdhP).
[45] "Wegen Krankheit der Mutter" Fdh (FdhP).
[46] Josefa Weinberger, aus Weißenburg in Ungarn zugereist (GbhP).
[47] Julia Weinberger, Blumenmacherin, geb. von Raab in Ungarn; wohnhaft in Wien-Leopoldstadt No 593 (GbhP). - Hier wird das Religionsbekenntnis mit "mosaisch" angegeben - in dieser Zeit noch äußerst selten, allgemein üblich war "israelitisch".
[48] Maria Weinberger, geb. von Neutra, von Preßburg zugereist (GbhP).
[49] Hausierers Eheweib (GbhP).
[50] o.A. (GbhP). Das Kind wude nicht getauft, die Mutter war verheiratet, Mutter und Kind wurden am 56/10/17 aus dem Gbh entlassen (GbhP).
[51] Eduard Weinberger, ein "68er Kind", kam ungetauft mit seiner Mutter ins Fdh, nach sechs Wochen an Darmkatarrh gestorben (FdhP; CAHJP: A/W 1809: Verzeichnis jüdischer Findelkinder 1868).
[52] Theresia Weinberger, geb. von Holics in Ungarn, von Linz zugereist (GbhP).
[53] "Maria Salome" (GbhP) haben wir in der Taufmatrikel nicht gefunden: Am 21/01/31 wurde ein anderes Kind mit einer jüdischen Mutter getauft: Ignatia Hermann, in die Rubrik des Vaters wurde "Israelita" eingetragen, Patin war die Hebamme Anna Blumenau (Taufmatrikel AKH 21/01/31: Ignatia Hermann). Dieses Kind kam ins Fdh (FdhP 1821/0406). - Ignatia Hermann könnte mit Maria Salome ident sein.
[54] "Wegen Religion der Mutter" Fdh (FdhP).

W

M: Name	M: Vorname	geb. ca.	Beruf	K: Name	K: Vorname	K: geb.	K: gest.	K: entl.	Qu GbhP	Qu FdhP	Qu EntlP
Weiner	Nani	1822/M	Magd	Weiner	Adolf	54/08/8	54/09/21		39/05697	1854/5599	
Weiner	Antonia	1824/B	Tagl	Weiner[55]	Hermann	46/11/21			32/00069		
Weiner|Wenner[56]	Elisabeth			Weiner[57]	Jakob	1796/08	1796/09			1796/1784	
Weiner	Franziska			Weiner[58]	Thomas	55/12/12	55/12/27			1855/7490	
Weiner[59]	Fanni	1839/U	Magd	unentbunden entlassen 55/11/04					41/00009		
Weiner	Fanni	1840/U	Magd	Weiner	Anna	60/02/21	60/07/3		45/02695	1860/1591	
Weiner[60]	Johanna	1834/U	Magd	Weiner[61]	Josef	55/11/30		65/12/4	40/06997	1855/7340	65/12/4
Weiner[62]	Josefa	1821/B	Magd	Weiner[63]	Karolina	47/02/25	47/03/22		32/02457	1847/1291	
Weiner	Josefa	1821/B	Magd	Weiner[64]	Alois	47/02/25	47/03/07		32/02457	1847/1292	
Weiner[65]	Katharina	1828/B	Magd	Weiner[66]	Agnes	50/11/9	50/11/18		36/00205		

[55] "Ins Findelhaus wegen israelitischer Religion der Mutter" (GbhP).
[56] Elisabeth Wennerin (Taufmatrik St. Stefan 1796/08/26), der Name der Mutter wurde nicht in das FdhP eingetragen.
[57] Jakob **Wei**ner (FdhP), Jakob **We**nner (Pfarre St. Stefan Taufmatrik 1796/08/26), getauft am 1796/08/26 in der Pfarre St. Stefan; kam noch am selben Tag ins Fdh, "ist vermög Zeugniß der Armuth gegen Erlag 12 fl. angenommen worden" - kein Hinweis auf die jüdische Herkunft des Kindes im FdhP; gest. 1796/09/24 an Abweichen (Durchfall) (Pfarre St. Stefan 1796/08/26; FdhP).
[58] Thomas Weiner, getauft am 55/12/14 in der Pfarre St. Stefan, kam noch am selben Tag gegen eine Taxe von 50 fl. ins Fdh (FdhP).
[59] Fanni Weiner, geb. von Verbócz in Ungarn, 1855 zugereist; 1860 wohnhaft Wien-Leopoldstadt No 380 (GbhP).
[60] Johanna Weiner, geb. von Miava in Ungarn, Preßburger Komitat, zugereist (GbhP).
[61] "Wegen mosaischer Religion der Mutter" Fdh (GbhP). - Josef Weiner wurde nach Ablauf Findelhausbetreuung dem Wr. Magistrat übergeben (FdhP, EntlP).
[62] Josefa Weiner, geb. von Ledetsch in Böhmen, Czaslauer Kreis; wohnhaft Wien-Leopoldstadt No 224 (GbhP). - Zwillingsgeburt 47/02/25: Alois und Karolina Weiner.
[63] "Ins Findelhaus wegen jüdischer Religion der Mutter" (GbhP), Karolina Weiner ist im Fdh an Lebensschwäche gestorben (FdhP).
[64] "Ins Findelhaus wegen jüdischer Religion der Mutter" (GbhP), Alois Weiner ist im Fdh an einem Ödem gestorben (FdhP).
[65] Katharina Weiner hat im Jahre 1871 in der Gemeindekanzlei der IKG Fünfhaus den Vater ihres 1862 geborenen Mädchens Sophie (geb. 62/10/15, IKG Gb C 3331), den 55jährigen Witwer Simon Märischel aus Neu-Rausnitz geheiratet (IKG Tb Fünfhaus 71/03/21: 115), wodurch dieses Kind legitimiert wurde.

M: Name	M: Vorname	geb. ca.	Beruf	K: Name	K: Vorname	K: geb.	K: gest.	K: entl.	Qu GbhP	Qu FdhP	Qu EntlP
Weiner[67]	Maria	1816/U	Köchin	*Geistreich*[68]	Franziska	39/07/9	39/08/6		24/03410	1839/2888	
Weiner	Maria	1838/B	Magd	Weiner[69]	Friedrich	58/01/31	58/02/22		43/02316	1858/1013	
Weiner	Maria	1839/B	Hdarb	Weiner[70]	Maria	60/09/26	60/12/7		45/07132	1860/6665	
Weiner[71]	Rosalia	1817/U	Köchin	*Tell*[72]	Wilhelm	39/02/4	39/02/25		24/01261	1839/0545	
Weiner[73]	Rosalia	1818/U	Köchin	*Frey*	Franz	42/11/19	42/12/13		28/00278	1842/5032	
Weiner[74]	Rosalia	1836/M	Magd	Weiner	Rosalia	56/12/20	57/01/7		42/00293	1856/8263	
Weiner	Rosalia	1836/M	Magd	Weiner	Franz	59/09/25	59/10/18		44/08149	1859/7600	
Weiner	Rosalia	1842/B	Hdarb	Weiner	Heinrich	59/10/14	59/11/7		44/08597	1859/8084	
Weiner[75]	Rosalia	1848/U	Hdarb	unentbunden entlassen				65/07/07	50/04512		
Weiner[76]	Rosalia	1848/U	Hdarb	Weiner[77]	Maria	65/08/31	65/09/3		50/06016	1865/6364	

---

[66] Getauft, nach fünf Tagen im Gbh gestorben (GbhP; Taufmatrik AKH 50/11/13: Die jüdische Herkunft des Kindes wird nicht erwähnt).
[67] Maria Weiner, gestorben am 39/07/23 (IKG Stb A 1353: im AKH, an Nervenfieber). - TBP 39/07/23: "Weiner Maria, ledig, israelitische Magd, aus Nagy Magyar gebürtig, Breitenfeld 23, am Nervenfieber, alt 23 Jahr, <im AKH>."
[68] Franziska Geistreich wurde sogleich nach ihrer Geburt getauft, kam "wegen Krankheit der Mutter" ins Fdh, ist im Alter von vier Wochen im Fdh gestorben (GbhP, FdhP).
[69] Friedrich Weiner kam am Tag nach seiner Geburt - einer "Gassengeburt" - mit seiner Mutter ins Gbh, wurde getauft und kam dann ins Fdh (GbhP).
[70] Im Fdh an Tabes (Schwindsucht, Auszehrung) gestorben (FdhP).
[71] Rosalia Weiner, geb. von Komorn in Ungarn; 1839 wohnhaft in der Alservorstadt No 179, 1842 in Wien-Leopoldstadt No 444 (GbhP'e).
[72] Wilhelm Tell (FdhP; Taufmatrik AKH 39/02/04: P: Crescentia Tidl, Stallmeisters Gattin, Alser Vorstadt No 4. Anmerkung: "Mater infantis judaea").
[73] Rosalia Weiner, gestorben am 42/11/23 (GbhP, IKG Stb A 1835: im AKH, an Nervenfieber); TBP 42/11/23: "Weiner Rosalia, ledige Köchin, israelitisch, gebürtig von Komorn in Ungarn, 24 Jahr alt, Leopoldstadt No 444, am Nervenfieber, AKH."
[74] Rosalia Weiner, geb. von Göding in Mähren, 1856 wohnhaft in Wien-Leopoldstadt No 274; ins FdhP als "kl" (katholisch, ledig) eingetragen - wohl ein Irrtum der Kanzlei, da ihr Kind in derselben Quelle als "Israelitenkind" aufgenommen wurde und sie selbst im GbhP und in der Taufmatrik als jüdisch ausgewiesen ist (GbhP; Taufmatrik AKH 59/09/25: Franz Weiner).
[75] Rosalia Weiner, aus Pest zugereist, Rosalia Weiner wurde unentbunden auf die syphilitische Abteilung verlegt (GbhP).
[76] Rosalia Weiner kam vom AKH, Zi. 73 zur Entbindung ins Gbh (GbhP).
[77] Das Kind wurde sogleich nach der Geburt getauft, "wegen Krankheit der Mutter" ins Fdh gebracht; ist im Fdh an Konvulsionen gestorben (FdhP). - Im

M: Name	M: Vorname	geb. ca.	Beruf	K: Name	K: Vorname	K: geb.	K: gest.	K: entl.	Qu GbhP	Qu FdhP	Qu EntlP
Weiner	Theresia	1803/U	Hdarb	*Schilo*[78]	Afra	22/08/24	23/10/13		07/01923	1822/2731	
Weiner	Theresia	1830/B	Magd	Weiner[79]	Mathilde	53/03/11	53/03/28		38/02997	1853/1884	
Weiner[80]	Theresia	1836/M	Magd	Weiner[81]	Adolf	55/03/22	55/04/2		40/02910	1855/2034	
Weinfeld	Barbara	1824/M	Magd	Weinfeld	Anton	46/03/7	46/05/23		31/02552	1846/1590	
Weingarten	Hinde	1841/G	Köchin	Weingarten	Adolf	66/06/11	66/06/25		51/03802	1866/4480	
Weininger	Franziska	1841/M	Magd	Weininger	Aloisia	65/08/2	65/08/24		50/04342	1865/5875	
Weinstein	Johanna	1813/M	Magd	*Karl\Knol*[82]	Karolina	35/11/1	35/11/15		20/03818	1835/3721	

GbhP blieben die Rubriken zur Entbindung und zum Namen des Kindes leer, ins FdhP und in die Taufmatrik des AKH wurden die Namen von Mutter und Kind eingetragen: M: Rosalia Weiner, K: Maria Weiner (Taufmatrik AKH 65/08/31).

[78] **A.S.** (GbhP), Afra **Seh**ilo (FdhP), Afra **Sch**ilo (Taufmatrik AKH 22/08/24). - Das Kind kam am 22/08/25 ins Fdh - am selben Tag wurde ein zwei Tage altes Kind aus dem Gbh "wegen Krankheit der Mutter" ins Fdh mit dem Namen "Afra Sehilo" aufgenommen, die Mutter wurde ebensowenig wie seine jüdische Herkunft in das Protokoll eingetragen. Da das Kind am 24. August zur Welt kam, am folgenden Tag ins Fdh gebracht wurde und zuvor getauft worden war, so müßte es am 24. oder am 25. August in die Taufmatrik eingetragen worden sein: Unter dem Namen "Sehilo" wurde kein Kind in das Taufprotokoll aufgenommen, jedoch wurde am 25. eines mit dem Namen "Afra Schilo" mit dem Vermerk "Judaea" eingetragen, ohne Namen der Mutter, Taufpatin war die Hebamme Anna Blumenau. - Afra Sehilo ist im Datenkontext mit Afra Schilo ident, der Namensvariante liegt ein überaus kursiv geführtes Antiqua-C zugrunde, welches vom E nicht mehr zu unterscheiden ist: aus Schilo wurde Sehilo (GbhP, FdhP; Taufmatrik AKH 22/08/24).

[79] Theresia Weiner kam "wegen Krankheit der Mutter" ins Fdh, gestorben im Fdh an Durchfall (FdhP); die Mutter wurde acht Tage nach der Entbindung aus dem Gbh entlassen (GbhP).

[80] Theresia Weiner, geb. und wohnhaft in Göding in Mähren, zugereist (GbhP).

[81] "Wegen Religion der Mutter" Fdh (GbhP, FdhP).

[82] **K.K.** (GbhP), Karolina **Karl** (FdhP), Karolina **Knol** (Taufmatrik AKH 35/11/02). - Das Kind mit den Doppelinitialen "K.K." kam am 35/11/03 ins Fdh - am selben Tag wurde als "Israelitenkind" Karolina Karl aus dem Gbh ins Fdh aufgenommen. Die Mutter wurde in das FdhP nur mit ihrem Vornamen - Johanna - eingetragen, sodaß man irrtümlich annehmen könnte, Mutter und Kind hätten denselben Zunamen getragen. Da das Kind getauft ins Fdh gebracht wurde, mußte es zwischen dem 1. und 3. November - das Kind wurde am 1. November geboren - getauft worden sein und in der Taufmatrik aufscheinen - in die Taufmatrik wurde jedoch kein Kind mit diesem Namen eingetragen. Zu den Initialen "K.K." paßt jedoch im Datenkontext ein anderes Kind, Karolina Knol: geboren am 1. November, am folgenden Tag getauft, in einer Anmerkung wird seine jüdische Herkunft festgehalten: "Mater infantis judaea", Taufpatin war die Hebamme Josefa Unterwalder. - Die Namensvariante erklärt sich in der Schriftanalyse: Sehr häufig wurde A oben offen geschrieben, war die Schrift klein, das Papier von minderer Qualität, zerfloß die Tinte etwas auf dem Papier, so konnte ein solches A die Form eines U an-

W

M: Name	M: Vorname	geb. ca.	Beruf	K: Name	K: Vorname	K: geb.	K: gest.	K: entl.	Qu GbhP	Qu FdhP	Qu EntlP
Weinstein[83]	Katharina	1802/M	Köchin	*Katharinsky*	Josefa	30/11/26	30/12/30		15/02148	1830/2365	
Weinstein	Katharina	1821/M	Magd	Weinstein[84]	Katharina	51/12/15	52/03/15		37/01019	1851/7795	
Weinstein	Regina	1833/U	Magd	Weinstein[85]	Katharina	54/06/8	54/06/8		39/05282		
Weinwurm	Barbara	1817/U	Hdarb	*Ananas*	Anna	40/02/13	40/03/2		25/01504	1840/0679	
WEIS(S) (VEIS(Z), WEISZ, VAISZ)											
Weiss[86]	Anna	1794/U	Magd	*Donnerstag*[87]	Josef	18/11/5	18/12/1		03/02119	1818/2916	
Weiss	Anna	1804/U	Magd	*Erlauch*	Josef	29/09/11	29/09/27		14/02097	1829/3093	
Weiss	Anna	1806/U	Köchin	*Fischer*[88]	Johann	31/05/2	31/05/15		16/01222	1831/1343	
Weiss	Anna	1820/B	Magd	Weiss[89]	Elisabeth	46/12/6	46/12/25		32/00741	1846/6634	

---

nehmen, welches kurrentschriftlich sowohl als E als auch als N aufgefaßt werden konnte, aus KA- wurde KN-. Wurde ein Antiqua-R etwas auseinandergezogen, so konnte dieses auch als "offenes" O verstanden werden: aus Karl wurde Knol, bzw. vice versa. Die Eintragung des Namens "Knol" in die Taufmatrik erfolgte in einer winzigen Schrift, die Schriftzüge sind nur mit einer Lupe zu erkennen; im Index hingegen erscheint der Name "Knol Karolina" klar und deutlich, kann nicht als "Karl Karolina" verlesen werden.

[83] Katharina Weinstein, geb. und wohnhaft in Ung.-Brod in Mähren, zugereist (GbhP).

[84] "Wegen Religion der Mutter" Fdh (FdhP).

[85] Katharina Weinstein wurde notgetauft und ist noch am selben Tag im Gbh gestorben (GbhP: "nothget<auft> u<nd> gest<orben>"; Taufmatrik AKH 54/06/08: Katharina Weinstein, M: Regina Weinstein, Israelitin; "Franziska Schwehla Hebamme hat nothgetauft").

[86] Anna Weiss (GbhP), Anna Weisin (Taufmatrik AKH 18/11/05: Josef Donnerstag) - geb. und wohnhaft in Preßburg, von dort zugereist (GbhP).

[87] o.A. (GbhP), **Josef Donnerstag** (FdhP; Taufmatrik AKH 18/11/05). - "Die Mutter Israelitinn", wurde über die Rubriken, die im GbhP für den Namen und das Geschlecht des Kindes vorgesehen waren, eingetragen; rechts davon das Transferdatum ins Fdh: der 18/11/05 - an diesem Tag wurde ein Kind aus dem Gbh mit dem Namen Josef Donnerstag ins Fdh aufgenommen, seine jüdische Herkunft wurde nicht erwähnt, jedoch wurde der Name der Mutter angegeben: "Johanna Weiß" - die Mutter des gesuchten namenlosen Kindes, welche in der Taufmatrik noch unter der femininen Form als "Anna Weisin" eingetragen wurde. Auch in der Taufmatrik wurde die jüdische Herkunft des Kindes nicht erwähnt, Taufpate war der Kirchendiener Josef Eckerle - Josef Donnerstag war ein Fremdnamenkind, er wurde an einem Donnerstag getauft und erhielt von diesem Wochentag seinen Namen (Taufmatrik AKH 18/11/05). - Im Datenkontext stimmen die Daten und die Namen von Mutter und Kind zusammen, sodaß das namenlose Kind mit Josef Donnerstag identifiziert werden kann (GbhP, FdhP; Taufmatrik AKH 18/11/05).

[88] "Mater inf<antis> judea" (Taufmatrik AKH 31/05/02); "Israelitenkind", im Alter von 13 Tagen im Fdh gestorben (FdhP).

[89] "Wegen israelitischer Religion der Mutter" Fdh (GbhP).

W

M: Name	M: Vorname	geb. ca.	Beruf	K: Name	K: Vorname	K: geb.	K: gest.	K: entl.	Qu GbhP	Qu FdhP	Qu EntlP
Weiss	Anna	1830/M	Magd	Weiss[90]	Mauritz	56/09/22	56/10/05			1856/5958	
Weiss	Nanette	1832/U	Hdarb	Weiss[91]	Anton	54/12/5	55/02/19		40/00706	1854/8020	
Weiss[92]	Anna	1847/U	Magd	Weiss	Anton	66/04/24	66/05/22		51/01377	1866/3327	
Weiss	Anna	1848/U	Hdarb	Weiss	Karl	65/06/4	65/10/6		50/03337	1865/4340	
Weiss	Antonia	1831/U	Magd	Weis	Aloisia	56/07/5	56/08/18		41/05049	1856/4498	
Weisz	Antonia	1843/U	Magd	Weisz	Julia	65/09/26	65/10/11		50/06135	1865/7241	
Weiss	Betti	1832/U	Magd	Weiss[93]	Wilhelm	51/09/26	51/10/22		36/07332	1851/6306	
Weisz	Cäcilia	1848/U	Magd	Weisz[94]	Josef	68/05/3			53/02828		
Weiss[95]	Charlotte	1833/U	Magd	Weiss[96]	Josef	58/03/4		68/09/12	43/01506	1858/1991	68/09/12
Weiss[97]	Charlotte	1833/U	Magd	Weiss	Elisabeth	61/05/29	61/07/23		46/04353	1861/4629	
Veis	Eleonora	1828/B	Köchin	Veis	Alois	55/08/12	55/08/29		40/05705	1855/5152	
Weiss[98]	Eleonora	1828/U	Magd	Weiss[99]	Johanna	58/12/25	59/01/27		44/01336	1859/0075	
Weiss	Eleonora	1834/U	Magd	totgeboren 64/04/2					49/03994		
Weiss	Franziska	1815/U	Magd	*Mendl*	Maria	37/10/13	37/11/23		22/04189	1837/3764	
Weiss[100]	Franziska	1835/U	Magd	Weiss[101]	Theresia	54/01/17	54/03/27		39/01712	1854/0434	

[90] Mauritz Weiss, geb. und getauft im Militär-Gebärhaus am 56/09/22, wurde am folgenden Tag "wegen Krankheit und Religion" der Mutter ins Fdh gebracht, ins Protokoll als "Israelitenkind" aufgenommen (FdhP).
[91] "Wegen Religion der Mutter" Fdh (GbhP, FdhP).
[92] Anna Weiss, geb. und wohnhaft in Vág Vécse in Ungarn, Neutraer Komitat, zugereist (GbhP).
[93] "Wegen Religion der Mutter das Kind" Fdh - das Kind kam ins Fdh, die Mutter wurde entlassen (FdhP).
[94] Josef Weisz, ein "68er Kind", nicht auf der IKG Liste jüdischer Findelkinder, kam ungetauft mit seiner Mutter ins Fdh (GbhP; CAHJP: A/W 1809: Verzeichnis jüdischer Findelkinder 1868).
[95] Charlotte Weiss, geb. und wohnhaft in Szered in Ungarn, zugereist (GbhP).
[96] Josef Weiss wurde nach Ablauf der Fdh-Pflege dem Wr. Magistrat übergeben (FdhP, EntlP).
[97] Charlotte Weiss, geb. von Kukló in Ungarn, zugereist von Mór (GbhP).
[98] Eleonora Weiss, geb. von Neutra in Ungarn, 1858 wohnhaft in der Alservorstadt No 383, 1864 in Wien Innere Stadt, Salzgries No 27 (Gbh'e).
[99] Gassengeburt - Johanna Weiss wurde zwei Tage nach ihrer Geburt mit ihrer Mutter ins Gbh gebracht, getauft, kam sodann ins Fdh (GbhP).
[100] Franziska (Fanni) Weiss, aus dem Neutraer Komitat, zugereist (GbhP).

W

M: Name	M: Vorname	geb. ca.	Beruf	K: Name	K: Vorname	K: geb.	K: gest.	K: entl.	Qu GbhP	Qu FdhP	Qu EntlP
Weiss	Franziska	1836/U	Magd	Weiss	Katharina	61/04/24	61/05/20		46/02961	1861/3550	
Weiss	Franziska	1836/U	Magd	Weiss[102]	Josefa	63/06/13	63/06/13		48/05559		
Weiss	Franziska	1838/U	Hdarb	Weiss[103]	Ludwig	56/09/10	56/09/30		41/06326	1856/5883	
Weiss[104]	Fanni	1839/U	Magd	Weiss	Leopold	60/01/9	60/02/14		45/00936	1860/0416	
Weiss[105]	Franziska	1843/U	Magd	unentbunden entlassen				65/07/25	50/05022		
Veisz	Fanni	1843/U	Magd	Veisz	Hermann	65/09/24	65/10/10		50/06396	1865/7139	
Weiss	Franziska	1850/U	Hdarb	Weiss	Ignaz	67/03/7	67/03/20		52/01553	1867/1964	
Weiss	Helene	1825/U	Magd	Weiss[106]	Leopold	50/12/31	51/01/30		36/01306	1851/0161	
Weiss[107]	Johanna	1822/U		unentbunden entlassen				41/07/29	26/03296		
Weiss	Johanna	1825/U	Magd	Weiss	Johann	46/09/29	47/02/21		31/06314	1846/5406	
Weiss	Johanna	1831/U	Magd	Weiss[108]	Eduard	55/02/24	55/04/8		40/02523	1855/1481	
Weiss[109]	Hanni	1839/U	Magd	Weiss[110]	Josef	61/12/6	61/12/23		47/00816	1861/9050	

---

[101] "Wegen Religion der Mutter" Fdh (GbhP, FdhP).
[102] Josefa Weiss wurde von der Oberhebamme notgetauft (Taufmatrik AKH 63/06/13: Josefa Weiß, M: Franziska Weiß, Isr<aelitisch>; im Index befindet sich neben dem Namen des Kindes der Vermerk "isr<aelitisch>", was bei Taufen von jüdischen Kindern nicht üblich war), das Kind ist noch am selben Tag gestorben (GbhP). Die Mutter blieb zehn Tage im Gebärhaus und wurde sodann zum Ammendienst in das Fdh gebracht. Die Nottaufe ihres Kindes wurde nicht in das GbhP eingetragen.
[103] Ludwig Weiss war eine Gassengeburt, er wurde noch am Tage seiner Geburt mit seiner Mutter ins Gbh gebracht, dort getauft, kam dann ins Fdh (FdhP, GbhP).
[104] Franziska (Fanni) Weiss, aus dem Neutraer Komitat, zugereist (GbhP).
[105] Franziska Weiss, geb. von Kis-Körös, 1865 zugereist, wurde "unentbunden auf Verlangen entlassen" (GbhP). Franziska Weiss ist mit Fanni Veisz ident, geb. um 1843, von Kis-Körös in Ungarn, zugereist (GbhP).
[106] Leopold Weiss kam "wegen Krankheit der Mutter" ins Fdh, sodann nach Gaudenzdorf in Außenpflege, von den Pflegeeltern todkrank ins Fdh zurückgebracht, am folgenden Tag im Fdh gestorben (FdhP: "sterbend überbracht").
[107] Johanna Weiss, geb. von Holics in Ungarn, zugereist, unentbunden entlassen (GbhP 26/03296). Im GbhP finden sich keine Angaben zum Beruf und Wohnort, beim Namen steht "No 93"- ein Hinweis auf die Zahlabteilung.
[108] "Wegen Periton<itis> d<er> M<utter>" (Bauchfellentzündung, GbhP), bzw. "wegen Krankheit der Mutter" Fdh (FdhP).
[109] Hanni Weiss wurde nach der Entbindung ins AKH auf eine andere Abteilung gebracht (GbhP).

M: Name	M: Vorname	geb. ca.	Beruf	K: Name	K: Vorname	K: geb.	K: gest.	K: entl.	Qu GbhP	Qu FdhP	Qu EntlP
Weiss	Josefa	1815/U	Magd	totgeboren 34/10/16					19/03886		
Weiss[111]	Josefa	1816/U	Magd	*Sicharz*[112]	Simon	36/01/12	36/02/8		21/00784	1836/0256	
Weiss[113]	Josefa	1839/U	Hdarb	unentbunden entlassen 63/01/27					48/02099		
Weiss	Juliana			Weiss[114]	Theresia	36/03/20	36/04/9			1836/1076	
Weiss	Juliana	1825/U		unentbunden entlassen 43/08/21					28/04788		
Weiss	Julia	1829/U	Magd	Weiss[115]	Barbara	46/07/19		56/07/19	31/04545	1846/4150	56/11/4
Weiss[116]	Juliana	1830/U	Magd	Weiss[117]	Rudolf	52/11/28	53/10/26		38/00612	1852/7805	
Weiss	Juliana	1832/U	Hdarb	unentbunden entlassen 56/11/08					42/00149		
Weiss	Julia	1842/U	Köchin	Weicz	Katharina	67/05/3	67/05/20		52/02724	1867/3246	
Weiss[118]	Juliana			<...>[119]		67/02/10			52/00170		
Weiss	Karolina	1797/U	Magd	*Februar*	Januar	16/12/13	17/01/26		01/02150	1816/3289	
Weiss	Karolina	1806/B		unentbunden entlassen 44/10/03					29/05581		

---

[110] Josef Weiss kam sogleich nach seiner Taufe "wegen Krankheit der Mutter" ins Fdh; im Fdh an Lebensschwäche gestorben (FdhP).
[111] Josefa Weiss wurde in das GbhP als "k<atholisch>" eingetragen; in der Taufmatrik und im FdhP jedoch als jüdisch ausgewiesen (GbhP; Taufmatrik AKH 36/01/13: Simon Sicharz, M: "Mater infantis judaea"; FdhP).
[112] "Mater infantis judaea" (Taufmatrik AKH 36/01/13); im Alter von vier Wochen im Fdh gestorben (FdhP).
[113] Josefa Weiss wurde "unentbunden der Polizei übergeben" (GbhP).
[114] Theresia Weiss, getauft am 36/03/23 in der Pfarre Wieden, am folgenden Tag ins Fdh gebracht, als "Israelitenkind" aufgenommen; mit Taufschein und Armutszeugnis hatte eine Taxe von 20 fl. erlegt zu werden (FdhP).
[115] Barbara Weiss kam vom Fdh in die Steiermark, in die Gegend von Hartberg; Elisabeth Mantsch wurde in das EntlP als letzte Pflegepartei eingetragen (FdhP, EntlP: Mantsch Theresia, Jungberg No 59 - Stmk). - In der Taufmatrik befindet sich kein Hinweis auf die jüdische Herkunft des Kindes; eine Randnotiz in Form eines Datums aus dem Jahr 1876 verweist auf die Ausstellung eines Taufscheines (Taufmatrik AKH 46/07/19: Randnotiz 76/05/16).
[116] Juliana Weiss, gestorben am 52/12/03 (IKG Stb B 1554: an Typhus). - TBP 52/12/03: "Weiss Juliana, ledige Magd, israelitischer Religion, 22 Jahr alt, gebürtig von Komorn in Ungarn, Leopoldstadt No <o.A.>, am Typhus, AKH."
[117] Rudolf Weiss wurde gleich nach seiner Geburt getauft; kam im Alter von zwei Tagen "wegen Krankheit der Mutter" ins Fdh (FdhP). In der Taufmatrik wird die jüdische Herkunft dieses Kindes nicht erwähnt (Taufmatrik AKH 52/11/28).
[118] Im GbhP keine Angaben zum Alter, Stand, Geburtsort oder Aufenthalt (GbhP).
[119] o.A. (GbhP). - Dieses Kind, ein Mädchen, wurde ungetauft mit seiner Mutter am 67/02/18 aus dem Gbh entlassen (GbhP).

M: Name	M: Vorname	geb. ca.	Beruf	K: Name	K: Vorname	K: geb.	K: gest.	K: entl.	Qu GbhP	Qu FdhP	Qu EntlP
Weiss	Karolina	1835/U	Köchin	Weiss	Hermine	59/10/12	59/11/11		44/08470	1859/8009	
Weiss[120]	Karolina	1834/U	Magd	Weiss[121]	Hermann	57/09/15	58/07/23		42/07338	1857/6707	
Weiss	Karolina	1834/U	Magd	Weiss[122]	Johann	61/08/27	61/08/28		46/07282		
Weiss[123]	Karolina	1848/M	Magd	Weiss	Georg	67/02/7	67/02/28		52/00941	1867/1247	
Weiss	Katharina	1802/U	Magd	*Wirth*	Blasius	20/01/2			05/00001		
Weiss	Katharina	1818/U	Magd	Weiss	Josefa	45/02/26	46/07/13		30/02211	1845/1135	
Weiss[124]	Katharina	1830/U	Tochter	Weiss	Adolf	49/05/24	49/08/17		34/03947	1849/3692	
Weiss	Katharina	1830/U	Magd	Weiss[125]	Josef	52/03/29	52/04/3		37/03520	1852/2245	
Weiss	Katharina	1836/U	Magd	Weiss[126]	Johanna	63/09/02	65/04/17			1864/8315	
Weisz	Katharina	1837/U	Magd	Weisz	Johanna	67/05/27	67/06/20		52/02963	1867/3778	
Weiss[127]	Katharina	1845/U	Magd	Weiss	Johann	64/10/11	64/11/15		49/07993	1864/7927	
Weiss	Katharina	1848/U	Hdarb	Weiss	Josef	66/08/30	66/09/2		51/05077	1866/6419	
Weiss	Magdalena	1823/U	Köchin	Weiss[128]	Josef	53/10/24	55/06/26		38/07955	1853/6970	

---

[120] Karolina Weiss, gestorben am 61/09/06 (GbhP: im Gbh; IKG Stb C 1290: an Blutzersetzung). - TBP 61/09/05: "Weiss Karolina, 27 Jahr, ledig, israelitisch, Ungereigen, Brigittenau 115, Blutzersetzung, k.k. Gebärhaus."
[121] "Wegen Religion der Mutter" Fdh (FdhP).
[122] Getauft, am folgenden Tag im Gbh gestorben (GbhP; Taufmatrik AKH 61/08/27: Die jüdische Herkunft des Kindes wird nicht erwähnt).
[123] Karolina Weiss wurde in das GbhP als "k<atholisch>" eingetragen; in der Taufmatrik und im FdhP jedoch als jüdisch ausgewiesen (GbhP; Taufmatrik AKH 67/02/13; FdhP).
[124] Weiss Katharina, "Tochter eines Kommißärs von Neutra in Ungarn", worunter man in jener Zeit einen Geschäftsführer, einen Vertreter mit Vollmachten verstanden hat - aus Preßburg zugereist (GbhP).
[125] "Wegen Religion der Mutter" Fdh; im Fdh an Nabelblutung gestorben (FdhP).
[126] Johanna Weiss, getauft im Alter von 14 Monaten am 64/11/02 in der Pfarre Alservorstadt. "Infolge Zuschrift des k.k. Polizei Commissariats Josefstadt d<e> d<at>o 2. November 1864, wurde dieses Kind durch die k.k. Findelanstalt-Direction zur Taufe anher übermittelt", Patin war Theresia Bazal, Wärterin des k.k. Findelhauses (Pfarre Alservorstadt Taufmatrik 64/11/02). - Kein Sterbedatum im FdhP - dieses Kind könnte daher die Findelpflege überlebt haben.
[127] Katharina Weiss, aus Ungarn, zugereist (GbhP).
[128] "Wegen Religion der Mutter" Fdh (GbhP), in der Taufmatrik des AKH wird die jüdische Herkunft dieses Kindes nicht erwähnt (Taufmatrik AKH

W

M: Name	M: Vorname	geb. ca.	Beruf	K: Name	K: Vorname	K: geb.	K: gest.	K: entl.	Qu GbhP	Qu FdhP	Qu EntlP
Weiss	Magdalena	1831/U	Magd	Weiss	Johanna	61/12/1	62/06/19		47/00708	1861/9131	
Weiss[129]	Magdalena	1833/U	Magd	Weiss[130]	Karl	58/08/26	58/09/12		43/06735	1858/6467	
Weiss[131]	Magdalena	1838/U	Magd	Weiss[132]	Ignaz	58/07/31	58/08/16		43/06703	1858/5899	
Weis[133]	Maria	1799/M	Hdarb	*Hofmann*	Pius	34/07/17	34/08/19		19/02994	1834/2614	
Weiss[134]	Maria	___/M		Weiss[135]	Augusta M.	38/07/22	38/08/13			1838/2832	
Weiss	Maria	1823/U	Magd	*Wachsam*	Amalia	43/07/8	43/08/1		28/03953	1843/3077	
Weiss	Maria	1826/B	Magd	Weis	Henriette	55/07/1	56/03/10		40/04999	1855/4393	
Weiss	Maria	1833/U	Magd	Weiss[136]	Anton	55/12/16	56/05/19		41/00893	1855/7716	
Weiss[137]	Maria	1839/U	Magd	Weiss	Karolina	64/12/18			49/10201	1864/9656	
Weiss	Maria	1841/U	Magd	totgeboren 64/07/29					49/06997		
Weiss[138]	Maria	1846/U	Magd	Weisz	Alexander	67/10/12	67/11/10		52/05874	1867/6692	
Weiss	Regina	1818/U	Magd	*Sch(r)einer*[139]	Josef	40/08/23	40/09/19		25/04166	1840/3602	
Weiss[140]	Regina	1846/U	Magd	Weiss	Johann	67/03/15			52/00434	1867/2114	

53/10/24: Josef Weiss).
[129] Magdalena Weiss, geb. von Bonyhád in Ungarn, aus Pest (No 51) zugereist (GbhP).
[130] "Wegen Religion der Mutter" Fdh (GbhP, FdhP).
[131] Magdalena Weiss, aus Ungarn, zugereist (GbhP).
[132] "Wegen Krankheit der Mutter" Fdh, gestorben an Lebensschwäche im Fdh (FdhP).
[133] Maria Weis wurde nicht entlassen, sie war "entwichen" (GbhP).
[134] Ledige Kaufmannstochter aus Brünn (Pfarre Pfarre Schotten Taufmatrik 38/07/22).
[135] Augusta Maria Weiss, getauft am 38/07/22 in der Schottenpfarre, am folgenden Tag ins Fdh gebracht, im FdhP fehlt jeder Hinweis auf die jüdische Herkunft des Kindes, die Mutter wurde jedoch namentlich eingetragen (Pfarre Schotten Taufmatrik 38/07/22; FdhP).
[136] "Wegen mosaischer Religion der Mutter" (GbhP), "wegen Religion der Mutter" Fdh (FdhP).
[137] Maria Weiss, aus Ungarn, zugereist (GbhP).
[138] Maria Weiss wurde in das GbhP als "k<atholisch>" eingetragen; in der Taufmatrik und im FdhP jedoch als jüdisch ausgewiesen (GbhP; Taufmatrik AKH 67/10/12: Alexander Weisz; FdhP).
[139] Josef Scheiner (GbhP), Josef Schreiner (FdhP: "Israelitenkind"; Taufmatrik AKH 40/08/23: P: Andreas Losch, Kirchendiener; Anmerkung: "Mater judaea").

M: Name	M: Vorname	geb. ca.	Beruf	K: Name	K: Vorname	K: geb.	K: gest.	K: entl.	Qu GbhP	Qu FdhP	Qu EntlP
Weiss[141]	Rosalia	1784/B	Magd	*Mayer*[142]	Philipp	13/04/30	13/05/9			1813/0993	
Weiss	Rosalia	1812/M	Magd	*Wolf*[143]	Josefa	34/12/24			20/00633	1834/4363	
Weiss[144]	Rosalia	1817/U	Magd	*Janda*[145]	Johanna	35/12/21	36/01/18		21/00509	1835/4297	
Weiss[146]	Rosalia	1821/U	Magd	Weiss	Rosalia	49/05/25	50/03/13		34/03248	1849/3757	
Weiss[147]	Rosalia	1824/U	Hdarb	*Still*[148]	Magdalena	40/09/6		50/09/2	25/04314	1840/3694	50/09/2

[140] Regina Weiss wurde in das GbhP als "k<atholisch>" eingetragen; ist jedoch in der Taufmatrik und im FdhP als jüdisch ausgewiesen (GbhP; Taufmatrik AKH 67/03/15: Johann Weiss; FdhP).
[141] Rosalia Weiß, geb. aus Opotschno in Böhmen, Chrudimer Kreis, wohnhaft in der Leopoldstadt (FdhP).
[142] Philipp Mayer kam einen Tag nach seiner Geburt ins Fdh, gestorben im Fdh an Schwäche (FdhP).
[143] **J.W.** (GbhP), Josefa Wolf (FdhP). - Das Kind kam am 24/12/26 ins Fdh - am selben Tag wurde ein Mädchen aus dem Gbh als "Israelitenkind" <unterstrichen> ins Fdh aufgenommen. In die Namensrubrik des FdhP's wurde der Name der Mutter des Initialenkindes eingetragen: "Weiß Rosalia, Israelitin". In die Taufmatrik wurde der Name der Mutter nicht aufgenommen, die jüdische Herkunft des Kindes jedoch im Vermerk "Mater infantis judaea" <judaea: rot unterstrichen> festgehalten. Kein Sterbedatum wurde in das FdhP nachgetragen, das Kind wird bei den Pflegeeltern überlebt haben (FdhP: Pflegemutter: Trabes Theresia, Zimmermannsweib in Unter-Siebenbrunn No 6 - NÖ UMB); 20 Jahre später scheint ein Taufschein ausgestellt worden zu sein (Taufmatrik AKH 34/12/25: 54/07/11), eine weitere Randnotiz in der Taufmatrik trägt das Datum 1943/07/12.
[144] Rosalia Weiss, aus Ungarn zugereist (GbhP).
[145] Johann Janda war ein Fremdnamenkind: Nur in das GbhP wurden die Namen von Mutter und Kind eingetragen, in der Taufmatrik wurde der Name der Mutter nicht erwähnt, im FdhP wurde nur der Vorname festgehalten, sodaß als Zuname der Mutter der Name "Janda" angenommen werden könnte (Taufmatrik AKH 35/12/21, FdhP, GbhP). - Das Kind kam "wegen Krankheit der Mutter" ins Fdh (FdhP), die Mutter wurde zehn Tage nach der Entbindung aus dem Gbh entlassen (GbhP).
[146] Rosalia Weiss, aus Preßburg zugereist (GbhP).
[147] Rosalia Weiss, aus Deutsch-Kreutz, Ödenburger Komitat, zugereist (GbhP); gestorben am 40/09/10 (IKG Stb A 1505: im AKH, an Nervenfieber). - TBP 40/09/10: "Weiss Rosalia, ledige Handarbeiterinn, israelitischer Religion, gebürtig von Kanitz Oedenburger Commitat in Ungarn, hierher zugereißt, am Nevenfieber, alt 16 Jahr, im AKH."
[148] Magdalena Still kam nicht im Gbh zur Welt, sie wurde drei Tage nach ihrer Geburt mit ihrer Mutter ins Gbh und am folgenden Tag ins Fdh gebracht. Eine Woche später kam sie zu einer Witwe auf den Erdberg, sodann zu einem Schneider nach Fünfhaus. 1848 übernahm sie eine Hausbesitzersgattin namens Antonia Gruber in Simmering; bei dieser Pflegemutter konnte das Kind bis nach Ablauf der Findelhausversorgung bleiben (FdhP, EntlP: Gruber Antonia, Hausbesitzersgattin, Simmering No 257). - "Mater infantis judaea" (Taufmatrik AKH 40/09/06: Magdalena Still).

M: Name	M: Vorname	geb. ca.	Beruf	K: Name	K: Vorname	K: geb.	K: gest.	K: entl.	Qu GbhP	Qu FdhP	Qu EntlP
Vaisz|Waisz[149]	Rosalia	1823/U	Magd	Waisz	Josef	45/12/19	46/05/26		31/00865	1845/6532	
Weiss	Rosalia	1824/U	Magd	Weiss[150]	Franziska. R	50/12/6		60/12/6	36/00781	1850/7084	60/12/7
Weiss	Rosalia	1826/U	Magd	Weiss	Franz	52/08/1	52/08/23		37/06422	1852/5391	
Weiss[151]	Rosalia	1837/U	Magd	Weiss[152]	Josef	65/09/2			50/05519	1865/6609	
Weiss[153]	Rosalia	1836/U	Magd	Weiss	Josef	67/11/24	67/12/13		52/07090	1867/7686	
Veisz[154]	Rosa	1836/U	Hdarb	Veisz	Barbara	63/12/30	66/08/13		49/00459	1864/0153	
Weiss[155]	Rosalia	1838/U		*Weiss*[156]	Barbara	57/06/24		65/07/01		1857/4935	65/07/01
Weiss[157]	Rosalia	1841/U	Magd	Weiss	Josef	60/06/2	60/06/23		45/04343	1860/4088	

---

[149] Rosalia Vaisz ist mit Rosalia Weiss ident, geb. von Weska in Ungarn, Neutraer Komitat; wohnhaft in Wien-Leopoldstadt No 700 (1845) und No 721 (1850 und 1852) (GbhP'e). - In das GbhP wurde die Mutter als Rosalia Vaisz aufgenommen, als Josef Waisz wurde ihr Sohn in das FdhP eingetragen (GbhP, FdhP).

[150] Franziska Rosalia Weiss kam "wegen Religion der Mutter" ins Fdh (FdhP), zehn Tage nach ihrer Geburt zur Kleinhäuslerin Maria Kellner in Röhrenbach in NÖ, die das Kind auch nach Ablauf der Findelhausbetreuung behielt (FdhP, EntlP: Kellner Maria, Kleinhäuslerin, <Röhrenbach> No 34, Pfarre Sieghartskirchen, <NÖ> OWW). - Randnotizen aus den Jahren 1874 (Ausstellung eines Taufscheines) und 1941 in der Taufmatrik (Taufmatrik AKH 50/12/07: Franziska Rosalia Weiss, Randnotiz u.a. 74/07/11).

[151] Rosalia Weiss, geb. von Asszony in Ungarn, Unter-Neutraer Komitat, nach Neutra zuständig, 1865 von dort zugereist, 1867 aus Preßburg zugereist (GbhP'e).

[152] Josef Weiss könnte die Findelpflege überlebt haben: kein Sterbedatum im FdhP, Randnotizen aus den Jahren 1893, 1941, 1942 und 1944 in der Taufmatrik des AKH (Taufmatrik AKH 65/09/03).

[153] Rosalia Weiss, gestorben am 67/12/05 (IKG Stb D 1750: an Lungenödem). - TBP 67/12/05: "Weiss Rosalia, Magd, 31 Jahr, ledig, israelitisch, <...> Unter Neutraer Comitat, Lungenödem, Preßburg zugereist. Kinder Gebäranstalt."

[154] Rosa Veisz, geb. von Szered in Ungarn, zugereist von Pest (GbhP).

[155] Rosalia Weiss, von Beed in Ungarn gebürtig, hat den Vater ihres Kindes, einen Schneidergesellen namens Kohn geheiratet (Datenkontext FdhP und EntlP).

[156] Barbara Weiss, geb. und getauft im Militär-Gebärhaus am 57/06/24, ins Fdh am 57/07/04. - Das Kind kam 1865 gegen Revers zu seiner Mutter, die sich verehelicht hatte, verh. Kohn, Schneidergesell<ens>g<attin>, Wien II. B<ezirk>, Schiffamtsgasse No 7 (EntlP: Vermerk L<eibliche> E<ltern>).

[157] Rosalia Weiss, geb. von Bagotta, Komorner Komitat, von Komorn zugereist (GbhP); im FdhP als "kl" (katholisch, ledig) eingetragen, im GbhP wie

W

M: Name	M: Vorname	geb. ca.	Beruf	K: Name	K: Vorname	K: geb.	K: gest.	K: entl.	Qu GbhP	Qu FdhP	Qu EntlP
Weiss	Rosalia	1843/U	Köchin	Weiss[158]	Leopold	68/11/15	68/12/27		54/06336	1868/7402	
Weisz	Rosalia	1843/U	Magd	Weisz[159]	Karl	64/12/18	65/01/9		49/07922	1864/9482	
Weiss	Rosa	1844/M	Hdarb	Weiss[160]	Adolf	68/09/27	68/09/27		54/05782		
Weiss	Rosalia	1844/U	Magd	Weiss	Maria	61/12/29	62/01/13		47/00399	1862/0152	
<...>[161]				Weisin[162]	Theresia	00/01/27	00/04/12			1800/0266	
Weiss	Theresia	1837/U	Köchin	Weiss	Aloisia	56/05/18	56/06/4		41/04150	1856/3480	
Weiss	Theresia	1849/U	Hdarb	Weiss	Gustav	67/09/7			52/05284	1867/5902	
Weissbartl[163]	Hanni	1835/M	Magd	Weissbartl[164]	Hermine	56/12/9	56/12/14		41/07209	1856/7766	
Weissberg[165]	Perl	1843/G	verh.	Weissberg[166]	Abraham	66/01/26			51/00634		
Weissberger[167]	Amalia	1844/U	Hdarb	Weissberger[168]	Anna	63/02/06	63/03/31		48/00662	1863/1017	

auch in der Taufmatrik als jüdisch ausgewiesen (GbhP; Taufmatrik AKH 60/06/02: Josef Weiss).

[158] Leopold Weiss, ein "68er Kind", kam ungetauft mit seiner Mutter ins Fdh, von dort nach drei Wochen auf einen Pflegeplatz nach Ungarn, an Pleuritis (Lungenentzündung) gestorben (FdhP; CAHJP: A/W 1809: Verzeichnis jüdischer Findelkinder 1868).

[159] Im Alter von drei Wochen im Fdh an Darmkatarrh gestorben (FdhP).

[160] Adolf Weiss, ein "68er Kind", wurde im Gbh nicht getauft, gleich nach der Geburt im Gbh gestorben (GbhP; CAHJP: A/W 1809: Verzeichnis jüdischer Findelkinder 1868).

[161] o.A. (Taufmatrik AKH 00/01/28: K: Theresia Weisin, M: Jüdin; ins FdhP wurde weder der Name der Mutter noch die jüdische Herkunft des Kindes eingetragen).

[162] Josefa Weisin kam einen Tag nach ihrer Geburt gegen eine Taxe von 6 fl. ins Fdh, gestorben im Fdh an Abzehrung (FdhP).

[163] Hanni Weissbartl, geb. von Ung.- Brod in Mähren, vom Geburtsort zugereist (GbhP); gestorben am 56/12/14 (IKG Stb B 3033: AKH Gebärhaus, an Blutzersetzung). - TBP 56/12/14: "Weissbarthl Hanni, Magd, 21, ledig, israelitisch, Ung.-Brod Mähren, Blutzersetzung, k.k. Gebärhaus."

[164] "Wegen Religion der Mutter" Fdh (GbhP, FdhP); im Alter von fünf Tagen im Fdh an Blutzersetzung gestorben (FdhP).

[165] Perl Weissberg, aus Jassy, "Schriftsetzersweib", von Paris zugereist (GbhP), verheiratet mit dem Schriftsetzer Abraham Weissberg, hat sich mit einem Reisepaß "der k.k. Botschaft am französchen Hof" ausgewiesen.

[166] o.A. (GbhP), **Abraham** Weissberg (IKG Gb D 1965) - nicht getauft, seine Mutter war verheiratet, von Paris nach Wien gekommen; mit ihrem Kind am 66/02/02 aus dem Gbh entlassen (GbhP); das Kind wurde am 66/02/11 beschnitten und in das Geburtenbuch der IKG unter dem Namen Abraham Weissberg eingetragen (IKG Gb D/1 1965 66/01/26).

[167] Amalia Weissberger, geb. von Groß-Wardein in Ungarn, zugereist von Tokaj (GbhP).

W

M: Name	M: Vorname	geb. ca.	Beruf	K: Name	K: Vorname	K: geb.	K: gest.	K: entl.	Qu GbhP	Qu FdhP	Qu EntlP
Weissenberg	Johanna	1829/U	Magd	Weissenberg	Jakob	61/07/17	61/08/6		46/06487	1861/5888	
Weissenstein[169]	Betti	1833/U	Magd	Weissenstein	Johann	60/01/7	60/04/28		45/01629	1860/0400	
Weissenstein	Theresia	1839/M	Magd	Weissenstein[170]	Emma	62/01/02	62/01/19			1862/0077	
Weisserles	Theresia	1826/B	Hdarb	Weisserles	Magdalena	46/09/9	46/10/6		31/05935	1846/4992	
Weissfeld[171]	Katharina	1836/G	Magd	Weissfeld	Franziska	62/12/9	63/02/14		47/07944	1862/8511	
Weisskopf[172]	Barbara	1812/B	Magd	Weisskopf[173]	Johanna	54/05/16	54/08/12		39/04376	1854/3495	
Weissmann	Amalia	1832/M	Magd	Weissmann[174]	Josefa	61/02/25	61/03/13		46/02285	1861/1680	
Weissman	Regina	1851/U	Magd	Weissmann[175]	Louis	68/12/21	69/05/20		54/07386	1868/8097	
Weissman	Rosa	1794/U	Magd		totgeboren	20/02/15			05/00408		
Weitzenberg	Johanna	1830/U	Wäsch.	Weitzenberg[176]	Theresia	58/11/12	59/01/28		44/00303	1858/8660	
Weizinger[177]	Franziska		Magd	Weizinger[178]	Dominikus	14/09/23	14/12/02			1814/2508	

---

[168] "Wegen Krankheit der Mutter" Fdh (FdhP).
[169] Betti Weissenstein, geb. von Rajecz, Trentschiner Komitat, zugereist (GbhP).
[170] Emma Weissenstein, im Inquisitenspital geboren, am 62/01/03 getauft, am folgenden Tag auf Verhaftsdauer der Mutter ins Fdh gebracht und in das Protokoll als "Israelitenkind" mit den Personalien ihrer Mutter aufgenommen (Pfarre Alservorstadt Taufmatrik 1862-1864, Anhang Inquisiten 1862, No 1).
[171] Katharina Weissfeld, geb. von Chrzanów in Galizien, zugereist von Krakau (GbhP).
[172] Barbara Weisskopf, geb. von Podmokl in Böhmen, zugereist von Baden (GbhP).
[173] "Wegen Religion der Mutter" Fdh (GbhP, FdhP).
[174] Josefa Weissmann wurde sogleich getauft, blieb drei Tage bei der Mutter im Gbh, kam sodann "wegen Krankheit der Mutter" ins Fdh (FdhP), die Mutter wurde nach dem Wochenbett zum Ammendienst ins Fdh gebracht. Am folgenden Tag wurde ihr Kind in Außenpflege abgegeben (FdhP).
[175] Louis **Weiss**mann, ein "68er Kind" (CAHJP: A/W 1809: Verzeichnis jüdischer Findelkinder 1868: **Veisz**man), kam ungetauft mit seiner Mutter ins Fdh (FdhP).
[176] "Wegen Krankheit der Mutter" Fdh (FdhP).
[177] Franziska Weizinger, "Franziska, eine led<ige> jüdische Magd" (FdhP), brachte um den 14/09/23 in der Leopoldstadt No 42 in der Großen Schiffgasse Zwillinge zur Welt, ein Mädchen, das bei der Taufe den Namen Karolina erhielt und von Friedrich Rinner, einem "herrschaftlichen Kutscher", "als eigenes Kind angenommen wurde" (Pfarre St. Josef (Karmeliter) Taufmatrik 14/09/23: Karolina Weitzinger); der Bub blieb vorerst bei der Mutter, wurde sodann getauft.
[178] "Dieses Kind ist erst nach drei Wochen ihrer (sic!) Geburt getauft, ist von einer Person der jüdischen Mutter mit Bewilligung abgenommen, und in das

M: Name	M: Vorname	geb. ca.	Beruf	K: Name	K: Vorname	K: geb.	K: gest.	K: entl.	Qu GbhP	Qu FdhP	Qu EntlP
Wellin	Elisabeth	1806/B	Magd	*Engel*	Eva	41/05/10	41/05/26		26/02893	1841/2144	
Wellner[179]	Maria	1815/U	Köchin	*Pletz*[180]	Josef	33/10/14	33/11/1		18/03662	1833/3373	
Weltler	Magdalena	1826/U	Magd	Weltler	Johann	48/09/29	48/10/21		33/06389	1848/5518	
Wenner Elisabeth, vide Weiner Elisabeth											
Wermer	Fanni	1846/U	Magd	Wermer[181]	Herman	68/05/27			53/03372		
Werner	Juliana	1810/M	Hdarb	*Stuhl*[182]	Peter	31/02/21			16/00513	1831/0618	
Werner	Juliana	1844/U	Magd	Werner[183]	Anna	62/12/7	63/02/5		48/00850	1862/8345	
Werner[184]	Katharina	1829/U	Magd	Werner[185]	Franz	54/09/1		64/09/1	39/07021	1854/5984	64/09/30

Findlhaus gebracht worden" (Pfarre St. Josef (Karmeliter) Taufmatrik 14/10/18); Taufpatin war eine Hausmeisterin in der Stadt namens Eva Haktum. Drei Tage nach der Taufe wurde Dominikus Weizinger ins FdH eingetragen. Bei der Abgabe ins Findelhaus wurde der Taufzettel der Pfarre und ein "Ersuchschreiben der Pol<izei> Bez<irks> Direct<ion> Leopoldstadt" vorgelegt (FdhP).

[179] Maria Wellner wurde nach der Entbindung ins AKH auf eine andere Abteilung gebracht (GbhP).

[180] o.A. (GbhP), Josef Pletz (FdhP). - Die Rubrik, welche im GbhP für den Namen des Kindes vorgesehen war, blieb leer. Eingetragen wurde lediglich das Geschlecht des Kindes ("K<nabe>") und das Transferdatum mit dem Transfergrund: "Wegen Syphilis der Mutter". - Das Kind kam am 33/10/16 ins Fdh - am selben Tag wurde vom Gbh mit dem Vermerk: "Kind einer Israelitin" Josef Pletz ins FdhP eingetragen, auch der Name der Mutter wurde in das Protokoll aufgenommen: "Maria Wellner", so lautete der Name der Mutter des gesuchten namenlosen Kindes. Die jüdische Herkunft, nicht jedoch der Name der Mutter, wurde auch in der Taufmatrik festgehalten: "mater infantis judaea" (GbhP, FdhP; Taufmatrik AKH 34/05/02: "Mater infantis judaea"). - Siehe auch M: Barbara Kohn, K: Barbara Frint.

[181] Herman Wermer, ein "68er Kind", nicht auf der IKG Liste jüdischer Findelkinder, wurde in das Geburtenbuch der IKG eingetragen (IKG Gb D 4669; CAHJP: A/W 1809: Verzeichnis jüdischer Findelkinder 1868), er kam ungetauft mit seiner Mutter ins Fdh (GbhP).

[182] Nur in das GbhP wurde der Fremdname des Kindes mit dem Zusatz "Israelitenkind" zusammen mit dem Namen der Mutter aufgenommen. Im FdhP erscheint nur der Vorname der Mutter - wie es bei nichtjüdischen Kindern üblich war, was zur irrtümlichen Annahme führen könnte, Mutter und Kind hätten denselben Familiennamen getragen (GbhP, FdhP). Bei Peter Stuhl wurde in das FdhP kein Sterbedatum eingetragen, er könnte demnach überlebt haben (FdhP: Pflegemutter: Anna Maria Scherling, Inwohnerin in Oberhöflein No 8 - NÖ, OMB), umsomehr als sich in der Taufmatrik als Randnotiz eine Datumsangabe aus dem Jahr 1854 befindet, welche sicherlich mit der Ausstellung eines Taufscheines für den nun erwachsenen Peter Stuhl zu tun hat (Taufmatrik AKH 31/02/21: Datum als Randnotiz 54/11/17).

[183] "Wegen Religion der Mutter" Fdh (GbhP), bzw. "wegen Krankheit der Mutter" Fdh (FdhP), gestorben im Fdh an Lebensschwäche (FdhP).

[184] Katharina Werner, geb. von Szobotisz in Ungarn, zugereist von Göding in Mähren (GbhP).

W

M: Name	M: Vorname	geb. ca.	Beruf	K: Name	K: Vorname	K: geb.	K: gest.	K: entl.	Qu GbhP	Qu FdhP	Qu EntlP
Werner[186]	Rosalia	1834/U	Magd	Werner	Theresia	58/12/1	58/12/25		44/00781	1858/9009	
Werner[187]	Rosalia	1832/U	Magd	Werner[188]	Theresia	60/01/27	60/05/11		45/01974	1860/0774	
Werner	Rosalia	1834/U	Magd	Werner	Sigmund	62/09/6	62/12/13		47/06778	1862/6300	
WERTHEIM(ER)											
Wertheimer[189]	Elisabeth	__/M		Wertheimer[190]	Elisabeth	36/09/15	36/10/27			1836/3197	
Wertheim[191]	Katharina	1830/U	Hdarb	Wertheim[192]	Anton	53/10/19	53/11/10		38/07297	1853/6836	

---

[185] Franz Werner kam "wegen Religion der Mutter" (GbhP), bzw. "wegen Krankheit der Mutter" (FdhP) ins Fdh, sodann auf einen Pflegeplatz nach Böhmen, mit acht Jahren wurde er schwer krank nach Wien zurückgebracht, kam ins AKH, zu anderen Pflegeparteien und schließlich zur Bäuerin Anna Bauer in Nasting - welche als "Übernahmepartei" in das EntlP aufgenommen wurde (FdhP, EntlP: Bauer Anna, Inwohnerin, <Nasting> No 4, Pfarre Weiten, <NÖ>, OMB).

[186] Rosalia Werner, geb. von Szobotisz in Ungarn, Neutraer Komitat; 1858 wohnhaft in Wien-Neulerchenfeld, 1860 in Altlerchenfeld, 1862 in der Leopoldstadt No 286 (GbhP'e); ins FdhP als "kl" (katholisch, ledig) eingetragen, im GbhP wie auch in der Taufmatrik des AKH als jüdisch ausgewiesen (GbhP; Taufmatrik AKH 58/12/03: Theresia Werner). - Weitere zwei Kinder wurden nicht im Gbh geboren, man findet sie in den Geburtenbüchern der IKG: Bei der Hebamme Eva Heim kam vermutlich ihr erstes Kind zur Welt, ein Mädchen, das als uneheliches Kind in das Geburtenbuch der IKG unter dem Namen Maria Werner eingetragen wurde (geb. am 56/02/28, IKG Gb B 2667); 1861 ist es ein Bub - vorerst unter dem Familiennamen seines Vaters, der dann gestrichen und durch den Namen der Mutter ersetzt wurde: Wolf Fleischer (Werner), geb. am 61/02/20 (IKG Gb C 1878). - Hier haben wir wieder ein Splitting der Geburten: Maria, 1856 (IKG) - Theresia, 1858 (Fdh) - Theresia, 1860 (Fdh) - Wolf, 1861 (IKG) - Sigmund, 1862 (Fdh), sicherlich bestimmt durch die Lebensverhältnisse, die es einer Magd nicht erlaubt haben, mehr als ein oder zwei Kinder auf einen Kostplatz zu geben.

[187] Rosalia Werner, ins FdhP als "kl" (katholisch, ledig) eingetragen, im GbhP wie auch in der Taufmatrik des AKH als jüdisch ausgewiesen (GbhP; Taufmatrik AKH 60/01/22: Theresia Werner).

[188] Theresia Werner wurde am zweiten Tag nach ihrer Geburt mit ihrer Mutter ins Gbh gebracht, sie war eine "Gassengeburt", wurde im Gbh getauft, kam dann ins Fdh (GbhP).

[189] Elisabeth Wertheimer, geb. zu Trebitsch in Mähren, V: Löwel Wertheimer, Glaserer in Trebitsch, M: Judith Wertheimer, geb. Spieler (Pfarre St. Leopold Taufmatrik 36/09/23: Elisabeth Wertheimer, geb. 36/09/15).

[190] Elisabeth Wertheimer, geboren in der Leopoldstadt bei der Hebamme Katharina Weinberger, getauft am 36/09/23 in der Pfarre St. Leopold, Taufpatin war die Hebamme; am darauffolgenden Tag ins Fdh gebracht, mit Taufschein und Armutszeugnis gegen eine Taxe von 20 fl. als "Israelitenkind" aufgenommen (Pfarre St. Leopold Taufmatrik 36/09/23; FdhP).

W

M: Name	M: Vorname	geb. ca.	Beruf	K: Name	K: Vorname	K: geb.	K: gest.	K: entl.	Qu GbhP	Qu FdhP	Qu EntlP
Wertheimer[193]	Maria	1810/M	Magd	*Stuart*[194]	Maria	36/01/1	36/01/25		21/00671	1836/0026	
Wertheim[195]	Rosalia	1842/U	Magd	Wertheim	Rosalia	64/08/20	64/10/7		49/07501	1864/6645	
Wertheim[196]	Susanna	1841/U	Magd	Wertheim	Juliana	67/05/20	67/06/28		52/03184	1867/3685	
Wertner[197]	Theresia	1834/U	Hdarb	Wertner	Ferdinand	58/07/5	58/07/26		43/04948	1858/5448	
Wertner	Theresia	1834/U	Hdarb	Wertner	Magdalena	58/07/5	58/10/07		43/04948	1858/5449	
Wesel	Regina	1792/U	Magd	*Dinstag*[198]	Johanna	16/02/14	16/02/22		01/00324	1816/0451	
Wessel[199]	Rosalia	1843/U	Hdarb	Wessel	Maria	66/03/2	66/04/25		51/01321	1866/1691	
Wessely[200]	Philippine	1844/M	Hdarb	Wessely	Anton	62/03/17	67/05/6		47/02663	1862/2107	
Wetendorf	Maria	1828/U	Magd	Wetendorf[201]	Leopold	50/05/18	50/09/11		35/04169	1850/3238	
Wichs[202]	Anna	1823/U	Magd	*Rex*	Klemens	42/06/15	42/10/8		27/03697	1842/2915	

---

[191] Katharina Wertheim, geb. von Stampfen in Ungarn, Preßburger Komitat, zugereist (GbhP).
[192] "Wegen Religion der Mutter" Fdh (GbhP).
[193] Maria Wertheimer, geb. und wohnhaft in Trebitsch, zugereist (GbhP); gestorben am 36/01/11 (IKG Stb A 860: im AKH, an Nervenfieber). - TBP 36/01/11: "Wertheimer Maria, ledig, israelitische Magd, von Trebitsch in Mähren gebürtig, zugereist, am Nervenfieber, alt 26 Jahr, im AKH."
[194] **M.St.** (GbhP), Marie Stuart (FdhP). - Das Initialenkind "M.St." wurde am 36/01/02 "wegen Krankheit der Mutter" ins Fdh gebracht - am selben Tag wurde als "Israelitenkind" ein Kind aus dem Gbh mit dem Namen "Maria Stuart" aufgenommen, in die Namensrubrik der Mutter wurde der Name der Mutter des Initialenkindes - "Maria Wertheimer, Israelitin" eingetragen. Die jüdische Herkunft des Kindes, nicht der Name der Mutter, wurde auch in der Taufmatrik mit dem Vermerk "mater infantis Judaea" festgehalten (GbhP, FdhP; Taufmatrik AKH 36/01/01).
[195] Rosalia Wertheim, geb. von Kis-Divina in Ungarn, Trentschiner Komitat, zugereist von Pest (GbhP).
[196] Susanna Wertheim, geb. von Divina in Ungarn, Trentschiner Komitat, zugereist (GbhP).
[197] Theresia Wertner, geb. von Spácza in Ungarn, Preßburger Komitat, zugereist (GbhP). - Zwillingsgeburt 58/07/05: Ferdinand und Magdalena Wertner.
[198] Johanna **Dienstag** (Taufmatrik AKH 16/02/13), Johanna Dinstag (FdhP). - Johanna Di(e)nstag war ein Fremdnamenkind, sie wurde an einem Dienstag - am 16/02/13 - getauft und erhielt von diesem Wochentag ihren Namen (Taufmatrik AKH 16/02/13). - In dieser Zeit kam es häufiger zu Irrtümern bei der Eintragung von Eckdaten in die Protokolle, so auch hier: Johanna Dienstag wurde laut GbhP erst am 16/02/14 geboren (GbhP).
[199] Rosalia Wessel, geb. von Totis, zugereist von Pest (GbhP).
[200] Filippine Wessely, geb. von Plenkowitz in Mähren, Znaimer Kreis, zugereist (GbhP).
[201] "Wegen Religion der Mutter" Fdh (FdhP).

M: Name	M: Vorname	geb. ca.	Beruf	K: Name	K: Vorname	K: geb.	K: gest.	K: entl.	Qu GbhP	Qu FdhP	Qu EntlP
Wiehs	Rosalia	1824/B	Magd	Wiehs	Josef	52/06/1	54/10/12		37/05064	1852/3984	
WIENER(IN)											
Wiener	Netti	1836/U	Magd	Wiener[203]	Hermine	67/08/14			52/04283	1867/5450	
Wienerin[204]	Katharina		Magd	Wiener[205]	Johann B.	07/08/21	07/09/24			1807/1685	
Wiener	Katharina	1818/M	Magd	Wiener	Franz	46/10/8	47/01/16		31/06479	1846/5555	
Wieselmann	Adelheid	1822/U	Hdarb	Wieselmann[206]	Maxim.	54/10/29	54/11/15		39/08335	1854/7350	
Wiesenberg[207]	Katharina	1809/U	Witwe	*Zwickel*	Anna	43/09/20	44/05/14		28/05276	1843/5213	
Wiesmeier	Katharina	1816/B	Magd	Wiesmaier[208]	Anton	44/03/5		54/03/5	29/01052	1844/1232	54/03/13
WIL(L)HEIM											
Wilheim	Katharina	1831/U	Magd	Wilheim[209]	Franz	52/12/24	53/01/11		38/00522	1852/8492	

---

[202] Anna Wichs als "kl" (katholisch, ledig) ins FdhP eingetragen - wohl aus einem Versehen - da das Kind in derselben Quelle als "Israelitenkind" aufgenommen wurde und sie selbst im GbhP wie auch in der Taufmatrik ihres Kindes als jüdisch ausgewiesen ist (GbhP; Taufmatrik AKH 42/06/15: "mater infantis judaea").

[203] Hermine Wiener könnte die Findelpflege überlebt haben: kein Sterbedatum im FdhP, Randnotiz in der Taufmatrik des AKH mit dem Datum 1945/09/10 (Taufmatrik AKH 67/08/15).

[204] Katharina Wienerin, l.D. - ledige Dienstmagd, eines Mehlhändlers Tochter (FdhP, Pfarre Schotten Taufmatrik 07/08/22: Johann Baptist Wiener).

[205] Johann Baptist Wiener, getauft am 07/08/22 in der Schottenpfarre - Taufpatin war die Hebamme; wurde noch am selben Tag gegen eine Aufnahmstaxe von 20 fl. ins Fdh gebracht; gestorben im Fdh an Schwäche (FdhP; Pfarre Schotten Taufmatrik 07/08/22). Kein Hinweis auf die jüdische Herkunft des Kindes, die Mutter wurde jedoch namentlich eingetragen.

[206] "Wegen Religion der Mutter" Fdh (GbhP, FdhP); von den Pflegeeltern ins Fdh zurückgebracht, nach zwei Tagen im Fdh an Diarrhöe gestorben (FdhP).

[207] Katharina Wiesenberg (GbhP), Katharina Wiesenber**g**er (FdhP); Magd, aus Skalitz in Ungarn, wohnhaft Wipplingerstraße (GbhP) - nach der Entbindung ins AKH auf Zi. 58 gebracht (GbhP).

[208] Anton Wies**m**eier (GbhP), Anton Wiesm**ay**er (Taufmatrik AKH 44/03/05), Anton Wies**m**aier (FdhP, EntlP). - Anton Wiesmaier kam nach einem Tag Fdh-Aufenthalt nach Frauendorf zur Kleinhäuslerin Anna Winkler, sie wurde nach Ablauf der zehnjährigen Findelhausbetreuung in das EntlP als P<flege>P<artei> eingetragen (FdhP, EntlP: Winkler Anna, Schneidersweib in Frauendorf No 32, Pfarre Stollhofen, Bezirksgericht Herzogenburg - NÖ, OWW). - "Die Mutter ist eine Israelitin" (Taufmatrik AKH 44/03/05: Anton Wiesmayer, mit Randnotizen).

[209] "Ins Findelhaus israelitische Mutter" (GbhP).

W

M: Name	M: Vorname	geb. ca.	Beruf	K: Name	K: Vorname	K: geb.	K: gest.	K: entl.	Qu GbhP	Qu FdhP	Qu EntlP
Wilheim	Regina	1840/U	Magd	Wilheim	Anna	60/06/9	60/07/8		45/04327	1860/4256	
Willheim[210]	Rosalia	1828/M	Magd	unentbunden entlassen 50/11/30					35/06596		
Wilheim	Rosalia	1826/M	Magd	Wilheim[211]	Theresia	50/12/11		50/12/20	36/00673	1850/7187	50/12/20
Wilheim	Rosalia	1829/M	Magd	Wilheim	Magdalena	52/09/30	55/03/8		37/06547	1852/6609	
Willheim[212]	Theresia	1824/M	Hdarb	Willheim[213]	Anton	47/06/6		57/06/6	32/04517	1847/3577	57/08/3
Wimburger[214]	Maria|Joh.	1834/U	Magd	Weinberger	Joh.|Maria	52/11/14	52/12/29		37/07997	1852/7688	
Wimmer	Rosalia			Wimmer[215]	Helena	32/06/07				1832/1692	
Wind	Anna	1825/B	Magd	Wind[216]	Philippine	55/06/10	55/08/21		40/04037	1855/3970	
Wind[217]	Juliana	1829/U	Köchin	Wind[218]	Julia	53/11/29	54/03/8		39/00626	1853/7673	

---

[210] Rosalia Wilheim, geb. von Groß-Meseritsch in Mähren, 1850 zugereist; 1852 wohnhaft in Wien-Leopoldstadt No 117; 1850 unentbunden entlassen (GbhP), kam mit dem Kind am 50/12/20 ins Fdh und verzichtete noch am selben Tag auf die Aufnahme ihres Kindes, das im Gbh übrigens nicht getauft wurde (FdhP, EntlP).

[211] Theresia Wilheim wurde ungetauft zusammen mit ihrer Mutter am 50/12/20 aus dem Gbh entlassen (GbhP).

[212] Theresia Willheim,"giebt an, getauft zu sein" (GbhP), die Taufe wäre dann vor dem Eintrittsdatum (47/06/05) in das Gbh erfolgt. Im DAW findet sich hiezu kein Beleg.

[213] Willheim Anton, als "Israelitenkind" ins Fdh aufgenommen, kam nach Gratzen in Böhmen zu einer Taglöhnerin, welche nach Ablauf der Findelhausversorgung ins EntlP mit dem Vermerk "KP" - Kostpartei - aufgenommen wurde (FdhP, EntlP: Stupka Anna, Taglöhnerin, Gratzen No 81, Pfarre Gratzen, Budweiser Kreis). - Randnotiz in der Taufmatrik (Taufmatrik AKH 47/06/06).

[214] Maria Wimburger (GbhP), Johanna Weinberger (FdhP) - aus dem Preßburger Komitat, zugereist (GbhP).

[215] Helene Wimmer, getauft am 32/06/07 in der Pfarre St. Stefan. Taufpatin war die Hebamme Helen Döberl - sie unterschrieb sich mit ihrem Handzeichen - drei Kreuzchen. Quer über alle Spalten des rechten Seite des Foliums wurde protokollarisch festgehalten, die Mutter habe "ausdrücklich und ungezwungen" die Taufe des Kindes gewünscht - tags darauf wurde das Kind ins Fdh gebracht und mit dem Vermerk "Israelitenkind" in das FdhP eingetragen. Das Kind könnte die Findelpflege überlebt haben, da kein Sterbedatum in das FdhP nachgetragen wurde (Pfarre St. Stefan Taufmatrik 32/06/07; FdhP: Pflegepartei ab 33/03/27: Katharina Lascina, Kleinhäuslersweib in Groß-Stelzendorf No 2, Pfarre Stelzendorf, Herrschaft Sonnberg - NÖ, UMB).

[216] "Wegen Religion der Mutter" Fdh (GbhP, FdhP).

[217] Juliana Wind, gestorben am 53/12/05 (IKG Stb B 1884: Gebärhaus, an Typhus). - TBP 53/12/06: "Wind Juliana, Magd, 24 Jahr, ledig, israelitisch,

M: Name	M: Vorname	geb. ca.	Beruf	K: Name	K: Vorname	K: geb.	K: gest.	K: entl.	Qu GbhP	Qu FdhP	Qu EntlP
Winkler[219]	Betti	1842/U	Magd	Winkler	Karl	65/11/10	65/12/10		50/07549	1865/8328	
Winkler	Johanna	1819/M	Magd	*Zulzer*[220]	Josef	39/05/3	39/05/24		24/02514	1839/2036	
Winkler[221]	Juliana	1835/U	Magd	Winkler[222]	Karolina	60/03/7	60/03/27		45/02652		
Winkler	Regina	1838/U	Magd	Winkler[223]	Leopold	61/07/12	61/10/4		46/06375	1861/5697	
Winkler	Rosalia	1837/U	Magd	Winkler[224]	Moritz	55/03/25	56/06/27		40/02209	1855/2251	
Winkler[225]	Rosalia	1841/U	Magd	Winkler[226]	Rosa	61/07/1	61/07/2		46/04537		
Winkler	Theresia	1818/U	Magd	*Müller*	Anton	43/05/25	48/07/15		28/03527	1843/2581	
Winkler[227]	Theresia	1834/U	Hdarb	Winkler[228]	Wilhelmine	55/05/9			40/04057	1855/3161	
Winter[229]	Netti	1832/U	Magd	Winter[230]	Katharina	52/07/13	52/08/1		37/05078	1852/4867	
Winter	Anna	1834/B	Magd	Winter[231]	Elisabeth	56/09/18	56/09/27		41/06265	1856/5898	
Winter	Anna	1835/U	Hdarb	Winter[232]	Adalbert	54/04/28		64/06/25	39/04258	1854/3191	64/05/25

<...> Ungarn, Nikelsdorf 30, Typhus, AKH."
[218] "Wegen Metritis der Mutter" (GbhP - Gebärmutterentzündung), bzw. "wegen Krankheit der Mutter" Fdh (FdhP).
[219] Barbara (Betti) Winkler, geb. von Ober-Elefánth, Neutraer Komitat, zugereist (GbhP).
[220] Josef Zulzer (FdhP), Josef Zelzer (GbhP; Taufmatrik AKH 39/05/03: P: Elisabeth Heinzl, Köchin, Alsergrund No 182; Anmerkung: "Mater judaea"). - Eine Namensvariante, die im leicht zu verwechselnden Kurrent-E, das als U, bzw. vice versa gelesen wurde, zu suchen ist.
[221] Juliana Winkler, geb. von Lovas Béreny in Ungarn, Stuhlweißenburger Komitat, zugereist (GbhP).
[222] Getauft, nach 20 Tagen im Gbh gestorben (GbhP; Taufmatrik AKH 60/03/07).
[223] "Wegen Krankheit der Mutter" Fdh; gestorben im Fdh an Tabes (Schwindsucht, Auszehrung) (FdhP).
[224] "Wegen Religion der Mutter" (GbhP), bzw. "wegen Krankheit der Mutter" Fdh (FdhP).
[225] Rosalia Winkler, geb. von Lovas Béreny in Ungarn, Stuhlweißenburger Komitat, zugereist (GbhP).
[226] Getauft, am folgenden Tag im Gbh gestorben (GbhP; Taufmatrik AKH 61/07/01).
[227] Theresia Winkler wurde nach der Entbindung auf die chirurgische Abteilung des AKH "transferirt" (GbhP).
[228] "Wegen Religion der Mutter" Fdh (GbhP), die entsprechende Eintragung fehlt im Mikrofilm der FdhP'e.
[229] Netti Winter, geb. von Szobotisz in Ungarn, Neutraer Komitat, zugereist (GbhP).
[230] "Wegen Religion der Mutter" Fdh (FdhP).
[231] "Wegen Religion der Mutter" Fdh (GbhP, FdhP); im Fdh an Lungenentzündung gestorben (FdhP).
[232] Adalbert Winter wurde nach Beendigung der Findelhausversorgung dem Magistrat Wien übergeben (FdhP, EntlP).

M: Name	M: Vorname	geb. ca.	Beruf	K: Name	K: Vorname	K: geb.	K: gest.	K: entl.	Qu GbhP	Qu FdhP	Qu EntlP
Winter Franziska (David Franziska), vide geb. Of(f)enbach Maria											
Winter[233]	Julia	1846/U	Magd	Winter	Maria	66/05/15			51/03103	1866/3800	
Winter	Karolina			Winter[234]	Ignaz	56/05/11		66/07/30		1856/5677	66/07/30
Winter Rosalia, vide geb. Baderl Rosalia											
Winternitz	Anna	1826/B	Köchin	Winternitz	Augustin	50/07/27	50/08/24		35/05427	1850/4565	
Winternitz	Barbara			*Enzeslein*[235]	Johanna	33/12/30	34/04/20			1833/4260	
Wintersteiner[236]	Helene	___/B		*Kreuz*	Johann	06/03/19	06/04/20			1806/0830	
Winterstein[237]	Josefa	1819/M	Tochter	*Tabor*[238]	Karl	41/05/25	41/06/19		26/03125	1841/2432	
Winterstein	Pepi	1840/M	Magd	Winterstein	Josef	66/04/5			51/02381	1866/2775	
Winterstein[239]	Rosa	1836/M	Magd	Winterstein[240]	Rosa	59/02/23	59/03/16		44/02981	1859/1642	
Winterstein	Rosina	1838/M	Magd	Winterstein[241]	Josef	62/03/10	66/10/12		47/02856	1862/1982	
Wirach[242]	Theresia	1836/U	Tochter	totgeboren 64/12/4					49/08892		

---

[233] Julia Winter, wohnhaft Mosdós in Ungarn, bei Kaposvár, Sümegher Komitat, zugereist von Barany (GbhP).

[234] Ignaz Winter, geb. am 56/05/11, vier Tage später in der Pfarre Ottakring getauft, kam am 56/09/09 ins Fdh, wurde als "Israelitenkind" ins FdhP aufgenommen, mußte sehr häufig seinen Pflegeplatz wechseln, war oft krank, u.a. im St. Anna Kinderspital, wurde schließlich mit seinem zehnten Lebensjahr dem Wr. Magistrat zur weiteren Versorgung übergeben (FdhP, EntlP).

[235] Johanna Enzeslein, geboren in Wien-Margarethen, getauft am 33/12/30 in der Pfarre Alservorstadt; kam am folgenden Tag ins Fdh, wurde mit Taufschein und Armutszeugnis gratis aufgenommen, als "Israelitenkind" zusammen mit dem Namen der Mutter ins FdhP eingetragen; der Name Enzeslein war ein Fremdname (M: Barbara Winternitz) (Pfarre Alservorstadt Taufmatrik 33/12/30).

[236] Helene Wintersteiner, "aus Frauenthall in Böhmen" gebürtig (FdhP).

[237] Handelsmanns Tochter, 22 Jahre alt, aus Misslitz im Znaimer Kreis in Mähren, wohnhaft Wien Innere Stadt No 373 (bei der Fischerstiege).

[238] Karl Tabor, von den Pflegeeltern ins Fdh zurückgebracht, nach acht Tagen im Fdh an Lebensschwäche gestorben (FdhP). - "Mater judaea", Randnotiz in der Taufmatrik des AKH aus dem Jahr 1942 (Taufmatrik AKH 41/05/26).

[239] Rosa Winterstein, geb. von Ung.-Brod in Mähren, zugereist (GbhP).

[240] Rosa Winterstein kam im Alter von zwei Tagen "wegen Krankheit der Mutter" ins Fdh (FdhP).

[241] Josef **Anton** Winterstein (Taufmatrik AKH 62/03/11), Josef Winterstein (FdhP) - wurde "wegen Krankheit der Mutter" ins Fdh gebracht (FdhP).

[242] Theresia Wirach, gestorben am 64/12/06 (GbhP: im Gbh, an Blutleere). - TBP 64/12/05: "Wirach Theresia, Handelsmannstochter, 28 Jahr, ledig, israelitisch, Preßburg Ungarn, zugereist, Blutleere, Gebärhaus." - ganz ähnlich im GbhP.

WOHL (VOHL)

M: Name	M: Vorname	geb. ca.	Beruf	K: Name	K: Vorname	K: geb.	K: gest.	K: entl.	Qu GbhP	Qu FdhP	Qu EntlP
Vohl[243]	Cäcilia	1837/U	Magd	Vohl	Jakob	61/02/21	61/04/11		46/02392	1861/1744	
Wohl	Katharina	1805/U	Magd	*Wassermann*	Ludwig	29/04/21	29/06/20		14/00990	1829/1447	
Wohl	Katharina	1827/U	Magd	Wohl	Katharina	51/11/30	52/01/26		37/00639	1851/7542	
Wohlstein[244]	Juliana	1838/U	Magd	Wohlstein	Josefa	63/04/12	63/07/4		48/02392	1863/2950	
Wohlstein	Juliana	1837/U	Magd	Wohlstein	Julius	66/11/20	67/01/5		51/06892	1866/8407	
Wohlstein	Juliana	1837/U	Magd	Wo(h)lstein[245]	Karl	68/01/22	68/04/13		52/07815	1868/0710	
Wolf[246]	Franziska	1827/U	Magd	Wolf[247]	Johann	49/01/7	49/03/18		34/01464	1849/0329	
Wolf[248]	Josefa	1820/M	Hdarb	unentbunden entlassen 42/11/08					28/00093		
Wolf	Josefa	1820/M	Hdarb	Mas[249]	Maria	42/11/14		52/11/14	28/00197	1842/5036	52/12/11
Wolf	Katharina	1830/U	Köchin	Wolf[250]	Franziska	51/08/27		61/08/19	36/06756	1851/5700	61/08/19
Wolf	Leni	1835/U	Magd	Wolf[251]	Johanna	57/05/23	57/06/21		42/04848	1857/4093	
Wolf[252]	Maria	1830/M	Magd	Wolf[253]	Theresia	53/03/7	53/03/17		38/02888	1853/1587	

---

[243] Cäcilia Vohl, geb. von Miskolcz in Ungarn, zugereist von Pest No 36 (GbhP).
[244] Juliana Wohlstein, geb. von Szent Ivánfo in Ungarn, 1863 von Stein am Anger, 1866 und 1867 vom Geburtsort zugereist (GbhP'e).
[245] Karl Wohlstein (GbhP), Karl Wolstein (Taufmatrik AKH 68/01/22; FdhP); im Fdh an Anämie gestorben (FdhP).
[246] Franziska Wolf, geb. und wohnhaft in Mattersdorf, von dort zugereist (GbhP).
[247] Von den Pflegeeltern ins Fdh zurückgebracht, im Fdh nach drei Tagen an Auszehrung gestorben (FdhP).
[248] Josefa Wolf, geb. und wohnhaft in Holleschau in Mähren, von dort zugereist (GbhP).
[249] Maria Mas wurde sofort nach ihrer Einlieferung ins Fdh der Halblehnerin Franziska Mayer, wohnhaft in Ellend, übergeben (FdhP), welche auch in das EntlP als Übernahmepartei mit dem Vermerk "PP" (Pflegepartei) eingetragen wurde (EntlP: Mayer Franziska, Hausbesitzersgattin in Maria-Ellend No 4, Pfarre Ellend, Bezirksgericht Hainburg - NÖ, UWW). - Taufmatrik AKH 42/11/14: P: Josefa Unterwalder, Hebamme; Anmerkung: "Mater Judaea", Randnotizen aus den Jahren 1867 und 1938.
[250] Franziska Wolf kam einen Tag nach ihrer Überstellung ins Fdh zur Hauersgattin Theresia Teufel in Ravelsbach - sie blieb bei ihren Pflegeeltern "gegen Revers" nach Ablauf der Findelhausbetreuung (FdhP, EntlP: Toifl Theresia, Hauersgattin, <Ravelsbach> No 15, Pfarre Ravelsbach - NÖ, bei Krems).
[251] Im Fdh an Diarrhöe gestorben (FdhP).

M: Name	M: Vorname	geb. ca.	Beruf	K: Name	K: Vorname	K: geb.	K: gest.	K: entl.	Qu GbhP	Qu FdhP	Qu EntlP
Wolf	Maria	1831/M	Magd	Wolf	Maria	55/01/20	55/02/23		40/01727	1855/0663	
Wolf	Regina	1825/U	Magd	Wolf	Anna	48/01/5	48/08/17		33/01286	1848/0113	
Wolfgang[254]	Amalia	1825/M	Hdarb	unentbunden entlassen 46/03/31					31/02493		
Wolfgang	Amalia	1831/M	Magd	Wolfgang	Johann	53/05/5	53/05/23		38/04277	1853/3194	
Wolfgang	Amalia	1831/M	Hdarb	Wolfgang[255]	Johann	55/04/11	55/04/29		40/03517	1855/2664	
Wolfgang	Amalia	1833/M	Magd	Wolfgang[256]	Amalia	56/04/27	56/05/28		41/03750	1856/2981	
Wolfgang	Amalia	1834/M	Köchin	Wolfgang[257]	Maria	58/02/4	58/02/5		43/02420		
Wolfgang	Amalia	1835/M	Hdarb	unentbunden entlassen 60/04/09					45/03643		
Wolfgang	Amalia	1835/M	Hdarb	Wolfgang	Katharina	60/05/1	60/11/24		45/04142	1860/3355	
Wolfgang[258]	Maria	1830/M	Magd	Wolfgang	Bernhard	51/09/17	51/10/16		36/07171	1851/6107	
Wolfgang	Maria	1832/M	Köchin	Wolfgang[259]	Julius	56/07/17	56/10/01			1856/4728	
Wolfgang	Maria	1839/M	Hdarb	Wolfgang[260]	Maria	64/05/7	64/05/30		49/04949	1864/3782	
Wolfgang[261]	Wilhelmine	1826/M	Magd	Wolfgang[262]	Wilhelmine	46/11/18	47/04/1		32/00346	1846/6352	

---

[252] Maria Wolf, geb. von Trebitsch in Mähren, 1853 wohnhaft Wien-Leopoldstadt No 220, 1855 in der Alservorstadt No 255 (GbhP'e).
[253] "Ins Findelhaus wegen israelitischer Religion der Mutter" (GbhP), bzw. "wegen Krankheit der Mutter" (FdhP); im Fdh an Nabelarterienentzündung gestorben (FdhP).
[254] Amalia Wolfgang, geb. von Nikolsburg in Mähren, von dort zugereist (GbhP).
[255] Im Fdh an Diarrhöe gestorben (FdhP).
[256] "Wegen Religion der Mutter" Fdh (GbhP, FdhP).
[257] Getauft, am folgenden Tag im Gbh gestorben (GbhP; Taufmatrik AKH 58/02/04).
[258] Maria Wolfgang, geb. von Nikolsburg in Mähren; 1851 in Wien-Spittlberg No 123, 1864 in Wien-Leopoldstadt, Lichtenauergasse No 6 wohnhaft (GbhP'e).
[259] Julius Wolfgang, geb. und getauft im Militär-Gebärhaus am 56/07/17, kam eine Woche später zusammen mit seiner Mutter ins Fdh (FdhP).
[260] Maria Wolfgang kam "wegen Krankheit der Mutter" ins Fdh, die Mutter wurde nach ihrer Gesundung zum Ammendienst ins Fdh gebracht; am selben Tag wurde ihr Kind in Außenpflege abgegeben (GbhP, FdhP).
[261] Wilhelmine Wolfgang, geb. von Nikolsburg; 1846 wohnhaft in Wien-Wieden No 54; 1854 in Wien Innere Stadt No 377 (GbhP'e).

W

M: Name	M: Vorname	geb. ca.	Beruf	K: Name	K: Vorname	K: geb.	K: gest.	K: entl.	Qu GbhP	Qu FdhP	Qu EntlP
Wolfgang	Mina	1826/M	Magd	Wolfgang	Johann	54/08/30	54/09/15		39/07070	1854/6091	
Wolheim	Anna	___/U		Wolheim[263]	Emma	50/03/01	50/03/02			1850/1461	
Wollner	Anna	1842/U	Magd	Wollner	Julia	64/01/2	64/02/29		49/01532	1864/0348	
Wortmann[264]	Elisabeth	1819/U	Magd	*Sauber*[265]	Julia	38/03/30	44/07/18		23/01348	1838/1455	
Wottitz[266]	Maria	1840/B	Magd	Wottitz	Anna	63/08/14	63/11/28		48/06328	1863/6190	
Wottitz	Maria	1839/B	Magd	Wottitz	Elisabeth	65/01/3			49/09732	1865/0229	
Wottitz[267]	Maria	1840/B	Magd	totgeboren 68/01/6					53/00095		
Wurzler[268]	Franziska	1840/U	Magd	Wurzler[269]	Magdalena	63/06/16	1942/06		48/04721	1863/4760	

---

[262] "Ins Findelhaus wegen israelitischer Religion der Mutter" (GbhP).
[263] Emma Wolheim kam bei der geprüften Hebamme Franziska Trawnik zur Welt, getauft am 50/03/02 in der Pfarre St. Peter, Taufpatin war die Hebamme; "Dieses Kind wurde nach der Taufe alsogleich in das k.k. Findelhaus überbracht", wurde als Anmerkung in die Taufmatrik eingetragen - das Kind kam fünf Tage später ins Fdh, wurde gegen eine Taxe von 50 fl. aufgenommen und als "Israelitenkind" mit den Personalien seiner Mutter in das FdhP eingetragen (FdhP: M: Anna Wolheim, von Preßburg gebürtig, israelitischer Religion, ledigen Standes).
[264] Elisabeth Wortmann, geb. und wohnhaft in Szakolcsa (Skalitz) in Ungarn, Neutraer Komitat, zugereist (GbhP).
[265] Taufmatrik AKH 38/03/31: "Mater infantis judaea".
[266] Maria Wottitz, geb. von Bezdekau in Böhmen, Prachiner Kreis, 1863 wohnhaft in Wien-Gaudenzdorf No 99, 1864 zugereist, 1868 wohnhaft in Ober-Meidling No 21 (GbhP'e).
[267] Maria Wottitz, gestorben am 68/01/14 (GbhP: im Gbh; IKG Stb D 1835: an Lungenödem). - TBP 68/01/14: "Wottitz Maria, Magd, 28 Jahr, ledig, israelitisch, Bezdekau, Bezirk Strakonitz Böhmen, Lungenödem, Obermeidling 21."
[268] Im GbhP keine Daten zum Kind, die entsprechenden Rubriken zum Geburtsdatum, Namen und Abgang des Kindes blieben leer (GbhP).
[269] Magdalena Wurzler, gestorben am 1942/06/01 in Wien 14, Standesamt 21 N.789 (Taufmatrik AKH 63/06/17: mit einer weiteren Randnotiz mit dem Datum 1942/02/03).

M: Name	M: Vorname	geb. ca.	Beruf	K: Name	K: Vorname	K: geb.	K: gest.	K: entl.	Qu GbhP	Qu FdhP	Qu EntlP
Zeissl	Barbara	1820/M	Hdarb	*Angerer*[1]	Agnes	43/04/12	43/06/20		28/02794	1843/1764	
Zeisl[2]	Josefa	1804/M	Magd	*Jänner*[3]	Eustach	32/01/12			17/00148	1832/0245	
Zeissl	Josefa	1805/M	Magd	*Libich*[4]	Rosa	34/09/3	35/02/1		19/03495	1834/3151	
Zeisel[5]	Maria	1814/M	Magd	*Glücklich*	Theresia	32/12/10	33/01/13		18/00412	1832/3507	
Zeisel[6]	Maria	1815/M	Magd	*Berger*	Magdalena	34/10/26	35/05/17		19/04106	1834/3775	
Zeisel	Regina	1802/M	Magd	*Bauer*[7]	Johann	25/03/7			10/00546		

---

[1] "Wegen israelitischer Mutter" Fdh (FdhP).
[2] Josefa Zeis(s)l, geb. von Groß-Meseritsch in Mähren; 1832 wohnhaft in Wien-Alservorstadt, 1834 in Wien-Währing (GbhP'e).
[3] Eustach Jänner war ein Fremdnamenkind, wurde im Jänner geboren und erhielt von diesem Monat seinen Namen. Bei Eustach Jänner wurde kein Sterbedatum in das FdhP nachgetragen, er könnte demnach die Findelpflege überlebt haben (FdhP: Pflegemutter: Elisabeth Winter, Grub No 3, Herrschaft Heiligenkreuz - NÖ, UWW). - "Mater infantis judaea", Anmerkung bzgl. Klärung des Vor- und Zunamens des Kindes aus dem Jahr 1853 auf Veranlassung der Fdh-Verwaltung: Vorname: Eustach, Zuname: Jänner (Taufmatrik AKH 32/01/13).
[4] **R.L.** (GbhP), **R**osa **L**ibich (FdhP) - Die erste Initiale ist in seiner zusammengedrückten A-Form nur im Schriftvergleich als R zu erkennen, die zweite könnte auch für B stehen. - Das Kind kam am 34/09/13 ins Fdh - am selben Tag wurde mit dem Namen Rosa Libich ein "Israelitenkind" aus dem Gbh mit dem Namen der Mutter des Initialenkindes in das FdhP eingetragen (Zeißl Josepha). - In der Taufmatrik wurde die jüdische Herkunft des Kindes mit dem Vermerk "Mater infantis judaea", nicht jedoch der Name seiner Mutter festgehalten; Taufpatin war die Hebamme Theresia Marianowitsch (GbhP, FdhP; Taufmatrik AKH 34/09/20).
[5] Maria Zeisel, geb. von Groß-Meseritsch in Mähren; 1832 wohnhaft in Wien Innere Stadt <o.A.>, 1834 in der Alservorstadt No 175 (GbhP'e).
[6] Maria Zeisel wurde in das GbhP als "k<atholisch>" eingetragen; in der Taufmatrik und im FdhP jedoch als jüdisch ausgewiesen (GbhP; Taufmatrik AKH 34/10/28: Magdalena Berger, M: "Die Mutter des Kindes eine Israelitin"; FdhP).
[7] **J.B.** (GbhP), **J**ohann **B**auer (Taufmatrik AKH 25/03/07). - Die zweite Initiale in Form eines kleinen Antiqua-B könnte auch als C oder L aufgefaßt werden. Das Kind kam am 13. März ins Fdh. Da jedoch für das Jahr 1825 keine FdhP'e erhalten sind, kann die Auflösung der Initialen nur über die Taufmatrik des AKH versucht werden. Das Kind kam am 25/03/07 im Gbh zur Welt und wird an diesem oder am folgenden Tag getauft worden sein - zwei Kinder wurden in dieser Zeit im "jüdischen Formular" - ohne Hinweis auf die Mutter, mit einer Hebammen/Mesner-Patenschaft - eingetragen, eines von ihnen mit dem Namen "Johann Bauer", sein Taufpate war der Kirchendiener Josef Eckerle. Im Datenkontext könnte Johann Bauer mit dem Initialenkind "J.B." ident sein: geboren und getauft am 7. März, dem Kanzleigebrauch entsprechend im "jüdischen Formular" in die Taufmatrik aufgenommen; der Name des Kindes entspricht den Initialen (GbhP; Taufmatrik AKH 25/03/07: Johann Bauer).

M: Name	M: Vorname	geb. ca.	Beruf	K: Name	K: Vorname	K: geb.	K: gest.	K: entl.	Qu GbhP	Qu FdhP	Qu EntlP
Zeisl[8]	Theresia	1813/M	Magd	*Polz*[9]	Emma	34/05/24	34/07/2		19/02349	1834/1959	
Zeisel	Theresia	1814/M	Magd	*Burbon*[10]	Michael G.	35/08/1	37/04/25		20/03033	1835/2717	
Zeisel	Theresia	1815/M	Magd	*Lumann*	Ludwig	39/09/25	40/02/23		24/04384	1839/4059	
Zeisel	Theresia	1815/M	Magd	*Jablonsky*[11]	Jakob	41/05/8		51/05/8	26/02872	1841/2282	51/07/11
Zeisel	Theresia	1818/M	Magd	*Rosenstein*	Andreas	43/11/10	45/03/11		29/00160	1843/4996	
Zeisler[12]	Antonia	1830/U	Magd	<...>[13]		48/04/23			33/03465		

---

[8] Theresia Zeisel, geb. von Groß-Meseritsch in Mähren; wohnhaft in Wien-Michelbeuerngrund No 32 (1834), sodann in der Alservorstadt No 176 (1835), No 189 (1839), No 182 (1841) und wieder No 189 (1843) (GbhP'e). 1834 ursprünglich in das GbhP als "k<atholisch>" eingetragen, sodann wurde noch von derselben Hand "k" gestrichen und mit "Isl" für "israelitisch" ersetzt.

[9] E.P. (GbhP), Emma Polz (FdhP). - Die Initialen erscheinen in einer "brüchigen, barocken" Schrift und sind nur im Schriftvergleich als E.P. zu erkennen. - Das Kind kam am 34/06/04 ins Fdh - am selben Tag wurde als "Israelitenk<ind>" Emma Polz ins Fdh aufgenommen, ihre Mutter wurde nur mit dem Vornamen - Theresia - ins FdhP eingetragen, hinzugefügt wurde: "Israelitinn". Theresia war der Vorname der Mutter des gesuchten Initialenkindes: Theresia Zeisl. Im Datenkontext können nun die Initialen "E.P." dem Findelkind Emma Polz zugeordnet werden (GbhP, FdhP; Taufmatrik AKH 34/05/25: "mater infantis judaea").

[10] G.B. (GbhP), Michael Gaudenz Burbon (FdhP). - Von den beiden Initialen könnte die zweite auch als L interpretiert werden. Das Kind kam am 35/08/12 ins Fdh - am selben Tag wurde Michael Gaudenz Burbon aus dem Gbh ins Fdh aufgenommen. Von seiner Mutter wurde nur der Vorname eingetragen: Theresia, Israelitinn. Darunter wurde seine jüdische Herkunft nochmals bekräftigt durch den Vermerk "Mutter Israelitin". In die Taufmatrik kam er als "Michael Gaudenz Burbon", durch den Vermerk "mater infantis judaea" wurde seine Herkunft festgehalten, der Name seiner Mutter wurde nicht eingetragen. Taufpatin war in diesem Fall nicht die Anstaltshebamme, sondern die "Beamtenstochter" Theresia Schumann, wohnhaft in der Josefstadt No 14 (GbhP, FdhP; Taufmatrik AKH 35/08/03).

[11] Jakob Jablonsky blieb zehn Tage bei seiner Mutter im Gbh, kam dann ins Fdh; am folgenden Tag von einer Kleinhäuslerin aus einem Ort in der Nähe von Asparn an der Zaya übernommen, er sechs Jahre lang blieb; sodann kam er zurück ins Fdh, nun zu einer Witwe nach Breitenfeld, wieder zurück ins Fdh. Im Alter von neun Jahren wurde er schließlich von Anna Cihoky in Wr. Neustadt übernommen. Bei dieser Pflegemutter konnte das Kind auch nach Beendigung der Findelhausversorgung bleiben (FdhP, EntlP: Cihoky Anna, Seilersgattin, Wiener Neustadt No 80). - Randnotizen in der Taufmatrik des AKH aus den Jahren 1855, 1873, 1938 bis 1947 (Taufmatrik AKH 41/05/09).

[12] Antonia Zeisler kam vom AKH, Zi. 7 zur Entbindung ins Gbh (GbhP).

[13] o.A. (GbhP). Dieses Kind, ein Mädchen, wurde ungetauft zusammen mit der Mutter am 48/05/01 aus dem Gbh entlassen (GbhP).

Z

M: Name	M: Vorname	geb. ca.	Beruf	K: Name	K: Vorname	K: geb.	K: gest.	K: entl.	Qu GbhP	Qu FdhP	Qu EntlP
ZELINKA (ZELENKA)											
Zelinka	Josefa	1838/U	Magd	Zelinka	Katharina	61/06/27	61/08/31		46/06057	1861/5467	
Zelenka	Maria	1833/B	Magd	Zelenka	Josef	58/08/6	59/04/21		43/05670	1858/6171	
Zelinka[14]	Maria	1837/U	Magd	Zelinka[15]	Maria	61/10/31	61/11/9		46/08748	1861/8204	
Zelinka	Maria	1837/U	Magd	Zelinka[16]	Rudolf	61/10/31	61/11/2		46/08748		
Zelnik[17]	Hanni	1835/G	Magd	Zelnik	Hermine	60/04/1	60/07/27		45/02813	1860/2573	
Zelmik	Johanna	1835/G	Magd	Zelmik	Katharina	61/09/2	61/10/20		46/07474	1861/6991	
Zemanek[18]	Aloisia	1837/B	Magd	Zemanek[19]	Helene	59/02/12		69/02/12	44/02698	1859/1315	69/02/12
Zemanek	Aloisia	1837/B	Hausr	Zemanek	Heinrich	64/07/17	64/09/11		49/06707	1864/5814	
ZIKAN (ZIKANN, ZIKA, CIGAN, ZIGAN)											
Zikan[20]	Barbara	1822/M	KlHdl	unentbunden entlassen 45/09/28					30/05849		
Zikan[21]	Barbara	1822/M	Hausr	Zikan[22]	Theresia	45/11/27		55/11/27	31/00019	1845/6125	56/01/23

[14] Maria Zelinka, geb. von Stampfen in Ungarn, Preßburger Komitat; wohnhaft in Wien Innere Stadt <o.A.>. - Zwillingsgeburt: 61/10/31: Maria und Rudolf Zelinka. - Die Mutter starb am 61/11/07 im Gbh (IKG Stb C 1364: an Erschöpfung). - TBP 61/11/07: "Zelinka Maria, 24 Jahr, ledig, israelitisch, Stampfen Ungarn, Stadt, Erschöpfung, k.k. Gebärhaus."
[15] Maria Zelinka kam im Alter von drei Tagen "wegen Krankheit der Mutter" ins Fdh, gestorben im Fdh an Lebensschwäche (FdhP).
[16] Rudolf Zelinka ist im Alter von zwei Tagen im Gbh gestorben (GbhP).
[17] Johanna (Hanni) Zelnik, geb. von Wischnitz in Galizien, 1860 von Mähren zugereist, 1861 wohnhaft in Wien-Leopoldstadt No 220 (GbhP'e).
[18] Aloisia Zemanek, geb. von Bohauniowitz in Böhmen, Czaslauer Kreis; 1859 wohnhaft in Wien-Fünfhaus No 228, 1864 in Wien-Rossau, Löwengasse No 15 (GbhP'e).
[19] Helene Zemanek wurde nicht im Gbh geboren - eine "Gassengeburt" - sie wurde mit ihrer Mutter einen Tag nach ihrer Geburt dorthingebracht, getauft, kam "wegen Religion der Mutter" ins Fdh (GbhP, FdhP), sodann zu Pflegeeltern nach Klein-Schützen in Ungarn, sie konnte bei diesen Leuten bleiben, wie aus dem EntlP zu ersehen ist (GbhP, FdhP, EntlP: Sloboda Theresia, Insassin in Klein Schützen No59 - Preßburger Komitat, Ungarn).
[20] Barbara Zikan (Zigan,...) stammte aus Kanitz in Mähren, 1845 wohnhaft in Mödling No 270, 1850 in Wien Innere Stadt No 92 (Herrengasse), 1852 in Inzersdorf No 63 (Jänner) und in der Alservorstadt No 43 (Februar); sodann auf No 210 (1853) und No 343 (1856); schließlich 1857 in Wien-Laimgrube No 44 (GbhP'e).
[21] Wurde nach der Entbindung ins AKH auf Zi. 70 "transferirt" (GbhP).

Z

M: Name	M: Vorname	geb. ca.	Beruf	K: Name	K: Vorname	K: geb.	K: gest.	K: entl.	Qu GbhP	Qu FdhP	Qu EntlP
Zigan	Barbara	1824/M	Magd	unentbunden entlassen 50/05/19					35/04163		
Zika	Barbara	1825/M	Magd	Zika[23]	Anna	50/06/3	50/06/20		35/04463	1850/3482	
Zikan	Barbara	1824/M	Hausr	unentbunden entlassen 52/01/27					37/01993		
Zikan	Barbara	1824/M	Hausr	Zikan	Josefa	52/02/2	52/04/20		37/02163	1852/0987	
Cigan	Barbara	1825/M	Magd	Cigan	Franz	53/05/31	53/06/22		38/04853	1853/3817	
Zikan	Barbara	1820/M	Hausr	Zikan	Adolf	56/09/5	56/10/4		41/06237	1856/5775	
Zikann	Barbara	1824/M	Hausr	Zikam[24]	Karl	57/12/9	57/12/30		43/00968	1857/8926	

ZIEGLER (CIGLER)

M: Name	M: Vorname	geb. ca.	Beruf	K: Name	K: Vorname	K: geb.	K: gest.	K: entl.	Qu GbhP	Qu FdhP	Qu EntlP
Cigler	Leni	1830/U	Magd	Cigler	Aloisia	52/05/16			37/02525	1852/3395	
Zilzer	Laura	1846/U	Köchin	Zilzer[25]	Maria	67/12/23	68/01/22		52/07021	1867/8384	
Zimmer[26]	Antonia	1845/M	Magd	Zimmer[27]	Theresia	68/02/14	68/02/26		53/00911	1868/1297	
Zimmermann	Sali	1847/U	Hdarb	Zimmermann[28]	Regina	68/12/16	69/07/22		54/07312	1868/8016	
Zimmermann	Theresia		Magd	*Samstag*[29]	Ernest	16/09/14	22/08/24			1816/2397	

---

[22] Theresia Zikan blieb vier Tage im Fdh, kam im Alter von zwei Wochen nach Wilfersdorf in NÖ zu einer Hauersgattin. Aus dem EntlP geht hervor, daß sie bei dieser Pflegemutter bis nach Ablauf der Findelhausversorgung bleiben konnte (FdhP, EntlP: Stöckl Theresia, Hauersgattin, Wilfersdorf No 37, Pfarre Chorherrn - NÖ, OWW). - Randnotizen in der Taufmatrik des AKH aus den Jahren 1868 und 1939 (Taufmatrik AKH 45/11/27).
[23] "Wegen Religion der Mutter" Fdh; im Fdh an Schwäche gestorben (FdhP).
[24] Karl Zika**nn** (GbhP), Karl Zikam (FdhP; Taufmatrik AKH 57/12/30); im Fdh im Alter von drei Wochen an Diarrhöe gestorben (FdhP).
[25] Im Fdh an Pneumonie gestorben (FdhP).
[26] Theresia Zimmer, geb. von Leipnik in Mähren, zugereist (GbhP).
[27] Im Fdh im Alter von zwölf Tagen an Lebensschwäche gestorben (FdhP).
[28] Regina Zimmermann, ein "68er Kind", kam mit ihrer Mutter ins Fdh, nach fünf Tagen nach Klosterneuburg in Findelpflege; an Darmkatarrh gestorben (FdhP; CAHJP: A/W 1809: Verzeichnis jüdischer Findelkinder 1868).
[29] "Dieses zwey Tag alten Findlings Mutter heißt Theresia Zimmermann, ledige Magd, und ist auf der Wieden No 141 bey der Hebamme Antonia Faber entbunden worden". Das Kind wurde am 16/09/15 in der Pfarre Alservorstadt auf den Namen Ernest Samstag getauft, war somit ein "Fremdnamenkind", an einem Samstag geboren, erhielt es von diesem Wochentag seinen Namen; Taufpatin des Kindes war Anna Lechner, Kinderwärterin im Findelhaus. Für das Kind wurde eine Taxe von 60 fl. bezahlt, Mutter und Kind wurden namentlich in das FdhP aufgenommen (Pfarre Alservorstadt Taufmatrik 16/09/15;

Z

M: Name	M: Vorname	geb. ca.	Beruf	K: Name	K: Vorname	K: geb.	K: gest.	K: entl.	Qu GbhP	Qu FdhP	Qu EntlP
Zinner[30]	Juliana|Anna	1847/B	Hdarb	Zinner[31]	Maria	67/06/22		67/07/1	52/03621	1867/4364	67/07/1
Zinner[32]	Leonora|Barb.	1849/B	Magd	Zinner[33]	Helene	68/01/19	68/01/23		53/00405		
Zinsenheim	Regina	1820/U	Köchin	*Nieder*	Karl	39/09/13	39/09/30		24/04226	1839/3840	
Zinsheim	Katharina	1795/U	Magd	*Aron|Pius*[34]	Pius|Aron	24/01/9	24/02/9		09/00057	1824/0235	
Zinzheimann	Josefa	1811/U	Magd	*Engelhart*	Eleonora	29/05/22	31/06/9		14/01042	1829/1917	
Zlattner	Julia	1848/U	Tagl	Zlattner	Anna	67/11/6			52/06654	1867/7299	
Zopf[35]	Fanni	1831/U	Magd	unentbunden entlassen 53/11/22					39/00290		
Zopf	Franziska	1834/U	Magd	Zopf[36]	Ludwig	53/12/6	54/11/20		39/00507	1853/7968	
Zopf[37]	Rosa	1837/U	Tagl	Zopf[38]	Franz	57/05/20	57/06/4		42/04775	1857/3796	

FdhP).
[30] Anna Zinne (GbhP: R durchgestrichen, Juliana gestrichen, mit Anna ersetzt), Anna Zinner, geb. von Miloschwitz (FdhP).
[31] Maria Zinner wurde am Tag nach ihrer Geburt getauft, kam zusammen mit ihrer Mutter ins Fdh, wo diese Verzicht auf die Aufnahme ihres Kindes leistete (FdhP, EntlP). - Randnotiz in der Taufmatrik des AKH aus dem Jahr 1873 mit Beilage: Bestätigung, "Daß Frl. Julie Zinner am 67/06/12 als Anna Z. aufgenommen und am 06/26 mit einem Mädchen namens Maria entb<unden> wurde." (Taufmatrik AKH 67/06/23).
[32] **Leonora** Zinner (GbhP), **Barbara** Zinner (Taufmatrik AKH 68/01/19: Helene Zinner).
[33] Getauft, nach vier Tagen im Gbh gestorben (GbhP; Taufmatrik AKH 68/01/19).
[34] P.A. (GbhP), Aron Pius (FdhP), Aaron Buis (Taufmatrik AKH 24/01/09). - Dem Kanzleigebrauch entsprechend steht die erste Initiale für den Vornamen, die zweite für den Zunamen. Beim Initialenkind P.A. hatte man sich jedoch geirrt, sowohl im FdhP als auch in der Taufmatrik. - Das Initialenkind P.A. kam am 24/01/20 ins Fdh - am selben Tag wurde "wegen Unvermögenheit der Mutter" aus dem Gbh ein Kind mit dem Namen Aron Pius aufgenommen: Pius in Lateinschrift an erster Stelle, an zweiter Stelle in Kurrent und wesentlich kleiner: Aron. Vermutlich wurde bei der Namensaufnahme in die Taufmatrik der Name "Pius" diktiert, der I-Punkt verrutschte nach rechts, aus Pius wurde Buis. Aaron wurde als Tauf- und Vorname in Lateinschrift an erster Stelle eingetragen, an zweiter Stelle in Kurrent als Zuname Buis. Weder im FdhP noch in der Taufmatrik wurde die jüdische Herkunft des Initialenkindes erwähnt. Die Aufnahme in die Taufmatrik erfolgte jedoch streng im "jüdischen Formular": Die Namensrubrik der Mutter blieb leer, Taufpate war der Mesner Josef Eckerle. Im Datenkontext können die Initialen A.P. dem Findelkind Aron Pius zugeordnet werden (GbhP, FdhP; Taufmatrik AKH 24/01/09: Aaron Buis).
[35] Franziska Zopf, geb. von Ragendorf in Ungarn, Preßburger Komitat, von Preßburg zugereist (GbhP'e).
[36] "Wegen Religion der Mutter" Fdh (GbhP).

Z

M: Name	M: Vorname	geb. ca.	Beruf	K: Name	K: Vorname	K: geb.	K: gest.	K: entl.	Qu GbhP	Qu FdhP	Qu EntlP
ZUCKER (ZUCKR, ZAUCKER)											
Zucker	Franziska	1820/B	Magd	Hold[39]	Hermann	42/04/5	42/04/30		27/02728	1842/1776	
Zucker[40]	Julia	1836/B	Magd	unentbunden entlassen 56/03/26					41/01743		
Zuckr[41]	Julia	1835/B	Magd	Zucker[42]	Amalia	56/04/6	56/08/19		41/03054	1856/2333	
Zucker	Juliana	1839/B	Magd	Zucker[43]	Heinrich	58/05/29	58/06/5		43/05475		
Zucker	Maria	1832/B	Magd	Zucker[44]	Franz	57/05/16	64/05/26		42/04718	1857/3897	
Zaucker	Maria	1840/B	Magd	Zucker[45]	Franziska	68/05/21	68/07/12		53/03229	1868/3733	
Zucker	Rosina	1830/B	Magd	Zucker[46]	Rosa	48/09/8		58/09/8	33/05971	1848/5148	58/10/18
Zwicker[47]	Rosalia	1837/B	Magd	<...>[48]		66/08/30		66/09/21	51/05862	1866/6297	66/09/21

---

[37] Rosalia Zopf, geb. von Ragendorf in Ungarn, Preßburger Komitat, von Wieselburg zugereist (GbhP)
[38] "Wegen Religion der Mutter" Fdh (FdhP); von seinen Pflegeeltern ins Fdh zurückgebracht, am folgenden Tag im Fdh an Diarrhöe gestorben (FdhP).
[39] Hermann Hold (GbhP), FdhP: "Israelitenkind". - Taufmatrik AKH 42/04/05: Hermann <durchgestrichen: Hold>, M: Franziska Zucker; Anmerkung: "Mater judaea. Mit Reg<ierungs> Verordnung d<e> d<at>o 843/12/26 No 3413 ist diese Abänderung geschehen". - Das Kind ist schon am 42/04/30 an Fraisen gestorben - die Streichung könnte mit dem im November 1843 erlassenen Verbot der Vergabe von Fremdnamen an getaufte jüdische Kinder zusammenhängen.
[40] Aus dem Budweiser Kreis in Böhmen, 1856 wohnhaft in Wien-Leopoldstadt No 178, 1858 Weißgärber No 122 (GbhP'e).
[41] Julia Zuckr kam nach der Entbindung auf eine andere Abteilung des AKH, da sie an Blattern erkrankt war (GbhP).
[42] Amalia Zuckr wurde "wegen Blattern der Mutter" ins Fdh gebracht (FdhP).
[43] Heinrich Zucker kam einen Tag nach seiner Geburt als "Gassengeburt" mit seiner Mutter ins Gbh, wurde sodann getauft, nach sechs Tagen im Gbh gestorben (GbhP; Taufmatrik AKH 58/05/30).
[44] Auch Franz Zucker war eine "Gassengeburt": Er wurde am zweiten Tag nach seiner Geburt mit seiner Mutter ins Gbh gebracht, kam nach erfolgter Taufe ins Fdh (GbhP).
[45] Franziska Zaucker (GbhP: M: Maria Zaucker), Franziska Zucker (FdhP), ein "68er Kind", kam ungetauft mit ihrer Mutter ins Fdh, wurde nach wenigen Tagen an eine Pflegepartei weitergegeben; an Durchfall gestorben (FdhP; CAHJP: A/W 1809: Verzeichnis jüdischer Findelkinder 1868).
[46] Als "Israelitenkind" ins FdhP aufgenommen, kam sie zu Pflegeeltern in der Steiermark, zu einem Tischler in Nestelberg, dessen Ehefrau in das EntlP als Übernahmepartei mit dem Vermerk "PP" - Pflegepartei - aufgenommen wurde (FdhP, EntlP: Felber Julie, Tischlersgattin <Nestelberg> No 14, Pfarre Ilz, Gratzer Kreis). - In der Taufmatrik des AKH finden sich Randnotizen in Form von Datumsangaben (Taufmatrik AKH 48/09/08: Rosa Zucker).

M: Name	M: Vorname	geb. ca.	Beruf	K: Name	K: Vorname	K: geb.	K: gest.	K: entl.	Qu GbhP	Qu FdhP	Qu EntlP
Zwilling(er)[49]	Josefa	1819/U	Magd	**Jablonsky**	Josef	39/10/25	39/11/13		24/04794	1839/4373	
Zwil(l)inger[50]	Rosalia	1823/U	Magd	**Lobmann**[51]	Leopold	41/11/16	42/01/8		26/04929	1841/4840	

---

[47] Rosalia Zwicker, geb. und wohnhaft in Kolin in Böhmen, von dort zugereist (GbhP).
[48] o.A. (GbhP). Dieses Kind wurde als "Zwicker N. - Knabe" in das GbhP eingetragen, er kam ungetauft "auf Krankheitsdauer der Mutter" am 66/09/03 ins Fdh und nach zehn Tagen zu einem Hausknecht in die Lerchenfelderstraße; am 66/09/21 wurde er "der leiblichen Mutter übergeben" (FdhP, EntlP).
[49] Josefa Zwillinger (GbhP), Josefa Zwilling (FdhP), geb. von Zsámbék, Pester Komitat, zugereist von Preßburg (GbhP).
[50] Rosalia Cvilinger (GbhP: Cvilinger, in die Gbh-Kasse "46 kr. depositirt"; FdhP), Rosalia **Zwill**inger (IKG Stb A 1678, gest. 41/11/23 im AKH). - TBP 41/11/23: "**Zwil**inger Rosalia, Magd, ledig, israelitischer Religion, gebürtig von Zsambel in Ungarn, 18 Jahr alt, Leopoldstadt, an Lungenentzündung AKH."
[51] Leopold Lobmann (GbhP, FdhP: "Israelitenkind"). Das Kind kam zu einem Weber nach Wien-Fünfhaus, nach eineinhalb Monaten an "Abzehrung" gestorben (FdhP). - Taufmatrik AKH 41/11/16: "Mater infantis judaea".

Z

KONKORDANZ DER KINDER

Behelf zur Auffindung von
Quellen und biographischen Annotationen in der
Konkordanz der Mütter
unter dem Namen der Mutter

Initialen	K: Name	K: Vorname	geb.	M: Name	M: Vorname	geb. ca.	Beruf
	Abdon|Aleph	Aleph|Abdon	16/07/29	Deutsch	Franziska	1787/U	Magd
	Abeles	Heinrich	44/10/26	Abeles	Julia	1822/M	Magd
	Abeles	Hermann	50/02/9	Abeles	Julia	1824/M	Magd
	Abeles	Maria	62/04/25	Abeles	Franziska	1838/B	Magd
	Adamitsch(ek)	Adam	41/03/10	Mandl	Rosalia	1816/U	Magd
	Adler	Alois	64/10/29	Adler	Anna	1834/B	Hdarb
	Adler	Anna	37/03/2	Motlay	Cäcilia	1818/U	Hdarb
	Adler	David	65/03/30	Adler	Rosalia	1843/U	Magd
	Adler	Emmerich	67/10/19	Adler	Rosalia	1839/U	Hdarb
	Adler	Eva	62/01/21	Adler	Rosalia	1839/U	Magd
	Adler	Franz	58/02/17	Adler	Karolina	1837/M	Hdarb
	Adler	Franziska	57/07/25	Adler	Julia	1832/M	Hdarb
	Adler	Georg	66/04/22	Adler	Rosalia	1843/U	Magd
	Adler	Hugo	65/09/26	Adler	Regine	1845/U	Magd
	Adler	Johann Baptist	27/09/15	Adler	Johanna		
	Adler	Johann	57/02/24	Adler	Amalia	1837/U	Magd
	Adler	Johann	61/09/2	Adler	Josefa	1839/M	Magd
	Adler	Johanna	63/03/09	Adler	Katharina	1840/U	Magd
	Adler	Josef	58/12/27	Adler	Katharina	1836/U	Magd
	Adler	Josef	64/04/18	Adler	Rosa(lia)	1835/U	Magd
	Adler	Alois	64/10/29	Adler	Anna	1834/B	Hdarb
	Adler	David	65/03/30	Adler	Rosalia	1843/U	Magd
	Adler	Magdalena	65/10/5	Adler	Katharina	1841/U	Magd
	Adler	Max	68/08/4	Adler	Fanni	1842/U	Magd
	Aleph|Abdon	Abdon|Aleph	16/07/29	Deutsch	Franziska	1787/U	Magd
A.A.	*Alko*	Aloisia	37/06/24	Vogel	Karolina	1817/M	Magd
	Alsbach	Eleonora	28/03/6	Deutsch	Elisabeth	1803/B	Köchin
	Alt	Wilhelm	59/01/31	Alt	Sali	1833/U	Magd
	Altmann	Franz	59/05/20	Altmann	Josefa	1839/U	Tochter
	Altmann	Josef	54/09/1	Altmann	Leni	1834/U	Hdarb
	Altmann	Leopoldine	41/11/14	Neumann	Theresia	1817/U	Magd

A

Initialen	K: Name	K: Vorname	geb.	M: Name	M: Vorname	geb. ca.	Beruf
	Altstädter	Gisela	67/12/18	Altstädter	Karolina	1848/U	Hdarb
	Ambach	Anna	36/02/13	Steiner	Judith	1813/M	Magd
	Ambach	Josef	36/02/13	Steiner	Judith	1813/M	Magd
	Amberg|Arberg	Anna	37/04/26	Böck	Antonia	1817/B	Magd
	Ambros	Creszentia	42/12/6	Langer	Magdalena	1805/U	Hdarb
	Amster	Gabriella	58/06/20	Amster	Ludmilla	1832	
	Ananas	Anna	40/02/13	Weinwurm	Barbara	1817/U	Hdarb
	Anderson	Anna	35/10/1	Samek	Theresia	1811/M	Magd
	Anderwert	Karl	29/05/13	Böhm	Anna	1804/U	Witwe
	Anfärber	Josefa	59/12/3	Anfärber	Katharina	1833/M	Magd
	Anger	Apollonia	37/10/12	Chon	Regina	1818/U	Hdarb
	Angerer	Agnes	43/04/12	Zeissl	Barbara	1820/M	Hdarb
	Angerer	Gustav	27/03/21	Grünstein	Amalia	1806/U	Hdarb
	Angerl|Anderl	Adam	42/02/13	Horetzki	Anna	1821/U	Hdarb
	Angst	Josefa	35/03/13	Pichler	Karolina	1814/U	Magd
	Anholzer|Auholzer	Anna	39/11/24	Grünfeld	Johanna	1818/U	Magd
	AN(T)SCHERL						
	Anschel	Franz	56/02/21	Anschel	Theresia	1828/M	Magd
	Antscherl	Johann	65/01/25	An(t)scherl	Amalia	1831/M	Magd
	Anscherl	Leopold	52/12/24	Anscherl	Franziska	1824/M	Magd
	Anscherl	Ludwig	63/05/14	Anscherl	Amalia	1837/M	Magd
	Anscherl	Wilhelm	57/05/23	Anscherl	Amalia	1835/M	Magd
	Ansohn	Anna	42/02/3	Fischer	Theresia	1826/U	Hdarb
	Apel	Maria	63/10/12	Apel	Barbara	1841/U	Magd
	Arnsteiner	Anna	11/02/9	Arnsteiner	Regina		
	Arnstein	Friedrich	49/10/3	Arnstein	Karolina	1827/B	Magd
	Arnstein	Josef Karl	46/03/14	Arnstein	Lea	___/B	Magd
	Arnstein	Maria	47/10/5	Arnstein	Rosalia	1822/B	Magd
P.A.	Aron	Pius	24/01/09	Zinsheim	Katharina	1796	Magd
	Art	Anna	43/07/27	Ronauer	Franziska	1805/B	Hdarb

A

Initialen	K: Name	K: Vorname	geb.	M: Name	M: Vorname	geb. ca.	Beruf
	Artig	Anna	39/10/31	Lustig	Franziska	1822/U	Magd
	Asch	Heinrich	55/07/6	Asch	Katharina	1830/U	Magd
	Ass|Ast	Josefa	43/02/24	Fried	Sara	1821/M	Köchin
A.A.	*Auberg*	Andreas	39/02/2	Löbel	Charlotte	1813/U	Köchin
	Auer	Rudolf	61/09/25	Auer	Katharina	1839/B	Magd
	Auerbach	Wilhelmine	18/04/12	Auerbach	Theresia		
	Aufricht	Anton	64/01/22	Aufricht	Anna	1841/U	Magd
	Auholzer|Anholzer	Anna	39/11/24	Grünfeld	Johanna	1818/U	Magd
	Auspitz	Gustav	54/08/20	Auspitz	Anna	1836/U	Hdarb
	Awe	Maria	36/09/17	Leb	Anna	1817/U	Magd

A

Initialen	K: Name	K: Vorname	geb.	M: Name	M: Vorname	geb. ca.	Beruf
	Bach, vide Back						
	Bachroch	Wilhelm	60/05/23	Bachroch	Magdalena	1840/U	Tochter
	Bäck, vide Beck						
	Back|Bach	Josefa	54/03/19	Bach	Hanni	1830/U	Magd
	Back	Lina	62/08/26	Back	Theresia	___/U	
	Bader	Theresia	68/01/16	Bader	Antonia	1839/M	Magd
	Baderl	Franz	50/10/25	Baderl	Rosalia	1831/M	Magd
	Bamberg	Anton	52/03/11	Bamberg	Sofia	1824/Dt	Magd
	Banda	Beata	39/12/18	Fleischmann	Rosalia	1811/U	Magd
	BA(A)R						
	Baar	Anna	61/12/3	Baar	Betti	1843/U	Magd
	Bar	Franz	52/01/8	Bar	Lotti	1834/U	Magd
	Barach, vide Baroch						
	Baram|Baran	Emanuel	55/01/20	Baram	Magdalena	1830/M	Magd
	Bareder|*Zwof*	Franz	17/02/11	Bareder	Anna M.	1789/Dt	Magd
	Barjonas	Simon	21/09/19	Gabriel	Johanna	1804/U	Magd
	Baroch|Barach	Antonia	62/01/3	Barach	Amalia	1829/U	Hdarb
	Baron	Josef	50/10/11	Baron	Josefa	1824/B	Magd
	Baron	Karl	49/04/1	Baron	Regina	1829/U	Magd
B.B.	*Basel*	Basilius	18/06/14	Straus	Maria	1795/U	Magd
	Bat(t)a	Franziska	49/04/21	Batta	Franziska	1825/M	Magd
	Bauer	Albert	61/02/22	Bauer	Magdalena	1841/U	Magd
	Bauer	Anna	20/02/3	Lemberger	Julia	1800/U	Magd
A.B.	*Bauer*	Anna	23/05/18	Bachrech	Franziska	1804/U	Magd
	Bauer	Camilla	68/02/23	Bauer	Rosi|Rosalia	1846/U	Magd
	Bauer	Eleonora	28/02/29	Bauer	Barbara	1800/M	Magd
	Bauer	Helene	61/12/27	Bauer	Maria	1835/U	Magd
J.B.	*Bauer*	Johann	25/03/7	Zeisel	Regina	1802/M	Magd
	Bauer	Juliana	66/07/27	Bauer	Sofia	1848/M	Magd
	Bauer	Karl	49/08/29	Bauer	Theresia	1829/M	Magd

B

Initialen	K: Name	K: Vorname	geb.	M: Name	M: Vorname	geb. ca.	Beruf
	Bauer	Karolina	61/06/29	Bauer	Hanni		
	Bauer	Maria	64/05/24	Bauer	Maria	1834/U	Magd
	Bauer	Rosalia	55/04/22	Bauer	Franziska	1826/M	Köchin
	Bauer	Rosalia	60/03/17	Bauer	Maria	1830/U	Köchin
	Bauer	Sigmund	50/06/5	Bauer	Rosalia	1828/U	Magd
	Baum	Flora	68/12/1	Baum	Sofia	1848/U	Magd
	Baum	Josef	43/04/18	Schmidt	Julia	1824/B	Magd
	Baumgartner	Karl	67/03/6	Baumgartner	Julia	1844/U	Köchin
	Baumhardt	Josefa	66/03/15	Baumhardt	Josefa	1848/U	Köchin
	Bauminger	Philipp	67/04/20	Bauminger	Mathilde	1850/B	Magd
	BECK (BÄCK, BEK)						
	Bäck|Böck	Anton	59/06/6	Böck	Anna	1837/U	Magd
	Beck	Isidor	48/01/1	Beck	Josefa	1818/U	Tagl
	Be(c)k	Josef	66/08/21	Beck	Maria	1847/B	Magd
	Bäck	Maria	57/03/25	Bäch	Anna (Netti)	1829/U	Magd
	Beck	Maria	62/02/17	Bech|Beck	Anna	1840/U	Magd
	Beck	Maria	64/06/16	Beck	Anna	1839/U	Magd
	Beck	Petronilla	61/01/13	Beek	Franziska	1836/B	Magd
L.B.	*Beer*	Ludmilla	25/03/21	Rosenberg	Maria	1804/M	Magd
	Beig(e)l	Elisabeth	59/04/14	Beigel	Maria	1822/U	Tagl
	Bellak	Franz	54/04/29	Bellak	Rosalia	1832/U	Magd
	Bellak	Josefa	54/04/29	Bellak	Rosalia	1832/U	Magd
	Benedek	Urban	60/07/14	Benedek	Josefa	1841/U	Magd
	Benedikt	Anna Maria	51/10/28	Benedikt	Theresia	1828/U	Magd
	Benedikt	Josef	54/12/15	Benedikt	Theresia	1831/U	Magd
	Benisch	Josefa	49/02/12	Benisch	Theresia	1823/B	Magd
	Beran	Karl	46/04/14	Beran	Rosalia	1823/B	
E.B.	*Berg*	Eva	24/12/23	Balatz	Amalia	1804/B	Magd
	Berger	Anna	42/09/20	Magner	Mini	1823/B	Magd
	Berger	Anton	65/02/9	Berger	Julia	1841/U	Magd
	Berger	August	66/08/29	Berger	Rosalia	1841/U	Magd

B

Initialen	K: Name	K: Vorname	geb.	M: Name	M: Vorname	geb. ca.	Beruf
	Berger	Heinrich	64/06/5	Berger	Henriette	1846/U	Hdarb
	Berger	Juliana	57/01/15	Berger	Anna	___/U	
	Berger	Karl	60/03/21	Berger	Cäcilia	1838/U	Magd
	Berger	Karl	63/10/16	Berger	Anna	1839/S	Magd
	Berger	Karolina	34/12/03	Berger	Elisabeth		Hdarb
	Berger	Katharina	65/07/22	Berger	Anna Klara	1839/S	Magd
	Berger	Ludwig	52/01/20	Berger	Rosasalia	1828/U	Köchin
	Bergerin	Magdalena	1795/01	Jakobin	Maria Anna		
	Berger	Magdalena	34/10/26	Zeisel	Maria	1815/M	Magd
	Berger	Maria	62/03/26	Berger	Juliana	1842/U	Magd
	Berger	Maria	54/02/23	Berger	Leni	1838/U	Magd
	Berger	Salomon	63/04/28	Berger	Katharina	1844/U	Hdarb
	Berger	Theresia	68/11/9	Berger	Juliana	1850/U	Stbm
	Bergmann	Agnes	67/09/13	Bergmann	Maria	1849/B	Hdarb
	Bergmann	Karl	35/12/24	Donath|Dorath	Veronika	1816/M	Magd
	Berl	Rosalia	50/09/2	Berl	Anna	1830/U	Magd
	Bermann	Cäcilia	56/11/27	Bermann	Rebekka	1830/B	Magd
	Bermann	Siegfried	60/05/1	Bermann	Theresia	1831/B	Magd
	Bermann	Theresia	56/11/27	Bermann	Rebekka	1830/B	Magd
	Bernat Sali, vide Sali Smadena						
	Bernauer	Agnes	35/10/19	Gölis	Franziska	1813/U	Magd
	Bernscherer	Bruno	43/10/5	Weinberger	Julia	1824/U	
	Bettelheim	Franziska Barbara	31/04/16	Bettelheim	Antonia		
	Bettelheim	Theresia	51/07/1	Bettelheim	Theresia	1831/U	Magd
	BIEGLER (BIGLER)						
	Biegler	Franziska	50/03/28	Biegler	Theresia	1823/B	Magd
	Bigler	Josef	46/01/28	Bigler	Elisabeth	1824/B	Magd
	Bienenstock	Johanna	61/04/4	Binenstock	Johanna	1843/U	Tochter
	BILECK (BILLEK, BILLAK)						
	Bille(c)k	Heinrich	44/02/13	Billeck	Magdalena	1822/U	Tochter
	Bileck	Karl	49/07/31	Bileck	Magdalena	1824/U	Magd

B

Initialen	K: Name	K: Vorname	geb.	M: Name	M: Vorname	geb. ca.	Beruf
	Billak	Karl	65/04/27	Billak	Rosalia	1843/U	Hdarb
	Birmann	Adolf	65/07/22	Birmann	Katharina	1844/U	Magd
	Birmann	Franziska	66/08/18	Birmann	Katharina	1843/U	Magd
	Bisenz	Josefa	48/05/18	Bisenz	Amalia	1824/M	Magd
	Bisenz	Katharina	46/08/30	Bisenz	Amalia	1818/M	Magd
	Bisenz	Maria	47/02/9	Bisenz	Fanni	1821/M	Magd
	Bittermann	Antonia	58/03/16	Bittermann	Franziska	1833/B	Magd
	Bittermann	Eva	58/03/16	Bittermann	Franziska	1833/B	Magd
	Bittermann	Rudolf	61/01/26	Bittermann	Franziska	1831/B	Magd
	BLASCHEK (BLAZEK)						
	Blaschek	Josefa	64/05/21	Blaschek	Katharina	1839/B	Magd
	Blazek	Juliana	54/10/27	Blazek	Barbara	1834/B	Magd
	Blaschek	Karl	62/03/28	Blaschek	Katharina	1843/B	Magd
I.B.	*Blasy*	Ignaz	24/02/2	Stutgard	Regina	1795/B	Magd
	Blau	Franz	54/02/12	Blau	Katharina	1835/U	Hdarb
	Blau	Karl Wilhelm	35/03/01	Blau	Juliana		
	Blau	Maria Theresia	37/05/04	Blau	Johanna		Stbm
	Blazek, vide Blaschek						
	BLEDA (BLEDE, BLEDY)						
	Blede	Karl	63/07/5	Blede	Josefa	1842/U	Magd
	Bledy	Maximilian	61/05/7	Bledy	Katharina	1835/U	Magd
	Bleda	Philipp	58/11/2	Bleda	Rosa	1836/U	Magd
	Bley	Otto	63/12/30	Bley	Maria	1844/M	Magd
	Bloch	Amalia	64/06/30	Bloch	Elisabeth	1837/B	Magd
	Bloch	Heinrich	57/03/29	Bloch	Anna	1833/B	Köchin
	Bloch	Maria	68/02/22	Bloch	Theresia	1850/B	Magd
	Bloch	Theresia	50/07/20	Bloch	Anna	1826/B	Köchin
	BLOCK (BLOK)						
	Blo(c)k	Barbara	50/04/18	Blok	Katharina	1820/B	verh.
	Blodek	Josef	62/01/30	Blodek	Johanna	1834/G	Köchin
	Blum	Eduard	39/12/23	Neumann	Theresia	1813/U	Magd

B

Initialen	K: Name	K: Vorname	geb.	M: Name	M: Vorname	geb. ca.	Beruf
	Blum	Katharina	67/05/25	Blum	Rosalia	1845/B	Magd
	Blumenthal	Franz	58/01/14	Blumenthal	Cäcilia	1840/S	Hdarb
	Blumenwald	Theresia Michaela	43/09/29	Bauer	Lotti|Lothe	1824/U	Hdarb
	Blumenzweig	Maria	29/06/9	Gayger	Cäcilia	1805/U	Hdarb
	Bobies	Hieronymus	33/02/21	Beer	Juliana	1808/U	Magd
	Bobies	Johann	32/09/27	Löbl	Karolina Franziska	1810/U	Hdarb
	Bobies	Paul	41/04/22	Pater	Theresia	1816/M	Hausr
	Bobies	Theresia Sabine	32/03/9	Fuchs	Anna	1813/U	Hdarb
	Bobkier	Josef	57/12/10	Bobkier	Blima	1837/G	Magd
	Bo(o)de	Maria	33/10/25	Kraus	Maria	1811/B	Magd
	BOHENSKY (BOHINSKY)						
	Bohinszky	Barbara	58/10/17	Bohinszky	Anna	1838/U	Magd
	Bohensky	Julia	67/06/20	Bohensky	Juliana	1844/U	Magd
	BÖCK (BOCK, PÖCK)						
	Böck Anton, vide Bäck Anton						
	B(r)ock	Alfred	68/03/2	B(r)ock	Karolina	1846/B	Magd
	Böck|Pöck	Ignaz	49/05/5	Pöck	Charlotte	1820/U	Magd
	Böck	Johann	63/05/28	Böck	Rosalia	1847/U	Magd
	Böck	Josef	64/11/6	Böck	Anna	1831/U	Magd
	Böck	Karolina|Rosalia	44/03/4	Böck	Cäcilia	1826/M	Magd
	Böck	Magdalena	64/11/6	Böck	Anna	1831/U	Magd
	Bolitz	Rosa	64/09/24	Bolitz	Josefa	1846/U	Hdarb
	Böhm	Anna	13/12/15	Böhm	Magdalena		
	Böhm	Josefa	63/03/17	Böhm	Julia	1839/M	Magd
	Böhm	Josefa	66/06/3	Böhm	Julia	1837/M	Magd
K.B.	*Böhm*	Karl	34/12/19	Fischer	Rosalia	1810/U	Magd
	Böhm	Karl	35/01/28	Schmid	Jetti|Henriette	1814/B	Magd
	Böhm	Karl	54/01/12	Böhm	Julia	1836/U	Magd
	Böhm	Maria	63/08/4	Böhm	Lotti (Charlotte)	1839/B	Hdarb
	Böhm	Martin	1796/10	Fantin	Franziska		

B

Initialen	K: Name	K: Vorname	geb.	M: Name	M: Vorname	geb. ca.	Beruf
	Bonaventura	Regina	59/11/04	Bonaventura	Ernestine		
	Bondy	Ernestine	49/05/7	Bondy	Karolina	1814/M	Magd
	Bo(o)de	Maria	33/10/25	Kraus	Maria	1811/B	Magd
	Boschan	Theresia	21/06/23	Boschan	Theresia		Magd
	Boskovits	Julius	46/04/28	Boskovits	Julia	1826/U	Modistin
	Brachinger|Brahinger	Katharina	54/07/28	Brachinger	Maria	1834/W	Magd
	Braga	Leopold	49/10/20	Braga (Prager)	Rosalia	1824/M	Magd
	Brajer	Josef	66/04/9	Brajer	Esther	1835/U	Magd
	Brandeis	Johann	56/11/14	Brandeis	Johanna	1831/U	Hdarb
	Brandeisky	Rosalia	54/05/22	Brandeisky	Lotti (Charlotte)	1828/B	Magd
	Brauchbar	Julius	67/05/25	Brauchbar	Rosa		
	Bräuer	Rosa	59/07/31	Bräuer	Franziska	1841/U	Magd
	Braun	Anna	57/06/11	Braun	Ernestine	1831/M	Magd
	Braun	Anna	58/07/5	Braun	Juliana	1839/U	Magd
	Braun	Barbara	54/09/3	Braun	Anna	1831/U	Magd
	Braun	Franz	05/11/28	Braun	Magdalena		
	Braun	Johanna	42/05/13	Müller	Franziska	1822/B	Magd
	Braun	Josef	12/03/3	Peik	Barbara		
	Braun	Josef	54/01/14	Braun	Leni	1828/U	Hdarb
	Braun	Karl	42/01/18	Schwarz	Rosalia	1816/U	Magd
	Braun	Karl	65/10/17	Braun	Anna	1843/U	Magd
	Braun	Katharina	59/12/17	Braun	Veronika	1834/U	Magd
	Braun	Maria	64/04/4	Braun	Anna	1837/M	Hdarb
	Braun	Rudolf	55/06/9	Braun	Dini	1831/M	Magd
	Braun	Theresia	57/06/11	Braun	Ernestine	1831/M	Magd
	Braunberger	Lotti	68/08/30	Braunberger	Eleonora	1838/U	Magd
	Brauner|Maier	Johann	42/01/28	Maier	Katharina	1823/U	Hdarb
	BREIER (BREUER, BREYER, PREYER)						
	Breyer	Anna	62/05/30	Breyer	Rosalia	1839/U	Hdarb
	Breier|Breyer	Eduard	56/05/8	Breier|Breyer	Rosalia	1833/U	Magd
	Breier	Franz	64/03/14	Breier	Regina	1842/U	Magd

B

Initialen	K: Name	K: Vorname	geb.	M: Name	M: Vorname	geb. ca.	Beruf
	Breuer	Ida	66/02/24	Breuer	Rosalia	1841/U	Magd
	Breier	Johann Bernhard	50/06/10	Breier	Anna		
	Breier	Josef	64/04/14	Breier	Regina	1842/U	Magd
	Breier	Julius	64/04/14	Breier	Regina	1843/U	Magd
	Breyer|Preyer	Karl	59/12/15	Breyer|Preyer	Rosalia	1839/U	Hdarb
	Breier|Breuer	Leopoldine	65/10/23	Breier|Breuer	Franziska	1846/W	Magd
	Breyer|Breier	Moritz	63/03/11	Breier|Breyer	Regina	1842/U	Magd
	Breyer|Breuer	Rudolf	63/09/30	Breyer	Charlotte	1845/U	Hdarb
	Breuer	Siegfried	65/12/28	Breuer	Lotti	1844/U	Magd
	Bretschneider	Heinrich	64/05/27	Bretschneider	Josefa	1843/M	Magd
	Briek|Brick	Franz	52/01/19	Briek	Anna	1831/M	Hdarb
	Brill	Karl	44/08/4	Brill	Anna	1819/U	Magd
	Broch	Karl	58/11/3	Broch	Johanna	1838/M	Magd
BROCK (BROK)							
	B(r)ock	Alfred	68/03/2	B(r)ock	Karolina	1846/B	Magd
	Brok	Alfred	63/06/5	Brok	Barbara	1834/B	Hdarb
	Brock	Leopoldine	64/06/6	Brock	Barbara	1838/B	Hdarb
	Brock	Mathilde	59/02/8	Brock	Barbara	1827/B	Hdarb
	Brock	Regina	67/11/13	Brock	Betti	1845/U	Magd
	Brod	Leopold	63/09/30	Brod	Franziska	1841/B	Magd
	Broda	Georg	48/03/23	Broda	Katharina	1821/M	Magd
	Brok Alfred, vide Brock						
	Bröszler	Moritz	53/06/21	Bröszler	Sali	1824/M	Magd
	Brosan	Pauline	68/05/1	Brosan	Elisabeth	1845/B	Magd
	Bruck	Franziska	56/08/29	Bruck	Franziska	1836/U	Magd
	Brück	Katharina	66/07/13	Brück	Rosalia		
	Bruck	Maria	66/07/3	Bruck	Rosalia	1843/U	Hdarb
BRÜLL (BRILL)							
	Brill	Karl	44/08/4	Brill	Anna	1819/U	Magd
	Brüll	Rosalia	53/01/8	Brüll	Rosalia	1831/M	Magd
	Brunn	Simon	66/02/10	Brunn	Amalia	1845/M	Magd

B

Initialen	K: Name	K: Vorname	geb.	M: Name	M: Vorname	geb. ca.	Beruf
	BRUNNER (BRUNER)						
	Brun(n)er	Anna	52/07/24	Brunner	Franziska	1826/U	Magd
	Brunner	Maria	47/01/20	Brunner	Franziska	1825/U	Magd
	Buch	Adolf	58/12/13	Bucha	Pepi	1838/U	Magd
	BUCHA (PUCHA)						
	Pucha	Anna	62/11/5	Pucha	Josefa	1836/U	Magd
	Bucha	Anna	65/07/7	Bucha	Josefa	1838/U	Magd
	Bucha	Leopold	61/10/8	Bucha	Franziska	1838/U	Magd
	Buchbinder	Alois Sigmund	62/02/4	Buchbinder	Maria	1843/U	Magd
	Buchbinder	Ernestine	54/12/25	Buchbinder	Theresia	1837/G	Hdarb
	Buchbinder	Rosalia	62/11/21	Buchbinder	Katharina	1839/U	Magd
	Bucher	Josef	59/02/27	Bucher	Cäcilia	1833/U	Magd
	Bucher	Leopold	42/09/3	Herrnfeld	Rosalia	1817/U	Magd
	Bucher	Theresia	41/05/11	Buchsbaum	Rosalia	1812/U	
	Buchfelder	Barbara	60/06/7	Buchfelder	Betti	1842/U	Magd
	Büchler	Josef	63/07/26	Büchler	Katharina	1834/U	Magd
	BUCHMAYER (BUCHMEYER)						
	Buchmeyer	Anton	35/12/23	Kolb	Karolina	1815/U	Magd
A.B.	*Buchmayer*	Anton	36/11/29	Singer	Susanna	1805/U	Magd
	Buchmayer	Antonia	37/06/17	Glaser	Julia	1816/U	Magd
	Buchsbaum	Franziska	49/12/12	Buchsbaum	Anna	1824/M	Magd
	Buchsbaum	Josef	45/01/2	Buchsbaum	Anna	1823/M	Köchin
	Buchsbaum	Maria	45/07/26	Buchsbaum	Anna	1824/M	Magd
	Buchsbaum	Maria	54/10/12	Buchsbaum	Anna	1826/M	Köchin
	Buchsbaum	Theresia	48/10/20	Buchsbaum	Anna	1825/M	Magd
	Buchwald	Theresia	48/05/14	Buchwald	Theresia	1825/U	Magd
	Buchwälder	Jakob	65/11/9	Buchwälder	Barbara	1842/U	Magd
	Buchwalder	Franz	64/04/3	Buchwalder	Theresia	1834/U	Magd
	Budlovsky	Karolina	68/09/6	Budlovsky	Barbara	1852/B	Magd
	Bulli	Sofia	67/09/14	Bulli	Pepi	1839/U	Hausr

B

Initialen	K: Name	K: Vorname	geb.	M: Name	M: Vorname	geb. ca.	Beruf
G.B.	*Burbon*	Michael Gaudenz	35/08/1	Zeisel	Theresia	1814/M	Magd
	Burg	Johanna	58/11/21	Burg	Elisabeth	1838/U	Köchin
	Burg	Karl	33/01/30	Roth	Karolina	1813/U	Hdarb
	Burg	Karl	63/07/13	Burg	Lisi	1838/U	Magd
	Burgis	Israel	49/02/2	Burgis	Barbara	1823/M	Magd
	Burian	Adolf	46/02/23	Burian	Antonia	1827/U	Magd

B

Initialen	K: Name	K: Vorname	geb.	M: Name	M: Vorname	geb. ca.	Beruf
	Caesar	Julius	39/10/2	Horawitz	Eva	1812/B	Magd
	Cerny	Emilia	66/09/30	Czerny	Emilia	1844/M	Hdarb
	Chara Karoline, vide Chat Juliana						
	Charwoch	Josef	32/04/18	Hirsch	Julia	1813/U	Magd
	Chat|Chara	Juliana|Karolina	43/03/23	Chat	Julia	1822/M	Magd
	Christin	Anna	27/07/25	Ruberl	Josefa	1808/M	Hdarb
	Christin|Hahn	Josefa (Christina)	26/12/30	Hahn	Barbara	1808/M	Magd
	Christin	Lukrezia	32/06/15	Schlesinger	Rosalia	1808/U	Köchin
K.K.	*Christ*|Krist	Christina	18/03/21	Abraham	Franziska	1800/U	Köchin
K.K.	*Christ*	Christina	19/09/10	Lehn	Katharina	1794/U	Tagl
	Christ	Zacharias	31/02/26	Kraus	Maria	1812/B	Magd
	Christlieb	Martina	33/06/18	Schwarz	Katharina	1815/U	Magd
E.E.	*Christmond*	Christian	22/12/13	Bichler	Franziska	1798/U	Magd
N.Ch.	*Chusy*	Nathanael	25/02/7	Stern	Cäcilia	1805/M	Magd
	Cicero	Markus	39/10/27	Gross	Henriette	1812/M	Tagl
	Cigan	Franz	53/05/31	Cigan (Zikan)	Barbara	1825/M	Magd
	Cigler	Aloisia	52/05/16	Cigler	Leni	1830/U	Magd
	Copper|Kapper	Maria	48/10/26	Copper|Kapper	Franziska	1830/B	Magd
	Csech	Rosina	63/03/12	Csech	Betti	1845/U	Magd
	Czerwenka	Anton	54/05/24	Czerwenka	Magdalena	1834/B	Magd

C

Initialen	K: Name	K: Vorname	geb.	M: Name	M: Vorname	geb. ca.	Beruf
	Dag	Julia	56/01/24	Dag	Sali	1834/M	Magd
	Dallhamerin	Antonia	1798/11	Meseritschin	Anna		
	Dalhamerin	Josefa	1796/04	Mautnerin	Franziska		
	Dattner	Fanni	60/02/11	Dattner|Kuchner	Sali	1830/G	Tagl
	Deblanzky	Eduard	55/06/20	Deblanzky	Maria	1827/U	Magd
	Deib(e)l Jakob, vide Teibl						
	Deichs	Barbara	62/02/12	Deiches	Hanni	1836/M	Magd
	Deligard	Rosalia	53/05/30	Deligard	Anna	1834/U	Magd
	Delikat	Berta	66/03/17	Delikat	Juliana	1849/U	Magd
	Demant Gustav, vide Diamant						
	Demel	Gustav	42/02/22	Süss|Dinstberger	Regina	1819/U	Magd
	Derheim	Ernest	67/07/31	Derheim	Mina	1849/M	Magd
	Deuches	Anna	66/01/13	Deuches	Charlotte	1845/M	Magd
	Deuches	Anna	66/12/28	Deuches	Charlotte	1844/M	Stbm
	Deuches	Pepi (Josefa)	68/05/10	Deuches	Charlotte	1845/M	
	Deuches	Leopold	63/05/13	Deuches	Johanna	1835/M	Magd
	DEU(T)SCH(IN)						
	Deusch	Anna	28/12/27	Deusch	Barbara	___/U	Magd
	Deutsch	Anna	58/06/4	Deutsch	Netti	1840/U	Magd
	Deutsch	Anna	60/02/26	Deutsch	Fanni	1840/U	KlHdl
	Deutsch	Anna	62/04/5	Deutsch	Johanna	1841/U	Hdarb
	Deutsch	Anton	57/01/24	Deutsch	Emilia	1839/U	Köchin
	Deutschin	Barbara Anna	00/09/26	Deutschin	Theresia		Magd
	Deutsch	Ernst	58/12/27	Deutsch	Katharina	1838/U	Magd
	Deutsch	Heinrich	44/04/15	Deutsch	Johanna	1826/U	Hdarb
	Deutsch	Hermine	55/12/26	Deutsch	Magdalena	1839/U	Hdarb
	Deutsch	Johann	54/05/8	Deutsch	Johanna	1824/U	Hdarb
	Deutsch	Johann	59/03/21	Deutsch	Sofia	1837/M	Magd
	Deutsch	Josef	56/08/16	Deutsch	Josefa	1838/U	Magd
	Deutsch	Karl	51/12/21	Deutsch	Franziska	1829/U	Magd
	Deutsch	Karolina	46/09/02	Deutsch	Rosalia	___/B	Magd

D

Initialen	K: Name	K: Vorname	geb.	M: Name	M: Vorname	geb. ca.	Beruf
	Deutsch	Karolina	57/06/19	Deutsch	Anna	1835/U	Magd
	Deutsch	Maria	57/12/20	Deutsch	Theresia	1839/U	Magd
	Deutsch	Maria	59/03/1	Deutsch	Julia	1840/U	Stbm
	Deutsch	Maria	59/12/29	Deutsch	Franziska	1837/U	Köchin
	Deutsch	Rudolf	58/11/17	Deutsch	Johanna	1822/U	Hausr
	Deutsch	Theresia	61/04/30	Deutsch	Franziska	1839/U	Magd
	Deutsch	Viktor	62/11/23	Deutsch	Julia	1840/U	Modistin
	DIAMANT (DEMANT, TIMAND, DIMAND)						
	Diamant	Franz Anton	55/07/17	Diamant	Juliana	1832/U	Magd
	Diamant	Franziska	54/03/7	Diamant	Rosalia	1826/U	Magd
	Demant	Gustav	56/02/27	Demant	Rosalia	1826/U	Köchin
	Diamant	Heinrich	68/05/31	Diamant	Julia		
	Dimand	Johanna	49/06/26	Dimand	Theresia	1827/U	Magd
	Timand	Josef	58/02/20	Timand	Katharina	1836/U	Köchin
	Diamant	Karolina	60/09/26	Diamant	Amalia	1837/M	Magd
	Dicker	Anna	61/09/11	Dicker	Eleonora		Magd
	Di(e)nstag	Johanna	16/02/14	Wesel	Regina	1792/U	Magd
	Dilinek	Berta	51/10/19	Dilinek	Karolina	1831/B	Magd
	Domann	Elisabeth	59/04/24	Domann (Tomann)	Anna	1831/U	Hdarb
	Donner	Anna	35/07/26	Donner	Anna Maria	1804/NÖ	Magd
	Donner	Eleonora	29/01/24	Singer	Dorothea	1809/M	Magd
	Donnerin	Magdalena	1796	Abrahamin	Theresia		
R.D.	*Donner*	Rudolf	25/03/8	Esner	Sara	1803/M	Magd
	Donnerstag	Daniel	16/07/26	Fleischhacker	Maria Anna	1791/U	Magd
	Donnerstag	Josef	18/11/5	Weiss	Anna	1794/U	Magd
	Döwele	Wilhelmine	49/01/11	Döwele	Rosalia	1818/B	Hdarb
	Drechsler	Heinrich	48/08/9	Drechsler	Johanna	1826/U	Magd
	Drechsler	Mathilde	57/10/10	Drechsler	Anna	1839/U	Magd
	Drexler|Waringer	Josefa	30/06/5	Waringer	Katharina	1811/U	Köchin
	Drey	Franz Ferdinand	38/02/14	Schwarz	Rosalia	1811/M	Magd

D

Initialen	K: Name	K: Vorname	geb.	M: Name	M: Vorname	geb. ca.	Beruf
K.R.D.	*Duch*	Rebekka	25/03/08	Geiger	Franziska	1804/B	Magd
	Duldsam|Dultsam	Ludwig	29/05/13	Sibsner	Theresia	1804/U	Magd
	Dün(n)stein	Karl	44/03/2	Dünnstein	Eva	1822/B	Hdarb
	Dürnfeld	Ludwig Karl	61/01/11	Dürnfeld	Theresia	1838/U	Hdarb
	DUSCHAK (TUSCHACK)						
	Duschak	Karolina	51/11/9	Duschak	Theresia	1828/M	Hdarb
	Duschak	Karolina	56/01/21	Duschak	Rosa	1830/M	Hdarb
	Tuschack	Theresia	49/12/29	Tuschack	Rosa	1827/M	Magd
	Duschinsky|Duschinski	Wilhelm	44/05/31	Duschinski	Charlotte	1824/U	Hdarb
	Dux	Anna	64/07/25	Dux	Julia	1838/B	Arb
	Dux	Johann	66/06/12	Dux	Julia	1838/B	Hdarb
	Dux	Juliana	60/01/17	Dux	Judith	1836/B	Arb
	Dux	Julius	47/03/29	Dux	Eva Maria	1827/B	Magd
	Dux	Maria	65/08/26	Dux	Rosalia	1837/B	Arb
	Dworschak	Josef	64/08/8	Dworschak	Josefa	1841/NÖ	Magd
	Dziwiendnik	Aloisia	62/01/2	Dziwiendnik	Karolina	1843/G	Tochter

D

Initialen	K: Name	K: Vorname	geb.	M: Name	M: Vorname	geb. ca.	Beruf
	Eber	Eva	38/12/24	Ressler|Rössler	Rosalia	1818/U	Magd
	Ebstein	Gustav	59/06/10	Ebstein (Epstein)	Franziska	1836/U	Hdarb
	Ekler	Aloisia	66/08/27	Ekler	Johanna	1845/M	Magd
	Eckler	Josef	59/02/22	Eckler	Rosa	1838/M	Magd
	E(C)KSTEIN						
	Eckstein	Franz	55/11/16	Eckstein	Josefa	1835/M	Magd
	Eckstein	Franziska	62/05/15	Eckstein	Rebekka	1836/B	Tagl
	Ekstein	Franziska	64/12/28	Ekstein	Rebekka	1836/B	Hdarb
	Ekstein|Eckstein	Ludwig	67/10/8	Eckstein	Rosalia	1849/U	Magd
	Ekstein	Wilhelmine	61/06/24	Ekstein	Pepi	1835/M	Magd
	Edel	Anton	42/06/9	Spitzer	Anna	1820/U	Hdarb
	Edelstein	Franziska	37/04/8	Sonnenfeld	Johanna	1817/U	Magd
	Edelstein	Mathäus	43/09/14	Löwi	Maria	1824/M	Magd
	Eder	Franziska	41/12/18	Frey	Eva	1814/M	Magd
	Eder	Johanna	38/08/24	Hron	Regina	1820/U	Magd
Adam E.	*Edon*	Adam	23/06/30	Offenheimer	Franziska	1799/U	Magd
	Ehrengruber	Moritz	63/05/9	Ehrengruber	Rosa	1845/U	Hdarb
	E(H)RLICH						
	Ehrlich	Adelheid	55/10/7	Ehrlich	Josefa	1823/B	Hdarb
	Ehrlich	Anna	53/10/13	Ehrlich	Josefa	1823/B	Köchin
E.E.	*Erlich*	Elisabeth	36/11/16	Ornstein	Rosalia	1814/B	Köchin
	Ehrlich	Franz Josef	54/06/2	Ehrlich	Barbara	1827/B	Hdarb
	Ehrlich	Josef	47/04/29	Ehrlich	Rosalia	1826/B	Magd
	Ehrlich	Maria	53/08/15	Ehrlich	Rosalia	1829/B	Magd
	Ehrlich	Paulus	1798/01				
	Ehrlich	Sofia	50/06/17	Ehrlich	Josefa	1822/B	Magd
	Erlich	Sofia	51/06/6	Ehrlich	Betti|Barbara	1827/B	Modistin
	Ehrlich	Theresia	64/04/13	Ehrlich	Maria	1841/B	Magd
	Ehrmann	Maria	62/09/4	Ehrmann	Rosa	1839/B	Hdarb
	Eichenwald	Franz	59/01/7	Eichenwald	Maria	1838/U	Hdarb

E

Initialen	K: Name	K: Vorname	geb.	M: Name	M: Vorname	geb. ca.	Beruf
	Eichinger	Elisabeth	37/04/20	Steiner	Josefa	1812/B	
	Eis	Johann	38/03/3	Oestreich	Katharina	1815/U	Magd
	Eisenstädt	Johanna	44/03/4	Eisenstädt	Regina	1826/U	Hdarb
	Eisenstaedter	Antonia	51/04/20	Eisenstaedter	Eleonora	1825/U	Magd
	Eisler	Isak	60/08/26	Eisler	Charlotte	1827/M	Magd
	Eisler	Josefa	44/11/18	Eisler	Selda	1816/M	Magd
	Eisler	Maria	45/08/17	Eisler	Charlotte	1823/M	Magd
	Eisler	Maria	49/02/4	Eisler	Maria	1823/M	Magd
	EIS(S)NER						
	Eisner	Aloisia	52/04/11	Eisner	Josefa	1826/B	Magd
	Eisner	Anna	59/07/7	Eisner	Maria	1838/B	Magd
	Eisner	Anna	67/09/11	Eisner	Anna	___/B	Magd
	Eisner	Anton	58/06/12	Eisner	Josefa	1825/B	Magd
	Eisner	Anton	63/12/25	Eisner	Maria	1840/B	Magd
	Eisner	Barbara	54/09/19	Eisner	Josefa	1826/B	Magd
	Eisner	Gustav	57/03/13	Eisner	Josefa	1827/B	Köchin
	Eisner	Jakob	57/12/5	Eisner	Fanni	1838/U	Magd
	Eissner	Josef	46/10/29	Eissner	Josefa	1825/B	Magd
	Eisner	Josef	58/03/27	Eisner	Maria	1839/B	Köchin
	Ekler Aloisia, vide Eckler						
	Ekstein, vide Eckstein						
	Eliasin	Anna	10/07/05	Elias	Katharina|Karolina		
	Elias	Josefa	56/01/18	Elias	Rosalia	1833/U	Hdarb
	Ellkann	Maria Magdalena	44/07/12	Ellkann	Maria		Köchin
	Elkan	Theresia	48/08/28	Elkan	Katharina	1827/B	Magd
	Ellinger	Paul	66/09/8	Ellinger	Rosalia	1846/U	Magd
	Ellinger	Wilhelm	67/11/19	Ellinger	Szali (Rosalia)	1844/U	Hdarb
	Elsner	Julia	47/12/26	Elsner	Juliana	1821/M	Magd
	Elsner	Karolina	67/06/22	Elsner	Franziska	1841/B	Magd
	Ende	Eva	41/12/31	Dimant	Katharina	1821/U	Magd
	Eng	Maria	40/06/20	Rabenstein	Anna	1818/U	Magd

E

Initialen	K: Name	K: Vorname	geb.	M: Name	M: Vorname	geb. ca.	Beruf
	ENG(E)L						
	Engel	Eduard	66/08/19	Engel	Rosalia	1846/U	Hdarb
	Engel	Eva	41/05/10	Wellin	Elisabeth	1806/B	Magd
	Engel	Franziska	66/07/5	Engel	Rosa	1841/U	Magd
	Engel	Hermann	50/03/15	Engel	Fanni	1829/U	Magd
	Engel	Ignaz	64/11/27	Engel	Rosalia	1839/U	Magd
	Eng(e)l	Josef	20/02/09	Engel	Josefa		Köchin
	Eng(e)l	Josef	21/04/28	Schwarz	Regina	1802/U	Magd
	Engel	Josefa	54/12/25	Engel	Pepi	1834/U	Hdarb
	Engel	Juliana	57/01/23	Engel	Julia	1828/U	
	Engel	Karolina	67/09/22	Engel	Theresia	1849/U	Magd
	Engelhart	Eleonora	29/05/22	Zinzheimann	Josefa	1811/U	Magd
	Engelmann	Christina	57/12/25	Engelmann	Theresia	1827/M	Magd
	Engelmann	Josef	64/01/24	Engelmann	Theresia	1827/M	Hdarb
	Engelmann	Theresia	45/01/22	Engelmann	Karolina	1826/M	Magd
	Entbunden|Endbunden Josef		23/11/27	Fischer	Theresia	1803/U	Magd
	Enzeslein	Johanna	33/12/30	Winternitz	Barbara		
	EP(P)STEIN (EBSTEIN)						
	Ebstein	Gustav	59/06/10	Ebstein	Franziska	1836/U	Hdarb
	Eppstein	Josefa	58/03/3	Eppstein	Franziska	1837/U	Hdarb
	Epstein	Rosina	57/03/12	Epstein	Franziska	1837/U	Magd
	Erlauch	Josef	29/09/11	Weiss	Anna	1804/U	Magd
	Erlich, vide Ehrlich						
J.E.	*Ernst*	Johann	24/01/19	Lustig	Rosalia	1804/M	Magd
	Ernst	Julius	61/08/30	Ernst	Rosina	1833/U	Magd
	Ernst	Maria	29/10/16	Häussler	Maria	1807/U	Magd
	Ertl|Schönfeld	Anna	11/06/9	Schönfeld	Eva		
	Esther	Josefa|Karolina	16/09	Fellner	Anna		Witwe
	Evald	Johann	33/07/4	Spuller|Speller	Magdalena	1808/U	Magd
	Ex	Anna	62/01/7	Ex	Rosina	1841/U	Magd

E

Initialen	K: Name	K: Vorname	geb.	M: Name	M: Vorname	geb. ca.	Beruf
	Fabian	Johann	51/08/27	Fabian	Magdalena	1825/U	Magd
	Fajner Karl, vide Feiner						
	Fal(c)k	Ignaz	1794/07	Singerin|Geissbiglerin	Magdalena		
	FANTEL (FANTL)						
	Fantl	Ignaz	67/04/21	Fantl	Elisabeth	1848/B	Magd
	Fantel	Maria	61/04/9	Fantel	Katharina	1842/U	Hdarb
	Fanto	Heinrich	61/05/30	Fanto	Maria	1838/U	Magd
	Tanto|Fanto	Theresia	56/08/9	Fanto	Theresia	1836/U	Magd
	Färber	Johann	63/12/1	Färber	Johanna	1844/M	Magd
	Färber	Josef	46/08/10	Ferber	Juliana	1822/M	Magd
	Fasching	Eleonora	27/02/26	Joachim	Regina	1801/U	Köchin
	Februar	Januar	16/12/13	Weiss	Karolina	1797/U	Magd
	Februar|Stern	Maria (Februaria)	42/02/12	Stern	Barbara	1822/U	Magd
	Fedrit	Eleonora	65/09/22	Fedrit	Mina	1846/U	Magd
	Fedrith	Ignaz	65/11/27	Fedrith	Fanni	1843/U	Hdarb
	Feigl	Josef	47/03/7	Feigl	Helene	1819/B	Magd
	Feigl	Theresia	45/12/10	Feigl	Helene	1816/B	Magd
	Feigl	Theresia	51/12/28	Feigl	Emma	1832/B	Magd
	Feiglstock	Josef	49/04/7	Feiglstock	Franziska	1828/U	Hdarb
	Feiglstock	Franziska	49/04/7	Feiglstock	Franziska	1828/U	Hdarb
	Feinemann	Franz	39/05/7	Lindner	Sara	1816/M	
	FEINER (FAJNER)						
	Fajner	Karl	64/09/18	Fajner	Anna	1845/U	Magd
	Feiner	Rudolf	61/01/2	Feiner	Cäcilia	1837/U	Magd
	Felbert	Johanna	56/06/2	Felbert	Johanna	1835/U	Modistin
	Feldmann	Franziska	62/04/6	Feldmann	Franziska	1838/M	Magd
	Feldmann	Johann	65/02/3	Feldmann	Anna	1842/B	Magd
	Feldmann	Karl	63/08/27	Feldmann	Franziska	1837/M	Magd
	Feldmann	Karolina	48/09/12	Feldmann	Josefa	1828/U	Magd
	Feldmaier|Feldmayer	Mathias	48/09/21	Feldmayer	Antonia	1826/B	Magd
	Fell(n)er	Andreas	1787/09	Isa(c)kin	Judith		

F

Initialen	K: Name	K: Vorname	geb.	M: Name	M: Vorname	geb. ca.	Beruf
	Fellmann	Alois	63/01/24	Fellmann	Anna	1842/B	Magd
	FEL(L)NER						
	Fellner|Feller	Andreas	1787/09	Isackin|Isakin	Judith		
	Fellner	Josefa	63/05/7	Fellner	Josefa	1835/U	Magd
	Fellner	Josefa Anna	56/07/23	Fellner	Katharina	1835/U	Köchin
	Fellner	Julius	65/01/23	Fellner	Katharina	1839/U	Magd
	Felner	Leopold	53/09/3	Felner	Katharina	1831/U	Magd
	Fellner	Sigmund	64/01/6	Fellner	Katharina	1839/U	Köchin
	Fels	Barbara	62/01/24	Fels	Eva	1835/B	Arb
	Fels	Franz	60/10/31	Fels	Barbara	1832/B	Magd
	Fels	Franziska	60/02/21	Fels	Eva	1836/B	Magd
	Fels	Josef	65/01/28	Fels	Eva	1835/B	Wäsch
	Ferda	Theresia	62/10/29	Ferda	Charlotte	1842/B	Magd
	Fest	Josef	40/03/9	Kohn|Chon	Regina	1818/U	Hdarb
	Fest	Theresia	40/03/9	Kohn|Chon	Regina	1818/U	Hdarb
	Feuermann	Franziska	59/04/21	Feuermann	Anna	1834/U	Hdarb
	Feuermann	Maria	55/02/11	Feuerman	Regina	1832/U	Magd
	Feuersinger	Anna	42/02/5	Isack	Fanni	1821/U	Magd
	Feuerstein	Anton	54/05/29	Feuerstein	Sali	1830/B	Magd
	Feuerstein	Josef	48/12/8	Feuerstein	Ludmilla	1830/B	Magd
	Feuerstein	Leopoldine	49/10/24	Feuerstein	Sali	1826/B	Magd
	Feyertagin	Eva	1796/12	Fikterin	Katharina		
	Fiala	Josef	44/11/12	Fiala	Theresia	1823/B	Magd
	Fiala	Pauline	49/02/19	Fiala	Regina	1822/B	Hdarb
J.F.	*Fieber*	Josef	23/08/19	Fischer	Theresia	1799/U	Magd
	Finaly	Wilhelm	53/10/17	Finaly	Karolina	1825/U	
	Firnberg	Leopold	60/07/28	Frinberg|Firnberg	Maria	1837/U	Magd
	FISCH(E)L						
	Fischel	Anton	49/10/23	Fischel	Josefa	1821/U	Hdarb
	Fischl	Georg	1796/04	Fischlin	Elisabeth		

F

Initialen	K: Name	K: Vorname	geb.	M: Name	M: Vorname	geb. ca.	Beruf
	Fischl	Josef	1796/04	Fischlin	Elisabeth		
	Fischl	Karolina	50/05/15	Fischl	Karolina	1828/U	Magd
	Fischl	Leopoldine	66/11/15	Fischl	Sara	1841/B	Magd
	Fischl	Simon	67/09/8	Fischel	Katharina	1845/U	Magd
	Fischer	Adolf	65/11/3	Fischer	Rosalia	1843/U	Magd
	Fischer	Alois	67/11/26	Fischer	Fanni	1847/U	Magd
	Fischer	Aloisia	66/05/28	Fischer	Fanni	1848/U	Magd
	Fischer	Anton	57/04/04	Fischer	Magdalena	___/U	
	Fischer Amalia, vide Marburger Maria						
	Fischer	Eduard	62/08/15	Fischer	Anna	1841/M	Köchin
	Fischerin	Eleonora	1796/09	Fischerin	Theresia		
	Fischer	Elisabeth	48/07/17	Fischer	Betti	1824/M	Hdarb
	Fischer	Franz	55/12/31	Fischer	Franziska	1833/U	Hdarb
	Fischer	Franz Xaver	25/12/2	Fischer	Maria	1807/Sl	Magd
	Fischer	Franziska	54/02/27	Fischer	Rosa	1830/M	Magd
	Fischer	Johann	31/05/2	Weiss	Anna	1806/U	Köchin
	Fischer	Karl|Johann	50/10/19	Fischer	Elisabeth	1830/U	Magd
	Fischer	Josef	52/02/14	Fischer	Rosa	1830/M	Magd
	Fischer	Josef	68/07/17	Fischer	Theresia	1840/M	Magd
	Fischer	Josefa	59/11/20	Fischer	Rosalia	1832/M	Magd
	Fischer	Josefa	62/11/15	Fischer	Josefa	1845/U	Köchin
	Fischer	Julia	63/04/7	Fischer	Regina	1833/U	Hausr
	Fischer	Karl	45/09/19	Fischer	Magdalena	1823/U	Magd
	Fischer	Karl	64/01/15	Fischer	Josefa	1847/U	Magd
	Fischer	Karl Josef	50/05/8	Fischer	Barbara	1825/M	Magd
	Fischer	Karl Josef	52/02/14	Fischer	Rosa	1830/M	Magd
	Fischer	Katharina	50/09/29	Fischer	Rosa	1829/M	Magd
	Fischer	Leopold	58/11/14	Fischer	Maria	1835/B	Magd
	Fischer	Leopoldine	44/02/3	Fischer	Theresia	1822/U	Magd
	Fischer	Leopoldine	45/02/23	Fischer	Theresia	1823/U	Magd
	Fischer	Leopoldine	58/09/28	Fischer	Anna	1837/M	Köchin

F

Initialen	K: Name	K: Vorname	geb.	M: Name	M: Vorname	geb. ca.	Beruf
	Fischer	Leopoldine|Anna L.	62/07/19	Fischer	Theresia	1837/U	Hdarb
	Fischer	Maria	52/08/23	Fischer	Karolina	1829/U	Magd
	Fischer	Maria	53/09/7	Fischer	Theresia	1830/U	Magd
	Fischer	Maria	54/09/20	Fischer	Sofia	1836/U	Magd
	Fischer	Maria	55/09/26	Fischer	Rosa	1833/M	Köchin
	Fischer	Maria Theresia	61/03/25	Fischer	Regina	1843/U	Hdarb
	Fischer	Rosalia	52/05/30	Fischer	Cilli	1824/M	Magd
	Fischer	Rudolf	65/09/12	Fischer	Rosalia	1838/U	Magd
	Fischer	Theresia	46/05/3	Fischer	Theresia	1823/U	Magd
	Fischer	Theresia	48/06/25	Fischer	Theresia	1822/U	Magd
	Fischer	Theresia	59/10/24	Fischer	Regina	1842/U	Hausr
	Fischer	Wilhelmine	58/04/29	Fischer	Magdalena	1838/U	Magd
	Fischl, vide Fischel						
	Flehna	Ludwig	54/08/26	Flehna	Anna	1830/U	Hdarb
	Fleischer	Johann	68/11/23	Fleischer	Amalia	1845/M	Hdarb
	Fleischer	Rudolf	61/05/22	Fleischer	Netti	1837/M	Magd
	Fleischer	Theresia	61/10/25	Fleischer	Betti	1835/M	Magd
	Fleischmann	Adolf	68/08/25	Fleischmann	Elisabeth	1838/U	Köchin
	Fleischmann	Aloisia	66/09/1	Fleischmann	Betti	1848/U	Magd
	Fleischmann	Anna	65/11/11	Fleischmann	Karolina	1845/U	Hdarb
	Fleischmann	Johann	59/01/28	Fleischmann	Theresia	1830/U	Hdarb
	Fleischmann	Josefa	63/09/24	Fleischmann	Josefa	1842/U	Magd
	Fleischmann	Katharina	53/03/18	Fleischmann	Elisabeth	1831/U	Magd
	Fleischmann	Katharina	58/11/17	Fleischmann	Elisabeth	1833/U	Magd
	Fleischmann	Maria	65/11/11	Fleischmann	Karolina	1845/U	Hdarb
	Fleischmann	Maria Theresia	57/08/23	Fleischmann	Theresia	1837/U	Magd
	Fleischmann	Michael	57/07/1	Fleischmann	Elisabeth	1831/U	Köchin
	Fleischmann	Rosa	63/08/7	Fleischmann	Johanna	1843/U	Hdarb
	Fleisch(n)er	Franz	45/01/15	Fleischner	Franziska	1824/B	Magd
	Fleischner	Josefa	62/10/31	Fleischner	Josefa	1833/U	Magd
	Fleischner	Maria	47/06/8	Fleischner	Franziska	1826/B	Magd

F

Initialen	K: Name	K: Vorname	geb.	M: Name	M: Vorname	geb. ca.	Beruf
	Fleischner	Maria	54/10/13	Fleischner	Franziska	1826/B	Magd
	Fleiss	Franziska	51/03/13	Fleiss	Maria|Amalia	1824/U	Magd
	Fleissig	Barbara	42/09/18	Steiner	Johanna	1820/U	Köchin
	Fleissig	Franz	60/03/30	Fleissig	Johanna	1834/U	Magd
	Fleissig	Hermann	53/12/6	Fleissig	Maria	1825/U	Magd
	Fleissig	Julius	49/12/9	Fleissig	Amalia	1822/U	Magd
	Fleisner|Klein	Leopold	02/01/1	Fleissnerin|Fleisnerin	Anna	___/B	Magd
	Flenner	Anna	55/11/24	Flenner	Anna	1833/U	Köchin
	Flesch	August	57/05/29	Flesch	Anna	1835/U	Modistin
	Flesch	Theresia	53/06/17	Flesch	Maria	1828/M	Magd
	Flosser	Katharina	58/05/24	Flosser	Theresia	1837/B	Köchin
	Fogel	Ludwig	52/08/08	Fogel (Vogel)	Rosalia		
	Folgsam	Anna Maria	28/05/10	Frankl	Eva	1810/U	Hdarb
A.F.	*Fortax*|Forax	Anton	17/11/28	Gabri(e)s	Theresia	1797/U	Magd
	Frank	Heinrich	63/07/28	Frank	Anna	1845/U	Hdarb
	Frank	Maria	65/03/30	Frank	Amalia	1847/U	Magd
	Frankl	Johann Nepomuk	58/02/26	Frankl	Anna	1839/U	Modistin
	Frankel	Karolina	68/09/25	Frankel	Adele	1848/U	Köchin
	Frankl	Rosa	67/12/17	Frankl	Rosa	___/W	Hdarb
	Frankenstein	Ferdinand	68/08/3	Frankenstein	Eva	1833/B	Magd
	Frankenstein	Jakob	67/05/12	Frankenstein	Eva	1833/B	Magd
	Frankmann	Johann	58/11/1	Frankmann	Theresia	1837/B	Köchin
	Franz Gottlieb, vide Gottlieb Franz						
	Franz|Gottlieb	Franz|Gottlieb	42/12/2	Kohn	Rosalia	1820/U	Magd
	Frau	Anna	43/03/30	Donath	Maria	1822/U	Hdarb
	Frei|Frey	Theodor	55/11/4	Frei	Josefine	1838/U	
	Frenkl	Josef	62/12/24	Frenkl	Rosalia	1839/U	Hdarb
	Freude	Josefa	42/12/10	Brunner	Franziska	1823/U	Magd
	Freund	Helene	64/09/23	Freund	Anna	1845/U	Magd
	Freund	Hermine	49/01/21	Freund	Maria	1830/B	Magd
	Freund	Herrmann	65/12/16	Freund	Anna	1845/U	Hdarb

F

Initialen	K: Name	K: Vorname	geb.	M: Name	M: Vorname	geb. ca.	Beruf
	Freund	Johann	65/09/3	Freund	Maria	1845/U	Hdarb
	Freund	Johann Friedrich	64/07/16	Freund	Franziska	1836/B	Magd
	Freund	Josef	60/09/24	Freund	Franziska	1832/B	Magd
	Frey	Alexander	57/02/28	Frey	Josefina	1839/U	
	Frey	Antonia	46/04/15	Frey	Magdalena	1825/M	Magd
	Frey	Franz	42/11/19	Weiner	Rosalia	1818/U	Köchin
	Frey	Jakob	17/04/10	Neumann	Barbara	1791/U	Magd
	Frey|Frei	Theodor	55/11/4	Frei	Josefine	1838/U	
	Freyer|Treyer	Maria	44/11/26	Treyer	Franziska	1823/M	Magd
	Freytag	Eduard	26/10/6	Katz	Franziska	1799/B	Köchin
	Freytag	Eleonora	26/09/28	Kohn	Johanna	1803/Dt	Köchin
	Freytagin	Elisabeth	1793/11	Scheuerin	Maria Anna		
	Freytag	Ferdinand	16/09/12	Hutter|Huber	Theresia	1792/B	Köchin
P.<...>	*Freytag*	Paul	25/06/30	Schön	Rosalia	1804/B	Magd
	Fri(e)dsam	Ludwig	28/04/25	Glaser	Josefa	1809/M	Köchin
	Fried	Anna	56/12/29	Fried	Rosalia	1832/U	Magd
	Fried	Wilhelmine	68/01/30	Fried	Julia	1846/B	Magd
	Friedeczky	Albert	59/02/12	Friedeczky	Katharina	1840/U	Hdarb
	Friedenstein	Amalia	56/05/3	Friedenstein	Charlotte	1830/U	Hdarb
	Friedenstein	Elisabeth	52/03/24	Friedenstein	Magdalena	1816/U	Magd
	Friedenstein	Pauline	57/07/20	Friedenstein	Helene	1821/U	Magd
	Friedenthal	Eleonora	28/02/17	Löbl	Mindl	1800/U	Köchin
	Friedlender|Friedländer	Franz	50/01/18	Friedlender	Josefa	1830/U	Magd
	Friedländer	Johann	56/11/4	Friedländer	Hermine	1837/U	Magd
	Friedländer	Maria	51/09/9	Friedländer	Julia	1834/B	Magd
	Friedmann	Albert	58/06/10	Friedmann	Maria	1837/U	Magd
	Friedmann	Anton	45/01/16	Friedmann	Franziska	1809/U	Hausr
	Friedmann	Barbara	36/04/01	Friedmann	Barbara	1810/U	Magd
	Friedmann	Franziska	68/07/12	Friedmann	Anna	1843/U	Magd
	Friedmann	Ignaz	66/01/31	Friedmann	Fanni	1830/U	Magd

F

Initialen	K: Name	K: Vorname	geb.	M: Name	M: Vorname	geb. ca.	Beruf
	Friedmann	Josef	48/03/18	Friedmann	Theresia	1816/W	Hdarb
	Friedmann	Josef	63/09/30	Friedmann	Amalia	1843/U	Magd
	Friedmann	Karolina	48/10/11	Friedmann	Karolina	1828/B	Magd
	Friedmann	Katharina	62/08/5	Friedmann	Franziska	1842/U	Magd
	Friedmann	Maria	66/12/26	Friedmann	Anna	1843/U	Magd
	Friedmann	Pauline	67/03/6	Friedmann	Katharina	1841/M	Magd
	Friedman(n)	Rosa	68/07/21	Friedmann	Johanna	1846/U	Köchin
	Friedrich	Anna	65/12/9	Friedrich	Jetti	1834/M	Köchin
	Friedrich	Michael	62/04/29	Friedrich	Jetti	1836/M	Magd
	Friedrich	Rosa	59/02/1	Friedrich	Henriette	1836/M	Magd
	Fri(e)dsam	Ludwig	28/04/25	Glaser	Josefa	1809/M	Köchin
	Frint	Barbara	33/10/6	Kohn	Barbara	1802/Dt	Magd
	Frint	Jakob	32/12/12	Hochner	Elisabeth	1808/B	Köchin
	Fri(t)sch	Josef	62/04/5	Frisch	Josefa	1838/B	Hdarb
	Fritz	Alexander	59/01/19	Fritz	Juliana	1840/U	Magd
	Fröhlich	Eleonora	28/02/10	Reick	Karolina	1807/U	Hdarb
	Fröhlich	Eva	35/01/15	Fried	Magdalena	1808/U	Magd
	Fröhlich	Moritz	67/04/11	Fröhlich	Johanna	1841/M	Magd
	Fröhlich	Regina	68/03/16	Fröhlich	Antonia	1841/B	Hdarb
	Fröhlich	Sigmund	67/04/11	Fröhlich	Johanna	1841/M	Magd
	FROMM (FROM)						
	Fromm	Eleonora	29/02/13	Messner	Rosina	1812/U	Magd
	From	Ferdinand	40/05/28	Roth	Karolina	1812/U	Köchin
	From	Franziska	39/04/8	Kafka	Theresia	1814/U	Magd
	Fromm	Johann	41/07/7	Spitzer	Maria	1815/M	Magd
	From(m)	Josef	43/02/12	Resch	Barbara	1822/B	Magd
	Fromm	Karolina	28/06/27	Schwarz	Theresia	1799/B	Hdarb
	Frommer	Henriette	49/02/2	Frommer	Katharina	1828/U	Magd
	Frommer	Katharina	46/02/16	Frommer	Theresia	1826/U	Hdarb
	Frony	Andreas	67/05/3	Frony	Juliana	1841/U	

F

Initialen	K: Name	K: Vorname	geb.	M: Name	M: Vorname	geb. ca.	Beruf
	Fröschel	Julius Johann	52/01/13	Fröschl	Rosina	1825/M	Hdarb
	Frühauf	Berta	58/04/1	Frühauf	Maria	1836/U	Magd
A.F.	*Frühling*|Fräting	Anna	22/04/11	Mauser	Elisabeth	1794/U	Magd
	Frühling	Josefa	38/03/1	Pollak	Theresia	1816/B	Magd
	Frühmann	Franz	41/10/7	Fischer	Rosalia	1819/B	Magd
	FUCHS (FUX)						
	Fua|Fux	Karolina	63/10/24	Fua|Fux	Katharina	1844/M	Magd
	Fuchs	Abraham	64/07/8	Fuchs	Resi	1834/U	Magd
	Fuchs	Albert	62/09/14	Fuchs	Barbara	1843/B	Magd
	Fuchs	Anna	53/06/11	Fuchs	Rosalia	1830/B	Magd
	Fuchs	Anton	47/10/11	Fuchs	Julia	1829/M	Magd
	Fuchs|Fux	Franz	46/07/17	Fuchs	Anna	1820/U	Magd
	Fuchs	Franz	51/01/15	Fuchs	Anna	1820/U	Köchin
	Fuchs	Franziska	67/09/24	Fuchs	Franziska	1841/B	Magd
	Fuchs	Jakob	64/07/24	Fuchs	Theresia	1826/B	Magd
	Fuchs	Josef	55/02/2	Fuchs	Theresia	1825/B	Köchin
	Fuchs	Karolina	61/03/22	Fuchs	Rosalia	1833/B	Magd
	Fuchs	Katharina	54/05/20	Fuchs	Katharina	1835/B	Köchin
	Fuchs	Rosalia	53/06/13	Fuchs	Theresia	1825/B	Köchin
	Fuchs	Theresia	52/04/22	Fuchs	Theresia	1825/B	Magd
	Fund	Antonia	52/06/30	Fund	Eleonora	1830/U	Magd
	Funk	Karolina	49/08/16	Funk	Rosalia	1823/M	Magd
	Fürchtegott	Hildegarda	27/05/25	Feigl	Ludmilla	1803/B	Hdarb
	Fürst	Anna	65/09/13	Fürst	Julia	1833/U	Magd
	Fürst	Cäcilia	51/02/16	Fürst	Regina	1829/U	Magd
	Fürst	Ferdinand	59/06/23	Fürst	Cäcilia	1840/U	Magd
	Fürst	Franziska	45/04/14	Fürst	Katharina	1827/U	Hdarb
	Fürst	Karl	63/07/16	Fürst	Regina	1843/U	Magd
R.F.	*Fürst*	Raimund	18/01/23	Kautes|Kauter	Judith	1797/B	Magd

F

Initialen	K: Name	K: Vorname	geb.	M: Name	M: Vorname	geb. ca.	Beruf
	Gaierhan	Maria		Gaierhan	Sali	1841/U	Magd
K.G.	*Gall*|Goll|	Konstantin	31/09/12	Eis	Barbara	1805/M	Magd
	Gallinzertner Peter, vide Gallitzenstein Peter						
	Gallitzenstein	Peter	59/09/23	Gallinzertner	Helene	1839/U	Hdarb
	Gamaliel|Gim(m)el	Gimel|Gamaliel	16/08/8	Schlesinger	Theresia	1792/U	Magd
	Ganszter	Johanna	62/01/11	Ganszter	Betti	1834/U	Hdarb
	Gansler Karl, vide Ganzler Karl						
	Ganzler	Karl	58/10/27	Gansler	Anna	1832/U	Magd
	Gärtner	Johanna	46/03/30	Gaertner	Julia	1825/U	Magd
	Gärtner	Karl	45/03/29	Gärtner	Barbara	1825/B	Magd
	Gartner	Moritz	68/03/14	Gartner	Betti	1845/M	Magd
	GEIERHAN (GAIERHAN)						
	Gaierhan	Maria		Gaierhan	Sali	1841/U	Magd
	Geierhan	Mathilde	59/10/30	Geierhan	Sali	1841/U	Magd
	Geiger	Eduard	48/09/29	Geiger	Johanna	1830/W	Tochter
	GEIRINGER (GEYRINGER)						
	Geiringer	Alois	63/03/20	Geiringer	Fanni	1844/U	Hdarb
	Geyringer	Anna Rosalia	57/09/27	Geyringer	Rosalia	1834/U	Magd
	Geiringer	Sofia	60/04/14	Geiringer	Fanni	1844/U	Hdarb
	Geiser	Josef	29/09/13	Kraus	Theresia	1804/B	Magd
	Geistreich	Franziska	39/07/9	Weiner	Maria	1816/U	Köchin
	Gelb	Karl	64/09/23	Gelb	Amalia	1845/U	Magd
	Gellert	Josef	37/01/9	Heller	Katharina	1819/U	Magd
	GEL(L)ES						
	Gelles	Karolina	53/07/30	Gelles	Anna	1831/U	Köchin
	Geles	Theresia	51/09/30	Geles	Anna	1832/U	Magd
	Gellner	Rosa	63/03/12	Gellner	Maria	1839/B	Magd
	Georgi|Georgy	Georg	33/04/24	Gottlieb	Josefa	1815/M	Magd
	Gerber	Arthur	68/07/16	Gerber	Karolina	1850/U	Hdarb
	Gerber	Josefa	54/11/5	Gerber	Charlotte	1835/U	Magd

G

Initialen	K: Name	K: Vorname	geb.	M: Name	M: Vorname	geb. ca.	Beruf
	Gerecht	Barnabas	30/07/2	Abeles	Juliana	1811/M	Magd
	Gernbeth	Maria	27/10/6	Bortmann	Johanna	1800/Dt	verh.
	GERST(E)L						
	Gerst(e)l	Josefa	52/10/21	Gerstel	Rosalia	1812/U	Hdarb
	Gerstel	Karolina	52/10/21	Gerstel	Rosalia	1812/U	Hdarb
	Geschwind	Elisabeth	28/11/7	Haag	Anna	1801/B	Köchin
	Gespas	Johanna	31/05/19	Deutsch	Rosalia	1811/U	Magd
	Geyringer	Anna Rosalia	57/09/27	Geyringer	Rosalia	1834/U	Magd
	Gim(m)el	Gamaliel	16/08/8	Schlesinger	Theresia	1792/U	Magd
	Gips	Gustav Maxentius	45/12/06	Gips	Cäcilia		
	Glanz	Alfons	60/01/20	Glanz	Josefa	1837/U	Magd
	Glanz	Josefa	42/01/22	Frisch	Regina	1822/U	Magd
	Glanz	Theodor	57/11/12	Glanz	Josefa	1836/U	Magd
	Glanz	Theresia	42/02/15	Bauer	Lotti	1824/U	Magd
	GLAS(S)						
	Glass	Josef	52/03/16	Glass	Josefa	1826/M	Magd
	Glas(s)	Leopoldine	50/03/28	Glass	Rosalia	1826/B	Magd
	Glaser	Aloisia	64/09/23	Glaser	Katharina	1845/U	Hdarb
	Glaser	Elisabeth	60/02/27	Glaser	Betti	1828/M	Hdarb
	Glaser	Franz	54/12/28	Glaser	Rosina	1827/U	Magd
	Glaser	Heinrich	58/12/4	Glaser	Johanna	1839/U	
	Glaser	Jakob	49/07/17	Glaser	Theresia	1826/U	Magd
	Glas(s)er	Josef	51/01/22	Glasser	Rosa	1827/U	Magd
	Glaser	Pepi	68/05/19	Glaser	Katharina	1845/U	Hdarb
	Glasspiegel	Franz	58/12/12	Glasspiegel	Betti	1830/M	Tagl
	GLÜCK (KLÜCK, KLICK)						
	Klück	Antonia	48/12/29	Klück	Katharina	1825/U	Magd
	Glück	Franz	51/11/30	Glück	Katharina	1830/U	Magd
	Glück	Franz	66/06/3	Glück	Julia	1839/U	Magd
	Glück	Karolina	48/12/14	Glück	Regina	1825/U	Magd

Initialen	K: Name	K: Vorname	geb.	M: Name	M: Vorname	geb. ca.	Beruf
	Glück|Klück	Ludwig	46/11/27	Klick|Klück|Glück	Rosalia	1824/U	Magd
	Glücklich	Antonia	43/03/24	Kohn	Berta	1824/U	Magd
	Glücklich	Theresia	32/12/10	Zeisel	Maria	1814/M	Magd
	Klickstern(in)	Maria Theresia	1794/12	Klickstern(in)	Esther	___/M	
	Gold	Mathilde	57/07/14	Gold	Anna	1829/B	Magd
	Goldbach|Goldbuch	Katharina	22/11/7	Goldbach|Goldbuch	Anna	1804/B	Magd
	Goldbach	Theresia	45/05/9	Goldbach	Josefa	1825/B	Tochter
	Goldberg	Agnes Katharina	46/11/04	Goldberg	Libussa	___/B	Hdarb
	Goldberg	Barbara	30/07/14	Beer	Juliana	1808/U	Magd
	Goldberger	Adolf	65/08/11	Goldberger	Cäcilia	1846/U	Magd
	Goldberger	Antonia	63/03/25	Goldberger	Cäcilia	1841/U	Magd
	Goldberger	Franz	60/01/12	Goldberger	Cäcilia	1840/U	Magd
	Goldberger	Gabriela Katharina	65/12/14	Goldberger	Rosa		
	Goldberger	Leopold	46/12/13	Goldberger	Maria	1825/U	Magd
	Goldbuch|Goldbach	Katharina	22/11/7	Goldbach|Goldbuch	Anna	1804/B	Magd
	Goldfinger	Adolf	63/03/26	Goldfinger	Theresia	1836/B	Magd
	Goldfinger	Antonia	59/02/3	Goldfinger	Theresia	1835/B	Magd
	Goldfinger	Isidor	65/01/5	Goldfinger	Theresia	1836/B	Magd
	Goldfinger	Josef	61/10/19	Goldfinger	Theresia	1836/B	Magd
	Goldmann	Johann	65/06/1	Goldmann	Leni	1848/U	Hdarb
	Goldmann	Johanna	53/03/23	Goldmann	Maria	1835/M	Magd
	Goldmann	Karolina	65/04/7	Goldmann	Ida	1844/U	Hdarb
GOLDSCHMID(T)							
	Goldschmid	Anton	60/09/25	Goldschmid	Fanni	1836/U	Magd
	Goldschmidt	Eduard	56/03/17	Goldschmidt	Sofia	1831/U	Magd
	Goldschmidt	Elisabeth	61/02/9	Goldschmidt	Rosalia	1839/U	Magd
	Goldschmidt	Heinrich	56/05/24	Goldschmidt	Amalia	1835/U	Magd
	Goldschmid	Hermine	54/12/31	Goldschmid	Sofia	1830/U	Köchin
	Goldschmidt	Hermine	68/08/6	Goldschmidt	Hermine	1846/U	Hdarb
	Goldschmid	Josef	51/09/13	Goldschmid	Sofia	1831/U	Magd
	Goldschmidt	Karolina	52/11/9	Goldschmidt	Theresia|Rosi	1833/U	Magd

G

Initialen	K: Name	K: Vorname	geb.	M: Name	M: Vorname	geb. ca.	Beruf
	Goldschmidt	Wilhelm	62/05/20	Goldschmidt	Theresia	1837/U	Magd
B.G.	Goldstein(er)	Barbara	22/12/10	Goldstein(er)	Anna	1787/U	Hausr
	Goldstein	Eduard	52/01/29	Goldstein	Elisabeth	1826/B	Magd
	Goldstein	Josef	58/03/7	Goldstein	Rosa	1839/U	Hdarb
	Goldstein	Maria	53/10/19	Goldstein	Julia	1831/U	Magd
	Goldstein	Theresia	54/05/14	Goldstein	Resi	1831/U	Magd
K.G.	*Goll*\Gall	Konstantin	31/09/12	Eis	Barbara	1805/M	Magd
A.G.	*Gonzaga*	Alois	19/04/4	Rodwa	Katharina	1800/U	Magd
	Gottlieb	Franz	42/12/2	Kohn	Rosalia	1820/U	Magd
	Gottlieb	Jakob	63/11/26	Gottlieb	Mina	1839/G	Magd
	Gottlieb	Josef	38/12/30	Gottlieb	Anna	1815/U	Magd
	Gottlieb	Leopold	65/12/26	Gottlieb	Amalia	1846/M	Hdarb
	Gottlieb	Maria	44/01/13	Gottlieb	Johanna	1820/B	Magd
	Götzel	Berthold	63/08/12	Götzel	Theresia	1841/M	Magd
	Götzl	Juliana	64/02/19	Götzl	Anna	1840/W	Hdarb
	Grab	Adolf	59/10/31	Grab	Maria	1835/B	Magd
	Grab	Hermine	63/05/31	Grab	Maria	1834/B	Hdarb
	Grab	Paul	58/07/30	Grab	Julia	1839/U	Magd
	Grab	Rudolf	59/12/18	Grab	Julia	1840/U	Magd
	Grab	Rudolf	68/01/27	Grab	Fanni	1850/U	Magd
	Graf	Elisabeth	53/11/29	Graf	Rosalia	1831/U	Hdarb
	Graf	Lorenz	06/07/6	Grafin	Theresia		Magd
	Granitz	Josef	66/03/17	Granitz	Katharina	1847/U	Magd
	Gratta	Andreas	63/04/21	Gratta	Rosa	1842/U	Magd
	Gratzinger	Theresia	65/05/28	Gratzinger	Theresia	1837/M	Magd
	Grim	Simson	65/07/13	Grim	Theresia	1837/B	Hdarb
	Grin\Grienn	Johann	05/06/24	Grebin	Johanna		Magd
	GROSS (GROOSS, GROSZ)						
	Gross	Anton	45/01/15	Gross	Fanni	1824/U	Magd
	Gross	Eduard	54/04/22	Gross	Anna	1828/B	Magd

Initialen	K: Name	K: Vorname	geb.	M: Name	M: Vorname	geb. ca.	Beruf
	Gross	Elisabeth	61/05/11	Groß	Maria	1839/U	Magd
	Grosz|Gross	Franz	58/05/17	Gross	Maria	1838/U	Magd
	Gross	Ignaz	66/06/25	Gross	Maria	1840/U	Magd
	Gross	Johann	51/01/10	Gross	Karolina	1831/U	Hdarb
	Gross	Josef	65/05/9	Gross	Juliana	1841/U	Hdarb
	Gross	Julius	63/06/28	Gross	Magdalena	1841/U	Magd
	Gross	Karl	52/09/11	Gross	Theresia	1829/U	Magd
	Gross	Katharina	54/03/25	Gross	Rosalia	1830/U	Magd
	Gross	Leopold Josef	58/11/12	Gross	Maria	1836/U	Köchin
	Gross	Stefan	64/04/24	Groß	Maria	1842/U	Magd
	Gross	Theresia	59/09/9	Gross	Theresia	1838/U	Magd
	Grosser	Albert	62/08/29	Grosser	Betti	1837/M	Magd
	Grosser	Ernestine	64/12/18	Grosser	Berta	1838/M	Magd
	Grosser	Sigmund|Abraham	61/06/16	Grosser	Berta	1838/M	Magd
	Grosslicht	Emanuel	56/11/5	Grosslicht	Barbara	1832/B	Magd
	Grossmann	Anna	58/07/26	Grossmann	Rosalia	1834/U	Magd
	Grossmann	Anton	52/07/17	Grossmann	Karolina	1829/U	Magd
	Grossmann	Anton	59/05/18	Grossmann	Julia	1835/U	Köchin
	Groszmann	Ferdinand	48/03/25	Groszmann	Rosalia	1829/U	Tochter
	Grossmann	Hubert Maria	65/02/3	Grossmann	Julia	1836/U	Köchin
	Grossmann	Johann	56/01/2	Grossmann	Julia(na)	1834/U	Magd
	Grossmann	Maria	45/01/4	Grossmann	Rosalia	1828/U	Hdarb
	Grossmann	Maria	48/07/13	Grossmann	Magdalena	1825/U	Magd
	Grossmann	Martin	67/09/10	Grossmann	Julia	1835/U	Magd
	Grossmann	Simon	53/03/14	Grossmann	Rosalia|Sali	1829/U	Magd
	Grosz, vide Gross						
	Gruber	Eduard	56/04/05	Gruber	Karolina		
	GRÜN(N)						
	Grün	Albert	65/03/8	Grün	Mina	1846/U	Hdarb
	Grün	Albert	67/08/8	Grün	Barbara	1848/K	Magd
	Grün(n)	Karolina	63/09/8	Grünn	Katharina	1848/U	Magd

Initialen	K: Name	K: Vorname	geb.	M: Name	M: Vorname	geb. ca.	Beruf
	Grünbau|Grünban	Jakob	65/05/23	Grünbau	Anna	1847/U	Hdarb
	Grünbaum	Franziska	58/10/18	Grünbaum	Regina	1839/U	Magd
	Grünbaum	Johann	44/08/13	Grünbaum	Rosalia	1824/U	Magd
	Grünbaum	Josef	48/10/15	Grünbaum	Regina	1830/U	Magd
	Grünbaum	Karl	56/11/1	Grünbaum	Magdalena	1848/M	Magd
	Grünbaum	Maria	58/10/18	Grünbaum	Regina	1839/U	Magd
	Grünbaum	Pauline	66/07/13	Grünbaum	Ernestine	1839/M	Hdarb
	Grünbaum	Rosalia	62/04/6	Grünbaum	Netti	1843/U	Magd
	Grünberg	Gregor	38/05/14	Friedmann|Freidmann	Amalia	1820/U	Köchin
	Grünblatt	Juliana	49/04/1	Grünblatt	Katharina	1825/M	Magd
	Grundenger|Grundinger	Martin	28/11/11	Farkas	Rosalia	1809/U	Magd
	Grünfeld	Anna	52/06/25	Grünfeld	Franziska	1828/B	Magd
	Grünfeld	Barbara Theresia	50/02/11	Grünfeld	Rosalia	1824/U	Magd
	Grünfeld	Elisabeth	55/09/26	Grünfeld	Anna	1823/U	Magd
G.G.	*Grünfeld*	Georgia	38/05/19	Rosenberg	Amalia	1815/U	Magd
	Grünfeld	Jakob	60/12/12	Grünfeld	Rosalia	1842/U	Magd
	Grünfeld	Johanna	68/02/7	Grünfeld	Katharina	1849/U	Magd
	Grünfeld	Karl	54/06/4	Grünfeld	Franziska	1830/B	Magd
	Grünfeld	Mathilde	46/04/15	Grünfeld	Julia	1823/M	Magd
	Grünfeld	Michael	48/01/1	Grünfeld	Rosalia	1826/U	Magd
	Grünfeld	Stefan	47/03/22	Grünfeld	Rosalia	1823/U	Magd
	Grüngold	Johann	59/05/5	Grüngold	Johanna	1836/U	Magd
	GRÜNHUT (GRÜNHUTH)						
	Grünhut	Alois	63/02/22	Grünhut	Katharina	1839/U	Magd
	Grünhut	Anton	63/07/29	Grünhut	Maria	1840/U	Magd
	Grünhut(h)	Anton Mathias	64/08/31	Grünhut	Maria	1837/U	Magd
	Grünhut	Franz	62/07/25	Grünhut	Johanna	1845/U	Magd
	Grünhut	Karolina	55/09/12	Grünhut	Antonia	1831/B	Magd
	Grünn, vide Grün						
	Grünner	Karl	63/07/30	Grün(n)er	Anna	1841/B	Magd
	Grünspan	Amalia	58/02/8	Grünspan	Betti	1837/U	Magd

G

Initialen	K: Name	K: Vorname	geb.	M: Name	M: Vorname	geb. ca.	Beruf
	Grünspan	Emilia	57/02/12	Grünspan	Emilia	1838/G	Tochter
	Grünspann	Josef	50/03/19	Grünspann	Emilia	1833/G	Tochter
	Grünspan	Josef	57/01/29	Grünspan	Katharina	1836/M	Magd
	Grünwald	Adolf	59/04/29	Grünwald	Maria	1835/B	Magd
	Grünwald	Amalia	60/02/22	Grünwald	Josefa	1838/U	Magd
	Grünwald	Anna	58/08/28	Grünwald	Julia	1831/U	Magd
	Grünwald	Anna	63/06/11	Grünwald	Anna	1837/U	Magd
	Grünwald	Franziska	64/01/25	Grünwald	Josefa	1838/U	Magd
	Grünwald	Katharina	51/02/19	Grünwald	Maria	1829/U	Magd
	Grünwald	Maria	48/02/17	Grünwald	Regina	1827/U	Magd
GUT(H) (GUTT)							
	Gut	Andreas	40/12/28	Papanek	Johanna	1817/U	Magd
	Guth	Ferdinand	62/06/29	Guth	Karolina	1842/U	Hdarb
	Gut	Johann	42/07/17	Buchbinder	Maria	1819/Dt	Magd
	Gut	Josef	41/11/4	Lebl	Charlotte	1811/U	Magd
	Gut	Josef	61/03/14	Gut	Pauline	1836/B	Hdarb
	Gutt	Josefa	64/06/15	Gutt	Franziska	1846/B	Magd
	Gut	Karl	64/07/18	Gut	Katharina	1840/B	Magd
GUT(T)MANN							
	Guttmann	Antonia	66/08/17	Guttmann	Karolina	1837/U	Magd
	Guttmann	Berta	63/11/19	Guttmann	Rosalia	1844/U	Magd
	Guttmann	Josef	60/04/16	Guttmann	Maria	1844/M	Hdarb
	Gutmann	Josef	64/04/16	Gutmann	Rosalia	1839/G	Magd
	Guttmann	Julius	52/09/1	Guttmann	Katharina	1832/U	Hdarb
	Gut(t)man(n)	Karl Heinrich	51/09/9	Menzeles|Menzles	Rosalia	1815/U	Modistin

G

Initialen	K: Name	K: Vorname	geb.	M: Name	M: Vorname	geb. ca.	Beruf
	Haas	Adolf	68/10/11	Haas	Sali (Rosalia)	1846/U	Köchin
	Haas	Franz	59/09/19	Haas	Franziska	1830/M	Magd
	Haas	Josef	47/09/11	Haas	Betti	1828/U	Hdarb
	Haas	Josefa	61/12/16	Haas	Fanni	1830/M	Magd
	Haas	Julia	68/11/10	Haas	Fanni	1845/U	
	Haas	Leopold	60/01/20	Haas	Lotti	1830/M	Modistin
	Haas	Maria	35/04/12	Ofenbach	Maria	1812/U	Magd
	Haberfeld	Johann	66/02/1	Haberfeld	Regina	1841/U	Magd
	Haberfeld	Theresia	56/07/17	Haberfeld	Katharina	1821/U	Magd
	Hahn|*Christin*	Josefa (Christina)	26/12/30	Hahn	Barbara	1808/M	Magd
	Hahn	Rosalia	65/08/20	Hahn	Karolina	1838/B	Magd
	Haimann	Eva	64/04/2	Haimann	Johanna	1841/U	Magd
	Haimann	Hedwig	36/10/17	Schmid	Anna	1816/B	Magd
	Hajnal	Arthur|Karl	60/09/04	Hajnal	Eugenia		
	Haldek	Barbara	64/12/6	Haldek	Barbara	1845/B	Magd
	Hallerin	Magdalena	05/07/21	Abrahamin	Theresia		
	Hamlisch	Franz	59/03/30	Hamlisch	Eleonora	1829/U	Magd
	Hamlisch	Franziska	57/10/4	Hamlisch	Eleonora	1828/U	Magd
	Hamlisch	Stefan Leopold	55/02/10	Hamlisch	Leopoldine		
P.H.	*Hammer*	Peter	39/02/10	Schulhof	Julia	1817/B	Magd
	HÄNDEL (HENDL)						
	Händel|Hendel	Ignaz	67/07/11	Hendel	Josefa	1836/W	Hdarb
	Hendl	Jakob	64/07/23	Hendl	Josefa	1837/W	Hdarb
	Hendl	Leopold	68/11/8	Hendl|Haendel	Josefa	1836/U	Hdarb
	Hanusch	Heinrich	37/12/11	Schulhof	Josefa|Juliana	1808/B	Magd
	Hart	Anna	42/08/5	Deitsch	Babette	1822/S	Magd
	Hartmann	Franz	49/03/5	Hartmann	Rosalia	1824/U	Tochter
	Hartmann	Katharina	24/11/25	Hartmann	Rosalia|Anna	1803	Magd
V.K.H.	*Hasenöhrl*|Hassenöhrl	Viktoria	17/11/28	Hutter	Theresia	1792/B	Magd
	Haslinger	Friederike	55/02/19	Haslinger	Sara	1833/U	Magd

H

Initialen	K: Name	K: Vorname	geb.	M: Name	M: Vorname	geb. ca.	Beruf
	Haslinger	Gustav	53/02/9	Haslinger	Rosalia	1827/U	Tochter
	Hassan|Löwe	Isidor	63/06/17	Hassan	Theresia	1837/W	Hdarb
	Hatschek	Karl	60/05/11	Hatschek	Babette	1837/U	Magd
	Hauser	Anna	58/06/1	Hauser	Anna	1837/B	Stbm
	Hauser	Bernhard	44/07/28	Hauser	Franziska|Josefa	1820/M	Magd
	Hauser	Karl	47/12/3	Hauser	Franziska	1820/M	Magd
	Hauser	Maria Theresia	54/02/2	Hauser	Anna	1836/U	Magd
	Hauser	Rudolf	65/04/13	Hauser	Karolina	1845/M	Magd
K.H.	*Hauskreutz*	Katharina	26/01/04	Holleschauer	Rosalia	1803/U	Magd
	Haussegen	Fridolin	26/10/25	Schwarz	Johanna	1807/U	Köchin
	Hecht	Jakob	68/05/7	Hecht	Josefa	1845/B	Magd
	Hecht	Karl	66/10/6	Hecht	Josefa	1845/B	Magd
	Hefer	Josef	67/05/30	Hefer	Ludmilla	1838/B	Tagl
	Heilig	Berta	65/12/21	Heilig	Fanni	1842/M	Magd
	Heilinger	Elisabeth	26/11/1	Kohlmayer	Henriette	1808/Dt	Magd
	Heim	Apollonia	57/05/26	Heim	Maria	1830/U	
	Hein	Heinrich	50/01/28	Hein	Maria	1831/U	Magd
	Heinrich	Anna	61/08/17	Heinrich	Wilhelmine	1842/U	Hdarb
	Heinrich	Moritz	63/12/20	Heinrich	Theresia	1842/U	Magd
	Heitler	Maria	58/01/24	Heitler	Maria	1837/W	Hdarb
	Heksch	Rosalia	65/08/11	Heksch	Lotti	1846/U	Hdarb
	Held	Hermina	33/01/2	Hein	Henriette	1814/W	Hdarb
	Held	Paulus	14/11/23	Samuch|Sammeck	Anna	1790/U	
	Heller	Amalia	52/01/3	Heller	Karolina	1835W	Hdarb
	Heller	Elisabeth	66/05/6	Heller	Barbara	1837/B	Magd
	Heller	Rudolf	55/04/6	Heller	Katharina	1830/U	Magd
	Hendel|Händel	Ignaz	67/07/11	Hendel	Josefa	1836/W	Hdarb
	Hennig	Klementine	53/04/26	Hennig (Hönig)	Maria	1819/U	Magd
	Herbst	Barbara	26/09/24	Kohn	Rosalia	1807/U	Magd
	Herbst	Brigitta	38/01/31	Fischer	Magdalena	1813/U	
	Herbst	Michael	1798/02	Singerin	Magdalena		

H

Initialen	K: Name	K: Vorname	geb.	M: Name	M: Vorname	geb. ca.	Beruf
	Herbst	Theresia	32/10/12	Schweiger	Maria	1813/U	Magd
	Herbst	Theresia	39/10/2	Frisch	Regina	1820/U	Köchin
	HER(R)MAN(N)						
	Herman	Anna Franziska	53/07/17	Herman	Theresia	1832/B	Magd
	Herrmann	Anton	51/01/1	Herrmann	Rosa	1828/B	Magd
	Herrmann	Eduard	51/03/15	Herrmann	Rosalia	1827/B	Magd
	Hermann	Hermann	51/12/21	Hermann	Theresia	1829/B	Magd
	Hermann Ignatia, vide Maria Salome						
	Hermann	Katharina	49/07/3	Hermann	Rosalia	1826/B	Magd
	Her(r)mann	Leopold	50/01/28	Hermann	Karolina	1822/B	Magd
	Hermann	Leopoldine	55/10/27	Hermann	Karolina	1830/B	Magd
	Hermann	Theresia	56/04/13	Hermann	Theresia	1830/B	Magd
	Hermannn	Wilhelm	47/02/27	Hermann	Rosalia	1827/B	Magd
	Hernfeld	Maria	49/01/2	Hernfeld	Eva	1829/U	Magd
	Herrisch	Johanna	49/10/20	Herrisch	Johanna	1825/M	Magd
	Hersch	Franz	48/03/10	Hersch	Rosalia	1824/M	Magd
	Herschel	Karl	55/08/05	Herschel	Rosalia	1837/U	Magd
	Herschkowics	Franziska	60/09/26	Herschkowics	Bella	1841/U	Magd
	Herschmann	Johann	49/01/19	Herschmann	Elisabeth	1824/B	Magd
	Herschmann	Julius	58/06/1	Herschmann	Ludmilla	1824/B	Magd
	Herschmann	Rudolf	67/02/12	Herschmann	Sofia	1848/W	Hdarb
	Herz|Hercz	Adolfine	68/10/13	Herz	Hanni	1849//U	
	Herz	Josef	44/03/19	Herz	Josefa	1828/U	Magd
	Herz	Julius	46/11/27	Herz	Anna	1827/B	Magd
	Herz	Leopold	47/11/11	Herz	Fanni	1821/M	Magd
	Herz	Rosa	66/06/11	Herz	Cäcilia	1839/M	Magd
	Herzel	Franz	54/05/22	Herzel	Katharina	1831/U	Köchin
	Herzl	Jakob	08/05/25	Herzl(in)	Anna		Magd
	Herzfeld	Gertraud	23/09/29	Herzfeld	Franziska		Magd
	Herzfeld	Heinrich	55/03/9	Herzfeld	Theresia	1825/U	verh.
	Herzfeld	Katharina	53/06/7	Herzfeld	Katharina	1834/U	Magd

H

Initialen	K: Name	K: Vorname	geb.	M: Name	M: Vorname	geb. ca.	Beruf
	Herzfeld	Katharina	56/06/29	Herzfeld	Katharina	1831/U	Magd
	Herzog	Alois	50/05/12	Herzog	Netti	1822/M	Magd
	Herzog	Anna	50/05/03	Herzog	Anna	1822/M	Magd
	Herzog	Franz	50/05/12	Herzog	Netti	1822/M	Magd
	Herzog	Johann	49/05/3	Herzog	Maria	1831/M	Magd
	Herzog	Maria	58/07/4	Herzog	Helene	1838/U	Magd
	Herzog	Mathias	48/07/5	Herzog	Anna	1822/M	Magd
	Herzog	Wilhelm	68/11/18	Herzog	Leni	1837/M	Hdarb
	Hetz	Maria	62/10/30	Hetz	Rosalia	1839/B	Hdarb
	Hilf	Karolina	47/09/19	Hilf	Babette	1829/U	Magd
HILFREICH (HÜLFREICH)							
	Hilfreich	Gustav	61/08/9	Hilfreich	Netti	1835/M	Magd
	Hülfreich	Ida	58/02/11	Hülfreich	Pepi	1838/M	Magd
	Hilsner	Aloisia	44/06/20	Hilsner	Antonia	1824/M	Magd
	Hilsner	Karl	45/06/19	Hilsner	Rosalia	1828/M	Magd
	Hilsner	Karl	46/07/18	Hilsner	Antonia	1825/M	Magd
	Himmel	Ludmilla	27/05/25	Morgenstern	Barbara	1804/M	Magd
	Hindl	Maximilian	52/04/15	Hindl	Regina	1831/U	Magd
	Hirsch	Amalia	50/06/13	Hirsch	Netti	1832/U	Magd
	Hirsch	Eva	50/05/5	Hirsch	Katharina	1826/M	Magd
	Hirsch	Franz	66/05/11	Hirsch	Josefa	1842/U	Magd
	Hirsch	Isabella	67/07/9	Hirsch	Rosalia	1848/B	Hdarb
	Hirsch	Karolina	65/12/14	Hirsch	Katharina	1838/M	Magd
	Hirsch	Katharina	25/02/17	Hirsch	Barbara	1803/M	Magd
	Hirsch	Magdalena	10/12/10	Hirsch	Eva		Magd
	Hirschkron	Adolf	49/06/3	Hirschkron	Eleonora	1815/U	Witwe
	Hirschlin	Aloisia	10/11/24	Hirschlin	Esther	___/G	
	Hirschl	Josefa	62/05/28	Hirschl	Josefa	1842/U	Magd
	Hirschl	Juliana	68/05/26	Hirschl	Rosalia	1845/U	Magd
	Hirschler	Alois	59/05/31	Hirschler	Rosalia	1837/U	Magd
	Hirschler	Elisabeth	55/06/30	Hirschler	Eleonora	1827/U	Hdarb

Initialen	K: Name	K: Vorname	geb.	M: Name	M: Vorname	geb. ca.	Beruf
	Hirschler	Emilia	65/08/6	Hirschler	Hanni	1843/U	Magd
	Hirschler	Josef	64/06/23	Hirschler	Rosina	1844/U	Magd
	Hirschler	Leopold	67/08/31	Hirschler	Maria	1846/U	Hdarb
	Hirspein	Katharina	50/12/16	Hirspein	Juliana	1825/U	Stbm
	Hoch	Karolina	39/08/10	Duschinsky|Duschinska	Josefa	1816/U	Magd
	Hochwald	Theresia	45/05/23	Hochwald	Margarete	1824/M	Magd
	Hochwirth	Theresia	27/03/17	Hofstätter	Esther	1801/U	Hdarb
	Hof	Anna	35/11/14	Fux|Fuchs	Anna	1814/U	Magd
	Hoffer|Huber	Anna	42/10/9	Huber|Hoffer	Maria	1814/U	Magd
	Höfinger	Anton	41/09/11	Klepetarz	Johanna	1819/B	Magd
	HOF(F)MANN						
	Hofmann	Amalia	45/03/16	Hofmann	Rosalia	1826/U	Magd
	Hoffmann	Antonia	56/12/20	Hoffmann	Katharina	1835/U	Magd
	Hofmann	Augusta	65/11/2	Hofmann	Antonia	1837/B	Magd
	Hoffmann	Fanni	65/12/27	Hoffmann	Fanni	1847/U	Magd
	Hoffmann	Franziska	48/10/27	Hoffmann	Franziska	1824/U	Hdarb
	Hofmann	Johann Baptist	08/02/20	Hofmann	Theresia		Köchin
	Hofmann	Josef	50/11/11	Hofman	Karolina	1826/U	Hausr
	Hofmann	Ludwig Karl|Karl	49/02/20	Hofmann	Rosalia	1827/U	Magd
	Hofmann	Magdalena	61/07/22	Hofmann	Katharina	1838/U	Magd
	Hofmann	Pius	34/07/17	Weis	Maria	1799/M	Hdarb
	Hoffmann	Rosa	68/11/1	Hoffmann	Netti	1844/U	Hdarb
	Hofmann	Rosalia Anna	53/06/21	Hofmann	Theresia	1829/B	Magd
	Hoffmann	Thekla	46/10/1	Hoffmann	Charlotte	1824/U	Magd
	Hofmann	Theresia	45/02/6	Hofmann	Maria	1825/B	Hdarb
	Hohenwald|Hunvald	Juliana	68/03/11	Hunwald (Hohenwald)	Juliana	1852/U	Magd
	Hold	Hermann	42/04/5	Zucker	Franziska	1820/B	Magd
	Holitsch	Karl	68/03/5	Holitsch	Elisabeth	1841/U	Magd
	Hollub	Franziska	64/09/14	Hollub	Emilia	1840/B	Magd
F.H.	*Holzapfl*|Holtzaptl	Franz	19/01/24	Stern	Katharina	1801/U	Magd

H

Initialen	K: Name	K: Vorname	geb.	M: Name	M: Vorname	geb. ca.	Beruf
	Holzer	Flora	67/04/9	Holzer	Josefa	1830/U	verh.
	Holzer	Adolf	67/11/19	Holzer	Barbara	1840/B	Magd
	HÖNIG (HENNIG)						
	Hönig	Karl	40/04/5	Liesner	Katharina	1820/U	Magd
	Hennig	Klementine	53/04/26	Hennig	Maria	1819/U	Magd
	Hönig	Leopold	49/11/12	Hönig	Maria	1820/U	Hdarb
	Hönig	Leopold	68/03/5	Hönig	Julia	1845/U	Köchin
	Hönig	Leopoldine	48/11/16	Hönig (König)	Maria	1818/U	Hdarb
	Hope	Josef	33/11/16	Kafka	Theresia	1808/B	Magd
	Horch	Hilarius	42/01/15	Fuchs	Esther	1816/U	Magd
	Horn	Adam	30/03/17	Hatschek	Franziska	1795/U	Witwe
	Horn	Amalia	58/12/6	Horn	Theresia	1828/U	Magd
	Horn	Anna	54/05/24	Horn	Eleonore	1833/U	Magd
	Horn	Antonia	55/04/19	Horn	Theresia	1830/U	Magd
	Horn	Johanna	50/04/5	Horn	Theresia	1827/U	Magd
	Horn	Josef	52/03/19	Horn	Theresia	1829/U	Hdarb
	Horn	Josef	58/03/2	Horn	Johanna	1841/U	Magd
	Horn	Karl	46/01/28	Horn	Julia	1827/U	Magd
	Horn	Stefan	61/01/27	Horn	Rosa	1838/U	Magd
	Horn	Theresia	49/06/26	Horn	Johanna	1828/U	Magd
	Hornung	Apollonia	31/02/7	Traub	Amalia	1810/U	Magd
E.H.	*Hornung*|Horn	Eleonora	27/02/26	Kohn	Katharina	1809/U	Köchin
	Hornung	Franz	57/03/24	Hornung	Maria	1832/G	Magd
	Hornung	Heinrich	28/02/3	Pisk	Theresia	1808/M	Magd
	Hornung	Heinrich	54/03/31	Hornung	Maria	1832/G	Magd
	Hornung	Johann	55/06/22	Hornung	Maria	1831/G	Magd
	HOROWITZ (HOROVITS, HORVITZ)						
	Horovitz	Anna	59/05/25	Horovitz	Netti		
	Horwitz	Barbara	54/11/28	Horwitz	Rosa	1830/S	Magd
	Horovits|Horowitz	Franz	65/10/28	Horovits	Juliana	1842/U	Magd

H

Initialen	K: Name	K: Vorname	geb.	M: Name	M: Vorname	geb. ca.	Beruf
	Horwitz	Johanna	52/08/8	Horwitz	Rosa	1830/S	Magd
	Horowitz	Karl	45/10/20	Horowitz	Eleonora	1825/U	Magd
	Hrczka	Franziska	60/08/15	Hrczka	Sali	1834/U	Magd
	Huber|Hoffer	Anna	42/10/9	Huber|Hoffer	Maria	1814/U	Magd
	Huberin	Maria Franaziska	14/10/18	Rosenthaler	Franziska	1784/B	
	Hueber	Franz	34/03/8	Kraus	Katharina	1815/B	Magd
	Hubert	Berta	61/03/03	Hubert	N.		
	Hubmann	Maria	1798/11	Hubmann	Maria		Magd
	Hübsch	Anna	39/10/17	Stern	Juliana	1821/U	Köchin
	Hülfreich	Ida	58/02/11	Hülfreich (Hilfreich)	Pepi	1838/M	Magd
	Humlauer	Karl	43/11/2	Fried	Franziska	1815/M	Magd
	Hunvald|Hohenwald	Juliana	68/03/11	Hunwald (Hohenwald)	Juliana	1852/U	Magd

H

Initialen	K: Name	K: Vorname	geb.	M: Name	M: Vorname	geb. ca.	Beruf
	Ietis Anna, vide Iltis Anna						
	Illovszki|Klovszki	Rosa	68/06/5	Illovszki	Katharina	1850/U	Hdarb
	Iltis|Ietis	Anna	55/09/24	Iltis	Fanni	1825/B	Magd
	Iltis|Ietis	Anna	56/09/17	Iltis	Franziska	1824/B	Magd
	Irro	Ignaz	43/01/20	Spitz	Maria	1815/M	Magd
	Israel	Josef	49/11/8	Israel	Sara	1828/B	Magd

I

Initialen	K: Name	K: Vorname	geb.	M: Name	M: Vorname	geb. ca.	Beruf
	Jablonsky	Jakob	41/05/8	Zeisel	Theresia	1815/M	Magd
	Jablonsky	Josef	39/10/25	Zwilling(er)	Josefa	1819/U	Magd
	Jägerin	Elisabeth	00/11/8	Feitlin	Juliana		
J.J.	*Jäger*	Josef	39/01/28	Böhm	Katharina	1819/U	Hdarb
	Jäger|Jaeger	Josef	40/06/16	Steiner	Karolina	1819/U	Magd
	Jakel Eduard, vide Jok(e)l						
	Jakobi	Theresia	1791/08	Jakobi	Theresia		Magd
	Jakobin	Theresia	1793/06	Jakobi	Theresia		Magd
	Jamek Franziska, vide Samek						
	Janda	Johanna	35/12/21	Weiss	Rosalia	1817/U	Magd
	Jandera	Josef	41/09/11	Kafka	Johanna	1822/B	Magd
J.J.	*Janka*	Josef	39/02/16	Fedra	Eleonora	1817/B	Magd
	Janko	Jakob	42/02/3	Faschnerin|Flaschner	Julia	1819/U	Magd
	JÄNNER (JENNER						
	Jennerin	Anna	02/12/31	Abraham(in)	Theresia		
	Jänner	Eustach	32/01/12	Zeisl	Josefa	1804/M	Magd
I.J.	*Jänner*	Ignaz	22/01/22	Schlesinger	Theresia	1796/U	Magd
	Jänner(a)	Johann	28/01/25	Abelis	Elisabeth	1809/U	Tochter
	Jenner	Josefa	37/09/21	Spiegler	Barbara	1818/M	Magd
	Jarosch	Josef	36/02/27	Pik	Rosalia	1817/M	Hdarb
	Jedlinsky	Emma	61/01/1	Jedlinsky	Aloisia	1842/B	Tochter
	Jeiteles	Hermine	66/06/26	Jeiteles	Rosalia	1843/U	Hdarb
	Jeiteles	Moritz|Moshe	67/11/1	Jeiteles	Rosa	1832/B	verh.
	JELLINEK (JELINEK)						
	Jelinek	Alfred	60/10/30	Jelinek	Fanni	1836/M	Magd
	Jellinek|Jelinek	Anna	59/02/25	Jellinek	Katharina	1839/M	Magd
	Jellinek	Anton	52/02/1	Jellinek	Resi	1833/M	Hdarb
	Jelinek|Jellinek	Antonia	66/11/6	Jelinek	Antonia	1846/M	Magd
	Jelinek	Franziska	59/01/30	Jelinek	Veronika	1833/B	Magd
	Jelinek	Hermine	62/05/18	Jelinek	Fanni	1836/M	Magd

J

Initialen	K: Name	K: Vorname	geb.	M: Name	M: Vorname	geb. ca.	Beruf
	Jelinek	Johann	59/09/28	Jelinek	Anna	1832/M	Magd
	Jelinek	Johann	66/04/15	Jelinek	Franziska	1838/M	Magd
	Jelinek	Johanna	59/01/30	Jelinek	Veronika	1833/B	Magd
	Jelinek	Josefa	58/05/9	Jelinek	Barbara	1833/U	Magd
	Jellynek	Josefa	67/07/20	Jellinek	July	1842/U	Magd
	Jellinek	Karl	39/06/17	Jellinek	Theresia	1813/M	Köchin
	Jelinek	Karl	57/12/8	Jelinek	Henriette	1837/M	Hdarb
	Jellinek	Magdalena	50/02/22	Jellinek	Juliana	1828/U	Arb
	Jelinek	Maria	63/08/28	Jelinek	Franziska	1836/M	Magd
	Jenner, vide Jänner						
	Jeruschak Josef, vide Jeruschka Josef						
	Jeruschka|Jeruschak	Josef	37/01/30	Leitner	Maria	1816/U	Magd
	JOKL (JAKEL)						
	Jokl|Jockel	Anna	54/02/8	Jokl	Netti	1831/M	Magd
	Jakel|Jokel	Eduard	67/12/31	Jokel	Theresia	1830/M	Magd
	Jonas|Joras	Johann	42/03/21	Hirschler	Josefa	1820/U	Magd
J.J.	*Jordan*	Johann	37/08/29	Steiner	Maria	1817/U	Magd
	Jordan	Josef	41/04/19	Obenbreit	Johanna	1823/U	Magd
	Jordan	Josef	41/08/20	Fischer	Maria	1818/B	Magd
	Jordansky	Joachim	35/10/6	Hacsek	Franziska	1797/M	Magd
	Jörgens|Jürgens	Josef	37/09/17	Polack	Anna	1813/M	Magd
	Juliana Judith, vide Judith Juliana						
J.J.	*Judith*	Juliana	23/04/23	Goldmann	Katharina	1803/U	Magd
J.J.	*Jugl*	Josef	36/04/30	Groh	Katharina	1817/U	Magd
	Jugel	Josef	37/03/15	Schlesinger	Anna	1806/U	Hdarb
	Juliana Judith, vide Judith Juliana						
J.J.	*Julius*|July	Juliana	17/07/18	Brandis	Rosalia	1788/B	Magd
	Jünger	Johann	43/02/12	Fischer	Karolina	1825/U	Magd
J.J.	*Jungmann*	Johann	39/01/4	Papaneck|Poponek	Anna	1816/U	Magd
	Jungwirth	Josef	40/03/3	Fuchs	Franziska	1821/U	Köchin

J

Initialen	K: Name	K: Vorname	geb.	M: Name	M: Vorname	geb. ca.	Beruf
	Junker	Johann	41/03/10	Löwl	Regina	1819/U	Magd
	Jurdan	Josef	41/06/18	Ohrenstein	Johanna	1817/U	KlHdl
	Jürgens	Josef	39/02/11	Kafka	Katharina	1816/B	Hdarb
	Jussem	Rudolf	66/07/14	Jussem	Esther	1847/G	Hdarb
	Justitz	Maria	56/06/4	Justitz	Theresia	1833/U	Magd
	Justl|Füstl|July	Justina	20/11/15	Foel	Theresia	1801/W	
J.J.	*Justus*	Josef	22/01/2.	Berger	Regina	1798/U	Magd

J

Initialen	K: Name	K: Vorname	geb.	M: Name	M: Vorname	geb. ca.	Beruf
	Kac, vide Katz						
	Kaffesieder	Eleonora	66/05/16	Kaffesieder	Rosalia	1847/U	Magd
	Kafka	Theresia	48/12/8	Kafka	Theresia	1826/B	Magd
	Kaiser|Kayser	Franz	16/05/12	Rechter(in)	Barbara	1797/U	Hdarb
	Kaiser	Karolina	43/07/28	Sessl	Theresia	1823/U	Magd
	Kaiser	Moritz	65/12/9	Kaiser	Johanna	1848/U	Magd
	Kalter	Eleonora	29/05/31	Heller	Rosalia	1811/U	Tochter
	Kaltretter|Kaltwetter	Maria	30/10/20	Wecker	Anna	1811/W	Hdarb
	Kaltwetter Maria, vide Kaltretter Maria						
	Kann	Josef	51/10/31	Kann	Franziska	1826/M	Hdarb
	Kahn	Maria	62/04/14	Kahn	Rosalia	1840/B	Magd
	Kahn	Rosa	61/04/26	Kahn	Rosalia	1840/B	Magd
	Kahn	Rudolf	47/07/4	Kahn	Rosina	1817/B	Hdarb
	Kantor	Josef	57/01/7	Kantor	Rosi	1836/B	Magd
	Kapper Maria, vide Copper						
	Karacson|Koracson	Josef	52/09/11	Karacson	Katharina	1826/U	Magd
K.K.	*Karl*|*Knol*	Karolina	35/11/1	Weinstein	Johanna	1813/M	Magd
	Karlik	Josefa	57/04/16	Karlik	Theresia	1829/B	Magd
	Karlik	Katharina	57/10/22	Karlik	Josefa	1835/M	Köchin
	Karpf	Anna	48/02/22	Karpf	Franziska	1826/M	Magd
	Karpfen	Karolina	59/03/4	Karpfen	Julia	1840/M	Magd
	Karsch, vide Korsch						
	Kaschirer, vide Koschirer						
	Kaslik Katharina, vide Karlik Katharina						
	Kast	Josef	57/01/14	Kast	Franziska	1837/U	Hdarb
	Kastner	Konrad	43/10/29	Fiala	Eleonora	1818/B	Magd
	Kastner	Rosalia	50/01/14	Kastner	Rosalia	1830/U	Hdarb
	Katharinsky	Josefa	30/11/26	Weinstein	Katharina	1802/M	Köchin
	KATZ (KAC)						
	Katz	Elisabeth	44/12/28	Katz	Josefa	1825/B	Magd

K

Initialen	K: Name	K: Vorname	geb.	M: Name	M: Vorname	geb. ca.	Beruf
	Katz	Josef	45/12/9	Katz	Katharina	1826/B	Köchin
	Katz	Josef	57/04/10	Katz	Anna	1830/B	Magd
	Kac	Maria	59/04/5	Kac	Anna	1830/B	Magd
	Katz	Rosalia Antonia	57/12/13	Katz	Rosalia		
	Kaufmann	Anna	45/05/7	Kaufmann	Franziska	1823/U	Magd
	Kaufmann	Hermann	49/03/13	Kaufmann	Katharina	1819/U	Magd
	Kaufmann	Karl	67/11/6	Kaufmann	Golde	1849/G	Hdarb
	Kaufmann	Maximilian	65/01/16	Kaufmann	Emilia	1841/B	Hdarb
	Kaufmann	Pauline	44/01/31	Kaufmann	Katharina	1816/U	Magd
	Kaufmann	Rosa	45/11/30	Kaufmann	Rosalia	1823/U	Magd
	Kaufmann	Rudolf	59/03/1	Kaufmann	Elisabeth	1837/U	Magd
	Kauhot|Kouhot	Heinrich	48/07/13	Kouhot	Anna	1828/U	Magd
S.K.	*Kefas*|Kefaß	Simon	19/07/17	Polag	Mathilde	1795/Dt	Hdarb
	Keller	Peter	37/08/30	Herz	Maria	1815/U	Magd
	Kellner	Adolf	68/05/13	Kellner	Theresia	1848/M	Magd
	Kempfner	Ernestine	68/02/20	Kempfner	Rosina	1847/U	Magd
	Kenszler Franziska, vide Kentzler						
	Kentzler|Kenszler	Franziska	60/09/24	Kentzler	Franziska	1832/U	Magd
	Kepf	Mathilde	68/04/13	Kepf	Mathilde	1848/U	Hdarb
	Kerbl	Josef	34/11/09	Kerbl	Rosalia	1809/U	Magd
	Kerschbaum	Franz Xaver	26/10/15	Kerschbaum	Regina		
	Kerschbaum	Wilhelm	35/08/24	Kerschbaum	Barbara		
	Kerz	Karl	40/10/3	Philippsberg	Rosalia	1820/U	Magd
	Kesselflicker	Adolf	54/12/29	Kesselflicker	Rosalia	1829/M	Magd
	Kessler	Charlotte	64/09/9	Kessler	Franziska	1844/U	Hdarb
	Kestler	Maria	51/09/27	Kestler	Theresia	1830/U	Magd
A.K.	*Keusch*|Käusch	Anna	22/08/4	Schafrank	Anna	1794/U	Magd
	Kholmen	Gisela	62/10/13	Kholmen|Kohlmen	Anna	1840/U	Hdarb
	Khon|Kohn	Rosalia Henr. A.	26/03/26	Kohn|Khon	Maria	___/U	
	Kicher	Anton	44/02/16	Kiche	Franziska	1818/U	Magd
	Ki(e)rmer	Leo Franz	55/01/19	Ki(e)rmer	Theresia	1855/U	

K

Initialen	K: Name	K: Vorname	geb.	M: Name	M: Vorname	geb. ca.	Beruf
	Kitayn	Theresia	1796/02	Kitain	Rosalia	___/B	Magd
	Klampfer	Maximilian	58/03/30	Klampfer	Barbara	1835/W	Magd
	Klatcer	Gottlieb	68/04/19	Klatcer	Henriette	1851/B	Magd
	Klauber	Adelheid	66/06/24	Klauber	Magdalena	1838/B	Magd
	Klein	Adolf	59/04/13	Klein	Rosalia	1841/U	Magd
	Klein	Alois	58/05/6	Klein	Sali	1840/U	Modistin
	Klein	Anna	68/04/24	Klein	Maria	1841/U	Magd
	Klein	Franz	36/01/17	Greilinger	Rosalia	1810/U	Magd
	Klein	Johann	67/06/21	Klein	Fanni	1837/U	Magd
	Klein	Josef	67/12/23	Klein	Maria	1839/M	Magd
	Klein	Josefa	65/06/13	Klein	Johanna (Hanni)	1846/U	Magd
	Klein	Karl	40/11/23	Frisch	Maria	1817/B	Hdarb
	Klein	Karl	35/03/23	Gerstel	Regina	1818/NÖ	Magd
	Klein Katharina, vide Schneeweiss Katharina						
	Klein	Katharina	67/11/21	Klein	Elisabeth	1838/U	Magd
	Klein|Fleisner	Leopold	02/01/1	Fleissnerin|Fleissnerin	Anna	___/B	Magd
	Klein	Leopoldine	59/03/6	Klein	Rosalia	1829/U	Magd
	Klein	Maria	58/11/11	Klein	Maria	1834/B	Magd
	Klein	Maria	66/08/25	Klein	Rosa	1843/U	Magd
	Klein	Nepomucena	35/05/22	Steiner	Katharina	1808/M	Magd
	Klein	Rosa	59/03/8	Klein	Johanna	1835/U	Magd
	Klein	Rosa	68/02/27	Klein	Rosina	1846/B	Magd
	Klein	Wilhelm	65/02/23	Klein	Antonia	1842/U	Magd
	Klein	Wilhelmine	64/11/13	Klein	Anna		
	Kleine	Maria	64/06/29	Kling	Sali	1842/U	Magd
M.K.	*Kleofe*	Maria	22/02/21	Hartmann	Veronika	1798/B	Magd
	Kleper(e)le	Josef	50/05/7	Kleperle	Maria	1829/B	Magd
	Klick Ludwig, vide Glück Ludwig						
	Klicksternin Maria Theresia, vide Glück						
	Klimberg	Philipp	49/04/28	Klimberg	Maria|Amalia	1825/B	Magd

K

Initialen	K: Name	K: Vorname	geb.	M: Name	M: Vorname	geb. ca.	Beruf
A.K.	*Klinasch*	Anna	23/02/8	Müller	Rosalia	1798/U	Magd
	Kling|*Kleine*	Maria	64/06/29	Kling	Sali	1842/U	Magd
	Klingenberger	Moritz	65/03/07	Klingenberger	Theresia	1843/B	Magd
	Klinger	Karl	43/05/27	Hammerschlag	Elisabeth	1816/B	
	Klinger	Maximilian	49/01/6	Klinger	Sali	1827/U	Magd
	Klinger	Richard	56/06/27	Klinger	Rosalia		
	Klinger	Rosina	67/04/02	Klinger	Rosalia		
	Klösel	Franziska	56/02/3	Klösel	Elisabeth	1836/U	Köchin
	Klovszki|Illovszki	Rosa	68/06/5	Illovszki	Katharina	1850/U	Hdarb
	Klück	Antonia	48/12/29	Klück (Glück)	Katharina	1825/U	Magd
	Klück|Glück	Ludwig	46/11/27	Klick|Klück (Glück)	Rosalia	1824/U	Magd
	Knapp	Anton	43/01/10	Kraus	Theresia	1820/B	Magd
	Kneuzen|Kreuzer	Maria	46/09/8	Kneuzen	Katharina	1819/U	Magd
	Knoblowicz	Rudolf	47/12/23	Knoblowicz	Johanna	1824/U	Magd
	Knoll	Karl	34/04/19	Fürst	Rosina	1814/U	Köchin
K.K.	*Knol*|Karl	Karolina	35/11/1	Weinstein	Johanna	1813/M	Magd
	Knöpfelmacher	Anton	67/09/13	Knöpfelmacher	Amalia	1844/U	Magd
	Knöpfelmacher	Josef	62/09/15	Kröpfelmacher.	Amalia	1845/U	Hdarb
	Knöpfelmacher	Leopold	67/11/4	Knöpfelmacher	Anna	1847/U	Magd
	Knöpfelmacher	Wilhelm	65/01/22	Knöpfelmacher	Amalia	1845/U	Magd
	Knöpfelmacher	Wilhelmine	66/08/12	Knöpfelmacher	Amalia	1844/U	Magd
	Kobler	Juliana	47/03/4	Kobler	Josefa	1821/B	Magd
	Koch	Eduard	62/08/30	Koch	Anna	1830/M	Köchin
	Koch	Josef	63/10/17	Koch	Anna	1829/M	Hausr
	Koch	Rosalia	61/01/8	Koch	Franziska	1839/U	Magd
	Kohl	Rosalia	33/03/5	Löw	Anna	1806/U	Magd
	Kohlbek|Kohlbäck	Adam	20/06/11	Kohlbek	Anna	1795/Dt	Magd
	Kohlmann	Julius	58/03/1	Kohlmann	Magdalena	1840/U	Magd
	Kohlmann	Maria	33/03/24	Kohlmann	Anna	___/B	
	KOHN (COHN, KOHM, KHON)						
	Kohm|Kohn	Anna	44/01/4	Kohn	Regina	1822/U	Magd

K

Initialen	K: Name	K: Vorname	geb.	M: Name	M: Vorname	geb. ca.	Beruf
	Kohn	Adolf	66/04/28	Kohn	Anna	1846/M	Hdarb
	Kohn	Alfred	49/03/14	Kohn	Regina	1829/U	Hdarb
	Kohn	Alois	65/08/6	Kohn	Rosalia	1838/U	Magd
	Kohn	Aloisia	61/08/5	Kohn	Betti	1829/U	Hdarb
	Kohn|Kohm	Anna	44/01/4	Kohn	Regina	1822/U	Magd
	Kohn	Anna	46/03/3	Kohn	Regina	1822/U	Magd
	Kohn|Cohn	Anna	57/11/24	Kohn	Netti	1840/U	Magd
	Kohn	Anna	59/03/27	Kohn	Barbara	1835/U	Magd
	Kohn	Anton	60/05/17	Kohn	Esther	1840/U	Magd
	Kohn	Barbara	65/03/15	Kohn	Betti	1841/U	Magd
	Kohn	David	68/11/28	Kohn	Rosalia	1837/U	Magd
	Kohn	Eduard	48/03/26	Kohn	Fanni	1817/U	Magd
	Kohn	Eduard	50/08/28	Kohn	Magdalena	1827/U	Magd
	Kohn	Emilia	54/09/28	Kohn	Rosalia	1836/U	Magd
	Kohn	Ernestine	53/02/9	Kohn	Katharina	1831/B	Köchin
	Kohn|Cohn	Franz	57/01/14	Kohn	Barbara	1830/U	Hdarb
	Kohn|Cohn	Franziska	65/02/12	Kohn	Katharina	1835/U	Magd
	Kohn	Heinrich	61/06/11	Kohn	Katharina	1834/U	Magd
	Kohn	Helene	60/05/26	Kohn	Katharina	1837/U	Hdarb
	Kohn	Henriette	51/08/27	Kohn	Regina	1830/M	Magd
	Kohn	Hermine	49/02/21	Kohn	Katharina	1830/M	Hdarb
	Kohn	Hermine	59/05/2	Kohn	Barbara	1825/B	Hdarb
	Kohn	Ignaz	46/02/14	Kohn	Barbara	1827/U	Magd
	Kohn	Johann	63/01/30	Kohn	Anna	1833/B	Magd
	Kohn	Johann	63/04/13	Kohn	Anna	1846/U	Magd
	Kohn	Johann	63/11/26	Kohn	Maria	1838/U	Magd
	Kohn	Johann	66/06/23	Kohn	Barbara	1845/U	Hdarb
	Kohn	Johann	68/01/4	Kohn	Karolina	1845/B	Magd
	Kohn	Johanna	64/09/15	Kohn	Johanna	1834/U	Hausr
	Kohn	Josef	44/10/22	Kohn	Maria	1820/B	Magd
	Kohn	Josef	53/04/29	Kohn	Rosalia	1821?U	Magd

Initialen	K: Name	K: Vorname	geb.	M: Name	M: Vorname	geb. ca.	Beruf
	Kohn	Josef	55/11/28	Kohn	Hermine	1838/U	Hdarb
	Kohn	Josef	59/01/9	Kohn	Betti	1840/U	Hdarb
	Kohn	Josef	61/03/15	Kohn	Katharina	1843/M	Hdarb
	Kohn	Josef	64/09/18	Kohn	Anna	1844/U	Magd
	Kohn	Josef	67/05/19	Kohn	Regina	1841/U	Magd
	Kohn	Josefa	54/02/10	Kohn	Regina	1831/M	Magd
	Kohn	Josefa	64/02/11	Kohn	Maria	1844/U	Magd
	Kohn	Juliana	66/09/7	Kohn	Theresia	1843/B	Magd
	Kohn	Karl	49/08/26	Kohn	Amalia	1825/U	Hdarb
	Kohn	Karl	49/12/30	Kohn	Juliana	1832/B	Magd
	Kohn	Karl	53/04/29	Kohn	Rosalia	1821/U	Magd
	Kohn	Karl	53/06/8	Kohn	Amalia	1827/U	Hdarb
	Kohn	Karl	53/09/4	Kohn	Elisabeth	1827/U	Hdarb
	Kohn	Karl	54/09/1	Kohn	Anna	1826/U	Magd
	Kohn	Karl	57/10/16	Kohn	Charlotte	1840/B	Hdarb
	Kohn	Karl	59/02/24	Kohn	Katharina	1836/U	Hdarb
	Kohn	Karolina	58/01/25	Kohn	Katharina	1836/U	Hdarb
	Kohn	Leopold	51/03/28	Kohn	Juliana	1830/B	Magd
	Kohn	Leopold	57/06/12	Kohn	Barbara	1835/U	Magd
	Kohn	Leopold	60/11/11	Kohn	Elisabeth	1838/M	Magd
	Kohn	Leopoldine Anna	53/11/12	Kohn	Eleonore	1829/U	Köchin
	Kohn	Ludwig	48/04/10	Kohn	Wilhelmine	1825/U	Hdarb
	Kohn|Cohn	Maria	55/02/8	Kohn	Josefa	1837/U	Magd
	Kohn	Maria	55/10/3	Kohn	Adelheid	1830/B	Magd
	Kohn	Maria	57/02/20	Kohn	Emma		
	Kohn	Maria	57/10/16	Kohn	Charlotte	1840/B	Hdarb
	Kohn	Maria	59/03/16	Kohn	Maria	1842/U	Magd
	Kohn	Maria	64/03/27	Kohn	Theresia	1844/B	Magd
	Kohn	Moritz	54/11/19	Kohn	Katharina	1832/U	Magd
	Kohn	Pauline	56/10/12	Kohn	Barbara	1834/B	Magd
	Kohn|Khon	Rosalia Henr. A.	26/03/26	Kohn|Khon	Maria	___/U	

K

Initialen	K: Name	K: Vorname	geb.	M: Name	M: Vorname	geb. ca.	Beruf
	Kohn	Rosa	65/01/30	Kohn	Barbara	1844/U	Hdarb
	Kohn	Rosa	68/12/5	Kohn	Hermine	1851/U	Hdarb
	Kohn	Samuel	48/10/13	Kohn	Theresia	1820/U	Magd
	Kohn	Theresia	45/12/5	Kohn	Theresia	1822/U	Hdarb
	Kohn	Theresia	54/08/27	Kohn	Barbara	1833/B	Magd
	Kohn	Theresia	57/12/18	Kohn	Rosa	1838/U	Hdarb
	Kohn	Wenzel	60/12/29	Kohn	Josefa	1826/B	Hdarb
	Kohn	Wilhelm	48/03/25	Kohn	Maria	1827/B	Magd
	Kohn	Wilhelm	48/04/7	Kohn	Amalia	1822/M	Hdarb
	Kohn	Wilhelmine	66/02/14	Kohn	Maria	1838/U	Köchin
	Kohnberger	Franziska	66/03/03	Kohnberger	Maria	1847/U	Hdarb
	Kohner	Leopold	56/07/6	Kohner	Charlotte	1834/B	Magd
	Kohner	Sofia	53/10/13	Kohner	Sofia	1831/U	Hdarb
	Kohr	Theodor	44/01/30	Kohr	Aloisia|Louise	1822/Dt	Magd
	KOHUT (KOUHOT, KAUHOT)						
	Kauhot|Kouhot	Heinrich	48/07/13	Kouhot (Kohut)	Anna	1828/U	Magd
	Kohut	Adelheid	50/07/16	Kohut	Elisabeth	1830/W	Hdarb
	Kol	Katharina	43/03/29	Kohn	Theresia	1820/U	Magd
	KOLINSKY (KOLINSKI, KOLINZKY, KOLLINSZKY)						
	Kolinzki	Elisabeth	63/12/8	Kolinski	Anna	1836/U	Magd
	Kollinszky|Kolinsky	Franziska	67/08/21	Kolinsky|Kisslinger	Anna	1839/U	Magd
	Kolinsky	Johann	63/01/5	Kolinsky	Anna	1837/U	Magd
	Kollmann	Josef	1792/08	Kollmann	Anna Maria		Magd
	Kondours	Eva	16/08/22	Kondours	Judith	1786/B	Magd
	König	Adam Albert	35/11/2	König	Franziska		Tochter
	König	Anna	49/10/30	König	Franziska	1828/U	Magd
	König	Christina	31/01/8	Straussner	Theresia	1807/U	Magd
	König	Christina	62/07/22	König	Julia	1830/M	Magd
	König	Emilia	28/01/6	Kasmacher	Katharina	1808/M	Magd
	König	Franz Karl	53/09/18	König	Antonia	1831/U	Hdarb
	König	Georg	13/03/31	Schiloschky|Schilofsky	Anna	1793/B	Magd

K

Initialen	K: Name	K: Vorname	geb.	M: Name	M: Vorname	geb. ca.	Beruf
	König	Johanna	61/08/7	König	Johanna	1836/U	Magd
	König	Johanna Theresia	61/05/26	König	Netti	1840/M	Magd
	König|Hönig	Leopoldine	48/11/16	Hönig	Maria	1818/U	Hdarb
	König	Susanna	04/10/21	König	Regina|Anna		Magd
	König	Theresia	66/02/23	König	Cäcilia	1838/M	Magd
	König(g)ratz	Karl	21/10/28	Bader	Juliana	1797/M	Magd
	Konirz|Konjirsch	Anton	63/10/12	Konirz	Eva	1840/B	Hdarb
	Konjrsch	Heinrich	64/12/24	Konjrsch	Eva	1840/B	Hdarb
	Koperl	Magdalena	54/08/3	Koperl	Magdalena	1835/U	Tochter
	KOPPEL (KOPL)						
	Koppel	Josef	56/01/12	Koppel	Magdalena	1835/U	Magd
	Kopl	Josefine	68/12/22	Koppl	Theresia	1843/U	Magd
	Kopsa	Sigmund	61/10/20	Kopsa	Theresia	1836/B	Magd
	Kopsa	Theresia	60/07/11	Kopsa	Theresia	1837/B	Hdarb
	Koralek	Karolina	46/08/14	Koralek	Sara	1822/B	Hdarb
J.K.	*Korn*	Josef	25/02/16	Läwin	Johanna	1805/U	Köchin
	Körner	Josef	68/06/21	Körner	Regina	1845/U	Magd
	Körner	Pauline	67/06/24	Körner	Regina	1845/U	Magd
	Kornreich	Ignaz	68/03/19	Tramer|Kornreich	Rösel|Rösi	1843/G	Magd
Karl	*Korp*|Korb	Kajetan	24/07/12	Steiner	Anna	1802/U	Magd
	Korsch|Karsch	Josef	52/02/2	Karsch	Theresia	1823/B	Magd
	KOSCHIRER (KOSCHIRA)						
	Koschira	Franz Josef	51/01/15	Koschira	Anna	1821/B	Magd
	Koschirer	Franziska	46/03/11	Koschirer	Theresia	1825/B	Magd
	Koschira	Josefa	49/07/24	Koschirer	Theresia	1826/B	Magd
	Koschirer|Kaschierer	Karl	47/08/23	Koschirer	Anna	1820/B	Magd
	Koschira	Moritz	45/04/27	Koschira	Anna	1819/B	Magd
	Kouhot|Kauhot	Heinrich	48/07/13	Kouhot (Kohut)	Anna	1828/U	Magd
	Kraff	Emilia	56/06/14	Kraff	Rosalia	1831/U	Hdarb
	Kraft	Anton	43/06/14	Gartner	Johanna	1822/M	Magd

K

Initialen	K: Name	K: Vorname	geb.	M: Name	M: Vorname	geb. ca.	Beruf
	Kraft	Karl	43/06/17	Strnat	Franziska	1820/B	Hdarb
	Krail	Josef	55/03/13	Krail	Regina	1833/U	Magd
	Krall	Katharina	47/03/28	Krall	Katharina	1828/U	Magd
	Krall	Maria	63/05/7	Krall	Maria	1844/U	Magd
	Kranz	Johann	40/12/10	Lichtenberg	Barbara	1819/B	Hdarb
	Kranz	Maria	45/10/7	Kranz	Maria	1823/G	Magd
	KRAUS(S) (KRAUSZ)						
	Kraus	Anna	03/08	Kraus	Anna|Elisabeth		Magd
	Kraus	Anna	65/05/19	Kraus	Rosalia	1843/B	Magd
	Kraus	Ascher	63/05/7	Kraus	Riwka	1828/G	Hausr
B.K.	*Kraus*	Barbara	25/04/20	Farago	Anna	1806/U	Magd
	Krauss	Bernhard	57/11/2	Krauss	Franziska	1836/U	Hdarb
	Krausz	Bernhard	65/11/18	Krausz	Julia	1849/U	Magd
	Krauss	Hermine	60/01/15	Krauss	Cäcilia	1838/U	Köchin
	Kraus	Ignaz	62/11/21	Kraus	Regina	1843/U	Magd
	Krausz	Israel	68/04/4	Kraus	Josefa		
	Krauss	Josef	65/12/4	Krausz	Franziska	1842/U	Magd
	Kraus	Josef	67/01/7	Kraus	Cäcilia	1847/U	Magd
	Krausz	Josefa	65/12/6	Krausz	Josefa	1847/U	Magd
	Krausz	Karl	58/07/18	Krauss	Katharina	1833/U	Magd
	Krauss	Karl	64/05/27	Krauss	Franziska	1842/U	Magd
	Krausz	Karl	65/06/26	Krausz	Josefa	1844/U	Magd
	KREILESHEIM (KREILEISCHHEIM, KREILESCHEIM)						
	Kreilesheim Hermine, vide Kreileischheim Hermine						
	Kreileischheim	Hermine	62/01/28	Kreilesheim	Katharina	1837/U	Magd
	Kreiles(c)heim	Ferdinand	64/04/30	Kreilesheim	Katharina	1838/U	Magd
	Krenberger	Rudolf	49/05/1	Krenberger	Katharina	1814/M	Hdarb
	Kretti	Karl	38/06/12	Ritter	Barbara	1805/U	
	Kreuz	Johann	06/03/19	Wintersteiner	Helene	___/B	
	Krieger	Johanna	66/02/20	Krieger	Rosa	1838/B	Magd

Initialen	K: Name	K: Vorname	geb.	M: Name	M: Vorname	geb. ca.	Beruf
	Kriegler	Franz	08/03/7	Jeger	Theresia	___/U	
	Kröpfelmacher Josef, vide Knöpfelmacher Josef						
	Kron	Katharina	40/05/22	Eckstein	Rosalia	1820/U	Tochter
	Kronos	Karl	38/05/24	Schmidt	Esther	1818/B	Köchin
	Krulisch	Theresia	52/10/9	Krulisch	Josefa	1830/B	Hdarb
	Kudelka	Mathilde	57/02/13	Kudelka	Lili	1840/U	Hdarb
	Kugler	Eleonora	29/03/12	Schlesinger	Anna	1807/U	Köchin
	Kugler	Josef	57/09/29	Kugler	Johanna	1828/U	Köchin
	Kugler	Juliana	68/06/24	Kugler	Rosalia	1846/U	Magd
	Kugler	Rosa	67/05/15	Kugler	Rosi	1845/U	Magd
	Kuh	Aloisia	62/12/27	Kuh	Franziska	1844/U	Hdarb
	Kuhn	Bernhard	65/07/9	Kuhn (Kohn)	Elisabeth	1842/U	Hdarb
	Kuhn	Johanna	62/12/26	Kuhn (Kohn)	Franziska	1839/B	Magd
	Kuhn	Josef	37/01/23	Kuhn (Kohn)	Regina		Hdarb
	Kuhner	Josef	60/02/17	Kuhner	Katharina	1840/M	Magd
	Kuhner	Josefa	57/10/10	Kuhner	Netti	1837/M	Hdarb
	Kummer	Josefa	41/02/6	Federer	Anna	1812/B	Magd
	Kunz	Karl	41/06/11	Buchwald	Rosalia	1815/U	Hdarb
	Kunze	Josef|Johann	34/10/1	Fuchs	Anna	1812/U	Magd
	Kurth	Leopold	65/12/29	Kurth	Franziska	1839/U	Magd
	Kurz	Antonia	61/05/2	Kurz	Betti	1832/U	Hdarb
K.K.	*Kurz*	Kajetan	24/11/28	Joahin|Joachim	Anna	1804/U	Magd
	Kurz	Karl	43/02/28	Fischer	Rosalia	1820/U	Magd

K

Initialen	K: Name	K: Vorname	geb.	M: Name	M: Vorname	geb. ca.	Beruf
	Labinger|Lebinger	Josef	66/12/9	Labinger (Löwinger)	Magdalena	1839/U	Magd
L.L.	*Labler*|Ludwig	Lucia|Thekla	36/08/23	Friedmann	Franziska	1813/U	Magd
	Lackenbach	Karl	60/11/26	Lackenbach	Theresia	1843/U	Hdarb
	Laibinger	Erasmus	10/06/02	Laibinger (Löwinger)	Theresia		Magd
	Laemmel	Klara	44/10/1	Laemmel	Barbara	1820/U	Hdarb
	Lampel	Rudolf	59/09/18	Lampel	Rosalia	1841/U	Magd
	Lampl	Maria	64/03/23	Lampl	Leni (Magdalena)	1845/U	Magd
	Landauer	Johann	60/05/26	Landauer	Rosa	1842/U	Hdarb
	Landauer	Rosa	63/09/4	Landauer	Katharina	1843/U	Hdarb
	Landesmann	Eleonora	57/03/12	Landesmann	Eleonora	1832/U	Köchin
	Landsmann	Hermann	59/06/10	Landsmann	Rosalia	1830/U	Köchin
	Lang	Amalia	41/05/17	Sonnenmark	Amalia	1816/U	Hausr
	Lang	Anna	38/05/21	Juda	Helene	1809/Dt	Hdarb
	Lang	Anna	49/09/14	Lang	Rosalia	1826/U	Magd
	Lang	Anton	61/11/20	Lang	Julia	1843/U	Magd
	Lang	Anton	63/07/1	Lang	Julia	1844/U	Magd
	Lang	Eleonora	28/12/20	Angel	Regina	1808/M	Magd
	Lang	Ignaz	66/09/28	Lang	Klara	1832/Dt	Magd
	Lang	Josef	60/06/14	Lang	Rosalia	1837/U	Magd
	Lang	Josefa	58/05/5	Lang	Klara	1828/Dt	Magd
	Lang	Magdalena Barbara	37/02/11	Lang	Magdalena		Köchin
	Lang	Michael	34/01/27	Lang	Barbara		
	Langer	David	49/03/26	Langer	Katharina	1830/M	Magd
	Langer	Ernst	59/02/12	Langer	Ernestine	1840/M	Magd
	Langer	Katharina	52/09/14	Langer	Amalia	1832/U	Hdarb
	Langstein	Ignaz	64/08/27	Langstein	Amalia	1834/B	Magd
	Lanzer	Amalia	62/07/8	Lanzer	Charlotte	1841/S	Hdarb
	Lauberin	Theresia	1794/11	Ester	Theresia		
	Lauer	Maria	45/03/7	Lauer	Helene	1821/B	Magd
	Laufer	Elisabeth	47/12/30	Laufer	Elisabeth	1825/U	Magd
	Laufer	Franz	54/10/16	Laufer	Elisabeth	1826/U	Tagl

L

Initialen	K: Name	K: Vorname	geb.	M: Name	M: Vorname	geb. ca.	Beruf
	Laufer	Josef	45/12/20	Laufer	Josefine	1823/U	Hdarb
	Laut	Leopold	36/11/22	Schagal|Schachal	Katharina	1820/U	Köchin
	Lawaczek	Juliana	49/08/25	Lawaczek	Barbara	1822/M	Magd
	Lazansky	Johann	46/11/2	Lazansky	Lotte	1826/B	Magd
M.L.	*Lazari*|Lazary	Martha	23/10/11	Schlem	Karolina	1802	Magd
	Lebinger	Josef	66/01/13	Lebinger (Löwinger)	Magdalena	1839/U	Magd
	Lebinger|Labinger	Josef	66/12/9	Lebinger (Löwinger)	Magdalena	1839/U	Magd
	Lederer	Alois	45/04/28	Lederer	Theresia	1821/M	Magd
	Lederer	Anna Magdalena	51/11/26	Lederer	Anna	1832/B	Modistin
	Lederer|Loderer	Franz Josef	54/12/22	Loderer (Lederer)	Maria	1833/B	Magd
	Lederer	Friedrich	60/11/9	Lederer	Maria	1832/B	Magd
	Lederer	Georg	68/11/27	Lederer	Franziska	1838/U	
	Lederer	Magdalena	59/12/22	Lederer	Anna	1836/B	Magd
	Ledner	Karl	65/07/16	Ledner	Sali|Lotka	1840/U	Magd
	Lehner	Anna	50/06/6	Lehner	Lotti	1827/U	Magd
	Lehner	Josefa	50/06/6	Lehner	Lotti	1827/U	Magd
	Lehner	Karl	48/06/30	Lehner	Anna	1828/U	Magd
	Lehner|Lohner	Katharina	68/11/12	Lehner|Lohner	Lora	1843/U	Köchin
	Lehner	Magdalena	49/02/12	Lehner	Lotti	1830/U	Magd
	Lehner	Theresia	67/09/13	Lehner	Lora	1843/U	Magd
Ph.L.	*Leibnitz*	Philipp	37/09/29	Kohn	Wilhelmine	1813/U	Magd
	Leichner	Moritz	68/07/4	Leichner	Fanni	1844/U	Magd
	Leicht	Anna	60/01/19	Leicht	Maria	1831/U	Magd
	Leicht	Emilia Theresia	57/02/25	Leicht	Theresia		
	Leidenau|Leydenau	Maria	29/10/30	Gottlieb	Rosalia	1805/M	Köchin
	Leitner	Karl	26/12/22	Farago|Jarago	Anna	1803/U	Magd
	Leitner	Leopold	41/06/23	Steiner	Maria	1817/U	Hdarb
	Leitner	Maria	48/10/28	Leitner	Anna	1830/U	Hdarb
	Lembach	Alois	59/04/2	Lembach	Leni	1824/U	Hausr
	Lemberger	Leopoldine	41/11/15	Reis	Netti	1816/M	Hdarb

L

Initialen	K: Name	K: Vorname	geb.	M: Name	M: Vorname	geb. ca.	Beruf
	Lembert	Franziska	40/02/25	Fischer	Amalia	1814/U	Köchin
	Lenig	Anna	47/07/03	Lenig (Löw)	Berta		
	Lerner	Rosa	62/11/20	Lerner	Rosa	1841/G	Tagl
	Levan	Franz	63/01/8	Leván	Esther	1842/U	Magd
	Levenbach	Eduard	50/10/25	Levenbach	Johanna	1822/B	Magd
M.L.	*Levi*|Livi|	Mathias	22/09/23	Grünn	Juliana	1805/U	Tochter
	Levitus	Anna	64/03/10	Levitus	Franziska	1840/U	Magd
	Levitus	Rosalia	51/04/25	Levitus	Rosalia	1823/B	Magd
	Levkovits	Michael	53/10/5	Levkovits	Lotti	1835/U	Magd
	Lewenstein	Josef	29/08/2	Lewenstein	Theresia	1799/M	
	LEWI (LEWY)						
	Lewy	Franziska	48/08/14	Lewy (Löwy)	Franziska	1829/U	Hdarb
	Lewi	Karl	46/01/3	Lewi (Löwy)	Anna	1825/B	Magd
	Lewy|Löwy	Simon	67/08/28	Löwy	Karolina	1845/U	Hdarb
	Lewin	Johanna	64/07/3	Lewin	Regina	1841/U	Magd
	Lewinger	Johanna	62/10/16	Lewinger	Regina	1844/U	Magd
R.L.	*Libich*	Rosa	34/09/3	Zeissl	Josefa	1805/M	Magd
	Liebich	Josef	62/06/19	Liebich	Rosa	1838/U	Hdarb
	Lichtenstein	Ludwig	45/07/6	Lichtenstein	Rosa	1822/M	Magd
	Lichtenstein	Sofia	59/01/21	Lichtenstein	Katharina	1839/U	Magd
	Liebenberger	Moritz	66/02/1	Liebenberger	Lea Antonia	___/NÖ	
	Liebermann	Anton	51/06/24	Liebermann	Juliana	1820/B	Magd
	Lieblin	Elisabeth	03/12/28	Abraham	Theresia	___/U	
	Liebrecht	Simon	30/10/26	Waringer	Karolina	1811/U	Hdarb
	Liftschütz	Josef	45/10/18	Liftschütz|Duftschütz	Rosalia	1807/B	Tagl
	Ligsch|Ligch	Josef	1795/09	Ligschin|Ligch	Anna		
	Lilienau	Alois	43/06/19	Grünwald	Katharina	1817/U	Magd
P.L.	*Lilienau*	Peter	34/01/5	Brill	Sara	1802/Dt	Köchin
	Lilienfeld	Gustav Josef	13/01/11	Lilienfeld	Josefa		Magd
	Lilienthal	Maria	64/12/7	Lilenthal	Rosalia	1844/U	Stbm

L

Initialen	K: Name	K: Vorname	geb.	M: Name	M: Vorname	geb. ca.	Beruf
	Lilling	Wilhelm	46/01/21	Lilling	Karolina		
J.L.	*Linde*	Johann	36/12/26	Deutsch	Franziska	1814/M	Magd
	Lindenthal	Eleonora	26/12/14	Fromer	Anna	1803/U	Köchin
	Lintner	Josef	46/01/9	Lintner	Rosalia	1827/U	Magd
	Linzer	Maria	29/08/14	Geiger	Barbara	1803/B	Magd
	Lippschitz	Josef	57/06/22	Lippschitz	Regina		
M.L.	*Livi*|Levi	Mathias	22/09/23	Grünn	Juliana	1805/U	Tochter
	Lobmann	Leopold	41/11/16	Cvilinger|Zwil(l)inger	Rosalia	1823/U	Magd
	Loderer	Franz Josef	54/12/22	Loderer (Lederer)	Maria	1833/B	Magd
	Löflerin|Leflerin	Anna	1793/09	Kochin (Kohn)	Anna		
	Löffler	Anton	51/02/5	Löffler	Katharina	1827/M	Magd
	Löffler	Helene	64/01/16	Löffler	Franziska	1844/U	Hdarb
	Löffler	Maria	34/10/25	Löffler	Katharina		
	Löhner	Amalia	57/06/25	Löhner	Franziska	1838/U	Magd
	Lohner|Lehner	Katharina	68/11/12	Lehner|Lohner	Lora	1843/U	Köchin
	Löhner	Maria	65/12/6	Löhner	Maria	1841/U	Magd
	LÖW (LÖB, LÖFF, LOB)						
	Löb	Abraham	50/10/1	Löb	Sara	1832/U	Magd
	Löw	Anna	45/01/14	Löw	Eleonore (Leonore)	1828/U	
	Löw	August	67/02/19	Löw	Josefine	1845/U	Magd
	Löw	Barbara Katharina	60/09/29	Löw	Regina	1840/U	Magd
	Löff	Elisabeth	66/11/19	Löff	Katharina	1847/U	Magd
	Löw	Georg	67/05/17	Rosenzweig|Löw	Theresia	1850/U	Magd
	Lob	Josef	43/01/22	Fischer	Barbara	1823/U	Magd
	Lob	Josef	43/08/18	Eisler	Selda	1812/M	Magd
	Löb	Josefa	47/12/19	Löb	Johanna	1823/U	Magd
	Löw	Katharina	61/04/23	Löw	Fanni	1841/U	Magd
	Löw	Leopoldine	65/11/14	Löw	Josefine	1843/U	Magd
	Löw	Maria	64/02/9	Löw	Rosalia	1844/U	Magd
	Löb	Regina	53/07/13	Löb	Sali	1832/U	Magd

L

Initialen	K: Name	K: Vorname	geb.	M: Name	M: Vorname	geb. ca.	Beruf
	Löb	Rosa	67/01/5	Löb	Resi	1848/U	Hdarb
	Löw	Vinzenz	62/10/23	Löw	Regina	1840/U	Magd
	Löbenrosen	Josef	62/02/13	Löbenroser	Katharina	1840/U	Mågd
	Lövenbach	Franz	48/07/1	Lövenbach	Johanna	1821/B	Magd
	Lövi	Gustav	68/05/6	Lövi|Löwi	Regina	1849/U	Magd
	Lövinger	Maria	67/06/22	Lövinger (Löwinger)	Rosalia	1844/U	Magd
	Löwe|Hassan	Isidor	63/06/17	Hassan	Theresia	1837/W	Hdarb
	LÖWI (LEVI, LEVY, LÖWY, LIVI)						
	Löwy	Alois	46/04/25	Löwy	Julia	1824/U	Magd
	Löwy|Lowy	Anna	54/04/29	Lowy|Löwy	Netti	1830/M	Magd
	Löwy	Eva	43/12/16	Löwy	Julia	1824/U	Magd
	Löwy	Franz	54/12/27	Löwy	Johanna	1830/U	Hdarb
	Lewy	Franziska	48/08/14	Lewy	Franziska	1829/U	Hdarb
	Lövi	Gustav	67/02/28	Lövi	Aloisia	1848/U	Magd
	Lövi	Gustav	68/05/6	Lövi|Löwi	Regina	1849/U	Magd
	Löwi	Heinrich	61/10/21	Löwi	Katharina	1836/B	Magd
	Löwy	Jakob	44/10/14	Löwy	Maria	1825/M	Hdarb
	Löwy	Jakob	62/04/20	Löwy	Maria	1842/U	Köchin
	Löwy	Johann Anton	47/12/5	Löwy	Katharina	1828/B	Magd
	Löwi	Johanna	67/04/12	Löwi	Johanna	1839/U	Köchin
	Löwy	Josef	44/01/26	Löwy	Rosalia	1822/M	Magd
	Löwy	Josef	49/10/25	Löwy	Juliana	1823/U	Magd
	Lewi	Karl	46/01/3	Lewi	Anna	1825/B	Magd
	Löwi	Karl	46/07/17	Löwi	Wali|Franziska	1822/M	Magd
	Löwy|Lövi	Karl	63/09/25	Lövi	Fanni	1828/U	Magd
	Löwy	Karl	64/06/30	Löwy	Regina	1840/U	Köchin
	Löwi	Karolina	55/10/09	Löwi	Fanni	___/M	
	Löwy	Karolina	66/02/20	Löwy	Susanna	1845/U	Magd
	Löwy	Leopold	60/10/25	Löwy	Theresia	1833/M	Magd
M.L.	*Livi*|Levi	Mathias	22/09/23	Grünn	Juliana	1805/U	Tochter
	Löwy	Rudolf	65/02/11	Löwy	Rosalia	1846/B	Köchin

L

Initialen	K: Name	K: Vorname	geb.	M: Name	M: Vorname	geb. ca.	Beruf
	Löwy|Lewy	Simon	67/08/28	Löwy	Karolina	1845/U	Hdarb
	Löwy|Löwi	Sofia	52/11/26	Löwi	Juliana	1832/M	Magd
	Löwy	Wolf|Adolf	46/02/5	Löwy	Maria	1824/M	Magd
	Löwidt	Heinrich	60/07/4	Löwidt	Henriette	1831/B	Magd
	LÖWINGER (LEBINGER, LEVINGER, LÖVINGER)						
	Löwinger	Adolf	61/08/14	Löwinger	Katharina	1838/U	Magd
	Laibinger	Erasmus	10/06/02	Laibinger	Theresia		Magd
	Löwinger	Heinrich	64/09/10	Löwinger	Resi	1844/U	Magd
	Lewinger	Johanna	62/10/16	Lewinger	Regina	1844/U	Magd
	Lebinger	Josef	66/01/13	Lebinger	Magdalena	1839/U	Magd
	Labinger|Lebinger	Josef	66/12/9	Labinger|Lebinger	Magdalena	1839/U	Magd
	Löwinger	Juliana	65/12/14	Löwinger	Magdalena	1840/U	Magd
	Lövinger	Maria	67/06/22	Lövinger	Rosalia	1844/U	Magd
	Löwinger	Simon	68/05/18	Löwinger	Rosalia	1846/U	Magd
	Löwidt	Heinrich	60/07/4	Löwidt	Henriette	1831/B	Magd
	Löwith	Leopold	63/12/23	Löwith	Henriette	1831/B	Magd
	LÖWL (LÖBL, LEBLIN)						
	Löbl	Ignaz	47/10/7	Löbl	Regina	1823/U	Magd
	Löbl	Josef	66/12/10	Löbl	Cäcilia	1849/U	Hdarb
	Löwl	Moritz	45/12/13	Löwl	Regina	1821/U	Magd
	Löbl Sinek	Ignaz	34/09/09	Löbl Sinek	Theresia		Köchin
	Lohner|Lehner	Katharina	68/11/12	Lehner|Lohner	Lora	1843/U	Köchin
	Loke	Alois	33/10/21	Goldhammer	Julia	1811/U	Magd
	Losch	Katharina	33/08/15	Freund	Maria	1804/U	Köchin
	Loth	Anton	61/03/20	Loth	Theresia	1836/M	Magd
	Lott	Rosalia	49/05/13	Lott	Johanna	1826/M	Magd
	Ludwick|Ludwig	Anna	25/05/14	Ludwick|Ludwig	Kunigunde	1792/Dt	Magd
L.L.	*Ludwig|Labler*	Thekla	36/08/23	Friedmann	Franziska	1813/U	Magd
	Lugen|Luger	Ludwig	41/04/15	Fried	Josefa	1815/M	Magd
	Lumann	Ludwig	39/09/25	Zeisel	Theresia	1815/M	Magd

L

Initialen	K: Name	K: Vorname	geb.	M: Name	M: Vorname	geb. ca.	Beruf
	Lustig	Alois	63/01/19	Lustig	Barbara	1839/B	Hdarb
	Lustig|*Artig*	Anna	39/10/31	Lustig	Franziska	1822/U	Magd
	Lustig	Anton	61/11/2	Lustig	Barbara	1837/B	Hdarb
	Lustig	August	59/09/30	Lustig	Rosalia	1839/U	Hdarb
	Lustig	Bernhard	68/03/24	Lustig	Katharina	1847/U	Magd
	Lustig	Berta	69/01/9	Lustig	Anna	1837/B	Magd
	Lustig|Schwarzbartl	Franz Levi Leopold	53/01/7	Lustig|Ziegler	Amalia	1831/M	Hdarb
	Lustig	Franz	59/08/25	Lustig	Netti	1839/U	Magd
	Lustig	Franz	63/02/8	Lustig	Katharina	1844/U	Magd
	Lustig	Johann	45/08/12	Lustig	Maria	1819/B	Tagl
	Lustig	Johann	60/11/3	Lustig	Barbara	1837/B	Magd
	Lustig	Johann Baptist	45/06/28	Lustig	Maria	1819/B	Magd
	Lustig	Josef	59/11/21	Lustig	Barbara	1836/B	Arb
	Lustig	Karl	55/09/11	Lustig	Rosalia	1830/U	Hdarb
	Lustig	Pauline	10/06/20	Lustig	Barbara		Tochter
	Lustig	Pauline	68/06/5	Lustig	Amalia	1849/U	
	Lustig	Theresia	30/10/12	Lustig	Rosalia	___/M	
	Lux	Katharina	57/11/27	Lux	Barbara	1826/B	Magd

L

Initialen	K: Name	K: Vorname	geb.	M: Name	M: Vorname	geb. ca.	Beruf
	Maasz Henriette Johanna, vide Mass						
	Mach	Franz	50/05/10	Mach	Maria	1830/U	Magd
	Mach	Johann	47/07/11	Mach	Maria	1828/U	Magd
	Macher	Eleonora	24/12/13	Hartmann	Anna	1789/NÖ	Köchin
	Maczner Franziska, vide Placzner Franziska						
	Mader	Michael	33/09/11	Deutsch	Theresia	1806/U	Magd
	Märischl Barbara, vide Marischl Barbara						
	Magner	Ernst	53/05/13	Magner	Minna|Maria	1826/U	Magd
	Magnet	Karl	45/04/30	Magnet	Anna	1825/U	Magd
	Maier Johann, vide Brauner Johann						
	Main	Maria	40/02/18	Rosenberg	Elisabeth	1821/U	Tochter
M.M.	*Maister*	Maria	35/12/17	Lazar|Lazas	Johanna	1811/U	Magd
	Majer Wilhellm, vide Mayer						
	Major	Johann	64/08/9	Major	Regina	1844/U	Hdarb
	Majsel Wilhelmine, vide Meisel						
	Malina Maria, vide Mallina						
	Malinka	Maria	41/11/19	Feig|Feich	Josefa	1819/U	Magd
	MALLER (MALER)						
	Maller	Johann	55/10/4	Maller	Betti	1833/U	Köchin
	Maler	Ludwig	59/10/27	Maler	Theresia	1832/B	Hdarb
	Maller	Theresia	53/12/28	Maller	Barbara	1831/U	Magd
	MALLINA (MALINA)						
	Malina	Maria	38/04/2	Sternberg	Johanna	1813/U	Magd
	Mal(l)ina	Maria	40/08/17	Sauer	Netti|Betti	1818/U	Magd
	Mal(l)ina	Mathias	42/06/12	Reichel	Theresia	1823/B	Magd
	Malzer|Malzan	Mathias	42/03/5	Augenfeld	Charlotte	1808/B	Magd
	MANDEL (MANDL)						
	Mandel	Adolf	62/08/13	Mandel	Theresia	1842/U	Magd
	Mandl	Alois	64/12/18	Mandl	Johanna	1845/W	Köchin
	Mandel	Anna	63/12/31	Mandel	Anna	1845/U	Magd

M

Initialen	K: Name	K: Vorname	geb.	M: Name	M: Vorname	geb. ca.	Beruf
	Mandel	Anna	64/03/25	Mandel	Anna	1843/U	Magd
	Mandl	Anna	66/04/18	Mandl	Katharina	1838/U	Magd
	Mandl	Bernhard	63/12/16	Mandl	Rosa	1837/U	Magd
	Mandl	Emma	57/09/13	Mandl	Juliana	1835/U	Hdarb
	Mandel	Ferdinand	66/10/19	Mandl	Theresia	1844/U	Magd
	Mandl	Leopold	45/10/14	Mand(e)l	Susanna	1821/B	Magd
	Mandel	Wilhelm	58/01/13	Mandel	Fanni	1837/M	Hdarb
	Manhard	Andreas	02/02/3	Judtin|Judin	Rosalia	___/Tirol	
	Manhart	Ludwig	28/12/16	Hartmann	Rosalia	1805/B	Magd
M.M.	*Manner(in)*	Maria	23/09/16	Polak	Theresia	1804/B	Magd
	Marburg	Emma	62/07/31	Marburg	Helene	1842/S	Köchin
	Marburg	Leopold	64/07/8	Marburg	Karolina	1843/S	Magd
	Marburg	Leopoldine	60/08/2	Marburg	Helene	1841/S	Magd
	Marburg	Moritz	58/03/18	Marburg	Magdalena	1841/S	Magd
	Marburger|Fischer	Maria|Amalia	38/10/4	Fischer	Amalia	1816/U	Tagl
	Marchfeld	Karl	64/02/15	Marchfeld	Julia	1840/U	Magd
	Maril	Franz	64/04/12	Maril	Rosa	1840/B	Magd
	Maril	Heinrich	61/02/07	Moril	Rosalia	1839/B	Magd
	Maril	Johann	68/12/3	Maril	Rosalia	1844/B	Köchin
	Maril	Josef	65/11/27	Maril	Rosalia	1838/B	Magd
	Marischl|Märischl	Barbara	65/10/29	Märischl	Johanna	1842/M	Hdarb
	Markgraf	Leopold	26/11/13	Teller	Josefa|Franziska	1808/M	Magd
	Markl	Karl	33/12/4	Bloch	Josefa	1814/B	Magd
	Markus	Hermann	52/06/19	Markus	Regina	1834/U	Stbm
	Marmor	Maria	43/02/26	Neumann	Theresia	1815/U	Arb
M.M.	*Marschalek*	Maria	36/06/19	Fischer	Julia	1818/U	Magd
	März|Märtz	Johann Bapt.	20/03/23	Bader	Juliana	1800/M	Magd
	Mas Maria, vide Mass						
	Masarzik	Katharina	56/06/27	Masarzik	Katharina	1838/M	Tochter
	MASS (MAASZ, MAS)						

M

Initialen	K: Name	K: Vorname	geb.	M: Name	M: Vorname	geb. ca.	Beruf
	Mass|Maaß	Franz	55/10/21	Mass	Anna	1837/Sl	Magd
	Mass	Franziska	58/11/20	Mass	Theresia	1830/M	Köchin
	Maasz	Henriette Johanna	65/04/1	Maasz	Elisabeth	1838/U	Magd
	Max	Franz Seraph.	1820/11	Grünhodina	Anna	1800/U	Magd
	Mas	Maria	42/11/14	Wolf	Josefa	1820/M	Hdarb
	Mathis	Antonia	49/11/27	Mathis	Antonia	1823/U	Magd
	Matzner	Johann	59/07/30	Matzner	Elisabeth	1839/M	Hdarb
	Mauer	Maria	42/01/9	Reichmann	Maria	1815/M	Magd
	Maurer	Adelheid	35/12/27	Maurer	Theresia		
J.M.	*Maurer*	Jakob	19/12/12	Stein	Maria	1797/M	Hdarb
	Maurer	Wilhelm	35/12/27	Maurer	Theresia		
	Mausberger	Eduard	43/09/19	Neuwirth	Maria	1823/M	Magd
	MAUTNER (MAUTHNER)						
	Mautner	Anna	57/08/11	Mautner	Karolina	1829/B	Magd
	Mauthner	Anton	58/01/25	Mauthner	Anna	1826/B	Magd
	Mauthner	Eduard	59/12/7	Mauthner	Maria	1838/B	Hdarb
	Mautner	Heinrich	49/06/26	Mautner	Fanni	1824/B	Magd
	Mautner	Josef	59/02/15	Mautner	Maria	1835/B	Magd
	Mautnerin	Josefa	1796/04/16	Mautnerin	Franziska		
	Mautner	Karolina	59/10/18	Mautner	Karolina	1830/B	Magd
	Mautner	Karolina	65/08/11	Mautner	Maria	1845/U	Magd
	Mauthner	Katharina	57/08/18	Mauthner	Maria	1833/B	Magd
	Max	Karl	45/02/13	Max	Katharina	1826/U	Magd
	May	Anselm	29/05/20	Fromer	Anna	1805/U	Magd
	May	Anton	43/05/30	Ochs	Franziska	1822/U	Magd
	May	Anton	31/05/28	Hirschscheider	Rosalia	1808/Dt	Hdarb
	May	Michael	30/05/8	Schwarz	Theresia	1802/B	Köchin
	Mayberg	Maria	41/11/11	Fischer	Amalia	1814/U	Magd
	MAYER (MAJER, MEYER, MEIER)						
	Mayer	Anna	17/06/12	Mayer	Cäcilia	1798/NÖ	Hdarb

M

Initialen	K: Name	K: Vorname	geb.	M: Name	M: Vorname	geb. ca.	Beruf
	Mayerin	Elisabeth	1786/05	Mayerin	Theresia		
	Mayer	Elisabeth	27/07/31	Beer	Katharina	1802/U	Köchin
	Mayer	Franz	20/09/6	Hofman	Theresia	1801/M	Magd
	Meier	Johann Baptist	59/06/22	Meier	Rosalia		
J.M.	*Mayer*	Johann Nepomuk	25/05/24	Häussler	Maria	1805/U	Köchin
J.M.	*Mayer*	Josef	17/09/3	Leser	Katharina	1797/U	Magd
	Mayer	Karolina	37/02/28	Mayer	Theresia		Magd
M.	*Mayer*	Klara	19/10/3	Jerg	Johanna	1799/Dt	Magd
	Mayer|Mis	Maria	36/09/13	Prager	Rosalia	1808/M	Köchin
	Meyer	Maria	65/05/14	Meyer	Regina	1845/U	Magd
	Mayer	Philipp	13/04/30	Weiss	Rosalia	1784/B	Magd
	Mayer	Siegfried	48/04/18	Mayer	Theresia	1825/M	Magd
	Majer	Wilhelm	62/11/8	Majer	Theresia	1836/U	Magd
	Mazkowitz	Josef Franz	60/02/26	Mazkowitz	Anna	1833/G	Köchin
	Maznar	Jakob	45/12/30	Maznar	Franziska	1826/U	Magd
	Mechner	Berta	61/03/25	Mechner	Franziska	1841/U	Hdarb
	Mechur	Maximilian	61/02/28	Mechur	Anna	1833/U	Magd
	Mechur	Wilhelm	59/06/7	Mechur	Anna	1833/U	Magd
	Mehrlichin|Nehrlich	Josefa	04/10/21	Salomonin	Theresia		
	Meillender|Meilerdin	Gertraud	10/10/31	Meillender|Meillerdin	Rosalia		
	MEISEL (MAJSEL, MEISL)						
	Meisel	Johann	61/08/6	Meisel	Katharina	1839/U	Magd
	Meisl	Johann	64/03/6	Meisel	Katharina	1840/U	Magd
	Meisel	Johanna	64/09/9	Meisel	Rosa	1838/U	Hdarb
	Meisl	Katharina	68/02/29	Meis(e)l	Katharina	1840/U	Magd
	Meisl	Nathan	68/04/12	Meisl	Sali	1844/U	Magd
	Majsel	Wilhelmine	65/10/22	Majsel	Sali	1845/U	Magd
	Meiter	Maria	38/12/30	Steiner	Karolina	1819/U	Magd
	Melaun	Maria	40/03/24	Spiegler	Barbara	1820/M	Hdarb
	Melhart	Mathias	35/09/11	Freund	Maria	1807/U	Magd

Initialen	K: Name	K: Vorname	geb.	M: Name	M: Vorname	geb. ca.	Beruf
	Mendl	Maria	37/10/13	Weiss	Franziska	1815/U	Magd
	Menzles Karl Heinrich, vide Guttmann Karl Heinrich						
	Merk	Maria	35/10/22	Spuler	Magdalena	1809/U	Köchin
	Merkl	Maria	42/06/7	Spiess	Katharina	1823/U	Magd
	Merklich	Maria	43/11/12	Schwarz	Barbara	1824/B	Hdarb
	Messinger	Karl	67/11/2	Messinger	Lotti	1844/G	Magd
	Metter	Josefa	29/08/14	Rosenzweig	Charlotte|Katharina	1804/M	Tochter
	METZ(E)L						
	Metzl	Berthold	62/03/1	Metzel	Johanna	1845/U	Hdarb
	Metzl	Ernestine	64/02/1	Metzl	Johanna	1844/U	Magd
	Metzel	Ferdinand	45/02/12	Metzel	Rosina	1825/B	Hausr
	Metzker	Hildegard	54/10/21	Metzger	Charlotte	1831/B	Köchin
	Metzker	Ottilia	53/05/31	Metzker	Karolina	1829/B	Magd
	Meyer vide Mayer						
	Michaleck	Mathias	39/05/7	Friedmann	Franziska	1814/U	Magd
P.M.	*Mieder*	Paul	38/06/29	Modler	Cäcilia	1821/U	Magd
	Milde	Vinzenz Eduard	37/02/17	Beck	Rosalia	1818/M	Köchin
E.M.	*Miless*	Eleonora	25/04/24	Waldmann	Rosalia	1804/U	Magd
	Mil(l)ich	Anna	46/12/30	Milich	Maria	1828/U	Tochter
	Miller	Josef Ferdinand	49/07/6	Miller	Anna	1827/W	Hdarb
	Mirwald	Maria	43/09/6	Herzog	Anna	1820/M	Magd
	Mirwald|Mo(o)s	Maria	43/09/6	Rosner	Rosa	1821/U	Magd
	Mis|Mayer	Maria	36/09/13	Pisger	Rosalia	1808/M	Köchin
A.M.	*Misach*	Abel	24/05/22	Hofmann	Anna	1795/U	
D.M.	*Misach*	Daniel	24/05/30	Guttmann	Katharina	1804/U	Magd
	Mittelmann	Pauline	66/12/13	Mittelmann	Anna|Johanna	1846/U	Magd
	Mit(t)woch	Antonia	21/03/28	Warstein	Katharina	1798/B	Magd
	Mittwoch	Leopold	24/09/2	Kirschner	Susanna	1797/U	Magd
	Modern	Karl	56/11/12	Modern	Rosalia	1831/U	Hdarb
	Modern	Philipp	57/12/10	Modern	Rosalia	1830/U	Hdarb

M

Initialen	K: Name	K: Vorname	geb.	M: Name	M: Vorname	geb. ca.	Beruf
	Möller	Emilia	51/09/24	Möller	Theresia	1829/B	Magd
	Mogan	Josef	61/02/1	Mogan	Magdalena	1839/U	Magd
	Mohr	Klara	21/10/24	Brager (Prager)	Theresia	1793/M	Magd
	Moises, vide Moses						
	Montag	Ferdinand	20/11/26	Grünhodina	Anna	1800/U	Hdarb
	Montag	Josefa	03/03/7	Lamberger	Karolina	___/U	
	Montag	Josefa	26/08/24	Lebel	Johanna	1806/U	Magd
	Montag	Monika	41/03/1	Hofmann	Dorothea	1816/B	Magd
	Moos Maria, vide Mirwald Maria (Mutter Rosner)						
	Morawetz	Johanna	52/05/24	Morawetz	Anna	1830/B	Hdarb
	Morawetz	Maria	49/01/8	Morawetz	Barbara	1823/B	Magd
	Morawetz	Maria Magdalena	38/02/11	Gölis (Gelles)	Theresia	1813/U	Hdarb
	Morawetz	Mathias	40/08/5	Grünfeld	Katharina	1821/U	Magd
	Morgenstern	Adolf	47/12/15	Morgenstern	Theresia	1809/U	Hdarb
	Morgenstern	Gustav	47/12/15	Morgenstern	Theresia	1809/U	Hdarb
	Moril Heinrich, vide Maril Heinrich						
	MOSER (MOSSER)						
E.Sp.	*Mosser*|Sohmmer	Egidius	22/11/30	Daniel	Franziska	1803/U	Magd
	Moser	Karolina	34/10/1	Herzmann	Juliana	1813/U	Magd
E.Sp.	*Mosser*|Sohmmer	Spiridianus	22/11/30	Daniel	Franziska	1803/U	Magd
	MOSES (MOISES, MOYSES, MOZES)						
	Mozes|Moses	Alexander	63/01/8	Mozes	Julia	1844/U	Köchin
	Mozes|Moses	Heinrich	66/03/15	Mozes	Julia	1840/U	Magd
	Moises|Mojses	Josef	59/07/7	Moises|Mojses	Anna	1837/U	Magd
M.M.	*Moses*	Maria	23/09/26	Teichis	Sara	1800/M	Magd
	Moises	Rosa	52/04/23	Moises	Rosa	1830/U	Hdarb
	Moyses	Theresia	1797/09	Moyses(in)	Anna	___/U	
	Moyses|Moises	Theresia	1799/11	Moyses|Moises	Elia		
	Motzka	Augustin	62/06/19	Motzka	Anna	1839/U	Magd
	Muk	Franz	33/06/23	Hecht	Franziska	1812/U	Magd

Initialen	K: Name	K: Vorname	geb.	M: Name	M: Vorname	geb. ca.	Beruf
	Muck|Muk	Rosalia	35/11/27	Minkus	Barbara	1811/M	Magd
	Müller	Anton	43/05/25	Winkler	Theresia	1818/U	Magd
	Müller	Elisabeth	23/01/18	Müller	Anna	1797/B	Magd
	Müller	Josef	62/01/2	Müller	Johanna	1833/U	Magd
	Müller	Josef	67/02/20	Müller	Johanna	1848/U	Magd
	Müller	Karl	59/08/30	Müller	Lotti	1839/U	Magd
	Müller	Leopoldine	63/05/17	Müller	Betti	1827/U	Hausr
	Müller	Maria	62/08/19	Müller	Maria	1840/U	Magd
	Müller	Rosalia	61/09/27	Müller	Amalia	1839/U	Hdarb
	Müller	Rudolf	61/04/20	Müller	Maria	1833/B	Magd
	Müller	Theresia	55/01/30	Müller	Katharina	1837/U	Hdarb
	Münzer	Josef	65/11/21	Münzer	Fanni	1844/Dt	Magd
E.M.	*Müttelbach|*Mittelbach	Emilia	24/08/6	Bather	Maria	1804/U	Magd
	Mundbe(c)k	Mathias	42/02/12	Fleischmann	Anna	1818/U	Magd
	Munk	Ernestine	67/03/16	Munk	Rosalia	1842/U	Magd
	Munk	Rosa	56/04/7	Munk	Babette	1832/U	Magd
	Musack	Paul	02/06/27	Angerin	Rosalia	___/B	
	Muz	Mathias	42/03/1	Vogl	Betti	1823/U	Magd

M

Initialen	K: Name	K: Vorname	geb.	M: Name	M: Vorname	geb. ca.	Beruf
	Nachmias	Josef	56/11/5	Nachmias	Lotti	1838/W	Hdarb
A.N.	*Nachtiga(a)l*	Amalia	18/08/17	Singer	Theresia	1793/U	Magd
	Nagl	Maria	55/07/28	Nagl	Johanna	1825/B	Hdarb
	Nasch	Anton	66/09/17	Nasch	Fanni	1843/U	Hdarb
	Nasch	Maria	54/06/18	Nasch	Helene	1826/U	Magd
	Nasch	Rudolf	51/12/13	Nasch	Fanni	___/U	
	Natzler	Karl	49/10/23	Natzler	Magdalena	1827/W	Hausr
	Nay Maria, vide Neu						
	Nehrlich|Mehrlichin	Josefa	04/10/21	Salomonin	Theresia		
	Neid	Karl	11/10/30	Stettler	Juliana		
	Nemeschitz	Maria	50/11/18	Nemschitz	Hermine	1823/M	Magd
	Nemschitz|Nemsitz	Johanna	61/12/11	Nemschitz|Nemsitz	Fanni	1842/M	Magd
	NEU (NAY)						
	Neu	Franz	52/12/28	Neu	Rosina	1834/U	Hdarb
	Neu	Franz	57/09/8	Neu	Maria	1836/U	Magd
	Nay|Neu	Maria	33/08/18	Erdmann	Rosalia	1811/M	Witwe
	Neu	Samuel	55/04/16	Neu	Rosalia	1837/U	Magd
	Neubach	Franziska	68/01/30	Neubach	Regina	1845/M	Magd
	Neubauer	Anna	60/08/27	Neubauer	Julia	1840/U	Hdarb
	Neubauer	Franziska	66/08/20	Neubauer	Julia	1840/U	Hdarb
	Neubauer	Juliana	66/08/20	Neubauer	Julia	1840/U	Hdarb
	Neubauer	Karl	57/02/7	Neubauer	Josefa	1839/U	Magd
	Neuberger	Jakob	64/06/15	Neuberger	Karolina	1836/B	Magd
	Neuer	Maria Josefa	20/03/01	Neuer	Rosalia		Magd
	Neufeld	Anna	66/12/9	Neufeld	Fanni	1849/U	Magd
	Neufeld	Eduard	68/05/2	Neufeld	Julia	1846/U	Magd
	Neufeld	Josef	65/09/22	Neufeld	Anna|Nina	1847/U	Hdarb
	Neufeld	Karl	68/02/9	Neufeld	Anna	1843/U	Magd
	Neufeld	Leopold	47/09/1	Neufeld	Franziska	1824/U	Magd
	Neufeld	Leopold	50/02/9	Neufeld	Rosalia|Franziska	1825/U	Magd
L.N.	*Neufeld*	Ludmilla	25/12/31	Kraus	M.A.	1808/M	Hdarb

N

Initialen	K: Name	K: Vorname	geb.	M: Name	M: Vorname	geb. ca.	Beruf
	Neufeld	Maria	55/05/14	Neufeld	Cäcilia	1822/U	Magd
	Neufeld	Moritz	67/10/16	Neufeld	Fanni	1843/U	Hdarb
	Neufeld	Moritz	68/11/6	Neufeld	Maria	1847/U	Magd
	Neufeld	Rudolf	66/12/15	Neufeld	Netti|Esther	1843/U	Magd
	Neufeld	Rudolf	67/09/20	Neufeld	Barbara	1845/U	Magd
	Neufeld	Wilhelmine Fr.	45/01/26	Neufeld	Franziska	1822/U	Magd
	Neugebauer	Josef	20/12/22	Förschner|Forschner	Anna	1801/M	Magd
	Neugebauer	Maria	66/12/1	Neugebauer	Resi	1844/U	Magd
	Neugebohrnin	Agnes	1785/01	<...>	Tonerl		
	Neuhaus	Barbara	66/08/6	Neuhaus	Barbara	1841/B	Magd
	Neuhaus	Johanna	56/05/4	Neuhaus	Maria	1833/U	Magd
	Neuhäuser	Alexander	49/02/23	Neuhäuser	Theresia	1830/B	Magd
	Neuhauser	Hermine	51/01/15	Neuheuser|Neuhauser	Theresia	1831/B	Hdarb
	Neuling	Albert	28/01/4	Schwabach	Sofia	1806/Dt	Magd
	Neumann	Amalia	60/03/22	Neumann	Rosa	1828/U	Hdarb
	Neumann	Berta	67/01/13	Neumann	Rosalia	1844/U	Magd
	Neumann	Berta	67/04/23	Neumann	Theresia	1847/U	Magd
	Neumann	Eduard	57/08/27	Neumann	Rosa	1829/U	Köchin
	Neumann	Emilia	60/01/3	Neumann	Rosina	1840/U	Hdarb
	Neumann	Ferdinand	54/05/15	Neumann	Rosa	1829/U	Magd
	Neumann	Franz	57/11/10	Neumann	Josefine	1834/U	Stbm
	Neumann	Heinrich	67/12/17	Neumann	Rosalia	1849/U	Hdarb
	Neumann	Hugo	61/05/02	Neumann	Rosina	1839/U	Magd
	Neumann	Johanna Wilh.	62/11/25	Neumann	Wilhelmine		
	Neumann	Josef	44/03/13	Neumann	Barbara	1819/U	Magd
	Neumann	Josef	59/01/5	Neumann	Sali	1836/U	Magd
	Neumann	Josef	63/10/26	Neumann	Rosalia	1841/U	Magd
	Neumann	Josef	67/08/3	Neumann	Henriette|Jetti	1840/U	Magd
	Neumann	Julius	64/02/4	Neumann	Helene	1845/U	Hdarb
	Neumann	Karl	48/04/15	Neumann	Katharina	1828/M	Magd
	Neumann	Katharina	68/04/22	Neumann	Theresia	1846/U	Köchin

Initialen	K: Name	K: Vorname	geb.	M: Name	M: Vorname	geb. ca.	Beruf
	Neumann	Leopoldine	46/11/9	Neumann	Theresia	1817/U	Magd
	Neumann	Markus	68/11/19	Neumann	Hanni	1849/U	Köchin
N.	*Neumann*	Mathias	27/01/2	Polak	Maria	1805/U	Magd
	Neumann	Moritz	54/03/8	Neumann	Rosalia	1834/U	Magd
	Neumann	Paul	65/12/25	Neumann	Rosalia	1842/U	Magd
	Neumann	Rosa	45/10/19	Neumann	Theresia	1823/M	Magd
	Neumann	Rudolf	53/02/14	Neumann	Anna	1831/B	Magd
	Neumann	Theresia	60/04/26	Neumann	Mimi	1840/Stmk	Hdarb
	Neumaier|Neumeyer	Karl	47/09/8	Neumeyer	Katharina	1826/M	Magd
	Neumeyer Karl, vide Neumaier Karl						
	Neuner	Ernestine Fr. A.	58/07/1	Neuner	Katharina	1834/M	Hdarb
	Neuspiel	Sofia	61/04/12	Neuspiel	Hermine	1844/U	Hdarb
	Neuvels	Ernestine	67/01/26	Neuvels|Neufels	Rosalia	1843/U	Magd
	Neuwald	Ludwig	68/04/1	Neuwald	Rosalia	___/U	Magd
	Neuwirth	Alois	63/05/11	Neuwirth	Josefa	1839/U	Magd
	Nicklin	Barbara	11/11/24	Stein	Amalia	___/U	
	Nieder	Karl	39/09/13	Zinsenheim	Regina	1820/U	Köchin
	Nisels	Josefa	65/02/10	Nisels	Sali	1845/M	Magd
	Novello	Klara	38/04/5	Sommer	Anna	1818/U	Magd
	Nowotny|Novotny	Maria	54/07/28	Nowotny	Anna	1826/B	Magd

N

Initialen	K: Name	K: Vorname	geb.	M: Name	M: Vorname	geb. ca.	Beruf
	Oberländer	Josefa	56/09/18	Oberländer	Katharina	1837/M	Hdarb
	Oberländer	Karl	61/12/12	Oberländer	Leni	1837/M	Magd
	Oberländer	Maria	66/02/13	Oberländer	Magdalena	1843/U	Magd
	Obermeyer	Julius	56/05/08	Obermeyer	Anna		
	Oblat	Anna	55/07/25	Oblat	Katharina	1824/M	Magd
	Och|Öl	Johann Evang.	19/01/3	Och	Franziska	1799/W	Hdarb
	Ochs	Jakob	56/05/9	Ochs	Franziska	1825/U	Köchin
	Öl Johann Evang., vide Och						
	Oesterreich(er) vide Osterreicher						
	Offenbach	Leopold	36/06/10	Offenbach	Maria	1811/U	Magd
	Ofner	Aloisia	55/10/10	Ofner	Juliana	1831/B	Magd
	OHRENSTEIN						
	Ohrenstein	Jakob	55/12/4	Ohrenstein	Betti	1832/M	Köchin
	Ohrenstein	Julius	51/07/1	Ohrenstein	Franziska	1827/B	Hdarb
	Oppenheim	Gregor	63/11/16	Oppenheim	Franziska	1833/B	Köchin
	Oppenheimer	Mathilde	59/02/16	Oppenheimer	Franziska	1835/B	Magd
	Orvan	Josef	45/03/29	Orvan	Josefa	1820/U	Magd
	Oser	Josef	65/03/18	Oser	Resi|Rosi|Theresia	1841/M	Magd
	Oser	Karolina	61/11/5	Oser	Nina|Maria	1842/M	Magd
	ÖSTERREICHER (OESTERREICHER, OSTREICHER, OESTREICH)						
	Oesterreicher	Aloisia	58/05/30	Oesterreicher	Karolina	1830/U	Magd
	Oesterreicher	Franziska	58/12/2	Östereicher	Fanni	1836/U	Köchin
K.O.	*Oestreich*	Karl	23/06/10	Schönberg	Juliana	1805/U	Magd
	Ostreicher	Maria	59/05/29	Östreicher	Karolina	1831/U	Magd
	Oesterreicher	Theresia	50/05/24	Östreicher	Charlotte	1830/U	Magd
	Oesterreicher	Thomas	56/07/28	Österreicher	Lotti	1830/U	Magd
	Ostertag	Augustin	33/04/9	Pollack	Katharina	1809/U	Magd
	Ostreicher Maria, vide Österreicher						
	Osuk	Mathias	43/09/14	Breuner	Julia	1818/U	Magd
	Oszman	Rosa	68/11/11	Oszman	Eleonora	1835/U	Magd

O

Initialen	K: Name	K: Vorname	geb.	M: Name	M: Vorname	geb. ca.	Beruf
	Pahl Antonia, vide Pohl Antonia						
	Palas	Anna	43/06/2	Pollack|Polak	Regina	1815/U	Magd
Alois	*Pani*	Alois	33/11/12	Singer	Karolina	1813/U	Magd
	Panzing|Pontzig	Elisabeth	21/09/28	Panzig|Pontzig	Katharina	1795/Sl	Hdarb
	Paschges (Paschkes, Paschkus)						
	Paschkes Moritz, vide Paschkus Moritz						
	Paschkus	Moritz	47/01/26	Paschkus|Paschkes	Maria	1826/U	Magd
	Paschges	Pauline	46/02/6	Paschges	Barbara	1829/M	Hdarb
J.P.	*Passer*	Josefa	36/10/15	Herrmann	Esther	1812/Dt	Köchin
	Pater	Anna	57/09/5	Pater	Theresia	1835/M	Magd
Paul	*Paudy*	Paul	36/08/8	Kraus	Maria	1811/B	Magd
	Payer|Payr	Leopoldine	33/11/11	Ruber	Josefa	1810/M	Magd
	Pelikan	Eduard	61/03/18	Pelikan	Johanna	1838/G	Magd
	Pentlicka	Emma	64/08/22	Pentlicka	Johanna	1829/B	Hdarb
	Pentlicka	Maria	62/07/3	Pontlicka|Pentlicka	Johanna	1829/B	Magd
	Peregrina	Maria	43/04/26	Horn	Julia	1827/U	Magd
	Pereles	Katharina	54/06/25	Pereles	Theresia	1828/B	Magd
	Peresin	Pauline	35/02/7	Böhm	Anna	1815/B	Magd
P.P.	*Perlenhof*	Peter	38/07/8	Spitzer|Krauss	Maria	1812/B	Magd
	Perschak	Franz	59/11/23	Perschak	Antonia	1840/M	Magd
	Pertach|Portach	Karl	66/05/28	Pertach|Portach	Anna	1842/U	Magd
	Petersil	Moritz	52/07/17	Petersel	Pepi	1830/U	Magd
	Pewny	Anna	63/06/26	Pewny	Julia	1836/M	Magd
	Pewny|Pefny	Karl	62/06/7	Pewny	Julia	1836/M	Köchin
	Pewny	Stefan	60/07/31	Pewny	Julia	1836/M	Magd
	Pfleger	Franziska	40/06/9	Fischer	Charlotte	1821/U	Magd
	Pfeiferin	Josefa	02/05/21	Mayerin	Katharina	___/Dt	Magd
	Philippsborn	Ernest	44/01/30	Jacobi|Jakoby	Karolina	1822/W	Tochter
	Pichler	Franz	48/02/08	Pichler	Maria	1828/U	
	Pichler	Karl Eduard	39/11/04	Pichler	Anna		Tochter

P

Initialen	K: Name	K: Vorname	geb.	M: Name	M: Vorname	geb. ca.	Beruf
	PICK (PIK, PÜCK))						
	Pick	Alexander Josef	39/01/11	Pick	Rosalia	1817/M	Magd
	Pück	Anna	44/03/17	Pick	Rosalia	1814/B	Magd
	Pik	Anna	68/10/10	Pik	Ludmilla|Lisi	1844/B	Magd
	Pick	Antonia	44/03/16	Pick	Rosalia	1818/U	Magd
	Pik	Maria	54/12/29	Pik	Anna	1835/B	Magd
	Piller	Josef	43/09/13	Langer	Theresia	1818/B	Magd
	Piowatz	Julia	45/10/25	Piowatz	Julia	1815/M	Magd
	Pisk	Heinrich	56/05/01	Pisk	Josefa	1831/M	Magd
	Pitzkar	Josefa	68/08/20	Pitzkar	Rosa	1850/U	Hdarb
	Pius Aron, vide Aron Pius						
	Pius	Franz	42/10/3	Stein	Maria	1818/M	Hdarb
	Placzner	Franziska	50/03/24	Placzner	Johanna	1821/U	Magd
	Planer	Johann	45/02/10	Planer	Magdalena	1823/M	Hdarb
	Plank	Peter	37/07/14	Kafka	Katharina	1817/B	Magd
	Plantagenet	Pius	35/08/10	Unger	Theresia	1812/U	Hdarb
	Pla(t)schek Karl, vide Stark Karl						
	Platschek	Theresia	54/05/7	Platschek	Johanna	1830/M	Magd
	Plechner	Maria	49/05/28	Plechner	Maria	1825/U	Hdarb
	Ples	Franz Josef	62/10/23	Ples	Anna	1840/U	Magd
	Pletz	Josef	33/10/06	Kohn	Barbara (Fn)	1802/Dt	Magd
	Pletz	Josef	33/10/14	Wellner	Maria	1815/U	Köchin
J.P.	*Pletz*	Josef	34/05/1	Kern	Anna	1814/U	Magd
	Pöck Ignaz, vide Böck Ignaz						
	Pohl|Pahl	Antonia	43/05/20	Fischel	Franziska	1815/B	Magd
	Pokorny	August	45/07/10	Pokorny	Amalia	1822/M	Magd
	Pokorny	Maria	46/11/10	Pokorny	Amalia	1823/M	Magd
	Polak, vide Pollak						
	Pollack, vide Pollak						
	Pol(l)aczek	Barbara	50/06/24	Pollacek|Polaczek	Betti	1826/M	Magd

P

Initialen	K: Name	K: Vorname	geb.	M: Name	M: Vorname	geb. ca.	Beruf
	POLLAK (POLAK, POLLACK)						
	Pollak	Adolf	66/04/29	Pollak	Regina	1845/U	Privat
	Pollak	Adolf	68/11/22	Pollak	Regina	1841/U	Magd
	Pollak	Aloisia	66/08/16	Pollak	Regina	1838/U	Magd
	Pollak	Anna	57/03/14	Pollak	Johanna	1831/M	Köchin
	Pollak	Antonia	62/12/12	Pollak	Rosalia	1826/M	Magd
	Pollak	Berta	66/05/27	Pollak	Kathi	1843/M	Magd
	Pollak	Cäcilia	65/05/25	Pollak	Katharina	1843/M	Magd
	Pollak	Emil	65/01/6	Pollak	Antonia	1844/M	Magd
	Pollak	Franziska	44/09/23	Pollak	Regina	1815/U	Magd
	Polak	Franziska	59/09/14	Polak	Eva	1836/B	Magd
	Polak	Heinrich	48/01/4	Pollak	Franziska	1826/U	KlHdl
	Pollak	Heinrich	58/06/30	Pollak	Johanna	1832/M	Magd
	Pollak	Heinrich	67/07/12	Pollak	Rosalia	1843/U	Magd
	Pollak	Heinrich	68/03/12	Pollak	Josefa	1848/U	Magd
	Pollak	Henriette	60/06/9	Pollak	Rosalia	1840/U	Magd
	Pollak	Ignaz	68/08/18	Pollak	Katharina	1843/M	Magd
	Pollak	Jakob	66/11/09	Pollak	Netti	1841/U	Magd
	Pollak	Johann	55/08/3	Pollak	Sara	1832/B	Magd
	Polak	Johann	63/01/2	Polak	Elisabeth	1843/U	Magd
	Pollak	Johanna	59/06/9	Pollak	Juliana	1837/U	Magd
	Pollak	Josef	54/10/21	Pollak	Aloisia	1833/B	Magd
	Pollak	Josef	63/09/16	Pollak	Rosalia	1844/U	Magd
	Pollak	Josef	67/11/18	Pollak	Rosalia	1844/U	Magd
	Pollak	Josef	68/11/2	Pollak	Anna	1844/U	Magd
	Pollak	Josefa	51/08/5	Pollak	Pepi	1831/U	Magd
	Polak	Karl	61/10/1	Polak	Elisabeth	1841/U	Hdarb
	Pollak|Polak	Karl	57/01/25	Polak	Rosalia	1831/B	Magd
	Pollak	Karl	65/04/24	Pollak	Hanni	1843/U	Hdarb
	Pollak	Karolina	58/06/18	Pollak	Lotti	1839/U	Magd
	Pollak	Karolina	67/01/15	Pollak	Julia	1846/U	Magd

P

Initialen	K: Name	K: Vorname	geb.	M: Name	M: Vorname	geb. ca.	Beruf
	Pollak	Karolina	68/06/30	Pollak	Rosalia	1847/U	Hdarb
	Pollak	Leopoldine	22/01/14	Pollak	Barbara	1802/M	Magd
	Pollak	Leopoldine	54/09/16	Pollak	Anna	1831/B	Magd
	Pollak	Maria	60/07/24	Pollak	Netti	1839/U	Magd
	Pollak	Maria Anna	58/11/4	Pollak	Anna	1839/U	Magd
	Pollak	Markus	57/04/18	Pollak	Magdalena	1839/U	Hdarb
	Pollak	Mathilde	61/12/25	Pollak	Johanna	1828/M	Magd
	Polak	Moritz	44/08/1	Polak	Rosalia	1820/U	Magd
	Pollack	Pauline	64/02/8	Pollack	Rosalia	1832/B	Magd
	Pollak	Raimund	56/03/23	Pollak	Juliana	1837/U	Magd
	Pollak	Rosalia	53/10/9	Pollak	Rosalia	1825/B	Hdarb
	Pollak	Rosalia	53/12/1	Pollak	Rosalia	1830/U	Magd
	Polak	Salomon	68/09/20	Polak	Elisabeth	1841/U	Magd
	Pollak	Stefan	65/08/7	Pollak	Maria	1833/U	Magd
	Pollak|Polack	Theresia	49/04/27	Polak	Rosalia	1825/U	Hdarb
	Pollak	Wilhelmine	66/05/23	Pollak	Theresia	1840/M	Magd
	Polifka|Politka	Gustav	68/06/27	Polifka|Politka	Rosi	1846/U	
	POLITZER (POLICZER, POLLITZER)						
	Politzer	Josef	54/03/28	Politzer	Karolina	1832/U	Hdarb
	Pollitzer	Karl	52/11/1	Pollitzer	Babette	1833/U	Magd
	Policzer	Karolina	67/03/2	Policzer	Pepi	1849/U	Hdarb
	Politzer	Rosalia	55/08/3	Politzer	Fanni	1834/U	Köchin
	Politzer	Rosalia	68/11/30	Politzer	Leni	1847/U	Magd
E.P.	*Polz*	Emma	34/05/24	Zeisl	Theresia	1813/M	Magd
	Pontzig	Elisabeth	21/09/28	Pantzig	Katharina		Hdarb
	POP(P)ER						
	Popper	Johann	58/07/3	Popper	Barbara	1835/B	Magd
	Poper	Josef	47/04/18	Poper	Barbara	1816/B	Magd
	Popper	Martin	59/08/19	Poppner|Popper	Barbara	1834/B	Magd
	Popper	Maximilian	54/02/11	Popper	Barbara	1827/B	Magd
	Popper	Maximilian	56/12/29	Popper	Maria	1828/B	Magd

P

Initialen	K: Name	K: Vorname	geb.	M: Name	M: Vorname	geb. ca.	Beruf
	Poppner Martin, vide Popper Martin						
	PORGES(S)						
	Porges	Anton	58/06/2	Porges	Josefine	1836/U	Magd
	Porges	Barbara	50/03/30	Porges	Barbara	1823/M	Hdarb
	Porges	Bernhard	48/12/1	Porges	Eva	1828/B	Magd
	Porges	Elisabeth	51/05/6	Porges	Theresia	1827/B	Magd
	Porges	Josefa	56/11/23	Porges	Josefine	1835/U	Magd
	Porgess	Rudolf	64/06/1	Porgess	Rosalia	1839/U	Hdarb
	Portach	Karl	66/05/28	Pertach	Anna	1842/U	Magd
	Potok	Katharina	65/04/21	Potok	Juliana	1844/U	Magd
	Potz	Peter	43/02/21	Schwabenitz	Rosalia	1822/U	Köchin
	PRAGER (BRAGA, PREGER)						
	Prager	Jakob	51/10/25	Prager	Rosa	1828/M	Magd
	Braga	Leopold	49/10/20	Braga	Rosalia	1824/M	Magd
	Preger	Maria	24/05/18	Preger	Johanna		Magd
	Prager	Rosalia	57/03/6	Prager	Helene	1839/U	Hdarb
	Prasser	Johann	31/04/16	Hatsek	Franziska	1795/U	Witwe
	Presler	Maria	28/03/9	Fischer	Rosalia	1804/U	Magd
	Preyer Karl, vide Breier						
	Prohaska	Antonia	57/01/15	Prohaska	Barbara	1829/B	Magd
	Prohaska	Karolina	53/10/17	Prohaska	Barbara	1828/B	Wäsch
	Pucha	Anna, vide Bucha					
	Puella	Pia	42/06/30	Löwy	Rosalia	1819/U	Magd

P

Initialen	K: Name	K: Vorname	geb.	M: Name	M: Vorname	geb. ca.	Beruf
	Quittner	Georg	57/04/21	Quittner	Netti	1840/U	Magd
	Quittner	Josef	56/10/5	Quittner	Katharina	1835/U	Magd

Q

Initialen	K: Name	K: Vorname	geb.	M: Name	M: Vorname	geb. ca.	Beruf
	Raab	Helene	64/06/1	Raab	Anna	1838/U	Magd
	Raab	Rosalia	58/08/17	Raab	Maria	1835/B	Magd
	Raabl	Rosa	62/09/18	Raabl	Rosa	1840/B	Hdarb
	Rabitsch	Anna Josefa	07/03/13	Rabitschin	Rosalia		
	Radinger	Karolina	62/07/4	Radinger	Franziska	1838/U	Magd
	Raimann	Moritz	46/06/27	Raimann	Anna	1817/U	Hdarb
	Raimann	Rosa	55/05/12	Raiman	Rebekka	1827/B	Modistin
	Raimund|Reimund	Leopoldine	00/01	Raimund	Maria Anna		
	Rainer Klemens, vide Reiner						
	Rainer Ludwig, vide Reiner						
	Rakowsky	Adolf	51/03/30	Rakowsky	Rosina	1830/U	Magd
	Ranzenhofer	Emma	61/09/11	Ranzenhofer	Netti	1844/M	Hdarb
	Rapoch	Anna	58/10/30	Rapoch|Stein	Johanna	1823/U	Hdarb
	Rasch	Josef	1798/01	Mayerin	Anna		
	Rauch	Klemens	04/11/26	Jakobin	Katharina	___/M	
	Rauznitz	Franziska	67/08/23	Rauznitz	Katharina	1841/U	Magd
	Raych Franz, vide Reich						
	Redlich	Anton	59/11/1	Redlich	Ernestine	1834/M	Köchin
	Redlich	Karolina	40/12/12	Pollak	Regina	1815/U	Magd
	Redlin	Anna	1798/05	Haberin	Sara		
	Redlinger	Antonia	48/11/14	Redlinger	Josefa	1828/U	Magd
	Redlinger	Josef	54/04/18	Redlinger	Magdalena	1835/U	Stbm
	Rehberger	Josef	59/01/16	Rehberger	Elisabeth	1842/U	Hdarb
	Reiber	Theresia	30/04/6	Hoffmann	Anna	1804/B	Magd
	REICH (RAYCH)						
	Reich	Adolf|Jakob	48/08/21	Reich	Theresia	___/M	Magd
	Reich	Albert	53/06/2	Reich	Barbara	1827/M	Magd
	Reich	Anna	64/03/25	Reich	Regina	1836/U	Magd
	Reich	Elisabeth	67/01/2	Reich	Regina	1838/U	Magd
	Reich	Franz	49/06/16	Reich	Katharina	1823/U	Hdarb
	Raych	Franz	68/02/15	Raych	Anna	1833/B	Magd

R

Initialen	K: Name	K: Vorname	geb.	M: Name	M: Vorname	geb. ca.	Beruf
	Reich	Gustav Gabriel	55/10/9	Reich	Regina	1832/U	Magd
	Reich	Johann	63/08/2	Reich	Rosalia	1837/U	Magd
	Reich	Juliana	49/06/12	Reich	Rosalia	1823/M	Magd
	Reich	Sigmund	55/05/23	Reich	Rosalia	1822/U	Magd
	Reich	Thekla	44/02/20	Reich	Rosalia	1822/U	Magd
	Reichberger	Maria Anna	12/03/10	Rechberger	Eleonora		
	Reichenberg	Juliana	64/08/24	Reichenberg	Juliana	1847/U	Magd
	Reicher	Franz	59/12/13	Reicher	Rosalia	1828/B	Köchin
	Reicher	Jakob	54/06/17	Reicher	Rosalia	1829/B	Magd
	Reicher	Josefa	46/09/16	Reicher	Theresia	1823/B	Magd
	Reicher	Katharina	55/05/6	Reicher	Rosalia	1827/B	Magd
	Reicher	Theresia	44/03/11	Reicher	Theresia	1825/B	Magd
	Reicher	Theresia	52/09/1	Reicher	Theresia	1827/B	Magd
	Reichhardt	Mathias	04/02/20	Belliner|Bellin	Katharina	____/S	
	Reichmann	Karolina	46/11/5	Reichmann	Henriette	1825/B	Magd
	Reichsfeld	Karolina	67/12/8	Reichsfeld	Franziska	1845/U	Magd
	Reif	Josef	64/02/8	Reif	Rosalia	1841/U	Köchin
	Reif	Theodor	65/02/3	Reif	Rosa	1842/U	Magd
	Rein	Anna	65/04/11	Rein	Maria	1840/B	Magd
	Rein	Karolina	67/02/15	Rein	Maria	1831	
	REINER (RAINER)						
	Reiner	Anna	66/05/2	Reiner	Theresia	1848/B	
	Reiner	Anton	60/06/15	Reiner	Rosalia	1835/B	Magd
	Reiner	Barbara	58/12/22	Reiner	Rosalia	1835/U	Magd
	Reiner	Eleonora	28/10/14	Bohanzge	Regina	1806/U	Köchin
	Reiner|Rainer	Franziska	59/01/6	Reiner	Franziska	1841/U	Magd
	Reiner	Karolina	62/10/23	Reiner	Theresia	1838/B	Magd
	Rainer	Klemens	05/08/18	Kochin|Cohn	Regina		Magd
	Rainer	Ludwig	28/11/6	Hahn	Regina	1808/U	Tochter
	Reiner	Rosalia	61/01/1	Reiner	Rosalia	1837/U	Magd
	Reinfeld	Leopold	63/05/6	Reinfeld	Regina	1840/U	Magd

R

Initialen	K: Name	K: Vorname	geb.	M: Name	M: Vorname	geb. ca.	Beruf
	Reininger	Peter	29/11/15	Stein	Theresia	1811/U	Hdarb
	Reininger	Ignaz	58/08/30	Reininger	Johanna	1830/U	Magd
	Reinisch	Anton	47/05/25	Reinisch	Anna	1821/B	Magd
	Reis Sofia, vide Reiss						
	REISINGER (REISSINGER)						
	Reisinger	Anna	17/07/13	Reissinger	Juliana	1799/W	Köchin
	Reissinger	Franz Josef	60/03/2	Reissinger	Rosalia	1834/U	Magd
	Reisinger	Franziska	67/09/1	Reisinger	Franziska	1835/U	Hdarb
	Reisinger	Johann	57/07/3	Reisinger	Rosalia	1825/U	Magd
	Reisinger	Johanna	58/10/25	Reisinger	Johanna	1840/U	Köchin
	Reismann, vide Reissmann						
	REISS (REIS, REISZ)						
	Reiss	Alois	58/03/12	Reiss	Juliana	1839/U	Magd
	Reiss	Anna	49/12/3	Reiss	Anna	1813/M	Magd
	Reiss	Anton	56/11/1	Reiss	Franziska	1836/U	Magd
	Reiss|Reissner	Elisabeth	58/03/11	Reiss	Cäcilia	1836/U	Hdarb
	Reiss	Florian	57/05/03	Reiss	Theresia	___/M	Magd
	Reisz	Josef	64/02/2	Reisz	Hanni	1844/U	Magd
	Reisz	Julia	66/12/12	Reisz	Sali	1846/U	Magd
	Reiss	Karolina	62/09/10	Reiss	Rosalia	1840/U	Magd
	Reiss	Maria	65/07/10	Reiss	Rosalia	1845/U	Hdarb
	Reis	Sofia	65/04/14	Reiss	Rosalia	1841/U	Magd
	Reissinger, vide Reisinger						
	REISSMANN (REISMANN)						
	Reismann	Anna	46/04/22	Reismann	Franziska	1828/B	Magd
	Reissmann	Heinrich	49/12/15	Reissmann	Anna	1829/B	Magd
	Reis(s)mann	Josef	62/05/6	Reisman	Barbara	1835/U	Magd
	Reissmann	Josefa	60/06/22	Reißmann	Betti	1834/U	Magd
	Reissmann	Juliana	68/04/5	Reissmann	Barbara	1844/U	Magd
	Reissner	Johann	52/09/27	Reissner	Regina	1827/U	Magd
	Reisz, vide Reiss						

Initialen	K: Name	K: Vorname	geb.	M: Name	M: Vorname	geb. ca.	Beruf
	Renner	Johann	67/02/15	Renner	Rosalia	1843/U	Magd
	Renner	Karolina	64/05/7	Renner	Rosalia	1843/U	Magd
	Rex	Clemens	42/06/15	Wichs	Anna	1823/U	Magd
P.R.	*Rhode*|Rhodte	Petronilla	23/09/30	Levi	Barbara	1802/B	Magd
	Ribing|Riebing	Gustav	29/09/18	Auerbach	Franziska	1808/B	Magd
	Richter	Anna	01/11/14	Salomon	Katharina	___/Dt	Magd
	Richter	Franziska	11/04/1	Kraus	Anna	1792	
	Richter	Philipp	46/06/9	Richter	Rosalia|Rosa	1822/Dt	Tochter
	Riedl	Ignaz	33/09/4	Mayer	Eva	1806/M	Magd
	Rigl|Riegl	Sofia	10/05/9	Markus	Wilhelmine	___/U	Magd
	Rind	Julius	45/01/12	Rind	Rosalia	___/M	Magd
	Ringelmann	Eduard	28/02/22	Rosenthal	Franziska	1808/U	Magd
	Rinkel	Anna	65/12/20	Rinkel	Berta	1826/Dt	Magd
	Rinkel	Wilhelmine	67/04/8	Rinkel	Berta	1827/Dt	Magd
	Rinner	Josefa	37/04/22	Herrnhut	Rosalia	1817/U	Magd
K.R.	*Rinter*|*Winter*	Rudolf	22/11/09	Samich	Anna	1789/U	Köchin
	Ritter	Josefa	56/03/18	Ritter	Karolina		
	Ritter	Rosa	66/08/30	Ritter	Rosa		
	Ritsch	Karolina	63/03/15	Ritsch	Katharina	1837/U	Hdarb
	Robenzohn|Robinzohn	Theresia	63/02/6	Robenzohn	Johanna	1840/U	Magd
	ROBITSCHEK (ROBICZEK, RUBICZEK)						
	Robiczek	Berta	61/04/25	Robiczek	Henriette	1836/B	Hdarb
	Robitsche(c)k	Johann Evangelist	27/11/20	Robitsche(c)k	Barbara	___/B	Magd
	Rubicek	Rudolf	63/09/27	Rubicek	Henriette	1839/B	Magd
	Robitschek	Sofia	50/04/27	Robitschek	Betti	1824/W	Hdarb
	Robitschek	Wilhelm	53/05/8	Robitschek	Elisabeth	1830/B	Magd
	Römer	Emanuel	67/02/6	Römer	Josefa	1844/B	Magd
	Roniger	Moritz	64/01/10	Röniger	Rachel	1840/G	Köchin
	Roringer|Schlessinger	Bernard	1789/03	Schlesingerin	Maria Anna		
	Ross	Josef	58/10/11	Ross	Josefa	1837/U	Magd

R

Initialen	K: Name	K: Vorname	geb.	M: Name	M: Vorname	geb. ca.	Beruf
	Rosch|Rasch	Hedwiga	17/02/25	Baum	Anna	1792/B	Magd
	Rosen|Bauer	Elisabeth	42/05/22	Bauer	Franziska	1821/M	Magd
	Rosenbach	Rosalia	36/09/22	Steiner	Rosalia	1817/U	Magd
<...>	*Rosenbaum*	Karl	39/01/16	Toderes	Eva	1817/B	Magd
	Rosenberg	Anna	63/06/3	Rosenberg	Josefa	1845/U	Magd
	Rosenberg	Heinrich	65/09/15	Rosenberg	Josefa	1846/U	Hdarb
	Rosenberg	Ludwig	50/12/31	Rosenberg	Franziska	1831/U	Magd
	Rosenberg	Moritz	64/06/14	Rosenberg	Rosalia	1844/U	Magd
	Rosenberg	Philipp	24/01/17	Rosenberg	Karolina		
	Rosenberg	Raimund	64/11/19	Rosenberg	Maria	1841/U	Magd
	Rosenberg	Theresia	59/05/7	Rosenberg	Eva	1833/G	Magd
	Rosenberger	Julia	68/04/7	Rosenberger	Maria	1846/U	Magd
	Rosenblüh	Gustav	68/04/15	Rosenblüh	Julia	1841/M	Hdarb
	Rosenblüh	Johann|Siegfried	65/06/9	Rosenblüh	Julia	1840/M	Hdarb
	Rosenblüh	Martin	58/05/6	Rosenblüh	Amalia	1835/M	Magd
	Rosenfeld	Anna	43/05/10	Grünfeld	Johanna	1819/U	Hdarb
	Rosenfeld	Klement	47/11/18	Rosenfeld	Maria	1824/U	Magd
	Rosenfeld	Franziska	58/03/8	Rosenfeld	Josefa	1840/U	Magd
	Rosenfeld	Johann	66/04/28	Rosenfeld	Johanna	1840/U	Hdarb
	Rosenfeld	Josef	58/12/30	Rosenfeld	Johanna	1830/U	Hdarb
	Rosenfeld	Leopoldine	56/10/21	Rosenfeld	Katharina	1838/U	Magd
	Rosenfeld	Ludwig	63/05/16	Rosenfeld	Josefa	1840/U	Magd
	Rosenfeld	Mathias	27/11/01	Rosenfeld	Rosalia		Köchin
	Rosenheim	Ignaz Stefan	39/04/10	Schiller	Rosalia	1820/M	Magd
	Rosenhein	Ignaz	43/07/30	Peszl	Katharina	1820/U	Magd
	Rosenschein	Anna	55/11/6	Rosenschein	Eva	1837/U	Magd
	Rosenstein	Andreas	43/11/10	Zeisel	Theresia	1818/M	Magd
	Rossenstingl	Franz	45/05/3	Rosenstingl	Franziska	1821/U	Magd
	Rosenstrauch	Johann	63/07/13	Rosenstrauch	Toni	1842/G	Wäsch
	Rosenthal	Johann	66/04/17	Rosenthal	Maria	1847/U	Hdarb

R

Initialen	K: Name	K: Vorname	geb.	M: Name	M: Vorname	geb. ca.	Beruf
	Rosenthal	Josef	43/04/6	Fischer	Rosalia	1820/U	Hdarb
J.R.	*Rosenthal*	Josefa	39/01/25	Klein|Graf	Franziska	1813/M	Magd
	Rosenthal	Karl	63/07/5	Rosenthal	Maria	1846/U	Hdarb
	Rosenwald	Josef	41/08/16	Grünfeld	Johanna	1818/U	Hdarb
	Rosenwald	Karl	39/04/10	Böck	Rosalia	1818/U	Magd
	Rosenzweig	Adolf	58/05/31	Rosenzweig	Johanna	1836/U	Magd
	Rosenzweig	Anna	56/11/9	Rosenzweig	Netti	1821/U	Witwe
	Rosenzweig	Josef	66/07/30	Rosenzweig	Lotti	1848/U	Magd
	Rosenzweig	Theresia	51/02/13	Rosenzweig	Franziska	1829/B	Magd
	Rosenzweig	Theresia	68/09/23	Rosenzweig	Rosalia	1836/B	Hdarb
	Rössler	Wilhelmine	54/07/21	Rössler	Anastasia	1830/Dt	Wäsch
	Rosner	Rosa	44/10/14	Rosner	Rosalia	1821/U	Hdarb
	Rosner	Wilhelmine	66/08/13	Rosner	Maria	1847/U	Magd
	Roth	Eva	44/01/3	Roth	Karoline	1815/U	Köchin
	Roth	Hermine	63/01/4	Roth	Hermine	1846/U	Hdarb
	Roth	Johann	60/09/27	Roth	Johanna	1843/U	Hdarb
	Roth	Josef	52/12/14	Roth	Johanna	1830/U	Magd
	Roth	Josef	32/03/17	Heisler	Maria	1808/U	Magd
	Roth	Juliana	65/03/29	Roth	Johanna	1833/U	Hdarb
	Roth	Karolina	57/08/6	Roth	Betti	1839/U	Hdarb
	Roth	Paulus	55/04/30	Roth	Katharina	1833/U	Magd
	Roth	Theresia	56/02/11	Roth	Johanna	1832/U	Magd
	Roth	Theresia	65/06/7	Roth	Johanna	1845/U	Magd
	Rothmüller|Kohn	Georgius	55/02/22	Kohn	Katharina	___/U	
	Rotholz	Rosa	59/09/7	Rotholz	Rosa	1840/U	Magd
	Rotter	Adolf	64/04/3	Rotter	Juliana	1840/U	Hdarb
	Rotter	Agnes	60/04/16	Rotter	Karolina	1841/U	Hdarb
	Rotter	Johann	67/08/27	Rotter	Lotti	1842/U	Köchin
	Rotter	Leopold	65/10/7	Rotter	Rosalia	1842/U	Magd
	Rotter	Moritz	63/03/28	Rotter	Juliana	1838/U	Hdarb
	Rotter	Sigmund	68/10/29	Rotter	Fanni	1844/U	Magd

Initialen	K: Name	K: Vorname	geb.	M: Name	M: Vorname	geb. ca.	Beruf
	Rotter	Theresia	61/10/10	Rotter	Lotti	1841/U	Magd
	Rotter	Viktor	66/01/12	Rotter	Juliana	1842/U	Hdarb
	Rottmann	Josef	26/06/12	Rottmann	Theresia		Köchin
	Rubicek, vide Robitschek						
	Russ	Leopoldine	62/02/6	Russ	Josefa	1836/U	Magd

R

Initialen	K: Name	K: Vorname	geb.	M: Name	M: Vorname	geb. ca.	Beruf
	SACHS (SAKS)						
	Sachs	Johann	60/07/30	Sachs	Maria	1826/G	Magd
	Sachs	Johanna	57/05/02	Sachs	Julia	1833/B	Hdarb
	Saks	Karolina	67/03/14	Saks	Eleonora	1841/M	Magd
	Sachs	Ludovika	45/05/19	Sachs	Ludovika	1824/M	Hdarb
J.S.	*Sailtänzer*	Josef	22/04/16	Fischner	Anna	1801/B	Magd
	Saks	Karolina, vide Sachs					
	Salamon	Alois	64/09/19	Salamon	Cäcilia	1839/U	Magd
	Salamon	Cäcilia	64/09/19	Salamon	Cäcilia	1839/U	Magd
	Salamon	Franziska	67/04/22	Salomon	Netti	1849/M	Hdarb
	Salome	Maria	21/01/31	Weinberger	Theresia	1802/U	Magd
	Salomon|Salome	Maria	21/02/6	Stagl	Barbara	1802/M	Magd
	Saler	Berta	62/04/6	Saler	Regina	1840/U	Hdarb
	Salz	Peter	42/11/16	Pischeft	Franziska	1825/U	Hdarb
	Salzer	Alexander	60/03/22	Salzer	Antonia	1840/U	Magd
	Salzer	Emilia	62/02/4	Salzer	Antonia	1840/U	Magd
	Salzer	Klara	67/12/11	Salzer	Johanna	1845/U	Magd
	Sammerer|Sammara	Theresia	67/09/05	Sammara|Sammerer	Anna	1844/NÖ	Magd
	Samek	Amalia	66/11/15	Samek	Katharina	1846/U	Magd
	Sam(m)ek|Jamek	Franziska	47/12/25	Sammek	Rosalia	1830/B	Magd
	Samek	Karl	46/01/12	Same(c)k	Rosina	1824/M	Magd
P.S.	*Sammler*	Paul	34/08/6	Perlhäfter	Judith	1809/M	Köchin
	Samstag	Ernest	16/09/14	Zimmermann	Theresia		Magd
A.S.	Samstag	Julius	66/02/13	Samstag	Maria	1844/U	Hdarb
	Samstag	Anna Maria	19/11/13	Polack	Regina	1797/U	Köchin
	Samstag	Ignaz	60/01/27	Samstag	Maria	1843/U	Modistin
J.S.	*Samstag*	Josef	23/06/27	Markus	Maria	1803/U	Hdarb
J.S.	*Samstag*	Judith	25/09/23	Schwarz	Johanna	1806/W	Magd
	Samstag	Maria Theresia	63/02/6	Samstag	Maria	1844/U	Magd
S.S.	*Samstag*	Susanna	16/11/2	Bauer	Theresia	1795/U	Magd

S

Initialen	K: Name	K: Vorname	geb.	M: Name	M: Vorname	geb. ca.	Beruf
	Sartory|Satory	Alfons|Anton	21/10/3	Neuer	Rosalia	1797/U	Magd
	Sattler	Josefa	56/02/26	Sattler	Maria	1832/U	Köchin
	Sauber	Julia	38/03/30	Wortmann	Elisabeth	1819/U	Magd
	Sauer	Brigitta	20/10/9	Kirschner	Eleonora	1797/U	Magd
	Sauer	Friedrich	29/05/24	Koch	Anna	1810/U	Magd
	Sauer	Theresia	61/09/28	Sauer	Maria	1839/U	Magd
	Schacherl	Aloisia	61/03/30	Schacherl	Regina	1835/U	Magd
	Schacherl	Helene	68/01/31	Schacherl	Amalia	1838/U	Magd
	Schachinger	Ludwig	28/10/27	Schwarz	Theresia	1808/U	Magd
	Schachnerin Katharina, vide Schachterin						
	Schachterin	Katharina	01/06/01	Schachterin	Juliana		
	Schack	Ludwig	28/10/21	Schwarz	Maria	1812/U	Tochter
	Schafer	Karolina	65/11/10	Schafer	Karolina	1844/M	Magd
	Schagrüner	Maria	57/11/11	Schagrüner	Libella	1833/G	Magd
	Schateles	Emilia	62/02/20	Schateles	Betti	1845/U	Hdarb
	Schatten	Maria	67/07/15	Schatten	Mintsche	1840/G	Tagl
	Schauer	Anna	61/11/7	Schauer	Theresia	1833/B	Magd
	Schauer	Josef	45/04/7	Schauer	Maria	1817/B	Magd
	Schauer	Josefa	64/02/25	Schauer	Theresia	1836/B	Magd
	Schauer	Anton	45/04/7	Schauer	Maria	1817/B	Magd
	Scheier|Scheyer	Anna	48/08/10	Scheyer	Rosalia	1825/G	Magd
	Scheier	Franziska	51/07/7	Scheier	Rosalia	1826/G	Hdarb
	Schein	Anna	43/02/13	Schwarz	Theresia	1816/U	Magd
	Scheinberger	Anna	55/05/19	Scheinberger	Rosalia	1836/U	Hdarb
	SCHEINER (SCHREINER)						
	Scheiner	Josef	39/04/22	Wekha	Anna	1814/W	Hdarb
	Scheiner|*Schreiner*	Josef	40/08/23	Weiss	Regina	1818/U	Magd
	Scheiner	Josef	42/02/1	Lang	Karolina	1823/B	Stbm
	Schenk	Heinrich	62/11/19	Schenk	Charlotte	1843/U	Magd
	Schey	Ignaz	48/07/12	Schey	Maria	1822/U	Magd

S

Initialen	K: Name	K: Vorname	geb.	M: Name	M: Vorname	geb. ca.	Beruf
	Schidlof	Gisela	66/01/22	Schidlof|Schielof	Sofia	1843/M	Hdarb
	Schielof	Sofia	62/01/2	Schielof|Schidlof	Sofia	1843/M	Hdarb
	Schiff	Leopoldine	60/05/4	Schiff	Josefa	1837/U	
	Schiffer	Abraham	68/08/16	Schiffer	Barbara	1847/U	Magd
	Schiffer	Josefa	66/01/10	Schiffer	Barbara	1847/U	Magd
	SCHILLER (SCHÜLLER, SCHULLER)						
	Schiller	Adelheid	53/01/8	Schiller	Johanna	1827/U	Hausr
	Schüller	Franz	56/09/22	Schüller	Rosalia	1835/B	Hdarb
	Schiller	Helene	60/11/25	Schiller	Apollonia	1827/M	Hdarb
	Schiller	Karolina	64/08/25	Schiller	Laura	1845/M	Hdarb
	Schuller	Maria	59/03/8	Schuller	Karolina	1824/M	Magd
	Schiller	Maria	60/08/19	Schiller	Rosa	1836/B	Magd
	Schiller	Stefan	52/08/12	Schiller	Rosalia	1830/B	Magd
	Schilling	Johann	57/04/12	Schilling	Franziska	1837/U	Magd
A.S.	*Schilo*|Sehilo	Afra	22/08/24	Weiner	Theresia	1803/U	Hdarb
	Schimek	Maria Magdalena	62/04/6	Schimek	Josefa	1844/U	Magd
	Schindler	Alois	30/07/18	Spitzer	Anna	1806/U	Hdarb
	Schindler	Katharina	58/11/23	Schindler	Johanna	1842/U	Magd
	Schindler	Maximilian	58/07/27	Schindler	Josefa	1835/U	Magd
	Schindler	Rosalia	68/08/21	Schindler	Katharina	1840/U	Magd
A.S.	*Schlecht*	Abraham	25/02/18	Beer	Katharina	1803/U	Magd
	Schleier	Wilhelm	68/05/7	Schleier	Rebekka	1850/G	Magd
	Schlemmer	Barbara	20/12/1	Schlemmer	Elisabeth		Magd
	Schlemmer	Franz Xaver	19/12/14	Schlemmer	Elisabeth		Magd
	SCHLES(S)INGER (SLESINGER)						
	Schlesinger	Adelheid	66/01/27	Schlesinger	Anna	1842/U	Magd
	Slesinger	Alexander	65/07/3	Slesinger	Johanna	1846/U	Hdarb
	Slesinger	Aloisia	65/07/3	Slesinger	Johanna	1846/U	Hdarb
	Schlesinger	Amalia	47/01/31	Schlesinger	Amalia	1821/U	Magd
	Schlesinger	Anna	60/11/2	Schlesinger	Anna	1838/NÖ	Magd
	Schlesinger	Eva	64/02/28	Schlesinger	Eva	1845/U	Hdarb

S

Initialen	K: Name	K: Vorname	geb.	M: Name	M: Vorname	geb. ca.	Beruf
	Schlesinger	Heinrich	44/07/17	Schlesinger	Magdalena	1826/U	Hdarb
	Schlessinger	Johann	46/12/28	Schlesinger	Franziska	1828/U	Magd
	Schlesinger	Josef	61/02/24	Schlesinger	Franziska	1839/U	Magd
	Schlesinger	Josef	62/03/24	Schlesinger	Anna	1840/NÖ	Magd
	Schlesinger	Josef	66/12/24	Schlesinger	Eva	1845/U	Magd
	Schlesinger	Josefa	62/03/21	Schlesinger	Julia	1840/U	Magd
	Schlesinger	Karl	65/05/6	Schlesinger	Theresia	1846/S	Hdarb
	Schlesinger|*Christin*	Lukrezia	32/06/15	Schlesinger	Rosalia	1808/U	Köchin
	Schlesinger	Maria	50/12/28	Schlesinger	Theresia	1829/M	Magd
	Schlesinger	Maria	62/08/11	Schlesinger	Regina	1842/U	Magd
	Schlesinger	Maria	67/01/25	Schlesinger	Anna	1843/NÖ	Magd
	Schmall	Karl	41/04/7	Braun	Cäcilia	1819/U	Magd
	Schmall	Maria	39/07/21	Schacherl	Maria	1821/U	Magd
	Schmeidler	Josef	62/02/9	Schmeidler	Maria	1843/B	Magd
	Schmerz	Theresia	32/11/18	Kraus	Theresia	1812/M	Magd
	SCHMID (SCHMIDT, SCHMIED)						
	Schmid	Engelbert	51/02/28	Schmid	Julia	1827/B	Magd
	Schmidt	Gregor Theodor	53/04/14	Schmidt	Anna	1830/B	Magd
	Schmidt	Hieronymus	33/04/2	Hatscheck	Franziska	1809/U	Magd
	Schmied	Ida	67/04/18	Schmid|Schmied	Josefa	1847/M	Köchin
	Schmid	Johann Leopold	51/03/26	Schmid	Anna	1829/B	Köchin
\	*Schmidt*	Juliana	31/04/15	Müller	Juliana	1803/Dt	Köchin
	Schmidt	Karl	40/09/22	Grünberger	Katharina	1813/M	Magd
	Schmi(e)d	Leopold	65/12/20	Schmied	Netti	1841/M	Magd
	Schmid	Maria	46/04/24	Schmid	Julia	1823/B	Magd
	Schmidt	Rosa	64/07/7	Schmidt	Netti	1842/M	Hdarb
	SCHMIDEK (SCHMIEDECK)						
	Schmidek	Adolf	64/08/16	Schmidek	Katharina	1838/U	Magd
	Schmidek	Adolf	66/06/22	Schmidek	Maria	1837/U	Magd
	Schmiedeck	Julia	63/04/17	Schmiedeck	Julia	1842/U	Magd

S

Initialen	K: Name	K: Vorname	geb.	M: Name	M: Vorname	geb. ca.	Beruf
	Schmidek	Wilhelm	60/06/12	Schmidek	Katharina	1834/U	Magd
	Schmidl	Adolf	56/12/2	Schmidl	Josefa	1833/B	Magd
	Schmidt, vide Schmid						
	Schmied, vide Schmid						
	Schmiedeck, vide Schmidek						
	Schmolka	Theresia	45/04/29	Schmolka	Theresia	1819/B	Tochter
	Schnabel	Antonia	47/05/11	Schnabel	Josefa	1823/B	Magd
	Schnabel	Theresia	67/11/10	Schnabel	Johanna	1848/U	Magd
	Schnee	Aloisia	38/02/19	Taub	Karolina	1809/U	Magd
	Schnee	Columba	37/02/11	Stein	Johanna	1820/B	Magd
	SCHNEEWEISS (SCHNEWEIS)						
	Schneeweiss|Klein	Katharina	46/11/30	Klein|Schneeweiss	Theresia|Sali	___/U	
	Schneeweiss	Leopold	54/04/8	Schneeweiss	Resi	1829/M	Köchin
	Schne(e)weis	Leopold	58/03/28	Schneeweis(s)	Theresia	1831/M	Magd
	Schneider	Anton	14/05/13	Neumann	Franziska	1796/U	Magd
	Schneider	Charlotte Amalie	68/10/9	Schneider	Sara	1839/G	Tagl
	Schneider	Eleonora	50/01/2	Schneider	Karolina	1826/B	Magd
	Schneider	Franziska	64/07/4	Schneider	Fanni	1844/U	Magd
	Schneider	Isak	62/11/16	Schneider|Schiller	Anna	1839/M	Hdarb
	Schneider	Josefa	59/03/15	Schneider	Fanni	1840/U	Hdarb
	Schneweis, vide Schneeweiss						
	Scho|Schoriot	Josef	21/04/13	Langer	Helene	1798/M	Magd
	Schober	Johann	62/03/27	Schober	Betti	1842/M	Magd
	Schön	Aloisia	65/02/3	Schön	Aloisia	1844/B	Hdarb
	Schön	Karolina	28/10/5	Ornstein	Katharina	1806/M	Hdarb
	Schön	Karoline	41/11/3	Stark	Johanna	1818/M	Hdarb
	Schönbach	Julia	35/07/15	Kirchheimer	Anna	1815/M	Magd
	Schönberg	Maria	52/08/15	Schönberg	Theresia	1831/U	
	Schönberger	Bernhardt	52/05/30	Schönberger	Sali	1835/U	Hdarb
	Schönberger	Leopold	64/12/3	Schönberger	Rosalia	1836/U	Magd
	Schönblum	Julia	45/04/27	Schönblum	Theresia	1821/M	Magd

S

Initialen	K: Name	K: Vorname	geb.	M: Name	M: Vorname	geb. ca.	Beruf
	Schönburg	Christina	37/11/13	Gölis|Göl(l)itz	Franziska	1815/U	Magd
	Schönburg	Franz	40/05/5	Cohn|Kohn	Rosalia	1815/M	Magd
	Schönfeld	Elisabeth	33/11/16	Schönfeld	Franziska	1809/U	Magd
	Schönfeld	Ernestine	67/07/7	Schönfeld	Cäcilia	1841/U	Magd
	Schönfeld	Hermine	63/05/2	Schoenfeld	Hanni	1844/U	Magd
	Schönfeld	Johann	66/09/14	Schönfeld	Johanna	1845/U	Magd
	Schönfeld	Judith	29/11/11	Waldstein	Katharina	1804/B	Magd
K.S.	*Schönfeld*	Karl	34/07/22	Herz	Maria	1810/U	Magd
K.Sch.	*Schönfeld*	Karl	36/04/5	Kafka	Anna	1814/B	Magd
	Schönfeld	Maria	36/07/22	Deutsch	Rosalia	1813/U	Magd
	Schönfeld	Martin	57/03/25	Schönfeld	Theresia	1840/U	Magd
	Schönfeld	Martin	64/10/9	Schönfeld	Cäcilia	1842/U	Magd
	Schöngut	Anton	64/01/25	Schöngut	Amalia	1846/G	Hdarb
	Schönhauser	Karl	64/01/27	Schönhauser	Rosalia	1841/U	Magd
	Schönheizer	Rosalia	47/05/13	Schönheizer	Theresia	1826/U	Magd
	Schönhof	Berta	65/04/15	Schönhof	Maria	1846/M	Hdarb
	Schöntag	Franz	60/03/17	Schöntag	Wilhelmine	1837/U	Magd
	Schönwald	Rudolf	61/03/10	Schönwald	Katharina	1836/U	Hdarb
	Schreiber	Georg	61/04/21	Schreiber	Anna	1834/U	Magd
	Schreiber	Hermine	64/01/7	Schreiber	Maria	1844/U	Magd
	Schreiber	Leopold	49/02/7	Schreiber	Katharina	1822/M	Magd
	Schreiner Josef, vide Scheiner Josef						
	Schuh	Anna	46/10/7	Schuh	Anna	1814/W	Tagl
	Schuller, Schüller - vide Schiller						
	Schulhof	Anna	59/11/26	Schulhof	Theresia	1833/B	Köchin
	Schulhof	Franz	36/05/19	Schulhof	Juliana		
	Schulhof	Josefa	54/12/18	Schulhof	Theresia	1835/B	Magd
	Schu(h)lhof	Josefa	60/05/23	Schuhlhof	Josefa	1837/B	Magd
	Schulhof	Sofia	59/02/18	Schulhof	Josefa	1837/B	Magd
	Schuller Maria, vide Schiller						
	Schulzberger	Emilia	59/10/29	Schulzberger	Josefine	1839/U	Hdarb

S

Initialen	K: Name	K: Vorname	geb.	M: Name	M: Vorname	geb. ca.	Beruf
	Schulzer	Karolina	47/08/13	Schulzer	Katharina	1830/U	Magd
	Schulzinger	Hermine	60/12/22	Schulzinger	Josefine	1839/U	Magd
	Schütz	Thomas	34/09/17	Fuchs	Anna	1814/U	Magd
	Schwabach	Josef	29/03/9	Schwabach	Sofia	1806/Dt	Magd
	SCHWARZ (SCHWARCZ, SCHWARTZ, SVARC, SVARTZ)						
	Schwarz	Adolf	59/05/13	Schwarz	Maria	1837/U	Magd
	Schwarz	Adolf	62/06/15	Schwarz	Hanni		
	Schwarz	Alfred	67/07/13	Schwarz	Lina	1844/M	Magd
	Schwarz	Aloisia	64/06/13	Schwarz	Josefa	1845/U	Köchin
	Schwarz	Amalia	62/12/4	Schwarz	Antonia	1838/M	Magd
	Schwarz	Andreas	09/11/26	Fischer	Theresia		
	Schwarz	Anton	54/12/10	Schwarz	Rosalia	1835/U	Hdarb
	Schwarz	Anton	65/04/2	Schwarz	Johanna	1843/M	Magd
	Schwarz	Antonia	58/06/12	Schwarz	Franziska	1835/U	Magd
	Schwarcz	Eduard	68/02/12	Schwarcz	Rosalia	1847/U	Magd
	Schwarz	Elisabeth	55/01/24	Schwarz	Maria	1834/B	
	Schwarz	Elisabeth	58/11/18	Schwarz	Rosalia	1838/B	Magd
	Schwarz	Emilia	45/09/19	Singer	Katharina		
	Schwarz	Eva	44/08/12	Schwarz	Cäcilia	1823/U	Köchin
	Schwarz	Franz	48/10/28	Schwarz	Maria	1829/U	Magd
	Schwarz	Franz	59/06/19	Schwarz	Sali	1835/U	Magd
	Schwarz	Franz Seraph	20/02/15	Schwarz	Anna		
	Schwartz	Gisela	67/01/31	Schwartz	Franziska	1834/U	Magd
	Swarc	Gustav	63/08/2	Swarc	Franziska	1835/B	Hdarb
	Schwarz	Helene	64/03/4	Schwarz	Helene	1844/M	Magd
	Schwartz	Helene	68/05/1	Schwartz	Franziska	1833/U	Magd
	Schwarz	Ignaz	42/09/19	Spiegel	Rosalia	1820/U	Magd
	Schwarz	Ignaz	51/09/8	Schwarz	Barbara	1832/S	Magd
	Schwarz	Johann	15/11/04	Schwarz	Susanna	1791/U	verh.
	Schwarz	Johann	25/12/11	Schwarz	Theresia	1803/B	Magd
	Schwarz	Johann	46/12/18	Schwarz	Johanna	1821/U	Magd

S

Initialen	K: Name	K: Vorname	geb.	M: Name	M: Vorname	geb. ca.	Beruf
	Schwarz	Johann	51/05/2	Schwarz	Theresia	1828/B	Magd
	Schwarz	Josef	60/11/28	Schwarz	Sali	1838/B	Hdarb
	Schwarz	Josef	61/01/6	Schwarz	Antonia	1837/M	Magd
	Schwarz	Josef	64/07/25	Schwarz	Johanna	1840/U	Magd
	Schwarz	Josef	64/11/15	Schwarz	Cäcilia	1845/M	Magd
	Schwarz	Josef	65/06/25	Schwarz	Anna	1835/U	Magd
	Schwarz	Josef	65/11/18	Schwarz	Franziska	1839/U	Hdarb
	Schwartz	Josef	66/05/31	Schwartz	Regina	1844/U	Magd
	Schwartz	Josef	67/03/28	Schwarz	Franziska	1836/B	Tagl
	Schwarz	Josefa	27/04/14	Schwarz	Theresia		
	Schwarz	Josefa	61/03/30	Schwarz	Franziska	1837/U	Magd
	Schwarz	Josefa	61/10/3	Schwarz	Rosalia	1841/U	Magd
	Schwarz	Josefa	63/06/23	Schwarz	Rosalia	1842/U	Magd
	Schwarz	Josefa	67/07/12	Schwarz	Johanna	1839/U	Magd
	Schwarz	Juliana	57/11/9	Schwarz	Juliana	1829/B	Magd
	Schwarz	Karl	62/05/19	Schwarz	Johanna	1841/M	Magd
	Schwarz	Karolina	65/10/17	Schwarz	Rosalia	1848/U	Hdarb
	Schwarz	Katharina	59/06/17	Schwarz	Lotti	1836/U	Magd
	Schwarz	Katharina	59/09/23	Schwarz	Elisabeth	1835/U	Magd
	Schwarz	Leopold	52/06/11	Schwarz	Katharina	1830/U	Magd
	Schwarz	Leopoldine	59/11/8	Schwarz	Rosalia	1839/B	Magd
	Schwarz	Leopoldine	63/03/28	Schwarz	Franziska	1837/U	Magd
	Schwarz	Maria	47/07/3	Schwarz	Magdalena	1826/U	Magd
	Schwarz	Maria	63/05/17	Schwarz	Mali (Amalia)	1841/U	Magd
	Schwarz	Mathias Josef	64/09/3	Schwarz	Franziska	1840/U	Magd
	Svartz	Mathilde	67/12/18	Svartz	Katharina	1850/U	Magd
	Schwarz	Philipp	44/05/20	Schwarz	Elisabeth	1815/U	verh.
	Schwarz	Richard	67/03/31	Schwarz	Leni	1843/M	Magd
	Schwarz	Rosa	61/10/17	Schwarz	Maria	1837/U	Magd
	Schwarz	Rudolf	66/01/6	Schwarz	Johanna	1840/U	Magd
	Schwarz	Theresia	56/12/6	Schwarz	Franziska	1836/U	Magd

S

Initialen	K: Name	K: Vorname	geb.	M: Name	M: Vorname	geb. ca.	Beruf
	Schwarz	Theresia	58/01/12	Schwarz	Antonia	1835/M	Magd
	Schwarzbarth	Maria	47/08/16	Schwarzbarth	Katharina	1825/M	Magd
	Schwarzkopf	Anton	52/05/22	Schwarzkopf	Anna	1830/B	Köchin
	Schwarzkopf	Henriette	44/02/24	Schwarzkopf	Franziska	1823/B	Hdarb
	Schweiger	Franziska	59/02/13	Schweiger	Julia	1831/M	Magd
K.Sch.	*Schweiger*	Karolina	37/08/25	Pullitzer	Barbara	1817/U	Hdarb
	Schweiger	Theresia	59/04/21	Schweiger	Sali	1831/M	Magd
	Schwing	Johann	39/07/19	Weinberger	Maria	1820/U	Köchin
	Schwölbl	Franz Arnold	58/01/11	Schwölbl	Sofie Rosalia	1827/B	Magd
	Segal	Sigmund	68/05/31	Szegal|Segal	Katharina	1847/U	Magd
A.S.	*Sehilo*|Schilo	Afra	22/08/24	Weiner	Theresia	1803/U	Hdarb
	Seidel	Theresia	58/03/12	Seidel	Theresia	1835/M	Magd
	Seil	Henrika	64/11/02	Seil	Henriette		
	Seiller	Karl	61/12/16	Seiller	Katharina	1842/U	Hdarb
	Seiner	Franziska	54/10/24	Seiner	Johanna	1830/B	Magd
	Seitz	Karolina	43/05/25	Rotter	Julia	1820/B	Magd
	Sekla	Wilhelmine	57/08/28	Sekla	Sprinze	1825/G	Magd
	Sekler	Karolina	54/10/30	Sekler	Sprinze	1826/G	Magd
	Selenka	Josef	55/04/4	Selenka	Babette	1836/U	Magd
	Selinka	Josef	66/01/11	Selinka	Amalia	1839/U	Magd
	Seltsam	Helene	13/04/10	Seltsam	Josefa		Magd
K.S.	*Seneka*	Karl	36/01/30	Baader	Rosalia	1817/M	Magd
	Sessler	Julius	68/05/1	Sesler	Fanni	1846/U	Witwe
	Sicharz	Simon	36/01/12	Weiss	Josefa	1816/U	Magd
	Sieger	Johanna	41/03/28	Fi(e)scher	Anna	1820/M	Magd
	Silber	Adolf	62/02/11	Silber	Julia	1845/U	Hdarb
	Silber	Sofia|Rosa	68/08/27	Silber	Katharina	1845/U	Magd
	Silber	Pauline	66/05/4	Silber	Rosalia	1838/U	Magd
	Silberberg	Josef	58/02/1	Silberberg	Cäcilia	1836/S	Magd
	Silberberg	Josef	68/01/23	Silberberg	Katharina	1836/U	Magd

S

Initialen	K: Name	K: Vorname	geb.	M: Name	M: Vorname	geb. ca.	Beruf
	Silberberg	Maria	63/01/22	Silberberg	Katharina	1835/U	Magd
	Silberknopf	Josef	59/08/9	Silberknopf	Magdalena	1836/U	Hdarb
	Silberknopf	Magdalena	57/12/17	Silberknopf	Magdalena	1835/U	Hdarb
	Silbermann	Franziska	58/08/6	Silbermann	Franziska	1839/U	Magd
	Silberstern	Josef	61/05/4	Silberstern	Rosalia	1838/B	Magd
	SILLINGER (SZELLINGER)						
	Szellinger	Anton	66/03/5	Szellinger	Barbara	1841/U	Magd
	Sillinger	Josef	46/04/4	Sillinger	Rosalia	1820/U	Magd
	SIMBLER (SIMPLER)						
	Simpler	Anna	55/09/17	Simpler	Anna	1835/U	Magd
	Simbler	Katharina	56/10/20	Simbler	Anna	1834/U	Magd
	Simmer	Josef	39/04/6	Monheim	Theresia	1818/U	Magd
	Simpler, vide Simbler						
	Sinek-Löbl	Ignaz	34/09/09	Löbl-Sinek	Theresia		Köchin
	SINGER (SZINGER)						
	Singer|Senger	Adelheid	30/04/12	Gisch	Theresia	1811/U	Stbm
	Singer	Elisabeth	51/11/28	Singer	Theresia	1823/U	Magd
	Singer	Emilia	62/08/20	Singer	Ludmilla	1830/M	Magd
	Singer	Franz	48/05/19	Singer	Rosalia	1824/U	Magd
	Singer	Franz	48/12/18	Singer	Juliana	1826/U	Magd
	Szinger	Franz	64/10/9	Singer	Rosalia	1839/U	Magd
	Singer	Franziska	59/03/8	Singer	Josefa	1837/U	Magd
	Singer	Gustav Franz	59/06/4	Singer	Julia	1827/U	Köchin
	Singer	Hugo	66/05/14	Singer	Josefina	1837/U	Hdarb
	Singer	Johann	67/05/30	Singer	Helene	1844/M	Hdarb
	Singer	Josef	49/12/26	Singer	Juliana	1827/U	Magd
	Singer	Josef	51/03/7	Singer	Juliana	1826/U	Magd
	Singer	Juliana	53/01/4	Singer	Rosalia	1825/U	Köchin
	Singer	Julius	60/01/23	Singer	Josefa	1839/U	Hdarb
	Singer	Karl	55/10/5	Singer	Juliana	1827/U	Magd
	Singer	Karolina	63/04/23	Singer	Anna	1839/M	Magd

Initialen	K: Name	K: Vorname	geb.	M: Name	M: Vorname	geb. ca.	Beruf
	Singer	Leopold	63/04/13	Singer	Rosa	1840/U	Tagl
	Szinger	Leopoldine	67/02/25	Szinger	Tini	1848/U	Hdarb
	Singer	Leopoldine	67/10/21	Singer	Josefine	1837/U	Hdarb
F.S.	**Sire**	Franz	33/11/12	May	Rosalia	1814/U	Hdarb
	SKAL(L)						
	Skal(l)	Henriette	67/09/26	Skal	Maria	1837/B	Magd
	Skall	Juliana	59/10/17	Skall	Maria	1834/B	Magd
	Skal	Moritz	54/06/23	Skal	Anna	1834/B	Hdarb
	Skal	Rosa	64/09/25	Skal	Maria	1835/B	Magd
	Slansky	Amalia	57/02/23	Slansky	Anna	1825/B	Magd
	Slansky	Josef	62/10/3	Slansky	Anna	1829/B	Hdarb
	Slesinger, vide Schlesinger						
	Smadena	Jakob	51/03/17	Smadena|Bernat	Sali	1831/U	Magd
	Smetana	Theresia	57/01/14	Smetana	Johanna	1830/U	Magd
	Sokel	Anna	66/08/18	Sokel	Julia	1847/M	Magd
Fr.S.	**Sommer**	Franz	38/08/14	Löv	Rosalia	1819/U	Köchin
	Sommer	Johann	63/11/3	Sommer	Josefa	1841/B	Magd
	Sommer	Josef	64/04/16	Sommer	Franziska	1840/U	Magd
	Sommer	Karolina	27/06/4	Rauscher	Juliana	1808/U	Magd
	Sommer	Moritz	63/07/15	Sommer	Theresia	1843/B	Magd
	Sommer	Rosa	67/09/28	Sommer	Franziska	1840/U	Magd
	Sommer	Simon	47/06/14	Sommer	Rosalia	1822/B	Magd
	Sommer	Thekla	27/12/26	Fischer	Maria	1807/U	Magd
	Sonnenfeld	Friedrich	54/04/30	Sonnenfeld	Katharina	1828/U	Magd
	Sonnenfeld	Heinrich	50/04/15	Sonnenfeld	Anna	1826/U	Magd
	Sonnenfeld	Hermine	68/04/10	Sonnenfeld	Regina	1848/U	Magd
	Sonnenfeld	Johann	46/02/14	Sonnenfeld	Johanna	1820/U	Magd
	Sonnenfeld	Leopold	47/08/7	Sonnenfeld	Johanna	1821/U	Magd
	Sonnenschein	Adolf	61/08/28	Sonnenschein	Lotti	1840/U	Magd
	Sonnenschein	Katharina	67/08/30	Sonnenschein	Lotti	1843/U	Magd
	Sonnenthal	Eleonora	26/11/5	Böhm	Klara	1807/B	Magd

S

Initialen	K: Name	K: Vorname	geb.	M: Name	M: Vorname	geb. ca.	Beruf
	Sonnenthal	Eleonora	28/04/26	Herrnhut	Franziska	1810/U	Magd
A.S.	*Sonntag*	Alexander	26/02/25	Schwarz	Regina	1804/U	Magd
A.S.	*Sonntag*	Augustin	26/08/20	Schwabach	Sofia	1805/Dt	
	Sonntag	Christian	1786/08	Schalamanin (Salomon)		Rachele	
	Sonntagin|Sontagin	Katharina	1794/07	Fichterin	Katharina		
	Sonntag	Lukrezia	32/10/27	Neustern	Theresia	1810/U	Hdarb
T.S.	*Sonntag*	Theodor	24/10/29	Fischer	Rosalia	1807/M	Magd
	Sorger	August	60/12/28	Sorger	Anna	1837/U	Magd
	Sorger	Leopold	28/11/10	Gross	Johanna	1802/U	Köchin
	Sorger	Ludowika	28/09/13	Steiner	Josefa	1803/U	Köchin
	Sorglos	Alois Paul	39/05/28	Eben	Eva	1817/B	Magd
	Sorr	Johann	44/12/25	Sorr	Franziska	1823/M	Magd
	Spassmann	Katharina	46/10/2	Spassmann	Katharina	1818/G	Magd
	Spatz	Rosalia	44/12/24	Spatz	Magdalena	1825/B	Hdarb
	Spa(t)zier(er)	Leopold	64/11/12	Spazier	Rosalia	1834/U	Hausr
	SPI(E)GEL						
	Spigel	Anna	58/05/9	Spigel	Johanna	1834/U	Magd
	Spiegel	Amalia	53/07/2	Spiegel	Johanna	1828/M	Köchin
	Spiegel	Antonia	60/04/27	Spiegel	Julia	1836/M	Köchin
	Spiegel	Elisabeth	61/11/13	Spiegel	Elisabeth	1834/M	Magd
	Spiegel	Leopold	56/12/9	Spiegel	Julia	1836/M	Magd
	Spiegel	Maria	58/09/5	Spiegel	Julia	1835/M	Magd
	Spiegler	Barbara	65/09/1	Spiegler	Barbara	1846/U	Magd
	Spiegler	Friederike	64/06/25	Spiegler	Cäcilia	1842/M	Magd
	Spiegler	Karl	63/01/31	Spiegler	Maria	1836/U	Magd
	Spiegler	Karolina	58/12/10	Spiegler	Maria	1834/U	Magd
	Spielberger	Karolina	34/09/18	Spielberger	Johanna		Tochter
	Spielmann	Adolf	61/05/3	Spielmann	Charlotte	1839/M	Hdarb
	Spielmann	Maria	58/01/30	Spielmann	Pepi	1838/M	
	Spielmann	Maria	68/05/13	Spielman	Lida	1840/U	Magd

S

Initialen	K: Name	K: Vorname	geb.	M: Name	M: Vorname	geb. ca.	Beruf
	Spierer	Friedrich	65/01/25	Spierer	Rosa	1841/U	Hdarb
	Spirer	Josef	67/07/21	Spirer	Emilia	1844/U	Magd
	Spitz	Anna	59/09/4	Spitz	Rosa	1836/U	Magd
	Spitz	Ferdinand	67/02/18	Spitz	Theresia	1841/U	Magd
	Spitz	Johann	47/04/4	Spitz	Rosalia	1827/U	Magd
	Spitz	Maria	55/02/21	Spitz	Fanni	1833/M	Magd
	Spitzer	Adolf	67/07/19	Spiczer|Spitzer	Rosalia	1843/U	Magd
	Spitzer	Alois	65/02/3	Spitzer	Rosalia	1843/U	Magd
	Spitzer	Anna	59/01/4	Spitzer	Anna	1840/U	Köchin
	Spitzer	Anna	59/05/10	Spitzer	Katharina	1839/U	Magd
	Spitzer	Anna	65/12/19	Spitzer	Anna	1841/U	Magd
	Spitzer	Ernest	59/10/14	Spitzer	Rosalia	1842/U	Magd
	Spitzer	Franziska	65/12/19	Spitzer	Anna	1841/U	Magd
	Spitzer	Helene	62/04/19	Spitzer	Regina	1836/M	Hdarb
	Spitzer	Johann	44/05/22	Spitzer	Johanna	1815/M	Magd
	Spitzer	Johann	61/04/20	Spitzer	Anna	1839/U	Magd
	Spitzer	Johann	64/04/27	Spitzer	Amalia	1844/U	Magd
	Spitzer	Johann	67/09/22	Spitzer	Amalia	1837/U	Hdarb
	Spitzer	Josef	61/02/3	Spitzer	Maria	1832/U	Magd
	Spitzer	Josefa	18/03/18	Spitzer	Theresia		Magd
	Spitzer	Karl	45/01/13	Spitzer	Katharina	1819/U	Magd
	Spitzer	Katharina	62/04/22	Spitzer	Katharina	1835/U	Magd
	Spitzer	Katharina	68/07/28	Spitzer	Johanna	1844/U	Magd
	Spitzer	Maria	57/08/15	Spitzer	Katharina		
	Spitzer	Maria	65/07/19	Spitzer	Netti	1837/M	Magd
	Spitzer	Moritz	63/11/5	Spitzer	Theresia	1843/U	Magd
	Spitzer	Moritz	63/11/6	Spitzer	Anna	1839/U	Magd
	Spitzer	Rosa	59/03/26	Spitzer	Johanna	1832/U	Magd
	Spitzer	Rudolf	61/11/18	Spitzer	Sali	1838/M	Magd
	Spitzer	Salomon	58/02/18	Spitzer	Rosalia	1836/U	Magd
	Spitzer	Theresia	56/09/27	Spitzer	Betti	1832/U	Hdarb

S

Initialen	K: Name	K: Vorname	geb.	M: Name	M: Vorname	geb. ca.	Beruf
	Spitzer	Theresia	62/07/28	Spitzer	Anna	1839/U	Magd
	Spitzer	Theresia	64/05/1	Spitzer	Johanna	1840/U	Magd
	Spitzer	Wilhelmine	66/02/20	Spitzer	Maria	1847/U	Magd
	Spitzner	Anton	67/06/9	Spitzner	Johanna	1840/U	Magd
	Sporer	Eva	30/12/12	Kafka	Anna	1809/B	Magd
	Sporer	Adam	30/12/12	Kafka	Anna	1809/B	Magd
	Springer	Josef	65/12/23	Springer	Josefa	1847/U	Hdarb
	Springer	Regina	57/11/30	Springer	Juliana	1840/U	Hdarb
	Springer	Sebastian	39/10/30	Cohn (Kohn)	Aloisia	1815/U	Köchin
	Spu(h)ler	Ignaz	50/04/25	Spuhler|Spuller	Anna	1828/U	Magd
K.St.	*Staberl*	Karl	37/04/6	Lass|Laß	Johanna	1811/U	Magd
	Stadler	Leopold	64/06/8	Stadler	Maria	1843/U	Magd
	Standhaft	Pankratz	25/05/13	Schwarz	Theresia	1799/B	Magd
	Stark	Alexander	40/01/25	Porys	Eva	1820/U	Magd
	Stärk	Hermine	64/06/26	Stärk	Anna	1846/U	Magd
	Stark	Johann	33/02/4	Ofner	Rosalia	1799/B	Magd
	Stark|Plaschek	Karl	32/12/2	Platschek	Eleonora	1806/M	Hdarb
	Stark	Philipp	40/09/21	Weil	Katharina	1818/B	Magd
	Stärk	Sigmund	55/07/28	Stärk	Amalia	1838/U	Magd
	Stasni Franz, vide Stiasny						
	Stasny Karl, vide Stiasny						
	Staub	Adam	29/06/17	Löbl	Maria	1809/U	Magd
	Steier	Adolf	64/09/11	Steier	Resi	1840/U	Magd
	Stein	Adolfina	65/07/26	Stein	Susanna	1836/M	Hdarb
	Stein	Berta	64/04/12	Stein	Mina	1845/W	Hdarb
	Stein	Hermine	60/03/26	Stein	Katharina	1836/B	Magd
	Stein	Jakob	68/04/2	Stein	Rosalia	1844/B	Magd
	Stein	Johann	65/04/9	Stein	Katharina	1836/B	Magd
	Stein	Josefa	65/09/7	Stein	Antonia	1844/B	Hdarb
	Stein	Julia	45/01/15	Stein	Maria	1817/B	Magd

S

Initialen	K: Name	K: Vorname	geb.	M: Name	M: Vorname	geb. ca.	Beruf
	Stein	Leopold	39/12/28	Gross	Maria	1818/U	Köchin
	Stein	Maria	49/07/29	Stein	Barbara	1823/M	Magd
	Stein	Peregrin	43/04/27	Stern	Eleonore	1815/B	Magd
	Stein	Theresia	47/01/10	Stein	Rosalia	1824/U	Magd
	Stein	Veronika	58/03/5	Stein	Maria	1835/U	Magd
	Steinacker|Steinacher	Hermann	28/04/7	Goldstein	Rosalia	1809/B	Magd
	Steinberg	Barbara	40/12/11	Peszler	Sali	1821/U	Magd
A.St.	*Steinbök*|Steinbek	Anna	17/11/18	Häller|Höller	Franziska	1794/B	Magd
	Steiner	Alois	45/05/23	Steiner	Theresia	1818/U	Magd
	Steiner	Alois	62/06/5	Steiner	Lotti	1844/U	Hdarb
	Steiner	Amalia	51/05/9	Steiner	Franziska	1829/U	Modistin
	Steiner	Amalia	54/07/16	Steiner	Amalia	___/U	Hdarb
	Steiner	Anna	49/02/21	Steiner	Rosalia	1828/M	Magd
	Steiner	Anna Katharina	57/06/30	Steiner	Franziska		
	Steiner	Antonia Elisabeth	55/02/18	Steiner	Karolina	1830/B	Magd
	Steiner	Berta	56/05/24	Steiner	Anna	1832/B	Magd
	Steiner	Cäcilia	45/11/7	Steiner	Cäcilia	1815/U	Magd
	Steiner	Eduard	53/08/31	Steiner	Franziska		
	Steinerin	Elisabeth	1794/11	Jakobin	Elisabeth		
	Steiner	Elisabeth	67/12/5	Steiner	Jetti	1844/M	Hdarb
	Steiner	Isidor	66/12/26	Steiner	Fanni	1839/U	Magd
	Steiner	Johann	66/01/13	Steiner	Maria	1848/U	Magd
	Steiner	Johanna	64/02/2	Steiner	Johanna	1845/U	Magd
	Steiner	Josef	57/01/15	Steiner	Lili	1823/U	Magd
	Steiner	Josefa	58/08/11	Steiner	Julia	1833/U	Hdarb
	Steiner	Karl	49/11/30	Steiner	Katharina	1829/U	Hdarb
	Steiner	Karl	58/03/8	Steiner	Rosalia	1840/U	Hdarb
	Steiner	Karl	62/01/20	Steiner	Betti	1844/U	Magd
	Steiner	Karolina	56/09/19	Steiner	Anna		Modistin
	Steiner	Katharina	45/04/24	Steiner	Katharina		
	Steiner	Maria	63/06/26	Steiner	Katharina	1843/U	Magd

S

Initialen	K: Name	K: Vorname	geb.	M: Name	M: Vorname	geb. ca.	Beruf
	Steiner	Maria Antonia	66/02/14	Steiner	Betti	1842/U	Magd
	Steiner	Regina	60/08/30	Steiner	Rosalia		
	Steiner	Rosalia	51/01/17	Steiner	Rosalia	1831/U	Magd
	Steiner	Rudolf	68/01/12	Steiner	Sali	1849/U	Magd
	Steiner	Sofia	65/10/20	Steiner	Jetti	1844/M	Magd
	Steiner	Theresia	57/10/13	Steiner	Rosalia	1834/U	Magd
	Steinhart	Johann	55/10/13	Steinhart	Anna	1835/U	Magd
	Steininger	Anna	54/12/17	Steininger	Karolina	1828/B	Köchin
	Steinitz	Heinrich	68/01/30	Steinitz	Anna	1846/M	Magd
	Steinitz	Rosa	63/09/2	Steinitz	Rosalia	1845/M	Hdarb
	Steinreich	Franz	38/08/23	Braun	Amalia	1818/U	Magd
	Steinreich	Johann	38/08/23	Braun	Amalia	1818/U	Magd
	Steinschütz	Theresia	54/09/1	Steinschütz	Rosalia	1834/W	Hdarb
	Steinwender	Martin	28/11/11	Grundstein	Barbara	1805/U	Magd
	Stephan	Benedikt	1794/12	Jakobin	Anna		
J.St.	*Sterblich*	Josef	38/08/22	Wagner	Anna	1812/B	Magd
	Ster	Leopold	67/10/26	Ster	Johanna	1845/U	Magd
	Stern	Anna	56/12/1	Stern	Karolina	1835/U	Köchin
	Stern Anton, vide Bamberg Anton						
	Stern	Anton	54/04/6	Stern	Sali	1833/U	Hdarb
	Stern	Heinrich	46/09/22	Stern	Anna	1826/U	Magd
	Stern	Ignaz	56/12/27	Stern	Cäcilia	1835/U	Magd
	Stern	Johanna	68/03/2	Stern	Maria	1843/U	Hdarb
	Stern	Josef	58/03/9	Stern	Sali	1839/M	Magd
	Stern	Josefa Magdalena	55/10/20	Stern	Regina		
	Stern	Julius	57/04/16	Stern	Barbara	1834/B	Hdarb
	Stern	Karl	55/08/31	Stern	Katharina	1834/U	Magd
	Stern	Klara	40/02/9	Schwarz	Rosalia	1813/U	Magd
	Stern	Leopold	62/01/13	Stern	Netti	1839/U	Hdarb
	Stern	Leopold	67/08/7	Stern	Fanni	1844/U	Magd
	Stern	Ludwig	67/01/12	Stern	Sofia	1844/U	Hdarb

S

Initialen	K: Name	K: Vorname	geb.	M: Name	M: Vorname	geb. ca.	Beruf
	Stern	Magdalena	50/07/20	Stern	Magdalena	1825/U	Magd
	Stern|Februar	Maria (Februaria)	42/02/12	Stern	Barbara	1822/U	Magd
	Stern	Marianne	66/05/19	Stern	Anna	1841/U	Hdarb
	Stern	Rosalia	36/09/06	Stern	Rosalia	___/M	
	Stern	Rosalia	53/12/6	Stern	Johanna	1823/U	Magd
	Stern	Rudolf	62/09/11	Stern	Veronika	1841/U	Magd
	Sternschuss	Ludwig	61/09/9	Sternschuß	Rosalia	1841/B	Magd
	Stettner	Anna	68/08/16	Stettner		1845/M	Köchin
	STIASNY (STASNI, STASNY, STIASSNY)						
	Stiassny	Berta	61/04/12	Stiaßny	Maria	1839/B	Magd
	Stasni	Franz	64/06/18	Stasni	Maria	1839/B	Magd
	Stasny	Karl	65/05/31	Stasny	Antonia	1845/B	Tochter
	Stiasny	Josefa	58/02/22	Stiasny	Barbara	1836/B	Magd
	Stiefler	Berta	68/05/31	Stiefler	Beata	1847/U	Hdarb
	Stiepan	Stefan	39/09/14	Tausik	Anna	1817/B	Magd
	Stigner	Leopold	33/04/21	Ritt	Barbara	1806/U	Magd
	Still	Magdalena	40/09/6	Weiss	Rosalia	1824/U	Hdarb
Anna St.	*Stillay*	Amalia	19/04/30	Stifter|Stiflerin	Katharina	1800	Hdarb
	Stolz	Anna	41/01/3	Leder	Rosalia	1820/M	Magd
	Stolz	Franz	33/05/15	Reichmann	Anna	1812/B	Magd
	Strahof	Elekta|Eleisa	30/01/3	Kaiser	Rosalia	1798/U	Witwe
	Stransky	Franz	62/11/11	Stransky	Franziska	1839/B	Köchin
	Strasser	Elisabeth	48/11/24	Strasser	Antonia	1828/U	Magd
	Strasser	Johanna	49/04/12	Strasser	Anna	1824/B	Magd
	STRAUSS (STRAUSZ)						
	Strauss	Adolf	63/01/24	Strauss	Anna	1841/U	Magd
	Strauss	Anna	38/11/24	Strauss	Rosalia	___/U	Magd
	Strauss	Barbara	57/11/25	Strauss	Rosalia	1834/U	Magd
	Strauss	Benjamin	64/12/7	Strauss	Anna	1840/U	Köchin
	Strausz	Josefa	67/03/13	Strausz	Rosa	1837/U	Hdarb

Initialen	K: Name	K: Vorname	geb.	M: Name	M: Vorname	geb. ca.	Beruf
	Strauss	Josefa	67/11/22	Strauss	Anna	1842/B	Magd
	Strausz	Karl	66/01/2	Strausz	Netti	1840/U	Magd
	Strauss	Karolina	63/08/10	Strauss	Anna	1843/B	Magd
	Strauss	Samuel	52/12/14	Strauss	Josefina	1831/U	Magd
	Sträussler	Schanntti	68/05/25	Sträussler	Rosalia	1848/M	Magd
	Streintz|Streinz	Antonius	1793/09	Streintzin	Barbara	___/B	Magd
	Stricker	Adolf	67/06/21	Stricker	Franziska	1846/B	Magd
	Ströhlinger	Rudolf	65/10/6	Ströhlinger	Anna	1844/U	Hdarb
M.St.	*Stuart*	Maria	36/01/1	Wertheimer	Maria	1810/M	Magd
	Stuffer	Wilhelm	64/12/22	Stuffer	Maria	1847/U	Magd
	Stuhl	Peter	31/02/21	Werner	Juliana	1810/M	Hdarb
	Stummer	Magdalena	67/06/1	Stummer	Chana	1848/G	Hdarb
	Supper	Anastasia	42/06/30	Tandler	Barbara	1816/M	Magd
	Süs(s)	Ernestine	67/12/30	Süss	Theresia	1846/B	Magd
	Svartz, vide Schwarz						
	Swarc, vide Schwarz						
	Swaszni	Franziska	67/08/16	Swaszni	Franziska	1845/U	Hdarb
	Swoboda	Augustin	64/03/5	Swoboda	Rosalia	1840/B	Magd
	Swoboda	Theresia	61/03/14	Swoboda	Magdalena	1840/B	Magd
	Szalay	Anna	56/03/28	Szalay	Johanna	1837/U	Hdarb
	Szalczberger|Salzberger	Gisela	68/01/5	Salzberger|Szalczberger	Karolina	1852/U	Hdarb
	Szeidler	Rosina	67/04/7	Szeidler	Esther	1847/U	Magd
	Szellinger, vide Sillinger						
	Szinger, vide Singer						

S

Initialen	K: Name	K: Vorname	geb.	M: Name	M: Vorname	geb. ca.	Beruf
	Tabor	Karl	41/05/25	Winterstein	Josefa	1819/M	Tochter
	Tabor	Ludwig	28/07/6	Löbl	Josefa	1806/U	Tochter
T.T.	*Tampe*	Thomas	38/12/13	Reichmann	Regina	1819/U	Magd
	Tandler	Barbara	53/11/23	Tandler	Rosalia	1831/M	Magd
	Tanto Theresia, vide Fanto						
	Tanz	Anton	63/12/2	Tanz	Johanna	1844/U	Magd
	Tanzer	Aloisia	63/08/16	Tanzer	Maria	1836/B	Magd
	Tapezier	Adolf	65/08/30	Tapezier	Juliana	1836/M	Magd
	Tapezierer	Julius	64/01/4	Tapezier(er)	Juliana	1836/W	Magd
	Tauber	Adolf	62/10/8	Tauber	Franziska	1840/M	Magd
	Tauber	Franz	49/08/26	Tauber	Anna	1828/U	Magd
	Tauber	Hermine	68/11/27	Tauber	Johanna	1849/U	Hdarb
	Tauber	Irma	68/11/27	Tauber	Johanna	1849/U	Hdarb
	Taus	Franz	53/10/6	Taus	Rosina	1826/U	Magd
	Tausig	Johann	63/01/30	Tausig	Josefa	1839/B	Magd
	Tausky	Jakob	56/11/24	Tausky	Kathi	1829/U	Magd
	Tausky	Leopold	60/11/4	Tausky	Elisabeth	1839/U	Hdarb
	Teblansky	Johann	51/04/16	Teblansky	Katharina	1825/U	Magd
	Teichner	Karolina	52/04/5	Teichner	Theresia	1832/U	Magd
	Teibl, vide Taibl						
	Tell	Wilhelm	39/02/4	Weiner	Rosalia	1817/U	Köchin
	Ternka	Theresia	39/12/28	Bräunl|Bräuel	Juliana	1816/U	Köchin
	Thaler	Emanuel	33/09/14	Bauer	Johanna	1811/U	Magd
	Thaler	Josef	42/09/19	Kreuzer	Katharina	1817/U	Magd
	Theiser	Karolina	66/10/5	Theiser	Katharina	1846/U	Magd
	Thiersa	Theresia	40/12/19	Kohn	Johanna	1814/U	Magd
T.T.	*Thol*|Thal	Thomas	37/12/21	Pollack	Regina	1812/U	Magd
	Tillinger	Theresia	42/04/19	Riesenfeld	Theresia	1820/U	Tochter
	Tillinger	Thomas	39/07/11	Münz	Sofia	1820/B	Tochter
	Timand Josef, vide Dimand						

T

Initialen	K: Name	K: Vorname	geb.	M: Name	M: Vorname	geb. ca.	Beruf
	Tirka	Josefa	45/01/26	Tirka	Josefa	1820/U	Magd
	Tirka	Regina	65/08/12	Tirka	Rosalia	1840/U	Magd
	Tison	Theodor	42/07/9	Hermann	Anna	1814/Dt	Magd
	Toch	Alois	59/04/3	Toch	Amalia	1840/M	Magd
	Toch	Aloisia	67/07/15	Toch	Regina	1844/M	Magd
	Toch	Anna	57/09/30	Toch	Barbara	1837/B	Köchin
	Toch	Isidor	59/09/11	Toch	Barbara	1837/B	Köchin
	Toch	Johann	64/05/22	Toch	Barbara	1837/B	Magd
	TOMANN (DOMANN)						
	Tomann	Anna	57/08/20	Tomann	Anna	1828/U	Magd
	Domann	Elisabeth	59/04/24	Domann	Anna	1831/U	Hdarb
	Tomann	Theresia	41/10/15	Konna (Kohn)	Theresia	1820/U	Hdarb
	Tomasover	Fanni	68/04/21	Tomasover	Betti	1839/U	Magd
	Tonelsz|Tonelesz	Josef	67/01/29	Tonelsz|Tonelesz	Lina	1843/U	Magd
	Toser	Theresia	42/11/19	Schlesinger	Maria	1812/B	Magd
	Tramer	Simon	65/02/23	Tramer	Theresia	1843/G	Magd
A.T.	*Traugott*	Abraham	22/06/16	Deutsch	Franziska	1800/U	Magd
	Trautmann	Aloisia	62/03/1	Trautmann	Theresia	1841/U	Magd
	Trautmann	Franz	67/07/18	Trautmann	Theresia	1839/U	Magd
	Treuenfels	Friederike C. M.	51/02/18	Treuenfels	Lotti	1826/B	Magd
	Treulich	Josef	42/12/5	Beck	Amalia	1824/M	Köchin
	Treyer|Freyer	Maria	44/11/26	Treyer	Franziska	1824/M	Magd
	Tropek	Maria	31/01/4	Ritter	Barbara	1802/U	Köchin
	Trost	Theresia	42/12/19	Pereles	Theresia	1819/B	Hdarb
	Truka	Josef	66/06/3	Truka	Karolina	1847/M	Magd
	Trüm(m)el	Theresia	41/02/18	Freibauer|Freybauer	Anna	1812/U	Magd
	Tudesko	Leopold	46/05/29	Tudesko	Cäcilia	1817/M	Hdarb
	Tudor	Theresia	35/08/10	Jalowitz	Rosalia	1813/M	Hdarb
	Tuschack Theresia, vide Duschak						

T

Initialen	K: Name	K: Vorname	geb.	M: Name	M: Vorname	geb. ca.	Beruf
	Uhrmann	Juliana	61/04/14	Uhrmann	Rosa|Feige	1846/G	Tochter
	Ullmann	Josef	66/02/4	Ullmann	Betti	1846/B	Magd
	Ullmann	Maria	64/11/18	Ullmann	Barbara	1844/B	Magd
	Ultschek	Ludwig	55/12/10	Ultschek	Anna	1835/M	Hdarb
	UNGAR (UNGER)						
	Ungar	Emil	51/11/23	Ungar	Regina	1829/U	Magd
	Ungar|Unger	Heinrich	61/12/19	Ungar	Rosa	1845/U	Magd
	UNGARLEIDER (UNGERLEIDER)						
	Ungerleider	Alexander	66/02/9	Ungerleider	Johanna	1839/U	Stbm
	Ungerleider	Isidor	64/01/10	Ungerleider	Franziska	1843/U	Magd
	Ungerleider	Sigmund	63/08/9	Ungerleider	Johanna	1838/U	Stbm
	Ungerleider	Theresia	64/12/28	Ungerleider	Johanna	1837/U	Hdarb
	Unruh	Georg	20/02/2	Fa(c)k	Rosalia	1800/U	Magd
	Urbach	Karl	52/09/24	Urbach	Theresia	1830/B	Magd
	Urber	Maria	52/04/19	Urber	Anna	1830/S	Hdarb

U

Initialen	K: Name	K: Vorname	geb.	M: Name	M: Vorname	geb. ca.	Beruf
	Veis Alois, vide Weiss						
	Veisz, vide Weiss						
	Veränderlich	Philipp	26/04/30	Morgenstern	Barbara	1802/M	Magd
	Virgo	Klara	41/07/15	Glaser	Rosalia	1818/U	Magd
	VOGEL (FOGEL)						
	Vog(e)l	Augusta	62/12/5	Vog(e)l	Cäcilia	1838/M	Magd
	Vog(e)l	Josef	35/07/27	Polatschick	Rosalia	1808/U	Magd
	Fogel	Ludwig	52/08/08	Fogel (Vogel)	Rosalia		
	Vohl Jakob, vide Wohl						

V

Initialen	K: Name	K: Vorname	geb.	M: Name	M: Vorname	geb. ca.	Beruf
	Wachsam	Amalia	43/07/8	Weiss	Maria	1823/U	Magd
	Wachsmann	Theresia	55/08/31	Wachsman	Rosalia	1836/U	Magd
	Wagner	Katharina	02/11/21	Wagnerin	Dazel Katharina		Magd
	Wagner	Ludwig	52/08/18	Wagner	Franziska	1832/U	Hdarb
	Wahle	Josef	59/03/31	Wahle	Elisabeth	1831/B	Hdarb
	Wa(h)ringer	Maria	66/01/28	Waringer	Josefa	1840/U	Hdarb
	Waisz Josef, vide Weiss						
	Wald	Amalia	62/05/19	Wald	Katharina		
	WALDHAUSER (WALTHAUSER)						
	Walthauser	Elisabeth	60/10/1	Walthauser	Theresia	1833/U	Magd
	Waldhauser	Ferdinand	58/01/3	Waldhauser	Theresia	1835/U	Magd
	Waldhauser	Johann	59/10/17	Waldhauser	Theresia	1835/U	Magd
	Waldhauser	Martin	64/05/21	Waldhauser	Theresia	1836/U	Magd
	Waldmann	Antonia	64/02/22	Waldman	Anna	1845/U	Hdarb
	Waldmann	Karl Ferdinand	63/12/1	Waldmann	Franziska	1843/U	Hdarb
	Waldmann	Karolina	58/04/30	Waldmann	Kathi	1837/U	Magd
	Waldmann	Wilhelm	62/06/1	Waldmann	Anna	1840/U	Magd
	Waldner	Amalia	66/02/14	Waldner	Maria	1836/U	Magd
	Waldner	Anna	67/06/20	Waldner	Theresia	1843/U	Magd
	Waldner	Josef	62/08/30	Waldner	Anna	1836/U	Magd
W.W.	*Waler*	Wenzel	38/08/6	Sahr	Anna	1814/M	Köchin
	Walfisch	Juliana	59/04/28	Walfisch	Rosalia	1833/M	Hdarb
	Wallfisch	Stefan	60/10/7	Wallfisch	Rosalia	1836/M	Magd
	Walter	Simon	34/10/27	Mattersdorf	Katharina	1817/U	Köchin
	Walthauser Elisabeth, vide Waldhauser						
	Waringer	Katharina	55/01/6	Waringer	Johanna	1833/U	Magd
	Wassermann	Ludwig	29/04/21	Wohl	Katharina	1805/U	Magd
	Wasservogel	Josef	51/12/22	Wasservogel	Rosalia	1832/U	Magd
	Wasservogel	Karl	45/02/14	Wasservogel	Franziska	1826/U	Magd
	Wasservogel	Karl	56/09/9	Wasservogel	Katharina	1827/U	Köchin
	Wazel	Sebastian	28/01/12	Schwarz	Johanna	1806/U	Köchin

W

Initialen	K: Name	K: Vorname	geb.	M: Name	M: Vorname	geb. ca.	Beruf
	Weber	Maria	41/01/12	Fischer	Theresia	1821/U	Hdarb
	Wechsler	Eduard	64/07/19	Wechsler	Mina	1845/U	Magd
	Wechsler	Ignaz	56/12/21	Wechsler	Josefa	1836/U	Magd
	Weidmann	Johann	55/06/17	Weidmann	Josefa	1832/B	Magd
	Weicz Katharina, vide Weiss						
	Weil	Anna	59/06/1	Weil	Anna	1833/U	Hdarb
	Weil	David	53/02/6	Weil	Theresia	1832/U	Magd
	Weil	Eduard	61/04/9	Weil	Karolina	1833/B	Magd
	Weil	Johann	55/04/9	Weil	Theresia	1832/U	Magd
	Weil	Wilhelm	64/12/9	Weil	Fanni	1845/U	Tagl
	Weiler	Adolf	68/09/26	Weiler	Berta	1844/U	Hdarb
	Weiler	Ignaz	66/12/9	Weiler	Johanna	1847/U	Magd
	Weiler	Julius	64/07/15	Weiler	Beata	1845/U	Hdarb
	Weiler	Ludwig	66/02/2	Weiler	Betti	1844/U	Hdarb
	Weiler	Theresia	67/02/17	Weiler	Betti	1845/U	Hdarb
	Weimann	Alois	57/09/12	Weimann	Maria	1837/U	Magd
	Weimann	Franz	68/09/7	Weimann	Anna	1848/U	Magd
	Weimann	Maria	60/06/28	Weimann	Julia	1837/U	Magd
	Weinberger	Eduard	68/11/15	Weinberger	Rosalia	1848/U	Magd
	Weinberger|Wimburger Maria|Johanna	1834/U	Johanna|Maria Magd			52/11/14	Wimburger|Weinberger
	Weinberger	Josef	63/01/11	Weinberger	Josefa	1837/U	Hdarb
	Weinberger	Ludwig	63/10/15	Weinberger	Josefa	1843/U	Magd
	Weinberger	Stefan	27/12/26	Ritter	Johanna	1809/B	Magd
	Weinfeld	Anton	46/03/7	Weinfeld	Barbara	1824/M	Magd
	Weiner	Adolf	54/08/8	Weiner	Nani	1822/M	Magd
	Weiner	Adolf	55/03/22	Weiner	Theresia	1836/M	Magd
	Weiner	Agnes	50/11/9	Weiner	Katharina	1828/B	Magd
	Weiner	Alois	47/02/25	Weiner	Josefa	1821/B	Magd
	Weiner	Anna	60/02/21	Weiner	Fanni	1840/U	Magd
	Weiner	Franz	59/09/25	Weiner	Rosalia	1836/M	Magd

W

Initialen	K: Name	K: Vorname	geb.	M: Name	M: Vorname	geb. ca.	Beruf
	Weiner	Friedrich	58/01/31	Weiner	Maria	1838/B	Magd
	Weiner	Heinrich	59/10/14	Weiner	Rosalia	1842/B	Hdarb
	Weiner	Hermann	46/11/21	Weiner	Antonia	1824/B	Tagl
	Weiner	Jakob	1796/08	Weiner|Wenner	Elisabeth		
	Weiner	Josef	55/11/30	Weiner	Johanna	1834/U	Magd
	Weiner	Karolina	47/02/25	Weiner	Josefa	1821/B	Magd
	Weiner	Maria	60/09/26	Weiner	Maria	1839/B	Hdarb
	Weiner	Maria	65/08/31	Weiner	Rosalia	1848/U	Hdarb
	Weiner	Mathilde	53/03/11	Weiner	Theresia	1830/B	Magd
	Weiner	Rosalia	56/12/20	Weiner	Rosalia	1836/M	Magd
	Weiner	Susanna	10/12/9	Bauer	Barbara	___/M	Magd
	Weiner	Thomas	55/12/12	Weiner	Franziska		
	Weiner	Wilhelm	50/05/15	Weiner	Aloisia	1829/B	Magd
	Weinfeld	Anton	46/03/07	Weinfeld	Barbara	1824/M	Magd
	Weingarten	Adolf	66/06/11	Weingarten	Hinde	1841/G	Köchin
	Weininger	Aloisia	65/08/2	Weininger	Franziska	1841/M	Magd
	Weinstein	Katharina	51/12/15	Weinstein	Katharina	1821/M	Magd
	Weinstein	Katharina	54/06/8	Weinstein	Regina	1833/U	Magd
	WEISS (WAISZ, WEIS, WEISZ VEIS, VEISZ, WEICZ)						
	Weiss	Adolf	49/05/24	Weiss	Katharina	1830/U	Tochter
	Weiss	Adolf	68/09/27	Weiss	Rosa	1844/M	Hdarb
	Weisz	Alexander	67/10/12	Weiss	Maria	1846/U	Magd
	Veis	Alois	55/08/12	Veis (Weiss)	Eleonora	1828/B	Köchin
	Weiss	Aloisia	56/05/18	Weiss	Theresia	1837/U	Köchin
	Weiss	Aloisia	56/07/5	Weiss	Antonia	1831/U	Magd
	Weiss	Anna	16/04/4	Joel(l)	Rosalia	1798/W	Hdarb
	Weiss	Anton	54/12/5	Weiss	Nanette	1832/U	Hdarb
	Weiss	Anton	55/12/16	Weiss	Maria	1833/U	Magd
	Weiss	Anton	66/04/24	Weiss	Anna	1847/U	Magd
	Weiss|Weisz	Augusta Maria	38/07/22	Weiss	Maria	___/M	Tochter
	Weiss	Barbara	46/07/19	Weiss	Julia	1829/U	Magd

W

Initialen	K: Name	K: Vorname	geb.	M: Name	M: Vorname	geb. ca.	Beruf
	Weiss	Barbara	57/06/24	Weiss	Rosalia	1838/U	
	Veisz	Barbara	63/12/30	Veisz	Rosa	1836/U	Hdarb
	Weiss	Eduard	55/02/24	Weiss	Johanna	1831/U	Magd
	Weiss	Elisabeth	46/12/6	Weiss	Anna	1820/B	Magd
	Weiss	Elisabeth	61/05/29	Weiss	Lotti (Charlotte)	1833/U	Magd
	Weiss	Franz	52/08/1	Weiss	Rosalia	1826/U	Magd
	Weiss	Franziska Rosalia	50/12/6	Weiss	Rosalia	1824/U	Magd
	Weiss	Georg	67/02/7	Weiss	Karolina	1848/M	Magd
	Weiss	Gustav	67/09/7	Weiss	Theresia	1849/U	Hdarb
	Weis	Henriette	55/07/1	Weiss	Maria	1826/B	Magd
	Weiss	Hermann	57/09/15	Weiss	Karoline	1834/U	Magd
	Veisz	Hermann	65/09/24	Veisz	Fanni	1843/U	Magd
	Weiss	Hermine	59/10/12	Weiss	Karolina	1835/U	Köchin
	Weiss	Ignaz	58/07/31	Weiss	Magdalena	1838/U	Magd
	Weiss	Ignaz	67/03/7	Weiss	Franziska	1850/U	Hdarb
	Weis	Johann	1797/08	Rosenfeldin	Regina		
	Weiss	Johann	46/09/29	Weiss	Johanna	1825/U	Magd
	Weiss	Johann	61/08/27	Weiss	Karolina	1834/U	Magd
	Weiss	Johann	64/10/11	Weiss	Katharina	1845/U	Magd
	Weiss	Johann	67/03/15	Weiss	Regina	1846/U	Magd
	Weiss	Johanna	58/12/25	Weiss	Eleonora	1828/U	Magd
	Weiss	Johanna	61/12/1	Weiss	Magdalena	1831/U	Magd
	Weiss	Johanna	63/09/02	Weiss	Katharina	1836/U	Magd
	Weisz.	Johanna	67/05/27	Weisz	Katharina	1837/U	Magd
	Weiss	Josef	09/08/1	Rothenstein	Katharina		
	Waisz	Josef	45/12/19	Vaisz|Waisz	Rosalia	1823/U	Magd
	Weiss	Josef	52/03/29	Weiss	Katharina	1830/U	Magd
	Weiss	Josef	53/10/24	Weiss	Magdalena	1823/U	Köchin
	Weiss	Josef	58/03/4	Weiss	Charlotte	1833/U	Magd
	Weiss	Josef	60/06/2	Weiss	Rosalia	1841/U	Magd
	Weiss	Josef	61/12/6	Weiss	Hanni	1839/U	Magd

W

Initialen	K: Name	K: Vorname	geb.	M: Name	M: Vorname	geb. ca.	Beruf
	Weiss	Josef	65/09/2	Weiss	Rosalia	1837/U	Magd
	Weiss	Josef	66/08/30	Weiss	Katharina	1848/U	Hdarb
	Weiss	Josef	67/11/24	Weiss	Rosalia	1836/U	Magd
	Weisz	Josef	68/05/3	Weisz	Cäcilia	1848/U	Magd
	Weiss	Josefa	45/02/26	Weiss	Katharina	1818/U	Magd
	Weiss	Josefa	63/06/13	Weiss	Franziska	1836/U	Magd
	Weisz	Julia	65/09/26	Weisz	Antonia	1843/U	Magd
	Weiss	Karl	58/08/26	Weiss	Magdalena	1833/U	Magd
	Weisz	Karl	64/12/18	Weisz	Rosalia	1843/U	Magd
	Weiss	Karl	65/06/4	Weiss	Anna	1848/U	Hdarb
	Weiss	Karolina	64/12/18	Weiss	Maria	1839/U	Magd
	Weiss	Katharina	61/04/24	Weiss	Franziska	1836/U	Magd
	Weicz|Weisz	Katharina	67/05/3	Weiss|Weicz	Julia	1842/U	Köchin
	Weiss	Leopold	50/12/31	Weiss	Helene	1825/U	Magd
	Weiss	Leopold	60/01/9	Weiss	Fanni	1839/U	Magd
	Weiss	Leopold	68/11/15	Weiss	Rosalia	1843/U	Köchin
	Weiss	Ludwig	56/09/10	Weiss	Franziska	1838/U	Hdarb
	Weiss	Maria	61/12/29	Weiss	Rosalia	1844/U	Magd
	Weiss	Mauriz	56/09/22	Weiss	Anna	1830/M	Magd
	Weiss	Rosalia	49/05/25	Weiss	Rosalia	1821/U	Magd
	Weiss	Rudolf	52/11/28	Weiss	Juliana	1830/U	Magd
	Weiss	Theresia	36/03/20	Weiss	Juliana		
	Weiss	Theresia	54/01/17	Weiss	Fanni	1835/U	Magd
	Weiss	Wilhelm	51/09/26	Weiss	Betti	1832/U	Magd
	Weissbartl	Hermine	56/12/9	Weissbartl	Hanni	1835/M	Magd
	Weissberg	Abraham	66/01/26	Weissberg	Perl	1843/G	verh.
	Weissberger	Anna	63/02/06	Weissberger	Amalia	1844/U	Hdarb
	Weissenberg	Jakob	61/07/17	Weissenberg	Johanna	1829/U	Magd
	Weissenstein	Emma	62/01/02	Weissenstein	Theresia	1839/U	Magd
	Weissenstein	Johann	60/01/7	Weissenstein	Betti	1833/U	Magd
	Weisserles	Magdalena	46/09/9	Weisserles	Theresia	1826/B	Hdarb

W

Initialen	K: Name	K: Vorname	geb.	M: Name	M: Vorname	geb. ca.	Beruf
	Weissfeld	Franziska	62/12/9	Weissfeld	Katharina	1836/G	Magd
	Weisskopf	Johanna	54/05/16	Weiskopf	Barbara	1812/B	Magd
	Weissmann	Josefa	61/02/25	Weissmann	Amalia	1832/M	Magd
	Weissmann	Louis	68/12/21	Weissman|Veiszmann	Regina	1851/U	Magd
	Weitzenberg	Theresia	58/11/12	Weitzenberg	Johanna	1830/U	Wäsch
	Weizinger	Dominikus	14/09/26	Weizinger	Franziska		Magd
	Welich	Anna	35/01/30	Haigsch	Anna	1815/U	Magd
	Weltler	Johann	48/09/29	Weltler	Magdalena	1826/U	Magd
	Wenig	Wilhelm	42/05/19	Kohn	Regina	1823/U	Magd
	Wermer	Herman	68/05/27	Wermer	Fanni	1846/U	Magd
	Werner	Anna	62/12/7	Werner	Juliana	1844/U	Magd
	Werner	Barbara	19/01/7	Hirschl	Theresia	1799/B	Magd
	Werner	Franz	54/09/1	Werner	Katharina	1829/U	Magd
	Werner	Sigmund	62/09/6	Werner	Rosalia	1834/U	Magd
	Werner	Theresia	58/12/1	Werner	Rosalia	1834/U	Magd
	Werner	Theresia	60/01/27	Werner	Rosalia	1832/U	Magd
	Wertheim	Anton	53/10/19	Wertheim	Katharina	1830/U	Hdarb
	Wertheimer	Elisabeth	36/09/15	Wertheimer	Elisabeth	___/M	
	Wertheim	Juliana	67/05/20	Wertheim	Susanna	1841/U	Magd
	Wertheim	Rosalia	64/08/20	Wertheim	Rosalia	1842/U	Magd
	Werting	Karl	29/08/21	Kollmann	Anna	1800/B	Köchin
	Wertner	Ferdinand	58/07/5	Wertner	Theresia	1834/U	Hdarb
	Wertner	Magdalena	58/07/5	Wertner	Theresia	1834/U	Hdarb
	Wessel	Maria	66/03/2	Wessel	Rosalia	1843/U	Hdarb
	Wessely	Anton	62/03/17	Wessely	Philippine	1844/M	Hdarb
	Wetendorf	Leopold	50/05/18	Wetendorf	Maria	1828/U	Magd
	Wiehs	Josef	52/06/1	Wiehs	Rosalia	1824/B	Magd
	Wieland	Anna	34/04/12	Sonnenfeld	Maria	1813/U	Magd
	Wieland	Johanna	33/05/15	Reichmann	Anna	1812/B	Magd
	Wieland	Josef	35/12/8	Mandl	Theresia	1818/M	Magd
	Wiener	Franz	46/10/8	Wiener	Katharina	1818/M	Magd

W

Initialen	K: Name	K: Vorname	geb.	M: Name	M: Vorname	geb. ca.	Beruf
	Wiener	Hermine	67/08/14	Wiener	Netti	1836/U	Magd
	Wiener	Jakob	00/07/24	Gräfin	Johanna		
	Wiener	Johann Baptist	07/08/21	Wiener(in)	Katharina		Magd
	Wieselmann	Maximilian	54/10/29	Wieselmann	Adelheid	1822/U	Hdarb
	Wiesmaier	Anton	44/03/5	Wiesmeier	Katharina	1816/B	Magd
	Wild	Josef	34/11/16	Terka (Tirka)	Josefa	1814/U	Magd
	WIL(L)HEIM						
	Wilheim	Anna	60/06/9	Wilheim	Regina	1840/U	Magd
	Willheim	Anton	47/06/6	Willheim	Theresia	1824/M	Hdarb
	Wilheim	Franz	52/12/24	Wilheim	Katharina	1831/U	Magd
	Wilheim	Magdalena	52/09/30	Wilheim	Rosalia	1829/M	Magd
	Wilheim	Theresia	50/12/11	Wilheim	Rosalia	1826/M	Magd
	Wilkin	Karolina	42/10/30	Bauer	Rosalia	1820/U	Hdarb
	Wilkin	Wilhelmine	42/10/30	Bauer	Rosalia	1820/U	Hdarb
	Willheim Anton, vide Wilheim						
	Willnicht	Philippine	31/04/23	Hofmann	Anna	1804/B	Magd
	Wimburger Johanna, vide Weinberger Johanna						
	Wimmer	Helene	32/06/07	Wimmer	Rosalia		
	Wind	Philippine|Anna	55/06/10	Wind	Anna	1825/B	Magd
	Wind	Julia	53/11/29	Wind	Juliana	1829/U	Köchin
	Winkler	Karl	65/11/10	Winkler	Betti	1842/U	Magd
	Winkler	Karolina	60/03/7	Winkler	Juliana	1835/U	Magd
	Winkler	Leopold	61/07/12	Winkler	Regina	1838/U	Magd
	Winkler	Moritz	55/03/25	Winkler	Rosalia	1837/U	Magd
	Winkler	Rosa	61/07/1	Winkler	Rosalia	1841/U	Magd
	Winkler	Wilhelmine	55/05/9	Winkler	Theresia	1834/U	Hdarb
	Winter	Adalbert	54/04/28	Winter	Anna	1835/U	Hdarb
	Winter	Adam	27/12/22	Schwarz	Theresia	1808/U	Magd
	Winter	Elisabeth	56/09/18	Winter	Anna	1834/B	Magd
	Winter	Franz	39/10/23	Unger	Karolina	1818/U	Köchin

W

Initialen	K: Name	K: Vorname	geb.	M: Name	M: Vorname	geb. ca.	Beruf
	Winter	Franz Xaver	31/12/7	Susitzka	Katharina	1807/M	Magd
	Winter	Ignaz	56/08/11	Winter	Karolina		
	Winter	Josef	22/11/28	Schwarz	Regina	1803/U	Hdarb
	Winter	Josef	31/08/18	Grünholz	Katharina	1806/U	Magd
	Winter	Katharina	52/07/13	Winter	Netti	1832/U	Magd
	Winter	Klemens	29/11/23	Buchsbaum	Theresia	1808/M	Magd
	Winter	Ludwig	29/02/5	Hasenfeld	Juliana	1804/U	Witwe
	Winter	Maria	66/05/15	Winter	Julia	1846/U	Magd
	Winter|Rinter	Rudolf	22/11/09	Samich	Anna	1789/U	Köchin
	Wintermann	Fritz Anton	41/12/27	Neuwirth	Amalia	1822/M	Magd
	Winternitz	Augustin	50/07/27	Winternitz	Anna	1826/B	Köchin
	Winterstein	Josef	62/03/10	Winterstein	Rosina	1838/M	Magd
	Winterstein	Josef	66/04/5	Winterstein	Pepi	1840/M	Magd
	Winterstein	Rosa	59/02/23	Winterstein	Rosa	1836/M	Magd
	Wirth	Blasius	20/01/2	Weiss	Katharina	1802/U	Magd
	WOHL (VOHL)						
	Vohl	Jakob	61/02/21	Vohl	Cäcilia	1837/U	Magd
	Wohl	Katharina	51/11/30	Wohl	Katharina	1827/U	Magd
	Wohlgeboren	Mathilde	31/11/15	Kohn	Regina	1805/U	Köchin
	WO(H)LSTEIN						
	Wohlstein	Josefa	63/04/12	Wohlstein	Juliana	1838/U	Magd
	Wohlstein	Julius	66/11/20	Wohlstein	Juliana	1837/U	Magd
	Wolstein	Karl	68/01/22	Wohlstein	Juliana	1837/U	Magd
	Wolf	Anna	35/04/14	Herschel	Johanna	1815/M	verh.
	Wolf	Anna	48/01/5	Wolf	Regina	1825/U	Magd
	Wolf	Franziska	51/08/27	Wolf	Katharina	1830/U	Köchin
	Wolf	Johann	49/01/7	Wolf	Franziska	1827/U	Magd
	Wolf	Johanna	57/05/23	Wolf	Leni	1835/U	Magd
J.W.	*Wolf*	Josefa	34/12/24	Weiss	Rosalia	1812/M	Magd
	Wolf	Maria	55/01/20	Wolf	Maria	1831/M	Magd

W

Initialen	K: Name	K: Vorname	geb.	M: Name	M: Vorname	geb. ca.	Beruf
	Wolf	Theresia	53/03/7	Wolf	Maria	1830/M	Magd
	Wolfgang	Amalia	56/04/27	Wolfgang	Amalia	1833/M	Magd
	Wolfgang	Bernhard	51/09/17	Wolfgang	Maria	1830/M	Magd
	Wolfgang	Johann	53/05/5	Wolfgang	Amalia	1831/M	Magd
	Wolfgang	Johann	54/08/30	Wolfgang	Mina	1826/M	Magd
	Wolfgang	Johann	55/04/11	Wolfgang	Amalia	1831/M	Hdarb
	Wolfgang	Julius	56/07/17	Wolfgang	Maria	1832/M	Köchin
	Wolfgang	Katharina	60/05/1	Wolfgang	Amalia	1835/M	Hdarb
	Wolfgang	Maria	58/02/4	Wolfgang	Amalia	1834/M	Köchin
	Wolfgang	Maria	64/05/7	Wolfgang	Maria	1839/M	Hdarb
	Wolfgang	Wilhelmine	46/11/18	Wolfgang	Wilhelmine	1826/M	Magd
	Woller	Josef	30/05/29	Fux	Anna	1812/U	Hdarb
	Wolheim	Emma	50/03	Wolheim	Anna	___/U	
	Wollner	Julia	64/01/2	Wollner	Anna	1842/U	Magd
	Wolstein Karl, vide Wohlstein						
	Wottitz	Anna	63/08/14	Wottitz	Maria	1840/B	Magd
	Wottitz	Elisabeth	65/01/3	Wottitz	Maria	1839/B	Magd
	Wunsch	Josef	43/02/15	Bettelheim	Maria	1816/U	Hdarb
	Wunsch	Theodor	27/01/9	Bauer	Barbara	1802/M	Magd
	Wurzer	Wilhelm	36/10/6	Gölist (Gelles)	Theresia	1812/U	Magd
	Wurzler	Magdalena	63/06/16	Wurzler	Franziska	1840/U	Magd
	Würzlerin	Anna Maria	1784/01	Leblin (Löwl)	Theresia		

W

Initialen	K: Name	K: Vorname	geb.	M: Name	M: Vorname	geb. ca.	Beruf
	Zappel	Josef	13/05/11	Steger|Stögerin	Juliana	1789/U	Magd
	ZELENKA (ZELINKA))						
	Zelenka	Josef	58/08/6	Zelenka	Maria	1833/B	Magd
	Zelinka	Katharina	61/06/27	Zelinka	Josefa	1838/U	Magd
	Zelinka	Maria	61/10/31	Zelinka	Maria	1837/U	Magd
	Zelinka	Rudolf	61/10/31	Zelinka	Maria	1837/U	Magd
	ZELNIK (ZELMIK)						
	Zelnik	Hermine	60/04/1	Zelnik	Hanni	1835/G	Magd
	Zelmik	Katharina	61/09/2	Zelmik	Johanna	1835/G	Magd
S.Z.	*Zelotes*	Simon	23/11/5	Spitz	Josefa	1804/U	Magd
	Zemanek	Heinrich	64/07/17	Zemanek	Aloisia	1837/B	Hausr
	Zemanek	Helene	59/02/12	Zemanek	Aloisia	1837/B	Magd
	ZIKAN(N) (ZIKA, ZIKAM, CIGAN)						
	Zika	Anna	50/06/3	Zika	Barbara	1825/M	Magd
	Zikan	Adolf	56/09/5	Zikan	Barbara	1820/M	Hausr
	Cigan	Franz	53/05/31	Cigan	Barbara	1825/M	Magd
	Zikan	Josefa	52/02/2	Zikan	Barbara	1824/M	Hausr
	Zikam	Karl	57/12/9	Zikann	Barbara	1824/M	Hausr
	Zikan	Theresia	45/11/27	Zikan	Barbara	1822/M	Hausr
	Zilzer	Maria	67/12/23	Zilzer	Laura	1846/U	Köchin
	Zimmer	Theresia	68/02/14	Zimmer	Antonia	1845/M	Magd
	Zimmermann	Regina	68/12/16	Zimmermann	Sali	1847/U	Hdarb
	Zinner	Helene	68/01/19	Zinner	Leonora|Barbara	1849/B	Magd
	Zinner	Maria	67/06/22	Zinner	Juliana|Anna	1847/B	Hdarb
	Zlattner	Anna	67/11/6	Zlattner	Julia	1848/U	Tagl
	Zopf	Franz	57/05/20	Zopf	Rosa	1837/U	Tagl
	Zopf	Ludwig	53/12/6	Zopf	Franziska	1834/U	Magd
	Zuckr	Amalia	56/04/6	Zuckr	Julia	1835/B	Magd
	Zucker	Franz	57/05/16	Zucker	Maria	1832/B	Magd
	Zucker	Franziska	68/05/21	Zaucker	Maria	1840/B	Magd
	Zucker	Heinrich	58/05/29	Zucker	Juliana	1839/B	Magd

Z

Initialen	K: Name	K: Vorname	geb.	M: Name	M: Vorname	geb. ca.	Beruf
	Zucker	Rosa	48/09/8	Zucker	Rosina	1830/B	Magd
	Zulzer	Josef	39/05/3	Winkler	Johanna	1819/M	Magd
M.Z.	*Zuwachs*	Maximilian	31/10/10	Messner	Theresia	1811/U	Magd
	Zwickel	Anna	43/09/20	Wiesenberg	Katharina	1809/U	Magd
	Zwinger	Karl	28/11/7	Kraus	Franziska	1804/B	Köchin
	Zwirn	Josef	41/01/22	Steiner	Cäcilia	1820/U	Magd
	Zwof|Bareder	Franz	17/02/11	Bareder	Anna M.	1789/Dt	Magd

Z